تقديم

نَصَحَ الأستاذ يوجين ميريل (Eugene Merrill) طُلَّابَهُ بأنَّ الفكرَ اللاهوتي المستمَدَّ من الكتاب المقدس «يتطلَّب خبرة رجلٍ عجوزٍ». ثم أوضح قائلًا:

> أقصِدُ بهذا أنه يقتضي دراية بالكثير من التخصُّصات الأخرى، وقدرًا كبيرًا من تراكُم المعرفة، حتى أن عددًا قليلًا جدًا من الدارسين والباحثين جاهزين لتولِّي هذه المهمة، ما لم يكونوا قد استثمروا سنوات طويلة وشاقة في الإعداد للقيام بها.[1]

ونحن نتَّفق مع هذه النصيحة الحكيمة، وقد انتظرنا حتى «الفترة الأخيرة» من حياتنا لإصدار هذا الكتاب عن علم اللاهوت.

وتشكِّل السمات التالية التصميم والتكوين العام لكتاب «**العقيدة الكتابية**»:

١. هو **كتابيٌّ** في محتواه، سعيًا إلى بيان تدرُّج الإعلان الكتابي.

٢. **تفسيريٌّ** في منهجه، لأن معنى الكتاب المقدس يُستخرَج من نصوص الكتاب المقدس.

٣. **نظاميٌّ** في طريقة عرضه، لأنه يركِّز على الجمع المنظَّم لكل ما يُعلِّمه الكتاب المقدس عن كلِّ جانب من جوانب العقيدة.

٤. **شاملٌ** في اتساعه، لأنه يغطي العناصر الكبرى للاهوت النظامي على السَّواء.

٥. **رعويٌّ** في التطبيق، لأنه يضع الوعظ التفسيري وحياة القداسة في الاعتبار.

٦. **عمليٌّ** من حيث تكلفته التي في متناول اليد، وسهولة حمله، وفائدته الكبيرة.

1 Eugene H. Merrill, *Everlasting Dominion: A Theology of the Old Testament* (Nashville: Broadman, 2006), xv.

وقد وَجَّهت خمسة مبادئ تفسيرية طريقة شرحنا للإعلان الكتابي والعقيدة الكتابية:[٢]

١. **المبدأ الحرفي:** يجب فهم الكتاب المقدس بمعناه الحرفي، والطبيعي، والواضح. وفي حين يحتوي الكتاب المقدس على تعبيرات مجازية ورموز، لكنَّ هذه قُصد بها أن تنقل حقًّا حرفيًّا. لكن بوجه عام، يتحدَّث الكتاب المقدس بمفردات حَرْفية، وينبغي السماح له بالتحدُّث عن نفسه.

٢. **المبدأ التاريخي:** يجب تفسير أي مقطع كتابي داخل سياقه التاريخي. وما قصده الكاتب وما كان يعنيه النص لقرائه الأصليين ينبغي أن يُؤخَذا في الاعتبار. وبهذه الطريقة، يمكن اكتساب فهم سياقي صحيح للمعنى الأصلي للنص الكتابي، ويمكن أيضًا التعبير عنه بوضوح.

٣. **المبدأ اللغوي:** تتطلب هذه المهمة فهمًا للتركيب اللغوي الأساسي لكلِّ جملة في اللغات الأصلية. إلى مَن تشير الضمائر؟ وما هو زمن الفعل الرئيسي في الجملة؟ ومن خلال طرح أسئلة بسيطة مثل هذه، يصير معنى النص أوضح.

٤. **المبدأ التركيبي:** هذا المبدأ، الذي يسمَّى «مبدأ التناظُر الكتابي» [*analogia scriptura*]، يعني أن الكتاب المقدس ينبغي أن يكون المفسِّر لنفسه.[٣] يفترض هذا المبدأ أنَّ الكتاب المقدس لا يناقض نفسه. ومن ثَمَّ، فلو تعارض فهمُ (أو تفسير) أي مقطع كتابي مع الحق الذي يُعلِّمه الكتاب المقدس في موضع آخر، فهذا الفهم (أو التفسير) لا يمكن أن يكون صحيحًا. ينبغي مقارنة الكتاب المقدس بالكتاب المقدس لاكتشاف معناه الدقيق والكامل.

٥. **مبدأ الوضوح:** قَصَدَ الله للكتاب المقدس أن يكون مفهومًا. لكن، ليس كلُّ جزء من الكتاب المقدس واضحًا بالقدر نفسه. ومن ثَمَّ، يجب استخدام الأجزاء الأوضح لتفسير الأجزاء الأقل وضوحًا.

في حين قد يسمِّينا الكثيرون **أصوليين** [**Fundamentalists**] لكن يمكن لهذا المصطلح أن يكون مضلِّلًا، بسبب استعماله عبر التاريخ بطريقة ازدرائيَّة. وقد حاولنا لِمَا يقرب من أربعة عقود أن نفكِّر من آن لآخر في كلمة واحدة يمكن أن تصفنا على النحو الأفضل؛ وفكَّرنا في كلمات مثل: مستقبليِّين [Futurists]، وطبيعيِّين (من جهة تفسير الكتاب المقدس) [normalists]، ومؤمنين بسيادة الله [sov-ereigntists]، لكننا نحَّيناها جانبًا لأن ولا واحدة منها تعبِّر بشكل ملائم عن العنصر الواحد الأساسي والأهم لفكرنا اللاهوتي. وفي حين أن اللقب الذي وقع اختيارنا عليه، وهو لقب «كتابيُّون» [Bibli-cists]، ليس هو اللقب المثالي، لكننا اخترناه لأنه في جوهر قناعاتنا تَكمُن ثقةٌ لا تتزعزع في كتاب الله المقدس الخالي من الخطأ والمعصوم، المفسَّر تفسيرًا صحيحًا.

---

٢ المبادئ الأربعة الأولى مستمَدَّة من المصدر التالي:
جون ماك آرثر، تفسير الكتاب المقدس، الطبعة الأولى (منصورية المتن – لبنان: دار منهل الحياة، ٢٠١٢).

3 R. C. Sproul, "Biblical Interpretation and the Analogy of Faith," in *Inerrancy and Common Sense*, ed. Roger R. Nicole and J. Ramsey Michaels (Grand Rapids, MI: Baker, 1980), 119–35.

يتميَّز هذا الكتاب بالميِّزات الجديرة بالملاحظة التالية:[٤]

١. منهجية لتناوُل الكتاب المقدس تقوم على افتراضات مسبقة، وتؤكِّد ١) الوجود الأزلي لله القدير؛ ٢) إعلانه التدريجي المكتوب الذي جُمِعَ في قائمة الأسفار القانونية المكوَّنة من ستة وستين سفرًا، الذي هو خالٍ من الخطأ ومعصوم في مخطوطاته الأصلية (الأوتوجرافا).

٢. التصديق على نظرية الخلق الإلهي حديث العهد، أي التأكيد على نظرية الأرض الفتيَّة، والطوفان الكوني.

٣. التشديد على العهود المستمَدَّة من الكتاب المقدس، وليس العهود المُصاغة لاهوتيًّا.

٤. عقيدة الخلاص التي تعكس سيادة الله في فداء الخطاة.

٥. الإيمان بانقطاع (توقُّف) جميع المواهب المعجزية عند اكتمال قائمة الأسفار القانونية للكتاب المقدس، وهو الأمر المتزامن مع نهاية عصر الرسل.

٦. فهمٌ لكنيسة العهد الجديد مؤسَّس على الكتاب المقدس.

٧. منهجية تكامُلية في فهم دور الرجل ودور المرأة في البيت والكنيسة.

٨. فهم قبل ألفي مستقبلي للأمور الأخيرة، وفقًا لخطة الله السيادية للعالم أجمع، بما في ذلك إسرائيل.

فضلًا عن ذلك، فإن المستودَع الضخم من المراجع الذي يحتويه هذا الكتاب من شأنه أن يُمَكِّنَ القراء من توسيع نطاق دراساتهم إلى أبعد من حدود هذا الكتاب.

ويراعي تصميم كتاب «**العقيدة الكتابية**» نوعيات متعدِّدة من القراء:

١. معلِّمو كليات اللاهوت ومعاهد الكتاب المقدس.

٢. طلاب كليات اللاهوت ومعاهد الكتاب المقدس

٣. الوعَّاظ والكارزون، المحليون والدوليون على حدٍّ سواء[٥]

٤. المعلِّمون في الكنيسة المحلية

٥. العلمانيون الذين يرغبون في فهم الكتاب المقدس بكامله

---

٤ يحتوي كتاب «العقيدة الكتابية» على مزيج مميَّز من السمات. وهذه السمات المميَّزة تتبع بوجه عام خطى رجال بارزين، مثل آلان ماكراي Allan A. MacRae (١٩٠٢-١٩٩٧)، وجيمز مونتجومري بويس James Montgomery Boice (١٩٣٨-٢٠٠٠)، وس. لويس چونسون S. Lewis Johnson (١٩١٥-٢٠٠٤).

5 R. Albert Mohler Jr., “The Pastor as Theologian,” in *A Theology for the Church*, ed. Daniel L. Akin (Nashville: B&H Academic, 2007), 927–34; John Murray, “Calvin as Theologian and Expositor,” in *The Collected Writings of John Murray* (Edinburgh: Banner of Truth, 1976), 1:305–11.

كلُّ علوم اللاهوت ينبغي أن تبدأ بمحتوى كتابي مرتَّب نظاميًّا، يؤدِّي بعد ذلك إلى تحفيز المؤمنين على أن يعيشوا حياة التقوى والقداسة، في طاعة لكلمة الله، لمجد الله (١كورنثوس ١٠: ٣١؛ كولوسي ٤: ١٧؛ ١بطرس ٤: ١١). وبُغية تحقيق هذه الغاية يَصْدُرُ كِتابُ «**العقيدة الكتابية**»؛ ورجاؤنا مع صدوره هو أن:

يوسِّع معرفة المرء الكتابية، الأمر الذي من شأنه أن ...

يمكِّن المرء من الفهم الصحيح للعقيدة، الأمر الذي من شأنه أن ...

يُثري حكمة المرء الإلهية، الأمر الذي من شأنه أن ...

يضاعف من طاعة المرء المتشبِّهة بالمسيح، الأمر الذي من شأنه أن ...

يرفع مستوى عبادة المرء المقدَّسة.[٦]

ستتعزَّز قيمة هذا الكتاب عن طريق الاستخدام المكمِّل للمصادر التالية: ١) الكتاب المقدس الدراسي لجون ماكآرثر (المترجَم إلى اللغة العربية بحسب الترجمة العربية البستاني-فانديك)؛ ٢) الكتاب المقدس الدراسي المرتَّب بحسب الموضوعات لجون ماكآرثر [*MacArthur Topical Bible*]؛ ٣) سلسلة تفسير ماكآرثر لأسفار العهد الجديد [*MacArthur New Testament Commentary*]. ومن شأن هذه المكتبة المصغَّرة المكوَّنة من هذه الأدوات الدراسية الأربع أن تؤهِّل المرء بشكل أساسي أن يكون دارسًا للكتاب المقدس مدى الحياة (٢تيموثاوس ٢: ١٥).

إن عملًا بهذا الحجم الهائل لم يكن ممكنًا أن يخرج للنور لولا ما قدَّمه العديد من الأشخاص من مشاركة مهمة. ونحن نود أن نعبِّر عن تقديرنا الشديد للرؤية والتشجيع اللذين أمدَّتنا بهما دار نشر كروسواي (Crossway) لإصدار كتاب «العقيدة الكتابية»، ولا سيما د. لين دينيس Dr. Lane Dennis (رئيس دار النشر)، ود. چاستن تايلور Dr. Justin Taylor (نائب الرئيس التنفيذي لشئون نشر الكتب)، وديف دي ويت Dave DeWit (نائب الرئيس التنفيذي لشئون نشر الكتب)، ود. ديفيد بارشينجر Dr. David Barshinger (المحرِّر في قسم الكتب)، وچيل كارتر Jill Carter (مدير التحرير). ونود أن نوجِّه شكرنا لأعضاء مجلس إدارة كلية ماستر اللاهوتية، الذين شجَّعونا كثيرًا وصلُّوا بحرارة من أجل هذا المشروع. وقد ساندنا زملاؤنا في كلية ماستر اللاهوتية، مثل د. بيل باريك Dr. Bill Barrick، ود. ناثان بوزينيتز Dr. Nathan Busenitz، ود. چيم موك Dr. Jim Mook، ود. برَيان مورفي Dr. Bryan Murphy، ود. مايكل فلاك Dr. Michael Vlach، والأستاذ مايكل ريكاردي Michael Riccardi، من خلال إصدار مسوَّدات للعديد من من أقسام الكتاب. ونود أن نعرب عن شكر خاص

٦ «إن الهدف من دراسة علم اللاهوت هو عبادة الله. ووضعية دراسة علم اللاهوت هي السجود. ووسيلة دراسة علم اللاهوت هي التوبة».

Sinclair B. Ferguson, quoted in James Montgomery Boice and Philip Graham Ryken, *The Doctrines of Grace* (Wheaton, IL: Crossway, 2002), 179.

لچيريمي سميث Jeremy Smith على مشورته. كما نود أن نعبِّر عن عميق امتناننا لمايكل ريكاردي وناثان بوزينيتز من أجل تنقيحهما الشامل النهائي للكتاب بكامله. ولقد أعدَّت چانيس أوزبورن Janice Osborne بكل نشاط ودون تذمُّر عددًا لا يُحصى من المسوَّدات التي سبق أن تضمَّنت المسوَّدة النهائية التي سُلِّمت إلى الناشر.

وها نحن نقدِّم هذا المحتوى مصلِّين ...

> كَيْ يُعْطِيَكُمْ إِلهُ رَبِّنَا يَسُوعَ الْمَسِيحِ، أَبُو الْمَجْدِ، رُوحَ الْحِكْمَةِ وَالإِعْلاَنِ فِي مَعْرِفَتِهِ، مُسْتَنِيرَةً عُيُونُ أَذْهَانِكُمْ، لِتَعْلَمُوا مَا هُوَ رَجَاءُ دَعْوَتِهِ، وَمَا هُوَ غِنَى مَجْدِ مِيرَاثِهِ فِي الْقِدِّيسِينَ، وَمَا هِيَ عَظَمَةُ قُدْرَتِهِ الْفَائِقَةُ نَحْوَنَا نَحْنُ الْمُؤْمِنِينَ، حَسَبَ عَمَلِ شِدَّةِ قُوَّتِهِ. (أفسس ١: ١٧-١٩)

چون ماكآرثر

دكتوراه في العلوم اللاهوتية، ودكتوراه في الآداب

راعي كنيسة Grace Community Church

ورئيس كلية ماستر اللاهوتية

ريتشارد مايهيو

دكتوراه في اللاهوت

نائب الرئيس التنفيذي، وعميد،

وأستاذ باحث في علم اللاهوت، كلية ماستر اللاهوتية

ما أعجب النعمة!

ما أعجب النعمة لي من قلبك الكبير
من بعدما ذقتُ العمى
ها إنني بصير.

النعمة قد وضعت خوفك في القلب
والنعمة قد حرَّرت
قلبي من الرعب.

كم من تجارب رأت عيناي في ذي الحياة
تكفي لنا نعمتك
يا ربَّنا الاله.

إذ نرتقي دار العلا تبدو لنا الأعوام
مع طولها وعرضها
ليست سوى أيام.

أشدو لك يا مالكي

ترنيمة الشكر

من كل قلبي يصعد

لحن مدى الدهر.

الفصل الأول

مقدِّمة

دراسات تمهيديَّة

الموضوعات الرئيسية التي يتناولها الفصل الأول

ما هو علم اللاهوت؟

لماذا ندرس علم اللاهوت؟

ما هي الأنواع الرئيسية المختلفة لعلم اللاهوت؟

ما هو اللاهوت النظامي؟

ما هي أقسام اللاهوت النظامي؟

ما العلاقة بين اللاهوت التفسيري، واللاهوت الكتابي، واللاهوت النظامي؟

ما هي فوائد ومحدوديَّات اللاهوت النظامي؟

ما العلاقة بين اللاهوت النظامي والعقيدة؟

ما هو الموضوع الشامل والموحِّد للكتاب المقدس؟

ما هي الموضوعات الرئيسية للكتاب المقدس؟

ما الصلة بين اللاهوت النظامي وفلسفة الحياة؟

ما الصلة بين اللاهوت النظامي والذهن؟

ما الصلة بين اللاهوت النظامي والحياة الشخصية؟

ما الصلة بين اللاهوت النظامي والخدمة؟

نشأ مصطلح *prolegomena* من دمج كلمتين يونانيتين معًا، وهما *pro*، التي معناها «قبل»؛ و*lego*، التي معناها «يقول». وتعبِّر الكلمتان معًا عن المعنى العام التالي: «يقول قبل»، أو «يقول مقدَّمًا». ومن ثَمَّ، يُعَد هذا الفصل بعنوان prolegomena بمثابة مقدِّمة أو دراسة تمهيدية، تعرِّف بالمحتوى الأساسي لما يأتي بعدها. هذه التعليقات التمهيدية تشمل افتراضات، وتعريفات، ومنهجيات، وأغراض، مقدِّمة بهذا سياقًا يساعد على فهم المحتوى الذي يأتي بعدها. وقد نُسِّقت هذه الدراسة التمهيدية عن طريق تقديم إجابات عن سلسلة من الأسئلة المهمة التي من شأنها أن تُعِد القارئ للمحتوى اللاحق، الذي يشكِّل المتن الأساسي لكتاب «**العقيدة الكتابية**».

ما هو علم اللاهوت؟

إن مصطلح *Theology* («عِلم اللاهوت») - الذي يأتي من الكلمة اليونانية *theos*، التي معناها «الله»؛ والكلمة اليونانية *logia*، التي معناها «كلمة» - ليس مصطلحًا تتفرد به المسيحية. فالفعل *theologeō* في اللغة اليونانية يشير إلى فعل التكلُّم عن أيِّ إله، بينما يشير الاسم *theologos* إلى الشخص الذي ينخرط في الفعل *theologeō*، أي إلى شخص لاهوتيٍّ [theologian]. أما الصفة *theologikos*، فتصف شيئًا لاهوتيًا، في حين أن الاسم *theologia* يعني «كلمة عن الله»، ومعناه الحرفي *theol-ogy*. كانت هذه الكلمات تُستخدَم في الدوائر الدينيَّة الوثنية قبل قرونٍ من زمن العهد الجديد. ولا وجود لأيٍّ من هذه الكلمات الأربع في العهد الجديد أو في الترجمة السبعينية. وكان أقدم استخدام مسيحي معروف لواحدٍ من هذه المصطلحات هو ما وُصِف به الرسول يوحنا بأنه *theologos*، أي لاهوتيٌّ، والذي يعود تاريخه إلى أوائل القرن الثاني الميلادي.

يعرَّف علم اللاهوت المسيحي بأنه دراسة الإعلان الإلهي الموجود في الكتاب المقدس. وإن الله هو المحور الدائم لعلم اللاهوت، وكلمة الله هي مصدره، والتقوى هي هدفه. عبَّر ألفا ماكلين (Alva MacClain) عن هذا قائلًا:

> من الله كلُّ شيء - لأنه هو الأصل. وبالله كلُّ شيء - لأنه عاضدٌ كلَّ الأشياء. ولله، أي رجوعًا إلى الله، كلُّ شيء - لأنه هو الهدف. هنالك دائرة الأبد: منه، وبه، وله.[1]

صاغ ديفيد ويلز (David Wells) تعريفًا جديرًا بالملاحظة لعلم اللاهوت المسيحي، يقول:

> علم اللاهوت هو الجهد الذي يُبذَل باستمرار لمعرفة طبيعة الله الواحد في ثلاثة أقانيم، ومشيئته، وأعماله، كما كشفها وأوضحها لشعبه في الكتاب المقدس ... وذلك حتى نعرفه، ونتعلَّم كيف نفكِّر بحسب فكره، ونحيا في عالمه بشروطه، ونعكس بالفكر والفعل حقَّه في زماننا وفي مجتمعنا.[2]

---

1 Alva J. McClain, *Romans: The Gospel of God's Grace* (Chicago: Moody Press, 1973), 204.

2 David Wells, "The Theologian's Craft," in *Doing Theology in Today's World: Essays in Honor of Kenneth S. Kantzer*, ed. John D. Woodbridge and Thomas Edward McComisky (Grand Rapids, MI: Zondervan, 1991), 172.

رقد الرسول يوحنا نحو عام ٩٨ م، وبكتابته لسفر الرؤيا، اكتملت قائمة أسفار الكتاب المقدس القانونية وأُغلِقت. ولم يمرّ الكثير من الوقت حتى بدأت الأجيال التالية تكتب عن الحقّ الكتابي. وفيما يلي أسماء البعض من أهم الكُتَّاب وكذلك أسماء البعض من مؤلَّفاتهم:

- كاتب مجهول الهوية، الديداخي *(The Didache)* (نحو ١١٠م)
- إيريناوس (نحو ١٢٠-٢٠٢م)، كتاب «تبيان الكرازة الرسولية» *(Proof of the Apostolic Preaching)*.
- إكليمندس السَّكندري (نحو ١٥٠-نحو ٢١٥م)، كتاب ستروماتا *Stromata* («المتفرِّقات»)
- أوريجانوس (نحو ١٨٤-نحو ٢٥٤م)، كتاب «في المبادئ الأولى» *(On First Principles)*.
- غريغوريوس النزينزي (نحو ٣٣٠-نحو ٣٨٩م)، كتاب «الخُطب اللاهوتية الخمس» *(Five Theological Orations)*.
- أوغسطينوس (٣٥٤-٤٣٠م)، كتاب «المختَصَر» *Enchiridion* (إنشيريديون).
- يوحنا الدمشقي (نحو ٦٧٥-نحو ٧٤٩م)، كتاب «معرض الإيمان القويم» *(An Exact Exposition of the Orthodox Faith)*
- بيتر لومبارد Peter Lombard (نحو ١٠٩٥-نحو ١١٦٩م)، كتاب «كتب الأحكام الأربعة» *(Four Books of Sentences)*.
- توما الأكويني (١١٢٥-١٢٧٤م)، كتاب «الخلاصة اللاهوتية» *(Summa Theo-logica)*.
- چون كالفن (١٥٠٩-١٥٦٤م): كتاب «أُسس الدين المسيحي» *(Institutes of the Christian Religion)*.
- توماس واطسون Thomas Watson (نحو ١٦٢٠-١٦٨٦م): كتاب «*A Body of Divinity*» («مجمل علم اللاهوت»)
- فرنسيس توريتين Francis Turretin (١٦٢٣-١٦٨٧م)، كتاب *Institutes of Elenctic Theology* («أُسُس علم اللاهوت المَعنى بنقد التعاليم الكاذبة»).
- چون چيل John Jill (١٦٩٧-١٧٧١م): كتاب *A Body of Doctrinal Divinity* («مجموعة من العقائد اللاهوتية»).
- چون دِك John Dick (١٧٦٤-١٨٣٣م): كتاب *Lectures on Theology* («محاضرات في علم اللاهوت»).

وقد ذُكِرت المراجع اللاهوتية البارزة في علم اللاهوت، التي يعود تاريخها إلى القرن التاسع عشر، والقرن العشرين، والقرن الحادي والعشرين، في قائمة المراجع الواقعة في ختام في هذا الفصل.

لماذا ندرس علم اللاهوت؟

أجاب چون دِك (John Dick)، القس واللاهوتي الأسكتلندي، عن هذا السؤال الثاقب بسبع إجابات عميقة. وسيكون من الصعب علينا الخروج بإجابة أفضل وأكثر إيجازًا من هذه:[3]

١. «للتحقُّق من طبيعة الله في جانبها الذي يتعلَّق بنا».

٢. «للتأمُّل في صفاته الظاهرة في أعماله وتدابيره».

٣. «لاكتشاف مقاصده من نحو الإنسان سواء في حالته الأصلية أو في حالته الراهنة».

٤. «لمعرفة هذا الكائن القدير، بقدر ما يمكن معرفته، وهذا أَنْبَلُ أهداف المعرفة والفهم البشريَّيْن».

٥. «لنتعلَّم واجبنا من نحوه، وطرق التمتُّع برضاه واستحسانه، والآمال المخوَّل لنا أن نتحلَّى بها، والوسيلة الرائعة التي أُعيد بها جنسنا البشري الساقط إلى حالة الطهارة والسعادة».

٦. «لنحبَّه، الأمر الذي يُعَد أثمن تعبيرٍ عن عواطفنا»

٧. «لنخدمه، الأمر الذي يُعَد أنبل وأحبَّ هدف يمكن أن نكرِّس وقتنا ومواهبنا له»

ما هي الأنواع الرئيسية المختلفة لعلم اللاهوت؟

١. **اللاهوت الكتابي** *Biblical theology*: وهو تنظيم الكتاب المقدس بحسب موضوعاته، سواء من خلال التسلسُل الزمني الكتابي، أو من خلال كُتَّاب الأسفار، مع مراعاة الإعلان التدريجي للكتاب المقدس (وهو حقًّا مكوِّن من مكوِّنات اللاهوت النظامي)

٢. **اللاهوت العقيدي** *Dogmatic theology*: وهو تنظيم الكتاب المقدس مع التركيز على قوانين أو إقرارات إيمان كنسيَّة مُفضَّلة أو مُنتقاة.

٣. **اللاهوت التفسيري** *Exegetical theology*: وهو التنظيم المنهجي للكتاب المقدس عن طريق التناوُل التفسيري لنصوص الكتاب المقدس الفرديَّة (وهو حقًّا مكوِّن من مكوِّنات كلٍّ من اللاهوت الكتابي واللاهوت النظامي)

٤. **اللاهوت التاريخي** *Historical theology*: وهو دراسة تاريخ تطوُّر العقائد من بعد العصر الرسولي وحتى الوقت الحاضر.

٥. **اللاهوت الطبيعي** *Natural theology*: وهو دراسة ما يمكن معرفته عن الله من خلال المنطق البشري وحده، وذلك عن طريق الدراسة التجريبية للعالم الطبيعي.

---

3 John Dick, *Lectures on Theology* (Cincinnati, OH: Applegate, 1856), 6.

٦. **اللاهوت الرعوي/العملي** *Pastoral/practical theology*: وهو تنظيم الكتاب المقدس مع التركيز على التطبيق الشخصي للحقِّ العقيدي في حياة الكنيسة وحياة المؤمنين الأفراد.

٧. **اللاهوت النظامي** *Systematic theology*: وهو تنظيم الكتاب المقدس من خلال جمع وتلخيص التعليم الكتابي تحت أقسام رئيسية تشمل إعلان الله المكتوب كاملًا (وقد نشأ من اللاهوت التفسيري واللاهوت الكتابي)

ما هو اللاهوت النظامي؟

يأتي المصطلح ***systematic*** (**«نظامي»**) من كلمة يونانية مركَّبة، مؤلَّفة من كلمة *syn*، ومعناها «معًا»؛ وكلمة *histanai*، ومعناها «يُركِّب». ومن ثَمَّ، يصير معنى المصطلح هو «يُركِّب معًا» أو «يُنظِّم» [to systematize]. وكما ذكرنا أعلاه، تأتي كلمة *theology* («علم اللاهوت») من الكلمة اليونانية *theologia*، التي تعني «كلمة عن الله». إذن، من الناحية الاشتقاقية، ينطوي «اللاهوت النظامي» على الجمع المنظَّم للكلمات عن الله معًا، أو جمع علم اللاهوت بطريقة منظَّمة. لننظر معًا كيف كان ردُّ تشارلز سبرجن (Charles Spurgeon) على الذين يعترضون على اتباع منهجية نظامية في دراسة علم اللاهوت:

> يمثِّل اللاهوت النظامي للكتاب المقدس ما يمثِّله العلم للطبيعة. فإن افتراض أن كلَّ أعمال الله الأخرى مرتَّبة ومنظَّمة، وأنه كلما ازدادت عظمة العمل كان النظام أفضل وأدق؛ ثم افتراض، في الوقت نفسه، أن أعظم أعمال الله على الإطلاق، الذي فيه تُستعلَن جميع كمالاته على نحو فائق، ينبغي ألا تُتَّبع فيه أيَّة خطة أو نظام، لهو شيء منافٍ للعقل تمامًا.[٤]

يجيب اللاهوت النظامي عن السؤال التالي: «ما الذي تُعَلِّمه قائمة الأسفار القانونية المكتملة للكتاب المقدس عن فكرة ما أو موضوع ما؟» على سبيل المثال، ما الذي يُعلِّمه الكتاب المقدس من سفر التكوين وحتى سفر الرؤيا عن ألوهية يسوع المسيح؟ ومن ثَمَّ، يمكن وضع تعريف أساسي للَّاهوت النظامي بأنه: «الشرح المنظَّم للعقائد المسيحية».[٥]

ينبغي أن يتميَّز أيُّ لاهوت نظامي بالسمات التالية: (١) نزاهة واستقامة في التفسير، (٢) ترابُط في العقيدة دون تناقضات، (٣) ارتباط بالمبادئ الأخلاقية، (٤) قدرة على تفسير فلسفة الحياة، (٥) الحفاظ على استمرارية التقليد الديني. وحيث توجد هذه السمات، وتكون عاملة، يكون هناك تنظيم منهجي جيِّد يمثِّل قيمة للشارح. فبينما يفحص الشارح بعناية كلَّ تفصيلة في النص، استعدادًا لشرحه،

---

4 Charles Spurgeon, as quoted in Iain H. Murray, *The Forgotten Spurgeon* (London: Banner of Truth, 1973), 9.

5 James L. Garrett, *Systematic Theology: Biblical, Historical, and Evangelical* (Grand Rapids, MI: Eerdmans, 1990), 1:8.

سيتيح له اللاهوت النظامي أن يرى أيضًا الصورة اللاهوتية الكاملة، تلك الصورة التي وضعت في حسبانها ليس فقط الاستنتاجات المدروسة المستمَدَّة من تاريخ الكنيسة، بل أيضًا تَدَرُّج الإعلان الذي يَبلُغ ذروته في الإعلان الإلهي الكامل.[٦] (للاطلاع على نظرة عامة مرتَّبة زمنيًّا على تدرُّج الإعلان، انظر ملحق هذا الكتاب).

تساعدنا ملاحظات جون موراي (John Murray) التالية في وضع إطارٍ لفهمنا للَّاهوت النظامي:

> عندما نفكر مليًّا وبشكل سليم في التصريح القائل إن الكتاب المقدس هو مستودَع الإعلان الخاص، وإنه أقوال الله، وإن فيه يلتقي بنا الله ويخاطبنا، ويكشف لنا جلاله غير المدرَك، ويدعونا إلى معرفة مشيئته وتتميمها، ويكشف النقاب عن سرِّ مشورته، ويعلِن لنا مقاصد نعمته؛ حينئذ يصير اللاهوت النظامي في أعيننا أسمى وأنبل جميع العلوم والتخصُّصات على الإطلاق، إذ أنه ليس علمًا يتعلَّق بالتفكير الجامد والخالي من المشاعر، لكنه علمٌ يثير إعجابًا وانبهارًا إلى حدِّ العبادة، ويطالبنا باستخدام وبذل كلِّ طاقاتنا في أشدِّ تكريس ممكن. فهو أسمى وأنبل جميع الدراسات على الإطلاق، لأن دائرة اختصاصه هي كلُّ مشورة الله، ولأنه يسعى، أكثر من أيِّ تخصُّص آخر، إلى عرض غنى إعلان الله بتلك الطريقة المرتَّبة والشاملة التي تمثِّل منهجيته ووظيفته المميَّزة. تساهم جميع أقسام التخصُّصات اللاهوتية الأخرى باكتشافاتها في اللاهوت النظامي، وهو يوجِّه بدوره كلَّ ثراء المعرفة المشتقة من هذه التخصُّصات نحو إحداث تأثيره في التنظيم المنهجي الأكثر شمولًا الذي يضطلع به.[٧]

يهدف اللاهوت النظامي إلى شرح العقائد الكتابية التي تركِّز على أقانيم الله الواحد في ثالوث، ومقاصدهم، وخططهم، في علاقتها بالعالم والبشر، بطريقة شاملة ومرتَّبة بحسب الموضوعات. وهو يبدأ بتنوير العقل (أي المعرفة والفهم). فالعقل هو الذي يشكِّل ما نؤمن به، وما نحبُّه في قلوبنا. ثم ترغب إرادتنا بعد ذلك فيما نحبه، وترفض ما نبغضه. ومن ثَمَّ، فإن أفعالنا تتوافق مع ما نرغب فيه بشدة. فالعقل يشكِّل العواطف، التي بدورها تشكِّل الإرادة، التي بدورها أيضًا توجِّه الأفعال. ولا يكون علم اللاهوت قد أكمل عمله تمامًا إلا حين يُلْهِبُ القلب (العواطف)، ويحَفِّزُ الإرادة على السلوك في طاعة لمحتواه.[٨]

---

٦ هذه الفكرة مستمَدَّة من الزميل تريفور كريجن (Trevor Craigen)، وهو أستاذ متقاعد لعلم اللاهوت في كلية ماسترز اللاهوتية.

7 John Murray, "Systematic Theology," in *The Collected Writings of John Murray* (Edinburgh: Banner of Truth, 1982), 4:4.

٨ أبدى ويليام إيمز (William Ames) ملاحظة تقول إن غاية علم اللاهوت ينبغي أن تكون *eupraxia*، ومعناها الحرفي «السلوك العملي الصحيح»:

William Ames, *The Marrow of Theology*, trans. and ed. John Dykstra Eusden (1629; repr., Grand Rapids, MI: Baker,. .1997), 78

ما هي أقسام اللاهوت النظامي؟

١. عقيدة الكتاب المقدس «ببليولوچي» *(Bibliology)*: وهي التعليم عن وحي الكتاب المقدس، وخلوِّه من الخطأ، وسلطته، وقانونيته (من الكلمة اليونانية *biblion* أي «كتاب»).

٢. عقيدة الله أو اللاهوت الأساسي *(Theology proper)*: وهي التعليم عن وجود الله وجوهره، بما في ذلك وحدانيَّته في ثلاثة أقانيم (من الكلمة اليونانية *Theos*، أي «الله»).

٣. عقيدة المسيح كريستولوچي *(Christology)*: وهي التعليم عن شخص الرب يسوع المسيح وعمله (من الكلمة اليونانية *christos*، أي «المسيح»).

٤. عقيدة الروح القدس «نيوماتولوچي» (*Pneumatology*): وهي التعليم عن شخص الروح القدس وعمله (من الكلمة اليونانية *pneuma*، أي «الروح»).

٥. عقيدة الإنسان «أنثروبولوچي» *(Anthropology)*: وهي التعليم عن الجنس البشري (من الكلمة اليونانية *anthropos*، أي «الإنسان»).

٦. عقيدة الخطية «هامارتيولوچي» *(Hamartiology)*: وهي التعليم عن الخطية (من الكلمة اليونانية *hamartia*، أي «الخطية»).

٧. عقيدة الخلاص «سوتيريولوچي» *(Soteriology)*: وهي التعليم عن الخلاص (من الكلمة اليونانية *sōtēria*، أي «خلاص»).

٨. عقيدة الملائكة «أنچيلولوچي» *(Angelology)*: وهي التعليم عن الملائكة القديسين، والشيطان، والملائكة الساقطين (من الكلمة اليونانية *angelos*، أي « ملاك ») .

٩. عقيدة الكنيسة «إكليسيولوچي» *(Ecclesiology)*: وهي التعليم عن الكنيسة، سواء العامة أو المحلية (من الكلمة اليونانية *ekklesia*، التي تعني «اجتماع»، أو «محفل»، أو «كنيسة»).

١٠. عقيدة الأخرويات إسخاتولوچي *(Eschatology)*: وهي التعليم المختص بالنطاق الكامل للنبوات الكتابية عن المستقبل، ولا سيما أحداث الأيام الأخيرة، بما في ذلك مصير كلٍّ من المؤمنين وغير المؤمنين، والتعليم عن السماء والجحيم (من الكلمة اليونانية *eschatos*، أي «الأمور الأخيرة»).

ما العلاقة بين اللاهوت التفسيري، واللاهوت الكتابي، واللاهوت النظامي؟[٩]

كلُّ لاهوت كتابي هو نظاميٌّ في طبيعته؛ وكلُّ لاهوت نظامي هو كتابيٌّ في محتواه؛ وكلٌّ من اللاهوت الكتابي واللاهوت النظامي تفسيريَّان من جهة العملية التفسيرية التي يتَّبعانها. ومن ثَمَّ، فالسؤال الأهم الذي ينبغي أن يُطرَح ليس هو: أيُّ هذه المنهجيات هي الأفضل في تناوُل علم اللاهوت؟ بل بالأحرى: ما هي أوجه الترابُط بين هذه المنهجيات الثلاث؟

وباستخدام تشبيه مستمَد من مجال البناء والتشييد، نقول:

- يمدُّنا اللاهوت التفسيري بمواد البناء اللازمة لوضع الأساس وإقامة المبنى.
- ويمدُّنا اللاهوت الكتابي بالأساس الداعم لهذا المبنى.
- ويُعَد اللاهوت النظامي بمثابة البناء الذي يُشيَّد فوق الأساس.

ينطوي **اللاهوت التفسيري** [exegetical theology] على التنظيم المنهجي للكتاب المقدس عن طريق التناوُل التفسيري لنصوص الكتاب المقدس الفرديَّة. وهو بالحقيقة مكوِّنٌ أوليٌّ لكلٍّ من اللاهوت الكتابي واللاهوت النظامي. وفيه تُفحَص كلُّ كلمة، وكلُّ جملة، وكلُّ فقرة في الكتاب المقدس بالتفصيل.

يتَّسم **اللاهوت الكتابي** [biblical theology] بتنظيم الكتاب المقدس وفقًا لموضوعاته، سواء من خلال التسلسُل الزمني الكتابي، أو من خلال كُتَّاب الأسفار، مع مراعاة الإعلان التدريجي للكتاب المقدس. وهذا اللاهوت هو بالحقيقة مكوِّنٌ من مكوِّنات اللاهوت النظامي. فهو بمثابة جسرٍ يربط بين اللاهوت التفسيري واللاهوت النظامي.

أما **اللاهوت النظامي** [systematic theology]، فهو تنظيم الكتاب المقدس عن طريق جمع وتلخيص التعليم الكتابي تحت أقسام رئيسية تشمل إعلان الله المكتوب كاملًا. ينشأ اللاهوت النظامي من اللاهوت التفسيري واللاهوت الكتابي، وهو يجمع كلَّ تعليم الكتاب المقدس معًا. ويساعدنا موراي مرة أخرى في فهم هذه العلاقات:

> وهكذا، يُعد الشرح التفسيري للكتاب المقدس أساسيًّا بالنسبة للّاهوت النظامي. لا تقتصر مهمة اللاهوت النظامي على الشرح التفسيري للنصوص الفرديَّة، لأن تلك مهمة عملية التفسير، أي عملية استخراج معنى النص [exegesis]. بل ينبغي أن ينسِّق اللاهوت النظامي بين التعليم الذي تقدِّمه النصوص الفردية، ثم ينظمه منهجيًّا تحت الموضوعات الملائمة له. إذن، ثمة عملية جمع وتركيب تحدث في

٩ تعرض المصادر التالية بعضًا من أوضح التعريفات، والفروق، وأوجه الترابط بين التخصُّصات اللاهوتية الثلاث التي نحن بصدد دراستها الآن:
Richard B. Gaffin Jr., "Systematic Theology and Biblical Theology," *WTJ* 38, no. 399–281 :(1976) ; Eugene Merrill, *Everlasting Dominion: A Theology of the Old Testament* (Nashville: Broadman, 2006),27–1 ; Murray, "Systematic Theology," 4:1–21; Roger Nicole, "The Relationship between Biblical Theology and Systematic Theology," in *Evangelical Roots: A Tribute to Wilbur Smith*, ed. Kenneth S. Kantzer (Nashville: Thomas Nelson, 1978),93–185 ; and Charles Caldwell Ryrie, *Biblical Theology of the New Testament* (Chicago: Moody Press, 1959), 11–24.

اللاهوت النظامي، وليس في عملية التفسير في حدٍّ ذاتها. لكن مع كون الغرض الرئيسي من اللاهوت النظامي هو أن يجمع تعليم الكتاب المقدس ويُركِّبه معًا، يبدو جليًّا مدى اعتماده على علم التفسير، أي علم استخراج معنى النص. فهو لا يستطيع أن ينسِّق ويربط بين تعاليم النصوص الفردية، دون معرفة ماهية هذه التعاليم. ولذلك، يُعَد التفسير ضروريًّا لتحقيق هذا الهدف. ويلزم التشديد على ذلك. فقد عانى اللاهوت النظامي بشدة، بل وحاد عن غرضه، حين تمَّ فصله عن الاهتمام المدقِّق بالتفسير الكتابي. فإن اللاهوت النظامي يصير خاليًا من الحياة، ويخفق في تنفيذ مهمته بالدرجة التي ينفصل بها عن التفسير. والشيء الذي يضمن ألا تكون لدينا عقائد وتعاليم نمطية جامدة هو أن يُثرَى اللاهوت النظامي، ويُعمَّق، ويُوسَّع باستمرار بالكنوز التي تُستخلَص على نحو متزايد من كلمة الله. فالتفسير ليس فقط يحافظ على اللاهوت النظامي في تلامُس مباشر مع كلمة الله، لكنه يمدُّه دائمًا بالقوة المستمَدَّة من تلك الكلمة. فإن الكلمة حيَّة وفعالة.[10]

يَلزَم أن نضيف هنا منهجية أخرى في تناوُل علم اللاهوت، وهي منهجية اللاهوت التاريخي [historical theology]، الذي يفحص كيفية تطوُّر القناعات التفسيرية واللاهوتية عبر الزمن، ويأخذ في الاعتبار الاستنتاجات التي توصَّلت إليها أجيال سابقة من المفسِّرين الأتقياء للكتاب المقدس.

ما هي فوائد اللاهوت النظامي ومحدوديَّاته؟

- الفوائد
- المحدوديَّات

كلُّ الكتاب، سواء فُحِصت نصوصه الفردية فحصًا تفسيريًّا (اللاهوت التفسيري)، أو فُحِصَ تصنيفيًّا في نطاقه الكامل (اللاهوت النظامي)، هو نافعٌ روحيًّا لتتميم أربعة مقاصد إلهية على الأقل (٢تيموثاوس ٣: ١٦):

١. تأسيس «التعليم»، أو العقيدة، التي هي الإعلان الموحَى به من الله عن ذاته، وعن عالمه المخلوق، وعن خطة فدائه لأجل خلاص الخطاة وتقديسهم.

٢. مواجهة أو «توبيخ» الخطية، سواء كانت في شكل تعليم خاطئ أو سلوكٍ عاصٍ.

٣. «تقويم» أو تصحيح الخطأ في التفكير والسلوك، حتى يمكن ردُّ التائب إلى حالة ترضي الله.

٤. «التأديب» أو التوجيه، حتى يتدرَّب المؤمنون بشكل مستمر على ممارسة برِّ الرب يسوع المسيح – أي أن يخطئوا أقل ويطيعوا أكثر.

---

10 Murray, “Systematic Theology,” 4:17.

يمدُّنا الكتاب المقدس بالتعليم الوحيد الكامل، والدقيق تمامًا، والجدير بالثقة عن الله؛ وهو سيحقِّق على نَحْو كافٍ ووافٍ هذه الأهداف الأربعة لتكميل وتأهيل «إنسان الله» (٢تيموثاوس ٣: ١٧).

الفوائد

يمكن أن يقدم اللَّاهوت النظامي عدة فوائد:

١. مجموعة كاملة غير مختَصَرة من الحقِّ الكتابي
٢. جمعٌ وتلخيصٌ منظَّم للعقيدة الكتابية
٣. تكليفٌ بالذهاب بالإنجيل إلى أقصى الأرض
٤. منجمٌ من الحق نافعٌ للوعظ التفسيري والتعليم
٥. أساسٌ كتابيٌّ للسلوك المسيحي في الكنيسة، والبيت، والعالم
٦. دفاعٌ عن العقيدة الكتابية ضد التعليم الكاذب
٧. ردٌّ كتابيٌّ على السلوكيات الأخلاقية والاجتماعية الخاطئة في العالم

عبَّر چيمز ليو جاريت (James Leo Garrett) عن الأمر كالتالي:

> لأن اللاهوت النظامي هو امتداد للدور التعليمي للكنائس، فهو مفيد ونافع لصياغة الحقائق الكتابية صياغة منظَّمة ومتكاملة، ودعم الوعظ الذي يقدِّمه الوعاظ والمؤمنين العلمانيين، والدفاع عن حق الإنجيل ضد الأخطاء والضلالات التي اجتاحت الكنيسة، وإثبات شرعية رسالة الإنجيل أمام الفلسفة والثقافة، بصفتها الأساس للأخلاقيات المسيحية الشخصية والاجتماعية، وكذلك نشر الإنجيل بأكثر فاعلية في كلِّ العالم، والتفاعل مع أتباع الديانات غير المسيحية.[11]

المحدوديَّات[12]

يمكن للعوامل التالية أن تحدَّ من اللَّاهوت النظامي:

١. صمتُ الكتاب المقدس عن موضوعات معيَّنة (تثنية ٢٩: ٢٩؛ يوحنا ٢٠: ٣٠؛ ٢١: ٢٥)
٢. القصور الجزئي لدى دارس علم اللَّاهوت في معرفة وفهم الكتاب المقدس بكامله (لوقا ٢٤: ٢٥-٢٧، ٣٢؛ ٢بطرس ٣: ١٦)
٣. قصور لغة البشر (١كورنثوس ٢: ١٣، ١٤؛ ٢كورنثوس ١٢: ٤)
٤. محدوديَّة العقل البشري (أيوب ١١: ٧-١٢؛ ٣٨: ١-٣٩: ٣٠؛ رومية ١١: ٣٣-٣٥)
٥. الافتقار إلى التمييز والنمو الروحي (١كورنثوس ٣: ١-٣؛ عبرانيين ٥: ١١-١٣)

---

11 James Leo Garrett Jr., "Why Systematic Theology?," *CTR* 3, no. 2 (1989): 281.

١٢ هذا المحتوى مقتبَس بتصرُّف من المصدر التالي:
Hopkins Strong, *Systematic Theology: A Compendium and Commonplace Book Designed for the Use of Theological Students* (Old Tappan, NJ: Fleming H. Revell, 1907), 34–36.

ما العلاقة بين اللاهوت النظامي والعقيدة؟

العقيدة هي التعليم الذي يُعتبر موثوقًا وذا سلطان. فعندما علَّم المسيح، بُهِتت الجموع من سلطانه (متى ٧: ٢٨-٢٩؛ مرقس ١: ٢٢، ٢٧؛ لوقا ٤: ٣٢). ويحتوي البيان «العقيدي» لأية كنيسة على مجموعة التعاليم التي تُستخدَم بصفتها معيارًا لاستقامة المعتقد.

في العهد القديم، الكلمة العبرية *laqakh* معناها «ما هو مُستلَم» أو «التعليم المقبول» (تثنية ٣٢: ٢؛ أيوب ١١: ٤؛ أمثال ٤: ٢؛ إشعياء ٢٩: ٢٤). ويمكن ترجمتها إلى عدة كلمات، مثل: «تعليمات»، أو تعلُّم»، أو «تعليم».

وفي العهد الجديد، تُرجِمت كلمتان يونانيتان إلى «عقيدة»، أو «تعليمات»، أو «تعليم»، وهما *didachē* (التي تشير إلى محتوى التعليم)، و*didaskalia* (التي تشير إلى فعل التعليم نفسه). وقد استخدم بولس كلتا الكلمتين معًا في ٢تيموثاوس ٤: ٢-٣ وفي تيطس١: ٩.

وفي اللغة اللاتينية، الكلمات *doceo*، ومعناها «يعلِّم»؛ و*doctrina*، ومعناها «الشيء الذي يُعلَّم»؛ و*doctor*، ومعناها «الشخص الذي يعلِّم»، تساهم جميعها في توضيح معنى كلمة *doctrine* في اللغة الإنجليزية، التي تعني في اللغة العربية «تعليم» أو «عقيدة». ويمكن لهذا المحتوى أن يكون معلوماتيًّا (يُؤمَن به)، أو عمليًا (يُسلَك بموجبه). ولا تشير الكلمة بالضرورة إلى حقٍّ مصنَّف أو مقسَّم.

وكتابيًّا، يُعَد مصطلح *doctrine* بلا شكل محدَّد؛ وهو لا يتَّخذ شكلًا أو معنى إلا بوجوده داخل سياق معيَّن. فهو قد يشير إلى التعليم العام (سواء كان ممنهَجًا نظاميًّا أو لا، وسواء كان صحيحًا أو كاذبًا)، مثل «تَعْلِيمِ بَلْعَامَ» (رؤيا ٢: ١٤) أو «تَعَالِيمِ النَّاسِ» (كولوسي ٢: ٢٢)، على النقيض من التعليم الكتابي، مثل تعليم المسيح (متى ٧: ٢٨) أو تعليم بولس (٢تيموثاوس ٣: ١٠).

ومن ثَمَّ، تشير العقيدة الكتابية إلى تعليم الكتاب المقدس، سواء في صورة إخباريَّة، أو تفسيريَّة، أو تصنيفيَّة. وهذا يجعل من كلِّ الكتاب المقدس كتابًا «عقيديًّا»، سواء كان يُقرأ، أو يُعلَّم، أو يُكرَز به، أو يُصنَّف إلى فئات أو أقسام لاهوتية. أما العقيدة الكتابية النظامية (اللاهوت النظامي)، فتشير إلى جمعٍ تصنيفيٍّ للتعليم الكتابي، بحسب الموضوعات أو الأقسام المستخدَمة عادة.

وبالمسح الشامل للكتاب المقدس، يتبيَّن إمكانية تصنيف أيَّة عقيدة أو تعليم بوجه عام ضمن فئة من اثنتين وفقًا لمصدره:

- من حيث المصدر: من الله الخالق (يوحنا ٧: ١٦؛ أعمال الرسل ١٣: ١٢)، أو من خليقة الله (كولوسي ٢: ٢٢؛ ١تيموثاوس ٤: ١)
- من حيث محتوى الحق (٢تسالونيكي ٢: ١١-١٢): صحيح أو زائف
- من حيث المصدر البشري (١تسالونيكي ٢: ١٣): كتابي أو غير كتابي
- من حيث الجودة (١تيموثاوس ١: ١٠؛ ٦: ٣): سليم (صحيح) أو غير سليم

- من حيث درجة القبول (١تيموثاوس ١ : ٣؛ عبرانيين ١٣ : ٩): مألوف أو غريب
- من حيث الاستمرارية في الإبقاء عليه (رؤيا ٢ : ٢٤): يُتَمَسَّك به أو لا يُتَمَسَّك به
- من حيث الفائدة (١تيموثاوس ٤ : ٦): حسنٌ أو سيء.
- من حيث القيمة (٢تيموثاوس٣ : ١٦): نافع أو غير نافع

وإن الاستخدام اللاهوتي للمصطلح «**عقيدة**» في العصر الحديث ضيِّقُ النطاق بشكل زائد عن الحد، ويُشوِّه الاستخدام الكتابي الرئيسي للمصطلح، بل ويمكن أن يكون مضلِّلًا. ومن الأفضل كثيرًا عند الحديث عن **العقيدة** استخدام المصطلح بمعناه الأوسع نطاقًا، ألا وهو «التعليم» (والذي يشمل بالتأكيد الحق المنظَّم بطريقة ممنهَجة، ولكن دون أن يكون قاصرًا عليه)، بدلًا من استخدام كلمة **عقيدة** بمعناها الثانوي كما لو كان هذا هو المعنى الوحيد. ويُعَد تعليم الكتاب المقدس بمثابة عصا القياس، والمعيار، والمقياس، والنموذج، والنمط، والزيج الذي بناء عليه يتحدَّد ما إذا كان أيُّ تعليم آخر عن أيِّ موضوع صحيحًا أم كاذبًا، مقبولًا أم مرفوضًا، سليمًا أم غير سليم، قويمًا أم مهرطقًا.

وللتعليم الكتابي الصحيح والسليم العديد من التطبيقات على حياة كنيسة المسيح:

١. التعليم الصحيح يفضح ويواجه الخطية والتعليم الكاذب (١تيموثاوس١ : ٨-١١، ولا سيما ١ : ١٠؛ ٤ : ١-٦).
٢. التعليم الصحيح علامة تميِّز الخادم الصالح للمسيح يسوع (١تيموثاوس ٤ : ٦؛ انظر أيضًا ١تيموثاوس ٤ : ١٣، ١٦؛ تيطس ٢ : ١).
٣. التعليم الصحيح يُكافَأ بكرامة مضاعفة للشيوخ (١تيموثاوس ٥ : ١٧).
٤. التعليم الصحيح متوافقٌ مع التقوى (١تيموثاوس ٦ : ٣؛ تيطس ٢ : ١٠).
٥. التعليم الصحيح مشمولٌ ضمن المثال الرسولي الذي ينبغي الاحتذاء به (٢تيموثاوس ٣: ١٠).
٦. التعليم الصحيح أساسيٌّ لتأهيل رعاة الكنائس (٢تيموثاوس ٣ : ١٦-١٧).
٧. التعليم الصحيح هو المهمة المستمرة التي ينبغي أن يضطلع بها الوعاظ والكارزون (٢تيموثاوس ٤ : ٢-٤).
٨. التعليم الصحيح مؤهِّل أساسي للقادة (تيطس ١ : ٩).

يُعلِّم الكتاب المقدس بأن التعليم الصحيح سيتعرَّض دائمًا لمقاومة، سواء من بشر (متى ١٥ : ٢-٦؛ مرقس ١١ : ١٨؛ ١تيموثاوس ١ : ٣، ١٠؛ ٢تيموثاوس ٤ : ٣؛ تيطس ١ : ٩)، أو من الشيطان وملائكته (١تيموثاوس ٤ : ١). ويَعرض الكتاب المقدس العديد من الترياقات وطرق التقويم للتعليم الكاذب:

١. التكلُّم بحقِّ التعليم الصحيح في المحبة (أفسس ٤ : ١٥)
٢. تقديم التعليم الصحيح (١تيموثاوس ٤ : ٢)
٣. التمسُّك بالتعليم الصحيح (تيطس ١ : ٩؛ رؤيا ٢ : ٢٤-٢٥)
٤. دحض وتوبيخ التعليم الكاذب (تيطس ١ : ٩)
٥. رَفْضُ التعليم الكاذب الذي يقدِّمه المعلِّمون الكذبة، والابتعاد عنهم (رومية ١٦ : ١٧؛ ٢يوحنا ٩-١٠)

ثمة علاقة مباشرة لا تنفصم بين التعليم الصحيح والسلوك في القداسة، الأمر الذي يُعلِّمه الكتاب المقدس بوضوح واتساق (رومية ١٥ : ٤؛ ١تيموثاوس ٤ : ١٦؛ ٦ : ١، ٣؛ ٢تيموثاوس ٣ : ١٠؛ تيطس ٢ : ١-٤، ٧-١٠). والعكس أيضًا صحيح - فحيث وُجد معتقد كاذب، سيوجد السلوك الأثيم والشرير (تيطس ١ : ١٦). وعلى الرغم من تشديد الكتاب المقدس الواضح على كلٍّ من نقاوة العقيدة وطهارة السلوك، نشأت بعض الأفكار الخاطئة بشأن العلاقة بين ما يؤمن به الشخص وكيف ينبغي أن يسلك. وتلك الأفكار الخاطئة تتضمَّن ما يلي:

١. العقيدة السليمة تؤدِّي تلقائيًا إلى التقوى.
٢. لا يهم كيف يسلك الإنسان ما دام يتبنَّى العقيدة السليمة.
٣. العقيدة تقتل، على المستوى الروحي.
٤. لا توجد صلة بين إيمان المرء وسلوكه.
٥. المسيحية حياة، لا عقيدة.
٦. العقيدة لا تمت بصلة للواقع.
٧. العقيدة تُسبِّب الانقسام
٨. العقيدة تنفِّر الآخرين.

في مقابل هذا التوجُّه السلبي من نحو العقيدة، نؤكِّد أن غياب التعليم الصحيح ووجود التعليم الكاذب سيؤدِّي دائمًا إلى السلوك الأثيم. فمن دون التعليم الصحيح، لا يوجد أساس كتابي للتفرقة بين الصواب والخطأ، ولا توجد سلطة عقيدية تساهم في تقويم الخطية، ولا يوجد تحفيز كتابي على السلوك بالتقوى.

وفي المقابل، فإن القيمة الروحية للتعليم الصحيح لا تقاس:

١. التعليم الصحيح نافعٌ روحيًا (٢تيموثاوس ٣ : ١٦-١٧).
٢. هناك وعود ببركات روحية مقترنة بالطاعة (رؤيا ١ : ٣؛ ٢٢ : ٧).
٣. التعليم الصحيح يحمي من الخطية (مثل أيوب، ويوسف، ودانيآل، والمسيح).
٤. التعليم الصحيح يفرِّق بين الحق والضلال (٢كورنثوس ١١ : ١-١٥؛ ٢تيموثاوس ٣ : ١٦-١٧).
٥. التعليم الصحيح كان محوريًّا في خدمة المسيح (متى ٧ : ٢٨-٢٩؛ مرقس ٤ : ٢؛ لوقا ٤ : ٣٢).
٦. التعليم الصحيح كان محوريًّا في الكنيسة الأولى (أعمال الرسل ٢ : ٤٢؛ ٥ : ٢٨؛ ١٣ : ١٢).
٧. التعليم الصحيح كان محوريًّا في الخدمة الرسولية (**بولس**: أعمال الرسل ١٣ : ١٢؛ ١٧ : ١٩؛ غلاطية ٢ : ١١-٢١؛ **يوحنا**: ٢يوحنا ٩-١٠).
٨. ضحَّى الشهداء بحياتهم من أجل التعليم الصحيح (**المسيح**: مرقس ١١ : ١٨؛ **استفانوس**: أعمال الرسل ٧ : ٥٤-٦٠؛ **يعقوب**: أعمال الرسل ١٢ : ٢؛ **بولس**: ٢تيموثاوس ٤ : ١-٨).

٩. ترك المسيح والرسل وراءهم تكليفًا بتسليم التعليم الصحيح إلى الجيل التالي (**المسيح**: متى ٢٨ : ٢٠؛ **بولس**: ٢تيموثاوس ٢ : ٢).
١٠. امتُدِحت الكنائس لأجل التعليم الصحيح، أو أُدينت بسبب غياب التعليم الصحيح (**كنيسة أفسس**، امتُدِحت: رؤيا ٢ : ٢، ٦؛ **كنيستي بَرْغَامُسَ وثياتيرا**، أُدينتا: رؤيا ٢ : ١٤-١٥، ٢٠).
١١. التعليم الصحيح المثبَّت والراسخ يُعِد ويمهِّد لتلك الأزمنة التي فيها لا يكون التعليم الصحيح مقبولًا أو محتمَلًا (٢تيموثاوس ٤ : ٣).
١٢. التعليم الصحيح يحمي الكنيسة من المعلِّمين الكذبة (تيطس ١ : ٩).
١٣. التعليم الصحيح يزيِّن المؤمنين بزينة روحية حقيقية (تيطس ٢ : ١٠)
١٤. التعليم الكتابي الصحيح والعقيدة النظامية السليمة متَّصلان على نحو لا ينفصم بعلم «اللاهوت». فسواء كان يُنظَر إلى التعليم الكتابي بطريقة تفسيريَّة في نصٍّ من نصوص الكتاب المقدس، أو كان يُصنَّف بطريقة شاملة من كلِّ الكتاب المقدس، لا يمكن فصله عن تطابُقه مع علم اللاهوت. بعبارة أخرى، كلُّ تعليم كتابي هو لاهوتيٌّ في طبيعته، وكل لاهوت مسيحي هو كتابيٌّ في محتواه.

ما هو الموضوع الشامل والموحِّد للكتاب المقدس؟[١٣]

يَظهَر الموضوع العام عن المَلِك/المُلك/المملكة/الملكوت (سواء البشري أو الإلهي) عبر كلِّ الكتاب المقدس. وباستثناء سفر اللاويين، وسفر راعوث، وسفر يوئيل، يَذكُر العهد القديم هذا الموضوع صراحةً في ستة وثلاثين سفرًا من أسفاره التسعة والثلاثين. وباستثناء رسالة فيلبي، ورسالة تيطس، ورسالة فليمون، ورسالة يوحنا الأولى، ورسالة يوحنا الثانية، ورسالة يوحنا الثالثة، يَذكُر العهد الجديد هذا الموضوع بشكل مباشر في واحد وعشرين سفرًا من أسفاره السبعة والعشرين. وفي المجمل، يحتوي سبع وخمسون سفرًا من الأسفار الستة والستين القانونية على موضوع المُلك (٨٦٪).

وتَظهر الكلمات العبرية التي تُترجَم إلى «مَلِك»، و«مملكة»، و«حُكم»، و«كُرسي» و«عرش» أكثر من ثلاثة آلاف مرة في العهد القديم، بينما تظهر الكلمات اليونانية التي تُترجَم إلى هذه الكلمات ١٦٠ مرة في العهد الجديد. وقد ورد أول ذكر في العهد القديم لهذه الألفاظ في تكوين ١٠ : ١٠، وآخر ذكر لها في ملاخي ١ : ١٤. وكان أول ظهور لها في العهد الجديد في متى ١ : ٦، وآخر ظهور في رؤيا ٢٢ : ٥.

لا تظهر عبارة «ملكوت الله» لفظًا في العهد القديم. أما في العهد الجديد، فكان متى وحده هو الذي استخدم عبارة «مَلَكُوت ٱلسَّمَاوَاتِ»، غير أنه استخدمها بالتبادُل مع عبارة «مَلَكُوتِ ٱللهِ» (متى ١٩ : ٢٣-٢٤). كما استخدم متى عبارة «مَلَكُوت ٱلسَّمَاوَاتِ» في مقاطع موازية لمقاطع في أناجيل

---

١٣ هذا القسم مقتبَس بتصرُّف من المصدر التالي بتصريح من مجلة *MSJ*:
Richard L. Mayhue, “The Kingdom of God: An Introduction,” *MSJ* 23, no. 2 (2012): 167–72.

أخرى، استخدم الكُتَّاب فيها عبارة «مَلَكُوت اللهِ» (راجع متى ١٣: ١١ مع لوقا ٨: ١٠)، الأمر الذي يؤكِّد التطابُق بين هاتين العبارتين.

لم يقدِّم يسوع قط في الأناجيل تعريفًا محدَّدًا لعبارة «ملكوت السماوات/الله»، مع أنه كثيرًا ما قدَّم تشبيهات أو أمثلة توضيحية لها (على سبيل المثال، متى ١٣: ١٩، ٢٤، ٤٤، ٤٥، ٤٧، ٥٢). ومن المثير للدهشة أن أحدًا لم يطلب من المسيح أن يعرِّف المصطلح، الأمر الذي يدعونا، إذن، إلى افتراض أن أولئك الناس ظنُّوا على الأقل أنهم يفهمون المعنى الأساسي لهذه العبارة من العهد القديم، حتى وإن كان مفهومهم غير صحيح.

ولعلَّ خير دليل هو ذلك العدد الوافر من المرات التي لُقِّب فيها المسيح بلقب «**ملك**» في العهد الجديد:

- «مَلِك إِسْرَائِيلَ» (يوحنا ١: ٤٩؛ ١٢: ١٣)
- «مَلِك الْيَهُودِ» (يوحنا ١٨: ٣٩؛ ١٩: ٣، ١٩، ٢١)
- «مَلِك الْمُلُوكِ» (١تيموثاوس ٦: ١٥؛ رؤيا ١٧: ١٤؛ ١٩: ١٦)
- «مَلِك الدُّهُورِ الَّذِي لَا يَفْنَى وَلَا يُرَى» (١تيموثاوس ١: ١٧)
- «ملك الشعوب»[١٤] (رؤيا ١٥: ٣)

وقيل عن مُلك المسيح أيضًا إنه إلى أبد الآبدين (رؤيا ١١: ١٥؛ ٢٢: ٥).

من شأن دراسة كتابية عن ملكوت الله أن تقودنا إلى استنتاج أن هذا الملكوت متعدِّد الأوجه، ومتعدِّد الأبعاد، ومتعدد البُؤَر، ومتعدِّد العوامل، ومتعدِّد الأنواع؛ وأنه لا يُمكن اعتباره بالتأكيد أُحاديًّا في طبيعته.

تشمل فكرة ملكوت الله كلَّ مرحلة من مراحل الإعلان الكتابي. على سبيل المثال:

- الله مَلِكُ الأزل والأبد (ما قبل تكوين ١، ورؤيا ٢١-٢٢، وما بعد رؤيا ٢٢)
- الله مَلِكُ الخليقة (تكوين ١-٢)
- الله مَلِكُ التاريخ (تكوين ١-رؤيا ٢٠)
- الله مَلِكُ الفداء (تكوين ٣-رؤيا ٢٠)
- الله مَلِكُ الأرض (تكوين ١-رؤيا ٢٠)
- الله مَلِكُ السماء (ما قبل تكوين ١، وتكوين ١-رؤيا ٢٢، وما بعد رؤيا ٢٢)

يمكن تلخيص مقاطع **ملكوت الله** جميعها عن طريق الإقرار بوجود العديد من الجوانب العامة لهذا الملكوت. الجانب الأول هو **الملكوت الكوني**، الذي يشمل حُكم الله الذي كان، والكائن، والذي سيكون إلى الأبد على كلِّ ما هو موجودٌ في حيِّز الزمان والمكان. والجانب الثاني هو **ملكوت الله الوسيطي**، الذي بموجبه يتسلَّط الله على الأرض من خلال ممثِّلين بشريين مختارين منه. أما الجانب الثالث، فهو **الجانب الروحي أو الفدائي لملكوت الله**، والذي يتعلَّق على نحو فريد بخلاص الشخص

١٤ [المترجم]: جاء هذا اللقب «مَلِكَ ٱلْقِدِّيسِينَ» في الترجمة العربية البستاني-فاندايك.

وعلاقته الشخصية مع الله بواسطة المسيح. وعندما يستخدم الكتاب المقدس كلمة «ملكوت» للإشارة إلى ملكوت الله، فربما يشير إلى جانب واحد من هذا الملكوت أو إلى العديد من جوانبه معًا. وإن التفسير الدقيق للنصوص داخل سياقها هو ما سيحدِّد تفاصيل كلِّ نص كتابي بعينه.

وبأخذ هذه الأفكار في الاعتبار، يصير بمقدورنا أن نفترض جديًّا أنَّ **الله الملك وملكوت الله** معًا هما الموضوع الأكبر والأشمل للكتاب المقدس. قُدِّمت بعض الاقتراحات المتازة في الماضي بشأن الموضوع الشامل للكتاب المقدس، منها مجد الله، والفداء، والنعمة، والمسيح، والعهد، والوعد. لكن كلَّ احتمال من هذه الاحتمالات يوضح جزءًا من ملكوت الله، في حين أن **ملكوت الله** هو الوحيد الذي يشمل الكلَّ.

من قبل البدء وحتى ما بعد النهاية، ومن البدء وحتى النهاية، أي سواء داخل إطار الزمان والمكان أو خارجه، يَظهَر الله بصفته الملك الأعظم والمطلق. فالله هو مركز وجوهر كلِّ الأشياء، الأبدية والزمنية على حدٍّ سواء. ومن ثَمَّ، فإن ملكوت الله يَصلُح بشكل مقنع أن يكون هو الموضوع الموحِّد للكتاب المقدس.

عبَّر چون برايت (John Bright) في إيجاز وبلاغة عن هذه الفكرة على النحو التالي:

> ومن ثمَّ، يُعَد العهدان القديم والجديد معًا بمثابة فصلَين لمسرحية واحدة. يشير الفصل الأول إلى الخاتمة التي تأتي في الفصل الثاني، ومن دونه تصير المسرحية عملًا غير مكتمل وغير مرضٍ. غير أن الفصل الثاني لا بد أن يُقرأ في ضوء الفصل الأول، وإلا ضاع معناه. وكما أن المسرحية وِحدة واحدة، هكذا الكتاب المقدس أيضًا كتابٌ واحدٌ. ولو أمكن أن نختار لذلك الكتاب عنوانًا، ربما نكون محقِّين إن سمَّيناه «كتاب ملكوت الله الآتي»، لأن هذا هو بالحقيقة موضوعه المحوري الموجود في كلِّ موضع فيه.[١٥]

وإن التعديل الوحيد الذي سيجريه مؤلِّفا هذا الكتاب على هذا الملخَّص الرائع الذي قدَّمه د. برايت هو حذف كلمة واحدة، وهي كلمة «الآتي»، لأن ملكوت الله كان، وكائن، وسوف يكون إلى الأبد.

يمكن شرح ملكوت الله على النحو التالي: خلق الإله السرمديُّ الواحد في ثلاثة أقانيم ملكوتًا، وخلق اثنين من رعايا هذا الملكوت (آدم وحواء)، كي يتسلَّطا عليه. غير أن عَدُوًّا غرَّهما، وأغواهما بالرجوع عن ولائهما للملك، متسبِّبًا في تمرُّدهما على خالقهما ذي السيادة. ترتَّبَ على ذلك تدخَّل الله

15 John Bright, *The Kingdom of God: The Biblical Concept and Its Meaning for the Church* (New York: Abingdon-Cokesbury, 1953), 197; see also 7, 244. See Alva J. McClain, *The Greatness of the Kingdom: An Inductive Study of the Kingdom of God* (Chicago: Moody Press, 1959), 4–53; George N. H. Peters, *The Theocratic Kingdom of Our Lord Jesus, the Christ, as Covenanted in the Old Testament and Presented in the New Testament* (1884; repr., Grand Rapids, MI: Kregel, 1978), 1:29–33; Erich Sauer, *From Eternity to Eternity: An Outline of the Divine Purposes* (1954; repr., Grand Rapids, MI: Eerdmans, 1994), 89.

بسلسلة من اللعنات التي لا تزال سارية حتى يومنا هذا. ومنذ ذلك الحين، لم يزل الله يفدي أناسًا خطاة ومتمرِّدين، ويردُّهم إلى حالتهم الأولى كمواطنين أكفاء في الملكوت، سواء في الوقت الحاضر من الناحية الروحية، أو في وقت لاحق في ملكوتٍ على الأرض. وأخيرًا، سيُباد العدو إلى الأبد، وكذلك الخطية أيضًا. ومن ثَمَّ، يصف الأصحاحان ٢١-٢٢ من سفر الرؤيا الصورة النهائية والأبدية لملكوت الله، حيث سيردُّ الإله الواحد في ثلاثة أقانيم الملكوت إلى نقاوته الأصلية، بعدما تكون اللعنة قد رُفِعت، وستصير السماوات الجديدة والأرض الجديدة المسكن الأبدي لله ولشعبه.

ما هي الموضوعات الرئيسية للكتاب المقدس؟[١٦]

- إعلان طبيعة الله
- إعلان الدينونة الإلهية بسبب الخطية والعصيان
- إعلان البركة الإلهية بفضل الإيمان والطاعة
- إعلان الرب المخلِّص وذبيحته عن الخطايا
- إعلان ملكوت الرب المخلِّص ومجده

الكتاب المقدس هو مجموعة مكوَّنة من ستة وستين سفرًا موحًى بها من الله. جُمعت هذه الوثائق معًا في عهدين، العهد القديم (تسعة وثلاثين سفرًا)، والعهد الجديد (سبعة وعشرين سفرًا). وقد كتب أنبياء، وكهنة، وملوك، وقادة من أمة إسرائيل أسفار العهد القديم باللغة العبرية (بالإضافة إلى بعض المقاطع باللغة الأرامية). وكتب الرسل ورفقاؤهم أسفار العهد الجديد باللغة اليونانية.

يبدأ سجل العهد القديم بخلق الكون، ويُختتَم قبل نحو أربعمئة عام من المجيء الأول ليسوع المسيح. ويتبع مجرى التاريخ عبر العهد القديم المسارات التالية:

١. خَلْق الكون
٢. سقوط الإنسان
٣. دينونة الطوفان على الأرض
٤. إبراهيم، وإسحاق، ويعقوب (إسرائيل): آباء الأمة المختارة
٥. تاريخ إسرائيل
   أ. الاغتراب في مصر (٤٣٠ سنة)
   ب. الخروج والترحال في البرية (٤٠ سنة)
   ج. دخول كنعان (٧ سنوات)
   د. عصر القضاة (٣٥٠ سنة)
   ه. المملكة المتحدة: شاول، وداود، وسليمان (١١٠ سنة)
   و. المملكة المنقسمة: يهوذا وإسرائيل (٣٥٠ سنة)

---

١٦ هذا القسم مقتبَس بتصرُّف من المرجع التالي:
جون ماك آرثر، تفسير الكتاب المقدس، الطبعة الأولى (منصورية المتن – لبنان: دار منهل الحياة، ٢٠١٢)، ١٢-١٥.

ز. السبي في بابل (٧٠ سنة)
ح. الرجوع وإعادة إعمار الأرض (١٤٠ سنة)

وقد شُرِحت تفاصيل هذا التاريخ في الأسفار التسعة والثلاثين، التي يمكن تقسيمها إلى خمسة أقسام:

١. أسفار الشريعة – خمسة أسفار (التكوين - التثنية)
٢. الأسفار التاريخية – اثنا عشر سفرًا (يشوع - أستير)
٣. أسفار الحكمة – خمسة أسفار (أيوب - نشيد الأنشاد)
٤. أسفار الأنبياء الكبار – خمسة أسفار (إشعياء - دانيآل)
٥. أسفار الأنبياء الصغار – اثنا عشر سفرًا (هوشع - ملاخي)

ثم تلت اكتمال العهد القديم أربعمئة سنة من الصمت، لم يتكلَّم الله خلالها بفم أنبياء، ولم يوحِ بأيِّ سفر مقدَّس. كُسِر هذا الصمت بمجيء يوحنا المعمدان معلنًا مجيء المخلِّص الموعود. ويُسجِّل العهد الجديد بقية القصة، منذ ميلاد المسيح وحتى انقضاء التاريخ بأكمله ومجيء الحالة الأبدية الأخيرة. وهكذا، يمتدُّ العهدان من الخلق وحتى الانقضاء، ومن الأزل وإلى الأبد.

في حين تخصَّصت أسفار العهد القديم التسعة والثلاثون في الحديث عن تاريخ إسرائيل والوعد بالمخلِّص الآتي، تخصَّصت أسفار العهد الجديد السبعة والعشرين في الحديث عن شخص المسيح وتأسيس الكنيسة. تروي الأناجيل الأربعة قصة ميلاد المسيح، وحياته، وموته، وقيامته، وصعوده. وينظر كلُّ كاتب من الكُتَّاب الأربعة إلى أعظم وأهم حدث في التاريخ، ألا وهو مجيء يسوع المسيح، الله-الإنسان، من منظور مختلف. ينظر متى إليه من منظور ملكوته، وينظر مرقس إليه من منظور أدائه عمل الخادم، بينما ينظر لوقا إليه من منظور ناسوته، وينظر يوحنا إليه من منظور ألوهيته.

ويروي سفر أعمال الرسل تأثير حياة، وموت، وقيامة يسوع المسيح، الرب المخلِّص، منذ صعوده، وما تلاه من مجيء الروح القدس، ثم ميلاد الكنيسة من خلال السنوات الأولى من كرازة الرسل ورفقائهم بالإنجيل. ويُسجِّل سفر أعمال الرسل تأسيس الكنيسة في اليهودية، والسامرة، وفي أنحاء الإمبراطورية الرومانية.

وكُتِبت الرسائل الإحدى والعشرون إلى كنائس وأفراد بهدف شرح أهمية ودلالة شخص يسوع المسيح وعمله، بالإضافة إلى تطبيقات ذلك على حياة المؤمن وشهادته، إلى أن يأتي المسيح ثانية.

ثم يُختتَم العهد الجديد بسفر الرؤيا، الذي يبدأ بوصف عصر الكنيسة الحالي، الذي يبلغ ذروته بمجيء المسيح ثانية لتأسيس ملكوته على الأرض، موقعًا دينونة على الفُجَّار والأثمة، وجالبًا مجدًا وبركة للمؤمنين. وعقب الملك الألفي للرب المخلِّص، ستأتي الدينونة الأخيرة، التي ستؤدِّي إلى الحالة الأبدية. وسيدخل جميع المؤمنين من كلِّ العصور إلى المجد الأبدي النهائي المُعَدِّ لهم، في حين يُسلَّم جميع الخطاة والأثمة إلى الجحيم لينالوا عقابهم الأبدي.

ولفهم الكتاب المقدس، يَلزَم إلقاء نظرة شاملة على ذلك التاريخ منذ الخلق وحتى الانقضاء. ومن الحيوي أيضًا ألا يغيب عن أعيننا الموضوع الموحِّد للكتاب المقدس. فإن الموضوع الواحد والثابت الذي يتكشَّف عبر الكتاب المقدس بكامله هو أن الله اختار، لأجل مجده، أن يخلق ويجمع إلى نفسه جماعة من البشر، يكونون رعايا ملكوته الأبدي، الذين سيسبِّحونه ويكرمونه ويعبدونه إلى الأبد، والذين من خلالهم سيُظهِر حكمته، وقدرته، ورحمته، ونعمته، ومجده. وكي يجمع الله مختاريه، كان ينبغي أن يفديهم من الخطية. ويعلن الكتاب المقدس خطة الله لتحقيق هذا الفداء منذ وضع الخطة في الأزل، وحتى اكتمال الخطة في الأبدية المستقبلية. فإن العهود، والوعود، والحقب الزمنية جميعها أمور ثانوية بالنسبة لخطة الفداء الواحدة الثابتة والمستمرة.

يوجد إله واحد فحسب. وللكتاب المقدس مصدر إلهي واحد فحسب. كما أن الكتاب المقدس كتاب واحد، يحوي خطة نعمة واحدة، سُطرت منذ ابتدائها، مرورًا بتنفيذها، ثم وصولًا إلى اكتمالها. فمن التعيين السابق وحتى التمجيد، الكتاب المقدس هو قصة فداء الله لشعبه المختار، لمدح مجده.

وفي أثناء تكشُّف مقاصد الله وخطته الفدائيَّة في الكتاب المقدس، نجد تشديدًا مستمرًا على خمسة موضوعات متكرِّرة. وكلُّ ما هو معلَن في صفحات كلٍّ من العهد القديم والعهد الجديد مرتبطٌ بهذه العناوين الخمسة. ذلك أنَّ الكتاب المقدس يعلِّم أو يبيِّن دائمًا: (١) طبيعة الله وصفاته؛ (٢) مأساة الخطية وعصيان معيار الله المقدَّس؛ (٣) غِبطة الإيمان وإطاعة معيار الله؛ (٤) الحاجة إلى مخلِّص، يتسنَّى للخطاة ببرِّه وبدليَّته أن ينالوا الغفران، ويتبرَّروا، ويتغيَّروا جذريًّا ليطيعوا مقياس الله؛ (٥) النهاية المجيدة الآتية التي سيبلغها تاريخ الفداء في ملكوت الرب المخلِّص على الأرض، وما يليه من ملكوت ومجد أبديَّين لله والمسيح معًا. وعند قراءة الكتاب المقدس كلِّه، ينبغي أن يكون المرء قادرًا على إقامة الترابط بين كلِّ جزء من الكلمة المقدَّسة وهذه الموضوعات البارزة، مدركًا أن ما يتم التعريف به في العهد القديم يزداد وضوحًا أيضًا في العهد الجديد. وإن النظر في هذه العناوين الخمسة، كلٍّ على حدة، يزوِّدنا بنظرة شاملة للكتاب المقدس بأكمله.

⬅ إعلان طبيعة الله

إن الكتاب المقدس، في المقام الأول، هو إعلان الله عن ذاته. فهو يعلن عن ذاته بصفته إله الكون المهيمن، الذي شاء أن يصنع الإنسان وأن يكون معروفًا عنده. وفي ذلك الإعلان من الله عن ذاته، رسَّخ معياره الخاص بالقداسة المطلقة. فمن زمن آدم وحواء، مرورًا بقايين وهابيل، ثم وصولًا إلى كلِّ إنسان قبل شريعة موسى وبعدها، ترسَّخ مقياس البر، وحُفِظ الكتاب المقدس حتى آخر صفحة من العهد الجديد، بحيث يؤدي انتهاكه إلى الدينونة، سواء الزمنية أو الأبدية.

في العهد القديم، سُجِّل أن الله أعلن عن ذاته بالوسائل الآتية:

١. الخليقة (السماوات والأرض)
٢. خلق الجنس البشري على صورة الله
٣. الملائكة

٤. الآيات، والعجائب، والقوات
٥. الرؤى
٦. الكلام المنطوق بأفواه الأنبياء وغيرهم
٧. الكلمة المقدَّسة المكتوبة (العهد القديم)

وفي العهد الجديد، سُجِّل أن الله أعلن عن ذاته أيضًا بالوسائل عينها، ولكن بصورة أوضح وأكمل:

١. الخليقة (السماوات والأرض)
٢. تجسد الله-الإنسان، يسوع المسيح، الذي هو صورة الله
٣. الملائكة
٤. الآيات، والعجائب، والقوات
٥. الرؤى
٦. الكلام المنطوق بأفواه المسيح، والرسل، والأنبياء
٧. الكلمة المقدَّسة المكتوبة (العهد الجديد)

إعلان الدينونة الإلهية بسبب الخطية والعصيان

يتناول الكتاب المقدس تكرارًا مسألة خطية الإنسان التي تؤدي إلى الدينونة الإلهية. وإن حادثة تلو الأخرى في الكتاب المقدس تبيِّن النتائج المُهلِكة لانتهاك معيار الله، سواء في الزمان أو في الأبديَّة. فالكتاب المقدس يحتوي على ١١٨٩ أصحاحًا، أربعة منها فقط لا تمت بصلة لعالم ساقطٍ، وهي الأصحاحان الأوَّلان والأخيران، أي ما قبل السقوط وما بعد خلق السماوات الجديدة والأرض الجديدة. أما الباقي، فهو تاريخ مأساة الخطية ونعمة الله المخلِّصة والفدائية في المسيح يسوع.

في العهد القديم، يبيِّن الله بليَّة الخطية، بدءًا من آدم وحواء، إلى قايين وهابيل، فآباء إسرائيل الأوَّلين، وموسى وشعب إسرائيل، والملوك، والكهنة، وبعض الأنبياء، والأمم الأجنبية. ويتخلَّل العهد القديم كلَّه ذلك السجلُّ القاسي من الخراب المستمر الناتج عن الخطيَّة وعصيان شريعة الله.

وفي العهد الجديد، تصبح مأساة الخطية أكثر وضوحًا؛ فإن كرازة وتعليم يسوع والرسل يبدآن وينتهيان بدعوة إلى التوبة. ثم إن الملك هيرودس، ورؤساء اليهود، والأمة الإسرائيليَّة، مع بيلاطس البنطي، وروما، وباقي العالم، يرفضون جميعهم الربَّ المخلِّص، ويزدرون بالحق الإلهي، وبذلك يدينون أنفسهم. ويستمر تاريخ الخطية بلا هوادة إلى نهاية الدَّهر، ومجيء المسيح ثانية للدينونة. ويبدو عصيان العهد الجديد أكثر وقاحة وفداحة من عصيان العهد القديم، لأنه يشتمل على رفض الرب المخلِّص يسوع المسيح في النور الأكثر سطوعًا لإعلان العهد الجديد.

إعلان البركة الإلهية بفضل الإيمان والطاعة

يَعِد الكتاب المقدس تكرارًا بمكافآت عجيبة، سواء في هذا الزمان أو في الأبدية، تُعطَى للذين يثقون بالرب ويسعون إلى إطاعته. وفي العهد القديم، بيَّن الله غبطة التوبة عن الخطية، والإيمان بشخصه،

وإطاعة كلمته، من هابيل، مرورًا بآباء إسرائيل الأوَّلين، وصولًا إلى البقية في إسرائيل، بل أيضًا إلى الأمم الذين آمنوا (مثل أهل نينوى).

لطالما عرَّف الله بمشيئته، وناموسه الأدبي، ومعياره للبشر. وأولئك الذين واجهوا عدم قدرتهم على استيفاء معيار الله، وأقروا بخطاياهم، واعترفوا بعجزهم عن إرضاء الله بمجهوداتهم الذاتية وأعمالهم الشخصية، وطلبوا منه الغفران والنعمة، أولئك نعموا بالفداء والبركة بفضل رحمة الله، في هذا الزمان وفي الأبدية أيضًا.

وفي العهد الجديد، أبدى الله مُجَدَّدًا ملء بركة الفداء من الخطية للتائبين. فقد كان هنالك أولئك الذين تجاوبوا مع كرازة يوحنا المعمدان بالتوبة. وآخرون تابوا من جرَّاء كرازة يسوع. كما أن آخرين أيضًا من بني إسرائيل أطاعوا الإنجيل بواسطة كرازة الرسل. وأخيرًا، آمن عدد كبير من الأمم بالإنجيل من جميع أنحاء الإمبراطورية الرومانية. ولهؤلاء جميعًا، وجميع الذين سيؤمنون على مرِّ التاريخ بكامله، يوجد وعدٌ بالبركة، سواء في هذا الدهر أو في الدهر الآتي.

⬅ إعلان الرب المخلِّص وذبيحته عن الخطايا

هذا هو لبُّ كلٍّ من العهد القديم، الذي قال يسوع إنه تكلَّم عنه بالرمز والنبوة، والعهد الجديد، الذي يُورِد السجلَّ الكتابيَّ لمجيئه. والوعد بالبركة متعلِّق بالنعمة والرحمة الموهوبَين للخاطئ. تعني الرحمة ألا تُحسَب الخطية على الخاطئ. وهذا الغفران متوقِّفٌ على سداد عقوبة الخطية لإرضاء العدالة المقدسة، الأمر الذي يستلزم بديلًا، أي شخصًا يموت مكان الخاطئ. وقد كان البديل المختار، أي الشخص الوحيد المؤهَّل، هو يسوع. والخلاص يتحقق دائمًا بوسيلة النعمة عينها، سواء في أثناء أزمنة العهد القديم أو أزمنة العهد الجديد. فعندما يُقبِل أيُّ خاطئ إلى الله، بإيمان تائبٍ، مقرًّا بأنه لا يملك أيَّة قدرة على أن يخلِّص نفسه من دينونة الغضب الإلهي التي يستحقها، ومؤمنًا بالمسيح، وملتمسًا الرَّحمة، يُمنَح وعد الله بالغفران. وعندئذ، يعلنه الله بارًّا بفضل احتساب ذبيحة المسيح وطاعته له، أي إيداعهما في حسابه. ففي العهد القديم، برَّر الله الخطاة بالطريقة نفسها، استباقًا لعمل المسيح الكفاري. وعليه، فإن هنالك استمرارًا للنعمة والخلاص على مدى تاريخ الفداء كلِّه. وإن العهود، والوعود، والحقب الزمنية المختلفة لا تغيِّر من هذه الاستمرارية الأساسية، ولا تغيِّر منها أيضًا تلك الفجوة بين أمة إسرائيل، الأمة الشاهدة في العهد القديم، والكنيسة، الذين هم أهل الشهادة في العهد الجديد. فإن استمرارية جوهرية تمركزت في الصليب، الذي لم يكن بمثابة انقطاعٍ في خطة الله، بل إنه بعينه الأمر الأساسي الذي يشير إليه كلُّ ما عداه.

يتخلَّل الوعد بالمخلِّص وذبيحته العهد القديم كلَّه. ففي سفر التكوين، هو نسل المرأة الذي سيسحق الشيطان. وفي سفر زكريا هو «المطعون» الذي ستنظر إليه أمة إسرائيل، والذي به يفتح الله ينبوع الغفران لكلِّ النائحين من جرَّاء خطاياهم (زكريا ١٢: ١٠). وهو ذاك الواحد المرموز إليه في نظام الذبائح المنصوص عليه في الشريعة الموسوية. وهو البديل المتألم الذي تكلَّم عنه الأنبياء. وفي العهد القديم كلِّه، هو المسيَّا الذي سيموت من أجل معاصي شعبه. ومن البداية وحتى النهاية، يقدِّم العهد

القديم موضوع الرب المخلِّص بصفته ذبيحةً عن الخطايا. وفقط بفضل ذبيحته الكاملة عن الخطايا، يمنح الله الغفران بنعمته للمؤمنين التائبين.

وفي العهد الجديد، جاء الرب المخلِّص، وقدَّم بالفعل على الصليب ذبيحته الكاملة الموعودة عن الخطايا. وإذ أكمل كلَّ بر بحياته الكاملة والخالية من أي عيب، وفى حقَّ العدل بموته. وهكذا، يكون الله ذاته قد كفَّر عن الخطايا، بثمنٍ أغلى من أن يسبر الذهن البشري غوره. وهو الآن يعمل لخير شعبه، موفرًا كلَّ ما يلزم ليكونوا موضع استحسانه ورضاه. وذلك هو ما يعنيه الكتاب المقدس عندما تكلَّم عن الخلاص بالنعمة.

⬅ إعلان ملكوت الرب المخلِّص ومجده

هذا الجزء الحاسم من مقوِّمات الكتاب المقدس يقود القصة بأكملها إلى اكتمالها المعيَّن لها من الله. إن تاريخ الفداء خاضعٌ لسيطرة الله، بحيث يبلغ ذروته في مجده الأبدي. وسينتهي تاريخ الفداء بالدقة نفسها التي ابتدأ بها. وإن حقائق الأمور الأخيرة ليست غامضة أو مبهَمة، كما أنها ليست عديمة الأهمية. فكما أن نهاية القصة في أيِّ كتاب هي أكثر الأجزاء حسمًا وتشويقًا، هكذا حال الكتاب المقدس. ويلفت الكتاب المقدس الانتباه إلى بضعة ملامح محدَّدة جدًا للنهاية التي خطط لها الله.

في العهد القديم، نجد ذكرًا متكرِّرًا لملكوت أرضي يحكمه المسيَّا، الرب المخلِّص، الذي سوف يأتي ثانية ليملك. وسوف يصاحب ذلك الملكوت خلاص إسرائيل، وخلاص الأمم، وتجديد الأرض من آثار اللعنة، وقيامة أجساد شعب الله الذين رقدوا. وأخيرًا، يتنبأ العهد القديم بأن يخلق الله سماوات جديدة وأرضًا جديدة، تكون هي الحالة الأبدية للأبرار، وكذلك تنبَّأ عن جحيمٍ نهائيٍّ للأشرار.

وفي العهد الجديد، نجد توضيحًا واستفاضة في هذه الملامح. يُرفض الملك ويُقتَل، ولكنه يَعِد بأن يأتي ثانية في مجد، جالبًا معه دينونة، وقيامة، فضلًا عن ملكوت لجميع الذي يؤمنون. وسينضم عدد لا يُحصى من الأمميين من كل أمة إلى جماعة المفديين. وسوف تَخلُص إسرائيل وتُطعَّم مجدَّدًا في أصل البركة، الذي قُطِعت عنه إلى حينٍ. وسوف يتم التمتُّع بملكوت الأمة الموعود، والرب المخلَّص جالسٌ فوق العرش، في الأرض المجدَّدة، ممارسًا سلطانه على العالم أجمع، ومتلقيًا الإكرام والعبادة الواجبَين. وفي أعقاب ذلك الملكوت، سيحدث انحلالٌ للخليقة المجدَّدة، لكن الملطَّخة بالخطية بعد، يليه خلق سماوات جديدة وأرض جديدة، وهذه ستكون الحالة الأبدية، التي ستكون منفصلة تمامًا إلى الأبد عن الأشرار في الجحيم.

ما الصلة بين اللاهوت النظامي وفلسفة الحياة؟[١٧]

ما هي فلسفة الحياة [worldview]؟[١٨] تنطوي فلسفة الحياة على مجموعة الافتراضات المسبقة، والقناعات، والقيم التي يتبنَّاها أحدهم، والتي من خلالها يحاول أن يفهم العالم والحياة. عبَّر رونالد ناش (Ronald Nash) عن هذا الأمر على النحو التالي: «فلسفة الحياة هي مخطَّط مفاهيمي نُكيِّف عليه، سواء بوعي أو دون وعي، كلَّ ما نؤمن به، وبه نفسِّر الواقع ونَحكُم عليه».[١٩] وبالمثل، يقول جاري فيليبس (Gary Phillips)، ووِيليام براون (William Brown): «فلسفة الحياة هي، في المقام الأول، **شرحٌ وتفسيرٌ للعالم**؛ وفي المقام الثاني، **تطبيقٌ لهذه الفلسفة على الحياة**».[٢٠]

كيف يكوِّن المرء فلسفة حياة؟ ومن أين يبدأ؟ تبدأ أيَّة فلسفة حياة من **افتراضات مسبقة** [presuppositions]، أي معتقدات يفترض المرء صحتها، دون وجود أدلة داعمة لها مستمَدَّة من مصادر أو أنظمة أخرى. ويتطلَّب فهم الواقع، سواء كان فهمًا جزئيًا أو كاملًا، أن يتبنَّى المرء موقفًا تفسيريًا، بما أنه لا يوجد في الكون ما يسمَّى بالفكرة «الحياديَّة». وهذا الموقف يصير هو الأساس الذي يبني المرءُ فوقه.

ما هي الافتراضات المسبَقة لفلسفةٍ مسيحيَّة للحياة تكون راسخةً بقوَّة في الكتاب المقدس؟ أجاب كارل ف. هـ. هنري (Carl F. H. Henry)، وهو مفكِّر مسيحي بارز عاش في النصف الثاني من القرن العشرين، عن هذا السؤال ببساطة شديدة قائلًا إن «اللاهوت الإنجيلي لا يجرؤ سوى على تبنِّي افتراض مسبق واحد فقط لا غير، ألا وهو: وجود إله حيّ وشخصيّ قابل أن يُعرَف بشكل مفهوم في إعلانه».[٢١] وهذا الافتراض المسبق الواحد والرئيسي، الذي يَكمُن وراء أيَّة فلسفة مسيحيَّة صحيحة للحياة، ينقسم إلى جزأين. الجزء الأول هو أن الله كائنٌ منذ الأزل وإلى الأبد، بصفته الشخص الخالق، والمتسامي، والواحد في ثلاثة أقانيم. والجزء الثاني هو أن الله أعلن عن طبيعته، ومقاصده، ومشيئته في صفحات إعلانه الخاص - أي الكتاب المقدس - المعصومة والخالية من الخطأ.

ما هي الفلسفة المسيحية للحياة؟ يُقدَّم التعريف التالي كنموذجٍ يمكن العمل به:

> الفلسفة المسيحية للحياة ترى وتدرك الله الخالق وخليقته - أي الإنسان والعالم - في المقام الأول من خلال عدسة الإعلان الإلهي الخاص، أي الكتاب المقدس؛ وفي المقام الثاني، من خلال الإعلان الإلهي في الطبيعة، حسبما يفسِّره المنطق

١٧ هذا القسم مقتبَس بتصرُّف من المصدر التالي، بتصريح من الناشر:

Richard L. Mayhue, "Introduction," in *Think Biblically: Recovering a Christian Worldview*, ed. John MacArthur (Wheaton, IL: Crossway, 2003), 13–16.

١٨ [المترجم]: يطلق البعض على فلسفة الحياة (worldview) أيضًا اسم "الرؤية الكونية".

19 Ronald H. Nash, *Faith and Reason: Searching for a Rational Faith* (Grand Rapids, MI: Zondervan, 1988), 24.

20 W. Gary Phillips and William E. Brown, *Making Sense of Your World from a Biblical Viewpoint* (Chicago: Moody Press, 1991), 29.

21 Carl F. H. Henry, *God, Revelation, and Authority*, vol. 1, *God Who Speaks and Shows: Preliminary Considerations* (Waco, TX: Word, 1976), 212.

البشري، وحسبما يتماشى مع الكتاب المقدس، لأجل الإيمان والسلوك بما يتوافق مع مشيئة الله، ومن ثمَّ، لأجل أن يمجِّد المرء الله بفكره وسلوكه، سواء في هذا الزمان أو في الأبدية.

ما هي بعض فوائد تبنِّي الفلسفة المسيحيَّة للحياة؟ تقدِّم فلسفة الحياة الكتابية إجابات مقنعة عن أهم الأسئلة في الحياة:

١. كيف خرج العالم وكلُّ ما فيه إلى حيِّز الوجود؟
٢. بأيِّ مقياس يمكن أن نحدِّد ما إذا كانت فرضية ما صحيحة أم خاطئة؟
٣. كيف يعمل العالم؟ وكيف ينبغي أن يعمل؟
٤. ما هي طبيعة الإنسان؟
٥. ما هو غرض الإنسان الشخصي من وجوده؟
٦. كيف ينبغي أن يسلك المرء؟
٧. هل هناك رجاء شخصي في المستقبل؟
٨. ماذا يحدث لأيِّ إنسان عند موته، وبعد موته أيضًا؟
٩. لماذا يُمكن معرفة أيِّ شيء على الإطلاق؟
١٠. كيف يمكن تحديد الصواب والخطأ؟
١١. ما معنى التاريخ البشري؟
١٢. ما الذي يخبِّئه المستقبل؟

يواجه المسيحيون في القرن الحادي والعشرين بشأن هذا العالم وهذه الحياة الأسئلة الأساسية نفسها التي واجهت أقدم البشر في سفر التكوين. فقد كان على هؤلاء البشر القدامى أيضًا أن يفحصوا ويغربلوا العديد من فلسفات الحياة المختلفة للإجابة عن الأسئلة أعلاه. وكانت هذه هي الحال عبر التاريخ كلِّه. تأمَّل معي ما واجهه يوسف (تكوين ٣٧-٥٠) وموسى (خروج ٢-١٤) في أرض مصر، أو ما واجهه إيليا مع إيزابل وأنبيائها الوثنيِّين (١ ملوك ١٧-١٩)، أو ما واجهه دانيآل في بابل (دانيآل ١-٦)، أو نحميا في بلاد فارس (نحميا ١-٢)، أو بولس في أثينا (أعمال الرسل ١٧). استطاع هؤلاء تمييز الفرق بين الحق والباطل، وبين الصواب والخطأ، لأنهم وضعوا إيمانهم في الله الحيِّ، وفي كلمته المعلَنة.

ما الشيء الجوهري الذي يميِّز الفلسفة المسيحية للحياة عن فلسفات الحياة الأخرى؟ في لُبِّ الأمر، تختلف الفلسفة المسيحية للحياة عن فلسفات الحياة الأخرى من حيث كونها: (١) تقر بأنَّ إله الكتاب المقدس هو المصدر الأوحد والفريد لكلِّ الحق؛ (٢) تربط أيَّ حقٍّ بما يفهمه الإنسان عن ا لله وعن مقاصده سواء في هذه الحياة أو الحياة الآتية.

هل هنالك أيَّة مفاهيم خاطئة شائعة بشأن الفلسفة المسيحية للحياة، ولا سيما بين المؤمنين؟ ثمة فكرتين مغلوطتين على الأقل. الفكرة الأولى هي أن المنظور المسيحي عن العالم والحياة يختلف في كلِّ النواحي عن وجهات النظر الأخرى. وفي حين ليس هذا صحيحًا دائمًا (على سبيل المثال، تقبل جميع

فلسفات الحياة قانون الجاذبية)، تختلف وتتفرَّد الفلسفة المسيحية للحياة بالفعل عن فلسفات الحياة الأخرى من حيث أهم النواحي، ولا سيما من حيث ارتباطها بطبيعة الله، وطبيعة الكتاب المقدس وقيمته، وحصريَّة يسوع المسيح بصفته المخلِّص والربَّ. المفهوم الخاطئ الثاني هو أنَّ الكتاب المقدس يحوي كلَّ ما يحتاج المؤمنون أن يعرفوه عن كلِّ شيء. من شأن المنطق السليم أن يضع نهاية لهذه الفكرة الحائدة عن الصواب. فعلى سبيل المثال، لا يعطي الكتاب المقدس تعليمات بشأن كيفية تغيير زيت محرك السيارة. ومع ذلك، فالكتاب المقدس وحده يحوي كلَّ ما يحتاج المؤمنون إلى معرفته بشأن حياتهم الروحية وبشأن التقوى، بمعرفة الإله الواحد الحقيقي، التي هي أسمى وأهم مستوى من المعرفة (٢بطرس ١: ٢-٤).

كيف وفي أيِّ مجالٍ من مجالات الحياة تُبرهِن الفلسفة المسيحيَّة للحياة على ضرورتها؟ أولًا، في مجال **البحث والدراسات الأكاديمية**، تَظهَر الفلسفة المسيحية للحياة ليس بصفتها واحدةً من بين احتمالات كثيرة متساوية معًا، بل بصفتها وجهة النظر الحقيقية الوحيدة عن الحياة، التي يُعَد الله الخالق هو مصدرها الأوحد للحق. ومن ثَمَّ، فإن الفلسفة المسيحية للحياة هي بمثابة نور ساطع يعكس مجد الله في وسط الظلام الفكري.

ثانيًا، ينبغي استخدام الفلسفة المسيحية للحياة كأداة ضرورية ولا غنى عنها في **الكرازة بالإنجيل**، للإجابة عن أسئلة غير المؤمن، والردِّ على اعتراضاته. ومع ذلك، يجب أن ندرك أن الإنجيل، في النهاية، هو الذي يملك القوة للإتيان بأيِّ إنسان إلى الخلاص (رومية ١: ١٦-١٧).

أخيرًا، تُعَد الفلسفة المسيحية للحياة ركنًا أساسيًا في مجال **التلمذة**، لتعليم وتكميل المؤمن الحقيقي بالمسيح عن مقتضيات ونتائج إيمانه المسيحي. فهي تقدِّم إطارًا يمكن للمرء من خلاله أن (١) يفهم العالم وكلَّ واقعه من منظور الله؛ (٢) ينسِّق حياته وفقًا لمشيئة الله.

ما الهدف الذي ينبغي أن يكون هو الهدف الأساسي من تبنِّي الفلسفة المسيحية للحياة؟ ولماذا تُعَد الفلسفة المسيحية للحياة جديرة باستعادة مكانتها؟ يعرض إرميا إجابة الله المباشرة عن هذا السؤال قائلًا:

> هَكَذَا قَالَ الرَّبُّ: «لاَ يَفْتَخِرَنَّ الْحَكِيمُ بِحِكْمَتِهِ وَلاَ يَفْتَخِرِ الْجَبَّارُ بِجَبَرُوتِهِ وَلاَ يَفْتَخِرِ الْغَنِيُّ بِغِنَاهُ. بَلْ بِهَذَا لِيَفْتَخِرَنَّ الْمُفْتَخِرُ: بِأَنَّهُ يَفْهَمُ وَيَعْرِفُنِي أَنِّي أَنَا الرَّبُّ الصَّانِعُ رَحْمَةً وَقَضَاءً وَعَدْلاً فِي الأَرْضِ لأَنِّي بِهَذِهِ أُسَرُّ يَقُولُ الرَّبُّ» (إرميا ٩: ٢٣-٢٤)

فإن غاية الإنسان الرئيسية هي أن يعرف الله ويمجِّده. غير أن معرفة الله مستحيلة دون وجود فلسفة مسيحية للحياة.

أين يتقاطع، إذن، اللاهوت النظامي وفلسفة حياة المرء معًا؟ أولًا، كلٌّ من اللاهوت النظامي وفلسفة الحياة مؤسَّسٌ على الافتراض المسبَق عينه بجزأيه: (١) الوجود الشخصي لله السرمدي؛ (٢) إعلانه عن ذاته في الكتاب المقدس. ثانيًا، تعتمد الفلسفة المسيحية للحياة على اللاهوت النظامي في معرفة وفهم الحق الإلهي، لأن اللاهوت النظامي لا يعدو كونه تنظيمًا لكلِّ ما أعلنه الله، في سبيل أن يعرفه

الإنسان معرفة صحيحة وأن يسلك أمامه سلوكًا صحيحًا. ثالثًا، تعتمد الفلسفة المسيحية للحياة على اللاهوت النظامي في معرفة وتبنِّي فلسفة الله للحياة، كما هي معلَنة في الكتاب المقدس، لأننا لن نتعلَّم كيف نفكِّر مثلما يفكِّر الله إلا حين نفكِّر بطريقة مسيحية. وأخيرًا، يعتمد اللاهوت النظامي على الفلسفة المسيحية للحياة في تطبيق الحق الكتابي على نحو متَّسق وصحيح، من أجل السلوك بحسب مشيئة الله ولمجد الله.

ما الصلة بين اللاهوت النظامي والذهن؟[٢٢]

- ⬅ الذهن المخلَّص
- ⬅ الذهن المجدَّد
- ⬅ الذهن المستنير
- ⬅ الذهن المشابِه للمسيح
- ⬅ الذهن المختبَر
- ⬅ الذهن المثمِر
- ⬅ الذهن المتوازن

يتعلَّق اللاهوت النظامي بأكمله بفكر الله حسبما هو موجود في الكتاب المقدس، وليس بما يظنه البشر بشكلٍ مستقلٍّ، بمعزلٍ عن الكتاب المقدس. وسنتناول فيما يلي الخصائص الأساسيَّة للذهن المسيحي، التي تؤهِّل المرء لتعلُّم وتعليم اللاهوت المسيحي، الذي مصدره الكتاب المقدس، ومحوره الإله الواحد في ثلاثة أقانيم.

⬅ الذهن المخلَّص

نتيجة الخلاص، يتمكَّن ذهنُ الشخص من معرفة وإدراك مجدِ الله (٢ كورنثوس ٤ : ٦). وفي حين أعمى الشيطان هذا الشخص فيما سبق (٢كورنثوس ٤ : ٤)، صارت بحوزته الآن «خُوذَةَ الْخَلاَصِ» (أفسس ٦ : ١١)، التي تحمي ذهنه من «مَكَايِدِ» (هذا لفظ مرتبط بالذهن في اللغة اليونانية، أفسس ٦ : ١١) إبليس. فلم يَعُد هذا الشخص غير محصَّن ضد هجوم إبليس، كما كان حاله قبل الخلاص؛ بل صار هذا الشخص الجديد (٢كورنثوس ٥ : ١٧) الآن يمتلك معرفة بالله وبمشيئته كان يفتقر إليها من قبل (ايوحنا ٥ : ١٨-٢٠).

⬅ الذهن المجَدَّد

عندما يدخل أحدُهم في علاقة شخصية مع يسوع المسيح، يصير خليقة جديدة (٢كورنثوس ٥ : ١٧)، تُرنِّم «تَرْنِيمَةً جَدِيدَةً» (مزمور ٩٨ : ١). ويكتسب الذهن طريقة تفكير جديدة، وقدرة على خلع طرق التفكير القديمة الشريرة. وغنيٌّ عن البيان أن الله هو العامل في تجديد أذهان المؤمنين (رومية ١٢ : ٢؛ أفسس ٤ : ٢٣؛ كولوسي ٣ : ١٠).

---

٢٢ هذا الجزء مقتبَس بتصرُّف من المصدر التالي، بتصريح من الناشر:
Mayhue, "Cultivating a Biblical Mind-Set," in MacArthur, *Think Biblically*, 42–53.

يوصينا الكتاب المقدس قائلًا: «اهْتَمُّوا بِمَا فَوْقُ لاَ بِمَا عَلَى الأَرْضِ» (كولوسي ٣: ٢).[٢٣] وصاغ بولس هذه الفكرة في مفردات عسكرية، قائلًا: «هَادِمِينَ ظُنُوناً وَكُلَّ عُلْوٍ يَرْتَفِعُ ضِدَّ مَعْرِفَةِ اللهِ، وَمُسْتَأْسِرِينَ كُلَّ فِكْرٍ إِلَى طَاعَةِ الْمَسِيحِ» (٢كورنثوس ١٠: ٥). وكيف نفعل ذلك؟ يكشف لنا الكتاب المقدس فكر الله (١كورنثوس ٢: ١٦) - ليس فكره كاملًا، بالتأكيد، وإنما كلَّ ما قرَّر الله في حكمته أن يعلنه لنا. وكي يفكِّر المرء مثل الله، عليه أن يفكِّر مثل الكتاب المقدس. ولهذا حثَّ بولس مؤمني كولوسي على أن تَسكُن فيهم كلمة المسيح بغنى (كولوسي ٣: ١٦).

أبدَعَ هاري بلاميرز (Harry Blamires)، وهو رجل بريطاني تميَّز بفهمه الاستثنائي عن الذهن المسيحي، في تعبيره عن هذا الأمر قائلًا:

> أن تفكِّر بطريقة مسيحية يعني أن تفكِّر بلغة الإعلان ومفرداته. بالنسبة للشخص العلماني، الله وعلم اللاهوت ألعوبة الذهن. أما بالنسبة للشخص المسيحي، فإن الله حقيقة، واللاهوت المسيحي يصف حقَّه المعلن لنا. وبالنسبة للذهن العلماني، يُعَد الدِّين في المقام الأول مسألة نظرية. أما بالنسبة للذهن المسيحي، تُعَد المسيحية مسألة أفعال وحقائق. وهذه الأفعال والحقائق التي تشكِّل أساس إيماننا مسجَّلة في الكتاب المقدس.[٢٤]

في الخلاص، ينال المؤمنون قدرة ذهنية مجدَّدة على إدراك الحق الروحي. وبعد الخلاص، يكونون بحاجة إلى أن يعيدوا تعديل فكرهم، في المقام الأول من خلال تجديد أذهانهم، باستخدام الكتاب المقدس كوسيلة لتحقيق ذلك. والهدف النهائي والأسمى هو اكتساب معرفة كاملة عن الله وعن مشيئته (أفسس ١: ١٧-١٨؛ كولوسي ١: ٩-١٠).

⬅ الذهن المستنير

يقول الكتاب المقدس إن المؤمنين بحاجة إلى معونة الله حتى يفهموا كلمة الله (١كورنثوس ٢: ١٢-١٣). ومن ثَمَّ، ينير روح الله أذهان المؤمنين حتى يدركوا الحقائق المعلَنة في الكتاب المقدس، ويَقبَلوها، ويطيعوها. ويطلق اللاهوتيون على هذه العملية مصطلح **الاستنارة [illumination]**.

ومن أروع الصلوات التي يمكن أن يصليها أيُّ شخص يدرس الكتاب المقدس هي: «اكْشِفْ عَنْ عَيْنَيَّ فَأَرَى عَجَائِبَ مِنْ شَرِيعَتِكَ» (مزمور ١١٩: ١٨). تُقر هذه الصلاة بالاحتياج الماس إلى نور الله لفهم كلمته. وتشير نصوص أخرى أيضًا إلى المعنى ذاته، مثل مزمور ١١٩: ٣٣-٣٤، «عَلِّمْنِي يَا رَبُّ طَرِيقَ فَرَائِضِكَ فَأَحْفَظَهَا إِلَى النِّهَايَةِ. فَهِّمْنِي فَأُلاَحِظَ شَرِيعَتَكَ وَأَحْفَظَهَا بِكُلِّ قَلْبِي» (انظر أيضًا مزمور ١١٩: ١٠٢).

---

٢٣ [المترجم]: «رَكِّزوا تفْكِيرَكُمْ عَلَى الْأُمُورِ السَّمَاوِيَّةِ، لَا عَلَى الْأُمُورِ الأَرْضِيَّةِ»، الترجمة العربيَّة المبسَّطة.

24 Harry Blamires, *The Christian Mind: How Should a Christian Think?* (1963; repr., Ann Arbor, MI: Servant Books,11–110 ,(1978 .

يريد الله للمؤمنين أن يعرفوا، ويفهموا، ويطيعوا كلامه؛ ولذلك يعطيهم بالروح القدس المعونة التي يحتاجون إليها. ونظير الرجلين اللذين تكلَّم إليهما يسوع في الطريق إلى عمواس، يحتاج المؤمنون إلى معونة من الله: «حِينَئِذٍ فَتَحَ ذِهْنَهُمْ لِيَفْهَمُوا الْكُتُبَ» (لوقا ٢٤: ٤٥). وتصدِّق مقاطع كتابية أخرى - مثل مزمور ١١٩: ١٣٠؛ وأفسس ١: ١٨-١٩؛ وايوحنا ٢: ٢٧ - على خدمة الاستنارة، التي بها يسلِّط الله نورًا على معنى الكتاب المقدس.

هذا الحق، المتعلِّق بالاستنارة التي يعطيها الله للمؤمنين لفهم الكتاب المقدس، ينبغي أن يكون مصدر تشجيع كبير. وفي حين لا ينفي ذلك الحاجة إلى معلِّمين موهوبين (أفسس ٤: ١١-١٢؛ ٢تيموثاوس ٤: ٢)، أو إلى بذل جهد شاق في الدراسة الجادة للكتاب المقدس (٢تيموثاوس ٢: ١٥)، لكنه يَعِد المؤمنين بأنهم لن يضطروا أن يُستعبَدوا للمعتقدات الكنسية، أو يتعرَّضوا للتضليل من المعلِّمين الكذبة. ينبغي أن يعتمد المؤمن بشكل أساسي في تعلُّم الكتاب المقدس على مؤلِّف الكتاب المقدس، الذي هو الله ذاته.

⬅ الذهن المشابه للمسيح

عندما يفكِّر المرء مثلما يريد له الله أن يفكِّر، ويسلك حسبما يريد له الله أن يسلك، سينال بركة الله على طاعته (رؤيا ١: ٣). وروحيًّا، يصير المؤمن الابن الطائع، والعروس النقية، والخروف السليم في قطيع المسيح، الذي يختبر أروع حميميَّة مع الله.

إنها لعبادة أوثان سافرة أن يرفض المرء فكرَ الله في الكتاب المقدس؛ ويسجد أمام مذبح فكره الشخصي المستقل. فالمؤمن يختبر أعمق قَدْرٍ من الحميميَّة مع الرب حين تسود عليه أفكار الرب، ومن ثَمَّ يحتذي سلوكه بسلوك المسيح.

ينبغي أن يُسَرَّ المؤمنون تمامًا باعتناقهم الفكر الحقَّ واليقينيَّ لله الآب (رومية ١١: ٣٤)، والله الابن (١كورنثوس ٢: ١٦)، والله الروح القدس (رومية ٨: ٢٧). فعلى النقيض من بطرس، الذي أغواه الشيطان بأن يهتمَّ بما للناس، على المؤمنين أن يهتموا بما لله (متى ١٦: ٢٣؛ كولوسي ٣: ٢). لا يتعلق هذا كثيرًا بأنواع الفكر أو مجالاته المختلفة، بل بطريقة النظر إلى الأشياء من المنظور الإلهي. فعلى المؤمنين أن يقفوا في مهابة ورهبة أمام فكر الله، مثلما فعل الرسول بولس (رومية ١١: ٣٣-٣٦).

إن منظور الله هو المنظور الصحيح الوحيد، والمتطابق مع كلِّ حقيقة أو واقع. ويضع فكر الله المعيار الذي ينبغي على المؤمنين أن يجاهدوا لبلوغه، غير أنهم لن يبلغوه البتة على نحو تام. وبعبارة أخرى، إن أفكار الإنسان لن تعلو البتة عن أفكار الله، أو تتساوى معها، أو حتى تقترب منها. ومنذ ما يزيد على ٢٥٠٠ سنة، عبَّر إشعياء النبي عن هذا الرأي عينه (إشعياء ٥٥: ٨-٩).

وإن الرب يسوع المسيح هو النموذج الأسمى للفكر المسيحي. قال بولس: «وَأَمَّا نَحْنُ فَلَنَا فِكْرُ الْمَسِيحِ» (١كورنثوس ٢: ١٦). كيف يمكن أن يصير هذا؟ يصير لنا هذا من خلال الكتاب المقدس، الذي هو إعلان الله الكافي والخاص (٢تيموثاوس ٣: ١٦-١٧؛ ٢بطرس ١: ٣). أوصى بولس المؤمنين في فيلبي ٢: ٥ قائلًا: «فَلْيَكُنْ فِيكُمْ هَذَا الْفِكْرُ الَّذِي فِي الْمَسِيحِ يَسُوعَ أَيْضاً». كان الرسول يشير هنا

بالتحديد إلى فكر المسيح بشأن التضحية لمجد الله (فيلبي ٢ : ٧)، والخضوع لمشيئته (فيلبي ٢ : ٨). وباتباع نموذج المسيح، يستطيع المؤمنون أن يدرِّبوا أذهانهم على أن تصير أشبه على نحو متزايد بفكر المسيح.

➡ الذهن المختبَر

ينبغي أن يكون الذهن المسيحي مستودَعًا للحق الإلهي المعلَن. وعلى هذا الذهن ألا يتزعزع، أو يرتاب، أو يقدِّم تنازلات، أو ينحني أمام الأفكار المناقضة، أو الحُجج التي تبدو متفوقة بحسب الظاهر (٢تيموثاوس ١ : ٧). فليس البشر هم مصدر الحق، بل الله. ولذا، على المؤمنين أن يناصروا الحقَّ في عالم مليء بأكاذيب خادعة متنكرة في ثوب الحق، وتَدَّعي كذبًا أنها حقٌّ.

كان الله هو الذي دعا أمة إسرائيل قائلًا: «هَلُمَّ نَتَحَاجَجْ» (إشعياء ١ : ١٨). وكان الموضوع الذي يلزم النظر فيه في هذا المقطع هو التوبة عن الخطية والخلاص (إشعياء ١ : ١٦-٢٠). وبتطبيق ذلك علينا، نقول إن الدعوة عينها مقدَّمة إلى كلِّ شخص على قيد الحياة. غير أنَّ الأمر لن يخلو من العراقيل التي سيلقيها الشيطان في الطريق.

وإننا نحذِّر مسبقًا حتى يتأهَّب المؤمنون. ففي حين أن التزامًا بالتفكير بطريقة مسيحية يُكْرِمُ المسيح، لن يخلو الأمر من المقاوَمة، لأن الشيطان سيسعى كي يجعل المؤمنين يفكِّرون على نحو مخالف لكلمة الله، وعندئذ يسلكون في عصيان لمشيئة الله.

لا تَنْسَ أنه قبل أن يصير المرء مؤمنًا، كان الشيطان قد أعمى ذهنه: «إِلَهُ هَذَا الدَّهْرِ قَدْ أَعْمَى أَذْهَانَ غَيْرِ الْمُؤْمِنِينَ، لِئَلاَّ تُضِيءَ لَهُمْ إِنَارَةُ إِنْجِيلِ مَجْدِ الْمَسِيحِ، الَّذِي هُوَ صُورَةُ اللهِ» (٢كورنثوس ٤ : ٤). وبعد الخلاص أيضًا، يواصل الشيطان هجماته الهائجة على الأذهان. ولهذا انتاب بولس القلق الشديد حيال كنيسة كورنثوس: «وَلكِنَّنِي أَخَافُ أَنَّهُ كَمَا خَدَعَتِ الْحَيَّةُ حَوَّاءَ بِمَكْرِهَا، هكَذَا تُفْسَدُ أَذْهَانُكُمْ عَنِ الْبَسَاطَةِ الَّتِي فِي الْمَسِيحِ» (٢كورنثوس ١١ : ٣). فقد سَمَحَت حواء للشيطان بأن يفكِّر نيابة عنها، ثم مارست بنفسها بعض التفكير المستقل عن الله. ولما اختلفت استنتاجاتها عن فكر الله، اختارت أن تسلك بناء على استنتاجاتها الشخصية، وليس بناء على وصايا الله، الأمر الذي يُعَد خطية (تكوين ٣ : ١-٧).

يصوِّب الشيطان سهامه الملتهبة (أفسس ٦ : ١٦) نحو أذهان المؤمنين (٢كورنثوس ١١ : ٣)، جاعلًا من فكرهم أرض معركة تدور فيها رحى الحرب الروحية. والكتاب المقدس حافلٌ بروايات عن أناسٍ استسلموا في هذه الحرب، مثل حواء (تكوين ٣) وبطرس (متى ١٦ : ١٣-٢٣)؛ وعن آخرين خرجوا من المعركة غالبين، مثل أيوب (أيوب ١ : ١-٢ : ١٠)، والمسيح (متى ٤ : ١-١١). وحين يسقط المؤمنون، يكون السبب على الأرجح هو نسيانهم ارتداء خوذة الخلاص أو إشهار سيف الحق (أفسس ٦ : ١٧).

وفي معرِض تحذير بولس للمؤمنين بشأن المعركة الحامية المستمرة بلا هوادة مع الشيطان، تحدَّث عن مكايد أو مخطَّطات إبليس، مستخدمًا كلمتين في اللغة اليونانية، كلتيهما مرتبطة بالذهن (٢كورنثوس ٢: ١١؛ أفسس ٦: ١١). وبما أن لا أحد محصَّن من هذه الهجمات، يحتاج المؤمن أن ينتبه جيدًا إلى تحريض بطرس القوي: «لِذَلِكَ مَنْطِقُوا أَحْقَاءَ ذِهْنِكُمْ صَاحِينَ، فَأَلْقُوا رَجَاءَكُمْ بِالتَّمَامِ عَلَى النِّعْمَةِ الَّتِي يُؤْتَى بِهَا إِلَيْكُمْ عِنْدَ اسْتِعْلاَنِ يَسُوعَ الْمَسِيحِ» (١بطرس ١: ١٣؛ انظر ٣: ١٥).

إلى هنا، ركَّزت دراستنا على الوضعية الوقائية أو الدفاعية في الحرب على الذهن. ويدور معظم الكتاب المقدس حول الحماية الشخصية. ومع ذلك، أشار بولس أيضًا إلى كيفية شنِّ هجوم فكري (٢كورنثوس ١٠: ٤-٥). وهذه «الأسلحة» الهجومية (١٠: ٤) تمثِّل بالتأكيد كلمة الله، التي يستخدمها ذهن المؤمن في الحرب الدائرة على فلسفة الحياة. وفي سياق هذه المعركة على الذهن، تُعَد «الحصون» (١٠: ٤) هي «الظنون» («الحُجج») (١٠: ٥) و«كُلَّ عُلْوٍ يَرْتَفِعُ ضِدَّ مَعْرِفَةِ اللهِ» (١٠: ٥). بعبارة أخرى، أيَّة فلسفة، أو فلسفة حياة، أو تعليم دفاعي، أو أيِّ نوع آخر من التعليم قد يقوِّض الفلسفة المسيحية للحياة، جزءًا أو كلًّا، أو ينتقص من قدرها، أو يعارضها، أو يحاول محوها، ينبغي أن يُقابَل بشكل مباشر بخطة حرب هجومية وعنيفة. وإن غاية الله المنشودة من هذا هي هدم (استُخدِم مفهوم «الهدم» مرتين في ١٠: ٤-٥) كلَّ ما لا يتفق مع التعليم الكتابي الواضح عن الله وعن عالمه المخلوق.

بحسب السياق التاريخي للرسالة الثانية إلى أهل كورنثوس، عارض بولس أيَّ تعليم دخل إلى الكنيسة لم يكن متفقًا مع تعليمه الرسولي. وسواء كان المسؤول عن هذا التعليم شخصًا مؤمنًا أو غير مؤمن، وسواء جاءت الأفكار من علماء وباحثين أو من أناس غير مثقَّفين، وسواء قوبِل التعليم بترحاب وقبول واسع النطاق أو لا، فإن كلَّ الأفكار أو الآراء التي لم تكن **لصالح** معرفة الله كان ينبغي حسبانها **ضد** معرفة الله، ومن ثَمَّ، جعلها هدفًا للمعركة الفكرية، والإبادة التامة. وهكذا، ففي سياق عصرنا الحالي، ينبغي دائمًا ممارسة أي نشاط فكري (مثل القراءة، أو الاستماع إلى المذياع، أو مشاهدة التلفاز والأفلام، أو الدراسة الأكاديمية الرسمية، أو الخوض في أحاديث عابرة) باستخدام عدسة الفلسفة المسيحية اللاهوتية للحياة، التي تساهم في ترشيح وغربلة الأفكار، لتحديد ما إذا كانت حليفة لحقِّ الكتاب المقدس، أم معادية له ويلزم توخِّي الحذر منها.

⬅ الذهن المثمر

يقدِّم المزمور المئة والتاسع عشر نظرة عميقة على علاقة المؤمن الجديدة بالكتاب المقدس، الذي يكشف فكر المسيح. أولًا، تنشأ لدى المؤمن محبة شديدة للكتاب المقدس، وتلذُّذ هائل به (١١٩: ٤٧-٤٨). ثانيًا، يشعر المؤمن برغبة عميقة في معرفة كلمة الله، لأنها أفضل وسيلة يعرف بها الله (١١٩: ١٦، ٩٣، ١٧٦). ثالثًا، تقود معرفة الله المؤمن إلى إطاعة مشيئته (١١٩: ٤٤-٤٥).

• التأمُّل

إن سماع شيء مرة واحدة ليس كافيًا لمعظم الناس. والتفكُّر في شيء عميق لفترة وجيزة لا يتيح وقتًا كافيًا لاستيعاب وفهم معناه تمامًا. ينطبق ذلك بشكل كبير على فكر الله في الكتاب المقدس. ويشهد المزمور المئة والتاسع عشر لأهمية التأمُّل طويلًا في كلمة الله، والبركة الناتجة عن ذلك.

في بعض الأحيان، يُساء فهم فكرة التأمل. ينطوي التأمُّل على إعمال الفكر لمدة طويلة، أو التمعُّن في التفكير. والتعبير المجازي الذي يعبِّر عن التأمُّل هو «المَضْغ» أو «الهضم». شبَّه البعض التأمُّل أيضًا بعملية الاجترار التي تحدث في الجهاز الهضمي للبقرة بمَعِداتها الأربع. ويُستمَدُّ تشبيه آخر نابضٌ بالحياة من ماكينة إعداد القهوة، حيث يصعد الماء عبر أنبوب صغير، وينزل ساخنًا مقطَّرًا بعد التقائه بحبيبات البن المطحونة. وبعد عدد كافٍ من الدورات المائية، واختلاط الماء بحبيبات البن، تنتقل نكهة حبيبات البن إلى الماء، الذي يمكن تسميته عندئذ قهوة. هكذا أيضًا يحتاج المؤمنون إلى تمرير أفكارهم مرات عديدة عبر حبيبات كلمة الله، حتى يبدأ تفكيرهم يصير مثل الله، ومن ثَمَّ يسلكون بالتقوى.

يوصي الكتاب المقدس المؤمنين بالتأمُّل في ثلاثة مجالات:

١. الله (مزمور ٢٧: ٤؛ ٦٣: ٦)
٢. كلمة الله (يشوع ١: ٨؛ مزمور ١: ٢)
٣. أعمال الله (مزمور ١٤٣: ٥؛ ١٤٥: ٥)

تشيد آيات المزمور المئة والتاسع عشر جميعها، التي يبلغ عددها ١٧٦ آية، بفضيلة السلوك بحسب فكر الله. ويُذكَر التأمل (أو اللهج) سبع مرات على الأقل في هذا المزمور، بصفته العادة التي تميِّز حياة ذلك الشخص الذي يحب الله، ويشتهي مزيدًا من الحميميَّة معه: «كَمْ أَحْبَبْتُ شَرِيعَتَكَ! الْيَوْمَ كُلَّهُ هِيَ لَهَجِي ... تَقَدَّمَتْ عَيْنَايَ الْهُزُعَ لِكَيْ أَلْهَجَ بِأَقْوَالِكَ» (١١٩: ٩٧، ١٤٨؛ انظر أيضًا ١١٩: ١٥، ٢٣، ٢٧، ٤٨، ٧٨، ٩٩). في المقابل، يمكن عزو جانب من جوانب خطية حواء إلى تقصيرها في التأمُّل (اللهج) بما يكفي في كلمة الله الواضحة والكافية (تكوين ٢: ١٦-١٧).

إن التأمل في كلمة الله ينقِّي الذهن من الأفكار القديمة التي ليست من الله، ويعزِّز الأفكار الجديدة الآتية من الكتاب المقدس. كما أنه يضع تُرسًا واقيًا حول الذهن، لصدِّ ورفض الأفكار الآتية عليه، والمخالفة لفكر الله. وهذه هي عملية تجديد الذهن الكتابية.

- في هذه افتكروا

افترض أحدهم أن الذهن هو جذر الروح. إن كان هذا صحيحًا، فيلزم إذن أن يغذِّي المرء روحه بعناية وبطريقة صحية بأن يغرس جذره (ذهنه) عميقًا في فكر الله في الكتاب المقدس. قد يسأل أحدهم: «وما الطعام المناسب الذي يمكن أن يغذِّي روحي؟» تتضمَّن قائمة طعام الذهن التي قدَّمها بولس مقبِّلات ذهنية تتصف بأنها: (١) «حَقٌّ»، (٢) «جَلِيلٌ»، (٣) «عَادِلٌ»، (٤) «طَاهِرٌ»، (٥) «مُسِرٌّ»، (٦) «صِيتُهُ حَسَنٌ»، (٧) «فيه فضيلةٌ»، (٨) «جديرٌ بالمدح» (فيلبي ٤: ٨). وحين يتأمَّل المؤمنون في كلمة الله، ويفتكرون في هذه الأمور، سيتجنَّبون أن ينصرف تفكيرهم إلى الأرضيات (فيلبي ٣: ١٩)، ويتفادون أن يكونوا ذوي رأيين (يعقوب ١: ٦-٨).

⬅ الذهن المتوازن

هل الإعلان الإلهي والمنطق البشري مثل الزيت والماء؟ وهل يمكن يومًا أن يختلطا؟ تبنَّى المؤمنون في بعض الأحيان طرفي نقيض في تناوُلهم لقضية الإعلان الإلهي والمنطق البشري. فمن طرفٍ، هناك الرأي «المضاد للعقل» [anti-intellectualism]، الذي يستنتج أنه إذا لم يتحدث الكتاب المقدس عن موضوعٍ ما، فهذا الموضوع إذن غير جدير بالدراسة الجادة أو التفكير الجاد. هذا النهج غير الكتابي في التعلُّم والتفكير يُسفِر عن انسحاب ثقافي وفكري للمؤمنين. على الطرف النقيض الآخر، هناك «العقلانية المفْرِطة» [hyper-intellectualism]، التي تنسب إلى الإعلان الطبيعي قيمة ومصداقية أعلى من الإعلان الإلهي الخاص في الكتاب المقدس؛ وعندما يتعارض الاثنان معًا، تُرجَّح كفة الإعلان الطبيعي باعتباره مصدرًا للحق. يؤدِّي هذا النهج غير الكتابي إلى انسحاب المؤمنين عن الكتاب المقدس.

ينبغي رفض كلا الخطأين. فعلى المؤمن أن يقتني المعرفة من كلا الإعلانين الخاص والعام. إلا أن الخليقة نفسها، وقدرتنا على التفكير والاستنتاج التي بها ندرس الخليقة (أي الإعلان العام)، ساقطة، وغير معصومة من الخطأ، وفاسدة بفعل الخطية. على عكس ذلك، الكتاب المقدس معصومٌ وخالٍ من الخطأ، ومن ثَمَّ ينبغي أن يحظى بالأسبقية على الإعلان العام. وحين يتحدث الكتاب المقدس في أيِّ مجال من المجالات، يكون حقُّه هو الأسمى. وحين يصمت الكتاب المقدس عن شيءٍ ما، يكون أمامنا عالم الخليقة بأكمله، الذي أعطاه لنا الله، كي نستكشفه من أجل اكتساب المعرفة، لكن مع بعض التحفُّظ، لأنَّ قدرة الإنسان على التوصُّل إلى استنتاجات من الطبيعة غير معصومة من الخطأ مثل كلمة الله. وينطبق هذا بصفة خاصة على المفكِّرين الذين يرفضون باستمرار أن يقرُّوا بحاجتهم إلى خلاص المسيح. لا يعني هذا بالضرورة أن الحقائق التي يقدِّمها هؤلاء خاطئة، أو حتى أن أفكارهم الأساسية غير صحيحة، لكنه يؤكِّد أن فلسفتهم الحياتية لا تتفق مع منظور الله، ومن ثَمَّ يجب إخضاع استنتاجاتهم للتقييم النقدي بحسب الكتاب المقدس.

ودون شك، من منظور الفلسفة المسيحية للحياة، ينبغي أن يُعمِل المؤمنون أذهانهم وأذهان الآخرين قدر استطاعتهم وحسبما تتاح لهم الفرصة. لكن، حريٌّ بنا أن نقدِّم فيما يلي بعض التحذيرات الحكيمة:

١. أن يصبح المرء عالمًا وباحثًا، وأن يحاول تغيير طريقة تفكير جيله، هو أمر ثانويٌّ بالنسبة لأن يصير مؤمنًا حقيقيًّا ويغيِّر طريقة تفكيره الشخصية عن المسيح.
٢. يُعَدُّ التعليم الرسمي في عددٍ من التخصُّصات أمرًا ثانويًا بالنسبة لتعليم الإنجيل - والذي يمثِّل إطاعة الإرسالية العظمى (متى ٢٨ : ١٨-٢٠)، وتوصيل رسالة الإنجيل إلى أقصى الأرض، وإلى كلِّ مخلوق.
٣. الإعلان العام **يوجِّه الأنظار** إلى قوة عليا، في حين أن الإعلان الخاص **يعرِّف على نحو شخصي** هذه القوة الأسمى والعليا بأنها الله الواحد مثلَّث الأقانيم، إله الكتاب المقدس، الذي خلق العالم وكلَّ ما فيه (انظر إشعياء ٤٠-٤٨، حيث يُذكِّر يهوه شعب إسرائيل بهذا الحقِّ الحيويِّ)، والذي دبَّر الفادي الوحيد، الرب يسوع المسيح.

٤. معرفة المرء معلومات عن الحق لا تساوي في الأهمية أن يكون في شركة شخصية وخلاصيَّة مع الحق ذاته، أي يسوع المسيح (يوحنا ١٤ : ٦)، الذي هو مصدر الحياة الأبدية الوحيد.

٥. لم تُكلِّف كنيسة العهد الجديد بأن تثقِّف عالمها فكريًا، ولم تكن هذه هي الممارسة المعتادة لأعضائها؛ لكنهم بالأحرى «بشَّروا» العالم، بالكرازة بنعمة يسوع المسيح المخلِّصة للجميع دون تمييز، من القادة السياسيين البارزين مثل الملك أغريباس (أعمال الرسل ٢٥ : ٢٣-٢٦ : ٣٢) وحتى العبيد المسجونين والبسطاء مثل أُنسيمُس (فليمون ١٠).

٦. إن محاولة إضفاء شكل أخلاقي، أو سياسي، أو فكري على المجتمع، دون السعي أولًا إلى ربح النفوس روحيًا، لا يضمن سوى تغييرًا وجيزًا وغير ثابت، يتَّسم بكونه ضحلًا، وغير عميق؛ ومؤقَّتًا، وغير دائم، وفي النهاية يؤدِّي إلى الهلاك، وليس إلى الخلاص.

ويجدر بنا أن نكرِّر مرة أخرى أن كلًّا من الإعلان الخاص والإعلان العام ضروريَّان لتكوين عقلية كتابية. ومع ذلك، تحظى دراسة الإعلان الخاص بالأولوية، ويتبعها في المرتبة الثانية التعلُّم من الإعلان العام. قدَّم سليمان، الذي هو أحكم إنسان عاش على وجه الأرض (١ملوك ٣ : ١٢؛ ٤ : ٢٩-٣٤)، هذه النصيحة عينها منذ ما يقرب من ثلاثة آلاف عام. وتُعَد تصريحاته هي الأكثر موثوقية في مسألة الذهن والمعرفة، لأنها جزءٌ من الوحي المقدَّس (أمثال ١ : ٧؛ ٩ : ١٠؛ انظر أيضًا ١كورنثوس ١ : ٢٠-٢١).

إن ألف وياء اللاهوت المسيحي هما **معرفة الله** (٢كورنثوس ٢ : ١٤؛ ٤ : ٦؛ أفسس ١ : ١٧؛ كولوسي ١ : ١٠؛ ٢بطرس ١ : ٢-٣، ٨؛ ٣ : ١٨)، **ومعرفة الحق** (١ تيموثاوس ٢ : ٤؛ ٢تيموثاوس ٢ : ٢٥؛ تيطس ١ : ١). وفوق الكل، وفي قلب الفلسفة المسيحية للحياة، يقف الرب يسوع المسيح، «الْمُذَّخَرِ فِيهِ جَمِيعُ كُنُوزِ الْحِكْمَةِ وَالْعِلْمِ» (كولوسي ٢ : ٣). فلا شيء يمكن فهمه على نحو تام ما لم يُعرَف الله أولًا.

ما الصلة بين اللاهوت النظامي والحياة الشخصية؟[٢٥]

- الحميميَّة والنُضج
- القداسة
- التقديس

إن التقوى، ومشابَهة المسيح، والروحانية المسيحية جميعها ألفاظ تعبِّر عن نمو المؤمن ليكون أكثر شبهًا بالله. وأقوى وسيلة لإحداث هذا التغيير هي أن نسمح لكلمة الله بأن تسكن فينا بغنى (كولوسي ٣ : ١٦). فحين نقبل الكتاب المقدس دون تحفُّظ، سيعمل بنشاط على تتميم مشيئة الله في حياتنا (١تسالونيكي ٢ : ١٣). ويمكن تعريف هذه العملية بشكل أساسي كالتالي:

٢٥ للمزيد حول هذا الموضوع، انظر:

Benjamin B. Warfield, "The Religious Life of Theological Students," in *Selected Shorter Writings of Benjamin B. Warfield*, ed. John E. Meeter (Nutley, NJ: Presbyterian and Reformed, 1970), 1:411–25.

تنطوي الروحانية المسيحية على نمو المؤمن ليكون مشابهًا لله في الشخصية والسلوك، وذلك عن طريق خضوعه الشخصي للعمل المغيِّر الذي تجريه كلمة الله والذي يجريه روح الله.

⬅ الحميميَّة والنضج

ما من وسيلة يمكن لذهن المرء أن يتشبَّع بواسطتها بالكتاب المقدس أفضل من إصغائه للوعظ التفسيري، ودراسته للَّاهوت النظامي. فهاتان الوسيلتان كلتاهما تُعزِّزان نضوجه الروحي. تهلَّل كاتب الرسالة إلى العبرانيين لأن اليهود المؤمنين كانوا مُغْرَمين بحميميَّة حياة الأطفال (عبرانيين ٥: ١٢-١٣)، لكنه تأسَّف لعدم تقدُّمهم نحو الكمال والنضج المتمثِّل في تناوُل الطعام القوي؛ ولذلك حثَّهم قائلًا: «لِذَلِكَ وَنَحْنُ تَارِكُونَ كَلاَمَ بَدَاءَةِ الْمَسِيحِ لِنَتَقَدَّمْ إِلَى الْكَمَالِ» (عبرانيين ٦: ١). وكتب بولس إلى أهل كورنثوس أيضًا بنبرة خيبة الأمل نفسها (١كورنثوس ٣: ١-٣).

تتعلَّق الحميمية في الأساس بعلاقة المرء الشخصية بالآب، والابن، والروح القدس. والنضج هو نتاج الحميميَّة، الذي يعكس حضور الله الدائم والمتزايد في حياة المؤمنين فيما يختص بالتقوى (يوحنا ١٥: ١-١١). ومثلما يمكن للرضيع أو الطفل الصغير، الذي لم ينضج بعد، أن يستمتع بالحميميَّة مع أبيه، هكذا ينبغي أن يفعل المؤمن حديث الإيمان مع المخلِّص الذي وجده لتوِّه. وهذه الحميمية تغذِّي عملية النضوج، التي بها ينمو الطفل ليصير مشابهًا لوالده.

إن الحميميَّة دون النضج تُنتِج سلوكًا روحيًّا طفوليًّا، بدلًا من ردود فعلٍ بالغة وناضجة روحيًّا. في المقابل، النضج دون الحميمية يُنتِج مسيحية يابسة، وخالية من الفرح، يمكن أن تتدهور بسهولة إلى الناموسية (التقيد الحرفي المفرط بمجموعة من القواعد)، وأن تصل في بعض الأحيان أيضًا إلى سقطة كبيرة في الخطية. لكن يُعلِّم الكتاب المقدس بأنه حين تكمِّل الحميمية والنضج أحدهما الآخر، ويغذِّي أحدهما الآخر، تكون النتيجة حياة مسيحية قوية ونابضة بالحياة. إذن، ينبغي أن تتسم الروحانية الحقيقية بالحميمية والنضج على حد سواء.

لا غنى عن الكتاب المقدس للنمو إلى الكمال والنضج الروحي. عبَّر كلٌّ من يسوع، وبولس، ويعقوب بشكل مباشر عن مطالبة الله الواضحة والمُلحة والمتكرِّرة المؤمن الحقيقي بالنمو الروحي، مقدِّمين بعض الكلمات المفتاحية التي تسهم في فهم معنى النضج الروحي. فعلينا أن نكون كاملين (متى ٥: ٤٨)، وأن نخضع للبُنيان إلى أن نصير جميعًا إنسانًا كامل النضوج (أفسس ٤: ١١-١٣)، ونُحضَر كاملين في المسيح (كولوسي ١: ٢٨)، ومتأهِّبين لكلِّ عمل صالح (٢تيموثاوس ٣: ١٦-١٧)، وغير ناقصين في شيء (يعقوب ١: ٢-٤).

وأسرع وسيلة لفهم جوهر النضج هي أن نقرأ عن حياة أناس مثل هابيل، ونوح، وإبراهيم، وسارة، وإسحاق، ويعقوب، ويوسف في سفر التكوين. لكن علينا ألا نكتفي بذلك، إذ يحوي خمسة وستون سفرًا آخرون في الكتاب المقدس روايات تاريخية إضافية محفِّزة عن النضج الروحي. وتُعَد «قاعة مشاهير الإيمان» التي كوَّنتها الأسفار القانونية بمثابة أبلغ مثال لتصديق الله على الإيمان الحميمي والأمانة الناضجة.

سجَّل عبرانيين ١١ نماذج من النضج الروحي في أبهى صُوَرِه. لكن لاحَظ جيدًا ذلك التحريض الذي يتبع عبرانيين ١١ مباشرة، والذي يطالب مستلمي الرسالة بإظهار ذلك النوع ذاته من النضج (١٢: ١-٣). كان هذا التحريض مصحوبًا بتحذيرٍ من تأديب الله الأبوي لأولئك الذين يصرُّون على المكوث في عدم نضوج (١٢: ٤-١١). وليست الأبوة الأرضية غير الكاملة سوى انعكاسًا لردِّ الفعل المتَّسق، والذي لا تشوبه شائبة، الذي يبديه الله تجاه أولئك الذين بالإيمان بالرب يسوع المسيح وُلِدوا ثانية وصاروا ضمن عائلة الله (يوحنا ١: ١٢-١٣).

جاهد أبفراس، أحد القديسين القدماء، بالصلوات لكي يَثبُت مؤمنو كنيسة كولوسي كاملين وممتلئين في كلِّ مشيئة الله (كولوسي ٤: ١٢). لَيْتَ الله يحفظ، بطريقة مماثلة، هذه الحقائق الكتابية المُلِحَّة عن النضج الروحي وديعةً لدى المؤمنين، كي يعبدوه ويطيعوه لمجده العظيم.

⬅ القداسة

نال المؤمنون الخلاص ليكونوا قدِّيسين ويحيوا حياة مقدَّسة (١بطرس ١: ١٤-١٦). وما معنى أن يكون المرء قديسًا؟ كلٌّ من الكلمات العبرية واليونانية المكافئة لتعبير «يكون قديسًا» (والتي وردت نحو ألفي مرة في الكتاب المقدس) تعني في الأساس «يُفرَز أو يخصَّص لغرض خاص». وبهذا، يكون الله قدُّوسًا لأنه يَفرِز أو يَفصِل نفسه عن الخليقة، والبشر، والآلهة الوثنية جميعها، من خلال ألوهيته وخلوِّه من الخطية. ولهذا ينشد الملائكة لله قائلين: «قُدُّوسٌ، قُدُّوسٌ، قُدُّوسٌ» (إشعياء ٦: ٣؛ رؤيا ٤: ٨). ولهذا أيضًا يعلن الكتاب المقدس أنه قدُّوس (مزمور ٩٩: ٩؛ إشعياء ٤٣: ١٥).

ومن ثَمَّ، يكتسب مفهوم القداسة معنى روحيًا لدى شعب الله بناءً على طبيعة الله القدُّوسة. على سبيل المثال، كانت صفيحة إكليل رئيس الكهنة يُنقَش عليها: «قُدْسٌ لِلرَّبِّ» (خروج ٣٩: ٣٠)، الأمر الذي معناه أن رئيس الكهنة كان مفرزًا من الله على نحو خاص ليشفع عن الأمة الخاطئة أمام الله القدوس، للصفح عن آثامهم وتعدِّياتهم.

وتجسِّد القداسة جوهر المسيحية. فإن المخلِّص القدُّوس خلَّص الخطاة ليكونوا شعبًا مقدَّسًا (١بطرس ٢: ٤-١٠). ولهذا يُعَد اللقب الأكثر شيوعًا للمؤمن في الكتاب المقدس هو لقب **قدِّيس**، والذي معناه البسيط والرائع هو «مخلَّص ومفرَز» (رومية ١: ٧؛ ١كورنثوس ١: ٢).

حين يتأمَّل المرء حقيقة أن الإله القدوس يخلِّص، لن يفاجئه أن يَعْلَمَ أيضًا أنه يعطي روحه القدوس لكلِّ مؤمن في لحظة الخلاص. ومن بين الأغراض الرئيسية لهذه العطية هو تأهيل المؤمنين وإمدادهم بالقوة اللازمة ليعيشوا حياة مقدَّسة (١تسالونيكي ٤: ٧-٨؛ ١يوحنا ٣: ٢٤؛ ٤: ١٣).

وهكذا، يريد الله أن يشترك المؤمنون في قداسته (عبرانيين ١٢: ١٠)، وأن يقدِّموا أنفسهم عبيدًا للبر، الأمر الذي سيؤدِّي إلى القداسة (رومية ٦: ١٩): «فَإِذْ لَنَا هَذِهِ الْمَوَاعِيدُ أَيُّهَا الأَحِبَّاءُ لِنُطَهِّرْ ذَوَاتِنَا مِنْ كُلِّ دَنَسِ الْجَسَدِ وَالرُّوحِ، مُكَمِّلِينَ الْقَدَاسَةَ فِي خَوْفِ اللهِ» (٢كورنثوس ٧: ١). ولهذا كتب كاتب الرسالة إلى العبرانيين: «اِتْبَعُوا السَّلاَمَ مَعَ الْجَمِيعِ، وَالْقَدَاسَةَ الَّتِي بِدُونِهَا لَنْ يَرَى أَحَدٌ الرَّبَّ» (عبرانيين ١٢: ١٤). فالقداسة هي جوهر حياة المؤمن.

ينبع النضج الروحي من القداسة. لخَّص جون براون (John Brown)، اللاهوتي الأسكتلندي، معنى القداسة في تعريف يمكننا جميعًا أن نفهمه ونعيشه:

> لا تَكمُن القداسة في تكهُّنات صوفية، أو مشاعر حماسيَّة متوهجة، أو أعمال نسكية غير مطلوبة؛ إنما تكمن في التفكير كما يفكر الله، والرغبة فيما يريده الله. ويُعرَف فكر الله ومشيئته من كلمته. وبقدر فهمي لكلمة الله بالحقيقة وتصديقي لها، يصير فكر الله هو فكري، وتصير مشيئته هي مشيئتي. وبحسب مقدار إيماني، أصير قديسًا.[٢٦]

⬅ التقديس[٢٧]

يرتبط **التقديس** ارتباطًا وثيقًا بالقداسة. والكلمة في الكثير من استخداماتها في العهد الجديد تعني «الخلاص» (أعمال الرسل ٢٠: ٣٢؛ ١كورنثوس ١: ٢). وإن التقديس، أو أن يُفرَز المرء للخلاص، ينبغي أن يؤدِّي إلى إفراز المؤمنون للحياة المسيحيَّة.

يشمل التقديس ليس فقط عمل وحقيقة الخلاص الفوري، بل أيضًا اختبارًا تدريجيًا ومتزايدًا لقداسة أكبر وفسادٍ أقل. وهو يعبِّر عن مشيئة الله، ويتمِّم الغرض من دعوة الخلاص الإلهي (١تسالونيكي ٤: ٣-٧). فالخلاص يشمل مسئولية المرء في أن يشترك في مواصلة ما ابتدأه روح الله في الخلاص (٢تيموثاوس ٢: ٢١؛ رؤيا ٢٢: ١١).

يُحَث المؤمنون باستمرار على أن يسعوا في حياتهم المسيحية وراء تحقيق ما أعلن الله أنه حقيقة تنطبق عليهم بالفعل في الخلاص. كما أنهم تلقُّوا وعدًا بأن ما لم يكتمل الآن بعد، سيكمِّله الله نهائيًّا في المجد (فيلبي ٢: ١٢-١٣؛ ١تسالونيكي ٥: ٢٣). تعبِّر هذه المقاطع الكتابية عن واحدة من المفارقات الكبرى في الكتاب المقدس: فعلى المؤمنين أن يصيروا ما هم عليه بالفعل، وما سيصيرون عليه يومًا ما. وتعبِّر مقاطع كتابية من قبيل المقاطع التالية عن مثل هذا اليقين حيال مستقبل المؤمن:

> «لأَنَّ كُلَّ مَنْ يَدْعُو بِاسْمِ الرَّبِّ يَخْلُصُ» (رومية ١٠: ١٣)

> «فَإِنَّ كَلِمَةَ الصَّلِيبِ عِنْدَ الْهَالِكِينَ جَهَالَةٌ وَأَمَّا عِنْدَنَا نَحْنُ الْمُخَلَّصِينَ فَهِيَ قُوَّةُ اللهِ» (١كورنثوس ١: ١٨)

> «هذَا وَإِنَّكُمْ عَارِفُونَ الْوَقْتَ أَنَّهَا الآنَ سَاعَةٌ لِنَسْتَيْقِظَ مِنَ النَّوْمِ فَإِنَّ خَلاَصَنَا الآنَ أَقْرَبُ مِمَّا كَانَ حِينَ آمَنَّا» (رومية ١٣: ١١)

---

26 John Brown, *Expository Discourses on the First Epistle of Peter* (Edinburgh: William Oliphant, 1866), 1:117.

٢٧ للاطلاع على دراسة أكثر تفصيلًا عن موضوع التقديس، انظر عنوان «التقديس» في الفصل السابع من هذا الكتاب (ص. ٧٤٦).

ينطوي التقديس على عملية روحية يمكن تشبيهها بجسدٍ ينمو إلى البلوغ (عبرانيين ٥: ١١-١٤)، أو بشجرة تعطي ثمرها (مزمور ١: ٣). لا يكون النمو سهلًا أو منتظمًا دائمًا، ولكنه ينبغي أن يكون الاتجاه الذي تسير فيه حياة المؤمن الحقيقي.

تواجه المؤمن العديد من العقبات والعراقيل في سعيه هذا الذي يدوم مدى الحياة. ويحتاج المؤمنون أن يعرفوا بشأن هذه المعوِّقات، وأن يظلُّوا يقظين حتى يتجنَّبوها، أو يقوِّموها إذا أصبحت جزءًا من تفكيرهم:

١. قد يقدِّر المرء ذاته أكثر ممَّا ينبغي («يَرْتَئِي فَوْقَ مَا يَنْبَغِي أَنْ يَرْتَئِيَ»)، فلا يتبع القداسة كما ينبغي (رومية ١٢: ٣).
٢. قد يسيء أحدهم فهم الخلاص، مفترضًا أنه ما دام قد خلص، فالسلوك بالقداسة أمرٌ اختياريٌّ (رومية ٦: ١-٢).
٣. ربما يكون أحدهم قد تلقَّى تعليمًا خاطئًا عن طبيعة السلوك المسيحي، ومن ثَمَّ يتجاهل ربوبية المسيح على حياته (١بطرس ٣: ١٥).
٤. قد يفتقر أحدهم إلى الحماس أو الطاقة لجعل القداسة أولوية (٢كورنثوس ٧: ١).
٥. قد يظن أحدهم أنه مخلَّص بينما هو ليس كذلك حقًّا، ومن ثَمَّ يحاول أن يعيش حياة القداسة بقوة الجسد (متى ١٣: ٥-٧، ٢٠-٢٢).

تُعلِّمنا الطبيعة بأن النمو أمر طبيعي ويجب أن يكون متوقَّعًا؛ وفي المقابل، ينبغي لأي نقص أو غياب في النمو أن يدق ناقوس الخطر معلنًا أن ثمة خطب كبير. ويُعلِّم الكتاب المقدس هذا المبدأ أيضًا من الناحية الروحية. يسجِّل سفر أعمال الرسل تكرارًا أن الكنيسة الأولى كانت تنمو وتتوسَّع (انظر ٢: ٤١؛ ٤: ٤؛ ٥: ١٤؛ ٦: ٧؛ ٩: ٣١، ٣٥، ٤٢؛ ١١: ٢١؛ ١٤: ١، ٢١؛ ١٦: ٥؛ ١٧: ١٢). كذلك، لدى الله توقُّعات بشأن نمو الفرد في الحياة المسيحية. ويَلزَم أخذ هذه التحريضات الكتابية على مجمل الجد (١بطرس ٢: ٢؛ ٢بطرس ٣: ١٨).

يتحقق هذا النمو بشكل رئيسي من خلال كلمة الله (يوحنا ١٧: ١٧؛ ١بطرس ٢: ٢)، وروح الله (أفسس ٥: ١٥-٢١). وعندما يحدث بالفعل، يستطيع المرء أن يقرَّ سريعًا أنه من الله (١كورنثوس ٣: ٦-٧؛ كولوسي ٢: ١٩). ويلعب الروح القدس دورًا بارزًا في إمداد المؤمن الحقيقي بيقين الخلاص، الذي هو مرتبط ارتباطًا مباشرًا بالنمو (رومية ٨: ١٦-١٧؛ ١يوحنا ٣: ٢٤).

وإذ كان المؤمن فيما سبق ميتًا روحيًا ولكنه الآن صار حيًّا لله، فهو يستطيع أن يفحص مؤشِّراته الحيوية لإثبات أنه حيٌّ بالفعل، وذلك لأنه يسلك في الأعمال التي أعدَّها الله (أفسس ٢: ١-١٠). ولفحص الحالة الصحية الروحية للمؤمن، إليك البعض من أهم المؤشِّرات الحيوية التي تميِّز المؤمن الحقيقي:

١. ثمرُ إيمان (يوحنا ١٥ : ٨)
٢. محبة لشعب الله (يوحنا ١٣ : ٣٥)
٣. اهتمام بالقداسة الشخصية (١بطرس ١ : ١٣-٢١)
٤. محبة لكلمة الله (١بطرس ٢ : ٢-٣)
٥. رغبة في الطاعة (يوحنا ١٤ : ١٥، ٢١، ٢٣)
٦. شعور بالحميمية والألفة مع الله (رومية ٨ : ١٤-١٧)
٧. الجهاد والمثابرة (فيلبي ١ : ٢٧-٢٨)
٨. شركة مع شعب الله (عبرانيين ١٠ : ٢٤-٢٥)
٩. رغبة في تمجيد الله (متى ٥ : ١٣-١٦)
١٠. الشهادة والمجاوبة عن حقيقة شخص المسيح (١بطرس ٣ : ١٥)

ونتيجة فحص المؤمنين لمؤشِّراتهم الحيوية الروحية، ينبغي ألا يتوانوا أو يمكثوا طويلًا في مرحلة الطفولة، بل أن ينموا ويتقدَّموا في كلِّ شيء. وعندما يحدث هذا النضج أو النمو الشخصي، يمتد أيضًا إلى بنيان ونمو جسد المسيح الجماعي (أفسس ٤ : ١٤-١٦).

تنطوي الروحانية على أن يستخدم روح الله كلمة الله لإنضاج شعب الله، من خلال الخدمة التي يقدِّمها خدام الله، لأجل النمو الروحي للمؤمنين الأفراد، الذي يؤدِّي بدوره إلى نمو جسد المسيح. وهذا هو الهدف الأسمى للَّاهوت النظامي: أن يتقدَّم المرء في تفكيره وسلوكه وفقًا لكلمة الله، بينما ينضج في إيمانه المسيحي.

ما الصلة بين اللاهوت النظامي والخدمة؟

قدَّم بنچامين وارفيلد (Benjamin Warfield)، اللاهوتي المعروف، الإجابة التالية عن هذا السؤال الحيوي:

> إن كانت للعقيدة مثل هذه القيمة والمنفعة الكبيرة، يكون عالم اللاهوت النظامي، إذن، في المقام الأول، كارزًا وواعظًا بالإنجيل. ومن ثَمَّ، لا تقتصر غاية كلِّ ما يعمله، بالتأكيد، على مجرَّد الترتيب المنطقي للحقائق الماثلة أمامه، لكن يشمل عملُه أيضًا التأثير في الأشخاص، بقوَّة تلك الحقائق، حتى يحبُّوا الله بكلِّ قلوبهم وأقرباءهم كأنفسهم؛ وحتى يختاروا أن يكون نصيبهم مع مخلِّص نفوسهم، ويكتشفوا قيمته الثمينة ويتمسَّكوا بها، ويدركوا روعة تأثيرات الروح القدس الذي أرسله المخلِّص فيخضعوا لها. لن يجرؤ اللاهوتي على أن يتعامل ببرودٍ أو من منطلقٍ علمي بحت مع مثل هذه الحقيقة، لكنه حقًّا وبالضرورة سيسمح لقيمة هذه الحقيقة الثمينة ولوجهتها العملية أن يحدِّدا الكيفية التي سيتعامل بها معها، وأن يوقظا بداخله محبةً ملؤها الاحترام، وبهذه المحبة وحدها ينبغي أن يفحص كل ما هو مرتبطٌ

بها. ولأجل ذلك، يلزم أن يسود على هذا اللاهوتي طوال الوقت وعيٌ بالقيمة التي لا توصَف للإعلان الذي أمامه، لأن هذا الإعلان هو مصدر المحتوى الذي يقدِّمه؛ ووعيٌ أيضًا بالتأثيرات الشخصية لكل حقٍّ على حدة على قلبه وحياته؛ كما أنه بحاجة إلى أن تكون لديه خبرة روحية متكاملة، وغنية، وعميقة بالعقائد العظمى التي يتعامل معها؛ وأن يحيا أيضًا بالقرب من إلهه، متكئًا دومًا على صدر فاديه، وممتلئًا طوال الوقت من تأثيرات الروح القدس الواضحة. يحتاج دارس اللاهوت النظامي إلى طبيعة روحية شديدة الحساسية، وإلى قلب مكرَّس تمامًا، وكذلك إلى سكيب من الروح القدس يملأه بالتمييز الروحي، الذي دونه تكون كلُّ قدرة ذهنية فطرية باطلة. فهو يحتاج أن يكون لا دارسًا فحسب، ولا مفكِّرًا فحسب، ولا نظاميًّا فحسب، ولا معلِّمًا فحسب، بل أن يكون مثل هذا التلميذ المحبوب نفسه، في أسمى وأصدق وأقدس صورة، أي أنه يحتاج أن يكون سماويًّا.[٢٨]

28 Benjamin B. Warfield, "The Idea of Systematic Theology," in *The Works of Benjamin B. Warfield*, vol. 9, *Studies in Theology* (1933; repr., Grand Rapids, MI: Baker, 2003), 86–87.

صلاة[٢٩]

أيها الإله السرمدي، والآب السماوي،
ها نحن نردِّد صدى ما قاله كاتب المزمور: سبِّحوا الرب!
فإننا لم نضع ثقتنا في قادة بشريين، أو في كائنات فانية؛
لأنه لا خلاص فيهم.
بل قد وضعنا ثقتنا فيك، أيها الربُّ إلهنا.
خالق السماوات والأرض.
فإنك الأمين إلى الدَّهر.
وذات يوم، ستُجري العدل الكامل في الأرض كلها.

لكن إلى أن يحدث ذلك، أنت تسدِّد أعواز شعبك.
نشكرك لأنك أشبعتَ الجياع، وأطلقت المأسورين أحرارًا،
وأعطيت بصرًا للعميان، وأقمتَ المطروحين والساقطين،
وعزَّيت المظلومين.
وحقًّا، طُوبَى لِمَنْ إِلَهُ يَعْقُوبَ مُعِينُهُ،
وَرَجَاؤُهُ عَلَى ٱلرَّبِّ إِلَهِهِ!
نشكرك لأن محبتك كاملة وأبدية
نحو الذين سترتَهم ببرِّك.
نسجد لك، يا رب، لأنك خالق كلَّ الأشياء وعاضدها.
ونحمدك، يا الله، ونمجِّدك لأجل عجائبك!

وبقدر بركة أن نكون تحت ستر نعمتك،
لا بد أن نعترف أننا أخطأنا، وكسرنا نواميسك
المكتوبة على قلوبنا وفي الكتاب المقدس أيضًا.
وتجاهلنا صوت الضمير، وازدرينا
بإرشاد روحك الواضح. والأسوأ من ذلك، أننا أحيانًا
ما رفضنا الوصايا الصريحة لكلمتك المقدَّسة.
لكنك تبدي من نحونا كلَّ يوم نعمة وطول أناة،
وتعطينا غفرانًا في المسيح.
طهِّر حياتنا من الخطية
ونقِّ نفوسنا من الإثم،

٢٩ اقتُبست هذه الصلاة، وكل الصلوات التي تأتي في ختام كلِّ فصل من هذا الكتاب، حرفيًا من المصدر التالي، بتصريح من الناشر:
John MacArthur, *At the Throne of Grace: A Book of Prayers* (Eugene, OR: Harvest House, 2011), 48–50.

وأعتِقنا من التعلُّق بالأرضيات،
وأَبعِد أرجلنا عن سبيل الشر،
واجعلنا نسلك في سبيل البر،
من أجل اسمك القدوس.
ليتنا نتبع جمال قداستك
وضمان الرجاء الذي جعلتَه أمامنا.
هَب لنا ألا نفقد أبدًا يقيننا الراسخ في خلاصنا الأبدي.

نشكرك لأنك سلَّحتنا بالأسلحة الروحية الملائمة
لحمايتنا من مكايد الشرير.
ونشكرك لأجل رئيس الكهنة العظيم،
الذي يشفع لنا كلَّ حين.
كما نشكرك على كلمتك،
التي ترشدنا وتعلِّمنا.
هَبنا برأفتك القدرة على أن نربطها على قلوبنا،
مثبِّتين أفكارنا وعقولنا عليك.
نشتاق أن نفهم حقائقك ونرى كيف تعمل،
حتى نجد بركة في كلِّ محنة، وفرحًا في كل حزن.

املأ قلوبنا حمدًا وامتنانًا،
وهَب لنا أن نرى قصدك في كلِّ شيء!
اجعلنا يا رب نكرز بإنجيلك لكلِّ الذين سيسمعون،
وليتنا نحظى بآذان صاغية،
لأن كلًّا من عقيدتنا وسلوكنا يُظهران مجد المسيح في خلاصه.
وفي كلِّ ظروف الحياة
في الضيق أو الرحب،
في الحزن أو الفرح،
هب لنا أن نعرف أنَّ في يديك
كلَّ تلك الأشياء تعمل معًا
لخيرنا ولمجدك الأبدي.
إنه لامتياز أن نُدعَى أولادك،
ونحن نسكب قلوبنا في الصلاة أمامك، أيها الآب المحب.
وباسم ابنك نصلِّي. آمين.

يا سَاكنيَ كلَّ الأرض

يا سَاكنيَ كلَّ الأرْضِ والدُّوَرِ
إهتفوا للرَّبِّ تهَلُّلاً.. واعبُدوْهُ
بخَوفٍ.. سَبِّحوهُ بالحَمْدِ والسُّرورِ
أدخلوا أمامَهُ في ابتهاجٍ وعَظِّموهُ.

فالرَبُّ هو اللهُ الخَالقُ البَديْعْ
ومن دونِ مُساعدتِنا صَنعَنا.
منهُ غِذاؤُنا، ونحنُ له القَطيْعْ
غنَمُ مَرْعاهُ.. وَهوَ يُطعِمُنا.

هيّا ادخلوا أبوابَهُ واحمَدوْهُ
واقتربوا من ديارِهِ مُسبِّحيْنْ.
باركوا اسمَهُ دائمًا، عَظّموهُ مَجِّدوْهُ،
فهذا حَقٌّ.. وَواجبُ المُخلَّصيْنْ.

هذا لأنَّ الرَبَّ صَالحٌ وَخيِّرٌ إلهُنا
وإلى الأبَدِ رَحمتُهُ باقيَهْ.
حَقُّهُ راسخٌ وثابتٌ مِلْءَ الدُّنى،
رَفيقًا لأجيالٍ مَضَتْ وأجيالٍ آتيَهْ.

إلى الآبِ والابْنِ وَروحِهِ القدّوْسْ
إلى الإلهِ الذي الأكوانُ تَعبدُهُ،
جُندُ المَلائِكِ.. والبقاعُ والنّفوْسْ
يَرفَعونَ لهُ التَّسبيحَ.. والآبادُ تُمجِّدُهُ.[٣٠]

٣٠ قام المترجم بتعريب هذه الترنيمة وتقفيتها. الترنيمة الأصلية هي بعنوان "All People That on Earth Do Dwell" من تأليف ويليام كيثي William Kethe (تاريخ مجهول-١٥٩٤م).

المراجع

مراجع أساسيَّة في اللاهوت النظامي:

Bancroft, Emery H. *Christian Theology: Systematic and Biblical.* 2nd ed. Grand Rapids, MI: Zondervan, 1976. 13–20.

Buswell, James Oliver, Jr. *A Systematic Theology of the Christian Religion.* 2 vols. Grand Rapids, MI: Zondervan, 1962–1963. 1:13–26.

Culver, Robert Duncan. *Systematic Theology: Biblical and Historical.* Fearn, Ross-shire, Scotland: Mentor, 2005. 2–11.

Erickson, Millard J. *Christian Theology.* Grand Rapids, MI: Baker, 1986. 15–149.

*Grudem, Wayne. *Systematic Theology: An Introduction to Biblical Doctrine.* Grand Rapids, MI: Zondervan, 1994. 21–43.

Hodge, Charles. *Systematic Theology.* 3 vols. 1871–1873. Reprint, Grand Rapids, MI: Eerdmans, 1975. 1:1–150.

Lewis, Gordon R., and Bruce A. Demarest. *Integrative Theology.* 3 vols. Grand Rapids, MI: Zondervan, 1987–1994. 1:7–58.

Reymond, Robert L. *A New Systematic Theology of the Christian Faith.* Nashville: Thomas Nelson, 1998. xxv–xxxvi.

Shedd, William G. T. *Dogmatic Theology.* 3 vols. 1889. Reprint, Minneapolis: Klock & Klock, 1979. 1:3–58; 3:1–25.

Strong, August Hopkins. *Systematic Theology: A Compendium Designed for the Use of Theological Students.* Rev. ed. New York: Revell, 1907. 1–51.

Thiessen, Henry Clarence. *Introductory Lectures in Systematic Theology.* Grand Rapids, MI: Eerdmans, 1949. 23–46.

Turretin, Francis. *Institutes of Elenctic Theology.* 3 vols. Edited by James T. Dennison Jr. Translated by George Musgrove Giger. 1679–1685. Reprint, Phillipsburg, NJ: P&R, 1992–1997. 1:1–54.

تشير العلامة (٭) إلى أفضل المراجع في هذا المجال.

مراجع متخصّصة:

*Carson, D. A. "The Role of Exegesis in Systematic Theology." In *Doing Theology in Today's World: Essays in Honor of Kenneth S. Kantzer*, edited by John D. Woodbridge and Thomas Edward McComisky, 39–76. Grand Rapids, MI: Zondervan, 1991.

Gaffin, Richard B., Jr. "Systematic Theology and Biblical Theology." *Westminster Theological Journal* 38, no. 3 (1976): 281–99.

Garrett, James Leo, Jr. "Why Systematic Theology?" *Criswell Theological Review* 3, no. 2 (1989): 259–81.

Holmes, Arthur F. *Contours of a World View*. Grand Rapids, MI: Eerdmans, 1983.

Macleod, Donald. "Preaching and Systematic Theology." In *The Preacher and Preaching: Reviving the Art*, edited by Samuel T. Logan Jr., 246–72. Phillipsburg, NJ: P&R, 2011.

*McCune, Rolland. *A Systematic Theology of Biblical Christianity*. Vol. 1, *Prolegomena and the Doctrines of Scripture, God, and Angels*. Detroit, MI: Detroit Baptist Theological Seminary, 2009.

*Murray, John. "Systematic Theology." In *Collected Writings of John Murray*, 4:1–21. Edinburgh: Banner of Truth, 1982.

Phillips, W. Gary, and William E. Brown. *Making Sense of Your World from a Biblical Viewpoint*. Chicago: Moody Press, 1991.

Warfield, Benjamin B. "The Indispensibleness of Systematic Theology to the Preacher." In *Selected Shorter Writings of Benjamin B. Warfield*, edited by John E. Meeter, 88–2:280. Nutley, NJ: Presbyterian and Reformed, 1973.

Wells, David F. *No Place for Truth: Or, Whatever Happened to Evangelical Theology?* Grand Rapids, MI: Eerdmans, 1993.

تشير العلامة (٭) إلى أفضل المراجع في هذا المجال.

أيّها الكتابُ المقدّس، كتابُ الله

أيُّها الكتابُ المُقدَّسُ، كتابُ السيِّدِ العَلِي،
يا كنزيَ الثَّمينَ، صِرْتَ أنتَ لي.
لِتُخبرَني عن رحلَتي،
وتُعَلِّمَني هُويَّتي.

أنتَ لي لتوبِّخَني حينَ أهيْمْ،
وتُريَني حُبَّ فاديَّ العَظيْمْ.
أنتَ لي حافظٌ وقائِدٌ
وأنتَ مؤدِّبٌ ومُرْشِدٌ.

أنت لي عَزاءٌ في كلِّ ضيْقْ،
في البَرِّيَّةِ وآلامِ الطَّريْقْ.
تُريني بالإيمانِ الحَيِّ ذاكَ الرَّجاءْ:
يَغلبُ المَوْتَ إنسانُ الشَّقاءْ.

أنتَ لي لتُخبرَني عَنِ الفرَحِ العَتيْدْ،
وعَن هَلاكِ الخاطِئِ العَنيْدْ.
أيُّها الكتابُ المقدَّسُ، كتابُ السيِّدِ العَلِيّ،
يا كنزيَ الثَّميْنَ، صرتَ أنتَ لي.
آميْن.[1]

١ قام المترجم بتعريب هذه الترنيمة وتقفيتها. الترنيمة الأصلية هي بعنوان "Holy Bible, Book Divine" من تأليف **جون بورتون** John Burton (١٧٧٣-١٨٢٢ م).

الفصل الثاني

كلمة الله

عقيدة الكتاب المقدس

(بيبليولوچي)

الموضوعات الرئيسية التي يتناولها الفصل الثاني

وحي الكتاب المقدس

سلطة الكتاب المقدس

خلو الكتاب المقدس من الخطأ

حفظ الكتاب المقدس

التعليم والوعظ من الكتاب المقدس

واجبنا تجاه الكتاب المقدس

إن عقيدة الكتاب المقدس ضروريَّة وأساسيَّة بصورة مطلقة لأنها تعلِّم عن المصدر الحقيقي الوحيد لكلِّ الحق المسيحي.[١] يقول الكتاب المقدس مرارًا إنه كلام الله. وقد احتكم الأنبياء إليه بصفته الأساس لوعود الله وأحكامه. كما بنى المسيح ورسله العقيدة المسيحية بكاملها عليه. وفي أكثر من ٢٥٠٠ مرة في العهد القديم وحده، أكَّد الكتاب المقدس أن الله هو الذي تكلَّم بما هو مكتوب في صفحاته (إشعياء ١: ٢). وهذا هو ما يصرِّح به العهد القديم بصورة مستمرة منذ بدايته (تكوين ١: ٣) وحتى نهايته (ملاخي ٤: ٣).

ثم إن التعبير «كلمة الله» (أو كلامه) يرد أكثر من أربعين مرة في العهد الجديد. وقد وُضِعت هذه الكلمة على قدم المساواة مع العهد القديم (مرقس ٧: ١٣)؛ وهي ما كرز به يسوع (لوقا ٥: ١)؛ وكانت هي الرسالة التي علَّمها الرسل (أعمال الرسل ٤: ٣١؛ ٦: ٢). كما كانت الكلمة التي قبلها السامريون (أعمال الرسل ٨: ١٤)، مثلما قدَّمها الرسل (أعمال الرسل ٨: ٢٥). وكانت الرسالة التي قبلها الأمم كما بشَّر بها بطرس (أعمال الرسل ١١: ١). كما كانت الكلمة التي كرز بها بولس في رحلته التبشيرية الأولى (أعمال الرسل ١٣: ٥، ٧، ٤٤، ٤٨-٤٩؛ ١٥: ٣٥-٣٦)، والثانية (أعمال الرسل ١٦: ٣٢؛ ١٧: ١٣؛ ١٨: ١١)، والثالثة (أعمال الرسل ١٩: ١٠). وكانت هي نقطة تركيز لوقا في سفر أعمال الرسل، الذي يسجِّل لنا انتشارها السريع والواسع النطاق (أعمال الرسل ٦: ٧؛ ١٢: ٢٤؛ ١٩: ٢٠). وقد كان بولس حريصًا على إخبار مؤمني كورِنثوس بأنه كلَّمهم بالكلمة الإلهية كما استلمها من الله، دون أن تتعرَّض للغش؛ وبأنها إظهارٌ للحق (٢كورِنثوس ٢: ١٧؛ ٤: ٢). وأقرَّ بولس بأن هذه الكلمة هي مصدر كرازته (كولوسِّي ١: ٢٥؛ ١تسالونيكي ٢: ١٣).

ويشتمل المزمور التاسع عشر، والمزمور المئة والتاسع عشر، بالإضافة إلى أمثال ٣٠: ٥-٦، على تصريحات قوية بشأن كلمة الله، تميِّزها عن أية كتابات أو تعاليم دينية أخرى في تاريخ البشرية. وهذه المقاطع تدعم دعوى وصف أسفار الكتاب بأنها «مُقَدَّسَة» (٢تيموثاوس ٣: ١٥؛ رومية ١: ٢).

ويؤكِّد الكتاب المقدس حيازته السلطة الروحية المطلقة في التعليم، والتوبيخ، والتقويم، والتأديب الذي في البر، لأنه يمثِّل كلمة الله القدير الموحى بها (٢تيموثاوس ٣: ١٦-١٧). كما أنه يشدِّد على كفايته الروحية الكاملة، إلى حد أنه ينسب الحصريَّة إلى تعاليمه (انظر إشعياء ٥٥: ١١؛ ٢بطرس ١: ٣-٤).

هذا وتصرِّح كلمة الله بخلوِّها من الخطأ (مزمور ١٢: ٦؛ ١١٩: ١٤٠؛ أمثال ٣٠: ٥؛ يوحنا ١٠: ٣٥)، وعصمتها (٢تيموثاوس ٣: ١٦-١٧). وبعبارة أخرى، هذه الكلمة هي الحق المطلق والصادق، ومن ثَمَّ، فهي جديرة بالثقة. وهذه الصفات كلُّها تتعلَّق بحقيقة كون الأسفار المقدَّسة مُعطاة من الله (٢تيموثاوس ٣: ١٦؛ ٢بطرس ١: ٢٠-٢١)، الأمر الذي يضمن جودتها في المصدر، وفي نسختها الأصلية.

---

١ هذه المقدمة مقتبسة بتصرف من المصدر التالي:
جون ماك آرثر، تفسير الكتاب المقدس، الطبعة الأولى (منصورية المتن — لبنان: دار منهل الحياة، ٢٠١٢)، ٢١-٢٢.

وفي الكتاب المقدس، ثمة ترابط وثيق بين شخص الله وكلمة الله، حتى إنَّ كلَّ ما ينطبق على طبيعة الله ينطبق أيضًا على طبيعة كلمته. فإن الله حقٌّ، ومنزَّه عن الخطأ، وأهلٌ للثقة؛ ولذلك، هكذا كلمته أيضًا. وفي واقع الأمر، يعكس معتقد أيِّ شخص عن كلمة الله معتقده عن الله ذاته.

يتمتع الكتاب المقدس بالكثير من السمات المهمة والفريدة التي تميِّزه عن أيِّ عمل أدبي آخر من صُنع البشر، وتسمو به فوقها بدرجة لا تقاس. وفيما يلي سبعٌ من أهم هذه السمات: (١) عاملٌ وفعَّال (اتسالونيكي ٢: ١٣؛ عبرانيين ٤: ١٢)؛ (٢) مؤكَّدٌ ويقينيٌّ (إشعياء ٥٥: ١٠-١١؛ لوقا ١٦: ١٧)؛ (٣) قويٌّ ومؤثِّرٌ (رومية ١: ١٦-١٧؛ اكورنثوس ١: ١٨)؛ (٤) حيٌّ (يوحنا ٦: ٦٣؛ عبرانيين ٤: ١٢؛ ١ بطرس ١: ٢٣)؛ (٥) مُطهِّرٌ (أفسس ٥: ٢٦)؛ (٦) مصدر غذاء (١ بطرس ٢: ٢)؛ (٧) مُقدِّسٌ (يوحنا ١٧: ١٧-١٩). ويعرض الجدول ٢. ١ الرموز العديدة التي استخدمها الكتاب المقدس لتوضيح الكثير من الحقائق الروحية المتعلِّقة بكلمة الله.

الجدول ٢. ١ رموز للكتاب المقدس[٢]

الرمز	الحقيقة الروحية	النص الكتابي
يسوع المسيح	تجسيدٌ للكلمة	يوحنا ١: ١؛ رؤيا ١٩: ١٣
المعادن النفيسة	قيمة فائقة	فضة – مزمور ١٢: ٦ ذهب – مزمور ١٩: ١٠؛ ١١٩: ١٢٧
زَرْع	مصدر حياة جديدة	متى ١٣: ١٠-٢٣؛ يعقوب ١: ١٨؛ ابطرس ١: ٢٣
ماء	التطهير من الخطية	أفسس ٥: ٢٥-٢٧؛ رؤيا ٢١: ٦؛ ٢٢: ١٧
مرآة	فحص الذات	يعقوب ١: ٢٢-٢٥

٢ مقتبَس بتصرُّف من المصدر التالي:
جون ماك آرثر، تفسير الكتاب المقدس، الطبعة الأولى (منصورية المتن — لبنان: دار منهل الحياة، ٢٠١٢)، ١٠٠٥.

الرمز	الحقيقة الروحية	النص الكتابي
طعام	غذاءٌ للنفس	لبن - اكورنثوس ٣: ٢؛ ١ بطرس ٢: ١-٣ خبز - تثنية ٨: ٣؛ متى ٤: ٤ طعام قوي - اكورنثوس ٣: ٢؛ عبرانيين ٥: ١٢-١٤ المال: مزمور ١٩: ١٠
كساء	حياة يزيِّنها الحق	تيطس ٢: ١٠؛ ١ بطرس٣: ١-٥
سراج	نورٌ للهداية	مزمور ١١٩: ١٠٥؛أمثال ٦: ٢٣؛ ٢ بطرس ١: ١٩
سيف	سلاح روحي	خارجيًّا - أفسس ٦: ١٧ داخليًّا - عبرانيين ٤: ١٢
زيجٌ	معيارٌ للحقيقة الروحية	عاموس ٧: ٨
مطرقة	دينونة قويَّة	إرميا ٢٣: ٢٩
نار	دينونة مؤلمة	إرميا ٥: ١٤؛ ٢٠: ٩؛ ٢٣: ٢٩

وحي الكتاب المقدس

- الإعلان والوحي
- تعريف الوحي
- الإعداد للوحي
- براهين على الوحي

تولَّى الله المبادرة بالكشف والإعلان عن ذاته للجنس البشري (عبرانيين ١ : ١).[٣] وقد اختلفت الطرق والوسائط؛ فأحيانًا كان هذا الكشف يحدث بواسطة العالم المخلوق، وفي أحيان أخرى بواسطة الرؤى، أو الأحلام، أو كلام الأنبياء (عبرانيين ١ : ١-٣). غير أن الكشف الذاتي الأكمل، والأيسر على الفهم، كان من خلال أقوال كلمة الوحي المقدَّسة (١كورنثوس ٢ : ٦-١٦). فإن كلمة الله المعلَنة والمكتوبة فريدة من نوعها، لأنها إعلان الله الوحيد الذي يكشف بوضوح شرَّ الإنسان، وتدبير الله للمخلِّص.

وقد دُوِّن إعلان الله في كتابات الكلمة المقدَّسة بواسطة **الوحي**. يتعلَّق الوحي بالعملية التي بها أعلن الله عن ذاته أكثر من تعلُّقه بحقيقة إعلان الله عن ذاته. ويدلي ٢تيموثاوس ٣ : ١٦ بتصريح يقول فيه: «كُلُّ الْكِتَابِ هُوَ مُوحىً بِهِ مِنَ اللهِ». ويشرح بطرس هذه العملية قائلًا: «كُلّ نُبُوَّةِ الْكِتَابِ لَيْسَتْ مِنْ تَفْسِيرٍ خَاصٍّ، لأَنَّهُ لَمْ تَأْتِ نُبُوَّةٌ قَطُّ بِمَشِيئَةِ إِنْسَانٍ، بَلْ تَكَلَّمَ أُنَاسُ اللَّهِ الْقِدِّيسُونَ مَسُوقِينَ مِنَ الرُّوحِ الْقُدُسِ» (٢ بطرس ١ : ٢٠-٢١). بهذه الوسيلة، حُفِظت كلمة الله من الخطأ البشري في صورتها الأصلية بفضل خدمة الروح القدس (راجع تثنية ١٨ : ١٨؛ متى ١ : ٢٢). ويرد في سفر زكريا وصفٌ لعملية الوحي بالغ الوضوح، يصف الكتاب المقدس بأنه: «الشَّرِيعَةَ وَالْكَلاَمَ الَّذِي أَرْسَلَهُ رَبُّ الْجُنُودِ بِرُوحِهِ عَنْ يَدِ الأَنْبِيَاءِ الأَوَّلِينَ» (زكريا ٧ : ١٢). فقد شملت خدمة الروح القدس هذه كلًّا من الجزء (الكلام أو الكلمات)، والكلِّ في الكتابات الأصلية.

⬅ الإعلان والوحي

فيما يتعلَّق بالإعلان، ثمة اختلاف جوهري بحُكم الطبيعة بين المخلوق المحدود والخالق غير المحدود. يتمتع الله بمعرفة كاملة غير محدودة، في حين أن معرفة البشر محدودة وناقصة. وفي حقيقة الأمر، لا يستطيع البشر أن يعرفوا بالكامل ما تعلنه الخليقة بدون الكتاب المقدس. إذن، يتعلَّق الإعلان بكون الله (الخالق) يكشف حقيقة ذاته للبشر. ووفقًا للكتاب المقدس، يأتي هذا الإعلان في شكلين: إعلان عام (مزمور ١٩ : ١-٦) وإعلان خاص (مزمور ١٩ : ٧-١٤).

• الإعلان العام[٤]

الإعلان العام هو شهادة الله عن ذاته لمخلوقاته بواسطة الخليقة. ويشرح داود هذا كالتالي: «اَلسَّمَاوَاتُ تُحَدِّثُ بِمَجْدِ اللهِ وَالْفَلَكُ يُخْبِرُ بِعَمَلِ يَدَيْهِ» (مزمور ١٩ : ١). فعندما ينظر أحدهم إلى أعلى نحو السماء، يجد أن الكون نفسه يشهد عن أن له خالقًا، وعن أن هذا الخالق بديع ومذهل. يُعبِّر لفظ «مجد»، حرفيًا، عن قيمة الله وعظم شأنه، وهو بالتحديد ما يكشفه النظر إلى السماء سواء نهارًا أو ليلًا. فإن ذاك الذي خَلَقَ هذا الكون لا بد أنه شخص عجيب وقدير حقًّا حتى يأتيَ بكلٍّ هذه الأشياء إلى حيِّز الوجود. وهذا الشهادة من الخليقة عن الخالق لا تنقطع، حسبما كتب داود: «يَوْمٌ إِلَى يَوْمٍ

٣ الفقرتان التاليتان مقتبستان بتصرف من المصدر التالي:
جون ماك آرثر، تفسير الكتاب المقدس، الطبعة الأولى (منصورية المتن – لبنان: دار منهل الحياة، ٢٠١٢)، ٢٢-٢٣.

٤ للاطلاع على دراسة أكثر تفصيلًا وشمولًا عن الإعلان العام، انظر:
Richard Mayhue, "Is Nature the 67th Book of the Bible?," in *Coming to Grips with Genesis: Biblical Authority and the Age of the Earth,* ed. Terry Mortenson and Thane H. Ury (Green Forest, AR: Master Books, 2008), 105–29.

يُذِيعُ كَلاَمًا وَلَيْلٌ إِلَى لَيْلٍ يُبْدِي عِلْمًا» (مزمور ١٩ : ٢). وعلى الرغم من محدودية هذه الشهادة، لأنها ليست لفظية -أي إنها بلا كلام- لكنها مع ذلك متاحة للجميع بوجه عام:

«لاَ قَوْلَ وَلاَ كَلاَمَ.
لاَ يُسْمَعُ صَوْتُهُمْ.
فِي كُلِّ الأَرْضِ خَرَجَ مَنْطِقُهُمْ
وَإِلَى أَقْصَى الْمَسْكُونَةِ كَلِمَاتُهُمْ»

(مزمور ١٩ : ٣-٤؛ راجع أعمال الرسل ١٤ : ١٧؛ ١٧ : ٢٣-٣١؛ رومية ١ : ١٨-٢٥؛ ١٠ : ١٨)

ومن بين الأشياء التي يمكن تمييزها في الإعلان العام تقديرُ حكمة الله وقدرته. فكلما تأمَّل المرء سواء في الفضاء الواسع، أو في أدق الجزيئات في بنيته الجسدية، وجد نفسه مدفوعًا إلى الإقرار في ذهول وتعجب بالعظمة الحقيقية للخالق. لا يختلف هذا عن التأمُّل في لوحة زيتية بديعة، وتقدير عبقرية الرسَّام من خلال إبداء الإعجاب بكلِّ ما عمله، بدءًا من اختياره للألوان وحتى زوايا ضربات فرشاته. هكذا أيضًا، بمقدور المرء أن يلاحظ في الخليقة ضربات فرشاة واختيارات للألوان لا حصر لها. فإن اتساع المحيطات، وعمق البحار الذي لا يُسبَر غوره، وصوت وقوة الأمواج وهي تتلاطم وتضرب الشاطئ - جميع هذه الأشياء وأخرى غيرها أيضًا تشهد لقدرة الله. وفي الوقت نفسه، تشهد الدورة الهيدرولوچية للمياه، التي تروي الأرض، وتحفظ الحياة، لصلاح خالقها. فإن هطول الأمطار على حقول الذين يحبون الله ويعبدونه، كما على حقول الذين ليسوا كذلك، إنما يُظهِر محبة الله تجاه كلِّ مخلوقاته (متى ٥ : ٤٥). أما من جهة المؤمنين، فيمكن إدراج عناية الله المتمثِّلة في كونه يجعل كلَّ الأشياء تعمل معًا لخيرهم أيضًا ضمن فئة الإعلان العام (رومية ٨ : ٢٨)، مع أن هذه العناية الإلهية مستمَدَّة من الوعود التي قُطِعت في الإعلان الخاص. جميع هذه الأشياء وأخرى غيرها تشهد لعظمة الخالق.

ثمة شكل آخر من أشكال الإعلان العام يمزج بين ما يمكن ملاحظته في الخليقة وما يمكن ملاحظته في الإنسان نفسه، وهذا الشكل هو معرفة الإنسان الفطرية بالصواب والخطأ، وعمل الضمير، الذي يشتكي على الخطاة حتى يقفوا مدانين أمام خالقهم وديَّانهم. كتب بولس قائلًا: «لأَنَّهُ الأُمَمُ الَّذِينَ لَيْسَ عِنْدَهُمُ النَّامُوسُ مَتَى فَعَلُوا بِالطَّبِيعَةِ مَا هُوَ فِي النَّامُوسِ فَهؤُلاَءِ إِذْ لَيْسَ لَهُمُ النَّامُوسُ هُمْ نَامُوسٌ لأَنْفُسِهِمِ الَّذِينَ يُظْهِرُونَ عَمَلَ النَّامُوسِ مَكْتُوبًا فِي قُلُوبِهِمْ شَاهِدًا أَيْضًا ضَمِيرُهُمْ وَأَفْكَارُهُمْ فِيمَا بَيْنَهَا مُشْتَكِيَةً أَوْ مُحْتَجَّةً» (رومية ٢ : ١٤-١٥). فالخليقة ليست فقط تشهد لقدرة خالقها غير المحدودة وحكمته، لكنها تعمل أيضًا بمؤازرة الإدراك الداخلي الذي وضعه الله في الإنسان، حتى تثير وعيه بالخطية والدينونة. أكَّد سليمان أن الإنسان يعلم في داخله أن الحياة تنطوي على ما يتعدَّى مجرد الوجود المادي، إذ قال إن الله وضع في قلب الإنسان وعيًا بالأبدية (جامعة ٣ : ١١). فالإنسان يدرك في داخله، منذ بداية حياته، وعلى الرغم من محدوديته، أن وجوده ينطوي على ما يتعدَّى هذا الواقع الزمني المؤقت.

وفي حين يُظهِر الإعلان العام قدرًا لا بأس به من قدرة الخالق، وحكمته، وصلاحه، وبرِّه، وجلاله، لكنه قاصرٌ فقط على ما يستطيع الإنسان الخاطئ أن يلاحظه. فإن الغاية النهائية من الإعلان العام هي أن يقف البشر بلا عذر من جهة إخفاقهم في إدراك طبيعة خالقهم. فهو لا يعلن شيئًا عن الكيفية التي يمكن بها للخطاة الوصول إلى خالقهم، أو التصالُح معه، حتى يفلتوا من الدينونة. ولذلك، ارتأى الله أن يعلن عن ذاته أيضًا بصورةٍ مباشرة بواسطة الإعلان الخاص. وقد فعل ذلك حتى يعلِن للبشر الخطاة (١) ملء طبيعة الله، (٢) والكيفية التي يمكنهم بها نوال الفداء من غضب الله، (٣) وكيفية سلوكهم بما يرضي الله.

نستطيع الإدلاء هنا إذن ببعض الملاحظات الختامية المستمَدة من الكتاب المقدس بشأن الإعلان العام:

١. يقتصر نطاق الإعلان العام على معرفة الله، ولا يشمل كلَّ معرفة على الإطلاق.
٢. المدة الزمنية للإعلان العام تشمل كلَّ زمان، وليس الأيام الأخيرة فحسب.
٣. يشهد الإعلان العام لجميع البشر، وليس فقط لبعض الحاصلين على تعليم أو تدريب معيَّن.
٤. يُكتسَب هذا الإعلان بالنظر وبالحواس البشرية، وليس من خلال الأجهزة أو التقنيات العلمية.
٥. لم يتراكم الإعلان العام تدريجيًّا بمرور الزمن، وبالاكتساب التدريجي للمعرفة، لكنه كان متاحًا بأكمله منذ ما بعد الخلق مباشرة.

ومن ثَمَّ، يتحتَّم علينا ألا نجعل الإعلان العام في الطبيعة، كما يُعرِّفه الكتاب المقدس، يشمل أغراضًا تفوق حدود ما تسمح به كلمة الله. فإننا بهذا نكون قد ارتكبنا خطأً فادحًا، ألا وهو الإضافة إلى الكتاب المقدس دون تفويض إلهي. فلا أحد يمكنه نوال الخلاص بواسطة الإعلان العام (رومية ١٠: ٥-١٧؛ ١كورنِثوس ١: ١٨-٢: ٥).

• الإعلان الخاص

استخدم الله الإعلان الخاص حتى يعلن عن ذاته بصورة مباشرة وأكثر تفصيلًا. وقد فعل الله ذلك من خلال (١) أعمال مباشرة، (٢) أحلام ورؤى، (٣) تجسُّد المسيح، (٤) الكتاب المقدس. أعلن الله ذاته من خلال أعمال مباشرة في أزمنة مختلفة وبطرائق عديدة عبر تاريخ الفداء (عبرانيين ١: ١). فقد تكلَّم بشكل مباشر مع آدم في جنة عدن (تكوين ٢: ١٦-١٧؛ ٣: ٩، ١١)؛ وخاطَبَ أمة إسرائيل بصوت مسموع في سيناء (تثنية ٥: ٤)؛ وتكلَّم إلى موسى بصفة شخصية، مؤيِّدًا شهادته بالكثير من الآيات والعجائب (تثنية ٣٤: ١٠-١٢)؛ كما صنع قوات في مراحل مهمة من تاريخ الفداء بغرض تأييد شهودِهِ (خروج ٣-١٤)، الأمر الذي يشمل أيضًا تصديق الآب على الابن بصوت مسموع في ثلاثة مواقف مختلفة (متى ٣: ١٧؛ ١٧: ٥؛ يوحنا ١٢: ٢٨).

أيضًا، أعلن الله عن ذاته بصورة مباشرة بواسطة أحلام ورؤًى. فقد أُعطِي إشعياء أن يرى رؤيا لابن الله في ملء مجده السابق للتجسُّد (إشعياء ٦: ١-٤)؛ واجتاز دانيآل في العديد من الخبرات الإعلانية، كانت إحداها نتاج استجابة فورية لصلاته من أجل أمة إسرائيل (دانيآل ٩: ٢٠-٢١). كذلك، رأى الرسول يوحنا في جزيرة بَطْمُس الرب يسوع المسيح القائم من الأموات في ملء مجده (رؤيا ١: ١٠-١٦). وفي كل حالة من هذه الحالات، كان الله يعلن عن ذاته لنبيٍّ من البشر حتى يعطيه إعلانًا خاصًا.

لكنَّ الإعلان الخاص الأسمى هو تجسُّد الابن. فقد أخذ الله الخالق محدوديات الجسد البشري ونقائصه على عاتقه، وحلَّ بين خلائقه (يوحنا ١: ١-٥، ١٤). ومع أن الابن لم يُعرَف بوجهٍ عامٍّ بكامل حقيقته، لكنه أَعْلَنَ شخصَ الله للبشر على أكمل وجه (يوحنا ١٤: ٩-١٠). وقد وُصِف يسوع بكونه «صُورَة اللهِ غَيْرِ الْمَنْظُورِ» (كولوسِّي ١: ١٥)، و«رَسْم جَوْهَرِهِ» (عبرانيين ١: ٣). كان يسوع هو الإعلان الكامل والأسمى عن الله للبشر، والتعبير الدقيق عن طبيعة الله وصفاته.

ثمة شكل آخر من أشكال الإعلان الخاص يحمل سلطة وموثوقية مساوية، وهو الكتاب المقدس. فكما كان **الكلمة** المتجسِّد هو التجسيد الدقيق للإله الخالق، هكذا أيضًا الكتاب المقدس هو إعلان خاص وإلهيٌّ من الله للبشر (عبرانيين ١: ١). وهو شهادة مكتوبة وثابتة قدَّمها الخالق لخلائقه. وقد كُتِب على مدار أكثر من ألف وخمسمئة عام، بيد أربعين كاتبًا مختلفًا من البشر. غير أن ما كُتِب لم يكن مجرد كلمات بشر، بل كان كلمات الله نفسه الموحى بها. ويشهد داود عن تفوُّق الإعلان الخاص على الإعلان العام (مزمور ١٩: ٧-١١). فالكتاب المقدس يعلن للإنسان فكر الله، وطرقه، وبرَّه، والوسيلة التي بها يستطيع أن يرضيه. وهو يتفوق على الإعلان العام لأنه محدَّد ولفظي. فهو إعلان مكتوب جاء من عند الله بواسطة رسله وأنبيائه (تثنية ٨: ٣؛ متى ٤: ٤)؛ ومن ثَمَّ، فهو شهادة باقية وثابتة إلى الأبد عن إلهٍ لا يتغير (٢ صموئيل ٢٢: ٣١؛ مزمور ١٨: ٣٠؛ أمثال ٣٠: ٥-٦؛ إرميا ٢٦: ٢).

وكي نستوعب جيدًا أوجه الاختلاف النوعية والوظيفية بين الإعلان العام والإعلان الخاص، لا يلزمنا سوى أن نلاحظ الفروق الثلاثة التالية بينهما. أولًا، أدوات الإعلان العام من خلال الطبيعة ستزول (إشعياء ٤٠: ٨؛ متى ٢٤: ٣٥؛ مرقس ١٣: ٣١؛ لوقا ٢١: ٣٣؛ ١ بطرس ١: ٢٤؛ ٢ بطرس٣: ١٠)، على خلاف كلمة الإعلان الخاص، التي هي باقية إلى الأبد (مزمور ١١٩: ٨٩؛ إشعياء ٤٠: ٨؛ متى ٢٤: ٣٥؛ مرقس ١٣: ٣١؛ لوقا ٢١: ٣٣؛ ١ بطرس ١: ٢٥). ثانيًا، لُعِنت وسائط الإعلان العام من خلال الطبيعة، وأُخضِعت لعبودية الفساد (تكوين ٣: ١-٢٤؛ رومية ٨: ١٩-٢٣). ومن ثَمَّ، لم يعد هذا العالم مثاليًّا كما خلقه الله في الأصل (تكوين ١: ٣١). في المقابل، كلمة الإعلان الخاص موحًى بها من الله، ومن ثَمَّ، فهي دائمًا كاملة ومقدَّسة (مزمور ١٩: ٧-٩؛ ١١٩: ١٤٠؛ ٢تيموثاوس ٣: ١٦؛ رومية ٧: ١٢). ثالثًا، يُعَد نطاق الإعلان العام في الطبيعة محدودًا للغاية مقارنة بالاتساع متعدِّد الأبعاد لنطاق الإعلان الخاص في الكتاب المقدس. وللاستفاضة في هذه الأفكار وتوضيحها، قمنا بإدراج فروق إضافية في الجدول ٢.٢ أدناه.

الجدول ٢.٢: الإعلان العام والإعلان الخاص في الكتاب المقدس

الإعلان العام في الكتاب المقدس	الإعلان الخاص في الكتاب المقدس
فقط يدين	يدين ويفتدي
متوافقٌ مع الإعلان الخاص، لكنه لا يقدِّم محتوى جديدًا	ليس فقط يعزِّز ويوضح بالتفصيل مضمون الإعلان العام، لكنه إلى حد كبير يمتد أيضًا إلى أبعد من ذلك التوضيح.
يلزم تأييد رسالته من الكتاب المقدس	يصدِّق على ذاته، ويؤيِّد ذاته، في تصريحه بأنه كلمة الله
يحتاج إلى تفسير في ضوء الإعلان الخاص	لا يحتاج إلى أي إعلان آخر لتفسيره، لأنه يفسِّر نفسه بنفسه
لا يضعه الكتاب المقدس البتة على قدم المساواة مع الكتاب المقدس	ليس له نظير

⬅ تعريف الوحي

- وجهات نظر عن الوحي

طرح علماء اللاهوت العديد من النظريات لشرح عملية الوحي الإلهي. وفيما يلي وجهات النظر الرئيسية:

نظرية الوحي الإملائي:[٥] تفترض هذه النظرية أن الله أعطى الكُتَّاب البشريين للأسفار الكتابية الكلمات المحدَّدة التي كتبوها، وأن عملية الوحي انطوت ببساطة على تدوينهم لهذه الكلمات باللفظ. ومن ثَمَّ، يقول هذا الرأي إن الكاتب البشري كان مجرد أداة، مثل القلم، استخدمها الله لكتابة كلماته على الصفحات. قطعًا، يحتوي الكتاب المقدس على أمثلة لحدوث إملاء إلهي، مثل تعليمات الله لموسى

٥ هذا القِسم والقِسم التالي أيضًا مقتبسان بتصرف من المصدر التالي، بتصريح من دار النشر:
John MacArthur, *Why Believe the Bible?* Baker Books ed. (Grand Rapids, MI: Baker, 2015), 40, 43–44.

على جبل سيناء بتدوين الشريعة (خروج ٣٤: ٢٧)، وتعليماته لإرميا بتدوين كلامه الموجَّه إلى الأمة في أورشليم (إرميا ٣٠: ٢)، وكذلك تعليماته ليوحنا في جزيرة بطمس بتدوين كلامه إلى الكنائس السبعة في أسيا الصغرى (رؤيا ٢: ١، ٨، ١٢، ١٨؛ ٣: ١، ٧، ١٤). في كل حالة من الحالات السابقة، أعطى الله الكُتاب البشريين الكلمات المحدَّدة عن طريق الإملاء. وفي حقيقة الأمر، انطوى الوحي في هذه الحالات على كتابة إعلان الله باللفظ.

لكن، لو كان الكتاب المقدس بأكمله قد كُتب عن طريق الإملاء الإلهي، لتوقَّعنا أن نجد أسلوبًا موحَّدًا ومفردات لغوية موحَّدة وثابتة عبر كل أنحائه، ولصار سجلًّا خاليًا من أي تفرُّد من حيث لغة الكاتب البشري وأسلوبه. غير أننا نلاحظ النقيض تمامًا في نصوص الكتاب المقدس (تثنية ٣: ٢٣-٢٥؛ رومية ٩: ١-٣). وإن الحُجة الأساسية التي تدحض نظرية الإملاء الآلي هي أن كلَّ سفر من أسفار الكتاب المقدس يُظهِر أدلة واضحة على شخصية كاتبه وأسلوبه المميَّز، ويتميز بطابع خاص، وبأسلوب في التعبير عن نفسه. كان بمقدور الله أن يستخدم الإملاء حصريًّا، وأن يعلن لنا الحق بهذه الطريقة. وفي حقيقة الأمر، لم يكن الله مضطرًا للاستعانة ببشرٍ على الإطلاق. غير أن محتوى الكتاب المقدس يُظهِر تنوُّعًا في أساليب الكتابة، وفي اللغة والمفردات. وتبرز الشخصية المميَّزة لكل كاتب في أنحاء السفر الذي كتبه، حتى أننا نستطيع أن نستشعر انفعالات الكُتَّاب البشريين ومشاعرهم بينما كانت كلمة الله تنسكب من خلالهم على الورق.

ولكن، يبقى أمامنا سؤال مهم: كيف يمكن أن يكون الكتاب المقدس كلمات بشر، نظير بطرس وبولس، وفي الآن ذاته كلمات الله أيضًا؟ يَكمُن جزء من إجابة هذا السؤال المعقَّد في أن الله ببساطة غيَّر بطرس وبولس وغيرهما من الكُتَّاب إلى ذلك النوع من الرجال الذي أراده، عن طريق تشكيل شخصياتهم. فقد تحكَّم في صفاتهم الموروثة، وبيئاتهم، وهيمن على حياتهم، معطيًا إياهم في الوقت ذاته حرية الاختيار والإرادة. وعندما صار هؤلاء الرجال بالفعل كما أرادهم الله تمامًا، أرشدهم وتحكَّم في اختيارهم الحر والإرادي للكلمات، بحيث دوَّنوا كلمات الله نفسها.

غيَّر الله هؤلاء الكُتَّاب إلى ذلك النوع من الرجال الذين يمكنه استخدامه لإعلان حقّه، ثم انتقى كلمات وألفاظ مستمَدة من حياتهم، وشخصياتهم، وقوائم مفرداتهم، ومشاعرهم. ومن ثَمَّ، كانت الكلمات هي كلماتهم، لكن كان الله في واقع الأمر قد شكَّل حياتهم لدرجة جعلت الكلمات هي أيضًا كلمات الله ذاته. وهكذا، نستطيع أن نقول إن بولس كتب رسالة رومية، وأيضًا إن الله كتبها، ونكون محقين في كلتا الحالتين.

نظرية الوحي الجزئي أو وحي الأفكار: يُعلِّم بعض اللاهوتيين، والوعاظ، وغيرهم من دارسي الكتاب المقدس نظرية وحي الأفكار. يقول هؤلاء إن الله لم يعطِ كُتاب الأسفار الكتابية قط الكلمات المحدَّدة التي كتبوها، بل بالأحرى، أعطاهم أفكارًا أو انطباعات عامة، وهم دوَّنوها بكلماتهم الخاصة. على سبيل المثال، غرس الله مفهوم المحبة في ذهن بولس، فجلس بولس ذات يوم، وخطَّ بقلمه وبكلماته الأصحاح الثالث عشر من رسالة كورنثوس الأولى.

يدَّعي هذا الرأي عن الوحي أن الله اقترح توجُّهًا عامًّا للإعلان، تاركًا للبشر حرية أن يقولوا ما يحلو لهم؛ ولهذا السبب (بحسب أنصار هذا الرأي)، يحتوي الكتاب المقدس على قدر كبير جدًّا من الأخطاء. ينكر هذا الرأي الوحي اللفظي، لأنه يرفض كون الله قد أوحى بكلمات الكتاب المقدس نفسها. وقد حظِيَت نظريةُ وَحْيِ الأفكار بشعبية بين علماء لاهوت الأرثوذكسية الحديثة، الذين يؤمنون بأن الكتاب المقدس يحتوي على **كلمة الله**، لكنه ليس **كلمة الله**.

ووفقًا لهذه النظرية، أوحى الله بالأفكار داخل أذهان الكُتَّاب، لكنه لم يعطهم المفاهيم في شكل كلمات فعلية. بتعبير آخر، سلَّم الله بالفعل حقَّه إلى الكُتَّاب، غير أن صفة الوحي لا تنطبق على الكلمات ذاتها، بل فقط على التعليم الذي قُدِّم من خلال هذه الكتابات. تقبل هذه النظرية بصحة ما سلَّمه الله إلى الكُتاب البشريين، في حين تفسح مجالًا في الوقت ذاته لوجود بعض أوجه القصور فيما كُتِب فعليًا. ووفقًا لهذا الرأي، إما أن يكون الله قد تكيَّف مع محدوديات الكُتاب البشريين، وإما أنه ترك لهم حرية التعبير عن حقِّه بكلماتهم الخاصة، الأمر الذي يفسِّر بالضرورة سبب افتقار بعض الحقائق التي كتبها هؤلاء الكُتَّاب البشريون إلى الدقة.

لكن على النقيض، يدلي الكتاب المقدس مرارًا بتصريحات عن كونه حقًّا تامًّا (مزمور ١١٩: ٤٣، ١٦٠؛ ٢تيموثاوس ٢: ١٥). كما أكَّد يسوع نفسه أن كلام الله هو حق (يوحنا ١٧: ١٧). علاوة على ذلك، لم يَذكُر الكتاب المقدس قط أن سلطته ورسالته قاصرة على الأفكار أو المفاهيم التي تعبِّر عنها الكلمات؛ بل على النقيض تمامًا، عبَّر الله كثيرًا عن اهتمامه الشديد بكلمته، ونهى عن أية محاولة للعبث بوصاياه (تثنية ٤: ٢؛ ١٢: ٣٢). ويؤكِّد الكتاب المقدس أن الوحي يصل إلى مستوى الكلمات والألفاظ في قوله: «كُلُّ كَلِمَةٍ مِنَ اللّهِ نَقِيَّةٌ. تُرْسٌ هُوَ لِلْمُحْتَمِينَ بِهِ. لاَ تَزِدْ عَلَى كَلِمَاتِهِ لِئَلاَّ يُوَبِّخَكَ فَتُكَذَّبَ» (أمثال ٣٠: ٥-٦). وعبَّر السفر الأخير في الكتاب المقدس عن هذه الفكرة عينها بالقدر ذاته من الجدية الذي نراه في ناموس موسى (رؤيا ٢٢: ١٨-١٩). وقد ورد إنذارٌ مماثلٌ أيضًا في سفر إرميا (٢٦: ١-٢). ومن ثَمَّ، كان هذا النهي الإلهي عنصرًا بارزًا في الأقسام الأربعة الرئيسية من الإعلان المكتوب: الناموس، والأنبياء، والكُتُب، والعهد الجديد. وهذا التكرار يجعل هذا النهي قاطعًا وواضحًا. فلم يكن اهتمام الله قاصرًا على أن تكون الأفكار صحيحة، لكنه اهتم أيضًا بأن تكون الكلمات نفسها موحًى بها حقًّا. وبهذا، جرى الوحي الإلهي على مستوى الكلمات والألفاظ.

نظرية الوحي الطبيعي: يقول مؤيِّدو هذه النظرية إن كُتَّاب الكتاب المقدس لم يحصلوا على الوحي (أو الإلهام) الذي كتبوا به من الله بل من داخلهم. فكما يُلهَم مؤلِّفو المقطوعات الموسيقية الموهوبون، أو الرسامون، أو المهندسون المعماريون، أو الكُتَّاب لإنتاج تحفهم الفنية العظيمة، هكذا أيضًا كان كُتَّاب الكتاب المقدس مسوقين بمواهبهم الطبيعية في أثناء كتابتهم للأسفار المقدَّسة. فقد كانوا أناسًا يتمتعون ببصيرة روحية مذهلة، بفضل حساسيتهم الاستثنائية وموهبتهم الفذَّة. ونتيجة ذلك، اتسمت كتاباتهم بصفة الإلهام أو الوحي.

الاعتراض البديهي على هذا الرأي هو أنه يقر بالفعل بالدور البشري في كتابة الكتاب المقدس، لكنه يلغي أو يتجاهل تصريح الكتاب المقدس نفسه بأن مصدره هو الله (٢تيموثاوس ٣: ١٦؛ ٢ بطرس ١: ٢٠-٢١). يُعظِّم هذا الرأي من شأن الكُتاب البشريين، في حين يرفض أن يكون لله دور في الكتابة. وبموجب هذا، لم يكتب الله الكتاب المقدس، وإنما كتبه رجال أذكياء وروحيون.

من بين مواطن الضعف الفادحة الأخرى في هذا الرأي هو أن رجالًا أذكياء وروحيين لن يُقْدِموا البتة على كتابة كتاب يضع البشر جميعهم تحت القصاص، ولا يقدِّم لهم الخلاص إلا من فوق؛ لكنهم في المقابل كانوا سيسعون إلى تدبير خلاص يساهمون فيه بأنفسهم. فإن سائر الديانات الأخرى تروِّج لكذبة مميتة، ألا وهي أن الإنسان يمكنه أن يُساهِم في خلاصه بأعماله الفاضلة، أو الخيرية، أو الطقسية، وذلك لعدم رغبته في الاكتفاء بالإيمان بالذبيحة الكاملة التي قدَّمها ابن الله. وكملاحظة أخيرة أيضًا، لم يكن بمقدور حتى أفضل الأشخاص أن يتخيَّل شخصية مثل يسوع المسيح. فحتى أعظم العقول الموهوبة لم يكن باستطاعته ابتداع شخصية تفوق في الحكمة، والطهارة، والمحبة، والبر، والكمال أيَّ كائن بشري آخر عاش يومًا على الأرض.

الرأي الكتابي - الوحي اللفظي التام: يقول هذا الرأي إن الله، بواسطة روحه القدوس، أوحى بكلِّ كلمة دوَّنها الكُتاب البشريون في أسفار الكتاب المقدس الستة والستين جميعها، في الوثائق (أو المخطوطات) الأصلية. فالوحي يصف المسبِّب الإلهي الكامن وراء كتابة الكتاب المقدس، مشيرًا إلى العمل المباشر الذي أجراه الله على الكُتَّاب البشريين، والذي أسفر عن إصدار إعلان مكتوب كامل. يعبِّر هذا المصطلح عن العمل السري للروح القدس، الذي به استخدم شخصية كلِّ كاتب، ولغته، وأسلوبه، وبيئته وخلفيته، لإصدار كتابات تحمل سلطة وموثوقية إلهية. ومن ثَمَّ، كانت هذه الكتابات بالحقيقة نتاج الكاتب البشري والروح القدس معًا. ويتفق هذا الرأي مع الكلمة اليونانية التي استخدمها الرسول بولس في ٢تيموثاوس ٣: ١٦ (*theopneustos*)، والتي معناها «زفير الله» أو «تنفُّس الله» للكتب المقدسة من خلال كُتَّابها. ولهذا، ربما تكون الترجمة الأدق لنص ٢تيموثاوس ٣: ١٦ هي: «كُلُّ الْكِتَابِ هو زفير اللهِ». وثمة أهمية كبيرة أن ندرك أن تصريح الكتاب المقدس عن وحيه يعبِّر عن فعل إشراف إلهي. فقد أصدر الله الكتب المقدسة عن طريق تأثيره على أفكار الكُتَّاب البشريين، الأمر الذي نتجت عنه كلمات تحمل سلطة وموثوقية إلهية، ومعصومة من الخطأ، في المخطوطات الأصلية.

- ## عملية الوحي

إن العمليات والطرق الفعلية التي كُتِبت بها أسفار الكتاب المقدس كثيرة ومتنوِّعة. فقد كتب موسى أسفار التوراة الخمسة تحت إشراف مباشر من الله؛ وفي بعض الأحيان، أعطاه الله الكلمات المحدَّدة التي ينبغي أن يدوِّنها (خروج ٣٤: ٢٧)؛ بينما في أحيان أخرى، أدرج موسى أفكاره الشخصيَّة (تثنية ٣: ٢٣-٢٦). كما كتب داود الكثير من المزامير التي جُمِعت مكوِّنة سفر المزامير؛ وكان بعضها نتاج أحداث معيَّنة وقعت في حياته (مثل المزمورين ٣٢؛ ٥١)، في حين كانت أخرى مستَمَدَّة من خبراته الحياتية العامة (مزمور ٢٣). كذلك، أجرى بعض الكُتَّاب بحثًا وتقصيًا قبل أن يكتبوا؛ فقد بحث سليمان، وجمع

الكثير من الأمثال (جامعة ١٢ : ٩)، التي كوَّنت، مع أقوال رجال آخرين، ما يُسمَّى الآن سفر الأمثال (أمثال ١ : ١؛ ١٠ : ١؛ ٢٥ : ١).

كذلك، كتب متى ويوحنا إنجيليهما بناء على خبراتهما الشخصية مع يسوع، في حين لم يكن لوقا شاهد عيان على الأحداث المسجَّلة في إنجيله، لكنه تحرَّى بدقة عن كلِّ شيء قبل أن يدوِّنه بالتدقيق وعلى التوالي (لوقا ١ : ١-٤). ونكاد نكون على يقين من أن هذا تضمَّن أيضًا إجراء مقابلات مع العديد من الرسل وشهود عيان آخرين. وقد قدَّم بعض كُتَّاب الأسفار إعلانًا خاصًا من خلال حلم أو رؤيا. فبينما كان الرسول يوحنا منفيًا على جزيرة بطمس، حصل على رؤيا للرب يسوع المقام من الأموات، ثم أُوصِي بأن يكتب إلى الكنائس السبع ما أُخبِر به وما رآه (رؤيا ١ : ٩-١١).

حتى عملية الكتابة نفسها قد اختلفت في بعض الأحيان باختلاف الكُتَّاب والأسفار التي كتبوها. فقد أملى إرميا الكلمات التي استلمها من الله على مسامع باروخ، كاتبه، الذي قام بالكتابة الفعلية (إرميا ٣٦ : ٣٢). كما استخدم بولس في كثير من الأحيان ناسخًا (كاتبًا أو سكرتيرًا) لتدوين رسائله كما يمليها عليه؛ ولهذا السبب، ختم العديد من رسائله بملاحظة كتبها هو بخط يده، للتأكيد على قدوم الرسالة منه شخصيًا (١كورنثوس ١٦ : ٢١؛ كولوسِّي ٤ : ١٨؛ ٢تسالونيكي ٣ : ١٧). وقد تضمَّنت رسالته إلى القديسين في رومية أيضًا تحية من ترتيوس، الذي دوَّن الرسالة بيده (رومية ١٦ : ٢٢). في مقابل ذلك، كتب بولس رسالتين بنفسه (غلاطية ٦ : ١١؛ فليمون ١٩). وعلى الرغم من كلِّ هذه السمات العديدة والمتنوعة لطريقة الكتابة، كان الله الروح القدس مشرفًا على كلِّ كلمة دُوِّنت.

عرَّف بطرس عملية الوحي على النحو الأمثل في الأصحاح الأول من رسالته الثانية. ففي سياق حديثه عن استشهاده الوشيك، أشار أولًا إلى الحاجة إلى التمسُّك بالحق والثبات فيه (٢ بطرس ١ : ١٢-١٤). ثم قبل توجيهه تحذيرًا من المعلِّمين الكذبة، أكَّد على جدارة الكتاب المقدس بالثقة، لأنه ليس فقط نتاج كُتَّاب بشريين، بل نتاج الروح القدس العامل من خلالهم. وبدأ بطرس شرحه مشيرًا إلى خبرته الشخصية كشاهد عيان على تجلِّي المسيح (مرقس ٩ : ١-١٣؛ ٢ بطرس ١ : ١٨)، ثم على هذا الأساس قال: «وَعِنْدَنَا الْكَلِمَةُ النَّبَوِيَّةُ، وَهِيَ أَثْبَتُ، الَّتِي تَفْعَلُونَ حَسَنًا إِنِ انْتَبَهْتُمْ إِلَيْهَا كَمَا إِلَى سِرَاجٍ مُنِيرٍ فِي مَوْضِعٍ مُظْلِمٍ، إِلَى أَنْ يَنْفَجِرَ النَّهَارُ وَيَطْلَعَ كَوْكَبُ الصُّبْحِ فِي قُلُوبِكُمْ» (٢بطرس ١ : ١٩). وتشير عبارة «الْكَلِمَةُ النَّبَوِيَّةُ» بوضوح إلى الكتاب المقدس، وذلك في ضوء التفاصيل التي أضيفت في الآية ٢٠. ويمكن تفسير عبارة «وَهِيَ أَثْبَتُ» بطريقتين محتمَلتين: إما بالمعنى الخبري التوكيدي أو بمعنى المقارنة. فإذا فهمناها بالمعنى الخبري التوكيدي (أي بأنها خبرٌ لمبتدأ)، يصير المعنى المقصود هو أن الكلمة صارت أكثر جدارة بالثقة بسبب الخبرات المباشرة التي مرَّ بها بطرس وكُتَّاب آخرون. يعني هذا أن هذه الآيات تجعل «الكلمة النبوية» أكثر يقينية وقابلية للتصديق. لكن التفسير الأفضل هو أن هذه الكلمة تنقل معنى المقارنة (أي أنها صفة أو نعت). ففي حين أنَّ خبرة كتلك التي مرَّ بها بطرس فوق جبل التجلي هي شهادة مذهلة للمسيح، فإن «الكلمة النبوية»، أي الكتاب المقدس، شاهدٌ أكثر جدارة بالثقة عن الله، وذلك بسبب الطريقة التي كُتِب بها.

ومـن ثَـمَّ، فـإن «الكلمـة النبويـة» (أي الكتـاب المقـدس) أكمـل وأكثـر دوامًـا وموثوقيـة مـن الاختبـار الشـخصي.[٦] وبأكثـر تحديـدٍ، كلمـة اللـه هـي إعـلان للتعاليـم عـن شـخص المسيح، وكفارتـه، ومجيئـه الثانـي أكثـر جـدارة بالثقـة حتـى مـن الاختبـار الشـخصي المباشـر للرسـل أنفسـهم.

ثـم وصـف بطـرس عمليـة الكتابـة علـى النحـو التالـي: «عَالِمِينَ هَـذَا أَوَّلًا: أَنَّ كُلَّ نُبُـوَّةِ الْكِتَـابِ لَيْسَـتْ مِنْ تَفْسِيرٍ خَـاصٍّ، لأَنَّـهُ لَـمْ تَـأْتِ نُبُـوَّةٌ قَـطُّ بِمَشِـيئَةِ إِنْسَـانٍ، بَلْ تَكَلَّـمَ أُنَـاسُ اللَّـهِ الْقِدِّيسُـونَ مَسُـوقِينَ مِـنَ الـرُّوحِ الْقُـدُسِ» (٢ بطـرس ١: ٢٠-٢١). إن عبـارة «نُبُوَّةِ الْكِتَابِ» تجـزم علـى نحـو قاطـع بـأن تعبيـر «الْكَلِمَـةُ النَّبَوِيَّـةُ» يشـير إلـى النـص الكتابـي المقـدَّس. والمقصـود مـن فكـرة «التفسـير الخـاص» هـو أن مـا كتبـه كُتَّـاب الأسـفار المقدسـة لـم يكـن مجـرد آرائهـم الشـخصية، أو أفكارهـم، أو تفسـيراتهم الخاصـة للأحـداث التـي شـاهدوها أو للرسـائل التـي دوَّنوهـا؛ فمـا كتبـوه لـم يكـن «بِمَشِـيئَةِ إِنْسَـانٍ». بعبـارة أخـرى، لـم تكـن المبـادرة البشـرية كامنـة وراء إصـدار أسـفار الكتـاب المقـدس؛ بـل بالأحـرى، يؤكِّـد بطـرس بطريقـة مباشـرة للغايـة أنـه عندمـا كتـب الكُتَّـاب البشـريون، كان اللـه هـو المتكلِّـم مـن خلالهـم. ويشـبه هـذا شـهادة داود القائلـة: «رُوحُ الـرَّبِّ تَكَلَّـمَ بِـي وَكَلِمَتُـهُ عَلَـى لِسَـانِي» (٢ صموئيـل ٢٣: ٢). فقـد كانـت هـذه عمليـة معجزيَّـة انطـوت علـى الاهتمـام الشـخصي والمباشـر مـن الـروح القـدس، وعلـى قوتـه التوجيهيـة. أمـا تعبيـر «مَسُـوقِينَ» فهـو التعبيـر ذاتـه الـذي اسـتُخدم فـي سـفر أعمـال الرسـل لوصـف سـفينة تحملهـا الريـاح (أعمـال الرسـل ٢٧: ١٥، ١٧). ففـي الأسـفار المقدسـة، كان النبـي ينقـل كلمـة اللـه بواسـطة قلمـه، وكان الـروح القـدس يتحـرك باسـتمرار مـن خـلال النبـي لتوصيـل كلمـة اللـه. فـي نهايـة المطـاف، مـا كُتِـب كان كلام الكُتَّـاب البشـريين بلغتهـم وأسـلوبهم ومـن منظورهـم الشـخصي، ولكنـه أيضًـا كان تحـت إشـراف مباشـر مـن اللـه بواسـطة روحـه، الـذي وضـع علـى الصفحـات كلمـات اللـه نفسـها. وبهـذا، صـار المنتـج النهائـي فـي جميـع صفحـات أسـفار الكتـاب المقـدس السـتة والسـتين جميعهـا هـو كلمـات اللـه الإلهيـة، والموحـى بهـا، والخاليـة مـن الخطأ، والموثوقـة.

• شرحٌ للوحي

واحـدٌ مـن أهـم النصـوص التـي تتعلَّـق بالوحـي فـي كلِّ العهـد الجديـد هـو ٢تيموثـاوس ٣: ١٦، الـذي فيـه يؤكِّـد بولـس كلًّا مـن الوحـي الإلهـي لأسـفار العهـد القديـم فـي المقـام الأول (وبالتبعيـة، أسـفار العهـد الجديـد أيضًـا)، ونظـرة بولـس إلـى الكتـاب المقـدس علـى أنـه خـالٍ مـن الخطـأ. لكـن، بسـبب أهميـة هـذا النـص، تعرَّضـت كل كلمـة فيـه تقريبًـا للهجـوم مـن المشـكِّكين. وثمـة بعـض الاعتبـارات المحـدَّدة التـي مـن شـأنها أن تحـدِّد تفسـيرنا لهـذه الآيـة.

الاعتبـار الأول هـو عبـارة «كُلُّ الْكِتَـابِ». فـي النـص الأصلـي، وباللغـة الأصليـة، تـرد كلمـة «كلٌّ» كصفـة مؤنثـة مفـردة للاسـم المؤنـث المفـرد «الْكِتَـابِ»؛ ولذلـك، يمكـن تفسـيرها بعـدة طـرق. لا يسـاورنا أدنـى شـك فـي أن الكلمـة التـي تُرجِمـت «الْكِتَـابِ» تشـير بالفعـل إلـى الأسـفار المقدَّسـة، لكـن مـا يتجـادل حولـه المفسِّـرون هـو نطـاق هـذا المعنـى. فهـل يشـير هـذا إلـى مقطـع كتابـي معيَّـن، كمـا يصـرُّ البعـض، أم إلـى

٦ هذه الفقرة مقتبسة بتصرف من المصدر التالي، بتصريح من الناشر:
MacArthur, *MacArthur Study Bible: English Standard Version*, 1904.

الكتاب المقدس ككلٍّ، كما يؤكِّد آخرون؟ يتمتع التفسير الأول بميزة، وهي غياب أداة التعريف في كلتا الكلمتين في اللغة اليونانية («كُلُّ الْكِتَابِ»). لو كان هذا هو التفسير الصحيح، فبولس إذن يشدِّد في هذا النص على منفعة «كلِّ المقاطع الفردية التي تشكِّل الكتاب المقدس ككلٍّ». لكن، يبدو الرأي الثاني هو الأرجح. فصحيح أن كلمة «كلّ»، عندما تأتي مع اسم غير معرَّف، تعني عادة «كلّ واحد»، لكن هذه ليست قاعدة مطلقة، لأن الاسم في اللغة اليونانية يمكن أن يكون معرَّفًا دون وجود أداة التعريف. ويكاد يكون من المؤكَّد أن هذا ينطبق على النص الذي نحن بصدده. استُخدِمت كلمة «الكتاب» نفسها (في اليونانية *graphē*) معرَّفة في نصين آخرين على الأقل (رومية ١: ٢؛ ١٦: ٢٦)، على الرغم من غياب أداة التعريف. ويبدو أن استخدام هذه الكلمة عبر العهد الجديد يوحي بكونها تُستخدَم بالمعنى الجمْعي، كاسم عَلَم للإشارة إلى الكتاب المقدس بأكمله. هذه الاعتبارات هي التي تجعل التفسير المفضَّل هو «كلُّ الكتاب المقدس». ونتيجة ذلك، تتعلَّق شهادة بولس في هذا النص الكتابي في المقام الأول بالكتاب المقدس كاملًا. لكن، حتى لو قبلنا بالرأي البديل، فلن نجد فارقًا فعليًّا بين التشديد على كون «المجمل» أو «الأجزاء الفردية» موحًى بها. فإن الفكرة التي يطرحها بولس دون أي مجال للخطأ هي أن الكتاب المقدس، كلًّا، وفي أجزائه أيضًا، هو موحًى به من الله بلا استثناء.

ربما تكون القضية الثانية الواجب حسمها هي الأهم. وهي تتمحور حول تعريف تلك العبارة التي لم ترد سوى مرة واحدة في كلِّ الكتاب المقدس، والتي تُترجم عادة إلى «مُوحًى بِهِ مِنَ اللهِ» [inspired by God، *theopneustos*]، ولا سيما في علاقتها بتعبير «كُلُّ الْكِتَابِ». اللفظ اليوناني الأصلي هو كلمة مركَّبة، تُعَد أفضل ترجمة لها هي «زَفِيْرُ أو تَنَفُّسُ اللهِ». وقد جاءت فكرة **الوحي، أو الإلهام (inspiration)**، في واقع الأمر، وكما هو مُثْبَت جيدًا، من ترجمة الفولجاتا اللاتينية لهذا التعبير إلى *inspirata* (وهو المقابل اللاتيني لكلمة inspiration الإنجليزية التي تعني «وحي» أو «إلهام»). ومن ثَمَّ، تدل هذه الكلمة على دور الله وعمله في كتابة النص الكتابي.

تتجاوز الحُجة تعريف اللفظ نفسه، لتنتقل إلى علاقته بالتعبير السابق له، أي «كُلّ الْكِتَابِ». يرى البعض أن عبارة «مُوحًى بِهِ مِنَ اللهِ» هي صفة. لو كان هذا صحيحًا (وهذا أمرٌ محتمَلٌ من حيث بناء الجملة)، تكون الترجمة كالتالي: «كلُّ الكتاب الموحى به من الله». لكن هذه الترجمة تشير ضمنًا إلى أن بعض مقاطع الكتاب المقدس ليست موحًى بها من الله. لكن الرأي الأصح هو أن نحسب عبارة «مُوحًى بِهِ مِنَ اللهِ» صفة إسنادية أو خبرية. وفي هذه الحالة، تصير ترجمة هذا التعبير، كما جاءت في معظم الترجمات الحديثة، كالتالي: «كل الكتاب هو زفير الله»، أو «كُلُّ الْكِتَابِ هُوَ مُوحًى بِهِ مِنَ اللهِ». وإن تركيب الجملة، وسياق النص، فضلًا عن العديد من تصريحات الكتاب المقدس الأخرى المشابهة تُعَد أدلة أقوى وأفضل مؤيِّدة لهذه الترجمة. ومن ثَمَّ، فانطلاقًا من شهادة بولس نفسه إلى تيموثاوس، كلُّ الكتاب موحًى به من الله. ونتيجة ذلك، يمكن الجزم أيضًا بأنه نافع لإنسان الله، وذلك بسبب مصدره الإلهي. وبناءً على ذلك، إذن، يستلزم المصدر الإلهي لهذا الكتاب خلوَّه من الخطأ وعصمته. وأي استنتاج بخلاف ذلك هو بمثابة تقويضٍ لنزاهة الإله الذي هو مصدر هذا الكتاب – ليس أجزاء منه فحسب، بل الكتاب بأكمله.

أما من جهة نطاق تعبير «كُلُّ الْكِتَابِ»، فلا يلزمنا سوى النظر إلى رسالة بولس الأولى إلى تيموثاوس، حيث قال: «لأَنَّ الْكِتَابَ يَقُولُ: ‹لاَ تَكُمَّ ثَوْرًا دَارِسًا›، وَ‹الْفَاعِلُ مُسْتَحِقٌّ أُجْرَتَهُ›» (١تيموثاوس ٥: ١٨). اقتبس بولس هنا من كلٍّ من شريعة موسى (تثنية ٢٥: ٤) وإنجيل لوقا (لوقا ١٠: ٧)، ناسبًا لقب **الكتاب** إلى كليهما. وفي حين لم يكن التركيز الأساسي لنص رسالة تيموثاوس الأولى مُنصبًّا على عقيدة الوحي، لكن ينبغي ألا يفوتنا استخدام بولس فيه لمصطلح «الْكِتَاب» من أجل وصف كلٍّ من العهد القديم وكتابات لوقا. ومن ثَمَّ، فالاستنتاج الذي يمكننا الخروج به بسهولة هو أن تصريح بولس بأن «كُلُّ الْكِتَابِ هُوَ مُوحًى بِهِ مِنَ اللهِ» ينسب صفة المصدر الإلهي إلى كتابات لوقا بالتساوي مع العهد القديم. وهذا الأمر يتماشى تمامًا مع وصف بطرس لعملية الوحي، ومع التصديق المسبَق من يسوع نفسه على صحَّة العهد الجديد.

• اعتراضات على الوحي

أجل، استخدم الله رجالًا ليسوا معصومين من الخطأ لكتابة الكتاب المقدس، لكنه، في الآن ذاته، أصدر من خلالهم كلمات معصومة وخالية من الخطأ. وكما يستطيع أحدهم رسم خط مستقيم باستخدام عصًا معوجَّة، هكذا أيضًا أصدر الله كتابًا مقدسًا خاليًا من الخطأ بواسطة رجال غير كاملين. وإن الشبيه المباشر والأوضح لهذا هو عملية التجسُّد. يخبرنا الكتاب المقدس عن الحبل المعجزي بابن الله الذي هو بلا خطية في رحم مريم (متى ١: ١٨-٢٥؛ لوقا ١: ٢٦-٣٨). كانت مريم خاطئة مثلُها مثَلُ أيِّ إنسان من نسل آدم، ومع هذا استخدمها الله ليأتي بيسوع إلى الأرض. لم يَحُدّ استخدام أداة خاطئة وغير معصومة بأي شكل من الأشكال من قدرة الله على أن يأتي بالمخلِّص الذي بلا خطية إلى العالم (٢كورنثوس ٥: ٢١). كان يسوع ابن مريم بالكامل (متى ١: ٢٥) وكذلك ابن الله بالكامل (يوحنا ١: ١٤)، لكنه لم يتلوَّث بالطبيعة الخاطئة لمريم. هكذا أيضًا، استخدم الله وسائل بشرية لكتابة الكتاب المقدس دون أن يقوِّض هذا نزاهة ذلك الإعلان.

هذا صحيحٌ حتى مع استخدام الله لأنواع مختلفة من الجهود البشرية في عملية الكتابة. فسواء كتب موسى الكلمات نفسها التي أوصاه بها الله (خروج ٢٤: ٤؛ لاويين ١: ١؛ ٤: ١؛ ٦: ١، ٨، ٢٤؛ عدد ١: ١؛ ٢: ١)، أو كتب من خبراته الشخصية، كان كلُّ ما كتبه خاضعًا للوحي الإلهي (تثنية ٣١: ٢٤-٢٩). أيضًا، كتب لوقا سفريه بالاستناد إلى ما قام به من بحث شخصي (لوقا ١: ١-٤؛ أعمال الرسل ١: ١-٣)، في حين كتب متى ويوحنا بناء على خبرتهما المباشرة، وتذكُّرهما بوحي من الروح القدس لما قيل وعُمِلَ (يوحنا ١٤: ٢٦). وفي بعض الأحيان أيضًا، عبَّر بولس في النص الكتابي، على نحو موثوق، عن فكره ورأيه الشخصي (١كورنثوس ٧: ٢٥؛ ١٤: ٣٧). فقد استخدم الله وسائل بشرية لتدوين كلمته الخالية من الخطأ، غير أن الكتاب المقدس لم يكن مجرد نتاج بشر غير معصومين من الخطأ، لكنه كان في الآن ذاته أيضًا كلام الروح القدس المعصوم من الخطأ (١تسالونيكي ٢: ١٣؛ ٢تيموثاوس ٣: ١٦؛ ٢ بطرس ١: ٢٠ – ٢١).

⬅ الإعداد للوحي

وراء كتابة أسفار الكتاب المقدس الستة والستين كان هناك إشراف إلهي، هو الذي أدار بواسطة العناية الإلهية كلَّ جانب من جوانب إخراج هذه الأسفار إلى النور. وقد شمل هذا كلَّ شيء بدءًا من ظروف الكتابة وحتى بِنية الكُتاب أنفسهم وخبراتهم. وعندما نتناول هذه العوامل، نكتسب تقديرًا تامًّا لعظمة القدرة والحكمة الإلهية التي تتجلَّى في الكتاب المقدس.

• الإعداد للكتابة

إن الإعداد لكتابة أيِّ سفر من أسفار الكتاب المقدس يشمل بوضوح الخلفية التاريخية التي كُتِبت فيها الأسفار. يمكن التعرُّف بسهولة على الخلفيات التاريخية للعديد من للأسفار. فقد كُتِبت أسفار التوراة الخمسة عن يد موسى في سياق الخروج من أرض مصر، واقتراب دخول أرض الموعد وامتلاكها. كما كُتبت المزامير في أحيانٍ كثيرة من واقع الظروف الحياتية المباشرة لكُتَّابها البشريين، أو كفعل عبادة ناتج عن عملٍ أو أعمالٍ صنعها الله من أجل شعبه. ويعرض سفر الجامعة بيانًا موحًى به عن الدروس الروحية التي تعلَّمها سليمان عبر حياته. كذلك، ارتبطت الأسفار النبوية بإشارات تاريخية تحدِّد الخلفيات التي كُتِبت فيها، والقضايا المحدَّدة التي تناولتها، سواء الحاضرة أو المستقبلية.

ويكشف مسحٌ لأسفار العهد الجديد عن الشيء ذاته أيضًا. كان إنجيل لوقا هو الوحيد بين الأناجيل الأربعة الذي عرَّف هوية كاتبه بشكل محدَّد. ومع ذلك، تمثِّل الأناجيل الأربعة جميعها عرضًا واضحًا عن شخص يسوع وعمله من أجل إثبات كونه هو المسيح، وتوجيه القارئ إلى استنتاج كون الخلاص متاحًا بالإيمان به وبعمله على الصليب. كان لوقا فقط هو الذي ذَكَر أنه كتب عمله الأدبي المكوَّن من سفرين لا كشاهد عيان مباشر، بل بناء على ما قام به من تحقيق وتقصٍّ دقيق (لوقا ١: ١-٤؛ أعمال الرسل ١: ١-٣). ومع ذلك، يبدو واضحًا، في ضوء محتوى الأناجيل الأربعة، أنها مستمَدَّة جميعها من الأحداث التاريخية نفسها.

تنبع كلُّ رسالة من رسائل العهد الجديد من سياق تاريخي محدَّد دفع الكاتب البشري إلى كتابتها. كتب بولس رسالته إلى مؤمني رومية لتعريف قديسي رومية بنفسه وبخدمته للإنجيل، وكان جزء من غرضه هو أن يطلب منهم دعمه في المستقبل وهو ذاهب إلى إسبانيا (رومية ١: ١١-١٣؛ ١٥: ٢٢-٢٥). كما أنه كتب رسالتي كورنثوس كرد فعل تجاه المشكلات العديدة التي ظهرت داخل كنيسة كورنثوس. كذلك، وجَّه بولس الرسائل الرعوية (تيموثاوس الأولى والثانية، ورسالة تيطس) إلى رفقائه في الخدمة. وقد كُتِبت كلُّ رسالة من هذه الرسائل الثلاث من واقع ظرف حياتي وخَدَمي مختلف، وجميعها تقدِّم تعليمات محدَّدة بشأن كيفية تسيير شؤون الخدمة في أفسس وكريت. بل وكُتِب سفر الرؤيا نفسه في سياق وجود يوحنا في المنفى (رؤيا ١)، ومن منطلق الظروف التاريخية التي كانت سائدة في منتصف التسعينيات من القرن الأول الميلادي في الكنائس السبع التي خاطبها المسيح (رؤيا ٢-٣).

استخدم الله كلَّ ظرف من هذه الظروف التاريخية كي يزوِّدنا بالسياق الذي كُتِبت على أساسه كلمته الموحى بها. وإن الأشخاص، والمشكلات، والتسبيحات، والثقافات، والحكومات، والتحديات الاجتماعية والدنيوية، وكل ما سواها أيضًا، قد ساهموا معًا جميعًا، بتدبير من العناية الإلهية، في التزويد بالسياق الذي أراده الله، والذي على أساسه كُتب كلُّ سفر من أسفار الكتاب المقدس.

• إعداد الكُتَّاب

فضلًا عن تدبير الله لأحداث التاريخ، التي شكَّلت السياق لكتابة الأسفار الكتابية، أعدَّ الله أيضًا الكُتَّاب أنفسهم. ومثالًا على ذلك، انظر سفر المزامير. تُعَد المزامير من أكثر المقاطع التعبُّدية، والملهِمة، والمفعَمة بالمشاعر في كلِّ الكتاب المقدس. وهي تصف على نحو نابض بالحياة كلَّ شيء، بدءًا بالتعبير عن الحمد، وحتى التوسُّلات المستميتة من أجل النجاة والخلاص. وقد كُتِبت المزامير - سواء على نحو صريح أو ضمني - انطلاقًا من العديد من الظروف والخلفيات التاريخية المختلفة. فبعضها كُتِب من واقع ظروف مأسوية، أو ظروف تشكِّل تهديدًا على الحياة؛ في حين كُتبت أخرى تحديدًا لبيان التوجُّه السليم لشعب الله فيما هم صاعدون إلى أورشليم للاشتراك في العبادة. فإن المزامير جميعها تقترن بانفعالات وأفكار بشرية حقيقية، نابعة من خبرات حياتية واقعية.

كتب داود، مرنِّم إسرائيل الحلو، عددًا ضخمًا من المزامير. ومن ثَمَّ، فحين قال إن روح الرب تكلَّم به، وإن كلمة الله نفسها كانت على لسانه بينما يكتب مزاميره، فهذا يكشف عن أن عملية الوحي تضمَّنت أكثر من مجرد تسليم داود الكلمات (٢ صموئيل ٢٣ : ٢)؛ بل في واقع الأمر، كانت الكلمات التي جاءت على لسانه، والتي دوَّنها بيده، هي كلمات الله ذاته. لكن في الوقت نفسه، كانت هذه الكلمات نتاج عمل روح الله عبر الأداة البشرية، التي هي داود. فقد استخدم الله تلك الأداة بشخصيتها، ولغتها، وخبراتها، ومشاعرها، وانفعالاتها، وأسلوبها.

ففي المزمور الثالث والعشرين، على سبيل المثال، كانت الكلمات هي كلمات داود نفسه. فعندما وصف عناية الرب راعيه المُحِبة في الآيات الافتتاحية قائلًا: «فِي مَرَاعٍ خُضْرٍ يُرْبِضُنِي»، كان ذلك تعبيرًا عن كلٍّ من إيمان داود نفسه، وكلمات الله الموحى بها في الوقت نفسه (مزمور ٢٣ : ٢). ثم عندما انتقل إلى التحدُّث بصيغة المخاطَب، مخاطبًا الله مباشرة، وقائلًا: «لاَ أَخَافُ شَرًّا لأَنَّكَ أَنْتَ مَعِي» (مزمور ٢٣ : ٤)، ظلت هذه هي كلمات داود نفسه، ولكنها أيضًا كلمات روح الله الذي أصدر هذا النص الكتابي الموحى به. فإن عملية الوحي لا تنتهك بأي حال من الأحوال شخصية الكاتب البشري، أو لغته، أو أسلوبه؛ لكنها في حقيقة الأمر تُدرِج في حسبانها هذه العناصر جميعها، علاوة على السياق التاريخي المباشر الذي كُتب فيه النص. فقد أعدَّ الله الكُتَّاب البشريين كي يستخدمهم كأدوات لكتابة كلمته هو.

أعدَّ الله بعنايته كلَّ كاتب بشري ليكون الأداة المحدَّدة التي أرادها لكتابة السفر (أو الأسفار). بدأ هذا بخلق الله للإنسان على صورته، الشيء الذي منح الإنسان القدرة الفطرية على التفكير والتواصل مع الله، على نحو جعل الإعلان الإلهي ممكنًا وقابلًا للإدراك. فالله يستطيع التواصُل مع الإنسان لأنه

خلقه على نحو سهَّل من التفاعُل اللفظي والتفكير المنطقي. وامتد هذا الإعداد ليشمل أيضًا كلًّا من أسلاف الكاتب وخبراته الحياتية – سواء الحاليَّة أو البعيدة.

امتدَّت عناية الله لتشمل أسلاف الكاتب القدامى. فإن التراث الشخصي للعديد من كُتَّاب الكتاب المقدس يظهر كثيرًا وبوضوح في نصوص الكتاب المقدس. على الأرجح، كان جميع كُتاب الكتاب المقدس، عدا لوقا، يهودًا. وكان بعضهم من أصول كهنوتية، بينما البعض الآخر من أصول مَلَكية. وقد اختير هؤلاء جميعهم، من قبل مجيئهم إلى العالم بوقت طويل، لأداء أدوارهم التي عيَّنها الله لهم (إرميا ١: ٥؛ غلاطية ١: ١٥). ويُظهر ذلك أن الاختيار الإلهي للكُتَّاب البشريين لم يكن اختيارًا طارئًا حدث في اللحظة الأخيرة، بل قد قاد الله حتى أسلاف الأنبياء أنفسهم ليكونوا كما أراد تمامًا، وذلك حتى يستطيع أن ينقل كلمته الموحى بها من خلال موروثاتهم الفريدة.

هذا الإعداد الذي تم بواسطة العناية الإلهية أَعطَى كلَّ كاتب منظورًا فريدًا شمل كافة نواحي الحياة تقريبًا. فقد كان كلُّ كاتب متأثرًا بعوامل مرتبطة بمكانه وزمانه، وكان لكلٍّ واحد منهم صفات موروثة، وبيئة، وتعليم، وتنشئة مميَّزة؛ علاوة على اهتمامات، وخبرات، بل وعلاقات شخصية مختلفة. ومن ثَمَّ، فقد كان لكلِّ كاتب قائمة مفرداته الفريدة، وأسلوبه الفريد في الكتابة، الذي تأثَّر بهذه العوامل المختلفة جميعها.

ووراء هذه الخبرات البيئية والحياتية جميعها يقف عمل الله المباشر. فقد كان بعنايته الإلهية، ومن خلال مسار الحياة الطبيعي، يُعِد الكُتاب البشريين ويحفظهم حتى يكونوا خاصته وأنبياءه. دبَّر الله لأنبيائه الضرورات المادية للحياة، حتى يعيشوا ويبلغوا مرحلة النضج؛ وحفظ كلَّ واحد منهم من أيِّ شر يمكن أن يجرِّدهم من أهليتهم قبل دعوتهم للخدمة؛ كما أنه كبح جماح أناسٍ لولا ذلك لأمكنهم القضاء عليهم. وفي التوقيت المثالي الذي عيَّنه الله، دعاهم إلى الخدمة التي كان قد عيَّنها لهم، بعدما تحكَّم في ظروف حياتهم كي يجتذبهم إلى نفسه. فهو قد جعل كلَّ الأشياء، بما في ذلك كتابتهم للأسفار المقدسة الموحى بها، تعمل معًا لخيرهم (رومية ٨: ٢٨)، حتى يتسنَّى له أن يستخدمهم لأجل هذا الغرض بعينه. عبَّرَ وارفيلد (Warfield) بدقة عن هذا الأمر، موضِّحًا أن إعداد الله للكُتَّاب البشريين كان «بدنيًا، وفكريًا، وروحيًا، الأمر الذي لا بد أنه قد صاحَبَهم طَوال حياتهم، مبتدئًا قطعًا من أسلافهم القدامى، مما نتج عنه إحضار الرجال المناسبين إلى الأماكن المناسبة، في الأوقات المناسبة، متمتِّعين بالمواهب، والبواعث، والمكتسَبات المناسبة، كي يكتبوا الأسفار التي عُيِّن لهم بالتحديد أن يكتبوها».[٧]

ومن الأمثلة الممتازة لهذه العملية الكاملة من الإعداد هو موسى وكتابته لأسفاره الخمسة. وُلِد موسى من سبط لاوي، لأبوين كانا مستعبَدين في أرض مصر. لكن، تسبَّب مرسومٌ أصدره فرعون قبل مولد موسى في حصول موسى على تنشئة وتعليم فريدين من نوعهما. ففي سبيل الحفاظ على حياة الطفل موسى، اضطُرَّت أمه لتسليمه إلى يدي ابنة فرعون كي تربِّيه كابنٍ لها. نتج عن هذا التحوُّل في مجريات الأحداث تلقِّي موسى أعلى وأرقى مستوى من التعليم في مصر في الأربعين سنة الأولى

7 Benjamin B. Warfield, *The Inspiration and Authority of the Bible* (Louisville: SBTS Press, 2014), 155.

من حياته (أعمال الرسل ٧: ٢٢). ومع ذلك، كان موسى يعرف أسلافه جيدًا، وكان متابعًا عن كثب للمعاناة والظلم اللذين ألحقهما فرعون بشعبه. وقد دفعه ذلك إلى التصرُّف، ومحاولة تولِّي زمام الأمور بنفسه؛ غير أن جهوده انتهت به إلى الهروب من مصر، الأمر الذي أسفر بدوره عن قضائه الأربعين سنة التالية من حياته راعيًا للغنم (خروج ١-٢).

وفي هذه المرحلة بالتحديد صار إعداد الله لموسى واضحًا. ففي الأصحاح الثالث من سفر الخروج، ظهر الله لموسى في عليقة مشتعلة، ودعاه إلى أن يكون الأداة التي يحرِّر بها شعبه من العبودية في أرض مصر. لكن، كان موسى شاعرًا بوضاعته الشديدة، لدرجة أنه لم يقتنع بأنه الشخص المناسب لتنفيذ هذه المهمة. فقد علَّمته الأعوام الثمانون الفائتة من حياته شيئًا واحدًا، ألا وهو أنه عاجز عن القيام بهذا العمل بقدرته الشخصية. فمع أن الله أعدَّ موسى لدعوته إعدادًا كاملًا، لكن لم يكن موسى هو الذي أعتق شعب الله من العبودية، بل الله. لكن، استخدم الله أداة بشرية كان قد أعدَّها جيدًا لهذه المهمة طيلة ما يزيد على ثمانين سنة. ويروي لنا سفر الخروج، وسفر اللاويين، وسفر العدد، وسفر التثنية أحداث الأربعين سنة التالية من حياة موسى وخدمته. وهي تمثِّل سجلًّا للإنجازات الإلهية من خلال أدوات بشرية. لم يكن الله معتمدًا قط على موسى لتحقيق مقاصده، وهو الأمر الذي يتضح جليًّا في منع الله له من دخول أرض الموعد بسبب خطيته (العدد ٢٧: ١٢-١٤). لم يكن الله محتاجًا إلى موسى لتتميم مقاصده الصالحة، لكنه كان قادرًا تمامًا على استخدام نبي بشري غير معصوم من الخطأ، بل وخاطئ أيضًا، لتحقيق خططه الكاملة.

الشيء نفسه ينطبق على كتابة موسى للأسفار الخمسة. فإن التعليم والتدريب الرسمي المكثَّف الذي تلقاه موسى نتيجة نشأته في قصر فرعون ظاهرٌ بجلاء في محتوى التوراة. فقد كانت أسفار الشريعة الخمسة وثائق قانونية مفصَّلة وسجلات تاريخية. من المحتَمَل أن يكون موسى قد اعتمد جزئيًّا في كتابته لسفر التكوين على سجلات يُفترَض أنه كان بإمكانه الاطلاع عليها بحُكم دراسته في أرض مصر؛ ومن المحتمل أيضًا أن يكون تدريبه قد تضمَّنَ تعرُّفه على معاهدات وشرائع قانونية أخرى كانت في الشرق الأدنى القديم، ممَّا كان له تأثير بدرجةٍ ما على كتابته للمقاطع القانونية من الشريعة. وفي الوقت ذاته، اجتاز موسى في خبرات متكرِّرة من المثول أمام الله في أثناء كتابته للأسفار الخمسة؛ ومن ثَمَّ، لم يعتمد حصريًّا على مصادر خارجية. إذن، تُعَد الأسفار الخمسة الأولى للكتاب المقدس محصلة عمل الله وموسى معًا. تُبيِّنُ المشاعر والانفعالات التي سجَّلها موسى أن ما كُتِب كان كلماته الشخصية إلى حد كبير (مثل تثنية ١: ٣٧؛ ٣: ٢٣-٢٦)، لكن تلك الكلمات أيضًا نقلت على نحو لا تشوبه شائبة، وبواسطة موسى، كلمات الله نفسه.

وإن الأدلة على هذا التأليف الثنائي متعدِّدة وظاهرة بسهولة في كلِّ أنحاء الكتاب المقدس. يُسلِّط الكتاب المقدس الضوء بوضوح على أوجه تفرُّد كلِّ كاتب. فقد تلقَّى موسى تعليمه في مصر. وحصل بولس على تدريب على أعلى مستوى من العلماء اليهود، إذ كان تلميذًا لغمالائيل (أعمال الرسل ٢٢: ٣)، كما كان ضليعًا بالفلسفات اليونانية للرواقيين والأبيقوريين. كذلك، كان لوقا طبيبًا (كولوسِّي ٤: ١٤). وكان داود راعي أغنام، وجنديًا، وملكًا. وتربَّى سليمان أميرًا، وعاش ملكًا. وتدرَّب دانيآل حتى صار رجل

دولة. وكان بطرس ويوحنا صياديَ سمك. أما متى فكان جابي ضرائب. وكان يعقوب ويهوذا ابني نجار. كان لكل كاتب تراثه، ونشأته، وخلفيته الفريدة. كان كلٌّ واحد من هؤلاء تركيبة من خبرات حياتية أمرَّه الله بعنايته الإلهية من خلالها. وقد عملت هذه العوامل جميعها معًا من أجل تشكيل هؤلاء الرجال إلى الأدوات التي قصد الله أن يكونوها، بهدف إصدار كتابات تحمل سلطة وموثوقية إلهية. يتجلَّى هذا التفرد في كلِّ سفرٍ من أسفار الكتاب المقدس. على سبيل المثال، يحتوي كلُّ إنجيل من الأناجيل الأربعة على روايات ومضمون مماثلين، لكن يعكس كلٌّ منها المنظور الفريد لكاتبه، واختياراته للمضمون، تحت تأثير إشرافي من الروح القدس. فما من تعارض بين الكاتب البشري والكاتب الإلهي.[8]

كلُّ هذه المميِّزات الفريدة الاجتماعية، والثقافية، والتاريخية، والعاطفية، والاختبارية، والتعليمية، والعملية تنعكس في لغة أيِّ سفر كتبه أي كاتب بشري، وفي أسلوب كتابته. وفي الوقت ذاته، يظلُّ تأثير إلهي متسق على أسفار الكتاب المقدس، يدل على أن الله استخدم، عند كتابة الأسفار الستة والستين، أنبياء بشريين ليكتبوا كلامه هو الذي يحمل سلطة وموثوقية إلهية. هذه العناصر الإعدادية للوحي تؤكد بالضرورة أن الكتاب المقدس عمل معجزي تمامًا أنتجته العناية الإلهية، وأنه إعلان مكتوبٌ خالٍ من الخطأ قدَّمه الله.

⬅ براهين على الوحي

- براهين على الوحي من العهد القديم

تقتضي طبيعة وحي الكتاب المقدس أن تكون عملية إثبات هذا الوحي إلهية بالتساوي. هذه البراهين التي تشهد لنفسها متعدِّدة ومتنوعة عبر كلِّ الكتاب المقدس.

يوصَف العهد القديم بأنه كلام الله: يؤكِّد الكتاب المقدس آلاف المرات أن كلامه هو كلام الله نفسه. وفي العديد من المرات، قال النص تحديدًا: «قال الربُّ» (مثل خروج ١٧: ١٤؛ ١٩: ٣، ٦-٧؛ ٢٠: ١؛ ٢٤: ٤؛ ٣٤: ٢٧). ودعا عزرا العهد القديم «كَلَام إِلَهِ إِسْرَائِيلَ» (عزرا ٩: ٤؛ راجع ١٠: ٣). كما تطلق الآيات المئة والست والسبعون للمزمور المئة والتاسع عشر على الكتاب المقدس اسم «كلمة (كلام) الرب»، معظِّمة من شأن كلمة الله مئة وخمس وسبعين مرة باستخدام مرادفات عديدة ومتنوعة. بل وقد عرَّف الأنبياء رسائلهم المكتوبة بأنها كلمة الرب قائلين تصريحات من قبيل: «فَاسْمَعْ إِذًا كَلاَمَ الرَّبِّ» (١ ملوك ٢٢: ١٩؛ ٢ ملوك ٢٠: ١٦)، وأخرى نظيرها. ويصرِّح العهد القديم بكامله، منذ بدايته وحتى نهايته، بأنه كلمة الله. يطلق معظم اللاهوتيين على هذه السمة المميِّزة لكل الكتاب المقدس (أي لكلِّ كلمة) مصطلح **الوحي التام** [plenary inspiration].

يسجِّل العهد القديم أحاديث مباشرة من الله: تؤكِّد رواية سفر التكوين الافتتاحية أن الله خلق العالم بشكل مباشر من خلال تصريحات لفظية. فقد عبَّرَ ببساطة عن رغبته في أن يوجد شيءٌ ما، فخرج

8 See John MacArthur, *One Perfect Life: The Complete Story of the Lord Jesus* (Nashville: Thomas Nelson, 2012), 13-15.

هذا الشيء إلى حيِّز الوجود من العدم (تكوين ١ : ٣، ٦، ٩، ١١، ١٤، ٢٠، ٢٤). كما تحوي هذه الرواية أيضًا تعليمات إلهية تعبِّر على نحو موثوق عن توقعات الله من مخلوقاته (تكوين ١ : ٢٦، ٢٨-٢٩؛ ٢ : ١٦-١٧). وهي تحوي أيضًا أحكامًا أصدرها الله، في تقييم منه لأعمال ارتكبتها خلائقه، وكشفٍ عن العواقب المترتبة عليها (تكوين ٣ : ١٣-١٩). أيضًا هناك بعض المحادثات المسجَّلة في العهد القديم بين الله وأفراد معيَّنين. فقد دعا الله أبرام للخروج من أرض أور، وتكلَّم إليه بشكل مباشر في مناسبات متعدِّدة بشأن تفاصيل العهد الذي قطعه معه (تكوين ١٢ : ١-٣؛ ١٥ : ١-٢١). وتروي قصة دعوة موسى بالتفصيل عن حديثٍ دار بين موسى والله، كي يوضح له الله دوره في إنقاذ إسرائيل من العبودية في مصر (خروج ٣ : ١-٤ : ٢٣). وعقب موت موسى مباشرة، كلَّم اللهُ يشوعَ بشكل مباشر عن دوره في دخول أرض الموعد وامتلاكها (يشوع ١ : ١-٩). ويسجِّل العهد القديم العديد من التصريحات أو الأحاديث المباشرة التي دارت بين الله وأنبيائه (١ ملوك ١٤ : ٥). كان بعض هذه الإعلانات لفظيًّا (١ صموئيل ٣ : ٢١)، في حين كان البعض الآخر في صورة رؤى وأحلام (١ ملوك ٣ : ٥). وكلها تسجِّل أحاديث إلهية.

يسجِّل العهد القديم أحاديث نبوية جاءت من عند الله: فبدءًا من موسى (خروج ٣ : ١٥)، عُرفَ أنبياء الله بأنهم رسلٌ الله الموثوقون الذين يتكلَّمون نيابة عنه. وبلغت سلطتهم حدَّ أن ما كانوا ينطقون به بلسان الله عومل وكأن الله بنفسه هو الذي تكلَّم به. أُمِر موسى بأن يذهب إلى فرعون ويخاطبه بلسان الله قائلًا: «هَكَذَا يَقُولُ الرَّبُّ» (خروج ٤ : ٢٢). واتَّبع أنبياء الله هذا النهج نفسه عبر كلِّ العهد القديم (انظر مثال يشوع، يشوع ٧ : ١٣؛ ٢٤ : ٢، ٢٧؛ وجدعون، قضاة ٦ : ٧-١٨؛ وصموئيل، ١ صموئيل ٢ : ٢٧؛ ١٠ : ١٨؛ ١٥ : ٢؛ وناثان، ٢ صموئيل ١٢ : ٧، ١١؛ وغيرهم كثيرون، ١ ملوك ١١ : ٣١؛ ١٢ : ٢٤؛ ١٣ : ١-٢؛ ١٣ : ٢١؛ ١٤ : ٣-٧). وعندما كان أحد الأنبياء يتكلم نيابة عن الله، كانت الصيغة المعتادة المستخدَمة هي: «هكذا يقول الرب». بل وفي بعض الأحيان، كان النبي يتكلَّم نيابة عن الله بصيغة المتكلِّم (مثل ١ ملوك ٢٠ : ١٣). أما الصيغة الختامية المعتادة، فكانت: «يقول السيد الرب»، مقرونة بالاستخدام المتكرِّر لتصريحات بصيغة المتكلم لإثبات أن ما نطق به النبي كان الله هو قائله من خلاله (حزقيال ٢٠ : ١-٤٥).

وكما أعطى الله موسى الكلمات المحدَّدة التي أراده أن ينطق بها أو يكتبها، هكذا أيضًا مكَّن أنبياء آخرين من التكلُّم نيابة عنه (خروج ٤ : ١١-١٢). أقرَّ داود بأن الله هو الذي كان يتكلَّم بواسطته حين قال: «رُوحُ الرَّبِّ تَكَلَّمَ بِي وَكَلِمَتُهُ عَلَى لِسَانِي» (٢ صموئيل ٢٣ : ٢). وقد كانت حقيقة تكلُّم الأنبياء بشكل مباشر نيابة عن الله هي التي اقتضت أن يعطي الله تعليمات بشأن التمييز بين الأنبياء الحقيقيين والأنبياء الكذبة (تثنية ١٢ : ٣٢؛ ١٣ : ١-٥؛ ١٨ : ١٥-٢٢).

يُسجِّل العهد القديم كلامًا أملاه الله بنفسه: كُتِبت عدة نصوص في العهد القديم بصفتها كلمات الله نفسه، بناء على تعليماته (خروج ٣٤ : ٢٧). فقد أُوصِي موسى في نهاية حياته بأن يكتب في السفر الأخير من أسفار الشريعة جميع الكلام الذي أمره به الرب (تثنية ٣١ : ٢٤-٢٦). وفي أحيان أخرى، أوصاه الله ببساطة بأن يكتب ما حدث (خروج ١٧ : ١٤). كلٌّ من هذين النوعين متساوٍ في السلطة

والموثوقية، وفي كونه موحًى به من الله. تلقَّى إرميا أيضًا تعليمات بكتابة جميع الكلمات التي كلَّمه بها الله (إرميا ٣٠: ١-٤). ولما كتب داود مزاميره، كان يعلم أنها كلمة الله على لسانه، إلا أن هذه المزامير هي أيضًا نتاج أفكار داود الخاصة، وكلماته، ومشاعره. وبصرف النظر عن عملية الكتابة الفعلية، فإن ما كُتِب كان يُنظَر إليه على أنه كلمات الله المنقولة من خلال نبيِّه البشري. فإن ما كتبه النبي كان هو ما أعلنه الله.

• براهين على الوحي من العهد الجديد

يقدِّم العهد الجديد شهادة واضحة ومتَّسقة عن وحي العهد القديم، الذي حُسِبت كتاباته أقوال الله. قال متى إن الكلمات التي كتبها إشعياء عن المسيَّا هي ما قيل من الرب بالنبي (إشعياء ٧: ١٤؛ متى ١: ٢٢-٢٣). وتُظهِر مقارنة هذا باقتباسات متى الأخرى أن ما كتبه الأنبياء كان، بحسب منظور متى، معادلًا لأقوال الله (انظر متى ٢: ١٥، ١٧-١٨؛ ٤: ١٤-١٦). كذلك، كان ما كتبه داود بصفته وحيًا إلهيًا بالروح القدس هو وحيٌ بلغت دقته حدَّ اختيار الكلمات والألفاظ (مزمور ١١٠: ١؛ متى ٢٢: ٤٠-٤٥؛ راجع أعمال الرسل ٢: ٢٩-٣١). وحتى أبسط التفاصيل المذكورة في نصوص العهد القديم النبوية تُحسَب أنها تحقَّقت في المسيح (ميخا ٥: ٢؛ متى ٢: ٥).

تعامل كُتَّاب العهد الجديد مع الروايات التاريخية للعهد القديم بوجه عام على أنها روايات عن وقائع حقيقية، سواء الأحداث المعجزية الكبرى (خراب سدوم وعمورة، ٢ بطرس ٢: ٦؛ يهوذا ٧؛ والطوفان العالمي، عبرانيين ١١: ٧؛ ١ بطرس ٣: ٢٠؛ ٢ بطرس ٢: ٥)، أو التفاصيل الصغيرة (أكل داود من خبز الوجوه، متى ١٢: ٣-٤). ويمثِّل خطاب استفانوس المسجَّل في الأصحاح السابع من سفر أعمال الرسل تأكيدًا واضحًا على تاريخية أسفار العهد القديم منذ أبرام وحتى ذلك اليوم. وقد بنى يسوع حُجَّته بشأن الفداء بكاملها على شهادة العهد القديم من ناموس موسى وحتى الأنبياء والمزامير (لوقا ٢٤: ٢٥-٢٧، ٤٤-٤٧). وتتَّبع الممارسة المعتادة لكُتَّاب العهد الجديد هذا النهج نفسه تمامًا منذ سجلات عظاتهم في سفر أعمال الرسل وحتى النصوص الموحى بها التي كتبوها، والتي كوَّنت العهد الجديد. وبناءً على أعمال يسوع (في الأناجيل)، وكرازة الرسل (في سفر أعمال الرسل)، وكتابات العهد الجديد (في الرسائل)، لا يمكن أن يساورنا أدنى شك في أن المسيح ورسله كانوا يَعدُّون الأسفار التسعة والثلاثين للعهد القديم (في الكتاب المقدَّس الحديث) (١) موحًى بها من الله، وأنها كانت تشكِّل (٢) كامل نطاق الكتاب المقدس حتى ذلك الوقت.

كذلك، يقدِّم العهد الجديد شهادة واضحة عن نفسه بصفته كلمة الله. فقد سجَّل الكثير من الأحاديث المباشرة من الله، بما في ذلك شهادة الآب المسموعة عن المسيح في معموديته (متى ٣: ١٦-١٧؛ لوقا ٣: ٢٢)، وفي حدث تجلِّيه (متى ١٧: ٥-٧؛ مرقس ٩: ٧؛ لوقا ٩: ٣٥). وقد سجَّل لنا يوحنا ردَّ الله المؤيِّد لابنه في سياق علني، مع أن الغالبية لم يدركوا أن هذا كان أكثر من مجرد رعدٍ أو كلام جاءه من ملاكٍ (يوحنا ١٢: ٢٧-٣٠). كذلك، روى لوقا الحديث المباشر الذي أجراه الرب المقام من الأموات مع شاول في الطريق إلى دمشق (أعمال الرسل ٩: ٣-٧). وفي حين لم يرَ مرافقو شاول الرب، لكنهم سمعوا الصوت. وبعد ذلك مباشرة، روى لوقا أيضًا كيف تكلَّم الرب إلى حنانيا في رؤيا، موصيًا إياه

بقبول شاول تلميذًا (أعمال الرسل ٩ : ١٠-١٦). كما ظهر يسوع ليوحنا في رؤيا مجيدة، وخاطب من خلاله الكنائس السبع في أسيا الصغرى، مُعطِيًا يوحنا إرشادات وتحذيرات محدَّدة متصلة بشكل مباشر بكلٍّ كنيسة على حدة (رؤيا ١-٣). فضلًا عن ذلك، ساوى العهد الجديد بين كلمات يسوع حتى قبل صعوده وكلمات الله (لوقا ٥ : ١؛ يوحنا ٣ : ٣٤؛ ٦ : ٦٣، ٦٨). هذه السلطة نفسها وهذا التمكين نفسه قد مُنِحا للرسل في مناسبات خاصة (أعمال الرسل ٤ : ٢٩-٣١)، لدرجة أن بولس أعلن في حديثه إلى الكنائس أن المسيح هو الذي يتكلَّم فيه (٢ كورِنثوس ١٣ : ٢-٣).

• وجهة نظر المسيح عن الكتاب المقدس

بالنسبة للمؤمن، ما من شاهد على طبيعة الكتاب المقدس، وسلطته، وسماته، أفضل من المسيح نفسه. وينبغي أن تكون وجهة نظره هي وجهة نظر المؤمن أيضًا. وعندما نفحص إشارات يسوع الكثيرة إلى الكتاب المقدس، يبرز أمامنا منظور واضح. فقد استخدم يسوع الكتاب المقدس في كافة المسائل المختصة سواء بالعقيدة أو بالسلوك العملي؛ كما أسَّس هُويته وإرساليته عليه، وعرَّفه على نحو شخصي بأنه حقٌّ. كل هذا يؤكِّد أن يسوع فَهِمَ أن الكتاب المقدس موحًى به، وخالٍ من الخطأ، وأنه بكلا عهديه كلمة الله الموثوقة. ومن خلال الكتاب المقدس، نتبيَّن أن يسوع (١) صادَقَ على العهد القديم بصفته الكتاب المقدس (وذلك بتأكيده على سلطته، ووحيه، وتاريخيته)، وأنه (٢) صادق مقدَّمًا على موثوقية العهد الجديد أيضًا بصفته الكتاب المقدس.

تصديق يسوع على سلطة العهد القديم: أعلن يسوع في كلِّ استخدام له للكتاب المقدس سلطة وصحة العهد القديم.

احتكم يسوع إلى سلطة العهد القديم في مواجهة الشيطان (متى ٤ : ١-١١؛ لوقا ٤ : ١-١٣). فعندما تحداه الشيطان كي يحوِّل الحجارة خبزًا، ردَّ قائلًا: «لَيْسَ بِالْخُبْزِ وَحْدَهُ يَحْيَا الإِنْسَانُ»، مقتبسًا من نص تثنية ٨ : ٣. وحين استشهد الشيطان بالمزمور الحادي والتسعين، وبوعد الله بأن يحفظ كلَّ من يضع ثقته فيه، رد يسوع عليه بالوصية المذكورة في تثنية ٦ : ١٦، بألا تجرِّب الرب إلهك. وفي النهاية، صرف يسوع الشيطان بقوله: «اذْهَبْ يَا شَيْطَانُ! لأَنَّهُ مَكْتُوبٌ: لِلرَّبِّ إِلهِكَ تَسْجُدُ وَإِيَّاهُ وَحْدَهُ تَعْبُدُ» (متى ٤ : ١٠، مقتبسًا من تثنية ٦ : ١٣؛ ١٠ : ٢٠). في كلِّ هذه الأمثلة، يَظهَر جليًّا احتكام يسوع إلى العهد القديم بصفته الكلمة الحاسمة لأيِّ موضوع، لأنها كلمة الله الموثوقة.

احتكم يسوع إلى سلطة العهد القديم لحسم كافة مسائل العقيدة والسلوك العملي. فعندما اتُّهم تلاميذه بكسر وصية السبت، أشار إلى مبادئ معيَّنة مستمَدَّة من الناموس الموسوي، واقتبس من ١ صموئيل ٢١ : ٦ بصفته تبريرًا كتابيًّا لتصرفاتهم (متى ١٢ : ١-١٨). وعندما سُئِلَ يسوع عن الطلاق، أجاب قائلًا: «أَمَا قَرَأْتُمْ»، ثم احتكم في ردِّه إلى كلٍّ من تكوين ٢ : ٢٣-٢٤، وتثنية ٢٤ : ١-٤ (متى ١٩ : ٣-٩). في كلتا الحالتين، استخدم يسوع الكتاب المقدس ليس فقط لتأييد المبدأ المطروح للنقاش، بل للتأكيد أيضًا على السلطة الإلهية المتأصِّلة في نص العهد القديم نفسه. وعندما طهَّر يسوع الهيكل للمرة الثانية، في نهاية خدمته على الأرض (متى ٢١ : ١٢-١٣)، قدَّم حُجَّةً مركَّبة من نصَّين من العهد القديم كمبرِّر لتصرفاته، وكي يدين الأمة (إشعياء ٥٦ : ٧؛ إرميا ٧ : ١١). ومرارًا كثيرة،

استشهد يسوع بالعهد القديم مستخدمًا تعبيرات من قبيل: «أما قرأتم؟» كي يُظهِر ليس فقط اتفاقه معه، بل أيضًا إقراره بسلطته الإلهية. في هذه الحالات جميعها (وغيرها الكثير أيضًا)، لم يُقدِم يسوع قط على تصحيح أي خطأ سواء في الحقائق أو الوصايا العملية، لكنه حسب العهد القديم كلمة الله الدقيقة في الحقائق التي يقدِّمها، والحاملة لسلطة إلهية.

احتكم يسوع إلى سلطة العهد القديم للشهادة عن هويته. فعندما عارض رؤساء اليهود الدينيُّون صُنع يسوع معجزة شفاء في يوم السبت، صرَّح بكونه مساويًا لله (يوحنا ٥: ١٧-١٨)، ثم قدَّم عدة أدلة على هذا التصريح، مبتدئًا من شهادة يوحنا المعمدان (٥: ٣٣-٣٥). إلا أنه تغاضى عن هذه الشهادة في هذا السياق، لأنها لم تكن في حد ذاتها شهادة إلهية. ثم قدَّم أيضًا ثلاث شهادات إلهيَّة لشخصه: (١) شهادة أعماله (٥: ٣٦)؛ (٢) شهادة أبيه السماوي (٥: ٣٧-٣٨)؛ (٣) شهادة أسفار العهد القديم، ولا سيما أسفار موسى (٥: ٣٩-٤٧). وبهذا، ساوى يسوع بين ما كتبه موسى وما قاله الله، الأمر الذي يدل على أن موسى شاهد إلهي تمامًا مثل كلمات الله التي نطق بها بصوت مسموع من السماء، أو مثل أعمال الله المعجزية التي تُجرَى على الأرض. وفي واقع الأمر، في ختام تعليم يسوع عن الرجل الغني ولعازر، ذكر أن شهادة العهد القديم تسمو على شهادة المعجزات، بما في ذلك معجزة القيامة من الأموات (لوقا ١٦: ٢٧-٣١).

خضع يسوع شخصيًا لسلطة العهد القديم. ففي الموعظة على الجبل، صرَّح يسوع بأنه جاء لا لينقض الناموس أو الأنبياء (أي أسفار العهد القديم) وإنما ليكمِّل (متى ٥: ١٧). ثم تابع قائلًا إن أيَّ انتهاك للكتب المقدسة، أو تعليم آخرين أن يفعلوا ذلك، من شأنه أن يؤدِّي إلى عواقب أبدية (متى ٥: ١٨-١٩). وبلغ الأمر بيسوع إلى حدِّ تعريفه للقاعدة الذهبية للتعامل بين الناس بأنها جوهر الكُتُب المقدَّسة (متى ٧: ١٢). ولما انتهى من حديثه، أدرك الذين سمعوه أن تعليمه يختلف عن تعليم الكتبة، إذ علَّم كمَن له سلطان (متى ٧: ٢٨-٢٩). فقد تكلَّم يسوع بالسلطان الإلهي المتأصِّل في شخصه بصفته الله الظاهر في الجسد، وفي الآن ذاته، أيَّد في اتساق سلطة الكتاب المقدس، وخضع لها. وحتى في شهادته عن هويته، خضع للمبادئ والوصايا المكتوبة في أسفار العهد القديم. ولهذا قال في يوحنا ٥: ٣١، «إِنْ كُنْتُ أَشْهَدُ لِنَفْسِي فَشَهَادَتِي لَيْسَتْ حَقًّا». لم يكن يسوع ينكر هنا صدق شهادته الشخصية لنفسه (انظر يوحنا ٨: ١٤-٢٠)، لكنه أظهر خضوعه لمطالبة العهد القديم بضرورة وجود شاهدين أو ثلاثة (تثنية ١٧: ٦؛ ١٩: ١٥).

احتفظ يسوع بوجهة النظر نفسها بشأن أسفار العهد القديم سواء قبل قيامته من الأموات أو بعدها. سرد لوقا حادثتين التقى فيهما يسوع تلاميذه عقب قيامته من الأموات. كان اللقاء الأول مع تلميذين في الطريق المؤدِّية من أورشليم إلى عمواس (لوقا ٢٤: ١٣-٣٥)، في حين كان اللقاء الثاني في أورشليم في غرفة اجتمع فيها كثيرٌ من التلاميذ (لوقا ٢٤: ٣٦-٤٧). وفي كلتا الحالتين، عبَّر يسوع عن القناعات ذاتها بشأن كلٍّ من سلطة الأسفار المقدسة وضرورة تتميمها. في الحادثة الأولى، أكَّد يسوع ضرورة تحقُّق كلَّ الأمور التي كُتِبت عنه في العهد القديم، مثلما حدث تمامًا في موته، ودفنه، وقيامته (لوقا ٢٤: ٢٦-٢٧). وفي الحادثة الثانية، أعلن ليس هذا فقط، بل أن الخدمة

المستقبلية لأتباعه، المتمثِّلة في الشهادة له ولعمله مؤسَّسة هي أيضًا على أسفار العهد القديم (لوقا ٢٤ : ٤٤-٤٧). لم تتغير وجهة نظر يسوع بشأن العهد القديم، ووحيه، وخلوه من الخطأ، وسلطته، بعد تمجيده. وتدحض هذه الحقيقة نفسها بقوة نظريات التكيُّف [accommodation theories] الخاطئة.[٩]

تصديق يسوع على وحي العهد القديم: فبحسب منظور يسوع، تقوم سلطة العهد القديم على طبيعته بصفته كلمة الله الموحى بها.

صدَّق يسوع على المصدرين الإلهي والبشري للكتاب المقدس. ذكر يسوع أسماء الكثير من الرجال الذين كتبوا العهد القديم. فقد تكلَّم بشكل مباشر عن موسى (يوحنا ٥ : ٤٥-٤٧)، وداود (لوقا ٢٠ : ٤٢)، وإشعياء (متى ١٣ : ١٤)، بل وعن دانيآل أيضًا (متى ٢٤ : ١٥-١٦)، بصفتهم الكُتَّاب للنصوص التي أشار إليها. وفي الوقت ذاته، نسبَ هذه الكتابات ليس إليهم وحدهم، بل أيضًا إلى عمل الروح القدس بصفته الكاتب الإلهي. فقد ذكر يسوع أن كلًا من داود والروح القدس قد كتبا المزمور المئة والعشرة (مرقس ١٢ : ٣٦)؛ كما وصف مقاطع من العهد القديم على أنها كلام الله وجهد كُتَّاب بشريين مثل موسى وإشعياء بالتبادُل (متى ١٥ : ١-١١). وعند فحص مجمل استخدام المسيح للعهد القديم، يتضح عدم وجود فرق، من وجهة نظره، بين «يقول الله»، أو «يقول الكتاب» أو « قال داود بالروح القدس». وبذكر يسوع لكلٍّ من الكاتب البشري والكاتب الإلهي للنص الكتابي معًا، أكَّد قول داود نفسه: «رُوحُ الرَّبِّ تَكَلَّمَ بِي وَكَلِمَتُهُ عَلَى لِسَانِي» (٢ صموئيل ٢٣ : ٢).

أكَّد يسوع صدق الكتاب المقدس. يحوي العهد القديم نفسه ما يزيد على ٣٨٠٠ تصريحًا مباشرًا بأن ما هو مكتوب فيه هو كلمات الله الفعلية. كذلك، أدلى العهد القديم بتصريحات عامة حول صدقه (مزمور ١٩ : ٧، ٩؛ ١١٩ : ٤٣، ١٦٠؛ ١٣٨ : ٢؛ أمثال ٣٠ : ٥). فقد ارتبط اختبار كشف النبي الكذَّاب بشكل مباشر بصدق كلامه، وبما إذا كان هذا الكلام متفقًا تمامًا أم لا مع محتوى الكتاب المقدس الذي كان موجودًا آنذاك (تثنية ١٣ : ١-٥؛ ١٨ : ٢٠-٢٢). ومن ثَمَّ، يصير النبي كذَّابًا إذا لم يتحقق كلامه. وحتى إن حدثت المعجزة التي تنبأ بها هذا النبي، غير أنَّ كلامه كان مخالفًا للكتاب المقدس، كان ينبغي مع ذلك رفضه، واحتسابه نبيًّا كذابًا. فبحسب العهد القديم، كلُّ ما يقوله هو حق، ويتمتع بنزاهة وسلطة مطلقة ودائمة.

وقد كانت شهادة يسوع لصدق العهد القديم مطابقة لشهادة العهد القديم نفسه عن نفسه. حسب يسوع أنَّ الكتاب المقدس هو كلام الله نفسه ووصاياه، وأنه ينبغي، على هذا الأساس، الإقرار بموثوقيته التامة (متى ١٥ : ٣-٩). ويتماشى توبيخ يسوع للكتبة والفريسيين في هذا المقطع نفسه، حين دعاهم «قادةٌ عُميانٌ» (متى ١٥ : ١٤)، مع شهادة العهد القديم، الذي عرَّف أولئك الذين يرفضون كلام الله بأنهم كذبة.

٩ [المترجم]: تقول نظرية التكيُّف [accommodation theory] إن المسيح كان يتكيَّف في تعاليمه على معتقدات المجتمع المعاصر له، وإن تعاليمه لم تكن إلا أفكارًا يهودية كانت سائدة في عصره، استخدمها المسيح بقصد التكيف مع المجتمع، دون الالتزام بالإيمان بها.

وبقول يسوع «كَلَامُكَ هُوَ حَقٌّ» (يوحنا ١٧ : ١٧)، عرَّف الكتاب المقدس بأنه حقٌّ مطلقٌ. يتفق هذا تمامًا مع شهادة مزمور ١١٩ : ١٦٠، الأمر الذي يُظهِر الاتفاق التام بين شهادة الرب وشهادة العهد القديم. هذه الشهادة عن النزاهة التامة (أي الصدق التام) للعهد القديم، مقرونة باحتكام كلٍّ من يسوع وكُتَّاب العهد الجديد على حدٍّ سواء إلى سلطة العهد القديم، تدعم حقيقة أن يسوع قد حسب العهد القديم كلمة الله الموحى بها. وعلى هذا الأساس، فقد عدَّهُ ليس فقط صادقًا، بل الحقَّ ذاته. فقد دعا كلمة الله «حقٌّ» (يوحنا ١٧ : ١٧). وتعامل مع كلٍّ شهادة في العهد القديم على أنها صادقة وصحيحة، بما في ذلك أيضًا تلك الأحداث الإعجازية والفائقة للطبيعة. فقد تعامل يسوع مع العهد القديم بصفته كلمة الله الحق والصادقة.

أكَّد يسوع الوحي اللفظي والتام للكتاب المقدس. كما ذكرنا أعلاه، يشير المصطلح **لفظي** إلى **كلّ كلمة** في الكتاب المقدس، في حين يشير مصطلح **تام** إلى **الكتاب المقدس في مجمله**. ومن ثَمَّ، فإن الإيمان بالوحي اللفظي والتام يعني قبول الوحي الإلهي لكلِّ كلمة في الكتاب المقدس، وكذلك لمجمل الكتاب المقدس. ويتبرهن لنا أن يسوع تبنَّى هذا الفكر من خلال حقيقتين: أولًا، اقتباسه من العديد من أسفار العهد القديم، أو تلميحه إليها بطرق متعدِّدة وفي مناسبات متعدِّدة. اقتبس يسوع من أسفار موسى الخمسة جميعها، وأيضًا من كتابات أنبياء آخرين؛ كما أشار ثماني إشارات مباشرة على الأقل إلى المزامير. وبهذا، يكون قد أشار بطريقة ما إلى كلِّ الأقسام الرئيسية للكتاب المقدس العبري (الناموس، والأنبياء، والكتب). وقد وصف يسوع العهد القديم بكامله بأنه موحًى به من الله، وبأنه شهادة موثوقة عن حياته وخدمته حتى عقب قيامته من الأموات (لوقا ٢٤ : ٢٧). ثانيًا، بنى يسوع حُججًا تتعلَّق بأمور شديدة الأهمية، مثل الدفاع عن لاهوته، على كلمات، وعبارات، وأحرف في نصِّ العهد القديم. ويُظهر استخدام الرب للعهد القديم بهذه الطريقة تأكيده للوحي الإلهي واللفظي للكتاب المقدس.

قال يسوع في متى ٥ : ١٧-١٨ إن حرفًا واحدًا أو نقطة واحدة (التي تميِّز بين حرف وآخر) لن تزول حتى يكون كلُّ المكتوب. قطعًا، لا توجد نظرة أسمى من ذلك إلى أدق تفاصيل الكتاب المقدس. وثمة المزيد من الأمثلة الجديرة بالذكر أيضًا.

في عيد التجديد، عندما أكَّد يسوع لاهوته عن طريق التصريح بكونه مساويًا للآب (يوحنا ١٠ : ٢٢-٣٠)، ما كان من اليهود إلا أن التقطوا حجارة ليرشقوه بها بسبب هذا التصريح التجديفي الواضح، من وجهة نظرهم. لكن في يوحنا ١٠ : ٣٤-٣٥، دافع يسوع عن تصريحه عن طريق لفت انتباه مقاوميه إلى عبارة تبدو غامضة جاءت في مزمور ٨٢ : ٦. وقد استند في حُجَّته إلى كلمة واحدة جاءت في النص، ألا وهي كلمة «آلهة»، قائلًا: «أَلَيْسَ مَكْتُوبًا فِي نَامُوسِكُمْ: أَنَا قُلْتُ إِنَّكُمْ آلِهَةٌ؟ إِنْ قَالَ آلِهَةٌ لأُولئِكَ الَّذِينَ صَارَتْ إِلَيْهِمْ كَلِمَةُ اللّهِ وَلاَ يُمْكِنُ أَنْ يُنْقَضَ الْمَكْتُوبُ فَالَّذِي قَدَّسَهُ الآبُ وَأَرْسَلَهُ إِلَى الْعَالَمِ أَتَقُولُونَ لَهُ: إِنَّكَ تُجَدِّفُ لأَنِّي قُلْتُ إِنِّي ابْنُ اللّهِ؟» (يوحنا ١٠ : ٣٤-٣٦). استخدم المسيح في هاتين الآيتين ثلاثة ألفاظ مختلفة لوصف المزمور الثاني والثمانين، وهي: «نَامُوسِكُمْ»، و«كَلِمَةُ اللّهِ»، و«الْمَكْتُوبُ». وتُظهر هذه الألفاظ المترادفة تأكيد يسوع على الوحي التام للنص. كذلك، عندما قال

يسوع: «وَلاَ يُمْكِنُ أَنْ يُنْقَضَ الْمَكْتُوبُ» (يوحنا ١٠: ٣٥)، كان بهذا يعلن وحدة الكتاب المقدس غير المُجزَّأة، مردِّدًا صدى متى ٥: ١٨ الذي يقول: «فَإِنِّي الْحَقَّ أَقُولُ لَكُمْ: إِلَى أَنْ تَزُولَ السَّمَاءُ وَالأَرْضُ لاَ يَزُولُ حَرْفٌ وَاحِدٌ أَوْ نُقْطَةٌ وَاحِدَةٌ مِنَ النَّامُوسِ حَتَّى يَكُونَ الْكُلُّ». في هذا الموقف، بنى يسوع فكرته بكاملها على كلمة واحدة، هي كلمة «آلهة». فما دام الله قد استطاع أن يستخدم تلك الكلمة لوصف قضاة ظالمين كان عتيدًا أن يدينهم، أفلا يستطيع أن يستخدمها أيضًا لوصف ابنه الأزلي؟ إذن، قدَّم يسوع المسيح حُجَّة مؤيِّدة لألوهيته من تلك الكلمة الواحدة التي جاءت في العهد القديم، مبيِّنًا بهذا أنه حسب خلوَّ أصغر تفاصيل العهد القديم من الخطأ أمرًا بالغ الأهمية.

وحين تحدَّى الصدوقيون يسوع بشأن قضية قيامة الأموات، بنى ردَّه عليهم كاملًا على زمن فعل (متى ٢٢: ٣٢). فقد جاء الصدوقيون إلى يسوع في محاولة منهم لإيقاعه في الخطأ، عارضين عليه حالة متطرِّفة تتعلَّق بمسألة دقيقة في ناموس العهد القديم، ألا وهي واجب الأخ بالزواج من أرملة أخيه التي لم تنجب أبناء. وكان سؤالهم أسخف حتى من مثالهم التوضيحي، إذ سألوه لِمَن ستكون هذه المرأة زوجة في القيامة. شمل ردُّ يسوع ليس فقط تأكيدًا على سلطة وصدق وصية الله التي أعطاها من خلال موسى، بل توضيحًا أيضًا بأن خطأهم هو عدم فهمهم للكتاب المقدس، فقال: «وَأَمَّا مِنْ جِهَةِ قِيَامَةِ الأَمْوَاتِ أَفَمَا قَرَأْتُمْ مَا قِيلَ لَكُمْ مِنْ قِبَلِ اللَّهِ: أَنَا إِلَهُ إِبْرَاهِيمَ وَإِلَهُ إِسْحَاقَ وَإِلَهُ يَعْقُوبَ. لَيْسَ اللَّهُ إِلَهَ أَمْوَاتٍ بَلْ إِلَهُ أَحْيَاءٍ» (متى ٢٢: ٣١-٣٢)، مشيرًا بهذا إلى أن هؤلاء الآباء كانوا لا يزالون أحياء، إذ حتى بعد موتهم قال الله: «أنا (I am) إلههم»، في زمن المضارع، وليس «أنا كُنْتُ (I was) إلههم»، في زمن الماضي. ومرة أخرى، يمثِّل التعبير «أَفَمَا قَرَأْتُمْ؟» الذي جاء هنا احتكامًا من يسوع إلى سلطة نص خروج ٣: ٦ الذي اقتبس منه. تمثِّل هذه الحُجة دفاعًا عن عقيدة القيامة البالغة الأهمية، حيث بُني الدفاع على زمن الفعل، الذي يُفهَم ضمنًا من صيغة الجملة الاسمية، حيث تمثِّل عبارة «أنا أكون» (I am) الفهم الحرفي والدقيق لتركيب الجملة في اللغة العبرية (وكذلك في اللغة العربية).

وأخيرًا، أسكت يسوع آخر محاولة لمنتقديه بطرحه سؤالًا يتعلق بالفهم الصحيح لكلمة واحدة وردت في مزمور ١١٠: ١. ويروي متى هذا الموقف كالتالي:

> «وَفِيمَا كَانَ الْفَرِّيسِيُّونَ مُجْتَمِعِينَ سَأَلَهُمْ يَسُوعُ: «مَاذَا تَظُنُّونَ فِي الْمَسِيحِ؟ ابْنُ مَنْ هُوَ؟» قَالُوا لَهُ: «ابْنُ دَاوُدَ». قَالَ لَهُمْ: «فَكَيْفَ يَدْعُوهُ دَاوُدُ بِالرُّوحِ رَبًّا قَائِلًا: قَالَ الرَّبُّ لِرَبِّي اجْلِسْ عَنْ يَمِينِي حَتَّى أَضَعَ أَعْدَاءَكَ مَوْطِئًا لِقَدَمَيْكَ؟ فَإِنْ كَانَ دَاوُدُ يَدْعُوهُ رَبًّا فَكَيْفَ يَكُونُ ابْنَهُ؟»» (متى ٢٢: ٤١-٤٥)

أدلى يسوع في هذا النص بتصريح لاهوتي عميق بشأن لاهوته. فقد جاء من نسل داود، ولا يمكن أن يدعو داود ابنه «ربًّا»، إلا إذا كان ابنه هذا أسمى منه. ولا يمكن أن يكون ابن داود أسمى من داود نفسه إلا إذا كان هذا الابن هو الله. إذن، بنى يسوع حُجَّته برمتها على كلمة «ربّ»، حيث لم يكن ممكنًا أن يدعو داود ابنه «ربًّا» إلا إذا كان هذا الابن، المولود بولادة بشرية، هو الرب نفسه، ابن الله المتجسد. مرة أخرى، شكَّلت كلمة واحدة جزءًا أساسيًّا من البراهين على عقيدة بالغة الأهمية بقدر عقيدة لاهوت المسيح.

أيضًا، شهد يسوع للوحي اللفظي للعهد القديم حين وبَّخ الفريسيين في موقف آخر بهذه الكلمات: «وَلكِنَّ زَوَالَ السَّمَاءِ وَالأَرْضِ أَيْسَرُ مِنْ أَنْ تَسْقُطَ نُقْطَةٌ وَاحِدَةٌ مِنَ النَّامُوسِ» (لوقا ١٦: ١٧). وفي حين كان المقصود هنا هو أن الكتاب المقدس لا بد أن يتحقق حتى آخر حرف، لكنَّ هذا لا ينفي أنه يشير، بالمثل، إلى دقة الكتاب المقدس وموثوقيته حتى آخر حرف فيه. يتضح هذا أيضًا في الموعظة على الجبل، حيث قال يسوع إن كلَّ حرف محفوظٌ تمامًا في السماء، ولا بد أن يتحقق (متى ٥: ١٧-١٨). رأى يسوع ليس فقط أن أصغر أجزاء النص موحًى بها، بل أيضًا أن كلَّ حرف ضروري ولا غنى عنه، بل وحتَّى أصغر الأجزاء فيه لها صفة الأبديَّة، إذ أنها لا تزول. وإن لذلك تطبيقات هائلة على الدقة والموثوقية التاريخية للكتاب المقدس. فإذا كان يسوع قد شهد لتحلِّي العهد القديم بهذه الدرجة من الدقة، والموثوقية، والنزاهة، فلا بد إذن أن يُنظر إلى الكتاب المقدس على أنه موحًى به، وخالٍ من الخطأ، وحق إلى الأبد - حتى آخر كلمة فيه. ففي نهاية المطاف، يبرهن استخدام يسوع للعهد القديم على ثقته المطلقة في الوحي اللفظي والتام للكتاب المقدس - في مجمله، وفي أجزائه، بما في ذلك كلُّ حرف فيه.

أكَّد يسوع ضرورة تتميم الكتاب المقدس. فقد شهد بشكل متكرِّر عن ضرورة أن يتمَّم بنفسه كلَّ ما ذُكِر في نصوص العهد القديم عنه وعن خدمته (متى ٢٦: ٣١؛ مرقس ٩: ١٢-١٣؛ ١٤: ٢٧، ٤٩؛ لوقا ٢٠: ١٧؛ ٢٤: ٢٥-٢٧، ٤٤-٤٦؛ يوحنا ٥: ٣٩؛ ١٢: ١٤؛ ١٣: ١٨؛ ١٧: ١٢). وفي سياق حديث يسوع عن الخيانة التي كان عتيدًا أن يتعرَّض لها، اقتبس من زكريا ١٣: ٧، مصرِّحًا بأن تلاميذه جميعهم سوف يتخلُّون عنه ويتركونه، لأن الكتاب المقدس قال ذلك (متى ٢٦: ٣١). قوبِلَ هذا الاقتباس باعتراضات شديدة من جانب التلاميذ، غير أن يسوع لم يكفّ عن التأكيد على ضرورة حدوث ذلك، لأن كلَّ نص كتابي لا بد أن يتمَّ. وحتى عندما كان يسوع معلَّقًا على الصليب، تمَّمَ عن عمدٍ المكتوب بحذافيره (يوحنا ١٩: ٢٨-٣٠). الأكثر من هذا أن يوحنا صرَّح بأن التلاميذ لم يتمكَّنوا من ملاحظة كيف كان المكتوب يتحقق في أثناء حياة يسوع؛ لكن بعدما قام من الأموات، تذكَّر هو (يوحنا) وبقية الرسل ما كُتب في العهد القديم، وأدركوا كيف تمَّم يسوع بكل دقة كلَّ ما قاله الكتاب المقدس عنه (يوحنا ١٢: ١٤-١٦). كان يسوع مؤمنًا تمامًا بأن كلَّ كلمة في الكتاب المقدس لا بد أن تتحقق. وهذا هو أيضًا ما شهد عنه الرسل من جهة الأحداث التي وقعت في أثناء حياة يسوع المسيح وخدمته على الأرض.

تصديق يسوع على تاريخية العهد القديم. بالإضافة إلى تصديق يسوع على سلطة العهد القديم ووحيه، أعلن أيضًا ثقته في صدق الأحداث التاريخية التي يحتوي عليها.

أكَّد يسوع تاريخية بعض الأشخاص من العهد القديم. ففي جميع إشارات يسوع إلى أشخاص من العهد القديم، كان يتعامل معهم على أنهم أشخاص حقيقيُّون. فعندما ناقش موضوع الطلاق، أكَّد ليس فقط تاريخيَّة رواية الخلق، بل تاريخيَّة آدم وحواء أيضًا. علاوة على ذلك، بنى يسوع دفاعه عن عقيدة الزواج على تاريخيَّة سفر التكوين (متى ١٩: ٤-٥)؛ كما أظهر ثقة راسخة في صحة وقائع الأصحاح الرابع من سفر التكوين، مؤكِّدًا ليس فقط وجود شخصية هابيل بل حادثة مقتله أيضًا (متى ٢٣: ٣٥). كذلك، صدَّق يسوع على السجلات التاريخية التي تتعلَّق بالعديد من الأشخاص

في العهد القديم، بمن فيهم إبراهيم، وإسحاق، ويعقوب (متى ٨: ١١؛ ٢٢: ٣٢؛ لوقا ١٣: ٢٨؛ يوحنا ٨: ٥٦)؛ ولوط وزوجته (لوقا ١٧: ٢٨، ٣٢)؛ وموسى (يوحنا ٣: ١٤؛ ٥: ٤٥؛ ٧: ١٩)؛ وداود (متى ١٢: ٣؛ ٢٢: ٤٣-٤٥)؛ وسليمان (متى ٦: ٢٩؛ لوقا ١١: ٣١)؛ وملكة سبا (متى ١٢: ٤٢؛ لوقا ١١: ٣١)؛ وإيليا وأرملة صيدا (لوقا ٤: ٢٥-٢٦)؛ وأليشع ونعمان (لوقا ٤: ٢٧)؛ ويونان (متى ١٢: ٣٩-٤١؛ لوقا ١١: ٢٩-٣٢)؛ وزكريا (متى ٢٣: ٣٥؛ لوقا ١١: ٥١)؛ ودانيآل (متى ٢٤: ١٥). تحدَّث يسوع عن جميع هؤلاء على أنهم أشخاص واقعيون، متعاملًا مع تفاصيل ما رواه الكتاب المقدس عنهم على أنها حقائق تاريخية. فمن آدم ونوح إلى يونان ودانيآل، شهد يسوع دون تردُّد ليس فقط عن تاريخية الأشخاص أنفسهم، بل أيضًا عن تاريخية الأحداث المتعلِّقة بهم والمسجَّلة عبر كلِّ أنحاء العهد القديم. وإن اعتياد يسوع الإشارة إلى هؤلاء الأشخاص بغرض توصيل فكرة عقيدية مهمة إنما يبيِّن بجلاء قبوله للدقة التاريخية لهذه النصوص.

أكَّد يسوع تاريخية أماكن وأحداث ذُكِرت في العهد القديم. أشار يسوع مرارًا كثيرة في تعاليمه إلى روايات العهد القديم. وقد استخدم هذه الإشارات في بعض الأحيان لإثبات فكرة معينة أو تعليم معيَّن، وفي أحيان أخرى كأمثلة توضيحية. في كلِّ الأحوال، حسب يسوع أحداث هذه الروايات وأماكن وقوعها حقيقية تمامًا. ومن اللافت للنظر أنه كثيرًا ما أشار إلى الأحداث الأكثر إعجازًا. فقد صدَّق على تخريب الله لسدوم وعمورة، الذي نقرأ عنه في الأصحاح التاسع عشر من سفر التكوين (متى ١١: ٢٠-٢٤)؛ وأكَّد على عدد الأيام التي قضاها يونان في جوف الحوت (متى ١٢: ٤٠)، وعلى توبة أهل نينوى (لوقا ١١: ٣٠-٣٢)؛ كما أكَّد حدوث طوفان حرفي وعالمي في أيام نوح (متى ٢٤: ٣٨-٣٩)؛ وكان على قناعة بأن الله أعطى شعب إسرائيل المنَّ من السماء بطريقة فائقة للطبيعة، في أثناء تَجوالهم في البرية لمدة أربعين سنة (يوحنا ٦: ٤٩). لم يشر يسوع إلى هذه الأحداث فقط بشكل عابر، لكنه استخدمها كي يرسي الأساس لعقائد تمثِّل أهمية أبدية، من قبيل عقيدة قيامته من الأموات. على سبيل المثال، ربط يسوع حقيقة قيامته من الأموات بتاريخيَّة نص يونان ١: ١٧ وما رواه بشأن المدة التي قضاها يونان في جوف الحوت (متى ١٢: ٣٨-٤٢). وبهذا، علَّم يسوع ليس فقط بأنَّ الكتاب المقدس موحًى به من الله، بل بأنه أيضًا، وكنتيجة طبيعية وضرورية لهذا، دقيق تاريخيًا.

أكَّد يسوع صحة هوية كُتَّاب العهد القديم. ففي بعض الأحيان، ذَكَر يسوع الكُتَّاب البشريين لأسفار العهد القديم بالاسم، الأمر الذي يبرهن على ثقته في صحة هوية هؤلاء الكُتَّاب، متحديًا بهذا الادِّعاءات اللاحقة لأصحاب النقد الأعلى بعكس ذلك. فعلى سبيل المثال، نسب يسوع كتابة أسفار التوراة الخمسة إلى موسى (متى ٨: ٤؛ مرقس ١٢: ٢٦؛ يوحنا ٥: ٤٥-٤٦)، حتى إنه قال في الأصحاح الخامس من إنجيل يوحنا إن كتابات موسى شهدت له، رابطًا بهذا تصريحاته عن نفسه بشكل مباشر بكتابة موسى لأسفار التوراة الخمسة. فضلًا عن ذلك، أكَّد يسوع أن داود هو كاتب مزمور ١١٠ (متى ٢٢: ٤٣-٤٤)، وأن إشعياء هو كاتب سفر إشعياء (متى ١٣: ١٤-١٥)، وأن دانيآل هو كاتب سفر دانيآل (متى ٢٤: ١٥). وبناء على هذا الاستخدام من يسوع للعهد القديم، نستنتج أنه حسبه بوضوح سجلًّا تاريخيًا دقيقًا كتبه رجال أُوحِي إليهم من الله، فأصدروا كتابات تحمل سلطة وموثوقية إلهية.

تصديق يسوع مسبقًا على العهد الجديد بصفته كلمة الله المقدَّسة. في حين أكَّد يسوع سلطة، ووحي، وتاريخية العهد القديم الذي كان قد وصل إليهم بالفعل، صدَّقَ مسبقًا على الكتابات التي كانت عتيدة أن تُكتب وتُجمَع بعد صعوده مكوِّنة العهد الجديد.

صرَّح يسوع بأن كلامه هو كلام الآب. قال المسيح نفسه مرارًا عن كلماته إنها هي الكلمات نفسها التي أعطاه الآب إياها لينطق بها، ووضع كلماته على قدم المساواة مع كلٍّ من كلمات الله المنطوقة والكتب المقدَّسة. وعلى هذا الأساس، نستطيع أن نقول إن السجل الرسولي لكلمات يسوع هو رسالة آتية من عند الله، تحمل سلطة وموثوقية إلهية. قال يسوع:

> «إِنَّ لِي أَشْيَاءَ كَثِيرَةً أَتَكَلَّمُ وَأَحْكُمُ بِهَا مِنْ نَحْوِكُمْ لكِنَّ الَّذِي أَرْسَلَنِي هُوَ حَقٌّ. وَأَنَا مَا سَمِعْتُهُ مِنْهُ فَهذَا أَقُولُهُ لِلْعَالَمِ. وَلَمْ يَفْهَمُوا أَنَّهُ كَانَ يَقُولُ لَهُمْ عَنِ الآبِ. فقال لَهُمْ يَسُوعُ: مَتَى رَفَعْتُمُ ابْنَ الإِنْسَانِ فَحِينَئِذٍ تَفْهَمُونَ أَنِّي أَنَا هُوَ وَلَسْتُ أَفْعَلُ شَيْئًا مِنْ نَفْسِي بَلْ أَتَكَلَّمُ بِهذَا كَمَا عَلَّمَنِي أَبِي» (يوحنا ٨: ٢٦-٢٨)

فبحسب رأي يسوع، كان من شأن صلبه أن يبرهن على صحة كلٍّ من هويته كابن الإنسان، والمصدر الإلهي لرسالته إلى العالم (راجع يوحنا ١٢: ٤٩-٥٠).

وفي العلية، أخبر يسوع تلاميذه بأن كلامه كان جزءًا من أعمال الآب، وأنه ليس فقط أعلن عن الآب للبشر، لكنه أثبت لهم أيضًا وحدة الآب والابن: «أَلَسْتَ تُؤْمِنُ أَنِّي أَنَا فِي الآبِ وَالآبَ فِيَّ؟ الْكَلاَمُ الَّذِي أُكَلِّمُكُمْ بِهِ لَسْتُ أَتَكَلَّمُ بِهِ مِنْ نَفْسِي لكِنَّ الآبَ الْحَالَّ فِيَّ هُوَ يَعْمَلُ الأَعْمَالَ» (يوحنا ١٤: ١٠). وأخيرًا، عندما صلَّى المسيح في الليلة التي سبقت تسليمه، أشار إلى أن الشيء الذي ميَّز الأحد عشر تلميذًا عن كلٍّ من يهوذا وسائر العالم غير المؤمن هو قبولهم لكلامه الذي من عند الآب، إذ صلَّى قائلًا: «وَالآنَ عَلِمُوا أَنَّ كُلَّ مَا أَعْطَيْتَنِي هُوَ مِنْ عِنْدِكَ لأَنَّ الْكَلاَمَ الَّذِي أَعْطَيْتَنِي قَدْ أَعْطَيْتُهُمْ وَهُمْ قَبِلُوا وَعَلِمُوا يَقِينًا أَنِّي خَرَجْتُ مِنْ عِنْدِكَ وَآمَنُوا أَنَّكَ أَنْتَ أَرْسَلْتَنِي» (يوحنا ١٧: ٧-٨). إذن، كان الله الآب هو مصدر الكلام الذي أعطاه يسوع لتلاميذه الأحد عشر، والذي فهموا من خلاله طبيعة وإرسالية يسوع المسيح الحقيقية (انظر يوحنا ١٧: ١٤، ١٧).

كان يسوع نبيًا «مثل» موسى، لكن أعظم كثيرًا منه. ففي حين تكلَّم الله إلى موسى وجهًا لوجه، وأعلن له عن ذاته (خروج ٣٣: ١١؛ تثنية ٣٤: ١٠)، كان يسوع المسيح هو الكلمة المتجسِّد، أي كان هو نفسه إعلان الله، وكلامه هو كلام الآب، ورؤيته هي بمثابة رؤية الآب. لكن، وعد يسوع تلاميذه بأكثر من مجرد أنهم سيتذكَّرون الإعلان الإلهي سواء الذي كان قد أعطاه لهم بالفعل، أو الذي كان بصدد أن يعطيه لهم، لكنه وعدهم بأنهم سيتلقُّون إعلانًا إضافيًا بالروح القدس.

وَعَدَ يسوع الرسل بإعلان إضافي. فمنذ اعتراف بطرس بالمسيح (متى ١٦: ١٦)، ابتدأ يسوع يهيئ تلاميذه لرحيله عنهم. وفي الساعات الأخيرة من حياته على الأرض، جمع تلاميذه في العليَّة حتى يهيِّئهم للصلب. ومع أنه كان قد أخبرهم عن الصلب في مناسبات عِدَّة سابقة، لكنهم لم يفهموا. بل وحتى في الليلة الأخيرة، لم يستطع تلاميذه أن يستوعبوا شهادته عن الأحداث التي كانت على

وشك الحدوث، أو أن يقبلوا هذه الشهادة (يوحنا ١٣: ١٢-٣٨). ورغم ذلك، واصل يسوع إعدادهم لخدمتهم المستقبلية عن طريق قطع ثلاثة وعود مهمة.

أولاً، وَعَدَهُم بأن الروح القدس سوف يعينهم على أن يتذكَّروا كلامه بدقة: «وَأَمَّا الْمُعَزِّي الرُّوحُ الْقُدُسُ الَّذِي سَيُرْسِلُهُ الآبُ بِاسْمِي فَهُوَ يُعَلِّمُكُمْ كُلَّ شَيْءٍ وَيُذَكِّرُكُمْ بِكُلِّ مَا قُلْتُهُ لَكُمْ» (يوحنا ١٤: ٢٦). كان من شأن روح الله القدوس أن يمنح الأحد عشر بركة خاصة مؤلَّفة من شقَّين: (١) سوف يعلِّمهم كل شيء. ويبدو أن سياق الكلام يوحي بأنه سوف يعلِّمهم كلَّ ما يخص الأشياء التي علَّمها يسوع نفسه لهم، حتى يتمكَّنوا من استيعابها؛ (٢) سوف يُذكِّرهم بدقة بكلِّ ما قاله يسوع لهم، الأمر الذي معناه أن هؤلاء الرجال الأحد عشر سيتذكَّرون على نحو لا تشوبه شائبة كلمات يسوع جميعها. ومن ثَمَّ، يُعَد هذا تصديقًا مسبقًا على صدق ووحي إنجيل متى، وإنجيل مرقس (المؤسَّس على شهادة بطرس)، وإنجيل يوحنا.

ثانيًا، وَعَدَهم بأنهم سيشهدون له، وبأن شهادتهم هذه ستكون بوحي من الروح القدس: «وَمَتَى جَاءَ الْمُعَزِّي الَّذِي سَأُرْسِلُهُ أَنَا إِلَيْكُمْ مِنَ الآبِ رُوحُ الْحَقِّ الَّذِي مِنْ عِنْدِ الآبِ يَنْبَثِقُ فَهُوَ يَشْهَدُ لِي. وَتَشْهَدُونَ أَنْتُمْ أَيْضًا لأَنَّكُمْ مَعِي مِنَ الابْتِدَاءِ» (يوحنا ١٥: ٢٦-٢٧). تبرز في هذا النص ملاحظتان وثيقتا الصلة بموضوعنا: (١) كان من شأن شهادة التلاميذ للمسيح أن تُبنَى على كلٍّ من روايتهم كشهود عيان على حياة المسيح، والإعلان الذي سيأتيهم من روح الحق. ويدل البُعد المزدوج لهذه الشهادة على أن هذه الشهادة مع أنها ستكون شهادة للرب يسوع المسيح، آتية من الروح القدس، لكنها ستظل أيضًا تحمل سمات خبراتهم الشخصية كشهود عيان. (٢) هذه الشهادة ستكون صادقة. شدَّد يسوع على صدق هذه الشهادة بصفة خاصة عن طريق وصفه للمعزي في هذا السياق بأنه «رُوحُ الْحَقِّ». ومن ثَمَّ، فمع أن شهادة الأحد عشر ستكون شهادتهم الشخصية، لكنها أيضًا ستكون الشهادة الموحى بها من الروح القدس، الذي هو روح الحق.

ثالثًا، وَعَدهم يسوع بأنهم سيتلقُّون إعلانًا إضافيًا فوق ما ائتمنهم هو عليه بصفة شخصية. فقد قال لتلاميذه في العلِّية:

> «إِنَّ لِي أُمُورًا كَثِيرَةً أَيْضًا لأَقُولَ لَكُمْ وَلَكِنْ لاَ تَسْتَطِيعُونَ أَنْ تَحْتَمِلُوا الآنَ. وَأَمَّا مَتَى جَاءَ ذَاكَ رُوحُ الْحَقِّ فَهُوَ يُرْشِدُكُمْ إِلَى جَمِيعِ الْحَقِّ لأَنَّهُ لاَ يَتَكَلَّمُ مِنْ نَفْسِهِ بَلْ كُلُّ مَا يَسْمَعُ يَتَكَلَّمُ بِهِ وَيُخْبِرُكُمْ بِأُمُورٍ آتِيَةٍ. ذَاكَ يُمَجِّدُنِي لأَنَّهُ يَأْخُذُ مِمَّا لِي وَيُخْبِرُكُمْ» (يوحنا ١٦: ١٢-١٤)

يمكن استخلاص ثلاث ملاحظات أساسية من هذا النص. أولاً، أشار يسوع إلى أنه كان لديه المزيد ليعطيه للتلاميذ، لكن عدم قدرتهم على الاحتمال هي التي منعته من أن يقوله لهم آنذاك. من المؤكَّد أن هذا يشير إلى العهد الجديد بأكمله، بل وإلى سفر الرؤيا أيضًا، لأننا نقرأ في الآية ١٣ عن «أُمُورٍ آتِيَةٍ». ثانيًا، قال يسوع مجدَّدًا إن مصدر هذا الإعلان سيكون روح الحق. ينبغي ألا يفوتنا هنا التشديد على **الحق**. فقد صدَّق يسوع مسبقًا على العهد الجديد، مُظهِرًا أنه سيتسم بالصدق ذاته الذي يتسم به الشخص الذي سيوحي به. وأخيرًا، وعلى غرار العهد القديم، سيُمَجِّد العهد الجديد

الابن. فقد حسب يسوع العهد القديم إعلانًا خاليًا من الخطأ عن شخصه وعن عمله حتى بعد قيامته من الأموات. وكان من شأن العهد الجديد أن يمجِّد شخص الابن وعمله على نحو أعظم من العهد القديم. فهو مساوٍ له بصفته إعلانًا من الله موثوقًا، وموحًى به، وخاليًا من الخطأ، لكنه مكمِّل لرسالة الكتاب المقدس الإلهية. وهو سيكون أيضًا، نظير العهد القديم، كلمة الثالوث (يوحنا ١٦: ١٤-١٥). وهكذا، صدَّق يسوع مسبقًا على سلطة العهد الجديد بصفته كلمة الله الموثوقة، والموحى بها من الله وحيًا لفظيًا وتامًا.

أعطى يسوع بنفسه إعلانًا إضافيًا. يحتوي العهد الجديد على شهادة أخرى من يسوع المسيح وثيقة الصلة بموضوعنا. فقد دُعِي سفر الرؤيا إعلان يسوع المسيح لأنه يمثِّل ما كتبه الرسول يوحنا من إعلانٍ تلقاه بشكل مباشر من المسيح نفسه قُبيل نهاية القرن الأول. ومع أن هذا الإعلان هو قطعًا شهادة يوحنا، بوحي من الروح القدس، عن الأمور الآتية (في توافُق مباشر مع الوعد الذي قُطِع في يوحنا ١٦: ١٣)، لكنه لا يقل أيضًا عن كونه شهادة من يسوع نفسه (يوحنا ١٦: ١٢، ١٤-١٥).

كان لدى يسوع المزيد ليقوله لتلاميذه بشكل شخصي، ويبدو أنه من المنطقي جدًّا أن نستنتج أنه حسب رسالته الشخصية إلى يوحنا، والتي دُوِّنت في آخر أسفار العهد الجديد، جزءًا من ذلك الإعلان الإضافي الذي وعد به. ويتضح لنا ذلك من خلال رؤيا ١: ١٠-١٨، حيث عرَّف يوحنا هوية مصدر هذا الإعلان بأنه ذاك الذي كان ميتًا وهو الآن حي، أي الرب يسوع نفسه، وليس سواه. يشمل ذلك الإعلان كلَّ بقية السفر الذي أعطاه المسيح ليوحنا، أي: رسالة المسيح الشخصية إلى كلِّ كنيسة من الكنائس السبع (رؤيا ٢-٣)، بالإضافة إلى الإعلان عن الانسكاب المستقبلي لغضب الله (رؤيا ٤-١٨)، ثم انتهاء تاريخ الفداء بالمجيء الثاني (رؤيا ١٩)، ثم تأسيس الملكوت الألفي (رؤيا ٢٠)، وأخيرًا التأسيس النهائي للسماوات الجديدة والأرض الجديدة (رؤيا ٢١-٢٢).

أكَّد كُتَّاب العهد الجديد وجهة نظر يسوع. أكَّدت شهادة كُتَّاب العهد الجديد عن كتاباتهم على تصديق يسوع المسبق على العهد الجديد. يتجلَّى هذا بسهولة عند فحص ما قاله هؤلاء الكُتَّاب عن العهد القديم، وكيفية استخدامهم له. وتُبيِّن نصوص مفتاحية معيَّنة أيضًا أنهم عدُّوا كتاباتهم كلمة مقدَّسة، الشيء الذي يتماشى تمامًا مع تصديق يسوع المسبق عليها.

أقرَّ كُتَّاب العهد الجديد بسلطة العهد القديم. بنى بولس رسالة الإنجيل التي قدَّمها على أسفار العهد القديم. فقد كتب إلى القديسين في كورنثوس يقول: «فَإِنَّنِي سَلَّمْتُ إِلَيْكُمْ فِي الأَوَّلِ مَا قَبِلْتُهُ أَنَا أَيْضًا: أَنَّ الْمَسِيحَ مَاتَ مِنْ أَجْلِ خَطَايَانَا حَسَبَ الْكُتُبِ وَأَنَّهُ دُفِنَ وَأَنَّهُ قَامَ فِي الْيَوْمِ الثَّالِثِ حَسَبَ الْكُتُبِ» (١كورنثوس ١٥: ٣-٤)، حيث تشير الكتب هنا إلى كُتُب العهد القديم. وبهذا، أكَّد بولس أن حياة المسيح، وموته، وقيامته كانت تتميمًا لما جاء في أسفار العهد القديم، ومن ثَمَّ، أن ما يقوله العهد القديم ينبغي أن يُقبل كإعلانٍ من الله. نجد تأييدًا إضافيًا لهذه الحقيقة في تقييم لوقا لأهل بيرية، حين وصفهم بأنهم «أَشْرَف» من الذين في تسالونيكي، لأنهم قبلوا الكلمة التي كرز بها بولس بكلِّ نشاط، لكنهم أيضًا فحصوها كلَّ يوم في ضوء كتب العهد القديم حتى يتحققوا من توافُقها مع تعاليمها (أعمال الرسل ١٧: ١٠-١١). ربط بولس هذا أيضًا بالعهد الجديد، حين امتدح أهل تسالونيكي

لأنهم قبلوا رسالته «كَمَا هِيَ بِالْحَقِيقَةِ كَكَلِمَةِ اللهِ» (١تسالونيكي ٢ : ١٣). وهذا يوضِّح أن كُتَّاب العهد الجديد أقرُّوا بسلطة العهد القديم بصفته كلمة الله، وأنهم آمنوا أيضًا بأن رسالتهم كانت من عند الله بقدر مساوٍ، ومتَّفقة مع كتب العهد القديم.

أقر كُتَّاب العهد الجديد بأن العهد القديم هو كلمة الله. وصف بولس العهد القديم بأنه «أَقْوَال اللهِ» (رومية ٣ : ٢)، وهي عبارة تعني أنه رسالة آتية من عند الله مباشرة. وقال الرسل إن العهد القديم كان ينبغي أن يتمَّ في كلِّ شيء (أعمال الرسل ١ : ١٦؛ ٢ : ١٥-١٦؛ ٣ : ١٨؛ ٤ : ٨-١٢)، وحذا جميع كُتَّاب العهد الجديد حذوهم في اتِّساق. فقد تضمنت الأناجيل والرسائل عددًا ضخمًا من الاقتباسات من العهد القديم كأساسٍ لرسالة الإنجيل. وفضلًا عن ذلك، أشار الكُتَّاب بصورة متكررة سواء إلى تعاليم يسوع أو تعاليم العهد القديم، جاعلين إياها أسسًا لعقائد أو ممارسات في العهد الجديد، مظهرين بهذا اتفاق نظرتهم عن العهد القديم وسلطته مع نظرة يسوع.

أظهر جميع كُتَّاب العهد الجديد تبجيلًا لأسفار العهد القديم. فقد اقتبسوا منها في بعض الأحيان قائلين: «يقول الكتاب»، بينما في أحيان أخرى نسبوا ما قالته هذه الأسفار إلى الله. ويُظهِر عدم تمييزهم بين الكتاب والله أنهم لم يروا فرقًا حقيقيًّا بين كلام الله وكلام هذه الأسفار، بل كان الاثنان في رأيهم واحدًا. إذن، حين يقول كُتَّاب العهد الجديد «يقول الكتاب»، نستطيع أن نستنتج أنهم يقصدون أيضًا «يقول الله»، بغض النظر عن هوية الكاتب البشري. على سبيل المثال، وصف بولس، في رومية ٩ : ١٧، رسالة الله إلى فرعون بأنها قول الكتاب، مع أن النص الفعلي الذي جاء في خروج ٩ : ١٦ يوضح جيدًا أن الله نفسه هو المتكلِّم. ومن ثَمَّ، فإن العبارات **يقول الله، أو يقول الكتاب، أو يقول كاتب سفرٍ ما، جميعها عبارات مكافئة ومساوية لعبارة «يقول الله»**.

أقرَّ كُتاب العهد الجديد بأن كتاباتهم هي كلمة الله. كان كلٌّ من متى، وبطرس، ويوحنا شهود عيان على الرب يسوع القائم من الأموات، وكانوا ضمن رسل المسيح المختارين منذ البدء. وقد قدَّمت كتاباتهم سجلًّا موحًى به عن حياة يسوع المسيح، وخدمته. وكثيرًا ما بنى هؤلاء شهادتهم على اقتباسات من أسفار العهد القديم أو تلميحات إليها. وفي حين غابت عن هذه الأناجيل أيَّة تصريحات مباشرة بشأن وحيها، إلا أن تصديق المسيح عليها مسبقًا في وعوده، بالإضافة إلى انتقائه لهؤلاء الرجال ليكونوا رسلًا هو ما يشهد لسلطة كتاباتهم. وفي واقع الأمر، كانت الوظيفة الرسولية وموهبة النبوة هما اللتان أضفتا سلطة إلهية على الرسل وعلى كُتَّاب العهد الجديد، على غرار أنبياء العهد القديم. أكَّد بولس لأهل تسالونيكي، على سبيل المثال، أن كلمة الخبر التي سلَّمها إليهم كانت من الله (١تسالونيكي ٢ : ١٣)؛ وصرَّح أيضًا بأن كتاباته هي وصايا الله، منذرًا أهل كورنثوس في إصرار قائلًا: «إِنْ كَانَ أَحَدٌ يَحْسِبُ نَفْسَهُ نَبِيًّا أَوْ رُوحِيًّا فَلْيَعْلَمْ مَا أَكْتُبُهُ إِلَيْكُمْ أَنَّهُ وَصَايَا الرَّبِّ. وَلَكِنْ إِنْ يَجْهَلْ أَحَدٌ فَلْيَجْهَلْ!» (١كورنثوس ١٤ : ٣٧-٣٨). ولم يكن بولس وحده هو الذي أعلن موثوقية رسائله، بل أقرَّ بطرس أيضًا برسائل بولس بصفتها كلمة الله الموحَى بها حين كتب: «وَاحْسِبُوا أَنَاةَ رَبِّنَا خَلاَصًا، كَمَا كَتَبَ إِلَيْكُمْ أَخُونَا الْحَبِيبُ بُولُسُ أَيْضًا بِحَسَبِ الْحِكْمَةِ الْمُعْطَاةِ لَهُ، كَمَا فِي الرَّسَائِلِ كُلِّهَا أَيْضًا، مُتَكَلِّمًا فِيهَا عَنْ هذِهِ الأُمُورِ، الَّتِي فِيهَا أَشْيَاءُ عَسِرَةُ الْفَهْمِ، يُحَرِّفُهَا غَيْرُ الْعُلَمَاءِ وَغَيْرُ الثَّابِتِينَ كَبَاقِي

الْكُتُبِ أَيْضًا، لِهَلاَكِ أَنْفُسِهِمْ» (٢ بطرس ٣: ١٥-١٦). لم يكن بطرس بهذا يصف فقط رسائل بولس بأنها موحًى بها من الله، لكنه بهذا الكلام أكَّد أيضًا أن العهد الجديد لم يُكتَب فقط بواسطة الرسل الأوَّلين.

ماذا إذن عن كُتَّاب العهد الجديد الذين لم يكونوا رسلًا؟ البعض من أنبياء العهد الجديد (وهم مؤمنون كانوا يتمتَّعون بموهبة النبوة) تكلَّموا فقط، بينما آخرون كتبوا نصوصًا مقدَّسة. فكما أن بعض الرسل لم يكتبوا أسفارًا مقدَّسة، هكذا أيضًا بعض الأنبياء لم يكتبوا. وقد أوضح بولس أن سرَّ الإنجيل «قَدْ أُعْلِنَ الآنَ لِرُسُلِهِ الْقِدِّيسِينَ وَأَنْبِيَائِهِ بِالرُّوحِ» (أفسس ٣: ٥)، وقال لوقا إنه كان أنبياء في أورشليم انحدروا إلى أنطاكية، منهم أغابوس، الذي تنبأ بالروح عن الجوع الذي كان عتيدًا أن يصير (أعمال الرسل ١١: ٢٧-٢٨). ويبرهن حدوث الجوع بالفعل على أن موهبة النبوة كانت نشطة بالفعل في ذلك الوقت. ويعرِّف أعمال الرسل ١٣: ١ قادة الكنيسة بأنهم «أَنْبِيَاءُ وَمُعَلِّمُونَ»، مدرِجًا برنابا، وسمعان، ولُوكِيُوسُ، وَمَنَايِنُ، وشاول (أي: الرسول بولس) ضمن قائمته. وعلى الرغم من عدم وضوح النص بشأن ما إذا كان جميع هؤلاء كان لديهم موهبة النبوة، أم فقط أفراد مختارون من بينهم، يبدو أنه كانت هناك تعدُّدية في الأنبياء.

كذلك، ساوى بولس كتابات لوقا بالكتاب المقدس حين كتب: «لأنَّ الْكِتَابَ يَقُولُ: لاَ تَكُمَّ ثَوْرًا دَارِسًا»، و«الْفَاعِلُ مُسْتَحِقٌّ أُجْرَتَهُ» (١تيموثاوس ٥: ١٨)، ناسبًا بهذا لقب **الْكِتَابَ** إلى كلٍّ من سفر التثنية (عن طريق اقتباس نص تثنية ٢٥: ٤) وإنجيل لوقا (عن طريق اقتباس نص لوقا ١٠: ٧). وفي حين لم يكن التركيز الأساسي للنص منصبًّا على عقيدة الوحي، لكن لا يمكن إغفال أن بولس استخدم لفظ «الْكِتَابَ» للإشارة إلى العهد القديم وكتابات لوقا على حدٍّ سواء. والاستنتاج الواضح من هذا هو أن تصريح بولس يطبِّق صفة المصدر الإلهي على كتابات لوقا بالتساوي مع العهد القديم. وتتفق هذه الفكرة تمامًا مع تصديق يسوع مسبقًا على العهد الجديد، لكنها أيضًا وسَّعت من نطاق العهد الجديد ليشمل كاتبًا من غير الرسل، تمامًا مثلما وسَّع بطرس من نطاقه ليشمل بولس.

يمكن أيضًا إضافة مرقس، ويعقوب، وكاتب الرسالة إلى العبرانيين، ويهوذا، إلى بولس ولوقا ضمن قائمة كُتَّاب العهد الجديد من غير الرسل، الموحَى لهم. كان كلٌّ واحد من هؤلاء الرجال على صلة وثيقة جدًّا بالمسيح ورسله. رافق مرقس بولس في رحلاته التبشيرية المبكِّرة (أعمال الرسل ١٢: ٢٥؛ ١٣: ٥). وفي حين أدَّى إخفاق مرقس إلى انفصال بين بولس وبرنابا (أعمال الرسل ١٥: ٣٧-٣٩)، شهد بولس نفسه لاحقًا عن نضج مرقس وتقدُّمه الروحي (٢تيموثاوس ٤: ١١). وقد كان إنجيل مرقس مرتبطًا على نحو وثيق بكرازة بطرس، غير أن كتابته كانت نتاج وحي من الروح القدس من خلال موهبة النبوة. ويمكن قول الشيء ذاته عن رسالتي يعقوب ويهوذا. كان يعقوب معترَفًا به بصفته واحدًا من أعمدة الكنيسة الأولى (غلاطية ٢: ٩)، وكان المتحدِّث الرسمي عن الكنيسة في أورشليم في أثناء المجمع الذي نقرأ عنه في الأصحاح الخامس عشر من سفر أعمال الرسل. وقد كان هو ويهوذا أخوين غير شقيقين ليسوع، وكلاهما كتبا كلمة مقدَّسة بوحي من الروح القدس من خلال موهبة النبوة. وينطبق الشيء ذاته على كاتب الرسالة إلى العبرانيين. فمع أن هوية هذا الكاتب لا تزال مجهولة، لكن كانت موهبة

النبوة بالروح القدس هي الوسيلة التي كُتِبت بها الرسالة. ومن ثَمَّ، تقدِّم أسفار العهد الجديد السبعة والعشرون شهادة ذاتية عن حقيقة وحيها.

سلطة الكتاب المقدس

- المصادر الثانوية
- المصدر الأوَّلي والرئيسي

تتلخَّص عقيدة السلطة في سؤال واحد رئيسي: كيف يصير المرء على قناعة بأن الكتاب المقدس هو بالحقيقة كلمة الله؟[١٠] أو بتعبير آخر: كيف يصير المرء على يقين من أن الكتاب المقدس هو الحق الإلهي الذي أعطاه الله بواسطة عملية الوحي، وأنه، بموجب ذلك، يملِك الحق في ممارسة السلطة على حياة المرء؟

لطالما كان المفهوم الصحيح للسلطة ساحة معركة. ففي مطلع القرن الحادي والعشرين، تراوحت أشكال ومظاهر غير مشروعة للسلطة ما بين الممارسة غير القانونية للاستبدادية أو الدكتاتورية، والسلطة الفردية النابعة من عقلية أنانية تنتمي إلى فكر ما بعد الحداثة.

الطريقة المناسبة لتناوُل هذا الموضوع هي أن نبدأ بتعريف خاص لمصطلح **السلطة (authority)** بوجه عام، ولا سيما السلطة الشرعية التي تُمارَس بطريقة سليمة. يقترح تعريفٌ مستمَد من أحد أهم المعاجم أن السلطة هي «القدرة أو الحق في فرض الطاعة؛ والسيادة الأخلاقية أو القانونية؛ والحق في إصدار الأوامر أو الوصول إلى قرار نهائي».[١١] وفي العهد الجديد، يحمل الاسم الذي تُرجِم في غالبية الأحيان إلى «سُلطة» أو «سلطان» (١٠٢ مرة) - وهو *exousia* - تعريفًا مماثلًا، وهو: «النفوذ الذي يمارسه الحكام أو آخرون ممَّن يتقلدون مناصب رفيعة، بمقتضى وظيفتهم».[١٢]

وتعرض الفلسفات الحياتية العلمانية أشكالًا عديدة من السلطة، من قبيل:

- حُكم الأقلية أو الأوليجاركية [Oligarchical]: وهي السلطة التي تمارسها فئة قليلة من الأشخاص الذين يتمتعون بالنفوذ.
- الديمقراطية: السلطة التي يمارسها الشعب.
- التوريث [hereditary]: السلطة التي يتوارثها أشخاص ينتمون إلى عائلة معيَّنة.

---

١٠ هذه المقدمة مقتبسة بتصرف من المصدر التالي، تصريح من MSJ:

Richard L. Mayhue, "The Authority of Scripture," *MSJ* 15, no. 2 (2004): 228–29.

11 *The New Shorter Oxford Dictionary*, 4th ed. (Oxford: Oxford University Press, 1993), s.v. "authority."

12 Walter Bauer, *A Greek-English Lexicon of the New Testament and Other Early Christian Literature*, rev. and ed. Frederick W. Danker, 3rd ed., based on the previous English editions by W. F. Arndt, F. W. Gingrich, and F. W. Danker (Chicago: University of Chicago Press, 2000), 353.

- الحُكم الاستبدادي [Despotic]: السلطة الشريرة التي يمارسها شخص واحد أو أكثر.
- السلطة الشخصية: السلطة التي يمارسها شخص واحد

غير أنه بحسب الفلسفة الحياتية الكتابية، تكمُن السلطة الأصلية والمطلقة في الله وحده، دون سواه. لم يرث الله سلطته، إذ لم يكن هناك أحد قبله كي يورِّثها له. كما أنه لم يتسلَّم سلطته، إذ لم يكن هناك أحد قبله كي يسلِّمها له. ولم يحصل الله على سلطته بالانتخاب، إذ لم يكن هناك أحد قبله كي يصوِّت لصالحه. كما لم يستولِ الله على سلطته، إذ لم يكن هناك أحد قبله كي يغتصبها منه. ولم يربح الله سلطته بالعمل، لأنها كانت له بالفعل.

تصير سلطة الله أكيدة ولا يرقى إليها الشك حين نضع في اعتبارنا ثلاث حقائق. أولًا، خلق الله السماوات، والأرض، وكلَّ ما فيها (تكوين ١-٢). ثانيًا، الأرض، وكلُّ ما فيها، والساكنون عليها ملكٌ للرب (مزمور ٢٤: ١). ثالثًا، في النهاية، سوف يبيد الله كلَّ شيء، كما قال: «وَلَكِنْ سَيَأْتِي كَلِصٍّ فِي اللَّيْلِ، يَوْمُ الرَّبِّ، الَّذِي فِيهِ تَزُولُ السَّمَاوَاتُ بِضَجِيجٍ، وَتَنْحَلُّ الْعَنَاصِرُ مُحْتَرِقَةً، وَتَحْتَرِقُ الأَرْضُ وَالْمَصْنُوعَاتُ الَّتِي فِيهَا» (٢ بطرس ٣: ١٠).

إن فهم سلطة الله وقبولها أمر سهل بقدر قبول حقيقة وجود الله نفسه. تُعبِّر رسالة رومية عن هذا على أفضل نحو، قائلة: «لِتَخْضَعْ كُلُّ نَفْسٍ لِلسَّلاَطِينِ الْفَائِقَةِ لأَنَّهُ **لَيْسَ سُلْطَانٌ إِلاَّ مِنَ اللهِ** وَالسَّلاَطِينُ الْكَائِنَةُ هِيَ مُرَتَّبَةٌ مِنَ اللهِ» (رومية ١٣: ١). يوضح هذا النص الشهير مصدر كلِّ سلطان، ويوضِّح أيضًا مبدأ **التفويض الإلهي** (انظر أيوب ٣٤: ١٣؛ يوحنا ١٩: ١١).

يشهد العديد من التصريحات في العهد القديم بوضوح عن سلطان الله. على سبيل المثال، يؤكِّد مزمور ٦٢: ١١ أن «الْعِزَّةَ («القوة») لِلهِ»؛ وفي ٢ أخبار الأيام ٢٠: ٦، نقرأ هذا: «يَا رَبُّ إِلَهَ آبَائِنَا أَمَا أَنْتَ هُوَ اللَّهُ فِي السَّمَاءِ وَأَنْتَ الْمُتَسَلِّطُ عَلَى جَمِيعِ مَمَالِكِ الأُمَمِ وَبِيَدِكَ قُوَّةٌ وَجَبَرُوتٌ وَلَيْسَ مَنْ يَقِفُ مَعَكَ؟»

كذلك، ينسب العهد الجديد السلطان ذاته إلى الرب يسوع، الذي أعلن بعد قيامته أنه قد «دُفِعَ إِلَيَّ كُلُّ سُلْطَانٍ فِي السَّمَاءِ وَعَلَى الأَرْضِ» (متى ٢٨: ١٨). وأكَّد بولس أنه في النهاية سوف «تَجْثُوَ بِاسْمِ يَسُوعَ كُلُّ رُكْبَةٍ مِمَّنْ فِي السَّمَاءِ وَمَنْ عَلَى الأَرْضِ وَمَنْ تَحْتَ الأَرْضِ» (فيلبي ٢: ١٠). وعبَّر يهوذا عن هذه الفكرة قائلًا: «اَلإِلَهُ الْحَكِيمُ الْوَحِيدُ مُخَلِّصُنَا، لَهُ الْمَجْدُ وَالْعَظَمَةُ وَالْقُدْرَةُ وَالسُّلْطَانُ، الآنَ وَإِلَى كُلِّ الدُّهُورِ. آمِينَ.» (يهوذا ٢٥).

⬅ المصادر الثانوية

عبر تاريخ الكنيسة، ذكر كثيرون أن بعض المصادر تُثبِت وتؤكِّد سلطة الكتاب المقدس، أبرزها: (١) الأدلة المنطقية، (٢) سلطة الكنيسة، (٣)، التأثير الوجودي للكتاب المقدس على القارئ. وحين نتناول كلَّ مصدر من هذه المصادر على حدة في إيجاز، سيتضح لنا جليًا أن ما من مصدر منها يستطيع إثبات سلطة الكتاب المقدس على نحو وافٍ ومرضٍ.

• الأدلة المنطقية

تتضمَّن الأدلة المنطقية الاستنتاجات التي يمكن استخلاصها سواء من ملاحظات حول نص الكتاب المقدس، أو من حقائق التاريخ. وتُعَد البراهين الأثرية أحد الأمثلة المهمة على هذا. يحتوي الكتاب المقدس على العديد من الإشارات التاريخية إلى أشخاص، وأماكن، وأحداث، والتي يمكن التحقُّق من صحة عدد كبير منها عن طريق أدلة ملموسة. وقد اكتشف علماء الآثار الكثير بدءًا من مدينة أريحا (التي تقدِّم بعض الأدلة على سقوط الأسوار بالفعل في مكانها)، ونَقْش تل دان (الذي يَذكُر الملك داود بالاسم). وقد شملت هذه الاكتشافات أيضًا مصنوعات يدوية تؤكِّد حقيقة وجود أشخاص تاريخيين، وحقيقة وقوع أحداث تاريخية مذكورة في الكتاب المقدس. وعلى مدار القرون العديدة الماضية، دُحِضت معظم الاتهامات بعدم الدقة التاريخية التي وُجِّهت إلى الكتاب المقدس بفضل هذه الاكتشافات. علاوة على ذلك، لم يَثْبُت حتى الآن عدم صحة أيِّ حدث تاريخي أو أيَّة شخصية تاريخية في الكتاب المقدس. وتم الردُّ أيضًا على التناقضات الظاهرية بطريقة تؤكِّد الصحة التاريخية للأسفار المقدسة.

تنطوي إحدى الحُجج المنطقية الأخرى على تتميم النبوات. يمدُّنا الأصحاح الثالث والخمسون من سفر إشعياء وحده بأدلة وافرة على إعلان الله لتفاصيل تتعلق بالصَّلب لم يكن ممكنًا لأحد سواه أن يعرفها؛ وقد كُتِب هذا النص قبل نحو سبعمئة سنة من ميلاد المسيح. كما يشير إشعياء ٤٤: ٢٨ إلى كورش ملك فارس بالاسم، بل وذهب إلى حدِّ إعلان أنه هو من سيُصدر الأمر بإعادة بناء هيكل أورشليم. وقد كُتِب هذا النص قبل خراب الهيكل بما يزيد على مئة عام. وكتب دانيآل أيضًا عن قيام وسقوط الكثير من الإمبراطوريات الكبرى من فارس وحتى روما، على نحو لا يمكن أن يُفسَّر سوى بأنه إعلان إلهي موثوق جاء من الله إلى البشر (دانيآل ٧-٨). وإذا أضفنا إلى ذلك نبوات العهد القديم المتعدِّدة التي تحققت عبر مسار تاريخ الفداء، تصير الحُجة المؤيِّدة لوحي الكتاب المقدس وسلطته لا تُقهَر. هذه الحجج، وأخرى نظيرها من الحُجج المنطقية، يمكن أن تُستخدَم للإثبات المنطقي لكون الكتاب المقدس هو كلمة الله الموثوقة التي تتمتع بالسلطة.

• سلطة الكنيسة

المصدر المحتمَل الثاني المؤيِّد لسلطة الكتاب المقدس هو سلطة الكنيسة. يشمل هذا الإقرارات الصادرة من المجامع الكنسية، وتصريحات آباء الكنيسة الأوائل والكيانات الكنسيَّة المهمة. تأسَّست الكنيسة الكاثوليكية الرومانية بناء على هذا المبدأ. فمن وجهة نظرهم، الكتاب المقدس هو كلمة الله لأن الكنيسة الرومانية قضت بأنه كذلك. لكن المشكلة الأساسية التي تَكمُن في هذه الحجة هي كالتالي: مَن الذي فوَّض الكنيسة لإصدار مثل هذا النوع من التصريحات؟ وما هو مصدر سلطة الكنيسة؟ وإذا كان الكتاب المقدس هو أساس السلطة العليا للكنيسة (انظر أفسس ٢: ٢٠)، فإن صلاحية هذه السلطة إذن تَبطُلُ لأنها مستندة على منطق دائري. وإذا كانت السلطة العليا مستندة على مصدر آخر من نوع ما، مثل الخلافة الرسولية، فلا بد من تقديم دليل على هذا. لكن في حالة الكنيسة الكاثوليكية الرومانية، ما من دليل حقيقي على الخلافة الرسولية. إذن، بإمكان الكنيسة أن تؤكِّدَ سلطة الكتاب المقدس، لكن لا يمكن أن تكون هي الشاهد الرئيسي والأوَّلي عليها.

- التأثير الوجودي

الحُجة الثالثة التي تؤيّد سلطة الكتاب المقدس هي تأثيره الوجودي في حياة المؤمن. تتعلّق هذه الفكرة بالتأثير الملموس على حياة المؤمن الذي دائمًا ما يُصاحب الإيمان الخلاصي الحقيقي. استُخدمت هذه الحجة أيضًا في الدوائر الليبرالية لوصف الكتاب المقدس بأنه ليس كلمة الله في حد ذاته، بل هو يصير كلمة الله عندما يؤثر وجوديًا على قارئه. في كلِّ الأحوال، يؤدي هذا إلى بناء قناعة المرء بأن الكتاب المقدس هو كلمة الله على التأثير العملي أو العاطفي الذي يُحْدِثُه محتواه على حياته.

تكمُن المشكلة في هذه الحجج الثلاث في أنها جميعها حُجج غير موضوعية، خاضعة للرأي الشخصي. فإنها تترك للفرد مهمة أن يقرِّرَ - على أساس معاييره التقييمية الشخصية - ما إذا كان الكتاب المقدس من عند الله أم لا. وفي حين تمدُّنا هذه الحُجج بالفعل بأدلة داعمة لكون الكتاب المقدس هو كلمة الله، لكنها لا تكفي كي تكون هي الأدلة الأوَّلية أو المطلقة. ينبغي أن يُستمَد الدليل من شهادة الكتاب المقدس نفسه.

⬅ المصدر الأوَّلي والرئيسي

يتناول الكتاب المقدس عبر أنحائه مسألة السلطة بشكل متكرِّر. تُظهِر أوصاف الله والألقاب المنسوبة إليه سلطانه المطلق على خليقته. فهو يُعرَّف منذ البداية بأنه خالق كلَّ شيء (تكوين ١: ١). ويُظهِر اللقب «ربٌّ» (تثنية ١٠: ١٧)، و«اللهُ الْقَدِيرُ» (تكوين ١٧: ١) سلطانه وقدرته على كلِّ شيء. وبالمثل، فإن طبيعة الله المعبَّر عنها في صفاته تؤكِّد سلطانه. يشهد الكتاب المقدس على أن الله هو الإله السرمدي، والذي لا يفنى، والإله الوحيد (١تيموثاوس ١: ١٧). كما يوصف بأنه كليُّ العلم (مزمور ١٣٩: ١-٦)، وكليُّ القدرة (مزمور ١٣٥: ٥؛ إرميا ٣٢: ١٧)، وكليُّ الوجود (مزمور ١٣٩: ٧-١٢)، وبارٌّ ومستقيمٌ (مزمور ٩٢: ١٥)، وأن حكمته بعيدة عن الفحص (رومية ١١: ٣٣-٣٦)، وسيادته تمتد إلى كلِّ خليقته (تكوين ١: ١؛ مزمور ٨٩: ١١؛ ٩٠: ٢)، الآن وإلى الأبد (مزمور ١٠٤؛ ١كورِنثوس ١٥: ٢٤-٢٨). وإن كلمة الله، التي هي رسالة موثوق بها وغير قابلة للتغيير، هي التي تعلن هذا السلطان للإنسان (تثنية ٤: ١-٢؛ أمثال ٣٠: ٥-٦؛ رؤيا ٢٢: ١٨-١٩).

- شهادة الروح القدس

في ضوء طبيعة الله وطبيعة كلمته، يصير هو وحده المؤهَّل للشهادة عن السلطة الإلهية للكتاب المقدس وإثباتها. وهذا هو تحديدًا ما يفعله الله عن طريق شهادة الروح القدس الداخلية في المؤمن. فبحسب الكتاب المقدس، يعمل الروح القدس من خلال الكتاب المقدس لتأكيد جدارته بالثقة، معطيًا المؤمن يقينًا بأنه كلمة الله. تُستمَد السلطة، إذن، من خدمة روحية يجريها الروح القدس، وليس من رأي شخصي يدلي به المؤمن.

وكيف تحدث شهادة الروح القدس الداخلية؟ تبدأ هذه الشهادة بالتصريحات القاطعة والمطلقة التي تدلي بها الأسفار المقدَّسة نفسها. فإن الكتاب المقدس إعلانٌ مُعْطًى من الله إلى الإنسان في هيئة افتراضات مسبَقة مسلَّم بها . فحتى أولى آيات الكتاب المقدس تبدأ بإقرار حقيقة أنه «فِي

الْبَدْءِ خَلَقَ اللهُ» (تكوين ١ : ١). لا يُجري الكتاب المقدس أية محاولة لإثبات صدقه للقارئ، كما لا يقدِّم أية قوائم من الحجج المنطقية التي تصلح كأدلة؛ بل تعرض كلمة الله ببساطة الحق كحقٍّ، متوقعة من القارئ، بل ومطالبة إياه أيضًا، بأن يقبلها كما هي. لا يعني ذلك عدم وجود أدلة تؤيِّد ما يقول الكتاب المقدس إنه حقٌّ؛ بل يعرض الكتاب المقدس الكثير جدًّا من الحقائق التاريخية، والجغرافية، والعلمية، والنبوية، والاختبارية أيضًا، التي يمكن إثباتها. والأكثر من ذلك أن شهادةً كتبها أكثر من أربعين كاتبًا على مدار ألفٍ وخمسمئة عام، لكنها على الرغم من ذلك تقدِّم الرسالة عينها في اتساق وثبات، عبر أنحائها، دون أدنى تناقض أو خطأ يمكن إثباته، تشكِّل أساسًا مقنعًا يمكن أن يعطي يقينًا فيما تقوله هذه الشهادة.

ورغم ذلك، سيظل الإنسان دائمًا، في فساده، يتمرَّد على نحو جذري على كون كلمة الله هي الحق المطلق الذي يعبِّر بالضرورة عن حق الله في ممارسة السلطة المطلقة عليه. شهد بولس في كتاباته عن كون هذا التمرد طبيعيًّا، لأن الإنسان يولَد ميتًا روحيًا في خطاياه (أفسس ٢ : ١؛ رومية ٣ : ١٠-١٨؛ راجع مزمور ٥١ : ٥)، ومظلمَ الفكر (أفسس ٤ : ١٨)، وعاجزًا عن الخضوع لناموس الله من قلبه (رومية ٨ : ٧)، وغير راغب في قبول أمور الله «لِأَنَّهَا إِنَّمَا يُحْكَمُ فِيهَا رُوحِيًّا» (١كورنثوس ٢ : ١٤). لكن الميلاد الثاني فقط هو الذي يمكنه أن يهبَّ لنجدة الإنسان. فعندما يقوم الروح القدس بولادة خاطئ ضال ولادة ثانية، فإنه «يُحيا» روحيًّا (يوحنا ٣ : ٣؛ أفسس ٢ : ٤-٥). ومع هذه الحياة الجديدة تأتي الاستنارة، أي تمكين الروح القدس له من تمييز أن الكتاب المقدس هو، بالحقيقة، كلمة الله (١ يوحنا ٢ : ٢٠، ٢٧).[١٣] أكَّد يسوع نفسه على أن الكتاب المقدس حقٌّ (يوحنا ١٧ : ١٧)، وأعلن أيضًا أن القناعة الراسخة بهذه الحقيقة لا بد أن تأتي من قلب يبغي الخضوع لمشيئة الله (يوحنا ٧ : ١٧). يتطلَّب هذا قلبًا جديدًا لا يمكن أن يعطيه سوى روح الله (يوحنا ٣ : ٥-٨).

يستنير المؤمن من خلال الشهادة الداخلية للروح القدس، ليعرف أن الكتاب المقدس هو كلمة الله. وإن الأساس الكتابي لهذه الاستنارة مستمَدٌّ من مصدرين:[١٤] المصدر الأول هو شهادة كلمات الكتاب المقدس عن نفسها قائلة إنها من الله (٢تيموثاوس ٣ : ١٦؛ ٢ بطرس ١ : ٢٠-٢١)؛ والمصدر الثاني هو تفعيل قوة الروح القدس العاملة لحق الكتاب المقدس، مؤدية إلى يقين راسخ في الكلمة ذاتها (١كورنثوس ٢ : ٤-١٦). وتفعَّل خدمة الروح القدس هذه عن طريق قراءة الكتاب المقدس والكرازة به (رومية ١٠ : ١٤، ١٧). هذا لا يعني أن كلَّ من يسمع أو يقرأ يؤمن (رومية ١٠ : ١٤-٢١)، بل أن أولئك الذين يؤمنون تمكَّنوا من ذلك بفضل عمل الاستنارة والتبكيت الذي يجريه الروح القدس.

• وضوح الكتاب المقدس وكفايته

ليست الاستنارة عملًا يجريه الروح القدس به يصير الكتاب المقدس حيًا بطريقة فرديَّة وذاتية لكلِّ مؤمن. فلا تقدِّم الاستنارة إعلانًا جديدًا خاصًا للمؤمن بصورة فردية، يتعدَّى ما يقوله النص ذاته؛

---

١٣ ورد حديث إضافي عن الاستنارة التي يعطيها الروح القدس لفهم الكتاب المقدس وتفسيره في الفصل الخامس من هذا الكتاب بعنوان «الله الروح القدس» في القسم بعنوان «التعليم، والاستنارة، والشهادة» (ص. ٤٨٢).

١٤ للاطلاع على دراسة موسَّعة حول الأساس الكتابي، واللاهوتي، والتاريخي لعقيدة وضوح الكتاب المقدس، انظر:
Larry D. Pettegrew, "The Perspicuity of Scripture," *MSJ* 15, no. 2 (2004): 209–25.

كما أنها لا تضمن فهم كل كلمة في الحال. يأتي بنا هذا إلى حديث عن وضوح الكتاب المقدس. يعرض الكتاب المقدس الحق الإلهي بوضوح. فهو ليس مجموعة من الكتابات أو الأقوال الغامضة، التي تتطلّب مفتاحًا إعلانيًّا من نوعٍ ما لفك شفرة معانيها الروحية الحقيقية؛ بل يعلن الكتاب المقدس رسالة الله بدقة، وينقلها بوضوح. ومع ذلك، يظل القُرَّاء بحاجة إلى أن يدرسوا حتى يضمنوا فهمهم الصحيح لكلمة الله (٢تيموثاوس ٢: ١٥). وحتى كُتَّاب الأسفار المقدسة أنفسهم كان عليهم أن يدرسوا حتى يميِّزوا معاني نصوص الكتاب المقدس (دانيآل ١٠: ١٢؛ ١ بطرس ١: ١٠-١٢). كذلك، ثمة أسرار غير معلَنة بصورة كاملة في الكتاب المقدس (تثنية ٢٩: ٢٩). وفي حين أن مجمل الرسالة واضح، لكن لم يعلن الله في كلمته كلَّ فكره وخططه بشأن تاريخ الفداء. ويمدُّنا عمل الاستنارة الذي يجريه الروح القدس بالآتي: (١) تقبُّل لسلطة كلمة الله، (٢) قناعة بأنها كلمة الله الصادقة، (٣) قدرة، بمعونة الروح القدس، على تمييز المعنى الحقيقي لكلمة الله.

كذلك، يشهد الكتاب المقدس عن كفايته (مزمور ١٩: ٧-١١).[١٥] فهو نورٌ لسبيل المرء (مزمور ١١٩: ١٠٥). وهو جدير بالثقة أكثر من أروع الاختبارات الروحية (٢ بطرس ١: ١٩-٢٠). كما أنه قادر على أن يقود المرء إلى الإيمان الذي للخلاص (٢تيموثاوس ٣: ١٥). وهو يعلِّم أيضًا صفوة المؤمنين وعامة المؤمنين على حدٍّ سواء (تثنية ٦: ٤؛ مرقس ١٢: ٣٧؛ فيلبي ١: ١). وقد أعطاه الله إلى الآباء كي يعلِّموا أولادهم (تثنية ٦: ٦-٧). وهو قادر على أن يقود حتى الأطفال أنفسهم إلى الإيمان الذي للخلاص (٢تيموثاوس ٣: ١٤-١٥). كتب بولس أن كلَّ ﭐلْكِتَابِ هُوَ مُوحًى بِهِ مِنَ اللهِ، وَنَافِعٌ لِلتَّعْلِيمِ وَالتَّوْبِيخِ، لِلتَّقْوِيمِ وَالتَّأْدِيبِ الَّذِي فِي الْبِرِّ (٢تيموثاوس ٣: ١٦-١٧).

وتكشف نظرة عن كثب إلى كلِّ سمة من السمات الأربع التي ذُكِرت في النص أعلاه عن الكفاية التامة للكتاب المقدس لتأهيل المؤمن كي يعيش ويمارس الحياة المسيحية. السمة الأولى، وهي «التعليم»، تعني أن الكتاب المقدس يُعلِّم المؤمن كيف يعيش، وبمَ يؤمن، وما الذي يتوقعه منه الله. يرتبط هذا اللفظ بالمحتوى والعقيدة، ويتناسب المفهوم مع وصية يسوع في نص الإرسالية العظمى بأن يُعلَّم التلاميذ الجدد أن يحفظوا جميع ما أوصاهم به (متى ٢٨: ١٨-٢٠). فإن الكتاب المقدس يعلِّم شعب الله كيف ينبغي أن يعيشوا في طاعة له.

تُبيِّن السمة الثانية، وهي «التوبيخ»، غرض الكتاب المقدس من الإنذار وتقديم النصائح. وهي تتعلق بلفت الانتباه إلى مواطن خطأ الشخص أو حيدانه عن وصايا الله. فإن الكتاب المقدس قادر على الحُكم على قلب المؤمن حين ينحرف عن الإيمان المسلَّم مرة للقديسين - سواء على صعيد العقيدة أو على صعيد السلوك العمليّ (عبرانيين ٤: ١٢). أما السمة الثالثة، وهي «التقويم»، فهي المرافق للتوبيخ. فلا يكتفي الكتاب المقدس بأن يُبَيِّنَ للشخص موطن خطئه، لكنه يوضح له أيضًا التوجُّه، أو المعتقد، أو السلوك السليم، الذي يجب أن يمارسه في محلِّه (أفسس ٤: ٢٠-٢٤).

---

١٥ للاطلاع على شرح تفسيري موسَّع لنص مزمور ١٩: ٧-١٤، انظر:
John MacArthur, “The Sufficiency of Scripture,” *MSJ* 15, no. 274–165 :(2004) .

أخيرًا، تشير عبارة «التَّأْدِيبِ الَّذِي فِي الْبِرِّ» إلى أن الكتاب المقدس يُظهِر كيف يمكن تطبيق تعاليمه عمليًا بشكل يومي، وذلك من خلال الأمثلة التوضيحية والنماذج (أفسس ٤: ٢٥-٣٢). وفي وجود الكتاب المقدس والروح القدس الساكن، لا يحتاج المؤمن إلى أيِّ إعلان إضافي كي يعرف كيف يمكنه أن يعيش الحياة المسيحية. يُعطَى الرعاة والمعلِّمون للكنيسة (أفسس ٤: ١١-١٢) من أجل المعاونة في عملية النمو الروحي صوب الكمال، غير أن خدمتهم نفسها مؤسَّسة على كلمة الله كلية الكفاية، وحاصلة منها على الاستنارة والمعرفة (٢ بطرس ١: ٢-٣؛ راجع ١ بطرس ٥: ٢-٣).

- **بصمة الله التوثيقية على الكتاب المقدس**[١٦]

يمكن بلورة هذا المبدأ بطريقة القياس المنطقي من خلال الحُجة التالية:

١. الحقائق المعروفة:
   أ. يقول الكتاب المقدس إنه كلمة الله.
   ب. الله موثوق وله السلطان
٢. الاستنتاج: الكتاب المقدس موثوق ويتمتع بالسلطة

إن كلًا من الأساس الوجودي (الله كائنٌ) والأساس المعرفي (الله لا يقول إلا الحق) لسلطة الكتاب المقدس مؤكَّدان ومُثبَتان في الكتاب المقدس (تكوين ١: ١؛ مزمور ١١٩: ١٤٢، ١٥١، ١٦٠)؛ ومن ثَمَّ، فإن طبيعة الله نفسها، وصدق كلمته هما أمران لا يتحدَّدان على نحو استقرائي عن طريق المنطق البشري، بل على نحو استنباطي من خلال شهادة الكتاب المقدس نفسه (راجع مزمور ١١٩: ٨٩؛ إشعياء ٤٠: ٨).

كثيرًا ما يُثار الاعتراض التالي: «إذا كان الذين كتبوا الكتاب المقدس هم بشرٌ، فثمة احتمالية كبيرة لوجود خطأ في الكتابات!» يمكن الرد على هذا الاعتراض بالملاحظات التالية:

١. لا يمكن إنكار الاشتراك البشري في عملية تدوين النص الكتابي.
٢. ليست فكرة الإملاء الآلي لازمة، مع أنه حدث في بعض الأحيان.
٣. لم تُستبعَد خلفية الكاتب البشري.
٤. إن قدرة الله الآب، ومقاصده، وأعماله بواسطة الروح القدس غير محدودة.
٥. ثمة توازن تام بين المبادرة الإلهية والمشاركة البشرية في عملية كتابة المخطوطات الأصلية للكتاب المقدس.

ومع ذلك، وفي نهاية المطاف، يُعَد الكتاب المقدس، أولًا وقبل كل شيء، هو «كلمة الله» وليس «كلام بشر» (مزمور ١٩: ٧؛ ١تسالونيكي ٢: ١٣).

وبما أنه يمكن في الأساس إرجاع أصل الكتاب المقدس إلى الوحي الإلهي (زكريا ٧: ١٢؛ ٢تيموثاوس ٣: ١٤-١٧؛ ٢ بطرس ١: ٢٠-٢١)، كما تحدَّثنا أعلاه، تصير سلطة الكتاب المقدس مستمدَّة بشكل

١٦ هذا الجزء مقتبس بتصرف من المصدر التالي، بتصريح من MSJ:
Richard L. Mayhue, "The Authority of Scripture," *MSJ* 15, no. 2 (2004): 232–34.

مباشر من سلطان الله. وأولئك الذين لا يقرُّون بسلطان الله في الكتاب المقدس يُدانون (إرميا ٨: ٨-٩؛ مرقس ٧: ١-١٣)؛ أما الذين يُكرِمون سلطان الله في الكتاب المقدس بصدقٍ، ويخضعون له، يُمتَدَحون (نحميا ٨: ٥-٦؛ رؤيا ٣: ٨).

ومن ثَمَّ، فعلى إنسان الله، أي مبعوثه أو المنادي الرسمي له، أن «يكرز بالكلمة» (٢تيموثاوس ٤: ٢). هذا الإعلان يضع السلطان لا في يد الكارز نفسه بل بالحري في يد الله (انظر ٢تيموثاوس ٣: ١٦-١٧). وقد حثَّ بولس تيطس على الكرازة والوعظ بكلمة الله «بِكُلِّ سُلْطَانٍ» (في اليونانية *epitagēs*، أي نظير سلطة قائد عسكري)، بحيث لا يُستثنَى أحد من الطاعة، ولا حتى المنادي نفسه (تيطس ٢: ١٥).

يمكن إجمال تعريف سلطة الله في الكتاب المقدس من خلال سلسلة من التصريحات السلبية (أي ما لا تمثِّله هذه السلطة)، والتصريحات الإيجابية (أي ما تمثِّله هذه السلطة):

١. هي **ليست** سُلطة مستمَدَّة، أي ممنوحة من بشر؛ لكنها سلطة الله **الأصليَّة**.
٢. هي سلطة **لا** تتغير بتغيُّر الأزمنة، أو الثقافات، أو الدول، أو الخلفيات العِرقية؛ لكنها سلطة الله **الثابتة**.
٣. هي **ليست** سلطة ما ضمن سلطات روحية عديدة محتمَلة؛ لكنها سلطة الله الروحيَّة **الحصريَّة**.
٤. هي **ليست** سلطة يمكن النجاح في تحدِّيها أو معارضتها أو الإطاحة بها كما هو متعارَف عليه، كنوع من الشرعيَّة؛ لكنها سلطة الله **الثابتة والمستديمة**.
٥. هي **ليست** سلطة نسبية أو تابعة؛ لكنها سلطة الله **المطلَقة**.
٦. هي **ليست** مجرد سلطة مقترَحة؛ لكنها سلطة الله **الإلزامية**.
٧. هي **ليست** سلطة رخوة ليست لها عواقب مؤثِّرة، لكنها سلطة الله **التي تنجم عنها نتائج** وعواقب مهمة وخطيرة.

خلو الكتاب المقدس من الخطأ

- التكيُّف وعقيدة الخلو من الخطأ
- العصمة والخلو من الخطأ
- يسوع والخلو من الخطأ
- شرح الخلو من الخطأ

إن عقيدة خلو الكتاب المقدس من الخطأ هي عقيدة لطالما عارضها غير المؤمنين بشكل أساسي منذ عصر التنوير (نحو ١٦٥٠-١٨١٥م)؛ وهي ترتبط ارتباطًا مباشرًا بعقيدة الوحي وبالصدق المطلق لكلمة الله. وفي هذه القضية، لا شيء على المحك أقل من صدق الله ذاته وجدارته بالثقة - أي طبيعة الله نفسه.

⬅ التكيُّف وعقيدة الخلو من الخطأ

يقتضي الاختلاف الوجودي بين الله الخالق والإنسان المخلوق اعتماد الإنسان على الله في الحصول على الإعلان. فإن الإنسان معتمدٌ مَعْرِفِيًّا على الله، وما يعرفه عن الله هو فقط ما يعلنه الله له. وقد بادر الخالق بالإعلان عن ذاته بنفسه لخلائقه. وفي حين يَكْشِفُ الإعلان العام حقائق مرئية وقابلة للملاحظة عن الخالق، ينقل الإعلان الخاص، بواسطة اللغة، حقائق عن الله لا يمكن تمييزها بمجرد النظر إلى الخليقة. يقول البعض إن اللغة البشرية تُجبِر الله بالضرورة على التكيُّف مع وسائل تواصل غير معصومة من الخطأ. إلا أن اللغة ليست اختراعًا بشريًا، بل وسيلة خلقها الله للتواصل الشخصي سواء بينه وبين الإنسان، أو بين البشر وبعضهم البعض. وعلى هذا الأساس، لا يسعنا أن نقول إن عملية التواصل، سواء شفهيًّا أو بشكل مكتوب، غير ملائمة لنقل الحق الإلهي بدقة إلى الإنسان. فحتى بلبلة الألسنة كانت بعمل إلهي (تكوين ١١: ١-٩). ومن ثَمَّ، فإن الإعلان الخاص المعطَى بواسطة عملية الوحي هو وسيلة تواصل دقيقة، وصادقة، وكافية، وجديرة بالثقة تمامًا، من الله الخالق إلى الإنسان المخلوق. وقد استخدم الله أدوات من البشر حتى يقدِّموا، بواسطة روحه القدوس، كتابات تحمل سلطة وموثوقية إلهية.

عبر التاريخ، لطالما كانت عقيدة التكيُّف تشير إلى تواصُل الله مع الإنسان من خلال الكتاب المقدس باستخدام رموز وتعبيرات مفهومة لديه، مثل صيغ ثقافية، أو صور بلاغية، أو تعبيرات التأنيس،[١٧] أو ما شابه ذلك. اعتبر المصلِحون هذا التكيُّف عملًا من نعمة الله، استخدم الله بموجبه العديد من الرموز بغرض التواصل مع الجنس البشري. لكن مؤخرًا، أعاد المنادون بوجود أخطاء في الكتاب المقدس [errantists] تعريف عقيدة التكيُّف قائلين إن الله أُجبِر على إدراج أخطاء في النص في أثناء عملية كتابة الكتاب المقدس، وذلك لأنه استخدم كُتَّابًا بشريين غير معصومين من الخطأ، وأيضًا لغة بشرية غير معصومة من الخطأ. ويصرِّح هؤلاء بأنه ما دام الله قد استخدم كُتابًا بشريين محدودين وخطاة في كتابة كلمته، فإن النص إذن كان عُرضة لكلِّ الأخطاء التي يمكن لبشر محدودين وخطاة ارتكابها. بل وقد ذهب هؤلاء إلى حدِّ القول إن استخدام هذه الأدوات من البشر في الكتابة جعل حدوث الخطأ في عملية الكتابة أمرًا محتومًا، واستنتجوا من ذلك أن الكتاب المقدس صادق وحقٌّ في مسائل الإيمان والسلوك العملي لأن هذه الأمور تقع على مستوى المبدأ العام، لكنهم أكَّدوا إمكانية وجود (بل وحقيقة وجود) أخطاء معلوماتية عبر أنحاء الكتاب المقدس، بسبب الأدوات البشرية غير المعصومة التي استخدمها الله في كتابة النص.

إن الردود الآتية على وجهة النظر الحديثة التي تبنَّاها المنادون بوجود أخطاء في الكتاب المقدس تُظهِر ضعف حُجَّتها. **أولاً**، يخلط هذا الرأي بين المحدودية وارتكاب الخطية أو الأخطاء. فإن إشراف الله على كتابة الكتاب المقدس بواسطة الوحي، لحمايته من كافة أنواع الخطأ، لم يقوِّض الطبيعة البشرية للكُتَّاب. صحيح أن البشر يخطئون، ويرتكبون أخطاء، ويَزِلُّون في ظروف لا حصر لها، طَوال

١٧ [المترجم]: التأنيس [anthropomorphism] هو أسلوب استخدمه كُتاب الكتاب المقدس، إذ نسبوا إلى الله صفاتٍ بشرية أو مادية بغرض توضيح فكرة معينة، مثل استخدام التعبيرات «وجه» الله أو «ذراع» الله، وغيرها، مع أن الله روح، وغير محدود بالزمان أو بالمكان، وليس له جسدٌ.

حياتهم، لكنهم لا يخطئون أو يرتكبون أخطاء في كلِّ ظرف. فمن الممكن لإنسان غير معصوم أن يكتب جملة غير خاطئة. من ناحية، لم يقوِّض إشراف الله على الكتاب المقدس من بشرية الكُتَّاب؛ لكن، من ناحية أخرى، انطوت عملية الوحي على حماية الله للكُتَّاب البشريين، حتى لا يخطئوا وهم يكتبون كلمته - كلمة تلو الأخرى، وجملة تلو الأخرى.

ثانيًا، تؤكِّد شهادة كتاب المقدس بالإجماع صِدْقَه التام. فهو يُصرِّح مرارًا بأنه حقٌّ وصادقٌ (مزمور ١١٩: ٤٣، ١٦٠؛ يوحنا ١٧: ١٧؛ ٢كورنثوس ٦: ٧؛ كولوسِّي ١: ٥؛ ٢تيموثاوس ٢: ١٥؛ يعقوب ١: ١٨). وهو مرتبط بشكل مباشر بالكُتَّاب البشريين وكذلك بالله الذي أوحَى به. وتبرهن الدعوات الصريحة والمباشرة من الله بعدم المساس بالكتاب المقدس أو تغييره على أن ما كُتِب فيه هو ما قصد الله أن يقوله تمامًا (تثنية ٤: ٢؛ ١٢: ٣٢؛ أمثال ٣٠: ٥-٦؛ رؤيا ٢٢: ١٨-١٩). فإن قدرة الله على توصيل حق مطلق في كلِّ كلمة لم تُحَد بأي حال من الأحوال لمجرد أنه استخدم كُتابًا بشريين غير معصومين. فإن الوحي الذي تمَّ بتدخُّل مباشر من الروح القدس يسَّر إصدار كلمة الله الخالية من الخطأ (٢ بطرس ١: ٢٠-٢١).

وأخيرًا، إن وجهة نظر المنادين بوجود أخطاء في الكتاب المقدس بشأن التكيُّف متناقضة مع نفسها. كيف يمكن لأحدهم أن يكون على يقين من أن الله يستطيع أن ينقل للإنسان على نحو صحيح وسليم حقائق روحية تتعلَّق بشؤون الإيمان والسلوك العملي، إن كان لا يستطيع أن يضمن التسجيل الصحيح والدقيق للحقائق التاريخية؟ فإن أجزم أحدهم بأن الكتاب المقدس خالٍ من الخطأ من جهة اقتياده للإنسان إلى معرفة صحيحة وخلاصية عن الله، فماذا يمنعه عن أن يُجزِم بالقدر نفسه من اليقين بصدق بقية المكتوب؟ فإذا كان الله يستطيع منع الكُتَّاب من ارتكاب خطأ ما في أثناء كتابتهم للحقائق الروحية، فما من أسس منطقية إذن تدعو إلى استنتاج أنه عجز عن أن يضمن تقديم سجل دقيق وسليم للحقائق التاريخية والعلمية.

⬅ العصمة والخلو من الخطأ[18]

- تعريفٌ للخلو من الخطأ والعصمة

المعنى الحرفي لكلمة *inerrancy* هو «بلا خطأ». وعند تطبيق هذا المصطلح على الكتاب المقدس، يكون معناه أن الكتاب المقدس خالٍ من الأخطاء في المخطوطات الأصلية؛ ومن ثَمَّ، أنه بعيد كل البعد عن التصريح بشيء غير صحيح، أو مناقض للحقائق، في حالة تفسيره تفسيرًا صحيحًا.

عبر التاريخ، كان المصطلح «infallibility» («العصمة من الخطأ») يُعَد بوجه عام مرادفًا لوجهة النظر الإنجيلية عن الخلو من الخطأ (inerrancy). فإن العصمة تعني العجز عن التضليل، أو العجز عن الإخفاق في تنفيذ القصد الإلهي. يعبِّر البند الحادي عشر من بيان شيكاغو عن عصمة الكتاب

١٨ يمكن الاطلاع على مقال أكثر تأثيرًا وفائدة بشأن هذا الموضوع في المصدر التالي:
Paul D. Feinberg, “Infallibility and Inerrancy,” *TJ* 6, no. 2 (1977): 120–32.

المقدس عن هذا المفهوم كالتالي: «نُؤَكِّدُ أن الكتاب المقدس، كونه أُعطِي بوحي إلهي، منزَّه عن الخطأ، بحيث أنه بعيد كل البعد عن تضليلنا، بل هو صحيح وموثوق به في كافة الموضوعات التي يتناولها».

وعبر التاريخ، كانت هناك صلة وثيقة غير قابلة للانفصام بين الخلو من الخطأ والعصمة. لكن، في أوائل الستينيات من القرن العشرين، ظهر استخدام جديد لمصطلح «العصمة» (infallibility)، ابتدعه الذين يؤمنون بمبدأ «**الخلو المحدود من الخطأ**» [limited inerrancy]. فقد أصرَّ هؤلاء على أن «عصمة» الكتاب المقدس تعني أنه لا يعلِّم أية عقيدة خاطئة أو مضلِّلة فيما يتعلق بالإيمان والسلوك العملي. لكن، وفقًا لرأيهم، لا يعني ذلك أن الكتاب المقدس لا بد أن يكون دقيقًا في كلِّ كلماته من جهة المعلومات أو الحقائق التي يقدِّمها. وقد ارتبط الدافع الرئيسي من وراء تغيير التعريف بمحاولة هؤلاء رفض خلو الكتاب المقدس من الخطأ، لكن مع استمرار ادِّعائهم الانتماء إلى أهل الإيمان القويم. لكن، بحسب الكتاب المقدس، لا يمكن لتصديق على العصمة بمعزل عن الخلو من الخطأ أن يكون إيمانًا قويمًا. وإن هذا الرفض لمبدأ الخلو من الخطأ مدفوع بعدم الاستعداد لقبول كل ما يقوله الكتاب المقدس. فمن خلال هذه المحاولات، يحاول هؤلاء الرافضون تبرير الخطية، وتأييد السلوكيات غير الكتابية.

- السند الكتابي لعقيدة الخلو من الخطأ

كان تصريح بولس المباشر بشأن الكتاب المقدس هو أنه موحًى به من الله (٢تيموثاوس ٣: ١٦). فهو نتاج عمل الله ذاته، من خلال كُتاب بشريين، بواسطة روحه القدوس (٢ بطرس ١: ٢٠-٢١). وبما أن تلك الكلمات المكتوبة هي كلمات إله الحق، فلا بد إذن أن تكون خالية من الأخطاء. يتعلَّق عمل الوحي بالوسيلة التي كُتِب بها النص، لكنه أيضًا يوحي ضمنًا بشكل مباشر بأنه مؤلَّف إلهي؛ وعلى هذا الأساس، يُنسَب الناتج النهائي إلى الله. وبغض النظر عن التدخُّل البشري في عملية الكتابة، فإن نزاهة الكاتب الإلهي نفسه هي التي توضَع على المحك في عقيدة خلو الكتاب المقدس من الخطأ. وقبل ظهور هجمات النقد الأعلى على عقيدة الكتاب المقدس في القرن التاسع عشر، كانت حقيقة الوحي تقود بالضرورة إلى الإقرار بأن الكلمات المكتوبة، التي للإله الحق، صادقة تمامًا وخالية من الخطأ في المخطوطات الأصلية، الشيء الذي يتوافق مع ما أكَّده يسوع نفسه (يوحنا ١٧: ١٧).

تشهد نظرة الكتاب المقدس نفسه عن سلطته لحقيقة خلوِّه من الخطأ. فإن جمل «هكذا قال الربُّ» المتكرِّرة تخلق بيئة يسودها التسليم بخلوِّ النصوص عبر كلِّ العهد القديم من الخطأ. كذلك، سلَّم كُتَّاب العهد الجديد بلا استثناء بالصدق المطلق للعهد القديم. وإذ اتَّبعوا نموذج يسوع، بنوا عقائدهم وتعاليمهم على اللغة الحرفية للنصوص الكتابية التي اقتبسوها (مثل إشارة بولس إلى «نسل»، وليس «أنسال» في غلاطية ٣: ١٦)؛ والأهم من ذلك أنهم أسَّسوا إيمانهم بصدق العهد القديم على طبيعة الله الواحد مثلَّث الأقانيم. قال بولس إن الآب هو الله «الْمُنَزَّهُ عَنِ الْكَذِبِ» (تيطس ١: ٢). وفي إنجيل يوحنا، نقرأ أن الابن ليس فقط الطريق والحياة، بل الحق أيضًا (يوحنا ١٤: ٦). وبالمثل أيضًا، الروح القدس هو روح الحق (يوحنا ١٤: ١٧؛ ١٥: ٢٦؛ ١٦: ١٣؛ ١ يوحنا ٥: ٦). كذلك، سجَّل لنا يوحنا تصريح يسوع القائل «كَلاَمُكَ هُوَ حَقٌّ» (يوحنا ١٧: ١٧). تتوافق هذه اللغة بشكل مباشر مع شهادة العهد

القديم بأن كلام الله حقٌّ، وبأن كلمته مثَبَّتَةٌ إلى الأبد في السماوات (مزمور ١١٩ : ٨٩، ١٦٠)، الشيء الذي يشهد لحقيقة أن هذه الكلمة ليست مجرد شهادة أرضية ووقتية من الله، بل هي شهادة أبدية وسماوية. وإن كان الله هو مصدر الكتاب المقدس وكاتبه، كما يدَّعي النص، فكيف يمكن أن توجد أخطاء فيما يصرِّح به هذا الكتاب؟ ولو وُجدت أخطاء فيما يصرِّح به الكتاب المقدس، فكيف يمكن أن يكون الله هو إله الحق؟ علاوة على ذلك، إذا كانت هذه الكلمة أبدية وباقية، حسبما يشهد الكتاب المقدس نفسه، فكيف يمكن لإله الحق أن يسمح بأن تنقل كذبًا وزيفًا؟ لا يوجد على المحك في عقيدة خلو الكتاب المقدس من الخطأ ما هو أقل من طبيعة الله نفسه ونزاهته. فبما أن الله حق وصادق، هكذا لا بد أن يكون إعلانه الموجود في الكتاب المقدس.

⬅ يسوع والخلو من الخطأ

أظهر جزء سابق بعنوان «براهين على الوحي» (صفحة ٩٩) أن يسوع نفسه آمن بكتاب مقدَّس خالٍ من الخطأ. لكن يمكننا أن نقول أيضًا، كبرهان إضافي، إن يسوع لم يشكِّك قط في دقة أو صحة أيِّ نص كتابي من العهد القديم. وفي حقيقة الأمر، لم يطرح يسوع قط موضوع احتواء الكتاب المقدس على أخطاء للنقاش، وذلك لأن نزاهة النص كانت أمرًا مسلَّمًا به طوال الوقت، جرى تقريره وتأكيده مرارًا. لم يُشر يسوع قط، ولو لمرة واحدة، إلى وجود أدنى حاجة إلى تصويب أية جملة في العهد القديم، لكنه في المقابل أكَّد صِدْقَه في أبسط وأدق تفاصيله (متى ٥ : ١٨؛ يوحنا ١٠ : ٣٥). يلزم أن نشير أيضًا إلى أنه من بين الأسئلة العديدة التي طرحها الناس على يسوع، لم يسأله أحدٌ قط إن كان العهد القديم موحًى به أم لا، أو إذا كان يحتوي على أخطاء من أيِّ نوع أم لا. فمن تلاميذ يسوع، إلى الجموع الغفيرة من العامة، إلى خصومه الكثيرين، لم يشكِّك ولو شخص واحد في وحي الكتاب المقدس وخلوِّه من الخطأ. أضف إلى ذلك أنه ما من دليل في كلِّ الكتاب المقدس على أن يسوع آمن أو علَّم فقط بوحي الأفكار، أو على أنه كان يرى أن الكتاب المقدس يحتوي على خطأ ولو بأقل قدر. ومع أن استخلاص حُجة بناء على الصمت لا يجعلها الحجة الأقوى، لكن الصمت في هذه الحالة يصم الآذان. فلو كان يسوع يَعلَم بوجود أية أخطاء في النص (ولو أبسط التضاربات في المعلومات)، يصعب تخيُّل سبب عدم تطرُّقه إلى هذا الموضوع في أيِّ موضع، ولا سيما مع تلاميذه، حتى يهيِّئهم لهذه الأزمة العقيديَّة.

والشيء الآخر الذي يتعذَّر تفسيره بالقدر نفسه هو سبب عدم تطرُّق يسوع إلى هذا الموضوع قط مع معارضيه وخصومه. فطوال فترة خدمة يسوع، لم يتساهل قط مع أعدائه، بل عارض السلوك الخاطئ والعقيدة الخاطئة، وتعمَّد أن يجعل من مواجهته لعقائد المعلِّمين اليهود وممارساتهم الكاذبة والزائفة عادة يمارسها في كلِّ فرصة تسنح له. ومع ذلك، لم يعارض يسوع، ولو لمرة واحدة، صدق الكتاب المقدس وصحته، بل فقط أشار إلى جهل اليهود، وسوء استخدامهم له. وقد كانت الموعظة على الجبل بمثابة مواجهة شاملة ضد أولئك الذين حرَّفوا شريعة الله أو أساءوا فهمها (متى ٥-٧). ومع ذلك، وطوال هذه العظة، لم يُقوِّم يسوع إلا **إساءة تفسير** الكتاب المقدس، في حين لم يبدر منه ولو تلميح بسيط إلى احتمالية أن تكون نزاهة الكتاب المقدس موضع شك. وتُبيِّن أحداث الأناجيل بوضوح

أن يسوع لم يتردد قط في مواجهة الخطأ، بل اعتاد أن يتناول حتى تلك القضايا الأكثر إثارة للجدل، سواء مع تلاميذه أو مع رؤساء اليهود في ذلك الوقت. لذلك، ليس من المعقول أَنْ يستنتجَ أحدهم أَنَّ يسوع ربما تكيَّف مع أعدائه أو حتى مع تلاميذه في هذه المسألة. فما من حُجة مقنعة يمكن تقديمها لتفسير سبب تجاهُل يسوع لتناوُل مسألة احتواء الكتاب المقدس على أخطاء.

⬅ شرح الخلو من الخطأ

• لا يمكن إثبات الخلو من الخطأ علميًّا

إن عقيدة الخلو من الخطأ هي رفيق طبيعي وبديهي لعقيدة الوحي، وهي أيضًا استنتاج منطقي وضروري مؤسَّس على طبيعة الله وعلى تصريحات الكتاب المقدس نفسه بكونه حقًّا. وفي كثير من الأحيان، يمكن إثبات هذه العقيدة أيضًا من خلال أدلة تجريبية خارجية. بموجب ذلك، تُعَد عقيدة الخلو من الخطأ عقيدة مسلَّمًا بها كتابيًا ولاهوتيًا.

لكنَّ إثبات هذه العقيدة بشكل كاملٍ وفي كلِّ الأحيان عن طريق البيانات العلمية ليس أمرًا ممكنًا. فببساطة، بعض الأشياء أو الأحداث لا يمكن تكرارها أو محاكاتها اليوم حتى تخضع للفحص. على سبيل المثال، لا يمكن تكرار حدثي الخلق والطوفان. لكن، كان هناك شاهد عيان واحد على هذين الحدثين، وهو جديرٌ بالثقة على نحو لا تشوبه شائبة؛ هذا الشاهد هو الله، وهو قد كتب قصة خالية من الخطأ. كذلك، لا توجد أدلة أثرية قادرة على إثبات كل حقيقة تاريخية يؤكِّدها الكتاب المقدس. وفي النهاية، ليست لدينا شهادة عن الأحداث المعجزية المسجَّلة في الكتاب المقدس إلا ما جاءنا من روايات شهود العيان التي قدَّمها كُتَّاب الكتاب المقدس أنفسهم.

لكن في الآن ذاته أيضًا، ما من سبيل لإثبات عدم صحة السجل الكتابي. فإن كلَّ اعتراض تاريخي أُثير ضد صدق الكتاب المقدس قد ثَبُت خطأه. وفي كثير من الأحيان، أكَّد شهود عيان من الخارج ليس فقط صحة الرواية الكتابية بوجه عام، لكن أيضًا صحة تفاصيلها ومعلوماتها. وفي أحيان أخرى، أَثْبَتَ توافُقُ الرواية الكتابية مع أحداث أخرى، أو حلٌّ تفسيريٌّ مُشابِه، دِقَّةَ الرواية الكتابية بصورة مُرضية. الأكثر من ذلك، تتجاوز الأدلة على صدق الكتاب المقدس ودقة معلوماته وأحداثه إلى حد بعيد الإثباتات الخارجية، لأنَّ تحقُّق كلام الكتاب المقدس وحده يشهد لصدق السجل الكتابي وجدارته بالثقة. ومن ثَمَّ، فإن تصريحات الكتاب المقدس بكونه حقًّا، وعقيدة الوحي، واستخدام كُتَّاب العهد الجديد للعهد القديم، كلُّ ذلك يُثبِت قَبُولًا عامًا للصدق والموثوقية التامة للنص الكتابي. فضلًا عن ذلك، تقتضي عقيدة الوحي وحدها قبولًا للرواية الكتابية أكثر من أيِّ سجل بشري خارجي آخر، وذلك بناء على كون هذه الرواية هي كلمة الله.

• ينطبق الخلو من الخطأ على المخطوطات الأصلية

كُتِب كلُّ سفر من أسفار الكتاب المقدس في الأصل بيد كاتب بشري بوحي من الروح القدس. هذه الكتابات الأصلية – التي تسمَّى «المخطوطات الأصلية» [*autographs*]- كانت خالية تمامًا من الخطأ

نتيجة الوحي الإلهي. غير أن تلك المخطوطات الأصلية جميعها لم تَعُد موجودة اليوم، بل صُنعت منها نُسَخٌ، وسرعان ما صُنِعت من تلك النسخ نسخ أخرى. هذه النسخ، بالإضافة إلى عدد كبير من الترجمات، قد تناقلت عبر القرون. وسنتناول عقيدتَي النقل والحفظ لاحقًا في هذا الفصل، لكن يلزم أن ننوِّه هنا إلى أن عملية النَّسْخ تضمنت بديهيًّا احتمالية دخول أخطاء إلى النص. ولهذا السبب، تقتصر عقيدة الخلو من الخطأ على المخطوطات الأصلية.

فعلى خلاف المخطوطات الأصلية، تُعَد النسخ عُرضة للأخطاء، نظرًا للتدخُّل البشري غير المعصوم في عملية النسخ، ولأن الكتاب المقدس لم يتحدَّث قط عن إشراف الروح القدس على عمل النسَّاخ. أضف إلى ذلك أنه لم تبقَ أية مخطوطة أصلية حتى اليوم حتى يمكن التأكُّد من خلالها من صحة النُّسخ. ربما يوحي ذلك بأن عقيدة الخلو من الخطأ قد صارت لاغية. يمكن تطبيق هذا الاستنتاج أيضًا على عملية الترجمة. فبما أن الترجمات (على غرار النُّسخ) لم تَصدُر بواسطة الوحي، فهي أيضًا كانت عُرضة للخطأ. كيف يمكننا إذن أن نثق في الكتاب المقدس إذا لم يكن هو النص الأصلي الذي كتبه الكاتب الموحَى إليه من الله؟

لم يشأ الله أن تمتد معجزة الوحي لتشمل عمليتي النسخ والترجمة، لكنه يحفظ بعنايته الإلهية النسخ والترجمات بالدرجة التي تجعلها نسخًا دقيقًا لمحتوى المخطوطات الأصلية. وكما سنتحدَّث أدناه، فإن البراهين المتاحة اليوم تمكِّن علماء دراسة النصوص من الثبات على ثقتهم في أن ترجمات الكتاب المقدس الموجودة اليوم تحوي ما يزيد على ٩٩٪ من المخطوطات الأصلية.[19] يمكن فحص الترجمات بسهولة عن طريق مقارنتها بنصٍّ نقديٍّ[20] للتأكُّد من مدى دقة ترجمتها للمخطوطات الأصلية للكتاب المقدس. وبمقتضى ذلك، نستطيع أن نقول إن النسخ والترجمات تعكس بدقة الكلمة الخالية من الخطأ التي دوَّنها الكُتَّاب الموحى لهم من الله في الأصل. فإن عملية النسخ، التي أُجريت تحت إشراف من الله، تحفظ عقيدة الخلو من الخطأ. ومن ثَمَّ، لا يزال بإمكاننا أن نطلق لقب «**كلمة الله**» على الترجمة، طالما كانت تعكس بدقة محتوى المخطوطات الأصلية.

- ## تتيح عقيدة الخلو من الخطأ استخدام اللغة العادية

لا تعني عقيدة الخلو من الخطأ استبعاد القواعد العادية للُّغة. فقد استخدم الكتاب المقدس كثيرًا أرقامًا تقديرية (١أخبار الأيام ٥: ٢١؛ إشعياء ٣٧: ٣٦)، وتلك الأرقام التقريبية لا تمثِّل خطأً في الحقائق أو المعلومات. كذلك، لا تتساوى التصريحات غير الدقيقة علميًّا بالأخطاء، لكنها ببساطة جزء من استخدامنا العادي والمعتاد للُّغة. ينطبق الشيء ذاته أيضًا على التصريحات بالمسافات. علاوة على

---

19 Wayne Grudem, *Systematic Theology: An Introduction to Biblical Doctrine* (Grand Rapids, MI: Zondervan,1994), 96.

للاطلاع على مقدمة رائعة لموضوع النقد النصي لكلٍّ من = العهد القديم والعهد الجديد، انظر:

Paul D. Wegner, *A Student's Guide to Textual Criticism of the Bible: Its History, Methods and Results* (Downers Grove, IL: IVP Academic, 2006).

٢٠ [المترجم]: النص النقدي [critical text] هو النصّ الناتج عن تطبيق أساليب النقد النصي السليمة للوقوف على القراءة الأدق للنصوص.

ذلك، لا يقتضي الخلو من الخطأ استخدام لغة تقنية أو علمية متخصِّصة في الكتابة. لم يكن غرض كُتَّاب الأسفار الكتابية أن يقدِّموا في نصوصهم القصصية أوصافًا أو تفسيرات علمية. وفي واقع الأمر، في كثير من الأحيان، كان من شأن اللغة التقنية لعصرهم أن تكون خاطئة. غير أن الأسلوب الذي ذُكِرت به في الكتاب المقدس يتماشى مع الواقع المُدرَك والمعروف آنذاك، على الرغم من أن التعبير عنها كان بلغة عادية. ومن أفضل الأمثلة على ذلك هو نص أيوب ٢٦: ٧، حيث قيل إن الله «يُعَلِّقُ الْأَرْضَ عَلَى لَا شَيْءٍ». ليس هذا وصفًا علميًا، ولكنه حقيقة دقيقة تمامًا. كذلك، لا تمثِّل لغة التعبير عن الظواهر انتهاكًا للخلوِّ من الخطأ. فقد صلَّى يشوع كي «تدوم الشمس»؛ ثم تقول الآية التالية: «فَدَامَتِ الشَّمْسُ وَوَقَفَ الْقَمَرُ حَتَّى انْتَقَمَ الشَّعْبُ مِنْ أَعْدَائِهِ» (يشوع ١٠: ١٢-١٣). هذا الوصف المرتبط بنموذج مركزية الأرض[٢١] لا ينتهك بأيِّ شكل من الأشكال عقيدة الخلوِّ من الخطأ، لأن هذا التصريح صحيح تمامًا من المنظور الأرضي. فإن اللغة تتيح التعبير عن الحقيقة من منظور الكاتب أو المتحدِّث.

تتيح عقيدة الخلو من الخطأ استخدام النطاق الكامل لِلُّغة. يشمل هذا اقتباسات كُتَّاب العهد الجديد بتصرُّف من العهد القديم. لم تحتوِ أقدم المخطوطات اليونانية على علامات ترقيم، الأمر الذي يصعِّب في بعض الأحيان من إمكانية تحديد اقتباسات الكُتَّاب. وبما أن العهد القديم كُتِب باللغة العبرية، فقد كان على كُتَّاب العهد الجديد إما أن يستخدموا ترجمة متاحة لديهم، أو أن يقدِّموا ترجمتهم الخاصة. علاوة على ذلك، يبدو واضحًا في كثير من الأحيان أن الكاتب لم يكن يقصد أن يقدِّم اقتباسًا حرفيًا، بل إن مجرد إشارة بقدر معيَّن إلى النص الأصلي كانت كافية ليتعرَّف القارئ عليه. هذه ممارسة شائعة حتى في الكتابة المعاصرة والوعظ. فبإمكان الاقتباس غير الحرفي توصيل المعنى الدقيق للنص الذي يُقتبَس. ولا تمثِّل أيٌّ من هذه الممارسات انتهاكًا لنزاهة النص الكتابي. وفي مثل هذه الحالات، يُفضَّل وصف استخدام العهد الجديد للعهد القديم بأنه تلميحات أو إشارات، وليس اقتباسات، إذ من الواضح أن الكتَّاب لم يحاولوا تكرار النصوص حرفيًا (كلمة بكلمة). فبما أن القارئ كان على دراية بالنص الأصلي للعهد القديم، أو كان بإمكانه الاطلاع عليه، فإن الاقتباسات بتصرُّف من العهد القديم في العهد الجديد إذن لا تضلِّل القارئ، أو تقوِّض من نزاهة النص.

لا يستلزم الخلو من الخطأ التزامًا تامًا في كلِّ الحالات بالقواعد اللغوية، أو الصياغة الدقيقة للكلمات، أو حتى إدراج تفاصيل شاملة. فربما توجد في النص جملة غير تقليدية من حيث قواعد اللغة، لكنها تظل مع ذلك مفهومة وصحيحة. وفي كثير من الأحيان، تعكس الخيارات المتعلِّقة بتركيب الجمل أو المفردات فقط أسلوب الكُتَّاب البشريين، ومهارتهم في الكتابة. وهكذا تكون الروايات التي كتبوها حقًّا وصادقة حتى وإن لم يسجلوا فيها كافة التفاصيل التاريخية. وفي حالة الروايات المتوازية بين كلا العهدين، اتَّخذ الكُتَّاب البشريون بطبيعة الحال قرارات بالحفاظ على الفكرة الأساسية للروايات،

---

٢١ [المترجم]: نموذج مركزية الأرض (المعروف كذلك باسم المركزية الأرضية، أو النظام البطلمي) في علم الفلك هو وصف للكون فيه تشغل الأرض المركز المداري لجميع الأجرام السماوية. وقد كان هذا النموذج هو النظام الكوني السائد في العديد من الحضارات القديمة، مثل اليونان القديمة. ومن ثمَّ، افترَضت تلك الحضارات أن الشمس والقمر والنجوم والكواكب التي تُرى بالعين المجردة تدور حول الأرض. هذا النموذج متعارض مع نموذج مركزية الشمس، وهو النموذج الفلكي الذي بحسبه تدور الكواكب، بما في ذلك الأرض أيضًا، حول شمس ثابتة في مركز الكون.

الأمر الذي أدَّى بالضرورة إلى إدراجهم تفاصيل معيَّنة في كل رواية، أو استبعاد تفاصيل أخرى منها. ويشمل الحق محصلة كلِّ الروايات المتوازية معًا. ولا يلغي أيٌّ من هذه العناصر صدق الكلمة المكتوبة.

إن الكتاب المقدس هو كلمة الله الخالية من الخطأ، والمعصومة. وهو نتاج الوحي الإلهي، الذي أصدر نصوصًا تحمل سلطة وموثوقية إلهية، وكذلك نصوصًا صحيحة في كلِّ ما سجَّلته. تنطبق هذه العقيدة بشكل مباشر على المخطوطات الأصلية، وبشكل غير مباشر على النصوص والترجمات المتاحة اليوم.

حفظ الكتاب المقدس

- شرح عقيدة الحفظ
- القانونية والحفظ
- النقد النصِّي والحفظ

كيف يمكننا أن نتيقَّن من أن كلمة الله المكتوبة، المعلَنة والموحى بها، والتي حسبتها الكنيسة الأولى قانونية، قد انتقلت حتى وصلت إلينا في أيامنا هذه دون فقدان أيِّ جزء من محتواها؟[٢٢] علاوة على ذلك، فما دام في طليعة اهتمامات إبليس أن يقوِّض الكتاب المقدس، فهل صمدت أسفاره ونصوصه أمام هذا الهجوم الفتَّاك من قبله؟ ففي البدء، كذَّب الشيطان كلمة الله أمام حواء (تكوين ٣ : ٤). ولاحقًا، حاول تحريف كلمة الله في أثناء مواجهته مع المسيح في البرية (متى ٤ : ٦-٧). بل إنه حاول فعليًّا أن يلاشي الكلمة على يد الملك يهوياقيم (إرميا ٣٦ : ٢٣). فلا تزال الحرب على الكتاب المقدس محتدمة، لكن كلمة الله صَمَدَت، وستواصل صمودها، فيما اندحر عدوُّها الرئيسي، وجميع الأعداء الآخرين.

توقَّع الله خبثَ الإنسان والشيطان في التعامل مع الكتاب المقدس، فقطع وعودًا إلهية بأن يحفظ كلمته. يعطي إشعياء ٤٠ : ٨ ضمانًا بدوام الكتاب المقدس، إذ يقول: «يَبِسَ الْعُشْبُ، ذَبُلَ الزَّهْرُ. وَأَمَّا كَلِمَةُ إِلهِنَا فَتَثْبُتُ إِلَى الأَبَدِ» (راجع ١ بطرس ١ : ٢٤-٢٥). يعني هذا أيضًا أن ما من نص موحًى به قد فُقِدَ في الماضي، ولا يزال ينتظر مَن يكتشفه من جديد.

وإن المضمون الحالي للكتاب المقدس سيبقى ثابتًا إلى الأبد، سواء على الأرض (إشعياء ٥٩ : ٢١)، أو في السماء (مزمور ١١٩ : ٨٩). وهكذا، فإن مقاصد الله، كما هي معلَنة في الكتب المقدَّسة، لن تُحبَط البتة، ولو في أصغر حذافيرها (راجع متى ٥ : ١٨؛ ٢٤ : ٣٥؛ مرقس ١٣ : ٣١؛ لوقا ١٦ : ١٧).

---

٢٢ اقتُبست هذه المقدمة بتصرُّف من المصدر التالي:
جون ماك آرثر، تفسير الكتاب المقدس، الطبعة الأولى (منصورية المتن – لبنان: دار منهل الحياة، ٢٠١٢)، ٢٤.

⬅ شرح عقيدة الحفظ

• تعريف عقيدة الحفظ

تعرَّف عقيدة الحفظ بأنها أعمال الله التي بموجبها حَفِظَ لشعبه عبر القرون السِجِلَّ المكتوب لإعلانه الخاص. يبدأ هذا من التعليمات المحدَّدة التي أعطاها الله لشعبه لأجل الحفاظ على كلمته، ويشمل أيضًا الطريقة التي حَفِظَ بها الله كلمته بعنايته الإلهية من خلال الجهود المثابرة التي بذلها بَشَرٌ عبر آلاف السنوات. بدأ الحفظ منذ أن كُتِب الكتاب المقدَّس في الأصل، واستمرَّ عبر الزمن فيما جُمِعَت الأسفار المقدسة مكوِّنة مجموعة الأسفار القانونية الموجودة اليوم.

يصف إقرار إيمان وستمنستر (١٦٤٦ م) عقيدة الحفظ على النحو التالي: «إن العهد القديم المكتوب باللغة العبريّة ... والعهد الجديد المكتوب باللغة اليونانيّة ...، لكونهما مُوحًى بهما من الله مباشرة، ولأنهما حُفِظا نقيَّين عبر كلِّ العصور بفضل رعاية الله وعنايته الفريدة، فهما إذن موثوقان، حتى إنه في كلِّ الخلافات الدينيّة ينبغي أن ترجع الكنيسة في النهاية إليهما» (الفصل الأول، البند الثامن). بتعبير آخر، أوحى الله إلى الكُتَّاب في أثناء عملية كتابة النص، وكذلك عَمِلَ بعنايته الإلهية عبر القرون من أجل حفظ تلك الكتابات. وعلى هذا الأساس، تلك النصوص موثوقة، ويمكن الاحتكام إليها، في لغاتها الأصلية، بصفتها القول الفصل في كافة شؤون الإيمان والسلوك العملي.

والسؤال الحقيقي المطروح الآن هو: هل يؤكِّد الكتاب المقدس نفسه صحة هذه العقيدة؟ وإذا كان يؤكِّدها، فهل كان ذلك الحفظ عملًا مُعجزيًا، أم عملًا حدث بفضلِ تَدَخُّلِ العناية الإلهية؟ وهل وَعَدَ بالحفظ في مخطوطة واحدة، أم في مجموعة من المخطوطات، أم في نسخة يونانية أو عبرية؟ وما الدور الذي تلعبه ترجمات الكتاب المقدس إلى لغات أخرى في هذه العملية؟ وما هو تأثير وسائل الحفظ على الحُكم بالقانونية؟

• التعليم الكتابي عن الحفظ

هل يَذكُر الكتاب المقدس شيئًا بشأن حفظه في أثناء مروره بعمليات النقل (من جيل إلى الجيل التالي) والترجمة (من لغة إلى الأخرى)؟ يبيِّن فحصٌ لما يقوله الكتاب المقدس أن الله وعد بالفعل بحفظ كلمته إلى الأبد في السماوات (مزمور ١١٩: ٨٩، ١٦٠). يضفي هذا إدراكًا ويقينًا على ثقة المرء في حفظ الله لأسفار الكتاب المقدس نفسها. وتتعلَّق الوعود الكتابية بحفظٍ للنص على الأرض بتدخلٍ من العناية الإلهية، وليس بطريقة معجزية.

الحُجة المؤيِّدة للحفظ التام والأبدي. يقطع الكتاب المقدس وعدًا مباشرًا يتعلَّق بحفظ كلمة الله في السماء. يقول مزمور ١١٩: ٨٩، «إِلَى الأَبَدِ يَا رَبُّ كَلِمَتُكَ مُثَبَّتَةٌ فِي السَّمَاوَاتِ». وفي اللغة الأصلية، يعني اللفظ «مُثَبَّتَةٌ» حرفيًا أن يكون الشيء مؤسَّسًا، أو راسخًا، أو موضوعًا في مكانه على نحو دائم. وهذا يشبه عمودًا وُضِعَ بشكل دائم في بناية ما عند تشييدها. هكذا أيضًا كلمة الله مثبَّتة إلى الأبد. لكن الفكرة الأساسية في هذه الآية هي أن كلمة الله مثبَّتة في السماوات، وليس على الأرض. يدل هذا على أن الله لديه سجلٌّ ثابت ودائم وكامل من إعلانه الموحى به، والمكتوب للإنسان، لكنه احتفظ

بهذا السجل في السماوات. أردف كاتب المزمور قائلًا: «مُنْذُ زَمَانٍ عَرَفْتُ مِنْ شَهَادَاتِكَ أَنَّكَ إِلَى الدَّهْرِ أَسَّسْتَهَا» (مزمور ١١٩: ١٥٢). مرة أخرى، يقول النص إن كلمة الله مثبَّتة، ولا تتغيَّر، وأبدية؛ لكن الصورة المحفوظة على نحو تام وكامل من تلك الكلمة موجودة في السماء. وقد أظهر إشعياء التناقض بين الطبيعة الوقتية والزائلة للإنسان وكمال كلمة الله الباقية إلى الأبد، عندما كتب قائلًا: «يَبِسَ الْعُشْبُ، ذَبُلَ الزَّهْرُ. وَأَمَّا كَلِمَةُ إِلهِنَا فَتَثْبُتُ إِلَى الأَبَدِ» (إشعياء ٤٠: ٨). أجل، إن كلمة الله أبدية. لكن، لا يشير هذا بشكل مباشر إلى اشتمال صفة دوام الكلمة إلى الأبد على وعدٍ بحفظ نسخة من هذه الكلمة هنا على الأرض حفظًا تامًا. أشار بطرس أيضًا إلى هذه الآية بشكل مباشر قائلًا: «وَهذِهِ هِيَ الْكَلِمَةُ الَّتِي بُشِّرْتُمْ بِهَا» (١ بطرس ١: ٢٥). تساوي هذه الآية رسالة إنجيل العهد الجديد بالعهد القديم بصفتها كلمة الله، وتؤكد بالتبعية وبلا ريب أن هذه الرسالة أيضًا محفوظة إلى الأبد. لكن مع ذلك، لم يقطع الله أيَّ وعد مباشر في الكتاب المقدس بحفظ كلمته هنا على الأرض في نسخة بلا عيب، أو في طبعة موحًى بها غير المخطوطات الأصلية.

يؤكِّد الكتاب المقدس أيضًا ليس فقط يقينيَّة حفظ كلمة الله، بل أيضًا يقينية تحقُّقها. تكلَّم يسوع عن دوام وبقاء كلمة الله على النحو التالي: «فَإِنِّي الْحَقَّ أَقُولُ لَكُمْ: إِلَى أَنْ تَزُولَ السَّمَاءُ وَالأَرْضُ لاَ يَزُولُ حَرْفٌ وَاحِدٌ أَوْ نُقْطَةٌ وَاحِدَةٌ مِنَ النَّامُوسِ حَتَّى يَكُونَ الْكُلُّ» (متى ٥: ١٨). يمكن استخلاص فكرتين مهمتين من هذا النص. تتعلق الفكرة الأولى باللفظين «iota» («حرف») و«dot» («نقطة»). يشير اللفظ «حرف» (iota) إلى الحرف *yodh*، وهو أصغر حروف الأبجدية العبرية. أما اللفظ «نقطة» (dot)، فهو فعليًّا الكلمة المكافئة لكلمة «نتوء أو خُطَّاف معقوف»،[٢٣] والتي تصف هنا أصغر ضربة قلم من شأنها أن تميِّز بين حرف والآخر. ويمكن تشبيه هذا بالخط الصغير في الحرف *R*، الذي يميزه عن الحرف *P* في الأبجدية الإنجليزية. والفكرة التي أراد يسوع أن يوصِّلها هنا واضحة جليًّا، وهي أن الله يعني ما يقوله تمامًا، ولا شيء سيمنعه من تتميم كلامه، حتى إلى أصغر نقطة فيه.

يُستَشْهَدُ بهذه الآية كثيرًا كدليلٍ على أن الله وعد بحفظ كلمته المكتوبة هنا على الأرض. لكن، بالفحص الدقيق للنص، يتبيَّن لنا أن الفكرة الرئيسية التي يعبِّر عنها المسيح لم تكن أن الكلمة ستكون محفوظة بالضرورة في صورة مطبوعة، بل أن الكل سيكون أو سيتحقَّق. ورغم ذلك، يبدو أن هذا التصريح يوحي ضمنًا في جوهره بأن الله سيحفظ أيضًا إعلانه المكتوب. فكيف لهذا الإعلان أن يكون شاهدًا للجنس البشري لو لم يكن محفوظًا في صورة مطبوعة، حتى يتسنَّى للإنسان أن يقرأه قبل، وفي أثناء، وبعد تحقُّقه؟ لكن يتعلَّق هذا الوعد في الأساس بالتتميم، وليس بالحفظ. وقد أدلى يسوع بالتصريح ذاته عن كلماته حينما قال: «اَلسَّمَاءُ وَالأَرْضُ تَزُولاَنِ وَلكِنَّ كَلاَمِي لاَ يَزُولُ» (متى ٢٤: ٣٥). مرة أخرى، المعنى الضمني هنا واضح: كلام يسوع ثابت، وباقٍ، ويقيني إلى الأبد، ومُلزِم تمامًا مثل كلام الله. لكن، وفقًا للسياق، كان يسوع يشير هنا إلى تتميم كل شيء قاله عن الأحداث التي كان من شأنها أن تقع في ذلك الجيل وفي الدهر الآتي. لم يكن الوعد، إذن، يتعلق بشكل مباشر بالسجل الذي يحوي كلام يسوع، أو بالتعاليم الموجودة في العهد الجديد.

---

٢٣ [المترجم]: الكلمة تعني نتوء أو خُطَّاف معقوف، وذلك لأن بعض الحروف العبرية تختلف بعضها عن بعض سواء في خط صغير للغاية أو في نتوء في الحرف، مثل الفرق بين حرف الباء (ב) وحرف النون (כ).

وهكذا، يؤكِّد الكتاب المقدس أن الله وعد بتتميم كل كلمة وكل وعد أُعطِي في الكتاب المقدس، وأنه سيحفظ كلمته إلى الأبد، دون تغيُّر، في السماوات. لكن، لا وجود لأي تصريح أو ضمان مباشر بحفظ الله لنسخة أو نُسخ خالية تمامًا من أي خطأ من كلمته هنا على الأرض. لا يعني ذلك أن الله لم يحفظ كلمته على نحو جدير تمامًا بالثقة، وإنما يعني أنه اختار أن يحفظ السجل الأرضي لإعلانه بعنايته الإلهية بواسطة الجهود البشرية الدؤوبة. ونتيجة اكتشاف الآلاف من مخطوطات العهد القديم والعهد الجديد، ومقارنتها معًا بدقة وعناية، استنتج أفضل العلماء المسيحيين أن النص الكتابي الأصلي قد استُعيد وأُعيد تكوينه بنجاح بشكل أساسي.[٢٤] ومن ثَمَّ، حُفِظت كلمة الله على نحو تام في السماوات، وبأمانة على الأرض.

الدعوة إلى الاجتهاد في الحفظ على الأرض: في المجال السماوي، وَعَدَ الله بحفظ كلمته بلا عيب أو خطأ إلى الأبد. لكنه قد حفظها، في المجال الأرضي، بعنايته الإلهية بواسطة شعبه، المكلَّفين بمسؤولية حمايتها ونقلها. ويتبرهن هذا في المقام الأول من خلال الوصايا المتكرِّرة التي أعطاها الله لشعبه بألا يضيفوا أو يحذفوا شيئًا من كلمته (تثنية ٤: ٢؛ ١٢: ٣٢؛ أمثال ٣٠: ٦؛ إرميا ٢٦: ٢؛ رؤيا ٢٢: ١٨-١٩). توضِّح هذه الوصايا المتكرِّرة أن ما قاله الله بواسطة أقلام الكُتَّاب البشريين كان هو بالضبط ما أراد أن يقوله. وقد وُضعت على عاتق شعب الله مسؤولية ليس فقط أن يطيعوا الكلمة كلها، بل أيضًا أن يحفظوها بحذافيرها، حتى أصغر حرف فيها. وعند إقران هذه التصريحات بكلمات يسوع في متى ٥: ١٨، يتضح أن المقياس النهائي الذي سيقاس عليه كلُّ شيء هو المخطوطات الأصلية الموحى بها في الأصل. ومن ثَمَّ، فعلى شعب الله أن يتحرُّوا أقصى درجات الدقة في نسخ الكلمة، وترجمتها، وإصدارها، ناهيك عن الاجتهاد في تفسيرها. فقد ثبَّت الله كلمته في السماوات، لكنه يرشد المؤمنين في مسؤوليتهم عن حفظ وحماية نزاهتها هنا على الأرض.

يمكننا العثور في الكتاب المقدس نفسه على أفضل دليل على حفظ الله لكلمته بلا عيب في السماء، مع ائتمان شعبه على مهمة حفظ سجلها الأرضي. يقول الكتاب في سفر الخروج إنه عندما انتهى الله من التكلُّم مع موسى، أعطاه «لَوْحَي الشَّهَادَةِ: لَوْحَيْ حَجَرٍ مَكْتُوبَيْنِ بِإِصْبعِ اللهِ» (خروج ٣١: ١٨). وهكذا، كتب الله بنفسه هذا المقطع من الكلمة المقدَّسة على الحجر، وأعطاه لموسى. لكن، عندما نزل موسى من فوق جبل سيناء ممسكًا بلوحي الحجر في يده، رأى خطية الشعب؛ وفي خضم غضبه الشديد، حطَّم اللوحين (خروج ٣٢: ١٩). وفي حقيقة الأمر، كان الله هو الذي سمح لموسى بأن يحطِّم النسخة الوحيدة من تلك الوصايا، حتى قبل أن يراها الشعب أو يسمعها. ومنذ ذلك الحين، ولفترة وجيزة بعد ذلك، لم تكن هناك أية نسخة أرضية من هذه الوصايا. ومع ذلك، استطاع الله أن يستعيد على نحو تام ولفظي ما تسببت أفعال إنسان في فقدانه، حين أمر موسى بأن ينحت لوحين كالأوَّلَين، ويصعد إلى جبل سيناء. ثم طيلة الأربعين يومًا التي تلت هذا، أمر الله موسى بأن يدوِّن على هذين اللوحين الوصايا نفسها التي كان قد أعطاها له أولًا (خروج ٣٤: ١-٢، ٢٧-٢٨). فبالحقيقة، يأتمن الله شعبه على مهمة حفظ كلمته.

---

24 Wegner, *A Student's Guide*, 301.

كذلك، لدى الله القدرة على استعادة كلمته بالحرف إذا ما فُقدت. ويَرد المثال الأشمل على كلٍّ من استعداد الله أن يسمح بالقضاء على كلمته، وقدرته على استعادتها في الأصحاح السادس والثلاثين من سفر إرميا. ففي السنة الرابعة من حُكم الملك يهوياقيم على يهوذا، طلب الله من إرميا أن يأخذ دَرْجَ سِفْرٍ، ويدوِّن فيه رسالة إلى الملك تدعوه إلى التوبة. ويقول النص: «فَدَعَا إِرْمِيَا بَارُوخَ بْنَ نِيرِيَّا، فَكَتَبَ بَارُوخُ عَنْ فَمِ إِرْمِيَا كُلَّ كَلاَمِ الرَّبِّ الَّذِي كَلَّمَهُ بِهِ فِي دَرْجِ السِّفْرِ» (٣٦: ٤). ثم سلَّم باروخ ذلك الدَّرْج إلى الرؤساء أو رجال القصر، الذين أخذوه بدورهم إلى الملك. ولما قرأ أحد الخدام الدَّرج على مسامع الملك، كان ردُّ فعله تجاه دعوة الله له إلى التوبة جليًّا: «وَكَانَ لَمَّا قَرَأَ يَهُودِيُ ثَلاَثَةَ شُطُورٍ أَوْ أَرْبَعَةً أَنَّهُ شَقَّهُ بِمِبْرَاةِ الْكَاتِبِ، وَأَلْقَاهُ إِلَى النَّارِ الَّتِي فِي الْكَانُونِ، حَتَّى فَنِيَ كُلُّ الدَّرْجِ فِي النَّارِ الَّتِي فِي الْكَانُونِ» (٣٦: ٢٣). كان هذا الدَّرج هو الطبعة الأولى من سفر إرميا. فمرة أخرى، سمح الله لإنسان بأن يتلف كلمته. وفي هذه الحالة، لم يكن السبب هو غضبٌ واستياءٌ من الخطية (كما في حالة موسى)، وإنما رَفْضٌ لكلمة الله في تمرُّد صريح وصارخ! ويدل الحدث التالي على أن كلمة الله لم تتلف أو تُفقَد، إذ قد استعادها الله لفظًا وبالحرف:

> «ثُمَّ صَارَتْ كَلِمَةُ الرَّبِّ إِلَى إِرْمِيَا بَعْدَ إِحْرَاقِ الْمَلِكِ الدَّرْجَ وَالْكَلاَمَ الَّذِي كَتَبَهُ بَارُوخُ عَنْ فَمِ إِرْمِيَا قَائِلَةً: عُدْ فَخُذْ لِنَفْسِكَ دَرْجًا آخَرَ، وَاكْتُبْ فِيهِ كُلَّ الْكَلاَمِ الأَوَّلِ الَّذِي كَانَ فِي الدَّرْجِ الأَوَّلِ الَّذِي أَحْرَقَهُ يَهُويَاقِيمُ مَلِكُ يَهُوذَا... فَأَخَذَ إِرْمِيَا دَرْجًا آخَرَ وَدَفَعَهُ لِبَارُوخَ بْنِ نِيرِيَّا الْكَاتِبِ، فَكَتَبَ فِيهِ عَنْ فَمِ إِرْمِيَا كُلَّ كَلاَمِ السِّفْرِ الَّذِي أَحْرَقَهُ يَهُويَاقِيمُ مَلِكُ يَهُوذَا بِالنَّارِ، وَزِيدَ عَلَيْهِ أَيْضًا كَلاَمٌ كَثِيرٌ مِثْلُهُ» (٣٦: ٢٧-٢٨، ٣٢)

ومن ثَمَّ، فإن سفر إرميا الموجود في الكتاب المقدس اليوم هو النص الأوَّل الذي أحرقه الملك، مضافًا إليه إعلانات وأحكام أخرى من الله، تشمل أيضًا قصة رفض يهوياقيم للنص الأوَّل والقضاء عليه. فإن كلمة الله مثبَّتة وراسخة في السماوات، والله قادر أن يستدعيها ثانية، وأن يوحي إلى أحد الأنبياء بكتابتها بدقة من جديد.

صحيح أن الله تدخَّل بشكل مباشر في بعض الأحيان لاستعادة أجزاء من كلمته كانت قد فُقدت أو أُتلفت على الأرض، لكنه أيضًا تدخَّل في أحيان أخرى لحجب كلمته كنوع من الدينونة. فقد سمح لكهنة الهيكل بإضاعة سفر الشريعة لأكثر من خمسين سنة (٢ ملوك ٢٢: ٨-١٠؛ ٢ أخبار الأيام ٣٤: ١٤-١٦). ولما يزيد على جيلٍ، ظل شعب الله محرومين من كلمته بسبب خيانتهم. لكن مع أن جيلًا كاملًا عاش جاهلًا بكلمة الله، لم يعفهم الله من المساءلة بموجبها، بل عاقب الأمة على الشر الذي ارتكبوه في أثناء فترة عدم اكتراثهم.

إذا تناولنا هذه الفكرة من زاوية مختلفة، نجد أن الاستثناء يُثبِتُ القاعدة. فعلى سبيل المثال، ثمة كلمتان على الأقل محذوفتان من كلِّ النسخ الموجودة اليوم من سفر صموئيل، الذي يرجع تاريخه إلى ألفي سنة على الأقل (انظر ١صموئيل ١٣: ١). لا يمثِّل هذا الحذف أهمية. فإن الكلمتين المفقودتين هما أرقام متَّصلة بعمر شاول في الوقت الذي تولَّى فيه الحُكم، وبعدد السنوات التي حكم فيها كملكٍ.

وإن إجراء الحسابات، واستنتاج عدد محدود من القراءات المحتمَلة لهذا النص، والتي تجعله مفهومًا ومنطقيًّا، هو عملٌ سهل إلى حدٍّ كبير. ومع ذلك، هذا الجزء المفقود من النص يُثبِت أن الحفظ الأرضي للكتاب المقدس لم يكن عملًا أبديًّا أو معجزيًا أجراه الله؛ لكن الله، في المقابل، استأمن شعبه على مسؤولية الحفاظ على كلمته، من خلال جهودهم البشرية الدؤوبة. وتُظهر ممارسات كتبة العهد القديم والعهد الجديد جليًّا هذا النوع من التدقيق والاعتناء الشديد بالنسخ الموجودة وبعملية النَّسْخ.

إذا لم يكن الله قد حفظ كلمته بنفسه بلا عيب على الأرض، بل في المقابل ترك هذه المهمة لجهود البشر، فهل لا يزال بإمكاننا أن نعتبر النسخ أسفارًا مقدَّسة؟ الكتاب المقدس نفسه يحسب أنَّ نسخ الكتاب المقدس هي كلمة الله. على سبيل المثال، أعطى الله موسى تعليمات تتعلَّق بالممارسات التي كان على ملوك إسرائيل أن يتبعوها في المستقبل، قائلًا:

> «وَعِنْدَمَا يَجْلِسُ عَلَى كُرْسِيِّ مَمْلَكَتِهِ، يَكْتُبُ لِنَفْسِهِ نُسْخَةً مِنْ هذِهِ الشَّرِيعَةِ فِي كِتَابٍ مِنْ عِنْدِ الْكَهَنَةِ اللاَّوِيِّينَ، فَتَكُونُ مَعَهُ، وَيَقْرَأُ فِيهَا كُلَّ أَيَّامِ حَيَاتِهِ، لِكَيْ يَتَعَلَّمَ أَنْ يَتَّقِيَ الرَّبَّ إِلهَهُ وَيَحْفَظَ جَمِيعَ كَلِمَاتِ هذِهِ الشَّرِيعَةِ وَهذِهِ الْفَرَائِضَ لِيَعْمَلَ بِهَا، لِئَلاَّ يَرْتَفِعَ قَلْبُهُ عَلَى إِخْوَتِهِ، وَلِئَلاَّ يَحِيدَ عَنِ الْوَصِيَّةِ يَمِينًا أَوْ شِمَالاً. لِكَيْ يُطِيلَ الأَيَّامَ عَلَى مَمْلَكَتِهِ هُوَ وَبَنُوهُ فِي وَسَطِ إِسْرَائِيلَ» (تثنية ١٧: ١٨-٢٠)

يمكن استخلاص فكرتين رئيسيتين من هذا المقطع. أولًا، كان ينبغي أن يتم نسخ الملك للشريعة تحت إشراف دقيق من الكهنة، وهو ما يدل على أن النُّسخ كان ينبغي أن تُصنَع بعناية فائقة ودقة مضنية. فقد أُوصِي الملك بعمل نسخة دقيقة طبق الأصل قدر الإمكان، على أن يعتمدها الكهنة بعد انتهائها حاكمين بدقتها. فقد توقَّع الله من شعبه أن يكونوا غيورين على حفظ كلمته، حتى في عملية النَّسْخ. ثانيًا، كان ينبغي أن يُطاع كلام هذه النسخة، وقطع الله وعودًا لأجل الطاعة مساوية تمامًا لوعود إطاعة وصايا المخطوطة الأصلية. وبهذا، ربط الله نُسخ الكتاب المقدس بمخطوطاته الأصلية. ومن ثَمَّ، فإن أية نسخة من كلمة الله هي كلمة الله نفسها بقدر مطابقتها للمخطوطة الأصلية.

كما ذُكِر فيما سبق، لا يُعَد حفظ نص الكتاب المقدس عملًا معجزيًا، بل هو عملٌ من أعمال العناية الإلهية. ومع أن الله تدخَّل بشكل مباشر في بعض الأحيان لاستعادة أجزاء من كلمته كانت قد تعرضت للتلف أو التدمير، لكن يتبيَّن لنا بوضوح أن هذه لم تكن القاعدة المعتادة. بل في المقابل، ألقى الله على عاتق شعبه الأمناء مسؤولية اكتشاف كلمته، وحفظها، ونقلها. ومن ثَمَّ، ينطوي الحفظ على عنصرين مميَّزين، وهما: القانونية والنقد النصِّي.

➡ القانونية والحفظ[٢٥]

يجب أن نفهم أن الكتاب المقدس هو في الحقيقة كتابٌ واحدٌ له مؤلِّف إلهي واحد، وإن كان قد كُتِب على مدار فترة زمنية تصل إلى ألف وخمسمئة سنة، بأقلام نحو أربعين كاتبًا بشريًّا. فبدءًا من قصة الخلق في تكوين ١-٢، التي كتبها موسى نحو عام ١٤٠٥ ق.م، وصولًا إلى قصة الأبدية المستقبلية في رؤيا ٢١-٢٢، التي كتبها الرسول يوحنا نحو عام ٩٥ م، أعلن الله ذاته ومقاصده بالتدريج في الأسفار المقدَّسة الموحى بها.

لكنَّ كلَّ هذا يثير سؤالًا مهمًّا: كيف نعرف أية كتابات تُعَدُّ مقدَّسة، ومن ثَمَّ ينبغي إدراجها ضمن قائمة الأسفار القانونية للكتاب المقدس، وأية كتابات يجب أن تُستثنَى منها؟ على مرِّ القرون، اعتُمِدت ثلاثة مبادئ على نطاق واسع للتصديق على تلك الكتابات الناتجة عن إعلان إلهي موحًى به. **أولاً**، كان يجب أن يكون النص مكتوبًا بيد نبي أو رسول معترَف به، أو بيد شخص كان على صلة بنبي أو رسول، كما في حالة إنجيل مرقس، وإنجيل لوقا، والرسالة إلى العبرانيين، ورسالة يعقوب، ورسالة يهوذا. **ثانيًا**، كان ينبغي ألا يتعارض النص مع ما سبقه من أسفار مقدَّسة. **ثالثًا**، كان ينبغي أن يحظى النص بإجماع عام من قبل الكنيسة على أنه سفرٌ موحًى به. وهكذا، فعندما انعقدت مجامع شتَّى في تاريخ الكنيسة للنظر في أمر قانونية الأسفار المقدسة، لم تُجرِ أيَّ تصويت رسمي على قانونية أي سفر، بل بالأحرى اعترفت، على أساس الحقيقة والواقع، بأن السفر كتبه الله وبأنه ينتمي إلى الكتاب المقدس.

فيما يخص العهد القديم، كانت أسفار العهد القديم كلها قد صارت مكتوبة ومقبولة عند الجماعة اليهودية في أيام المسيح. والسفر الأخير، أي سفر ملاخي، كان قد اكتمل نحو عام ٤٣٠ ق.م. والأسفار القانونية للعهد القديم في أيام المسيح ليست فقط متوافقة تمامًا مع كتاب العهد القديم الموجود اليوم في الكتب المقدسة، بل أيضًا لم تكن تلك القائمة تشمل أسفار الأبوكريفا غير الموحى بها، وهي تلك المجموعة المؤلَّفة من أربعة عشر سفرًا ناشزًا، كُتبت بعد سفر ملاخي، وأُلحِقت بالعهد القديم ما بين عامي ٢٠٠-١٥٠ ق.م. تقريبًا في الترجمة اليونانية للعهد القديم العبري، تلك المسمَّاة بالترجمة السبعينية. ومع أن هذه الكتابات غير الشرعية قد رُفِضت، لكنها لا تزال مدرَجة في بعض ترجمات الكتاب المقدس. ومع ذلك، لم يَقتبس أيُّ كاتب من كُتاب العهد الجديد ولو نصًّا واحدًا من الأبوكريفا؛ كما أن يسوع لم يصادق على أي شيء من تلك الكتابات في أية إشارة له إلى قائمة الأسفار القانونية للعهد القديم التي كانت قد كُتِبت في أيامه (راجع لوقا ٢٤: ٢٧، ٤٤).

وفي أيام المسيح، كانت قائمة الأسفار القانونية للعهد القديم مقسَّمة إما إلى قائمة من اثنين وعشرين سفرًا أو قائمة من أربعة وعشرين سفرًا، احتوت كل قائمة منهما على المحتوى ذاته الموجود في الأسفار التسعة والثلاثين المدرَجة في الترجمات البروتستانتية الراهنة. وفي القائمة المؤلَّفة من اثنين وعشرين سفرًا، أُدمِجت بعض الأسفار معًا، وحُسِبت سفرًا واحدًا، مثل سفر الاثني عشر (الذي كان يضم الاثني عشر سفرًا المدعوَّة باسم الأنبياء الصغار)، وسفري إرميا والمراثي، وسفري القضاة وراعوث، وسفري صموئيل الأول والثاني.

٢٥ هذا الجزء مقتبَس بتصرف من المصدر التالي:
جون ماك آرثر، تفسير الكتاب المقدس، الطبعة الأولى (منصورية المتن — لبنان: دار منهل الحياة، ٢٠١٢)، ٢٣-٢٤.

ثم إن المعايير الرئيسية الثلاثة للقانونية التي طُبِّقت على العهد القديم طُبِّقت على العهد الجديد أيضًا. وفي حالة إنجيل مرقس، وسفري لوقا وأعمال الرسل، حُسِب الكاتبان اللذان كانا من غير الرسل، في الواقع، ناسخين لدى بطرس وبولس على التوالي. أما رسالتا يعقوب ويهوذا، فقد كتبهما أخوا المسيح غير الشقيقين. وفي حين أن الرسالة إلى العبرانيين هي السفر الوحيد في العهد الجديد الذي لم يُعرَف كاتبه بالتحديد، لكن كان مضمونها متناغمًا تمامًا مع كلا العهدين، القديم والجديد، بحيث استنتجت الكنيسة الأولى أن كاتبها وجب أن يكون أحد معاوني الرسل. ومنذ الفترة الواقعة ما بين ٣٥٠-٤٠٠ م، قُبِلت أسفار العهد الجديد السبعة والعشرين بالإجماع على أنها كلها موحًى بها من الله.

• تعريف القانونية

يشير مصطلح القانونية إلى تعرُّف الكنيسة على أسفار الكتاب المقدس وقبولها على أنها الكلمة الموحى بها من الله. ويأتي المصطلح نفسه من الكلمة اليونانية *kanōn*، التي كانت تعني في الأصل «عصا» أو «قصبة». وبما أن العصا كانت تُستعمَل كثيرًا كعصا للقياس، فقد ابتدأت الكلمة تعبِّر عن فكرة «المقياس» أو «القاعدة». استُخدِمت كلمة *kanōn* أربع مرات في العهد الجديد، دائمًا بالمعنى المجازي. فقد استخدمها بولس ثلاث مرات في الأصحاح العاشر من رسالة كورنثوس الثانية (الآيات ١٣، ١٥-١٦) للإشارة إلى حدود جغرافية؛ وفي غلاطية ٦: ١٦ للإشارة إلى مقياس أخلاقي أو قاعدة أخلاقية يسلك المؤمنون بموجبها. كل هذا يبيِّن أنه بحلول نهاية عصر الرسل، كان الفهم السائد للمصطلح هو أنه كلمة تشير مجازيًّا إلى قاعدة، أو قياس، أو حدود، أو مقياس.

ولم يُستخدَم هذا المصطلح للدلالة على مجموعة موثوقة من الأسفار المعترَف بكونها نتاج الوحي الإلهي إلا في منتصف القرن الرابع الميلادي. وفي حقيقة الأمر، كان أثناسيوس (٢٩٥-٣٧٣) هو أول من طبَّق مصطلح «قانون» [canon] على الكتاب المقدس في «قرارات مجمع نيقية»، التي صدرت بعد عام ٣٥٠ م بفترة وجيزة. في هذه الكتابات، وصف أثناسيوس «رسالة الراعي لهرماس» بأنها ليست جزءًا من «القانون» (قائمة الأسفار القانونية). ثم بعد ذلك بفترة وجيزة، استخدم مجمع لاودكية المصطلحين «قانونية» [canonical] و«غير قانونية» [noncanonical] لوصف أسفار معيَّنة سواء بأنها مقبولة كجزءٍ من الكتاب المقدس، أو مرفوضة باعتبارها غير موحًى بها من الله. وكان هذا هو المعنى الذي فُهِم المصطلح به فيما يتعلَّق بالكتاب المقدس.

عُرِّف القانون (قائمة الأسفار القانونية) عبر التاريخ بطريقتين رئيسيتين. يقول الرأي التقليدي للمذهب الكاثوليكي الروماني إن الكتاب المقدس هو مجموعة موثوقة ورسميَّة من الكتابات. يعني ذلك أن الكتاب المقدس يحتوي على الأسفار التي جمعتها الكنيسة، وقرَّرت وصدَّقت عليها رسميًا باعتبارها أسفارًا مقدَّسة. وفقًا لهذا الرأي، تُقرِّر الكنيسة أيًّا من الأسفار هو الذي ينتمي إلى الكتاب المقدس.

في المقابل، يقول الرأي الكتابي إن القانون (قائمة الأسفار القانونية) هو مجموعة من الكتابات التي تحمل موثوقية وسلطة إلهية. وليست الكنيسة (أو شعب الله) هم الذين يقرِّرون أيًّا من الأسفار هو الموحى به من الله، ومن ثَمَّ هو سفر مقدَّس؛ لكنَّ الكتابات نفسها تحمل سلطان الله على أساس

الوحي الإلهي. فهي كلمة الله لأنها كُتِبت بوحي من الروح القدس. أما شعب الله (الكنيسة في العهد الجديد، وإسرائيل في العهد القديم)، فيقتصر دورهم على التعرُّف على السلطة الموجودة داخل تلك الكتابات. وهكذا، فإن صفة القانونية مؤسَّسة على حقيقة الوحي، وليس على عملية جمع الأسفار، أو على هوية جامعيها.

- الحاجة إلى قائمة الأسفار القانونية

بدايةً من كتابة التوراة، توجد وصية إلهية واضحة بالتعرُّف على الإعلان الإلهي المكتوب وحفظه. وفي أيام المسيح، كانت أسفار العهد القديم التسعة والثلاثون (ربما كان عددها فعليًّا اثنين وعشرين سفرًا باللغة العبرية، بسبب دمج بعض الأسفار، مثل سفري صموئيل الأول والثاني، معًا في دَرْج واحد) معترفًا بها بالإجماع بأنها أسفار مقدَّسة. كذلك، تظهر بوضوح الحاجة إلى قائمةٍ من الأسفار القانونية للعهد الجديد تكون على قدم المساواة مع العهد القديم. فقد كان الرسل هم ممثِّلو يسوع الرسميُّون والمفوَّضون (لوقا ٢٤: ٤٤-٤٩؛ يوحنا ٢٠: ١٩-٢٣؛ أعمال الرسل ١: ٤-٨، ١٥-٢٦؛ ٢: ٤٢)؛ وعندما ابتدأوا يغيبون عن المشهد (سواء بالموت أو الاستشهاد)، صار حفظ تعاليمهم أمرًا ضروريًّا على نحو متزايد. وحتى الرسل أنفسهم كانوا مهتمين بهذه المسألة (اكورنثوس ١١: ٢؛ ٢ تسالونيكي ٢: ١٥). ومع اقتراب نهاية القرن الأول الميلادي، ازدادت أهمية حفظ شهادة الرسل المكتوبة. بدأت عملية الحفظ، التي أُجرِيت بواسطة العناية الإلهية، بنسخ كنائس فردية لهذه الكتابات، وجمعها، وتوزيعها. ولاحقًا، اعترفت الكنيسة رسميًا بالإجماع بأسفار العهد الجديد السبعة والعشرين الموحى بها باعتبارها أسفارًا مقدَّسة. لم تكن عملية التعرُّف والاعتراف هذه هي التي كوَّنت وأنشأت قائمة الأسفار القانونية، لكنها بالأحرى صادقت رسميًا على ما كان قد تكوَّن بالفعل بناء على الوحي.

قائمة الأسفار القانونية للعهد القديم. كُتِب العهد القديم على مدار فترة زمنية تُقارب الألف سنة. اكتملت أسفار التوراة الخمسة التي كتبها موسى قُبيل وفاته، في عام ١٤٠٥ ق.م، باستثناء تثنية ٣٤: ٥-١٢، الذي يسجِّل حدث وفاة موسى، والذي من المحتمَل أن يكون يشوع هو الذي كتبه. هذه الأسفار الخمسة الأولى لاقت قبولًا دون تردُّد من يشوع ومن شيوخ إسرائيل باعتبارها كلمة الله الحاملة للموثوقية والسلطة الإلهية، ووُضِعت داخل تابوت العهد (تثنية ٣١: ٢٤-٢٦). وقد تثبَّتت قائمة الأسفار القانونية فعليًّا في القرن الخامس قبل الميلاد، بواسطة عزرا، في أعقاب الرجوع من السبي. ومن المعروف بوجه عام أن قائمة الأسفار القانونية للعهد القديم قد تثبَّتت من خلال عملية تقييم قائمة على ثلاثة مبادئ. أولًا، أن السفر كُتِب بواسطة عملية الوحي، وهذا يؤكِّده عادة الكاتب نفسه (٢ صموئيل ٢٣: ١-٢؛ إشعياء ١: ١؛ إرميا ١: ١-٢). ثانيًا، أنه في كثير من الأحيان أقرَّ معاصرو النبي بالسفر (خروج ٢٤: ٣؛ يشوع ١: ٨؛ إرميا ٢٦: ١٨؛ دانيآل ٩: ٢). ثالثًا، أن معاصري النبي عزموا على حفظ السفر باعتباره جزءًا من كلمة الله (تثنية ٣١: ٢٦؛ ١ صموئيل ١٠: ٢٥؛ أمثال ٢٥: ١؛ ٢ ملوك ٢٣: ٢٤؛ دانيآل ٩: ٢). علاوة على هذه الاعتبارات الأساسية، كان رؤساء اليهود يقارنون أيَّ إعلان جديد بالنصوص الكتابية الموجودة بالفعل، حسبما طالبتهم شريعة الله (تثنية ١٢: ٣٢؛ ١٣: ١-٥).

بحلول زمن المسيح، كانت مجموعة من الأسفار الثابتة والحائزة على قبول عام قد صارت معترَفًا بها بصفتها العهد القديم القانوني. وتتطابق هذه الأسفار مع الأسفار التسعة والثلاثين الموجودة في القائمة البروتستانتية للعهد القديم. ولم تقبل إسرائيل قط بأسفار الأبوكريفا باعتبارها قانونية. وتبرهن شهادة يسوع والرسل على قبولهم المطلق للقائمة العبرية من الأسفار القانونية بصفتها أسفارًا مقدسة. فقد اقتبس يسوع من كلٍّ قسم من الأقسام الرئيسية للعهد القديم، أي من موسى والتوراة (متى ٤: ١-١١؛ يوحنا ٣: ١٤؛ ٥: ٤٥-٤٧)؛ ومن داود في سفر المزامير (لوقا ٢٠: ٤١-٤٤)؛ ومن إشعياء (متى ١٣: ١٣-١٥) ويونان (متى ١٢: ٣٩-٤٠) ضمن أسفار الأنبياء، مصدِّقًا على كلٍّ منها باعتباره جزءًا من كلمة الله الموثوقة، وذلك عن طريق بناء شؤون كلٍّ من العقيدة والممارسة العملية على ما قالته تلك الأسفار. وتتطابق شهادة الرسل أيضًا مع شهادة يسوع. فقد اقتبسوا من العهد القديم في كرازتهم ووعظهم (أعمال الرسل ٢: ١٧-٢١، ٢٥-٢٨، ٣١، ٣٤-٣٥؛ ٣: ٢٢، ٢٥؛ ٤: ٢٥-٢٦)؛ وكثيرًا ما عزَّزوا حُججهم للدفاع عن رسالة الإنجيل في العهد الجديد باستشهادهم من العهد القديم (متى ١: ٢٢-٢٣؛ ٤: ١٤-١٦؛ ٨: ١٧؛ ١٢: ١٧-٢١؛ ١٣: ٣٥؛ ٢١: ٤-٥؛ يوحنا ١٢: ٣٨-٤١؛ ١٩: ٢٤؛ رومية ١: ١٦-١٧؛ ٣: ٩-٢٠؛ ٤: ١-١٢؛ ٩: ٦-١٣، ١٥-١٧، ٢٥-٢٦، ٢٧-٢٩، ٣٣). بل إن عادة بولس التبشيرية بأن يذهب أولًا إلى اليهود في المجامع ويحاجهم من أسفار العهد القديم هي نفسها تشهد لقبوله دون تحفُّظ للقائمة اليهودية للأسفار القانونية (أعمال الرسل ١٧: ٢-٣).

أحد الاختلافات الواضحة بين العهد القديم العبري والكتاب المقدس الحالي هو ترتيب الأسفار. أقرَّ يسوع وكُتَّاب العهد الجديد بوجه عام بترتيب معيَّن لأسفار العهد القديم، مكوَّن إما من قسمين - أي الناموس والأنبياء - أو من ثلاثة أقسام - أي الناموس والأنبياء والكُتب (لوقا ٢٤: ٤٤). وفي ضوء إشارة يسوع (لوقا ١١: ٥٠-٥١) إلى دم الأنبياء من هابيل (تكوين ٤: ١-١٦) إلى زكريا (٢أخبار الأيام ٢٤: ٢٠-٢٢)، يبدو لنا أنه كان معترِفًا بترتيبٍ لأسفار العهد القديم يبدأ من سفر التكوين وينتهي بسفر أخبار الأيام. هذا الترتيب كثير الشبه بالترتيب المعتمَد في النسخة النهائية للعهد القديم العبري، المستمَدَّة من النص الماسوري. وفي حين أن ترتيب الأسفار في الكتاب المقدس الحالي مستمَدٌّ بصفة أساسية من ترجمة الفولجاتا، وبصفة ثانوية من الترجمة السبعينية، لكن أوجه الاختلاف بين الكتاب المقدس الحالي والعهد القديم العبري لا تغيِّر بأي حال من الأحوال من حقيقة احتوائه على الأسفار عينها المعترَف بقانونيتها في الكتاب المقدس العبري. ومن ثَمَّ، فإن مسألة الترتيب مسألة ثانوية.

قائمة الأسفار القانونية للعهد الجديد. كُتِب العهد الجديد على مدار فترة خمسين عامًا. وهو يتألَّف من سبعة وعشرين سفرًا كتبها ثمانية أو تسعة كُتَّاب بشريين مختلفين؛ وتشمل الأسفار أربعة أناجيل، وسفر أعمال الرسل (السفر المرافق لإنجيل لوقا)، وإحدى وعشرين رسالة، وسفر الرؤيا. كانت رسالة يعقوب هي أول ما كُتِب، وكُتِبت في عام ٤٥ م؛ بينما كان سفر الرؤيا هو آخر ما كُتِب، وكتبه يوحنا نحو عام ٩٥ م. وقبل ظهور أسفار العهد الجديد هذه، لم تكن لدى الكنيسة أية كتابات رسمية وموثوقة غير العهد القديم، الذي أقرَّ يسوع والرسل بأنه كلمة الله. وقد اعتُرِف بأسفار العهد الجديد بصفتها موحًى بها من الله وموثوقة، بقدر العهد القديم، في الوقت نفسه الذي كُتِبت فيه. شهد بطرس لرسائل بولس بأنها كتب مقدَّسة (٢ بطرس ٣: ١٤-١٦)؛ واقتبس بولس من سفر التثنية وإنجيل لوقا معًا

مصدِّقًا بهذا على كون الاثنين نصوصًا مقدَّسة (١تيموثاوس ٥ : ١٨)؛ كما شهد يوحنا بأنه كتب سفر الرؤيا بأمرٍ مباشر من المسيح ذاته، كإعلانٍ من الله لكنيسته (رؤيا ١ : ١١، ١٩؛ ٤ : ١؛ ٢٢ : ٨-١٣). فقد أضيفت أسفار العهد الجديد إلى الكتاب المقدس في أثناء مرحلة الوحي والكتابة الأصلية؛ أي أن هذه الأسفار كانت قانونية في وقت كتابتها، وليس عندما قبلتها الكنيسة بصفتها قانونية. ومع ذلك، مرَّ تعرُّف شعب الله على أسفار العهد الجديد السبعة والعشرين بصفتها أسفارًا مقدَّسة - سواء كلٌّ على حدة أو جميعها معًا - بعملية معيَّنة دامت فترة من الزمن. وهذه العملية من التقنين [canonization] للعهد الجديد مرَّت بثلاث مراحل تاريخية، هي: الانتشار (التداول)، والجمع، والتعرُّف.

فترة الانتشار (التداول): كان إقرار الكنيسة الأولى بأسفار العهد القديم التسعة والثلاثين بصفتها كتبًا مقدسة مسألة محسومة. فلم تكن السلطة الإلهية لهذه الأسفار موضع شك. تجلَّت هذه الموالاة في اعتياد المسيح ورسله الاقتباس باستمرار من العهد القديم، وتعريفه بأنه كلمة الله. وفي الوقت الذي كُتِبت فيه أسفار العهد الجديد في الأصل، أقرَّت بها الكنائس التي تسلَّمتها أولًا باعتبارها نصًّا مقدسًا، وسرعان ما بدأت تقرأها جنبًا إلى جنب مع أسفار العهد القديم في اجتماعاتها (١تسالونيكي ٥ : ٢٧؛ ١تيموثاوس ٤ : ١٣؛ رؤيا ١ : ٣). وكان التعرُّف على هذه الأسفار باعتبارها كتبًا مقدسة مصحوبًا بممارستين أخريين، ألا وهما نسخ هذه النصوص وتداولها مع كنائس أخرى، الشيء الذي دعت إليه بعض الأسفار أيضًا (كولوسِّي ٤ : ١٦). نتج عن عملية التداول والجمع المبكِّرة هذه أنه بحلول أوائل القرن الثاني الميلادي صارت هناك دراية كبيرة على مستوى الكنائس بمعظم الأسفار السبعة والعشرين للعهد الجديد. إلا أن بدايات هذه العملية انطوت في المقام الأول على تداوُل هذه النصوص ككُتب فردية، وليس في صورة كتب مجمَّعة.

فترة الجمع: اتَّبعت فترات العبادة الجماعية في الكنيسة الأولى نهج المجامع، الذي تضمَّن القراءة الجماعية لنصوص من الكتاب المقدس، مع تقديم شروحات تفسيرية أو عظات مستندة عادة إلى تلك النصوص (لوقا ٤ : ١٦-٢١؛ أعمال الرسل ١٧ : ٢-٣؛ ١تيموثاوس ٤ : ١٣). وبمرور الوقت، قامت الكنائس بنسخ، وتداول، وجمع المزيد والمزيد من أسفار العهد الجديد، حتى تُقرأ وتُدرَج ضمن خدمات العبادة. وبحلول القرن الثاني الميلادي، بدأت هذه الكتب التي جُمِعت تحظى بقبول عام متزايد بين الكنائس، وهو ما نتج عنه مزيدٌ من التداوُل لهذه الكُتب ليس بعد ككتب فردية، بل كمجموعة.

شهد منتصف القرن الثاني أول جَدَل كنسي مهم حول قائمة الأسفار المقدسة، حين قام مرقيون (Marcion)، المهرطق الذي عاش في القرن الثاني الميلادي (٨٥-١٦٠م تقريبًا) بإصدار قائمته الرسمية الخاصة من الأسفار التي حسب أنها أسفار العهد الجديد الموثوقة. وتضمَّنت قائمته من الأسفار القانونية نسخة مختَصَرة من إنجيل لوقا، وعشرة من رسائل بولس (لا تشمل الرسائل الرعوية). وربما كان هذا التصرف الذي أبداه مهرطق هو الشيء الأساسي الذي دفع الكنيسة ذات الإيمان القويم إلى البدء في الإجابة بشكل رسمي عن السؤال التالي: ما هي الأسفار التي تنتمي فعليًّا إلى قائمة الأسفار القانونية للعهد الجديد؟

تجلَّى أول ردود الفعل المهمة للكنيسة ذات الإيمان القويم في الوثيقة الموراتورية [Muratorian Fragment]، والتي تسمَّى أحيانًا بالقائمة الموراتورية للأسفار (نحو عام ١٧٠ م)، لأنها سردت كلًّا من أسفار العهد الجديد الواجب قبولها باعتبارها موثوقة، بالإضافة إلى أسفار أخرى وجب استبعادها. هذه الوثيقة تعكس على الأرجح ردًا رسميًا على مرقيون. وفي حين أن حالة الوثيقة نفسها تجعلها غير مكتملة كشاهد قاطع على الأسفار التي حظيت بالقبول، لكنها مع ذلك قامت بالفعل بتحديد واحد وعشرين أو اثنين وعشرين سفرًا من الأسفار السبعة والعشرين للعهد الجديد المعروف اليوم. كانت الأسفار التي غابت عن هذه القائمة هي: الرسالة إلى العبرانيين، ورسالة يعقوب، ورسالتا بطرس الأولى والثانية. شملت القائمة رسائل يوحنا، لكننا لا نعرف بوضوح ما إذا كانت قد أشارت إليها جميعها باعتبارها رسالة واحدة، أم أنها استبعدت منها رسالةً أو أكثر. وبغض النظر عن المحتوى الذي غاب عن هذه الوثيقة، يبدو واضحًا أن الجدل واعتبارات عملية أخرى هو ما دفع آباء الكنيسة الأولى إلى بلوغ إجماع بشأن أسفار العهد الجديد التي تحمل سلطة إلهية، والتي تقف على قدم المساواة مع قائمة الأسفار القانونية للعهد القديم

فترة التعرُّف والإقرار: جلبت بداية القرن الرابع الميلادي معها نهاية للاضطهاد الواقع على الكنيسة، وترسيخًا للمسيحية كديانة للدولة. أنهت هذه الفترة ما يقرب من ثلاثة قرون من الجهود المكثَّفة والمتقطِّعة للقضاء على الكنيسة في جميع أنحاء الإمبراطورية الرومانية. وفي أثناء الاضطهاد الأخير على الكنيسة، دعا دقلديانوس (٢٤٥-٣١١م) إلى الحرق المتعمَّد لعدد لا حصر له من الكتابات المسيحية المقدَّسة، بما في ذلك نُسخ من أسفار العهد الجديد، تنفيذًا لمرسومه الذي صدر في عام ٣٠٣ م. وعندما صار قسطنطين (٢٧٢-٣٣٧ م) إمبراطورًا، لم يكتفِ بإضفاء صفة الشرعية على المسيحية في عام ٣١٣ م، لكنه كلَّف يوسابيوس (نحو ٢٦٠- ٣٤٠ م) أيضًا بالإشراف على إصدار خمسين نسخة من العهد الجديد. أثار هذا التكليف في الحال قضية الإقرار الرسمي بتلك الأسفار المحدَّدة التي تشكِّل قائمة الأسفار القانونية للعهد الجديد.

ذاق يوسابيوس شخصيًّا الكثير من الاضطهاد على يد دقلديانوس، وصار من أهم مؤرِّخي الكنيسة الأولى. وقد سجَّل الكثير في التأريخ الذي قدَّمه ليس فقط بشأن الأحداث التاريخية نفسها، بل أيضًا بشأن التحدِّيات التي صاحبت التعرُّف على قائمة الأسفار القانونية للعهد الجديد. قسَّم يوسابيوس كتابات الكنيسة الأولى إلى ثلاث فئات: الكتب المعترَف بها، والكتب المتنازَع عليها، والكتب الهرطوقيَّة. وحسبما توحي هذه الفئات، بدأت قائمة يوسابيوس بتحديد تلك الكتب التي حَظِيَت بقبول عام بصفتها قانونية (أي بصفتها حاملة لسلطة إلهية)، أي كلِّ الكتب التي ليس ثمة نزاع على أصالتها. كان المعيار الطبيعي لتحديد هذه الكتب هو هوية كاتبها المصدَّق عليها من الله - أي أن يكون السفر قد كُتِب بيد واحد من الرسل، أو بيد شخص تمتَّع بسلطة رسولية مستمَدَّة (مثل لوقا). وتضمَّنت قائمة يوسابيوس للأسفار المعترَف بها كلَّ الأسفار السبعة والعشرين للعهد الجديد، باستثناء رسالة يعقوب، ورسالة بطرس الثانية، ورسالتي يوحنا الثانية والثالثة، ورسالة يهوذا. كذلك، ذَكَر يوسابيوس أن سفر الرؤيا ربما يكون موضع شك، وهذا يعود في المقام الأول إلى قلة تداوُله بين الكنائس الشرقية. وفي نهاية المطاف، أُدرِجت الأسفار السبعة والعشرون للعهد الجديد جميعها ضمن القائمة.

اكتملت اللمسات الأخيرة للعملية الرسمية المتعلِّقة بالإقرار بقائمة الأسفار القانونية للعهد الجديد إلى حدٍّ كبير على يد أثناسيوس (٢٩٥-٣٧٣ م). ففي رسالته الاحتفالية في عام ٣٦٥ م، كان تعريفه لنطاق قائمة الأسفار القانونية للعهد الجديد مطابقًا للأسفار السبعة والعشرين الموجودة في كتاب العهد الجديد الحالي. كما نهى أثناسيوس في صرامة عن استخدام أي أسفار أخرى كأنها قانونية، بما في ذلك **الديداخي (تعليم الرسل)، ورسالة الراعي لهرماس** (اللذان كان كلاهما مثار جدل). وقد وُثِّقت هذه القرارات لاحقًا في مجمع هيبو، الذي انعقد في عام ٣٩٣ م. ومنذ ذلك الحين، ظلَّت أسفار العهد الجديد السبعة والعشرين تحظى بقبول عام عبر المسيحية ذات الإيمان القويم بصفتها قانونية.

• معايير القانونية

كما ذُكِر آنفًا، تقرَّرت قانونية أسفار الكتاب المقدس الستة والستين جميعها في أثناء مرحلة كتابتها، وذلك من خلال الوحي. فإن الله الروح القدس وحده هو الذي يستطيع أن يشهد لسلطة كلمته، الشيء الذي يسمَّى بالشهادة الذاتية للكتاب المقدس. ومن منظور مسيحي، حُسِمت قائمة الأسفار القانونية للعهد القديم عن طريق قبول يسوع والرسل للأسفار التسعة والثلاثين للقائمة العبرية للأسفار القانونية. أما فيما يتعلَّق بالعهد الجديد، فمع أن المؤمنين الأوائل ظلوا يعيشون ويسلكون لقرونٍ بموجب الحقائق التي أعلنتها الأسفار الموحى بها، إلا أن الإقرار التاريخي استغرق بعض الوقت. لكن، لا يوحي هذا بأنه لم تكن هناك قائمة للأسفار القانونية، بل هو يعني فقط أن إجماعًا بشأن نطاق هذه المجموعة من الأسفار كان ينبغي أن يتغلَّب على المقترحات والخيارات الأخرى.

واشتملت المعايير الخارجية لقبول أيِّ سفر باعتباره قانونيًّا على مؤهِّلات أصلية أساسية مثل: (١) أن يكون الكاتب رسولًا أو نبيًّا، الشيء الذي يبرهن على وحي السفر؛ (٢) الاتساق العقائدي مع النصوص المقدَّسة الموجودة بالفعل؛ (٣) قبول عام من شعب الله.

أولًا، تمثِّل مؤهلات الكُتَّاب البشريين معيارًا مشروعًا للقانونية. فقد جاء الله بكلمته بوساطة من كُتَّاب بشريين مصدَّق عليهم منه. وفي العهد القديم، كثيرًا ما صدَّق هؤلاء الكُتَّاب على صحة رسائلهم سواء عن طريق إجراء آيات معجزية، أو النطق بإعلانات نبوية تشهد لحقيقة دعوتهم الإلهية. وفي العهد الجديد، جاء الله بكلمته بوساطة - أو سلطة - رسول مصدَّق عليه بالفعل (١ كورِنثوس ١٤: ٣٧-٣٨؛ غلاطية ١: ٩؛ ١تسالونيكي ٢: ١٣).

ثانيًا، أوضح الله منذ البداية وجوب فحص أيِّ إعلان يأتي في المستقبل في ضوء النصوص الكتابية الموجودة بالفعل، قبل قبوله على أنه إعلان أصيلٌ (تثنية ١٣: ١-٥). فقد أعلن الله عن ذاته في اتساق عبر الأسفار القانونية كلها، ومن ثَمَّ، فهي جميعها متفقة أحدها مع الآخر، ومع المجموعة ككلٍّ (أعمال الرسل ١٧: ١١). أضف إلى هذا أن الله هو الذي وضع بصورة مباشرة الحدود لكلتا القائمتين من الأسفار القانونية، حين أعلن اكتمال وإغلاق كلٍّ منهما. فمن جهة إغلاق قائمة أسفار العهد القديم، أعلن الله أن النبي التالي سوف يكون إيليا العتيد أن يأتي في المستقبل (ملاخي ٤: ٤-٦). أما من جهة العهد الجديد، فقد أعلن يسوع ليوحنا بشكل قاطع اكتمال قائمة الأسفار القانونية (رؤيا ٢٢: ١٨-١٩). ومن ثَمَّ، فبموت آخر الرسل، توقَّف أيُّ إعلان إضافي إلى أن يأتي الرب ثانية.

ثالثًا، يمكن تقسيم الأدلة على الوحي إلى فئتين: (١) أن يكون السفر صادقًا فيما يقول؛ (٢) أن تكون هناك أدلة، عند قراءة الكلام نفسه، على قدرة السفر على توصيل الحق وتبكيت القلب البشري على الخطية (عبرانيين ٤ : ١٢). فضلًا عن ذلك، ينبغي أن تكون كلمة الله قادرة على إقناع شعب الله كجماعة بالإقرار والتصديق على موثوقية أي سفر. وما دام روح الله قد أوحى للكاتب بكتابة سفر يحمل سلطة إلهية، فهذا الروح نفسه يشهد للسفر في قلوب شعب الله.

في النهاية، الله وحده هو القادر أن يقدِّم شهادة وافية عن نفسه وعمَّا أوحى به (يوحنا ٥ : ٣٣-٤٧؛ عبرانيين ٦ : ١٣). فإن كلمة الله تشهد لنفسها. وعلى شعب الله أن يتعلَّموا أن يميِّزوا بأنفسهم من صفحات الكتاب المقدس كيفية التعرُّف على كتابات الله الموحى بها. وفيما يتعلق بكلٍّ من قائمة أسفار العهد القديم وقائمة أسفار العهد الجديد، ثمة تأكيد مذهل، وقاطع، وإجماعي على أن الأسفار الستة والستين الموجودة في الكتاب المقدس البروتستانتي، دون سواها، هي الأسفار الموحى بها من الله.

- **اكتمال القانونية**[٢٦]

كيف تعرف الكنيسة اليوم أن الله لن يعدِّل في الكتاب المقدس الذي بين أيدينا اليوم، مضيفًا إليه سفرًا آخر موحًى به، يصير السفر السابع والستين؟ بتعبير آخر، هل أُغلِقَت قائمة الأسفار القانونية إلى الأبد؟

تُحذِّر نصوص الكتاب المقدس أيَّ إنسان من حذف أي شيء من المكتوب أو إضافة شيء إليه (تثنية ٤ : ٢؛ ١٢ : ٣٢؛ أمثال ٣٠ : ٦). وإذ ندرك أن أسفارًا قانونية جاءت فعلًا بعد كلمات التحذير *هذه*، لا يسعنا إلا أن نستنتج أنه في حين لم يُسمَح قط بإجراء أي حذف من أي نوع، سُمِح في الواقع بإضافة أسفار موحًى بها وموثوقة لأجل إكمال قائمة الأسفار القانونية التي تحميها تلك الآيات التحذيرية.

إن العديد من الملاحظات المهمة، عند أخذها معًا في الاعتبار، قد أقنعت الكنيسة عبر القرون بأن قائمة الأسفار القانونية قد أُغلِقت حقًّا، ولن تعود تُفتَح من جديد. **أولاً**، يتفرَّد سفر الرؤيا بين أسفار الكتاب المقدس بكونه يصف بتفصيلٍ لا نظير له أحداث الأيام الأخيرة التي تسبق الأبدية المستقبلية. فكما استهلَّ سفر التكوين الكتاب المقدس، وردم الهوة بين الأزل والوجود الحالي في المكان والزمان، من خلال قصة الخلق المفصَّلة الوحيدة (تكوين ١-٢)، هكذا أيضًا ينقلنا سفر الرؤيا خارج المكان والزمان إلى الأبدية (رؤيا ٢٠-٢٢). ومن ثَمَّ، فإن سفر التكوين وسفر الرؤيا يمثِّلان، بسبب محتواهما، دفتي الكتاب المقدس المتناغمتين تمامًا.

ثانيًا، كما حصل صمتٌ نبويٌّ بعد اختتام سفر ملاخي لقائمة الأسفار القانونية للعهد القديم، هكذا أيضًا كان هناك صمتٌ موازٍ بعد تسليم يوحنا لسفر الرؤيا. وهذا يقود إلى الاستنتاج بأن قائمة الأسفار القانونية للعهد الجديد قد أُغلِقت عندئذ أيضًا.

---

٢٦ اقتُبِس هذا الجزء بتصرُّف من المصدر التالي:
جون ماك آرثر، تفسير الكتاب المقدس، الطبعة الأولى (منصورية المتن – لبنان: دار منهل الحياة، ٢٠١٢)، ٢٦-٢٧.

ثالثًا، بما أنه لم يأتِ، ولا يوجد الآن، أيُّ أنبياء أو رسل مصدَّق عليهم، لا بالمعنى الذي يبيِّنه العهد القديم، أو بالمعنى الذي يبيِّنه العهد الجديد، فإن احتمال وجود كُتَّاب لمزيد من الكتابات الموحى بها والقانونية هو احتمال غير وارد. فإن كلام الله «الْمُسَلَّم مَرَّةً لِلْقِدِّيسِينَ» يجب ألا يُزاد عليه شيء البتة، بل ينبغي الدفاع عنه بكل جدٍّ (يهوذا ٣).

رابعًا، من بين التحذيرات الكتابية الأربعة من التلاعُب بالمكتوب، فقط ذلك التحذير الذي ورد في رؤيا ٢٢: ١٨-١٩ احتوى على إنذارٍ بالدينونة الإلهية الشديدة نتيجة العصيان. أضف إلى ذلك أن سفر الرؤيا هو السفر الوحيد في العهد الجديد الذي انتهى بتحذيرٍ من هذا النوع، وأنه كان آخر سفر كُتِب في العهد الجديد. وعليه، تلمِّح هذه الحقائق بقوة إلى كون سفر الرؤيا هو آخر سفر في قائمة الأسفار القانونية، وإلى كون الكتاب المقدس قد اكتمل، إذ أن الزيادة عليه أو الحذف منه من شأنهما أن يسبِّبا استياء الله الشديد.

أخيرًا، آمنت الكنيسة الأولى، وهي الأقرب زمنيًا إلى الرسل، بأن سفر الرؤيا قد اختتم الأسفار الإلهية الموحى بها، أي أسفار الكتاب المقدس كلَّها. نستطيع إذن أن نستنتج، بناء على التحليل الكتابي الراسخ، أن قائمة الأسفار القانونية قد أُغلِقت، وستظل كذلك. فلن يأتي في المستقبل سفرٌ سابع وستون يضاف إلى الكتاب المقدس.

⬅ النقد النصي والحفظ[٢٧]

حيث أن الكتاب المقدس تُرجِم إلى لغات كثيرة جدًا، ووُزِّع في أنحاء العالم كلِّه، فكيف يمكن أن نتيقَّن من أن أخطاءً لم تتسرَّب إليه، ولو على سبيل السهو؟ فبينما كانت المسيحية تنتشر، أراد الناس بكلِّ تأكيد أن يحوزوا الكتاب المقدس كلٌّ بلغته الخاصة، الأمر الذي اقتضى ترجمته من لغاته الأصلية - التي هي العبرية والأرامية في العهد القديم، واليونانية في العهد الجديد. وهكذا، ليس فقط عمل المترجمين هو الذي هيَّأ فرصة للخطأ، بل أوجد النشر أيضًا احتمالات دائمة لحصول الخطأ، لأن النُسخ كانت تُجرَى باليد، حتى ظهور آلة الطباعة نحو عام ١٤٥٠م.

إن المختصِّين بعلم النقد النصي -وهو عِلمٌ دقيقٌ يتعلَّق بدراسة المخطوطات- قد اكتشفوا، وحفظوا، وصنَّفوا، وقيَّموا، ونشروا على مرِّ القرون عددًا مذهلًا من نسخ الكتاب المقدس العائدة إلى كلا العهدين القديم والجديد. وفي الواقع، إن عدد مخطوطات الكتاب المقدس الموجودة حاليًا يفوق بصورة ظاهرة الأجزاء الموجودة من أيِّ عمل أدبي قديم آخر. وبمقارنة نصٍّ بنصٍّ، يستطيع ناقد النصوص أن يحدِّد في ثقة ما حواه النص الأصلي، سواء النبوي أو الرسولي.

ومع أن النسخ الموجودة حاليًا من النص العبري الأساسي القديم (النص الماسوري) لا يعود تاريخها إلى ما قبل القرن العاشر الميلادي، يدعم خطَّان مهمان آخران من البيانات النصِّية ثقة علماء النقد

٢٧ اقتُبس هذا الجزء بتصرف من المصدر التالي:
جون ماك آرثر، تفسير الكتاب المقدس، الطبعة الأولى (منصورية المتن — لبنان: دار منهل الحياة، ٢٠١٢)، ٢٥.

النصي في أنهم تمكَّنوا بالفعل من استعادة النصوص الأصلية.[٢٨] فأولًا، من الممكن مقارنة النص الماسوري العائد إلى القرن العاشر الميلادي بنص الترجمة السبعينية، وهي الترجمة اليونانية التي أُجرِيت نحو عام ٢٠٠-١٥٠ ق.م.، والتي يعود تاريخ أقدم مخطوطة موجودة لها إلى نحو عام ٣٢٥ م. وبوجه عام، ثمة تناغم مذهل بين هذين النصين، الأمر الذي يؤكِّد دقة عملية نسخ النص العبري على مدى القرون. ثانيًا، كان اكتشاف لفائف البحر الميت في الفترة من ١٩٤٧-١٩٥٦م (وهي مخطوطات يرجع تاريخها إلى نحو ٢٠٠-١٠٠ ق.م.) اكتشافًا بالغ الأهمية. فبعد مقارنة النصوص العبريَّة القديمة بتلك الأحدث منها، اكتُشِف القليل فقط من الاختلافات النصية الطفيفة، التي لم يغيِّر أيٌّ منها من معنى أيِّ نص. وفي حين يؤيِّد البعض وجود تعدُّدية في أنواع نصوص العهد القديم الموثوقة، وذلك بسبب الاختلافات الكبيرة والمتكرِّرة بين الترجمة السبعينية والنص الماسوري، يبدو الرأي الأرجح هو أن الكتبة في أعقاب السبي البابلي استمروا في استخدام نص واحد قديم وموثوق صار هو الأساس للنصِّ الماسوريِّ. وفي حين تُظهِر لفائف البحر الميت، والعديد من الترجمات الأخرى المختلفة، بعض الاختلافات النصية، تُظهِر الوثائق الموجودة حاليًا توافُقًا متَّسقًا مع النص الماسوري. ومع أن العهد القديم جرت ترجمته ونسخه على مدى قرون، لكن يمكن الإقرار بسهولة بأن أحدث النُّسَخ (النص الماسوري) هي تمثيلٌ أصيلٌ وموثوقٌ للمخطوطات الأصلية.

ثم إن الاكتشافات المتعلِّقة بالعهد الجديد تُعَد أكثر حسمًا، وذلك بسبب توافُر كمية أكبر بكثير من الوثائق للفحص والدراسة، حيث يوجد ما يزيد على خمسة آلاف مخطوطة يونانية للعهد الجديد، يتراوح حجمها بين كِتاب العهد الجديد كاملًا، ورقع صغيرة من البردي تحوي ما لا يتعدَّى جزءًا من آية واحدة. وإن تاريخ بعض القصاصات يعود إلى ما بعد تاريخ المخطوطة الأصلية بخمس وعشرين إلى خمسين سنة. وقد استنتج علماء نصوص العهد الجديد بوجه عام أن: (١) أكثر من ٩٩٪ من المخطوطات الأصلية قد استُعيد بالفعل في صورته الصحيحة، (٢) فيما تبقَّى من قراءات بديلة محتمَلة، ليس ثمة اختلافات نصية تؤثِّر جوهريًا على أيٍّ من العقائد المسيحية. بل وقد أكَّد العلماء أيضًا أنه حتى لو قُبِل كلُّ اختلاف نصي محتمَلٌ، فإن رسالة أيِّ أصحاح من الكتاب المقدس من شأنه أن يتأثر بهذا الاختلاف ستكون واحدة بشكل أساسي.

أمام هذا الكنز من الأدلة المستمَدَّة من مخطوطات الكتاب المقدس في اللغات الأصلية، وأمام النشاط المنتظم والمنضبط من قبل علماء النقد النصي لإثبات محتوى المخطوطات الأصلية بدقة كاملة تقريبًا، يصير من الممكن تحديد وتصويب أية أخطاء أدخلتها أو تناقلتها آلاف الترجمات على مرِّ القرون، عن طريق مقارنة الترجمة أو النسخة بالنص الأصلي المرمَّم. وبهذه الوسيلة التي دبَّرها الله بعنايته، يكون قد أوفى بوعده بحفظ كلمته المقدَّسة.

• شرح النقد النصي

في حين يتَّفق البروتستانتيون بالإجماع على أسماء أسفار الكتاب المقدس نفسها، لا تزال هناك بعض القضايا التي تقتضي الانتباه إليها، والمتعلِّقة بمحتوى هذه الأسفار. يرجع ذلك إلى عدم بقاء أيِّ

28 Wegner, *A Student's Guide*, 298–301.

من الكتابات الأصلية لكُتَّاب الأسفار المقدَّسة إلى يومنا هذا، وكذلك إلى كون الوسيلة الوحيدة التي حُفِظت ونُقِلت بها الأسفار الكتابية هي النسخ باليد، حتى نحو عام ١٤٥٠ م، حين بدأت ماكينات الطباعة تطبع الكتاب المقدس بكميات ضخمة. وقد أدخلت عملية النسخ باليد هذه بالضرورة أخطاء نسخ إلى النص الكتابي، الأمر الذي يفسِّر بعض المشكلات المتعلقة بكلمات نصوص معيَّنة، أو حتى بعض المشكلات النصِّية الأكبر التي تُعَد مثار جدل (مثل مرقس ١٦: ٩-٢٠؛ يوحنا ٧: ٥٣-٨: ١١).

وفي هذه المرحلة، يتدخَّل النقد النصي لمساعدتنا. وإن أفضل تعريف للنقد النصي هو أنه عملية الفحص الدقيق لنُسَخ الكتاب المقدس القديمة الموجودة اليوم، من أجل تحديد أنقى النُسخ وأقربها إلى النص الأصلي. تُعَد العملية نفسها علمًا، لكن قرارات التقييم الأساسية تشكِّل عاملًا مؤثِّرًا في معادلة تفضيل قراءة ما على الأخرى، وهذه القرارات تتدخَّل فيها الآراء البشرية. تبدأ هذه العملية الأساسية بفحص دقيق لكافة النسخ الموجودة والجديرة بالثقة من النص الكتابي قيد الفحص. يقوم عالم النقد النصي بفحص العديد من القراءات البديلة، من أجل تحديد القراءة التي تحظى بتأييد من أقوى البراهين النصِّية، لتكون هي القراءة الأصلية التي دوَّنها كاتب السفر. وفي حالة وجود أكثر من قراءة واحدة مؤيَّدة بأدلة دامغة، تُدرَج القراءات الثانوية في هامش النص (نجد ذلك في معظم الكتب المقدَّسة عادة في شكل ملاحظة هامشية في عمود أو في حاشية سفلية). وإن العوامل المعتادة التي يعتمد عليها النقد النصي في حسم القراءات هي كالتالي: اختيار القراءة الأقدم، والقراءة الأقصر، والقراءة المشهود لها على أوسع نطاق جغرافي، والقراءة الأفضل في تفسير الاختلاف النصي أو الاختلافات النصية. بجمع هذه العوامل معًا، يتسنَّى لعالم النقد النصِّي أن يتَّخذ قرارًا مدروسًا بالتصديق على القراءة المرجَّح بأكبر درجة أنها تعكس ما كتبه كاتب النص المقدَّس في الأصل.

تنطوي عملية النقد النصي على مسائل ذات مستويات متباينة من التعقيد بين العهدين القديم والجديد. من جهة العهد الجديد، يوجد قدر هائل من البراهين النصِّية. فكما ذكرنا أعلاه، يرجع تاريخ بعض المخطوطات اليونانية إلى ما بعد الكتابة الأصلية للنص بجيلٍ واحدٍ فحسب. كما غطَّت المخطوطات منطقة جغرافية واسعة، وتمتَّعت بتأكيد وتصديق عليها طوال الفترة الزمنية من نحو عام ١٠٠م إلى نحو عام ١٤٥٠ م، حين بدأت أول ماكينات للطباعة في إصدار نسخ كاملة من العهد الجديد باللغة اليونانية. في مقابل هذا، كُتب العهد القديم على مدار فترة زمنية تبلغ نحو الألف سنة، ما بين عام ١٤٠٠ إلى عام ٤٠٠ ق.م. والشهادات المتاحة اليوم لنصِّ العهد القديم أقل بكثير من تلك الشاهدة لنص العهد الجديد. وتفصل بين الكثير من البراهين النصِّية والكتابة الأصلية فترة تزيد على الألف سنة. بل وإن موثوقية البعض من أقدم النسخ الشاهدة (مثل لفائف قمران) هي مثار جدل. هذه العوامل مجتمعة تسهم في التعويل بدرجة أكبر على البراهين على نص العهد القديم المستمَدَّة من الترجمات.

ومع ذلك، بعد تقييم كافة البراهين النصِّية الشاهدة على كلا العهدين، أكَّد معظم العلماء أن الكتاب المقدس، من سفر التكوين وحتى سفر الرؤيا، يتفق جوهريًا كلمة بكلمة مع النص الأصلي.[٢٩] بل

29 Wegner, *A Student's Guide*, 301.

والأكثر من ذلك أنه بعد فحص كافة الاختلافات النصية، تبيَّن أن معظمها يمكن التعرُّف عليه وتداركه بسهولة. فإن هذه الاختلافات تشمل أشياء بديهية وواضحة وعديمة الأهمية مثل أخطاء إملائية، أو حذف عرضي لكلمات، أو إبدال موضع كلمات أو موضع أحرف داخل كلمة، أو ما شابه ذلك. بعض الاختلافات الأخرى يتبيَّن بوضوح أنها إما إضافات تفسيرية، أو تغييرات متعمَّدة قام بها الناسخ لعدة أسباب مختلفة. وعند أخذ هذه الاعتبارات الإضافية في الحسبان، يمكن إثبات أن الكتاب المقدس جدير بالثقة، وأنه نسخة ممَّا كتبه الكُتَّاب الأصليون حُفِظت بأمانة. ومن جهة بقية الاختلافات، ما من قراءات أساسية تُعَد موضع شك، وليس منها ما يغيِّر أية عقيدة كتابية أو حتى يثير الشك فيها. فقد أوحى الله بكتابة كلمته، ثم حفظها بعنايته الإلهية عبر عملية النسخ التي قام بها البشر.

إذا كان الكتاب المقدس هو بالحقيقة كلمة الله، فلماذا لا توجد اليوم إذن أية مخطوطة أصلية لأيِّ سفر من أسفار الكتاب المقدس الستة والستين؟ ألم يكُن من شأن نظرة سريعة على الرسالة الأصلية التي كتبها بولس إلى القديسين في روما، أو إلى اللفائف الفعلية التي كتب عليها موسى سفر التكوين أن تحسم على الفور أية شكوك حول ما قاله الكتاب المقدس في الأصل؟ فلماذا لم تُحفَظ أيٌّ من المخطوطات الأصلية لأيٍّ من أسفار الكتاب المقدس؟ يرجع السبب الرئيسي إلى أن جلود الرقائق، ومواد الكتابة الأخرى، لم يكن بإمكانها الصمود عبر آلاف السنوات. وإذا أضفتَ إلى ذلك عوامل الاهتراء والتمزُّق الطبيعي من جراء الاستعمال المتكرِّر، والإهمال، والنقل، والكوارث الطبيعية، بالإضافة إلى الإتلاف المتعمَّد الذي جرى في أزمنة الاضطهاد، سيصير من السهل عليك أن ترى لماذا لم تعد أيٌّ من المخطوطات الأصلية باقية إلى اليوم. لكن، ربما يقف دافع إلهي أيضًا وراء فقد جميع المخطوطات الأصلية. فإن هذا يبدِّد أية احتمالية للتبجيل المفرط الذي يقارب العبادة للوثائق نفسها، بدلًا من الإله الذي أوحى بها. تلك النزعة البشرية هي التي دفعت حزقيا إلى سحق الحية النحاسية، لأن الشعب ابتدأ يعبدها بدلًا من أن يعبد الإله الذي استخدمها (٢ ملوك ١٨ : ٤).

- ترجمات الكتاب المقدس

كما ذكرنا أعلاه، ربط الله بعنايته الإلهية نُسخ الكتاب المقدس بمخطوطاته الأصلية، الأمر الذي يجعل أية نسخة من الأسفار المقدَّسة مكتوبة باللغة الأصلية هي بالحقيقة كلمة الله، بقدر مطابقتها للمخطوطة الأصلية. بالمثل، يمكن اعتبار ترجمة معيَّنة هي كلمة الله بقدر مطابقتها لمعنى كلمة الله المعبَّر عنه باللغة الأصلية. ولهذا، وجب أن تولَى أكبر عناية ممكنة لعملية الترجمة. فإن ما تنقله الترجمة بلغة مختلفة ينبغي أن يطابق قدر الإمكان المعنى المعبَّر عنه في المخطوطة الأصلية. وإذا كان يُنتظَر من عملية النسخ أن تكون دقيقة (وهي مجرد نسخ لما يقوله النص الأصلي كلمة بكلمة)، فكم وكم تكون الدقة التي ينتظرها الله من الذين يترجمون كلمته إلى لغات مختلفة؟

ولهذا، يَلزَم توخِّي الحذر الشديد عند اختيار أية ترجمة للكتاب المقدس. يمثِّل الوضوح وسهولة الفهم عاملين مهمِّين عند اختيار الترجمة. فإن الله يريد أن يفهم شعبه ما يقوله وما يعنيه. لكن في الوقت نفسه، إذا كانت إحدى الترجمات تنقل على نحو ركيك أو ضعيف أو خاطئ ما تقوله كلمة الله في اللغة الأصلية، فهي بهذا تضلِّل شعب الله. فإن الله لن يغيِّر من مقاييسه كي يتكيَّف مع أخطاء

البشر. ومن ثَمَّ، كلما كانت الترجمة حَرفية، وكلما كانت تنقل بدقة ما تقوله اللغة الأصلية، كانت بهذا أكثر جدارة بالثقة كشاهدٍ لشعب الله. وبهذا، يمكن القول إن أية ترجمة جيدة للأسفار الكتابية إلى أية لغة هي كلمة الله، لأنها تعكس بدقة المعنى المعبَّر عنه في اللغة الأصلية. وإن الترجمات الأفضل هي تلك المتمسِّكة بالشكل الرسمي للنص، وتُترجمه ترجمة حرفية. غير أنه ما من دليل، سواء من الكتاب المقدس أو من التاريخ، يُثبِت إضفاء الله سمة الوحي بطريقة معجزية على ترجمة بعينها. فالترجمة شاهد غير مباشر لكلمة الله، وليست تصويبًا للنص الأصلي، أو نسخة محدَّثة منه.

كذلك، يمكن للترجمات القديمة أن تلعب دورًا أساسيًا في تأكيد قراءة صحيحة في مخطوطة مكتوبة باللغة الأصلية، لأنها تسجِّل ما فهمه المترجم من المعنى الذي ينقله نص اللغة الأصلية الموجود أمامه. وبما أن هذه الترجمات قد كُتِبت في بعض الحالات قبل قرون كثيرة من تاريخ أقدم الوثائق المكتوبة باللغة الأصلية الموجودة اليوم، فهي تُرجِمت إذن من نصوص أقدم من تلك الموجودة اليوم. وعلى هذا الأساس، يمكن أن تكون مجدية في إثبات صحة قراءة بديلة مفضَّلة.

من أهم الترجمات القديمة: الترجمة السبعينية، والفولجاتا اللاتينية، والبشيطا السُريانية. تُعَد الترجمة السبعينية هي الأبرز بين هذه الترجمات، لأنها ترجمة للعهد القديم إلى اللغة اليونانية. وقد اقتبس منها آباء الكنيسة بصورة متكرِّرة، بل وربما اقتُبِس منها أيضًا، في بعض الأحيان، في العهد الجديد نفسه. ويرجع تاريخ هذه الترجمة إلى نحو قرنين قبل ميلاد المسيح. بدأت ترجمة الفولجاتا على يد جيروم أولًا كتنقيحٍ للترجمة اللاتينية القديمة. ويرجع تاريخها إلى أيام آباء الكنيسة الأوائل في بداية القرن الخامس الميلادي. ومن أهم سماتها أن قدرًا كبيرًا من العهد القديم قد اعتمد في ترجمته على فحصٍ للنصوص العبرية (وليس على ترجمة يونانية). وعلى هذا الأساس، ربما تكون هذه الترجمة في بعض الحالات أقرب إلى النص الأصلي من الترجمة السبعينية. أما البشيطا، فهي ترجمة للكتاب المقدس إلى اللغة السُريانية؛ وهي أول وأقدم ترجمة للكتاب المقدس كاملًا (العهد القديم نحو عام ١٥٠ م، والعهد الجديد نحو عام ٤٢٥ م). وإن الشيء الرائع الذي يميِّز هذه الترجمات هو أنها تتفق جميعها جوهريًا (وفي معظم الحالات، يكاد يكون الاتفاق لفظيًّا) مع مجمل الشهادة المستمَدَّة من نُسخ المخطوطات المكتوبة باللغة الأصلية الموجودة اليوم. وحتى عند وجود اختلافات نصية، فإن أكثر من ٩٠٪ منها عديم الأهمية، أو يسهل تدارُكه (وتشمل مشكلات من قبيل الأخطاء الإملائية وترتيب الكلمات). فبالحقيقة، حفظ الله بعنايته الإلهية كلمته بواسطة الجهود الدؤوبة لشعبه.

قصد الله لكلمته أن تَثبُت إلى الأبد (الحفظ).[٣٠] ولذلك، فإن كشفه (إعلانه) عن ذاته، في شكل مكتوب وتصريحي، قد عُصِم من الخطأ في كتابته الأصلية (الوحي)، ثم جُمع في أسفار العهدين القديم والجديد الستة والستين (القانونية).

على مرِّ القرون، نُسِخت الآلاف من النسخ والترجمات (النقل)، ممَّا أدخل بعض الأخطاء إلى النص. ومع ذلك، بفضل وفرة المخطوطات القديمة المتاحة التي تخص العهد القديم والعهد الجديد،

---

٣٠ الفقرات الثلاث التالية مقتبسة بتصرف من المصدر التالي:
جون ماك آرثر، تفسير الكتاب المقدس، الطبعة الأولى (منصورية المتن — لبنان: دار منهل الحياة، ٢٠١٢)، ٢٦.

تمكَّن علم النقد النصي، ببراعته ودقته الفائقتين، من استعادة محتوى الكتابات الأصلية (الإعلان والوحي) بنسبة قصوى.[٣١]

ومن ثَمَّ، فإن الكتاب المقدس الذي يقرأه المؤمنون اليوم، ويدرسونه، ويطيعونه، ويعظون به، جدير بأن يُدعى، دون أدنى تحفُّظ، الكتاب المقدس أو كلمة الله، بما أن مؤلِّفه هو الله، ولأنه يحمل سمات الحق الكامل والموثوقية التامة، تلك السمات التي تدل جميعها على مصدره الإلهي.

التعليم والوعظ من الكتاب المقدس

- التعليم
- الوعظ

ما من سند كتابي يمكن أن يؤيِّد مبدأ فصل العقيدة الكتابية عن الخدمة المسيحية. أطلق ج. جريشام ماكين (J. Greasham Machen) على هذه الطريقة في التفكير اسم «العداء الحديث من نحو العقيدة».[٣٢] وتعارِض المسيحية عزلها عن العقيدة لأن الحركة المسيحية هي نمط حياة قائم على أساس رسالة كتابية. تتجلَّى هذه القناعة في وصية بولس لتيموثاوس بأن يلاحظ نفسه والتعليم (أي عقيدته) على حدٍّ سواء (١تيموثاوس ٤: ١٦).

التعليم[٣٣]

تأسَّف يسوع في أيامه، مثلما تأسَّف إشعياء أيضًا في أيامه (٢٩: ١٣)، على كون هذا الشعب «يَقْتَرِبُ إِلَيَّ... بِفَمِهِ، وَيُكْرِمُنِي بِشَفَتَيْهِ، وَأَمَّا قَلْبُهُ فَمُبْتَعِدٌ عَنِّي بَعِيدًا. وَبَاطِلًا يَعْبُدُونَنِي وَهُمْ يُعَلِّمُونَ تَعَالِيمَ هِيَ وَصَايَا النَّاسِ» (متى ١٥: ٨-٩). فقد كانت تعاليم غريبة من كلِّ نوع تدغدغ آذان أناس القرن الأول، وتسوقهم بعيدًا عن الحق، لأنهم لم يتمكَّنوا من احتمال التعليم الصحيح (أفسس ٤: ١٤؛ ٢تيموثاوس ٤: ٣-٤؛ عبرانيين ١٣: ٩).

على المؤمنين أن يعيدوا النظر في سؤال بيلاطس القائل: «مَا هُوَ الْحَقُّ؟!» (يوحنا ١٨: ٣٨)، وأن يقبلوا من جديد ردَّ يسوع، بأن كلام الله هو حقٌّ (يوحنا ١٧: ١٧). فإن كان الهدف هو الحق، فإن الكتاب المقدس إذن هو المصدر. تأمَّل كلمات موسى التي اقتبسها يسوع لاحقًا في أثناء مقاومته لتجارب الشيطان في البرية، والتي تقول: «لَيْسَ بِالْخُبْزِ وَحْدَهُ يَحْيَا الإِنْسَانُ، بَلْ بِكُلِّ كَلِمَةٍ تَخْرُجُ مِنْ فَمِ اللهِ» (تثنية ٨: ٣؛ راجع متى ٤: ٤). فالحق الكتابي هو جوهر الحياة.

---

31 Wegner, *A Student's Guide*, 301.

32 J. Gresham Machen, *Christianity and Liberalism* (Grand Rapids, MI: Eerdmans, 1923), 18.

٣٣ اقتُبس هذا الجزء بتصرُّف من المصدر التالي، بتصريح من MSJ:
Richard L. Mayhue, "Editorial," *MSJ* 13, no. 1 (2002): 1–4.

بحسب الكتاب المقدس، التعليم المسيحي هو الحق الكتابي. فهناك كلمتان يونانيتان تُترجَمان في غالبية الأحيان إلى «تعليم»، و«تأديب» وهما: *didaskalia*، و*didachē*. وبفحص المرات الإحدى والخمسين التي وردت فيها هاتان الكلمتان في العهد الجديد، نتيقّن من أن التعليم المسيحي يشير إلى الكتاب المقدس، سواء مقروءًا، أو مشروحًا، أو حتى مرتَّبًا لاهوتيًّا على نحو نظامي.

ولعل اجتناب التعليم في العصر الحديث يرجع جزئيًا إلى حقيقة أن **التعليم** (العقيدة) صار يُفهَم بطريقة محدودة أكثر من اللازم، سواء على أنه تصريح عقائدي أو مقال لاهوتي، عوضًا عن فهمه بالمعنى الكتابي الأوسع نطاقًا على أنه المحتوى الكتابي. لكن لم يصف الكتاب المقدس قط التعليم بأنه تأملات أو تَبَصُّرات من برجٍ عاجيٍّ سواء في تكهُّنات لاهوتية أو في تفاصيل دقيقة عديمة الأهمية.

يشير الكتاب المقدس دائمًا إلى «التعليم الصحيح» بالارتباط بالتعليم المسيحي الذي يَكمُن مصدره المطلق والنهائي في الله، في مقابل أي تعليم آخر مصدره إما الإنسان (كولوسّي ٢: ٢٢) أو الشياطين (١تيموثاوس ٤: ١). فالتعليم المسيحي هو تعليم صحيح، بينما أي «تعليم» آخر هو غير صحيح (١تيموثاوس ١: ١٠؛ ٦: ٣). والتعليم المسيحي حسنٌ، ومن ثَمَّ نافع، بينما كلُّ التعاليم الأخرى سيئة وعديمة القيمة (١تيموثاوس ٤: ٦؛ ٢تيموثاوس ٣: ١٦).

وما دام التعليم المسيحي يتعلَّق بالحق الكتابي، وما دام الحق الكتابي يتعلَّق بكلمة الله، فعلى المؤمنين إذن أن يؤكِّدوا على احترامهم وتقديرهم للكتاب المقدس والتعليم. ولكن، الشيء المساوي لهذا في الأهمية هو أنه عليهم أيضًا أن يجعلوا من الكتاب المقدس الأساس لترجمة التعليم المسيحي الصحيح إلى حياة من التقوى، «لِكَيْ يُزَيِّنُوا تَعْلِيمَ مُخَلِّصِنَا اللهِ» (تيطس ٢: ١٠). ببساطة، يُعَد التعليم المسيحي الدستور لحياة التقوى. فنظير أهمية الهيكل العَظمي للجسد، والأكسجين للتنفُّس، يتبيَّن أيضًا أنه لا غنى عن العقيدة (التعليم) في المسيحية. فبدون التعليم المسيحي، يُجرَّد المؤمنون من الحق الذي يحتاجون إليه في تطبيقهم لإيمانهم عمليًا.

رسائل العهد الجديد زاخرة بالتحريضات على جعل «التعليم الصحيح» جوهر الإيمان المسيحي والخدمة المسيحية. فقد ذكَّر بولس المؤمنين بأن (١) يكونوا خدامًا صالحين ليسوع المسيح، متربِّين بحقائق الإيمان والتعليم الحسن (١تيموثاوس ٤: ٦)؛ وبأن (٢) يتَّخذوا من التعليم الصحيح الذي سمعوه منه نموذجًا ومثالًا (٢تيموثاوس ١: ١٣)؛ وبأن (٣) يكرزوا بالكلمة (٢تيموثاوس ٤: ٢)؛ وبأن (٤) يلازموا الكلمة الصادقة حتى يكونوا قادرين أن يعظوا ويشجعوا آخرين بالتعليم الصحيح (تيطس ١: ٩)؛ وأخيرًا بأن (٥) يعلِّموا بما يليق ويتوافق مع التعليم الصحيح (تيطس ٢: ١). من المخيف أن نتخيَّل ماذا كان سيصبح حال الإنجيل لو لم يكن بولس قد واجه بطرس علنًا بسبب تعليم خاطئ (غلاطية ٢: ١١-٢١).

إن خدمة المسيح (متى ٧: ٢٨-٢٩)، وخدمة الرسل (أعمال الرسل ٥: ٢٩)، وخدمة الكنيسة الأولى (أعمال الرسل ٢: ٤٢) تمحورت كلها حول التعليم الصحيح. وفي واقع الأمر، إن التقليل من شأن التعليم، أو التشكيك في قيمته يقلِّل من شأن المسيح، والرسل، والكنيسة الأولى، ناهيك عن العدد الذي لا يُحصَى من شهداء المسيحية، مثل يوحنا المعمدان (مرقس ٦: ٢١-٢٩) ووليام تندال William

Tyndale (١٤٩٤-١٥٣٦ م). فما الذي قد يمنع أي إنسان من قبول التعليم الصحيح قبولًا كاملًا بينما يتمتع هذا التعليم بهذا الإرث المجيد، ويعطي قيمة أبدية (٢تيموثاوس ٣: ١٦)، ويَعِد ببركة إلهية مقابل الطاعة (يشوع ١: ٨؛ رؤيا ١: ٣)؟

فكِّر فيما كان من الممكن أن يحدث لو تخلَّت الكنيسة عن مقياس التعليم الصحيح. فعلى أيِّ أساس كان المعلِّمون الكذبة سيُرفضون (رومية ١٦: ١٧؛ ٢ يوحنا ٩-١٠)، أو كان التعليم الكاذب سيُدحض (تيطس ١: ٩)؟ وكيف كان من شأن المؤمنين أن يعرفوا ما هو حق، وما يستحق التمسُّك به (١تيموثاوس ٣: ٩؛ رؤيا ٢: ٢٤)؟ وكيف كان من شأن المؤمنين أن يميِّزوا بين الصواب والخطأ؟ وكيف كان من شأن الخطية أن تواجَه وتقوَّم؟

ينبغي منع حدوث هذا النوع من الكوارث الروحية بأيِّ ثمن. وعلى المؤمنين في العصر الحديث أن يدافعوا بجدية واجتهاد، نظير أسلافهم الروحيين، عن «الْإِيمَانِ الْمُسَلَّمِ مَرَّةً لِلْقِدِّيسِينَ « (يهوذا ٣). فعبر التاريخ، أنتجت اللا مبالاة تُجاه التعليم المسيحي هراطقة، في حين أثمر الاهتمام بالتعليم عن أبطالٍ. إذن، ثمة حاجة ملحة أن تعود الكنيسة إلى التعليم، بدلًا من أن تتجاهله.

وما من وسيلة للتعامُل مع التعليم يمكن أن تضفي معنًى على وصية المسيح لتلاميذه بأن يعلِّموا آخرين أن يطيعوا جميع ما أوصاهم به (متى ٢٨: ٢٠) أفضل من أخذ هذا التعليم على محمل الجد. تأمَّل النماذج العديدة التي قدَّمها العهد الجديد:

١. خدمة بولس المتمثِّلة في إخبار شيوخ أفسس بكلِّ مشورة (مشيئة) الله (أعمال الرسل ٢٠: ٢٧)
٢. وصية الملاك للرسل بأن يتكلَّموا «بِجَمِيعِ كَلاَمِ هذِهِ الْحَيَاةِ» (أعمال الرسل ٥: ٢٠)
٣. تكليف بولس لتيموثاوس بأن يسلِّم التعليم الرسولي إلى الجيل التالي (٢ تميوثاوس ٢: ٢)
٤. إشادة يسوع بكنيسة أفسس لأخذهم التعليم على محمل الجِد (رؤيا ٢: ٢، ٦)

إن الأجيال السابقة من المؤمنين قد جاهدوا بأمانة، وتألَّموا، وقُتِلوا في سبيل تسليم التعليم الكتابي الصحيح إلى مؤمني هذا الزمان. ومن ثَمَّ، فقط الحفاظ على هذا التعليم نقيًّا ودون شوائب هو ما يمكن أن يُكرِم المسيح، ويكون لائقًا أيضًا بجهود الأسلاف الروحيين للمؤمنين.

صلاتنا إذن أن يكون الأسلوب النفعي المؤسف في التعامل مع المسيحية قد بلغ نهايته، وأن يعود أولئك الذين حادوا بشكل مؤقَّت عن المسار إلى تراثهم من الحق الكتابي، أي إلى التعليم المسيحي. لن يتمكَّن المؤمنون من حماية تراثهم الكتابي من التبدُّد، في عصر لا ميل لديه إلى احتمال التعليم الصحيح، إلا بتبنِّيهم هذا الالتزام من صميم قلوبهم.

الوعظ[٣٤]

يتطلَّب التعليم الصحيح كلًّا من شرح تفسيري فائق الدقة، ووعظ قوي ومؤثر. ولهذا، نبدأ حديثنا هنا بخمس مسلَّمات منطقية متتالية مؤسَّسة على الحق الكتابي، تدعم ثلاثة تصريحات أخرى تابعة لها:

١. الله حقيقيٌّ وكائن (تكوين ١: ١؛ مزمور ١٤؛ مزمور ٥٣؛ عبرانيين ١١: ٦).

٢. الله حقٌّ وصادق (خروج ٣٤: ٦؛ عدد ٢٣: ١٩؛ تثنية ٣٢: ٤؛ مزمور ٢٥: ١٠؛ ٣١: ٥؛ إشعياء ٦٥: ١٦؛ إرميا ١٠: ١٠؛ يوحنا ١٤: ٦؛ ١٧: ٣؛ تيطس ١: ٢؛ عبرانيين ٦: ١٨؛ ١ يوحنا ٥: ٢٠-٢١).

٣. الله لا يتكلَّم إلا بما هو متوافقٌ مع طبيعته (العدد ٢٣: ١٩؛ ١ صموئيل ١٥: ٢٩؛ رومية ٣: ٤؛ ٢تيموثاوس ٢: ١٣؛ تيطس ١: ٢؛ عبرانيين ٦: ١٨).

٤. الله لا يقول إلا الحقَّ (مزمور ٣١: ٥؛ ١١٩: ٤٣، ١٤٢، ١٥١، ١٦٠؛ أمثال ٣٠: ٥؛ إشعياء ٦٥: ١٦؛ يوحنا ١٧: ١٧؛ يعقوب ١: ١٨).

٥. تكلَّم الله بكلمته الحقِّ المتناغمة مع طبيعته الحقيقية بهدف توصيلها إلى البشر (وهي حقيقة بديهية يوضِّحها ٢تيموثاوس ٣: ١٦-١٧؛ عبرانيين ١: ١).

ومن ثَمَّ، لنتناول التصريحات التالية:

١. أعطى الله كلمته الحقَّ بهدف أن تُنقَل ويُنادَى بها كاملة كما أعطاها. يعني هذا أنه ينبغي الإخبار والوعظ بكلِّ مشورة الله (متى ٢٨: ٢٠؛ أعمال الرسل ٥: ٢٠؛ ٢٠: ٢٧). وعلى هذا المنوال، ينبغي فحص كل جزء من كلمة الله في ضوء الكل.

٢. أعطى الله كلمته الحق بهدف أن تُنقَل ويُنادَى بها كما أعطاها تمامًا. يعني هذا أنه ينبغي تقديم الكلمة كما سُلِّمت تمامًا، دون إجراء أي تغيير على الرسالة (تثنية ٤: ٢؛ ١٢: ٣٢؛ إرميا ٢٦: ٢).

٣. إن عملية التفسير، التي تقود إلى شرح ووعظ تفسيري، هي فقط التي يمكن أن تحقِّق التصريحين الأول والثاني.

يمكن إثبات صحة هذه التصريحات عن طريق تقديم بعض الإجابات على مجموعة من الأسئلة من شأنها أن تقود تفكيرنا من منابع الإعلان الإلهي إلى وجهة تفكيرنا المنشودة. أولًا، لماذا الوعظ؟ لأن هذا ما أوصى به الله (٢تيموثاوس ٤: ٢). وهو ما فعله الرسل تحديدًا، في طاعة شخصية منهم لله (أعمال الرسل ٥: ٢٧-٣٢؛ ٦: ٤). ثانيًا، ما الذي ينبغي الوعظ به؟ كلمة الله، أي الكتاب المقدس وحده، والكتاب المقدس في مجمله (١تيموثاوس ٤: ١٣؛ ٢تيموثاوس ٤: ٢). ثالثًا، مَن الذين ينبغي أن يعظوا؟ أناس الله القدِّيسون (لوقا ١: ٧٠؛ أعمال الرسل ٣: ٢١؛ أفسس ٣: ٥؛ ٢بطرس ١: ٢١؛ رؤيا ١٨: ٢٠؛ ٢٢: ٦). فقد طهَّر الله شفتي إشعياء، وعندئذ فقط عيَّنه للتحدُّث بلسان الله (إشعياء ٦: ٦-١٣).

٣٤ اقتُبس هذا الجزء بتصرُّف من المصدر التالي بتصريح من MSJ:
John MacArthur, “The Mandate of Biblical Inerrancy: Expository Preaching,” *MSJ* 1, no. 1 (1990): 3–15.

ثم تجاوزًا لهذه الأساسيات، نسأل: ما هي مسؤولية الواعظ؟ على الواعظ أن يدرك أن كلمة الله ليست كلمته هو، أي أنه مجرد رسول أو حامل لرسالة، وليس مصدر هذه الرسالة أو منشئها (١تسالونيكي ٢: ١٣). فهو الزارع وليس المصدر (متى ١٣: ٣، ١٩)؛ وهو البشير المنادي، وليس السلطة الحاكمة (١تيموثاوس ٢: ٧)؛ وهو الوكيل، وليس المالك (كولوسّي ١: ٢٥)؛ وهو الدليل الإرشادي، وليس المؤلِّف (أعمال الرسل ٨: ٣١)؛ وهو النادل الذي يقدِّم الطعام الروحي، وليس الطاهي الذي أعدَّ هذا الطعام (يوحنا ٢١: ١٥، ١٧).

على الواعظ أن يحسب الكتاب المقدس **كلمة الله**. وعندما يتقيَّد بهذا الحق المذهل، وبهذه المسؤولية العظيمة، فإنه، حسبما قال جي آي باكر:

> يصير هدفه... أن يخضع تحت الكتاب المقدس، لا أن يسود عليه؛ وأن يسمح له، إن جاز التعبير، بأن يتكلَّم من خلاله، حتى يسلِّم الآخرين رسالة الكتاب المقدس، وليس رسالة الواعظ نفسه. ففي وعظنا، هذا ما لا بد أن يحدث على الدوام. في النعي الذي كتبه نيفيل كاردوس (Neville Cardus) عن المايسترو الألماني العظيم أوتو كليمبرر (Otto Klemperer)، تحدَّث عن الطريقة التي بها كان كليمبرر «يُشَغِّلُ الموسيقى» محافظًا طَوال المقطوعة الموسيقية على أسلوب تعمَّدَ أن يكون بدون طابع مميَّز، وألا يجذب الانتباه إلى شخصه، وذلك حتى تُعبِّر النغمات الموسيقية عن نفسها بنفسها من خلاله. هكذا يجب أن يكون الحال في الوعظ؛ فعلى الكتاب المقدس نفسه أن يتولَّى كلَّ الحديث، في حين تقتصر مهمة الواعظ على «تشغيل الكتاب المقدس».[٣٥]

على الوُعَّاظ اليوم أن يتمثَّلوا بالمسيح والرسل، مسلِّمين الكتاب المقدس للآخرين بطريقة تمكِّنهم من أن يقولوا: «هكذا يقول الرب». فإن مسؤوليتهم تقتضي أن يسلِّموه كما أُعطِيَ في الأصل، وبحسب القصد الأصلي الذي كُتِب من أجله.

وكيف بدأت رسالة (عظة) الواعظ؟ بدأت الرسالة كلمةَ حقٍّ من الله، ثم أُعْطِيَتْ للبشر بوصفها كلمةَ حقٍّ، لأن رغبة الله هي توصيل الحق للبشر. فقد رتَّبَ الله هذه الرسالة ككلمة حقٍّ، ثم نَقَلَها بروحِ اللهِ، بالتعاوُن مع أناس قديسين تسلَّموها بالجودة النقية التي أرادها الله تمامًا (٢بطرس ١: ٢٠-٢١). ومن ثَمَّ، تسلَّم الأنبياء والرسل هذه الكلمة بصفتها *Scriptura inerrantis*، أي الكلمة الخالية من الخطأ، دون أيِّ انحراف عن الصيغة الأصلية لها في ذهن الله. يُعبِّر مصطلح «الخلو من الخطأ» [*inerrancy*] إذن عن الجودة التي تسلَّم بها كُتاب الأسفار القانونية النص المسمَّى بالنص المقدَّس.

وكيف يمكن أن تظل رسالة الله بحالتها الأصلية والحقِّ؟ ففي ضوء أن رسالة الله حقَّة، وفي ضوء أنه ينبغي تسليمها كما تم تسلُّمها تمامًا، ما هي العمليات التفسيرية - التي اقتضتها التغيُّرات في

---

35 James I. Packer, "Preaching as Biblical Interpretation," in *Inerrancy and Common Sense*, ed. Roger R. Nicole and J. Ramsey Michaels (Grand Rapids, MI: Baker, 1980), 203.

اللغة، والثقافة، والزمن - التي يمكن تطبيقها على هذه الرسالة عند الوعظ بها اليوم، دون المساس بنقاوتها؟ الإجابة هي أن المنهجية التفسيرية، أي منهجية استخراج المعنى من النص [*exegetical approach*]، هي المنهجية المقبولة الوحيدة لشرح دقيق للنص، وتقديم وعظ كتابي.

وبجمع كلَّ ما سبق معًا بطريقة عملية، يمكن أن نسأل: ما هي الخطوات الحاسمة التي يجب اتباعها في عملية الوعظ؟ أولًا، على الواعظ أن يستخدم النص الحقَّ. إن المؤمنين مدينون لتلك الصفوة الممتازة من العلماء الذين يبذلون جهدًا مضنيًا في مجال النقد النصِّي. وتتمكَّن دراساتهم من استعادة النص الأصلي للكتاب المقدس من بين العدد الهائل من نُسخ المخطوطات الموجودة في الوقت الحالي، والتي تحوي عيوبًا في مواضع معيَّنة بسبب الاختلافات النصِّية. تلك هي نقطة البداية. فمن دون النص كما أعطاه الله تمامًا، سيعجز الواعظ عن تسليم النص كما أراد الله.

ثم بعدما يبدأ الواعظ من النص الحق، يلزم أن يفسِّر هذا النص بدقة. تتعلَّق هذه الخطوة بعلم التفسير [*hermeneutics*]. تعرَّف مبادئ التفسير السليمة بأنها تطبيقٌ للقواعد التفسيرية من خلال عملية استخراج المعنى من النص [*exegesis*]، بهدف التوصُّل إلى المعنى الواحد الذي أراد الله أن يقوله في النص. وباستخدام مبادئ التفسير الحرفي، والتفسير بحسب قواعد اللغة، والتفسير التاريخي المختصَّة بعلم التفسير، يمكن للدارس أن يفهم هذا المعنى. يمكن تعريف «**عملية استخراج المعنى**» أو «**عملية التفسير**» [*Exegesis*] بأنها التطبيق للمبادئ التفسيرية السليمة بمهارة على النص الكتابي في لغاته الأصلية، بغرض اكتشاف وإعلان المعنى الذي قصد الكاتب أن يفهمه كلٌّ من القراء الأصليين والقراء اللاحقين. يركِّز علم التفسير [*hermeneutics*] وعملية التفسير أو استخراج المعنى [*exegesis*]، جنبًا إلى جنب، على النص الكتابي لتحديد ما يقوله هذا النص، والمعنى الأصلي المقصود منه. ومن ثَمَّ، فإن عملية التفسير [exegesis] بمعناها الأوسع تشمل بداخلها عدة مجالات أخرى مثل: دراسة السياق الأدبي، والدراسات التاريخية، والتحليل اللغوي، واللاهوت التاريخي، واللاهوت الكتابي، واللاهوت النظامي. وتُعرِّف عملية التفسير الصحيحة الدارس بما يقوله النص، وما يعنيه، مرشدة إياه إلى كيفية اكتشاف التطبيقات الشخصية السليمة لهذا النص.

أخيرًا، وبناء على هذا التسلسل الفكري، يصير الوعظ الذي يعتمد على شرح النص هو في حقيقة الأمر وعظٌ تفسيريٌّ. فنتيجة هذه العملية التفسيرية، التي تبدأ بتقيُّدٍ بعقيدةِ الخلوِّ من الخطأ، يكون شارح النص مُجَهَّزًا برسالة حقٍّ، وبالقصدِ الحقِّ، وبتطبيقٍ سليم، الأمر الذي يعطي وعظَهُ منظورًا سليمًا سواء من الناحية التاريخية، أو اللاهوتية، أو السياقية، أو الأدبية، أو الإجمالية، أو الثقافية. وحينئذ، تكون رسالته هي الرسالة التي قصد الله أن يوصلها تمامًا.

إذن، تتمثَّل مهمة الشارح أو الواعظ التفسيري في أن يعظ بما في فكر الله كما استخرجه من كلمة الله الخالية من الخطأ. ويتمكَّن الواعظ من فهم هذه الكلمة بواسطة مجال علم التفسير، ومجال استخراج المعنى من النص. وبعد ذلك، يصير بإمكانه أن يقدِّم هذه الرسالة بأسلوب الشرح التفسيري، بصفتها الرسالة التي تكلَّم بها الله، والتي كلَّفه بتسليمها.

إن خلو كلمة الله من الخطأ يتطلَّب من الواعظ إعدادًا تفسيريًا، ثم إخبارًا بهذه الكلمة بواسطة الشرح التفسيري. فقط هذه المنهجية هي التي تحفظ كلمة الله بكاملها، وتحافظ على كنز الإعلان الإلهي، وتعلن معناه كما قصد الله أن ينادى به تمامًا. فإن الوعظ التفسيري هو النتيجة الحتميَّة لعملية التفسير واستخراج المعنى، وكذلك لخلو كلمة الله من الخطأ. فإنه يَلزَم حفظ نقاوة كلمة الله الخالية من الخطأ التي أُعطِيت في الأصل، والإخبار بكلِّ مشورة الحق الإلهي (أعمال الرسل ٥: ٢٠؛ ٢٠: ٢٧).

واجبنا تجاه الكتاب المقدس

- القبول
- الصلاة
- التغذِّي
- الطاعة
- الإكرام
- الدراسة
- الوعظ أو التعليم
- الإقناع
- التلمذة
- الارتعاد

تحدَّث الرسول يوحنا في كلِّ كتاباته في العهد الجديد عن واجب المؤمن المسيحي أن يطيع الكتاب المقدس، موضحًا بهذا أن السلوك في طرق الكلمة ليس أمرًا اختياريًا.

أولاً، قال المسيح إنه إن أحبه أحد سيحفظ وصاياه (يوحنا ١٤: ١٥، ٢١، ٢٣)، بينما الذي لا يحبه لن يحفظ كلامه (يوحنا ١٤: ٢٤). ومن ثَمَّ، فإن طاعة المؤمن للكتاب المقدس تُثبِت محبته للمسيح وحقيقة خلاصه.

ثانيًا، ذَكَر يوحنا بوضوح أن واجب المؤمن هو أن يسلك كما سلك المسيح (١ يوحنا ٢: ٦). فإن الله **يطالب** بطاعة كلمته.

ثالثًا، **عرَّف** يوحنا المحبة بصفة عامة على نحو لا لبس فيه: «هذِهِ هِيَ الْمَحَبَّةُ: أَنْ نَسْلُكَ بِحَسَبِ وَصَايَاهُ» (٢ يوحنا ٦).

رابعًا، شعر يوحنا **بفرح** شديد لأنه رأى وسمع أن المؤمنين يطيعون كلمة الله: «لَيْسَ لِي فَرَحٌ أَعْظَمُ مِنْ هذَا: أَنْ أَسْمَعَ عَنْ أَوْلاَدِي أَنَّهُمْ يَسْلُكُونَ بِالْحَقِّ» (٣يوحنا ٤).

وأخيرًا، أعلن يوحنا **الامتياز** الأساسي الذي يناله المؤمن الطائع، ألا هو التطويب من المخلِّص (رؤيا ١: ٣). ولمزيدٍ من التحديد، يمدُّنا الكتاب المقدس بصورة تشمل على الأقل عشر سمات نموذجية.

⬅ القبول

عندما كرز بولس في تسالونيكي، لم يكتفِ الناس باستلام كلامه، لكنهم قبلوا هذه الكلام أيضًا. فهم لم يرفضوه، بل بالأحرى قبلوا ما كرز لهم به لا ككلمة أناس، بل ككلمة الله:

«مِنْ أَجْلِ ذلِكَ نَحْنُ أَيْضًا نَشْكُرُ اللهَ بِلاَ انْقِطَاعٍ، لأَنَّكُمْ إِذْ تَسَلَّمْتُمْ مِنَّا كَلِمَةَ خَبَرٍ مِنَ اللهِ، قَبِلْتُمُوهَا لاَ كَكَلِمَةِ أُنَاسٍ، بَلْ كَمَا هِيَ بِالْحَقِيقَةِ كَكَلِمَةِ اللهِ، الَّتِي تَعْمَلُ أَيْضًا فِيكُمْ أَنْتُمُ الْمُؤْمِنِينَ» (١تسالونيكي ٢: ١٣)

⬅ الصلاة

أدرك كاتب المزمور جيدًا أن الله هو الكاتب الأساسي للنصوص المقدَّسة، ومن ثَمَّ، أن أفضل تصرُّف يمكن أن يقوم به هو أن يلتمس منه هو المعونة لفهمها:

«اكْشِفْ عَنْ عَيْنَيَّ فَأَرَى
عَجَائِبَ مِنْ شَرِيعَتِكَ» (مزمور ١١٩: ١٨؛ انظر أعمال الرسل ٦: ٤)

⬅ التغذِّي

يصف الكتاب المقدس كلمة الله مجازيًّا بأنها لبنٌ (١ بطرس ٢: ٢)، وخبزٌ (تثنية ٨: ٣؛ متى ٤: ٤)، وطعام قوي (١كورنثوس ٣: ٢)، وعسلٌ (مزمور ١٩: ١٠) يغذِّي النفس. وقد شهد أيوب عن فاعلية قائمة الطعام الروحية قائلًا:

«مِنْ وَصِيَّةِ شَفَتَيْهِ لَمْ أَبْرَحْ.
أَكْثَرَ مِنْ فَرِيضَتِي[٣٦] ذَخَرْتُ كَلاَمَ فِيهِ». (أيوب ٢٣: ١٢؛ انظر إرميا ١٥: ١٦)

⬅ الطاعة

أَثبَت كالب تميُّزه (على عكس الأمة العاصية) من خلال تجاوُبه مع وصايا الله في طاعة تامة:

«إِنَّ جَمِيعَ الرِّجَالِ الَّذِينَ رَأَوْا مَجْدِي وَآيَاتِي الَّتِي عَمِلْتُهَا فِي مِصْرَ وَفِي الْبَرِّيَّةِ، وَجَرَّبُونِي الآنَ عَشَرَ مَرَّاتٍ، وَلَمْ يَسْمَعُوا لِقَوْلِي، لَنْ يَرَوْا الأَرْضَ الَّتِي حَلَفْتُ لآبَائِهِمْ. وَجَمِيعُ الَّذِينَ أَهَانُونِي لاَ يَرَوْنَهَا. وَأَمَّا عَبْدِي كَالِبُ فَمِنْ أَجْلِ أَنَّهُ كَانَتْ مَعَهُ رُوحٌ أُخْرَى، وَقَدِ اتَّبَعَنِي تَمَامًا، أُدْخِلُهُ إِلَى الأَرْضِ الَّتِي ذَهَبَ إِلَيْهَا، وَزَرْعُهُ يَرِثُهَا» (العدد ١٤: ٢٢-٢٤)

---

٣٦ [المترجم]: كلمة «فَرِيضَتِي» هنا تأتي بمعنى «حصَّتي الضرورية من الطعام».

⬅ الإكرام

استطاع اليهود الذين رجعوا إلى الأرض بعد سبعين سنة قضوها في السبي في بابل أن يكرموا الله وكلمته بسرور وعن طيب خاطر:

«وَفَتَحَ عَزْرَا السِّفْرَ أَمَامَ كُلِّ الشَّعْبِ، لأَنَّهُ كَانَ فَوْقَ كُلِّ الشَّعْبِ. وَعِنْدَمَا فَتَحَهُ وَقَفَ كُلُّ الشَّعْبِ. وَبَارَكَ عَزْرَا الرَّبَّ الإِلهَ الْعَظِيمَ. وَأَجَابَ جَمِيعُ الشَّعْبِ: «آمِينَ، آمِينَ!» رَافِعِينَ أَيْدِيَهُمْ، وَخَرُّوا وَسَجَدُوا لِلرَّبِّ عَلَى وُجُوهِهِمْ إِلَى الأَرْضِ» (نحميا ٨: ٥-٨)

⬅ الدراسة

أدرك عزرا أنه كان عليه أن يدرس كلمة الله؛ لكنه أدرك أيضًا أنه ملزمٌ أولًا، قبل أن يتمكَّن من تعليم هذه الكلمة، بأن يطيع ما يتعلَّمه. ينطبق هذا المبدأ على الواعظ وعلى جماعة المؤمنين على حدٍّ سواء:

«لأَنَّ عَزْرَا هَيَّأَ قَلْبَهُ لِطَلَبِ شَرِيعَةِ الرَّبِّ وَالْعَمَلِ بِهَا، وَلِيُعَلِّمَ إِسْرَائِيلَ فَرِيضَةً وَقَضَاءً» (عزرا ٧: ١٠)

⬅ الوعظ أو التعليم

علَّم يسوع ووعظ بكلمة الله الثمينة في كلِّ موضع ذهب إليه:

«وَكَانَ يَسُوعُ يَطُوفُ كُلَّ الْجَلِيلِ يُعَلِّمُ فِي مَجَامِعِهِمْ، وَيَكْرِزُ بِبِشَارَةِ الْمَلَكُوتِ، وَيَشْفِي كُلَّ مَرَضٍ وَكُلَّ ضَعْفٍ فِي الشَّعْبِ. (متى ٤: ٢٣؛ انظر ٢تيموثاوس ٤: ٢)

⬅ الإقناع

لم يكرز أبُلُّوس لمجرد نشر معلومات، لكنه نادى في شغف وحماس بالحق من أجل إقناع سامعيه وهدايتهم إلى طريق الحق الإلهي:

«ثُمَّ أَقْبَلَ إِلَى أَفَسُسَ يَهُودِيٌّ اسْمُهُ أَبُلُّوسُ، إِسْكَنْدَرِيُّ الْجِنْسِ، رَجُلٌ فَصِيحٌ مُقْتَدِرٌ فِي الْكُتُبِ. كَانَ هذَا خَبِيرًا فِي طَرِيقِ الرَّبِّ. وَكَانَ وَهُوَ حَارٌّ بِالرُّوحِ يَتَكَلَّمُ وَيُعَلِّمُ بِتَدْقِيق مَا يَخْتَصُّ بِالرَّبِّ. عَارِفًا مَعْمُودِيَّةَ يُوحَنَّا فَقَطْ. وَابْتَدَأَ هذَا يُجَاهِرُ فِي الْمَجْمَعِ. فَلَمَّا سَمِعَهُ أَكِيلاَ وَبِرِيسْكِلاَ أَخَذَاهُ إِلَيْهِمَا، وَشَرَحَا لَهُ طَرِيقَ الرَّبِّ بِأَكْثَرِ تَدْقِيق. وَإِذْ كَانَ يُرِيدُ أَنْ يَجْتَازَ إِلَى أَخَائِيَةَ، كَتَبَ الإِخْوَةُ إِلَى التَّلاَمِيذِ يَحُضُّونَهُمْ أَنْ يَقْبَلُوهُ. فَلَمَّا جَاءَ سَاعَدَ كَثِيرًا بِالنِّعْمَةِ الَّذِينَ كَانُوا قَدْ آمَنُوا، لأَنَّهُ كَانَ بِاشْتِدَادٍ يُفْحِمُ الْيَهُودَ جَهْرًا، مُبَيِّنًا بِالْكُتُبِ أَنَّ يَسُوعَ هُوَ الْمَسِيحُ» (أعمال الرسل ١٨: ٢٤-٢٨)

⬅ التلمذة

كان بولس يدرك جيدًا التأثير المستمر والتراكُمي للتضاعُف، فأوصى به تيموثاوس من كلِّ قلبه. وكان تيموثاوس يمثِّل الجيل الثالث من خمسة أجيال ذُكِرت في النص التالي (المسيح، بولس، تيموثاوس، أناس أمناء، وآخرون):

«وَمَا سَمِعْتَهُ مِنِّي بِشُهُودٍ كَثِيرِينَ، أَوْدِعْهُ أُنَاسًا أُمَنَاءَ، يَكُونُونَ أَكْفَاءً أَنْ يُعَلِّمُوا آخَرِينَ أَيْضًا» (٢تيموثاوس ٢: ٢)

⬅ الارتعاد

كان إشعياء نموذجًا حقيقيًّا لمؤمنٍ متَّضع أخذ الله وكلمته على محمل الجد الشديد (انظر إشعياء ٦: ١-١٣):

«وَإِلَى هذَا أَنْظُرُ: إِلَى الْمِسْكِينِ وَالْمُنْسَحِقِ الرُّوحِ وَالْمُرْتَعِدِ مِنْ كَلاَمِي» (إشعياء ٦٦: ٢)

صلاة[٣٧]

أيها الآب، ليت حياتنا وشركتنا تتَّسم
بأعمال الإيمان، وتعب المحبة، وصبر الرجاء.
فبنعمتك، نحن مقدَّسون، ومحبوبون، ومختارون.
ولما جاءنا الإنجيل،
لم يصر لنا بالكلام فقط، بل بالقوة أيضًا،
وبالروح القدس، وبيقين شديد.
لَيْسَ أَنَّنَا كُفَاةٌ مِنْ أَنْفُسِنَا
أَنْ نَفْتَكِرَ شَيْئًا كَأَنَّهُ مِنْ أَنْفُسِنَا،
بَلْ كِفَايَتُنَا هي منك.
فإنك أنت من أتمَّ خلاصنا،
وأرجعْتَنا عن الأمور الدنيويَّة التي جعلناها أوثانًا وعبدناها،
حتى نعبدك أنت الإله الحي والحقيقي.
أنت الذي نبَّهتنا كي نقبل كلمتك،
لَا كَكَلِمَةِ أُنَاسٍ، بَلْ كَمَا هِيَ بِالْحَقِيقَةِ
كَكَلِمَةِ اللهِ، التي تؤدِّي عملها الكامل،
في جميع الذين يؤمنون.
إذن، لم يأتِ خلاصنا إلا منك.
فأنت أرسلتَ ابنك كي يموت لأجلنا
ونحن بعد أعداء لدودون للبرِّ.
وبنعمتك نزعتَ القشور عن أعيننا، واجتذبتَنا إلى الإيمان.
افتح أعيننا لنرى المزيد من حقك؛
وافتح قلوبنا لنؤمن بحقك بمزيدٍ من الجدية والاجتهاد؛
وافتح أفواهنا لننادي بحقك بمزيدٍ من الأمانة.

ليتنا نتمثَّل بربِّنا يسوع المسيح
ونكون قدوة بعضنا لبعضٍ في التقوى.
أعنَّا كي نتقدَّم وننمو إلى الكمال، مشابهين صورة المسيح.
نعلم أن الغذاء اللازم
لهذا النوع من النمو لا يوجد إلا في كلمتك.
فلسنا نقدر أن نحيا بالخبز وحده،
بل بكلِّ كلمة تخرج من فمك.

---

٣٧ هذه الصلاة مأخوذة حرفيًا من المصدر التالي بتصريح من الناشر:
John MacArthur, *At the Throne of Grace: A Book of Prayers* (Eugene, OR: Harvest House, 2011), 192–93.

لذلك، ليتنا نفتِّش الكتب
في اجتهاد وصلابة قلب،
لأننا نعرف أن لنا فيها حياة أبدية.
فهي التي توجِّهنا إلى المسيح،
وترفع البرقع عن مجده،
وتعكس طبيعته القُدُّوسة.
فإننا من خلالها نتعلَّم عن آلامه، وموته، وقيامته، وصعوده،
وشفاعته، ومجيئه الثاني في مجدٍ.
من خلالها تتحدَّث أنت إلينا من السماء.
وفيها نسمع الروح القدس يكلِّمنا بوضوح.

هبنا قلوبًا يقظة.
واجعلنا أناسًا مُصْغِيْنَ إلى حَقِّكَ بكلِّ اتضاع وطاعة.
وافتح أعيننا كي نرى بوضوح،
وآذاننا كي نسمع بفهم.
ليتنا ننتبه ونلاحظ كلَّ سطر فيها بخوف ورعدة —
ليس الوصايا فحسب، بل التوبيخات أيضًا؛
وليس الوعود فحسب، بل والوعيد أيضًا.

نباركك لأن كلمتك المقدَّسة قد تُرجِمت إلى لغتنا،
حتى ترينا طريق الحياة.
ليتنا لا نحسب البتة هذا الامتياز أمرًا مسلَّمًا به.
وليتنا لا نهمل البتة
المشورة الغنية والوافرة المتاحة لنا في تلك الصفحات.
دعنا نَنهَل من حقِّها
ونغذِّي نفوسنا التي تتضور جوعًا من طعامها.

ولتكن قلوبنا مثل قلبي تلميذي عمواس،
تلتهب داخلنا وأنت تُعلِّمنا.
نصلِّي هذا باسم يسوع. آمين.

كم هو ثابتٌ

كم هو ثابتٌ ذلكَ الأساسُ! يا قدّيسي رَبِّ الأنامْ،
راسخٌ بإيمانِكم في سموِّ إعلانِهِ والكلامْ
قالَ ورَدَّدَ مرارًا، وكلامُهُ لكُمُ الآنْ..
يا من جئتُمْ إلى يَسوعَ بئرًا للعَطشانْ.

لا تخَفْ أنا معَكَ، لا تلتفتْ شمالاً أو يَمينْ،
لأنِّي إلهُكَ وسأبقى لكَ المُعيّنْ.
فأنا مؤيّدٌ لكَ وَعاضدٌ لكَ،
يَمينُ برِّي وذراعُ قوَّتي تحيطُ بكَ.

وحينَ تواجهُ البَلوَى المُحرِقَةَ في الطَّريْقْ،
تكونُ نِعمَتِي الكافيَةُ زَادًا لكَ وَرَفيْقْ.
تُحيطُكَ النّارُ دومًا، ولنْ يَمَسَّكَ اللّهَبْ،
عَيَّنتُ أن أحرقَ الزَّغَلَ فيكَ، وأمَحِّصَ الذَّهَبْ.

تلكَ النَّفسُ التي اتَّكأتْ على يَسوعَ لتَستريْحْ
لن أتركَها للعَدوِّ.. وقشَّةً في مَهَبِّ الرّيْحْ.
وإذا الجَحيمُ أرسلَ الزَّعازعَ والنّكدْ،
إنّني لن أهمِلَها.. لن أترُكَها إلى الأبَدْ.[٣٨]

---

٣٨ قام المترجم بتعريب هذه الترنيمة وتقفيتها. الترنيمة الأصلية هي بعنوان **"How Firm a Foundation"** لمؤلِّف مجهول الهوية.

المراجع

مراجع أساسيَّة في اللاهوت النظامي

Bancroft, Emery H. *Christian Theology: Systematic and Biblical*. 2nd ed. Grand Rapids, MI: Zondervan, 1976. 21–58.

Buswell, James Oliver, Jr. *A Systematic Theology of the Christian Religion*. 2 vols. Grand Rapids, MI: Zondervan, 1962–1963. 1:183–220.

Erickson, Millard J. *Christian Theology*. Grand Rapids, MI: Baker, 1986. 153–259.

*Grudem, Wayne. *Systematic Theology: An Introduction to Biblical Doctrine*. Grand Rapids, MI: Zondervan, 1994. 47–138.

Hodge, Charles. *Systematic Theology*. 3 vols. 1871–1873. Reprint, Grand Rapids, MI: Eerdmans, 1975. 1:151–88.

Lewis, Gordon R., and Bruce A. Demarest. *Integrative Theology*. 3 vols. Grand Rapids, MI: Zondervan, 1987–1994. 1:61–171.

Reymond, Robert L. *A New Systematic Theology of the Christian Faith*. Nashville: Thomas Nelson, 1998. 3–126.

Shedd, William G. T. *Dogmatic Theology*. 3 vols. 1889. Reprint, Minneapolis: Klock & Klock, 1979. 1:61–147.

Strong, August Hopkins. *Systematic Theology: A Compendium Designed for the Use of Theological Students*. Rev. ed. New York: Revell, 1907. 111–242.

*Swindoll, Charles R., and Roy B. Zuck, eds. *Understanding Christian Theology*. Nashville: Thomas Nelson, 2003. 1–134.

Thiessen, Henry Clarence. *Introductory Lectures in Systematic Theology*. Grand Rapids, MI: Eerdmans, 1949. 78–115.

Turretin, Francis. *Institutes of Elenctic Theology*. 3 vols. Edited by James T. Dennison Jr. Translated by George Musgrove Giger. 1679–1685. Reprint, Phillipsburg, NJ: P&R, 1992–1997. 1:55–167.

العلامة (✳) تشير إلى أفضل المراجع في هذا المجال.

مراجع متخصّصة:

*Allison, Gregg R. "The Doctrine of the Word of God." In *Historical Theology: An Introduction to Christian Doctrine*, 35–184. Grand Rapids, MI: Zondervan, 2011.

*Barrick, William D. "Ancient Manuscripts and Biblical Exposition." *The Master's Seminary Journal* 9, no. 1 (1998): 25–38.

Boice, James Montgomery, ed. *The Foundation of Biblical Authority*. Grand Rapids, MI: Zondervan, 1978.

Bruce, F. F. *The Canon of Scripture*. Downers Grove, IL: InterVarsity Press, 1988.

Carson, D. A. *Collected Writings on Scripture*. Compiled by Andrew David Naselli. Wheaton, IL: Crossway, 2010.

Frame, John M. *The Doctrine of the Word of God. A Theology of Lordship* 4. Phillipsburg, NJ: P&R, 2010.

*Geisler, Norman L., ed. *Inerrancy*. Grand Rapids, MI: Zondervan, 1980.

Geisler, Norman L., and William E. Nix. *A General Introduction to the Bible*. Chicago: Moody Press, 1986.

Grier, James M., Jr. "The Apologetical Value of the Self-Witness of Scripture." *Grace Theological Journal* 1, no. 1 (1980): 71–76.

*Harris, R. Laird. *Inspiration and Canonicity of the Scriptures*. Rev. ed. Greenville, SC: Attic, 1995.

Henry, Carl F. H. *God, Revelation, and Authority*. 6 vols. Waco, TX: Word, 1976–1983.

*Kaiser, Walter C., Jr. *Recovering the Unity of the Bible: One Continuous Story, Plan, and Purpose*. Grand Rapids, MI: Zondervan, 2009.

*Lightner, Robert P. *A Biblical Case for Total Inerrancy: How Jesus Viewed the Old Testament.* Grand Rapids, MI: Kregel, 1998.

Lillback, Peter A., and Richard B. Gaffin Jr., eds. *Thy Word Is Still Truth: Essential Writings on the Doctrine of Scripture from the Reformation to Today*. Phillipsburg, NJ: P&R, 2013.

*MacArthur, John, ed. *The Scripture Cannot Be Broken: Twentieth Century Writings on the Doctrine of Inerrancy*. Wheaton, IL: Crossway, 2015.

Mayhue, Richard L. "The Authority of Scripture." *The Master's Seminary Journal* 15, no. 2 (2004): 227–36.

Metzger, Bruce M. *The Canon of the New Testament: Its Origin, Development, and Significance*. Oxford: Clarendon, 1997.

*——————. *The Text of the New Testament: Its Transmission, Corruption, and Restoration*. 3rd ed. New York: Oxford University Press, 1992.

Packer, J. I. *"Fundamentalism" and the Word of God: Some Evangelical Principles*. Grand Rapids, MI: Eerdmans, 1958.

——————. "The Necessity of the Revealed Word." In *The Bible: The Living Word of Revelation*, edited by Merrill C. Tenney, 31–49. Grand Rapids, MI: Zondervan, 1968.

Radmacher, Earl D., and Robert D. Preus, eds. *Hermeneutics, Inerrancy, and the Bible*. Grand Rapids, MI: Zondervan, 1984.

Thomas, Robert L. *How to Choose a Bible Version*. Rev. ed. Fearn, Ross-Shire, Scotland: Mentor, 2005.

*Warfield, Benjamin B. *The Inspiration and Authority of the Bible*. Edited by Samuel G. Craig. Philadelphia: Presbyterian and Reformed, 1948.

Weeks, Noel. *The Sufficiency of Scripture*. Edinburgh: Banner of Truth, 1988.

*Wenham, John. *Christ and the Bible*. 3rd ed. Eugene, OR: Wipf & Stock, 2009.

Woodbridge, John D. *Biblical Authority: A Critique of the Rogers-McKim Proposal*. Grand Rapids, MI: Zondervan, 1982.

*Young, E. J. *Thy Word Is Truth: Some Thoughts on the Biblical Doctrine of Inspiration*. Grand Rapids, MI: Eerdmans, 1957.

العلامة (*) تشير إلى أفضل المراجع في هذا المجال.

الإلهُ الذي لا يفنى ولا يُرى، الحَكيمُ وحدَه

إلهٌ لا يَفنى ولا يُرَى، وَحدَكَ الحَكيمْ
ساكنُ النّورِ ولا تُدانَى، مُحتجبٌ عنِ الأبصَارْ
المُبارَكُ المَجيدُ، وفي أيَّامِكَ قديمْ.
يا غالبًا قَديرًا.. نسبِّحُ اسمَكَ الجَبّارْ.

لا تَكلُّ ولستَ عَجولاً، وصامتًا كالسَّنا
غيرَ ناقصٍ أو هزيلٍ، مالكًا بقوَّتكْ.
كالجَبَلِ الأشَمِّ عَدلُكَ.. ملْءَ الدُّنى،
غمامُكَ فيَّاضٌ بصَلاحِكَ وَمَحبَّتِكْ

مُعطي الحَيَاةَ للجَميعِ، للشِّيْبِ والشُّبّانْ
في الأنامِ حَيٌّ، يا حَقيقةَ الوُجودِ والرَّجَاءْ.
بلا حُدودٍ حِكمتُكَ، ورَحمَتُكَ بالمَجَانْ.
أبَديٌّ صلاحُكَ، لا تَغيُّرٌ فيْكَ ولا فنَاءْ.

أيُّها العَظيمُ يا أبا المَجدِ، طاهرٌ يا أبَا الأنوارْ،
تعبدُكَ المَلائكةُ، أمامَكَ جَميعًا وُجوهَهُمْ يَسترونْ.
إليكَ نرفعُ الحَمدَ، فسَاعدِ الأبصَارْ
لتَرَى بَهَاءَ النّورِ يَحجُبُكَ عنِ العُيونْ.
آمين.[1]

---

١ قام المترجم بتعريب هذه الترنيمة وتقفيتها. الترنيمة الأصلية هي بعنوان "**Immortal, Invisible, God Only Wise**"، من تأليف والتر تشالمرز سميث Walter Chalmers Smith (١٨٢٤-١٩٠٨م).

الفصل الثالث

الله الآب

اللّاهوت الأساسي

(عقيدة الله)

الموضوعات الرئيسية التي يتناولها الفصل الثالث

وجود الله

أسماء الله

صفات (كمالات) الله

الثالوث

قضاء الله

الخلق

المعجزات الإلهية

العناية الإلهية

مشكلة الشر والثيؤديسيا

تمجيد الله

بعد أن أثبتنا أنَّ الكتاب المقدس هو الأساس الموحَى به والخالي من الخطأ ليعرف البشر عن الله وعن كلِّ الأشياء الأخرى في علاقتها بالله، سينتقل حديثنا الآن إلى دراسة عقيدة الله. وسيعرض هذا القسم تعليم الكتاب المقدس عن وجود الله، وصفاته (كمالاته)، ووحدانيَّته في ثالوث، وأعماله من قضاءٍ، وخلقٍ، وتسلُّطٍ على كلِّ شيء آخر خارج ذاته.

وجود الله

- ⬅ التصريحات الكتابية
- ⬅ قابلية الله أن يُعرف وبُعده عن الإدراك الكلي
- ⬅ تقييم «البراهين الطبيعية»

«فِي الْبَدْءِ خَلَقَ اللهُ ...» (تكوين ١ : ١). لم يبدأ الكتاب المقدس بحُجة عقلانية تؤيِّد وجود الله، لكنه بالأحرى سلَّم بوجوده، وبأن وجوده بالفعل هو قبل بدء كلِّ شيء آخر خارج ذاته، وبأنه لا يوجد سوى إله واحد. فإن اللاهوت الأساسي [Theology proper] مستمَدٌّ بالحقيقة، كما هو الحال مع جميع فروع اللاهوت النظامي الأخرى، من شهادة الله نفسه في كلمته الموحى بها والخالية من الخطأ، أي من الكتاب المقدس. فمفهوم المرء عن الله لا ينشأ «من أسفل»، أي من المنطق البشري عن الكون، لأن العقل البشري محدودٌ في مكوِّناته وعمليَّاته، وفاسدٌ بفعل الخطية الساكنة في الإنسان، ومن ثَمَّ، هو عاجز تمامًا بذاته عن أن يكتسب فهمًا دقيقًا عن الله، الذي هو غير محدودٍ وقُدُّوس. وينبغي أن يأتي الدليل على وجود الله في المقام الأول من شهادة الله نفسه عن نفسه. وقد قدَّم الله في الكتاب المقدس أدلة دامغة على وجوده لا يمكن دحضها.

⬅ التصريحات الكتابية

لا يسعى هذا الكتاب إلى إثبات وجود الله بالمنطق البشري، لكنه يسلِّم بأن إله الكتاب المقدس موجودٌ، ويسعى إلى عرض ما يعلِّمه الكتاب المقدس عن هذا الإله. ويتمثَّل البرهان الوحيد الجدير بالثقة على وجود الإله الحقيقي في تلك التصريحات الصادرة من الله وعن الله في كلمته الموحَى بها. فإنه ينبغي ألا يُستثنَى الله من الشهادة عن نفسه، بل على النقيض تمامًا، يجب أن تُقبَل شهادته، المقدَّمة بوحيٍ منه، باعتبارها شهادة فريدة من نوعها وجديرة تمامًا بالثقة. فالكتاب المقدس وحده هو الموحَى به، أو هو «زفير الله» (*theopneustos* في اللغة اليونانية، ٢تيموثاوس ٣ : ١٦)؛ ولذا، على المرء أن يتطلَّع إليه وحده أولًا لاستخلاص براهين نقية، تتجاوز نقائص محدودية الفكر البشري وفساده. أما الأدلة الأخرى على وجود الله - كتلك الموجودة في العالم المخلوق (رومية ١ : ١٩-٢٠) - فينبغي تقييمها وقبولها فقط بقدر تماشيها مع تصريحات الكتاب المقدس عن الله.

يؤكِّد الكتاب المقدس وجود «الإِلَهَ الْحَقِيقِيَّ» وحده (يوحنا ١٧ : ٣)، ويبدأ بالافتراض المسبق الأساسي بأن الله كان موجودًا «فِي الْبَدْءِ» (تكوين ١ : ١). ومن ثَمَّ، فإن أيَّ تصريح من الكتاب المقدس عن طبيعة الله وأعماله إنما هو دليلٌ مقدَّم من الله على وجوده.

• برهانٌ مستمَد من ضرورة الإيمان بأن الله موجود لنوال الخلاص

على سبيل المثال، يطالِب الكتاب المقدس كلَّ مَن يريد أن يتمتع بعلاقة سليمة مع الله أن يؤمن أولًا بأنه موجود: «يَجِبُ أَنَّ الَّذِي يَأْتِي إِلَى اللهِ يُؤْمِنُ بِأَنَّهُ مَوْجُودٌ» (عبرانيين ١١: ٦). إنَّ فعلَ غير ذلك يجعل من المرء جاهلًا وأحمق. ويصف الكتاب المقدس الذين لا يؤمنون في قلبهم وأفكارهم أن الله موجود بأنهم «جُهَّال» و«أشرار»:

> «قَالَ الْجَاهِلُ فِي قَلْبِهِ: ‹لَيْسَ إِلهٌ›» (مزمور ١٤: ١؛ ٥٣: ١)
> «الشِّرِّيرُ حَسَبَ تَشَامُخِ أَنْفِهِ يَقُولُ: ‹لاَ يُطَالِبُ›؛
> كُلُّ أَفْكَارِهِ أَنَّهُ ‹لاَ إِلهَ›» (مزمور ١٠: ٤)

• برهانٌ مستمَد من التأكيد على سرمديَّة الله

يقول الكتاب المقدس مرارًا إن الله سرمديٌّ. فهو بلا بداية أو نهاية، وليس لديه تتابُع في لحظات الزمن في خبرته ومعرفته بذاته أو بأية حقيقة أخرى خارج ذاته. ففي الكتاب المقدس، يُدعَى الله «الإِلهُ الْقَدِيمُ» (تثنية ٣٣: ٢٧).[١] ويقول مزمور ٩٠: ٢ إن الله كائنٌ منذ الأزل، من قبل أن يُخلَق العالم: «مِنْ قَبْلِ أَنْ تُولَدَ الْجِبَالُ أَوْ أَبْدَأْتَ الأَرْضَ وَالْمَسْكُونَةَ مُنْذُ الأَزَلِ إِلَى الأَبَدِ أَنْتَ اللهُ». وفي إشعياء ٤١: ٤، يقول الله: «أَنَا الرَّبُّ الأَوَّلُ، وَمَعَ الآخِرِينَ أَنَا هُوَ». ويضيف إشعياء أيضًا: «هكَذَا يَقُولُ الرَّبُّ مَلِكُ إِسْرَائِيلَ وَفَادِيهِ، رَبُّ الْجُنُودِ: ‹أَنَا الأَوَّلُ وَأَنَا الآخِرُ، وَلاَ إِلهَ غَيْرِي›» (إشعياء ٤٤: ٦). كما يؤكد إشعياء ٥٧: ١٥ أن الله «سَاكِنُ الأَبَدِ».

• برهان مستمَد من التأكيد على ذاتيَّة وجود الله

من البراهين القاطعة على وجود الله هو تصريحاته بأنه «كائنٌ»، دون أن يعتمد في وجوده أو حياته على أيِّ شيء آخر. أخبر الله موسى بالاسم الذي كان على شعب إسرائيل أن يعرفوه به: «فَقَالَ اللهُ لِمُوسَى: ‹أَهْيَهِ الَّذِي أَهْيَهْ›. وَقَالَ: ‹هكَذَا تَقُولُ لِبَنِي إِسْرَائِيلَ: أَهْيَهْ أَرْسَلَنِي إِلَيْكُمْ›» (خروج ٣: ١٤). فالله كائنٌ، ومن ثَمَّ، هو لا يعتمد في وجوده أو كينونته على أيِّ شيء. وهذا الاستنتاج الذي نستخلصه من الاسم العهدي لله ينعكس أيضًا في كلمات الرسول بولس القائلة: «لأَنَّ مِنْهُ وَبِهِ وَلَهُ كُلَّ الأَشْيَاءِ» (رومية ١١: ٣٦)؛ وكذلك: «الإِلهُ الَّذِي خَلَقَ الْعَالَمَ وَكُلَّ مَا فِيهِ، هذَا، إِذ هُوَ رَبُّ السَّمَاءِ وَالأَرْضِ، لاَ يَسْكُنُ فِي هَيَاكِلَ مَصْنُوعَةٍ بِالأَيَادِي، لاَ يُخْدَمُ بِأَيَادِي النَّاسِ كَأَنَّهُ مُحْتَاجٌ إِلَى شَيْءٍ، إِذْ هُوَ يُعْطِي الْجَمِيعَ حَيَاةً وَنَفْسًا وَكُلَّ شَيْءٍ» (أعمال الرسل ١٧: ٢٤-٢٥).

يمكننا مواصلة تقديم البراهين الكتابية الكثيرة على وجود الله المستمَدَّة من تصريحات الكتاب المقدس بشأن كينونة الله وأعماله. لكن، تكفي البراهين السابقة الآن لإظهار أن الله يؤكِّد وجوده من خلال تصريحات الكتاب المقدس باعتبارها البراهين الرئيسية، والأساسية، والأهم التي على الناس أن يؤمنوا بواسطتها بأن الله موجودٌ بالحقيقة.

---

١ [المترجم]: جاءت هذه العبارة في الترجمة اليسوعيَّة كالتالي: «الإلهُ الأزليّ». والعبارة في الأصل العبري («ايلوهي قيديم») يمكن أن تأتي بمعنى القديم أو بمعنى قبل (الزمان أو المكان) وسرمدي.

قابلية الله أن يُعرف [knowability] وبُعده عن الإدراك الكليّ [incomprehensibility]

إذ أعلن الله حقيقة وجوده في الكتاب المقدس، أعطى البشر تصريحات يمكنهم من خلالها أن يكتسبوا على الأقل بعض المعرفة عنه. فالكتاب المقدس يجعل الله قابلًا لأن يَعرِفه البشر، بقدر ما يعلن محتوى الكتاب المقدس الحقَّ عن الله. ويعلِّم الكتاب المقدس بأنَّ الإنسان قادرٌ أن يعرف الله معرفة حقيقية، لكن ليس معرفة شاملة. وإذا صِغنا هذا المعنى بالمصطلحات الكلاسيكية، سنقول إن الله قابلٌ أن يُعرَف [knowable]، لكنه بعيد عن الإدراك الكلي ولا يُسبَر غوره [incomprehensible].

⬅ قابلية الله أن يُعرف على نحو كافٍ

يؤكِّد الكتاب المقدس أن الله يمكن أن يُعرَف، بل وأنه يمكن أن يُعرف أيضًا في علاقة شخصية. فقد تمشَّى مع آدم وحواء في جنة عدن (تكوين ٣: ٨)، وظهر لموسى في العليقة المشتعلة (خروج ٣: ٣-٤). وأعطى موسى شريعته فوق جبل سيناء (خروج ١٩). وفي إسرائيل في القديم، كان الله حاضرًا بنفسه في خيمة الاجتماع وفي الهيكل من فوق غطاء تابوت العهد (١صموئيل ٤: ٤؛ ١ملوك ٨: ١٠-١١). وقال يسوع أيضًا إن الله يمكن أن يُعرَف معرفة شخصية (يوحنا ١٧: ٣).

يسوع نفسه هو تجسُّد الله (كولوسي ٢: ٩). كذلك، يعلن العهد الجديد أن الله يسكن في الكنيسة (١كورنثوس ٣: ١٦)، وبداخل المؤمنين (يوحنا ١٤: ٢٣)؛ وأنه خليلُ المؤمنين (يعقوب ٢: ٢٣).

- بُعد الله عن الإدراك الكليّ

ومع أن الله يمكن أن يُعرَف معرفة حقيقيَّة، يعلن الكتاب المقدس أيضًا أن الله لا يمكن أن يُعرَف من البشر معرفة تامة أو شاملة، في أيِّ جانب من جوانب كينونته أو أعماله. فالبشر محدودون بالزمان والمكان، وهم في آدم فاسدون بفعل الخطية الساكنة فيهم (رومية ٧: ١٥-٢٣)، والتي جعلتهم متمرِّدين على الله، وأظلمت فكرهم، وشوَّشت فهمهم لإعلان الله في الكتاب المقدس وفي الطبيعة (٢كورنثوس ٤: ٣-٤؛ أفسس ٤: ١٧-١٩). فإن الله سرمديٌّ وقدوس، يسمو على حدود الزمان والمكان؛ وهو كليُّ العلم على نحو غير محدود، وطاهر أدبيًّا بصورة مطلقة؛ كما أنه هو وحده عظيم. أما الإنسان، فقد خُلِق في ترتيبٍ وجوديٍّ مختلف وأدنى. بل وحتى في الحالة الأصلية التي خُلِق عليها البشر، لم يكن بوسعهم أن يعرفوا الله معرفة شاملة. لكن بعد سقوط آدم، حتى تلك المعرفة عن الله التي **كان بإمكان** البشر التمتُّع بها قد فسدت بفعل الخطية.

يَشهَد الكتاب المقدس بما لا يدع مجالًا للشك لحقيقة أن الله لا يمكن أن يُعرَف من البشر على نحو تام، حتى ولو بدون عامل فسادهم الداخلي بالخطية، الذي يعمي أذهانهم. فلا يقدر الإنسان أن يرى الله ويعيش (خروج ٣٣: ٢٠؛ لاويين ١٦: ٢). فالله «سَاكِنًا فِي نُورٍ لاَ يُدْنَى مِنْهُ، الَّذِي لَمْ يَرَهُ أَحَدٌ مِنَ النَّاسِ وَلاَ يَقْدِرُ أَنْ يَرَاهُ» (١تيموثاوس ٦: ١٦؛ انظر يوحنا ١: ١٨؛ ٦: ٤٦). إن الشكل الروحي لجوهر الله غير معلَن (تثنية ٤: ١٢، ١٥)، وأعماق أمور الله لا يعرفها أحد إلا الله (١كورنثوس ٢: ١١).

علاوة على ذلك، لا يمكن تقصِّي الله وفحصه على نحو تام. يقول مزمور ١٤٥: ٣، «عَظِيمٌ هُوَ الرَّبُّ وَحَمِيدٌ جِدًّا، وَلَيْسَ لِعَظَمَتِهِ اسْتِقْصَاءٌ». والتعبير «ليس استقصاء» مترجَم عن التعبير العبري

‏en kheqer‏، الذي معناه «لا يمكن قياسه» أو «لا يمكن فحصه». استُخدِم الجذر العبري ‏khaqar‏، الذي جاء منه الاسم «استقصاء»، في العهد القديم بمعنى «البحث والتقصِّي الدقيق والشامل». على سبيل المثال، وردت هذه العبارة نفسها في إشعياء ٤٠: ٢٨، «أَمَا عَرَفْتَ أَمْ لَمْ تَسْمَعْ؟ إِلهُ الدَّهْرِ الرَّبُّ خَالِقُ أَطْرَافِ الأَرْضِ لاَ يَكِلُّ وَلاَ يَعْيَا. **لَيْسَ عَنْ فَهْمِهِ فَحْصٌ**». كما استُخدِم جذر الكلمة نفسه في صيغة الفعل للإشارة إلى المُنَقِّبين في المناجم، الذين يبحثون بشكل مكثَّف ودقيق في الأرض عن المعادن أو الخامات النفيسة: «قَدْ جَعَلَ لِلظُّلْمَةِ نِهَايَةً، وَإِلَى كُلِّ طَرَفٍ هُوَ **يَفْحَصُ**. حَجَرَ الظُّلْمَةِ وَظِلَّ الْمَوْتِ»[٢] (أيوب ٢٨: ٣؛ راجع أيوب ١١: ٧-٨؛ ٣٦: ٢٦). قارن هذا أيضًا بتصريحات أخرى جاءت في العهد القديم للتعبير عن بُعد الله عن الإدراك الكلي:

«هَا هذِهِ أَطْرَافُ طُرُقِهِ،
وَمَا أَخْفَضَ الْكَلاَمَ الَّذِي نَسْمَعُهُ مِنْهُ!» (أيوب ٢٦: ١٤)
«اَللهُ يُرْعِدُ بِصَوْتِهِ عَجَبًا. يَصْنَعُ عَظَائِمَ لاَ نُدْرِكُهَا» (أيوب ٣٧: ٥)

وإلى هذا التأكيد الكتابي على بُعد الله عن الإدراك الكلي يمكن أن نضيف حقيقة أن الله لم يعلن لنا كلَّ ما يتعلَّق بشخصه، أو كلَّ ما يعرفه. يقول تثنية ٢٩: ٢٩، «السَّرَائِرُ لِلرَّبِّ إِلهِنَا، وَالْمُعْلَنَاتُ لَنَا وَلِبَنِينَا إِلَى الأَبَدِ، لِنَعْمَلَ بِجَمِيعِ كَلِمَاتِ هذِهِ الشَّرِيعَةِ». وبحسب رؤيا ١٠: ٤، مُنِع يوحنا من كتابة شيء كان قد رآه: «وَبَعْدَ مَا تَكَلَّمَتِ الرُّعُودُ السَّبْعَةُ بِأَصْوَاتِهَا، كُنْتُ مُزْمِعًا أَنْ أَكْتُبَ، فَسَمِعْتُ صَوْتًا مِنَ السَّمَاءِ قَائِلاً لِيَ: ‹اخْتِمْ عَلَى مَا تَكَلَّمَتْ بِهِ الرُّعُودُ السَّبْعَةُ وَلاَ تَكْتُبْهُ›».

وأخيرًا، يَظهر بُعد الله عن الإدراك الكلي في تلك التصريحات الكتابية التي تؤكِّد أنَّ فكر الله يرتفع فوق إمكانيات الإنسان العقلية، وعملياته الفكرية، ونواتجها. يقول مزمور ١٣٩: ٦ إن معرفة الله «عَجِيبَةٌ ... فَوْقِي ارْتَفَعَتْ، لاَ أَسْتَطِيعُهَا». ويصرِّح مزمور ١٣٩: ١٧-١٨ بأن أفكار الله هي «أَكْثَرُ مِنَ الرَّمْلِ» في العدد. ويقول مزمور ١٤٧: ٥ أيضًا إنه «لِفَهْمِهِ [أي فهم الله] لاَ إِحْصَاءَ». وقد عقد الله مقابلة بين عُلُوِّ أفكاره وَدُونِيَّةِ أفكار الإنسان، حين قال: «لأَنَّهُ كَمَا عَلَتِ السَّمَاوَاتُ عَنِ الأَرْضِ، هكَذَا عَلَتْ طُرُقِي عَنْ طُرُقِكُمْ وَأَفْكَارِي عَنْ أَفْكَارِكُمْ» (إشعياء ٥٥: ٩). وفي فورة تسبيح بولس لله في رومية ١١: ٣٣-٣٤، أعلن عدم إمكانية سبر غور فكر الله قائلًا: «يَا لَعُمْقِ غِنَى اللهِ وَحِكْمَتِهِ وَعِلْمِهِ! مَا أَبْعَدَ أَحْكَامَهُ عَنِ الْفَحْصِ وَطُرُقَهُ عَنِ الاسْتِقْصَاءِ! »لأَنْ مَنْ عَرَفَ فِكْرَ الرَّبِّ؟ أَوْ مَنْ صَارَ لَهُ مُشِيرًا؟»

وعند محاولة تقصِّي وفحص طبيعة الله، نكتشف أن الأمر يتجاوز بشكل لا نهائي ما يمكن تعلُّمه أو التفكير فيه. وهذا ينطبق على أيِّ جانب من جوانب طبيعة الله. أوجز جرودم [Grudem] ذلك بشكل جيِّد ومفيد قائلًا:

> ليس فقط أننا لن نستطيع أبدًا أن نفهم الله بالتمام؛ بل أيضًا أننا **لن نستطيع أبدًا أن نفهم بالكامل أيَّ أمر من الأمور الخاصة بالله**. فعظمته (مزمور ١٤٥: ٣)، وفهمه (مزمور ١٤٧: ٥)، ومعرفته (مزمور ١٣٩: ٦)، وغناه، وحكمته، وأحكامه، وطرقه (رومية ١١: ٣٣) **كلُّها** أمور تفوق قدرتنا على أن نفهمها بالكامل . . . إذًا،

٢ [المترجم]: «قَدْ وَضَعَ الإِنْسَانُ حَدّاً لِلظُّلْمَةِ، وَبَحَثَ فِي أَقْصَى طَرَفٍ عَنِ الْمَعْدَنِ فِي الظُّلُمَاتِ الْعَمِيقَةِ»، ترجمة كتاب الحياة.

فنحن قد نعرف **قدرًا ما** عن محبة الله وقدرته وحكمته وغيرها، لكننا لن نستطيع أبدًا أن نعرف محبته على نحو كامل أو **شامل**. ولن نستطيع أبدًا أن نعرف قدرته أو حكمته، أو غير ذلك، على نحو شامل. فحتى نستطيع أن نعرف أيَّ أمر عن الله على نحو شامل، سيلزم أن نعرفه كما يعرفه هو ذاته، أي سيتحتم علينا أن نعرفه في إطار علاقته بكلِّ الأمور الأخرى المتعلِّقة بالله، وفي إطار علاقته بكلِّ الأمور الأخرى المتعلِّقة بالخليقة، منذ الأزل وإلى الأبد! ولا يسعنا سوى أن نتعجب مع داود قائلين: «عَجِيبَةٌ هذِهِ الْمَعْرِفَةُ، فَوْقِي ارْتَفَعَتْ، لاَ أَسْتَطِيعُهَا» (مزمور ١٣٩: ٦).[٣]

➡ تقييم «البراهين الطبيعية»

يسعى اللاهوت الأساسي إلى بناء معرفتنا بوجود الله على أساس الكتاب المقدس، مع إحالة كافة البراهين الأخرى على وجوده إلى منزلة ثانوية، وإخضاعها لتقييم الكتاب المقدس. لكن الله أعلن عن ذاته بوسائل أخرى أيضًا غير الكتاب المقدس. فقد أعلن عن ذاته لجميع البشر بطريقة غير شفهية من خلال كلٍّ من الطبيعة، والضمير، والتاريخ. وهذا يسمَّى بالإعلان **العام** أو **الطبيعي**، الذي يصدِّق عليه الكتاب المقدس بقوة. لكن ينبغي ألا تُعتبَر المعرفة بالإعلان الطبيعي عن الله مستقلَّة عن الكتاب المقدس، لأن الكتاب المقدس يبيِّن أن الإنسان، لو تُرِك لفكره الخاص، سيحرِّف الإعلان عن الله في الطبيعة. بل وحتى المؤمن نفسه يحتاج إلى إرشاد الكتاب المقدس كيما يقيِّم إعلان الله عن ذاته في الطبيعة تقييمًا سليمًا. أوضح جون كالفن John Calvin (١٥٠٩–١٥٦٤م) هذه الفكرة الأخيرة بطريقة نابضة بالحياة، مشبِّهًا الكتاب المقدس بأنه مثل «النظارات» التي تُكسِب البشر صورة واضحة عن الإله الحقيقي:

> كالمسنِّين تمامًا وأصحاب العيون العُمش، الذين لو دَفعتَ أمامهم بأروع مجلَّد، فحتى لو تبيَّنوا فيه كتابةً ما، فإنهم بالكاد سيميِّزون كلمتين، بينما بمساعدة النظارات سيقرأونه بتبيُّن؛ هكذا الأسفار المقدَّسة أيضًا تُلملِم في أذهاننا معرفة الله، التي لولا ذلك لبقيت مشوَّشة، إذ هي تبدِّد غشاوتنا، وتُظهِر لنا الإله الحقَّ في جلاءٍ.[٤]

---

٣ واين جرودم، بماذا يفكِّر الإنجيليون في أساسيات الإيمان المسيحي: رؤية معاصرة في ضوء كلمة الله: اللاهوت النظامي، الجزء الأول، الطبعة الأولى (الأردن والقاهرة: برنامج التعليم اللاهوتي بالامتداد ومطبوعات إيجلز، ٢٠٠٢)، ١٢٦.

Wayne Grudem, *Systematic Theology: An Introduction to Biblical Doctrine* (Grand Rapids, MI: Zondervan, 1994), 150.

٤ جون كالفن، أسس الدين المسيحي، المجلَّد الأول، الكتاب الأول، الفصل السادس، البند الأول (لبنان: دار منهل الحياة بالاشتراك مع كلية اللاهوت للشرق الأدنى ببيروت، ٢٠١٧)، ٧٩.

John Calvin, *Institutes of the Christian Religion*, ed. John T. McNeill, trans. Ford Lewis Battles, Library of Christian Classics (1559; repr., Philadelphia: Westminster John Knox, 1960), 1.6.1.

لذلك، ينبغي ألا يُسمَح لما تُسمَّى «البراهين الطبيعية على وجود الله» بأن تقوم باعتبارها نتاج الملاحظة البشرية والفكر البشري بمعزلٍ عن تقييم الكتاب المقدس لها. فعندما ننظر إلى هذه «البراهين الطبيعية»، يَلزَم أن نميِّز ما إذا كانت «تُثبِت» حقًا وجود إله الكتاب المقدس أم لا. وعندئذ فقط، يمكن أن نميِّز ما إذا كان لها أيُّ جدوى أم لا.

- عدم كفاية «البراهين الطبيعية»

عند النظر إلى «البراهين الطبيعية» على وجود الله، في ذاتها وبصورة مستقلة، نكتشف أنها لا تُثبِت وجود إله الكتاب المقدس، بل في حقيقة الأمر أيضًا لا تثبت وجود أيِّ إله من الأساس. وعلى المؤمنين أن يتوقَّعوا إخفاق هذه «البراهين» في إثبات وجود الإله الحقيقي، لأن بعضها على الأقل مستمَدٌّ من فلاسفة وثنيين من قبيل أفلاطون (نحو عام ٤٢٨–٣٤٨ ق.م.) وأرسطو (نحو عام ٣٨٤–٣٢٢ ق.م.).

الحُجَّة الوجودية [The Ontological Argument]: تَنُصُّ الحُجة الوجودية عن وجود الله على أنَّ تفكير الإنسان في أنَّ الله موجود ككائنٍ كاملٍ هو ما يبرهن على وجود الله. بعبارة أخرى، بما أنَّ الإنسان يستطيع أن يفكِّر في أن الله موجود ككائن كامل، فلا بد إذن أن هذا الإله موجودٌ، لأن عدم وجوده لن يجعل منه كائنًا كاملًا. يجب تحذير المؤمنين من أنَّ الفيلسوف اليوناني أفلاطون كان يتبنَّى شكلًا من أشكال هذه الحُجَّة، لكنه خلُص في النهاية إلى أنها تُثبِت وجود العديد من «الأشكال» الشخصية، وليس وجود إله واحد فحسب. كان أفلاطون يرى أن مفاهيم الإنسان عن الأشياء الكاملة لا يمكن أن تكون مستمَدَّة من الأشياء الموجودة في هذا العالم غير الكامل، ومن ثمَّ، فإن هذه المفاهيم مستمَدَّة من أشياء حقيقية موجودة في «عالم الأشكال» الفائق والمتسامي.[٥] [٦]

طَرَحَ أنسلم أسقف كانتربري Anselm of Canterbury (١٠٣٣–١١٠٩) الشكل المسيحي الكلاسيكي للحُجة الوجودية في مؤلَّفيه بعنوان «*Monologion*» («مونولوج في عقلانية وجود الله»)، و«*Proslogion*» («خطاب في وجود الله»). قال أنسلم إننا نستطيع التفكير في شيءٍ كامل بصورة مطلقة («أي في شيء لا يمكن التفكير فيما هو أعظم منه»).[٧] لكن، إذا لم يكن هذا الشيء موجودًا، فهو إذن ليس كاملًا بصورة مطلقة، لأن الوجود هو حتمًا جانبٌ من جوانب الكمال. وفي تلك الحالة، يمكننا التفكير في شيء أعظم، موجود ليس فقط في أفكارنا بل في الواقع أيضًا. وهكذا، استنتج أنسلم أنه لا بد بالضرورة من وجود شيء كامل بصورة مطلقة، وهذا الشيء هو الله.

---

5 John M. Frame, *Apologetics to the Glory of God: An Introduction* (Phillipsburg, NJ: P&R, 1994), 115–16; John M. Frame, *A History of Western Philosophy and Theology* (Phillipsburg, NJ: P&R, 2015), 63–70; Frederick Copleston, *A History of Philosophy* (London: Search Press, 1946), 1:163–206.

٦ [المترجم]: قال أفلاطون في حواراته السقراطية إنه بسبب كون العالم المادي متغيرًا، فهو أيضًا غير جدير بالثقة. لكن، اعتقد أفلاطون أيضًا أن ذلك ليس كلَّ شيء. فوراء ما يبدو من هذا العالم غير الجدير بالثقة، هناك عالَم الدوام والموثوقية. دعا أفلاطون هذا العالَمَ الدائمَ، ومن ثم العالَمَ الأكثر واقعية، عالَمَ الأشكال أو الأفكار. فطبقًا لأفلاطون، لكلِّ خاصية أو شيء يمكن تصوُّره هناك شكل مقابل، أي مثال تام لذلك الشيء أو تلك الخاصية.

7 Anselm, *Proslogion*, 2, in Anselm of Canterbury, *The Major Works*, ed. Brian Davies and G. R. Evans, Oxford World's Classics (Oxford: Oxford University Press, 1998), 87.

وينبغي أن ننبِّه القارئ إلى أن مفكِّرين غير إنجيليين أيضًا قد تبنُّوا شكلًا من أشكال هذه الحجة، منهم رينيه ديكارت René Descartes (١٥٩٦-١٦٥٠)، وباروخ سبينوزا Baruch Spinoza (١٦٣٢-١٦٧٧)، وجوتفريد فيلهلم فون لايبنيز Gottfried Wilhelm von Leibniz (١٦٤٦-١٧١٦)، وجورج هيجل George Hegel (١٧٧٠-١٨٣١)، وتشارلز هارتشورن Charles Hartshorne (١٨٩٧-٢٠٠٠)، دون أن يصلوا بهذا إلى إله الكتاب المقدس.

الحُجة الكونية [The Cosmological Argument]: من «البراهين الطبيعية» الأخرى هو تلك الحُجة المستمَدة من العالم المخلوق، والتي تؤيِّد وجود عِلَّة أساسيَّة أعظم لكلِّ شيء. عبَّر توما الأكويني Thomas Aquinas (١٢٢٥-١٢٧٤) عن ذلك في «البرهان الأول»، و«البرهان الثاني»، و«البرهان الثالث» من البراهين (أو الطرق) الخمسة التي قدَّمها لإثبات وجود الله. علَّم توما الأكويني أنه لا يمكن أن يوجد تسلسُل لا نهائي من العلل، ومن ثَمَّ، أنه ينبغي الوقوف عند محرِّك أول، لا يحرِّكه غيره، إنما يحرِّك هو كلَّ شيء آخر («البرهان الأول»)، وكذلك الوقوف عند «علَّة أولى» أو «مُسَبِّب أوَّل» («البرهان الثاني»)، وهو كائن أوَّل ضروري بصورة مطلقة، وكافٍ كي يوجِد كلَّ الأشياء المخلوقة («البرهان الثالث»). وتلك «العِلَّة الأولى» هي الله.[8]

لكن، يَلزَم التنويه إلى أن الغزالي، الفيلسوف المُسلِم (١٠٥٨-١١١١م)، استخدم شكلًا من أشكال الحُجة الكونية للدفاع عن وجود الله. ولاحقًا، تبنَّى جوتفريد فيلهلم فون لايبنيز، الفيلسوف التنويري غير الإنجيلي، أيضًا الحُجة الكونية.

الحُجة الغائية [The Teleological Argument]: أحد «البراهين الطبيعية» الأخرى هو الحُجة الغائية، وهي تلك الحُجة المستمدة من تصميم الكون. تؤكِّد هذه الحُجة («البرهان الخامس» الذي قدَّمه توما الأكويني) أن الصفات المعقَّدة في الكون، مثل النظام، والتصميم، والغرض، والذكاء، هي نتاج عمل مصمِّم ذكي له قصد وغاية، وهو الله. تبنَّى هذه الحجة أيضًا أناس غير مسيحيين، مثل أفلاطون، وأرسطو، وإيمانويل كانط Immanuel Kant (١٧٢٤-١٨٠٤). ومن ثَمَّ، لا تقود هذه الحجة البشر بالضرورة إلى الإله الحقيقي.

الحُجة الأخلاقية [The Moral Argument]: تفترض الحُجة الأخلاقية أن الظواهر الأخلاقية في الإنسان (مثل الضمير، ومبدأ الثواب والعقاب، والقِيَم الأخلاقية، والخوف من الموت والعقاب) توحي ضمنًا بوجود كائن أخلاقي، هو الذي خلق النظام الأخلاقي في العالم، ويحفظه. يَظهَر أحد أشكال الحُجة الأخلاقية في «البرهان الرابع» الذي قدَّمه توما الأكويني، والذي يستنتج من تدرُّج وتفاوُت الكائنات في مراتب وجودها وصفاتها وجود كائن كامل تمامًا، هو عِلَّة هذه الكائنات. ورأى توما الأكويني أن هذا الكائن المطلق هو حتمًا عِلَّة كلِّ الكمالات التي تميِّز الكائنات الأخرى، مثل الصلاح، والصدق، وغيرها من الصفات. وهذا الكائن المطلق «ندعوه الله». لكن لاحظ جيدًا أن إيمانويل كانط، فيلسوف التنوير، قدَّم أيضًا شكلًا من أشكال الحُجة الأخلاقية، لكنه رفض مع ذلك كلًا من عقيدة الثالوث وعقيدة التجسُّد.

8 Thomas Aquinas, *The Summa Theologica*, trans. Fathers of the English Dominican Province, ed. Kevin Knight, 2nd ed. (Kevin Knight, 2008), 1.2.3, http://www.newadvent.org/summa/1002.htm#article3.

حُجج أخرى: هناك حُجَّتان أخريان جديرتان بالذكر بإيجازٍ. أولًا، تَنُص حُجة «عالمية التديُّن» [the universality of religion argument] على أن معظم البشر في العالم يؤمنون بوجود سلطة شخصية من نوعٍ ما، وغالبية هؤلاء إما يعبدون إلهًا شخصيًا واحدًا وإما أكثر، أو يصيغون عباداتهم بمفردات شخصيةٍ، ومن ثَمَّ، فإن عالمية التديُّن هذه تشير إلى شيءٍ ما في طبيعة الإنسان. والتفسير الأكثر منطقية لأصل هذا الجانب من الطبيعة البشرية هو أنَّ قوة أعلى جعلت الإنسان كائنًا متديِّنًا. ثانيًا، تؤكِّد حُجة «تقدُّم البشرية» [the progress of humanity argument] أن التقدُّم الواضح في الحضارة الإنسانية عبر التاريخ يَدُل على أن الإنسان في سبيله إلى تنفيذ خطة حاكمٍ للعالم، حكيم وكليِّ القدرة، وهذا الحاكم هو الله.

الردُّ على «البراهين الطبيعية»: تمثِّل «البراهين الطبيعية» جميعها فكرًا لاهوتيًّا مؤسَّسًا على منطق الإنسان، ولا تقود بالضرورة إلى الإله الحقيقي. هذه «البراهين الطبيعية» هي أمثلة لتكوين فكر لاهوتي «من الأسفل»، وقياس الله على مقاييس الفكر البشري. وكما ألمحت الملاحظات أعلاه، لا تقود هذه الحُجج منطقيًّا بالضرورة إلى الله الواحد في ثلاثة أقانيم، الذي هو إله الكتاب المقدس، لأن كثيرين ممَّن استخدموها لم يؤمنوا بالإله الحقيقي. وهذه «البراهين الطبيعية» بمفردها لا تُثبِت وجود أيِّ إله، دون افتراض مسبق أولًا بشأن مَن هو الإله.

وفيما يلي بعض الانتقادات العامة لهذه التي تسمَّى «البراهين»:

١. لا يستلزِم أيٌّ من هذه الحجج وجود إله واحد فحسب، ولا يستلزم أيٌّ منها أن يكون هذا الإله هو إله الكتاب المقدس، بل قد تشير هذه الحُجج بالسهولة نفسها إلى كائنات متعدِّدة.
٢. لا يشير أيٌّ من هذه الحجج بالضرورة إلى شيء صالح تمامًا أو غير قابل للتغيُّر، نظرًا لأن العالم يتَّسم بقدرٍ كبيرٍ جدًا من الشرِّ والتغيُّر.
٣. لا يشير أيٌّ من هذه الحجج بالضرورة إلى شيء كامل، نظرًا لأن الكمال يفوق قدرة الإنسان على الإدراك والتفكير، ولأن الأفكار البشرية موجودة بالضرورة داخل الإنسان فقط، وليس لدى جميع البشر مفهوم مشترَك عن الكمال.
٤. لا يُثْبِتُ أيٌّ من هذه الحجج استحالة وجود تسلسُل لا نهائي من العِلل، ولا يَستلزِم أيٌّ منها أن تكون العِلَّة الأولى أو المصمِّم الأول «إلهًا»، ما لم يكن المرء قد افترض مسبقًا تعريفًا لمعنى «الإله».

- فائدة «البراهين الطبيعية» كحُجج كتابيَّة

إن ردَّ الفعل الموضَّح أعلاه بشأن عدم كفاية «البراهين الطبيعية» على وجود الله ينبغي أن يحذِّرنا من أن نحسب أن هذه البراهين تحمل قيمة جوهرية في ذاتها، باعتبارها أدلة مستنبَطة بشريًّا على وجود الله. فإن هذه البراهين هي دون جدوى كحُجج من صُنع الإنسان؛ ولا تُثبِت وجود الله الواحد في ثلاثة أقانيم، الذي هو إله الكتاب المقدس. ومع ذلك، من الممكن أن تكون هذه البراهين نافعة، إذ عندما تُستمَد من الكتاب المقدس، تصير صياغات من الحق الكتابي، ويمكن للروح القدس أن يستخدمها لإقناع الناس بصحَّتها.

وعند النظر في فائدة هذه الحُجج المؤيِّدة لوجود الله، ينبغي أن نطرح أولًا عدة أسئلة:

١. هل يمكن أن يكون أيٌّ من هذه الحجج صحيحًا دون جلب افتراضات مسبقة من الخارج؟
٢. ما هي الافتراضات المسبَقة التي تجعل كلَّ حجة «ناجحة»؟
٣. هل منطق هذه الحُجج مقنعٌ لدرجة أن نتوقَّع من أيٍّ منها أن تُقْنِع شخصًا عقلانيًّا ذا رأي مغاير؟ وهل يستلزم منطقها أن يُعتَبَر رفض شخص عقلاني ذي رأي مغاير لها بمثابة تصرفٍ غير عقلاني؟
٤. هل يمكن أن تفيد هذه الحجج في خدمة الإنجيل؟ وإذا كان الجواب نعم، فكيف يمكن ذلك؟

هذه «البراهين»، باعتبارها «براهين طبيعية»، أي حُججًا مبنيَّة على ملاحظة الإنسان للطبيعة واستنتاجاته المنطقية بشأنها، لا تُثْبِتُ منطقيًا وجود الإله الحقيقي. كتب لويس بيركهوف (Louis Berkhof) أنه «لا يمكن القول إن أيًّا من هذه البراهين مُقنِع بدرجة مطلقة».[9] وقطعًا، لا يعني ذلك أن وجود الله مخالفٌ للمنطق، بل يعني بالأحرى أن هذه الحجج لا تنجح في إثبات وجود الله بطريقة مقنِعة لأولئك الذين يحجزون الحقَّ بالإثم (رومية ١ : ١٨). لكن في المقابل، يجب أن يُنظَر إلى هذه البراهين بالتنسيق مع الافتراضات الكتابية المسبقة، وهي أن إله الكتاب المقدس موجودٌ، وأنه إله واحد، وأنه متسلِّط بسيادته وقدرته على كلِّ الخليقة. وفي حين قدَّم الله في الخليقة والضمير براهين كافية على وجوده، يحجز غيرُ المؤمنين حقَّ الإعلان العام بالإثم (رومية ١ : ١٨-٢١). ومن ثَمَّ، لدى جميع البشر وعيٌ داخلي بأن الله موجود، ولكنهم في فسادهم يحجزون معرفة الله المعلَنة في الطبيعة، ويحرِّفونها.

وبسبب الفساد الكليِّ للإنسان، امتدَّت لعنة الخطية حتى إلى ذهنه، فصار ذهنه باطلًا، وفكره مظلمًا، وصار يسلك في جهلٍ (أفسس ٤ : ١٧-١٨). وبسبب الخطية، فسدت قدرة الإنسان الطبيعي على التفكير بعقلانية. ولذلك، ينبغي ألا يعتمد المؤمنون على «البراهين الطبيعية» وحدها كأدلة على وجود الإله الحقيقي.

في الواقع، يجب أن يَحدث تغيير جذري أعمق حتى يصل الإنسان الخاطئ إلى معرفة حقيقية بإله الكتاب المقدس، الواحد في ثلاثة أقانيم. فلأن أذهان غير المؤمنين قد أُعميت عن مجد الله المعلَن في المسيح (٢كورنثوس ٤ : ٤)، هم ليسوا بحاجة إلى مزيدٍ من الأدلة، سواء كانت أدلة منطقية أو تجريبية، لكنهم بحاجة إلى أعينٍ جديدة حتى يقيِّموا الأدلة الكافية المتاحة لديهم بالفعل تقييمًا سليمًا. فهم بحاجة إلى اختبار معجزة الميلاد الثاني، التي بموجبها يُحيي الله القلب غير المؤمن، مشرقًا في داخله بنور معرفة مجده (٢كورنثوس٤ : ٦). ولا يحدث ذلك إلا عن طريق الكرازة بالإنجيل، بأن يسوع المسيح هو ربٌّ (٢كورنثوس٤ : ٥).

---

9 Louis Berkhof, *Systematic Theology*, 4th ed. (Grand Rapids, MI: Eerdmans, 1941), 27.

في النهاية، إذن، إن عطية الإيمان الذي يقود إلى الخلاص، والتي يعطيها الروح القدس بواسطة كلمة الله (رومية ١٠: ١٧؛ يعقوب ١: ١٨؛ ١بطرس ١: ٢٣-٢٥)، هي فقط القادرة أن تمدَّ الإنسان بالأساس لمعرفة الله (عبرانيين ١١: ١، ٦). قال بيركهوف عن المؤمنين إن «قناعتهم بشأن وجود الله لا تَعتمد عليها [أي على «البراهين الطبيعية»]، بل على قبول إعلان الله عن ذاته في الكتاب المقدس بإيمان».[١٠] يؤمن المسيحيون الحقيقيون بأن الله موجودٌ لأن الله، بنور مجده الذي يشهد لذاته، قد أشرق في قلوبهم بواسطة كلمة الله.[١١]

لكن مع ذلك، تحقِّق «البراهين الطبيعية» أهدافًا مشروعة تتعلَّق بالخدمة، حين يُنظَر إليها ليس باعتبارها براهين مستنبَطةً بشريًا، بل باعتبارها ملخَّصات وصياغات كتابية للإعلان الطبيعي وللشهادات عن وجود إله الكتاب المقدس. أوضح بيركوف هذا جيِّدًا قائلًا:

> إنها مهمة لأنها تفسيرات لإعلان الله العام، تُظهِر معقولية الإيمان بكائن إلهي. علاوة على ذلك، يمكن أن تحقِّق بعض الفائدة في مواجهة الخصم. ففي حين أنها لا تُثبِت وجود الله على نحو لا يرقى إليه الشك، بدرجة تدفع الناس إلى قبولها، لكن يمكن أن تُفسَّر بأنها تُوْجِدُ احتمالية قوية، ومن ثَمَّ، تُسكِت الكثير من غير المؤمنين.[١٢]

ويضيف بافينك (Bavinck) قائلًا: «لكن على الرغم من ضعفها كأدلة، هي قوية كشهادات. فهي لا تُجبِر عقل غير المؤمن على قبولها، لكنها آيات وشهادات لا تُخفِق البتة في ترك انطباع في نفس أيِّ إنسان».[١٣] ومن ثَمَّ، فإن «البراهين الطبيعية» يمكن أن تُرشِد المؤمن وتشجِّعه، وأن تُسكِت غير المؤمن، لكن فقط عندما تكون مستمَدَّة من الكتاب المقدس، ومن ثَمَّ مشتركة معه في الفكر. فعندئذٍ فقط، ستعمل هذه الحجج على النحو الذي صُمِّمت لأجله، أي أن تكون جزءًا مشروعًا من الكرازة بالإنجيل للشهادة على وجود الله.

نجد في عظة بولس التي قدَّمها للفلاسفة اليونانيين في أريوس باغوس نموذجًا مهمًّا للدفاع السليم عن وجود الله (أعمال الرسل ١٧). من المهم أن نلاحظ، أولًا، أن بولس لم يَخُض حوارًا، لكنه ألقى عظة. فقد قال: «لأَنَّنِي بَيْنَمَا كُنْتُ أَجْتَازُ وَأَنْظُرُ إِلَى مَعْبُودَاتِكُمْ، وَجَدْتُ أَيْضًا مَذْبَحًا مَكْتُوبًا عَلَيْهِ: «لإِلهٍ مَجْهُول». فَالَّذِي تَتَّقُونَهُ وَأَنْتُمْ تَجْهَلُونَهُ، هذَا أَنَا **أُنَادِي** لَكُمْ بِهِ» (أعمال الرسل ١٧: ٢٣). كرز بولس للفلاسفة، وفي أثناء قيامه بذلك، استقى من الفكر اللاهوتي للعهد القديم عن الله وعن

---

10 Berkhof, *Systematic Theology*, 27.

للاطلاع على مثال لعلماء لاهوت يعتمدون بدرجة أكبر على حُجج دفاعية عقلانية لإثبات وجود الله، انظر:

John Gill, *Body of Divinity* (1769–1770; repr., Atlanta, GA: Turner-Lassetter, 1950), 1–10.

١١ للاطلاع على المزيد بشأن مجد الكتاب المقدس الذي يشهد لذاته، باعتباره المبرِّر السليم للإيمان، انظر:

John Piper, *A Peculiar Glory: How the Christian Scriptures Reveal Their Complete Truthfulness* (Wheaton, IL: Crossway, 2016).

12 Berkhof, *Systematic Theology*, 28.

13 Herman Bavinck, *The Doctrine of God*, trans. William Hendriksen (1951; repr., Edinburgh: Banner of Truth, 2003), 79.

الخليقة، مطبِّقًا إياه بغرض دحض المعتقدات الخاطئة للإبيقورية، والرواقية، وغيرها من الفلسفات الأخرى عن الله، والطبيعة، والغرض، والموت، والخطية.

على سبيل المثال، كرز بولس بأن الله هو الخالق المتسامي، والشخصي، والمتحكِّم في كل شيء بقدرته السياديَّة: فهو «الَّذِي خَلَقَ الْعَالَمَ وَكُلَّ مَا فِيهِ، هذَا، إِذْ هُوَ رَبُّ السَّمَاءِ وَالأَرْضِ» (أعمال الرسل ١٧: ٢٤). يعكس هذا التصريح الفكر اللاهوتي للعهد القديم (راجع تكوين ١: ١؛ خروج ٢٠ :١١؛ إشعياء ٤٢: ٥)، ويتعارض بشكل مباشر مع وجهة النظر الإبيقورية التي تقول إن كلَّ شيء جاء إلى الوجود عن طريق التقاء ذرَّات أزلية بمحض الصدفة.[١٤] كذلك، دحض تصريحُ بولس المفهومَ الرواقيَّ الذي يقول إن كلَّ شيء في العالم نشأ من أصل قَدَري عقلاني وغير شخصي (وهو اللوجوس).[١٥]

واجَهَ بولس الإبيقوريين أيضًا بالحقِّ المذكور في العهد القديم، الذي يقول إن الإله الشخصي والمتحكِّم في كلِّ شيء كائنٌ باستقلالٍ عن المنشآت التي يشيِّدها الإنسان: «الإِلهُ الَّذِي خَلَقَ الْعَالَمَ وَكُلَّ مَا فِيهِ، هذَا، إِذْ هُوَ رَبُّ السَّمَاءِ وَالأَرْضِ، لاَ يَسْكُنُ فِي هَيَاكِلَ مَصْنُوعَةٍ بِالأَيَادِي» (أعمال الرسل ١٧: ٢٤). لم ينكر بولس إمكانية أن يستعلن الله حضوره في بنايات أرضية، مثل خيمة الاجتماع والهيكل في العهد القديم، لكنه رفض أن يكون بحاجة إلى منشآت مادية ليسكن فيها. وقد كان هذا التصريح أيضًا مذكورًا سلفًا في العهد القديم. ففي تأمُّل سليمان الملك في الهيكل الذي أوصاه الله ببنائه، خاطب اللهَ قائلًا: «لأَنَّهُ هَلْ يَسْكُنُ اللهُ حَقًّا عَلَى الأَرْضِ؟ هُوَذَا السَّمَاوَاتُ وَسَمَاءُ السَّمَاوَاتِ لاَ تَسَعُكَ، فَكَمْ بِالأَقَلِّ هذَا الْبَيْتُ الَّذِي بَنَيْتُ؟» (١ملوك ٨: ٢٧). ولاحقًا، سلَّم إشعياء رسالة من الله تقول: «هكَذَا قَالَ الرَّبُّ: ‹السَّمَاوَاتُ كُرْسِيِّي، وَالأَرْضُ مَوْطِئُ قَدَمَيَّ. أَيْنَ الْبَيْتُ الَّذِي تَبْنُونَ لِي؟ وَأَيْنَ مَكَانُ رَاحَتِي؟› «(إشعياء ٦٦: ١). وقد دحض استخدام بولس للفكر اللاهوتي للعهد القديم الإيمان الإبيقوري القائل إن الآلهة تعيش في هياكل مصنوعة بأيدي بشر.

على نحو مماثل، استخدم بولس الفكر اللاهوتي للعهد القديم لدحض المعتقدات الرواقية والإبيقورية بشأن واجب الإنسان بأن يقدِّم للآلهة خدمة لائقة. علَّم الرواقيون أن الإنسان ينبغي أن يعيش في حالة تقبُّل وامتثالٍ سلبي لقَدَرٍ غير شخصي، أو غير عاقلٍ.[١٦] فقد اعتقدوا أن المرء ينبغي أن يسلك بمبدأ يسمَّى *apatheia* (أي اللا مبالاة الخالية من أية عاطفة). أما الإبيقوريون، فعلَّموا أنه على الإنسان أن يخدم الآلهة من خلال مبدأ يسمَّى *atarxia* (أي اللذة العقلية)، والذي كان يعني، بالنسبة لهم، غياب الرغبة في أية متعة.[١٧] تبنَّى الرواقيون والإبيقوريون، إذن، وجهات نظر مختلفة بشأن الشكل الذي ينبغي أن تكون عليه خدمة البشر للآلهة، لكنَّ كلا النظامين أرسَى الاعتقاد بأن

١٤ للاطلاع على ملخَّص مفيد للفلسفة الإبيقورية والفلسفة الرواقية، انظر:
Carl F. H. Henry, *Christian Personal Ethics* (Grand Rapids, MI: Eerdmans, 1957), 33–36, 74

١٥ [المترجم]: يقول الرواقيون إن العقل أو اللوجوس هو الأصل الفعَّال أو العِلَّة الفعَّالة في العالم، وهو الذي يشيع الحياة في العالم، وينظِّم ويوجِّه العنصر السلبي في العالم، الذي بحسب رأيهم هو «المادة».

١٦ [المترجم]: تقول الفلسفة الرواقية إن القَدَرَ يحدِّد كلَّ شيء في الحياة؛ ومن يتقبل ذلك يُرضيه القَدَرَ، ومن يقاوم يُرغِمه القَدَرَ.

١٧ [المترجم]: يقول الإبيقوريون إن اللذة هي الهدف من حياة الإنسان. وهذه اللذة غير قاصرة على اللذة الجسدية، بل تسمو اللذة العقلية عليها. ولا يتعلَّق الأمر بالسعي وراء اللذة الوقتية، بل بالحدِّ من الرغبات والاحتياجات، والعيش في بساطة واعتدال.

الآلهة محتاجةٌ إلى خدمة الإنسان. لم ينكر بولس أنه ينبغي للإنسان أن يخدم الله، لكنه رفض أن يكون الإله الحقيقي محتاجًا إلى خدمة الإنسان: «وَلاَ يُخْدَمُ بِأَيَادِي النَّاسِ كَأَنَّهُ مُحْتَاجٌ إِلَى شَيْءٍ» (أعمال الرسل ١٧: ٢٥). وربما يكون بولس قد أوضح أيضًا في كلامه أن مفهوم العهد القديم بشأن واجب الإنسان نحو الله يتعلَّق بالمحبة (تثنية ٦: ٤-٢٥). على أية حال، كرز بولس بالفكر اللاهوتي للعهد القديم بطريقة واضحة، قائلًا إن الإله الحقيقي المتحكِّم في كلِّ شيء لم يكن محتاجًا إلى شيءٍ من الإنسان:

> «لاَ آخُذُ مِنْ بَيْتِكَ ثَوْرًا، وَلاَ مِنْ حَظَائِرِكَ أَعْتِدَةً لأَنَّ لِي حَيَوَانَ الْوَعْرِ وَالْبَهَائِمَ عَلَى الْجِبَالِ الأُلُوفِ. قَدْ عَلِمْتُ كُلَّ طُيُورِ الْجِبَالِ، وَوُحُوشُ الْبَرِّيَّةِ عِنْدِي. إِنْ جُعْتُ فَلاَ أَقُولُ لَكَ، لأَنَّ لِي الْمَسْكُونَةَ وَمِلأَهَا» (مزمور ٥٠: ٩-١٢).

ويتجلَّى مثالٌ آخر لاستخدام بولس للفكر اللاهوتي للعهد القديم في دحض المعتقدات الخاطئة للإبيقوريين والرواقيين في كرازته بأن الله، بصفته الخالق الشخصي والمتحكِّم في كل شيء، يدير بعنايته العالم وحياة الإنسان. فهو يمدُّ جميع البشر بما يحتاجون إليه ليعيشوا: «إِذْ هُوَ يُعْطِي الْجَمِيعَ حَيَاةً وَنَفْسًا وَكُلَّ شَيْءٍ» (أعمال الرسل ١٧: ٢٥)، كما أنه عيَّن للبشر أيضًا حياتهم القومية، بكلٍّ من أوقاتها وحدودها: «وَصَنَعَ مِنْ دَمٍ وَاحِدٍ كُلَّ أُمَّةٍ مِنَ النَّاسِ يَسْكُنُونَ عَلَى كُلِّ وَجْهِ الأَرْضِ، وَحَتَمَ بِالأَوْقَاتِ الْمُعَيَّنَةِ وَبِحُدُودِ مَسْكَنِهِمْ» (أعمال الرسل ١٧: ٢٦). دحضت هذه الرسالة المعتقد الإبيقوري بأن الحياة نشأت من التقاء ذرَّات بمحض الصدفة، وبأن كلَّ شيء في التاريخ قد حدث بسبب ممارسة الإنسان لحرية إرادته بالتعاون مع طبيعة جامدة وغير شخصية. كذلك، عارضت كرازة بولس التأكيدات الرواقية على أن الحياة نشأت من أصل «اللوجوس» القَدَري اللا شخصي (أي غير العاقل)، وعلى أنه لم تكن بين الأمم والأشياء في التاريخ فوارق في الأساس، بل جاءت جميعها من قَدَرٍ لا شخصي وغير عاقل. وقد ردَّدت هذه التعاليم التي قدَّمها بولس صدى الفكر اللاهوتي العهد القديم، الذي يقول إن الله خلق كلَّ شيء بشكل شخصي، وأعطى حياة لكلِّ المخلوقات الحية (إشعياء ٤٢: ٥)، وإنه عيَّن مسبقًا أيضًا الوجود السياسي للأمم، وحدودها: «حِينَ قَسَمَ الْعَلِيُّ لِلأُمَمِ، حِينَ فَرَّقَ بَنِي آدَمَ، نَصَبَ تُخُومًا لِشُعُوبٍ حَسَبَ عَدَدِ بَنِي إِسْرَائِيلَ» (تثنية ٣٢: ٨).

ومن خلال كرازة بولس بالإنجيل بناءً على الفكر اللاهوتي للعهد القديم بشأن الله والخليقة، أوضح ما يلي: (١) أن الله هو العِلَّة الشخصية الأولى لكلِّ الخليقة، ومصمِّمها؛ (٢) أنه مستقلٌّ عن العالم، لكنه يتحكَّم فيه عن طريق توجيهه في المسار الذي عيَّنه له؛ (٣) أن كلَّ حياة هي منه ومعتمدة عليه؛ (٤) أنه مصدر الأخلاق، والحَكَمُ النهائي فيها في النهاية؛ (٥) أنه أتاح للخطاة وسيلة نجاه من الدينونة الأخيرة، بالتوبة عن الخطايا وعن عبادة الأوثان. وهكذا، استخدم بولس جوانب من «البراهين الطبيعية» المختلفة، دون أن يستمدَّ هذه المفاهيم من المنطق البشري، بل استمدَّها من إعلان الله عن ذاته في العهد القديم. إذن، اقتبس بولس قولًا جاء على لسان إبيميننديس (Epimenides) (نحو القرن السادس قبل الميلاد)، الشاعر الإغريقي الوثني، ليس باعتباره مصدرًا للحق، بل ليُظهِر للأريوباغيين أن رموزهم الثقافية كانوا يعرفون الحقَّ حتى وإن رفضوه وأنكروه (أعمال الرسل ١٧: ٢٨؛ راجع تيطس

١ : ١٢). كرز بولس بإعلان الله ليدحض إيمان الفلاسفة اليونانيين الزائف بالآلهة، مظهرًا بهذا أن «البراهين الطبيعية» على وجود الله ينبغي ألا تلجأ في الأساس إلى فكر الإنسان، بل إلى إعلان الله عن ذاته في الكتاب المقدس.[١٨]

في المجمَل، إذن، الله موجودٌ. وهو موجود كما أعلن عنه الكتاب المقدس. والسبب الذي يدفع المرء إلى أن يؤمن بأن الله موجود هو قول الله نفسه إنه موجود. فإن وجود الله ينبغي ألا يُقبل على أساس المنطق البشري، لأن هذا المنطق محدودٌ بالزمان والمكان، ولأنه فَسدَ بفعل الخطية الساكنة في الإنسان. أعلن الله عن ذاته على نحو كافٍ في الكتاب المقدس، لكن ليس على نحو شامل. فليس بمقدور الإنسان أن يعرف إلا ما أعلنه الله عن طبيعته وأعماله في الكتاب المقدس، لكنَّ هذا القدر كافٍ ليعرف البشر الله في علاقة شخصية تقود إلى الخلاص. وإحدى الطرق التي أعلن بها الله عن ذاته للإنسان على نحو كافٍ وشخصي هي الأسماء المختلفة والمتعدِّدة التي وصف بها الله نفسه في الكتاب المقدس. وسننتقل الآن إلى تناوُل أسماء الله.

أسماء الله

- الاسم «يهوه» Yahweh، والأسماء المركَّبة منه
- الاسم «إيل» *El*، والأسماء المركَّبة منه
- الاسم «أدون/أدوناي» *Adon/Adonai* : «السيِّد»
- الاسم «تزور» *Tsur*: صخرة
- الاسم «آب» *Ab*: أب

يرمز اسم الإنسان إلى كلِّ ما يتعلق بشخصه وما يعمله. ويتعدَّى معنى الاسم مجرَّد «التعريف المعجمي» له، الذي لا يعرفه الكثيرون حتى عن أسمائهم الشخصية؛ لكنه يشمل طبيعة ذلك الشخص، ومكانته، وأعماله داخل السياق الذي يعيش فيه. ومن ثَمَّ، يتفرَّد كلُّ شخص باسمه، لأن كلَّ شخص يضفي على اسمه معنى شخصيًّا وخاصًّا.

وفي الكتاب المقدس، ولا سيما العهد القديم، كانت أسماء الأشخاص تمثِّل أهمية، لأن المعنى المعجمي لتلك الأسماء كان يعكس، أو يُؤمَل أن يعكس، شيئًا ما عن ذلك الشخص. وبالنسبة إلى الله وإلى شعب إسرائيل، كانت أسماء الله مهمة على نحو خاص، لأنها كانت تعلن جوانب من شخصه، ومن أعماله، سواء أعماله المتعلقة بذاته، أو أعماله المتعلِّقة بخليقته. وقد كانت أسماء الله تمثِّله شخصيًّا لدرجة أنَّ طريقة تعامُل أحدهم مع اسم الله كانت تعادل طريقة تعامله مع الله ذاته (راجع ملاخي ١ : ٦-٧، ١١-١٤). ولا عجب أن توقَّع موسى، حين وقف أمام العليقة المشتعلة، ردَّ فعل العبرانيين في مصر

١٨ لمزيدٍ من التطبيقات الدفاعية المشروعة على مقطع أعمال الرسل ١٧ : ١٦—٣٤، انظر:
Greg L. Bahnsen, *Always Ready: Directions for Defending the Faith*, ed. Robert R. Booth (Nacogdoches, TX: Covenant Media Foundation, 1996), 235–76.

تجاه إعلانه بأن «إِلهُ آبَائِكُمْ أَرْسَلَنِي إِلَيْكُمْ»، وهو أن يسألوا: «مَا اسْمُهُ؟» (خروج ٣: ١٣). وليس من المستغرَب أن يعتبر الله اسمه مقدَّسًا، وأن يقيِّم بدقة توجُّهات البشر من نحو هذا الاسم. فقد وعد الله بأنه عندما يَرُد إسرائيل في المستقبل، سوف «يغار» على «اسْمِي الْقُدُّوسِ» (حزقيال ٣٩: ٢٥).

ويركِّز القسم التالي على أسماء الله وألقابه في العهد القديم. أما أسماء الله وألقابه في العهد الجديد، فينبغي أن يُنظر إليها بكونها استمرارًا لمعاني العهد القديم، مع أنها تكشف تدريجيًّا المزيد بشأن تطبيقاتها على أعمال الله في الزمن.

⬅ الاسم «يهوه» والأسماء المركَّبة منه

- يهوه

الاسم يهوه هو أشهر اسم دُعي به الله في العهد القديم، ويَظهَر فيه أكثر من ٦٨٠٠ مرة. هذا الاسم مشتقٌّ من التتراجراماتون [tetragrammaton][١٩] (وهي الأحرف العبريَّة الأربعة التي تُنسَخ بحسب نطقها إلى الكلمة الإنجليزية «YHWH»).[٢٠] أعلن الله أن هذا الاسم هو «اسمه»، ومن العليقة المشتعلة أعلن أيضًا أنه «اسْمِي إِلَى الأَبَدِ» (خروج ٣: ١٣-١٥). ويعبِّر هذا الاسم عن طبيعة الله السرمديَّة وغير المتغيِّرة. وكما نرى في خروج ٣: ١٥، كان الاسم يهوه هو ما قصده الله من إجابته عن سؤال موسى في ٣: ١٣، «مَا اسْمُهُ؟» وأجاب الله بأن اسمه «أَهْيَهِ الَّذِي أَهْيَهْ»، و«أَهْيَهِ» (خروج ٣: ١٤)، ثم وصف هذا الاسم «يهوه» بأنه «اسْمِي إِلَى الأَبَدِ» (خروج ٣: ١٥). ومع أن اسم الله هذا كان معروفًا من قبل العليقة المشتعلة (على سبيل المثال، تكوين ٤: ٢٦؛ ٥: ٢٩؛ ٩: ٢٦؛ ١٤: ٢٢)، لكن وفقًا لما جاء في خروج ٦: ٣، قال الله لموسى عن إبراهيم وإسحاق ويعقوب: «وَأَمَّا بِاسْمِي ‹يَهْوَهْ› فَلَمْ أُعْرَفْ عِنْدَهُمْ». ليس ثمة تناقض بين نصوص سفر التكوين المذكورة أعلاه ونص خروج ٦: ٣، لأن الفعل الذي تُرجِم «أُعْرَفْ» هنا يشير على الأرجح إلى المعرفة العلاقاتية. فعندما كان آباء إسرائيل يخاطبون الله بالاسم يهوه، لم يكونوا يتعاملون مع الله وهم فاهمون أن يهوه هو «اسمه». والتفسير المحتَمَل الآخر لنص خروج ٦: ٣ هو أن كلمة «أُعْرَفْ» تشير إلى المعرفة الاختبارية، بمعنى أن آباء إسرائيل لم يحصلوا على «الاختبار الكامل لما يَكمُن في هذا الاسم».[٢١]

بعد السبي البابلي، صار شعب إسرائيل يُحجِم عن النطق بالاسم «يهوه»، فكانوا بدلًا منه ينطقون بالاسم العبري «أدوناي» *[Adonai]* – الذي معناه «السيِّد». وعندما يكون الاسم «أدوناي» موجودًا بالفعل في النص المكتوب، مسبوقًا أو متبوعًا بالاسم «يهوه» باعتباره اسم الله، كان الاسم العبري «إلوهيم» *[Elohim]* يحِلُّ محلَّ الاسم يهوه. ويعود سبب هذا التغيير في القراءة الشفهية على الأرجح إلى تبجيل اليهود لهذا الاسم، وخوفهم من التجديف عليه. وقد احترم مترجمو الترجمة السبعينية

١٩ [المترجم]: التتراجراماتون (tetragrammaton) هي كلمة يونانية تعني «أربعة أحرف».

٢٠ [المترجم]: يرى علماء لاهوت العصر الحديث أن الاسم YHWH مشتقٌّ من الجذر العبري المكوَّن من ثلاثة أحرف ساكنة، وهو היה (HYH)، ومعناه «يكون، أو يصير، أو يحدث»

21 Gustav Friedrich Oehler, *Theology of the Old Testament*, 2nd ed. (1884; repr., n.c.: HardPress, 2012), 97.

اليونانية، وكُتَّاب العهد الجديد أيضًا (بوحي من الروح القدس) هذا التقليد اليهودي، مستخدمين الكلمة اليونانية «كيريوس» *Kyrios* (التي معناها «الربُّ» أو «السيد») عند اقتباسهم مقطعًا من العهد القديم يحوي الاسم يهوه. وعندما اخترع الماسوريون نظام علامات الأحرف المتحركة في النصِّ العبري، اتَّبعوا التقليد اليهودي الخاص بنُطق الاسم يهوه، فوضعوا للاسم يهوه «YHWH» علامات الحروف المتحرِّكة للاسم أدوناي *adonai* (*a, o, a*). ومن ثَمَّ، مع أن الاسم كان يُكتَب «YHWH»، لكنه كان يُنطق أدوناي.

قادت هذه الطريقة الماسورية المتمثلة في وضع علامات الحروف المتحركة على الاسم «YHWH» الكُتَّابَ المسيحيين الذين كانوا يكتبون باللغة اللاتينية إلى نسخ الكتابة الماسورية للاسم «YHWH» مع علامات الحروف المتحرِّكة الخاصة بنطق الاسم أدوناي، ليكون الناتج هو الاسم «ييهوفا» [«Ie-hovah»]. ادَّعى البعض أن بيتروس غلاطينوس Petrus Galatinus (نحو ١٤٦٠ - نحو ١٥٣٩) هو الذي ابتكر هذا النَّسخ بحسب النُّطق للكلمة في عام ١٥١٨، إلا أن هذه الكلمة ترد في كتابات مسيحية لاتينية تعود إلى وقت أسبق من هذا، إلى نحو القرن الثاني عشر الميلادي. وهكذا، انتهى الأمر بكنيسة العصور الوسطى إلى مزج الحروف الساكنة للاسم «YHWH» (الذي يُنسَخ بحسب نطقه إلى «IHVH»، أو «يهفه») بالحروف المتحرِّكة للاسم *adonai*، ليصير الناتج هو الاسم «ييهوفا» [Iehovah]. تبنَّى المصلِحون هذه الترجمة النسخية، واستخدمها ويليام تندال (William Tyndale) أيضًا في بعض المقاطع من ترجمته للعهد القديم (١٥٣٠). ثم استَخدمت كلٌّ من الترجمة الإنجليزية المعتمَدة (أو ترجمة الملك جيمس)، التي صدرت في عام ١٦١١ (راجع نص خروج ٦: ٣ في هذه الترجمة)، والترجمة الإنجليزية المنقَّحة English Revised Version، التي صدرت في عام ١٨٨٥ الاسم «چيهوفا» [«Jehovah»] في بعض المقاطع، مع وضع الحرف J محل الحرف I في بداية الكلمة. وصارت هذه هي الترجمة المعتادة للاسم «يهوه» أيضًا في الترجمة الإنجليزية American Standard Version، التي صدرت في عام ١٩٠١. لكن معظم الترجمات الإنجليزية الحديثة احترمت تقليد عدم نطق هذا التتراجراماتون، فترجمت الاسم «YHWH» إلى LORD، مع كتابته بأحرف كبيرة لتمييزه عن ترجمة الاسم أدوناي [*Adonai*] [المترجم: الاسم أدوناي العبري يُترجَم في الإنجليزية إلى Lord بأحرف صغيرة (على سبيل المثال: خروج ٤: ١٠)]

لمعنى الاسم يهوه أهمية لاهوتية. فبما أن الاسم مشتقٌّ من الفعل العبري للكينونة (*khavah*)، وأيضًا في ضوء خلفية نص خروج ٣: ١٤-١٥، يكون المعنى الأساسي للاسم يهوه: «هو يكون» أو «هو سيكون». وهكذا، يشير الاسم إلى أن الله «كائن» و«يشاء أن يكون». يوحي الاسم ضمنًا بأن الله لم تكن له بداية، ولن تكون له نهاية، وأنه حاضرٌ وموجودٌ دائمًا. ويوحي الاسم ضمنًا أيضًا بأن كينونة الله مستَمَدَّة من قراره الذاتي بأن يكون، وبأن يكون ما هو عليه. ومن ثَمَّ، فإن الله، منذ الأزل وإلى الأبد، هو مَن هو وما هو عليه.

بما أن الله أعلن هذا الاسم لموسى في ظرف تاريخي محدَّد، وبما أنه تصرَّف بصفته يهوه في أحداث سابقة، وكان من شأنه أن يتصرَّف بصفته يهوه في أحداث مستقبلية، فإن هذا الاسم يمكن أن يشير إذن إلى ثبات كينونة الله في وسط الأحوال المتغيِّرة لخليقته، ولا سيما شعبه. على سبيل المثال،

الله، يهوه، كان وسيكون حاضرًا بصفته: (١) المعلِن عن ذاته وعن مشيئته، (٢) الفادي (تكوين ١: ١-٢: ٣ مقارنةً بما جاء في تكوين ٢: ٤-٢٥؛ ٩: ٢٦-٢٧؛ خروج ٣: ١٥-١٦؛ ٦: ٢٦؛ تثنية ٧: ٩؛ مزمور ١٩: ١-٦ مقارنةً بما جاء في مزمور ١٩: ٧-١٤؛ إشعياء ٢٦: ٤)، (٣) السرمدي (إشعياء ٤١: ٤؛ ٤٨: ١٢)، (٤) واهب الحياة (تكوين ٢: ٤-٢٥؛ حزقيال ٣٧: ١٣-١٤، ٢٧)، (٥) القاضي والديَّان الأعلى لكلِّ الخليقة (حزقيال ٦: ١٣-١٤؛ ٧: ٢٧؛ ١١: ١٠؛ ١٢: ١٦). ولاحقًا، سنعرض كمالات (صفات) الله على نحو أكثر تحديدًا، ولكن يلزم أن نَعْرِفَ مِن خلال الاسم يهوه أن الله سرمديٌّ، وبسيطٌ، وذاتيُّ الوجود، وحاضرٌ في كلِّ حدث عبر الزمن.

• الأسماء المركَّبة من الاسم «يهوه»

أعلن الله في كلمته ارتباط اسمه يهوه بالبشر، وخاصةً شعبه، من خلال الأسماء المركَّبة من هذا الاسم. وقد أُعلِنت هذه الأسماء بالارتباط بأعمال الله.

يهوه صباؤوت [*Yahweh-tsabaoth*]: إن الله هو «ربُّ الجنود» أو «ربُّ الأجناد». فلأن الله «هو» و«سوف يكون» مَن هو عليه، فقد خلق الملائكة باعتبارهم «جندَ» السماء، وهو يَحكُمهم، ويقودهم (مزمور ٢٤: ١٠؛ إشعياء ٦: ١-٥؛ ٩: ٧؛ حجَّي ٢: ٦-٩؛ زكريا ٤: ٦)؛ وخلق شعبه باعتبارهم «أجناده» (خروج ٧: ٤؛ ١٢: ٤١؛ ١صموئيل ١٧: ٤٥) لتتميم مقاصده في خليقته.

يهوه-يِراه [*Yahweh-yireh*]: إن الله هو «الربُّ» الذي «سيدبِّر» أو «سيرى» (تكوين ٢٢: ١٤). فلأن الله «هو» و«سوف يكون» مَن هو عليه، فهو سيرى ويدبِّر ما يلزم لتتميم وعده. وفي تكوين ٢٢: ١٤، دعا إبراهيم الله بهذا الاسم لأنه دبَّر كبشًا كذبيحةٍ عوضًا عن إسحاق.

يهوه-رفا [*Yahweh-rophe*]: الله هو «الرَّبُّ شَافِيكَ» (خروج ١٥: ٢٦). ولأن الله «هو» و«سوف يكون» مَن هو عليه، سيُنَجِّي شعبه كي يتمِّم مشيئته. وفي خروج ١٥: ٢٢-٢٦، تذكَّرَ موسى كيف جعل الله الماء عذبًا في مارَّة، حتى يتسنَّى للشعب أن يشربوا ويعيشوا. إن رحمة الله، ورأفته، ومحبَّته ظاهرين في هذا الاسم.

يهوه-نسِّي [*Yahweh-nissi*]: إن الله هو «يَهْوَه نِسِّي»، الذي معناه «الربُّ رايتي» (خروج ١٧: ١٥). فلأن الله «هو» و«سوف يكون» مَن هو عليه، فإنه سيكون «الراية» أو «العَلَم» الذي يقود شعبه إلى النصرة على أعدائهم. وفي خروج ١٧: ١٥، تعبَّد موسى لله لأنه هو الذي أعطى شعبه النصرة على عماليق، والذين كان سيمحو ذكر عماليق تمامًا من الأرض.

يهوه-مقدِّشكيم [*Yahweh-meqaddishkem*]: إن الله هو «الربُّ» الذي يقدِّس شعبه. فلأن الله «هو» و«سوف يكون» مَن هو عليه، فإنه سيقدِّس شعبه، أو يفصلهم عن الخطية وعن الأمم المحيطة بهم كي يطيعوه. كان من شأن تقديس أو تخصيص أيام السبوت أن يكون علامة للشعب بأن الله يقدِّسهم، مفرزًا إياهم عن الأمم الأخرى، حتى ينتموا إليه ويخدموه وحده (خروج ٣١: ١٣).

يهوه-شَلُوم [*Yahweh-shalom*]: إن الله هو «يَهْوَه شَلُوم»، الذي معناه «الربُّ السلام» (قضاة ٦ : ٢٤). فلأن الله «هو» و«سوف يكون» مَن هو عليه، فقد أرسل، بواسطة ملاك الرب، جدعون كي: «يخلِّص إِسْرَائِيلَ» من المديانيين (قضاة ٦ : ١٤). وأعطى ملاك الرب جدعون علامةً، إذ أوقد عكاز الملاك ذبيحة جدعون بالنار كي يؤكِّد له أنه هو الذي أرسله، وأنه سيذهب معه ليمنحه النصرة. والكلمة العبرية التي تُرجِمت هنا «شَلُومَ»، أو «سلام» [peace]، تعني السلامة والازدهار. فمن خلال جدعون، كان الله عتيدًا أن يمنح شعبه السلامة بتحرُّرهم من الأعداء، والازدهار في أرض الموعد.

يهوه-روعي [*Yahweh-roiy*]: إن الله هو «الرَّبُّ رَاعِيَّ» (مزمور ٢٣ : ١). فلأن الله «هو» و«سوف يكون» مَن هو عليه، فإنه، وفقًا للمزمور الثالث والعشرين، سيدبِّر كلَّ ما يحتاج إليه شعبه في هذه الحياة، وفي الموت، وإلى الأبد. وهو أيضًا سيرشد شعبه ويحميهم.

يهوه-صدكينو [*Yahweh-tsidkenu*]: إن الله هو «الرَّبُّ بِرُّنَا» (إرميا ٢٣ : ٦). فلأن الله «هو» و«سوف يكون» مَن هو عليه، فإنه في المستقبل سوف يقيم المسيَّا، بصفته الملك الداودي، «فَيَمْلِكُ مَلِكٌ وَيَنْجَحُ، وَيُجْرِي حَقًّا وَعَدْلاً [«بِرًّا»] فِي الأَرْضِ» (إرميا ٢٣ : ٥). وعندما يملك هذا الملك الداودي بالعدل والبرِّ «فِي الأَرْضِ»، سوف «يُخَلَّصُ يَهُوذَا، وَيَسْكُنُ إِسْرَائِيلُ آمِنًا» (إرميا ٢٣ : ٥-٦).

يهوه-شمَّه [*Yahweh-shammah*]: إن الله هو «يَهْوَه شَمَّه»، الذي معناه «الربُّ هناك» (حزقيال ٤٨ : ٣٥). فلأن الله «هو» و«سوف يكون» مَن هو عليه، فإنه سوف يردُّ إسرائيل كأمة مخلَّصة إلى أرض الموعد، وسوف يقيم هيكلًا جديدًا في أورشليم المُجدَّدة، التي سوف تُدعَى «الربُّ هناك».

➡ الاسم «إيل» والأسماء المركَّبة منه

- «إيل»، و«إيلوه»، و«إلوهيم»

إن الأسماء إيل [*el*]، وإيلوه [*eloah*]، وإلوهيم [*Elohim*] هي أسماء عبرية للإله الحقيقي، وتشير إلى الله بصفته السلطة، والقوة، والقدرة الأعلى. وفي وصف الإله الحقيقي، يُستخدَم الاسم «إيل» [*el*] مع أداة التعريف (على سبيل المثال، تكوين ٣١ : ١٣؛ ٤٦ : ٣؛ مزمور ٦٨ : ٢٠؛ ٧٧ : ١٤)، أو مع إسناد وصفي آخر؛ على سبيل المثال، دُعِي الله «إِلهِ أَبِيكَ» (تكوين ٤٩ : ٢٥)، و«اللهِ بَهْجَةِ فَرَحِي» (مزمور ٤٣ : ٤)، و«إِلهِ السَّمَاوَاتِ» (مزمور ١٣٦ : ٢٦)، و«الإِلهُ الأَمِينُ» (تثنية ٧ : ٩)، و«الإِلهِ السَّرْمَدِيِّ» (تكوين ٢١ : ٣٣)، و«اللهُ الْحَيّ» (يشوع ٣ : ١٠؛ مزمور ٤٢ : ٢؛ ٨٤ : ٢). فإن الله يتصف بالقدرة الكلية والتامة؛ وعلى هذا الأساس، هو حيٌّ، وسرمديٌّ، وأمينٌ؛ ومن ثَمَّ، يعطي الفرح للذين يضعون ثقتهم فيه.

الاسم «إلوهيم» [*elohim*] هو صيغة الجمع من الجذر «إيل» [*el*] (وهو يَظهَر أكثر من ألفي مرة). وعندما يأتي هذا الاسم للإشارة إلى الإله الحقيقي، يكون على الأرجح صيغة جمع تفيد الشدة،[٢٢] إذ يدل على أن الله يتمتع بهذا القدر الهائل من الكمال في قوته لدرجة أن يكون الاسم في صيغة الجمع

22 Heinrich Friedrich Wilhelm Gesenius, *Gesenius' Hebrew Grammar*, ed. E. Kautzsch, rev. A. E. Cowley, 2nd ed. (1910; repr., Oxford, UK: Clarendon, 1976), 246.d.

ملائمًا له. وهذا هو الاسم الذي يَظهَر من بداية الإعلان الكتابي (تكوين ١ : ١)، ويُستخدَم في العديد من المقاطع بالتبادُل مع الاسم المفرد «إيل» [*el*]، ومع أسماء أخرى لله في صيغة المفرد (على سبيل المثال، تثنية ٧ : ٩؛[٢٣] يشوع ٢٤ : ١٩[٢٤]). ونظرًا لأن صيغة الجمع «إلوهيم» استُخدِمت للإشارة إلى كائن واحد، فلا بد أن الجمع لا يشير إلى كائنات متعدِّدة، بل إلى شيءٍ آخر. ولا تُثبِت صيغة الجمع هذه أن الله واحد في ثلاثة أقانيم، لكنها قطعًا متوافقة مع الإعلان الكتابي اللاحق عن الله الواحد في ثلاثة أقانيم (راجع تكوين ١ : ٢٦؛ ٣ : ٢٢؛ ١١ : ٧).

• الأسماء المركَّبة من الاسم «إيل»/ «إلوهيم»

كما ذكرنا أعلاه، عند استخدام الاسم العبري «إيل» [*el*] للإشارة إلى الإله الحقيقي، فهو عادة ما يأتي مصحوبًا بأسانيد وصفية أخرى أيضًا غير أداة التعريف، الأمر الذي يَنتُج عنه اسمٌ مركَّبٌ. وفيما يلي بعض الأمثلة لظهور الاسم «إيل» [*el*] في أسماء مركَّبة لله.

إيل شدَّاي [*El Shaddai*]: تجادل العلماء حول الجذر اللغوي لكلمة شدَّاي [Shaddai]، حيث يقول بعضهم إنها تأتي من الجذر العبري *shadah*، الذي يشير إلى كفاية الله في التدبير والإعالة. لكن الاحتمال الأقوى هو أن كلمة *shaddai* تأتي من الجذر العبري *shadad*، الذي يشير إلى القوة والقدرة. وفيما يتعلَّق بالإله الحقيقي، تُرجِمت كلمة شدَّاي *shaddai* عادةً «القدير» أو «القادر على كلِّ شيء»، إشارةً إلى قدرة الله الكلية. لكن، لأن الله كليُّ القدرة، فهو أيضًا يدبِّر ويعول (تكوين ١٧ : ١؛ ٢٨ : ٣-٤؛ ٣٥ : ١١؛ ٤٣ : ١٤؛ ٤٨ : ٣-٤؛ ٤٩ : ٢٥)، ويوفر الحماية (مزمور ٩١ : ١)، ويؤدِّب أو يُهلِك في فعل دينونة (راعوث ١ : ٢٠-٢١؛ أيوب ٥ : ١٧؛ ٦ : ٤؛ ٢١ : ٢٠؛ مزمور ٦٨ : ١٤؛ إشعياء ١٣ : ٦؛ يوئيل ١ : ١٥). ويؤكِّد العهد الجديد أن اسم الله هذا الذي جاء في العهد القديم يصف الله بأنه كليُّ القدرة، من خلال استخدامه للكلمة اليونانية *pantokratōr* («اَلْقَادِرُ عَلَى كُلِّ شَيْءٍ») كتعبيرٍ عن مفهوم العهد القديم عن الله باعتباره شدَّاي [*Shaddai*] (راجع ٢كورنثوس ٦ : ١٨؛ رؤيا ١ : ٨؛ ٤ : ٨؛ ١١ : ١٧؛ ١٥ : ٣؛ ١٦ : ٧، ١٤؛ ١٩ : ٦، ١٥؛ ٢١ : ٢٢).

إيل عليون [*El Elyon*]: هذا اللقب، الذي يُترجَم «الله العليُّ»، يشير إلى سيادة الله العليا والفائقة. ويُستخدَم الاسم «إيل عليون» عادةً في العهد القديم بالارتباط بالأمم، أو بأعداء الله وأعداء شعبه (تكوين ١٤ : ١٨-٢٢؛ العدد ٢٤ : ١٦؛ تثنية ٣٢ : ٨؛ مزمور ٩١ : ١، ٩؛ ٩٢ : ١؛ ٩٧ : ٩؛ دانيآل ٣ : ٢٦؛ ٤ : ٢، ١٧، ٢٤-٢٥، ٣٤؛ ٥ : ١٨، ٢١؛ ٧ : ٢٥). وعلى هذا الأساس، يتمتَّع الله بالسلطة العليا على السماء (إشعياء ١٤ : ١٣-١٤؛ دانيآل ٤ : ٣٥، ٣٧)، وعلى الأرض (تثنية ٣٢ : ٨؛ ٢صموئيل٢٢ : ١٤-١٥؛ مزمور ٩ : ٢-٥؛ ٢١ : ٧؛ ٤٧ : ٢-٤؛ ٥٧ : ٢-٣؛ ٨٢ : ٦-٨؛ ٨٣ : ١٦-١٨؛ ٩١ : ٩-١٢؛ دانيآل ٥ : ١٨-٢١). ولأنه «إيل عليون»، فهو الذي يقسِّم الناس إلى أمم، ويضع الحدود لمسكنهم (راجع أعمال الرسل ١٧ : ٢٦).

---

٢٣ [المترجم]: «فَٱعْلَمْ أَنَّ ٱلرَّبَّ («يهوه») إِلَٰهَكَ («إيل») هُوَ ٱللهُ («إلوهيم»)، ٱلْإِلَهُ («إيل») ٱلْأَمِينُ، ٱلْحَافِظُ ٱلْعَهْدَ وَٱلْإِحْسَانَ لِلَّذِينَ يُحِبُّونَهُ وَيَحْفَظُونَ وَصَايَاهُ إِلَى أَلْفِ جِيلٍ».

٢٤ [المترجم]: «فَقَالَ يَشُوعُ لِلشَّعْبِ: «لَا تَقْدِرُونَ أَنْ تَعْبُدُوا ٱلرَّبَّ («يهوه») لِأَنَّهُ إِلَهٌ («إلوهيم») قُدُّوسٌ وَإِلَهٌ («إيل») غَيُورٌ هُوَ. لَا يَغْفِرُ ذُنُوبَكُمْ وَخَطَايَاكُمْ».

إيل/إلوهي علام [*El/Elohey Olam*]: لأن الله كليُّ القدرة، فهو سرمديٌّ. فإنه هو «الإلهِ السَّرْمَدِيِّ» [*El Olam*] (تكوين ٢١: ٣٣). وفي إشعياء ٤٠: ٢٨، استُخدِمت صيغة الجمع من هذا الاسم[٢٥] (راجع مزمور ٩٠: ٢؛ ٩٣: ٢؛ ١٠٣: ١٧).

إيل/ إلوهيم خاييم/خاي [*El/Elohim Khayyim/Khay*]: بما أن جوهر الله هو القوة الكاملة، فهو حياة في ذاته ومن ذاته. كما أنه مصدر الحياة لكلِّ الكائنات الحية (المخلوقة)، وهو مَن يمارس السلطان عليها. فإنه هو «اللهِ الْحَيِّ» (تثنية ٥: ٢٦؛ يشوع ٣: ١٠؛ ١صموئيل ١٧: ٢٦، ٣٦؛ ٢ملوك ١٩: ٤، ١٦؛ مزمور ٤٢: ٢؛ ٨٤: ٢؛ إشعياء ٣٧: ٤، ١٧؛ إرميا ١٠: ١٠؛ ٢٣: ٣٦. دانيآل ٦: ٢٠، ٢٦؛ هوشع ١: ١٠).

⬅ الاسم «أدون/أدوناي» [Adon/Adonai]: «السيد» [Lord]

على الرغم من أن علامات الحروف المتحرِّكة في *adonai* («سيدي») تُوضع عادة على التتراجراماتون YHWH، يَظهَر هذا الاسم أو اللقب العبري الخاص بالله (أو الشكل المجرَّد منه، وهو أدون *adon* [«**السيِّد**»]) أيضًا في نصوص الكتاب المقدس. ولأن هذا الاسم أو اللقب يمكن أن ينطبق أيضًا على البشر، فإن الكلمة في حدِّ ذاتها لا تعني السيادة العليا المطلقة. وفي كثيرٍ من الأحيان، لا تشير الكلمة إلى السيادة على الإطلاق، بل تأتي ببساطة كلفظ يعبِّر عن الاحترام، على غرار الكلمة الإنجليزية *sir* («سيدي»). لكن استُخدِم هذا اللقب في معظم الأحيان عندما كان أحدُهم يخاطِب شخصًا أعلى منه من ناحيةٍ ما. فقد جاء المصطلح، على سبيل المثال، اعترافًا عامًّا بالسموِّ والرِّفعة (تكوين ٢٤: ١٨؛ ٣٢: ٥؛ ٤٤: ٧؛ راعوث ٢: ١٣)، وللإشارة إلى سيِّدٍ لعبيد (خروج ٢١: ٤-٨)، وإلى شخص ذي شأن (تكوين ٤٥: ٨-٩؛ مزمور ١٠٥: ٢١)، وإلى صاحب أو مالك شيءٍ ما [«صَاحِب [«**أدون**»] الْجَبَلِ»] (١ملوك ١٦: ٢٤)، وإلى أب (تكوين ٣١: ٣٥)، وزوج (تكوين ١٨: ١٢)، ومَلِك (تكوين ٤٠: ١؛ قضاة ٣: ٢٥؛ ١صموئيل ٢٢: ١٢، إرميا ٢٢: ١٨؛ ٣٤: ٥)، ورئيسٍ (تكوين ٢٣: ٦؛ ٤٢: ١٠)، وقائد جيش (٢صموئيل١١: ١١)، وحاكمٍ أو والٍ (نحميا ٣: ٥)، ونبيٍّ (١ملوك ١٨: ٧؛ ٢ملوك ٢: ٣؛ ٤: ١٦). وعند استعمال الاسم «أدوناي» [*adonai*] للإشارة إلى الإله الحقيقي، فإنه يدل على تمتُّع الله بالسيادة العليا والسلطان المطلق على كلِّ شيء خارج ذاته.

⬅ الاسم «تزور» [*Tsur*]: صخرة

يصف الكتاب المقدس الله بأنه «الصَّخر»، مشبِّهًا إياه بصخرة فعليَّة، كتعبيرٍ عن قوته المنيعة، ومن ثَمَّ عن جدارته التامة بالثقة (تثنية ٣٢: ٤، ١٥، ١٨، ٣٠-٣١؛ ٢صموئيل٢٢: ٣؛ ٢٣: ٣؛ مزمور ١٨: ٢، ٣١، ٤٦؛ ١٩: ١٤؛ ٢٨: ١؛ ٣١: ٢-٣؛ ٤٢: ٩؛ ٦٢: ٢، ٦-٧؛ ٧١: ٣؛ ٧٨: ٣٥؛ ٨٩: ٢٦؛ ٩٢: ١٥؛ ٩٤: ٢٢؛ ٩٥: ١؛ ١٤٤: ١؛ إشعياء ١٧: ١٠؛ ٢٦: ٤؛ ٣٠: ٢٩؛ ٤٤: ٨؛ حبقوق ١: ١٢). تصف الكلمة العبرية «تزور» [*tsur*] جرفًا صخريًّا أو محجرًا (إشعياء ٥١: ١). وفي بعض الأحيان، كان الكتاب المقدس يستخدم تعبيرًا مجازيًّا بصورة متكرِّرة، أو في تصريحات قاطعة، لدرجة تجعله يصير اسمًا أو لقبًا. على سبيل المثال، مع أن مصطلح «**الكلمة**» لم يكن اسمًا شائعًا أو متكرِّرًا ليسوع، لكنَّ التصريح القاطع والبارز للغاية الذي جاء

---

٢٥ [المترجم]: "إِلَهُ ٱلدَّهْرِ [**Elohey Olam**] ٱلرَّبُّ خَالِقُ أَطْرَافِ ٱلْأَرْضِ».

في إنجيل يوحنا دعا يسوع «**الكلمة**». وبما أن هذا المصطلح استُخدِم بالطريقة نفسها التي أشار بها لقب «الله» في الآية إلى الآب، فمن المشروع إذن أن نستنتج أن لفظ «الكلمة» هو اسمٌ أو لقبٌ ليسوع. يمكن لهذه الظاهرة نفسها أن تنطبق على تعبير «الصخر»، بوصفه اسمًا أو لقبًا سرمديًّا لله. لكنَّ هذا الوصف لله يبدو أكثر من مجرد تعبير مجازي جاء في العهد القديم. فوفقًا للرسول بولس، هذه الصخرة التي اعتنت بإسرائيل كانت هي المسيًّا قبل تجسُّده: «صَخْرَةٍ رُوحِيَّةٍ تَابِعَتِهِمْ» (١كورنثوس١٠: ١-٤). ومن ثَمَّ، كانت «صخرة» العهد القديم تشير إلى كلٍّ من يهوه والرب يسوع قبل تجسُّده.[26] وكما صرَّح بولس بوضوح بأن «الصَّخْرَةَ كَانَتِ الْمَسِيحَ» (١كورنثوس١٠: ٤)، هكذا يُدعَى يهوه، إله إسرائيل، «الصخرة» في مقاطع عديدة من العهد القديم. على سبيل المثال، يقول تثنية ٣٢: ٣-٤،

«إِنِّي بِاسْمِ الرَّبِّ أُنَادِي.
أَعْطُوا عَظَمَةً لإِلهِنَا.
هُوَ **الصَّخْرُ** الْكَامِلُ صَنِيعُهُ.
إِنَّ جَمِيعَ سُبُلِهِ عَدْلٌ.
إِلهُ أَمَانَةٍ لاَ جَوْرَ فِيهِ.
صِدِّيقٌ وَعَادِلٌ هُوَ"

ونجد مثالًا آخر في حبقوق ١: ١٢، الذي يقول:
أَلَسْتَ أَنْتَ مُنْذُ الأَزَلِ
يَا رَبُّ إِلهِي قُدُّوسِي؟
لاَ نَمُوتُ.
يَا رَبُّ لِلْحُكْمِ جَعَلْتَهَا،
وَيَا **صَخْرُ** لِلتَّأْدِيبِ أَسَّسْتَهَا».

ولأن كلًا من الله الآب والله الابن متساويان في الألوهية في الثالوث، فإن اسمي يهوه و«الصخر»، إذن، يمكن أن ينطبقا، بل وهما ينطبقان بالفعل، على كلٍّ من الآب والابن في الكتاب المقدس.

⬅ الاسم آب [*Ab*]: أب

بما أن العهد الجديد يُطلِق اسم «الآب» على الأقنوم الأول في الثالوث، يَلزَم إذن أن ننظر إلى وصف العهد القديم لله بأنه «أب» على أنه اسمٌ أو لقبٌ لله. يقول تثنية ٣٢: ٦ إن الله هو «أبو» إسرائيل (راجع ٣٢: ١٨؛ انظر أيضًا مزمور ٨٩: ٢٦؛ إشعياء ٦٣: ١٦؛ ٦٤: ٨؛ إرميا ٣: ٤، ١٩). وفي العهد الجديد، يتَّسع نطاق فكرة كون الله أبًا، إذ يَظهَر أن الأقنوم الأول في الثالوث هو بصفة خاصة أبٌ للأقنوم الثاني في الثالوث، الذي هو ابن الله (متى ٧: ٢١؛ ١٠: ٣٢-٣٣؛ ١١: ٢٦-٢٧؛ ١٢: ٥٠؛ ١٥: ١٣؛ ١٦: ١٧؛ ١٨: ١٠، ١٤، ١٩، ٣٥؛ ٢٥: ٣٤؛ ٢٦: ٣٩، ٤٢، ٥٣؛ يوحنا ٥: ١٧، رومية ١٥: ٦؛ ١كورنثوس ١٥: ٢٤؛ ٢كورنثوس١: ٣؛ ١١: ٣١؛ أفسس ١: ٣؛ كولوسي ١: ٣؛ ١بطرس ١: ٣؛ رؤيا ٢: ٢٧ ؛ ٣: ٥، ٢١)، وكذلك أبٌ للمؤمنين

26 Robert Duncan Culver, *Systematic Theology: Biblical and Historical* (Fearn, Ross-shire, Scotland: Mentor, 2005), 56.

(متى ٥: ٤٥، ٤٨؛ ٦: ٨-٩، ١٤-١٥، ١٨، ٢٦، ٣٢؛ ١٠: ٢٠، ٢٩؛ رومية ١: ٧؛ ٨: ١٥؛ ١كورنثوس١: ٣؛ ٨: ٦؛ ٢كورنثوس١: ٢؛ ٦: ١٨؛ غلاطية ١: ٣-٤؛ ٤: ٦؛ أفسس ١: ٢؛ ٤: ٦؛ فيلبي١: ٢؛ ٤: ٢٠، كولوسي ١: ٢؛ ١تسالونيكي ١: ٣؛ ٣: ١١، ١٣؛ ٢تسالونيكي ١: ١-٢؛ ٢: ١٦؛ فليمون ٣؛ يعقوب ٣: ٩؛ ١بطرس ١: ١٧).

إن الاسم «أب» اسمٌ سرمديٌّ، الأمر الذي يدل على أنه لم يأتِ وقتٌ قط لم يكن فيه الأقنوم الأول أبًا للأقنوم الثاني، الذي هو ابنه الوحيد. ولأن الأقنوم الأول في الثالوث هو الآب غير المولود، فهو إذن المحرِّك السرمدي الأصلي في كلِّ علاقاته وأعماله.

صفات (كمالات) الله

- منهجية التعريف
- العلاقة بجوهر الله
- التصنيفات
- الكمالات غير القابلة للنقل
- الكمالات القابلة للنقل

في أثناء دراستنا لأسماء الله وألقابه، ذكرنا بالفعل الكثير من صفات أو كمالات الله (مثل السرمدية، والقدرة الكلية). ويتناول القسم التالي هذه الصفات بأكثر تفصيلٍ من أجل وصف ما يفوق الوصف (إشعياء ٤٠: ٢٨؛ رومية ١١: ٣٣) باستخدام تعبيرات بسيطة يمكن للبشر فهمها.

إن صفات الله هي خصائصه، أي الجوانب المختلفة من جوهره أو طبيعته. ويُعَد مصطلح **الكمالات [perfections]**، المشتق من الكلمة اليونانية *aretas* (أي «فضائل»، أو «تميُّزات»)، التي جاءت في ١بطرس ٢: ٩، أفضل من تعبير «الصفات» [attributes]، لأن «الكمالات» تعبِّر عن كون خصائص الله جميعها كاملة، وكذلك عن كونها تصف، في ذاتها، الإله الكامل. أما المصطلح «**صفات**»، فلا يصف بطبيعته خصائص كاملة، وربما يلمِّح إلى كون الصفات نابعة من تصوُّر شخصٍ ما أو مفهومه عن الله، وليس من الله ذاته.

التعريف العام **لكمالات** الله هو أنها الخصائص الأساسية والجوهرية لطبيعته. ولأن هذه الخصائص ضرورية لطبيعة الله، فإن كل صفات الله، إذن، كاملة بصورة مطلقة، ومن ثَمَّ يصح تسميتها بالكمالات. علاوة على ذلك، لأن هذه الكمالات أساسيَّة وجوهرية لطبيعة الله، فإذا جُرِّد الله من أيٍّ منها، لن يكون هو الله بعد.

منهجية التعريف

الكتاب المقدس: المنهجيَّة الوحيدة المؤكَّدة إلهيًا

بما أنَّ هذه الكمالات هي خصائص تميِّز الله، فلا يمكن للإنسان، ولا سيما في حالته الفاسدة، اكتشافها أو تعريفها، لأن الإنسان لا يستطيع بمفرده أن يَعْرف الله معرفة كاملة. لكن، ينبغي أن يعلِن

الله عن ذاته للإنسان حتى يعرف الإنسان على نحو مؤكَّد أيَّ شيء عن الله، بما في ذلك كمالاته. وقد أعلن الله عن ذاته في الطبيعة، لكن البشر يحرِّفون تلك المعرفة. والكتاب المقدس وحده هو الذي يقدِّم معلومات دقيقة عن الله وعن كمالاته. وحتى هذه المعلومات نفسها ليست شاملة، لكنها حقٌّ وصحيحة، لأنها مكتوبة في نص الأسفار المقدَّسة الموحى بها.

• المنهجيات الخاطئة

جرَّب البشر منهجيَّات تقوم على أساس بشري من أجل اكتشاف كمالات الله. ويعرض لويس بيركهوف (Louis Berkhof) بعض المنهجيات التي جُرِّبت في العصور الوسطى وفي الأزمنة الحديثة.[٢٧]

المنهجيات السكولاستية [Scholastic Methods]:[٢٨] في العصور الوسطى، حاول اللاهوتيون السكولاستيون استخلاص المعرفة عن كمالات الله من ملاحظاتهم بشأن الخليقة:

١. طريقة السببيَّة [the way of causality] (أربعة براهين من براهين توما الأكويني الخمسة): وذلك عن طريق النظر إلى الترتيب الطبيعي والأخلاقي للخليقة، واستنتاج وجود عِلَّة أولى وحاكمٍ لها، يتصف بكونه كليَّ القدرة، وبكونه كائنًا أخلاقيًّا بصورة مطلقة.

٢. طريقة النفي [the way of negation]: وذلك عن طريق فهم نقائص المخلوقات، ورفضها من أن تكون خصائص تميِّز الله، مع نسب ما هو على النقيض تمامًا منها إلى الله (على سبيل المثال، وصف الله بأنه كائن غير اعتمادي [مستقل]، وغير محدود، وغير مادي).

٣. طريقة التسامي [the way of eminence]: وذلك بأن تُنسب خصائصُ الإنسان الجيدة إلى الله، لكن على النحو المطلق والأسمى، بناء على الافتراض بأن خصائص الإنسان الجيدة الأكثر محدودية يَكمُنُ أصلُها في عِلَّة كاملة.

المنهجيات الحديثة: في العصر الحديث، جرَّب اللاهوتيون منهجيَّاتهم الخاصة لمعرفة كمالات الله من خلال الملاحظات المؤسَّسة على المنطق البشري:

١. طريقة الحَدْس [the way of intuition]: وذلك عن طريق البدء من قناعات ليست مبنيَّة على المنطق، بل نابعة من الخبرات الشخصية، واستنتاج خصائص الله منها.

٢. طريقة الاحتياج [the way of need]: وذلك عن طريق البدء من احتياجات الإنسان، واستنتاج خصائص الله من خلالها، بناء على الافتراض بأن الله كافٍ بصورة مطلقة، ويمكن الاعتماد عليه في تلبية حاجات الإنسان.

---

27 Berkhof, *Systematic Theology*, 52–54.

٢٨ [المترجم]: السكولاستية اسمٌ يُطلق عادةً على مدرسة فلسفية سادت في أوروبا في العصور الوسطى، وكانت تَستخدم منهجًا نقديًّا في التحليل الفلسفي، وهو المنهج الذي كان مسيطرًا على التدريس في جامعات أوروبا خلال العصور الوسطى منذ حوالي عام ١١٠٠ حتى عام ١٧٠٠. وهي فحص منطقي لكلِّ مشكلة من كلِّ وجهات النظر المتعارضة، من أجل الوصول إلى حلٍّ ذكي وعلمي يكون متوافقًا مع الحقائق المعروفة، والمنطق البشري.

٣. طريقـة الأفعـال [the way of action]: وهـي إدراك خصائـص اللـه مـن خـلال أعمالـه فـي الطبيعـة.

٤. طريقـة المحبـة [the way of love] (ألبرخت ريتشـل Albrecht Ritschl [١٨٢٢-١٨٩٩]): وذلـك عـن طريـق البـدء مـن افتـراض أنَّ اللـه محبـة، واسـتنتاج أنـه إلـه شـخصي، لديـه إرادة سـياديَّة؛ وأنـه الخالـق كلـيُّ القـدرة والسـرمدي.

مساوئ المنهجيات الخاطئة: جميـع المنهجيـات السـكولاسـتية والحديثـة الموجَـزة أعـلاه ليسـت كافيـة، لأنهـا بـدلًا مـن أن تبـدأ مـن إعـلان اللـه عـن ذاتـه فـي الكتـاب المقـدس، تبـدأ مـن أفكارهـا الشـخصية. فهـي، باختصـار، تمـارس علـم اللاهـوت «مـن أسـفل»، أي تؤسِّـس مفهومهـا عـن اللـه علـى الملاحظـة البشـرية والمنطـق البشـري، وهمـا محـدودان فـي أحسـن الأحـوال، وفاسـدان بفعـل الخطيـة فـي أسـوأ الأحـوال. يفتـرض علـم اللاهـوت الـذي يُمـارَس «مـن الأسـفل» أن مـا هـو موجـود فـي الإنسـان موجـودٌ أيضًـا فـي اللـه، جاعـلًا الإنسـان بهـذا هـو المعيـار لقيـاس اللـه، وموحيًـا بـأن الإنسـان قـادرٌ أن يكتشـف اللـه دون أن يبـادر اللـه أولًا بمسـاعدته. وتسـتند هـذه المنهجيـات عـادة علـى افتراضـات بشـرية مسـبقة خاطئـة عـن اللـه، حتـى فـي حالـة وصفهـا بمصطلحـات كتابيـة (مـع التشـديد باسـتمرار علـى «قُـرب» اللـه مـن خليقتـه [immanence] علـى حسـاب تسـاميه [transcendence]). لكـن عندمـا تُسـتمَد هـذه المنهجيـات السـكولاسـتية مـن الكتـاب المقـدس، ويسـتخدمها المؤمنـون الذيـن افتُدِيـت أذهانهـم بعمـل المسـيح، سـتتمكن حينئـذ مـن أن تسـهم فـي تأكيـد مـا يعلِّمـه الكتـاب المقـدس عـن اللـه. ففـي نهايـة المطـاف، الكتـاب المقـدس وحـده هـو السـلطة الوحيـدة المعصومـة مـن الخطـأ اللازمـة لاكتشـاف طبيعـة اللـه وصفاتـه.

⬅ العلاقة بجوهر الله

قبـل أن ننتقـل إلـى تعريـف كلِّ كمـالٍ مـن كمـالات اللـه، يَلـزَم أن نسـأل عـن طبيعـة العلاقـة بـين كمـالات اللـه وجوهـره أو طبيعتـه. فهـل تمثِّـل صفـات اللـه أجـزاءً مـن جوهـره؟ وهـل هـي مختلفـة عـن جوهـر اللـه أم مطابقـة لـه؟ وهـل أحـدُ هـذه الكمـالات بـارزٌ للغايـة حتـى يمكـن أن يقـال إنـه يصـف أو يُعـرِّف الكمـالات الأخـرى كافـة؟ ننتقـل الآن للبحـث فـي هـذه الأسـئلة.

• مفاهيم خاطئة عن العلاقة[29]

الكمـالات هـي أجـزاء مـن جوهـر اللـه، أو هـي مختلفـة عـن جوهـر اللـه: أكَّـد أتبـاع مذهـب الواقعيـة [realists][30] فـي العصـور الوسـطى أن كمـالات اللـه هـي أجـزاءٌ مـن جوهـر اللـه، حيـث أن لـكلٍّ منهـا اسـمًا مميَّـزًا يـدل علـى حقائـق مميَّـزة. يقـول فكـر مشـابهٌ أيضًـا إن كمـالات اللـه مختلفـة عـن جوهـره. وسـرد هيرمـان بافينـك (Herman Bavinck) العديـد مـن المشـكلات التـي تكمُـن فـي هـذه الآراء:[31]

29 Charles Hodge, *Systematic Theology* (1871; repr., Grand Rapids, MI: Eerdmans, 1981), 1:369–73.

٣٠ [المترجم]: مذهب الواقعيَّة Realism هو المذهب الذي يقرّر للواقع الخارج عن التعقل وجوداً مستقلًا، ويقيس صدق الكلام بحسب مطابقته للواقع.

31 Bavinck, *Doctrine of God*, 120–24.

١. إذا كان البرُّ، أو القدرة، أو المحبة مجرد أجزاءٍ من جوهر الله، فلا يمكن القول حينئذ إن الله بار، أو قدير، أو مُحِب **على نحو تام**، وإنما فقط على نحو جزئي.
٢. وإذا كان البرُّ، أو القدرة، أو المحبة مجرد أجزاءٍ من جوهر الله، فلا يمكن القول حينئذ إن الله بار، أو قدير، أو مُحِب **بصورة مطلقة**، وإنما فقط بصورة نسبية.
٣. عندئذٍ، يكون الله قابلًا للتغيير في جوهره، لأن الصفات العديدة التي تشكِّل طبيعته تعاني من التقلُّبات والتغيُّرات. ففي بعض الأحيان، قد يركِّز الله على عدله، بينما قد يركِّز في أحيان أخرى على محبته. وعندئذ، لن يكون الله محبًا أو عادلًا على نحو تام ومطلَق في كلِّ لحظة من الزمان.

الكمالات كلُّها واحدٌ: قال أتباع مذهب الاسمية [nominalists][٣٢] في العصور الوسطى إن الكمالات جميعها واحدٌ، وإنها تختلف فقط في أسمائها، وليس في الحقائق التي تشير إليها. على سبيل المثال، يقول هؤلاء المعلِّمون إن محبة الله **هي نفسها** عدله، الذي **هو** قدرته، التي **هي** رحمته، وهكذا. وعلى نحو مماثل، أكَّد بعض اللاهوتيين المصلِحين واللوثريين القدامى، وبعض اللاهوتيين الليبراليين المعتنقين لفلسفة وحدة الوجود، (مثل باروخ سبينوزا Baruch Spinoza [١٦٣٢-١٦٧٧] وفريدريك شليرماخر Friedrich Schleiermacher [١٧٦٨-١٨٣٤]) أنه لكون الله بسيطًا (غير مركَّب)، ومن ثَمَّ لا يمكن أن يتكوَّن من أيِّ مكوِّنات، فلا يمكن أن يكون هناك فرق فعلي بين كمالات الله، أو أعماله. وقيل أيضًا إن أساس تنوُّع الكمالات يَكمُن في تنوُّع تأثيرات الله على مجموعات مختلفة من المخلوقات. ردَّ بافينك على تلك الآراء بالعديد من الملاحظات:[٣٣]

١. لم يكن الإنسان هو الذي اخترع أسماء الله، بل الله هو الذي أعلن أسماءه للإنسان؛ وتلك الأسماء تشير بالفعل إلى صفات الله.
٢. إن جوهر الله ليس حقيقة مجرَّدة خالية من الصفات، أو العلاقات، أو الخصائص؛ لكنه «ملء الحياة المطلق»، و«الغَنِيُّ بلا حدود». ولذلك، لا يمكن «رؤية هذا الجوهر في لمحة واحدة»، بل ينبغي أن «يُعلَن لنا داخل علاقة ما، ثم داخل علاقة أخرى؛ ومن زاويةٍ ما، ثم من زاوية أخرى».
٣. ثمة فروق حقيقية في «الفكر» بين كمالات الله المختلفة، حتى وإن كانت جميعها تشكِّل الوحدة الواحدة البسيطة لجوهر الله.
٤. تُنشئ أسماء الله وصفاته المتعدِّدة انطباعًا بشأن «جلاله المتسامي والفائق».

أحد الكمالات يشغل المركز بصفته جوهر الله في حين أن الكمالات الأخرى مشتقة منه: يقول أتباع اللاهوت المنفتح [Open theists] إن المحبة وحدها هي جوهر الله، في حين أن جميع الصفات الأخرى مشتقة من محبة الله، وتابعة لها (فهم يقولون إن الله، في النهاية، ليس محبًّا فحسب، لكنه هو المحبة ذاتها، ١يوحنا ٤: ٨). ويؤمن أتباع اللاهوت المنفتح أيضًا أن الله اختار ألا يَعرف أفعالَ البشر المستقبليَّة،

٣٢ [المترجم]: مذهب الاسمية Nominalism (وأتباعه الاسميون) هو أيُّ فكر فلسفي ينفي وجود أية حقائق مطلقة أو مسلَّمات، سواء المسلَّمات الفعلية أو المحتمَلة.

33 Bavinck, *Doctrine of God*, 127–32.

لأن مثل هذه المعرفة من شأنها أن تعيِّن أفعال البشر، ومن ثَمَّ أن تلغي حرية إرادتهم. كما يؤمن هؤلاء بأن الله لا يمكن أن يعيِّن البتة أفعال الإنسان، لأن هذا من شأنه أن يُقوِّض أية علاقة حقيقية بينه وبين الإنسان، إذ حينئذ لن يتمكَّن الله من التجاوُب في محبة مع اختيار الإنسان الحرِّ بأن يحبَّه. وإن وجهة نظر اللاهوت المنفتح عن كون المحبة أسمى كمالات الله هي خاطئة للأسباب التالية:

١. يقول الكتاب المقدس ليس فقط إن الله محبة (١يوحنا ٤: ٨)، بل أيضًا إنه نور (١يوحنا ١: ٥)، مشدِّدًا بذلك على قداسته بقدر محبته أيضًا (راجع إشعياء ٦: ٣؛ رؤيا ٤: ٨).
٢. يميل هذا الرأي إلى جعل كمالات الله الأخرى أقل ضرورةً.
٣. عبر التاريخ - على سبيل المثال، بين الليبراليين في القرن التاسع عشر - أدَّى هذا الرأي إلى الانتقاص من عدل الله، الأمر الذي أدَّى بدوره إلى رفض أن تكون ذبيحة كفارة المسيح عقابيَّة وبدليةً وقضائية.

• المفهوم الصحيح للعلاقة

جوهر الله مطابقٌ لكمالاته. فما من فرق أساسي بين جوهر الله وكمالاته، أو بين كمالات الله بعضها البعض. فكلُّ كمالٍ من كمالات الله يصف جوهر الله الكامل على نحو بسيط وسرمدي. وهذا يعني أن الله هو ما لديه. فهو ليس فقط لديه محبة، وعدل، وصلاح؛ لكنه هو المحبة والعدل، على نحو سرمدي، وتام، وكامل. فالله كليُّ القدرة، وكليُّ القداسة، وكليُّ المحبة سرمديًّا.

عرض المبرِّرات المنطقية: لو لم تكن كمالات الله مطابقةً لجوهره، بل اعتُبِرت بالأحرى أجزاءً أو صفات تشكِّل جوهره، فإن هذا من شأنه أن يقوِّض من بساطة الله. وعندئذ، لن تكون الكمالات هي الله، بل ستكون مجرد أجزاءٍ مكوِّنة لله، الأمر الذي يتعارض مع تعليم الكتاب المقدس. فالكتاب المقدس لا يتحدَّث البتة عن جوهر (كينونة) الله على أنه فكرة مجرَّدة، وإنما تحدَّث عنه دائمًا بالارتباط بكمالاته. فحتى تصريح الله في خروج ٣: ١٤ بشأن ذاتية وجوده جاء في سياق افتقاده الشخصي لشعبه، ليَذكُر عهده معهم ويفديهم من العبودية. علاوة على ذلك، فإن ألفاظًا من قبيل «اللاَّهُوت» (كولوسي ٢: ٩-١٠)، أو «لاَهُوتهُ» أو «الطَّبِيعَة الإِلَهِيَّة» (رومية ١: ٢٠؛ ٢بطرس ١: ٤)، أو «صُورَة اللهِ» (فيلبي٢: ٦) أشارت إلى جوهر الله بالارتباط بكمالاته، مثل «سلطانه» (كولوسي ٢: ١٠)، و«قُدْرَتهُ» (رومية ١: ٢٠)، و«مجده» (٢بطرس ١: ٣)، و«محبته» (فيلبي٢: ٢). وقد أقرن الكتاب المقدس أيضًا بعض كمالات الله بفعل الكينونة، ممَّا يدل على أن الله هو تلك الصفة نفسها بالتمام. على سبيل المثال، يقول ١يوحنا ٤: ٨، ١٦ إن «الله مَحَبَّةٌ»؛ ويقول ١ يوحنا ١: ٥ إن «الله نُورٌ»، في إشارة إلى قداسته. كذلك، ذكر الكتاب المقدس بعض الكمالات في صيغة صفات (على سبيل المثال، «الله الْحَيّ»، و«الإِله السَّرْمَدِيّ»، و«الْقُدُّوس»).

النتائج المترتبة على ذلك: يقود هذا الفهم عن كمالات الله إلى العديد من النتائج، كالتالي:

الله هو كلٌّ واحدٍ من كمالاته على نحو تام: فإن كلَّ ما يكونه الله، يكونه على نحو تام في جوهره. فإذا لم يكن الله محبة على نحو تام ومطلق، أو قدوسًا على نحو تام ومطلق، أو صالحًا على نحو تام

ومطلق، لن يكون إذن هو الله على نحو تام ومطلق. ينبغي على كمالات الله أن تميِّز الله على نحو تام، وسرمدي، وغير محدود، إذ دون ذلك، لن يكون الله بسيطًا أو غير قابل للتغيير، بل ستتغير طبيعته بمرور الوقت، إذ سيتعين عليه الانتقال من أن يكون «مُحِبًّا» في لحظةٍ ما إلى أن يكون «قدوسًا» في اللحظة التالية. كذلك، لن يكون من الممكن عندئذ حسبان جوهر الله بسيطًا وغير مركَّب، لأنه سيكون محبة فقط بشكل جزئي، وعدلًا فقط بشكل جزئي، ورحمة فقط بشكل جزئي، وهكذا. لكنَّ الله **يكون** ما **يمتلكه**، أي إنه يكون كلَّ كمالاته، على نحو تام ومطلق.

كمالات الله تصف بعضها البعض: ولأن الله هو كلُّ واحدٍ من كمالاته في كلِّ جوهره، فإن كلَّ واحد من كمالاته إذن يكمِّل ويصف كلَّ واحد من كمالاته الأخرى. على سبيل المثال، إن عدل الله هو عدل مقدَّس، ومحبته محبة بارَّة.

كمالات الله نشطة وعاملة: كلُّ واحد من كمالات الله نشطٌ وعاملٌ على نحو تام في جوهر الله. فليس الله غير فعَّال أو خاملًا البتة في أيِّ جانب من جوانب جوهره. وإذا لم تكن كمالات الله جميعها نشطة وعاملة على نحو مستمر وتام في جوهره، لن يكون الله هو الله على نحو عامل وفعَّال في أيِّ جانب، لأن جانبًا من جوهره الكامل سيكون خاملًا، ولأن كمالاته الأخرى ستكون بلا وصف ضروريٍّ لها. فكلُّ ما يكونه الله، لا بد أن يكون نشطًا وعاملًا على نحو تام في جوهره.

ينبغي دراسة كمالات الله في تناغُم بعضها مع بعضٍ: بما أن الله هو كلُّ واحد من كمالاته على نحو تام، فينبغي على المرء إذن ألا يدرس أيَّ واحد من هذه الكمالات بمعزل عن كلِّ الكمالات الأخرى؛ بل يجب دراسة كل واحد من الكمالات على أنه يُكمَّل ويُوصَف من الكمالات الأخرى (أي على أنه مدمَجٌ معها)، والعكس صحيح. إذن، ينبغي دراسة كل كمالات الله باعتبارها تؤثر بعضها في البعض.

كمالات الله انعكاسية: إحدى النتائج الأخرى للتطابُق التام بين كمالات الله وجوهره هي أن كمالات الله انعكاسية، أي إنها موجَّهة نحو الله. فإن كلَّ كمالٍ من الكمالات نشط وعامل تجاه الله بصفته هدف الكمالات وموضوعها الكامل. فإن كلَّ ما يكونه الله، يكونه من نحو ذاته ولأجل ذاته أولًا، قبل أن يكونه من نحو أيِّ شيء أو أيِّ شخص آخر.

توضيح: في حين أن الله هو كلُّ كمالاته على نحو سرمدي وغير محدود وتام، يركِّز البشر في الكتاب المقدس فقط على صفة واحدة في لحظة واحدة من الزمن. ويعود هذا التركيز الأحادي إلى كون الله يتنازل ليعلن عن ذاته في الكتاب المقدس لبشر محدودين. ولكن كلما أعلن الله عن ذاته في الزمن على أنه واحدٌ من كمالاته، فهو لا يزال يمثِّل كلَّ كمالاته على نحو تام ونشط وفعَّال. وبالتالي، كلما أعلن الله واحدًا من كمالاته في أيِّ حدث أو تصريح في الكتاب المقدس، فهو يشدِّد عليه في ذلك السياق المحدَّد، لكن دون استبعاد الكمالات الأخرى.

⬅ التصنيفات

يتحتم علينا أن نتناول مسألة أخرى أيضًا قبل أن ننتقل إلى تعريف كمالات الله بشكل محدَّد. فعلى مرِّ السنوات، سعى اللاهوتيون إلى تصنيف الكمالات الإلهية. لا يعرض الكتاب المقدس بشكل صريح أيَّ تصنيفات أو فئات، ومن ثَمَّ فهذه التصنيفات هي من ابتكار اللاهوتيين. وهذه الحقيقة ينبغي أن تُحذِّر دارس الكتاب المقدس من مغبة قبول أيِّ تصنيف دون فحص نقدي. ولكن، بسبب طرح أنواع مختلفة من التصنيفات عبر تاريخ علم اللاهوت، سيتحتم علينا فحص ما إذا كانت تمثِّل قيمة أم لا.

- فئة سلبية وفئة إيجابية

بحسب الطرق السكولاستية الثلاث لمعرفة الله (طريقة السببيَّة، وطريقة النفي، وطريقة السمو)، يقسِّم هذا التصنيف الكمالات إلى: (١) الكمالات السلبية (التي تقدَّم بصيغة النفي)، أو التي هي على النقيض من محدوديَّات ونقائص المخلوقات (مثل غير محدود، وغير مادي)؛ (٢) الكمالات الإيجابية (التي تقدَّم بصيغة الإيجاب)، أو تلك الصفات الموجودة في الإنسان، ولكنها تميِّز الله على نحو تام وغير محدود (مثل الصلاح، والقداسة، والبر، والعدل).

تكمن مشكلة هاتين الفئتين في كونهما متداخلتين معًا. فحين يدلي أحدهم بتصريح في صيغة النفي عن الله، تكون في ذهنه فكرة إيجابية، حتى وإن لم يستطع التعبير عنها في كلمات. على سبيل المثال، حين يقول أحدهم إن الله غير قابل للتغيير (تصنيف في صيغة النفي)، فهذا يوحي ضمنًا بأنه يدرك عن وعيٍ أن الله ثابت وأمين (تصنيف إيجابي). والعكس صحيح أيضًا: فعندما يدلي أحدهم بتصريح إيجابي عن الله، فهو يوحي ضمنًا أيضًا بتصريح في صيغة النفي. على سبيل المثال، إن وصف الله بأنه كليُّ الوجود (تصنيف إيجابي) يساوي وصفه بأنه غير محدود بالمكان (تصنيف في صيغة النفي).

- فئة طبيعية وفئة أدبية (العظمة والصلاح؛ الطبيعة والشخصية)

إن الكمالات الطبيعية هي تلك الكمالات التي تنتمي إلى طبيعة الله (مثل ذاتية الوجود، والبساطة، واللامحدودية)، في حين أن الكمالات الأدبية هي تلك التي تنتمي إلى مشيئة الله، ومن ثَمَّ، التي تجعل منه كائنًا أدبيًّا (مثل الصلاح، والصدق، والمحبة، والقداسة).

تكمُن مشكلة هذا التصنيف في أن الصفات الأدبية هي جوانب من جوهر الله أو طبيعته مثلها مثل الصفات الطبيعية. فإن كمالات صلاح الله هي أيضًا كمالات عظمته (مزمور ١٤٥)، وكمالات شخصية الله هي أيضًا كمالات طبيعته.

- فئة مطلقة وفئة نسبية

تصف الكمالات المطلقة جوهر الله في ذاته ومن ذاته (مثل ذاتية الوجود، واللامحدودية، والروحانية)، في حين أن الكمالات النسبية تصف جوهر الله في علاقته بخليقته (مثل العلم الكلي، والوجود الكلي).

تَكمُن مشكلة هذا التصنيف في كونه يفترض أن الإنسان يستطيع أن يعرف شيئًا عن الله في جوهره، بينما في حقيقة الأمر كلُّ كمالات الله نسبية، أي قد أُعلِنت جميعها في إطار علاقتها بخليقته. وحتى تلك الكمالات نفسها التي تسمَّى «كمالات نسبية» هي كمالات مطلقة، لأنها نشطة وعاملة على نحو سرمدي في العلاقات بين أقانيم الثالوث، أي بداخل كينونة الله الجوهرية.

فئة متأصِّلة/ غير متعدِّية/ ساكنة/ جوهريَّة في مقابل فئة منبثقة/متعدِّية/عاملة/ مسبِّبة

لشرح هذا التصنيف، يَلزَم أن نعرِّف أولًا المصطلحات التالية:

متأصِّلة [immanent]: أي موجودة أو باقية في الداخل؛ بمعنى جوهرية [inherent]

منبثقة [emanant]: أي أنها تنشأ في الداخل، لكنها تأتي بنتائج خارجية

غير متعدِّية [intransitive]: لا تتطلب مفعولًا به مباشرًا لإكمال الفعل أو المعنى

ساكنة [quiescent]: غير نشطة أو غير عاملة

وفقًا لهذا التصنيف، تشير الفئة الأولى إلى الكمالات التي تعمل أيضًا خارج الجوهر الإلهي، لكنها تظل متأصِّلة في الله (مثل الاتساع أو اللامحدودية [immensity]، والسرمدية، والبساطة)؛ في حين تشير الفئة الثانية إلى الكمالات التي تُثمِر أشياء خارجة عن الله (مثل القدرة الكلية، والصلاح، والعدل).

تَكمُن مشكلة هذا التصنيف في أن الإنسان لا يقدر أن يعرف أيَّة صفة من صفات الله كما هي في جوهره، ولكن فقط حين تُعلَن من خلال أعماله. علاوة على ذلك، إن كمالات الله العاملة والمسبِّبة لا بد أن تكون أيضًا كمالات متأصِّلة وغير متعدِّية في الله، وإلا سيكون الله محتاجًا إلى شيءٍ خارج ذاته ليكون كاملًا. علاوة على ذلك، لا يمكن لأيٍّ من كمالات الله أن تكون غير نشطة، أو ساكنة، وإلا لن يكون الله هو كلُّ كينونته أو جوهره على نحو دائم ونشط وفعال.

- **فئة غير قابلة للنقل [incommunicable] وفئة قابلة للنقل [communicable]**

التصنيف الأفضل هو ذلك الذي يميِّز بين كمالات الله غير القابلة للنقل وكمالاته القابلة للنقل. تُعرَّف الكمالات غير القابلة للنقل بأنها تلك الخصائص التي ينفرد بها الله (مثل ذاتية الوجود، والبساطة، والاتساع أو اللامحدوديَّة)؛ في حين تعرَّف الكمالات القابلة للنقل بأنها تلك الخصائص التي يمكن نقلها إلى البشر، أو مشاركتها معهم، بشكل جزئي (مثل الصلاح، والبر، والمحبة).

تَكمُن مشكلة تصنيف الكمالات إلى فئة غير قابلة للنقل في مقابل فئة قابلة للنقل في أنه ما دام الإنسان لا يقدر أن يعرف الله في جوهره بمعزل عن علاقاته بخليقته، فمن المستحيل إذن معرفة أية صفة من صفات الله بمعزل عن تلك العلاقات. ومن ثَمَّ، فحتى الكمالات غير القابلة للنقل هي شبيهة، على الأقل إلى حدٍّ ما، بالخصائص البشرية، وإلا لما تمكَّن أحدٌ من فهم شيء عن كمالات الله.

بالإضافة إلى ذلك، ليست كمالات الله القابلة للنقل شبيهة بالخصائص البشرية بالكامل، وإلا لن يكون الله أعظم من الإنسان في كلِّ صفاته.

على سبيل المثال، يمكن للمرء أن يكتسب فهمًا محدودًا عن ثبات الله (أي عدم قابليته للتغيُّر)، الذي هو واحدٌ من كمالات الله غير القابلة للنقل، لأنه يعرف جيدًا معنى أن تكون لإنسانٍ آخر أفكار ومبادئ وسلوكيات متَّسقة وثابتة على مدار فترة زمنية طويلة. لكن، يظل مثل هذا الفهم محدودًا لأنَّ ما من إنسان يعرف معنى أن يكون إنسانٌ ما غير قادر على التغيُّر في طبيعته أو شخصيته. أما فيما يتعلَّق بالمحبة، التي هي واحدة من الكمالات القابلة للنقل، فيمكن للبشر أن يكتسبوا تصوُّرًا جزئيًّا عنها، لأنهم يعرفون ما أعلنه الله في الكتاب المقدس عن محبته من جهة علاقته بالبشر، لكنهم مع ذلك لا يعرفون شكل هذه المحبة على نحو شامل أو كامل، كما لا يعرفون شكل محبة الله من نحو ذاته في الثالوث.

هذا التصنيف لكمالات الله إلى فئة غير قابلة للنقل في مقابل فئة قابلة للنقل هو المتَّبَع في هذا الكتاب للأسباب التالية:

١. لأنه يمكن أن يكون أداة نافعة لدراسة كمالات الله، إذ يساعد البشر في التركيز على مدى تفرُّد الله مقارنةً بالجنس البشري.
٢. لأنه صمد على مرِّ السنوات بين علماء اللاهوت من انتماءات مختلفة.
٣. لأنه يشدِّد على كلٍّ من تسامي الله وقُربه، رافضًا كلًا من مذهب وحدة الوجود [pantheism] والمذهب الربوبي [deism].
٤. هذا التصنيف يحقِّق أقصى فائدة إذا لم نُصِر في تشدُّد على الفصل التام بين مجموعتي الكمالات، بل نظرنا في المقابل إلى الصفات غير القابلة للنقل باعتبارها تصف الصفات القابلة للنقل، والعكس صحيح.

• تحذيرات بشأن كلِّ التصنيفات

هذا التصنيف للكمالات إلى فئة غير قابلة للنقل في مقابل فئة قابلة للنقل يظل تصنيفًا بشريًّا، ولذا يجب ألا يُقبَل دون فحص نقدي. وينبغي أن تُرفَق كلُّ التصنيفات بالتحذيرات التالية:

تحذيرٌ من تقسيم الله إلى قسمين: تبدو تصنيفات كمالات الله وكأنها تقسم الله إلى قسمين، دون إفساح المجال لأيِّ تناغم بين الكمالات، ومن ثم دون إظهار أية وحدة في طبيعة الله. يمكن التغلُّب على موطن الضعف هذا عن طريق حسبان أن الفئة الأولى من الكمالات (غير القابلة للنقل) تصف الفئة الثانية (القابلة للنقل) والعكس صحيح، «بحيث يمكن أن يقال إن الله واحد، ومطلق، وغير قابل للتغيُّر، وغير محدود في علمه وحكمته، وفي صلاحه ومحبته، وفي نعمته ورحمته، وفي بره وقداسته».[٣٤]

تحذيرٌ من فصل الصفات المنفيَّة عن الصفات الإيجابية: يميل كلُّ تصنيف إلى فصل أوصاف الله المصاغة في صيغة النفي عن أوصافه الإيجابية، مع أنه عند تفكير الشخص في فئة واحدة، تكون

34 Berkhof, *Systematic Theology*, 56.

الفئة الأخرى أيضًا في ذهنه. يوضح بافينك (Bavinck) هذا قائلًا:

> إذا كانت هذه الكمالات غير قابلة للنقل تمامًا، فإنها ستكون أيضًا غير قابلة للمعرفة على الإطلاق. لكنَّ حقيقة أننا قادرون على ذكر هذه الكمالات والحديث عنها تُثْبِتُ في حد ذاتها أن الله قد أعلنها بطريقة أو بأخرى في الخليقة. ومن ثَمَّ، تتضمَّن الصفات المنفيَّة بالضرورة محتوى إيجابيًّا: فمع أننا بحاجة إلى فكرة الزمان لنفهم سرمديَّة الله، وإلى فكرة المكان لنكوِّن فكرة عن وجود الله الكلي، وإلى فكرة محدودية المخلوقات وقابليتهم للتغيُّر لنكتسب دراية بشأن لا محدودية الله وثباته (أي عدم قابليته للتغير)؛[٣٥] لكن هذه الصفات تزوِّدنا، مع ذلك، بمعرفة إيجابية شديدة الأهمية عن الله. وهكذا، فحتى وإن كنا نعجز عن إدراك السرمدية بالمعنى الإيجابي، لكن معرفة أن الله يسمو على حدود الزمان مهمة للغاية.[٣٦]

تحذيرٌ من وصف الله في جوهره: تبدو جميع التصنيفات وكأنها توحي ضمنًا بأننا نستطيع أن نعرف الله في جوهره، بمعزل عن علاقاته بمخلوقاته. لكنَّ الله لا يمكن أن يُعرَف من البشر على هذا النحو. فلا يمكن لأيِّ إنسان، بخلاف يسوع المسيح، أن يعرف أيَّة صفة إلهية في ملئها وكمالها. يمكن التغلُّب على موطن الضعف هذا عن طريق حسبان أن حتى الفئة الأولى من الكمالات هي شبيهة، على الأقل من ناحيةٍ ما، بالصفات البشرية، وعاملة ونشطة في علاقتها بالمخلوقات.

⬅ الكمالات غير القابلة للنقل

بعد أن قدَّمنا هذه الملاحظات التمهيدية بشأن الكمالات الإلهية، وكيفية دراستها، يمكننا الآن تعريفها في ضوء الكتاب المقدس. وفي ضوء حقيقة أنَّ كمالات الله مطابقةٌ لجوهره، ولا سيما بِناءً على النتائج المترتبة على هذه الحقيقة، ينبغي ألا نتناول هذه الكمالات دون تفكير واعٍ في كيفية اندماجها بعضها مع بعضٍ على نحو فعَّال وإيجابي (أي في الكيفية التي تكمِّل وتصف بها بعضها البعض). كذلك، علينا أن نتذكر أن هذه الكمالات موجَّهة أولًا نحو الله، قبل أن تكون موجَّهة نحو أيِّ شيء أو أيِّ شخص آخر خارج ذاته. وتأتي التعريفات التالية للكمالات الإلهية مصحوبة بالحقائق الكتابية التي تأسست عليها.[٣٧]

- الاستقلالية (ذاتيَّة الوجود [Aseity])

الله مستقلٌّ عن كلِّ شيء. فهو مكتفٍ ذاتيًا تمامًا، ولا يعتمد على أيِّ شيء خارج ذاته؛ ومن ثَمَّ، فهو الكائن السرمديُّ، والأساسيُّ، وهو مصدر حياة وإعالة كلِّ المخلوقات الأخرى.

---

٣٥ [المترجم]: يعني هذا أنه من المستحيل أن نعرف أيَّة صفة من صفات الله بالمعنى الإيجابي المطلق، بل فقط مقارنةً بما هو سلبي.

36 Bavinck, *Doctrine of God*, 139.

٣٧ بسبب ضيق المساحة، سيتحتم علينا تناوُل كمالات الله بإيجاز. لكن للاطلاع على دراسات أكثر تفصيلًا عن صفات الله، انظر: Herman Bavinck, *Reformed Dogmatics*, vol. 2, *God and Creation*, ed. John Bolt, trans. John Vriend (Grand Rapids, MI: Baker Academic, 2004); Stephen Charnock, *The Existence and Attributes of God* (1853; repr., Grand Rapids, MI: Baker, 1996); Arthur W. Pink, *The Attributes of God* (Grand Rapids, MI: Baker, 2006).

وتعرض القائمة التالية البراهين الكتابية على ذاتيَّة وجود الله:

١. لأن الله هو يهوه، فهو ذاتيُّ الوجود، وله حياة في ذاته ومن ذاته (خروج ٣: ١٤؛ يوحنا ٥: ٢٦).
٢. الله كائنٌ قبل كلِّ شيء، وبه وحده يوجد كلُّ شيء (مزمور ٩٠: ٢؛ ١كورنثوس ٨: ٦؛ رؤيا ٤: ١١).
٣. الله هو ربُّ الكلِّ (تثنية ١٠ :١٧؛ يشوع ٣: ١٣).
٤. هو لا يعتمد على أيِّ شيء؛ وكلُّ الأشياء الأخرى تعتمد عليه (رومية ١١: ٣٦).
٥. هو مصدر كلِّ شيء (تثنية ٣٢: ٣٩؛ إشعياء ٤٥: ٥-٧؛ ٥٤: ١٦؛ يوحنا ٥ :٢٦؛ ١كورنثوس ٨: ٦).
٦. هو يفعل ما يشاء (مزمور ١١٥: ٣؛ إشعياء ٤٦: ١٠-١١؛ ٦٤: ٨؛ إرميا ١٨: ٦؛ دانيآل ٤: ٣٥؛ رومية ٩: ١٩-٢١؛ أفسس ١: ٥؛ رؤيا ٤: ١١).
٧. إن مشورته هي الأساس لكلِّ شيء (مزمور ٣٣: ١٠-١١؛ أمثال ١٩: ٢١؛ إشعياء ٤٦: ١٠؛ متى ١١: ٢٥-٢٦؛ أعمال الرسل ٢: ٢٣؛ ٤: ٢٧-٢٨؛ أفسس ١: ٥، ٩، ١١).
٨. هو يفعل كلَّ شيء من أجل ذاته ومن أجل اسمه (يشوع ٧: ٩؛ ١صموئيل ١٢: ٢٢؛ مزمور ٢٥: ١١؛ ٣١: ٣؛ ٧٩: ٩؛ ١٠٦: ٨؛ ١٠٩: ٢١؛ ١٤٣: ١١؛ أمثال ١٦: ٤؛ إشعياء ٤٨: ٩؛ إرميا ١٤: ٧، ٢١؛ حزقيال ٢٠: ٩، ١٤، ٢٢، ٤٤؛ دانيآل ٩: ١٩).
٩. هو لا يحتاج إلى شيء، لأنه كليُّ الكفاية (أيوب ٢٢: ٢-٣؛ أعمال الرسل ١٧: ٢٥).
١٠. هو الأول والآخر (إشعياء ٤١: ٤؛ ٤٤: ٦؛ ٤٨: ١٢؛ رؤيا ١: ٨؛ ٢١: ٦؛ ٢٢: ١٣).
١١. هو مستقلٌّ في فكره (رومية ١١: ٣٣-٣٥)، ومشيئته (دانيآل ٤: ٣٥؛ رومية ٩: ١٩؛ أفسس ١: ٥؛ رؤيا ٤: ١١)، ومشورته (مزمور ٣٣: ١١؛ إشعياء ٤٦: ١٠)، ومحبته (هوشع ١٤: ٤)، وقدرته (مزمور ١١٥: ٣).

• الثبات (عدم القابلية للتغير) [Immutability]

إن ثبات الله هو عدم قابليته التامة للتغيُّر في جوهره، وطبيعته، وقصده، ووعوده.

البراهين الكتابية: تلخِّص القائمة التالية تعليم الكتاب المقدس عن ثبات الله:

١. الله هو هو منذ الأزل وإلى الأبد (مزمور ١٠٢: ٢٥-٢٧).
٢. هو الأول والآخر (إشعياء ٤١: ٤؛ ٤٣: ١٠؛ ٤٤: ٦؛ ٤٨: ١٢).
٣. هو ما هو عليه (خروج ٣: ١٤).
٤. هو لا يفنى، وله وحده عدم الموت، ويبقى دائمًا كما هو (رومية ١: ٢٣؛ ١تيموثاوس١: ١٧؛ ٦: ١٥-١٦؛ عبرانيين ١: ١١-١٢).
٥. إن فكره، وقصده، ومشيته، وأحكامه غير قابلة للتغيير:
   أ. هو ينفِّذ تهديداته ووعوده (العدد ٢٣: ١٩؛ ١صموئيل ١٥: ٢٩).
   ب. ولا يندم على هباته ودعوته (رومية ١١: ٢٩).
   ج. ولا يرفض البشر الذين قطع معهم عهدًا من جانب واحد (رومية ١١: ١).

د. ويمجِّد أولئك الذين سبق فعرفهم (رومية ٨: ٢٩-٣٠).
ه. ويكمل ما ابتدأه (مزمور ١٣٨: ٨؛ فيلبي١: ٦).
و. وأمانته لا تتناقص البتة (مراثي إرميا ٣: ٢٢-٢٣).

٦. هو لا يتغير (ملاخي ٣: ٦؛ يعقوب ١: ١٧).

مسائل تتعلق بثبات الله: تَظهَر أوجُه التعارض عندما يقرأ الناس نصوصًا كتابية تؤكِّد عدم قابلية الله للتغير جنبًا إلى جنب مع نصوص كتابية أخرى تصرِّح بأنه يندم (تكوين ٦: ٦؛ خروج ٣٢: ١٢؛ ١صموئيل ١٥: ١١، ٣٥؛ إرميا ١٨: ١٠؛ عاموس ٧: ٣، ٦؛ يونان ٣: ٩-١٠؛ ٤: ٢)، ويغيِّر من قصده (تكوين ١٨: ٢٣-٣٢؛ خروج ٣٢: ١٠-١٤؛ يونان ٣: ١٠)، ويحمى غضبه (خروج ٤: ١٤؛ العدد ١١: ١، ١٠؛ مزمور ١٠٦: ٤٠؛ زكريا ١٠: ٣)، ثم يرجع عن حموِّ غضبه (خروج ٣٢: ١٤؛ تثنية ١٣: ١٧؛ ٢أخبار الأيام ١٢: ١٢؛ ٣٠: ٨؛ إرميا ١٨: ٨، ١٠؛ ٢٦: ٣)، ويتعامل مع غير المؤمن بطريقة ومع المؤمن بطريقة أخرى (أمثال ١١: ٢٠؛ ١٢: ٢٢)، ويكون طاهرًا مع الطاهرين لكنه يقاوم الأشرار (مزمور ١٨: ٢٥-٢٦)، وأنه تجسَّد في حيِّز الزمن (غلاطية ٤: ٤)، ويسكن في الكنيسة (١كورنثوس٣: ١٦-١٧؛ أفسس ٢: ١٩-٢٢؛ كولوسي ١: ٢٧)، ويرفض إسرائيل (رومية ١١: ١٥)، ويقبل الأمم بعدما رفضهم لسنوات (أعمال الرسل ١١: ١٨؛ رومية ١١: ١١-١٥)، ويكون غاضبًا في وقت وصفوحًا في وقت آخر (خروج ٣٤: ٧؛ العدد ١٤: ١٨؛ مزمور ٧٨)، وقريبًا في وقت وبعيدًا في وقت آخر (إرميا ٢٣: ٢٣).

ولحسم هذا النزاع، قال كثيرون، مثل أتباع اللاهوت المنفتح، إن الله يغيِّر حقًّا من رأيه، ومقاصده، ووعوده كردِّ فعل منه تجاه ما يفعله البشر. كما يؤكِّدون أن المرء لا يستطيع أن يكون عادلًا في التوفيق بين «تغيُّرات» الله في الكتاب المقدس والعقيدة التقليدية التي تقول إن الله غير قابل للتغيُّر. ويدَّعي هؤلاء أيضًا أنه إذا رجع الخطاة عن خطاياهم، واستجابوا لله بإيمان ومحبة، فهو سيرجع عن (يندم على، يغيِّر رأيه بشأن) الدينونة التي كان عازمًا على إيقاعها بهم، وبدلًا من ذلك يمنحهم بركة. وعلى هذا المنوال ذاته، إذا رجع البشر عن إيمانهم بالله، سيلغي ويُبطِل أية وعود لهم بالبركة. فبحسب أتباع اللاهوت المنفتح، لا يعرف الله كيف سيستجيب له البشر، لكنه ينتظر ليرى ماذا سيفعلون في كلِّ لحظة حتى يقرِّر ردَّ فعله تجاههم.

في اللاهوت المنفتح أخطاءٌ كثيرةٌ، كما في غيره من مثل هذه التعاليم الكاذبة التي تُنكِر ثبات الله. ويمكن دحض هذه الأخطاء بالنظر إلى ثبات الله بحسب المنظور الكتابي السليم. فثبات الله لا يعني أنه راكدٌ أو خاملٌ، أو أنه لا يعمل بشكل ظاهر في الزمن، أو أنه بلا عواطف حقيقية. فإن الله غير قابل للتأثُّر أو الانفعال [impassible] ليس بمعنى أنه مجرَّد من المشاعر الحقيقية، أو أنه بلا عواطف، بل بمعنى أن عواطفه هي تعبيرات إيجابية ومتعمَّدة عن رغباته المقدَّسة، وليست مجرد مشاعر لا إرادية وانفعالية تسوقه (كما هو الحال عادة مع العواطف البشرية).

وإحدى الوسائل الجيدة لفهم تغيُّرات الله الظاهريَّة في الكتاب المقدس هي أن نضع في حسباننا أن الله يعلن عن ذاته في سياق علاقاته مع البشر. ولا يقدر البشر أن يميِّزوا سوى جانبًا واحدًا من

الله على حِدةٍ. فإن الله لا يتغير البتة، لكن المخلوقات تتغيَّر؛ وهم يفهمون كمالات الله وأعماله بحسب حالتهم الراهنة. وهكذا، لا تنطوي أعمال الله على تغيُّر في الجوهر أو القصد.

على سبيل المثال، إن التعبيرات التي تشير إلى «ندم» أو «تغيُّر» الله هي في جميع الأحوال تعبيرات أنثروبوباثية [anthropopathic language]،[٣٨] أي أنها عبارات مجازية تتواصل مع الإنسان بقدر مستوى فهمه عن التغيُّرات في الميول أو الرغبات أو الأفعال. وهكذا، فإن ما نتصوَّره من «تغيُّرات» في الله يوجد دائمًا في سياق علمه الكلي السرمدي ومشيئته السرمدية. ومن ثَمَّ، لا تقع هذه التغيُّرات البتة نتيجة أن الله تفاجأ، وصار عليه أن يتكيَّف مع الوضع؛ لكنها تحدث في تناغم مع صدقه وأمانته (انظر ١صموئيل ١٥: ٢٩). ومن ثَمَّ، جميع أعمال الله التي يمكن تصوُّر أنها تغيُّرات هي معروفة ومعيَّنة سابقًا منذ الأزل.

- **اللامحدودية [Infinity]**

إن لامحدودية الله تصف طبيعة الله بأنها تسمو تمامًا على كلِّ حدود الزمان والمكان (أي بأنه يوجد ويعمل على نحو يتجاوز كلَّ حدود الزمان والمكان). وتُسمَّى لامحدودية الله فيما يتعلَّق بالزمان: «سرمديَّة الله» [eternity]، أو «لامحدودية الله فيما يتعلق بالزمن، أي وجوده في كلِّ زمان» [omnitemporality]؛ في حين تُسمَّى لامحدودية الله فيما يتعلق بالمكان: اتساع الله [immensity]، أو الوجود الكلي [omnipresence].

- **السرمديَّة [Eternity]**

يسمو الله تمامًا على كلِّ حدود وقيود الزمان، بحيث أنه لا بداية له، ولا نهاية، وليس لديه تتابُع في لحظات الزمن في خبرته عن كينونته، وفي وعيه بكلِّ الحقائق الأخرى. وبعبارة أخرى، سواء في خبرة الله عن ذاته، أو عن جميع الحقائق الأخرى خارج ذاته، هو غير محدود بلحظات الزمن.

براهين كتابية: تعرض القائمة التالية البراهين الكتابية على سرمديَّة الله:

١. هو الأول والآخر في الآن ذاته (إشعياء ٤١: ٤؛ رؤيا ١: ٨).
٢. هو موجودٌ من قبل الخلق (تكوين ١: ١؛ يوحنا ١: ١؛ ١٧: ٥، ٢٤).
٣. هو سيبقى إلى الأبد (مزمور ١٠٢: ٢٦-٢٧).
٤. هو الله مُنْذُ الأَزَلِ إِلَى الأَبَدِ (مزمور ٩٠: ٢؛ ٩٣: ٢).
٥. لا يمكن فحص أو معرفة عدد سنيِّه (أيوب ٣٦: ٢٦).
٦. ألف سنة في عينيه مثل يوم واحد، بسبب خبرته الحاضرة واللحظية والمباشرة لكلِّ الأزمنة[٣٩] (مزمور ٩٠: ٤؛ ٢بطرس ٣: ٨).
٧. هو إله الدهر (إشعياء ٤٠: ٢٨).
٨. هو سَاكِنُ الأَبَدِ (إشعياء ٥٧: ١٥).
٩. هو حيٌّ إلى الأبد (تثنية ٣٢: ٤٠؛ رؤيا ١٠: ٦؛ ١٥: ٧).

---

٣٨ [المترجم]: التعبيرات الأنثروبوباثية هي عبارات تَنسب إلى الله مشاعر وعواطف بشرية.

٣٩ [المترجم]: يعني هذا أن خبرة الله للزمن وعلاقته به تختلف عن خبرتنا نحن له، لأن كل الأزمنة «حاضرة» في ذهن الله في الوقت ذاته.

١٠. هو لا يفنى وله عدم الموت (رومية ١: ٢٣؛ ١تيموثاوس ٦: ١٦).
١١. هو كان، والكائن، والذي يأتي في الآن ذاته (خروج ٣: ١٤؛ رؤيا ١: ٤، ٨).
١٢. إن قصده أزليٌّ («قَصْدِ الدُّهُورِ») (أفسس ٣: ١١).
١٣. هو «مَلِكُ الدُّهُورِ»، أو الملك السرمدي (١تيموثاوس ١: ١٧).
١٤. هو موجودٌ ويعمل «قَبْلَ الأَزْمِنَةِ الأَزَلِيَّةِ» (٢تيموثاوس ١: ٩؛ تيطس ١: ٢).

وصف جوهر الله بأنه «غير محدودٍ بالزمن»: من بين القضايا المهمة التي تتعلق بالسرمديَّة، التي هي أحد كمالات الله، هي ما إذا كان الله موجودًا فقط في لحظات الزمن التي تمرُّ، أم أنه موجود أيضًا خارج تتابُع لحظات الزمن. هل الله «خالدٌ»، أو «غير محدود بالزمن» - أي أنه لا زمني في حياته الداخلية - أم أن وجوده مرتبطٌ بالزمن، ومحصور داخل إطار لحظات الزمن؟

إن الله موجودٌ داخل الزمن، بكونه يتفاعل مع خليقته ومخلوقاته من لحظةٍ إلى الأخرى؛ لكنه لا بد أيضًا أن يكون متساميًا عن الزمن، وإلا سيكون محدودًا بكيانٍ آخر، ألا وهو الزمن. بتعبير آخر، تعني سرمديَّة الله أن الله مستقلٌّ عن الزمن، لكنه، مع ذلك، ليس منفصلًا عنه تمامًا، بل هو حاضر (قريب وحالٌّ [immanent]) في كل لحظة، ومتحكِّم في كلِّ لحظة لأجل تحقيق مقاصده ومجده. إن التصريح الكتابي: «فِي الْبَدْءِ خَلَقَ اللهُ السَّمَاوَاتِ وَالأَرْضَ» (تكوين ١: ١) يشير إلى أن الله كان موجودًا قبل «الْبَدْءِ» الذي بدأ «اليوم الأول» (تكوين ١: ٥)، أي أنه كان موجودًا قبل اللحظة الأولى من «اليوم الأول» من كلِّ الواقع الموجود خارج ذاته. ولذلك، فإن وجود الله خارجٌ عن حدود الزمن. بل في حقيقة الأمر، بما أن الله هو مَن بدأ «البدء» بعمله الخالق، فهو إذن مَن خَلَقَ الزمن، وهو بسلطانه يمسك بزمامه سواء في مجمله أو في كلِّ لحظة من لحظاته. فإن الله حاضرٌ بالكامل في كلِّ لحظة من لحظات الزمن، ويعرف الزمن في مجمله وفي تتابع لحظاته، لكنه غير خاضعٍ البتة للزمن، وإنما يستخدمه كخادمٍ أو كأداة لإظهار كمالاته.

الله، في جوهره، موجودٌ في «حاضرٍ» سرمديٍّ. فهو دائمًا موجودٌ سواء مع «أول» الزمن، أو مع «آخر» (نهاية) الزمن (إشعياء ٤١: ٤؛ راجع ٤٤: ٦). فقد قصد أن يعطي نعمة مخلِّصة لمختاريه «قَبْلَ الأَزْمِنَةِ الأَزَلِيَّةِ» (٢تيموثاوس ١: ٩؛ تيطس ١: ٢)، ولذا عمل من قبل اللحظة الأولى من الأزمنة. إذن، الله كائنٌ بوعيٍ ذاتيٍّ خارج إطار لحظات الزمن.

كذلك، الله ليس مقيَّدًا أو مشروطًا بحدود الزمن أو بالمُدد الزمنية (انظر مزمور ٩٠: ١-٤؛ ٢بطرس ٣: ٨). فهو البداية والنهاية، ويبقى كذلك بعدما تنتهي البداية وقبلما تبدأ النهاية. وهو يشمل في جوهره كلًا من البداية والنهاية، وكلاهما بالنسبة له واقعان «حاضِران» يختبرهما عن وعي. وبما أن تعبير «الْبِدَايَة وَالنِّهَايَة» (رؤيا ٢١: ٦، ٢٢: ١٣) هو على الأرجح أسلوب تقساميَّة [merism] (أسلوب أدبي يعبِّر عن مجموعة كاملة من العناصر عن طريق ذكر العنصرين اللذين يمثِّلان الحدَّين الأقصيين للمجموعة)، فالله يتحكَّم في كل لحظة من الزمان باعتبارها واقعًا «حاضرًا»، يختبره عن وعي. فإن الله «كائن» [is]. وهو **كائنٌ** قبل بداية الزمن، وقبل اللحظة الأولى من «الأزمنة». وهو في جوهره لا يبتدئ أبدًا أن يكون، ولا يصبح أبدًا (لا يتطوَّر أو يتحوَّل أو يتغيَّر).

برهان مستمَدٌّ من عِلْم الله الكليّ: إن كمالات الله جميعها متَّسقة مع التأكيد على أنَّه ليس لديه تتابع زمني للحظات سواء في خبرته عن ذاته وكينونته، أو في وعيه بأيِّ واقع آخر. على سبيل المثال، الله كليُّ العلم، وبالتالي يشمل علمه كلَّ الأحداث باعتبارها واقعية بالتساوي. ولأن كمالات الله هي جوهره، فلا يوجد إذن ماضٍ أو حاضر أو مستقبل في خبرة الله عن جوهره. ومع أن الله يختبر تتابُع الزمن (سواء لأنه هو الذي خلق هذا التتابع، أو لأن الله الابن اختبره بصفة خاصة بالتجسُّد)، ومع أن فكره يتَّسم بِبنية منطقية (تشمل فرضيات واستنتاجات)، لكن اختباره للتتابع الزمني لا يقيِّد أو يحدِّد وجوده وحياته، بحيث يكون موجودًا فقط في لحظات الزمن. فهو يعرف ويختبر كلَّ شيء باعتباره «حاضرًا سرمديًّا».

برهان مستمَدٌّ من اتساع الله ووجوده الكلي: يسمو الله على كلِّ حدود المكان. فهو موجودٌ خارج إطار المكان المادي، ولكنه مع ذلك موجودٌ مع كلِّ بقعة مكان، ويختبر كلَّ بقعة مكان بكامل كينونته. نتيجة ذلك، يتحتم أن يكون الله موجودًا خارج إطار لحظات الزمن، وإلا سيكون مقيَّدًا بالوجود داخل إطار المكان، الذي [أي المكان] لا يكون موجودًا إلا في لحظة واحدة من الزمن.

برهان مستمَدٌّ من ثبات الله: بما أن جوهر الله لا يتغيَّر، فلا بد أن يكون إذن غير مشروطٍ بالزمن المتغيِّر. فلو كان الله موجودًا فقط في كلِّ لحظة، فإن وجوده لا بد أن يبدأ في كلِّ لحظة تالية، وهو الاستنتاج الذي يتعارض مع ثباته.[٤٠]

برهان مستمَدٌّ من استقلالية الله: لأن جوهر الله لا يعتمد في وجوده على شيء، بل هو نبع كلِّ وجود، فلا يمكن إذن أن يعتمد في وجوده على لحظات الزمن. لأنه لو كان الله موجودًا فقط من لحظة إلى الأخرى، سيكون حينئذ معتمدًا على وجود كلِّ لحظة.

برهان مستمَدٌّ من قدرة الله الكلية: بما أن الله يتمتع بسلطان عامل وفعَّال على كلِّ شيء، فلا بد إذن، كي يكون كليَّ القدرة، أن يمارس السلطان في المستقبل وفي الماضي. لكن إذا كان الله موجودًا فقط في اللحظة الراهنة، فهو في حقيقة الأمر لا يتمتع بالسلطان في اللحظات الماضية والمستقبَلة.

إن وجهة نظر «اللحظات المتتابعة» [successive moments view][٤١] تُقوِّض صفات الله من اتساع (لامحدوديَّة)، وثبات، واستقلالية، وقدرة كلية، ووجود كلي، وعلم كلي. فإذا كان الله موجودًا فقط من لحظة إلى الأخرى، فإن وجوده في حقيقة الأمر ينتهي في لحظة واحدة ثم يبدأ في اللحظة التالية. وبهذا، لن يكون الله متحكِّمًا في تغيُّر اللحظات، بل بالأحرى مشروطًا بتغيُّرها. علاوة على ذلك، لن يكون الله بهذا متساميًا عن حدود المكان والزمان، لأنه سيكون مقيَّدًا باللحظة الراهنة، ومقيَّدًا بأن يعمل داخل حدود المكان فقط حسبما هو [أي المكان] موجودٌ في اللحظة الراهنة. وأخيرًا، وفقًا لهذا الرأي، مع أن الله ربما يظل متحكِّمًا في الأحداث الراهنة كي تتحرَّك في ثبات ودون تغيير

---

٤٠ [المترجم]: يُقصَد بهذا أن ارتباط الشخص بالزمن وبتتابُع اللحظات يتضمَّن تغيُّره من لحظة إلى الأخرى سواء في مشاعره، أو فكره، أو إرادته، أو حتى نموه وتقدُّمه في العمر. وذلك يشكِّل نوعًا من التغير، وهو ما لا يمكن أن ينطبق على الله لكونه ثابتًا لا يتغير. وعليه، فالله غير محدود بالزمن لأنه ثابتٌ لا يتغير.

٤١ [المترجم]: وجهة نظر اللحظات المتتابعة هي وجهة نظر قائمة على أن الله موجود فقط داخل تتابُع لحظات الزمن.

صوب التتميم النهائي لخطته، لكنه فعليًّا لن يكون متحكِّمًا في أثناء الحاضر في الأحداث المستقبلية، بما أن اللحظات المستقبلية لم تأتِ بعد. وبالتالي، في ضوء الاعتبارات المتعدِّدة المذكورة أعلاه، يَلزَم النظر إلى الله على أنه موجودٌ داخل إطار الزمن وخارجه أيضًا. وإن وجهة النظر القائمة على «تتابُع اللحظات» لا ترقى على الإطلاق إلى مستوى إعلان الله عن ذاته في الكتاب المقدس.

• الاتساع أو اللامحدوديَّة [immensity] والوجود الكلِّي [omnipresence]

الله موجود وجودًا كاملًا مع ذاته، متساميًا عن كلِّ حدود المكان؛ لكنه مع ذلك موجودٌ بشخصه وكلِّ ما فيه مع كلِّ بقعة مكان. فإن التسامي يعني أن الله أعظم من الخليقة ومستقلٌّ عنها. وتشير صفة الاتساع أو اللامحدوديَّة إلى أن الله يتسامى فوق المكان، ويملأ كلَّ مكان. أما صفة الوجود الكلي، فتشير إلى أن الله موجودٌ بكامل كينونته مع كلِّ بقعة مكان.

البراهين الكتابية: يمكن رؤية البراهين الكتابية المؤيِّدة لاتساع الله ووجوده الكليِّ من خلال الملاحظات التالية:

١. هو خالق كلِّ شيء، ومالك كلِّ شيء (تكوين ١٤: ١٩، ٢٢؛ تثنية ١٠: ١٤؛ كولوسي ١٦:١؛ رؤيا ١٠: ٦).

٢. لا يمكن أن تسعه السماء والأرض (١ملوك ٨: ٢٧؛ ٢أخبار الأيام ٢: ٦؛ إشعياء ٦٦: ١؛ أعمال الرسل ٧: ٤٨-٤٩).

٣. هو يملأ السماء والأرض، ومن ثَمَّ لا شيء يختفي عن وجهه، وهو قريب وبعيدٌ على حدٍّ سواء (مزمور ١٣٩: ٧-١٠؛ إرميا ٢٣: ٢٣-٢٤؛ أعمال الرسل ١٧: ٢٧-٢٨).

٤. هو يُظهِر ذاته بطرق مختلفة في أماكن مختلفة:

أ. فهو يَسكُن السماء، وعرشه هناك (تثنية ٢٦: ١٥؛ ٢صموئيل٢٢: ٧؛ ١ملوك ٣٢:٨؛ مزمور ١١: ٤؛ ٣٣: ١٣؛ ١١٥: ٣، ١٦؛ إشعياء ٦٣: ١٥؛ متى ٥: ٣٤؛ ٦: ٩؛ يوحنا ١٤: ٢؛ أفسس ١: ٢٠؛ عبرانيين ١: ٣؛ رؤيا ١: ٤-٥).

ب. وهو ينزل من السماء (تكوين ٣: ٨؛ ١١: ٥، ٧؛ ١٢: ٧؛ ١٥: ١؛ ١٨: ١؛ خروج ٣: ٧-٨؛ ١٩: ٩، ١١، ١٨، ٢٠؛ تثنية ٣٣: ٢؛ قضاة ٥: ٤).

ج. وهو يسكن في وسط شعبه (خروج ٢٠: ٢٤؛ ٢٥: ٨؛ ٤٠: ٣٤-٣٥؛ تثنية ١٢: ١١؛ ١صموئيل ٤: ٤؛ ٢صموئيل ٦: ٢؛ ١ملوك ٨: ١٠-١١؛ ٢ملوك ١٩: ١٥).

د. وهو بعيد (من الناحية العلاقاتيَّة) عن الأشرار (مزمور ١١: ٥؛ ٥٠: ١٦-٢١؛ ١٤٥: ٢٠).

ه. وقريب (من الناحية العلاقاتيَّة) من الأبرار (مزمور ١١: ٧؛ ٥١: ١٩؛ إشعياء ٥٧: ١٥).

و. المسيح هو كمال اللاهوت جسديًّا (كولوسي ٢: ٩).

ز. الله يسكن الكنيسة (يوحنا ١٤: ٢٣؛ رومية ٨: ٩، ١١؛ ١كورنثوس٣: ١٦؛ ٦: ١٩؛ أفسس ٢: ٢٢؛ ٣: ١٧).

تفاصيل تخصُّ صفتي الاتساع (اللامحدوديَّة) والوجود الكلي: يتسامى الله فوق حدود المكان. فهو بطبيعته متَّسع وكليُّ الوجود، بغض النظر عن وجود الزمن والمادة، الأمر الذي يعني أنه موجودٌ دائمًا مع ذاته. وهو أيضًا متَّسع وكليُّ الوجود في علاقته بالخليقة. وبما أن المكان جانب من جوانب الخليقة، فهو إذن لا يمثِّل جزءًا من الله. تعني هاتان الصفتان من كمالات الله أن الله ليس منتشرًا أو مُوَزَّعًا عبر المكان، بحيث يوجد جزء منه فقط في كلِّ مكان. كذلك، فالله ليس مقيَّدًا بمكان واحد، لكنه موجود بكامله في كلِّ مكان؛ لكنه أيضًا باتساعه يحفظ المكان ويدعمه. فإن اتساع الله لا يعني أنه منفصل عن الخليقة بالمعنى الربوبي، مع أنه يعني بالفعل أنه مميَّز عن الخليقة وأعظم منها. فإن الله يحفظ ويدعم النظام المخلوق من خلال وجوده الكامل مع كلِّ بقعة مكان. هذا الأمر صحيحٌ، على سبيل المثال، في كلِّ من السماء والجحيم (على سبيل المثال، رؤيا ١٤ : ٩-١٠)، ومع كلٍّ من الأبرار والأشرار. وفي واقع الأمر، من الأفضل أن نقول إن الله **مع** الزمان والمكان، وليس **في** الزمان والمكان (بخلاف مفهوم ليبرالية القرن التاسع عشر عن كون الله حالًّا وقريبًا فقط). لكن كلا التعبيرين صحيحٌ، شريطة ألا نرى أن الله **من** الزمن، أو أنه محدودٌ بالزمن.

- الوحدانية [unity]: الوحدة العددية [numerical oneness]

إن وحدانية الله هي تفرُّده الكامل في الجوهر، بحيث لا يكون الله أكثر من جوهر واحد، ولا يكون هناك وجود لأكثر من جوهر إلهي واحد.

وتعرض القائمة التالية البراهين الكتابية المؤيِّدة لوحدانية الله:

١. الله جوهرٌ واحدٌ فحسب (تثنية ٦ : ٤؛ مرقس ١٢ : ٢٩).
٢. الله متفرِّد، أي لا يوجد سوى إله واحد فحسب (تثنية ٤ : ٣٥؛ ٣٢ : ٣٩؛ مزمور ١٨ : ٣١؛ إشعياء ٤٠ : ١٨؛ ٤٣ : ١٠-١١؛ ٤٤ : ٦؛ ٤٥ : ٥).
٣. الأصنام باطلة وعدمٌ (تثنية ٣٢ : ٢١؛ مزمور ٩٦ : ٥؛ إشعياء ٤١ : ٢٩؛ ٤٤ : ٩-٢٠؛ إرميا ٢ : ٥، ١١؛ ١٠ : ١٤-١٥؛ ١٦ : ١٨؛ ٥١ : ١٧-١٨؛ دانيآل ٥ : ٢٣؛ حبقوق ٢ : ١٩).
٤. في العهد الجديد، تتجلَّى وحدانية الله في يسوع المسيح (يوحنا ١٧ : ٣؛ أعمال الرسل ١٧ : ٢٤؛ رومية ٣ : ٣٠؛ ١كورنثوس ٨ : ٤-٦. أفسس ٤ : ٥-٦؛ ١تيموثاوس ٢ : ٥).

- الوحدانية: البساطة [simplicity]

إن بساطة الله هي عدم قابليته للتجزئة، وافتقاره التام إلى أيِّ تركيب أو تكوين. يعني ذلك أن كلَّ كمالات الله، وكلًّا منها على حدة، **هي** جوهر الله.

البراهين الكتابية: هذه الصفة من كمالات الله يُعبَّر عنها من خلال التصريحات القائلة إن الله حقٌّ، وبرٌّ، وحكمة، وروح، ونور، وحياة، ومحبة، وقداسة (إرميا ١٠ : ١٠؛ ٢٣ : ٦؛ يوحنا ١ : ٤-٥، ٩؛ ٤ : ٢٤؛ ١٤ : ٦؛ ١كورنثوس ١ : ٣٠؛ ١يوحنا ١ : ٥؛ ٤ : ٨، ١٦). فإن مثل هذه المقاطع الكتابية تُعلِن أن الله هو الملء التام لكلِّ صفة من صفاته.

التوافُق مع عقيدة الثالوث: لا تتناقض بساطة الله مع عقيدة الثالوث. فإن جوهر الله ليس مكوَّنًا من ثلاثة أقانيم (أشخاص)، لكن الجوهر الإلهي غير المركَّب وغير المنقسم موجودٌ بالكامل في كلِّ أقنوم من الأقانيم الثلاثة. وإن الخصائص الأقنومية المختلفة التي يتفرَّد بها كلُّ أقنوم هي ليست أشياء مضافة إلى الجوهر الإلهي، لكنها مجرد تمايُزات (تعيُّنات) في الوجود الأقنومي وفي العلاقات بين الأقانيم. وفي كلِّ الأعمال الخارجية للثالوث، يعمل كلُّ أقنوم دون تقسيمٍ للجوهر الإلهي.

• العِلم الكُلِّي [omniscience] [٤٢]

إن كُليَّة عِلم الله هي معرفته الكاملة بذاته، وبكلِّ الأشياء الحقيقية التي تقع خارج ذاته، وكذلك بكلِّ الأشياء التي لا تصبح حقيقةً، في فعلٍ (بذلٍ للطاقة) واحدٍ سرمديٍّ وبسيط (هذا الفعل غير مكوَّن من أجزاء، لكنَّه ينطوي على تمايُزات). ينبغي أن نلاحظ أن هذا التعريف لا يعني أن الله يعرف الأشياء «التي من المحتمَل حدوثها»، لأنه لا توجد في فكر الله السرمدي وفي خطته أشياء ممكِنة أو محتمَلة، بل فقط أشياء حقيقيَّة. يَعلَم الله حقًّا ما كان من الممكن أن يحدث لو اختلفت الظروف، لكن لأن هذه الأمور هي في فكر الله وخطته لن تحدث أبدًا، فهي ليست «احتمالات» يمكن أن تحدث أو لا. وإنما الأمور الواقعة في خطة الله هي فقط الأمور «المحتمَلة الحدوث»، لأنها هي فقط التي يمكن أن تتحقق يومًا ما، فتصبح حقيقةً في الزمن.[٤٣]

البراهين الكتابية: توضح القائمة التالية ما يعرفه الله وفقًا للكتاب المقدس:

١. يعرف الله ذاته كإله واحد في ثلاثة أقانيم (متى ١١:٢٧؛ يوحنا ١:١٨؛ ١٠:١٥؛ ١كورنثوس٢: ١٠)
٢. يعرف الله كلَّ الأشياء (٢كورنثوس١٦: ٩؛ إشعياء ٤٠: ١٣؛ رومية ١١: ٣٤؛ عبرانيين ٤: ١٣؛ ١يوحنا ٣: ٢٠)
٣. يعرف الله كلَّ الاحتياجات (متى ٦: ٨، ٣٢)
٤. يعرف الله حتى أصغر الأشياء المادية (متى ١٠: ٣٠)
٥. يعرف الله قلب الإنسان (١ملوك ٨: ٣٩؛ مزمور ٧: ٩؛ أمثال ١٥: ١١؛ إرميا ١١: ٢٠؛ ١٧: ٩-١٠؛ ٢٠: ١٢؛ لوقا ١٦: ١٥؛ رومية ٨:٢٧؛ ١تسالونيكي ٢: ٤؛ ١يوحنا ٣: ٢٠)
٦. يعرف الله أفكار وتصوُّرات الإنسان (مزمور ١٣٩: ٢؛ حزقيال ١١: ٥؛ ١كورنثوس٣: ٢٠)
٧. يعرف الله الإنسان بكامل كينونته وأعماله (مزمور ١٣٩)
٨. يعرف الله الهاوية [Sheol] والهلاك [«المُهلِك»، Abaddon] (أمثال ١٥: ١١)
٩. يعرف الله خطية الإنسان وشرَّه (مزمور ٦٩: ٥؛ إرميا ١٦: ١٧؛ ١٨: ٢٣؛ ٣٢: ١٩)

---

٤٢ يصنف بعض علماء اللاهوت، ومنهم هيرمان بافينك (Herman Bavinck)، ولويس بيركهوف (Louis Berkhof)، وتشارلز هودج (Charles Hodge)، وو. ج. ت. شِد (W. G. T. Shedd)، صفة العلم الكلي ضمن الكمالات القابلة للنقل.

٤٣ نرفض هنا كلَّ أشكال المعرفة المتوسِّطة [المترجم: هي المعرفة التي تقع بين معرفة الله الطبيعية ومعرفته الحرة]، سواء المفهوم الموليني الكلاسيكي عن معرفة الله [Molinist conception] [المترجم: سُمِّيَت المولينية تبعًا لاسم اللاهوتي اليسوعي الأسباني لويس دي مولينا، الذي عاش في القرن السادس الميلادي؛ وهي وجهة نظر عن العناية الإلهية في ضوء الإرادة الحرة للإنسان]، أو الصيغة المعدَّلة منها التي تسمَّى «التوافُقية» [compatibilism]. انظر أدناه عنوان «طبيعة معرفة الله» (ص. ٢٠٤).

١٠. يعرف الله الأشياء الممكن حدوثها من منظور بشري (١صموئيل ٢٣: ١٠-١٣؛ ٢ملوك ١٣: ١٩؛ مزمور ٨١: ١٢-١٦؛ إرميا ٢٦: ٢-٧؛ ٣٨: ١٧-٢٠؛ حزقيال ٣: ٤-٦؛ متى ١١: ٢١)
١١. يعرف الله البشر قبل تصوُّرهم، أي «قبل الحَبَل بهم» (مزمور ١٣٩: ١٣-١٦؛ إرميا ١: ٥؛ رومية ٨: ٢٨-٣٠؛ رؤيا ١٣: ٨؛ ١٧: ٨)
١٢. يعرف الله الأمور المستقبلية (إشعياء ٤١: ٢٢-٢٦؛ ٤٢: ٨-٩؛ ٤٣: ٩-١٢؛ ٤٤: ٦-٨؛ ٤٦: ٩-١١)
١٣. يعرف الله عمر كلِّ إنسان («آجَالِي»، «مِقْدَار أَيَّامِي»)، والحدود الجغرافية المحتَّمة له (مزمور ٣١: ١٥؛ ٣٩: ٤- ٥؛ ١٣٩: ٧-١٦؛ أيوب ١٤: ٥؛ أعمال الرسل ١٧: ٢٦)

الأسبقيَّة الأزليَّة لعِلم الله: إن علم الله أزليٌّ **وسابقٌ** («*a priori*»، ومعناها «من السابق»، أي إنه ينطلق من سبب معروف أو مسلَّم به إلى نتيجة متَّصلة به بالضرورة)، وليس علمًا **تاليًا** («*a posteriori*»، ومعناها «من التالي»، أي العلم الذي ينتقل من التفاصيل إلى المبادئ، أو من النتائج إلى الأسباب). فإن علم الله يسبق كلَّ شيء خارجه، وهو غير مستمَدٍّ على الإطلاق من الواقع خارج ذاته (رومية ٨: ٢٩؛ ١كورنثوس ٢: ٧؛ أفسس ١: ٤-٥؛ ٢تيموثاوس ١: ٩). كذلك، علم الله كاملٌ، ولا يزداد البتة (إشعياء ٤٠: ١٣-١٤؛ رومية ١١: ٣٤). وهو أيضًا علمٌ قاطعٌ – أي واضحٌ، ومحدَّد، ودقيق، ويقيني، وأكيد، وشامل (مزمور ١٣٩: ١-٣؛ عبرانيين ٤: ١٣). كما أنَّ عِلم الله نشط وفاعل سرمديًّا، وليس خاملًا البتة، لأن جوهر الله نشطٌ وفاعلٌ سرمديًّا.

نتائج علم الله: لأن علم الله نشطٌ وعاملٌ، فهو يُثمِر نتائج. وهذه النتائج مؤقَّتة وعابرة بحسب خبرة الإنسان، لكنها بالنسبة لله واقعٌ «حاضرٌ» دائمًا، ليس بالمعنى الزمني، لأن الله ليس لديه تتابُع زمني في اللحظات، بل بمعنى أن الله يدركها على نحو واعٍ وسرمديٍّ. وتشمل النتائج الرئيسية لعلم الله في حيِّز الزمن: خلق العالم المادي (مزمور ١٠٤: ٢٤؛ ١٣٦: ٥)، وتكوين الكنيسة (أفسس ٣: ١٠)، وكلَّ أعمال الله في الزمن، بما في ذلك تطبيق الخلاص (رومية ١١: ٣٣)، وتلقِّي العبادة من الإنسان (أيوب ١١: ٧-٩؛ مزمور ١٣٩: ١٧-١٨؛ رومية ١١: ٣٣).

طبيعة معرفة الله: ثمة جانبان من معرفة الله، ألا وهما: **معرفة الله الطبيعيَّة [natural knowledge]**، وهي معرفته الواعية بذاته؛ **ومعرفة الله الحرة [free knowledge]**، وهي معرفته عن (١) كلِّ الأشياء التي تصبح حقيقة في الزمن، من خلال مشيئته الحرة والسياديَّة القائمة على قضائه؛ (٢) كلِّ الأشياء التي لا تصبح حقيقةً؛ (٣) الكيفية التي يُستعلَن أو لا يُستعلَن بها من خلال كلِّ شيء خارج ذاته.

من الضروري التمييز بين معرفة الله الطبيعية ومعرفته الحرة، لأن الإخفاق في فعل ذلك يؤدِّي إلى تبنِّي مذهب وحدة الوجود [pantheism]، إذ سيجعل معرفة الله بذاته منوطة بمعرفته بالخليقة. لكنَّ الله قادرٌ أن يعرف ذاته معرفة كاملة وتامة باستقلالٍ عن خليقته.

ومع ذلك، يجب عدم الفصل بشكل قاطع بين معرفة الله الطبيعية ومعرفته الحرة لدرجة تجعل قضاء الله اعتباطيًّا أو عشوائيًّا. فالله لم يختَر بعضًا من أفكاره عشوائيًّا لعمل الأشياء الحقيقية، وإنما معرفته الحرة هي نتاج معرفته الطبيعية، بمعنى أن معرفة الله الكاملة بذاته تشمل معرفته بالكيفية التي سيُعلِن بها عن ذاته للمخلوقات من أجل تحقيق مجده الأعظم. ولأن الله موجَّه بمبدأ تحقيق أقصى مجد لذاته، فمعرفته الطبيعية تؤدِّي بالتالي إلى قضائه الأزلي والشامل، الذي بمقتضاه يعيِّن مسبقًا كل ما سوف يحدث. فلأن الله هو مَن هو، فهو يفعل ما يفعله.

يمكن للبشر أن يعرفوا الله من خلال معرفته الحرة كما تُستعلَن في النظام المخلوق، لكنهم لا يستطيعون أن يعرفوا الله من خلال معرفته الطبيعية، لأن هذه المعرفة من شأنها أن تنطوي على معرفة الله مثلما يعرف هو ذاتَه. يستطيع الإنسان أن يمتلك معرفة الله الحرة، لكن بدرجة محدودة؛ بينما امتلاك الله لمعرفته الحرة كاملٌ، لأن معرفته غير محدودة.

كذلك، تُعَد معرفة الله هي النموذج الأصلي، بمعنى أنها النمط الأصلي لكلِّ شيء يقع خارج ذاته.[44] يعرف الله الكون حين كان مجرد فكرة في الأزل، على نحو سابق منطقيًّا للوجود المحدود لهذا الكون في حيِّز الزمان والمكان. كما أن معرفة الله نابعة من ذاته، ومستقلة عن أيِّ مصدر خارجي؛ ومن ثَمَّ، فهي سابقة لكلِّ شيء يقع خارج ذاته.

معرفة الله حَدْسيَّة، ومتأصِّلة فيه، ومباشرة، أي إنها غير ناتجة عن الملاحظة والتفكير المنطقي في لحظات متعاقبة من الزمن. وفي الآن ذاته، تتميَّز هذه المعرفة ببِنية منطقية. كما تشير معرفة الله إلى عمله ونشاطه، وليس فقط إلى محتوى معيَّن. وهي معرفة بسيطة ومتزامنة في إعمالها. فالله لا يعرف شيئًا واحدًا ثم يعرف شيئًا آخر، لكنه يعرف كلَّ شيء بالكامل في الآن ذاته. ومع ذلك، يعرف الله أيضًا الاختلافات والترتيبات الموجودة بين كلِّ الأشياء.

معرفة الله شاملة وواعية تمامًا، في حين أن معرفة الإنسان جزئية وغالبيتها غير واعية. أيضًا، معرفة الله «عمل إيجابي محض»، وليس عملًا سلبيًّا البتة (أي عملًا قائمًا على التعلُّم) نظير معرفة الإنسان، بل هي معرفة نابعة من مشيئة الله السرمدية. كما أن معرفة الله ليست معرفةً ربوبيةً - بمعنى أن اللهَ غيرُ منعزلٍ عن الأشياءِ التي يعرفها - لكنها معرفة مباشرة، ، بمعنى أن الله لديه دائمًا إدراك مباشر لكلِّ ما يعرفه.

معرفة الله المسبَقة في العهد الجديد: من خلال تاريخ استخدام الفعل اليوناني *proginōskō* (وهي الكلمة الكامنة وراء مفهوم العهد الجديد عن معرفة الله المسبقة)، والبراهين الكتابية على علم الله الكليِّ، وسَّع علماء اللاهوت من نطاق مفهوم المعرفة المسبقة، لتشمل معرفة الله الوثيقة والمتعمَّدة بكلِّ الأشياء قبل أن تصبح حقيقة في الزمان والمكان. وكدليلٍ على هذه المعرفة المسبَقة الأكثر شمولية، يمكن أن نشير إلى النبوات عن المستقبل (على سبيل المثال، إشعياء ٤١: ٢٢-٢٦؛ ٤٢: ٩؛ ٤٣: ٩-١٢؛ ٤٤: ٧؛ ٤٦: ١٠).

44 Berkhof, *Systematic Theology*, 66.

لكن، عندما استُخدِم الفعل *proginōskō* والاسم *prognōsis* في العهد الجديد لوصف معرفة الله المسبقة، أشارا إلى معرفة الله العلاقاتية بحسب قصده بجميع البشر الذين هم ضمن خطة فدائه، قبل أن يوجَدوا في الزمان والمكان. وعند فهم معرفة الله المسبَقة بهذه الطريقة، ولا سيما من العهد الجديد، نكتشف إذن أنها تتعلق بعقيدة الخلاص. فقد عرف الله مسبقًا بني إسرائيل المختارين ليكونوا شعب عهده (رومية ١١: ٢)؛ وعرف مسبقًا يسوع المسيح المصلوب والمقام من بين الأموات (أعمال الرسل ٢: ٢٣-٢٤؛ ١بطرس ١: ١٨-٢٠)؛ وعرف مسبقًا جميع المؤمنين باعتبارهم مُعَيَّنين سابقًا، ومختارين، ومدعوِّين، ومؤمنين، ومقدَّسين، ومتبرِّرين، وممجَّدين (رومية ٨: ٢٩؛ ١بطرس ١: ٢). ومن ثَمَّ، ليست معرفة الله المسبَقة معرفة سلبيّة، أو معتمدة على توقُّعه بشأن ما قد يفعله البشر، وإنما هي معرفة مقصودة ومتعمَّدة من الله منذ الأزل. أكَّد بولس أن الله «سَبَقَ فَعَرَفَ» (*proginōskō* في اليونانية) فقط أولئك الذين «سَبَقَ فَعَيَّنَهُمْ» أيضًا، و«دَعَاهُمْ»، و«بَرَّرَهُمْ»، و«مَجَّدَهُمْ» (رومية ٨: ٢٩-٣٠). فثمة أهمية أن نلاحظ إذن أنه، بحسب رومية ٨: ٢٨، أولئك الأشخاص هم «مَدْعُوُّونَ حَسَبَ قَصْدِهِ». وبحسب هذا السياق، تكون معرفة الله المسبقة بقصد وتعمُّد إلهي، إذ سبق الله فعرف فقط أولئك الذين سوف يتلقَّون في الزمن دعوة فعَّالة للإيمان بالمسيح للخلاص. إذن، عندما تحدَّث العهد الجديد عن معرفة **الله** المسبقة، كان المفعول به هم دائمًا أشخاص وليس حقائق أو أحداث، وكان هؤلاء الأشخاص هم دائمًا موضوع فداء الله.[٤٥]

• القدرة الكلية [omnipotence][٤٦]

تصف قدرة الله الكلية قدرته على فعل أيِّ شيء متَّفق مع طبيعته.

البراهين الكتابية: يمكن رؤية البراهين الكتابية المؤيِّدة لقدرة الله الكلية من خلال الملاحظات التالية:

١. إن أسماء الله وألقابه تُظهِر قدرته، مثل: «إيل»، و«إلوهيم» (الله)، و«إيل شدَّاي» («الله القدير»)، و«أدوناي» (السيِّد)، ويهوه، ويهوه صباؤوت («ربّ الجنود»)، و«عَزِيزِ إِسْرَائِيلَ» (إشعياء ١: ٢٤)، و«مَلِكُ الْمُلُوكِ وَرَبُّ الأَرْبَابِ» (١تيموثاوس ٦:١٥؛ رؤيا ١٩: ١٦)، و«الرَّبّ الْقَادِر عَلَى كُلِّ شَيْءٍ» (٢كورنثوس ٦: ١٨؛ راجع رؤيا ١: ٨؛ ٤: ٨؛ ١١: ١٧)، و«الْمُبَارَكُ الْعَزِيزُ الْوَحِيدُ» (١تيموثاوس ٦: ١٥).

٢. لا شيء يعسر على الله، ولا شيء يستحيل عليه (تكوين ١٨: ١٤؛ أيوب ٤٢: ٢؛ إرميا ٣٢: ٢٧؛ زكريا ٨: ٦؛ متى ٣: ٩؛ ١٩: ٢٦؛ ٢٦: ٥٣؛ لوقا ١: ٣٧؛ ١٨ :٢٧؛ أفسس ٣: ٢٠).

---

٤٥ هناك مقطعان كتابيان ربما يخالفان هذا التصريح. ففي أعمال الرسل ٢٦: ٥، استُخدِم الفعل اليوناني proginōskō للإشارة إلى معرفة اليهود لبولس في الماضي. وفي ٢بطرس ٣: ١٧، طُبِّق الفعل على أناسٍ يعرفون محتوى من حقائق ومعلومات. قال البعض، استنادًا إلى هذين المقطعين، إن معرفة الله المسبقة هي مجرد معرفة عقلية لمعلومات وحقائق عن شخص أو شيء ما قبل نقطة زمنية لاحقة. لكن يشير أعمال الرسل ٢٦: ٥ و٢بطرس ٣: ١٧ إلى معرفة إنسان لإنسان آخر، بينما يشير المقطعان أعلاه إلى معرفة الله بالبشر في إطار خطته الفدائية. كذلك، ربما ينطوي نص أعمال الرسل ٢٦: ٥ أيضًا على ما يتعدَّى مجرد علم عقلي مسبق، إذ ربما يوحي النص ضمنًا بمعرفة علاقاتية. فقد كان رؤساء اليهود، في واقع الأمر، يعرفون الشاب شاول الطرسوسي معرفة وثيقة. وللاطلاع على المزيد بشأن معرفة الله المسبقة في علاقتها بالاختيار والخلاص، انظر عنوان «أساس الاختيار» في الفصل السابع من هذا الكتاب (ص. ٦٠٦).

٤٦ يصنِّف بعض علماء اللاهوت، مثل هيرمان بافينك (Herman Bavinck) ولويس بيركهوف (Louis Berkhof) وتشارلز هودج [Charles Hodge]، وو. ج. ت. شِد (W. G. T. Shedd) صفة القدرة الكلية ضمن الكمالات القابلة للنقل.

٣. يصنع الله كلَّ ما يشاء (مزمور ١١٥: ٣؛ إشعياء ١٤:٢٤، ٢٧؛ ٤٦: ١٠؛ ٥٥:١١؛ دانيآل ٤: ٣٥).
٤. تُظهِر أعمال الله قدرته الكلية (مزمور ٨؛ ١٨؛ ١٩؛ ٢٤؛ ٢٩؛ ٣٣؛ ١٠٤)، مثل الخلق (تكوين ١؛ مزمور ٨: ٣؛ إشعياء ٤٢: ٥؛ ٤٤: ٢٤؛ ٤٥: ١٢، ١٨؛ ٤٨: ١٣؛ زكريا ١٢: ١؛ رومية ١: ٢٠)، والعناية الإلهية (عبرانيين ١: ٣)، والفداء (رومية ١: ١٦؛ ١كورنثوس١: ٢٤).
٥. إن العزة والقدرة لله (مزمور ٦٢: ١١؛ ٩٦: ٧؛ رؤيا ٤: ١١؛ ٥: ١٢؛ ٧: ١٢؛ ١٩: ١).

ما لا يستطيع الله أن يفعله: يقول الكتاب المقدس إن هناك أشياء لا يقدر الله أن يفعلها، إذ من شأنها أن تتعارض مع طبيعته أو مع مشيئته المعلَنة، مثل أن يندم (كالإنسان) أو يكذب (العدد ٢٣: ١٩؛ ١صموئيل ١٥: ٢٩؛ عبرانيين ٦: ١٨)؛ أو أن يُنكِر نفسه (٢تيموثاوس ٢: ١٣)، أو أن يجرَّب بالشرور (بحيث يستسلم لها) (يعقوب ١: ١٣)، أو أن يتغيَّر في جوهره، أو مقاصده، أو وعوده (يعقوب ١: ١٧؛ ملاخي ٣: ٦).

الفروق السليمة في قدرة الله: في حين نقر بوجود فروق في قدرة الله، لكن ينبغي التمييز بين الطرق الخاطئة والطرق الكتابية لوصف هذه الفروق.

فروق خاطئة: في تاريخ الفكر، أكَّد كثيرون أن الله يتمتع بقدرة مطلقة، بمعنى أنه قادر على فعل أيِّ شيء، بما في ذلك أن يخطئ، وأن يتألم، وأن يموت، وأن يغيِّر نفسه إلى حجر أو حيوان، وأن يحوِّل الخبز إلى جسد المسيح، وأن يفعل أمورًا متناقضة، وأن يغير الماضي، وأن يجعل الصواب خطأً أو الخطأ صوابًا. آخرون قالوا إن الله لا يقدر أن يفعل سوى ما يشاء (القدرة المعيَّنة [ordinate power]).

الفروق الكتابية: يعلن الكتاب المقدس أن الله في قدرته قادر (من حيث دلالة اللفظ) أن يفعل أكثر ممَّا يحدث بالفعل، لكن قدرته تعمل داخل إطار مشيئته وإطار جميع كمالاته الأخرى (تكوين ١٨: ٤؛ إرميا ٣٢: ٢٧؛ زكريا ٨: ٦؛ متى ٣: ٩؛ ١٩: ٢٦؛ ٢٦: ٥٣؛ لوقا ١: ٣٧؛ ١٨: ٢٧؛ أفسس ٣: ٢٠). ومن ثَمَّ، فإن التفرقة الصحيحة في قدرة الله هي أنه يتمتع نظريًا بقدرة مطلقة على فعل أكثر ممَّا يفعله في الحقيقة، لكن ليس على فعل أي شيء يتعارض مع جوهره. فإن القدرة الإلهية الحقيقية الوحيدة هي «قدرة الله المعيَّنة»، أي قدرته على فعل كل ما قضى بأن يفعله. وبما أن قضاء الله هو نتاج كلِّ كمالاته، فهو لن يفعل إذن سوى ما قضى بأن يفعله. ومن ثَمَّ، فإن قدرة الله محدودة بما يشاء أن يفعله من الأزل.

• الكمال [perfection] [47]

إن كمال الله لا يعني فقط كماله الأخلاقي – أي كونه قدوسًا، وعادلًا، وصالحًا على نحو تام – لكنه يعني أيضًا أن الله هو جملة ما يمكن تصوُّره من كمالات.

---

٤٧ يصنف بعض علماء اللاهوت، مثل هيرمان بافينك (Herman Bavinck) ولويس بيركهوف (Louis Berkhof) وتشارلز هودج [Charles Hodge)، وو. ج. ت. شِد (W. G. T. Shedd) صفة الكمال ضمن الكمالات القابلة للنقل.

وتعرض القائمة التالية البراهين الكتابية المؤيِّدة لكمال الله:

١. عظمة الله، في مجملها، بعيدة عن قدرة الإنسان على الاستقصاء والفحص (مزمور ١٤٥: ٣؛ إشعياء ٤٠: ٢٨).
٢. رحمة الله تجاه خائفيه أعظم من إدراك الإنسان (مزمور ١٠٣: ١١).
٣. عمل الله كاملٌ، من حيث أن أعماله حقٌّ وعادلة تمامًا (تثنية ٣٢: ٤).
٤. طريق الله كاملٌ، ومن ثَمَّ فإن كلامه حقٌّ تام (٢صموئيل ٢٢: ٣١).
٥. الله كاملٌ أخلاقيًا (متى ٥: ٤٨).

قدَّم هيرمان بافينك (Herman Bavinck) شرحًا مفيدًا لمعنى أن يكون الله كاملًا، قائلًا: «يكون المخلوقُ كاملًا في نوعه، وكاملًا في نطاق محدودية خصائصه المخلوقة، عندما تتحقَّق فيه بالكامل الفكرة التي هي معياره الطبيعي. وعلى نحو مماثل، الله كاملٌ بمعنى أن كينونته وطبيعته متطابقتان تمامًا مع فكرة الإله».[48] إن الله هو الكمال المطلق، الذي لا يُعَكِّر صفوه أيُّ شيء داخل ذاته، ولا يعوقه أيُّ شيء خارج ذاته. فهو مكتفٍ بذاته تمامًا. ثم أَجمَلَ بافينك الأمر لاحقًا، قائلًا إن الله هو «جملة كلِّ ما يمكن تصوُّره من كمالات، وهو في شخصه أسمى درجات الكمال، وبعيدٌ كل البعد على نحو غير محدود عن أية نقائص أو محدوديَّات».[49] وبسبب كمال الله المطلق واكتفائه بذاته، فهو أسعد كائن يمكن تصوُّره. وهكذا، فإن عقيدة الكمال الإلهي تفترض ضمنًا عقيدة السعادة الإلهية (انظر عنوان «السعادة» [صفحة ٢١٩]).

الكمالات القابلة للنقل

• الروحانية [Spirituality] والاحتجاب [Invisibility]

تصف روحانية الله واحتجابه (أي كونه غيرَ منظور) خلوَّ جوهر الله تمامًا من أيِّ عنصر مادي، بحيث لا يمكن إدراك جوهره بالحواس المادية.

البراهين الكتابية: تُجمِل القائمة التالية تعليم الكتاب المقدس بشأن روحانية الله واحتجابه:

١. الله سرمديٌّ (مزمور ٩٠: ١-٢)، وكليُّ الوجود (مزمور ١٣٩: ٧-١٢)، وغير منظورٍ (رومية ١: ٢٠؛ كولوسي ١: ١٥-١٦؛ ١تيموثاوس١: ١٧؛ عبرانيين ١١: ٢٧؛ انظر أيضًا خروج ٣٣: ٢٠).
٢. مع أن الله له صورة أساسيَّة (فيلبي٢: ٦)، لكن هذه الصورة لا تُرَى (تثنية ٤: ١٢، ١٥؛ يوحنا ١: ١٨؛ ٥: ٣٧؛ ٦: ٤٦؛ ١تيموثاوس٦: ١٦؛ ١يوحنا ٤: ١٢، ٢٠) لأنها ليست صورة مادية.
٣. الله موجود روحيًا في خليقته (تكوين ٢: ٧؛ أيوب ٣٣: ٤؛ مزمور ٣٣: ٥-٦؛ ١٠٤: ٣٠؛ ١٣٩: ٧).
٤. قال يسوع المسيح إن الله روحٌ (يوحنا ٤: ٢٤).

---

48 Bavinck, *Reformed Dogmatics*, 2:250.

49 Bavinck, *Reformed Dogmatics*, 2:250.

لكن ماذا عن رجاء رؤية الله؟ تبدو صفة احتجاب الله متناقضة مع الرجاء الذي يتحلَّى به المؤمنون بأن يروا وجه الله بعد قيامتهم (أيوب ١٩: ٢٦؛ مزمور ١٧: ١٥؛ متى ٥: ٨؛ ايوحنا ٣: ٢؛ رؤيا ٢٢: ٤). أطلق المؤمنون في الماضي على هذه الرؤية اسم «الرؤية البهيجة» [«the beatific vision»]. لكن كيف يمكن لبشرٍ، حتى بعد حصولهم على أجساد القيامة، أن «يروا وجه» الله؟ إن الإجابة عن هذا السؤال ينبغي أن تأخذ في الحسبان أن البشر، حتى وهم في أجسادهم المقامة، سيظلُّون بشرًا، ومن ثَمَّ سيظل لهم شكلٌ وإمكانيات محدودة. لكن في السماء، وفي الحالة الأبدية، لن يعاني المؤمنون من أيِّ فساد بفعل الخطية الساكنة فيهم، ومن ثَمَّ سيتمتعون بإدراك أوضح لله، لأن بصرهم الروحي سيصبح أفضل. وينبغي تفسير التصريحات بشأن رؤية الله ووجهه في المستقبل على أنها تتعلَّق ليس برؤية مادية لجوهره، بل برؤية روحية أفضل نسبيًا لإعلانه عن ذاته. ففي الحالة الأبدية، سيتجاوز الإدراك الروحي للمؤمن عن الله ما يمكن للحواس المادية رؤيته (انظر في هذا الشأن يوحنا ١٤: ٧-٩، حيث وصف يسوع كيف يمكن للمرء أن يرى الله بطريقة توسُّطية غير مباشرة دون أن يرى كلَّ جانب فيه؛ راجع ايوحنا ٣: ٢). وفي الكتاب المقدس، يُعَد تعبير «وجه» الله (على سبيل المثال، متى ١٨: ١٠) أسلوب تأنيس [anthropomorphism] للتعبير عن الإظهار الخارجي لحضور الله. ومن ثَمَّ، ليس «وجه» الله هو جوهره.[٥٠]

- **الحكمة [wisdom]**

إن حكمة الله هي معرفته التامة لكيفية التصرُّف بمهارة من أجل تتميم كلِّ مسرته، وتمجيد ذاته. هذا التعريف قائمٌ على الكلمة العبرية *hokmah*، التي تُترجَم «حكمة»، والتي يمكن أن تعني أيضًا «مهارة» أو «براعة».

وتتمثَّل البراهين الكتابية المؤيِّدة لهذه الصفة في كون الله قد خلق بحكمته (أيوب ٩: ٤؛ ٣٧-٣٨؛ مزمور ١٩: ١-٧؛ ١٠٤: ١-٣٤؛ أمثال ٨: ٢٢-٣١؛ إشعياء ٤٠: ٢٨؛ إرميا ١٠: ١٢)، وأيضًا في كونه يفتدي بحكمته (تثنية ٤: ٦-٨؛ رومية ١١: ٢٥-٣٣ [وبالأخص ١١: ٣٣]؛ ١٦: ٢٥-٢٧ [وبالأخص ١٦: ٢٧]؛ اكورنثوس ٢: ٦-١٣؛ أفسس ٣: ١٠-١١؛ رؤيا ٥: ١٢). والله نفسه هو مصدر الحكمة (أمثال ٢: ٦؛ ٩: ١٠؛ يعقوب ١: ٥)؛ كما أنه كليُّ الحكمة [omnisapient] (أيوب ١٢: ١٣؛ مزمور ١٤٧: ٥؛ إشعياء ٤٠: ٢٨؛ رومية ١١: ٣٣؛ ١٦: ٢٧).

- **الحق [truth] والأمانة [faithfulness]**

إن حقَّ الله وأمانته هما التطابق التام لطبيعة الله مع ما ينبغي أن يكون عليه الإله، ومع موثوقية أقواله وأفعاله، وكذلك مع دقة علمه، وأفكاره، وكلماته.

---

٥٠ لمعرفة المزيد عن الشيء الذي يُرى في الرؤية البهيجة، مع وضع احتجاب الله في الاعتبار، انظر:
Michael Riccardi, "Seeking His Face: A Biblical and Theological Study of the Face of God" (master's thesis, The Master's Seminary, 2015).

وتعرض القائمة التالية البراهين الكتابية المؤيِّدة لهذه الصفة:

١. هو الإله الحقيقي الوحيد، ومن ثَمَّ فهو حقٌّ على عكس الآلهة الزائفة (تثنية ٣٢: ٢١؛ مزمور ٩٦: ٥؛ ٩٧: ٧؛ ١١٥: ٤-٨؛ إشعياء ٤٤: ٩-١٠؛ يوحنا ١٤: ٦؛ ١٧: ٣؛ ١يوحنا ٥: ٢٠).
٢. هو لا يمكن أن يكذب أو يندم مثل الإنسان، أي لا يمكن أن تكون كلمته غير صادقة (العدد ٢٣: ١٩؛ ١صموئيل ١٥: ٢٩).
٣. هو إله الرحمة [*khesed*] (وهي الكلمة العبرية التي تشير إلى «المحبة الوفيَّة والأمينة») وإله الحق (٢صموئيل٢: ٦؛ ١٥: ٢٠؛ مزمور ٤٠: ١١).
٤. كل كلام الله حقٌّ وأمينٌ (٢صموئيل٧: ٢٨؛ مزمور ١٩: ٩؛ ٢٥: ١٠؛ ٣٣: ٤؛ ١١١: ٧؛ ١١٩: ٨٦، ١٤٢، ١٥١؛ دانيآل ٤: ٣٧؛ يوحنا ١٧: ١٧؛ أفسس ١: ١٣).
٥. الله كثير الحقِّ (خروج: ٣٤: ٦ بحسب ترجمة NASB الإنجليزية لعبارة «كَثِيرُ ... الْوَفَاءِ»).
٦. أمانة الله تمتد إلى السحاب (مزمور ٣٦: ٥، «أَمَانَتُكَ إِلَى الْغَمَامِ»).
٧. الله صخرة ملجأ، بسبب ثباته الذي يمكن الاعتماد عليه (تثنية ٣٢: ٤، ١٥، ١٨، ٣٠، ٣٧؛ مزمور ١٨: ٢-٣؛ ٣١: ٦؛ ٣٦: ٥؛ ٤٣: ٢-٣؛ ٥٤: ٧؛ ٥٧: ٣؛ ٧١: ٢٢؛ ٩٦: ١٣؛ ١٤٣: ١؛ ١٤٦: ٦؛ إشعياء ٢٦: ٤).
٨. يحفظ الله عهوده ويفي بها (تثنية ٤: ٣١؛ ٧: ٩؛ نحميا ١: ٥؛ مزمور ٤٠: ١١؛ دانيآل ٩: ٤).
٩. الله أمين بأن يعطي خلاصًا كاملًا (١كورنثوس١: ٩؛ ١٠: ١٣؛ ١تسالونيكي ٥: ٢٤؛ ٢تسالونيكي ٣: ٣؛ عبرانيين ١٠: ٢٣؛ ١١: ١١؛ ١يوحنا ١: ٩).
١٠. كل وعود الله في المسيح تُجاوَب بـ «نعم» و«آمين» (٢كورنثوس١: ١٨-٢٠).

الله حقٌّ من الناحية الميتافيزيقيَّة (أي من الناحية فوق المادية). فهو ما يجب أن يكون عليه الإله. وهو ليس كالآلهة الزائفة، التي هي باطل وعَدَمٌ (مزمور ٩٦: ٥؛ ٩٧: ٧؛ ١١٥: ٤-٨؛ إشعياء ٤٤: ٩-١٠).

الله حقٌّ من الناحية الأخلاقيَّة. فإن إعلانه عن نفسه جديرٌ تمامًا بالثقة (خروج ٣٤: ٦؛ العدد ٢٣: ١٩؛ تثنية ٣٢: ٤؛ مزمور ٢٥: ١٠؛ ٣١: ٦؛ إرميا ١٠: ٨، ١٠؛ يوحنا ١٤: ٦؛ ١٧: ٣؛ رومية ٣: ٤؛ تيطس ١: ٢؛ عبرانيين ٦: ١٨؛ ١يوحنا ٥: ٢٠-٢١)، وهو ما يعني أن الله أمينٌ بصورة مطلقة (تثنية ٧: ٩؛ مزمور ٨٩: ٣٣؛ إشعياء ٤٩: ٧؛ مراثي إرميا ٣: ٢٢-٢٣؛ ١كورنثوس١: ٩؛ ٢تيموثاوس ٢: ١٣؛ عبرانيين ٦: ١٧-١٨؛ ١٠: ٢٣).

أيضًا، الله حقٌّ من الناحية المنطقيَّة، أي إنه يعرف كلَّ شيء على حقيقته.

- **الصلاح [goodness]**

صلاح الله يعني أنه المجمَل، والمصدر، والمقياس الكامل (لذاته ولمخلوقاته على حدٍّ سواء) لكلِّ ما هو نافع (أي ما يؤدِّي إلى الخير)، وفعَّال، ومفيد، وجميل.

البراهين الكتابية: يَظهَر صلاح الله في البراهين التالية المستمَدَّة من الكتاب المقدس:

١. ليس أحدٌ صالحًا إلا الله (متى ٥: ٤٨؛ مرقس ١٠: ١٨؛ لوقا ١٨: ١٩).
٢. جميع المخلوقات مدعوَّة إلى أن تحمد صلاح الله (١أخبار الأيام ١٦: ٣٤؛ ٢أخبار الأيام ٥: ١٣؛ مزمور ١٠٦: ١؛ ١٠٧: ١؛ ١١٨: ١؛ ١٣٦: ١؛ إرميا ٣٣:١١).
٣. يُحَثُّ الناس على الاتكال على الرب واكتشاف أنه صالحٌ (مزمور ٣٤: ٨).

شرح صلاح الله: لأن الله هو **الصلاحُ المطلَقُ** (مرقس ١٠: ١٨؛ لوقا ١٨: ١٩)، فهو لا يمكن أن يُسَرَّ بشيء أقل من مستوى الكمال المطلَق. ومن ثَمَّ، لا يمكن أن يُسَرَّ الله في النهاية إلا بذاته. وبالتالي، فعندما يحب الله مخلوقاته، يكون ذلك بدافع أساسي من المراعاة لذاته.[٥١] فهو الصلاح الكامل والمطلَق.

والله هو مصدر كلِّ بركات خليقته (يعقوب ١: ١٧). فهو الخير الأسمى (*summum bonum* باللغة اللاتينية) لمخلوقاته، أي الهدف الصحيح لجميع الذين يسعون جاهدين للوصول إلى الخير الحقيقي.

• المحبة [Love]

محبة الله الكاملة هي عزمُه على أن يعطي من ذاته لذاته وللآخرين، وهي عاطفته تجاه ذاته وتجاه شعبه. يؤكِّد هذا التعريف إذن أن الله لديه عواطف ومشاعر؛ لكن مرة أخرى، هذه العواطف ليست انفعالات تسوقه، بل هي مبادئ إيجابية وفعالة يعبِّر بها الله عن رغباته وميوله المقدَّسة. فإن الله ليس مجرَّدًا من المشاعر، أو من التعاطف والتحنُّن؛ ومع ذلك، فإن الرأي القائل إن الله يُفاجَأ بالتقلُّبات العاطفية ليس بالرأي الكتابي.

وتعرض القائمة التالية الشهادات الكتابية عن محبة الله:

١. يشهد العهد القديم بغزارة عن محبة الله (تثنية ٤: ٣٧؛ ٧: ٨، ١٣؛ ١٠: ١٥؛ ٢٣: ٥؛ ٢أخبار الأيام ٢: ١١؛ إشعياء ٤٣: ٤؛ ٤٨: ١٤؛ ٦٣: ٩؛ إرميا ٣١: ٣؛ هوشع ١١: ١، ٤؛ ١٤: ٤؛ صفنيا ٣: ١٧؛ ملاخي ١: ٢).
٢. يحب الله ليس البشر فحسب (تثنية ٤: ٣٧؛ ٧: ٨، ١٣؛ ٢٣: ٥؛ مزمور ٧٨: ٦٨؛ ١٤٦: ٨؛ أمثال ٣: ١٢؛ ٢أخبار الأيام ٢: ١١؛ إرميا ٣١: ٣؛ ملاخي ١: ٢) بل الفضائل أيضًا (كما تَظهَر في البشر) مثل العدل والبر (مزمور ١١: ٧؛ ٣٣: ٥؛ ٣٧: ٢٨؛ ٤٥: ٧).
٣. إن محبة الله موجودة في الأساس بين الأقانيم الثلاثة في الثالوث (يوحنا ٣: ٣٥؛ ٥: ٢٠؛ ١٠: ١٧؛ ١٤: ٣١؛ ١٥: ٩؛ ١٧: ٢٤، ٢٦). ويُبيِّن استخدام الفعل اليوناني *phileō* للتعبير عن محبة الآب للابن أن هذه المحبة تتضمَّن عاطفةً (يوحنا ٥: ٢٠).
٤. تتجلَّى محبة الله في بَذْلِ المسيح نفسه عن الخطايا (يوحنا ١٥: ١٣)، وعن العالم والكنيسة (يوحنا ٣: ١٦؛ رومية ٥: ٧-٨؛ ٨: ٣٧؛ ١يوحنا ٤: ٩-١٠)، وكذلك عن

٥١ انظر عنوان «غاية الخلاص الجوهرية»، في الفصل السابع من هذا الكتاب (ص. ٥٩٤).

الأفراد (يوحنا ١٤ : ٢٣؛ ١٦ : ٢٣؛ رومية ٩ : ١٣؛ غلاطية ٢ : ٢٠). وفي يوحنا ١٦ : ٢٧، اشتملت محبة الله الآب للمؤمنين على عاطفة، كما يتأكَّد من خلال استخدام الفعل *phileō* للتعبير عن محبة الآب.

٥. جوهر الله هو محبةٌ (١ يوحنا ٤ : ٨، ١٦).

- **النعمة [Grace]**

تعني نعمة الله أن الله يُغْدِقُ إحسانه بشكل كامل على أولئك الذين لا يمكن أن يستحقُّوه، لأنهم تخلُّوا عن هذا الإحسان، وصاروا تحت حُكم الدينونة الإلهية. فالنعمة هي ببساطة «إحسانٌ» أو «استحسانٌ» أو «رضا» [favor] (*khen* في اللغة العبرية؛ *charis* في اللغة اليونانية)؛ ومن ثَمَّ، فهي لا تتضمن في حدِّ ذاتها أيَّ أساس للاستحقاق. وإن الله دائمًا ما يَستحسِن ذاته أكثر من أيِّ شيء أو أيِّ شخص آخر.

وتُجمِل القائمة التالية التعليم الكتابي عن نعمة الله:

١. موضوعها الرئيسي هو شعب الله (تكوين ٦ : ٨؛ خروج ٣٣ : ١٢، ١٧؛ ٣٤ : ٩؛ أمثال ٣ : ٣٤).
٢. اختار الله شعب إسرائيل وباركهم فقط بفضل نعمته (خروج ١٥ : ١٣، ١٦؛ ١٩ : ٤؛ ٣٤ : ٦-٧؛ تثنية ٤ : ٣٧؛ ٧ : ٧-٨؛ ٨ : ١٤، ١٧-١٨؛ ٩ : ٥، ٢٧؛ ٣٣ : ٣؛ إشعياء ٣٥ : ١٠، ٤٣ : ١، ١٥، ٢١؛ ٥٤ : ٥؛ ٦٣ : ٩؛ إرميا ٣ : ٤، ١٩؛ ٣١ : ٩، ٢٠؛ حزقيال ١٦ : ٦٠-٦٣؛ هوشع ٨ : ١٤؛ ١١ : ١).
٣. نعمة الله وافرة وجزيلة (خروج: ٣٤ : ٦؛ ٢أخبار الأيام ٣٠ : ٩؛ نحميا ٩ : ١٧؛ مزمور ٨٦ : ١٥؛ ١٠٣ : ٨؛ ١١١ : ٤؛ ١١٦ : ٥؛ يونان ٤ : ٢؛ يوئيل ٢ : ١٣؛ زكريا ١٢ : ١٠).
٤. في العهد الجديد، نعمة الله هي بصفة خاصة إحسانه المجاني وغير المستحَق تجاه الخطاة، المتمثِّل في منحهم الخلاص من الخطية (رومية ٣ : ٢٤؛ ٥ : ١٥؛ ٦ : ٢٣؛ أفسس ١ : ٦-٧؛ ٢ : ٥، ٧-٨؛ ٢تسالونيكي ٢ : ١٦؛ تيطس ٣ : ٧؛ ١بطرس ٥ : ١٠). وعلى عكس النعمة العامة، التي تمثِّل عناية الله بخليقته بوجه عام، هذه نعمة خاصة، وفعَّالة، ومخلِّصة. وهي إحسانٌ يقدَّم بحسب مشيئة الله السيادية، دون وضع أدنى اعتبار للاستحقاق. فإن الله يعطي دائمًا نعمة لأنه يشاء ذلك.
٥. نعمة الله تُستعلَن في يسوع المسيح (يوحنا ١ : ١٤؛ ١بطرس ١ : ١٣).
٦. تُسمِّى عطايا الله من بركات روحية وأرضية «نعمة» (رومية ٦ : ١؛ ١٢ : ٦-٨؛ أفسس ٤ : ٧-١٢؛ فيلبي ١ : ٢؛ كولوسي ١ : ٢؛ يعقوب ٤ : ٦).
٧. نعمة الله غير مستحَقَّة؛ وهي لا تفسح أدنى مجالٍ لأعمال الاستحقاق (يوحنا ١ : ١٧؛ رومية ٤ : ٤، ١٦؛ ٦ : ١٤، ٢٣؛ ١١ : ٥-٦؛ غلاطية ٥ : ٣-٤؛ أفسس ٢ : ٧-٩).

- **الرحمة [Mercy]**

إن رحمة الله تعني أن الله كاملٌ في تعاطُفه الشديد مع المخلوقات (البشر)، وفي رأفته عليهم، بحيث يُظهِر صلاحًا محسِنًا تجاه الذين هم في وضع بائسٍ ومثير للشفقة، على الرغم من عدم استحقاقهم

ذلك. وهذا التعريف مؤسَّس جزئيًا على الكلمات التي استُخدِمت في النص الأصلي للكتاب المقدس، والمكافئة لكلمة «رحمة» (*rakhamim* في اللغة العبرية؛ *eleos*، *oiktirmos* في اللغة اليونانية). ونظير النعمة، هذه الصفة لا تضع في اعتبارها استحقاق الذين يعطيهم الله رحمة، أو عدم استحقاقهم.

وتعرض القائمة التالية البراهين الكتابية على رحمة الله:

١. هي واحدة من كمالات الله أو صفاته (خروج ٣٤: ٦؛ تثنية ٤: ٣١؛ ٢ أخبار الأيام ٣٠: ٩؛ مزمور ٨٦: ١٥؛ ١٠٣: ٨؛ ١١١: ٤؛ ١١٢: ٤؛ ١٤٥: ٨).
٢. هي متعدِّدة الأوجه ومتنوِّعة (خروج ٢٠: ٦؛ تثنية ٥: ١٠؛ ٢صموئيل٢٤: ١٤؛ نحميا ٩: ١٩؛ المزامير ٥١: ١-٢؛ ٥٧: ١٠؛ ٨٦: ٥، دانيآل ٩: ٩، ١٨).
٣. هي لا تزول أو تسقط (مراثي إرميا ٣: ٢٢).
٤. هي جانب من جوانب عاطفة الله وعنايته الأبوية (مزمور ١٠٣: ١٣).
٥. تُعطَى للخطاة بعد تأديب إلهي (إشعياء ١٤: ١؛ ٤٩: ١٣-١٨؛ ٥٤: ٨؛ ٥٥: ٧؛ ٦٠: ١٠؛ إرميا ١٢: ١٥؛ ٣٠: ١٨؛ ٣١: ٢٠؛ هوشع ٢: ٢١-٢٣؛ ميخا ٧: ١٩).
٦. يُدعَى الله «أَبُو الرَّأْفَةِ»، أي أبو المراحم (٢كورنثوس ١: ٣).
٧. أظهر الله رحمته في المسيح (لوقا ١: ٥٠-٥٤).
٨. أظهر المسيح رحمة الله في أثناء حياته على الأرض، وفي دوره الذي يؤدِّيه في السماء الآن بصفته رئيس الكهنة الأعظم (متى ٩: ٣٦؛ ١٤: ١٤؛ ٢٠: ٣٤؛ عبرانيين ٢: ١٧).
٩. يعطي الله رحمة عن طريق توفير الخلاص بكلِّ جوانبه، بما في ذلك الدعم والمساندة في الحياة المسيحية، والخلاص الأخير عند مجيء المسيح ثانية (رومية ٩: ٢٣؛ ١١: ٣٠؛ ١كورنثوس٧: ٢٥؛ ٢كورنثوس٤: ١؛ أفسس ٢: ٤؛ فيلبي٢: ٢٧؛ ١تيموثاوس١: ٢، ١٣، ١٦؛ ٢تيموثاوس ١: ٢، ١٦، ١٨؛ عبرانيين ٤: ١٦؛ ١بطرس ١: ٣؛ ٢: ١٠؛ ٢يوحنا ٣؛ يهوذا ٢، ٢١).

• طول الأناة [longsuffering]

يشير طول أناة الله إلى هدوئه التام في ذاته، وأيضًا من نحو الخطاة، على الرغم من عصيانهم المستمر له وتجاهُلهم لتحذيراته. إن الله لا «يفقد أعصابه»، لكنه بالأحرى يتصرَّف بهدوء وبعاطفة صحيحة وفقًا لخطته السيادية الأزلية. ولا يعني هدوء الله أنه يفتقر إلى العواطف، بل أن عواطفه لا تطغى عليه أو تجعله يتصرَّف بما يخالف طبيعته.

ويمكن رؤية البراهين الكتابية على طول أناة الله في الملاحظات التالية:

١. الله يتحلَّى بالصبر («طَوِيلُ الرُّوحِ») مع الذين يستحقون العقوبة الإلهية (خروج ٣٤: ٦؛ العدد ١٤: ١٨؛ نحميا ٩: ١٧؛ مزمور ٨٦: ١٥؛ ١٠٣: ٨-٩؛ ١٤٥: ٨؛ إرميا ١٥: ١٥؛ يوئيل ٢: ١٣؛ يونان ٤: ٢؛ ناحوم ١: ٣).
٢. كان الله متمهِّلًا وطويل الأناة قبل زمن المسيح (رومية ٣: ٢٥؛ ١ بطرس ٣: ٢٠).

٣. يُبدِي الله اليوم طول أناته من نحو الخطاة، ولا سيَّما بواسطة يسوع المسيح (رومية ٢: ٤؛ ٩: ٢٢-٢٣؛ ١تيموثاوس ١: ١٦؛ ٢بطرس ٣: ٩، ١٥).
٤. الله صبور ومتمهِّل في عدم استجابته الفورية للصرخات المبرَّرة التي تطالبه بالنقمة (رؤيا ٦: ٩-١١).

• القداسة [Holiness]

إن قداسة الله هي عظمته الجوهريَّة والمطلَقة، التي تجعله مميَّزًا تمامًا عن كلِّ شيء خارج ذاته، ومنفصلًا أخلاقيًا عن الخطية بصورة مطلَقة. يتمحور هذا التعريف حول مفهوم الانفصال، الذي تعبِّر عنه الكلمات العبرية واليونانية المكافئة لكلمة «قدُّوس» (*qadosh* في اللغة العبرية؛ *hosios*، *hagios* في اللغة اليونانية). وتشير البراهين المستمَدَّة من الكتاب المقدس إلى وجود جانبين من قداسة الله:

القداسة المهيبة [Majestic Holiness]: وهي تشير إلى حقيقة أن الله عظيمٌ بطبيعته، ومنيعٌ ضد أيَّة محاولات للتقويض من طبيعته، ومن ثَمَّ فهو مميَّز على نحو فائق، وفي جلالٍ غير محدود، عن كلِّ مخلوقاته. فإنه فريدٌ على نحو جليلٍ. إن قداسة الله، بهذا المعنى، تَصِفُ جميعَ صفاته الأخرى، وجميعُ هذه الصفات الأخرى تَصِفُ قداسته. هذا التميُّز الفائق والمتسامي يؤكِّده كلٌّ من العهد القديم (خروج ١٥: ١١؛ ١صموئيل ٢: ٢؛ ٢أخبار الأيام ٣٠: ٢٧؛ مزمور ٥: ٧؛ ٢٢: ٣؛ ٤٨: ١؛ ٧١: ٢٢؛ ٨٩: ١٨؛ ٩٧: ١٢؛ ٩٨: ١؛ ٩٩: ٣، ٥، ٩؛ ١٠٣: ١؛ ١٠٥: ٣؛ ١٤٥: ٢١؛ أمثال ٣٠: ٣؛ إشعياء ٥: ١٦؛ ٦: ٣؛ ١٠: ٢٠؛ ٢٩: ٢٣؛ ٤٣: ١٤-١٥؛ ٤٩: ٧؛ ٥٤: ٥؛ ٥٧: ١٥؛ إرميا ٥١: ٥؛ هوشع ١١: ٩؛ حبقوق ١: ١٢)، والعهد الجديد (مرقس ١: ٢٤؛ لوقا ١: ٤٩؛ ٤: ٣٤؛ يوحنا ١١: ١٧؛ رؤيا ٤: ٨؛ ٦: ١٠؛ ١٥: ٤).

القداسة الأخلاقية أو الأدبية [Ethical Moral Holiness]: حيث إن الله عظيمٌ بطبيعته، ومن ثَمَّ مميَّز على نحو فائق ومتسامٍ عن كلِّ شيء خارج ذاته، فهو بكلِّ تأكيد منفصلٌ عن الخطية، لأنه كاملٌ أدبيًا وأخلاقيًا، وكذلك لأنه يمقت الخطية ويطالب مخلوقاته الأدبيَّة بالطهارة (لاويين ١١: ٤٤؛ ١٩: ٢؛ ٢٠: ٢٦؛ ٢٢: ٣٢؛ يشوع ٢٤: ١٩؛ أيوب ٣٤: ١٠؛ مزمور ٥: ٥؛ ٧: ١١؛ إشعياء ١: ١٢-١٧؛ حزقيال ٣٩: ٧؛ عاموس ٢: ٧؛ ٥: ٢١-٢٣؛ حبقوق ١: ١٣؛ زكريا ٨: ١٧؛ ١بطرس ١: ١٥-١٦).

• البر **Righteousness** (العدل **Justice**)

إن برَّ الله هو عدله المطلق والتام في ذاته ومن نحو ذاته، ومنعُه لأيِّ انتهاك لطبيعته العادلة، وإعلانُه عن ذاته في أعمال عدلٍ. وإن كلًّا من اللفظ العبري في العهد القديم (*tsedeqah*) واللفظ اليوناني في العهد الجديد (*dikaiosynē*) المكافئين لكلمة «البرّ» يحمل معنى الامتثال لمعيار.

التصنيف والبراهين الكتابية: يعرض الكتاب المقدس نوعَين من العدل:

العدالة الحاكمة [rectoral justice]: وهو استقامة الله [rectitude] (من الكلمة اللاتينية *rectus*، التي تعني «مستقيم» أو «قويم» [straight]) بصفته الحاكم، والمشرِّع، والقاضي الأدبي للعالم، الذي

يفرض قانونًا مصحوبًا بوعودٍ سواء بالثواب أو بالعقاب (تثنية ٤ : ٨؛ ٢صموئيل٢٣ : ٣؛ مزمور ٩ : ٤؛ ٩٩ : ٤؛ ١١٩ : ٧، ٦٢، ٧٥، ١٠٦؛ إشعياء ٣٣ : ٢٢؛ لوقا ١ : ٦؛ رومية ١ : ٣٢؛ ٢ : ٢٦؛ ٧ : ١٢؛ ٨ : ٤؛ ٩ : ٣١؛ يعقوب ٤ : ١٢).

العدالة التوزيعية [distributive justice]: يشير هذا الجانب من برِّ الله إلى استقامته في تنفيذ القانون، وتوزيع الثواب والعقاب (١ ملوك ٨ : ٣٢؛ ٢ أخبار الأيام ٦ : ٢٣؛ مزمور ٧ : ١١؛ إشعياء ٣ : ١٠-١١؛ ١١ : ٤؛ ١٦ : ٥؛ ٣١ : ١؛ رومية ٢ : ٦؛ ٢تيموثاوس ٤ : ٨؛ ١ بطرس ١ : ١٧). في عدل الله التوزيعي فئتان: عدل الله العقابي وعدله الثوابي. العدل العقابي [retributive justice] هو إنزال الله عقوبة على عصيان قانونه (٢أخبار الأيام ١٢ : ٦؛ عزرا ٩ : ١٥؛ نحميا ٩ : ٢٦-٣٠؛ مزمور ١٢٩ : ٤؛ إشعياء ٥ : ١٥-١٦؛ إرميا ١١ : ٢٠؛ حزقيال ٢٨ : ٢٢؛ ٣٦ : ٢٣؛ ٣٨ : ١٦-٢٣؛ ٣٩ : ٢٧؛ ٤٣ : ٨؛ دانيآل ٩ : ١٤؛ هوشع ١٠ : ٢؛ صفنيا ٣ : ٥؛ رومية ١ : ٣٢؛ ٢ : ٩؛ ١٢ : ١٩؛ ٢تسالونيكي ١ : ٨؛ رؤيا ١٥ : ٣؛ ١٦ : ٥، ٧؛ ١٩ : ٢، ١١). أما العدل الثوابي [remunerative justice]، فهو توزيع الله للمكافآت على طاعة قانونه (تثنية ٧ : ٩، ١٢-١٣؛ ٢ أخبار الأيام ٦ : ١٤-١٥؛ مزمور ٥٨ : ١١؛ ميخا ٧ : ٢٠؛ متى ٢٥ : ٢١، ٣٤؛ رومية ٢ : ٧؛ عبرانيين ١١ : ٢٦). ليس الله مطالَبًا بمنح مكافآت على الطاعة، لأن الإنسان مطالَبٌ بأن يطيع الله، لكنه يمنحها بنعمته (أيوب ٤١ : ١١؛ لوقا ١٧ : ١٠؛ ١كورنثوس٤ : ٧).

قداسة الله وبرُّه في الخلاص: إن الله القُدُّوس والبارَّ يطالِب البشر الذين يريدون الدخول في علاقة سليمة معه بالقداسة والبرِّ (لاويين ١١ :٤٤؛ مزمور ٢٩ : ٢؛ ١ بطرس ١ : ١٥-١٦). فهو يعارض الخطية معارضة مطلَقة وأساسيَّة، ولذا يتحتَّم عليه أن يدينها ويعاقبها. تتجلَّى قداسة الله وبرُّه في خلاص الخطاة، لأنه يدين الخطية إدانة فعالة، ويحتسب بِرًّا للبشر، حتى يتسنَّى له أن يقبلهم كقدِّيسين، دون أن يساوم بهذا في قداسته وبرِّه الأساسيَّين.

وقد أظهر الله قداسته وبرَّه في خلاصه لشعب إسرائيل في الماضي، وسوف يفعل ذلك أيضًا في خلاصه لهم في المستقبل. على سبيل المثال، في حزقيال ٣٩ : ٢١-٢٩، يحاكم الله شعب إسرائيل ويردُّ سبيهم كي يُظهِر قداسته ويحافظ عليها. وبالمثل، يُبيِّن الكثير من المقاطع الكتابية أن الله يُظهر قداسته وبرَّه عن طريق انفصاله عن شعب إسرائيل، ومحاكمتهم، ثم منحهم الخلاص (**القداسة**: لاويين ٢٠ : ٢٦؛ مزمور ٩٨ : ١؛ ٩٩ : ٩؛ ١٠٥ : ٣؛ ١٠٦ : ٤٧؛ ١٠٨ : ٧؛ ١١١ : ٩؛ إشعياء ١٠ : ١٠؛ ١٢ : ٦؛ ٤١ :١٤، ٢٠؛ ٤٣ : ٣، ١٤؛ ٤٥ : ١١؛ ٤٧ : ٤؛ ٤٩ : ٧؛ ٥٢ : ١٠؛ ٥٥ : ٥؛ حزقيال ٣٦ : ٢١-٢٣؛ هوشع ١١ : ٩؛ **البر**: نحميا ٩ : ٨؛ مزمور ٧٢ : ٢؛ ٨٥ : ١٣؛ ١١٦ : ٥؛ إشعياء ٤٥ : ٢١-٢٥؛ إرميا ٣٣ : ١٥، ملاخي ٤ : ٢). وتتجلَّى قداسة الله وبرُّه بصفة خاصة في الخلاص الذي تحقَّق بواسطة الرب يسوع المسيح (رومية ٣ : ٢١-٢٢، ٢٤، ٢٦، ٣٠؛ ٤ : ٦، ٢٥؛ ٥ : ١، ٩؛ ٨ : ٣٠، ٣٣؛ ١كورنثوس ٦ : ١١؛ غلاطية ٢ : ١٦-١٧؛ ٣ : ٢٤).

- **الغيرة [Jealousy]**

إن غيرة الله هي حماسُه في حماية كلِّ ما له (ذاته، واسمه، ومجده، وشعبه، وحقه الحصري في تلقِّي العبادة والطاعة المطلقة، وأرضه، ومدينته).

وتَظهَر غيرة الله جليَّة في التعاليم التالية المستمَدَّة من الكتاب المقدس:

١. الله اسمه «غيورٌ» (خروج ٣٤: ١٤).
٢. الله غيورٌ على أن يكون الإله الوحيد الذي يُعبَد ويُخدَم (خروج ٢٠: ٥؛ تثنية ٤: ٢٤؛ ٥: ٩؛ ٦: ١٥؛ ٢٩: ١٨-٢٠؛ ٣٢: ١٦، ٢١؛ ١ملوك ١٤: ٢٢؛ مزمور ٧٨: ٥٨-٥٩؛ ٧٩: ١-٧؛ ١كورنثوس ١٠: ٢٢).
٣. الله غيور على أن يُعبَد بصفته الإله القدُّوس (يشوع ٢٤: ١٩؛ يعقوب ٤: ٥).
٤. الله يؤدِّب في غيرته شعبه الخاطئ (مزمور ٧٩: ١-٧؛ حزقيال ١٦: ٤٢؛ ٢٣: ٢٥).
٥. الله يَرُد في غيرته سبيَ شعبه (٢ملوك ١٩: ٣١؛ إشعياء ٣٧: ٣٢؛ ٦٣: ١٥).
٦. الله غيورٌ على اسمه القدوس وعلى مجده (حزقيال ٣٩: ٢٥).
٧. الله سيقيم في غيرته مملكة المسيَّا الداودية (إشعياء ٩: ٦-٧).
٨. الله ينتقم بغيرةٍ من أعدائه (إشعياء ٤٢: ١٣؛ ٥٩: ١٦-٢٠؛ حزقيال ٥: ١٣؛ ٣٦: ٥؛ ٣٨: ١٩؛ نحميا ١: ٢؛ صفنيا ٣: ٨).
٩. الله غيورٌ على أرض كنعان وعلى أورشليم (حزقيال ٣٦: ٥-٣٨؛ زكريا ١: ١٤).

- **المشيئة [Will]**

إن مشيئة الله هي تقريرُه الكامل وتعيينُه السيادي لكلِّ الأشياء، سواء التي تتعلَّق بذاته (والتي تشمل أحكامه وأعماله)، أو بخليقته (التي تشمل أحداث التاريخ وأفكار البشر وأفعالهم)، وكل ذلك لتعظيم مجده الأقصَى.

البراهين الكتابية: يعتمد كلُّ شيء على مشيئة الله:[٥٢]

١. الخلق والحفظ (مزمور ١٣٥: ٦؛ إرميا ١٨: ٦؛ رؤيا ٤: ١١).
٢. الحُكم (أمثال ٢١: ١؛ دانيآل ٤: ١٧، ٢٥، ٣٢، ٣٥)
٣. الاختيار للخلاص، والرفض من الخلاص (رومية ٩: ١٥-١٦، ١٨؛ أفسس ١: ١١-١٢).
٤. آلام المسيح (لوقا ٢٢: ٤٢؛ أعمال الرسل ٢: ٢٣؛ ٤: ٢٧-٢٨)
٥. الميلاد الثاني (يوحنا ١: ١٣؛ يعقوب ١: ١٨)
٦. التقديس (فيلبي٢: ١٣)
٧. آلام المؤمنين (١ بطرس ٣: ١٧)
٨. حياة الإنسان ومصيره (إشعياء ٤٥: ٩؛ أعمال الرسل ١٨: ٢١؛ رومية ١٥: ٣٢؛ يعقوب ٤: ١٥)
٩. أصغر وأبسط الأشياء (متى ١٠: ٢٩)

وإن مشيئة الله مستقلَّة سياديًّا عن كل شيء خارج ذاته:[٥٣]

١. هو يَفْعَلُ كَمَا يَشَاءُ (مزمور ١١٥: ٣؛ أمثال ٢١: ١؛ دانيآل ٤: ٣٥).

52 Berkhof, *Systematic Theology*, 76.

53 Bavinck, *Doctrine of God*, 228–29.

٢. هو لا يقدِّم حسابًا لأحد أو يجاوِب أحدًا (أيوب ٣٣: ١٣؛ إشعياء ٤٦: ١٠؛ متى ٢٠: ١٥؛ رومية ٩: ١٩-٢٠).
٣. هو يوصَف بأنه الجابلُ، ومخلوقاته هي الطين (أيوب ١٠: ٩؛ ٣٣: ٦؛ إشعياء ٢٩: ١٦؛ ٦٤: ٨؛ إرميا ١٨: ١-١٠، رومية ٩: ١٩-٢٤).
٤. الأمم «كَلاَ شَيْءٍ قُدَّامَهُ» (إشعياء ٤٠: ١٥-١٧).
٥. لا أحد يقدر أن يمنعه عن فعل ما يشاء (أيوب ٩: ٢-١٣؛ ١١: ١٠؛ إشعياء ١٠: ١٥؛ دانيآل ٤: ٣٥).
٦. هو يرحم أو يقسِّي من يشاء فقط بحسب مشيئته (رومية ٩: ١٥-١٨).
٧. يقسِّم الروح القدس المواهب الروحية كما يشاء (١كورنثوس ١٢: ١١).
٨. لا يحقُّ للإنسان أن يطالب الله بالتعبير عن مشيئته بطرق معيَّنة (متى ٢٠: ١٣-١٦؛ رومية ٩: ٢٠-٢١).

سؤال: هل توجد مشكلةٌ في تعليم الكتاب المقدس تتعلق بوجود تناقُضات ظاهريَّة في مشيئة الله؟[٥٤]

١. الله يشاء ما ينبغي أن يعمله الإنسان (متى ٧ :٢١؛ ١٢: ٥٠؛ يوحنا ٤: ٣٤؛ ٧: ١٧؛ رومية ١٢: ٢)، لكنه يشاء أيضًا ما يعمله الإنسان بالفعل (مزمور ١١٥: ٣؛ دانيآل ٤: ١٧، ٢٥، ٣٢، ٣٥؛ رومية ٩: ١٨-١٩؛ أفسس ١: ٥، ٩، ١١؛ رؤيا ٤: ١١). وفي بعض الأحيان، تبدو مشيئة الله للإنسان متعارضة مع ما يعمله الله فعليًّا في حياة البشر. على سبيل المثال، يشاء الله أن يطيعه الإنسان، لكنه مع ذلك يقسِّي البعض في العصيان وعدم الإيمان (خروج ٤: ٢١؛ ٧: ٣-٥؛ رومية ٩: ١٧-١٩).
٢. شاء الله أن يقدِّم إبراهيم ابنه ذبيحةً، ثم منعه بعد ذلك من قتل ابنه (تكوين ٢٢: ١-١٤).
٣. شاء الله موت حزقيا، لكنه أطال عمره بعد ذلك خمسة عشر سنة (٢ ملوك ٢٠: ١-١١؛ إشعياء ٣٨: ١، ٥).
٤. يشاء الله ألا يُدان الأبرار، لكنَّ يسوع أُسلِم ليُصلَب بمشورة الله المحتومة وعلمه السابق، ثم حمَّلَ الله إسرائيل مسؤولية قتله (أعمال الرسل ٢: ٢٣؛ ٣: ١٨؛ ٤: ٢٧-٢٨).
٥. يبغض الله الخطية، ولا يشاء وجودها، وفقًا لمبادئه ووصاياه؛ لكنه مع ذلك هو الذي عيَّن وجودها، وهو الذي يتحكَّم فيها بعنايته الإلهية شديدة التدقيق (خروج ٤: ٢١؛ يشوع ١١: ٢٠؛ ١ صموئيل ٢: ٢٥؛ ٢صموئيل١٦: ١٠؛ حبقوق ١؛ أعمال الرسل ٢: ٢٣؛ ٤: ٢٧-٢٨؛ رومية ١: ٢٤، ٢٦، ٢٨؛ ٢تسالونيكي ٢: ١١). بل إن الله عيَّن أيضًا عصيان آدم وحواء له في الجنة، وابتلاء الشيطان لأيوب (أيوب ٤٢: ١١؛ راجع أفسس ١: ١١).

---

54 Bavinck, *Doctrine of God*, 236.

٦. يشاء الله خلاص الجميع من ناحية (حزقيال ١٨: ٢٣، ٣٢؛ ٣٣: ١١)، ولكنه من ناحية أخرى يشاء أن ينال البعض رحمة خلاصيَّة، وأن يتقسَّى البعض الآخر.

ويَكمُن حل هذه التناقضات الظاهرية في التمييز بين جانبين من مشيئة الله: مشيئة الله القضائية [decretive will]، ومشيئته التوجيهية [preceptive will].

المشيئة القضائية: أطلق البعض على هذه المشيئة اسم «مشيئة الله السرِّية». ومع أن النطاق الكامل لهذه المشيئة خفيٌّ، ثمة جوانب منها معلَنة (كالنبوات المستقبلية).

هذه المشيئة هي مسرَّة الله، ومشورته أو قضاؤه الأزلي وغير القابل للتغيير، الذي بحسبه عيَّن مسبقًا كلَّ شيء. ولأن مشيئة الله القضائية تميِّز جوهر الله بكامله، فهي إذن مشيئة سرمدية، وثابتة، ومستقلة، وكلية القدرة (مزمور ٣٣: ١١؛ ١١٥: ٣؛ إشعياء ٣٦: ١٠؛ دانيآل ٤: ٢٥؛ متى ١١: ٢٥-٢٦؛ رومية ٩: ١٨؛ أفسس ١: ٤؛ رؤيا ٤: ١١). لا يعني ذلك أن الله هو السبب المباشر أو الفعَّال لكلِّ شيء، بل أن كلَّ الأشياء توجَد أو تحدث بموجب قضائه السيادي والأزلي. ومع أن مشيئة الله القضائية تجعل كلَّ شيء يقينيًّا، لا يرغم الله مخلوقاته على فعل أيِّ شيء، لأنه عيَّن أيضًا اختيارات البشر الحرة. يقول إقرار إيمان وستمنستر (٣.١): «الله، منذ الأزل، بحسب رأي مشيئته الكلّي الحكمة والقداسة، قد عيّن بحريَّةٍ، ودون قابليّة للتغيير، كلَّ ما سيحدث. ومع ذلك، فالله ليس بهذا هو مصدر الخطية، كما أن إرادة المخلوقات بهذا لا تُنتهَك، ولا تُنتزَع حرية أو احتماليِّة المسبِّبات الثانويّة، بل بالحري توطَّد».

وهكذا، فإن الخطية متضمَّنة داخل خطة الله الشاملة. لكن، لا يتجاوز الله عن عصيان مخلوقاته، كما أنه ليس السبب المباشر أو الفعَّال للخطية (يعقوب ١: ١٣). فهو لا يُسَرُّ بوجود الخطية في حد ذاتها، لكنه يعيِّنها بموجب قضائه حتى يتمِّم الغاية الأحكم والأقدس على الإطلاق، ألا وهي أن يجلب لذاته المجد الأقصى (رومية ٥: ٢٠-٢١؛ ٩: ١٧-٢٤).

ينبغي أن نضع في اعتبارنا تحذيرَين بشأن مشيئة الله القضائية. أولًا، كلما تضمَّنت مشيئة الله القضائية خطيةً، فمن المؤكَّد أن تلك الخطية ستحدث، لكنَّ إرادة الخاطئ هي التي ستبدأُها. ثانيًا، تشمل عناية الله الدقيقة دعم العمليات الطبيعيَّة المختلفة، وأيضًا تشكيل الظروف المحيطة بقرار الإنسان بارتكاب الخطية (دون المساس بقداسة الله).[٥٥]

المشيئة التوجيهيَّة: وهي تتمثَّل في وصايا وتوجيهات الله الموجودة في الشريعة والإنجيل، والتي تتعلَّق بسلوك الإنسان (متى ٧: ٢١؛ ١٢: ٥٠؛ يوحنا ٧: ١٧؛ رومية ١٢: ٢؛ ١تسالونيكي ٤: ٣-٨؛ ٥: ١٨؛ عبرانيين ١٣: ٢١؛ ١يوحنا ٢: ١٧). يُطلَق على هذه المشيئة عادة اسم «المشيئة المعلَنة» أو «المشيئة المبيَّنة». وفي بعض الأحيان، يتطابق كلٌّ من المشيئة القضائية والمشيئة التوجيهية معًا. لكن، كثيرًا ما يُعَيِّن الله، باعتبار ذلك جزءًا من مشيئته القضائية، عصيان المخلوق لمشيئته التوجيهية. يعلن الله مشيئته

٥٥ للاطلاع على المزيد بشأن العلاقة بين مشيئة الله القضائية ومشكلة الشر، انظر العنوانين: «قضاء الله ومشكلة الشر» (ص. ٦٠٠)، و«تبرير الله» (ص. ٦١٨)، في الفصل السابع من هذا الكتاب.

التوجيهية من خلال وصايا الكتاب المقدس، ونواهيه، وتحذيراته، وتأديباته، ودينوناته. وإن مشيئة الله التوجيهية هي مشيئته فقط بالمعنى التوجيهي، أما مشيئته القضائية فهي واحدة من كمالاته التي تُسفِر عن أحداث فعلية. لا تكشف المشيئة التوجيهية ما سيفعله الله، وإنما ما يطالب به البشر.

أدرج الله الخطية ضمن خطته، ناهيًا الإنسان عن ارتكابها، لكن مستخدمًا إياها في الآن ذاته كوسيلة لجلب أقصى مجد لذاته (تكوين ٥٠ : ٢٠؛ أعمال الرسل ٢ : ٢٣). وفي كلٍّ من مشيئة الله القضائية ومشيئته التوجيهية، لا يُسَرُّ الله بالخطية، ولا يعيِّن خلاص جميع البشر على نحو مطلَق (على سبيل المثال، ينبغي تصنيف حزقيال ٣٣ : ١١ ضمن مشيئة الله التوجيهية). وتُنَفَّذُ مشيئةُ الله القضائية بواسطة مشيئته التوجيهية.

ينبغي الحفاظ على التوازُن بين مشيئة الله القضائية ومشيئته التوجيهية. فإن إنكار مشيئة الله التوجيهية هو ظُلْمٌ لقداسة الله، وتجاهُلٌ لخطورة الخطية؛ بينما إنكار مشيئة الله القضائية هو إنكارٌ لعِلْمِهِ الكُلِّيِّ، وحكمته، وقدرته الكلية، وسيادته.[٥٦]

- **السعادة [Blessedness]**

تشير سعادة الله إلى كونه مسرورًا ومتلذِّذًا تمامًا بذاته. وهذا التعريف مستَمَدٌّ من الكلمة اليونانية *makarios*، التي تعني السعادة الناتجة عن الشعور بالتميُّزِ الشديد. وهذه الصفة تُعبِّر عنها الكلمة اللاتينية *beatus*، التي تأتي منها الكلمات الإنجليزية *beatify* (يُطوِّب)، و*beatitude* (تطويبة)، و *blessed* (طوبى). وحيث أنَّ الله كاملٌ بصورة مطلَقة، ومتحكِّمٌ في كلِّ شيء، ولا يعوقه شيء في كلِّ مقاصده وأعماله لتمجيد اسمه، فهو إذن سعيدٌ سعادة فائقة، وهو أسعد كائن يمكن تصوُّره على الإطلاق (لمزيد من المعلومات حول هذا الموضوع، انظر عنوان «الكمال» أعلاه [صفحة ٢٠٧].)

وتتجلَّى البراهين الكتابية المؤيِّدة لهذه الصفة في الرسالة الأولى إلى تيموثاوس، التي تصف الله بأنه «الْمُبَارَك» (١تيموثاوس١ : ١١)، و«الْمُبَارَك الْعَزِيز الْوَحِيد» (١تيموثاوس٦ : ١٥).

- **المجد [Glory]**

يشير مجد الله إلى الجمال التام لِمُجْمَل كمالاته، ويصف قيمته وعظمته الفائقتين. هذا التعريف مستَمَدٌّ من الكلمات العبرية المكافئة لكلمة «مجد»، وهي: *kabod*، و *hod*، و *hadar*. تحمل كلمة *kabod* معنى «الوزن» أو «الثِقل»؛ ومجازيًّا، تحمل الكلمة معنى «الأهمية» أو «القيمة». وتحمل الكلمتان *hod* و *hadar* معنى «الجلال» أو «العظمة». أما الكلمة اليونانية المكافئة لكلمة «مجد»، وهي *doxa*، فمعناها الرئيسي هو «الجلال» أو «البهاء».

فيما يخص البراهين الكتابية، معظم المقاطع التي تشير إلى مجد الله تتحدَّث عن مجده المُستعلَن، والذي مصدره هو مجد جوهر الله (أفسس ٣ : ١٦؛ فيلبي٤ : ١٩؛ رؤيا ١٥ : ٨). أظهر الله مجده للخليقة

---

٥٦ لمزيد من المعلومات حول هذين الجانبين من المشيئة الإلهية، انظر:
John Piper, "Are There Two Wills in God?," in *Still Sovereign: Contemporary Perspectives on Election, Foreknowledge, and Grace*, ed. Thomas R. Schreiner and Bruce A. Ware (Grand Rapids, MI: Baker, 2000), 107–31.

(أخبار الأيام ١٦: ٢٦-٢٩؛ مزمور ٢٩: ٣؛ ٩٦: ٦؛ ١٠٤: ١-٥؛ ١١١: ٤؛ ١١٣: ٤)، ولإسرائيل (خروج ١٦: ٧، ١٠؛ ٢٤: ١٦؛ ٣٣: ١٨-٢٣؛ لاويين ٩: ٦، ٢٣؛ العدد ١٤: ١٠؛ ١٦: ١٩؛ تثنية ٥: ٢٤). كما ملأ مجد الله خيمة الاجتماع والهيكل (خروج ٢٩: ٤٣؛ ٤٠: ٣٤؛ ١ملوك ٨: ١١). وجُعِل «بهاء» الله على إسرائيل (حزقيال ١٦: ١٤). وفي السماء، ارتبط مجد الله المستعلَن بقداسته (إشعياء ٦: ٣). وعلى الأرض، كان مجد الله يُرى في هيئة سحابة (١ملوك ٨: ١٠-١١؛ إشعياء ٦: ٤)، ونار آكلة (خروج ٢٤: ١٧؛ لاويين ٩: ٢٤). وقد أظهر الله فيما بعد مجده في المسيح (يوحنا ١: ١٤؛ ٢كورنثوس٤: ٤-٦) وفي الكنيسة (رومية ١٥: ٧؛ ٢كورنثوس ٣: ١٨؛ أفسس ٥: ٢٧).

إجمالًا، إن كمالات الله تشكِّل جوهره، أو طبيعته، التي تتسامى كثيرًا في العظمة على كلِّ الأشياء المخلوقة. إن جوهر الله هو كلٌّ واحد لا يتجزَّأ، بحيث يميِّز كلُّ واحدٍ من كمالاته، وكذلك كلُّ كمالاته معًا، كينونته بكاملها بفاعلية. ينبغي النظر إلى كمالات الله على أنها موجودة دائمًا معًا على نحو فعَّال، وتؤثِّر بشكل متبادَل في بعضها البعض، دون أي تدرُّج هرمي بينها، حتى عندما لا تُذكر جميعها معًا في مقطع معيَّن في الكتاب المقدس. وبالحقيقة، يفوق الله في طبيعته الجوهرية إدراك الإنسان. ولذا، فإن رد الفعل اللائق الوحيد تجاه دراسة حتى أطراف (بدايات) طرقه (راجع أيوب ٢٦: ١٤) هو التبجيل، والسجود، والعبادة، والثقة، والخدمة بكلِّ مهابة.

الثالوث[٥٧]

- شرحٌ للعقيدة
- مؤشرات في العهد القديم
- براهين من العهد الجديد
- التاريخ الباكر للتطور اللاهوتي

يتضاعف لدى دارس الكتاب المقدس الإحساس ببُعد الله عن الإدراك، وعدم إمكانية سبر غوره، عند تناوُله حقيقة أن الله هو، سرمديًّا، واحدٌ في ثلاثة أقانيم. وَرَدَ ملخَّص جيد للعقيدة المسيحية الكلاسيكية عن الثالوث فيما يُعرف باسم قانون الإيمان الأثناسي [Athanasian Creed]، الذي مع أنه يحمل اسم أثناسيوس (٢٩٥-٣٧٣م)، لم يكن أثناسيوس هو الذي كتبه، بل يبدو أنه صِيْغَ في القرن الخامس أو السادس الميلادي على أقرب تقدير. وتعبِّر العبارة التالية عن أهم التصريحات التي يتضمَّنها هذا القانون: «نحن نَعبُد إلهًا واحدًا في ثالوث، وثالوثًا في وحدانية، دون اختلاط الأقانيم، أو انقسام الجوهر».[٥٨] وفي صياغة بسيطة، تقول عقيدة الثالوث إن الله، سرمديًّا وبصورة مطلقة، جوهرٌ واحدٌ، كائنٌ في ثلاثة أقانيم متمايزين ومرتَّبين فيما بينهم، دون انقسامٍ أو تعدُّدية في الجوهر.

٥٧ للاطلاع على دراسة إضافية لوحدانية الله في ثلاثة أقانيم، يُرجَى الرجوع إلى الجزء بعنوان «ألوهية الروح القدس ووحدانية الله في ثلاثة أقانيم»، في الفصل الخامس من هذا الكتاب بعنوان «ألوهية الروح القدس» (ص. ٤١٨).

58 Philip Schaff, *The Creeds of Christendom*, vol. 2, *The Greek and Latin Creeds* (New York: Harper and Row, 1877), 66.

وحيث أنه لا يمكن إدراك الثالوث بالعقل البشري، فينبغي تعريف العقيدة إذن باستخدام عبارات النفي (وهذا ما يسمَّى عادة «اللاهوت الأبوفاتي» [«apophatic theology»]، أو «اللاهوت القائم على النفي» [«negative theology»]). على سبيل المثال، تُعَد عبارة «دون انقسام أو تعدُّدية في الجوهر» المستخدَمة أعلاه شكلًا من أشكال اللاهوت السلبي. فمثل هذه العبارات والتصريحات لازمة لوضع الحدود المناسبة للتصريحات الإيجابية، مثل: «الله هو، سرمديًّا وبصورة مطلقة، جوهر واحد، كائنٌ في ثلاثة أقانيم متمايزين ومرتَّبين فيما بينهم». يحتاج هذا التصريح الإيجابي إلى حدودٍ لمنع الناس من الظن بأن كلَّ أقنوم من الأقانيم الثلاثة يمتلك إما ثُلُثَ الجوهر الإلهي (الاجتزاء [partialism])، أو جوهرًا إلهيًّا كاملًا مختلفًا عن الجوهرين الكاملَين لكن المطابقين للأقنومين الآخرين (التثليث [tritheism]). فلو كان الجوهر مقسَّمًا بين الأقانيم الثلاثة، لن يكون أيٌّ من هؤلاء الأقانيم هو الله. ولو كان الجوهر مكرَّرًا في الأقانيم الثلاثة، لكان الناتج ثلاثة آلهة.

وعلى الرغم من توجيه الكثير من الهرطقات القديمة والطوائف المعاصرة الاتهام لعقيدة الثالوث بأنها عقيدة غير منطقية، مستمَدَّة من الفلسفة البشرية، لكن ليست وحدانية الله في ثلاثة أقانيم هكذا على الإطلاق، لأنها في المقام الأول عقيدة كتابية. وفي حين أنها ربما تكون في نهاية المطاف غامضة وغير قابلة للإدراك الكامل، لكنها لا تخالف المنطق والعقل، وإنما يمكن تفسيرها، وتأييدها، وفهمها بطريقة عقلانية، من خلال الإعلان الكتابي. يوضح بيركهوف (Berkhof) ذلك قائلًا:

> إن عقيدة الثالوث عقيدة تُفهَم قطعًا وبكل تأكيد بواسطة الإعلان. صحيح أن المنطق البشري يمكن أن يطرح بعض الأفكار لإثباتها، وأن البشر تَخَلَّوا في بعض الأحيان، بناءً على أسس فلسفية بحتة، عن فكرة أنَّ الله وحدة مجرَّدة، وطَرحوا في المقابل فكرة وجود حركة حيَّة وتمايُز ذاتي داخل الله؛ وصحيح أيضًا أن الاختبار المسيحي يبدو أنه يطالب ببعض من مثل هذه التفسيرات لعقيدة الله. لكننا، في الوقت ذاته، لم نكن لنعرف هذه العقيدة، أو لنتمكَّن من تبنِّيها بأيِّ درجة من الثقة، على أساس الاختبار وحده، لكننا نعرفها فقط بواسطة إعلان الله الخاص عن ذاته. ولذلك، ثمة أهمية قصوى أن نجمع البراهين الكتابية المؤيِّدة لهذه العقيدة.[٥٩]

59 Berkhof, *Systematic Theology*, 85.

⬅ شرحٌ للعقيدة

• إله واحد بسيط

لا يوجد سوى إله واحد فحسب، له جوهر واحد بسيط (غير مركَّب، وغير قابل للانقسام) (تثنية ٦: ٤؛ مرقس ١٢: ٢٩؛ يوحنا ١٧: ٣؛ يعقوب ٢: ١٩؛ انظر عنوان «الوحدانية: الوحدة العددية»، وعنوان «الوحدانية: البساطة» أعلاه [صفحة ٢٠٢]).

• ثلاثة أقانيم

هذا الإله الواحد كائنٌ سرمديًّا في ثلاثة أشخاص[٦٠] متمايزين (يُعرَفون أيضًا باسم الأقانيم [«*subsistences*»، أو «*hypostases*»]). وتبيِّن المقاطع الكتابية التالية وجود ثلاثة أشخاص إلهيين: متى ٣: ١٦-١٧؛ ٤: ١؛ يوحنا ١: ١٨؛ ٣: ١٦؛ ٥: ٢٠-٢٢؛ ١٤: ٢٦؛ ١٥: ٢٦؛ ١٦: ١٣-١٥. وتتَّضح التمايُزات بين الأقانيم الثلاثة بدرجة أكبر من خلال الرسم التوضيحي القديم التالي، الذي يسمَّى بأسماء مختلفة، مثل «ترس الثالوث» [The Shield of the Trinity] أو «ترس الإيمان» [The Shield of the Faith] (يعود تاريخ أقدم توثيق لهذا الرسم إلى أوائل القرن الثالث عشر الميلادي).[٦١]

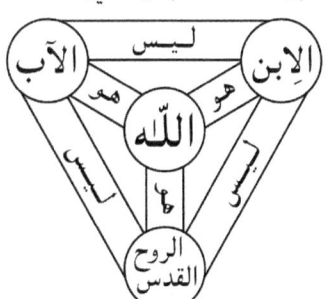

١. الآب هو الله.
٢. الابن هو الله.
٣. الروح القدس هو الله.
٤. الآب ليس هو الابن.
٥. الآب ليس هو الروح القدس.
٦. الابن ليس هو الروح القدس.

• المساواة في الجوهر

كلُّ أقنوم في الثالوث (الذي يُعرَف أيضًا باسم اللاهوت أو الذات الإلهية [Godhead]) يمتلك جوهر الله البسيط (غير المنقسم) كاملًا. وهذه الحقيقة تعني أنه وإن كان الأقانيم الثلاثة متمايزين أحدهم عن الآخر، لكنهم متساوون في كلِّ كمالات الجوهر الإلهي، أي متساوون **في الجوهر**. فهم متساوون أحدهم مع الآخر فيما يتعلق بجوهر الله. بعبارة أخرى، الأقانيم الثلاثة متساوون أنطولوچيًّا أو وجوديًّا (أي من حيث كينونتهم أو جوهرهم).

---

٦٠ المترجم: يُستخدَم مصطلح persons («أشخاص») في الغرب للإشارة إلى أعضاء الثالوث؛ أما في اللغة العربية، فنستخدم مصطلح أقنوم، وجمعه أقانيم.

٦١ اتخذ «ترس الثالوث» (أو «ترس الإيمان») أشكالًا مختلفة منذ أوائل القرن الثالث عشر. وللاطلاع على شرح موجز لهذا الرسم التوضيحي، وعلى مثال آخر له، انظر:

Frederick Roth Webber and Ralph Adams Cram, *Church Symbolism: An Explanation of the More Important Symbols of the Old and New Testament, the Primitive, the Mediaeval and the Modern Church*, 2nd ed. (1938; repr., Whitefish, MT: Kessinger, 2010), 44–46.

• التمايزات الأقنومية

حيث أنَّ كلَّ أقنوم من الأقانيم الثلاثة في الثالوث يمتلك الجوهر الإلهي الكامل وغير المنقسم بالتساوي، ومن ثَمَّ فهُم الله بالتساوي، فإن السؤال الذي يطرح نفسه الآن هو: كيف يمكن تمييز هؤلاء الأقانيم بعضهم عن بعضٍ؟ وأفضل إجابة عن هذا السؤال هي أن نلجأ إلى الكتاب المقدس نفسه، فنلاحظ أن أشهر وسيلة وُصِف بها أقانيم الثالوث هي بالأسماء: «آب»، و«ابن»، و«روح قدس». وهذه الأسماء، التي تسمَّى أيضًا «أشكال الوجود» (modes of subsistence)،[٦٢] تكشف عن الخصائص الشخصية التي تميِّز كلَّ عضو في الثالوث عن العضوين الآخَرين.

فبتسمية الأقنوم الأول في الثالوث «الآب» (*pater* في اللغة اللاتينية)، قصد الكتاب المقدس أن ينسب إليه صفة **الأبوة** الشخصية بالارتباط بالابن. وبتسمية الأقنوم الثاني في الثالوث «الابن» (*filius* في اللغة اللاتينية)، قَصَدَ أن ينسب إليه صفة **البنوَّة** الشخصية بالارتباط بالآب. وبتسمية الأقنوم الثالث في الثالوث «الروح» (*spiritum* في اللغة اللاتينية)، قَصَدَ أن ينسب إليه صفة **الانبعاث** [spiration] أو **الانبثاق** [procession] الشخصية بالارتباط بالآب والابن. فالآب، بحُكم أبوته، غير مولود، لكنه وَلَدَ (*gennaō* في اللغة اليونانية) الابن أزليًّا. والابن، بُحكم بنوته، مولود أزليًّا من الآب. والروح القدس، بحُكم انبعاثه، منبثق أزليًّا من كلٍّ من الآب والابن. ويقدِّم قانون الإيمان الأثناسي أفضل ملخَّص لهذه المفاهيم، قائلًا:

> الآب غير مصنوع من أحدٍ؛ غير مخلوق ولا مولود.
>
> الابن من الآب وحده؛ غير مصنوع، ولا مخلوق؛ بل مولود.
>
> الروح القدس من الآب ومن الابن؛ غير مصنوع، ولا مخلوق، ولا مولود؛ بل منبثق.
>
> إذن، يوجد **آبٌ** واحدٌ، وليس ثلاثة آباء؛ وابنٌ واحدٌ وليس ثلاثة أبناء؛ وروحٌ قدسٌ واحدٌ وليس ثلاثة أرواح قدس.[٦٣]

هذه الأشكال المتمايزة من العلاقة تُنشِئ ترتيبًا (*taxis* في اللغة اللاتينية) محدَّدًا داخل الثالوث، بحيث يكون من الملائم أن نقول (فقط فيما يتعلق بالعلاقة بين الأقانيم، وليس فيما يتعلَّق بجوهرهم أو مجدهم أو جلالهم) إن الآب هو الأقنوم الأول، والابن هو الأقنوم الثاني، والروح القدس هو الأقنوم الثالث.

يُطلَق على هذين الفعلين من ولادة أزلية وانبثاق أزلي في بعض الأحيان اسم الأعمال الداخلية [*opera ad intra*] للثالوث، بمعنى أنها أعمال أزليَّة تجري في الحياة الداخلية للثالوث، وتحدِّد أشكال الوجود الأقنومي لكلِّ عضو في اللاهوت. وهي تختلف عن الأعمال الخارجية [*opera ad extra*]، التي تُحدِث تأثيرات خارج جوهر الله، أي على الخليقة. وينسب الكتاب المقدس

---

٦٢ ينبغي ألا نخلط هنا بين استخدام عبارة «أشكال الوجود» وبدعة الموناركية المودالية [Modalistic Monarchianism]، التي رُفضت بحقٍّ باعتبارها هرطقة. انظر الدراسة حول المودالية [Modalism] تحت عنوان «التاريخ الباكر للتطور اللاهوتي» (ص. ٢٤٢).

63 Schaff, *Creeds of Christendom*, 2:67–68.

للاطلاع على المزيد بشأن الولادة الأزلية والانبثاق الأزلي، انظر عنوان «ثلاثة أقانيم في علاقات إلهية: ولادة أزلية وانبثاق أزلي» (ص. ٢٤٠).

أعمال الله المختلفة في تدبير الفداء إلى أقانيم معيَّنة في الثالوث. فالآب يُخَصُّ بكونه الخالق (١بطرس ٤: ١٩)؛ والابن يتميَّز بكونه الفادي والوسيط (رومية ٣: ٢٤؛ أفسس ١: ٧؛ ١تيموثاوس٢: ٥)؛ والروح القدس يُعرَّف بكونه الأقنوم العامل في التقديس (٢تسالونيكي ٢: ١٣؛ ١بطرس ١: ٢).[٦٤] ومن ثَمَّ، تعكس الأعمال الخارجية للثالوث في تدبير الفداء الترتيب الذي أسَّسته الأعمال الداخلية المتمثِّلة في الولادة الأزلية والانبثاق الأزليّ داخل الحياة الإلهية. فإن الآب يُرسِل الابن في تدبير الفداء لأنه وَلَدَ الابن أزليًّا. ويُرسَلُ الروح القدس من الآب والابن خارجيًّا [*ad extra*] لأنه منبثق منهما أزليًّا داخليًّا [*ad intra*].

لكن في كلِّ هذه الأعمال، يعمل أقانيم الثالوث الثلاثة جميعهم معًا دون انفصال (راجع يوحنا ١٤: ١٠). ومع أنه قد يسلَّط الضوء في عمل معيَّن على أقنوم واحد أو الآخر، لا يعمل أيُّ أقنوم شيئًا بانفصال عن الأقنومَين الآخرين، لأنه، كما تقول المقولة الكلاسيكية، «الأعمال الخارجية للثالوث غير منقسمة» (*opera Trinitatis ad indivisa sunt*). لاحظ، على سبيل المثال، المقاطع الكتابية التالية، التي تنسب الأعمال التي ذكرناها أعلاه إلى أقانيم أخرى في الثالوث:

١. **الخلق والحفظ**
   أ. من خلال الابن (يوحنا ١: ٣، ١٠؛ كولوسي ١: ١٦-١٧؛ ١كورنثوس ٨: ٦؛ عبرانيين ١: ٢-٣، ١٠)
   ب. من خلال الروح القدس (تكوين ١: ٢؛ أيوب ٢٦: ١٣؛ ٣٢: ٨؛ ٣٣: ٤؛ ٣٤: ١٤-١٥؛ مزمور ١٠٤: ٣٠)

٢. **الفداء**
   أ. من خلال الآب (١أخبار الأيام ١٧: ٢١؛ إشعياء ٦٣: ١٦؛ غلاطية ٤: ٤-٥)
   ب. من خلال الروح القدس (عبرانيين ٩: ١٤؛ رومية ٨: ١١)

٣. **التقديس**
   أ. من خلال الآب (يوحنا ١٧: ١٧؛ ١تسالونيكي ٥: ٢٣)
   ب. من خلال الابن (١كورنثوس ١: ٣٠؛ أفسس ٥: ٢٥-٢٧)

سِرٌّ: إن الثالوث سرٌّ من ناحيتين. فهو سرٌّ من الناحية الكتابية، لأنه حقٌّ ظلَّ مكتومًا إلى أن أُعلِن في وقت لاحق. لكنه أيضًا سرٌّ من حيث أنه، في *جوهره*، يفوق العقل، أي يفوق قدرة الإنسان على الإدراك. فهو مفهومٌ للإنسان فقط بشكل جزئي، لأن الله أعلنه في الكتاب المقدس وفي يسوع المسيح؛ لكن لا مثيل له في الخبرة البشرية، وعناصره الأساسية (ثلاثة أقانيم متساوون معًا، يمتلك كلٌّ واحد منهم الجوهر الإلهي الكامل والبسيط، ولكلِّ أقنوم منهم علاقة أزلية بالأقنومين الآخرين، دون تبعيَّة في الوجود أو الجوهر) تتجاوز الفكر البشري.

---

٦٤ يمكن صياغة ذلك بأسلوب آخر، وهو أن نقول إن **خطة** الفداء تُنسَب إلى الآب، **وإتمام** الفداء يُنسَب إلى الابن، **وتطبيق** الفداء يُنسب إلى الروح القدس. ثمة بديل آخر أيضًا، وهو أن نقول إن كل الأشياء، في تدبير الفداء، هي **من** الآب، **وبواسطة** الابن، **وفي** الروح القدس.

وبناءً على ذلك، ينبغي قبول هذه العقيدة بالإيمان، بناءً على الكيفية التي أُعلِنت بها في الكتاب المقدس. كذلك، ينبغي شرحها بأسلوبٍ لا يوحي بوجود انقسام في جوهر الله، ولا يقوِّض في الآن ذاته التمايُزات أو التساوي المشترك في الجوهر بين الأقانيم الثلاثة. ويحتاج شرح عقيدة الثالوث إلى كلٍّ من اللاهوت الإيجابي واللاهوت القائم على النفي.

أمثلة توضيحية: ليس للثالوث شبيه مثالي في الخبرة البشرية. حاول علماء اللاهوت إيجاد أفضل مثال توضيحي للثالوث، لكن جميع المحاولات إما قسَّمت الجوهر، أو قوَّضت التمايُز بين الأقانيم الثلاثة، أو أغفلت الجوهر **الشخصي** لله. فما من شيء في الخليقة مشابهٌ تمامًا للثالوث. وفيما يلي توليفة من الأمثلة التوضيحية مع عرض مواطن الضعف فيها:[٦٥]

١. أمثلة توضيحية من الطبيعة الجامدة:
   أ. مياه النبع، والجدول، والنهر
   ب. الضباب المتصاعد، والسحاب، والمطر
   ج. المطر، والثلج، والجليد
   د. الجذر، والجذع، وأغصان الشجرة

موطن الضعف: الجوهر ككلٍّ ليس موجودًا في العناصر الثلاثة، ولكنه مقسَّم أو موزَّع.

٢. أمثلة توضيحية من حياة الإنسان وعقله:
   أ. الوحدة النفسية بين الذاكرة، والعواطف، والإرادة (تشبيه أوغسطينوس)
   ب. الوحدة المنطقية بين الأطروحة [thesis]، ونقيض الأطروحة [antithesis]، والتوليف بينهما [synthesis] (تشبيه هيجل)
   ج. الوحدة الميتافيزيقية بين فاعل ومفعول به، والعلاقة بينهما (تشبيه شِد Shedd)

موطن الضعف: هذه الأمثلة لا تُظهِر وحدةً بين العناصر الثلاثة.

٣. مثال توضيحي من المحبة: تستلزم المحبة فاعلًا (مُحِبًّا)، ومفعولًا به (محبوبًا)، واتحادًا بين الاثنين

موطن الضعف: هذا الثلاثي مكوَّن من شخصين (حقيقتين ملموستين) وعلاقة (حقيقة مجرَّدة)، وليس من ثلاثة أشخاص في جوهر إلهي. كذلك، ليست المحبة مادة يمكن أن يشترك الفاعل والمفعول به في امتلاكها، لكنها صفة.

---

65 Webber and Cram, *Church Symbolism*, 90.

انظر أيضا تعليقات جرودم (Grudem) على أوجه القصور في كلِّ التشبيهات في المصدر التالي:

Grudem, *Systematic Theology*, 240–41.

ليس بمقدور أيِّ مثال توضيحي أن يعبِّر عن الثالوث على نحو وافٍ وتام، لأن الثالوث هو الله، الذي يسمو دائمًا من حيث الجوهر، والأقانيم، والعلاقات، على النظام المخلوق. وطالما يوضح المعلِّمون أن كلَّ تشبيه ناقصٌ بدرجةٍ ما، يمكن لاستخدام هذه الأمثلة التوضيحية غير الدقيقة أن يكون نافعًا في تفسير سبب كونها لا تصلح أن تكون تعبيرات وافية عن الثالوث. فحين يدرك الدارس أن الثالوث **ليس** شبيهًا بالحالات الثلاث للماء (الثلج، والماء، والبخار)، سيتعلَّم رفض المودالية [modalism]. وحين يتعلَّم أن الثالوث **ليس** شبيهًا بنَبتة البرسيم الواحدة ثلاثية الأوراق، سيتجنَّب فكر الاجتزاء [partialism]. وحين يدرك أن الثالوث **ليس** شبيهًا بالضوء والحرارة المنبعثَين من الشمس، سيتعلَّم دحض الأريوسية.

➡ مؤشِّرات في العهد القديم

• الاسم إلوهيم في صيغة الجمع

إن اسم الله «إلوهيم» [*Elohim*] في اللغة العبرية، والذي جاء في صيغة الجمع، يُفسِح المجال لوجود تعدُّدية في الله. لكنَّ صيغة الجمع لا تستلزم بالضرورة هذه التعدُّدية، لأن هناك أسبابًا أخرى لاستخدام صيغة الجمع غير الإشارة إلى أكثر من كيانٍ واحدٍ (على سبيل المثال، للتعظيم أو الدلالة على الشدة والقوة). وفي ضوء الإعلان الواضح للعهد الجديد، ربما نستطيع أن نحسب أن الاسم **إلوهيم** هو على الأقل تمهيدٌ للإعلان اللاحق الأكثر اكتمالًا عن الله، بصفته إلهًا واحدًا في ثلاثة أقانيم.

• ألقاب أخرى لله في صيغة الجمع

في الجامعة ١٢ : ١، تُرجِمت كلمة «خَالِقَكَ» عن اسم فاعل في صيغة الجمع في اللغة العبريَّة. وفي إشعياء ٥٤ : ٥، تُرجِمت كلمة «صَانِعُكِ» أيضًا عن اسم فاعل في صيغة الجمع في اللغة العبريَّة. لكن مرة أخرى، بسبب وجود احتمالات عديدة لسبب استخدام صيغ الجمع في اللغة العبرية، لا تُثبِت هذه الألقاب كون الله أكثر من شخص واحد، مع أنها يمكن أن تكون متوافقة مع الإعلان الأوضح عن الثالوث في العهد الجديد، وممهِّدة له.

• الله يتكلَّم عن نفسه في صيغة الجمع

يمكن إيجاد المزيد من البراهين المحتمَلة في العهد القديم على كون الله أكثر من شخص واحد في تلك المقاطع الكتابية التي يتحدَّث فيها الله عن نفسه باستخدام صيغ جمع أخرى. ففي تكوين ١ : ٢٦ قال الله: «نَعْمَلُ الإِنْسَانَ عَلَى صُورَتِنَا كَشَبَهِنَا.» هذا الفعل الذي جاء هنا في الترجمة العربية مرفقًا بضمير متصل في صيغة الجمع مترجَم بالفعل عن فعل عبري في صيغة المتكلِّم الجمع. كان الله هنا يتكلَّم عن نفسه دون أن يشمل الملائكة معه، لأن الآية ٢٧ تقول: «فَخَلَقَ اللهُ الإِنْسَانَ عَلَى صُورَتِهِ». وفي تكوين ١١ : ٧، ورد فعل عبري آخر في صيغة المتكلِّم الجمع، حيث تكلَّم الله عن نفسه قائلًا: «هَلُمَّ نَنْزِلْ وَنُبَلْبِلْ هُنَاكَ لِسَانَهُمْ»، في ردٍّ منه على قرار البشر بإقامة برج بابل، تمرُّدًا على التكليف الإلهي لهم بأن ينتشروا في الأرض ويملأوها. وما من مؤشِّر في الأصحاح الحادي عشر من سفر التكوين إلى وجود شخص آخر سوى الله في السماء.

وفي تكوين ٣: ٢٢، استخدم الله ضميرًا في صيغة الجمع للإشارة إلى ذاته، قائلًا: «هُوَذَا الإِنْسَانُ قَدْ صَارَ كَوَاحِدٍ مِنَّا عَارِفًا الْخَيْرَ وَالشَّرَّ». وتماشيًا مع تكوين ١: ٢٦، يشير تكوين ٣: ٢٢ أيضًا إلى الله وحده. وفي إشعياء ٦: ٨، استخدم الله ضميرًا في صيغة الجمع مرة أخرى للإشارة إلى ذاته، حين تكلَّم في مسامع إشعياء، قائلًا: «مَنْ أُرْسِلُ؟ وَمَنْ يَذْهَبُ مِنْ أَجْلِنَا؟» حيث جاء الفعل «أُرْسِلُ» في اللغة العبريَّة في صيغة المتكلِّم المفرد، متبوعًا بضميرٍ في صيغة الجمع، يشير إلى الله («مِنْ أَجْلِنَا»).

تُظهِر هذه المقاطع الكتابية كيف تحدَّث الله عن نفسه في صيغة المفرد والجمع على حدٍّ سواء. وكما هو الحال مع الاسم «إلوهيم»، يمكن لصيغ الجمع هذه أن تكون تعبيرًا عن الشدة أو القوة. لكن الوضوح التدريجي للعهد الجديد بشأن الثالوث يرجِّح بأنَّ صيغ الجمع هذه، عند النظر إليها جنبًا إلى جنب مع الأفعال والضمائر التي تشير إلى الله بصيغة المفرد، تمثل تأكيدًا من الله على أنه واحدٌ، ومع ذلك متعدِّدٌ.

- ## دعوة أكثر من شخص باسم «الله»

لكن، ترد براهين أقوى في العهد القديم على كون الله أكثر من شخص واحد في تلك المقاطع الكتابية التي يُدعَى فيها أكثر من شخصٍ باسم «الله» أو «الرب». ففي مزمور ٤٥: ٦-٧، دُعِي المسيح «الله» (إلوهيم)، وتُوِّج بعدما مُسِح من «الله» (إلوهيم):

> كُرْسِيُّكَ **يَا أَللهُ** إِلَى دَهْرِ الدُّهُورِ.
> قَضِيبُ اسْتِقَامَةٍ قَضِيبُ مُلْكِكَ.
> أَحْبَبْتَ الْبِرَّ وَأَبْغَضْتَ الإِثْمَ،
> مِنْ أَجْلِ ذلِكَ مَسَحَكَ **اللهُ إِلهُكَ**
> بِدُهْنِ الابْتِهَاجِ أَكْثَرَ مِنْ رُفَقَائِكَ.

وفي عبرانيين ١: ٨-٩، تنبَّأ كاتب الرسالة إلى العبرانيين، بوحيٍ من الروح القدس، بأن «الله» سيوجِّه كلمات مزمور ٤٥: ٦-٧ إلى «الابن»، الذي سيتوَّج من «الله» بصفته «الله»

أما المقطع الكتابي الأكثر أهمية فهو مزمور ١١٠: ١ الذي يقول: «قَالَ الرَّبُّ لِرَبِّي: ‹اجْلِسْ عَنْ يَمِينِي حَتَّى أَضَعَ أَعْدَاءَكَ مَوْطِئًا لِقَدَمَيْكَ›». ففي هذا المزمور المَسِيَّاني، الذي اقتبسه العهد الجديد أو ألمح إليه أكثر من غيره، تكلَّم يهوه إلى المسيَّا الذي دعاه كاتب المزمور «رَبِّي» («أدوناي» [*Adonai*] في اللغة العبرية). وبواسطة الوحي، قال كُتَّاب العهد الجديد إن «الربَّ» الذي تكلَّم إليه «الربُّ» هو يسوع. وإن يسوع نفسه أكَّد ضمنًا للفريسيين أن داود في هذا المزمور دعا المسيَّا «رَبِّي» (متى ٢٢: ٤١-٤٥؛ مرقس ١٢: ٣٥-٣٧؛ لوقا ٢٠: ٤١-٤٤). فقد ادَّعى يسوع أنه هو الله، وخاطبه داود على أنه كذلك. وفي أعمال الرسل ٢: ٣٢-٣٦، قال بطرس إن مزمور ١١٠: ١ قد تمَّ بارتفاع يسوع وتمجيده بعد قيامته من بين الأموات.

تَكمُـن أهميـة هـذه المقاطـع الكتابيـة المؤيِّـدة لعقيـدة الثالـوث فـي كـون اللـه الـروح القـدس قـد أكَّـد فـي العهـد الجديـد أن مزمـور ٤٥ : ٦-٧ ومزمـور ١١٠ : ١ أعلنـا بالفعـل وجـود أقنومَـين إلهيـين علـى الأقـل، أحدهمـا هـو «الابـن»، الـذي هـو «**إلوهيـم**» و«**أدونـاي**» علـى حـدٍّ سـواء.

• ابن يهوه

ذكرت بعض مقاطع العهد القديم أن لله «ابنًا». تنبَّأ مزمور ٢ : ٢، ٦، ٧ بأن «مسيح» الله سوف يتوَّج «عَلَى صِهْيَوْنَ» بناءً على قضاء الله القائل: «أَنْتَ ابْنِي، أَنَا الْيَوْمَ وَلَدْتُكَ». ومن ثَمَّ، سيُتوَّج هذا «الملك» بصفته «ابن» الله، بموجب قضاء يدعوه «ابن» الله. ومع أن مزمور ٢ : ٦-٧ في العهد القديم لم يؤكد في حدِّ ذاته أن ذاك الذي دُعي «ابْنِي» هو ابن الله الأزلي، الذي هو الله، لكن طبَّق العهد الجديد الموحَى به من الروح القدس هذا المقطع على يسوع بصفته الابن الأزلي، الذي هو الله (عبرانيين ١ : ١-٣).

• كلمة «واحدٌ» في تثنية ٦: ٤

يقول نص «شماع» [Shema][٦٦] في تثنية ٦ : ٤، «اِسْمَعْ يَا إِسْرَائِيلُ: الرَّبُّ إِلهُنَا رَبٌّ وَاحِدٌ». وإن قانون الإيمان اليهودي هذا الذي يصرِّح بكون يهوه هو الإله الواحد الحقيقي، وبكونه «واحدًا» فقط، يفسح المجال في حدِّ ذاته للتعدُّدية في الله الواحد. فإن كلمة «وَاحِدٌ» في تثنية ٦ : ٤ مترجَمة عن الصفة العبرية *ekhad*، التي تؤكِّد وحدانية الله، لكن يمكن أن تسمح بالتعدُّدية داخل تلك الوحدانية. استُخدِمت هذه الكلمة نفسها أيضًا في تكوين ٢ : ٢٤ للتعبير عن كون الزوج والزوجة «جَسَدًا **وَاحِدًا**» داخل إطار علاقة الزواج. صحيح أنه في استخدامات أخرى لكلمة *ekhad*، لم يكن المقصود هو وحدة مركَّبة، لكن لو كان المقصود من تثنية ٦ : ٤ هو التأكيد على أن الله شخص واحدٌ فقط، لاستُخدِمت بالتأكيد كلمة عبرية أخرى، وهي كلمة *yakhid*، التي تعني «الوحيد، والمنفرد» (انظر مزمور ٦٨ : ٦). إذن، يؤكِّد تثنية ٦ : ٤ على عقيدة التوحيد [monotheism][٦٧] وليس على الوحدوية [Unitarianism].[٦٨] فهو غير متناقض مع عقيدة الثالوث (انظر ١كورنثوس ٨ : ٦)، بل ويسمح أيضًا بأن يكون الله أكثر من أقنوم واحد.

• ملاك يهوه (ملاك الرب)[٦٩]

يصوِّر العهد القديم هذا الشخص على أنه شخصٌ إلهيٌّ. وبعض المقاطع تشير إليه على أنه يهوه والله، بينما يظهر في مقاطع أخرى متحدِّثًا إلى يهوه. وهكذا، يشير العهد القديم إلى ملاك يهوه بصفته يهوه، ومع ذلك بصفته مميَّزًا عن يهوه.

---

٦٦ [المترجم]: «شماع يسرائيل»، المترجَمة «اِسْمَعْ يَا إِسْرَائِيلُ»، هي صلاة يهودية، تمثِّل محور الصلاة الصباحية والمسائية لدى اليهود. ويعتبر اليهود المتدينون أن «شماع» هي أهم جزء من الصلاة في الديانة اليهودية.

٦٧ [المترجم]: عقيدة التوحيد [monotheism] تعني الإيمان بوجود إله واحد فحسب، وليس آلهة متعدِّدة.

٦٨ [المترجم]: الوحدوية [Unitarianism] هي الإيمان بأن الله شخص واحد فقط، منكرة بهذا عقيدة الثالوث؛ كما أنها تنكر لاهوت المسيح. وهو مذهب مشتق من السابليانية.

٦٩ للاطلاع على دراسة أكثر توسُّعًا حول ملاك الرب، انظر العنوان «ملاك الرب» في الفصل الثامن من هذا الكتاب بعنوان «الملائكة» (ص. ٨٥٨).

وفيما يلي بعض الأدلة على كون ملاك يهوه هو الله:

١. استُخدِم اسمُه بالتبادل مع اسم الله (تكوين ١٦: ٧، ١٣؛ ٢١: ١٧، ١٩-٢٠؛ ٢٢: ١١، ١٤؛ ٣١: ١١، ١٣؛ ٤٨: ١٥-١٦؛ خروج ٣: ٢، ٤؛ قضاة ٦: ١١، ١٤، ١٦، ٢٠-٢١، ٢٣؛ ١٣: ٣، ٢٢-٢٣).
٢. عندما كان ملاك يهوه يقطع وعودًا كان الله نفسه هو الذي يقطعها (تكوين ١٦: ١٠؛ ٢٢: ١٥-١٧؛ راجع ١٢: ٢؛ ١٣: ١٦).
٣. كان اسم يهوه في ملاك يهوه (خروج ٢٣: ٢٠-٢١).
٤. قدَّم الناس ذبائح لملاك يهوه (تكوين ٢٢: ١١-١٣؛ قضاة ٦: ٢١؛ ١٣: ١٦، ١٩-٢٢).
٥. إن ملاك يهوه، بصفته ملاك («رسول») العهد الذي تم التنبُّؤ عنه، سيكون هو «السيِّد» *adon* في اللغة العبرية، ملاخي ٣: ١).
٦. الذين رأوا ملاك يهوه أطلقوا عليه اسم الله (تكوين ١٦: ١١-١٣؛ قضاة ٦: ٢٢-٢٣؛ ١٣: ٢١-٢٢).
٧. أَمكَن لملاك يهوه أن يغفر الخطايا (خروج ٢٣: ٢١؛ زكريا ٣: ٣-٤).
٨. قال ملاك يهوه إنه هو «الله» (تكوين ٣١: ١١، ١٣؛ خروج ٣: ٢-٦).

لكن الشيء الذي يمثِّل أهمية خاصة بالنسبة لعقيدة الثالوث هو أن العهد القديم يُظهِر أن ملاك يهوه قد دُعِي يهوه والله، لكنه كان أيضًا مميَّزًا عن يهوه:

١. أرسل يهوه ملاك يهوه (خروج ٢٣: ٢٠-٢٣؛ ٣٢: ٣٤؛ العدد ٢٠: ١٦).
٢. تحدَّث ملاك يهوه مع يهوه (زكريا ١: ١٢-١٣).

والفكرة التي نود أن نقدِّمها في هذا الجزء هي أن إعلان العهد القديم عن ملاك يهوه يُعَد برهانًا على أن العهد القديم يتضمَّن حقيقة وجود أكثر من أقنوم واحد في الذات الإلهية. ولا عجب أنه، في ضوء إعلان العهد الجديد الأوضح عن وحدانية الله في ثلاثة أقانيم، عرَّف كثيرٌ من اللاهوتيين في تاريخ الكنيسة (على سبيل المثال، يوستينوس الشهيد، وإيريناوس، وترتليان، وإكليمندس السكندري، وأوريجانوس، وكبريانوس، وهيلاري أسقف بواتييه، وباسيليوس القيصري، وجون كالفن) ملاك يهوه في العهد القديم بأنه يسوع المسيح قبل تجسُّده. فقد رأوا أن مقاطع العهد القديم عن ملاك يهوه غير متناقضة مع عقيدة الثالوث، لكنها بالحري تؤيِّدها.

• الروح القدس بصفته الله

تحدَّث العهد القديم أيضًا عن الروح القدس بصفته الله. تؤكِّد مقاطع من العهد القديم أن الروح القدس يتَّسم بكمالات إلهية. فبحسب إشعياء ١١: ٢، الروح القدس هو مصدر الحكمة، والقوة، والمعرفة الإلهية. ويعلِّم مزمور ١٣٩: ٧ بأن الروح القدس كلِّي الوجود. كذلك، يصف العهد القديم الروح القدس بأنه كان مشاركًا في فعل الخلق الأصلي، وفي حفظ ما خلقه الله (تكوين ١: ٢؛ أيوب ٢٦: ١٣؛ ٣٤: ١٤-١٥؛ مزمور ٣٣: ٦؛ ١٠٤: ٣٠). كذلك، يكبح روح الله الخطية (تكوين ٦: ٣؛ إشعياء ٦٣: ١٠). وأيًّما كان الروح القدس في إعلان العهد القديم فهو شخص، وهو الله. ربما يقول أحدهم إننا ينبغي ألا

نؤسِّس عقيدتنا عن الروح القدس بصفته أقنومًا إلهيًا مميَّزًا على مثل هذه المقاطع من العهد القديم، التي لا تعدو كونها تعبيرات شعرية عن حضور الله. لكن العهد القديم لا يوجد بمفرده، لكن يكمِّله العهد الجديد بإعلان أكثر اكتمالًا عن عقيدة الثالوث، يشمل كون الروح القدس أقنومًا إلهيًّا مميَّزًا في الذات الإلهية. من الجدير بالذكر أيضًا أن معاصري يسوع من اليهود، ولا سيما تلاميذه، بدوا فاهمين أن الروح القدس أقنومٌ إلهيٌّ مميَّز (راجع متى ١: ٢٠؛ ٣: ١١؛ لوقا ١: ١٥، ٣٥؛ ١١: ١٣؛ ١٢: ١٠؛ يوحنا ١٤: ٢٦؛ ٢٠: ٢٢). ومن الواضح أنهم إما استمدوا هذا المفهوم من العهد القديم، أو على الأقل رأوا أنه متَّسق تمامًا معه.

• كلمة الله

من بين الجوانب الأخرى من العهد القديم التي تمهِّد السبيل للإعلان الأوضح للعهد الجديد عن عقيدة الثالوث هو مفهوم «كلمة» الله (*dabar* في اللغة العبرية). تَدعم حقائق العهد القديم التالية إعلانَ العهد الجديد عن ابن الله بصفته «الكلمة» الإلهي، وتبشِّر به:

١. خَلَق الله بواسطة كلمته (تكوين ١: ٣، ٦، ٩، ١١، ١٤، ٢٠، ٢٢، ٢٤؛ مزمور ٣٣: ٦، ٩؛ ١٠٤: ٧؛ ١٤٧: ١٨؛ ١٤٨: ٨).

٢. يَبْسُطُ الله عناية إلهية بواسطة كلمته (تثنية ٨: ٣؛ مزمور ١٠٦: ٩؛ ١٤٧: ١٥-١٨).

٣. يخلِّص الله بواسطة كلمته. فإن الله، بكلمته، يُحيي (تثنية ٣٢: ٤٧؛ مزمور ١١٩: ٢٥)، ويرشد (مزمور ١١٩: ١٠٥)، ويؤدِّب (إشعياء ٩: ٨). وهو سوف يُخلِّص أمة إسرائيل ويَرُد الشعب إلى أرضهم (إشعياء ٥٥: ١٠-١٣).

٤. كلمة الله تحمل سلطان الله. كلمة الله تكسر وتقطع (إشعياء ٩: ٨-١٠)، وتأكل وتحرق كالنار (إرميا ٥: ١٤)، وتحطم كالمطرقة (إرميا ٢٣: ٢٩)، وتتمِّم قصد الله (إشعياء ٥٥: ١١)، وتشفي (مزمور ١٠٧: ٢٠).

• مؤشرات أخرى في العهد القديم

هناك ثلاثة جوانب أخرى على الأقل من العهد القديم تُعَد بمثابة تمهيدٍ لعقيدة الثالوث في العهد الجديد:

الحكمة الإلهية: يتوافق إعلان العهد القديم عن حكمة الله مع تعليم العهد الجديد بأن حكمة الله شخصٌ إلهيٌّ مميَّز، وهو المسيح. فإن ١كورنثوس ١: ٢٤ يدعو المسيح «حِكْمَة اللهِ» (راجع ١كورنثوس ١: ٣٠). وفي العهد القديم، كانت حكمة الله هي الوسيلة التي خلق بها كلَّ شيء (أمثال ٣: ١٩). وفي أمثال ٨: ٢٢-٣٦، تم تجسيد حكمة الله بأسلوب شعري، ووصفها بأنها مِلْكٌ لله، وأداته لمنح الحياة، والتعليم، والرضى. وهكذا، فإن مقاطع من قبيل أمثال ٨ وأيوب ٢٨: ١٢-٢٨ تصف حكمة الله بأنها كيان مميَّز. ربما تصف هذه المقاطع الحكمة على أنها شخصٌ من خلال أسلوب التجسيد الشعري، ومن ثَمَّ، فهي لا تصف الحكمة بأنها شخصٌ بالمعنى الحرفي. لكن الإعلان الرسولي اللاحق عن المسيح بصفته «حِكْمَة اللهِ» قاد الكثيرين من آباء الكنيسة إلى اعتبار أن هذه المقاطع تصف الأقنوم الثاني في الثالوث قبل التجسُّد.

ثلاثة كيانات إلهية مميَّزة: في بعض المقاطع من سفر إشعياء، تظهر ثلاثة كيانات مختلفة في المقطع ذاته.

في إشعياء ٦١: ١-٢، تحدَّث المسيا عن نفسه (ضمير المتكلِّم المفرد)، نبويًّا، قائلًا:

رُوحُ السَّيِّدِ الرَّبِّ عَلَيَّ،
لأَنَّ الرَّبَّ مَسَحَنِي
لأُبَشِّرَ الْمَسَاكِينَ،
أَرْسَلَنِي لأَعْصِبَ مُنْكَسِرِي الْقَلْبِ،
لأُنَادِيَ لِلْمَسْبِيِّينَ بِالْعِتْقِ،
وَلِلْمَأْسُورِينَ بِالإِطْلاَقِ.
لأُنَادِيَ بِسَنَةٍ مَقْبُولَةٍ لِلرَّبِّ،
وَبِيَوْمِ انْتِقَامٍ لإِلَهِنَا.
لأُعَزِّيَ كُلَّ النَّائِحِينَ.

يتضمَّن هذا المقطع كلًّا من «الرَّبّ» (يهوه)، و«رُوح السَّيِّدِ الرَّبِّ»، بالإضافة إلى المتحدِّث، الذي هو المسيَّا. كان محرِّرو ترجمة الملك جيمس الجديدة (NKJV) على حقٍّ في اعتبارهم أن تعليقات المسيَّا تبدأ من الآية ١ وتستمر حتى الآية ٩، الأمر الذي يعني أن المسيَّا هو الذي يقول في الآية ٨: «لأَنِّي أَنَا الرَّبُّ مُحِبُّ الْعَدْلِ». بعبارة أخرى، أُرسِل المسيَّا مِن يهوه، وفي الآن ذاته دعا نفسه يهوه. إذن، هناك شخصان إلهيان على الأقل في هذا المقطع. وبسبب ذكر «الروح القدس» هنا أيضًا، نستطيع أن نقول إن هذا النص يُحرِز مزيدًا من التقدُّم في التمهيد لعقيدة الثالوث الموجودة في العهد الجديد.

لنتناول مقطعًا آخر أيضًا، وهو إشعياء ٦٣: ٧-١٠ الذي يقول:

إِحْسَانَاتِ الرَّبِّ أَذْكُرُ،
تَسَابِيحَ الرَّبِّ،
حَسَبَ كُلِّ مَا كَافَأَنَا بِهِ الرَّبُّ،
وَالْخَيْرَ الْعَظِيمَ لِبَيْتِ إِسْرَائِيلَ
الَّذِي كَافَأَهُمْ بِهِ حَسَبَ مَرَاحِمِهِ،
وَحَسَبَ كَثْرَةِ إِحْسَانَاتِهِ.
وَقَدْ قَالَ حَقًّا: «إِنَّهُمْ شَعْبِي،
بَنُونَ لاَ يَخُونُونَ»
فَصَارَ لَهُمْ مُخَلِّصًا.
فِي كُلِّ ضِيقِهِمْ تَضَايَقَ،
وَمَلاَكُ حَضْرَتِهِ خَلَّصَهُمْ.
بِمَحَبَّتِهِ وَرَأْفَتِهِ هُوَ فَكَّهُمْ

وَرَفَعَهُمْ وَحَمَلَهُمْ كُلَّ الأَيَّامِ الْقَدِيمَةِ.
وَلكِنَّهُمْ تَمَرَّدُوا وَأَحْزَنُوا رُوحَ قُدْسِهِ،
فَتَحَوَّلَ لَهُمْ عَدُوًّا،
وَهُوَ حَارَبَهُمْ.

يُذكَر في هذا النص كلٌّ من «الرَّبِّ» (يهوه)، و«رُوح قُدْسِهِ»، و«مَلاَك حَضْرَتِهِ». يقول الرأي المرجَّح إن «مَلاَك حَضْرَتِهِ» المشار إليه هنا هو نفسه ملاك يهوه الذي تحدَّثنا عنه فيما سبق. إذا كان الأمر كذلك، فهناك إذن على الأقل شخصان إلهيَّان في هذا المقطع. كذلك، يَظهَر الروح القدس في هذا النص على أنه شخص، لأنه «أُحزِن». وعلى هذا الأساس، يكون الروح القدس أيضًا شخصًا إلهيًّا، لأن إحزان الشعب له بتمرُّدهم هو ما أدَّى إلى إنزال عقوبة إلهية عليهم. ومن ثَمَّ، يزداد هذا المقطع اقترابًا من عقيدة الثالوث الكاملة المقدَّمة في العهد الجديد.

ومن بين مقاطع العهد القديم الأخرى التي ربما تشير إلى ثلاثة أشخاص إلهيين هو إشعياء ٤٨: ١٢، ١٦ الذي يقول:

«اِسْمَعْ لِي يَا يَعْقُوبُ،
وَإِسْرَائِيلُ الَّذِي دَعَوْتُهُ:
أَنَا هُوَ. أَنَا الأَوَّلُ
وَأَنَا الآخِرُ ...
تَقَدَّمُوا إِلَيَّ. اسْمَعُوا هذَا:
لَمْ أَتَكَلَّمْ مِنَ الْبَدْءِ فِي الْخَفَاءِ.
مُنْذُ وُجُودِهِ أَنَا هُنَاكَ».
وَالآنَ السَّيِّدُ الرَّبُّ أَرْسَلَنِي وَرُوحُهُ.

في هذا المقطع، هناك على الأقل كيانان إلهيَّان، وهما: «السَّيِّد الرَّبُّ»، و«رُوحهُ» (إشعياء ٤٨: ١٦). لا يسعنا أن نستخلص بشكل مباشر من هذا المقطع أن الروح القدس شخصٌ؛ لكن عند دمجه مع إشعياء ٦٣: ٧-١٠، يتجلَّى بوضوح كون الروح القدس شخصًا إلهيًّا. لكن، ليس واضحًا تمامًا ما إذا كان إشعياء يشير في هذا النص إلى كيان إلهيٍّ ثالث أم لا. فقد انقسمت الترجمات فيما بينها حول ما إذا كان المتحدِّث في الآية ١٢، والذي هو شخص إلهي («أَنَا هُوَ. أَنَا الأَوَّلُ وَأَنَا الآخِرُ»)، هو الذي يواصل الحديث حتى نهاية الآية ١٦ أم لا. تؤيِّد ترجمة NASB وترجمة NKJV الإنجليزيتين هذا الرأي، الذي هو الرأي المفضَّل. ووفقًا لهاتين الترجمتين، يكون المسيَّا هو المتحدِّث في هذا النص، بصفته «أَنَا هُوَ»، الذي «أُرسِل» من «السَّيِّدُ الرَّبُّ» و«رُوحُهُ». وبحسب هذا التفسير، يكون كلٌّ من المتحدث و«السَّيِّدُ الرَّبُّ» شخصين إلهيين، ويتحتَّم أيضًا أن يكون «الروح» شخصًا إلهيًّا، لأنه اعتُبِر من هاتين الترجمتين مشتركًا مع «السَّيِّد الرَّبّ» في إرسال المسيَّا.[٧٠]

---

٧٠ لكن كلًّا من ترجمة ESV، وترجمة HCSB، وترجمة NIV، وكذلك ترجمة RSV الإنجليزية [بالإضافة إلى الترجمة العربية البستاني-فانديك] تضع نهاية علامات التنصيص قبل العبارة الأخيرة من الآية ١٦. وبناءً على ذلك، تكون عبارة «وَالآنَ السَّيِّدُ الرَّبُّ أَرْسَلَنِي وَرُوحُهُ» قد جاءت على لسان إشعياء، متحدِّثًا عن نفسه كنبيٍّ. ووفقًا لهذا الرأي، يصير المتحدِّث في الآية ١٢ هو «السَّيِّدُ الرَّبُّ»، الذي أرسل إشعياء نبيًّا. كذلك، تقول هذه الترجمات على الأرجح إن الروح لم يرسل إشعياء، بل إن «السَّيِّدُ الرَّبُّ» هو الذي أرسل كلًّا من

التركيز على العدد ثلاثة: أخيرًا، يركِّز العهد القديم على العدد ثلاثة بطرق متعدِّدة. وربما كان هذا التركيز متعمَّدًا من الله للتمهيد لعقيدة الثالوث الأكثر وضوحًا في العهد الجديد. جاءت بعض هذه التركيزات في صيغة ثلاثية، مثل تسبيح السَّرافيم ليهوه الجالس على كرسيه في السماء، قائلين: «قُدُّوسٌ، قُدُّوسٌ، قُدُّوسٌ» (إشعياء ٦: ٣). ومن الأمثلة الأخرى لهذا التركيز على العدد ثلاثة هو البركة الهارونية الثلاثية التي وردت في سفر العدد ٦: ٢٤-٢٧،

يُبَارِكُكَ الرَّبُّ وَيَحْرُسُكَ.
يُضِيءُ الرَّبُّ بِوَجْهِهِ عَلَيْكَ وَيَرْحَمُكَ.
يَرْفَعُ الرَّبُّ وَجْهَهُ عَلَيْكَ وَيَمْنَحُكَ سَلاَمًا.

ذَكَر بيتر تون (Peter Toon) أن الكنيسة القديمة كانت تحسب هذه البركة الثلاثية إشارة إلى الأقانيم الثلاثة في الثالوث، ولا سيما في ضوء ما أوصى به الرسل بأن يُعمِّدوا «بِاسْمِ» (في المفرد) الثالوث (متى ٢٨: ١٩)، وفي ضوء ما جاء في العدد ٦: ٢٧ بأن هذه البركة الثلاثية من شأنها أن تجعل «اسم» يهوه على شعب إسرائيل.[٧١]

غير أنَّ هناك صيغة ثلاثية أخرى، وهي بركة يعقوب الثلاثية ليوسف وابنيه، التي جاءت في تكوين ٤٨: ١٥-١٦:

وَبَارَكَ يُوسُفَ وَقَالَ:
«اللهُ الَّذِي سَارَ أَمَامَهُ أَبَوَايَ إِبْرَاهِيمُ وَإِسْحَاقُ،
اللهُ الَّذِي رَعَانِي مُنْذُ وُجُودِي إِلَى هذَا الْيَوْمِ،
الْمَلاَكُ الَّذِي خَلَّصَنِي مِنْ كُلِّ شَرّ، يُبَارِكُ الْغُلاَمَيْنِ.
وَلْيُدْعَ عَلَيْهِمَا اسْمِي وَاسْمُ أَبَوَيَّ
إِبْرَاهِيمَ وَإِسْحَاقَ،
وَلْيَكْثُرَا كَثِيرًا فِي الأَرْضِ»

من الجدير بالذكر، في ضوء حديثنا السابق عن ملاك يهوه، أن يعقوب قال هنا إن «الْمَلاَك» خلَّصه، ثم أشرك هذا الملاك مع «الله» في فعل مباركة غلامي يوسف. وبما أن صلاة يعقوب كانت ترى أن الله وحده هو القادر أن «يُبَارِك» الغلامين، يكون التفسير المرجَّح لشخصية «الملاك» هو أنه حتمًا شخصٌ إلهيٌّ مميَّزٌ، وإلا لما كان اشترك مع الله الآب في فعل المباركة.

ويمكن رؤية تشديدات أخرى على العدد ثلاثة في المقاطع التالية: تكوين ١٥: ٩؛ ٣٠: ٣٦؛ ٤٠: ١٠، ١٦؛ خروج ٣: ١٨؛ ١٩: ١١؛ ٢٣: ١٤؛ لاويين ١٩: ٢٣؛ العدد ١٩: ١٢؛ ٢٢: ٢٣-٤١؛ ٣١: ١٩؛ إرميا ٧: ٤ (ذكر «هَيْكَل الرَّبِّ» ثلاث مرات). وربما كان الغرض من استخدام العدد ثلاثة في العبادة الطقسية هو الشهادة لكون إله إسرائيل ثلاثةً، لكن واحدًا.

إشعياء والروح القدس. ومن ثَمَّ، في هذا المقطع على الأقل، وبحسب هذه الترجمات، لن يكون واضحًا تمامًا إن كان الروح القدس شخصًا إلهيًّا أم لا. لكن على الأقل، يبدو واضحًا في النص أن الروح القدس كيانٌ مميَّز.

71 Peter Toon, *Our Triune God: A Biblical Portrayal of the Trinity* (Wheaton, IL: Victor, 1996), 102.

وفـي ضـوء العهـد الجديـد، نسـتخلص أن الجوانـب المذكـورة أعـلاه مـن العهـد القـديم تمهِّـد تدريجيًـا للإعـلان الأوضـح للعهـد الجديـد عـن اللـه بصفتـه واحـدًا فـي ثلاثـة أقانيـم. قـدَّم بنجامـين ب. وارفيلـد (Benjamin B. Warfield) شـرحًا تفصيليًّا لكيفيـة قيـام العهـد القـديم بأكثـر مـن مجـرد التمهيـد لإعـلان العهـد الجديـد الأكثـر اكتمـالًا عـن الثالـوث:

> المحصِّلـة النهائيـة هـي أنـه يتولَّـد لدينـا شـعور عـام بأنـه يوجـد، بشـكلٍ مـا، فـي إعـلان العهـد القـديم عـن اللـه إيحـاءٌ بـأن اللـه ليـس كيانًـا أحاديًّـا مجـرَّدًا، ومـن ثَـمَّ تمهيـدٌ للإعـلان المسـتقبلي عـن الثالـوث. ومـن الواضـح أننـا فـي تعليـم العهـد القـديم عـن علاقـة اللـه بإعلانـه بواسـطة كلمتـه الخالقـة وروحـه، نتعـرَّف علـى الأقـل علـى بـذرة التمايُـزات فـي الـذات الإلهيـة، التـي صـارت معروفـة بالكامـل لاحقًـا فـي الإعـلان المسـيحي. لكـن لا يمكننـا التوقُّـف عنـد هـذا الحـد. فبعـد أخـذ كلِّ شـيء فـي الحسـبان، وفـي ضـوء الإعـلان اللاحـق، يبقـى التفسـير الثالوثـي هـو التفسـير الطبيعـي بأكبـر درجـة للظواهـر التـي فسَّـرها الكُتَّـاب القدمـاء صراحـةً بأنهـا إيحـاءات عـن الثالـوث؛ ولا سـيما، دون شـك، تلـك الأوصـاف المتصلـة بمـلاك يهـوه، بـل وتلـك التعبيـرات مـن قبيـل «نَعْمَلُ الإِنْسَـانَ عَلَـى صُورَتِنَـا كَشَـبَهِنَا» فـي تكويـن ١ : ٢٦، وذلـك لأن الآيـة ٢٧ – «خَلَـقَ اللـهُ الإِنْسَـانَ عَلَـى صُورَتِـهِ» – لا تدفعنـا قطعًـا إلـى أن نعتبـر أن الآيـة السـابقة لهـا تصـرِّح بـأن الإنسـان كان مـن شـأنه أن يُخلق علـى صـورة الملائكـة. فـإن هـذا ليـس إقحامًـا غيـر مشـروع لأفكار العهـد الجديـد فـي نـص العهـد القـديم، بـل مجـرد قـراءة لنـص العهـد القـديم فـي ضـوء النـور الـذي قدَّمـه إعـلان العهـد الجديـد ... فـإن سـرَّ الثالـوث غيـر معلَـن فـي العهـد القـديم، لكنـه يَكمُـن وراء إعـلان العهـد القـديم، ويبـرز إلـى السـطح مـن آن لآخـر، هنـا أو هنـاك. وهكـذا، فـإن الإعـلان الأكثـر اكتمـالًا عـن اللـه لا يصـوِّب إعـلان العهـد القـديم السـابق لـه، ولكنـه فقـط يكمِّلـه، ويعـزِّزه، ويوسِّـع مـن نطاقـه.[٧٢]

⬅ براهين من العهد الجديد

لا غنـى عـن العهـد الجديـد لأجـل عـرض واضـح لعقيـدة الثالـوث. فكمـا ذكرنـا أعـلاه، إن العديـد مـن مقاطـع العهـد القـديم تفسـح المجـال، بـل وتشـير أيضًـا، إلـى وجـود أكثـر مـن شـخص إلهـي واحـد فـي اللـه، علـى الرغـم مـن وجـود إلـه واحـد فحسـب. لكـنَّ تصريحـات العهـد القـديم لا تكشـف تفاصيـل تكفـي كـي يسـتخلص المؤمنـون عقيـدة ثالوثيـة صريحـة عـن اللـه. ومثـل هـذه البراهـين القاطعـة معلَنـة فـي العهـد الجديـد. تلجـأ الكنيسـة فـي تكويـن عقيدتهـا عـن الثالـوث إلـى العهـد القـديم للحصـول علـى براهـين موحـى بهـا، ولكنهـا لطالمـا اسـتندت فـي المقـام الأول علـى تـدرُّج إعـلان اللـه بكاملـه.

---

72 Benjamin Breckinridge Warfield, “The Biblical Doctrine of the Trinity,” in *Biblical and Theological Studies*, ed. Samuel G. Craig (1952; repr., Philadelphia: Presbyterian and Reformed, 1968), 30–31.

• إلهٌ واحدٌ فقط

مثلما أوضحنا سابقًا في الجزء الخاص بصفة الوحدانية، التي هي واحدةٌ من كمالات الله (صفحة ٢٠٢)، يؤكِّد الكتاب المقدس أن الله واحدٌ فقط، من الناحية العدديَّة. وفي العهد الجديد، كرَّر يسوع نص تثنية ٦: ٤ في مرقس ١٢: ٢٩، قائلًا: «الرَّبُّ إِلهُنَا رَبٌّ وَاحِدٌ». وفي يوحنا ١٧: ٣، دعا يسوعُ اللهَ الآبَ «الإِلهَ الْحَقِيقِيَّ وَحْدَكَ». وتصدِّق مقاطع أخرى أيضًا على الإيمان بوحدانية الله. على سبيل المثال، «اللهَ وَاحِدٌ» (رومية ٣: ٣٠؛ يعقوب ٢: ١٩)؛ و«لَيْسَ إِلهٌ آخَرُ إِلاَّ وَاحِدًا» (١كورنثوس ٨: ٤)؛ و«يُوجَدُ إِلهٌ وَاحِدٌ» (١تيموثاوس٢: ٥). وفي رومية ٣: ٣٠؛ و١كورنثوس ٨: ٤؛ و١تيموثاوس ٢: ٥، نرى أن هذا «الإله» هو الله الآب، الأقنوم الأول في الثالوث. لكن، كما هو موضَّح أدناه، يشير العهد الجديد في بعض الأحيان إلى الله الآب باسم «الله» للتشديد على كونه هو الله، بينما يقول أيضًا إن الأقنومين الآخرَين في الثالوث هما الله. ومن ثَمَّ، يؤكِّد العهد الجديد أنه لا يوجد سوى إله واحد فقط، لكنه يصف أيضًا كلَّ أقنوم من أقانيم الثالوث الثلاثة: الآب، والابن، والروح القدس، بأنهم هم الله بالتساوي في الأسماء، والطبيعة، والصلاحيات، والأعمال.

• تعريف أكثر من شخصٍ بأنه الله

في بعض المقاطع من العهد الجديد، قام المتحدِّث أو الكاتب بتعريف شخصين بأنهما الله. ففي يوحنا ٥: ١٧-١٨، قال يسوع إنه يتمتع بالسلطان نفسه مثل «أَبِي» للعمل في يوم السبت. وبسبب هذا التصريح، طلب رؤساء اليهود الدينيون أكثر أن يقتلوا يسوع، لأنه بحسب فكرهم نقض السبت، و«قَالَ أَيْضًا إِنَّ اللهَ أَبُوهُ، مُعَادِلاً نَفْسَهُ بِاللهِ» (يوحنا ٥: ١٨). وفي يوحنا ١٠: ٣٠، قال يسوع: «أَنَا وَالآبُ وَاحِدٌ». وبسبب ذلك التصريح، تناول رؤساء اليهود حجارة ليرجموه، متَّهمين إياه بالتجديف، لأنهم رأوا أنه بقوله إنه هو والآب واحد، كان يؤلِّه نفسه: «فَإِنَّكَ وَأَنْتَ إِنْسَانٌ تَجْعَلُ نَفْسَكَ إِلهًا» (يوحنا ١٠: ٣٣). قال يسوع أيضًا إن كلَّ ما للآب هو له (يوحنا ١٦: ١٥؛ ١٧: ١٠). كذلك، عمل الله الآب ويسوع المسيح معًا في خلق جميع الأشياء (١كورنثوس ٨: ٦)؛ وتأتي النعمة والسلام إلى المؤمنين من كلٍّ من الله الآب والرب يسوع (١كورنثوس ١: ٣؛ أفسس ١: ٢)؛ وسيملك المؤمنون على الأرض مع المسيح لمدة ألف سنة بصفتهم كهنةً لكلٍّ من الله الآب والمسيح (رؤيا ٢٠: ٦).

تُعَرِّف مقاطع أخرى أيضًا الأقانيم الثلاثة جميعهم بأنهم الله. يساوي الكتاب المقدس بين الأقانيم الثلاثة في القيام بالأعمال التالية، مشيرًا بهذا إلى ألوهيتهم:

١. التخطيط الأزلي للخلاص، ومنحه للبشر (أفسس ١: ٣-١٤؛ ٢: ١٣-١٨؛ ١بطرس ١: ٢)
٢. الشهادة ليسوع، بصفته ابن الله ووسيلة نوال الحياة الأبدية (١يوحنا ٥: ١-١٢)
٣. الإقرار علانيةً بيسوع مخلِّصًا لإسرائيل (يوحنا ١: ٢٩-٣٤)
٤. الوجود مع تلاميذ يسوع، وإعلان الحقَّ لهم (يوحنا ١٤: ٩-١٠، ٢٦؛ ١٥: ٢٦؛ ١٦: ٧-١٥)
٥. منح الإيمان، والرجاء، والمحبة في قلوب المؤمنين (كولوسي ١: ٣-٨)
٦. فداء المؤمنين، وتبريرهم، والسكنى في داخلهم (غلاطية ٣: ١١-١٤)

٧. منح المواهب الروحية (١كورنثوس ١٢: ٤-٦)
٨. توحيد الكنيسة (أفسس ٤: ٤-٦)
٩. الاستمرار في مباركة المؤمنين (٢كورنثوس ١٣: ١٤)
١٠. ضمان بقاء المؤمنين في المسيح (٢كورنثوس ١: ٢٠-٢٢)

وبحسب سياق العهد الجديد، الله وحده هو القادر أن يقدِّم ما أُعلِن بأن الآب والابن والروح القدس يقدِّمونه لأجل الخلاص الأبدي للمؤمنين في المسيح.

• التصريح بأن الأشخاص الثلاثة هم الله

صرَّح العهد الجديد بأن كلَّ أقنوم من الأقانيم الثلاثة في الثالوث هو «الله».

الآب هو الله: امتزج الاسم «الله» (*theos* في اللغة اليونانية) بالاسم «الآب» في العديد من المقاطع (على سبيل المثال، يوحنا ٦: ٢٧؛ رومية ١٥: ٦؛ ١كورنثوس ٨: ٦؛ ١٥: ٢٤؛ أفسس ٤: ٦؛ يعقوب ٣: ٩). أوضح موراي هاريس (Murray Harris) أنه عندما يظهر الاسم «الله» [*theos*] في العهد الجديد بمفرده في إشارة إلى الإله الحقيقي، فهو يشير عادةً إلى الأقنوم الأول في الثالوث، أي الله الآب (على سبيل المثال، يعقوب ١: ٥؛ ١بطرس ٣: ١٨).[٧٣]

يسوع هو الله: أعلن العهد الجديد أيضًا صراحةً أن يسوع هو الله. فإن كلمات يسوع نفسه تصرِّح بأنه هو الله. فقد قال إنه ابن الله (متى ٢٦: ٦٣-٦٤؛ مرقس ١٤: ٦١-٦٢؛ لوقا ٢٢: ٦٧-٧١)؛ وكذلك إنه «أنا هو»، أو «أهيه» (*ego eimi* في اللغة اليونانية)، ومن ثَمَّ، إنه يحمل اسم الله «يهوه» الذي جاء في العهد القديم. والعديد من تصريحات «أنا هو» التي قالها المسيح اقترنت بصور مجازية، مثل «أَنَا هُوَ خُبْزُ الْحَيَاةِ» (يوحنا ٦: ٣٥، ٤٨)، و«أَنَا هُوَ نُورُ الْعَالَمِ» (يوحنا ٨: ١٢)، و«أَنَا هُوَ الْبَابُ» (يوحنا ١٠: ٩)، و«أَنَا هُوَ الرَّاعِي الصَّالِحُ» (يوحنا ١٠: ١١، ١٤)، و«أَنَا هُوَ الْقِيَامَةُ وَالْحَيَاةُ» (يوحنا ١١: ٢٥). لكن العديد من هذه التصريحات مُطْلَقٌ، أي إنه ذُكر من دون نعت أو إضافة (كما في مرقس ١٤: ٦٢؛ يوحنا ٨: ٢٤، ٢٨، ٥٨؛ ١٣: ١٩؛ ١٨: ٥-٨). جاء أحد هذه الاستخدامات المطلقة في يوحنا ١٣: ١٩ في سياق تنبُّؤ يسوع بأن واحدًا من التلاميذ سيسلِّمه، مخبرًا تلاميذه بأنه قال لهم هذا «حَتَّى متى كَانَ تُؤْمِنُونَ أَنِّي أَنَا هُوَ». اقتُبِس الأصل اليوناني لهذه الآية من الترجمة السبعينية لنص إشعياء ٤٣: ١٠، الذي يقول: «لِكَيْ تَعْرِفُوا وَتُؤْمِنُوا بِي وَتَفْهَمُوا أَنِّي أَنَا هُوَ». جاءت هذه الآية في السياق الأكبر لسفر إشعياء ٤٠-٤٨، الذي يُثْبِت أن الله هو الإله الحقيقي وحده، لأنه هو وحده الذي يستطيع التنبُّؤ بالمستقبل. وهكذا، كان يسوع يقول إنه عندما تتحقق نُبُوَّتُه بأن واحدًا من التلاميذ سيسلمه، سيتبرهن أنه هو الله.

قال يسوع أيضًا إن الآب أرسله، ومن ثَمَّ، إنه نزل من السماء، وإنه يتمتع بالسلطان الإلهي أن يعمل أعمال الآب (يوحنا ٣: ١٣؛ ٥: ٢٦-٢٧؛ ٦: ٣١-٥٨؛ ٨: ٤٢؛ ١٦: ٢٨-٣٠). كما قال إنه يتمتع بعلاقة خاصة مع «أَبِي» لا يتمتع بها أحد سواه (على سبيل المثال، متى ٧: ٢١؛ ١٠: ٣٢-٣٣؛ ١١: ٢٥-٢٧؛ لوقا ٢٢: ٢٩؛

73 Murray J. Harris, *Jesus as God: The New Testament Use of* Theos *in Reference to Jesus* (Grand Rapids, MI: Baker, 1992), 21–50.

٢٤ :٤٩؛ يوحنا ٢ :١٦؛ ٥: ١٩-٢٣؛ ٨: ٣٦-٣٨؛ ١٠: ٢٩-٣٠، ٣٦-٣٨؛ ١٤: ٢-٣، ١١-١٢، ٢٣؛ ١٥: ٨-١٠، ١٥؛ ١٦: ١٠، ٢٦-٢٨؛ ١٧: ١-٢٦؛ ٢٠: ١٧).

وقد شهد يوحنا المعمدان بأن يسوع هو «الرَّبُّ» (يوحنا ١: ١٥، ٢٣، ٣٠)، و«ابْنُ اللهِ» (يوحنا ١: ٣٤). ودعا الله الآب يسوع «ابْنِي الْحَبِيبُ» (متى ٣: ١٦-١٧؛ ١٧: ٥). كما أعلن الملائكة أن يسوع هو «ابْنَ اللهِ» [أو «ابْنَ الْعَلِيِّ»] (لوقا ١: ٣١-٣٥)، و«الرَّبُّ» (لوقا ٢: ١١). وفي هذا النص الأخير، يتبرهن أن «الرَّبُّ» هو اسمٌ لله لأنه كذلك في السياق الأقرب للنص (لوقا ٢: ٩، ١٥). وفي متى ١٤: ٣٣، سجد التلاميذ ليسوع بصفته «ابْنُ اللهِ». كما اعترف بطرس بأن يسوع هو «الْمَسِيحُ ابْنُ اللهِ الْحَيِّ» (متى ١٦: ١٦). واعترف توما أيضًا بأن يسوع القائم من بين الأموات هو «رَبِّي وَإِلهِي» (يوحنا ٢٠: ٢٧-٢٩). وقبل ميلاد يسوع، دُعِيَ من أليصابات (لوقا ١: ٤٣، «أُمُّ رَبِّي») وزكريا (لوقا ١: ٧٦) باسم «الرَّبِّ». وأكَّد قائد المئة عند الصليب أنه «حَقًّا كَانَ هذَا الإِنْسَانُ ابْنَ اللهِ!» (مرقس ١٥: ٣٩).

وبوحيٍ من الروح القدس، قال كُتَّاب العهد الجديد إن يسوع هو الله. قال متى إن يسوع هو «اَللهُ مَعَنَا» (متى ١: ٢٣). ونقل لوقا عن بطرس إشارته إلى يسوع باسم «الرَّبُّ» في تتميمٍ لنص مزمور ١١٠: ١ (أعمال الرسل ٢: ٣٤-٣٦)، ونقل عن بولس إشارته الضمنية إلى ألوهية يسوع في حديثه عن «كَنِيسَةَ اللهِ الَّتِي اقْتَنَاهَا بِدَمِهِ» (أعمال الرسل ٢٠: ٢٨). كذلك، وصف بولس المسيح قائلًا: «الْكَائِنُ عَلَى الْكُلِّ إِلهًا مُبَارَكًا إِلَى الأَبَدِ» (رومية ٩: ٥). ويقول رومية ١٠: ٩، و١كورنثوس ١٢: ٣ أيضًا إن صيغة الاعتراف بالإيمان الذي للخلاص هي «يَسُوعُ رَبٌّ». وفي رومية ١٤: ٨-٩، صرَّح بولس بأن المسيح هو «الرَّبّ»، بل وفي حقيقة الأمر أنه «يَسُودَ [ربٌّ] عَلَى الأَحْيَاءِ وَالأَمْوَاتِ». وبحسب بولس، يسوع المسيح هو «رَبَّ الْمَجْدِ» (١كورنثوس ٢: ٨)، و «رَبٌّ وَاحِدٌ: يَسُوعُ الْمَسِيحُ، الَّذِي بِهِ جَمِيعُ الأَشْيَاءِ، وَنَحْنُ بِهِ» (١كورنثوس ٨: ٦). أعلن بولس أيضًا أن يسوع كان «فِي صُورَةِ اللهِ»، لكنه «أَخْلَى نَفْسَهُ، آخِذًا صُورَةَ عَبْدٍ» (فيلبي٢: ٦-٧)؛ ثم أردف قائلًا إنه وضع نفسه وأطاع حتى الموت على الصليب، وإن الله الآب «رَفَّعَهُ»، ويومًا ما سوف يعترف جميع البشر أن «يَسُوعَ الْمَسِيحَ هُوَ رَبٌّ» (فيلبي٢: ١١). وفي كولوسي ٢: ٩، أكَّد بولس أنه في يسوع «يَحِلُّ كُلُّ مِلْءِ اللاَّهُوتِ جَسَدِيًّا».

كذلك، أشارت بعض المقاطع الكتابية التي كتبها الرسل إلى كون يسوع هو «الله» باستخدام تركيبة لغوية معيَّنة في اللغة اليونانية دفعت عالم اللغة جرانفيل شارب Granville Sharp (١٧٣٥-١٨١٣) إلى صياغة قاعدة (تحمل اليوم اسمه) أشار إلى كونها وثيقة الصلة بتحديد هوية يسوع المسيح في العهد الجديد بأنه هو الله. تنص هذه القاعدة على أنه إذا جاءت أداة العطف اليونانية *kai* (واو العطف) بين «اسمين أو اسمَي فاعل» في صيغة المفرد، يصفان شخصًا عاقلًا، ولكليهما محل الإعراب نفسه؛ وإذا جاءت أداة التعريف اليونانية *ho* قبل الاسم أو اسم الفاعل الأول وليس الثاني، فإن «الاسم الثاني ... يكون وصفًا إضافيًّا» للشخص الذي يصفه الاسم أو اسم الفاعل الأول.[٧٤] ومن الأمثلة النموذجية لتركيبة جرانفيل شارب: تيطس ٢: ١٣ («اللهِ الْعَظِيمِ وَمُخَلِّصِنَا يَسُوعَ الْمَسِيحِ»)؛ و٢بطرس ١: ١ («إِلهِنَا وَالْمُخَلِّصِ يَسُوعَ الْمَسِيحِ»)؛ و٢بطرس ٢: ٢٠ («الرَّبِّ وَالْمُخَلِّصِ يَسُوعَ الْمَسِيحِ»).

74 Granville Sharp, *Remarks on the Uses of the Definitive Article in the Greek Text of the New Testament* (Philadelphia: B. B. Hopkins, 1807), 3.

وفقًا لرأي شارب، تعني تركيبة الجمل في هذه المقاطع أن يسوع ليس فقط هو «المخلِّص»، لكنه هو أيضًا «الله» و«الربُّ».

ومن الوسائل الأخرى أيضًا التي عرَّف بها الرسل يسوع بكونه الله هي حديثهم عن يسوع باستخدام مقاطع من العهد القديم تشير إلى يهوه. ففي يوحنا ١٢: ٣٦-٤١، اقتبس يوحنا، بوحي من الروح القدس، من إشعياء ٥٣: ١ ومن إشعياء ٦: ١٠ لعرض أسباب كون اليهود «لَمْ يُؤْمِنُوا بِهِ [أي بيسوع]»، مع أنه «كَانَ قَدْ صَنَعَ أَمَامَهُمْ آيَاتٍ هذَا عَدَدُهَا» (يوحنا ١٢: ٣٧). قال يوحنا إن عدم الإيمان هذا كان تتميمًا لمقطعَي العهد القديم اللذين اقتبسهما، ثم اختتم حديثه في يوحنا ١٢: ٤١ بقوله: «قَالَ إِشَعْيَاءُ هذَا حِينَ رَأَى مَجْدَهُ وَتَكَلَّمَ عَنْهُ». يعود الضمير في كلمتي «مَجْدَهُ» و «عَنْهُ» في هذه الآية على الضمير المستتر «هو» في كلمة «صَنَعَ» التي جاءت في الآية ٣٧، والعائد على «يَسُوعُ» في الآية ٣٦. وهكذا، عرَّف يوحنا يسوع بأنه هو «السَّيِّدَ» (*adonai* في اللغة العبرية) المذكور في إشعياء ٦: ١، والذي رآه إشعياء «جَالِسًا عَلَى كُرْسِيٍّ»؛ وكذلك بأنه هو «رَبُّ [يهوه] الْجُنُودِ» الذي تحدَّث عنه إشعياء ٦: ٣، والذي «مَجْدُهُ مِلْءُ كُلِّ الأَرْضِ». ومن ثَمَّ، فإن يسوع هو «السيِّد»، و«الربُّ» اللذان أشير إليهما في إشعياء ٦: ١-٣.

وفيما يلي بعض المقاطع الأخرى من العهد الجديد التي تشير إلى يسوع باستخدام مقاطع من العهد القديم تشير إلى يهوه. اقتبس كلٌّ من أعمال الرسل ٢: ٢١ ورومية ١٠: ١٣ نص يوئيل ٢: ٣٢ للإشارة إلى أن عبارة «يَدْعُو بِاسْمِ الرَّبِّ» (باسم «يهوه» في يوئيل ٢: ٣٢) تعني الإيمان والاعتراف بيسوع ربًّا. كما يؤكد عبرانيين ١: ١٠-١٢ أن الله «يَقُولُ» كلمات مزمور ١٠٢: ٢٥-٢٧ «عَنْ الابْنِ» [أي «إلى الابن»] (عبرانيين ١: ٨)، الأمر الذي يدل على أن يسوع هو «الله» («إيل» [*el*] في اللغة العبرية، «يَا إِلَهِي») و«الربُّ» (يهوه [«أَنْتَ هُوَ»]) المشار إليهما في مزمور ١٠٢. كذلك، استخدم أفسس ٤: ٧-٨ كلمات مزمور ٦٨: ١٨ ليقول إن يسوع صعد إلى السماء ثم أعطى كنيسته عطايا، في حين يشير نص العهد القديم إلى صعود **الله** إلى «الْجَبَلَ» (مزمور ٦٨: ١٦) و«قبوله عطايا» (مزمور ٦٨: ١٨). إذن، بهذا الاقتباس، أراد بولس أن يقول إن المسيح كان هو الله في صعوده، وإنه فُوِّض بتوزيع عطايا على الكنيسة.

الروح القدس هو الله: يُعرِّف العهد الجديد الروح القدس أيضًا بأنه هو الله. فإن ألقابه تربطه بأقنومَي الثالوث الآخرَيْن: «رُوحَ اللهِ» (متى ٣: ١٦)؛ «رُوحُ الرَّبِّ» (لوقا ٤: ١٨)؛ «رُوحُ أَبِيكُمْ» (متى ١٠: ٢٠)؛ «رُوحِي» (أعمال الرسل ٢: ١٧-١٨)؛ «رُوحُ الْمَسِيحِ» (رومية ٨: ٩)؛ «الرَّبِّ الرُّوحِ» (٢كورنثوس٣: ١٧-١٨).

وثمة تصريحات أخرى أكثر وضوحًا وصراحةً بأن الروح القدس هو الله. ففي أعمال الرسل ٥: ٣-٤، ٩، قال بطرس إنه بكذب حنانيا وسفيرة على الروح القدس، لم يكذبا «عَلَى النَّاسِ بَلْ عَلَى اللهِ». وفي ٢كورنثوس ٣: ١٧-١٨، قال بولس: «أَمَّا الرَّبُّ فَهُوَ الرُّوحُ»، ودعا الروح القدس «الرَّبِّ الرُّوحِ». كما قال بولس في ١كورنثوس٣: ١٦ إن «رُوحُ اللهِ» يسكن في الكنيسة، لأن الكنيسة هي «هَيْكَلَ اللهِ». وفي أفسس ٢: ٢٢، صرَّح بولس بأنَّ «فِي الرُّوحِ» الكنيسة «مَبْنِيُّونَ مَعًا، مَسْكَنًا لِلهِ».

علاوة على ذلك، يصرِّح العهد الجديد بأن الروح القدس هو الذي نطق بكلمات بعض المقاطع من العهد القديم، وهي الكلمات التي تصرح تلك المقاطع نفسها بأنها آتية من عند الله بشكل مباشر. ففي أعمال الرسل ٢٨ : ٢٥-٢٧، قال بولس إن الروح القدس تكلَّم «بِإِشَعْيَاءَ النَّبِيِّ» كلمات إشعياء ٦ : ٩-١٠، مع أن «صَوْتَ السَّيِّدِ» في هذا الأصحاح هو الذي نطق بهذه الكلمات (إشعياء ٦ : ٨). ويُرَى هذا التطابق نفسه بين كلمات مقاطع من العهد الجديد ومقاطع من العهد القديم في الأزواج التالية من المقاطع: عبرانيين ٣ : ٧-١١ مع مزمور ٩٥ : ٧-١١؛ عبرانيين ١٠ : ١٥-١٧ مع إرميا ٣١ : ٣١-٣٤.

• ثلاثة أقانيم لهم كمالات الله

يصف العهد الجديد كلَّ أقنوم في الثالوث بأنه يتمتع بخصائص هي كمالات إلهية. وهذه الكمالات إلهية لأن العهد الجديد يؤكِّد أنها المقاييس التي تقاس عليها خصائص الكائنات الأخرى. فإن الله الآب قدير (متى ١٩ : ٢٦)، وكليُّ الوجود (متى ٦ : ٤، ٦)، وكليُّ العلم (متى ٦ : ٤، ٦، ٨؛ لوقا ١٦ : ١٥)، وصادق (يوحنا ٣ : ٣٣)، وبارٌّ (يوحنا ١٧ : ٢٥؛ راجع أعمال الرسل ١٠ : ٣٤)، وحيٌّ (متى ٢٦ : ٦٣؛ يوحنا ٥ : ٢٦؛ ٦ : ٥٧).

والله الابن، يسوع المسيح المتجسِّد، أزليٌّ (يوحنا ١ : ١؛ ٨ : ٥٨؛ ١٧ : ٥؛ رؤيا ١ : ٨؛ ٢١ : ٦؛ ٢٢ : ١٣)، وكليُّ العلم (يوحنا ١ : ٤٧-٤٨؛ ٢ : ٢٤-٢٥؛ ١٦ : ٣٠؛ ٢١ : ١٧؛ رؤيا ٢ : ٢٣)، وكليُّ الوجود (متى ١٨ : ٢٠؛ ٢٨ : ٢٠؛ يوحنا ١ : ٤٨-٥٠)، وكليُّ القدرة (متى ٨ : ٢٦-٢٧؛ ٩ : ٢٥؛ ٢١ : ١٩؛ ٢٨ : ١٨؛ مرقس ٥ : ١١-١٥؛ لوقا ٤ : ٣٨-٤١؛ ٧ : ١٤-١٥؛ يوحنا ٢ : ١١؛ ٥ : ٣٦؛ ١٠ : ٢٥، ٣٨؛ ١١ : ٤٣-٤٤؛ عبرانيين ١ : ٣؛ رؤيا ١ : ٨)، وثابتٌ لا يتغير (عبرانيين ١ : ١٠-١٢؛ ١٣ : ٨)، ومحبٌّ (أفسس ٥ : ٢)، وقدوس (لوقا ١ : ٣٥؛ يوحنا ٨ : ٤٦؛ عبرانيين ٧ : ٢٦-٢٧؛ ١يوحنا ٣ : ٥)، وهو الحياة (١يوحنا ١ : ٢؛ ٥ : ٢٠)، والحق (يوحنا ١٤ : ٦).

والله الروح القدس أزليٌّ (عبرانيين ٩ : ١٤)، وقدُّوس (أفسس ٤ : ٣٠)، وكليُّ العلم (يوحنا ١٤ : ٢٦؛ ١٦ : ١٢-١٣؛ ١كورنثوس٢ : ١٠-١١)، وكليُّ القدرة (لوقا ١ : ٣٥، ٣٧؛ ١كورنثوس١٢ : ١١؛ رومية ١٥ : ١٩)؛ وهو روح المجد (١بطرس ٤ : ١٤)، وروح الحياة (رومية ٨ : ٢)، وروح الحق (يوحنا ١٤ : ١٧؛ ١٥ : ٢٦؛ ١٦ : ١٣؛ ١يوحنا ٤ : ٦)، وروح النعمة (عبرانيين ١٠ : ٢٩).

• ثلاثة أقانيم لهم حقوق إلهية

وفقًا للعهد الجديد، لكلِّ أقنوم في الثالوث حقوق إلهية. وهذه الحقوق إلهية لأن الكتاب المقدس ينسبها إلى الأقانيم على أنها حقوقٌ لا تتمتع بها أيُّ كائنات أخرى. فالله الآب له الحقُّ في أن يُعبَد (يوحنا ٤ : ٢٣؛ يعقوب ٣ : ٩)، وفي أن يعطي وصايا وأوامر (يوحنا ١٤ : ٣١)، وفي أن يغفر الخطايا (متى ٦ : ١٤)، وفي أن يدين (يوحنا ٥ : ٣٠). والله الابن له الحق في أن يُعبَد (متى ١٤ : ٣٣؛ ٢٨ : ٩؛ يوحنا ٢٠ : ٢٨؛ عبرانيين ١ : ٦)، وفي أن يعطي وصايا وأوامر (يوحنا ١٥ : ١٢، ١٤)، وفي أن يغفر الخطايا (مرقس ٢ : ٨-١٢)، وفي أن يدين (متى ٢٥ : ٣١-٣٢؛ يوحنا ٥ : ٢٢؛ أعمال الرسل ١٠ : ٤٢؛ ١٧ : ٣١؛ رومية ١٤ : ١٠-١١؛ ٢كورنثوس ٥ : ١٠؛ ٢تيموثاوس ٤ : ١؛ ١بطرس ٤ : ١، ٥؛ رؤيا ١٩ : ١١-١٥؛ ٢٢ : ١٢-١٣)، وفي أن يكون موضوع الإيمان (يوحنا ١ : ١٢؛ ٢٠ : ٣١). والله الروح القدس له الحق في أن يُعبَد (أفسس ٤ : ٣٠؛

١تسالونيكي ٥: ١٩؛ عبرانيين ١٠: ٢٩)،[٧٥] وفي معرفة وفحص أعماق الله (١كورنثوس ٢: ١٠)، وفي أن يعطي وصايا وأوامر (أعمال الرسل ٨: ٢٩؛ ١٠: ١٩-٢٠)، وفي منح المواهب (١كورنثوس ١٢: ٤، ١-٨، ١١).

• ثلاثة أقانيم لهم صلاحيات إلهية

يشير العهد الجديد إلى أن كلَّ أقنوم من أقانيم الثالوث له صلاحيَّات إلهية. وهذه الصلاحيَّات إلهية لأن العهد الجديد يؤكد أنها حقوق لا يمتلكها أي كائن آخر. فالله الآب يخلق (١كورنثوس ٨: ٦)، ويدعم الحياة ويحفظها (متى ٦: ٢٦)، ويعلن الحق (متى ١٦: ١٧؛ عبرانيين ١: ١-٢)، ويقيم الموتى (رومية ٦: ٤)، ويدين (متى ١٥: ١٣؛ أعمال الرسل ١٧: ٣١). والله الابن يخلق (يوحنا ١: ٣، ١٠؛ ١كورنثوس ٨: ٦؛ أفسس ٣: ٩؛ كولوسي ١: ١٦؛ عبرانيين ١: ٢)، ويحفظ ويقيم كل شيء (كولوسي ١: ١٧؛ عبرانيين ١: ٣)، ويعلن الحق (يوحنا ١٦: ١٢ ١٣)، ويقيم الموتى (يوحنا ٥: ٢٨-٢٩؛ ١٠: ١٧-١٨)، ويدين (يوحنا ٥ :٢٢، ٢٧؛ أعمال الرسل ١٠: ٤٢؛ ٢تيموثاوس ٤: ١). والله الروح القدس يخلق (تكوين ١: ٢؛ أيوب ٢٦: ١٣؛ مزمور ٣٣: ٦)، ويعلن الحق ويوحي بكتابته (يوحنا ١٦: ١٣؛ ١كورنثوس٢: ١٢-١٣؛ ٢بطرس ١: ٢١)، ويقيم الموتى (رومية ٨: ١١)، ويلد ثانية [يجدِّد] (يوحنا ٣: ٥-٦؛ تيطس ٣: ٥)، ويَسْكُن (٢تيموثاوس ١: ١٤)، ويضمن عن طريق الخَتم (أفسس ١: ١٣-١٤)، ويسكب محبة الله (رومية ٥: ٥)، ويرشد (رومية ٨: ١٤).

ثلاثة أقانيم في علاقات إلهية: ولادة أزلية وانبثاق أزلي

كما ذكرنا سابقًا، هناك علاقات أزلية بين أقانيم الثالوث: الآب، وابن الله، وروح الله. فالآب يلد الابن أزليًّا، ويبعَث أو يَزفِر [spirates][٧٦] الروح القدس أزليًّا. والابن يولَد من الآب أزليًّا، ويبعَث أو يَزفِر الروح القدس أزليًّا. والروح القدس يَنْبَثِقُ أزليًّا من الآب والابن.

إن ولادة الابن الأزلية والانبثاق الأزلي للروح القدس هما من أكثر عقائد الإيمان الكلاسيكي بالثالوث التي يُساء فهمها، إذ ليس لها ما يشبهها في عالم البشر حتى يُستخدَم لشرح أو توضيح المصطلحات. ومع أن الكتاب المقدس يتحدث صراحةً عن ولادة الآب للابن (مزمور ٢: ٧)، وانبثاق الروح القدس من الآب (يوحنا ١٥: ٢٦)، لكنه لا يقدم شرحًا واضحًا ووافيًا لما يعنيه هذان التعبيران. وفي واقع الأمر، إن الولادة والزفير عملان متصلان بالمخلوقات، وهذا يدل على أن اللغة وحدها قاصرة عن التعبير عن الروعة والمجد الكاملين للعلاقات الداخلية في الذات الإلهية السرمدية، والثابتة، وفائقة الوصف. ومن ثَمَّ، ينبغي أن نفهم الكلمات (بأفضل ما في وسعنا) في ضوء كلِّ ما يقوله الكتاب المقدس عن الآب والابن والروح القدس. (يجب قراءة هذا القسم جنبًا إلى جنب مع القسم السابق بعنوان «التمايزات الأقنومية» [صفحة ٢٢٣]).

---

٧٥ لا يؤكد أيٌّ من المقاطع الثلاثة المذكورة هنا بشكل قاطع أن الروح القدس له الحق في أن يُعبد بصفته الله. لكن تنص المقاطع على أنه على البشر ألا «يحزنوا» الروح القدس، أو «يطفئوه»، أو «يزدروا به». ومع ذلك، ينبغي أن نستنتج من هذه التعبيرات السلبية أنها توصي الناس بإيجابية بأن يفعلوا عكس هذه الأمور، أي أن يطيعوا الروح القدس، ويكرموه، ويعبدوه.

٧٦ هذه كلمة فريدة يستخدمها اللاهوتيون للإشارة إلى الطرق التي «ينبثق بها الروح القدس من عند الآب» (يوحنا ١٥: ٢٦). والتعبير يأتي من كلمة spirare في اللغة اللاتينية، وهي تعني «يتنفس» أو «يزفر».

للوهلة الأولى، يبدو أن تعبير «**الولادة الأزلية**» ينطوي على تناقُض لفظي. ففي الأحاديث العادية بين البشر، تدل الكلمتان «يولِّد» [generate] و«يلد» [beget] على الإتيان بشيءٍ أو بشخصٍ ما إلى حيِّز الوجود. وفي عالم البشر، يحدث فعل الولادة مرة واحدة، في نقطة محدَّدة من الزمن. لكنَّ إقران هذه الفكرة بصفة «**الأزلية**» يغيِّر معناها جذريًّا. وثمة أهمية بالغة أن نفهم ونؤكِّد الفرق بين ولادة طفل بشري والولادة الأزلية لابن الله. فعندما نقول إن المسيح مولود أزليًّا من الآب، فإننا لسنا نتحدث عن بدايته، لأن الكتاب المقدس يقول بوضوح: «هـٰذَا كَانَ فِي الْبَدْءِ عِنْدَ اللهِ.

كيف، إذن، يكون المسيح مولودًا من الآب أزليًّا؟ الجواب بسيط على نحو مثير للدهشة. فعندما تُستخدَم مصطلحات من قبيل **الولادة** للإشارة إلى علاقة الآب السماوي بابنه (على سبيل المثال، مزمور ٢ : ٧؛ راجع أعمال الرسل ١٣ : ٣٣؛ عبرانيين ١ : ٥؛ ٥ : ٥)، فهي لا تصف بداية الابن (لأنه بلا بداية)، وإنما تصف التأسيس الأزلي لعلاقة البنويَّة بين الأقنوم الأول والأقنوم الثاني في الثالوث. ومن ثَمَّ، يصف هذا التعبير العمل الأزلي، والضروري الذي يميِّز اللهُ الآبُ به ذاته، والذي بموجبه يَلِدُ الوجودَ الأقنوميَّ للابن، ناقلًا للابن الجوهرَ الإلهيَّ بكامله (راجع يوحنا ٥ : ٢٦).[٧٧]

هذه العلاقة فريدةٌ من نوعها. فهي الشيء الذي يميِّز الابن عن الآب وعن الروح القدس. بتعبير آخر، ليس الروح القدس مولودًا، لأن شكل وجوده هو **الانبثاق**. وعلى غرار الولادة الأزلية، يصف انبثاق الروح القدس من الآب والابن ذلك العمل الأزلي، والضروري، الذي يميِّز الآب والابن به نفسيهما، والذي بموجبه يزفران (يبثقان) الوجود الأقنومي للروح القدس،ومن ثَمَّ ينقلان إليه الجوهر الإلهي كاملًا.[٧٨] لم يحدِّد الكتاب المقدس بوضوح الفرق بين الولادة والانبثاق، ولكن المصطلحين متوافقان مع اسمَي الابن والروح القدس. **فالولادة** تعطي دلالة البنوية (أي تلائم البنوة)، و**الانبثاق** تعبير متوافق مع مفهومَي الروح أو النَّفَس. ومن الواضح أن التمييز بين **الولادة** و**الانبثاق** أمر هادف ومهم، حتى وإن كنا عاجزين عن أن نوضح تمامًا الفرق بين هذين الشكلين من الوجود الأقنومي.[٧٩]

من المعروف جيدًا أن انفصال الكنيسة الشرقية عن الكنيسة الغربية كان سببه هو الاختلاف حول ما إذا كان الروح القدس ينبثق من الآب فقط أم من الآب **والابن** (الجَدَل «الفيليوكي»، من كلمة *filioque* في اللغة اللاتينية، التي معناها «والابن»). في يوحنا ١٥ : ٢٦، قال يسوع: «رُوحُ الْحَقِّ الَّذِي مِنْ عِنْدِ الآبِ يَنْبَثِقُ». وفي يوحنا ٢٠ : ٢٢، في واحد من أوائل ظهورات المسيح للتلاميذ بعد قيامته من بين الأموات، يقول النص إنه «نَفَخَ وَقَالَ لَهُمُ: «اقْبَلُوا الرُّوحَ الْقُدُسَ»، وهو ما يرمز إلى الفكرة نفسها

77 Berkhof, *Systematic Theology*, 94.

78 Berkhof, *Systematic Theology*, 97.

٧٩ طرح جون أوين السؤال التالي بذكاءٍ، ربما ترديدًا لصدى أعمال الرسل ٨: ٣٣ (راجع إشعياء ٥٣: ٨ في الترجمة السبعينية [المترجم: جاءت العبارة «وَفِي جِيلِهِ مَنْ كَانَ يَظُنُّ» بالمعنى التالي في الترجمة السبعينية: «ومن يمكنه أن يصف ولادته [generation]»، أو «من يمكنه أن يُخبِر بنسله [posterity]» من الكلمة اليونانية ، التي يمكن أن تعني «أصل» أو «عائلة» أو «نسل»]: «من يمكنه أن يُخبِر بولادة الابن، أو بانبثاق الروح القدس، أو بالفرق بينهما؟»
John Owen, *On Temptation and the Mortification of Sin in Believers* (Philadelphia: Presbyterian Board of Publication, 1880), 268.

التي يوحي بها تعبير انبثاق الروح القدس. ولذلك، فإننا نؤكد – مع باقي الكنيسة الغربية – أن الروح القدس ينبثق من الآب ومن الابن. ويعبِّر قانون الإيمان الأثناسي (*Quicunque Vult*)[٨٠] عن العلاقات داخل الذات الإلهية بأبلغ لغة ممكنة، وأكثر الكلمات إيجازًا، قائلًا: «الآب غير مصنوع من أحد؛ غير مخلوق ولا مولود. الابن من الآب وحده؛ غير مصنوع ولا مخلوق، بل مولود. الروح القدس من الآب والابن؛ غير مصنوع، ولا مخلوق، ولا مولود، بل منبثق».[٨١]

وكما ذكرنا آنفًا، هذه الأعمال الداخلية [*opera ad intra*] تُنشئ ترتيبًا (*taxis* في اللغة اللاتينية) معيَّنًا داخل الثالوث، بحيث يكون من الملائم أن نقول (فقط بشأن العلاقة بين الأقانيم، وليس بشأن جوهرهم، أو مجدهم، أو جلالهم) إن الآب هو الأقنوم الأول، والابن هو الأقنوم الثاني، والروح القدس هو الأقنوم الثالث في الترتيب. وهذه الأعمال الداخلية المتمثِّلة في الولادة الأزلية والانبثاق الأزلي تشكِّل الأساس للترتيب الذي ينعكس في الأعمال الخارجية للأقانيم في تدبير الفداء. فالابن يخضع للآب في تدبير الفداء (راجع يوحنا ٥: ٣٠؛ ٦: ٣٨) لأنه مولود من الآب أزليًا.[٨٢] كذلك، يُرْسَلُ الروح القدس من الآب والابن (راجع يوحنا ١٤: ٢٦؛ ١٥: ٢٦) لأنه ينبثق أزليًا من الآب ومن الابن. ومع ذلك، لا يوحي أيٌّ من هذا بوجود رُتبٍ أو تسلسل هرمي **للجوهر** داخل الثالوث، لأن كلَّ أقنوم يمتلك الجوهر الإلهي الكامل وغير المنقسم. يُجمِل قانون الإيمان الأثناسي التعليم الواضح للكتاب المقدس في إيجاز لافت للنظر، قائلًا: «وليس في هذا الثالوث مَنْ هو قبل أو بعد الآخر، أو مَن هو أعظم أو أدنى من الآخر. وإنما الأقانيم الثلاثة جميعًا مشتركون معًا في السرمديَّة، ومتساوون. حتى إننا في كلِّ شيء، على النحو السالف ذكره، يجب أن نعبد الوحدانية في ثالوث، والثالوث في وحدانية».[٨٣]

⬅ التاريخ الباكر للتطوُّر اللاهوتي[٨٤]

في ختام دراستنا للثالوث، من المهم أن نلاحظ بإيجاز كيف كانت عقيدة الثالوث: (١) مبيَّنة في الكتاب المقدس؛ و(٢) كيف صاغتها الكنيسة القديمة وعبَّرت عنها. إن كلمة «**الثالوث**»، وغيرها من

٨٠ [المترجم]: سُمِّي قانون الإيمان الأثناسي بعبارة Quicunque Vult التي تعني «كلُّ من ابتغى» بحسب الكلمات الافتتاحية لقانون الإيمان.

81 Schaff, *Creeds of Christendom*, 2:67–68.

٨٢ يتعارض هذا مع تعليم بعض الذين يقولون إن خضوع الابن الخارجي للآب متأصِّل في نوعٍ من التبعيَّة الوظيفيَّة [functional sub-ordination] الأزليَّة (داخليًا) من الابن للآب. لا يمكن أن تكون هناك علاقات سلطة وخضوع أزلية بين الآب والابن (داخليًا)، لأن هذا من شأنه أن يقوِّض عقيدة البساطة الإلهية، لأن مفهوم الخضوع يستلزم إخضاع إرادة شخص ما لإرادة شخص آخر. وبما أن مَلَكة الإرادة تدل على الطبيعة، وبما أن الطبيعة الإلهية (أو الجوهر الإلهي) واحدة وغير منقسمة بين الأقانيم الثلاثة في الثالوث، فلا يمكن إذن أن يكون هناك خضوع أو إخضاع بين الأقانيم منذ الأزل. فالابن المتجسِّد قادر على الخضوع للآب لأنه إذ صار لديه طبيعة بشرية كاملة بالتجسُّد، صارت لديه إرادة بشرية بالإضافة إلى إرادته الإلهية (راجع لوقا ٢٢: ٤٢؛ ١كورنثوس ١٥: ٢٨).

83 Schaff, *Creeds of Christendom*, 2:68.

٨٤ هذا الملخَّص التاريخي مؤسَّس على المراجع التالية:

Gregg R. Allison, *Historical Theology: An Introduction to Christian Doctrine* (Grand Rapids, MI: Zondervan, 2011), 231–43; Louis Berkhof, *The History of Christian Doctrines* (1937; repr., Grand Rapids, MI: Baker, 1975), 83–92; John D. Hannah, *Our Legacy: The History of Christian Doctrine* (Colorado Springs: NavPress, 2001), 71–86; and Robert Letham, *The Holy Trinity: In Scripture, History, Theology, and Worship* (Phillipsburg, NJ: P&R, 2004), 89–220.

المصطلحات التقنية (مثل أقنوم، وجوهر)، المستخدَمة في عقيدة الثالوث التقليدية القويمة، ليست موجودة في الكتاب المقدس، لكنها مؤسَّسة على غزارة كلام الكتاب المقدس عنها. وقد صيغت عقيدة الثالوث رسميًّا في مجمع نيقية (٣٢٥ م) ومجمع القسطنطينية (٣٨١ م). لكنَّ هذين المجمعين لم يخترعا العقيدة، وإنما قدَّما أو صاغا عقيدةً (إعلانًا رسميًّا) بغرض مواجهة الهرطقات السائدة آنذاك. وفي تاريخ الكنيسة ما بعد انتهاء كِتَابة العهد الجديد (نحو ٩٠-١٥٠م)، يُنسَب الفضل في التأكيد على هذه العقيدة إلى تعاليم الآباء الرسوليين الأوائل -مثل إكليمندس الروماني (الذي بزغ نجمه نحو عام ٨٨-٩٩م)، وبوليكاربوس (نحو عام ٦٩-١٥٥م)، وإغناطيوس (نحو عام ٥٠-١٠٠م) -الذين أكَّدوا على ألوهية الآب، والابن، والروح القدس، لكن دون أن يفكِّروا في طبيعة العلاقات بينهم. وفي أثناء هذه الفترة، بدأت الكنيسة تعاني الاضطهاد الروماني، واستشهد بعض الآباء الرسوليين. وكذلك، بدأت الكنيسة تواجه بدعة الغنوسيَّة.

شهدت الفترة التالية للكنيسة القديمة (١٥٠-٣٠٠م) تزايُدًا في الاضطهاد الروماني، وظهور هرطقات جديدة، بالإضافة إلى انتشار بدعة الغنوسية. كانت الغنوسية بدعة أُحادية [Monism][٨٥]، وثنائية [dualism] أيضًا،[٨٦] تنكر الفوارق الحقيقية في الواقع، وتَعتبر المادة والجسد بطبيعتهما شرًّا لم يخلقه الله، الذي كان في حماية من المادة بفضل سلسلة من الانبثاقات. وقد رفض الغنوسيُّون تجسُّد المسيح، لأنهم آمنوا بأن الله لا يمكن أن يجتمع البتة مع المادة، أو أن يأتي إلى الأرض. أصدر هؤلاء كتبهم الزائفة، بما في ذلك أناجيل زائفة أيضًا.

وتضمَّنت الهرطقات الأخرى التي ظهرت في تلك الفترة أشكالًا مختلفة من الموناركية [Monarchianism][٨٧] (التي هي نوع مبكِّر من الوحدويَّة [Unitarianism]). وقد علَّمت الموناركية الديناميكية (التابعة لمذهب التبنِّي [adoptionism])[٨٨] بأن الآب وحده هو الله، بينما كان يسوع مجرد إنسان سَكَنَت فيه قوة إلهية غير شخصية (اللوجوس) في وقت ميلاده، أو معموديته، أو قيامته من بين الأموات. وبسبب هذه القوة الإلهية الساكنة في الابن، كان يتمتع بألوهية مفوَّضة، وكانت ألوهيته محدودة بهذه القوة، دون أن تُظهِر أيَّ جوهر إلهي.

علَّمت «الموناركية المودالية» أو «الموناركية الشكلية» [Modalistic Monarchianism] (المودالية [Modalism]، والسابليانية [Sabellianism]، والمذهب الپاتريپاسياني، أي مذهب تألُّم الآب [Patripassianism]) بأن الآب والابن هما الشخص ذاته. ومن ثَمَّ، فإن الله يُدعَى الآبَ أو يُدعى الابنَ بحسب جدول أعماله في الزمن. فإذ وُلِدَ من عذراء، دُعي الابن؛ وللذين آمنوا به، أعلن أنه الآب. يعني ذلك أن الله الواحد تغيَّر في الشكل الخارجي فقط وفقًا لمتطلبات المرحلة الزمنية. وبعبارة أخرى، لا يوجد سوى إله واحد، يُظهِر نفسه بأشكال مختلفة (الآب، أو الابن، أو الروح القدس) كما يشاء. وبحسب هذه البدعة، تلك الأشكال هي أشكال ظهور، وليست أشكال وجود.

٨٥ [المترجم]: يُرجَى الرجوع إلى المعجم الأساسي للمصطلحات في نهاية الكتاب، لمعرفة معنى «الأحاديَّة».

٨٦ [المترجم]: الثنائية هي ثنائية الوجود بين الله والعالم، أي وجود قوتين منفصلتين كل منها مستقلة عن الأخرى، وهما الخير والشر.

٨٧ [المترجم]: الموناركية هي فكر رَفَضَ عقيدة الثالوث، وأشار إلى وجود إله واحد فحسب، هو الحاكم أو الملك الوحيد (monarch، «مونارك»).

٨٨ [المترجم]: يُرجَى الرجوع إلى المعجم الأساسي للمصطلحات الكتابية في نهاية الكتاب لمعرفة معنى «مذهب التبنِّي».

ابتدأ قادة الكنيسة في هذه الفترة – مثل يوستينوس الشهيد (نحو ١٠٠-١٦٥م)، وإيريناوس (نحو ١٢٠-٢٠٢م)، وترتليان (نحو ١٦٠-نحو ٢٢٠م)، وإكليمندس السكندري (نحو ١٥٠-نحو ٢١٥)، وأوريجانوس (نحو ١٨٤-نحو ٢٥٤) – يكتبون بمزيدٍ من الاستفاضة، كدفاعيين ولاهوتيين، من أجل مواجهة الاتهامات الكاذبة التي وجَّهها الوثنيون إلى المسيحيين، وكذلك من أجل مقاومة الغنوسية والموناركية. ساهم هؤلاء الرجال بشكل كبير في دفع الشرح القويم لعقيدة الثالوث إلى الأمام. كتب إيريناوس خمسة كتب ضد الغنوسية، وكانت كتاباته أكثر توسُّعًا فيما يتعلَّق بالعلاقات بين الآب، والابن، والروح القدس. وكان ترتليان هو الذي صاغ الكلمة اللاتينية «ترينيتاس» *trinitas* («ثالوث») لوصف الذات الإلهية، وكذلك الكلمة اللاتينية «بِرسونا» *persona* («أشخاص» أو «شخوص») لوصف الأقانيم. وأكَّد أوريجانوس ألوهية الابن الأزلية، ووصف الأقانيم الثلاثة باستخدام الكلمة اليونانية *hypostasis*، والجوهر الواحد باستخدام الكلمة اليونانية *ousia*. وقد أكَّد جميع هؤلاء الدفاعيين على الجوهر الإلهي والأقنومية المميَّزة لكلِّ عضو في الثالوث.

ومن بين المشكلات التي ظهرت في أثناء كتابة الدفاعيِّين عن الثالوث مشكلة التزايد في تبنِّي فكر التبعية الأنطولوجية (التبعية الوجودية). فقد ابتدأ يوستينوس الشهيد، وإيريناوس، وترتليان يكتبون عن ولادة الابن كما لو كانت فعلَ خلقٍ وقع في الأزل. وذهب أوريجانوس إلى أبعد من ذلك أيضًا قائلًا إن الابن «إلهٌ ثانويٌّ»، أدنى من الآب.

ساهم فكر أوريجانوس عن الآب والابن في تمهيد السبيل أمام أن تحظى تعاليم أريوس (٢٥٠-٣٣٦م) في الإسكندرية ببعض القبول، مع أن أريوس وضع الابن في مرتبة أدنى كثيرًا من التي وضعه أوريجانوس فيها. علَّم أريوس بأن يسوع كان مجرَّد إنسان حل فيه اللوجوس. وكان اللوجوس، أي الابن، هو أسمى وأول خليقة الله. ومن ثَمَّ، فالابن ليس هو الله وإنما هو مخلوقٌ.

تطوَّر الفكر والشرح اللاهوتي في الفترة التالية من تاريخ الكنيسة (٣٠٠-٦٠٠م)، حين نعمت الكنيسة أخيرًا بالسلام، الأمر الذي مكَّنها من التصدِّي للهرطقة الأريوسية، والهرطقات الكريستولوجية الأخرى. بلغ الاضطهاد الروماني ذروته بذلك الاضطهاد الذي عمَّ أرجاء الإمبراطورية كلِّها في عهد الإمبراطور دقلديانوس، في أوائل القرن الرابع الميلادي. ثم انتهى الاضطهاد في عهد الإمبراطور قسطنطين، الذي كان شغوفًا بدعم الكنيسة وتعزيزها. ومع انتهاء الاضطهاد، عانت الكنيسة من تقدُّم الأريوسية ومن الانقسام العقيدي. وفي عام ٣٢٥م، دعا قسطنطين إلى عقد أول مجمع مسكوني، وهو مجمع نيقية، من أجل استعادة الوحدة في الكنيسة. ومن خلال تأثير أثناسيوس – الذي كان سكرتيرًا للبابا ألكسندروس بابا الإسكندرية وخليفته مستقبَلًا – أصدر المجمع قانونَ إيمانٍ يؤكِّد أن الابن «إله حق من إله حق»، و«واحدٌ في الجوهر» (*homoousios*) مع الآب. لكن، تضمَّن هذا المجمع العديد من الفصائل، منهم الأريوسيون، وتبنَّى كلُّ فصيل تفسيره الخاص للكلمة اليونانية *homoousios*. وخلال الخمسين سنة التالية، استمر النزاع اللغوي واللاهوتي. علاوة على ذلك، زعمت بدعة مقدونيوس، المشتقَّة من الأريوسية، أن الروح القدس هو أيضًا كائنٌ مخلوقٌ. وتدريجيًّا، استطاعت النظرة الإسكندرية عن العلاقات بين الآب والابن والروح القدس أن تهيمن على المشهد، عندما خاض

رجال الدين اليونانيون واللاتينيون نقاشًا، واتفقوا معًا على تبنِّي لغة مشتركة بشأن عقيدة الثالوث. وفي مجمع القسطنطينية (٣٨١م)، أُعيد التأكيد على صيغة قانون إيمان نيقية، والتوسُّع فيها أيضًا. وكان الأغلبية يعرفون أن هذا المجمع أكَّد الألوهية الكاملة والمساوية لكلٍّ من الابن والروح القدس، الأمر الذي يتضح من خلال وصف هذا المجمع للروح القدس بأنه «الربُّ المحيي»، وبأنه ينبغي أن «يُسجَد له ويُمجَّد» بالتساوي مع الآب والابن.

وفي السنوات اللاحقة، سلَّمت الكنائس قويمة المعتقد بصحة وجهات نظر مجمعَي نيقية والقسطنطينية، وقَبِلَت عقيدتهما، لأنها كانت تعكس ما كانت تؤمن به بالفعل. وبين عامي ٣٩٩-٤١٩م، كتب أوغسطينوس أسقف هيبو كتابًا ضخمًا عن الثالوث، لتقديم مزيدٍ من الشرح لعقيدة الثالوث القويمة، ومزيدٍ من الدفاع عنها، بين الكنائس الناطقة باللاتينية. وفي مجمع توليدو (طُلَيطِلة)، الذي عُقِد في عام ٥٨٩م، أجرت الكنائس الغربية تعديلًا رسميًّا واحدًا على قانون إيمان مجمع القسطنطينية، إذ أضيفت الكلمة اللاتينية *filioque* («والابن») في ختام التعبير القائل إن الروح القدس «منبثق من الآب»، للإشارة إلى أن الروح القدس منبثقٌ أيضًا من الابن. قاومت الكنائس الشرقية الناطقة باليونانية هذا التنقيح لقانون الإيمان، لأنها رأت أنه أحدث تغييرًا في قانون الإيمان دون موافقة الكنيسة بكاملها، وأنه وضع الابن في المستوى ذاته مع الآب من حيث كونه «عِلَّة» الثالوث. وقد أجرت الكنائس الغربيَّة هذا التعديل في قانون الإيمان النيقي-القسطنطيني لرغبتها في التشديد (في مواجهة الأريوسية) على المساواة الإلهية الأزلية للابن مع الآب. وكان الخلاف حول هذا التعديل من العوامل الرئيسية التي أدَّت إلى الانفصال النهائي للكنيسة الشرقية عن الكنيسة الغربية في عام ١٠٥٤م.

من المهم أن نفهم أنه في خضم السياسات الإمبراطورية والكنسيَّة التي سادت في الأعوام ٣٠٠-٥٠٠م، كان الدافع الأساسي وراء سعي قادة الكنيسة إلى تقديم شرح أوضح لعقيدة الثالوث هو أن يفسِّروا الكتاب المقدس بشكل صحيح. ويتضح مدى تأثير الكتاب المقدس في ذلك الوقت من خلال حقيقة أن الصياغة اليونانية لقانون إيمان نيقية استندت إلى اللغة اليونانية لنص ١كورنثوس ٨: ٦، الذي كان محور قدر كبير من النزاع بين الأساقفة الأريوسيين والأساقفة قويمي المعتقد. فقد تطوَّر شرح عقيدة الثالوث في الأساس بسبب اختلاف هؤلاء اللاهوتيين معًا حول معنى نصوص الكتاب المقدس. وفي وقتٍ لاحقٍ، أعاد المصلِحون الرئيسيُّون التصديق على صحة ما كان قد صار معروفًا آنذاك باسم قانون الإيمان النيقي-القسطنطيني [Niceno-Constantinopolitan Creed]. كان فكر الإصلاح بمثابة إحياءٍ للإيمان بالكتاب المقدس، ولدراسته في لغاته الأصلية. ولم يكن المصلِحون ليصدِّقوا البتة على قانون الإيمان النيقي-القسطنطيني بشأن عقيدة الثالوث ما لم يكونوا متيقِّنين من توافُقه مع الكتاب المقدس، وهو الشعور الذي عبَّر عنه التصريح التالي الذي أدلى به مارتن لوثر (١٤٨٣-١٥٤٦): «وهكذا، يُثْبِتُ الكتاب بوضوح وجود ثلاثة أقانيم وإله واحد. فإنني لم أكن لأصدِّق كتابات أوغسطينوس أو كتابات معلِّمي الكنيسة ما لم يكن العهدان الجديد والقديم قد قدَّما بوضوح هذه العقيدة عن الثالوث».[٨٩]

---

89 Martin Luther, *D. Martin Luthers Werke: Kritische Gesamtausgabe* (Weimar, Germany:, H. Böhlau, 1883), 39II:305, quoted in Paul Althaus, *The Theology of Martin Luther*, trans. Robert C. Schultz (Philadelphia: Fortress, 1966), 199n1.

قضاء الله

⬅ سمات قضاء الله
⬅ الردُّ على الاعتراضات

قضاء الله هو خطته الأزلية التي بها، بحسب مشيئته القضائية، ولمجده، سبق فعيَّن كلَّ ما سوف يحدث.[٩٠]

⬅ سمات قضاء الله

تعرض القائمة التالية السمات الرئيسية لقضاء الله:[٩١]

١. قضاءٌ واحدٌ: «رَأْيِ مَشِيئَتِهِ» (أفسس ١: ١١)
٢. قضاءٌ شاملٌ: «يَعْمَلُ كُلَّ شَيْءٍ» (أفسس ١: ١١)؛ وهذا يشمل تعيين أعمال البشر الصالحة (أفسس ٢: ١٠) بالإضافة إلى أعمالهم الشريرة (أمثال ١٦: ٤؛ أعمال الرسل ٢: ٢٣؛ ٤: ٢٧-٢٨)، وتعيين الأحداث التي تُرَى على أنها تصادُفية من المنظور البشري (تكوين ٤٥: ٨؛ ٥٠: ٢٠؛ أمثال ١٦: ٣٣)، وتعيين وسائل الأعمال وغاياتها (مزمور ١١٩: ٨٩-٩١؛ أفسس ١: ٤؛ ٢تسالونيكي ٢: ١٣)، وتعيين مدة حياة الإنسان (أيوب ١٤: ٥؛ مزمور ٣٩: ٤) ومسكنه (أعمال الرسل ١٧: ٢٦).[٩٢]
٣. قضاءٌ غير مشروط وغير مؤسَّس على التأثيرات الخارجية: «حَسَبَ رَأْيِ مَشِيئَتِهِ» (أفسس ١: ١١؛ انظر أيضًا أعمال الرسل ٢: ٢٣؛ رومية ٨: ٢٩-٣٠؛ أفسس ٢: ٨؛ ١بطرس ١: ٢)
٤. قضاءٌ أزليٌّ: «الَّذِي خَلَّصَنَا وَدَعَانَا دَعْوَةً مُقَدَّسَةً، لاَ بِمُقْتَضَى أَعْمَالِنَا، بَلْ بِمُقْتَضَى الْقَصْدِ وَالنِّعْمَةِ الَّتِي أُعْطِيَتْ لَنَا فِي الْمَسِيحِ يَسُوعَ قَبْلَ الأَزْمِنَةِ الأَزَلِيَّةِ» (٢تيموثاوس ١: ٩؛ انظر أيضًا أفسس ١: ٤)
٥. قضاءٌ فعَّالٌ: «مُخْبِرٌ مُنْذُ الْبَدْءِ بِالأَخِيرِ، وَمُنْذُ الْقَدِيمِ بِمَا لَمْ يُفْعَلْ قَائِلاً: 'رَأْيِي يَقُومُ وَأَفْعَلُ كُلَّ مَسَرَّتِي» (إشعياء ٤٦: ١٠؛ انظر أيضًا مزمور ٣٣: ١١؛ أمثال ١٩: ٢١)
٦. قضاءٌ ثابتٌ لا يتغيَّر: «أَمَّا هُوَ فَوَحْدَهُ، فَمَنْ يَرُدُّهُ؟» (أيوب ٢٣: ١٣-١٤؛ انظر أيضًا مزمور ٣٣: ١١؛ إشعياء ١٤: ٢٤؛ ٤٦: ١٠؛ أعمال الرسل ٢: ٢٣)
٧. قضاءٌ يعيِّن الخطية ويتحكَّم في نتائجها: «أَسْلَمَهُمُ اللهُ...» (رومية ١: ٢٤، ٢٦، ٢٨؛ انظر أيضًا مزمور ٧٨: ٢٩؛ ١٠٦: ١٥؛ أعمال الرسل ١٤: ١٦؛ ١٧: ٣٠؛ رومية ٣: ٢٥)
٨. الغرض من القضاء: إظهار مجد الله، وجلب المدح له (رومية ١١: ٣٣-٣٦؛ أفسس ١: ٦، ١٢، ١٤؛ رؤيا ٤: ١١)

---

٩٠ لمزيد من الدراسة حول قضاء الله، انظر عنوان «قضاء الله» في الفصل السابع من هذا الكتاب (ص. ٥٩٨).

91 Larry D. Pettegrew, "The Doctrine of God," unpublished notes (Sun Valley, CA: The Master's Seminary, n.d.), 169–71.

92 Berkhof, *Systematic Theology*, 105.

➡ الردُّ على الاعتراضات

- الاعتراض الأول: قضاء الله يتعارض مع حرية الإنسان الأخلاقية

الردُّ: يصحُّ القول عن أيِّ كائنٍ إنه حرٌّ ما دامت أفعاله ليست جبريَّة (أي ما دام يعملها دون إجبار). والبشر أحرارٌ بالفعل في التصرُّف ضمن حدود طبيعتهم. لكن بما أن جميع البشر ساقطون في آدم، فإن طبيعتهم فاسدةٌ بالخطية، ومن ثَمَّ هم ليسوا أحرارًا أن يختاروا البرَّ. لكنهم، مع ذلك، لا يزالون يتَّخذون قرارتهم الأخلاقية بحريَّة وفقًا لفكرهم ورغباتهم. وتنبع تلك القرارات من الطبيعة البشرية الساقطة، التي هي مقاوِمة جذريًّا لطاعة الله. وهكذا، فإن البشر يرتكبون الخطايا بِحُرِّيَّة، دون أن يجبرهم الله على السلوك بما يخالف طبيعتهم. ويمتدُّ قضاء الله ليشمل القرارات غير الجبريَّة التي تتَّخذها الكائنات الحرة في التصرُّف ضمن حدود طبيعتها (راجع، على سبيل المثال، تكوين ٥٠: ١٩-٢٠؛ أعمال الرسل ٢: ٢٣؛ ٤: ٢٧-٢٨).

- الاعتراض الثاني: قضاء الله يثبِّط أعمال البشر الصالحة

الردُّ: لا يوجَّه قضاء الله إلى البشر باعتباره «قاعدةً»، أو «قانونًا ينبغي العمل به»، ولا يمكن أن يكون كذلك، لأن محتوى القضاء لا يمكن أن يُعرَف إلا بعد وقوع الأحداث. لكنَّ الله وضع للبشر قاعدةً للسلوك والإيمان في الكتاب المقدس، حيث يُتاح للإنسان الإرشاد ليقوم بالأعمال الصالحة. ومرة أخرى، في هذا القضاء، يتمتَّع الإنسان بحرية التصرُّف وفقًا لأفكاره ورغباته، ولا يمنعه الله قسرًا من فعل الصلاح. كذلك، يشمل قضاء الله الخيارات البشرية الحرة التي عيَّنها الله لتحقيق ما عيَّنه من غايات.

> بما أن القضاء يؤسِّس علاقة متبادلة بين الوسائل والغايات، وبما أن الغايات معيَّنة فقط كنتيجة للوسائل، فهي إذن لا تثبِّط جهود البشر، بل بالحري تشجِّع على بذل الجهد. إن الإيمان الراسخ بحقيقة أنه بحسب أحكام الله سيكون النجاح مكافأة التعب، يمثِّل حافزًا لبذل الجهود الشجاعة والمثابِرة.[٩٣]
>
> في الكتاب المقدس، ثمة «تفرقة لاهوتية بين اليقين والإكراه» (انظر أعمال الرسل ٢: ٢٣).[٩٤] فمجرَّد أن الله قد قضى بحدثٍ ما، ومن ثَمَّ جعله يقينيًّا، لا يعني أنه يُجبِر البشر على السلوك بخلاف أفكارهم ورغباتهم. وما دام لا يوجد إكراه في الظروف التي تسهم في أن يميل أحدهم إلى التصرُّف بطريقة معينة، يمكن حينئذ أن يكون التصرُّف البشري معيَّنًا من الله، وأن يكون حدوثه يقينيًّا، ومع ذلك أن يظل الشخص حرًّا أن يفعل ما يشاء.[٩٥]

---

93 Berkhof, *Systematic Theology*, 107.

94 Pettegrew, "Doctrine of God," 172.

٩٥ نحن نصدِّق هنا إذن على حرية المَيْل التوافُقية [compatabilistic freedom of inclination] ونرفض حرية اللامبالاة التحرُّرية [libertarian freedom of indifference]. وللاطلاع على المزيد بشأن التوافُقية، انظر عنوان «الثيؤديسيا التوافُقية» أدناه (ص. ٢٦٣).
وللاطلاع على المزيد بشأن الفرق بين حرية الميْل وحرية اللامبالاة، انظر:
Bruce A. Ware, God's Greater Glory: The Exalted God of Scripture and the Christian Faith (Wheaton, IL: Crossway, 2004), 61–95.
هنا نسجِّل اعتراضنا على مفهوم بروس وير بشأن «المعرفة التوافُقية المتوسِّطة» التي قدَّمها في موضع آخر من هذا الكتاب، لكننا نجد دراسته حول الفرق بين الحرية التوافقية والحرية التحررية مفيدة.

- **الاعتراض الثالث: قضاءُ الله هو قدَرِيَّةٌ**

الردُّ: إن القدريَّة قوة مجرَّدة، وغير شخصيَّة، وغير ذكيَّة، وليست لها غاية نهائيَّة منشودة. في المقابل، تعيين الله السيادي لقضائه هو التصرُّف الشخصي النابع من الله، الذي هو الحكمة الكاملة، والعلم الكلي، والعدل، والمحبة، والنعمة. علاوة على ذلك، إحدى غايات قضاء الله هي أن يَخْلُصَ البشر من الخطية، ويحيوا إلى الأبد في النعيم الأبدي. لا تتيح القدرية أيَّة أفعال حرة، الأمر الذي يترك البشر تحت إجبارٍ من قوى كونية غير عاقلة. في المقابل، لا ينطوي قضاء الله على أيِّ إجبار أخلاقي. كذلك، لا تميِّز القدريَّة بين الصواب والخطأ، ولا ترى أيَّ معنى أخلاقي في الكون، في حين أن قضاء الله مرتكزٌ على بِرِّه السرمدي الكامل، ونتيجته أن يعيش المؤمنون إلى الأبد في صلاح أخلاقي لا تشوبه شائبة.

- **الاعتراض الرابع: قضاء الله يجعل الله هو عِلَّة الخطية والمستحقُّ اللومَ عليها**

الردُّ: يَلزَم أن نقرَّ بأن الخطية جزءٌ من خطة الله الأزليَّة، لأن الله يعمل **كلَّ** شيء حسب رأي مشيئته (أفسس ١: ١١). يشمل هذا أيضًا أشرَّ خطية ارتُكِبت في تاريخ البشرية، ألا وهي قتل ابن الله (راجع أعمال الرسل ٢: ٢٢-٢٣؛ ٤: ٢٧-٢٨). فإن الله لم يكتفِ بالسماح بالصلب، لكنه عيَّنه عن قصدٍ وبحكمة، لمجده. وبالمثل، لم يكتفِ الله بالسماح لإخوة يوسف ببيعه عبدًا في مصر، لكنه **قَصَدَ** فعلتهم الشريرة، لتحقيق غاياته الأحكم والأقدس على الإطلاق (تكوين ٤٥: ٥-٨؛ ٥٠: ٢٠).

لكن، في حين يعيِّن الله الخيارات الشريرة للكائنات الأخلاقية الحرة، لا يقع عليه لومٌ أو ذنبٌ بسبب هذا التعيين، لأنه لا يسبِّب الشرَّ على نحو مباشر أو فعَّال، بل يُحدِث أعمال البشر الشريرة من خلال أسبابٍ ثانويةٍ، وفقًا لرغباتهم الشريرة الخاصة. فالله يتمتع بالسيادة المطلقة، والإنسان في الآن ذاته مسئول بالكامل عن أفعاله.[٩٦]

الخلق[٩٧]

- الخلق الإلهي
- نظرية الخلق بالأمر المباشر

يُعرَّف الخلق الإلهي بأنه العمل الذي عمله الله بكلمته ولمجده، لخلق الكون من العدم، بحيث كانت حالته الأصليَّة خالية من الفساد الروحي أو المادي. ليس الغرض من هذه الدراسة هو تقديم حُجَج دفاعية مؤيِّدة لنظرية الخلق الإلهي [creationism]، وإنما تلخيص العقيدة الكتابية عن عمل الخلق الإلهي، وعرض نموذج الخلق بالأمر المباشر بصفته التفسير الصحيح لقصة الخلق الكتابية.

---

٩٦ للاطلاع على مزيد من الشرح، انظر عنوان «مشكلة الشر والثيؤديسيا» أدناه (ص. ٢٥٩)، وعنوان «قضاء الله ومشكلة الشر» في الفصل السابع (ص. ٦٠٠).

٩٧ للاطلاع على دراسة إضافية عن موضوع الخلق، يُرجَى الرجوع إلى الفصل السادس من هذا الكتاب، بعنوان «الإنسان والخطية».

⬅ الخلق الإلهي

تلخِّص السمات التالية التصريحات الكتابية الرئيسية بشأن الخلق الإلهي للكون.

- بداية الكون والزمن

كانت للكون بداية، بدأت مع أول لحظة في الزمن (تكوين ١ : ١؛ متى ١٩ : ٤، ٨؛ مرقس ١٠ : ٦؛ يوحنا ١ : ١-٢؛ ١٧ : ٥؛ عبرانيين ١ : ١٠). وبما أن الله خلق «فِي الْبَدْءِ»، فلا بد للبدء أن يتضمَّن الزمن أيضًا. ابتدأ الله يخلق في أول لحظة من الزمن، في بداية اليوم الأول (تكوين ١ : ٥). ويُثبِت تكوين ١ : ١ أن الله كائنٌ خارج إطار الزمن، وأنه خالق هذا الزمن.

- الخلقُ كان سريعًا ومن العدم

خَلَقَ اللهُ الكونَ في ستة أيام حَرفيَّة مكوَّنة من أربع وعشرين ساعة، وخلقه بكلمته من العدم [*ex nihilo*] (تكوين ١ : ١؛ مزمور ٣٣ : ٦، ٩؛ ١٤٨ : ٥، إشعياء ٤٥ : ١٨؛ يوحنا ١ : ٣؛ أعمال الرسل ٤ : ٢٤؛ ١٤ : ١٥؛ ١٧ : ٢٤-٢٥؛ رومية ٤ : ١٧؛ كولوسي ١ : ١٦؛ عبرانيين ١١ : ٣؛ رؤيا ٤ : ١١؛ ١٠ : ٦). خلق الله أول طاقة طبيعية وأول مادة، لأنه لم يكن شيءٌ موجودًا عندما ابتدأ يخلق. ومن ثَمَّ، فالله هو العلة الوحيدة لبداية الكون.

- الكون مميَّز عن الله ومعتمد عليه

إن الكون مخلوقٌ من الله، ومميَّزٌ عنه، ومع ذلك معتمدٌ عليه (أيوب ١٢ : ١٠؛ مزمور ١٠٤ : ٣٠؛ ١٣٩ : ٧-١٠؛ إشعياء ٤٢ : ٥؛ إرميا ٢٣ : ٢٤؛ أعمال الرسل ١٧ : ٢٤-٢٨؛ أفسس ٤ : ٦؛ كولوسي ١ : ١٥-١٧؛ عبرانيين ١ : ٣). فالله أعظم من خليقته.

- الله الواحد في ثلاثة أقانيم هو الذي خلق الكون

إن الله الذي خلق الكون هو الله الواحد في ثلاثة أقانيم المعلَن في الكتاب المقدس. فالله الآب هو الذي ابتدأ العمل الإلهي للخلق وأداره (١كورنثوس ٨ : ٦). أما الله الابن، فقد خلق الكون، خاضعًا كأداة في يد الآب (يوحنا ١ : ٣؛ ١كورنثوس ٨ : ٦؛ كولوسي ١ : ١٥-١٧؛ عبرانيين ١ : ١٠). واشترك الروح القدس أيضًا في العمل الإلهي لخلق الكون (تكوين ١ : ٢؛ أيوب ٢٦ : ١٣؛ ٣٣ : ٤؛ مزمور ١٠٤ : ٣٠؛ إشعياء ٤٠ : ١٢-١٣). لم يوزَّع هذا العمل، وإنما عَمِلَ كلُّ أقنوم في الثالوث في تناغُم مع الأقنومَين الآخَرَين. يُنظَر إلى الله الآب على أنه مصدر أعمال الخلق، ويُنظَر إلى الله الابن على أنه الواسطة في هذه الأعمال، ويُنظَر إلى الروح القدس على أنه وسيلة القيام بهذه الأعمال. ففي أعمال الخلق، عَمِلَ كلُّ أقنوم بشكل كامل، وفي تناغُمٍ مع الأقنومين الآخَرَين.

- الخلق الإلهي كان عملاً حرًّا

مارس الله حريته في الخلق (أفسس ١ : ١١؛ رؤيا ٤ : ١١). فليس الخلق شيئًا ضروريًا لجوهر الله؛ بل وليس قضاء الله نفسه ضروريًا لله، وإنما هو ناتج أزليٌّ ضروري نابع من جوهر الله. يعتمد الخلق

على قضاء الله السيادي، ومن ثَمَّ فهو ليس ضرورةً في حد ذاته ليكون الله هو الله، وإنما هو نتيجة ضروريَّة لتكامُل كلِّ طبيعة الله (أي كمالاته وجوهره).

• **خُلِق الإنسان بشكل مباشر وخاص وكذروة عمل الخلق**

خَلَق الله آدم وحواء بشكل مباشر وخاص، بصفتهما أوج وذروة عمل الخلق الإلهي (تكوين ٢ : ٧، ٢١-٢٣). خُلِق آدم أولًا «تُرَابًا مِنَ الأَرْضِ»، ثم جَبَل الله حواء من واحدة من أضلاع آدم. كان آدم وحواء شخصَين فرديَّين، خُلِقا في اليوم السادس والأخير من الخلق، تتويجًا لعمل الخلق الإلهي. لم يخلق الله الإنسان من كائنات أخرى على مدى دهور زمنية، وإنما خلقه من تراب الأرض، في اليوم السادس الحرفي للخلق. كما لم يخلق الله الإنسان من حيوانات ميتة، بل خلقه بشكل مباشر من تراب الأرض على صورة الله (تكوين ١ : ٢٧). وعندما جَبَل الله حواء من آدم، كانا أول زوجين، والنموذج لكلِّ العلاقات الزوجية (تكوين ٢ : ٢٤).

• **خُلِق الإنسان ليتسلَّط على الأرض**

خلق الله آدم وحواء وأوصاهما بأن يتسلَّطا على الأرض (تكوين ١ : ٢٧-٣١). فقد كانا خادمين لله، مكلَّفين بأن يحكما الأرض نيابة عنه.

• **كان على كلِّ المخلوقات أن تتكاثر «كَأَجْنَاسِهَا»**

خلق الله كلَّ مخلوق ليتكاثر «كَجِنْسِهِ» (تكوين ١ : ١١، ١٢، ٢١، ٢٤، ٢٥). ونتيجة ذلك، صارت هناك حدود لا يمكن تجاوُزها أو انتهاكها في الطبيعة الوراثية لكلِّ نوع أو جنس.

• **خُلِقت كلّ الأشياء ناضجةً**

خلق الله كلَّ الأشياء ناضجة، وتبدو عليها معالم النضوج والعُمر. خُلِقت الكائنات الحية - بما في ذلك الحياة النباتية (تكوين ١ : ١٢)، والحيوانات (تكوين ١ : ٢٠-٢٥)، والبشر (تكوين ١ : ٢٦-٣٠) - جاهزة للتكاثر. كما خُلق آدم وحواء جاهزين كي تُدفَع إليهما السيادة على العالم. وفي واقع الأمر، خُلِق الكون ككلٍّ بكلِّ أنظمته في حالة عمل ناضجة. على سبيل المثال، خُلِقت النجوم وضوءها يصل بالفعل إلى الأرض (تكوين ١ : ١٤-١٩).

• **كان خَلْقُ الكونِ «حَسَنًا جِدًّا»**

كان عمل الله في الخلق كاملًا ومثاليًّا. فقد كان الكون «حَسَنًا جِدًّا» بحسب مقياس الكمال الذي وضعه الله للخليقة (تكوين ١ :٣١). وفي تلك المرحلة، لم يكن هناك أيُّ فساد أو موت. يستبعد هذا التصريح الرأي القائل إن العالم مرَّ بعملية من التطور، لأن التطوُّر يستلزم الاضمحلال والموت.

• **كان الغرض من الخلق هو تمجيد الله**

خَلَقَ الله الكونَ وما فيه ليُظهِر مجده (إشعياء ٤٣ : ٧؛ ٦٠ : ٢١؛ حزقيال ٣٦ : ٢١-٢٢؛ ٣٩ : ٧؛ لوقا ٢ : ١٤؛ رومية ٩ : ١٧؛ ١١ : ٣٦؛ ١كورنثوس ١٥ : ٢٨؛ أفسس ١ : ٥-٦، ٩، ١٢، ١٤؛ ٣ : ٩-١٠؛ كولوسي ١ : ١٦).[٩٨]

---

98 Berkhof, *Systematic Theology*, 136.

لم يكن من شأن الله أن يقصد تحقيق غاية نهائية أخرى سوى تمجيد ذاته، لأنه هو أسمى من كلِّ شيء خارج ذاته. وأن يكون مجد الله هو الغاية الرئيسيَّة هو فقط ما يمكن أن يحافظ على استقلال الله وسيادته. علاوة على ذلك، لم تكن أيُّ غاية نهائية أخرى لتشمل كلَّ الأشياء، وكان من شأن أي غرض أدنى أن يكون عُرضة للفشل بسبب محدودية المخلوقات.

⬅ نظرية الخلق بالأمر المباشر [Fiat Creationism]

إن أفضل تفسير للخلق يلائم عقيدة الخلق الإلهي الكتابية هو نظرية «الخلق بالأمر المباشر»، التي تؤكِّد أن الله خلق الكون بواسطة أمرٍ (أو قضاءٍ). ويؤكِّد هذا الرأي أن الله خلق كلَّ شيء في ستة أيام حرفية مكوَّنة من أربع وعشرين ساعة، وخلق الإنسان على صورة الله مميَّزًا عن كلِّ المخلوقات الأخرى. ويصرِّح الكتاب المقدس بوضوح أن الله خلق بكلمته بشكل مباشر (تكوين ١: ١-٣١؛ ٢: ٧؛ خروج ٢٠: ١١؛ ٣١: ١٧؛ مزمور ٣٣: ٦؛ ١٤٨: ١-٦؛ يوحنا ١: ٣؛ كولوسي ١: ١٦؛ عبرانيين ١: ٢؛ ١١: ٣؛ رؤيا ٤: ١١).

وإن المكوِّنات الأساسية لنظرية الخلق بالأمر المباشر تشمل المبادئ التالية:

١. كان الخلق كاملًا وفوريًا بأمرٍ (قضاءٍ) من المصمِّم الشخصي، والكليِّ العلم، والكليِّ القدرة، في ستة أيام حرفية.

أ. الاستخدام الرئيسي للكلمة العبرية *yom* («يوم») هو بمعنى يوم حرفي مكوَّن من أربع وعشرين ساعة؛ واستُخدِمت الكلمة بهذا المعنى أكثر من ١٩٠٠ مرة من أصل أكثر من ٢٢٠٠ مرة وردت فيها الكلمة في العهد القديم.

ب. عندما تأتي الكلمة العبرية *yom* مرفَقة سواء بعدد أساسي أو ترتيبي (الأول، والثاني، والثالث، ...وهكذا)، فهي تشير إلى يوم حرفيٍّ مكوَّن من أربع وعشرين ساعة، كما هو الحال في الأصحاح الأول من سفر التكوين، حيث جاءت الأعداد الترتيبية مصحوبة أيضًا بأداة التعريف، وهو ما يعني أن المقصود بالتأكيد هو أيام حرفية.

ج. تصف كلمتا «المساء» و«الصباح» في المعتاد يومًا مكوَّنًا من أربع وعشرين ساعة.

د. كان ترتيب أيام الخلق الستة، التي يتبعها يومُ راحةٍ واحدٌ، هو ما شكَّل أساس شريعة تقديس يوم السبت (خروج ٢٠: ٨-١١؛ ٣١: ١٥-١٧).

٢. كان الخلق فعلًا هادفًا وذكيًّا. فقد خطَّطَ الله لكلِّ شيء على نحو متعمَّد، وخلق كلَّ شيء لتحقيق أهدافه المحدَّدة.

٣. يُجمِل تكوين ١: ١ أعمال الله في الخلق، في حين يستفيض بقية الأصحاح في ذكر التفاصيل. فأولًا، يشير تكوين ١: ١ إلى عملية الخلق بكاملها، ثم يصف تكوين ١: ٢ المرحلة الأولى من الخليقة بأنها كانت «خَرِبَةً وَخَالِيَةً»، ثم يكشف تكوين ١: ٣-٣١ عن المراحل التي تلت ذلك من تكوينٍ وتشكيلٍ من الله للخليقة الأصلية.

٤. خُلِقت الكائنات الحية كاملة وفي «أجناسٍ» محدَّدة تمامًا، لديها قدرة طبيعية على التكيُّف مع التغيُّرات البيئية، لكن فقط فيما بينها، دون أن تتجاوز حدود «الجنس» أو «النوع».

٥. خلق الله الرجل والمرأة بصفتهما أوجَ وتاج الخليقة. وقد خُلِقا على صورة الله كاملين ومميَّزين عن بقية الخليقة، لكي يتسلَّطا على العالم (تكوين ١: ٢٦-٣٠؛ ٢: ٧، ١٨-٢٥؛ مزمور ٨: ٣-٨؛ متى ١٩: ٤-٥؛ لوقا ٣: ٣٨؛ رومية ٥: ١٢-١٤؛ ١كورنثوس١٥: ٤٥-٤٩؛ ٢كورنثوس١١: ٣؛ ١تيموثاوس ٢: ١٢-١٤؛ يهوذا ١٤). خُلِق جسم الإنسان من تراب الأرض، بينما خُلِقت النفس/الروح بعملٍ مباشر وفوريٍّ من الله. لدى الإنسان، إذن، جانب مادي وجانب غير مادي.

٦. أعقبت الخلق عملياتُ الحِفظ.

٧. عمر الأرض صغير نسبيًا، ربما أقل من عشرة آلاف سنة.

٨. يتناقص تعقيد النظام المخلوق بشكل كبير مع تقدُّم الزمن.

٩. يُظهِر التاريخ الجيولوجي للأرض وقوع كارثية كونيَّة بعد الخلق [postcreation global catastrophism]. ويشير الكتاب المقدس بالفعل إلى حدوث طوفان كوني، تسبَّب في فوضى مناخية وتضاريسية وجيولوجية (تكوين ٦-٨). تضمَّن الطوفان سقوط مياه السماء على شكل سيول، وصعود المياه الموجودة على الأرض وتحتها لتغطِّي الأرض بكاملها وصولًا حتى إلى أعلى قمم الجبال الموجودة على الأرض. أدَّى الطوفان أيضًا إلى حدوث تشقُّقٍ في الأرض.

المعجزات الإلهية[٩٩]

يُعرِّف الكتاب المقدس المعجزة مستخدمًا كلمات مختلفة تصف «نطاق تأثير» المعجزة. وتكشف أربع كلمات عبرية مختلفة جاءت في العهد القديم عن الظلال المختلفة لمعنى المعجزة:

١. تحمل كلمة *Pele'* الفكرة الأساسية عن «الأعجوبة» [wonder] (خروج ١٥: ١١؛ مزمور ٧٧: ١١).

٢. تشير كلمة *Ot'* إلى «آية» [sign]، تُنشِئ يقينًا لم يكن موجودًا في السابق (خروج ٤: ٨-٩؛ العدد ١٤: ٢٢؛ تثنية ٤: ٣٤).

٣. كلمة *Geburah* تعني «قدرة» أو «قوة» أو «جبروت» (مزمور ١٤٥: ٤، ١١-١٢؛ ١٥٠: ٢).

٤. كلمة *Mophet* معناها الأساسي «أعجوبة»، أو «آية»، أو «علامة». وتأتي هذه الكلمة كثيرًا بالاقتران بكلمة *Ot'*، كما هو الحال في تثنية ٤: ٣٤؛ ٦: ٢٢؛ نحميا ٩: ١٠.

ويستخدم العهد الجديد أيضًا أربع كلمات يونانية مطابقة تمامًا للكلمات العبرية التي استُخدِمت في العهد القديم:

١. تصف كلمة *Teras* («أعجوبة») المعجزة التي تفاجئ أو تفرض نفسها. ويشير الطابع الاستثنائي للكلمة إلى الانبهار أو التعجُّب الذي تثيره المعجزة. ولا ترد كلمة *Teras* بمفردها في العهد الجديد، بل تصاحبها دائمًا كلمة *Semeion* («آية»). وهي تمثِّل النظير اليوناني لكلمتي *Mophet* و*Pele'* (انظر تثنية ٤: ٣٤ في الترجمة السبعينية). استُخدِمت هذه الكلمة عن المسيح في أعمال الرسل ٢: ٢٢، وعن الرسل أيضًا في عبرانيين ٢: ٤.

٢. كلمة *Semeion* («آية») توجِّه أنظار الشخص إلى شيء آخر يكمُن وراء المعجزة. فالآية لا تحمل قيمة في ذاتها، بل تكمُن قيمتها فيما تشير إليه. وهي النظير اليوناني لكلمة *Ot'* (انظر سفر العدد ١٤: ٢٢ في الترجمة السبعينية).

٣. كلمة *Dynamis* («قوة» أو «معجزة») تصف القوة الكامنة وراء الفعل، وتشير إلى قوة جديدة وأعلى. وهي مطابقة لنظيرتها العبرية *Geburah* (انظر مزمور ١٤٤: ٤ في الترجمة السبعينية).

٤. استخدم يسوع **كلمة** *Ergon* («عمل») في الأناجيل لوصف أعماله المميَّزة التي لم يعملها أحدٌ غيره (انظر يوحنا ١٥: ٢٤).

---

٩٩ هذه الدراسة عن المعجزات الإلهية مأخوذة بتصرُّف من المصدر التالي، بتصريح من الناشر:

Richard Mayhue, *The Healing Promise: Is It Always God's Will to Heal?* (Fearn, Ross-shire, Scotland: Mentor, 1997), 164–73.

ولمزيدٍ من المعلومات بشأن الطبيعة المؤقَّتة للمعجزات، ووظيفتها الإعلانية، انظر عنوان «المواهب المؤقتة (الإعلانية/الإثباتية)» في الفصل الخامس من هذا الكتاب، بعنوان «الله الروح القدس» (ص. ٤٧٢).

هـذه العناصـر المختلفـة تشـكِّل المعجـزة الكتابيـة. وبدمـج كل هـذه الجوانـب الوصفيـة معًـا، يمكـن تعريـف المعجـزة التـي مـن اللـه علـى النحـو التالـي:

> هـي ظاهـرة ملحوظـة، تُعطَـى بقـوةٍ مـن اللـه، سـواء بشـكل مباشـر أو مـن خـلال وكيـل مفـوَّض (*dynamis*)، وتجـذب طبيعتهـا الاسـتثنائية انتبـاه المشـاهد علـى الفـور (*teras*)، وتشـير إلـى شـيء آخـر يكمـن وراء الظاهـرة (*semeion*)؛ وهـي عمـل مميَّـز لا يمكـن أن يُنسَـب مصـدره إلـى أي شـخص آخـر سـوى اللـه (*ergon*).

وباختصـار، يمكـن وصـف المعجـزة، بمعناهـا الجوهـري، بأنهـا تعليـقُ اللـه للقوانـين الطبيعيـة، وتدخُّلـه الشـخصي فـي الحيـاة لإعـادة ترتيـب حيـاة النـاس وظروفهـم وفقًـا لمشـيئته.

ويصـف المخطَّـط أدنـاه أعمـال اللـه المختلفـة. وباسـتخدام هـذه التعريفـات، يمكـن تجنُّـب قـدرٍ مـن الخلـط اللفظـي.

- أعمال الله الإنشائيَّة في الخلق
- أعمال الله المستمرَّة في العناية الإلهية
  - أ. فائقة للطبيعة/معجزية/مباشرة
    - ١. من دون وكالة بشرية
    - ٢. بوكالة بشرية
  - ب. طبيعية/غير معجزية/غير مباشرة
    - ١. قوانين قابلة للتفسير/معروفة
    - ٢. قوانين غير قابلة للتفسير/غير معروفة

جميـع الأعمـال المذكـورة أعـلاه تنطـوي علـى تدخُّـل مـن اللـه علـى مسـتوى معيَّـن. علـى سـبيل المثـال، فيمـا يتعلَّـق بالشـفاء، يمكـن أن يُطلَـق علـى أيٍّ شـفاء جسـدي اسـم **شـفاء إلهـي**، لكـن لا يمكـن أن يُسـمَّى كلُّ شـفاء **معجـزة**.

وإن المعجـزات، بحسـب التعريـف الكتابـي، ليسـت محـدودة بقوانـين الطبيعـة، وتسـتبعد ضـرورة الوسـائل الثانويـة. فهـي تنطـوي علـى تدخُّـل اللـه علـى نحـو فائـق للطبيعـة. لـم تكـن معجـزات يسـوع محـدودة قـط، ولـم تكـن قـط محـلَّ شـك. كمـا أنهـا أُجريـت علانيـة، وكانـت كثيـرة ولحظيَّـة. وأيُّ شـيء مـن شـأنه أن يدَّعـي حمـل لقـب **معجـزة** اليـوم ينبغـي أيضًـا أن يسـتوفي تلـك الشـروط. لكـن للأسـف، تميـل الكنيسـة المعاصـرة إلـى الاسـتخفاف بفكـرة المعجـزات عـن طريـق تسـمية أي شـيء خـارج عـن المألـوف بأنـه **معجـزة**.

كذلـك، لا تُنتـج المعجـزات تلقائيًـا روحانيـةً داخـل الذيـن يشـهدونها. فـإن بنـي إسـرائيل، الذيـن أُعتِقـوا مـن العبوديـة فـي أرض مصـر بقـوات ومعجـزات، سـرعان مـا انحـدروا ليصبحـوا عابـدي أوثـان (خـروج ٣٢)، مـع أن ذكـرى معجـزات اللـه العجيبـة كانـت لا تـزال حاضـرة فـي أذهانهـم. ومـع أن إيليـا صنـع قـوات مذهلـة

من عند الله، كانت البقية التقية من شعب إسرائيل ضئيلة للغاية (سبعة آلاف ركبة)، لدرجة أن إيليا ظنَّ أنه يخوض المعركة بمفرده (١ملوك ١٩). وبعدما أشبع يسوع خمسة آلاف شخص، وتكلَّم عن دلالة هذه المعجزة، رَجَعَ كَثِيرُونَ مِنْ تَلَامِيذِهِ إِلَى الْوَرَاءِ، وَلَمْ يَعُودُوا يَمْشُونَ مَعَهُ (يوحنا ٦: ٦٦).

والعكس تمامًا يحدث اليوم. ففي حين أن الشهود على قوات المسيح الحقيقيَّة في القرن الأول قد انصرفوا عن هذه القوات وعن المسيح نفسه (يوحنا ٩: ١٣-٢٢)، يبدو أن مسيحيِّي القرن الحادي والعشرين ينجذبون في فضول وبشكل غريب إلى خبرات لا تستحق حتى أن توضَع في مقارنة مع قوات المسيح.

العناية الإلهية

- ⬅ نطاق العناية الإلهية
- ⬅ تحذير بشأن «قوانين الطبيعة»
- ⬅ الحفظ الإلهي للكون
- ⬅ التوافُق الإلهي في كلِّ الأحداث
- ⬅ حُكم الله لكلِّ الأشياء لتحقيق غايات معيَّنة سابقًا

تعرَّف العناية الإلهية بأنها حفظ الله لخليقته، وعمله في كلِّ أحداث العالم، وتوجيهه لكلِّ شيء في الكون إلى الغاية التي عيَّنها له.

⬅ نطاق العناية الإلهية

تشمل عناية الله ما يلي: الكون ككلٍّ (مزمور ١٠٣: ١٩؛ دانيآل ٤: ٣٥؛ أفسس ١: ١١)، والعالم المادي (أيوب ٣٧: ١-١٣؛ مزمور ١٠٤: ١٤؛ ١٣٥: ٦؛ متى ٥: ٤٥)، والحيوانات (مزمور ١٠٤: ٢١، ٢٨؛ متى ٦: ٢٦؛ ١٠: ٢٩)، والأمم (أيوب ١٢: ٢٣؛ مزمور ٢٢: ٢٨؛ ٦٦: ٧؛ أعمال الرسل ١٧: ٢٦)، وميلاد الإنسان وحياته (١صموئيل ١: ١٩-٢٠؛ مزمور ١٣٩: ١٦؛ إشعياء ٤٥: ٥؛ غلاطية ١: ١٥-١٦)، ونجاحات الإنسان وإخفاقاته (مزمور ٧٥: ٦-٧؛ لوقا ١: ٥٢)، والأمور التي تبدو عَرَضية أو عديمة الأهمية (أمثال ١٦: ٣٣؛ متى ١٠: ٣٠)، وحماية شعب الله (مزمور ٤: ٨؛ ٥: ١٢؛ ٦٣: ٨؛ ١٢١: ٣؛ رومية ٨: ٢٨)، وإعالة شعب الله وتسديد حاجاتهم (تكوين ٢٢: ٨، ١٤؛ تثنية ٨: ٣؛ فيلبي ٤: ١٩)، واستجابة الصلوات (١صموئيل ١: ٩-١٩؛ ٢أخبار الأيام ٣٣: ١٣؛ مزمور ٦٥: ٢؛ متى ٧: ٧؛ لوقا ١٨: ٧-٨)، وإدانة الأشرار (مزمور ٧: ١٢-١٣؛ ١١: ٦).[١٠٠]

100 Philip Schaff, *History of the Christian Church* (Grand Rapids, MI: Associated Publishers & Authors, n.d.), 3:168.

انظر أيضًا:

John M. Frame, *Systematic Theology: An Introduction to Christian Belief* (Phillipsburg, NJ: P&R, 2013), 146–70.
أدرج جون فريم ما يلي ضمن سيطرة الله الشاملة: العالم الطبيعي، والتاريخ البشري، والحياة البشرية الفردية، وقرارات البشر، والخطايا، والإيمان، والخلاص.

وفـي دراسـتنا للعنايـة الإلهيَّـة، ينبغـي أن نفـرِّق بـين عنايـة اللـه العامـة وعنايتـه الخاصـة أو المحـدَّدة. تنطوي عناية الله العامة على تحكُّمه في الكون بأكمله (مزمور ١٠٣: ١٩؛ دانيآل ٢: ٣١-٤٥؛ أفسس ١: ١١)، بينما تشمل عنايته الخاصة أو المحدَّدة تحكُّمه في تفاصيل الكون، بما في ذلك تفاصيل التاريخ (أعمال الرسل ٢: ٢٣)، وتفاصيل حياة الأفراد، ولا سيما المختارين (أفسس ١: ٣-١٢). البعض، من قبيل أنصار اللاهوت المنفتح [open theists]، على استعداد للتسليم بأن الله يقدِّم عناية إلهية عامة، لكنهم يرفضون كونه يقدِّم عناية خاصة في حياة البشر. إلا أن كلًّا من رومية ٨: ٢٨-٣٠ وأفسس ١: ١-١٢ يُظهر أن نطاق تحكُّم الله يمتد بالفعل إلى حياة البشر، ولا سيما مختاريه.

⬅ تحذير بشأن «قوانين الطبيعة»

قبل تناوُل المكوِّنات الرئيسية لأعمال عناية الله، يَجدُر بنا أن نَذكُر أن «قوانين الطبيعة» ليست قواعد إلزامية يتحتم على الله اتباعها، لكنَّها ما فهمه البشر على أنه مبادئ الكون وعملياته الطبيعية. ومنذ عصر التنوير، في القرنين السابع عشر والثامن عشر، رفض كثيرون إمكانية وجود معجزات، لأن المعجزات تنتهك قوانين الطبيعة. وردًّا على مثل هذه الحُجج، يعلِّم الكتاب المقدس بأن الله هو خالق الطبيعة، وحاكمها، وحافظها؛ وبأنَّ قوانين الطبيعة هي الطرق الطبيعية التي يحفظ بها الله الكون، ويقيمه. لكنَّ هذه القوانين خاضعة لتحكُّم الله السيادي، ومن ثَمَّ فإن لديه الحق والقدرة على تعطيل تلك القوانين لصُنع المعجزات. فلأن الله إله ترتيب ونظام، يتَّسم تسييره للكون بالدقة والتناسُق. لكن، ينبغي ألا يدفعنا هذا إلى الاعتقاد أن قوانين الطبيعة مستقلة عن الله، أو أنها تستبعد وتمنع تدخُّله في الكون، وإنما ينبغي النظر إليها على أنها الوسائل الشخصية التي عيَّنها الله لتسيير الكون بشكل طبيعي. ينبغي ألا يُنظَر إلى قوانين الطبيعة على أنها منيعة، لأنها تُثمِر النتائج عينها في كلِّ الظروف؛ بل بالأحرى، ينبغي النظر إليها على أنها وسيلة الله الطبيعية لإحداث نتائج في الكون، مع أنه يستخدمها في كثير من الأحيان في توليفات مختلفة، محدثًا بهذا نتائج متنوِّعة. وهكذا، لا يعمل «قانون» واحد بمفرده في المعتاد، وإنما يستخدم الله ظروفًا متعدِّدة، مازجًا بين «قوانين» مختلفة حسبما يشاء.

⬅ الحفظ الإلهي للكون[١٠١]

الجانب الرئيسي الأول في العناية الإلهية هو حفظُ الله للكون. هذا الحفظ هو العمل دائم النشاط الذي يقوم به الله الواحد في ثلاثة أقانيم، بواسطة الله الابن، لحفظ الأشياء التي خلقها بكلِّ خصائصها وديناميكيَّاتها (القوى التي تحرِّكها) التي أعطاها لها.

إن الله الابن «يَحمِل» [في اللغة اليونانية *pherō*، ومعناها «يحمل على نحو فاعل ونشط»] الكونَ دومًا «بِكَلِمَةِ قُدْرَتِهِ» (عبرانيين ١: ٣). ففي المسيح، «يَقُومُ الْكُلُّ» [*synistēmi* في اللغة اليونانية،

101 Grudem, *Systematic Theology*, 316–17.

انظر أيضًا:

Frame, *Systematic Theology*, 174.

أي «يتماسك معًا»] (كولوسي ١: ١٧). وقال الرسول بولس إننا بالله «نَحْيَا وَنَتَحَرَّكُ وَنُوجَدُ» (أعمال الرسل ١٧: ٢٨). كما قال بطرس إن «السَّمَاوَاتُ وَالأَرْضُ الْكَائِنَةُ الآنَ، فَهِيَ مَخْزُونَةٌ بِتِلْكَ الْكَلِمَةِ عَيْنِهَا، مَحْفُوظَةً لِلنَّارِ إِلَى يَوْمِ الدِّينِ وَهَلاَكِ النَّاسِ الْفُجَّارِ» (٢بطرس ٣: ٧). كذلك، أعلن الله أنه يحفظ نسمة حياة البشر والحيوانات، وأنه إذا ما «جَمَعَ إِلَى نَفْسِهِ رُوحَهُ وَنَسَمَتَهُ، يُسَلِّمُ الرُّوحَ كُلُّ بَشَرٍ جَمِيعًا، وَيَعُودُ الإِنْسَانُ إِلَى التُّرَابِ» (أيوب ٤٣: ٤١-٥١). وعندما ينزع الله أرواح الحيوانات فإنها «تَمُوتُ وَإِلَى تُرَابِهَا تَعُودُ» (مزمور ١٠٤: ٢٩).

يحفظ الله كلَّ الأشياء وفقًا لخصائصها الخاصة، طالما شاء أن تظلَّ موجودة. وهو يحفظ ما خلقه بالفعل، لكنه لا يخلق ذرات وجزيئات وطاقات جديدة. يحفظ الله ديناميكيات الطبيعة (أي طرق عملها وحركتها) في استقرار نسبي، بحيث يمكن التنبُّؤ بها، الأمر الذي يتيح وجود العلم والتكنولوچيا. ومع ذلك، يحتفظ الله دائمًا بالحق السيادي في تعطيل أو إنهاء العمليات الطبيعية للطبيعة. وفي المستقبل، سيعطي الله شعبه أجساد قيامة لن تموت أبدًا، ولن توجد عمليات الموت والاضمحلال الحالية بعد. ومن ثَمَّ، ستكون «قوانين الطبيعة» مختلفة في الحالة الأبدية (رؤيا ٢١: ١-٢٢: ٥).

⬅ التوافُق الإلهي [Divine Concurrence] في كلِّ الأحداث[١٠٢]

الجانب الثاني الرئيسي في العناية الإلهية هو توافُق الله في جميع الأحداث. يعرَّف توافُق الله بأنه عمل الله مع الأشياء المخلوقة،[١٠٣] ليجعلها تعمل (سواء بعمل مباشر، أو بتعيينٍ من خلال أسباب ثانوية) من خلال خصائصها.

الأمثلة في الكتاب المقدس وافرة. قال يوسف إن الله، وليس إخوته، هو الذي أرسله إلى مصر (تكوين ٤٥: ٥-٨). وقال الرب (يهوه) إنه سيكون مع فم موسى لتمكينه من التكلُّم نيابةً عنه (خروج ٤: ١١-١٢). ووعد الرب بدفع الأعداء ليد يشوع وشعب إسرائيل. كان لا يزال على بني إسرائيل أن يحاربوا، لكن الرب أعطاهم نصرة عظيمة (يشوع ١١: ٦). ويُميل الله قلب الملك ليفعل مشيئته (أمثال ٢١: ١)، مثلما أمال قلب ملك أشور ليساعد الشعب في بناء الهيكل (عزرا ٦: ٢٢). كذلك، أعطى الرب شعب إسرائيل قُوَّةً لاِصْطِنَاعِ الثَّرْوَةِ (تثنية ٨: ١٨). وهو يعمل في المؤمنين «أَنْ تُرِيدُوا وَأَنْ تَعْمَلُوا مِنْ أَجْلِ الْمَسَرَّةِ» (فيلبي ٢: ١٣). كما دبَّر الله أفعالاً شريرة، مثلما حرَّك شمعي كي يسبَّ داود (٢صموئيل ١٦: ١١)، ومثلما استخدم أشور لتأديب شعبه (إشعياء ١٠: ٥). كذلك، «جَعَلَ» الرب روح كذب في أفواه أنبياء أخآب (١ملوك ٢٢: ٢٣).

وإن توافُق الله في جميع الأحداث لا يورِّطه في الخطية. فالبشر يخطئون بحسب تعيين الله المسبق في قضائه، لكن من خلال أسباب ثانوية؛ ومن ثَمَّ، لا يسبِّب الله الخطية بشكل مباشر وفعَّال

102 Berkhof, *Systematic Theology*, 171–75; Frame, *Systematic Theology*, 180–82; Grudem, *Systematic Theology*, 317–22.

قال جرودم إن الله يجعل الأشياء التالية تعمل: الخليقة الجامدة، والحيوانات، والأحداث «العشوائية» أو «التصادفية» حسب الظاهر، وشئون الشعوب، وكل جوانب حياة الأفراد.

١٠٣ [المترجم]: ومن هنا جاء مصطلح «التوافُق»، للدلالة على العمل التوافُقي المشترك بين الله وخليقته.

(تكوين ٤٥: ٥-٨؛ ٥٠: ١٩-٢٠؛ خروج ١٠: ١، ٢٠؛ ٢صموئيل ١٦: ١٠-١١؛ إشعياء ١٠: ٥-٧؛ أعمال الرسل ٢: ٢٣؛ ٤: ٢٧-٢٨). كذلك، كثيرًا ما يكبح الله الخطية (أيوب ١: ١٢؛ ٢: ٦)، أو يحوِّل فعلًا شريرًا بحيث يسفر عن نتائج جيدة (تكوين ٥٠: ٢٠؛ مزمور ٧٦: ١٠؛ أعمال الرسل ٣: ١٣).

إن استخدام الله للأسباب الثانوية (الأسباب غير المباشرة) يساعد في تفسير توافُقه في الأحداث. فإن ديناميكيات الطبيعة لا تعمل من تلقاء نفسها، بل الله هو الذي يمدُّها بالطاقة للقيام بكلِّ فعل (على عكس مذهب الربوبية [Deism][١٠٤]). إن الأسباب الثانوية حقيقيَّة، وغير مطابقة لسلطان الله، وإلا لما وُجِد توافُق للعِلَّة الأولى (الله) مع المسبِّبات الثانوية (الأشياء المخلوقة). يفعل الله أكثر من مجرد إمداد المسبِّبات الثانوية بالطاقة لفعل شيء ما، لكنه يوجِّه أعمال المسببات الثانوية من أجل تحقيق غايته المنشودة. وبهذا يكون الله، وليس الإنسان، هو المتحكِّم في العمل. قطعًا، يمكن لله أن يعمل أيضًا عن طريق التسبُّب المباشر، إن شاء ذلك.

هذا التوافُق ليس تآزُرًا تعاونيًا، يتضمَّن مشاركة جزئية من كلٍّ من الله والإنسان، بل إن كلًّا من الله والإنسان متداخِلٌ بالكامل في التسبُّب في الفعل. فإن مشيئة الله هي الكامنة في الأساس وراء الفعل، وهو الذي يمدُّ بالطاقة للقيام بالفعل؛ لكن الإنسان، بصفته المسبِّب الثانوي، هو الذي يبتدئ الفعل في الزمن، استجابةً منه لتسبُّب الله المباشر، أو لرغبات الإنسان الشخصية التي حفَّزتها الظروف. فالله هو المبادر بالتوافُق، وهو الذي يحظى بالأسبقيَّة في العمل، وإلا يصبح الإنسان هو صاحب السيادة المستقلة على أفعاله. يسبق توافُق الله منطقيًا الفعل البشري، ويعيِّن مسبقًا كلَّ شيء خارج الله. ليس الترتيب الصحيح إذن هو أن الإنسان يبادر بفعلٍ ما، ثم ينضم إليه الله. كذلك، فإن الله لا يمد بالطاقة بوجه عام، لكنه يمد بطاقة فعلية للقيام بأفعال محدَّدة موجودة في قضائه.

وإن توافُق الله أيضًا تزامُني. فالإنسان لا يعمل شيئًا البتة باستقلالٍ عن الله، بل دائمًا ما يرافق الله الإنسان بمشيئته [مشيئة الله] الفعَّالة، لكن في الآن ذاته دون إجبار الإنسان على السلوك بخلاف طبيعته. فالعمل متزامِنٌ، ويكون نتاج كلا المسبِّبين (الله والإنسان)، وإن كان بطرق مختلفة. يصف بيركهوف هذا قائلًا: «هذا النشاط الإلهي يرافق عمل الإنسان في كلِّ مرحلة، دون سلب الإنسان حريته بأيِّ شكل من الأشكال. بل يبقى العمل فعلًا حرًا من جانب الإنسان، يتحمل هو نفسه مسؤوليته».[١٠٥]

⬅ حُكم الله لكلِّ الأشياء لتحقيق غايات معيَّنة سابقًا

الجانب الثالث الرئيسي في عناية الله في الكون وعلى الكون هو **حُكمه** [governance] الإلهي لكلِّ شيء. ينطوي هذا الحُكم على تسلُّط الله الفاعل والمستمر على كلِّ الأشياء بحيث يتمِّم، من خلالها، قصده النهائي، ألا وهو تمجيد ذاته.

١٠٤ [المترجم]: يُرجَى الرجوع إلى المعجم الأساسي للمصطلحات في نهاية الكتاب، لمعرفة معنى «مذهب الربوبيَّة».

105 Berkhof, *Systematic Theology*, 173.

يحكُم الله بصفته ملك الكون.[١٠٦] فالموضوع الرئيسي للكتاب المقدس هو المُلك المجيد للإله الواحد في ثلاثةأقانيم؛ ومن ثَمَّ، فإن مركز الكتاب المقدس هو مُلك الله على كلِّ الخليقة. يحتفظ الله دائمًا بحُكمه السيادي في كلِّ شيء ويمارسه في كلِّ شيء وعلى كلِّ شيء في الكون. فالله هو الملك، وهو الآب أيضًا (متى ١١: ٢٥؛ أعمال الرسل ١٧: ٢٤؛ ١تيموثاوس١: ١٧؛ ٦: ١٥؛ رؤيا ١: ٦؛ ١٩: ٦).

ويكيِّف الله حُكمه مع طبيعة المخلوقات. فهو يَحكُم العالم المادي في المعتاد من خلال قوانين الطبيعة التي وضعها، ويَحكُم العقل أيضًا من خلال خصائص العقل. كذلك، يَحكُم الله خيارات البشر الأخلاقية بشكل غير مباشر من خلال «التأثيرات الأخلاقية مثل الظروف، والدوافع، والتعليم، والإقناع، والقدوة»، وكذلك من خلال عمل إلهي مباشر في طبيعتهم الداخلية، بواسطة الروح القدس.[١٠٧]

يمتد حُكم الله ليشمل كلَّ أعماله - سواء الماضية، أو الحاضرة، أو المستقبلة (مزمور ٢٢: ٢٨-٢٩؛ ١٠٣: ١٧-١٩؛ دانيآل ٤: ٣٤-٣٥؛ ١تيموثاوس ٦: ١٥). وهو حكم مفصَّل، يشمل أصغر وأبسط الأشياء (متى ١٠: ٢٩-٣١)، وتلك الأشياء التي تُنسب عادة إلى المصادفة (أمثال ١٦: ٣٣)، وكذلك أعمال البشر الصالحة والشريرة (فيلبي ٢: ١٣؛ أعمال الرسل ١٤: ١٦). والله هو ملك إسرائيل الذي سيخلِّص شعبه ويردُّه (إشعياء ٣٣: ٢٢)، وهو ملكٌ أيضًا على جميع الأمم، وله سلطان مطلَق على كلِّ الأرض (مزمور ٤٧).

مشكلة الشر والثيؤديسيا

- الثيؤديسيا الكتابية
- منظور كتابي عن الشر
- الثيؤديسيا التوافقية
- الثيؤديسيا في الكرازة بالإنجيل

تؤسَّس واحدةٌ مِن أقوى الحُجج ضد وجود الله على وجود الشر المادي والأخلاقي في العالم. فإن السؤال الذي يطرحه الكثير من غير المؤمنين هو: إذا كان الله موجودًا بالحقيقة، وإذا كان صالحًا على نحو تام، وكليَّ القدرة، فكيف للشرِّ أن يوجد؟ قدَّم جون فريم (John Frame) شرحًا تفصيليًّا لـ «مشكلة الشرِّ» الكلاسيكية على النحو التالي:

الفرضية ١: إذا كان الله كليَّ القدرة، فسيكون قادرًا على منع الشر.
الفرضية ٢: إذا كان الله كليَّ الصلاح، فسيرغب في منع الشر.

---

١٠٦ للاطلاع على دراسة موسَّعة عن مُلك الله، انظر عنوان «ما هو الموضوع الشامل والموحِّد للكتاب المقدس؟» في الفصل الأول من هذا الكتاب، بعنوان «مقدِّمة» (ص. ٤٦). وانظر أيضًا الفصل العاشر، بعنوان «المستقبل».

107 Berkhof, *Systematic Theology*, 176.

انظر أيضًا:

Frame, *Systematic Theology*, 172–74; Grudem, *Systematic Theology*, 331–32.

الاستنتاج: إذن، إذا كان الله كليَّ القدرة وكليَّ الصلاح، فلن يوجد شرٌّ.
الفرضية ٣: لكن يوجد شرٌّ بالفعل.
الاستنتاج: إذن، لا يوجد إله كليُّ القدرة وكليُّ الصلاح.[١٠٨]

تأخذ مشكلة الشر بعين الاعتبار كلًا من الشرَّ المادي (مثل الكوارث، والمرض، والألم، والموت)، والشرَّ الأخلاقي (الخطية).

يُطلَق على الردِّ المسيحي على مشكلة الشرِّ مصطلح «ثيؤديسيا» [Theodicy]، وهي كلمة مركَّبة من كلمتين يونانيتين، هما *theos* و*dikē*، وتعنيان معًا «جلسة تحقيق قضائية للنظر في «عدل» الله» (من جهة كلمة *dikē*، انظر ٢تسالونيكي ١: ٩ [«سَيُعَاقَبُونَ»]؛ يهوذا ٧ [«عِقَابَ»])، أو «تبرير الله». وتنطوي الثيؤديسيا على تبرئة عدل الله من الاتهام الموجَّه إليه بأن وجود الشر في الخليقة يُظهِر أنه إما ظالم، أو عاجز، أو كلاهما معًا؛ أو أنه غير موجود. وتعلن الثيؤديسيا أن الله كليُّ القدرة وكليُّ الصلاح، حتى وإن لم يبدُ الأمر كذلك بسبب وجود الشرِّ في الخليقة.

⬅ الثيؤديسيا الكتابية

الثيوديسيا الصحيحة الوحيدة تأتي من الكتاب المقدس. فعندما يكون الله هو المتهم أمام محكمة الرأي البشري، تمثِّل كلمة الله هيئة الدفاع الوافية. يقدِّم الله الثيؤديسيا الخاصة به وفقًا للإعلان الموجود عنه في كلمته. وَضَعَ چون فريم مبادئ تجعل الله وكلمته هما الثيؤديسيا التي تمثِّل الردَّ المشروع على مشكلة الشر.[١٠٩]

لا يفترض الكتاب المقدس البتة أن الله ملزَمٌ بتبرير تصرفاته، لكنه يؤكِّد حقَّه في أن يكون موضع ثقة. ففي الرواية التي قدَّمها الأصحاح الثالث من سفر التكوين عن بداية دخول الشر الأخلاقي والمادي إلى العالم، لم يوضح الله أصل الشر الذي ظهر في الشيطان، أو كيف أمكن لآدم وحواء أن يخطئا في ظلِّ عالم مثاليٍّ. أوحى آدم ضمنًا بأن الله هو المخطئ، لكن الله لم يدافع عن نفسه، وإنما أدان آدم في المقابل. وفي قصة تقديم إسحاق ذبيحة، التي وردت في الأصحاح الثاني والعشرين من سفر التكوين، لم يفسِّر الله كيف يمكن لأمره بتقديم إسحاق ذبيحة أن يتوافق مع صلاحه. وبحسب خروج ٣٣: ١٩، لا يَخضَع الله لحُكم الإنسان، لكنه يُبدي نعمة ورحمة تجاه من يشاء، دون أن يكون حاجة إلى تفسير أو تبرير أفعاله.

وفي أيوب ٣٨-٤١، بعدما ألقى أصدقاء أيوب باللوم عليه قائلين إنه هو السَّبب في كلِّ ما يمر به من آلام، وبعدما أعرب أيوب عن رغبته في أن يطرح دعواه أمام الله، كان الله هو الذي طرح الأسئلة، التي أكَّد من خلالها عجز الإنسان عن فهم أعمال الله في توزيع الخير والشر. لم يفسِّر الله قط سبب معاناة أيوب، ولم يوضح سفر أيوب قط لماذا كان ينبغي أن يتألم أيوب ردًّا على شكايات الشيطان

---

108 John M. Frame, *Apologetics to the Glory of God: An Introduction* (Phillipsburg, NJ: P & R,1994), 150.
109 Frame, *Apologetics to the Glory of God*, 171–90.
الأقسام التالية تدمج في داخلها إلى حد بعيد مبادئ فريم بشأن كيفية تكوين الثيؤديسيا الكتابية الصحيحة.

عليه. أراد أيوب أن يستجوب الله، ولكن الله هو الذي استجوبه. وفي حزقيال ١٨: ٢٥-٣٠، لم يدافع الله عن نفسه ضد اتهام إسرائيل له بالظلم، بل بالأحرى أدان إسرائيل بسبب الظلم.

وفي مَثَل الفَعَلة في الكرم، الذي وَرَدَ في متى ٢٠: ١-١٦، لم يدافع السيِّد عن نفسه ضد اتهامه بعدم الإنصاف في توزيع الأجور، بل بالأحرى قلب الاتهام ضد موجِّهيه. وبهذا التصرُّف، تثبَّتَتِ السيادةُ الإلهيةُ، ووَصَفَ السيد كلمته بأنها جديرة بالثقة. وبالنظر إلى الأمر من المنظور السليم، يتبيَّن سخاء السيد، وليس عدم إنصافه.

وعلى نحو مماثل، لم يَطرَح بولس في رومية ٣: ٤-٦ تساؤلات حول إنصاف الله، بل بالأحرى وبَّخ مثل هذه التساؤلات، مؤكِّدًا على حقوق الله بصفته الرب المتحكِّم في كلِّ شيء. وفي رومية ٩: ١٥-٢٠، أكَّد بولس على حقِّ الله السيادي في أن يفعل ما يشاء، وأنَّ استجواب الله هو «مجادَلة» تنطوي على عدم احترام.[١١٠] فقد رأى بولس أن الإنسان الذي يتذمَّر على الله يرتكب تمردًا وعصيانًا. وليس الله مضطرًّا أن يبرِّر أفعاله حتى يرضي العقل البشري من جهة مشكلة الشر. ينبغي إعادة التأكيد دائمًا على سيادة الله. وإن كلمة الله جديرة تمامًا بالثقة، والكتاب المقدس واضح في قوله إن الله قدوس، وليس بظالم.

⬅ منظور كتابي عن الشرّ

تُقِرُّ الثيوديسيا الكتابية الصحيحة بحقِّ الله أن يفعل ما يشاء، وألا يبرِّر أفعاله أو يدافع عن نفسه، وأن يدين الخطاة على الشرِّ الموجود في العالم، ويدعوهم إلى قبوله بصفته العلاج للشر. وإن الله عادلٌ وصالحٌ، لأن العدل والصلاح هما في صميم طبيعته نفسها. ويُبرِئ الله عدله عن طريق مساعدة البشر أن يروا التاريخ من منظوره هو.

أولًا، يعطينا الله منظورًا بشأن الماضي. فلطالما برَّأ الله نفسه في الماضي عن طريق إنهاء فترات من المعاناة بواسطة عمل نعمة. فقد أرسل موسى لإنهاء أربعمئة سنة من العبودية. بل وحتى موسى نفسه كان عليه أن ينتظر أربعين سنة لاستلام هذا التكليف. وكان الارتحال في البرية عبارة عن فترة انتظار تمخَّضت عن دخول أرض الموعد. وحتى في أثناء هذه الرحلة نفسها، كانت هناك فترات انتظار للمياه والطعام، انتهت جميعها بحفظ الله لشعبه في رأفةٍ. وفي أيام القضاة وفي عهد المملكة المنقسمة، استمر التناوُب بين فترات الانتظار والافتقاد الإلهي في دورات من العبودية والخلاص. وكانت فترة العهد القديم بأكملها بمثابة فترة انتظار لتتميم العهد الإبراهيمي. وقد انطوت فترة العهد القديم على جدليَّة بين العدل والرحمة، الأمر الذي فرض تساؤلات بشأن اتساق عدل الله مع رحمته. فقد تنبَّأ الله بتطبيق العدل، لكنه وَعَد أيضًا بأن يفي بوعوده. ومع ذلك، أثارت هذه الحقيقة سؤالًا بشأن كيفية التوفيق والمواءمة بين عدل الله ورحمته، دون التقويض من أحدهما أو من كليهما. فقد أثار عدل الله تساؤلات بشأن رحمته، وأثارت رحمة الله تساؤلات بشأن عدله.

١١٠ [المترجم]: في العبارة «بَلْ مَنْ أَنْتَ أَيُّهَا ٱلْإِنْسَانُ ٱلَّذِي تُجَاوِبُ ٱللهَ؟» معنى كلمة «تُجَاوِبُ» هو «الردُّ بأسلوب وقح لا ينم عن احترام» («back talk»)

حلَّ يسوع مشكلة الشر التي سادت في العهد القديم عن طريق التوفيق بين عدل الله ورحمته. فبموته الكفَّاري، كان **هو نفسه** الثيؤديسيا الإلهية، التي برَّأت على الصليب كلًّا من العدل الإلهي والرحمة الإلهية (رومية ٣: ٢٦؛ ٥: ٨-٩، ٢٠-٢١). فالنعمة تملك بالبرِّ (العدل)، الذي ظهر بإنجيل النعمة (رومية ١: ١٧). وهكذا، يدفعنا الله بالنعمة إلى مدح بِرِّه. عانى كثيرٌ من قديسي العهد القديم بصورة أشدِّ من أيِّ مؤمن معاصر، وماتوا قبل أن يروا هزيمة الله للشرِّ بصليب المسيح؛ لكن كان عليهم أن يثقوا بأن الله سيُظهِر براءته يومًا ما. فكم وكم يجب إذن على مؤمني العهد الجديد أن يثقوا بأن الله سيبرئ عدله عند مجيء المسيح ثانية، بحسب وعوده الصادقة والأمينة!

ثانيًا، يعطينا الله منظورًا بشأن الحاضر. يبيِّن الكتاب المقدس أن الله لطالما استخدم، ويستخدم في الحاضر، الشرَّ لتحقيق مقاصده التي للخير. ينبغي أن يتمركز حلُّ مشكلة الشر حول الله [theo-centric]، وليس أن يكون مركزه هو الإنسان [anthropocentrism]. وينبغي ألا يكون هدف هذا الحلِّ هو جعل الإنسان أكثر سعادة أو أكثر حرية، وإنما تمجيد الله. فإن الدفاع باستخدام حُجَّة الخير الأسمى يكون صالحًا ومقبولًا فقط إذا كنا نرى أن الخير الأسمى هو ما يمجِّد الله بصورة أفضل وأكمل من خيرٍ أدنى منه. فإن سعادة الإنسان لا تتحقَّق إلا من خلال ما يمجِّد الله، مثل الطاعة، وإنكار الذات، والتألُّم في أثناء انتظار المجد النهائي. وعندما يتحقق خير الله الأسمى، الذي هو تمجيده، سيجد المؤمنون وكلُّ الخليقة (باستثناء غير المؤمنين) خيرهم الأسمى (رومية ٨: ٢٨).

لا يقدِّم الكتاب المقدس تفسيرات دقيقة وشاملة لكلِّ أنواع الشرِّ، بل ويدعو إلى التحلِّي بالصبر في وسط الشدائد، لكنه مع ذلك يوضح أيضًا أن الله يستخدم الشرَّ لتعزيز مقاصده، من قبيل: إظهار نعمة الله وعدله (رومية ٣: ٢٦؛ ٥: ٨، ٢٠-٢١؛ ٩: ١٧)؛ وإدانة الشر في الحاضر والمستقبل (متى ٢٣: ٣٥؛ يوحنا ٥: ١٤)؛ والفداء بواسطة آلام المسيح (١بطرس ٣: ١٨)؛ وتوسيع نطاق شهادة الإنجيل من خلال آلام شعب المسيح (كولوسي ١: ٢٤)؛ وإصابة غير المؤمنين بالصدمة، وإثارة اهتمامهم، والدعوة إلى تغييرٍ في القلب (زكريا ١٣: ٧-٩؛ لوقا ١٣: ١-٥؛ يوحنا ٩)؛ وتأديب المؤمنين (عبرانيين ١٢: ٣-١٧)؛ وتبرئة الله (رومية ٣: ٢٦).

يؤكِّد الله أن لديه دائمًا هدفًا وقصدًا من وراء كلِّ حدثٍ، وهو تمجيد ذاته وخير شعبه (رومية ٨: ٢٨). وجميع البراهين التي تفيد استخدام الله للشرِّ لأجل الخير ينبغي أن تشجِّع شعب الله على أن يثقوا بإيمان في أن الشرور التي لا تفسير لها في الوقت الراهن هي مقصودةٌ من الله للخير.

ثالثًا، يعطينا الله منظورًا بشأن المستقبل. فالكتاب المقدس يَعِدُ بأن الله سيتبرَّأ في النهاية، وبأن المؤمنين سيُعتَقون مِنَ الشر تمامًا. ففي المستقبل، سينتهي الألم بمجدٍ للمؤمنين، وسينتهي رخاء الأشرار بدينونةٍ (مزمور ٧٣؛ إشعياء ٤٠؛ متى ٢٥؛ لوقا ١: ٤٦-٥٥). وعندما يبدو الله ظالمًا في الحاضر، لا يَلزَمنا سوى أن ننتظر مجده ودينونته (حبقوق ٢: ٢-٣)، ونتذكَّر أفعاله الماضية (حبقوق ٣: ١-١٨). ففي انقضاء الدهور في المستقبل، لن يساور أحدٌ الشك في عدل الله ورحمته، ليس لأنه سيقدِّم ثيؤديسيا نظرية قاطعة وشاملة، بل لأنه عندما يُستعلَن للجميع في المجيء الثاني للمسيح، ستتحوَّل الشكوك جميعها إلى صمتٍ خَجِلٍ أو إلى تسبيح تبجيليٍّ. وعندما يملِكُ المسيح ببرٍّ كامل، لن تعود هناك

مشكلة شرٍّ. وإذا آمنا بالفعل بأن براءة الله ستَظهَر في النهاية، سيتسنَّى لنا في الوقت الحاضر أن نتحلَّى بالثقة في أن مشكلة الشر محسومة ومحلولة بالفعل في فكر الله ومشورته السياديَّة. ومن ثَمَّ، يَرُد الكتاب المقدس على مشكلة الشر ليس بالمنطق والاستدلال الفلسفي، وإنما بتأكيدٍ إلهيٍّ متجدِّد على أن براءة الله ستَظهَر حتمًا في النهاية. وعلى جميع المؤمنين اتباع هذا النهج عند تقديم ثيؤديسيا للعالم في الوقت الحاضر.

أخيرًا، يعطينا الكتاب المقدس منظورًا سليمًا من خلال كونه الوسيلة التي يعطي بها الله قلبًا جديدًا للمؤمنين. يخلِّص الروح القدس بكلمة الله، ويحوِّل الشك إلى إيمان، ويُحدِر الناس من استقلاليتهم المتكبِّرة، دافعًا إياهم إلى تقديم الشكر لأجل رحمة الله. فالله، بكلمته، يعطي قلبًا جديدًا به يرى الإنسان المسيح، ويؤمن به، ويسبِّحه (اكورنثوس ٢ : ١٢-١٣). وإن التغيير في القِيَم، المصاحب للقلب الجديد، يرفع عيني الإنسان عن شرور هذه الحياة، ويوجههما نحو الله الذي سيُنهي الشر تمامًا في النهاية، بل ويستخدمه الآن أيضًا لتحقيق مقاصده. وهذا المنظور الجديد هو ثيؤديسيا المؤمن.

➡ الثيؤديسيا التوافُقية [Compatibilistic Theodicy]

تقول التوافُقية [Compatibilism] بتعريفها الصحيح إن حرية إرادة الإنسان والحتميَّة الإلهية [determinism][111] فكرتان مكمِّلتان لبعضهما البعض، بمعنى أنه يمكن قبول كليهما معًا دون أن تكونا متناقضتين منطقيًا. تؤكِّد التوافُقية أن إرادة المرء حرَّة داخل حدود طبيعته. وإن إرادة الإنسان غير المولود ثانية حرة فقط داخل نطاق محدوديته وفساده. وبما أن الطبيعة البشرية الفاسدة لا تقدر أن تطيع الله، فإن البشر الساقطين أحرارٌ فقط أن يخطئوا؛ وهم يخطئون بإرادتهم الحرة، دون أيِّ إكراه، لأنهم يريدون أن يخطئوا. وتتَّفق الثيؤديسيا الكتابية مع وجهة النظر التوافُقية بشأن حرية الإنسان.[112] فلا تفترض الثيؤديسيا الكتابية أن الإنسان، في حالته الساقطة، قادرٌ أن يطيع الله، لكنها تؤكِّد بالأحرى أن البشر الساقطين، في طبيعتهم الفاسدة، لا يختارون إلا ما يخدم متعتهم وقدراتهم الشخصية. وتوضح المبادئ الكتابية التالية كيف يمكن أن يكون كلُّ هذا صحيحًا:

١. الله يعيِّن مسبقًا كلَّ الأحداث (أفسس ١ : ١١).
٢. نتجت عن السقوط صعوبات وكوارث مادية وطبيعية (إشعياء ٤٥ : ٧؛ رومية ٨ : ٢٠-٢٢).
٣. الله يعيِّن مسبقًا الخطية، لكنه يُحمِّل الإنسان مسؤولية خطيته (أعمال الرسل ٢ : ٢٣؛ ٤ : ٢٧-٢٨؛ ١٤ : ١٦).
٤. الله يقسِّي الخطاة في الخطية (رومية ٩ : ١٨).
٥. الله لا يجرِّب (يغوي) البشر البتة بالخطية (يعقوب ١ : ١٣).
٦. لا يلام الله البتة في الكتاب المقدس على الخطية، أو يصوَّر وكأنه يُسَرُّ بالخطية التي يسمح بها (مزمور ٥ : ٤).

---

١١١ [المترجم]: الحتمية هي فرضية فلسفية تقول إن كل حدث في الكون، بما في ذلك إدراك الإنسان وتصرفاته، خاضع لتسلسل منطقي سببي محتَّم سلفًا من قِبَل قضاء الله.

112 Pettegrew, "Doctrine of God," 214–17.

٧. الله لا يُجبِر الإنسان البتة على ارتكاب الخطية، لكنه يعيِّن أن يخطئ الإنسان بإرادته، ومن ثَمَّ يكون الإنسان مستحقًا اللوم (يعقوب ١: ١٤-١٥).
٨. يتحكَّم الله في خطايا البشر، ويعمل بطريقة غامضة من خلال مسبِّبات ثانوية (٢صموئيل ٢٤: ١، ١٠؛ ١أخبار الأيام ٢١: ١).
٩. يتمجَّد الله في عدله عندما يُسبِّب البلايا ويدين الخطية (إشعياء ٤٥: ٥-٧؛ حزقيال ٢٨: ٢٢؛ يوحنا ٩: ٢-٥).
١٠. قدَّم الله الخلاص من الخطية بالنعمة للذين يؤمنون بالمسيح (رومية ٣: ٢٤-٢٦)

⬅ الثيؤديسيا في الكرازة بالإنجيل

عندما يتعامل المؤمنون مع غير مؤمنين، يجب ألا يظنوا أنهم قادرون على تبرئة الله باستخدام مبادئ من خارج كلمة الله؛ بل عليهم، في المقابل، أن يعبِّروا عن ثيؤديسيا الله المكتوبة والموحى بها من خلال توضيح مبادئها. يمكن توضيح هذه المبادئ الكتابية من خلال خبرات وروايات شخصية، لكن يجب أن تكون المبادئ هي أساس الحوار. فإن بناء ثيؤديسيا على مبادئ من خارج الكتاب المقدس يخفق في تقديم ووصف الله حسبما عيَّن هو نفسُه في الكتاب المقدس.

إن الكتاب المقدس، بصفته ثيؤديسيا الله، يبرئ كلَّ كمالات الله من خلال ما يعلنه الله عمَّا فعله الله في الماضي، وما يفعله في الحاضر، وما سوف يفعله في المستقبل. وبينما يقدِّم أحدهم ثيؤديسيا الله، يجب ألا يقع في فخ الانقياد وراء ما يظن غير المؤمن أنه الأفضل لخيره وسعادته، بل أن يسعى إلى دعوة الآخرين من تمحوُرهم الآثم حول الذات إلى التوبة عن الخطية في اتضاع وخضوع، والإيمان بالإله الحقيقي بواسطة يسوع المسيح. على المرء ألا يسمح لغير المؤمن بأن يحدِّد خير البشر وفقًا للرغبات البشرية، الشيء الذي يجعل من التفكير البشري المقياس للعدل الإلهي والرحمة الإلهية.

تمجيد الله[١١٣]

- ⬅ الأعمال الموجَّهة نحو الله
- ⬅ الأعمال الموجَّهة نحو المؤمن
- ⬅ الأعمال الموجَّهة نحو غير المؤمن

يهيمن مجد الله على الكتاب المقدس. وقد أشار البعض إلى أن **المجد** هو الموضوع الموحَّد للكتاب المقدس. وإن ورود هذه الكلمة أكثر من أربعمئة مرة في الكتاب المقدس يدعم هذا الاحتمال. لكن بما أن مجد الله كاملٌ، فكيف يمكن للمؤمنين أن يضيفوا شيئًا إليه؟ ولماذا يوصي الكتاب المقدس المؤمنين بأن يعطوا مجدًا لله؟ يقول ٢كورنثوس٣: ١٨، «وَنَحْنُ جَمِيعًا نَاظِرِينَ مَجْدَ الرَّبِّ بِوَجْهٍ مَكْشُوفٍ، كَمَا فِي مِرْآةٍ، نَتَغَيَّرُ إِلَى تِلْكَ الصُّورَةِ عَيْنِهَا، مِنْ مَجْدٍ إِلَى مَجْدٍ، كَمَا مِنَ الرَّبِّ الرُّوحِ».

١١٣ اقتُبِسَ هذا الجزء بتصرف من المصدر التالي بتصريح من المؤلِّف:
Richard Mayhue, *Seeking God: The Pathway of True Spirituality* (2000; repr., Nashville: Lifeway, 2015), 228–33.

يمكن تشبيه ما يمثِّله الله للمؤمنين بما تمثِّله الشمس للقمر. فكما أن الشمس هي المصدر الحصري للضوء، هكذا الله هو المصدر الأوحد للمجد. وكما يعكس القمر الضوء، هكذا يعكس المؤمنون مجد الله. ولأن صورة الله في الإنسان قد تهشَّمت وتشقَّقت بفعل السقوط، فإن البشر الخطاة صاروا يَكسِرون شعاع مجد الله الساقط عليهم، بدلًا من أن يعكسوه كي يعود إلى الله مرة أخرى. ولكن ما أن يبدأ المؤمنون في التغيُّر إلى الصورة عينها في لحظة الخلاص، يتمكَّنون من أن يعكسوا شعاع مجد الله، بدلًا من أن يكسروه. وهكذا، يعود مجد الله إليه أكثر فأكثر، تمامًا كما نقله إلى أحبائه. وبهذه الطريقة، يتسنَّى للمؤمنين أن يعطوا الله شيئًا لا يمتلكه أحدٌ سواه، ولا يشاركه فيه أحدٌ (إشعياء ٤٢ : ٨؛ ٤٨ : ١١).

وماذا يمكن للمرء أن يفعل كي يمجِّد الله؟ تنقسم أعمال تمجيد المؤمن لله إلى ثلاث فئات: الأعمال (١) الموجَّهة نحو الله، (٢) الموجَّهة نحو المؤمن، (٣) الموجَّهة نحو غير المؤمن.

⬅ الأعمال الموجَّهة نحو الله

إنَّ كون الله هو الله بحُكم طبيعته يشمل أيضًا أن يكون مجيدًا. وتعكس الكثير من الألقاب مجد الله:

١. «رَبَّ الْمَجْدِ» (١كورنثوس ٢ : ٨)
٢. «الْمَجْدِ الأَسْنَى» (٢بطرس ١ : ١٧)
٣. «مَلِكُ الْمَجْدِ» (مزمور ٢٤ : ٧-١٠)
٤. «رُوحَ الْمَجْدِ» (١بطرس ٤ : ١٤)

إن غالبية مجد الله الذي يعكسه المؤمنون رجوعًا إليه نابعٌ من أعمال التكريس والعبادة الشخصية الموجَّهة إلى الله. وفيما يلي قائمة من عشرين عملًا من أعمال العبادة الشخصية التي تمجِّد الله، بدءًا من تلك الموجَّهة نحو الله، ومرورًا بتلك الموجَّهة نحو المؤمن، ثم وصولًا إلى تلك الموجَّهة نحو غير المؤمن.

١. **الحياة وفق هدف:** «فَإِذَا كُنْتُمْ تَأْكُلُونَ أَوْ تَشْرَبُونَ أَوْ تَفْعَلُونَ شَيْئًا، فَافْعَلُوا كُلَّ شَيْءٍ لِمَجْدِ اللهِ» (١كورنثوس ١٠ : ٣١). طبَّق جوناثان إدواردز Jonathan Edwards (١٧٠٣-١٧٥٨)، الواعظ الأمريكي الشهير الذي عاش في القرن الثامن عشر، هذا الفكر على حياته بأن اتَّخذ القرار التالي: «عزمتُ على أن أفعل كلَّ ما أرى أنه يمجِّد الله بأكبر درجة».[١١٤] فقد وضع صورة حياته بكلِّ جوانبها داخل إطار مجد الله. وحين يتمثَّل المؤمنون بهذا الهدف، يمكن حينئذ أن يكونوا هم استجابة صلاة بولس لأجل أهل فيلبي (فيلبي ١ : ٩-١١).
٢. **الاعتراف بالخطايا:** «فَقَالَ يشوع لِعَخَانَ: 'يَا ابْنِي، أَعْطِ الآنَ مَجْدًا لِلرَّبِّ إِلهِ إِسْرَائِيلَ، وَاعْتَرِفْ لَهُ وَأَخْبِرْنِي الآنَ مَاذَا عَمِلْتَ. لاَ تُخْفِ عَنِّي'» (يشوع ٧ : ١٩). فالاستمرار في الخطية هو إهانة لقداسة الله (رؤيا ١٦ : ٩)، بينما الاعتراف بالخطايا إقرارٌ بقداسة الله وتمجيدٌ له.

114 Jonathan Edwards, "Resolutions," in *The Works of Jonathan Edwards*, vol. 16, *Letters and Personal Writings*, ed. George S. Claghorn (New Haven, CT: Yale University Press, 1998), 753.

٣. الصلاة بتوقُّع: «وَمَهْمَا سَأَلْتُمْ بِاسْمِي فَذلِكَ أَفْعَلُهُ لِيَتَمَجَّدَ الآبُ بِالابْنِ» (يوحنا ١٤: ١٣). إن الصلاة باسم المسيح تمجِّد الآب. ومن الحكمة أن نبدأ بالصلاة مردِّدين طلبة موسى القائلة: «أَرِنِي مَجْدَكَ» (خروج ٣٣: ١٨).

٤. السلوك بطهارة: «اُهْرُبُوا مِنَ الزِّنَا. كُلُّ خَطِيَّةٍ يَفْعَلُهَا الإِنْسَانُ هِيَ خَارِجَةٌ عَنِ الْجَسَدِ، لكِنَّ الَّذِي يَزْنِي يُخْطِئُ إِلَى جَسَدِهِ. أَمْ لَسْتُمْ تَعْلَمُونَ أَنَّ جَسَدَكُمْ هُوَ هَيْكَلٌ لِلرُّوحِ الْقُدُسِ الَّذِي فِيكُمْ، الَّذِي لَكُمْ مِنَ اللهِ، وَأَنَّكُمْ لَسْتُمْ لأَنْفُسِكُمْ؟ لأَنَّكُم قَدِ اشْتُرِيتُمْ بِثَمَنٍ. فَمَجِّدُوا اللهَ فِي أَجْسَادِكُمْ وَفِي أَرْوَاحِكُمُ الَّتِي هِيَ للهِ.» (١كورنثوس ٦: ١٨-٢٠). فإن السلوك في نور طبيعة الله القدُّوسة هو تمجيدٌ لله.

٥. الخضوع للمسيح: «لِذلِكَ رَفَّعَهُ اللهُ أَيْضًا، وَأَعْطَاهُ اسْمًا فَوْقَ كُلِّ اسْمٍ، لِكَيْ تَجْثُوَ بِاسْمِ يَسُوعَ كُلُّ رُكْبَةٍ مِمَّنْ فِي السَّمَاءِ وَمَنْ عَلَى الأَرْضِ وَمَنْ تَحْتَ الأَرْضِ، وَيَعْتَرِفَ كُلُّ لِسَانٍ أَنَّ يَسُوعَ الْمَسِيحَ هُوَ رَبٌّ لِمَجْدِ اللهِ الآبِ» (فيلبي٢: ٩-١١).

٦. التسبيح لله: «أَنَّ جَمِيعَ الأَشْيَاءِ هِيَ مِنْ أَجْلِكُمْ، لِكَيْ تَكُونَ النِّعْمَةُ وَهِيَ قَدْ كَثُرَتْ بِالأَكْثَرِينَ، تَزِيدُ الشُّكْرَ لِمَجْدِ اللهِ» (٢كورنثوس٤: ١٥). فإن الرجل السامري الذي شُفي من البرص مجَّد الله بالتسبيح، مثلما فعلت الملائكة عند ميلاد المسيح (لوقا ٢: ١٤؛ ١٧: ١١-١٩). وينبغي أن تمتلئ أفواه المؤمنين بتسبيح الرب ومجده اليوم كلَّه (مزمور ٧١: ٨).

٧. إطاعة الله: «هُمْ بِاخْتِبَارِ هذِهِ الْخِدْمَةِ، يُمَجِّدُونَ اللهَ عَلَى طَاعَةِ اعْتِرَافِكُمْ لإِنْجِيلِ الْمَسِيحِ، وَسَخَاءِ التَّوْزِيعِ لَهُمْ وَلِلْجَمِيعِ» (٢كورنثوس ٩: ١٣).

٨. النمو في الإيمان: «وَلاَ بِعَدَمِ إِيمَانٍ ارْتَابَ فِي وَعْدِ اللهِ، بَلْ تَقَوَّى بِالإِيمَانِ مُعْطِيًا مَجْدًا للهِ. وَتَيَقَّنَ أَنَّ مَا وَعَدَ بِهِ هُوَ قَادِرٌ أَنْ يَفْعَلَهُ أَيْضًا» (رومية ٤: ٢٠-٢١).

٩. التألُّم من أجل المسيح: «فَلاَ يَتَأَلَّمْ أَحَدُكُمْ كَقَاتِلٍ، أَوْ سَارِقٍ، أَوْ فَاعِلِ شَرّ، أَوْ مُتَدَاخِلٍ فِي أُمُورِ غَيْرِهِ. وَلكِنْ إِنْ كَانَ [يتألَّم] كَمَسِيحِيٍّ، فَلاَ يَخْجَلْ، بَلْ يُمَجِّدُ اللهَ مِنْ هذَا الْقَبِيلِ» (١بطرس ٤: ١٥-١٦). كان بطرس يَعلم جيدًا معنى ما يكتبه، لأن المسيح كان قد أخبره قبل سنوات أَيَّةِ مِيتَةٍ كَانَ مُزْمِعًا أَنْ يُمَجِّدَ اللهَ بِهَا (يوحنا ٢١: ١٩).

١٠. الفرح بالله: «افْتَخِرُوا بِاسْمِ قُدْسِهِ. تَفْرَحُ قُلُوبُ الَّذِينَ يَلْتَمِسُونَ الرَّبَّ!» (١أخبار الأيام ١٦: ١٠).

١١. تقديم العبادة والسجود لله: «كُلُّ الأُمَمِ الَّذِينَ صَنَعْتَهُمْ يَأْتُونَ وَيَسْجُدُونَ أَمَامَكَ يَا رَبُّ، وَيُمَجِّدُونَ اسْمَكَ» (مزمور ٨٦: ٩).

١٢. صُنع ثمر روحي: «بِهذَا يَتَمَجَّدُ أَبِي: أَنْ تَأْتُوا بِثَمَرٍ كَثِيرٍ فَتَكُونُونَ تَلاَمِيذِي» (يوحنا ١٥: ٨).

⬅ الأعمال الموجَّهة نحو المؤمن

تبدأ الحياة المسيحية بأن يكون للمرء موقفٌ سليمٌ أمام الله، لكنها لا تنتهي عند هذا الحدّ. وبالانتهاء من الاتجاه إلى الأعلى الذي أشرنا إليه فيما سبق، سنتوجَّه الآن إلى الداخل، أي إلى الوسائل التي يمكن للمؤمنين أن يمجدوا الله بها في الكنيسة ومع بعضهم البعض.

١٣. المناداة بكلمة الله: «أَخِيرًا أَيُّهَا الإِخْوَةُ صَلُّوا لأَجْلِنَا، لِكَيْ تَجْرِيَ كَلِمَةُ الرَّبِّ وَتَتَمَجَّدَ» (٢تسالونيكي ٣: ١).

١٤. خدمة شعب الله: «لِيَكُنْ كُلُّ وَاحِدٍ بِحَسَبِ مَا أَخَذَ مَوْهِبَةً، يَخْدِمُ بِهَا بَعْضُكُمْ بَعْضًا، كَوُكَلاَءَ صَالِحِينَ عَلَى نِعْمَةِ اللهِ الْمُتَنَوِّعَةِ. إِنْ كَانَ يَتَكَلَّمُ أَحَدٌ فَكَأَقْوَالِ اللهِ. وَإِنْ كَانَ يَخْدِمُ أَحَدٌ فَكَأَنَّهُ مِنْ قُوَّةٍ يَمْنَحُهَا اللهُ، لِكَيْ يَتَمَجَّدَ اللهُ فِي كُلِّ شَيْءٍ بِيَسُوعَ الْمَسِيحِ، الَّذِي لَهُ الْمَجْدُ وَالسُّلْطَانُ إِلَى أَبَدِ الآبِدِينَ. آمِينَ» (١بطرس ٤: ١٠-١١).

١٥. تنقية كنيسة المسيح: «لِكَيْ يُحْضِرَهَا لِنَفْسِهِ كَنِيسَةً مَجِيدَةً، لاَ دَنَسَ فِيهَا وَلاَ غَضْنَ أَوْ شَيْءٌ مِنْ مِثْلِ ذلِكَ، بَلْ تَكُونُ مُقَدَّسَةً وَبِلاَ عَيْبٍ» (أفسس ٥: ٢٧).

١٦. العطاء الباذل: «إِذْ هُمْ بِاخْتِبَارِ هذِهِ الْخِدْمَةِ، يُمَجِّدُونَ اللهَ عَلَى طَاعَةِ اعْتِرَافِكُمْ لإِنْجِيلِ الْمَسِيحِ، وَسَخَاءِ التَّوْزِيعِ لَهُمْ وَلِلْجَمِيعِ» (٢كورنثوس ٩: ١٣).

١٧. توحيد المؤمنين: «وَأَنَا قَدْ أَعْطَيْتُهُمُ الْمَجْدَ الَّذِي أَعْطَيْتَنِي، لِيَكُونُوا وَاحِدًا كَمَا أَنَّنَا نَحْنُ وَاحِدٌ» (يوحنا ١٧: ٢٢). فكما قبلنا المسيح، هكذا علينا أن نقبل بعضنا بعضًا لمجد الله (رومية ١٥: ٧).

⬅ الأعمال الموجَّهة نحو غير المؤمن

بدأنا أولًا بالاتجاه إلى الأعلى، ثم توجَّهنا إلى الداخل، وسنتَّجه الآن إلى الخارج، حتى تكتمل الدائرة. قد يسأل أحدهم: أيٌّ من هذه الاتجاهات الثلاثة هو الأهم؟ جميع هذه الاتجاهات مهمَّة بالدرجة نفسها، لكن الترتيب الذي يمجّد به المرء الله حيويٌّ. فعلى المرء أن يثبّت نظره على الله أولًا قبل أن يخدم الآخرين. كذلك، ما لم يكن المرء في موقف سليم داخل جسد المسيح، لن يمكنه أن يأمل البتة في الوصول بإنجيل المسيح إلى غير المؤمنين.

١٨. المناداة بالخلاص لغير المؤمنين: «عَظِيمٌ مَجْدُهُ بِخَلاَصِكَ، جَلاَلاً وَبَهَاءً تَضَعُ عَلَيْهِ» (مزمور ٢١: ٥). هيمنت عبارة «لِمَدْحِ مَجْدِهِ» على كلام بولس عن الخلاص (أفسس ١: ٦، ١٢، ١٤). وقد أسفر خلاصُ كلٍّ من بولس (غلاطية ١: ٢٣-٢٤) وكرنيليوس (أعمال الرسل ١١: ١٨) عن تمجيد الله. وبما أن الجميع قد أعوزهم مجد الله (رومية ٣: ٢٣)، فإن خلاصهم يعني استعادة هذا المجد.

١٩. السطوع بنور المسيح: «فَلْيُضِئْ نُورُكُمْ هكَذَا قُدَّامَ النَّاسِ، لِكَيْ يَرَوْا أَعْمَالَكُمُ الْحَسَنَةَ، وَيُمَجِّدُوا أَبَاكُمُ الَّذِي فِي السَّمَاوَاتِ» (متى ٥: ١٦).

٢٠. **نشر إنجيل الله:** «لأَنَّ جَمِيعَ الأَشْيَاءِ هِيَ مِنْ أَجْلِكُمْ، لِكَيْ تَكُونَ النِّعْمَةُ وَهِيَ قَدْ كَثُرَتْ بِالأَكْثَرِينَ، تَزِيدُ الشُّكْرَ لِمَجْدِ اللهِ» (٢كورنثوس ٤ : ١٥). وقد ثَبُت أن هذا هو ما اختبره بولس في رحلته التبشيرية الأولى. فعندما سمع الأمم الإنجيل فرحوا، ومجَّدوا الله، وآمنوا (أعمال الرسل ١٣ : ٤٨).

إن كلمة «إيخابود» [*Ichabod*] العبرية، التي تعني «لا مجد»، هي أسوأ ما يمكن أن يتخيَّل المؤمن أن يحدث له (١صموئيل ٤ : ٢١)، لأن غياب مجد الله عن المؤمن أو عن الكنيسة هو أمرٌ لا يمكن تصوُّره. فإن مجد الله يجب أن يكون هو المَطْلَبُ الذي يستحوذ على المؤمن تمامًا.

فلنجعل الآن وإلى الابد الكلمات التالية التي بارك بها كاتبُ المزمور اللهَ، وتَسبِحة بولس أيضًا، شغلنا الشاغل:

> مُبَارَكٌ الرَّبُّ اللهُ إِلهُ إِسْرَائِيلَ، الصَّانِعُ الْعَجَائِبَ وَحْدَهُ. وَمُبَارَكٌ اسْمُ مَجْدِهِ إِلَى الدَّهْرِ، وَلْتَمْتَلِئِ الأَرْضُ كُلُّهَا مِنْ مَجْدِهِ. آمِينَ ثُمَّ آمِينَ (مزمور ٧٢ : ١٨-١٩)
>
> وَللهِ وَأَبِينَا الْمَجْدُ إِلَى دَهْرِ الدَّاهِرِينَ. آمِينَ (فيلبي٤ : ٢٠)

صلاة[115]

أيها الآب، إن السماوات تُحَدِّث بوضوح بمجدك غير المدرَك،
واتساعها يُخبِّر باستمرار بعمل يديك:
يَوْمٌ إِلَى يَوْمٍ يُذِيعُ كَلاَمًا، وَلَيْلٌ إِلَى لَيْلٍ يُبْدِي عِلْمًا
عنك، أيها الخالق الرائع.
وهذا كلامٌ يمكن أن يفهمه أيُّ إنسان.
فالشمس تتحرك بتوجيهٍ منك في دائرة شاسعة.
ومجدك يتجلَّى في كلِّ أنحاء مجموعتنا الشمسية، وخارجها أيضًا،
من أقصى السماوات إلى أقاصيها.
وإننا في رهبة أمام قدرتك غير المدرَكة.

ولكن الشيء الأروع بالنسبة لنا من خليقتك المجيدة
هو إعلانك عن ذاتك في الكتاب المقدس:
في ناموسك، وشهاداتك، ووصاياك، وأوامرك، وأحكامك.
فهي كلُّها كاملة، وصادقة، ومستقيمة، وطاهرة، ونقية، وحقٌّ.
إن كلامك يردُّ النفس، ويصيِّرنا حكماء،
ويفرِّح قلوبنا، وينير أعيننا،
ويجعلنا نلهج بالبرِّ في أعماقنا.
لذلك، نحن نشتهي كلمتك أكثر من الذهب،
ونجدها أحلى من العسل.

أيها الآب السماوي العزيز، إن كلَّ لذَّتنا هي فيك.
وأعمق أشواق قلوبنا هو أن نرى مجدك ونذيعه.
وإننا لن نشبع حقًّا
حتى بالبرِّ ننظر وجهك.
ولذا نحن الآن نسكب محبتنا
وعبادتنا أمامك في الصلاة.
ونثق بوعودك،
ونفرح بأمانتك،
ونفتخر بصلاحك،
ونرجو كلمتك،
ونؤمن بابنك،
ونستريح في نعمتك.

---

١١٥ هذه الصلاة مأخوذة حرفيًا من المصدر التالي، بتصريح من الناشر:
John MacArthur, *At the Throne of Grace: A Book of Prayers* (Eugene, OR: Harvest House, 2011), 52–54.

نشكرك لأنك تمكِّننا من أن نتحلَّى باليقين التام.
نَعْلَمُ أن الماضي، والحاضر، والمستقبل جميعهم في يدك.
ونعترف بسرور بأن خطتك هي الأفضل،
ووصاياك عادلة،
وحكمتك بلا عيب،
وقدرتك فائقة،
وكلَّ طرقك كاملة.
فإنك مملوءٌ مراحم، ورحيم، وقدوس، وبارٌّ، ورؤوف؛
وينبوع كلِّ خير حقيقي.
نحن نخضع لك ملكًا وفاديًا،
طالبين أن تتمِّم مشيئتك فينا.

هبنا قلوبًا تثق دون تنهُّد أو تذمُّر
في كلِّ ما تأتي به عنايتك إلى حياتنا.
اغمرنا بالرحمة والنعمة، كما تفعل دائمًا،
وليتنا نعيش في امتنان دائم.
وكلما أخطأنا أو سلكنا في عصيان،
أعِنَّا كي نعترف بحماقتنا سريعًا، ونتوب.
ثم انزع حزننا ونَوحَنا
وزيِّن قلوبنا بالسرور.
املأ قلوبنا بترانيم حمد مقدَّسة.
ورُدَّنا حتى نكون منارات لنعمتك.
نأتي لنعبدك، أيها الآب، متَّكلين على غفرانك وقدرتك
حتى ندخل محضرك
ونكون موضع ترحيب كساجدين حقيقيين.
نأتي إليك باسم مخلصنا. آمين.

يا نفسي سبِّحي مَلكَ السَّماء

يا نفسي مَلكَ السَّماءِ سَبِّحيِ،
هاتي العَطاءَاتِ قدَّامَهُ اطرَحيِ.
مَفدِيَّةً، مَشفيَّةً، وطاهرَةً مُتجَدِّدَةً
بتَسبيحَاتِهِ إلى الدَّهرِ مُنشِدَةً.
هللويا! هللّويا!
سَبّحي المَلكَ الأبَدي!

سَبِّحيهِ على نَعمَتِهِ وحَسَناتِهِ
نحو أسلافِنا في الضّيقِ والزَّلَلْ
سَبّحيِهِ، فإنّهُ منذُ الأزَلْ
بَطيءٌ غَضَبُهُ، مُعَجِّلٌ في برَكاتِهِ.
هللويا! هللويا!
هو مَجيدٌ في أمانتِهِ!

ضعَفاءُ.. ومثلَ زُهورِ الصَّيفِ تَزدَهي،
ومعَ هبوبِ الرّياحِ تزوّلْ.
ولكن، فيما الإنسانُ يَحيا ثمَّ يَنتَهي،
يَبقى اللهُ وَحدَه ثابتًا لا يَحولْ.
هللويا! هللويا!
سَبّحِي العَلِيَّ السَّرمَدِي!

المَلائكُ في الأعالي إيّاهُ يَعبدونْ،
ولقاءُ عُيونِكم بمَرْآهُ عِناقْ.
القدّيسونَ الغالبونَ أمامَه ساجدونْ،
من كلِّ جنسٍ جاؤُوا وَسَائرِ الأعراقْ.
هللويا! هللويا!
فلنسَبِّحْ معًا إلهَ النِّعمَةِ![116]

---

١١٦ قام المترجم بتعريب هذه الترنيمة وتقفيتها. الترنيمة الأصلية هي بعنوان «**Praise, My Soul, the King of Heaven**»، من تأليف هنري ف. ليت Henry F. Lyte (١٧٩٣-١٨٤٧م).

المراجع

مراجع أساسيَّة في اللاهوت النظامي:

Bancroft, Emery H. *Christian Theology: Systematic and Biblical*. 2nd ed. Grand Rapids, MI: Zondervan, 1976. 59-94.

*Berkhof, Louis. *Systematic Theology*. 4th ed. Grand Rapids, MI: Eerdmans, 1939. 19-178.

Buswell, James Oliver, Jr. *A Systematic Theology of the Christian Religion*. 2 vols. Grand Rapids, MI: Zondervan, 1962-1963. 1:27-182.

Culver, Robert Duncan. *Systematic Theology: Biblical and Historical*. Fearn, Ross-shire, Scotland: Mentor, 2005. 12-225.

Dabney, Robert Lewis. *Systematic Theology*. 1871. Reprint, Edinburgh: Banner of Truth, 1985. 5–193.

Erickson, Millard J. *Christian Theology*. Grand Rapids, MI: Baker, 1986. 263-432.

*Grudem, Wayne. *Systematic Theology: An Introduction to Biblical Doctrine*. Grand Rapids, MI: Zondervan, 1994. 141-396.

Hodge, Charles. *Systematic Theology*. 3 vols. 1871-1873. Reprint, Grand Rapids, MI: Eerdmans, 1975. 1:189-482, 535–636.

Lewis, Gordon R., and Bruce A. Demarest. *Integrative Theology*. 3 vols. Grand Rapids, MI: Zondervan, 1987–1994. 1:177-335.

Reymond, Robert L. *A New Systematic Theology of the Christian Faith*. Nashville: Thomas Nelson, 1998. 129-414.

Shedd, William G. T. *Dogmatic Theology*. 3 vols. 1889. Reprint, Minneapolis: Klock & Klock, 1979. 1:151-546; 3:89-248.

Strong, August Hopkins. *Systematic Theology: A Compendium Designed for the Use of Theological Students*. Rev. ed. New York: Revell, 1907. 52-110; 243-443.

Swindoll, Charles R., and Roy B. Zuck, eds. *Understanding Christian Theology*. Nashville: Thomas Nelson, 2003. 137–287.

*Thiessen, Henry Clarence. *Introductory Lectures in Systematic Theology*. Grand Rapids, MI: Eerdmans, 1949. 51-75, 119-88.

Turretin, Francis. *Institutes of Elenctic Theology*. 3 vols. Edited by James T. Dennison Jr. Translated by George Musgrove Giger. 1679-1685. Reprint, Phillipsburg, NJ: P&R,1992-1997. 1:169-538.

العلامة (*) تشير إلى أفضل المراجع في هذا المجال.

مراجع متخصّصة:

*Allison, Gregg R. *Historical Theology: An Introduction to Christian Doctrine*. Grand Rapids, MI: Zondervan, 2011.

Ames, William. *The Marrow of Theology*. Translated by John Dykstra Eusden. 3rd ed. 1629. Reprint, Grand Rapids, MI: Baker, 1997.

*Bavinck, Herman. *The Doctrine of God*. Translated by William Hendriksen. 1951. Reprint, Edinburgh: Banner of Truth, 2003.

Beilby, James K., and Paul R. Eddy, eds. *Divine Foreknowledge: Four Views*. Downers Grove, IL: InterVarsity Press, 2001.

Berkhof, Louis. *The History of Christian Doctrines*. 1937. Reprint, Grand Rapids, MI: Baker, 1975.

Bray, Gerald. *God Is Love: A Biblical and Systematic Theology*. Wheaton, IL: Crossway, 2012.

*Calvin, John. *Institutes of the Christian Religion*. Edited by John T. McNeill. Translated by Ford Lewis Battles. 2 vols. Library of Christian Classics. 1559. Reprint, Louisville: Westminster John Knox, 1960.

Carson, D. A. *The Gagging of God: Christianity Confronts Pluralism*. Grand Rapids, MI: Zondervan, 1996.

Charnock, Stephen. *Discourses upon the Existence and Attributes of God.* 2 vols. 1853. Reprint, Grand Rapids, MI: Baker, 1979.

Feinberg, John S. *The Many Faces of Evil: Theological Systems and the Problems of Evil.* Rev. ed. Wheaton, IL: Crossway, 2004.

——————. *No One Like Him: The Doctrine of God.* Foundations of Evangelical Theology. Wheaton, IL: Crossway, 2001.

*Frame, John M. *Apologetics to the Glory of God: An Introduction.* Phillipsburg, NJ: P&R, 1994.

——————. *The Doctrine of God.* A Theology of Lordship. Phillipsburg, NJ: P&R, 2002.

——————. *Systematic Theology: An Introduction to Christian Belief.* Phillipsburg, NJ: P&R, 2013.

Ganssle, Gregory E., ed. *God and Time: Four Views.* Downers Grove, IL: InterVarsity Press, 2001.

Geisler, Norman L. *Creating God in the Image of Man?* Minneapolis: Bethany House, 1997.

*Hannah, John D. *Our Legacy: The History of Christian Doctrine.* Colorado Springs: NavPress, 2001.

Harris, Murray J. *Jesus as God: The New Testament Use of* Theos *in Reference to Jesus.* Grand Rapids, MI: Baker, 1992.

Helm, Paul. *The Providence of God.* Contours of Christian Theology. Downers Grove, IL: InterVarsity Press, 1994.

Huffman, Douglas S., and Eric L. Johnson. *God under Fire: Modern Scholarship Reinvents God.* Grand Rapids, MI: Zondervan, 2002.

*Letham, Robert. *The Holy Trinity: In Scripture, History, Theology, and Worship.* Phillipsburg, NJ: P&R, 2004.

*MacArthur, John. *The Battle for the Beginning: Creation, Evolution, and the Bible.* Rev. ed. Nashville: Thomas Nelson, 2005.

Packer, J. I. *Knowing God*. Downers Grove, IL: InterVarsity Press, 1973.

Pink, Arthur W. *The Attributes of God*. 1920. Reprint, Grand Rapids, MI: Guardian, 1975.

Piper, John, Justin Taylor, and Paul Kjoss Helseth, eds. *Beyond the Bounds: Open Theism and the Undermining of Biblical Christianity*. Wheaton, IL: Crossway, 2003.

Sexton, Jason S., ed. *Two Views on the Doctrine of the Trinity*. Counterpoint: Bible and Theology. Grand Rapids, MI: Zondervan, 2014.

Toon, Peter. *Our Triune God: A Biblical Portrayal of the Trinity*. Wheaton, IL: Victor, 1996.

*Tozer, A. W. *The Knowledge of the Holy: The Attributes of God: Their Meaning in the Christian Life*. New York: Harper & Brothers, 1961.

* Ware, Bruce A. *God's Lesser Glory: The Diminished God of Open Theism*. Wheaton, IL: Crossway, 2000.

—————. *Perspectives on the Doctrine of God: 4 Views*. Nashville: B&H Academic, 2008.

* Warfield, Benjamin Breckinridge. Biblical and Theological Studies. Edited by Samuel G. Craig. 1952. Reprint, Philadelphia: Presbyterian and Reformed, 1968. Warfield, Benjamin Breckinridge. *Biblical and Theological Studies*. Edited by Samuel G. Craig. 1952. Reprint, Philadelphia: Presbyterian and Reformed, 1968.

العلامة (❋) تشير إلى أفضل المراجع في هذا المجال.

بقوَّة لاسم يسوع

بقوة لاسم يسوع أشدو وأنشد
دعوا الملائكة له تجثو وتسجد!

هاتوا له التاج الذي جلَّ عن المثل
وتوِّجوه وحدَه ربًا على الكلِّ!

أمامه تيجانكم ألقوا بلا مهل
وتوِّجوه وحدَه ربًا على الكلِّ!

وحبُّه لكم أيا خطاة يشمل
إذًا إليه كلكم سيروا وعجِّلوا!

ليت لنا مع معشر القدس اشتراكًا تام
وعند أقدام المسيح نجثو بالاحترام!

نرنِّم الترنيمة القديمة الأصل
ونبتغي تتويج يسوع ربًا على الكل!

الفصل الرابع

الله الابن

عقيدة المسيح

(كريستولوچي)

الموضوعات الرئيسية التي يتناولها الفصل الرابع

المسيح قبل تجسُّده

المسيح المتجسِّد

المسيح الممجَّد

تشبه الشهادة الكتابية عن الرب والمخلِّص يسوع المسيح حبلًا قِرمزيًّا منسوجًا ممتدًّا عبر كلِّ كلمة الله المكتوبة. فإن شخص المخلِّص وعمله، بصفته الأقنوم الثاني في اللاهوت، يشكِّل الشهادة المحورية في كلِّ الكتاب المقدس: «اسْجُدْ للهِ! فَإِنَّ شَهَادَةَ يَسُوعَ هِيَ رُوحُ النُّبُوَّةِ» (رؤيا ١٩: ١٠).

المسيح قبل تجسُّده

- الأزل
- ابن الله الأزلي
- ظهورات العهد القديم
- أعمال العهد القديم
- نبوات العهد القديم

يتحدث الكتاب المقدس عن كلٍّ من لاهوت المسيح وناسوته. فإن شخص المسيح إلهٌ كامل وإنسانٌ كامل. وقد دافعت الكنيسة الأولى عن هذه العقيدة مرارًا كثيرة. ولا يمكن إلا لوصف كتابي كامل أن يمدَّنا بإعلانٍ دقيقٍ عن وجود ابن الله من الأزل وإلى الأبد. وسيتحتم علينا الآن أن نبدأ هذا التسلسُل الزمني لوجود الأقنوم الثاني من الأزل.

الأزل

• وَحدانية في ثالوث

في كلِّ العهد القديم والعهد الجديد، أشار كُتَّاب الأسفار إلى تمايُزات بين أقانيم اللاهوت، وتحدَّثوا عن الآب، والابن، والروح القدس باعتبارهم أقانيم متمايزة، لكلٍّ منهم أعماله الخاصة.[١] علاوة على ذلك، نسبَ هؤلاء الكُتَّاب صفات الله إلى الأقانيم. وبناء على البراهين الكتابية، لن يتمكَّن سوى العقل المتحيِّز من الشك في وجود تعدُّدية في أقانيم اللاهوت، دون أن يطعن بهذا في وضوح الكتاب المقدس، وخلوِّه من الخطأ، ووحيه. فلا بد لأية دراسة دقيقة للثالوث أن تبدأ وتنتهي بما يقوله الكتاب المقدس.

يصف الإعلان الذي تسلَّمه يوحنا من الله الأقنوم الثاني بأنه «عِنْدَ اللهِ» (يوحنا ١: ١)، وهي عبارة توحي بانفصال واضح في الهُوية. أضف إلى ذلك أنه لا يمكن سوى لأقنوم متمايز في اللاهوت أن يستقبل محبةً من أقنوم آخر (يوحنا ١٧: ٢٤). كذلك، يتجلَّى هذا الاختلاف في الهُوية في خضوع الابن للآب من جهة تدبير الفداء (فيلبي ٢: ٦-٧؛ عبرانيين ١٠: ٥-٧؛ انظر عنوان «ظهورات العهد القديم» [صفحة ٢٨٣])، وأيضًا في تواصُلهما معًا، وفي حديث أحدهما عن الآخر: «يَا أَبَتَاهُ، إِنْ أَمْكَنَ فَلْتَعْبُرْ عَنِّي هَذِهِ الْكَأْسُ، وَلَكِنْ لَيْسَ كَمَا أُرِيدُ أَنَا بَلْ كَمَا تُرِيدُ أَنْتَ» (متى ٢٦: ٣٩). وتدل صيغة المعمودية الثالوثية على المساواة بين أقانيم اللاهوت الثلاثة: «فَاذْهَبُوا وَتَلْمِذُوا جَمِيعَ الأُمَمِ وَعَمِّدُوهُمْ بِاسْمِ الآبِ وَالابْنِ وَالرُّوحِ الْقُدُسِ» (متى ٢٨: ١٩).

---

١ هذه الفقرة مقتبَسة بتصرُّف من المصدر التالي، بتصريح من MSJ:
William D. Barrick, "Inspiration and the Trinity," *MSJ* 24, no. 2 (2013): 185–86.

وتأكيدًا من ويليام ج. ت. تشيد (William G. T. Shedd) للشهادة الكتابية عن وَحدانية الله في ثالوث، ذَكَر اثني عشر فعلًا أو علاقة تُظهِر إمكانية وجود أشياء يعملها أو يختبرها أحد أقانيم اللاهوت بصفة شخصية، ويستقبلها منه أقنوم آخر:

> أقنومٌ يحب الآخر، يوحنا ٣: ٣٥؛ أقنوم يسكن في الآخر، يوحنا ١٤: ١٠، ١١؛ أقنوم يتألم من الآخر، زكريا ١٣: ٧؛ أقنوم يعرف الآخر، متى ١١: ٢٧؛ أقنوم يخاطب الآخر، عبرانيين ١: ٨؛ أقنوم هو الطريق إلى الآخر، يوحنا ١٤: ٦؛ أقنوم يتحدث عن الآخر، لوقا ٣: ٢٢؛ أقنوم يمجِّد الآخر، يوحنا ١٧: ٥؛ أقنوم يتباحث مع الآخر، تكوين ١: ٢٦، ١١: ٧؛ أقنوم يخطط مع الآخر، إشعياء ٩: ٦؛ أقنوم يُرسل الآخر، تكوين ١٦: ٧، يوحنا ١٤: ٢٦؛ أقنوم يكافئ الآخر، فيلبي ٢: ٥-١١؛ عبرانيين ٢: ٩[2]

• الوجود المسبق

ما هو نوع الوجود الذي تمتَّع به المسيح قبل تجسُّده؟ بعبارة أخرى، ماذا كانت حالته السابقة في لاهوته، قبل أن يتَّخذ طبيعة بشرية؟ كان الأقنوم الثاني في الثالوث مقيمًا في السماء، ثم جاء من السماء إلى الأرض في لحظة الحَبَل المعجزي بطبيعته البشرية في رحم العذراء مريم (متى ١: ١٨-٢٥؛ لوقا ١: ٢٦-٣٨). فقد أُرسِل من الأقنوم الأول في الثالوث (الله الآب) بسبب محبة الله للجنس البشري: «لأَنَّه هكَذَا أَحَبَّ اللهُ الْعَالَمَ حَتَّى بَذَلَ ابْنَهُ الْوَحِيدَ، لِكَيْ لاَ يَهْلِكَ كُلُّ مَنْ يُؤْمِنُ بِهِ، بَلْ تَكُونُ لَهُ الْحَيَاةُ الأَبَدِيَّةُ. لأَنَّه لَمْ يُرْسِلِ اللهُ ابْنَهُ إِلَى الْعَالَمِ لِيَدِينَ الْعَالَمَ، بَلْ لِيَخْلُصَ بِهِ الْعَالَمُ» (يوحنا ٣: ١٦-١٧). نزل الابن من السماء (يوحنا ٣: ٣١) عندما أرسله الآب (يوحنا ٦: ٣٨؛ ١٧: ٣؛ ١ يوحنا ٤: ٩). ومن ثَمَّ، يبرهن مجيء الابن إلى الأرض في التجسُّد على أن وجوده السابق كان في السماء.

كان الأقنوم الثاني في اللاهوت موجودًا قبل خلق الكون؛ بل في حقيقة الأمر، يقول عنه الكتاب المقدس إنه هو الخالق: «كُلُّ شَيْءٍ بِهِ كَانَ، وَبِغَيْرِهِ لَمْ يَكُنْ شَيْءٌ مِمَّا كَانَ» (يوحنا ١: ٣؛ انظر ١: ١٠؛ ١ كورنثوس ٨: ٦؛ كولوسِّي ١: ١٦-١٧؛ عبرانيين ١: ٢، ١٠). يتحتَّم على خالق كل شيء أن يكون موجودًا قبل عمل الخلق -أي قبل وجود جميع الأشياء المخلوقة. وهكذا، يشهد الكتاب المقدس عن المجد الإلهي الذي كان للابن «قَبْلَ كَوْنِ الْعَالَمِ» (يوحنا ١٧: ٥). في ذلك الوجود السابق للتجسُّد، داخل اللاهوت، تمتَّع الأقنوم الثاني في الثالوث بمحبة الأقنوم الأول (يوحنا ١٧: ٢٤)، ومارس أقانيم اللاهوت الثلاثة هذه الصفة الإلهية القابلة للنقل فيما بينهم في الأزل.

بناءً على ذلك، فإن الأقنوم الثاني في اللاهوت أزليٌّ في طبيعته ووجوده. وقد ورد أوضح تصريح كتابي عن هذا في يوحنا ١: ١، «فِي الْبَدْءِ كَانَ الْكَلِمَةُ، وَالْكَلِمَةُ كَانَ عِنْدَ اللهِ، وَكَانَ الْكَلِمَةُ اللهَ». ولئلا يظن القارئ أن «البدء» هنا مرتبط فقط ببداية الخليقة، صنع كاتب الرسالة إلى العبرانيين مقابلة واضحة بين الوجود المؤقت والمحدود للخليقة، والوجود الدائم والسرمدي للخالق، ابن الله ذاته، قائلًا: «أَنْتَ يَارَبُّ فِي الْبَدْءِ أَسَّسْتَ الأَرْضَ، وَالسَّمَاوَاتُ هِيَ عَمَلُ يَدَيْكَ. هِيَ تَبِيدُ وَلكِنْ أَنْتَ تَبْقَى، وَكُلُّهَا

---

2 William G. T. Shedd, *Dogmatic Theology* (1889; repr., Minneapolis: Klock & Klock, 1979), 1:279.

كَثَوْبٍ تَبْلَى، وَكَرِدَاءٍ تَطْوِيهَا فَتَتَغَيَّرُ. وَلكِنْ أَنْتَ أَنْتَ، وَسِنُوكَ لَنْ تَفْنَى» (عبرانيين ١: ١٠-١٢؛ انظر مزمور ١٠٢: ٢٥-٢٧). كما وصف العهد القديم وجود الابن بأنه «مُنْذُ الْقَدِيمِ، مُنْذُ أَيَّامِ الأَزَلِ» (ميخا ٥: ٢)؛ ونسب إليه إشعياء لقبَيّ «إلهًا قديرًا»، و«أبًا أبديًا»، وأشار إلى أن تجسُّد الله-الإنسان تمثَّل ليس فقط في أن يولَد ولدٌ، بل أيضًا في أن نُعطَى ابنًا (إشعياء ٩: ٦). كان المسيح كائنًا دائمًا بصفته ابن الله، لكنه صار ولدًا فقط في لحظة الحَبَل المعجزي به.

ابن الله الأزلي[٣]

يثير الوجود الأزلي للأقنوم الثاني سؤالًا يتعلَّق بالصفة أو نوع العلاقة التي كانت لهذا الأقنوم داخل اللاهوت. فبصفته الأقنوم الثاني في الثالوث (أو «الكلمة»، كما يقول عنه يوحنا ١: ١)، فإنه إذن كان كائنًا منذ الأزل. لكن هل كان كائنًا دائمًا في الأزل بصفته ابنًا؟ قُدِّمت وجهتا نظر رئيسيتان بشأن هذه القضية، وهما: البنوة الأزلية، والبنوة التجسُّدية.

للوهلة الأولى، يبدو لنا أن نص عبرانيين ١: ٥ يشير إلى ولادة الآب للابن كحدثٍ وقع في نقطة معيَّنة من الزمن: «أَنْتَ ابْنِي أَنَا **الْيَوْمَ** وَلَدْتُكَ»؛ و«أَنَا **أَكُونُ** لَهُ أَبًا وَهُوَ **يَكُونُ** لِيَ ابْنًا». تطرح هذه الآية بعض الأفكار شديدة الصعوبة. فعادة ما تشير **ولادة** أحدهم إلى أصله أو بدايته. كذلك، يُعَدُّ الأبناء، بوجه عام، تابعين وخاضعين لآبائهم. ومن ثَمَّ، يبدو أن هذا النص يتعارض مع مفهوم العلاقة الأزلية بين الآب والابن، والتي تستلزم وجود مساواة تامة بين أقانيم الثالوث. يستنتج رأي البنوة التجسُّدية من هذا أن **البنوة** تشير فقط إلى حالة الخضوع الطوعي التي تنازل إليها المسيح عند تجسُّده (انظر يوحنا ٥: ١٨؛ فيلبي ٢: ٥-٨).

في المقابل، يستند رأي البنوة الأزلية على ملاحظة أنه كلما نُسِب لقب **ابن الله** إلى المسيح في الكتاب المقدس، كان هذا يشير دائمًا إلى لاهوته، وإلى مساواته التامة لله، لا إلى خضوعه الطوعي. وقد فَهِمَ هذا رؤساء اليهود في أيام يسوع. يقول يوحنا ٥: ١٨ إنهم طلبوا أن يقتلوا يسوع، متَّهمين إياه بالتجديف «لأَنَّهُ لَمْ يَنْقُضِ السَّبْتَ فَقَطْ، بَلْ قَالَ أَيْضًا إِنَّ اللهَ أَبُوهُ، مُعَادِلاً نَفْسَهُ بِاللهِ». ففي تلك الثقافة، كان الابن البالغ لرجل رفيع المقام يُعتبَر مساويًا لأبيه في المكانة والامتيازات. وقد كان الإكرام والخضوع ذاته الذي يقدَّم للملك يُقدَّم أيضًا لابنه البالغ. فقد كان الابن، في النهاية، من ذات جوهر أبيه، والوارث لجميع حقوق الأب وامتيازاته -ومن ثَمَّ، فهو مساوٍ له في كلِّ شأن ذي أهمية. وهكذا، فحين دُعي يسوع «ابن الله»، فَهِمَ الجميع بلا استثناء أن هذا لقب إلهي، يشير إلى مساواته لله، والأهم من ذلك، إلى كونه من ذات جوهر الآب. ولهذا السبب بالتحديد اعتبر رؤساء اليهود لقب «**ابن الله**» أشدَّ أنواع التجديف.

---

٣ هذا الجزء مقتبَسٌ بتصرُّف من مراجعة چون ماك آرثر في عام ١٩٩٩ م لموقفه السابق من قضية البُنوَّة، والذي يرد بأوضح صورة في المصدر التالي، الذي تم الاستشهاد به بتصريح من المجلة:
MacArthur, "Reexamining the Eternal Sonship of Christ," *Journal for Biblical Manhood and Womanhood* 6, no. 123–21 :(2001) .

إذن، إذا كانت بنوة يسوع دلالة على لاهوته، ومساواته التامة للآب، فلا يمكن أن يتعلق هذا اللقب بتجسُّده فحسب. بل في حقيقة الأمر، ينبغي أن يكون اللُّب الأساسي لمعنى البنوة (الذي من شأنه أن يشمل قطعًا الجوهر الإلهي ليسوع) متصلًا بصفات المسيح الأزلية، وليس فقط بالطبيعة البشرية التي اتَّخذها.

كذلك، ليس حدث الولادة المشار إليه في المزمور الثاني وفي الأصحاح الأول من الرسالة إلى العبرانيين حدثًا وقع بالفعل في حيِّز الزمن. فمع أن النص يبدو، للوهلة الأولى، وكأنه يستخدم ألفاظًا ذات دلالة زمنية («أَنَا الْيَوْمَ وَلَدْتُكَ»)، لكن، يشير سياق نص مزمور ٢ : ٧ يقينًا إلى «القضاء» الأزلي لله. ومن ثَمَّ، فمن المعقول أن نستنتج أن الولادة التي يتحدث عنها المزمور الثاني تتعلق أيضًا بالأزل، لا بنقطة معينة في الزمن. إذن، سيكون علينا أن نفهم لغة النص الزمنية مجازيًّا، وليس حرفيًّا.

أدرك اللاهوتيون ذوو الإيمان القويم ذلك منذ مجمع القسطنطينية الأول (٣٨١ م). وقد استعملوا، عند تناوُلهم مسألة بنوة المسيح، مصطلح «الولادة الأزلية» [eternal generation]، الذي لا يسعنا إنكار صعوبته. فبحسب تعبير سبرجن (Spurgeon)، هذا «مصطلح لا يعبِّر لنا عن أيٍّ معنى عظيم، لكنه ببساطة يتستَّر على جهلنا».[4] إلا أن المفهوم نفسه الذي ينقله المصطلح كتابيٌّ. يصف الكتاب المقدس المسيح بأنه «وَحِيد مِنَ الآبِ» (يوحنا ١ : ١٤؛ انظر ١ : ١٨؛ ٣ : ١٦، ١٨)، حيث إن الكلمة اليونانية التي تُرجِمت إلى «وَحِيدٌ» («الابن الوحيد»، بحسب ترجمة ESV؛ و«المولود الوحيد» بحسب ترجمة KJV، NASB) هي *monogenēs*. يتعلَّق معنى هذه الكلمة بالتفرُّد التام للمسيح، إذ يمكن ترجمتها حرفيًّا إلى «الفريد من نوعه». إلا أن الكلمة تدل أيضًا بوضوح على كون الابن من ذات جوهر الآب. ومن ثَمَّ، ففي حين لا تدل كلمة *monogenēs* على معنى الولادة بشكل صريح، لكنها مع ذلك متوافقة مع المفهوم الكتابي (راجع مزمور ٢ : ٧؛ يوحنا ٥ : ٢٦)، لأن ولادة المسيح الأزلية هي بالتحديد التي تجعل منه الابن الفريد للآب.

يتَّسم القول بأن المسيح «مولود» [begotten] في حد ذاته بالصعوبة الشديدة. ففي عالمنا هذا، يدل مصطلح «مولود» عادة على أصل ذرية أحدهم؛ وتشير ولادة ابنٍ ما على الحَبَلِ به، أي على النقطة في الزمن التي جاء فيها إلى حيِّز الوجود. ولهذا، افترض البعض أن عبارة «المولود الوحيد» [only begotten] تشير إلى الحَبَل بيسوع الإنسان في رحم العذراء مريم. لكن (متى ١ : ٢٠) نسبَ الحبل بالمسيح المتجسِّد إلى الروح القدس وليس إلى الله الآب؛ بينما يشير حدث الولادة المذكور في مزمور ٢ : ٧، وفي يوحنا ١ : ١٤ بوضوح إلى ما يتعدَّى الحَبَلِ بناسوت المسيح في رحم مريم.

ففي حقيقة الأمر، هناك دلالة أخرى لفكرة الولادة، أهم من مجرد الإشارة إلى أصل ذرية أحدهم. فبحسب تصميم الله، يلد كلُّ مخلوق ذرية أو نسلًا «كَجِنْسِهِ» (تكوين ١ : ١١-١٢، ٢١-٢٥). ويحمل هذا النسل الشَّبه الدقيق للوالد. وتدل ولادة أب لابنٍ على اشتراك هذا الابن في طبيعة أبيه ذاتها. وبما أن المسيح، في لاهوته، ليس كائنًا مخلوقًا (يوحنا ١ : ١-٣)، إذ لم تكن له بداية، بل هو غير محدود

4 Charles H. Spurgeon, "Blessing for Blessing" (sermon 2266), in *The Metropolitan Tabernacle Pulpit* (London: Passmore & Alabaster, 1892), 38:352

بالزمن نظير الله ذاته؛ فمن ثَمَّ، لا يمُتُّ فِعْلُ «الولادة» المذكور في المزمور الثاني، وكذلك في النصوص الموازية له، بصلة سواء لأصل لاهوته أو أصل ناسوته، لكن الفعل متصل قطعًا باشتراك الابن في جوهر الآب ذاته. إذن، ينبغي فهم تعبيرات من قبيل «الولادة الأزلية»، و«الابن المولود الوحيد»، وغيرها من التعبيرات الأخرى المتعلقة ببنوة المسيح على أنها تأكيد على الوحدة التامة في الجوهر بين الآب والابن. بمعنى آخر، ليس الغرض من هذه التعبيرات هو إثارة فكرة الإنجاب، بل إعلان الحق المتعلق بالوحدة في الجوهر بين أقانيم الثالوث.

يَفترض رأيُ بنوة المسيح التجسُّدية (أي إن المسيح صار ابنًا عند التجسُّد) أن الكتاب المقدس يستعمل لفظي الآب والابن على نحو تأنيسي، لمساعدة عقولنا المحدودة على فهم حقائق سماوية بعيدة عن الإدراك والفهم، عن طريق صياغتها بألفاظ بشرية. غير أن علاقات الآباء والأبناء البشريِّين هي التي تُعَدُّ مجرد صور أرضية لحقيقة سماوية أعظم بما لا يقاس. فبحسب رأي البنوة الأزلية، توجد علاقة الأبوة والبنوة الحقيقية الوحيدة والنموذجية أزليًا في الثالوث؛ بينما ليست جميع العلاقات الأخرى سوى نسخًا أرضية ناقصة، مقيَّدة بمحدودية الجنس البشري، ومثالًا يوضح حقيقة أزلية مهمة.

لكن، قد يثير أحدهم هذا السؤال: إذا كانت بنوة المسيح تتعلَّق بلاهوته، فلماذا تنطبق هذه البنوة فقط على الأقنوم الثاني في اللاهوت، وليس على الأقنوم الثالث؟ ففي النهاية، لا يدعو اللاهوتيون الروح القدس ابن الله، مع أنه هو أيضًا من ذات جوهر الآب. فإن جوهر الله الكامل، والتام، وغير المنقسم ينتمي إلى الآب، والابن، والروح القدس على حد سواء. صحيح أن الله ليس سوى جوهرًا واحدًا، لكنه موجود في ثلاثة أقانيم. وصحيح أن هؤلاء الأقانيم الثلاثة متساوون، لكنهم متمايزون. وتكمن الخصائص الرئيسية التي تميِّز الأقانيم فيما توحي به ألقابهم: الآب، والابن، والروح القدس. وقد دعا اللاهوتيون هذه الخصائص كالتالي: الأبوة [paternity]، والبنوة [filiation]، والانبثاق [spi-ration]. ويتضح من خلال الكتاب المقدس مدى أهمية هذه التمايزات لفهم عقيدة الثالوث. صحيح أن كيفية شرح هذه التمايُزات وتفسيرها على نحو وافٍ وكامل يظل لغزًا. بل وربما يظل الكثير من جوانب هذه الحقائق، في حقيقة الأمر، غامضًا إلى الأبد. لكن، على الرغم من ذلك، يمثِّل هذا الفهم الأساسي للعلاقات الأزلية داخل الثالوث أفضل إجماعٍ للفهم المسيحي عبر قرون تاريخ الكنيسة. ومن ثَمَّ، بات من الضروري التأكيد على عقيدَتي بنوة المسيح الأزلية، وولادته الأزلية، مع الإقرار بِكَون هذه ألغازًا لا يمكن أن نتوقع سبر غورها بالكامل.[٥]

تَبنِي وجهات النظر التي تتعلق بالبنوة التجسُّدية للابن حُججها عادة إما على تصريحات الله عن الابن عند ولادته (مرقس ١: ١؛ لوقا ١: ٣٢، ٣٥)، أو معموديته (متى ٣: ١٧)، أو تجلِّيه (متى ١٧: ٥)؛ أو على الإعلان الرسولي عن قيامته من الأموات (أعمال الرسل ١٣: ٣٠-٣٣؛ رومية ١: ٤). وفي ضوء الحجج المقدَّمة أعلاه ضد منظور البنوة التجسُّدية، يمكننا استنتاج أن تصريحات الله عن الابن عند

٥ للاطلاع على دراسة إضافية عن الولادة الأزلية للابن، انظر عنوان «التمايزات الأقنومية» في الفصل الثالث من هذا الكتاب (ص. ٢٢٣).

معموديته أو تجليه لا تمثِّل حدث تعيين الأقنوم الثاني في اللاهوت في منصب الابن، لكنها فقط تعبِّر عن تأييد من الآب للابن، وتصديق عليه. وعندما نفهم نص لوقا ١: ٣٥ في ضوء نص لوقا ٣: ٣٨، يمكننا أن نقول إنه فقط تعريفٌ ليسوع بأنه آدم الثاني.[٦] كذلك، تلك النصوص التي تشير إلى بنوة الابن في سياق قيامته، أو بالارتباط بها، لا تعني بهذا أن قيامة المسيح هي التي «جعلته» ابن الله، بل أنها أظهرت بقوة أنه كان بالفعل ابن الله، وليس مجرد إنسان. فهي لم تكن تعييناً له في منصب الابن، بل برهاناً يُثبِت بنوَّته. وقد أصاب شراينر (Schreiner) حين قال: «من المهم للغاية أن نتذكَّر أن ذاك الذي ارتفع في قوة كابن الله كان هو الابن بالفعل».[٧] وتؤيِّد عبارات التأييد التي نطق بها الله عند معمودية يسوع وتجليه هذا الاستنتاج، لأن هذين الحدثين اللذين يعلنان بنوة يسوع يسبقان قيامته من الأموات. إذن، ما هو المغزى من عبارات التأييد والتصديق التي نطق بها الآب؟

> حين دعا الآب يسوع ابنه الحبيب، أعلن بهذا ليس فقط عن وجود علاقة ذات طبيعة إلهية بينهما، بل أيضاً عن وجود علاقة من المحبة الإلهية. فقد كانت بينهما علاقة متبادلة من المحبة، والالتزام، والتجانس من كافة النواحي.
>
> وحين قال الآب: «الَّذِي بِهِ سُرِرْتُ»، كان يعلن بهذا تصديقه على شخص الابن بكل ما فيه، وكذلك على كلامه وأفعاله. فإن كلَّ ما في يسوع كان في توافُق تام مع مشيئة الآب وخطته.[٨]

ظهورات العهد القديم[٩]

واحدة من المناسبات الرئيسيَّة التي نرصد فيها تلك الظاهرة التي توصَف بمصطلح «الظهور الإلهي» [theophany] هي ظهور الله عند جبل سيناء (خروج ١٩). أيضاً، نجد أمثلة أخرى لهذا الظهور الإلهي في خدمة «ملاك الرب [يهوه]»، في نصوص كتابية من قبيل النصوص التالية:

١. **تكوين ١٦: ٧-١٣**: في هذا النص، يُعرِّف الراوي (موسى، وليس هاجر) رسول يهوه بأنه يهوه نفسه: «فَدَعَتِ اسْمَ الرَّبِّ الَّذِي تَكَلَّمَ مَعَهَا» (١٦: ١٣).
٢. **خروج ٣: ٢-٤**: ولاحقاً في التاريخ، ظهر رسول يهوه لموسى في عليقة مشتعلة عند جبل حوريب، في صحراء سيناء. وقال الراوي (موسى مجدَّداً): «نَادَاهُ اللهُ مِنْ وَسَطِ الْعُلَّيْقَةِ» (٣: ٤).
٣. **قضاة ٦: ١١-٢٣**: يخبرنا كاتب سفر القضاة (وليس جدعون أو رسول يهوه) بأن الرب نفسه «الْتَفَتَ إِلَيْهِ... وَقَالَ...» (٦: ١٤).

---

6 Darrell L. Bock, *Luke 1:1–9:50*, BECNT 3A (Grand Rapids, MI: Baker, 1994), 123

7 Thomas R. Schreiner, *Romans*, BECNT 6 (Grand Rapids, MI: Baker, 1998), 42.

8 John MacArthur, Matthew 16–23, MNTC (Chicago: Moody Press, 1988), 68.

٩ هذا الجزء مقتبَس بتصرُّف من المصدر التالي، بتصريح من MSJ:

William D. Barrick, “Inspiration and the Trinity,” *MSJ* 24, no. 2 (2013): 182–84.

يبدو أن هذه الظهورات تتَّصف بسِمة مهمة، ألا وهي أن جميعها، كما يقول جيمس بورلاند (James Borland)، «يكشف، على الأقل جزئيًا، شيئًا ما عن [الله] ذاته، أو عن مشيئته، للمتلقِّي».[١٠] هل نستطيع تعريف هُوية ذلك الشخص السماوي الذي يظهر في هذه الظهورات بأنه ابن الله قبل تجسُّده (أي أن هذه ظهورات للمسيح [Christophany])؟ عرَّف «بورلاند» هذه الظهورات بأنها «استعلانات لله الابن في هيئة بشرية، حدثت بغير طلب، وعلى فترات متقطِّعة، وبصورة مؤقَّتة، وعلى نحو منظور ومسموع؛ وبواسطتها، كان الله يخبر بشرًا معيَّنين واعين على الأرض، قبل ميلاد يسوع المسيح، بشيءٍ ما».[١١] وحين يأتي لفظ «ملاك الرب» في القصة الكتابية بالارتباط بظهور إلهي، ربما يكون لفظ «رسول» ترجمة أنسب له، لأن لقب الرسول يشير إلى وظيفة الشخص، وليس إلى طبيعته. فضلًا عن ذلك، يشير الكتاب المقدس إلى أن هذا الرسول هو بالحقيقة الله نفسه. فهو يحمل اسم «الرب»، ويتحدث على أنه الله، ويُظهر صفاتٍ إلهية، وسلطانًا إلهيًا؛ بل والأهم من كلِّ ذلك أنه قَبِلَ العبادة والسجود (متى ٢: ٢، ١١؛ ١٤: ٣٣؛ ٢٨: ٩، ١٧). وفي ضوء ما قاله يوحنا ١: ١٨ عن الابن - «اَللهُ لَمْ يَرَهُ أَحَدٌ قَطُّ. اَلابْنُ الْوَحِيدُ[١٢] الَّذِي هُوَ فِي حِضْنِ الآبِ هُوَ خَبَّرَ» - سيتحتم إذن أن تكون ظهورات الله في العهد القديم هي ظهورات للابن، وليس للآب. وكلمة «خبَّرَ» في اللغة اليونانية (*exēgeomai*) هي الكلمة نفسها التي جاء منها الفعل *exegete* («يفسِّر»)، والاسم *exegesis* («تفسير»). وبالمعنى الحرفي، «فسَّر» ابنُ الله الآبَ للجنس البشري.[١٣]

⬅ أعمال العهد القديم

اشتملت أعمال الأقنوم الثاني في اللاهوت، في العهد القديم، على ما يلي: الخلق، والعناية الإلهية، والإعلان، والدينونة. هذه أعمال إلهية تُثبِت أنه الله. كذلك، تُماثِل أعمال يسوع في العهد الجديد (مثل القيامة) الأعمال المنسوبة إليه في العهد القديم، وتضيف إليها أيضًا بشكل كبير.

• الخلْق

من البديهي أن يكون هذا العمل المنسوب إلى الأقنوم الثاني في اللاهوت قد تمَّ قبل تجسُّده. لم تُحدِّد إشارات العهد القديم إلى الخالق أو البارئ من هو الأقنوم الإلهي الذي قام بعمل الخلق من بين الأقانيم الثلاثة. لكن في المقابل، أشار العهد الجديد إلى هذا التمييز على نحو جازم:

> «كُلُّ شَيْءٍ بِهِ كَانَ، وَبِغَيْرِهِ لَمْ يَكُنْ شَيْءٌ مِمَّا كَانَ» (يوحنا ١: ٣)
>
> «كَانَ فِي الْعَالَمِ، وَكُوِّنَ الْعَالَمُ بِهِ، وَلَمْ يَعْرِفْهُ الْعَالَمُ» (يوحنا ١: ١٠)
>
> «فَإِنَّهُ فِيهِ خُلِقَ الْكُلُّ: مَا فِي السَّمَاوَاتِ وَمَا عَلَى الأَرْضِ، مَا يُرَى وَمَا لاَ يُرَى، سَوَاءٌ كَانَ عُرُوشًا أَمْ سِيَادَاتٍ أَمْ رِيَاسَاتٍ أَمْ سَلاَطِينَ. الْكُلُّ بِهِ وَلَهُ قَدْ خُلِقَ» (كولوسِّي ١: ١٦)

---

10 James A. Borland, *Christ in the Old Testament: Old Testament Appearances of Christ in Human Form*, rev. ed. (Fearn, Ross-shire, Scotland: Mentor, 1999), 24

11 Borland, *Christ in the Old Testament*, 17

١٢ [المترجم]: في ترجمة ESV الإنجليزية، تُرجِمت عبارة «الابن الوحيد» إلى «الإله الوحيد» (the only God).

١٣ للاطلاع على دراسة أكثر تفصيلًا عن «ملاك الرب»، انظر عنوان «ملاك الرب» (ص. ٨٥٨) في الفصل الثامن من هذا الكتاب، بعنوان «الملائكة.»

«كَلَّمَنَا فِي هٰذِهِ الأَيَّامِ الأَخِيرَةِ فِي ابْنِهِ، الَّذِي جَعَلَهُ وَارِثًا لِكُلِّ شَيْءٍ، الَّذِي بِهِ أَيْضًا عَمِلَ الْعَالَمِينَ» (عبرانيين ١ : ٢)
«أَنْتَ يَا رَبُّ فِي الْبَدْءِ أَسَّسْتَ الأَرْضَ، وَالسَّمَاوَاتُ هِيَ عَمَلُ يَدَيْكَ» (عبرانيين ١ : ١٠)

يؤكِّد لقب الابن، «الكلمة» (يوحنا ١ : ١)، أن الله قد خَلق وأَوجد كل شيء بكلمته المنطوقة (لاحظ تكرار عبارة «قال الله» في تكوين ١ : ٣، ٦، ٩، ١١، ١٤، ٢٠، ٢٤، فضلًا عن التصريحات المباشرة التي وردت في مزمور ٣٣ : ٦ في العهد القديم، وفي عبرانيين ١١ : ٣ في العهد الجديد). ومع أن أقانيم اللاهوت الثلاثة جميعهم قد اشتركوا بشكلٍ ما في فعل الخلق، لكن، يصف الكتاب المقدس ابن الله بأنه هو الَّذي أوجد كل شيء بكلمته.

• أعمال العناية الإلهية

تنطوي أعمال العناية الإلهية على رعاية الله لكلِّ خليقته. تتضمن هذه الأعمال تتميم الله لجميع أحكامه، حتى يتمجَّد في النهاية في كلِّ أعماله، أي في تنفيذه لبرنامجي الملكوت والفداء بكافة تفاصيلهما. وبما أن أقانيم الثالوث قد اشتركوا معًا في خلق الإنسان على صورة الله («نَعْمَلُ الإِنْسَانَ عَلَى صُورَتِنَا كَشَبَهِنَا»، تكوين ١ : ٢٦)، فإن ابن الله، أي المسيح قبل تجسُّده، قد اشترك إذن في بدء برنامج الملكوت. وعندما تمرَّد الجنس البشري على الله بعد الطوفان، تدخَّل الثالوث مجدَّدًا (بمن فيهم الابن) في تاريخ العالم للتحكُّم في النتيجة (تقسيم لغات البشر، وتبديدهم على وجه الأرض)، ولضمان استمرارية تكشُّف البرنامج الإلهي في العالم، تحت إشراف أقانيم اللاهوت الثلاثة جميعهم (تكوين ١١ : ٧).

يعمل ابن الله بشكل شخصي ومباشر، بصفته المسيَّا، للتدخُّل في تاريخ العالم، من أجل تأسيس ملكوت الله على الأرض (انظر دانيآل ٢ : ٣١–٤٦؛ متى ٢٣ : ٣٧–٢٥ : ٤٦؛ رؤيا ١١ : ١٥). وقد كان المسيح متداخلًا في رفض إسرائيل غير المؤمنة، وتأسيس الكنيسة؛ وسيتدخل أيضًا في خلاص إسرائيل (رومية ١١ : ١٣–٣٦). كذلك، يعمل المسيح لأجل فداء البشر، وتثبيتهم في كلِّ عمل صالح (٢ تسالونيكي ٢). عَلاوة على ذلك، لطالما حمل المسيح الخليقة، ليس فقط حافظًا إياها، كما نقرأ في كولوسِّي ١ : ١٧، بل أيضًا موجِّهًا إياها في أداء دورها المرتبط ببرنامج ملكوت الله (عبرانيين ١ : ٣). فإنه هو الَّذي يدير تنفيذ برنامج الله وسط الجنس البشري.

يتعلق أحد الجوانب المهمة من عناية الله بصلاحه. يتجلَّى صلاح الله في العهد القديم في أعمال ذاك الذي يبدو أنه الأقنوم الثاني في اللاهوت. يصف المزمور الثالث والعشرون يهوه بأنه راعٍ، أي شخصٌ يعتني ويعول. ويتبع صلاحه هذا شعبه كلَّ أيام حياتهم (مزمور ٢٣ : ٦). عرَّف يسوع نفسه بأنه هو ذلك الراعي (يوحنا ١٠ : ١١، «الراعي الصالح»). وكذلك، يصف أعمال الرسل ١٤ : ١٧ صلاح الله عن طريق إظهار أنه «يَفْعَلُ خَيْرًا: يُعْطِينَا مِنَ السَّمَاءِ أَمْطَارًا وَأَزْمِنَةً مُثْمِرَةً، وَيَمْلأُ قُلُوبَنَا طَعَامًا وَسُرُورًا». وعبر العصور، كان عمل تحرير الجنس البشري من خطاياهم هو عمل ابن الله، الذي تجلَّى صلاحه في تدبير غفران الخطايا:

«وَلكِنْ حِينَ ظَهَرَ لُطْفُ مُخَلِّصِنَا اللهِ وَإِحْسَانُهُ لاَ بِأَعْمَالٍ فِي بِرٍّ عَمِلْنَاهَا نَحْنُ، بَلْ بِمُقْتَضَى رَحْمَتِهِ خَلَّصَنَا بِغُسْلِ الْمِيلاَدِ الثَّانِي وَتَجْدِيدِ الرُّوحِ الْقُدُسِ، الَّذِي سَكَبَهُ بِغِنًى عَلَيْنَا بِيَسُوعَ الْمَسِيحِ مُخَلِّصِنَا. حَتَّى إِذَا تَبَرَّرْنَا بِنِعْمَتِهِ، نَصِيرُ وَرَثَةً حَسَبَ رَجَاءِ الْحَيَاةِ الأَبَدِيَّةِ» (تيطس ٣: ٤-٧)

• الإعلان[١٤]

يُعرَّف مصطلح وحي [inspiration] بأنه عمل الله المتمثِّل في منح إعلان مكتوب للجنس البشري. والنص الكتابي الرئيسي المتعلِّق بموضوع الوحي هو ٢ تيموثاوس ٣: ١٦، الذي يقول: «كُلُّ الْكِتَابِ هُوَ مُوحًى بِهِ مِنَ اللهِ، وَنَافِعٌ...». في اللغة اليونانية، تُعَد عبارة «مُوحًى بِهِ مِنَ اللهِ» -المكوَّنة من كلمة واحدة فحسب- صفة تصف «الْكِتَابِ». وفي حقيقة الأمر، تصف الصفة التالية («نَافِعٌ») أيضًا «الْكِتَابِ». إذن، بحسب الكتاب المقدس، يتَّصف «الْكِتَابِ»، وليس الكُتَّاب، بأنه «موحى به من الله» أو بأنه «أنفاس الله»، تمامًا كما يتَّصف هو، وليس الكُتَّاب، بأنه «نافع». والفكرة التي تعبِّر عنها الكلمة التي تُرجمت إلى «مُوحًى بِهِ مِنَ اللهِ» هي أن الكتاب المقدس يدين من جهة «أصله ومحتوياته للأنفاس الإلهية، أي لروح الله».[١٥] ومن ثَمَّ، كتب بولس إلى تيموثاوس، بإشراف من الروح القدس، أن الوحي متَّصل بشكل مباشر بعملية الكتابة المقدسة (أي كتابة الكتاب المقدس).

اشترك جميع أقانيم اللاهوت في هذا العمل، بصفتهم مؤلفي الكتاب المقدس، وموضوعه في الآن ذاته. وقد أدَّى الأقنوم الثاني دورًا حيويًا في إنتاج الكتاب المقدس. فقد تحدَّث كُتاب العهد القديم كثيرًا عن ظهور الله في استعلان معيَّن لشعبه بغرض إنقاذهم، أو إرشادهم، أو التواصل معهم (انظر عنوان «ظهورات العهد القديم» [صفحة ٢٨٣]). وقد كشفت هذه الظهورات الإلهية أمورًا عن الله أو عن مشيئته لأولئك الذين شهدوها. وبما أن هذه الأحداث كانت ظهورات لابن الله، فهذا يكشف إذن عن دور الأقنوم الثاني في اللاهوت في تسليم الإعلان الذي أدَّى إلى إصدار الكتاب المقدس. وقد أكَّد يسوع نفسه أن الآب قد أرسل كلمته بواسطته، بصفته رسوله:

«لأَنِّي لَمْ أَتَكَلَّمْ مِنْ نَفْسِي، لكِنَّ الآبَ الَّذِي أَرْسَلَنِي هُوَ أَعْطَانِي وَصِيَّةً: مَاذَا أَقُولُ وَبِمَاذَا أَتَكَلَّمُ» (يوحنا ١٢: ٤٩)

«أَلَسْتَ تُؤْمِنُ أَنِّي أَنَا فِي الآبِ وَالآبَ فِيَّ؟ الْكَلاَمُ الَّذِي أُكَلِّمُكُمْ بِهِ لَسْتُ أَتَكَلَّمُ بِهِ مِنْ نَفْسِي، لكِنَّ الآبَ الْحَالَّ فِيَّ هُوَ يَعْمَلُ الأَعْمَالَ» (يوحنا ١٤: ١٠)

«أَنَا أَظْهَرْتُ اسْمَكَ لِلنَّاسِ الَّذِينَ أَعْطَيْتَنِي مِنَ الْعَالَمِ. كَانُوا لَكَ وَأَعْطَيْتَهُمْ لِي، وَقَدْ حَفِظُوا كَلاَمَكَ. وَالآنَ عَلِمُوا أَنَّ كُلَّ مَا أَعْطَيْتَنِي هُوَ مِنْ عِنْدِكَ، لأَنَّ الْكَلاَمَ الَّذِي أَعْطَيْتَنِي قَدْ أَعْطَيْتُهُمْ، وَهُمْ قَبِلُوا وَعَلِمُوا يَقِينًا أَنِّي خَرَجْتُ مِنْ عِنْدِكَ، وَآمَنُوا أَنَّكَ أَنْتَ أَرْسَلْتَنِي» (يوحنا ١٧: ٦-٨)

١٤ هذا الجزء مقتبَس بتصرف من المصدر التالي، بتصريح من MSJ:
William D. Barrick, "Inspiration and the Trinity," *MSJ* 24, no. 2 (2013): 180–85

15 William Hendriksen, *Exposition of the Pastoral Epistles*, NTC (Grand Rapids, MI: Baker, 1957), 302.

«أَنَا قَدْ أَعْطَيْتُهُمْ كَلاَمَكَ، وَالْعَالَمُ أَبْغَضَهُمْ لأَنَّهُمْ لَيْسُوا مِنَ الْعَالَمِ، كَمَا أَنِّي أَنَا لَسْتُ مِنَ الْعَالَمِ» (يوحنا ١٧: ١٤)

في كلٍّ من العهد القديم والعهد الجديد، يظهر ابن الله متكلِّمًا إلى شعب الله. وبهذا، يعلن الكتاب المقدس أن المتحدث الإلهي بلسان الله هو ابن الله نفسه، أي ذاك الذي وصفه الرسول يوحنا في افتتاحية إنجيله بأنه «الكلمة»: «فِي الْبَدْءِ كَانَ الْكَلِمَةُ، وَالْكَلِمَةُ كَانَ عِنْدَ اللهِ، وَكَانَ الْكَلِمَةُ اللهَ» (يوحنا ١: ١). فإن الإله الذي يتكلَّم هو الأقنوم الثاني في اللاهوت، أي المسيح قبل تجسُّده؛ وهو ذلك الشخص نفسه الذي أوجد الكون وكل ما فيه بكلمته، كما نقرأ في الأصحاح الأول من سفر التكوين (انظر يوحنا ١: ٢-٣، ١٠). فحين أعطى الله الإعلان للأنبياء، كان ابن الله حاضرًا بشكل شخصي.

يخبرنا تكوين ١٥: ١-١٦ كيف صار (أو ظهر) «كَلاَمُ الرَّبِّ» لأبرام (١٥: ١)، وأخرجه من خيمته، حتى يريه بنفسه النجوم (١٥: ٥)؛ ثم ظهر الرب أيضًا في هيئة «تَنُّور دُخَانٍ وَمِصْبَاح نَارٍ» (١٥: ١٧)، يجتاز بين قطع الذبائح التي كان أبرام قد أعدَّها. وهذا التشابه بين التنور والمصباح، وعمود السحاب وعمود النار اللذين ظهرا نهارًا وليلًا في أثناء خروج شعب إسرائيل من أرض مصر، يحمل دلالة معيَّنة، ولا سيما في هذا السياق، الذي احتوى على نبوة عن إخراج الله لشعب إسرائيل من أرض مصر (١٥: ١٣-١٤). تشهد هذه الظهورات الشخصية لواحد من أقانيم اللاهوت عن دور «ملاك الرب»، أي المسيح قبل تجسُّده، في الإعلان الإلهي. كذلك، يمدُّنا لقاء موسى مع الله في العليقة المشتعلة عند جبل سيناء (خروج ٣: ١-١٢) بحادثة أخرى فيها أعطى «ملاك الرب» (خروج ٣: ٢؛ انظر أعمال الرسل ٧: ٣٠، ٣٥) إعلانًا عن طريق حضوره الشخصي. نجد حوادث أخرى من هذا القبيل في قضاة ٦: ١١-١٨؛ إشعياء ٦ (انظر يوحنا ١٢: ٤١)؛ إرميا ١: ٤-١٠.

يلعب الروح القدس أيضًا دورًا أساسيًا في عملية تدوين الأنبياء لذلك الإعلان. ومن ثَمَّ، أرسل الآب رسوله (الابن قبل تجسُّده) إلى شعبه بالرسالة الإلهية، وأشرف الروح القدس على عملية تدوين تلك الرسالة. وفي حين يبدو أن هذا الاشتراك للثالوث في عملية الوحي يُظهِر بأمانة اختلاف أدوار كل أقنوم؛ لكن، في بعض جوانب عملية الإعلان والكتابة، تتداخل أدوار الأقانيم معًا. على سبيل المثال، قال داود: «رُوحُ الرَّبِّ تَكَلَّمَ بِي وَكَلِمَتُهُ عَلَى لِسَانِي» (٢ صموئيل ٢٣: ٢).

- الدينونة

سيدين ابنُ الله، بصفته ابن الإنسان (لقب مسيَّاني مأخوذ من دانيآل ٧: ١٣)، الأشرار والأبرار: «مَتَى جَاءَ ابْنُ الإِنْسَانِ فِي مَجْدِهِ وَجَمِيعُ الْمَلاَئِكَةِ الْقِدِّيسِينَ مَعَهُ، فَحِينَئِذٍ يَجْلِسُ عَلَى كُرْسِيِّ مَجْدِهِ... ثُمَّ يَقُولُ أَيْضًا لِلَّذِينَ عَنِ الْيَسَارِ: اذْهَبُوا عَنِّي يَا مَلاَعِينُ إِلَى النَّارِ الأَبَدِيَّةِ الْمُعَدَّةِ لإِبْلِيسَ وَمَلاَئِكَتِهِ» (متى ٢٥: ٣١، ٤١). ويوضح لنا إنجيل يوحنا تعيين ابن الله في منصب الديَّان للجميع: «لأَنَّ الآبَ لاَ يَدِينُ أَحَدًا، بَلْ قَدْ أَعْطَى كُلَّ الدَّيْنُونَةِ لِلابْنِ، لِكَيْ يُكْرِمَ الْجَمِيعُ الابْنَ كَمَا يُكْرِمُونَ الآبَ» (يوحنا ٥: ٢٢-٢٣). وتستند السلطة اللازمة كي يوقع الابن الدينونة، على حقيقة كونه ابن الإنسان (يوحنا ٥: ٢٧).

فمَن مِن أقانيم اللاهوت قد يكون أنسب لأداء هذا الدور من الأقنوم الذي هو إنسان حقيقي، والذي عاش كإنسان في عالم ساقط، وظلَّ بلا لوم، وبلا خطية؟ جاء ابن الله إلى هذا العالم كي يكون ابن الإنسان، وكي يدين (يوحنا ٩: ٣٩). ولهذا قال بطرس إن يسوع أوصى تلاميذه بأن «نَكْرِزَ لِلشَّعْبِ، وَنَشْهَدَ بِأَنَّ هذَا هُوَ الْمُعَيَّنُ مِنَ اللهِ دَيَّانًا لِلأَحْيَاءِ وَالأَمْوَاتِ» (أعمال الرسل ١٠: ٤٢). كما أكَّد الرسول بولس فكرة تعيين يسوع ديانًا حين قال: «فِي الْيَوْمِ الَّذِي فِيهِ يَدِينُ اللهُ سَرَائِرَ النَّاسِ حَسَبَ إِنْجِيلِي بِيَسُوعَ الْمَسِيحِ» (رومية ٢: ١٦).

من ناحية أخرى، قال يسوع إنه لم يدِن، في مجيئه الأول، الذين لم يُطيعوا كلمته، وقال: «لَمْ آتِ لأَدِينَ الْعَالَمَ بَلْ لأُخَلِّصَ الْعَالَمَ» (يوحنا ١٢: ٤٧). لكن، «في اليوم الأخير»، أي في المجيء الثاني، ستدين كلمات يسوع أولئك الذين رفضوها، ولم يُلقُوا بالاً لها. لم يتكلم يسوع من نفسه، بل الآب أوصاه بماذا يتكلَّم (يوحنا ١٢: ٤٩). ولأنه واحد مع الآب، فدينونته دائمًا عادلة (يوحنا ٥: ٣٠) وبارة. ومن ثَمَّ، فإن الآب «يَأْمُرُ جَمِيعَ النَّاسِ فِي كُلِّ مَكَانٍ أَنْ يَتُوبُوا ... لأَنَّهُ أَقَامَ يَوْمًا هُوَ فِيهِ مُزْمِعٌ أَنْ يَدِينَ الْمَسْكُونَةَ بِالْعَدْلِ، بِرَجُل قَدْ عَيَّنَهُ، مُقَدِّمًا لِلْجَمِيعِ إِيمَانًا إِذْ أَقَامَهُ مِنَ الأَمْوَاتِ» (أعمال الرسل ١٧: ٣٠-٣١). فإن ذاك الذي هو كلمة الله، يُوجِد كلَّ الأشياء بكلمته، وكذلك يوقع الدينونة – فهو ربٌّ في الفعل الأول بصفته الخالق، وربٌّ بصفته المخلِّص، وكذلك، ربٌّ في النهاية بصفته الديَّان.

إلى جانب إدانة يسوع للأشرار، سيجلس أيضًا ليعقد محاكمة تقييمية للمؤمنين، بغرض مكافأتهم: «لأَنَّه لاَبُدَّ أَنَّنَا جَمِيعًا نُظْهَرُ أَمَامَ كُرْسِيِّ الْمَسِيحِ، لِيَنَالَ كُلُّ وَاحِدٍ مَا كَانَ بِالْجَسَدِ بِحَسَبِ مَا صَنَعَ، خَيْرًا كَانَ أَمْ شَرًّا» (٢ كورنثوس ٥: ١٠). وقد تحدث بولس في موضع آخر عن وقوفه هو نفسه للمحاكمة أمام المسيح: «وَأَخِيرًا قَدْ وُضِعَ لِي إِكْلِيلُ الْبِرِّ، الَّذِي يَهَبُهُ لِي فِي ذلِكَ الْيَوْمِ، الرَّبُّ الدَّيَّانُ الْعَادِلُ، وَلَيْسَ لِي فَقَطْ، بَلْ لِجَمِيعِ الَّذِينَ يُحِبُّونَ ظُهُورَهُ أَيْضًا» (٢ تيموثاوس ٤: ٨).

➡ نبوات العهد القديم

من بين الأسباب الوجيهة للغاية التي تدفعنا إلى تفتيش العهد القديم بحثًا عن النبوات التي تتعلق بالمسيح هو تصريح يسوع نفسه بأن الأنبياء قد تكلَّموا عنه: «فَتِّشُوا الْكُتُبَ لأَنَّكُمْ تَظُنُّونَ أَنَّ لَكُمْ فِيهَا حَيَاةً أَبَدِيَّةً. وَهِيَ الَّتِي تَشْهَدُ لِي» (يوحنا ٥: ٣٩). كذلك، بعد صلب يسوع وقيامته، فسَّر من الكُتب المقدَّسة («مِنْ مُوسَى وَمِنْ جَمِيعِ الأَنْبِيَاءِ»، لوقا ٢٤: ٢٧) الأُمُورَ الْمُخْتَصَّةَ بِهِ، قائلًا: «هذَا هُوَ الْكَلاَمُ الَّذِي كَلَّمْتُكُمْ بِهِ وَأَنَا بَعْدُ مَعَكُمْ: أَنَّهُ لاَ بُدَّ أَنْ يَتِمَّ جَمِيعُ مَا هُوَ مَكْتُوبٌ عَنِّي فِي نَامُوسِ مُوسَى وَالأَنْبِيَاءِ وَالْمَزَامِيرِ» (لوقا ٢٤: ٤٤). هذه هي المرة الوحيدة في الكتاب المقدس التي ذُكِرت فيها المزامير مع الناموس والأنبياء في إشارة إلى المَسيَّا. ويسرد لنا الجدول التالي المزامير التي ربما استشهد بها يسوع ضمن التعليم الذي قدَّمه لتلميذيه في الطريق إلى عمواس.

الجدول ٤ . ١: المسيح في المزامير (لوقا ٢٤ : ٤٤)[١٦]

المزمور	الاقتباس في العهد الجديد	الدلالة
٢ : ١-١٢	أعمال الرسل ٤ : ٢٥-٢٦؛ ١٣ : ٣٣؛ عبرانيين ١ : ٥؛ ٥ : ٥	التجسُّد، والصَّلب، والقيامة
٨ : ٣-٨	١ كورنثوس ١٥ : ٢٧-٢٨؛ أفسس ١ : ٢٢؛ عبرانيين ٢ : ٥-١٠	الخلق
١٦ : ٨-١١	أعمال الرسل ٢ : ٢٤-٣١؛ ١٣ : ٣٥-٣٧	الموت، والقيامة
٢٢ : ١-٣١	متى ٢٧ : ٣٥-٤٦؛ يوحنا ١٩ : ٢٣-٢٤؛ عبرانيين ٢ : ١٢؛ ٥ : ٥	التجسُّد، والصَّلب، والقيامة
٤٠ : ٦-٨	عبرانيين ١٠ : ٥-٩	التجسُّد
٤١ : ٩	يوحنا ١٣ : ١٨، ٢١	الخيانة
٤٥ : ٦-٧	عبرانيين ١ : ٨-٩	اللاهوت
٦٨ : ١٨	أفسس ٤ : ٨	الصعود، والتتويج
٦٩ : ٢٠-٢١، ٢٥	متى ٢٧ : ٣٤، ٤٨؛ أعمال الرسل ١ : ١٥-٢٠	الخيانة، والصَّلب
٧٢ : ٦-١٧	-	المُلك الألفي

١٦ هذا الجدول مأخوذ من المصدر التالي، بتصريح من دار النشر (Thomas Nelson. www.thomasnelson.com):
John MacArthur, ed., *The MacArthur Study Bible: English Standard Version* (Wheaton, IL: Crossway, 2010), 835.

المزمور	الاقتباس في العهد الجديد	الدلالة
٧٨: ١-٢، ١٥	متى ١٣: ٣٥؛ ١ كورنثوس ١٠: ٤	الظهور الإلهي، خدمة التعليم على الأرض
٨٩: ٣-٣٧	أعمال الرسل ٢: ٣٠	المُلك الألفي
١٠٢: ٢٥-٢٧	عبرانيين ١: ١٠-١٢	الخلق، والسرمدية
١٠٩: ٦-١٩	أعمال الرسل ١: ١٥-٢٠	الخيانة
١١٠: ١-٧	متى ٢٢: ٤٣-٤٥؛ أعمال الرسل ٢: ٣٣-٣٥؛ عبرانيين ١: ١٣؛ ٥: ٦-١٠؛ ٦: ٢٠؛ ٧: ٢٤	اللاهوت، والصعود، والكهنوت السماوي، والمُلك الألفي
١١٨: ٢٢-٢٣	متى ٢١: ٤٢؛ مرقس ١٢: ١٠-١١؛ لوقا ٢٠: ١٧؛ أعمال الرسل ٤: ٨-١٢؛ ١ بطرس ٢: ٧	رفضه كمخلِّص
١٣٢: ١٢-١٨	أعمال الرسل ٢: ٣٠	المُلك الألفي

وقد قرأ اليهود أنفسهم الكتاب المقدس العبري بطريقة جعلت كثيرين يفهمون نبواته على أنها نبوات مباشرة عن المسيَّا العتيد أن يأتي. فبعد أن دُعِي فيلبس ليكون تلميذًا ليسوع (يوحنا ١: ٤٣)، راح يبحث عن نثنائيل كي يخبره بأن يسوع الناصري هو بالحقيقة ذاك الذي كتب عنه موسى والأنبياء (يوحنا ١: ٤٥). وهنا يلزم أن نعرِّف القارئ بذلك التيار السائد في هذه الأيام، والذي يسعى إلى رؤية الرب يسوع المسيح في كلِّ نص في العهد القديم. تتجاهل هذه الممارسة النبوات الحقيقية، وترفض قاعدة التفسير الأساسية - ألا وهي مبدأ قصد الكاتب، وتضرب بعملية التفسير والشرح السليمة عرض الحائط، وتجعل العهد القديم عديم المعنى لقرائه الأصليين من اليهود. هذه ليست طريقة تفسير روحية، بل، بالأحرى، هجوم على المعنى الإلهي للعهد القديم.

إذن ما هي نبوات العهد القديم التي تتعلَّق بالمسيح؟ وما الذي أعلنه العهد القديم عن مجيء يسوع وعن عمله؟ يعرض لنا الجدول التالي مئة وعشرين نبوة من نبوات العهد القديم. من شأن دراسة

نبوات العهد القديم أن تشغل كتابًا منفصلًا كبير الحجم؛[١٧] لكن، يكفي في هذا الكتاب أن نذكر بضعة أمثلة رئيسية.

الجدول ٤.٢: نبوات العهد القديم المسيَّانية[١٨]

النبوة	نصوص العهد القديم	تتميم العهد الجديد
نسل المرأة	تكوين ٣: ١٥	غلاطية ٤: ٤؛ عبرانيين ٢: ١٤
من أولاد نوح	تكوين ٩: ٢٧	لوقا ٣: ٣٦
نسل إبراهيم	تكوين ١٢: ٣	متى ١: ١؛ غلاطية ٣: ٨، ١٦
بركة من خلال إبراهيم	تكوين ١٢: ٣؛ ٢٨: ١٤	غلاطية ٣: ٨، ١٦؛ عبرانيين ٦: ١٤
نسل إسحاق	تكوين ١٧: ١٩؛ ٢١: ١٢	رومية ٩: ٧؛ عبرانيين ١١: ١٨
بركة للأمم	تكوين ١٨: ١٨؛ ٢٢: ١٨؛ ٢٦: ٤	غلاطية ٣: ٨
من سبط يهوذا	تكوين ٤٩: ١٠	رؤيا ٥: ٥
لا يُكسَر عظمٌ من عظامه	خروج ١٢: ٤٦	يوحنا ١٩: ٣٦
بركة للابن البكر	خروج ١٣: ٢	لوقا ٢: ٢٣
لا يُكسر عظمٌ من عظامه	العدد ٩: ١٢	يوحنا ١٩: ٣٦

17 For example, see Ernst Wilhelm Hengstenberg, *Christology of the Old Testament and a Commentary on the Messianic Predictions*, Kregel Reprint Library (1847; repr., Grand Rapids, MI: Kregel, 1970).

١٨ هذا الجدول مأخوذ من المصدر التالي بتصريح من دار النشر، مع إجراء تعديلات طفيفة:

Ralph P. Martin, "Messiah," in *Holman Illustrated Bible Dictionary*, rev. ed., ed. Chad Brand et al. (Nashville: Holman Bible, 2003), 1112–14.

النبوة	نصوص العهد القديم	تتميم العهد الجديد
الحية في البرية	العدد ٢١ : ٨-٩	يوحنا ٣ : ١٤-١٥
كوكب من يعقوب	العدد ٢٤: ١٧-١٩	متى ٢: ٢؛ لوقا ١: ٣٣، ٧٨؛ رؤيا ٢٢: ١٦
ملك الملوك، ورب الأرباب	تثنية ١٠ : ١٧	١ تيموثاوس ٦ : ١٥؛ رؤيا ١٧ : ١٤؛ ١٩ : ١٦
نبيًّا	تثنية ١٨ : ١٥، ١٨-١٩	يوحنا ٦ : ١٤؛ ٧ : ٤٠؛ أعمال الرسل ٣: ٢٢-٢٣
ملعون على خشبة	تثنية ٢١ : ٢٣	غلاطية ٣ : ١٣
تثبيت كرسي داود إلى الأبد	٢ صموئيل ٧ : ١٢-١٣، ١٦، ٢٥-٢٦؛ ١ أخبار الأيام ١٧ : ١١-١٤، ٢٣-٢٧؛ ٢ أخبار الأيام ٢١ : ٧	متى ١٩ : ٢٨؛ ٢٥ : ٣١؛ مرقس ١٢ : ٣٧؛ لوقا ١ : ٣٢؛ أعمال الرسل ٢ : ٣٠؛ ١٣ : ٢٢-٢٣؛ رومية ١ : ٣؛ ٢ تيموثاوس ٢ : ٨؛ عبرانيين ١ : ٥، ٨؛ ٨ : ١؛ ١٢ : ٢؛ رؤيا ٢٢ : ١
الفادي الموعود به	أيوب ١٩ : ٢٥-٢٧	يوحنا ٥ : ٢٨-٢٩؛ غلاطية ٤ : ٤-٥؛ أفسس ١ : ٧، ١١، ١٤
إعلان أنه ابن الله	مزمور ٢ : ١-١٢	متى ٣ : ١٧؛ مرقس ١ : ١١؛ أعمال الرسل ٤ : ٢٥-٢٦؛ ١٣ : ٣٣؛ عبرانيين ١ : ٥؛ ٥ : ٥؛ رؤيا ٢ : ٢٦-٢٧؛ ١٩ : ١٥-١٦
قيامته	مزمور ١٦ : ٨-١٠	أعمال الرسل ٢ : ٢٧؛ ١٣ : ٣٥؛ ٢٦ : ٢٣
تعرُّضه للاستهزاء والإهانة	مزمور ٢٢ : ٧-٨	متى ٢٧ : ٣٩-٤٣، ٤٥-٤٩
ثقب يديه ورجليه	مزمور ٢٢ : ١٦	متى ٢٧ : ٣١، ٣٥-٣٦

النبوة	نصوص العهد القديم	تتميم العهد الجديد
اقتراع الجنود على ثيابه	مزمور ٢٢ : ١٨	مرقس ١٥ : ٢٠، ٢٤-٢٥؛ لوقا ٢٣ : ٣٤؛ يوحنا ١٩ : ٢٣-٢٤
شهادة شهود زور ضدَّه	مزمور ٢٧ : ١٢	متى ٢٦ : ٥٩-٦٠؛ مرقس ١٤ : ٥٧-٥٨
أسلم روحه	مزمور ٣١ : ٥	لوقا ٢٣ : ٤٦
لا يُكسر عظم من عظامه	مزمور ٣٤ : ٢٠	يوحنا ١٩ : ٣٦
شهادة شهود زور ضده	مزمور ٣٥ : ١١	متى ٢٦ : ٥٩-٦١؛ مرقس ١٤ : ٥٧-٥٨
يُبغَض بلا سبب	مزمور ٣٥ : ١٩	يوحنا ١٥ : ٢٤-٢٥
وقوف أصدقائه بعيدًا	مزمور ٣٨ : ١١	متى ٢٧ : ٥٥؛ مرقس ١٥ : ٤٠؛ لوقا ٢٣ : ٤٩
جاء ليفعل مشيئة الآب	مزمور ٤٠ : ٦-٨	عبرانيين ١٠ : ٥-٩
خيانة صديق له	مزمور ٤١ : ٩	متى ٢٦ : ٤٧-٥٠؛ مرقس ١٤ : ١٧-٢١؛ لوقا ٢٢ : ٢١-٢٣؛ يوحنا ١٣ : ١٨-١٩
معروف ببرِّه	مزمور ٤٥ : ٦-٧	عبرانيين ١ : ٨-٩
قيامته	مزمور ٤٩ : ١٥	مرقس ١٦ : ٦
خيانة صديق له	مزمور ٥٥ : ١٢-١٤	يوحنا ١٣ : ١٨

النبوة	نصوص العهد القديم	تتميم العهد الجديد
صعوده	مزمور ٦٨ : ١٨	أفسس ٤ : ٨
مبغَض بلا سبب	مزمور ٦٩ : ٤	يوحنا ١٥ : ٢٥
تلدغه التعييرات	مزمور ٦٩ : ٩	رومية ١٥ : ٣
يُعطَى علقمًا وخلًا	مزمور ٦٩ : ٢١	متى ٢٧ : ٣٤، ٤٨؛ مرقس ١٥ : ٢٣؛ لوقا ٢٣ : ٣٦؛ يوحنا ١٩ : ٢٩
يُرَفِّعه الله	مزمور ٧٢ : ١-١٩	متى ٢ : ٢؛ فيلبي ٢ : ٩-١١؛ عبرانيين ١ — ٨
يتكلَّم بأمثال	مزمور ٧٨ : ٢	متى ١٣ : ٣٤-٣٥
تمجيد نسل داود	مزمور ٨٩ : ٣-٤، ١٩، ٢٧-٢٩، ٣٥-٣٧	لوقا ١ : ٣٢؛ أعمال الرسل ٢ : ٣٠؛ ١٣ : ٢٣؛ رومية ١ : ٣؛ ٢ تيموثاوس ٢ : ٨
ابن الإنسان يأتي في مجد	مزمور ١٠٢ : ١٦	لوقا ٢١ : ٢٧؛ رؤيا ١٢ : ٥-١٠
يبقى كما هو، لا يتغيَّر	مزمور ١٠٢ : ٢٤-٢٧	عبرانيين ١ : ١٠-١٢
يصلي من أجل أعدائه	مزمور ١٠٩ : ٤	لوقا ٢٣ : ٣٤
آخر يخلف يهوذا	مزمور ١٠٩ : ٧-٨	أعمال الرسل ١ : ١٦-٢٦
كاهن نظير ملكي صادق	مزمور ١١٠ : ١-٧	متى ٢٢ : ٤١-٤٥؛ ٢٦ : ٦٤؛ مرقس ١٢ : ٣٥-٣٧؛ ١٦ : ١٩؛ أعمال الرسل ٧ : ٥٦؛ أفسس ١ : ٢٠؛ عبرانيين ١ : ١٣؛ ٢ : ٨؛ ٥ : ٦؛ ٦ : ٢٠؛ ٧ : ٢١؛ ٨ : ١؛ ١٠ : ١١-١٣؛ ١٢ : ٢

النبوة	نصوص العهد القديم	تتميم العهد الجديد
الحجر رأس الزاوية	مزمور ١١٨: ٢٢-٢٣	متى ٢١: ٤٢؛ مرقس ١٢: ١٠-١١؛ لوقا ٢٠: ١٧؛ يوحنا ١: ١١؛ أعمال الرسل ٤: ١١؛ أفسس ٢: ٢٠؛ ١ بطرس ٢: ٤
الملك يأتي باسم الرب	مزمور ١١٨: ٢٦	متى ٢١: ٩؛ ٢٣: ٣٩؛ مرقس ١١: ٩؛ لوقا ١٣: ٣٥؛ ١٩: ٣٨؛ يوحنا ١٢: ١٣
نسل داود يملك	مزمور ١٣٢: ١١؛ انظر ٢ صموئيل ٧: ١٢-١٣، ١٦، ٢٥-٢٦، ٢٩	متى ١: ١
إعلان أنه ابن الله	أمثال ٣٠: ٤	متى ٣: ١٧؛ مرقس ١٤: ٦١-٦٢؛ لوقا ١: ٣٥؛ يوحنا ٣: ١٣؛ ٩: ٣٥-٣٨؛ رومية ١: ٢-٤؛ ٢ بطرس ١: ١٧
توبة للأمم	إشعياء ٢: ٢-٤	لوقا ٢٤: ٤٧
تَقَسِّي القلوب	إشعياء ٦: ٩-١٠	متى ١٣: ١٤-١٥؛ يوحنا ١٢: ٣٩-٤٠؛ أعمال الرسل ٢٨: ٢٥-٢٧
يولد من عذراء	إشعياء ٧: ١٤	متى ١: ٢٢-٢٣
الله معنا	إشعياء ٧: ١٤	متى ١: ٢٣
صخرة عثرة	إشعياء ٨: ١٤-١٥	رومية ٩: ٣٣؛ ١ بطرس ٢: ٨
نور يخرج من الظلمة	إشعياء ٩: ١-٢	متى ٤: ١٤-١٦؛ لوقا ٢: ٣٢
ممتلئ حكمة وقوة	إشعياء ١١: ١-١٠	لوقا ٢: ٥٢؛ ١ كورنثوس ١: ٣٠
يملك على كرسي داود	إشعياء ١٦: ٤-٥	لوقا ١: ٣١-٣٣

النبوة	نصوص العهد القديم	تتميم العهد الجديد
مفتاح داود	إشعياء ٢٢ : ٢١-٢٥	رؤيا ٣ : ٧
يُبتلَع الموتُ إلى غلبة	إشعياء ٢٥ : ٨	١ كورنثوس ١٥ : ٥٤
حجر في صهيون	إشعياء ٢٨ : ١٦	رومية ٩ : ٣٣؛ ١ بطرس ٢ : ٦
الصُّم يسمعون، والعمي يُبصرون	إشعياء ٢٩ : ١٨	متى ١١ : ٥؛ يوحنا ٩ : ٣٩
شفاء للمحتاجين	إشعياء ٣٥ : ٥-٦	متى ٩ : ٣٠؛ ١١ : ٥؛ ١٢ : ٢٢؛ ٢٠ : ٣٤؛ ٢١ : ١٤؛ مرقس ٧ : ٣٠؛ يوحنا ٥ : ٩
إعداد طريق الرب	إشعياء ٤٠ : ٣-٥	متى ٣ : ٣؛ مرقس ١ : ٣؛ لوقا ٣ : ٤-٥؛ يوحنا ١ : ٢٣
الراعي يموت عن خرافه	إشعياء ٤٠ : ١١	يوحنا ١٠ : ١١؛ عبرانيين ١٣ : ٢٠؛ ١ بطرس ٢ : ٢٤-٢٥
العبد الوديع	إشعياء ٤٢ : ١-٦	متى ١٢ : ١٧-٢١
نور للأمم	إشعياء ٤٩ : ٦	لوقا ٢ : ٣٢؛ أعمال الرسل ١٣ : ٤٧؛ ٢ كورنثوس ٦ : ٢
يُضرَب بالسياط ويُبصَق على وجهه	إشعياء ٥٠ : ٦	متى ٢٦ : ٦٧؛ ٢٧ : ٢٦، ٣٠؛ مرقس ١٤ : ٦٥؛ ١٥ : ١٥، ١٩؛ لوقا ٢٢ : ٦٣-٦٥؛ يوحنا ١٩ : ١
يُرفَض من شعبه	إشعياء ٥٢ : ١٣-٥٣ : ١٢	متى ٢٧ : ١-٢؛ لوقا ٢٣ : ١-٢٥
عدم تصديق خبره	إشعياء ٥٣ : ١	يوحنا ١٢ : ٣٧-٣٨

النبوة	نصوص العهد القديم	تتميم العهد الجديد
يتألَّم آلامًا نيابيَّة	إشعياء ٥٣ : ٤-٥، ١١-١٢	متى ٨: ١٧؛ يوحنا ١١ : ٤٩-٥٢؛ أعمال الرسل ١٠ : ٤٣؛ ١٣ : ٣٨-٣٩؛ رومية ٥ : ١٨-١٩؛ ١ كورنثوس ١٥ : ٣؛ أفسس ١ : ٧؛ ١ بطرس ٢ : ٢٤؛ ١ يوحنا ١ : ٧
التزامه الصمت عند اتهامه	إشعياء ٥٣ : ٧	متى ٢٧ : ١٢-١٤؛ مرقس ١٥ : ٣-٤؛ أعمال الرسل ٨: ٢٨-٣٥؛ ١ بطرس ٢ : ٢٣
لا غش أو مكر في كلامه	إشعياء ٥٣ : ٩	١ بطرس ٢ : ٢٢
يُدفَن مع غني	إشعياء ٥٣ : ٩	متى ٢٧ : ٥٧-٦٠
يُصلَب مع أثمة	إشعياء ٥٣ : ١٢	متى ٢٧ : ٣٨؛ مرقس ١٥ : ٢٧ -٢٨؛ لوقا ٢٣ : ٣٢-٣٤، ٣٩-٤١؛ يوحنا ١٩ : ١٨
رئيسًا ومُوصيًا	إشعياء ٥٥ : ٤	أعمال الرسل ٥ : ٣١؛ رؤيا ١ : ٥
دعوة الذين ليسوا من إسرائيل	إشعياء ٥٥ : ٥	يوحنا ١٠ : ١٦؛ رومية ٩: ٢٥-٢٦
مُنْقِذٌ يَخرجُ من صهيون	إشعياء ٥٩ : ٢٠-٢١	رومية ١١ : ٢٦-٢٧
الأمم تسير في النور	إشعياء ٦٠ : ١-٣	لوقا ٢ : ٣٢
يُمسَح بالروح	إشعياء ٦١ : ١	لوقا ٤ : ١٨؛ أعمال الرسل ١٠ : ٣٨
يُمسَح كي يبشِّر بالإطلاق	إشعياء ٦١ : ١-٢	لوقا ٤ : ١٧-١٩

النبوة	نصوص العهد القديم	تتميم العهد الجديد
الدعوة باسم جديد	إشعياء ٦٢ : ١-٤، ١٢	رؤيا ٢ : ١٧؛ ٣ : ١٢
ثياب مغموسة في الدم	إشعياء ٦٣ : ١-٣	رؤيا ١٩ : ١٣
المختارون سوف يرثون	إشعياء ٦٥ : ٩	رومية ١١ : ٥، ٧
سماوات جديدة وأرض جديدة	إشعياء ٦٥ : ١٧-٢٥	٢ بطرس ٣ : ١٣؛ رؤيا ٢١ : ١
الرب بِرُّنا	إرميا ٢٣ : ٥-٦	١ كورنثوس ١ : ٣٠؛ فيلبي ٣ : ٩
يولد ملكًا	إرميا ٣٠ : ٩	يوحنا ١٨ : ٣٧؛ رؤيا ١ : ٥
مذبحة الأطفال	إرميا ٣١ : ١٥	متى ٢ : ١٧-١٨
يُحبَل به من الروح القدس	إرميا ٣١ : ٢٢	متى ١ : ٢٠؛ لوقا ١ : ٣٥
عهد جديد	إرميا ٣١ : ٣١-٣٤	متى ٢٦ : ٢٧-٢٩؛ مرقس ١٤ : ٢٢-٢٤؛ لوقا ٢٢ : ١٥-٢٠؛ ١ كورنثوس ١١ : ٢٥؛ عبرانيين ٨ : ٨-١٢؛ ١٠ : ١٥-١٧؛ ١٢ : ٢٤؛ ١٣ : ٢٠
بيت روحي	إرميا ٣٣ : ١٥-١٧	يوحنا ٢ : ١٩-٢١؛ أفسس ٢ : ٢٠-٢١؛ ١ بطرس ٢ : ٥
شجرة من غرس الله	حزقيال ١٧ : ٢٢-٢٤	متى ١٣ : ٣١-٣٢
رفع المتضعين	حزقيال ٢١ : ٢٦-٢٧	لوقا ١ : ٥٢

النبوة	نصوص العهد القديم	تتميم العهد الجديد
الراعي الصالح	حزقيال ٣٤ : ٢٣-٢٤	يوحنا ١٠ : ١١
حجر يُقطَع بغير يَدَيْن	دانيآل ٢ : ٣٤-٣٥	أعمال الرسل ٤ : ١٠-١٢
مملكته غالبة	دانيآل ٢ : ٤٤-٤٥	لوقا ١ : ٣٣؛ ١ كورنثوس ١٥ : ٢٤؛ رؤيا ١١ : ١٥
ابن الإنسان يأتي على سحاب المجد	دانيآل ٧ : ١٣-١٤	متى ٢٤ : ٣٠؛ ٢٥ : ٣١؛ ٢٦ : ٦٤؛ مرقس ١٤ : ٦١-٦٢؛ أعمال الرسل ١ : ٩-١١؛ رؤيا ١ : ٧
مملكة تُعطَى للقديسين	دانيآل ٧ : ٢٧	لوقا ١ : ٣٣؛ ١ كورنثوس ١٥ : ٢٤؛ رؤيا ١١ : ١٥
توقيت موته	دانيآل ٩ : ٢٤-٢٧	متى ٢٤ : ١٥-٢١؛ لوقا ٣ : ١
ردُّ إسرائيل	هوشع ٣ : ٥	رومية ١١ : ٢٥-٢٧
الهروب إلى مصر	هوشع ١١ : ١	متى ٢ : ١٥
وعد بالروح القدس	يوئيل ٢ : ٢٨-٣٢	أعمال الرسل ٢ : ١٧-٢١؛ رومية ١٥ : ١٣
إظلام الشمس	عاموس ٨ : ٩	متى ٢٤ : ٢٩؛ أعمال الرسل ٢ : ٢٠؛ رؤيا ٦ : ١٢
إعادة بناء خيمة الاجتماع	عاموس ٩ : ١١-١٢	أعمال الرسل ١٥ : ١٦-١٨
جمع إسرائيل مجدَّدًا	ميخا ٢ : ١٢-١٣	يوحنا ١٠ : ١٤، ٢٦

النبوة	نصوص العهد القديم	تتميم العهد الجديد
إقامة الملكوت	ميخا ٤ : ١–٨	لوقا ١ : ٣٣
يولَد في بيت لحم	ميخا ٥ : ٢	متى ٢ : ١؛ لوقا ٢ : ٤، ١٠–١١
امتلاء الأرض من معرفة مجد الرب	حبقوق ٢ : ١٤	رؤيا ٢١ : ٢٣–٢٦
الخروف على العرش	زكريا ٢ : ١٠–١٣	رؤيا ٥ : ١٣؛ ٢١ : ٢٤؛ ٢٢ : ١–٥
كهنوت مقدَّس	زكريا ٣ : ٨	١ بطرس ٢ : ٥
رئيس كهنة سماوي	زكريا ٦ : ١٢–١٣	عبرانيين ٤ : ١٤؛ ٨ : ١–٢
الملك يأتي	زكريا ٩ : ٩	متى ٢١ : ٥
دخول انتصاري	زكريا ٩ : ٩	متى ٢١ : ٤–٥؛ مرقس ١١ : ٩–١٠؛ لوقا ١٩ : ٣٨؛ يوحنا ١٢ : ١٣–١٥
يباع بالفضة	زكريا ١١ : ١٢–١٣	متى ٢٦ : ١٤–١٥
شراء حقل الفخاري بهذا المال	زكريا ١١ : ١٢–١٣	متى ٢٧ : ٩–١٠
طَعْنُ جسده	زكريا ١٢ : ١٠	يوحنا ١٩ : ٣٤، ٣٧
ضَرْبُ الراعي، وتبدُّد خراف الرعية	زكريا ١٣ : ٧	متى ٢٦ : ٣١؛ يوحنا ١٦ : ٣٢
يُسبَق بمَن يُعِد له الطريق	ملاخي ٣ : ١	متى ١١ : ١٠؛ مرقس ١ : ٢؛ لوقا ٧ : ٢٧

النبوة	نصوص العهد القديم	تتميم العهد الجديد
تطهير خطايانا	ملاخي ٣ : ٣	عبرانيين ١ : ٣
نور العالم	ملاخي ٤ : ٢-٣	لوقا ١ : ٧٨؛ يوحنا ١ : ٩؛ ١٢ : ٤٦؛ ٢ بطرس ١ : ١٩؛ رؤيا ٢ : ٢٨؛ ٢٢ : ١٦
مجيء إيليا	ملاخي ٤ : ٥-٦	متى ١١ : ١٤؛ ١٧ : ١٠-١٢

- **المسيَّا هو نسل المرأة (تكوين ٣: ١٥)**

لم تنتهِ دينونة الله على الحية بلعنة الزحف على بطنها، التي نقرأ عنها في تكوين ٣ : ١٤، بل استطرد الله قائلًا: «وَأَضَعُ عَدَاوَةً بَيْنَكِ وَبَيْنَ الْمَرْأَةِ، وَبَيْنَ نَسْلِكِ وَنَسْلِهَا» (تكوين ٣ : ١٥). لم تكن التأثيرات الجسدية أو المادية لهذه اللعنة تساوي شيئًا بالمقارنة بالعداوة مع كائن حي آخر. فلم يكن من شأن الحية فقط أن تزحف على بطنها طوال حياتها، بل كان من شأنها أيضًا أن تخوض حربًا من نوع ما مع حواء ومع نسلها. وسوف تمتد هذه الحرب إلى ما بعد مدة حياة حية واحدة، إذ ستشمل نسلها أيضًا.

ما هو المقصود بكلمة «نَسْلِكِ»؟ افترَضَ البعض أن هذه صورة بلاغية تشير إلى البشر الأشرار، معتقدين بهذا أن تكوين ٣ : ١٥ يرسم صورة للصراع بين البشر الصالحين والبشر الأشرار. لكن، يرى آخرون أن معنى الكلمة أوسع نطاقًا من ذلك، إذ يؤمنون بوجود مملكة للشر يَحكُمها الشيطان. فقد كان هو الذي أيَّد الحية بالقوة، وهو المسؤول الأساسي عما حدث. يؤكِّد العهد الجديد هذا التفسير في رومية ١٦ : ٢٠: «وَإِلهُ السَّلاَمِ سَيَسْحَقُ الشَّيْطَانَ تَحْتَ أَرْجُلِكُمْ سَرِيعًا»؛ وفي رؤيا ١٢ : ٩، «فَطُرِحَ التِّنِّينُ الْعَظِيمُ، الْحَيَّةُ الْقَدِيمَةُ الْمَدْعُوُّ إِبْلِيسَ وَالشَّيْطَانَ، الَّذِي يُضِلُّ الْعَالَمَ كُلَّهُ».

يؤكد هذا التفسير أن الله كان يقصد بنسل المرأة أيضًا معنًى أوسع نطاقًا. يشير هذا التعبير إلى مملكة من الخير، سيكون واحدًا من نسل المرأة حاكمًا عليها في النهاية. هذا الشخص الذي سيأتي في المستقبل سيهزم الشيطان هزيمة قاطعة، وينهي الصراع بين المملكتين: «هُوَ يَسْحَقُ رَأْسَكِ، وَأَنْتِ تَسْحَقِينَ عَقِبَهُ» (تكوين ٣ : ١٥). وكما خاطب يسوع الشيطان من خلال بطرس، في متى ١٦ : ٢٣، خاطب اللهُ الشيطان في هذا النص من خلال الحية، قائلًا إن الشيطان سيسحق عقِب نسل المرأة. يعني ذلك أن هذا الهجوم سيصيب نسل المرأة بضرر، لكنه لن يهزمه. في المقابل، سيتجاوز نسل المرأة مجرد الهجوم على الشيطان، إذ سيسحق رأسه. ويرمز سحق الرأس إلى الهزيمة التامة. أدرك كُتَّاب العهد الجديد أن نسل المرأة هو المسيَّا (انظر متى ١ : ٢٣؛ غلاطية ٤ : ٤؛ ١ تيموثاوس ٢ : ١٥؛ عبرانيين ٢ : ١٤؛ ١ يوحنا ٣ : ٨). وهذا التفسير يجعل من هذه الآية أوَّل نبوة مسيانية في الكتاب المقدس.

يردِّد بقية الكتاب المقدس صدى تكوين ٣ : ١٥ بمحركَيها الرئيسيَّين: **الرأس، والعقِب** (مزمور ٢٢ : ١٦؛ لوقا ٢٤ : ٣٩-٤٠؛ رؤيا ١٣ : ٣). وقد أمدَّنا هيكل عظمي استُخرِج من أحد حوادث الصلب التي تعود

إلى القرن الأول الميلادي ببراهينَ على أن مُنفِّذي أحكام الإعدام من الرومان كانوا يدقُّون المسامير بطريقة تمنع المصلوب من التحرُّر منها. فقد كانت القدمان تسمَّران من أسفل الكاحل، في موضع يمكن القول إنه قريب جدًا من العقب أو الكعب. وكانت القدمان إما تسمَّران منفصلتين في جانبَي الجذع الخشبي الرأسي، أو كان الجزء السفلي من الجسد يُلَفّ من الجانب لتسمير القدمين كلتيهما بمسمار واحد.[١٩]

خدعت الحية (ممثل الشيطان) حواء. ومن ثَمَّ، كان من شأن المرأة أن تُصبح أُمًّا للمنتصر النهائي على الشيطان. وفي خِضَمٍّ نطق الله بالعقوبة على الحية، خطَّ موسى رسالة رجاء، ولمحة من رحمة الله ونعمته. فستكون هناك نهاية لصراع الدهور الذي بدأ بسقوط الإنسان. ولهذا السبب، دعا بعض علماء ودارسي الكتاب المقدس نص تكوين ٣ : ١٥ «**الإنجيل الأول**» [protoevangelium]، لأنه أقدم نبوة تَعِدُ بمخلِّص سيأتي في المستقبل.

• المسيًّا هو ابن الله (المزمور الثاني)

يرى كثير من علماء ودارسي الكتاب المقدس أن المزمور الثاني ليس نبوة مسيانية، بل مجرد إشارة إلى واحد من الملوك الداوديين. لكن، يتعامل العهد الجديد مع هذا المزمور باعتباره مزمورًا نبويًا ومسيَّانيًا، واقتبس منه ثمانيَ عشرة مرة (سبع مرات في الأناجيل، وخمس مرات في سفر الرؤيا، وثلاث مرات في الرسالة إلى العبرانيين، ومرتين في سفر أعمال الرسل، ومرة واحدة في الرسالة إلى أهل فيلبي). تُحَدِّثنا الآيات ١-٣ عن تمرُّدٍ عالميٍّ على الرب وعلى الملك، المسوح من الله. ثم في الآيات ٤-٦، يثبِّت الله ملكه المختار على الأمم. وفي الآيات ٧-٩، يؤكِّد الله أن مَلِكه هذا هو أيضًا ابنه، ثم يدعو العالم إلى التَفَكُّر بتعقُّل في ابنه، وتقديم الطاعة التامة له (٢ : ١٠-١٢). وعلى مر التاريخ، لم يتمّم أيٌّ من ملوك يهوذا من السلالة الداودية عناصر هذا المزمور. فقد وصف كاتبُ المزمور ابنَ الله هذا بأنه يمارس سيادة وحكمًا كونيًّا. بل وقد طالب الله رؤساء العالم بأن يقدِّموا عبادة روحية لابنه، ويخافوه ويخضعوا له، مقابل بركة روحية ستحُلُّ على جميع «الْمُتَّكِلِينَ» على ابن الله - وهو وعدٌ لم يُقطَع قط لقاء الخضوع لملك من البشر. ويدل تشابه شخصية المزمور الثاني وأعمالها مع شخصية نص إشعياء ٩ : ٦ على أنهما شخصٌ واحدٌ.

• إشارات ثالوثية إلى المسيًّا

يُظهِر بعض النصوص الكتابية الواردة في سفر إشعياء ثلاثة أقانيم إلهية متمايزة:

- إشعياء ٤٢ : ١، «أَعْضُدُهُ (ضمير المتكلم)»، «عَبْدِي»، «رُوحِي».
- إشعياء ٤٨ : ١٦، «السَّيِّدُ الرَّبُّ»، «أَرْسَلَنِي (ضمير المتكلم)»، «رُوحُهُ».
- إشعياء ٦١ : ١، «رُوحُ السَّيِّدِ الرَّبِّ»، «الرَّبَّ»، «مَسَحَنِي (ضمير المتكلم)».
- إشعياء ٦٣ : ٧-١٠، «الرَّبِّ»، «مَلاَكُ حَضْرَتِهِ»، «رُوحَ قُدْسِهِ».

---

19 See Peter Connolly, *Living in the Time of Jesus of Nazareth: From Herod the Great to Masada* (Bnei Brak, Israel: Steimatzky, 1983), 51; Matti Friedman, "In a Stone Box, the Only Trace of Crucifixion," *The Times of Israel*, March 26,2012 , http://www.timesofisrael.com/in-a-stone-box-a-rare-trace-of-crucifixion/.

وفقًا لهذه النصوص، سيُرسِل الربُّ عبدَ الرب، ويؤيِّده بقوة من روحه. وقد أكَّد يسوع أن نص إشعياء ٦١: ١ يتحدَّث عنه بصفته عبد الرب (لوقا ٤: ١٧-٢١). ويمكن العثور، في نصوص أقدم أيضًا من العهد القديم، على إشارات إلى تعدُّدية في الأقانيم الإلهية. فيما يلي مجرد عيِّنة مختصرة من مثل هذه الإشارات:

- تكوين ١: ١-٢، الله وروح الله.
- تكوين ١٩: ٢٤، شخصان كلاهما يحمل اسم يهوه («الربُّ»)، واحد في السماء والآخر على الأرض (انظر تكوين ١٨: ١٧، ٢٢-٢٣)
- يشوع ٥: ١٣-١٥، «رَئِيسُ جُنْدِ الرَّبِّ» و«الرب» نفسه.

• المسيَّا هو الوسيط بين الله والإنسان (أيوب ٣٣: ٢٣-٢٨)

يتفق تعريف الرسول بولس ليسوع بأنه الله-الإنسان، الذي يؤدي دور الوسيط بين الله والجنس البشري (١ تيموثاوس ٢: ٥)، مع ما أعلنه أقدم سفر في العهد القديم. فقد أقرَّ أيوب بأن الله عادل أو بار للغاية لدرجة أن الإنسان لا يمكنه أن يكون بارًّا أمامه (أيوب ٩: ٢). لم يكن السؤال الذي طرحه أيوب يتعلق بالكيفية التي يمكن بها لأحدهم أن يتبرَّر [justified]، بل بالكيفية التي يمكنه بها التحلِّي بصفة أن يكون بارًّا [being just]. فإن البشر خطاة أمام إله عادل وقدوس، ومن ثمَّ، لا يسعهم التعامل معه البتة. ثمة وسيلة واحدة يمكن بها للإنسان أن يتواصل عمليًّا مع الله، ألا وهي من خلال وسيط. كان مستقبل أيوب ميؤوسًا منه، ما لم يتدخل أحدهم نيابة عنه (أيوب ٣٣: ٢٤-٢٨). فقد كان مصيره هو الذهاب إلى «الحُفرة»؛ وكان من شأن الموت أن يأخذه في النهاية، وحينئذ، سيتوجب عليه المثول أمام الإله القدوس. وكان أيوب قد سبق وعبَّر بالفعل في أيوب ١٩: ٢٥ عن قناعته بأن وليَّه (فادِيه) حيٌّ، وأنه سيقوم على الأرض في الأيام الأخيرة. مَن هو ذلك الوليُّ، وكيف يكون مؤهَّلًا لأن يكون وليَّ أيوب؟

ينبغي أن يكون وليُّ أيوب ووسيطه هذا إلهًا وإنسانًا في الآن ذاته (أيوب ٩: ٣٢-٣٣؛ ١٦: ٢١). ووفقًا لنص أيوب ٣٣: ٢٣، يتَّصف هذا الشخص بأنه «مُرْسَلٌ» («ملاك»)،[٢٠] و«وَسِيطٌ»، و«وَاحِدٌ مِنْ أَلْفٍ» (أي «فريد من نوعه»، نظير استخدام العهد الجديد لكلمة monogenēs، أي «المولود الوحيد»، في نصوص من قبيل يوحنا ١: ١٤، ١٨؛ ٣: ١٦؛ ١ يوحنا ٤: ٩). كما أنه قادرٌ على تعليم الحكمة (أيوب ٣٣: ٣٣)، وكذلك على إنقاذ أيوب من الحفرة بواسطة «الفدية» التي لديه (أيوب ٣٣: ٢٤). وتشمل بقية الصورة التي رسمها سفر أيوب عن هذا الوليَّ الوسيط الأوصاف التالية:

١. هو الشاهد الأمين في السماء (أيوب ١٦: ١٩؛ انظر رؤيا ١: ٥)
٢. لديه دالَّةٌ في الأعالي (أيوب ١٦: ١٩؛ انظر عبرانيين ٩: ١٢، ٢٤)
٣. هو فادٍ (أيوب ١٩: ٢٥؛ ٣٣: ٢٤، ٢٨؛ انظر تكوين ٤٨: ١٦؛ غلاطية ٣: ٨-٢٢)
٤. هو وسيط (أيوب ٣٣: ٢٣؛ انظر ١ تيموثاوس ٢: ٥-٦)
٥. هو فريد من نوعه (أيوب ٣٣: ٢٣؛ انظر يوحنا ٣: ١٦)

---

٢٠ [المترجم]: كلمة «ملاك» (מַלְאָךְ) في اللغة العبرية تعني فعليًّا «رسول» أو «مرسل» أو «سفير.»

٦. هو يطهِّر من الخطية (أيوب ٩: ٣٠-٣١؛ انظر ١ يوحنا ١: ٥-٢: ٢)

٧. هو الشافي (أيوب ٣٣: ٢٥؛ انظر يعقوب ٥: ١٦؛ ١ بطرس ٢: ٢٤)

٨. هو مؤتي ومعطي الأغاني (أيوب ٣٣: ٢٧؛ انظر أفسس ٥: ١٨-١٩؛ كولوسِّي ٣: ١٦)

- المسيَّا نبي، وكاهن، وملك

يَظهَر الوعد بالوظيفة النبوية للمسيَّا لأول مرة في الأصحاح الثامن عشر من سفر التثنية، في نص الإعلان عن مجيء نبي «أعظم من موسى» (تثنية ١٨: ١٥-٢٢). فقد اضطلع الأنبياء مثل موسى (وآخرين ممَّن جاءوا بعده من يشوع وحتى ملاخي) بأداء وظيفة توسُّطية. فلم يكن بإمكان شعب إسرائيل الاقتراب من حضور الرب المجيد، أو احتماله. كما أن إعلان الله المنطوق كان يفوق قدرتهم على حفظ وصاياه بشكل سليم، أو إذاعتها، أو طاعتها. ويصف لنا تثنية ٥: ٢٣-٢٧ موقف الشعب من الحضور الإلهي ومن كلمة الله. كان شعب إسرائيل بحاجة إلى وسيط، يمكنه أن ينوب عنهم في التواصل مع الله، ونقل كلماته إليهم. وقد ظلت هذه الخدمة التوسُّطية أساسيَّة طوال الأجيال التالية والمتعاقبة التي أسَّس الله عهوده معها.

يتطلَّب الإعلان الإلهي وتفعيل العهد ممثِّلًا إلهيًا، أي نبيًا عظيمًا. وقد أعلن الرسول بطرس في أعمال الرسل ٣: ٢٢-٢٣ أن المسيَّا تمَّم نبوة تثنية ١٨: ١٥-٢٢. كما أكَّد استفانوس حدوث هذا التتميم ذاته، رابطًا النبي العظيم بالظهور الإلهي في العليقة المشتعلة (أعمال الرسل ٧: ٣٥-٣٨؛ انظر خروج ٣: ٢). وقد فهم يهود القرن الأول الميلادي أن نبوة موسى كانت إشارة إلى مسيَّا شعبهم (يوحنا ١: ٢١، ٢٥). كذلك، أقرَّ شعب أورشليم بيسوع نبيًّا (متى ٢١: ١١؛ انظر لوقا ٧: ١٦؛ ٢٤: ١٩)، وتحدَّث يسوع نفسه عن وظيفته النبوية حين صرَّح بأنه ينبغي أن يموت في أورشليم، «لأَنَّهُ لاَ يُمْكِنُ أَنْ يَهْلِكَ نَبِيٌّ خَارِجًا عَنْ أُورُشَلِيمَ!» (لوقا ١٣: ٣٣).

وفي المستقبل، ستجتمع في شخص واحد وظيفة النبي، ورئيس الكهنة، والمَلك على شعب الله. أعلن العهد القديم أن هذا الشخص سيحمل أيضًا لقب «الغصن» (إشعياء ٤: ٢؛ ١١: ١؛ إرميا ٢٣: ٥-٦؛ ٣٣: ١٤-٢٢؛ زكريا ٣: ٨؛ ٦: ١٢). وأعلن زكريا ٦: ١٢-١٣ على وجه التحديد أن هذا المسيَّا-الكاهن-الملك سيبني الهيكل الذي تنبأ عنه حجَّي (حجَّي ٢: ١-٩). ويعرض الجدول التالي ما جمعه والتر س. كايزر (Walter C. Kaiser) من إشارات في العهد القديم إلى «الغُصن»، في مقابل الجانب من شخصية المسيا الذي ركَّز عليه كلُّ إنجيل من أناجيل العهد الجديد الأربعة.[٢١]

21 Walter C. Kaiser Jr. and Tiberius Rata, *Jeremiah and Lamentations*, EEC (Bellingham, WA: Lexham, forthcoming).

الجدول ٤ . ٣: الإشارات إلى «الغصن» في ضوء الأناجيل الأربعة

اللقب المسيَّاني	الأناجيل
«دَاوُدَ، غُصْنَ بِرٍّ، مَلِكٌ» (إرميا ٢٣ : ٥؛ ٣٣ : ١٥)	إنجيل متى: الجانب الملوكي
«عَبْدِي «الْغُصْنَ" (زكريا ٣ : ٨)	إنجيل مرقس: جانب الخادم
«الرَّجُلُ «الْغُصْنُ» اسْمُهُ" (زكريا ٦ : ١٢)	إنجيل لوقا: الجانب البشري
«غُصْنُ الرَّبِّ (يهوه)" (إشعياء ٤ : ٢)	إنجيل يوحنا: الجانب الإلهي

قطعًا، يُعَد رئيس الكهنة المستقبلي هو الرب يسوع المسيح نفسه. يقول عبرانيين ٥ : ٥-٦، «كَذلِكَ الْمَسِيحُ أَيْضًا لَمْ يُمَجِّدْ نَفْسَهُ لِيَصِيرَ رَئِيسَ كَهَنَةٍ، بَلِ الَّذِي قَالَ لَهُ: «أَنْتَ ابْنِي أَنَا الْيَوْمَ وَلَدْتُكَ.» كَمَا يَقُولُ أَيْضًا فِي مَوْضِعٍ آخَرَ: ‹أَنْتَ كَاهِنٌ إِلَى الأَبَدِ عَلَى رُتْبَةِ مَلْكِي صَادَقَ›» . ثم، في عبرانيين ٧ : ١٤، نوَّه الكاتب إلى أن داود ونسله هم من سبط يهوذا: «فَإِنَّهُ وَاضِحٌ أَنَّ رَبَّنَا قَدْ طَلَعَ مِنْ سِبْطِ يَهُوذَا، الَّذِي لَمْ يَتَكَلَّمْ عَنْهُ مُوسَى شَيْئًا مِنْ جِهَةِ الْكَهَنُوتِ» . فإن كهنوت يسوع أعظم من أي كهنوت آخر شهدته إسرائيل، ومُلكه أبديٌّ (انظر مزمور ١١٠). فإن المسيَّا هو الله، وهو الكاهن-الملك العظيم العتيد أن يأتي. ومن ثَمَّ، تتحرك وظيفتا الملك والكاهن المسيانية عبر الإعلان الكتابي وتاريخ إسرائيل إلى أن تجتمعا معًا في المسيَّا في نبوات زكريا.

فقد بذل يسوع دمه، ككاهنٍ، مسترضيًا غضب الإله القادر على كل شيء، الذي أشعلته خطايا شعبه؛ ثم قام من القبر غالبًا كي يجلس في عرش أبدي، يَحكُم من فوقه الكون بأكمله إلى الأبد، داعيًا الجميع إلى أن يأتوا ويجثوا أمامه بإيمان وخضوع، بصفته الكاهن-الملك العظيم. ويؤثِّر فهمنا للتتويج الحالي ليسوع بشكل كبير على فهمنا الدقيق لتدخُّلاته الحاضرة والمستقبلية في شؤون هذا الكوكب. لا يجلس يسوع اليوم على كرسي داود الذي وعد به الله ابن داود الأعظم في ٢ صموئيل ٧: ١٣-١٦ (راجع رؤيا ٣ : ٢١)، لكنه اليوم ملكٌ على ملكوت الله الكوني. وفي المستقبل، سيأتي ثانية كي يجلس على كرسي داود (متى ٢٥ : ٣١)، ويملك، بصفته الملك الداودي، لمدة ألف سنة على المملكة التي دُعيت بعدة أسماء مختلفة، من قبيل «المُلك المسيَّاني»، أو «المُلك الوسَطي» [intermediate king-dom]، أو «المُلك الألفي» (رؤيا ٢٠ : ١-٦). ويكشف العهد القديم والعهد الجديد عن الاختلافات بين هذين النوعين من المُلك (الواحد أبدي، والآخر لمدة ألف سنة)، اللَّذين يؤدي كلٌّ واحدٍ منهما دورًا مختلفًا (مُلك سماوي في مقابل مُلك أرضي)، ولكلٍّ منهما غرض مختلف (تتميم برنامج ملكوت الله منذ الخلق فصاعدًا، في مقابل تتميم العهود التي قُطعت لإسرائيل).[22]

22 Alva J. McClain, *The Greatness of the Kingdom: An Inductive Study of the Kingdom of God* (Chicago: Moody Press, 1968).

المسيح المتجسِّد

- التجسُّد
- التعاليم
- القوّات
- إلقاء القبض عليه ومحاكمته
- الموت والكفارة
- القيامة والصعود

التجسُّد

• اللاهوت

كان يسوع هو الله-الإنسان، إله حقيقي كامل، وكذلك إنسان حقيقي كامل. وبتجسُّده، أظهر جوهره الإلهي الداخلي (في اليونانية *morphē*، أو «صورة»، فيلبي ٢ : ٦)، إذ امتلك مجد اللاهوت (يوحنا ١٧ : ٥؛ انظر إشعياء ٤٢ : ٨). ولهذا أعلن كاتب الرسالة إلى العبرانيين بشكل قاطع أن المسيح هو التعبير الدقيق والتام عن الله: «وَهُوَ بَهَاءُ مَجْدِهِ، وَرَسْمُ جَوْهَرِهِ، وَحَامِلٌ كُلَّ الأَشْيَاءِ بِكَلِمَةِ قُدْرَتِهِ» (عبرانيين ١ : ٣؛ انظر كولوسّي ١ : ١٥). ولأن المسيح هو الله، فهو المستحق للعبادة والسجود: «وَأَيْضًا مَتَى أَدْخَلَ الْبِكْرَ إِلَى الْعَالَمِ يَقُولُ: ‹وَلْتَسْجُدْ لَهُ كُلُّ مَلاَئِكَةِ اللهِ›» (عبرانيين ١ : ٦؛ انظر متى ٢ : ٢؛ ١٤ : ٣٣؛ فيلبي ٢ : ١٠-١١). بل وإن التسبحات الواردة في العهد الجديد تَنسِب إلى المسيح مجدًا يُذكِّرنا بتسبحة العهد القديم إلى الله التي وردت في ١ أخبار الأيام ٢٩ : ١٠-١١،

> «مُبَارَكٌ أَنْتَ أَيُّهَا الرَّبُّ إِلهُ إِسْرَائِيلَ أَبِينَا مِنَ الأَزَلِ وَإِلَى الأَبَدِ. لَكَ يَا رَبُّ الْعَظَمَةُ وَالْجَبَرُوتُ وَالْجَلاَلُ وَالْبَهَاءُ وَالْمَجْدُ، لأَنَّ لَكَ كُلَّ مَا فِي السَّمَاءِ وَالأَرْضِ. لَكَ يَا رَبُّ الْمُلْكُ، وَقَدِ ارْتَفَعْتَ رَأْسًا عَلَى الْجَمِيعِ» (١ أخبار الأيام ٢٩ : ١٠-١١)

> «وَإِلهُ السَّلاَمِ الَّذِي أَقَامَ مِنَ الأَمْوَاتِ رَاعِيَ الْخِرَافِ الْعَظِيمَ، رَبَّنَا يَسُوعَ، بِدَمِ الْعَهْدِ الأَبَدِيِّ، لِيُكَمِّلْكُمْ فِي كُلِّ عَمَل صَالِحٍ لِتَصْنَعُوا مَشِيئَتَهُ، عَامِلاً فِيكُمْ مَا يُرْضِي أَمَامَهُ بِيَسُوعَ الْمَسِيحِ، الَّذِي لَهُ الْمَجْدُ إِلَى أَبَدِ الآبِدِينَ. آمِينَ» (عبرانيين ١٣ : ٢٠-٢١)

> «... لِكَيْ يَتَمَجَّدَ اللهُ فِي كُلِّ شَيْءٍ بِيَسُوعَ الْمَسِيحِ، الَّذِي لَهُ الْمَجْدُ وَالسُّلْطَانُ إِلَى أَبَدِ الآبِدِينَ آمِينَ» (١ بطرس ٤ : ١١)

يعرض المرجع السابق هذه الحُجج بطريقة أكثر جاذبية وشمولًا وتفصيلًا من أي كتاب آخر في اللاهوت المسيحي.

See also Paul N. Benware, *Understanding End Times Prophecy: A Comprehensive Approach* (Chicago: Moody Press, 1995), 135–45, 279–89.

«وَلكِنِ انْمُوا فِي النِّعْمَةِ وَفِي مَعْرِفَةِ رَبِّنَا وَمُخَلِّصِنَا يَسُوعَ الْمَسِيحِ. لَهُ الْمَجْدُ الآنَ وَإِلَى يَوْمِ الدَّهْرِ. آمِينَ» (٢ بطرس ٣: ١٨)

«أَنْتَ مُسْتَحِقٌّ أَيُّهَا الرَّبُّ أَنْ تَأْخُذَ الْمَجْدَ وَالْكَرَامَةَ وَالْقُدْرَةَ، لأَنَّكَ أَنْتَ خَلَقْتَ كُلَّ الأَشْيَاءِ، وَهِيَ بِإِرَادَتِكَ كَائِنَةٌ وَخُلِقَتْ» (رؤيا ٤: ١١)

«مُسْتَحِقٌّ أَنْتَ أَنْ تَأْخُذَ السِّفْرَ وَتَفْتَحَ خُتُومَهُ، لأَنَّكَ ذُبِحْتَ وَاشْتَرَيْتَنَا للهِ بِدَمِكَ مِنْ كُلِّ قَبِيلَةٍ وَلِسَانٍ وَشَعْبٍ وَأُمَّةٍ، وَجَعَلْتَنَا لإِلهِنَا مُلُوكًا وَكَهَنَةً، فَسَنَمْلِكُ عَلَى الأَرْضِ» (رؤيا ٥: ٩-١٠)

بمعنًى آخر، ينبغي أن يُعبَد المسيح بعبادة مساوية لتلك التي كانت تُقدَّم إلى الله في العهد القديم. لم يكن الأقنوم الثاني في الثالوث فقط «عِنْدَ اللهِ» في وقت الخلق، بل كان هو الله (يوحنا ١: ١-٣)؛ وبخلق الكون، أتمَّ هذا الأقنوم عملًا لا يَقدر سوى الله وحده أن يتمِّمه (لاحظ أن الفعل العبري *bara'*، الذي يعني «خَلَقَ»، لم يأتِ في أيٍّ من النصوص مع فاعل آخر غير الله).

وتُمثِّل الصلاة إلى يسوع المسيح دليلًا آخر على لاهوته. أوصى يسوع تلاميذه أن يُصلُّوا إليه (يوحنا ١٤: ١٤؛ ١٥: ١٦؛ ١٦: ٢٣-٢٤). ويَذكُر أعمال الرسل ١: ٢٤-٢٥ أن التلاميذ صلُّوا إلى المسيح حتى يرشدهم إلى اختيار بديل ليهوذا الإسخريوطي. كما قدَّم استفانوس طلبتي صلاة إلى يسوع: «أَيُّهَا الرَّبُّ يَسُوعُ، اقْبَلْ رُوحِي»، و«يَا رَبُّ، لَا تُقِمْ لَهُمْ هَذِهِ الْخَطِيَّةَ» (أعمال الرسل ٧: ٥٩-٦٠). وفي دمشق، أوصى حنانيا بولس بأن يعتمد ويدعو باسم يسوع (أعمال الرسل ٢٢: ١٦). ولاحقًا، كتب الرسول بولس أن «كُلَّ مَنْ يَدْعُو بِاسْمِ الرَّبِّ يَخْلُصُ» (رومية ١٠: ١٣؛ انظر ١ كورنثوس ١: ٢). كذلك، تضرَّع بولس إلى المسيح كي يفارقه «مَلَاكُ الشَّيْطَانِ» (٢ كورنثوس ١٢: ٧-٨). وفي حقيقة الأمر، يُختتَم العهد الجديد بصلاة إلى المسيح: «تَعَالَ أَيُّهَا الرَّبُّ يَسُوعُ» (رؤيا ٢٢: ٢٠).

يتضمن فعل العبادة أكثر من مجرد صلاة، لكنه يشمل أيضًا التسبيح والحمد. يتحدث أفسس ٥: ١٨-٢٠ عن مسألة التكلم إلى «بَعْضُكُمْ بَعْضًا بِمَزَامِيرَ وَتَسَابِيحَ وَأَغَانِيَّ رُوحِيَّةٍ، مُتَرَنِّمِينَ وَمُرَتِّلِينَ فِي قُلُوبِكُمْ لِلرَّبِّ» (أفسس ٥: ١٩). ويُميِّز سياق هذا النص بين «الله الآب»، و«رَبِّنَا يَسُوعَ الْمَسِيحِ» (أفسس ٥: ٢٠؛ انظر أيضًا ٥: ٢١)، مما يدل على أن المسيح هو المشار إليه الأول بلقب «الرب» في أفسس ٥: ١٩. كذلك، يركِّز نشيد الحمد الوارد في رؤيا ٥: ٩-١٠ على الرب يسوع، الذي دفع ثمن الفدية بدمه. وتقدِّم ترنيمتان كتابيتان في الكنيسة الأولى الحمد ليسوع لأجل شخصه ولأجل ما صنعه، وهما فيلبي ٢: ٦-١١؛ ١ تيموثاوس ٣: ١٦. تركِّز هاتان الترنيمتان العقائديتان على عقيدة المسيح. بل ويحتوي العهد القديم نفسه على ترانيم مرتبطة بعقيدة المسيح، مثلما نقرأ في المزامير المسيَّانية، مثل المزمور ٢؛ ٢٢؛ ٢٤؛ ٤٥؛ ٧٢؛ ١١٠. ومن ثَمَّ، فقد كان يهود ما قبل المسيحية أنفسهم يرنِّمون بالحمد والتسبيح للمسيا، وعن المسيا، في كتاب المزامير القديم، أي كتاب تراتيل إسرائيل.

ومن بين المفاهيم الأساسية والجوهرية المتصلة بتقدير المؤمن لله هو ما يسمِّيه الكتاب المقدس «مَخَافَةُ الرَّبِّ» (٢ أخبار الأيام ١٩: ٩؛ مزمور ١١١: ١٠؛ انظر تثنية ٦: ٢؛ ٨: ٦؛ ١٠: ١٢). وإن يسوع المسيح أيضًا هو موضوع مثل هذه المخافة (كولوسِّي ٣: ٢٢-٢٤ «خَائِفِينَ الرَّبَّ»؛ انظر أفسس ٥: ٢١، «فِي خَوْفِ الله»؛ أو «في خوف المسيح» بحسب ترجمة NASB). وتمثِّل هذه المخافة التي بحسب التقوى جزءًا أساسيًا من «تَرْنِيمَة الْخَرُوفِ» (رؤيا ١٥: ٣):

«مَنْ لاَ يَخَافُكَ يَارَبُّ
وَيُمَجِّدُ اسْمَكَ؟
لأَنَّكَ وَحْدَكَ قُدُّوسٌ.
لأَنَّ جَمِيعَ الأُمَمِ سَيَأْتُونَ
وَيَسْجُدُونَ أَمَامَكَ،
لأَنَّ أَحْكَامَكَ قَدْ أُظْهِرَتْ» (رؤيا ١٥: ٤)

كذلك، يُظهِر الأقنوم الثاني في اللاهوت جميع خصائص الله وصفاته، ويمارسها على نحو كامل. يقدِّم لنا الجدول التالي أمثلة على التماثُل الشديد بين يسوع المسيح والله.

الجدول ٤ . ٤: أوجه التماثل بين يسوع والله

الخصائص أو الصفات الإلهية	النصوص الكتابية
الأزلية	ميخا ٥: ٢؛ يوحنا ١: ١؛ ٨: ٥٨؛ كولوسِّي ١: ١٧
المجد	متى ١٦: ٢٧؛ ٢٤: ٣٠؛ لوقا ٩: ٣٢؛ يوحنا ١٧: ٥
النعمة	يوحنا ١: ١٤، ١٦-١٧؛ رومية ١: ٧؛ ١٦: ٢٠
القداسة	لوقا ٤: ٣٤؛ يوحنا ٦: ٦٩؛ عبرانيين ٧: ٢٦
الثبات (عدم التغيُّر)	عبرانيين ١: ١٠-١٢ (راجع مزمور ١٠٢: ٢٥-٢٧)؛ ١٣: ٨
الحياة	يوحنا ١: ٤؛ ٥: ٢١؛ ١١: ٢٥؛ ١٤: ٦؛ أعمال الرسل ٣: ١٥؛ رؤيا ١: ١٨
المحبة	مرقس ١٠: ٢١؛ يوحنا ١١: ٣، ٥؛ ١٤: ٢١، ٣١؛ ١٥: ٩-١١

الخصائص أو الصفات الإلهية	النصوص الكتابية
الرحمة	مرقس ٥ : ١٩؛ ١ تيموثاوس ١ : ٢؛ عبرانيين ٢ : ١٧
القدرة الكلية	١ كورنثوس ١ : ٢٣-٢٤؛ عبرانيين ١ : ٢-٣
الوجود الكلي	متى ١٨ : ٢٠؛ أفسس ٤ : ١٠
العلم الكلي	يوحنا ١ : ٤٧-٤٩؛ ٢١ : ١٧؛ أعمال الرسل ١ : ٢٤؛ ١ كورنثوس ٤ : ٥
البر	أعمال الرسل ٣ : ١٤؛ ٧ : ٥٢؛ ٢٢ : ١٤؛ ٢ بطرس ١ : ١
ذاتية الوجود [aseity]	يوحنا ١ : ١-٣؛ كولوسِّي ١ : ١٦-١٧؛ رؤيا ١ : ٨، ١٧-١٨
السيادة	أفسس ١ : ٢١؛ كولوسِّي ٢ : ١٠؛ ١ بطرس ٣ : ٢٢
الحق	يوحنا ١ : ١٤، ١٧؛ ١٤ : ٦؛ أفسس ٤ : ٢١

ووفقًا لكُتَّاب العهد الجديد، كان يسوع هو «صُورَةُ اللهِ غَيْرِ الْمَنْظُورِ» (كولوسِّي ١ : ١٥؛ انظر ٢ كورنثوس ٤ : ٤؛ عبرانيين ١ : ٣). ومن ثَمَّ، يمكن القول إن كلَّ من رأى المسيح فقد رأى الآب (يوحنا ١٢ : ٤٥؛ ١٤ : ٧-١٠). بمعنًى آخر، تكمن صفات الآب وخصائصه أيضًا في شخص ابنه.

يَذكُر الكتاب المقدس عدة ألقاب مختلفة لابن الله. ادَّعى جيمس لارج (James Large) عثوره على ٢٨٠ لقبًا ورمزًا للمسيح في الكتاب المقدس؛ إلا أن الكثير من الألقاب الواردة في قائمته هي مجرَّد رموز، كانت في بعض الأحيان أيضًا غير موضوعية، أو رمزية، أو مجازية (مثل لقب «هارون» كرمزٍ بشريٍّ لوظائف رئيس الكهنة التي تحقَّقت في المسيح، أو لقب «النصيب» كإشارة إلى وراثة المؤمن للمسيح). لكن في إطار دراستنا هذه لعقيدة المسيح، يمكننا وضع قائمة أدق لاهوتيًّا عن طريق اختيار أكثر دقة للأسماء التي تشير إلى لاهوت يسوع، وتلك التي تشير إلى ناسوته. فيما يلي قائمة بالألقاب المتصلة بلاهوت المسيح، بينما أُدرِجت قائمة بالألقاب المتصلة على نحو دقيق بناسوته تحت دراستنا أدناه عن الناسوت (صفحة ٣١٦)

- «رَئِيسُ جُنْدِ الرَّبِّ» (يشوع ٥ : ١٤-١٥)
- «عَجِيبٌ» (قضاة ١٣ : ١٨)
- «رَبُّ الْجُنُودِ» (مزمور ٢٤ : ١٠؛ إشعياء ٦ : ٣، ٥ مع يوحنا ١٢ : ٤١؛ إشعياء ٢٤ : ٢٣؛ يعقوب ٥ : ٤)

- «الـرَّبُّ» [«أدونـاي» (*Adonai*)] (مزمـور ١١٠ : ١ مـع متـى ٢٢ : ٤١-٤٥؛ روميـة ١٠ : ٩-١٠؛ فيلبـي ٢ : ٩-١١)
- «الحكمة»/»حِكْمَةُ اللهِ» (أمثال ٨؛ لوقا ١١ : ٤٩؛ ١ كورنثوس ١ : ٢٤)
- «عِمَّانُوئِيلَ»، أو «اللهُ مَعَنَا» (إشعياء ٧ : ١٤؛ متى ١ : ٢٣)
- «أَبًا أَبَدِيًّا» (إشعياء ٩ : ٦)
- «إِلَهًا قَدِيرًا» (إشعياء ٩ : ٦)
- «عَجِيبًا مُشِيرًا» (إشعياء ٩ : ٦)
- «الرَّبِّ»، أو «يهوه» (إشعياء ٤٠ : ٣ مع مرقس ١ : ٣؛ يوئيل ٢ : ٣٢ مع رومية ١٠ : ١٣)
- «الخالـق» (خَالِقُ إِسْـرَائِيلَ، إشـعياء ٤٣ : ١٥؛ خالـق النفـوس، ١ بطـرس ٤ : ١٩؛ خالـق كل شـيء، حيث يُفهَـم اللقـب ضمنًـا، يوحنـا ١ : ٣؛ كولوسِّـي ١ : ١٦؛ عبرانيـين ١ : ٢)
- «ذِرَاعُ الرَّبِّ» (إشعياء ٥٣ : ١)
- «الْفَاتِكُ» [أو «الكاسر»] (ميخا ٢ : ١٣)
- «مَـلاَك [رسـول] الـرَّبِّ» (انظـر زكريـا ١ : ١١-٢١، حيث يعـرِّف زكريـا ١ : ٢٠ المـلاك بأنـه الـرب أو يهوه، فـي حـين يظهـر المـلاك فـي زكريـا ١ : ١٢-١٣ وهـو يصلـي إلـى يهـوه وكأنـه شـخص مختلـف)
- «الْعَرِيسُ» (متى ٩ : ١٥)
- «ابْـنِ اللـهِ» (مرقـس ١ : ١؛ يوحنـا ٣ : ١٨؛ ٥ : ٢٥؛ روميـة ١ : ٤؛ أفسـس ٤ : ١٣؛ رؤيـا ٢ : ١٨)
- «القدوس» (مرقس ١ : ٢٤؛ يوحنا ٦ : ٦٩؛ أعمال الرسل ٣ : ١٤؛ رؤيا ٣ : ٧)
- «ابْنَ الْعَلِيِّ» (لوقا ١ : ٣٢)
- «الْكَلِمَةُ» (يوحنا ١ : ١)
- «اَلابْـنُ الْوَحِيـدُ» (*monogenēs* = الفريـد مـن نوعـه؛ يوحنـا ١ : ١٤، ١٨؛ ٣ : ١٦، ١٨؛ ١ يوحنـا ٤ : ٩)
- «أنـا هـو» (يوحنـا ٦ : ٣٥؛ ٨ : ١٢؛ ١٠ : ٧، ١١؛ ١١ : ٢٥؛ ١٤ : ٦؛ ١٥ : ١؛ راجـع اللفـظ «أهيـه» [I AM]، خـروج ٣ : ١٣-١٤)
- «الراعي» (يوحنا ١٠ : ١٤؛ ١ بطرس ٢ : ٢٥؛ ٥ : ٤؛ انظر مزمور ٢٣ : ١)
- «الحياة» (يوحنا ١٤ : ٦)
- «الحق» (يوحنا ١٤ : ٦)
- «الطريق» (يوحنا ١٤ : ٦)
- «الله» (يوحنا ٢٠ : ٢٨؛ رومية ٩ : ٥)
- «رَئِيسُ الْحَيَاةِ» (أعمال الرسل ٣ : ١٥)
- «قُوَّةِ اللهِ» (١ كورنثوس ١ : ٢٤)
- «رَبَّ الْمَجْدِ» (١ كورنثوس ٢ : ٨)
- «رَأْسُ الْكَنِيسَةِ» (أفسس ٤ : ١٥؛ ٥ : ٢٣)

- «الْمُبَارَكُ الْعَزِيزُ الْوَحِيدُ» (١ تيموثاوس ٦ : ١٥)
- «مَلِكُ الْمُلُوكِ» (١ تيموثاوس ٦ : ١٥؛ رؤيا ١٧ : ١٤؛ ١٩ : ١٦؛ انظر دانيآل ٤ : ٣٧)
- «رَبُّ الأَرْبَابِ» (١ تيموثاوس ٦ : ١٥؛ رؤيا ١٧ : ١٤؛ ١٩ : ١٦)
- «المخلِّص» (تيطس ٢ : ١٣؛ ٢ بطرس ١ : ١)
- «رَئِيسَ خَلاَصِهِمْ» (عبرانيين ٢ : ١٠)
- «سَبَبَ خَلاَصٍ أَبَدِيٍّ» (عبرانيين ٥ : ٩)
- «رَئِيسِ الإِيمَانِ وَمُكَمِّلِهِ» (عبرانيين ١٢ : ٢)
- «الْقَادِرُ عَلَى كُلِّ شَيْءٍ» (رؤيا ١ : ٨)
- «الأَلِفُ وَالْيَاءُ» (رؤيا ١ : ٨)
- «الرب الإله»[٢٣] (رؤيا ١ : ٨)
- «الأَوَّلُ وَالآخِرُ» (رؤيا ١ : ١٧؛ ٢ : ٨)
- «الْحَقُّ» [«الحقيقي» بحسب بعض الترجمات الأخرى] (رؤيا ٣ : ٧)
- «أَمِينًا وَصَادِقًا» (رؤيا ١٩ : ١١)
- «الْبِدَايَةُ وَالنِّهَايَةُ» (رؤيا ٢١ : ٦)

- **الإخلاء[٢٤]**

في التجسُّد، أخضع المسيح، طواعية، ممارسته المستقلة لصفاته الإلهية لمشيئة أبيه السماوي. ونجد السند الكتابي لهذا الحق في فيلبي ٢ : ٥-٧:

> «فَلْيَكُنْ فِيكُمْ هذَا الْفِكْرُ الَّذِي فِي الْمَسِيحِ يَسُوعَ أَيْضًا: الَّذِي إِذْ كَانَ فِي صُورَةِ اللهِ، لَمْ يَحْسِبْ خُلْسَةً أَنْ يَكُونَ مُعَادِلاً لِلهِ. لكِنَّهُ أَخْلَى نَفْسَهُ، آخِذًا صُورَةَ عَبْدٍ، صَائِرًا فِي شِبْهِ النَّاسِ».

وقد استعان علماء اللاهوت بالفعل اليوناني *kenoō*، الذي تُرجِم هنا إلى «أَخْلَى نَفْسَهُ»، واختاروا أن يطلقوا على هذا المفهوم مصطلح "kenosis" أو «الإخلاء». تحدَّث الرسول بولس في النص أعلاه عن فعلٍ طوعيٍّ يتعلق بالتجسُّد، فيه أخذ ابن الله صورة عبد (في اللغة اليونانية *doulos*). وتشير عبارة «إِذْ كَانَ فِي صُورَةِ اللهِ» (فيلبي ٢ : ٦) إلى حالة المسيح السابقة للتجسُّد، وكذلك إلى اتضاعه أيضًا.

---

٢٣ [المترجم]: جاءت الكلمة «الرب» فقط في الترجمة العربية البستاني-فانديك.

٢٤ اقتُبست أجزاء من هذا القِسم بتصرُّف من المصادر التالية، بتصريح من دار النشر أو المؤلف:
John MacArthur, *Philippians*, MNTC (Chicago: Moody Press, 2001), 122–28; Mike Riccardi, "On the Incarnation: Avoiding Heresy and Pursuing Humility," The Cripplegate (blog), June 7, 2013, http://thecripplegate.com/on-the-incarnation-avoiding–heresy-and-pursuing-humility/.

ينبغي أن نفهم التصريح بأن المسيح «كَانَ فِي صُورَةِ [في اليونانية *morphē*] الله» (فيلبي ٢ : ٦) على أنه إشارة إلى حقيقة لاهوت المسيح، تمامًا مثلما تشير عبارة «آخِذًا صُورَةَ [*morphē*] عَبْدٍ» (فيلبي ٢ : ٧) إلى حقيقة صيرورته عبدًا. لا تعني كلمة «صورة» (*morphē*) أن المسيح صار عبدًا فقط بحسب المظهر الخارجي، أو أنه كان الله فقط بحسب المظهر الخارجي. فإن الكلمة اليونانية التي استخدمها بولس هنا بمعنى «صورة» تدل بصفة خاصة على الطبيعة الجوهرية وغير المتغيرة لشيء ما، أي إلى طبيعة هذا الشيء في ذاته ومن ذاته. كذلك، لم يستخدم بولس الكلمة اليونانية المعتادة التي تُترجَم إلى الفعل «كان» [being]، لكنه استخدم مصطلحًا آخر يسلِّط الضوء على جوهر طبيعة الشخص، أي على حالته المستمرة. وإن هذا الفكر الذي في المسيح «يَظهَر من خلال فعلين ساميين من أفعال إنكار الذات، الأول يوصَف بالإخلاء [*kenosis*]، والآخر بوضع النفس [*tapeinōsis*].[٢٥] في الفعل الأول، المسيح «أَخْلَى نَفْسَهُ»، متنازلًا من الله إلى البشر؛ وفي الفعل الثاني «وَضَعَ نفسه»، متنازلًا من البشر إلى الموت.»[٢٦]

مِمَّ أخلى الابن، في حالته السابقة للتجسُّد، نفسه عند تجسُّده؟ أجاب الفكر الذي صار يُعرف باسم «لاهوت الإخلاء» [kenotic theology] عن هذا السؤال بالعديد من الطرق غير السليمة. سُمِّي هذا الفكر هكذا نسبة إلى فكرة «الإخلاء» التي يعبِّر عنها مصطلح *kenosis*. لكن، أنصار ذلك الفكر اللاهوتي فهم ذلك المفهوم، وأشاروا إلى أن المسيح أخلى نفسه في تجسُّده من جانبٍ ما من لاهوته. ويدَّعي هذا التعليم الخاطئ، في بعض صوره الأخرى، أن المسيح احتفظ بما يسمُّونه صفات اللاهوت الأساسية [essential attributes] (مثل القداسة، والنعمة)، لكنه تنازل عما يسمُّونه الصفات النسبية [relative attributes] (مثل علمه الكلي، وثباته أو عدم قابليته للتغيُّر).[٢٧]

لكن، بحُكم الطبيعة، من المستحيل أن يكفَّ الإله السرمدي، وغير القابل للتغيُّر، لحظة عن أن يكون الله. وتتجلَّى هذه الحقيقة في الرب يسوع طوال العهد الجديد. فحتى في حالة اتضاع يسوع، استطاع أن يقول: «أَنَا وَالآبُ وَاحِدٌ» (يوحنا ١٠ : ٣٠). كان هذا التصريح بعيدًا كل البعد عن كونه تعبيرًا بلاغيًّا عن وحدة في الغرض أو الخطة، لكنه كان تصريحًا ميتافيزيقيًّا عن اشتراك الابن في الجوهر نفسه مع الآب. وقد فهم اليهود ذلك بوضوح، إذ كان رد فعلهم هو أنهم أرادوا رجم يسوع بتهمة التجديف: «فَإِنَّكَ وَأَنْتَ إِنْسَانٌ تَجْعَلُ نَفْسَكَ إِلهًا» (يوحنا ١٠ : ٣٣). فحتى حين كان يسوع إنسانًا، استطاع أن يقول على نحو مشروع إن رؤيته كانت بمثابة رؤية الآب (يوحنا ١٤ : ٩)، وإن له «سُلْطَانًا عَلَى كُلِّ جَسَدٍ» (يوحنا ١٧ : ٢)، بل وقَبِلَ العبادة من تلاميذه (يوحنا ٢٠ :٢٨). وفوق جبل التجلي، استُعلِن لاهوت الابن المتجسِّد بصورة منظورة، إذ خلع يسوع عنه حجاب ناسوته، إن جاز التعبير، وسمح بأن يسطع نور جوهره الإلهي (متى ١٧ : ٢؛ انظر عنوان «التجلِّي» [صفحة ٣٣٢]. من الواضح، إذن، أن الابن لم يُخلِ نفسه، في تجسُّده، من لاهوته أو من صفاته الإلهية.

---

٢٥ [المترجم]: الفعل اليوناني *tapeinoo* (ταπεινόω) معناه «ينحدر»، «ينزل»، «يتضع.»

26 Alva J. McClain, "The Doctrine of the Kenosis in Philippians 2:5–8," *MSJ* 9, no. 1 (1998): 90.

٢٧ [المترجم]: سُمِّيت هذه الصفات بالصفات النسبية لأن البشر يمكن أن يشتركوا فيها لكن بنسبة معينة، أو بدرجة محدودة، بينما يتصف بها الله على نحو كامل.

لكن، يبقى السؤال قائمًا: ممَّ أخلى الابن نفسه؟ يبدو أن هذا السؤال نفسه يسيء فهم لغة بولس في الأصحاح الثاني من رسالة فيلبي. ففي حين أن الفعل *kenoō* يعني بالفعل «يُخلي»، إلا أن هذا الفعل استُخدِم حصريًّا في العهد الجديد بمعنى بلاغي أو تصويري. فهو لا يعني على الإطلاق «يَسكُب»، وكأن يسوع سكب صفاته الإلهية خارج ذاته. لو كان هذا هو ما قصده بولس، لاستخدم كلمة *ekcheō* (مثلما نقرأ في لوقا ٢٢ : ٢٠؛ يوحنا ٢ : ١٥؛ تيطس ٣ : ٦). لكن في المقابل، يعني الفعل *kenoō* «تعطيل الشيء»، أو «إبطاله»، أو «جعله بلا مفعول». استعمل بولس هذا اللفظ بهذا المعنى في رومية ٤ : ١٤، حيث قال: «لأَنَّهُ إِنْ كَانَ الَّذِينَ مِنَ النَّامُوسِ هُمْ وَرَثَةً، فَقَدْ تَعَطَّلَ [*kekenōtai*] الإِيمَانُ وَبَطَلَ الْوَعْدُ». وهنا، لا يراودنا سؤال: ممَّ أُخلِي الإيمان؟ فقد كان قصد بولس هو أنه لو كان ممكنًا أن يتحقَّق البر بواسطة الناموس، لصار الإيمان باطلًا -أي لخاب الإيمان، أو أصبح بلا قيمة. وبالمثل أيضًا، يصير سؤال «ممَّ أخلى المسيح نفسه؟» خاطئًا. فإن المسيح هو المفعول به في هذا الإخلاء؛ أي أنه أبطل **نفسه**، بحسب ما جاء في ترجمة الملك جيمس الإنجليزية KJV: "he made himself of no reputation"، أي إنه جعل نفسه بلا صيت أو اسم (فيلبي ٢ : ٧).

وتخبرنا بقية الآية كيف أبطل المسيح نفسه في تجسُّده: «آخِذًا صُورَةَ عَبْدٍ، صَائِرًا فِي شِبْهِ النَّاسِ» (فيلبي ٢ : ٧). جعل المسيح نفسه بلا صيت أو اسم تحديدًا عن طريق أخذ طبيعة بشرية. فقد أخلى نفسه لا عن طريق سكب قدرٍ ما من لاهوته، بل عن طريق إضافة طبيعة بشرية حقيقية وكاملة إلى نفسه. كان إخلاؤه هذا إخلاءً عن طريق الإضافة وليس عن طريق الاقتطاع. فلو كان قد تنازل أو تخلَّى حقًّا عن صفاته الإلهية، لدلَّ هذا على كونه كفَّ عن أن يكون الله، الشيء الذي من شأنه أن يتعارض مع تعريف الكتاب المقدس له بأنه إله كامل وحقيقي (انظر عنوان «اللاهوت» [صفحة ٣٠٦]. لكن، حتى مع اتخاذ ابن الله طبيعة بشرية، ظل محتفظًا بطبيعته الإلهية، وصفاته الإلهية، وامتيازاته الإلهية.

إذن، ماذا كانت طبيعة اتضاع المسيح؟ فإنه «لِكَيْ يَكُونَ رَحِيمًا، وَرَئِيسَ كَهَنَةٍ أَمِينًا، كَانَ يَنْبَغِي أَنْ يُشْبِهَ إِخْوَتَهُ فِي كُلِّ شَيْءٍ» (عبرانيين ٢ : ١٧). ومن ثَمَّ، ففي حين احتفظ ابن الله بطبيعته، وصفاته، وامتيازاته الإلهية على نحو تام، لكنه لم يُظهِرها بالكامل، بل كانت محجوبة. صحيح أنه قد أظهرها بالفعل في بعض الأحيان، كما حين استطاع قراءة أفكار الناس (متى ٩ : ٤)، أو حين صنع قوات إلهية (مثل لوقا ٥ : ٣-١٠)؛ لكن هذا السيِّد قد أخضع نفسه طواعية لحياة العبد (فيلبي ٢ : ٧؛ راجع ٢ كورنثوس ٨ : ٩)، إذ تخلَّى عن أمجاد حالة ما قبل التجسد التي جاء منها، تاركًا عبادة القديسين والملائكة له، حتى يصير مُحتَقرًا ومرذولًا من الناس (إشعياء ٥٣ : ٣). وقد خضع لسوء فهم الآخرين، وإنكارهم له، وعدم إيمانهم به، واتهامهم له بالباطل، بالإضافة إلى كافة أنواع الإهانات والاضطهادات. فبصفته الله الابن، كان له كلُّ الحق في ممارسة امتيازاته الإلهية متى شاء؛ لكن، بصفته عبد يهوه المتألِّم، خضع لمشيئة الآب في كلِّ شيء (يوحنا ٥ : ١٩، ٣٠). ومن ثَمَّ، في حين عرف يسوع نثنائيل قبل حتى أن يلتقي به (يوحنا ١ : ٤٧)، بل وكان يعرف بالحقيقة جميع البشر (يوحنا ٢ : ٢٥)، لكنه لم يعرف في اتضاع تجسُّده ساعة مجيئه ثانية (متى ٢٤ : ٣٦). كان مجده الإلهي الداخلي لا يزال موجودًا، لكنه حَجَبَه مؤقتًا، إذ أخذ صورة عبد. ومع أنه كان إنسانًا حقيقيًّا، ظل أيضًا إلهًا كاملًا.

لا يمكن لأيِّ فهم عن الإخلاء يجعل من كون المسيح «مُعَادِلًا لِلهِ» (فيلبي ٢: ٦) أمرًا مستحيلًا أن يتوافق مع الكتاب المقدس. ومع أن ابن الله معادلٌ لله، لكنه خضع طواعية للطبيعة البشرية وللموت، إذ اختار بإرادته السيادية، والحرة، والمقدَّسة، والمُحِبة أن يصير محدودًا باختياره أن يطيع الآب بغرض تنفيذ برنامج الفداء، وتمجيد الله.

- **الميلاد العذراوي**

يوحي الإعلان عن «نسل» المرأة المنتصر في تكوين ٣: ١٥ ضمنًا بأن هذا الشخص لن يكون من نسل رجل (انظر غلاطية ٤: ٤). ومن ثَمَّ، تَلفِت أول نبوة مسيَّانية الانتباه إلى المرأة، على خلاف سلاسل النسب الواردة في الأصحاح الخامس من سفر التكوين، والتي لم تَذكُر سوى الآباء. ومن خلال استبعاد أية علاقة لهذا النسل الموعود به بآدم، ألمح الله إلى عدم اشتراكه في خطية آدم. فكما كان الله أبًا لآدم الأول (انظر لوقا ٣: ٣٨، «آدَمَ، ابْنِ اللهِ»)، الله، وليس رجل من البشر، هو أبو آدم الثاني، يسوع المسيح (متى ١: ١٨-٢٠). وقد شدَّد متى على هذه الصلة الوثيقة بين آدم الأول وآدم الثاني عن طريق الكيفية التي افتتح بها إنجيله: «كِتَابُ مِيلاَدِ يَسُوعَ الْمَسِيحِ ...» (متى ١: ١)، وهي الصياغة نفسها التي نجدها كما هي في نص آخر، وهو تكوين ٥: ١، «هذَا كِتَابُ مَوَالِيدِ آدَمَ». وقد كان هذا التعبير تمهيدًا لافتًا للنظر لما يلي:

١. سفر جديد للإعلان، وهو إنجيل متى الذي هو السفر الافتتاحي للعهد الجديد؛
٢. رسالة جديدة، وهي البشارة المتعلِّقة بيسوع المسيَّا والمخلِّص، الذي هو «الله معنا» (عمانوئيل؛ متى ١: ١، ٢٣)؛
٣. خليقة جديدة، وهي طفل ذكر يولَد من عذراء (متى ١: ١٨ – ٢٣)؛
٤. بداية جديدة، أي أصل ومنشأ جديد [كلمة ***genesis*** التي جاء منها اسم سفر التكوين أو سفر بدايات أو أصول الأشياء] (وهي الكلمة اليونانية التي تُرجمت إلى «وِلَادَةُ» في متى ١: ١٨).

في عهد الملك آحاز، ملك يهوذا، استلم إشعياء النبي إعلانًا من الله ليخبر به الملك، وكان كالتالي: «وَلكِنْ يُعْطِيكُمُ السَّيِّدُ نَفْسُهُ آيَةً: هَا الْعَذْرَاءُ تَحْبَلُ وَتَلِدُ ابْنًا وَتَدْعُو اسْمَهُ عِمَّانُوئِيلَ» (إشعياء ٧: ١٤). وفقًا لنص متى ١: ٢٢-٢٣، تمَّت تلك النبوة في الحَبَل المعجزي بيسوع في رحم العذراء مريم. يبدي البعض اعتراضهم على هذا التفسير، ويُصرِّون على أن تلك «العذراء» كانت هي زوجة إشعياء النبي، أو كانت امرأة شابة أخرى موجودة في ذلك الوقت. لكن، يدل السياق نفسه للنص على دقة تفسير الله للنص في العهد الجديد:

١. ففي السياق المباشر للنص، تنبَّأ إشعياء عبر الأصحاحات ١-١٢ بدينونة إلهية على إسرائيل، ثم في النهاية بسلامٍ، سيأتي به المسيَّا على الأمة، وعلى العالم أجمع.
٢. لم يمدَّنا سفر إشعياء بأيِّ تتميم معاصر محدَّد للنص، بل ترك هوية «العذراء» مجهولة.
٣. بما أن آحاز رفض أن يطلب آية لنفسه ولزمانه (إشعياء ٧: ١٠-١٢)، أعلن الله عن آية لأجل «بَيْتَ دَاوُدَ»، غير قاصرة على آحاز أو على زمانه (إشعياء ٧: ١٣-١٤).

٤. تشير كلمة «عذراء» (في اللغة العبرية: *almah'*) إلى فتاة شابة لم تمارس علاقة حميمة مع رجل (انظر تكوين ٢٤: ٤٣؛ خروج ٢: ٨؛ نشيد الأنشاد ١: ٣). ويبدو أن الافتراض القائل إن كلمة *betulah* هي الكلمة العبرية الأصح التي تفيد معنى «عذراء» يُدحَض عن طريق استخدام هذه الكلمة نفسها في تكوين ٢٤: ١٦، مع إضافة عبارة «لَمْ يَعْرِفْهَا رَجُلٌ» (تكوين ٢٤: ١٦)، مما يجعل كلمة *betulah* تعني عذراء. في المقابل، لا يحتاج اللفظ *almah'* إلى هذا الوصف الإضافي. كذلك، قامت الترجمة السبعينية، وهي الترجمة اليهودية القديمة للعهد القديم إلى اللغة اليونانية، بترجمة هذا اللفظ العبري إلى *parthenos*، وهي الكلمة نفسها التي تَظهَر في العهد الجديد في متى ١: ٢٣.

ما الأهمية التي تمثِّلها عقيدة الحَبَل والميلاد العذراوي ليسوع؟ أولًا، وفي المقام الأول، تعتمد نزاهة رواية الأناجيل بشدة على حقيقة الميلاد العذراوي. فلو كان متى ولوقا غير صادقين في روايتهما عن حَبَل مريم الذي حدث دون تدخُّل رجل، لصار كلُّ سردهم لتاريخ يسوع إذن موضع شك. ربما يقول العلماء إن حبل عذراء أمرٌ مستحيلٌ، لكن، يظل الدليل الكتابي موثوقًا وجديرًا بالتصديق، في ضوء الشهادة المتسقة لكُتَّاب العهد الجديد عن ناسوت يسوع الذي كان بلا خطية. بمعنى آخر، أي كذب في التصريح الكتابي عن الميلاد العذراوي يقوِّض بشدة من عصمة الكتاب المقدس وخلوِّه من الخطأ. علاوة على ذلك، بما أن الكاتب الأساسي للكتاب المقدس هو الله نفسه، فهذا إذن من شأنه أن يشكِّل هجومًا على صدق الله نفسه وجدارته بالثقة.

ثانيًا؛ يفسح الميلاد العذراوي المجال لفكرة الوجود السابق للأقنوم الإلهي وللطبيعة الإلهية. فقد كان الابن الأزلي لله موجودًا بالفعل قبل الحَبَل المعجزي به في رحم مريم. لكن، كان من شأن عملية حَبَل بشرية طبيعية أن تُثمِر شخصًا مختلفًا، لا مجرد جسد بشري وطبيعة بشرية. إلا أن يسوع، الله-الإنسان، ليس سوى شخصًا واحدًا له طبيعتان. أجاد إشعياء التعبير عن هذه الفكرة حين قال: «لأَنَّهُ يُولَدُ لَنَا وَلَدٌ وَنُعْطَى ابْنًا» (إشعياء ٩: ٦). كان ابن الله موجودًا بالفعل كأقنوم إلهيٍّ. وكان من شأن إضافة شخص ثانٍ إلى يسوع أن يستلزم وجود أربعة أقانيم في اللاهوت، وليس ثلاثة فحسب. وهذا الأقنوم الرابع، على الرغم من كونه إنسانًا بلا خطية، سيكون أدنى من الأقانيم الثلاثة الأخرى، بسبب محدودية طبيعته البشرية. فإن ناسوت يسوع ليس أزليًّا، بل له بداية (انظر عنوان «الناسوت» [صفحة ٣١٦] للاطلاع على المزيد من الدراسات حول اتحاد الطبيعتين الإلهية والبشرية في شخص يسوع).

ثالثًا؛ من دون الحَبَل العذراوي بيسوع، لن يوجد ضمان لخلوِّه من الخطية. فإن نسل آدم خطاة لأن آدم أخطأ، ولهذا هم يموتون (رومية ٣: ٢٣؛ ٥: ١٢-١٩؛ ٦: ٢٣؛ انظر مزمور ٥١: ٥). فقد يموت طفلٌ قبل أن يَعرف حتى الفرق بين الصواب والخطأ، بل وقبل أن يتمكن من فهم بشارة الخلاص بيسوع المسيح. ويؤكِّد موت الأطفال صحة عقيدة الخطية الأصلية، إذ لا موت بمعزل عن الخطية. اختَبَرَ يسوعُ، الذي بلا خطية، موتَ جسده البشري فقط، من خلال وَضْع الله جميع خطايا المختارين وآثامهم عليه (٢كورنثوس ٥: ٢١).

رابعًا؛ من شأن رفض الميلاد العذراوي أن يعرض كلَّ حياة يسوع وخدمته، وكافة العقائد المصاحبة لهما للخطر، التي من بينها كونه إلهًا حقيقيًّا وإنسانًا حقيقيًّا في الآن ذاته، وكونه بلا خطية، وأعماله المعجزية، وتعليمه الملآن حقًّا، وتقديمه لذاته طواعية كذبيحة بدلية عن الخطاة، وقيامته بالجسد، وصعوده بالجسد، ومجيئه ثانية في المستقبل. فإذا سقطت عقيدة واحدة من التعليم الكتابي عن يسوع، سيؤدي بنا هذا إلى التشكُّك في كل ما يختص به في سجل العهد الجديد.

ختامًا؛ ينبغي أن يمثِّل الحَبَل والميلاد العذراوي ليسوع جزءًا من إقرار إيمان أيِّ مؤمن. فإن ميلاد يسوع هو الذي أعطاه جسدًا من لحم ودم؛ وينكر روح ضد المسيح أن يسوع قد جاء في الجسد (١ يوحنا ٤: ١-٣؛ ٢ يوحنا ٧). يؤكِّد إقرار إيمان أي مؤمن أن يسوع أخذ لحمًا ودمًا (عبرانيين ٢: ١٤)، حتى يرفع الخطايا (١ يوحنا ٣: ٥). وذلك الإقرار نفسه يرد في السطر الأول من الترنيمة المسيحية القديمة التي رنَّمها بولس في ١ تيموثاوس ٣: ١٦، «اللهُ ظَهَرَ فِي الْجَسَدِ».

• الناسوت

يَذكُر الكتاب المقدس عدة ألقاب مختلفة ليسوع في ناسوته. وقد ذكرنا بالفعل الألقاب المتصلة بلاهوت المسيح أعلاه (انظر عنوان «اللاهوت» [صفحة ٣٠٦]). تمدُّنا الأسماء والألقاب التالية بفهم لشخص يسوع، وعمله، والكيفية التي وصفه بها الآخرون أو تعاملوا بها معه.

- «نسل» المرأة (تكوين ٣: ١٥؛ غلاطية ٤: ٤)
- «شِيلُون» (تكوين ٤٩: ١٠)
- «الْوَلِيّ»، أو «الفادي» (أيوب ١٩: ٢٥-٢٧؛ غلاطية ٣: ١٣)
- «المسيَّا»، أو «الممسوح» (في اللغة العبرية)، أو «المسيح» (في اللغة اليونانية) (مزمور ٢: ٢؛ يوحنا ١: ٤١؛ ٤: ٢٥؛ أعمال الرسل ١٨: ٢٨)
- «الغصن» (إشعياء ٤: ٢؛ إرميا ٢٣: ٥؛ ٣٣: ١٥؛ زكريا ٣: ٨؛ ٦: ١٢)
- «العبد» (إشعياء ٥٢: ١٣؛ أعمال الرسل ٤: ٢٧)
- «مُشْتَهَى كُلِّ الأُمَمِ» (حجَّي ٢: ٧)
- «شَمْس الْبِرِّ» (ملاخي ٤: ٢)
- «يَسُوع» (متى ١: ٢١)
- «نَاصِرِيًّا» (متى ٢: ٢٣)
- «ابْنُ دَاوُدَ» (متى ١٢: ٢٣؛ ٢١: ٩؛ مرقس ١٢: ٣٥-٣٧؛ رومية ١: ١-٤)
- «ابْن الإِنْسَانِ» (مرقس ٢: ١٠؛ يوحنا ١٢: ٣٤؛ أعمال الرسل ٧: ٥٦؛ رؤيا ١: ١٣؛ انظر دانيآل ٧: ١٣)
- «الْحَبِيب» («المختار») (لوقا ٩: ٣٥؛ راجع متى ١٢: ١٨؛ ١ بطرس ١: ٢٠)
- «حَمَل اللهِ»/«الخروف» (يوحنا ١: ٢٩؛ رؤيا ٥: ٦، ٨، ١٢، ١٣)

- «مُعَلِّم» (يوحنا ٣: ٢)
- «مُعَزٍّ» (يوحنا ١٤: ١٦، يُفهَم ضمنًا)
- «يَسُوعَ الْمَسِيحِ» (أعمال الرسل ٢: ٣٨، ٣: ٦)
- «رَئِيسًا» (أعمال الرسل ٥: ٣١)
- «البكر»، أو «الشخص الأبرز والأهم» (رومية ٨: ٢٩؛ كولوسِّي ١: ١٥؛ عبرانيين ١ :٦)
- «آدَمُ الأَخِيرُ» (١ كورنثوس ١٥: ٤٥-٤٩؛ راجع رومية ٥: ١٤؛ ١ كورنثوس ١٥: ٢١-٢٢)
- «حَجَرُ الزَّاوِيَةِ» (أفسس ٢: ٢٠؛ ١ بطرس ٢: ٤)
- «الوسيط» (١ تيموثاوس ٢: ٥-٦)
- «أخ» (عبرانيين ٢: ١١-١٢، يُفهَم ضمنًا)
- «رَسُول» (عبرانيين ٣: ١)
- «رئيس كهنة» (عبرانيين ٣: ١)
- «وَاضِعُ النَّامُوسِ، والديَّان» (يعقوب ٤: ١٢؛ انظر متى ٢٨: ١٨)
- «كَوْكَب الصُّبْحِ» (٢ بطرس ١: ١٩)
- «شَفِيع» (١ يوحنا ٢: ١)
- «الشَّاهِدُ الأَمِين» (رؤيا ١: ٥؛ ٣: ١٤)
- «الآمِين» (رؤيا ٣: ١٤)
- «بَدَاءَة خَلِيقَةِ اللهِ» (رؤيا ٣: ١٤)
- «الأَسَد الَّذِي مِنْ سِبْطِ يَهُوذَا» (رؤيا ٥: ٥)
- «أَصْلُ دَاوُدَ» (رؤيا ٥: ٥)
- «كَوْكَبُ الصُّبْحِ الْمُنِيرُ» (رؤيا ٢٢: ١٦)

الاتحاد الأقنومي: أكَّد مجمع نيقية، في عام ٣٢٥ م، على إعلان الكتاب المقدس عن كون يسوع بالحقيقة هو الله. ثم في عام ٤٥١ م، أقرَّ مجمع خلقيدونية بأن يسوع كان إنسانًا وإلهًا في الآن ذاته، الشيء الذي كان يشير إلى «اتحادٍ أقنوميٍّ» [hypostatic union] لطبيعتيه دون اختلاط، أو تغيير، أو انقسام، أو انفصال.[٢٨] ولهذا يقول قانون إيمان الرسل (الذي يعود إلى القرن الخامس الميلادي): «أومن بـ...

٢٨ سيكون من الجيد أن نقتبس فيما يلي التعريف الكامل لاتحاد الطبيعتين بحسب مجمع خلقدونية: «إذن، اتباعًا للآباء القديسين، نعلِّم جميعًا بالإجماع الناس أن يعترفوا بالابن الواحد نفسه، ربّنا يسوع المسيح، الكامل في اللاهوت، والكامل في الناسوت أيضًا؛ الإله الحقيقي والإنسان الحقيقي؛ الذي له روح عاقلة وجسد؛ الواحد مع الآب في الجوهر بحسب اللاهوت، والواحد معنا في الجوهر بحسب الناسوت؛ الذي شابهنا في كل شيء، لكن بلا خطية؛ المولود من الآب قبل كل الدهور بحسب اللاهوت؛ لكنه، في الأيام الأخيرة، من أجلنا ومن أجل خلاصنا، وُلد من مريم العذراء، أم الإله، بحسب الناسوت؛ فهو المسيح، والابن، والرب، والابن الوحيد الواحد نفسه؛ الذي له طبيعتان دون امتزاج، أو تغيير، أو انقسام، أو انفصال؛ ودون زوال الاختلافات بين الطبيعتين بأي حال من الأحوال بفعل اتحادهما، بل ظلت خصائص كل طبيعة باقية، وكلاهما تلتقيان في أقنومٍ واحدٍ وجوهرٍ واحدٍ. ليس أنه انفصل أو انقسم إلى أقنومين، بل

يسوع المسيح، ابنه الوحيد، ربِّنا، الذي حُبِل به بالروح القدس، ووُلد من مريم العذراء.» بمعنًى آخر، يتألَّف الاتحاد الأقنومي من طبيعتي المسيح في شخص واحد إلهي بشري [theanthropic] (الله-الإنسان). يحافظ هذا الاتحاد على لاهوت المسيح دون انتقاص، وعلى ناسوته دون إعلاء منه.

يختلف مصطلح الاتحاد الأقنومي عن عقيدة الميلاد العذراوي، وعن عقيدة التجسد. يشير التجسد إلى المفهوم العام لظهور الله في جسد بشري، بينما يمثِّل الميلاد العذراوي الوسيلة التي بها تحقَّق هذا التجسد. قال تشارلز فينبرج (Charles Feinberg) ذات مرة إن «الاتحاد الأقنومي هو ذلك الاتحاد الذي تحقَّق بواسطة التجسُّد.»[٢٩] يختلف الاتحاد الأقنومي عن ظهورات الابن في العهد القديم، من حيث أن تلك الظهورات كانت متعدِّدة، ومؤقَّتة؛ في حين أن وجود طبيعتين في المسيح منذ تجسُّده أمر أبدي. فهو الله-الإنسان الآن وإلى الأبد.

وفي حين أن الطبيعة البشرية التي أخذها ابن الله في تجسُّده أتاحت له أن يعيش حياة البشر، لكنه مع ذلك لم يكن شخصين مختلفين، بل فقط شخصًا واحدًا ذي طبيعتين: الطبيعة الإلهية والطبيعة البشرية. وإن لاهوت المسيح هو الذي تسبَّب في تفرُّد ناسوته (أي شخصيته وصفاته). وإن الله الآب هو الذي هيَّأ الجسد البشري المادي للمسيح (عبرانيين ١٠: ٥-٧؛ انظر مزمور ٤٠: ٦-٨) للتجسُّد، حتى يتمِّم ابن الله مشيئة الآب. وقد كانت لكلِّ طبيعة من الطبيعتين مشيئتها الخاصة. ففي يوحنا ١٧: ٢٤، تتجلَّى المشيئة الإلهية للمسيح في علاقته بالآب داخل الثالوث من قبل تأسيس العالم. لكن، في بستان جشيماني، وفَّق يسوع بين مشيئته البشرية ومشيئة الآب (متى ٢٦: ٣٩). يمكن رؤية هذه المشيئة الثنائية داخل الشخص الواحد أيضًا في السنوات المبكِّرة من حياة يسوع، حين أذهل بحكمته ومعرفته بالكُتُب المقدَّسة المعلمين في الهيكل، إذ تكلَّم بطبيعته الإلهية؛ غير أنه بعد ذلك أخضع مشيئته البشرية لرغبات والديه (لوقا ٢: ٤٧، ٥١-٥٢). لم يكن هذا يشير إلى شخصين متنازعين، بل إلى طبيعتين مختلفتين، لكنهما كاملتان.

يستلزم ناسوت المسيح لا مجرد مواجهة الخبرات التي يجتازها الجنس البشري، بل أيضًا أن يجتازها بنفسه. وقد اجتاز يسوع منذ بداية تجسُّده وحتى نهاية رحلته على الأرض خبرة الميلاد (متى ٢: ١)، والنمو (لوقا ٢: ٤٠)، والإنهاك (يوحنا ٤: ٦)، والنوم (مرقس ٤: ٣٨)، والجوع (متى ٤: ٢؛ ٢١: ١٨)، والعطش (يوحنا ٤: ٧؛ ١٩: ٢٨)، والغضب (مرقس ٣: ٥)، والحزن (متى ٢٦: ٣٧)، والبكاء (لوقا ١٩: ٤١؛ يوحنا ١١: ٣٥)، والتعاطُف أو التحنُّن (متى ٩: ٣٦)، والمحبة (مرقس ١٠: ٢١؛ يوحنا ١١: ٣، ٥، ٣٦)، والفرح (لوقا ١٠: ٢١؛ يوحنا ١٥: ١١)، والتعرُّض للتجارب (متى ٤: ١؛ عبرانيين ٤: ١٥)، والصلاة (متى ١٤: ٢٣؛ عبرانيين ٥: ٧)، والألم (متى ١٦: ٢١؛ لوقا ٢٢: ٤٤؛ عبرانيين ٢: ١٨)، والموت (مرقس ١٥: ٣٧-٣٩؛

هو الابن، والمولود الوحيد، والله الكلمة، والرب يسوع المسيح نفسه؛ كما تنبأ الأنبياء عنه منذ البدء، وكما علَّمنا الرب يسوع المسيح نفسه، وكما تسلَّمنا من قوانين إيمان الآباء القديسين.»

Philip Schaff, *The Creeds of Christendom*, vol. 2, *The Greek and Latin Creeds* (New York: Harper and Row, 1877), 62-63.

29 Charles Lee Feinberg, "The Hypostatic Union," *BSac* 92, no. 367 (1935): 262.

لوقا ٢٣: ٤٤-٤٦؛ يوحنا ١٢: ٢٤، ٣٣؛ رومية ٥: ٦، ٨؛ فيلبي ٢: ٨). كما اختبر أولًا شيئًا سيختبره جميع البشر في النهاية، ألا وهي القيامة من الأموات (متى ١٧: ٩؛ يوحنا ٢: ٢٢؛ ٢١: ١٤؛ أعمال الرسل ٣: ١٥؛ اكورنثوس ١٥: ٢٠). كان يسوع إنسانًا حقيقيًا، وكاملًا، وكذلك هو إله حقيقي وكامل (انظر عنوان «اللاهوت» [صفحة ٣٠٦] أعلاه).

كتب كاتب الرسالة إلى العبرانيين بإيجاز وبراعة شديدين، عن ضرورة ناسوت المسيح والبركة العظيمة التي تؤول إلى الجنس البشري بسبب هذا الناسوت: «مِنْ ثَمَّ كَانَ يَنْبَغِي أَنْ يُشْبِهَ إِخْوَتَهُ فِي كُلِّ شَيْءٍ، لِكَيْ يَكُونَ رَحِيمًا، وَرَئِيسَ كَهَنَةٍ أَمِينًا فِي مَا لِلهِ حَتَّى يُكَفِّرَ خَطَايَا الشَّعْبِ. لأَنَّهُ فِي مَا هُوَ قَدْ تَأَلَّمَ مُجَرَّبًا يَقْدِرُ أَنْ يُعِينَ الْمُجَرَّبِينَ» (عبرانيين ٢: ١٧-١٨). فهو «يَسُوعُ النَّاصِرِيُّ، رَجُلٌ قَدْ تَبَرْهَنَ لَكُمْ مِنْ قِبَلِ اللهِ» (أعمال الرسل ٢: ٢٢)؛ وهو «وَسِيطٌ وَاحِدٌ بَيْنَ اللهِ وَالنَّاسِ: الإِنْسَانُ يَسُوعُ الْمَسِيحُ» (١ تيموثاوس ٢: ٥). وحقًّا، «هُوَذَا الإِنْسَانُ!» (يوحنا ١٩: ٥).

تحدث جون والفورد (John Walvoord) عن هذا اللغز العجيب للاتحاد الأقنومي بين طبيعتي المسيح، قائلًا: «في حين ينبغي ألا تُنسَب البتة صفات إحدى طبيعتي المسيح إلى الطبيعة الأخرى، لكن، يصح نسب صفات كلتا الطبيعتين إلى شخص المسيح أو أقنومه.»[30] تستلزم هذه الحقيقة أن يدرك قارئو الكتاب المقدس جيدًا المفهوم الذي يُسمَّى «تبادُل الخواصّ» (*communicatio idiomatum* بحسب اللغة اللاتينية)، الذي يمكن رصده في السجل الكتابي، وذلك حتى يفهموا بشكل صحيح مَن هو يسوع وماذا فعل. يعني هذا المفهوم أن كل ما يمكن قوله عن إحدى طبيعتي المسيح يصح قوله أيضًا عن المسيح كشخص أو أقنوم كامل. على سبيل المثال، لا يعني ما قاله بولس في أعمال الرسل ٢٠: ٢٨ أن الطبيعة الإلهية لها دم، لأن الله روح (راجع يوحنا ٤: ٢٤). لكن لأن «الدم» هو من خواص طبيعة المسيح البشرية، ولأن «الله» (أي «اللاهوت») هو صفة لطبيعة المسيح الإلهية، أمكن لبولس أن يقول عن يسوع إن الله اقتنى الكنيسة بدمه. ومن ثَمَّ، من الممكن إسناد خواص كلتا الطبيعتين إلى شخص أو أقنوم المسيح. أمدَّنا والفورد بسبعة تصنيفات مفيدة يمكن بها التمييز بين الإشارات الكتابية إلى طبيعتي المسيح، والإشارات إلى شخصه أو أقنومه، وهي كالتالي:[31]

١. **إشارات إلى شخص المسيح ككلٍّ، فيها تنطبق الصفات على كلتا الطبيعتين:**

«لأَنَّهُ يُولَدُ لَنَا وَلَدٌ
وَنُعْطَى ابْنًا،
وَتَكُونُ الرِّيَاسَةُ عَلَى كَتِفِهِ،
وَيُدْعَى اسْمُهُ
عَجِيبًا، مُشِيرًا، إِلهًا قَدِيرًا،
أَبًا أَبَدِيًّا، رَئِيسَ السَّلاَمِ.

30 John F. Walvoord, *Jesus Christ Our Lord* (Chicago: Moody Press, 1969), 116.

31 Walvoord, *Jesus Christ Our Lord*, 117–18.

لِنُمُوِّ رِيَاسَتِهِ، وَلِلسَّلاَمِ
لاَ نِهَايَةَ
عَلَى كُرْسِيِّ دَاوُدَ وَعَلَى مَمْلَكَتِهِ،
لِيُثَبِّتَهَا وَيَعْضُدَهَا
بِالْحَقِّ وَالْبِرِّ،
مِنَ الآنَ إِلَى الأَبَدِ.
غَيْرَةُ رَبِّ الْجُنُودِ تَصْنَعُ هذَا» (إشعياء ٩: ٦-٧)

«فَسَتَلِدُ ابْنًا وَتَدْعُو اسْمَهُ يَسُوعَ. لأَنَّهُ يُخَلِّصُ شَعْبَهُ مِنْ خَطَايَاهُمْ» (متى ١: ٢١)

«فَإِذْ لَنَا رَئِيسُ كَهَنَةٍ عَظِيمٌ قَدِ اجْتَازَ السَّمَاوَاتِ، يَسُوعُ ابْنُ اللهِ، فَلْنَتَمَسَّكْ بِالإِقْرَارِ» (عبرانيين ٤: ١٤)

٢. **إشارات إلى شخص المسيح ككلٍّ، غير أن الصفات تنطبق على لاهوته فحسب:**
«لكِنَّ يَسُوعَ لَمْ يَأْتَمِنْهُمْ عَلَى نَفْسِهِ، لأَنَّهُ كَانَ يَعْرِفُ الْجَمِيعَ. وَلأَنَّهُ لَمْ يَكُنْ مُحْتَاجًا أَنْ يَشْهَدَ أَحَدٌ عَنِ الإِنْسَانِ، لأَنَّهُ عَلِمَ مَا كَانَ فِي الإِنْسَانِ» (يوحنا ٢: ٢٤-٢٥)

«وَلَيْسَ أَحَدٌ صَعِدَ إِلَى السَّمَاءِ إِلاَّ الَّذِي نَزَلَ مِنَ السَّمَاءِ، ابْنُ الإِنْسَانِ» (يوحنا ٣: ١٣)

«فَأَجَابَهُمْ يَسُوعُ: أَبِي يَعْمَلُ حَتَّى الآنَ وَأَنَا أَعْمَلُ» (يوحنا ٥: ١٧)

٣. **إشارات إلى شخص المسيح ككلٍّ، غير أن الصفات تنطبق على ناسوته فحسب:**
«ثُمَّ أُصْعِدَ يَسُوعُ إِلَى الْبَرِّيَّةِ مِنَ الرُّوحِ لِيُجَرَّبَ مِنْ إِبْلِيسَ. فَبَعْدَ مَا صَامَ أَرْبَعِينَ نَهَارًا وَأَرْبَعِينَ لَيْلَةً، جَاعَ أَخِيرًا» (متى ٤: ١-٢)

«فَوَلَدَتِ ابْنَهَا الْبِكْرَ وَقَمَّطَتْهُ وَأَضْجَعَتْهُ فِي الْمِذْوَدِ، إِذْ لَمْ يَكُنْ لَهُمَا مَوْضِعٌ فِي الْمَنْزِلِ» (لوقا ٢: ٧)

«وَكَانَ الصَّبِيُّ يَنْمُو وَيَتَقَوَّى بِالرُّوحِ، مُمْتَلِئًا حِكْمَةً، وَكَانَتْ نِعْمَةُ اللهِ عَلَيْهِ» (لوقا ٢: ٤٠)

«وَكَانَتْ هُنَاكَ بِئْرُ يَعْقُوبَ. فَإِذْ كَانَ يَسُوعُ قَدْ تَعِبَ مِنَ السَّفَرِ، جَلَسَ هكَذَا عَلَى الْبِئْرِ، وَكَانَ نَحْوَ السَّاعَةِ السَّادِسَةِ» (يوحنا ٤: ٦).

٤. **إشارات تحوي تناقضًا ظاهريًا، إذ تنسب إلى شخص المسيح ككلٍّ إحدى صفات لاهوته، مع إسنادها إلى ناسوته:**

«اِحْتَرِزُوا إِذًا لأَنْفُسِكُمْ وَلِجَمِيعِ الرَّعِيَّةِ الَّتِي أَقَامَكُمُ الرُّوحُ الْقُدُسُ فِيهَا أَسَاقِفَةً، لِتَرْعَوْا كَنِيسَةَ اللهِ [صفة إلهية]، الَّتِي اقْتَنَاهَا بِدَمِهِ [صفة بشرية]» (أعمال الرسل ٢٠ : ٢٨)

«فَلَمَّا رَأَيْتُهُ سَقَطْتُ عِنْدَ رِجْلَيْهِ كَمَيِّتٍ، فَوَضَعَ يَدَهُ الْيُمْنَى عَلَيَّ قَائِلاً لِي: «لاَ تَخَفْ، أَنَا هُوَ الأَوَّلُ وَالآخِرُ، وَالْحَيُّ [صفة إلهية]. وَكُنْتُ مَيْتًا [صفة بشرية]، وَهَا أَنَا حَيٌّ إِلَى أَبَدِ الآبِدِينَ! آمِينَ. وَلِي مَفَاتِيحُ الْهَاوِيَةِ وَالْمَوْتِ» (رؤيا ١ : ١٧-١٨)

٥. **إشارات تحوي تناقضًا ظاهريًا، إذ تَنسِب إلى شخص المسيح ككلٍّ إحدى صفات ناسوته، مع إسنادها إلى لاهوته:**

«فَإِنْ رَأَيْتُمُ ابْنَ الإِنْسَانِ [صفة بشرية] صَاعِدًا إِلَى حَيْثُ كَانَ أَوَّلاً [صفة إلهية]» (يوحنا ٦ : ٦٢)

«وَلَهُمُ الآبَاءُ، وَمِنْهُمُ الْمَسِيحُ حَسَبَ الْجَسَدِ [صفة بشرية]، الْكَائِنُ عَلَى الْكُلِّ إِلهًا [صفة إلهية] مُبَارَكًا إِلَى الأَبَدِ. آمِينَ» (رومية ٩ : ٥)

٦. **إشارات تصف شخص المسيح ككلٍّ بحسب لاهوته، غير أن الصفات تُنسَب إلى كلتا الطبيعتين:**

«فَقَالَ لَهُ يَسُوعُ: ‹الْحَقَّ أَقُولُ لَكَ: إِنَّكَ الْيَوْمَ تَكُونُ مَعِي فِي الْفِرْدَوْسِ›» (لوقا ٢٣ : ٤٣)

«وَأَخَذَ يَسُوعُ الأَرْغِفَةَ وَشَكَرَ، وَوَزَّعَ عَلَى التَّلاَمِيذِ، وَالتَّلاَمِيذُ أَعْطَوْا الْمُتَّكِئِينَ. وَكَذلِكَ مِنَ السَّمَكَتَيْنِ بِقَدْرِ مَا شَاءُوا» (يوحنا ٦ : ١١)

«فَعَلِمَ يَسُوعُ فِي نَفْسِهِ أَنَّ تَلاَمِيذَهُ يَتَذَمَّرُونَ عَلَى هذَا، فَقَالَ لَهُمْ: ‹أَهذَا يُعْثِرُكُمْ؟›» (يوحنا ٦ : ٦١)

«لأَنَّكُمْ قَدْ مُتُّمْ وَحَيَاتُكُمْ مُسْتَتِرَةٌ مَعَ الْمَسِيحِ فِي اللهِ. مَتَى أُظْهِرَ الْمَسِيحُ حَيَاتُنَا، فَحِينَئِذٍ تُظْهَرُونَ أَنْتُمْ أَيْضًا مَعَهُ فِي الْمَجْدِ» (كولوسِّي ٣ : ٣-٤)

٧. **إشارات تصف شخص المسيح ككلٍّ بحسب ناسوته، غير أن الصفات تُنسَب إلى كلتا الطبيعتين:**

«وَنَحْوَ السَّاعَةِ التَّاسِعَةِ صَرَخَ يَسُوعُ بِصَوْتٍ عَظِيمٍ قَائِلاً: «إِيلِي، إِيلِي، لِمَا شَبَقْتَنِي؟» أَيْ: إِلهِي، إِلهِي، لِمَاذَا تَرَكْتَنِي؟» (متى ٢٧ : ٤٦؛ لا يمكن أن يترك اللهُ اللهَ أو يتخلَّى عنه. كان يسوع في شخصه أو أقنومه ككلٍّ على الصليب، لكن

الآب تخلَّى عنه مؤقتًا بحسب ناسوته. وقد مات يسوع، بصفته الله-الإنسان، بحسب ناسوته، لأن اللاهوت لا يمكن أن تموت).

«وَأَعْطَاهُ سُلْطَانًا أَنْ يَدِينَ أَيْضًا، لأَنَّهُ ابْنُ الإِنْسَانِ» (يوحنا ٥ : ٢٧)

ومن ثَمَّ، ينبغي أن يستند اللَّاهوت الكتابي عن شخص المسيح وطبيعتيه على قراءة دقيقة للكتاب المقدس، مقرونة بإقرارٍ منا بمحدودية إدراكنا. فمن شأن القارئ الفطن أن ينتبه جيدًا إلى كافة تفاصيل النص الكتابي حتى يتمكن من تفسيره تفسيرًا صحيحًا فيما يتعلق بالفهم اللاهوتي عن مَن هو يسوع، وماذا عمل، ويعمل، وسيعمل.

معرفة المسيح المحدودة: يثير نص مرقس ١٣ : ٣٢ أمام قارئيه مشكلة تتعلَّق بمعرفة المسيح المحدودة: «وَأَمَّا ذلِكَ الْيَوْمُ وَتِلْكَ السَّاعَةُ فَلاَ يَعْلَمُ بِهِمَا أَحَدٌ، وَلاَ الْمَلاَئِكَةُ الَّذِينَ فِي السَّمَاءِ، وَلاَ الابْنُ، إِلاَّ الآبُ». تكلَّم يسوع بهذه الكلمات في أثناء فترة تجسُّده (التي تسمَّى أيضًا فترة اتضاعه). لكن، بعد قيامته من الأموات، يبدو لنا نص أعمال الرسل ١ : ٦-٧ وكأنه يُظهِر أن يسوع كان يَعلَم بالفعل زمن ردِّ المُلك إلى إسرائيل، لكنه لم يشأ كشفه في ذلك الوقت لتلاميذه. لا تعني محدودية معرفة المسيح بزمن الردِّ وجوب إعادة النظر في تصريحاته الأخرى المختصة بتاريخية أحداث العهد القديم، أو بكون موسى هو كاتب أسفار التوراة الخمسة. ففي النهاية، كان يسوع يثق تمام الثقة في العهد القديم بصفته كلمة الله، وكان بإمكان ناسوته أن يستمدَّ تلك المعلومات بشكل مباشر من الكتب المقدسة. لكن، حتى في أثناء تجسُّد يسوع، ظل، بصفته الله الابن، كليَّ العلم (راجع يوحنا ١٦ : ٣٠). فإن معرفته المحدودة في هذا الموقف ناتجة عن تخليه طواعية عن الاستخدام المستقل لصفاته الإلهية (انظر عنوان «الإخلاء» [صفحة ٣١١]).

مفاهيم مغلوطة

تنشأ المفاهيم المغلوطة عن يسوع من قراءة دون اكتراث أو تمييز للكتاب المقدس. وبسبب عدم الاكتراث هذا، الذي ضاعفت منه طبيعة الإنسان الساقطة، وعداوة غير المؤمنين لله، تعرَّض شخص المسيح للهجوم منذ البدء. ففي الكنيسة الأولى، نشأت الضلالات بشأن طبيعة المسيح وشخصه منذ القرن الأول، معارِضة الرأي القويم الذي تبنَّاه المؤمنون الخاضعون لرأي الكتاب المقدس بشأن عقيدة المسيح. وكما هو الحال مع الأوراق النقدية المزيفة، تُعَد أفضل استراتيجية للتعرُّف على الزيف هي التركيز على الحق. فإن دراسة ما يقوله الكتاب المقدس عن يسوع المسيح تفتضح خطأ أولئك الذين يسعون إما إلى إنكار الحقائق الكتابية، أو إلى تقديم مسيح مزيَّف. ويجدر بنا أن نوليَ بعض الاهتمام بدراسة مختصَرة للهرطقات الرئيسية التي تختص بعقيدة المسيح (يعرض الجدول ٥.٤ [صفحة ٣٢٦] ملخَّصًا لهذه الهرطقات).

الإبيونية [Ebionism]: أصرَّت واحدة من أقدم الضلالات التي ظهرت في الكنيسة على حقيقة ناسوت المسيح على حساب استبعاد لاهوته من المشهد؛ لأن أنصار هذه الضلالة قد أنكروا الوجود السابق للمسيح، متأثرين بالتعاليم اليهودية للقرن الأول. صارت هذه الهرطقة تُعرف باسم الإبيونية.

وفي نظر الإبيونيين، كان يسوع رجلًا عظيمًا، ونبيًا لله، أُنعِم عليه بروح الله، ورُفِعَ إلى منصب مَلِك بعد موته. قَبِلَ بعض الإبيونيين تعليم الحبل العذراوي بيسوع، في حين رفضه آخرون.

وبحلول القرن الخامس الميلادي، كانت وجهة النظر هذه قد انتهت من الكنيسة. فربما عاد بعض أنصارها إلى الديانة اليهودية، في حين استسلم آخرون لوجهة النظر الكتابية وبقوا في الكنيسة (أو ربما استسلموا لوجهة نظر خاطئة أخرى حظيَت بشعبية في ذلك الوقت). ومع أن الكنيسة قد تخلَّت عن وجهة النظر هذه، إلا أن الفكر الإسلامي عن يسوع مطابقٌ في جوهره للفكر الإبيوني، كما قال هيك (Heick): «مَثَّل الفكر الديني التوفيقي [religious syncretism] الظاهر بوضوح في هذه الحركة أهمية تاريخية كبيرة لأنه ساهم في نشأة الديانة المحمَّديَّة (الإسلام) التي تُعَد ثالث أكبر الديانات التوحيدية في العالم.»[٣٢]

الغنوسية [Gnosticism]: كانت جذور حركة الغنوسية سابقة لزمن كنيسة العهد الجديد، ومن ثَمَّ، فقد أَدغَمت بداخلها تدريجيًا بعض العناصر المسيحية. تألَّفت هذه الحركة من عبادة انتقائية تعود إلى القرن الثاني، مزجت ما بين الفلسفة اليونانية، والفكر الثنائي الفارسي، والفكر اليهودي، بالإضافة إلى عناصر من الديانات الشرقية السرية، ومن المسيحية أيضًا. وقد كانت العقيدة الأساسية للغنوسية صدًى لمفهوم أفلاطون بشأن شرِّ المادة وصلاح الروح. وقد آمن مناصروها بأن سلسلة من الانبثاقات، عُرِفت باسم «أيونات» [*eons*]، جاءت من عند الله، ثم تدريجيًّا، صار كل منها ماديًّا بدرجة أكبر وروحيًّا بدرجة أقل، أي أكثر شرًّا وأقل صلاحًا. وبما أن يهوه العهد القديم (الذي هو مجرد أيون آخر) هو خالق كل شيء، فقد أطلقت عليه الغنوسية اسم ديميورج [Demiurge]. كان الديميورج كائنًا سماويًّا خاضعًا لأيون آخر، أعظم منه، هو الكائن الأسمى. وإذ كان الديميورج هذا هو خالق العالم المادي، والمتحكِّم فيه، فقد وصفه الغنوسيون بأنه مناقض لكلِّ ما هو روحي. وبحسب الفكر الغنوسي، كان المسيح إما طَيفًا يبدو وكأنه ظاهر في جسد (انظر «الدوسيتية» أدناه)، أو أيونًا ما اتَّحد بيسوع في وقتٍ ما بين معموديته وموته على الصليب. ويتعلق الفكر الغنوسي عن الخلاص بمعرفة خاصة [gnosis]، تُعطَى من المسيح للصفوة فحسب من خلال عملية عقلية.

مذهب التبني [adoptionism] أو المودالية [modalism]: قَبِل البعض في الكنيسة الأولى رأيًا مَفاده أن الله تبنَّى (ومن هنا جاءت التسمية «**مذهب التبني**») الإنسان يسوع المسيح ابنًا له في وقت ما بعد ميلاده، إما عند معموديته أو عند قيامته من الأموات. وقد ارتبط اسم أرتيمون (Artemon) في المعتاد بهذه الهرطقة، غير أننا لا نعرف الكثير من المعلومات عنه. قام بولس الساموساطي Paul of Samosata (في القرن الثالث الميلادي) وثيودوتس الإسكافي Theodotus the Cobbler (الذي ازدهر نشاطه نحو عام ١٩٠ م) بنشر مذهب التبني هذا. ويمكن اعتبار مناصري مذهب التبني جزءًا من الجماعات الموناركية، التي رفضت عقيدة الثالوث، وأشارت إلى وجود إله واحد فحسب، هو الحاكم أو الملك الوحيد (monarch، التي منها جاء التسمية موناركية). شدَّد هذا الفكر الموناركي على وَحدانية الله، أي أنه تبنى رأيًا توحيديًّا. وقد اعتبر أنصارُ هذا الرأي الأقانيمَ الثلاثة في اللاهوت مجرد

32 Otto W. Heick, *A History of Christian Thought* (Philadelphia: Fortress, 1965), 1:67.

ثلاثة أشكال مختلفة للإله الواحد، ولعمله. وبما أنهم لم يؤمنوا بأن الآب والابن أقنومان متمايزان، فقد روَّجوا للمذهب الپاتريپاسياني [Patripassianism، أي مذهب «تألُّم الآب»]، الذي يقول إن الله الآب مات فوق صليب الجلجثة. صار سابيليوس من المدافعين عن الحركة الموداليّة في أوائل القرن الثالث، ولهذا حُكِم عليه بالعزل الكنسي في عام ٢١٧ م، وعُرِفت الحركة التي نشأت من خلاله باسم السابليانية [Sabellianism].

الدوسيتية [Docetism]: يستمد الدوسيتيون اسمهم من اللفظ اليوناني *dokeō*، الذي معناه «يبدو» أو «يظهر.» وقد تبنت هذه الجماعة الرأي النقيض لمذهب التبني، إذ أصرُّوا على لاهوت المسيح، بينما رفضوا ناسوته. وبحسب رأي الدوسيتيين، بما أن الوجود المادي هو في جوهره شرٌّ – الرأي عينه الذي تبنَّاه أفلاطون – فقد بات من المستحيل إذن أن يأخذ ابن الله الطاهر والقدوس جسدًا خاطئًا. ومن ثَمَّ، آمن هؤلاء بأن ابن الله ظهر على الأرض كطيفٍ أو خيال، أي في ظهور إلهي من نوعٍ ما، وبأنه لم يكن له جسد بشري، ولم يكن ممكنًا أن يتألم أو يموت موتًا حقيقيًّا. صار فالانتينوس Valentinus (الذي ازدهر نشاطه بين ١٣٦–١٦٥ م تقريبًا) من الشخصيات البارزة في هذه الحركة. لكن، قاومه إيريناوس، وكتب كتابًا من خمسة أجزاء ضد ضلالات الدوسيتيين. كما كان مرقيون Marcion (من عام ٨٥–١٦٠ م تقريبًا) عضوًا بارزًا آخر في الطائفة الدوسيتية. وقد استخدم ترتليانوس (من عام ١٦٠–٢٢٠ م تقريبًا) قلمه لمحاربة تعاليم ماركيون (٢٠٧–٢٠٨ م). وأصر أغناطيوس، أسقف أنطاكية (من عام ٥٠–١١٠ م تقريبًا)، وواحد من آباء الكنيسة، على استخدام لفظي «حقًّا»، و«حقيقي» في وصف لاهوت المسيح وناسوته على حد سواء، على النقيض من الاستعمال الدوسيتي لعبارة «على ما يبدو» أو «ظاهريًّا» لوصف ناسوت المسيح.

الأريوسية [Arianism]: نشأت هذه الهرطقة الأخرى التي شنَّت هجومًا على شخص المسيح وعمله من تعاليم أريوس (٢٥٠–٣٣٦م)، الذي كان واحدًا من شيوخ كنيسة الإسكندرية في مصر. افترض أريوس وأتباعه أن خضوع الابن بصورة مؤقَّتة لمشيئة الآب في برنامج الفداء استلزم عدم وجود مساواة أزلية بين الآب والابن. فقد رأى أريوس أن المسيح مجرد كائن مخلوق، لكنه المخلوق الأول والأسمى بين جميع المخلوقات. لم يكن المسيح من جوهر الآب **نفسه**، بل من جوهر **شبيهٍ** له. ومن ثَمَّ، وضع هذا الفكر المسيح في مكانة متوسطة بين الله والإنسان، باعتباره مخلوقًا ينبغي أن يُعبد بسبب السلطان المفوَّض إليه من الله.

قدَّم مجمع نيقية (٣٢٥ م) ومجمع القسطنطينية (٣٨١ م) ردودًا على هذه الهرطقة. وقد تمحور الجدل حول كلمتين يونانيتين يكمُن الاختلاف الوحيد بينهما في وجود أو غياب الحرف «يوتا» اليوناني (أي حرف «i»)، وهما *homoiousia* («جوهر شبيه»)، و*homoousia* («الجوهر نفسه»). وقد كان لُبُّ الخلاف هو ما إن كان المسيح هو الله بالحقيقة، أم لا. أعلن المجمع قناعته المستمَدة من الكتاب المقدس بأن المسيح إله حقيقي وكامل وإنسان حقيقي وكامل. وقد هبَّ أثناسيوس (٢٩٥–٣٧٣ م)، الذي صار فيما بعد أسقف الإسكندرية، للدفاع عن شهادة الكتاب المقدس عن اللاهوت الحقيقي ليسوع المسيح. وقد أسفر هذان المجمعان عن التأكيد على أن المسيح «إله من إله، ونور من نور، وإله حق من إله حق، ومولود غير مخلوق، وواحد مع الآب في الجوهر».

الأبولينارية [Apollinarianism]: أكَّدت هذه الضلالة التي ظهرت في الكنيسة الأولى على اللاهوت الحقيقي للمسيح، في حين رفضت ناسوته الكامل. آمن الأبوليناريون -الذين استمدوا اسمهم من أبوليناريوس (٣١٥-٣٩٢ م تقريبًا)، أسقف لاودكية- بأن المسيح كان يمتلك بالفعل جسدًا حقيقيًا، ونفسًا خالدة، لكن دون عقل بشري حقيقي (أو روح عاقلة). وقد آمنوا، في حقيقة الأمر، بأن المسيح كان الله متخفيًا في جسد بشري.[٣٣] ومن ثَمَّ، نسبوا كلَّ ضعفات يسوع البشرية -من قبِيل الجهل، والألم، والطاعة، والعبادة- إلى لاهوته. وفي واقع الأمر، تأثَّر أبوليناريوس أيضًا بالفكر الثنائي لأفلاطون، الذي علَّم بأن الروح صالحة بينما الجسد شرٌّ؛ ورأى استحالة أن تكون للمسيح مشيئة بشرية، إذا كان هو الله.

أدان مجمع القسطنطينية التعاليم الأبولينارية، واعتبرها هرطقة في عام ٣٨١ م؛ وكذلك أدانها أيضًا مجمع خلقيدونية في عام ٤٥١ م. وقد أشار أولئك الذين تصدَّوا لأبوليناريوس في الكنيسة الأولى إلى عجزه عن تفسير الصراع بين مشيئة يسوع الإلهية ومشيئته البشرية في نصٍّ من قبيل لوقا ٢٢ : ٤٢. كذلك، بما أن الخطية تؤثِّر في كلٍّ من الجسد، والإرادة، والذهن، فإن تقديم يسوع فداءً كاملًا كان يستلزم اشتراك ذهنه (عقله) في فداء ذهن (عقل) المؤمن. ومِن المؤكَّد أن إنسانًا حقيقيًّا دون ذهن (عقل) هو أمر لا يمكن تصوُّره.

النِّسطورية [Nestorianism]: حدث انشقاق لا بأس به في الكنيسة الأولى بسبب التعاليم الكاذبة لنِسطور، أسقف القسطنطينية (٣٨١-٤٥١ م تقريبًا). فقد نسب نِسطور إلى يسوع شخصية ثنائية -أي قال إنه شخصان وطبيعتان، وليس شخصًا واحدًا له طبيعتان. أصاب نِسطور في فهم أن مريم لم تحبل بالطبيعة الإلهية للمسيح، لكنه، في حقيقة الأمر، افترض أن يسوع كان إنسانًا «مؤلَّهًا.» كما أنه ساوى بين علاقة يسوع بالآب وعلاقة المؤمن بالمسيح.

يقول بعض المؤرخين إن نِسطور اكتسب سمعة سيئة بسبب أولئك الذين أساءوا فهم رأيه بشأن وجوب عدم المساس بعدم قابلية الكلمة (اللوجوس) لاختبار أي ألم أو تغيير، وكذلك بشأن وجوب عدم المساس بالناسوت الكامل ليسوع. بل وقد دافع مارتن لوثر نفسه عن نِسطور ضد تهمة أنه علَّم بانقسام المسيح إلى شخصين أو أقنومين.[٣٤] أوضح نيكولز (Nichols) أن نِسطور «شدَّد بقوة على ناسوت المسيح ولاهوته حتى إنه اقترب بشدة من حافَّة التصريح باختلاف طبيعتي المسيح، إلى حد أن يصير المسيح شخصًا منقسمًا إلى شخص بشري وشخص إلهي، أي أن يصير شخصين وليس فقط طبيعتين.»[٣٥] وبعد إدانة نِسطور في كلا المجمعين اللذَين عُقدا في أفسس (٤٣١ م)، وفي خلقيدونية (٤٥١م)، أصرَّ نِسطور على أنه قد أُسيء فهمه، وأنه لطالما تمسَّك بكون المسيح شخصًا واحدًا ذي طبيعتين. وفقًا لذلك، ربما بالفعل لم يتبنَّى نِسطور نفسه الفكر الخاطئ الذي عُرِف لاحقًا باسم

٣٣ [المترجم]: أي إن المسيح الإنسان لم يكن لديه روح عاقلة بشرية، لأنه حينئذ سيكون خاطئًا، لأن الروح العاقلة هي مركز إرادة الإنسان، ومن ثَم، فإنه كان يمتلك جسدًا ونفسًا بشريَّين، لكن روحه هي اللوجوس أو الكلمة الإلهية التي حلت فيه.

34 Heick, *A History of Christian Thought*, 1:180.

35 Stephen J. Nichols, *For Us and for Our Salvation: The Doctrine of Christ in the Early Church* (Wheaton, IL: Crossway, 2007), 105.

النِّسطورية، لكنه ربما بالغ في التشديد على طبيعتي المسيح لدرجة قلَّلت من شأن اتحادهما في أقنوم واحد، الشيء الذي عرضه للانتقاد من كيرلس، أسقف الإسكندرية، وكذلك للتوبيخ مِن مجمعَي أفسس وخلقيدونية. فمن الواضح أن المؤمنين في ذلك الوقت كانوا يطالبون بالتدقيق الشديد في العقائد المختصة بالرب يسوع المسيح.

الأوطاخية [Eutychianism]: أدَّى الفكر الأبوليناري إلى نزاع آخر سُمِّي المونوفيزية [Mono-physitism] («الإيمان بطبيعة واحدة») أو «الأوطاخية»، نسبة إلى مؤسِّسه، أوطاخي القسطنطيني (٣٧٨-٤٥٤ م تقريبًا). تبنَّى أوطاخي رأيًا مفاده أن لاهوت المسيح وناسوته لم يكونا مختلفين على الإطلاق، بل قد انصهرت الطبيعتان معًا مكوِّنتين طبيعة ثالثة ليست هي إلهًا أو إنسانًا، بل شيئًا متوسطًا بينهما. فبما أن يسوع لم تكن له سوى حياة واحدة، وعقل واحد، ومشيئة واحدة، فلا بد إذن أنه امتلك طبيعة واحدة فحسب في شخص واحد. وقد عُرِفت إحدى الصور الأخرى من الأوطاخية، والتي ركَّزت على المشيئة الواحدة، باسم المونوثيليتية [Monotheletism]، أو «مذهب المشيئة الواحدة.» أدان مجمع خلقيدونية الفكر الأوطاخي في عام ٤٥١ م، وأدان مجمع القسطنطينية الثالث المونوثيليتية في عام ٦٨٠ م.

الجدول ٤ . ٥: مجامع الكنيسة الأولى[٣٦]

المجمع	التاريخ	القضية
نيقية	٣٢٥ م	الدفاع عن لاهوت المسيح؛ مقاومة الهرطقة الأريوسية
القسطنطينية الأول	٣٨١ م	الدفاع عن لاهوت المسيح؛ مقاومة الهرطقة الأريوسية والأبولينارية.
أفسس	٤٣١ م	الدفاع عن طبيعتَي المسيح؛ مقاومة الهرطقة الأبولينارية، والنسطورية، والأوطاخية/المونوفيزية
القسطنطينية الثاني	٥٥٣ م	الدفاع عن طبيعتَي المسيح؛ مقاومة الهرطقة الأوطاخية/ المونوفيزية

٣٦ مقتبَس بتصرُّف من الجدول الوارد في المصدر التالي، بتصريح من دار نشر كروسواي (www.crossway.org):
Nichols, *For Us and for Our Salvation* (Crossway, a publishing ministry of Good News Publishers, Wheaton, IL 60187), 56.

المجمع	التاريخ	القضية
القسطنطينية الثالث	٦٨٠-٦٨١ م	الدفاع عن طبيعتَي المسيح؛ مقاومة الهرطقة المونوثيليتية
نيقية الثاني	٧٨٧ م	الدفاع عن استخدام الأيقونات

• المعمودية[٣٧]

وقع اختيار الله على ذلك الشخص المتنبّأ عنه بأنه المُعِدّ الطريق للمسيّا كي يعمّد يسوع في مياه نهر الأردن (مرقس ١: ١-١٠؛ يوحنا ١: ١٩-٣١؛ أعمال الرسل ١٩: ٤). كان الغرض من هذه المعمودية هو إعلان مجيء المسيّا بشخصه، تتميمًا لنبوات العهد القديم. وقد ربط يوحنا المعمدان هذا الإعلان عن مجيء المسيّا بوصف المسيح بأنه «حَمَلُ اللهِ الَّذي يَرْفَعُ خَطِيَّةَ الْعَالَم» (يوحنا ١: ٢٩). وبما أن والد يوحنا كان كاهنًا (لوقا ١: ٥)، فقد كان يوحنا إذن «الكاهن والنبي المعيَّن والمعطى من الله»، الذي عمَّدَ يسوع.[٣٨]

لماذا اعتمد يسوع؟ وفقًا لتفسير يسوع نفسه، هو اعتمد لأنه «هكَذَا يَلِيقُ بِنَا أَنْ نُكمِّلَ كُلَّ بِرٍّ» (متى ٣: ١٥). فبخضوعه المسيح لمعمودية يوحنا، تمَّم مشيئة الله، ووحَّد نفسه بالخطاة. فقد كان من شأنه في النهاية أن يحمل خطاياهم حتى يُحتَسَب برُّه الكامل لهم (٢ كورنثوس ٥: ٢١)، وكان فعل الطاعة هذا الذي تجلّى في المعمودية يمثّل جزءًا أساسيًّا من حياة البرّ التي عاشها المسيح، والتي تُحتَسَب للمؤمنين. وقد احتوى هذا الحدث العلني الأول في خدمة يسوع على معانٍ عميقة:

١. كانت هذه المعمودية ظلًّا لدلالة المعمودية المسيحية.

٢. كانت المعمودية بمثابة اتحاده العلني الأول بأولئك الذين كان عتيدًا أن يحمل خطاياهم (إشعياء ٥٣: ١١؛ ١ بطرس ٣: ١٨).

٣. أكَّدت المعمودية علانية أنه هو المسيّا، بشهادة مباشرة من السماء (متى ٣: ١٧، الذي احتوى على اللغة المسيّانيَّة الواردة في مزمور ٢: ٧، وكذلك في إشعياء ٤٢: ١).[٣٩]

• التجربة

بعد أن عمَّد يوحنا يسوع (متى ٣: ١٣-١٧)، اقتاد الروح القدس يسوع إلى البرية، حيث جرَّبه الشيطان (متى ٤: ١-١١). لعب الروح القدس دورًا مهمًّا في حياة يسوع وخدمته؛ فقد كان هو العامل الأساسي في الحَبَل به في رحم مريم (متى ١: ٢٠)، وهو الذي مَسَحه وأيَّده بالقوة في خدمته (متى ١٢: ٢٨؛ لوقا

---

٣٧ هذا الجزء مقتبَس بتصرُّف من المصدر التالي:

جون ماك آرثر، تفسير الكتاب المقدس، الطبعة الأولى (منصورية المتن – لبنان: دار منهل الحياة)، ٢٣٠٨.

38 Lewis Sperry Chafer, *Systematic Theology* (1948; repr., Dallas, TX: Dallas Seminary Press, 1969), 5:59.

٣٩ للاطلاع على المزيد بشأن دلالة معمودية يسوع، انظر عنوان «طاعة المسيح» في الفصل السابع من هذا الكتاب (ص. ٦٢٩).

٤ : ١٨-١٩؛ انظر إشعياء ٦١ : ١)، كما أنه كان هو العامل في قيامته من الأموات (رومية ٨ : ١١). ويبرهن اشتراك الروح في قيادة يسوع إلى مواجهة هذا الموقف مع الشيطان أن هذه التجربة كانت متفقة مع قصد الله السيادي في برنامج الفداء.

شنَّت تجارب الشيطان الحرب على يسوع فقط في ناسوته، لأن الله نفسه (ومن ثَمَّ، لاهوت يسوع أيضًا) «غَيْرُ مُجَرَّبٍ بِالشُّرُورِ» (يعقوب ١ : ١٣)، بل وهو لا يجرِّب أحدًا البتة بالشرور. إلا أن الله يستخدم الأرواح الشريرة، والشيطان، والبشر كي يجرِّبوا البعض متى كان هذا متفقًا مع مقاصده السيادية (أيوب ١-٢؛ لوقا ٢٢ : ٣١-٣٢؛ ٢ كورنثوس ١٢ : ٧-١٠). واستنادًا إلى التقسيمات الواردة في ١ يوحنا ٢ : ١٦، جرَّبَ الشيطان يسوع بالجوع باعتباره أحد «شهوات الجسد» (متى ٤ : ٢-٣؛ ١ يوحنا ٢ : ١٦)، كما حاول غوايته بأن يجرِّب الله كمظهر من مظاهر «تعظُّم المعيشة» (متى ٤ : ٥-٦؛ ١ يوحنا ٢ : ١٦)، وكذلك، أغواه بالحصول على ممالك العالم وكلِّ مجدها حتى يلبِّي «شهوة العيون» (متى ٤ : ٨-٩؛ ١ يوحنا ٢ : ١٦). وفي وقت التجربة الخاصة هذه التي خضع لها يسوع، وكذلك أيضًا طوال خدمته على الأرض، جُرِّبَ «فِي كُلِّ شَيْءٍ مِثْلُنَا، بِلَا خَطِيَّةٍ» (عبرانيين ٤ : ١٥). كان يسوع قادرًا على التعرُّض للتجربة، لكنه لم يكن قادرًا على ارتكاب الخطية.

على مدار السنوات، طرح البعض السؤال التالي: هل كان المسيح قادرًا على ارتكاب الخطية سواء بالفكر أو بالفعل؟ استُخدِمت عبارتان لاتينيتان للتعبير عن إجابتين رئيسيتين على هذا السؤال.[٤٠] تصف العبارة اللاتينية الأولى عدم قدرة يسوع من الأساس على ارتكاب الخطية، وهي: *non posse peccare* (أي «غير قادر على ارتكاب الخطية»). يتعارض هذا المفهوم مع العبارة اللاتينية الثانية، وهي: *posse non peccare* (أي «قادر على عدم ارتكاب الخطية»)، والتي توحي ضمنًا بأن يسوع كان من الممكن أن يُخطئ، لكنه منع نفسه من ذلك. وعلى سبيل التوضيح، لا يوجد ترادُف في المعنى بين «القابلية لارتكاب الخطية» [peccability]، و«عدم القابلية لارتكاب الخطية» أو «العصمة» [impeccability]، من ناحية، وبين حالة «الإثم» [sinfulness]، وحالة «الخلو من الخطية» [sinlessness]، من ناحية أخرى. فإن صفة «القابلية لارتكاب الخطية» لا توحي ضمنًا بوجود طبيعة خاطئة. يُقِرُّ كلا هذين الرأيين بأن يسوع لم يُخطئ (١ يوحنا ٣ : ٥).

يؤكد رأي عدم عصمة المسيح، أي قابلية ارتكابه للخطية، أنه كان من الممكن أن يخطئ لكنه لم يفعل ذلك. وهذا الرأي هو، إلى حد كبير، رأي الأقلية بين علماء اللاهوت اليوم. وفيما يلي بعض الحُجج المؤيِّدة له:

١. **الناسوت الكامل للمسيح**: فإذا كان المسيح قد أخذ في تجسُّده ناسوتًا كاملًا، بجميع صفاته، فلا بد إذن أنه كانت لديه القدرة على ارتكاب الخطية، ما دامت الطبيعة البشرية غير الساقطة قادرة، في ذاتها، على ارتكاب الخطية، كما

---

٤٠ اقتُبِست الدراسة الموجزة التالية لوجهتَي النظر بتصرُّف من المصدر التالي بتصريح من *MSJ*:
Michael McGhee Canham, "*Potuit Non Peccare* or *Non Potuit Peccare*: Evangelicals, Hermeneutics, and the Impeccability Debate," *MSJ* 11, no. 1 (2000): 93–114.

يتبرهـن لنـا مـن خـلال سـقوط آدم وحـواء (تكويـن ٣: ١-٦).

٢. **إمكانيـة تعرُّض المسيح للتجربـة**: جُـرِّبَ المسـيح فـي كلِّ شـيء مثـل الجميـع (عبرانييـن ٤: ١٥)، وقاسـى تجـارب عديـدة طـوال حياتـه (متـى ٤: ١-١١)؛ ومـن ثَـمَّ، لا بـد أن تحـوي حقيقـة تعرُّضـه للتجربـة فـي طياتهـا إمكانيـة ارتكابـه للخطيـة. هـذه هـي أهـم حُجـة يلجـأ إليهـا فـي غالبيـة الأحيـان مناصـرو رأي عـدم عصمـة المسـيح.

٣. **حريـة إرادة المسـيح**: بمـا أن المسـيح تمتَّـع بـإرادة حـرة، نظيـر آدم قبـل السـقوط، فهـذا يوحـي ضمنًـا بعـدم عصمتـه، أو بإمكانيـة ارتكابـه للخطيـة.

يـرى مؤيِّـدو رأي عـدم عصمـة المسـيح أن أمـورًا كثيـرة تقـع علـى المحـك فـي هـذا الشـأن، أبرزهـا حقيقـة ناسـوت المسـيح، وحقيقـة التجربـة التـي تعـرَّض لهـا، وحقيقـة كهنوتـه الـذي يرثـي للضعفـات. فهُـم يؤكِّـدون أن كلَّ هـذه الأمـور تتخلخـل لـو لـم تكـن لـدى المسـيح القـدرة علـى ارتـكاب الخطيـة.

فـي المقابـل، يؤيِّـد الكتـابُ المقـدسُ رأيَ عصمـة المسـيح، أي عـدم قدرتـه علـى ارتـكاب الخطيـة. هـذا الـرأي هـو، إلـى حـد كبيـر، رأي الأغلبيـة بـين الإنجيليـين فـي الماضـي والحاضـر. وفيمـا يلـي بعـض الحُجـج المؤيِّـدة لهـذا الـرأي:

١. **لاهـوت المسـيح**: فمـا دام المسـيح هـو اللـه، ومـا دام اللـه لا يمكـن أن يخطـئ (يعقـوب ١: ١٣)، يترتـب علـى ذلـك إذن عـدم إمكانيـة أن يخطـئ المسـيح أيضًـا. وبمـا أن «أُجْـرَةَ الْخَطِيَّـةِ هِـيَ مَـوْتٌ» (روميـة ٦: ٢٣)، فقـد كان ينبغـي أن يمـوت اللـه لـو أخطـأ. لكـن، بمـا أن اللـه لا يمكـن أن يمـوت، فهـو إذن لا يمكـن أن يخطـئ.

٢. **أحكام الله**: مـا دام اللـه هـو الـذي قضـى بتتميـم يسـوع المسـيح لخطـة الفـداء، يترتـب علـى ذلـك إذن عـدم إمكانيـة أن يخطـئ المسـيح. فلـو أخطـأ، لفشـلت خطـة الفـداء.

٣. **صفـات المسـيح الإلهيـة**: يؤيـد بعـض مناصـري رأي عصمـة المسـيح هـذا الـرأي اسـتنادًا إلـى صفـة **ثبـات** المسـيح، أي عـدم قابليتـه للتغيُّـر (انظـر عبرانيـين ١٣: ٨). تقـول هـذه الحُجـة إنـه لـو كان مـن الممكـن أن يخطـئ المسـيح وهـو علـى الأرض، فإنـه مـن الممكـن إذن أن يخطـئ الآن أيضًـا. ومـا دام لا يسـتطيع أن يخطـئ الآن، ومـا دام ثابتًـا وغيـر قابـل للتغيـر، يترتـب علـى ذلـك إذن أنـه لـم يكـن بإمكانـه أن يخطـئ وهـو علـى الأرض. ومـن الصفـات الأخـرى التـي يلجـأ إليهـا مناصـرو هـذا الـرأي هـي قـدرة المسـيح الكليـة (توحـي القـدرة علـى ارتـكاب الخطيـة بالضعـف، بينمـا لـم يكـن فـي المسـيح أي ضعـف)، وعلمـه الكلـي (يوحنـا ٥: ٢٥). ربمـا يقـول أحدهـم إن الحُجـج التـي تُبنَـى علـى صفـات لاهـوت المسـيح غيـر حاسـمة فـي قضيـة عـدم العصمـة، لأن المسـيح، بالإخـلاء، قـد أخضـع طواعيـة ممارسـته المسـتقلة لصفاتـه الإلهيـة لمشـيئة أبيـه السـماوي (انظـر عنـوان «الإخـلاء» [ص. ٣١١]). صحيـح أن إثبـات صحـة رأي العصمـة مـن خـلال الصفـات الإلهيـة قـد يكـون بالفعـل مجـرد اسـتنتاج ضمنـيٍّ، إلا أنَّنـا نسـتطيع أن نقـول أيضًـا إنـه مـا دام المسـيح قـد أخضـع ممارسـته لصفاتـه الإلهيـة

طوال الوقت لمشيئة أبيه، لم يكن إذن من شأن الآب قط أن يوجِّه الابن إلى الحدِّ من صفاته الإلهية حتى تتاح له بهذا مخالفة مشيئته.

٤. **علاقة المسيح بالثالوث**: كان يسوع «مُمْتَلِئًا مِنَ الرُّوحِ الْقُدُسِ» (لوقا ٤ : ١)، ومن ثَمَّ، لم يكن ممكنًا أن يخفق في التجربة، إذ لم يكن ممكنًا أن يخفق الروح القدس فيما أُرسِل كي يصنعه من أجل يسوع.

ومع أن يسوع لم يكن قابلًا لارتكاب الخطية، لكن كانت التجارب التي واجهها حقيقية. لم تكن حقيقة التجارب متوقفة على استجابته لها؛ بل في حقيقة الأمر، بما أن يسوع لم يستسلم للتجارب قط، فهذا يعني إذن أنه كابدها في كامل قوتها. ومن ثَمَّ، كانت التجارب التي تعرَّض لها يسوع حقيقية وقوية بدرجة أكبر ممَّا يمكن أن يتعرض له أي إنسان آخر. وتكشف المقارنة بين التجربة التي تعرض لها آدم وتلك التي تعرض لها يسوع عن أوجه اختلاف شاسعة بينهما، الشيء الذي يجعل نصرة يسوع استثنائية بدرجة أكبر كثيرًا:

١. واجه آدم التجربة في أفضل الظروف، في جنة عدن؛ بينما واجهها يسوع في بيئة قاسية، في برية اليهودية.

٢. عاش آدم في عالم كامل ومثالي، وهو عالم ما قبل السقوط؛ بينما عاش يسوع في عالم فاسد وأثيم للغاية.

٣. استسلم آدم لأول تجربة واجهها؛ بينما واجه يسوع، طوال حياته وخدمته على الأرض، تجارب عديدة ومتكررة (عبرانيين ٤ : ١٥)، ولم يستسلم لها قط.

٤. اجتاز آدم التجربة وهو في حالة من الشبع، إذ كان في جنة مبهجة، مليئة بالثمار والمياه العذبة؛ بينما أضعف الصوم لمدة أربعين يومًا في البرية من قوة يسوع قبل اجتيازه التجربة.

٥. أدى سقوط آدم أمام التجربة إلى عواقب مميتة على الجنس البشري بأكمله؛ بينما أتاحت نصرة يسوع على التجربة له أن يستكمل برنامج الفداء بنجاح.

• الاتكال على الروح القدس

يثير حدث تجربة يسوع قضية علاقة يسوع بالروح القدس، واتكاله عليه. وقد تنبأ الكثير من نبوات العهد القديم بأن المسيَّا سيكون متكلًا على الروح القدس:

«وَيَحُلُّ عَلَيْهِ رُوحُ الرَّبِّ،\
رُوحُ الْحِكْمَةِ وَالْفَهْمِ،\
رُوحُ الْمَشُورَةِ وَالْقُوَّةِ،\
رُوحُ الْمَعْرِفَةِ وَمَخَافَةِ الرَّبِّ.\
وَلَذَّتُهُ تَكُونُ فِي مَخَافَةِ الرَّبِّ» (إشعياء ١١ : ٢-٣)

«هُوَذَا عَبْدِي الَّذِي أَعْضُدُهُ،
مُخْتَارِي الَّذِي سُرَّتْ بِهِ نَفْسِي.
وَضَعْتُ رُوحِي عَلَيْهِ
فَيُخْرِجُ الْحَقَّ لِلأُمَمِ» (إشعياء ٤٢ : ١)

«رُوحُ السَّيِّدِ الرَّبِّ عَلَيَّ،
لأَنَّ الرَّبَّ مَسَحَنِي
لأُبَشِّرَ الْمَسَاكِينَ،
أَرْسَلَنِي لأَعْصِبَ مُنْكَسِرِي الْقَلْبِ،
لأُنَادِيَ لِلْمَسْبِيِّينَ بِالْعِتْقِ،
وَلِلْمَأْسُورِينَ بِالإِطْلاَقِ.
لأُنَادِيَ بِسَنَةٍ مَقْبُولَةٍ لِلرَّبِّ،
وَبِيَوْمِ انْتِقَامٍ لإِلَهِنَا.
لأُعَزِّيَ كُلَّ النَّائِحِينَ.
لأَجْعَلَ لِنَائِحِي صِهْيَوْنَ،
لأُعْطِيَهُمْ جَمَالاً عِوَضًا عَنِ الرَّمَادِ،
وَدُهْنَ فَرَحٍ عِوَضًا عَنِ النَّوْحِ،
وَرِدَاءَ تَسْبِيحٍ عِوَضًا عَنِ الرُّوحِ الْيَائِسَةِ،
فَيُدْعَوْنَ أَشْجَارَ الْبِرِّ،
غَرْسَ الرَّبِّ لِلتَّمْجِيدِ» (إشعياء ٦١ : ١-٣)

يتجلَّى اعتماد المسيح على الروح القدس في الحَبَل به (متى ١ : ٢٠)، ومعموديته (متى ٣ : ١٦-١٧)، وتعرضه للتجربة في البرية (متى ٤ : ١). وقد كتب يوحنا عن المسيح أنه «يَتَكَلَّمُ بِكَلاَمِ اللهِ. لأَنَّهُ لَيْسَ بِكَيْلٍ يُعْطِي اللهُ الرُّوحَ» (يوحنا ٣ : ٣٤). وبالحقيقة، اتَّكل المسيح على الروح القدس لأجل إمداده بالقوة في خدمته (لوقا ٤ : ١٤)، ولا سيما في كرازته (لوقا ٤ : ١٧-٢٢، تتميمًا لنص إشعياء ٦١ : ١-٢؛ متى ١٢ : ١٥-٢١، تتميمًا لنص إشعياء ٤٢ : ١-٣). كذلك، أوصى المسيح «بِالرُّوحِ الْقُدُسِ» الرسل الذين اختارهم (أعمال الرسل ١ : ٢)، و«أخرج شياطين بروح الله» (متى ١٢ : ٢٨)، وشفى المرضى بقوة الروح القدس (أعمال الرسل ١٠ : ٣٨).

وفي نهاية رحلة المسيح على الأرض، قدَّم نفسه ذبيحة على الصليب بالروح القدس: «فَكَمْ بِالْحَرِيِّ يَكُونُ دَمُ الْمَسِيحِ، الَّذِي بِرُوحٍ أَزَلِيٍّ قَدَّمَ نَفْسَهُ لِلهِ بِلاَ عَيْبٍ، يُطَهِّرُ ضَمَائِرَكُمْ مِنْ أَعْمَالٍ مَيِّتَةٍ لِتَخْدِمُوا اللهَ الْحَيَّ!» (عبرانيين ٩ : ١٤). وقد مكَّن الروح القدس يسوع من تحمُّل الضيقات السابقة للصَّلب، وآلام الصلب نفسها، من قبيل: آلامه الداخلية في جشيماني، وتعرُّضه للإذلال أمام بيلاطس وهيرودس، والجَلد، وإكليل الشوك، وسير الطريق إلى الجلجثة، والصَّلب. فقد حفظه الروح القدس سواء من الناحية الجسدية، أو من نواحٍ أخرى أيضًا، معينًا إياه على الثبات على هدفه المتمثِّل في أن يبذل نفسه

على الصليب ذبيحة بدلية عن الخطاة، خضوعًا لمشيئة الآب. ومع أن قرار يسوع هذا كان مؤيَّدًا بالروح القدس، لكنه ظل أيضًا قراره الشخصي: «لِهذَا يُحِبُّنِي الآبُ، لأَنِّي أَضَعُ نَفْسِي لآخُذَهَا أَيْضًا. لَيْسَ أَحَدٌ يَأْخُذُهَا مِنِّي، بَلْ أَضَعُهَا أَنَا مِنْ ذَاتِي. لِي سُلْطَانٌ أَنْ أَضَعَهَا وَلِي سُلْطَانٌ أَنْ آخُذَهَا أَيْضًا. هذِهِ الْوَصِيَّةُ قَبِلْتُهَا مِنْ أَبِي» (يوحنا ١٠: ١٧-١٨).

وقد قام أقانيم اللاهوت الثلاثة جميعهم بدور في قيامة المسيح من الأموات. فقد اشترك الآب والروح القدس معًا في هذا العمل: «وَإِنْ كَانَ رُوحُ الَّذِي أَقَامَ يَسُوعَ مِنَ الأَمْوَاتِ سَاكِنًا فِيكُمْ، فَالَّذِي أَقَامَ الْمَسِيحَ مِنَ الأَمْوَاتِ سَيُحْيِي أَجْسَادَكُمُ الْمَائِتَةَ أَيْضًا بِرُوحِهِ السَّاكِنِ فِيكُمْ» (رومية ٨: ١١). كذلك، يبيِّن النص الكتابي المذكور أعلاه (يوحنا ١٠: ١٧-١٨؛ انظر أيضًا يوحنا ٢: ١٩-٢٢) اشتراك الابن في قيامته من الأموات.

فقد ظلَّ يسوع مؤيَّدًا بالروح القدس منذ الحَبَل به، وحتى قيامته من الأموات، وبالتبعية، حتى تمجيده أيضًا. لا يعني ذلك أن المسيح كان ضعيفًا في ذاته، بل يعني أنه إذ كان في حالة خضوع للآب (ولا سيما في تجسُّده)، مكَّن الروح القدس ناسوته من تتميم الفداء، وكافة جوانب إرساليته على الأرض، تتميمًا كاملًا. ويتأكَّد لنا هذا التنازل الطوعي من يسوع حين لم يتهم رؤساء اليهود الذين قالوا إن به شيطانًا بالتجديف عليه، بل على الروح القدس (متى ١٢: ٣٠-٣٢).

• التجلِّي

قبل أن يبدأ يسوع سلسلة الأحداث التي أدَّت إلى صلبه، وموته، ودفنه، وقيامته، وصعوده إلى السماء، أراد أن يطمئن تلاميذه، ويؤكِّد لهم أنه سيأتي ثانية، ويؤسِّس مملكته. وقد أمدَّ ذلك الحدث الذي يُعرَف باسم التجلِّي هؤلاء التلاميذ بالطمأنينة واليقين. كان تركيز خدمة يسوع على الملكوت قد بلغ منعطفًا يَظهَر في متى ١٦: ٢١، «مِنْ ذلِكَ الْوَقْتِ ابْتَدَأَ يَسُوعُ يُظْهِرُ لِتَلاَمِيذِهِ أَنَّهُ يَنْبَغِي أَنْ يَذْهَبَ إِلَى أُورُشَلِيمَ وَيَتَأَلَّمَ كَثِيرًا مِنَ الشُّيُوخِ وَرُؤَسَاءِ الْكَهَنَةِ وَالْكَتَبَةِ، وَيُقْتَلَ، وَفِي الْيَوْمِ الثَّالِثِ يَقُومَ». وقد خاض يسوع تجربة التجلي ليس في الأساس بغرض إثبات لاهوته، أو إعلان مجده السماوي، أو التنبؤ عن موته وقيامته الوشيكين؛ لكنه أراد أن يُظهِر لمحة مسبَقة من المجد الذي هو عتيد أن يُستعلَن عند مجيئه ثانية لتأسيس ملكوته. وقد ذكَر هو نفسه هذه الحقيقة في متى ١٦: ٢٨، «اَلْحَقَّ أَقُولُ لَكُمْ: إِنَّ مِنَ الْقِيَامِ ههُنَا قَوْمًا لاَ يَذُوقُونَ الْمَوْتَ حَتَّى يَرَوُا ابْنَ الإِنْسَانِ آتِيًا فِي مَلَكُوتِهِ». ولاحقًا، تحدث بطرس عن حادثة التجلي، قائلًا:

> «لأَنَّنَا لَمْ نَتْبَعْ خُرَافَاتٍ مُصَنَّعَةً، إِذْ عَرَّفْنَاكُمْ بِقُوَّةِ رَبِّنَا يَسُوعَ الْمَسِيحِ وَمَجِيئِهِ، بَلْ قَدْ كُنَّا مُعَايِنِينَ عَظَمَتَهُ. لأَنَّهُ أَخَذَ مِنَ اللهِ الآبِ كَرَامَةً وَمَجْدًا، إِذْ أَقْبَلَ عَلَيْهِ صَوْتٌ كَهذَا مِنَ الْمَجْدِ الأَسْنَى: «هذَا هُوَ ابْنِي الْحَبِيبُ الَّذِي أَنَا سُرِرْتُ بِهِ» وَنَحْنُ سَمِعْنَا هذَا الصَّوْتَ مُقْبِلاً مِنَ السَّمَاءِ، إِذْ كُنَّا مَعَهُ فِي الْجَبَلِ الْمُقَدَّسِ» (٢ بطرس ١: ١٦-١٨)

كان الضوء البهي والساطع لوجه المسيح على الجبل («وَأَضَاءَ وَجْهُهُ كَالشَّمْسِ، وَصَارَتْ ثِيَابُهُ بَيْضَاءَ كَالنُّورِ»، متى ١٧: ٢) عيِّنة مسبقة من مجد «ابْنَ الإِنْسَانِ آتِيًا عَلَى سَحَابِ السَّمَاءِ بِقُوَّةٍ وَمَجْدٍ كَثِيرٍ» (متى ٢٤: ٣٠). وقد وصف الرسول يوحنا في رؤيا ١: ١٤-١٦ رؤيا شبيهة بهذه لمجد المسيح، قائلًا:

«وَأَمَّا رَأْسُهُ وَشَعْرُهُ فَأَبْيَضَانِ كَالصُّوفِ الأَبْيَضِ كَالثَّلْجِ، وَعَيْنَاهُ كَلَهِيبِ نَارٍ. وَرِجْلاَهُ شِبْهُ النُّحَاسِ النَّقِيِّ، كَأَنَّهُمَا مَحْمِيَّتَانِ فِي أَتُونٍ. وَصَوْتُهُ كَصَوْتِ مِيَاهٍ كَثِيرَةٍ. وَمَعَهُ فِي يَدِهِ الْيُمْنَى سَبْعَةُ كَوَاكِبَ، وَسَيْفٌ مَاضٍ ذُو حَدَّيْنِ يَخْرُجُ مِنْ فَمِهِ، وَوَجْهُهُ كَالشَّمْسِ وَهِيَ تُضِيءُ فِي قُوَّتِهَا».

هناك أوجه شبه ملحوظة بين الرؤيا أعلاه وذلك الوصف الذي جاء في رؤيا ١٩: ١١-١٦ ليسوع الملك عند مجيئه ثانية للدينونة:

«ثُمَّ رَأَيْتُ السَّمَاءَ مَفْتُوحَةً، وَإِذَا فَرَسٌ أَبْيَضُ وَالْجَالِسُ عَلَيْهِ يُدْعَى أَمِينًا وَصَادِقًا، وَبِالْعَدْلِ يَحْكُمُ وَيُحَارِبُ. وَعَيْنَاهُ كَلَهِيبِ نَارٍ، وَعَلَى رَأْسِهِ تِيجَانٌ كَثِيرَةٌ، وَلَهُ اسْمٌ مَكْتُوبٌ لَيْسَ أَحَدٌ يَعْرِفُهُ إِلاَّ هُوَ. وَهُوَ مُتَسَرْبِلٌ بِثَوْبٍ مَغْمُوسٍ بِدَمٍ، وَيُدْعَى اسْمُهُ «كَلِمَةَ اللهِ» وَالأَجْنَادُ الَّذِينَ فِي السَّمَاءِ كَانُوا يَتْبَعُونَهُ عَلَى خَيْلٍ بِيضٍ، لاَبِسِينَ بَزًّا أَبْيَضَ وَنَقِيًّا. وَمِنْ فَمِهِ يَخْرُجُ سَيْفٌ مَاضٍ لِكَيْ يَضْرِبَ بِهِ الأُمَمَ. وَهُوَ سَيَرْعَاهُمْ بِعَصًا مِنْ حَدِيدٍ، وَهُوَ يَدُوسُ مَعْصَرَةَ خَمْرِ سَخَطِ وَغَضَبِ اللهِ الْقَادِرِ عَلَى كُلِّ شَيْءٍ. وَلَهُ عَلَى ثَوْبِهِ وَعَلَى فَخْذِهِ اسْمٌ مَكْتُوبٌ: ‹مَلِكُ الْمُلُوكِ وَرَبُّ الأَرْبَابِ.›».

وقد استُعلِن مجد الله بأوضح صورة، وعلى أكمل وجه، في الرب يسوع المسيح (عبرانيين ١: ١-٣). من أجل ذلك، دعاه الرسول بولس «رَبَّ الْمَجْدِ» (١ كورنثوس ٢: ٨)، وقال في ٢ كورنثوس ٤: ٣-٦ هذه الكلمات:

«وَلكِنْ إِنْ كَانَ إِنْجِيلُنَا مَكْتُومًا، فَإِنَّمَا هُوَ مَكْتُومٌ فِي الْهَالِكِينَ، الَّذِينَ فِيهِمْ إِلهُ هذَا الدَّهْرِ قَدْ أَعْمَى أَذْهَانَ غَيْرِ الْمُؤْمِنِينَ، لِئَلاَّ تُضِيءَ لَهُمْ إِنَارَةُ إِنْجِيلِ مَجْدِ الْمَسِيحِ، الَّذِي هُوَ صُورَةُ اللهِ. فَإِنَّنَا لَسْنَا نَكْرِزُ بِأَنْفُسِنَا، بَلْ بِالْمَسِيحِ يَسُوعَ رَبًّا، وَلكِنْ بِأَنْفُسِنَا عَبِيدًا لَكُمْ مِنْ أَجْلِ يَسُوعَ. لأَنَّ اللهَ الَّذِي قَالَ: «أَنْ يُشْرِقَ نُورٌ مِنْ ظُلْمَةٍ»، هُوَ الَّذِي أَشْرَقَ فِي قُلُوبِنَا، لإِنَارَةِ مَعْرِفَةِ مَجْدِ اللهِ فِي وَجْهِ يَسُوعَ الْمَسِيحِ».

أثبتت حادثة التجلي بكل قوة ووضوح أن يسوع هو المجد الحقيقي لله، الذي كان مكتومًا ومحتجبًا في أثناء حياته بالجسد على هذه الأرض. وقد كان مجيئا المسيح، الأول في اتضاع متسربًا بالجسد، والثاني في مجد متسربلًا بالنور، هما الموضوعان الرئيسيان لنبوات الكتاب المقدس.

ربما يدل مرافقا يسوع في حادثة تجليه، أي موسى وإيليا (متى ١٧: ٣)، على الفئتين من القديسين الذين سيدخلون الملكوت -أي الأموات، والأحياء الذين سيتغيرون عند الاختطاف. لكن، يمكن إيجاد توضيح أدق وأكثر يقينًا لدلالة موسى وإيليا في الرؤيا التي وردت في الأصحاح الرابع من سفر زكريا. في تلك الرؤيا، أمدَّت المنارة الذهبية والزيتونتان زَرُبَّابِل باليقين في حصوله على التأييد والدعم من الله في مهمة إعادة بناء الهيكل. كذلك، أعلن له الله أنه سيعطيه روحه، ويمدُّه بقدرة لا نهائية (زكريا ٤: ٦)، ستظل باقية حتى المجد المستقبلي لملكوت المسيَّا وهيكله. كانت هؤلاء الزيتونتان «هُمَا ابْنَا الزَّيْتِ

(أو «الممسوحان») الْوَاقِفَانِ عِنْدَ سَيِّدِ الأَرْضِ كُلِّهَا» (زكريا ٤ : ١٤). وفي حادثة التجلي، كان يسوع هو سيِّد الأرض كلها، وكان موسى وإيليا اللذان وقفا بجواره هما ابنا الزيت أو الممسوحان. وقد عرَّف يوحنا لاحقًا هاتين الزيتونتين نفسيهما بأنهما الشاهدان اللذان سيتنبآن لمدة «أَلْفٍ وَمِئَتَيْنِ وَسِتِّينَ يَوْمًا» في أثناء فترة الضيقة (رؤيا ١١ : ٣-٤). وتوحي طبيعة القوات التي سيصنعها هؤلاء الشاهدان (رؤيا ١١ : ٥-٦) بأنهما ربما يكونان بالفعل موسى وإيليا:

> في حين يتعذَّر الجزم القاطع بهوية هذين الشاهدين، لكن تدل عدة ملاحظات على أنهما ربما يكونان موسى وإيليا: ١) فنظير موسى، سيُنزل الشاهدان ضربات على الأرض؛ ونظير إيليًّا، سيكون لهما سلطان على منع نزول المطر؛ ٢) توقَّعَ التقليد اليهوديُّ عودة كلٍّ من موسى (راجع تثنية ١٨ : ١٥-١٨)، وإيليًّا (راجع ملاخي ٤ : ٥-٦) في المستقبل (راجع يوحنا ١ : ٢١)؛ ٣) حضر كلٌّ من موسى وإيليًّا في حادثة التجلِّي، الذي كان لمحة مسبقة من مجيء المسيح ثانية؛ ٤) استخدم كلٌّ من موسى وإيليًّا وسائل فائقة للطبيعة في سبيل الحثِّ على التوبة؛ ٥) أُخِذ إيليا حيًّا إلى السماء، ودفن الله بنفسه جسد موسى في موضعٍ لم يستطع أحد العثور عليه قط؛ ٦) تتساوى مدة منع الشاهدين للمطر (ثلاث سنوات ونصف؛ راجع رؤيا ١١ : ٣) مع مدَّة منع إيليا للمطر (يعقوب ٥ : ١٧).[٤١]

⬅ التعاليم

تكشف تعاليم يسوع عن حقيقة كونه معلِّمًا محنَّكًا، وراويًا متمرِّسًا للقصص، امتلك معرفة وحكمة تفوقان أيَّ إنسان آخر. فتَحتَ أيِّ ظرف، وأمام أيِّ نوع من المستمعين، كان يسوع يُظهِر براعة في التواصل. ولأن كلَّ إنسان يتعلم بطريقة تختلف عن غيره، فقد استخدم يسوع أساليب متنوعة. يتحدث أ. ب. بروس (A. B. Bruce) عن التحدي الذي واجه يسوع في تعليمه فقط لتلاميذه الاثني عشر:

> كان لدى صيادي السمك الجليليين والبسطاء الكثير ليتعلَّموه حتى يمكنهم استيفاء المتطلبات السامية للعمل الرسولي، بينما كانت مدة تدريبهم، حتى وإن حسبنا أنها بدأت مع بداية خدمة يسوع، قصيرة بصورة زائدة عن الحد. فبالحقيقة، كان هؤلاء رجالًا أتقياء، أظهروا صدق تقواهم بتخلِّيهم عن كل شيء كي يتبعوا معلِّمهم. لكن، عند وقت تلقِّيهم لدعوتهم، كانوا جُهَّالًا بشكل مفرط، وضيِّقي الأفق، ومؤمنين بخرافات، ومحمَّلين بالأحكام المسبقة، والمفاهيم المغلوطة، والأحقاد ذات الطابع اليهودي. كانت هناك الكثير من التعاليم السيئة التي ينبغي أن يتخلَّصوا منها، وكذلك الكثير من التعاليم الجيدة التي ينبغي أن يتعلَّموها. وقد اتَّسموا بالبطء سواء في التعلُّم، أو في التخلُّص من التعاليم السيئة. وقد تسبَّبت

---

٤١ جون ماك آرثر، تفسير الكتاب المقدس، الطبعة الأولى (منصورية المتن — لبنان: دار منهل الحياة)، ٢٣٠٨.

المعتقدات القديمة التي كانت مستحوذة بالفعل على عقولهم في التصعيب من مهمة ضخ أفكار دينية جديدة. فإذ كانوا رجالًا مخلصين وصالحين، كانت تربة طبيعتهم الروحية صالحة بالفعل لإنتاج حصاد وفير؛ لكن في الآن ذاته، كانت هذه التربة صُلبة، وبحاجة إلى الكثير من الحراثة المضنية حتى يتسنَّى لها أن تعطي ثمرها.[٤٢]

وإن تدريب يسوع لهؤلاء التلاميذ، وعملهم الريادي في الكرازة بإنجيل ما بعد القيامة، وكتابتهم لإنجيلين من الأناجيل الأربعة (متى ويوحنا)، وللبعض من رسائل العهد الجديد (رسالتي بطرس الأولى والثانية، ورسائل ويوحنا الأولى والثانية والثالثة)، ولسفر الرؤيا، لهو برهان قوي على نجاح المعلِّم في إعدادهم. ربما كان لبطرس أيضًا تأثير على كاتب إنجيل مرقس، مما يوِّسع من نطاق مساهمته في عملية كتابة العهد الجديد، وإن كان بصورة غير مباشرة.

- يسوع، المعلم المحنَّك

تكشف الأناجيل بعض التفاصيل المهمة عن يسوع بصفته معلِّمًا محنَّكًا. وفيما يلي عيِّنة من ملاحظات يمكن استخلاصها من النص الكتابي:[٤٣]

١. لم يكن يسوع معلِّمًا «محترفًا» مدفوع الأجر: «وَأَمَّا أَنْتُمْ فَلاَ تُدْعَوْا سَيِّدِي، لأَنَّ مُعَلِّمَكُمْ وَاحِدٌ» (متى ٢٣: ٨).

٢. كان يسوع هو الذي اختار تلاميذه (بل واختار من بينهم واحدًا أسلمه بعد ذلك): «لَسْتُ أَقُولُ عَنْ جَمِيعِكُمْ. أَنَا أَعْلَمُ الَّذِينَ اخْتَرْتُهُمْ. لكِنْ لِيَتِمَّ الْكِتَابُ: اَلَّذِي يَأْكُلُ مَعِي الْخُبْزَ رَفَعَ عَلَيَّ عَقِبَهُ» (يوحنا ١٣: ١٨).

٣. لم يكن يسوع مقيَّدًا بمكان أو إطار واحد؛ فقد علَّم في الهيكل (متى ٢١: ١٢–١٣)، وفي المجمع (مرقس ١: ٢١)، وعلى جبل (متى ٥: ١)، وفي سفن صيادين (لوقا ٥: ١–١١)، وفي حفل زفاف (يوحنا ٢: ١–١١)، وفي جنازة (لوقا ٧: ١١–١٧)، وعند بئر (يوحنا ٤: ١–٢٦)، وفي بيئات أخرى كثيرة.

٤. كان لدى يسوع سلطانٌ فريدٌ من نوعه: «لأَنَّهُ كَانَ يُعَلِّمُهُمْ كَمَنْ لَهُ سُلْطَانٌ وَلَيْسَ كَالْكَتَبَةِ» (متى ٧: ٢٩).

٥. كان ليسوع منهاجه الخاص، لكنه كان بتوجيهٍ من الآب: «لَسْتُ أَفْعَلُ شَيْئًا مِنْ نَفْسِي، بَلْ أَتَكَلَّمُ بِهذَا كَمَا عَلَّمَنِي أَبِي» (يوحنا ٨: ٢٨).

42 Alexander Balmain Bruce, *The Training of the Twelve; Or, Passages out of the Gospels, Exhibiting the Twelve Disciples of Jesus under Discipline for the Apostleship*, 4th ed. (New York: A. C. Armstrong and Son, 1889), 14.

٤٣ تمثِّل النقاط التالية تلخيصًا للمحتوى المتكامل تقريبًا للمصدر التالي، مع حذف القليل من الأمثلة:
Clifford A. Wilson, *Jesus the Teacher* (Melbourne: Hill of Content, 1974).

٦. كان يسوع يفهم طلابه جيدًا:

أ. فقد كان يعرف إمكانياتهم معرفة تامة ودقيقة: «أَنْتَ مُعَلِّمُ إِسْرَائِيلَ وَلَسْتَ تَعْلَمُ هذَا!» (يوحنا ٣: ١٠)؛ «إِنَّ لِي أُمُورًا كَثِيرَةً أَيْضًا لأَقُولَ لَكُمْ، وَلكِنْ لاَ تَسْتَطِيعُونَ أَنْ تَحْتَمِلُوا الآنَ» (يوحنا ١٦: ١٢).

ب. واستخدم أسلوب التكرار في التعليم بنجاح وفاعلية، كما حين قدَّم، في الأصحاح الثالث عشر من إنجيل متى، العديد من أمثال الملكوت التي تعلِّم الدروس نفسها، أو حين كرَّر وصف الروح القدس بأنه «المعزِّي» (يوحنا ١٤: ١٦، ٢٦؛ ١٥: ٢٦؛ ١٦: ٧).

ج. وشجَّع الطلاب المجتهدين، إذ علَّم بعضهم على انفراد تفسير الأمثال (متى ١٣: ٣٦-٤٣)؛ وكذلك، أولى اهتمامًا خاصًا لبطرس، ويوحنا، ويعقوب كما نرى في حادثة تجلِّيه (لوقا ٩: ٢٨-٣٦)، وفي أحداث بستان جثسيماني (متى ٢٦: ٣٧-٣٨).

د. وحرص على خلق موقف سليم من نحوه، كما حين علَّم المرأة السامرية في يوحنا ٤: ١-٢٦.

ه. وأسَّس علاقات جيدة بين طلابه، وحافظ عليها: «هذِهِ هِيَ وَصِيَّتِي أَنْ تُحِبُّوا بَعْضُكُمْ بَعْضًا كَمَا أَحْبَبْتُكُمْ. لَيْسَ لأَحَدٍ حُبٌّ أَعْظَمُ مِنْ هذَا: أَنْ يَضَعَ أَحَدٌ نَفْسَهُ لأَجْلِ أَحِبَّائِهِ» (يوحنا ١٥: ١٢-١٣).

٧. خصال يسوع الشخصية وإمكانياته كفلت له ضبط الصف الدراسي:

أ. كان يتمتَّع بقدرة استثنائية على الحفاظ على انتباه طلابه: «وَكَانَ الْجَمْعُ الْكَثِيرُ يَسْمَعُهُ بِسُرُورٍ» (مرقس ١٢: ٣٧)؛ و«بَعْدَ ثَلاَثَةِ أَيَّامٍ وَجَدَاهُ فِي الْهَيْكَلِ، جَالِسًا فِي وَسْطِ الْمُعَلِّمِينَ، يَسْمَعُهُمْ وَيَسْأَلُهُمْ. وَكُلُّ الَّذِينَ سَمِعُوهُ بُهِتُوا مِنْ فَهْمِهِ وَأَجْوِبَتِهِ» (لوقا ٢: ٤٦-٤٧).

ب. كان يتَّسم بالصبر الشديد، وضبط النفس، والانضباط؛ كما حين تحلَّى بالصمت أمام المشتكين عليه، والمستهزئين به، ومضطهديه (متى ٢٦: ٦٣؛ ٢٧: ١١-١٤؛ لوقا ٢٣: ٩).

ج. احتفظ بتوجُّه وسلوك وقور: «حِينَئِذٍ جَاءَ يَسُوعُ مِنَ الْجَلِيلِ إِلَى الأُرْدُنِّ إِلَى يُوحَنَّا لِيَعْتَمِدَ مِنْهُ. وَلكِنْ يُوحَنَّا مَنَعَهُ قَائِلاً: «أَنَا مُحْتَاجٌ أَنْ أَعْتَمِدَ مِنْكَ، وَأَنْتَ تَأْتِي إِلَيَّ!» فَأَجَابَ يَسُوعُ وَقَالَ لَهُ: «اسْمَحِ الآنَ، لأَنَّهُ هكَذَا يَلِيقُ بِنَا أَنْ نُكَمِّلَ كُلَّ بِرّ.» حِينَئِذٍ سَمَحَ لَهُ» (متى ٣: ١٣-١٥).

د. كانت لديه قدرة فائقة على القيادة: «فَقَالَ لَهُمْ يَسُوعُ حِينَئِذٍ عَلاَنِيَةً: «لِعَازَرُ مَاتَ. وَأَنَا أَفْرَحُ لأَجْلِكُمْ إِنِّي لَمْ أَكُنْ هُنَاكَ، لِتُؤْمِنُوا. وَلكِنْ لِنَذْهَبْ إِلَيْهِ!». فَقَالَ تُومَا الَّذِي يُقَالُ لَهُ التَّوْأَمُ لِلتَّلاَمِيذِ رُفَقَائِهِ: ‹لِنَذْهَبْ نَحْنُ أَيْضًا لِكَيْ نَمُوتَ مَعَهُ!›» (يوحنا ١١: ١٤-١٦).

هـ. كان يصوِّب المفاهيم الخاطئة، كما حين أظهر لتلاميذه إخفاقهم في إدراك وجود طعام أهم من الغذاء الجسدي (يوحنا ٤: ٣١-٣٨).

و. نجح في التواصُل مع بطرس، حين أنكر معرفته للمسيح للمرة الثالثة، من خلال نظرة حققت الغرض منها بفاعلية (لوقا ٢٢: ٦١).

ز. كان بإمكانه توجيه توبيخ صارم عند الضرورة: «فَالْتَفَتَ وَقَالَ لِبُطْرُسَ: ‹اذْهَبْ عَنِّي يَا شَيْطَانُ! أَنْتَ مَعْثَرَةٌ لِي، لأَنَّكَ لاَ تَهْتَمُّ بِمَا للهِ لكِنْ بِمَا لِلنَّاسِ›» (متى ١٦: ٢٣).

ح. حذَّر طلابه من بعض العواقب: «فَإِنِّي أَقُولُ لَكُمْ: إِنَّكُمْ إِنْ لَمْ يَزِدْ بِرُّكُمْ عَلَى الْكَتَبَةِ وَالْفَرِّيسِيِّينَ لَنْ تَدْخُلُوا مَلَكُوتَ السَّماوَاتِ» (متى ٥: ٢٠).

ط. قدَّم نموذجًا في السلوك بجرأة بناء على قناعة كتابية، مثلما حدث حين طرد الصيارفة من الهيكل (متى ٢١: ١٢-١٣)، وحين أخرج يهوذا من وسط التلاميذ (يوحنا ١٣: ٢٧-٣٠).

٨. استخدم يسوع أساليب أدبية وأساليب تواصل متنوِّعة في تعليمه:

أ. استخدم أساليب لغوية متنوِّعة حتى ينجح في توصيل فكرته، من بينها: الأسلوب الرمزي (متى ٥: ١٣)، وأسلوب التوازي الترادفي synonymous parallelism (متى ١٢: ٣٠)،[٤٤] والتوازي الطِباقي antithetic parallelism (متى ١٠: ٣٩)،[٤٥] والاستعارات أو الصور البلاغية (متى ١٥: ٢٦)، وصيغة المبالغة (متى ٥: ٢٩-٣٠)، والأمثال (متى ١٣)، وأقوال الحكمة (لوقا ٤: ٢٣). كما ترد المزيد من الأساليب اللغوية في اللغة الأصلية (اليونانية)، والتي ساهمت في حفر تعاليم يسوع في الذاكرة، مثل السَّجع والجناس الاستهلالي [alliteration][٤٦] اللذين لا يمكن الاحتفاظ بهما عند الترجمة إلى لغات أخرى. ويمدُّنا متى ٧: ٢ بأحد الأمثلة على هذا: «لأَنَّكُمْ بِالدَّيْنُونَةِ الَّتِي بِهَا تَدِينُونَ تُدَانُونَ، وَبِالْكَيْلِ الَّذِي بِهِ تَكِيلُونَ يُكَالُ لَكُمْ». هذه الجملة في اللغة اليونانية عبارة عن مجموعتين من الثلاثيات المذهلة التي يصعب محوها من الذاكرة، ممَّا ساعد على حفر هذه الجمل داخل أذهان مستمعي يسوع:

---

٤٤ [المترجم]: من خلال النص المذكور هنا كمثال («مَنْ لَيْسَ مَعِي فَهُوَ عَلَيَّ، وَمَنْ لاَ يَجْمَعُ مَعِي فَهُوَ يُفَرِّقُ»)، يمكن تعريف التوازي الترادفي بأنه استخدام شطرين في جملة واحدة ينقلان المعنى نفسه، لكن بألفاظ أو مصطلحات مختلفة.

٤٥ [المترجم]: من خلال النص المذكور هنا كمثال («مَنْ وَجَدَ حَيَاتَهُ يُضِيعُهَا، وَمَنْ أَضَاعَ حَيَاتَهُ مِنْ أَجْلِي يَجِدُهَا»)، يمكن تعريف التوازي الطباقي بأنه استخدام شطرين في جملة واحدة بينهما طباق في المعنى، بأسلوب من التوازي في الكلمات أو الألفاظ، حتى يكون المعنى أشد وضوحًا، ويسهل تذكُّره.

٤٦ [المترجم]: الجناس الاستهلالي هو وسيلة تُستخدم عادة في الشعر وعرضًا في النثر، وهي تكرار حرف أو أكثر في مستهلّ جملة أو بيت شعريّ.

en hō gar krimati krinete krithēsesthe, kai en hō metrō metreite metrēthēsetai humin.

ب. استعان بوسائل بصرية: «وَقَالَ لَهُمْ مَثَلاً: ‹اُنْظُرُوا إِلَى شَجَرَةِ التِّينِ وَكُلِّ الأَشْجَارِ. مَتَى أَفْرَخَتْ تَنْظُرُونَ وَتَعْلَمُونَ مِنْ أَنْفُسِكُمْ أَنَّ الصَّيْفَ قَدْ قَرُبَ›» (لوقا ٢١ : ٢٩-٣٠).

ج. استعمل أساليب مبتكَرة، كما حين أرسل أحدهم ليجد عملة في فم سمكة، حتى يدفع بها جزية الهيكل (متى ١٧ : ٢٤-٢٧).

د. حوَّل البيئة المحيطة بطلابه إلى وسائل إيضاح بصرية: «أَمَا تَقُولُونَ: إِنَّهُ يَكُونُ أَرْبَعَةُ أَشْهُرٍ ثُمَّ يَأْتِي الْحَصَادُ؟ هَا أَنَا أَقُولُ لَكُمْ: ارْفَعُوا أَعْيُنَكُمْ وَانْظُرُوا الْحُقُولَ إِنَّهَا قَدِ ابْيَضَّتْ لِلْحَصَادِ» (يوحنا ٤ : ٣٥).

ه. استخدم المعجزات كوسائل إيضاح بصرية، كما في متى ٢١ : ١٨-٢٢ حين لعن شجرة التين فذبلت.

و. كان هو نفسه بمثابة وسيلة إيضاح بصرية: «تَعَالَوْا إِلَيَّ يَا جَمِيعَ الْمُتْعَبِينَ وَالثَّقِيلِي الأَحْمَالِ، وَأَنَا أُرِيحُكُمْ. اِحْمِلُوا نِيرِي عَلَيْكُمْ وَتَعَلَّمُوا مِنِّي، لأَنِّي وَدِيعٌ وَمُتَوَاضِعُ الْقَلْبِ، فَتَجِدُوا رَاحَةً لِنُفُوسِكُمْ. لأَنَّ نِيرِي هَيِّنٌ وَحِمْلِي خَفِيفٌ» (متى ١١ : ٢٨-٣٠).

٩. استعمل الأسئلة كأسلوب تعليمي:

أ. كانت أسئلته وسيلة للتواصل: «قَالَ لَهَا يَسُوعُ: ‹يَا امْرَأَةُ، لِمَاذَا تَبْكِينَ؟ مَنْ تَطْلُبِينَ؟›» (يوحنا ٢٠ : ١٥).

ب. أثارت أسئلته الاهتمام ووجَّهت الفكر: «أَيُّمَا أَيْسَرُ: أَنْ يُقَالَ: مَغْفُورَةٌ لَكَ خَطَايَاكَ، أَمْ أَنْ يُقَالَ: قُمْ وَامْشِ؟» (لوقا ٥ : ٢٣).

ج. استخدم أسئلة فاحصة: «قَالَ لَهُمْ: ‹وَأَنْتُمْ، مَنْ تَقُولُونَ إِنِّي أَنَا؟›» (متى ١٦ : ١٥).

د. استخدم أسئلة طرحها طلابه عليه: «حِينَئِذٍ تَقَدَّمَ إِلَيْهِ بُطْرُسُ وَقَالَ: ‹يَارَبُّ، كَمْ مَرَّةً يُخْطِئُ إِلَيَّ أَخِي وَأَنَا أَغْفِرُ لَهُ؟ هَلْ إِلَى سَبْعِ مَرَّاتٍ؟›» (متى ١٨ : ٢١).

فبالحقيقة كان يسوع هو النبي الأعظم من موسى (تثنية ١٨ : ١٥-٢٢؛ يوحنا ١ : ١٧؛ عبرانيين ٣ : ٣)، والمعلِّم النبوي (إشعياء ٣٠ : ٢٠؛ متى ٢٦ : ١٨؛ يوحنا ١٣ : ١٣)، والراعي الحكيم الأعظم من سليمان (جامعة ١٢ : ١١؛ متى ١٢ : ٤٢). تنبع هذه الأوصاف الثلاثة لخدمة المسيَّا التعليمية من الأقسام الثلاثة الكبرى للكتاب المقدس العبري، وهي: الناموس، والأنبياء، والكُتُب. فقد تمَّم يسوع بالحقيقة ما أعلنه العهد القديم عن المسيَّا -ليس فقط كنبي، وكاهن، وملك (انظر عنوان «نبوات العهد القديم» [صفحة ٢٨٨])، بل كمعلِّم أيضًا.

• أمثال يسوع

اعتاد اليهود القدماء استخدام الأمثال كشكلٍ من أشكال التعليم. يتألَّف المَثَل مما يمكن وصفه بأنه تشبيه طويل، مُصاغ في هيئة قصة قصيرة بارعة، عادة ما تكون مختصَرة، ومأخوذة من واقع الحياة اليومية. برع يسوع في استخدام الأمثال، وكانت أمثاله «نموذجًا للعمق الواضح والمؤثِّر لرسالته ولأسلوبه التعليمي.»[٤٧] ومع ذلك، أساء بعض المفسِّرين فهم أسلوب أمثال يسوع، وتفسير معناها.

أولاً؛ لم يتكلَّم يسوع بأمثال كي يسهِّل من فهم الجموع لتعليمه.[٤٨] ففي أوائل خدمة يسوع، استخدم العديد من التشبيهات النابضة بالحياة (انظر متى ٥: ١٣-١٦)، التي كان معناها واضحًا إلى حد كبير في سياق تعليمه؛ لكن الأمثال استلزمت مزيدًا من التوضيح (انظر متى ١٣: ٣٦). في المقابل، استخدم يسوع الأمثال لحجب الحق عن غير المؤمنين كفعل دينونة عليهم، بينما فسَّرها، في الوقت نفسه، لتلاميذه (متى ١٣: ١١-١٢). ففي مرحلة معيَّنة من خدمة يسوع في الجليل، ابتدأ يكلِّم الجموع فقط بأمثال (متى ١٣: ٣٤). وقد شَكَّلَ حَجْبُ يسوع للحق عن غير المؤمنين دينونةً ورحمةً في الآن ذاته. فهو دينونة لأنه أبقى عليهم في الظلمة التي أحبُّوها (انظر يوحنا ٣: ١٩)، ورحمة لأنهم كانوا قد رفضوا النور بالفعل؛ ومن ثَمَّ، كان أيُّ تعرُّضٍ لمزيدٍ من الحق أن يزيد فقط من شدة دينونتهم الأبدية.

ثانيًا؛ استخدم يسوع الأمثال ليس لأنها أثبتت كونها أسلوبًا تعليميًّا أفضل من الخطابات التعليمية المباشرة، أو النُّصح الوعظي؛ ففي حقيقة الأمر، سجَّلت الأناجيل الأربعة عددًا من الأحاديث (خمسة وأربعين على الأقل[٤٩]) أكبر من عدد الأمثال (تسعة وثلاثين، وفقًا للجدول التالي).

استخدم يسوع أساليب متنوعة لتقديم الحق التصريحي. وهو لم يعلِّم قصصًا مجازية تحوي معانٍ خفية، أو معقَّدة. ينبغي، إذن، عند محاولة تفسير أمثال يسوع، البحث عن فكرتها الرئيسية والبسيطة. وينبغي ألا تُفهَم الأمثال التي تحوي عددًا قليلًا من العناصر على أنها تحمل معنى رمزيًّا أو سريًّا بشكل ما. وحين كانت رموز المَثَل تميل إلى المزيد من التعقيد، كان يسوع عادة ما يفسِّرها لمستمعيه، حتى لا تفوتهم الفكرة الرئيسية التي يريد توصيلها لهم.[٥٠]

---

47 John MacArthur, *Parables: The Mysteries of God's Kingdom Revealed through the Stories Jesus Told* (Nashville: Thomas Nelson, 2015), xiii.

٤٨ اقتُبست هذه الفقرة بتصرف من المصدر التالي:
جون ماك آرثر، تفسير الكتاب المقدس، الطبعة الأولى (منصورية المتن – لبنان: دار منهل الحياة).

٤٩ انظر الجدول في المصدر التالي:
W. Graham Scroggie, A Guide to the Gospels (Old Tappan, NJ: Revell, n.d.), 556–57.

50 MacArthur, *Parables*, chaps. 1–3.

الجدول ٤ . ٦ : أمثال يسوع[٥١]

المثل	إنجيل متى	إنجيل مرقس	إنجيل لوقا
١. السِّراج تحت المكيال	٥ : ١٤-١٦	٤ : ٢١-٢٢	٨ : ١٦-١٧؛ ١١ : ٣٣-٣٦
٢. العاقل الذي يبني بيته على الصخر، والجاهل الذي يبني بيته على الرمل	٧ : ٢٤-٢٧		٦ : ٤٧-٤٩
٣. رقعة جديدة على ثوب عتيق	٩ : ١٦	٢ : ٢١	٥ : ٣٦
٤. خمر جديدة في زقاق عتيقة	٩ : ١٧	٢ : ٢٢	٥ : ٣٧-٣٨
٥. الزارع	١٣ : ٣-٢٣	٤ : ٢-٢٠	٨ : ٤-١٥
٦. الزوان	١٣ : ٢٤-٣٠		
٧. حبة الخردل	١٣ : ٣١-٣٢	٤ : ٣٠-٣٢	١٣ : ١٨-١٩
٨. الخميرة	١٣ : ٣٣		١٣ : ٢٠-٢١
٩. الكنز المُخفَى	١٣ : ٤٤		

٥١ هذا الجدول مقتبس بتصرُّف من المصدر التالي:
جون ماك آرثر، تفسير الكتاب المقدس، الطبعة الأولى (منصورية المتن – لبنان: دار منهل الحياة)، ١٥٤٧.

المثل	إنجيل متى	إنجيل مرقس	إنجيل لوقا
١٠. اللؤلؤة الكثيرة الثمن	١٣: ٤٥-٤٦		
١١. الشبكة المطروحة في البحر	١٣: ٤٧-٥٠		
١٢. الخروف الضال	١٨: ١٢-١٤		١٥: ٣-٧
١٣. العبد الشرير غير الغافر	١٨: ٢٣-٣٥		
١٤. الفعلة في الكرم	٢٠: ١-١٦		
١٥. الابنان	٢١: ٢٨-٣٢		
١٦. الكرَّامون الأشرار	٢١: ٣٣-٤٥	١٢: ١-١٢	٢٠: ٩-١٩
١٧. وليمة العرس	٢٢: ٢-١٤		
١٨. شجرة التين	٢٤: ٣٢-٤٤	١٣: ٢٨-٣٢	٢١: ٢٩-٣٣
١٩. العذارى الحكيمات والعذارى الجاهلات	٢٥: ١-١٣		
٢٠. الوزنات	٢٥: ١٤-٣٠		
٢١. البذار التي تنمو		٤: ٢٦-٢٩	

المثل	إنجيل متى	إنجيل مرقس	إنجيل لوقا
٢٢. رب البيت المسافر		١٣: ٣٣-٣٧	
٢٣. المداين والمديونان			٧: ٤١-٤٣
٢٤. السامري الصالح			١٠: ٣٠-٣٧
٢٥. الصديق المعوَز			١١: ٥-١٣
٢٦. الغني الغبي			١٢: ١٦-٢١
٢٧. العبيد الساهرون			١٢: ٣٥-٤٠
٢٨. العبد الأمين والعبد الشرير			١٢: ٤٢-٤٨
٢٩. شجرة التين التي بلا ثمر			١٣: ٦-٩
٣٠. العشاء العظيم			١٤: ١٦-٢٤
٣١. بناء البرج، والملك الذي يصنع حربًا			١٤: ٢٥-٣٣
٣٢. الدرهم المفقود			١٥: ٨-١٠
٣٣. الابن الضال			١٥: ١١-٣٢

المثل	إنجيل متى	إنجيل مرقس	إنجيل لوقا
٣٤. وكيل الظلم			١٦: ١-١٣
٣٥. الغني ولعازر			١٦: ١٩-٣١
٣٦. العبيد البطَّالون			١٧: ٧-١٠
٣٧. الأرملة اللجوجة			١٨: ١-٨
٣٨. الفريسي والعشَّار			١٨: ٩-١٤
٣٩. العشرة الأَمْناء			١٩: ١١-٢٧

• سمات تعليم يسوع

نظرة على خدمة يسوع التعليمية تكشف لنا بعض سماتها المهمة:[٥٢]

١. **الأصالة**: كان تعليم يسوع أكثر من مجرد ترديد لصدى أنبياء وحكماء العهد القديم. فقد تحدث عن أمورٍ لم يذكرها موسى أو الأنبياء -على الأقل ليس بالوضوح نفسه. وفي ست مرات في العظة عل الجبل قال: «قَدْ سَمِعْتُمْ أَنَّهُ قِيلَ... وَأَمَّا أَنَا فَأَقُولُ لَكُمْ...» (متى ٥: ٢١-٢٢، ٢٧-٢٨، ٣١-٣٢، ٣٣-٣٤، ٣٨-٣٩، ٤٣-٤٤).

٢. **البساطة**: كانت تعاليمه بسيطة، لأنه استخدم اللغة الشائعة، وتكلَّم في سياق الحياة اليومية. كما كان تعليمه مباشرًا وفي صلب الموضوع: «وَمَتَى صُمْتُمْ فَلاَ تَكُونُوا عَابِسِينَ كَالْمُرَائِينَ، فَإِنَّهُمْ يُغَيِّرُونَ وُجُوهَهُمْ لِكَيْ يَظْهَرُوا لِلنَّاسِ صَائِمِينَ» (متى ٦: ١٦).

٣. **العُمق**: أذهلت حكمة يسوع مستمعيه (متى ١٣: ٥٤؛ مرقس ٦: ٢؛ لوقا ٢: ٤٧).

---

٥٢ اقتُبست هذه القائمة بتصرُّف من المصدر التالي:
W. Graham Scroggie, *The Unfolding Drama of Redemption: The Bible as a Whole* (1953 - 1970; repr., Grand Rapids, MI: Kregel, 1994), 2:143–46 (public domain).

فقد فاق في حكمته حكماء العهد القديم. ولا عجب أنه قال عن نفسه: «اَلْحِكْمَةُ تَبَرَّرَتْ مِنْ جَمِيعِ بَنِيهَا» (لوقا ٧: ٣٤)، و«هُوَذَا أَعْظَمُ مِنْ سُلَيْمَانَ هٰهُنَا!» (متى ١٢: ٤٢).

٤. **اللغة المجازية والتشبيهية**: من بين المصادر التي استمدَّ منها يسوع التشبيهات والصور التي استخدمها في تعليمه: الظواهر الطبيعية (البرق، والزلزال، والعواصف، والنور، وغروب الشمس)، والحيوانات (الثور، والخروف، والكلاب، والذئاب، والطيور، والحيَّات)، والنباتات (الأزهار البرية، والأشواك، والبذور)، ومجال الزراعة (الفِلاحة، وأشجار الزيتون، والكروم، وأشجار التين، والقمح)، والتجارة (الخياطين، وصيادي السمك، والتجار، والبنائين)، بالإضافة إلى الظروف الاجتماعية المألوفة (حفلات الزفاف، الضيافة، الولائم، تربية الأبناء، وقت نوم العائلة). كان يسوع ملاحظًا شديد الدقة للحياة البشرية مع كلِّ ما يصاحبها من تحديات، وآلام، وأفراح.

٥. **التطبيق العملي**: كان التركيز في كلٍّ من الأمثال والأحاديث التي تكلَّم بها يسوع منصبًّا على فعل شيء ما: «إِذًا يَحِلُّ فِعْلُ الْخَيْرِ فِي السُّبُوتِ!» (متى ١٢: ١٢)؛ «لأَنَّ الْفُقَرَاءَ مَعَكُمْ فِي كُلِّ حِينٍ، وَمَتَى أَرَدْتُمْ تَقْدِرُونَ أَنْ تَعْمَلُوا بِهِمْ خَيْرًا» (مرقس ١٤: ٧)؛ «أُمِّي وَإِخْوَتِي هُمُ الَّذِينَ يَسْمَعُونَ كَلِمَةَ اللهِ وَيَعْمَلُونَ بِهَا» (لوقا ٨: ٢١)؛ «اِصْنَعُوا هٰذَا لِذِكْرِي» (لوقا ٢٢: ١٩)؛ «مَنْ يُؤْمِنُ بِي فَالأَعْمَالُ الَّتِي أَنَا أَعْمَلُهَا يَعْمَلُهَا هُوَ أَيْضًا» (يوحنا ١٤: ١٢).

٦. **السلطان**: كان يسوع يعلِّم بسلطان، دون تكهُّنات، أو دون أن يحاول أن يكون على صواب: «كَانَ يُعَلِّمُهُمْ كَمَنْ لَهُ سُلْطَانٌ وَلَيْسَ كَالْكَتَبَةِ» (متى ٧: ٢٩). وحين كان يُخرج شياطين، كان يمارس سلطانه الإلهي، الشيء الذي أدركه الناس: «سَأَلَ بَعْضُهُمْ بَعْضًا قَائِلِينَ: مَا هٰذَا؟ مَا هُوَ هٰذَا التَّعْلِيمُ الْجَدِيدُ؟ لأَنَّهُ بِسُلْطَانٍ يَأْمُرُ حَتَّى الأَرْوَاحَ النَّجِسَةَ فَتُطِيعُهُ!» (مرقس ١: ٢٧). وحين كان يعلِّم الشعب في المجمع في كفرناحوم، «بُهِتُوا مِنْ تَعْلِيمِهِ، لأَنَّ كَلاَمَهُ كَانَ بِسُلْطَانٍ» (لوقا ٤: ٣٢).

٧. **القطعيَّة**: هذه السمة لتعليم يسوع متصلة من بعض النواحي بسلطانه. فإن النتائج التي تنبأ بها كانت حتمية ويقينيَّة: «مَنْ رَذَلَنِي وَلَمْ يَقْبَلْ كَلاَمِي فَلَهُ مَنْ يَدِينُهُ. اَلْكَلاَمُ الَّذِي تَكَلَّمْتُ بِهِ هُوَ يَدِينُهُ فِي الْيَوْمِ الأَخِيرِ» (يوحنا ١٢: ٤٨).

فلأنه معلِّم محنَّك، أجاب يسوع عن أسئلة صعبة، وأبدى تعاطفًا وتفهمًا تجاه طلابه، وأسكت المنتقدين ومثيري الشغب، ووجَّه مستمعيه مرارًا إلى الإعلان الإلهي. وقد نجح في التواصُل مع المثقَّفين والبسطاء، والأغنياء والفقراء، والصفوة والمنبوذين، والشباب والشيوخ على حد سواء. فقد كان تجسيدًا للمعلِّم الإلهي النموذجي: «وَيُعْطِيكُمُ السَّيِّدُ خُبْزًا فِي الضِّيقِ وَمَاءً فِي الشِّدَّةِ. لاَ يَخْتَبِئُ مُعَلِّمُوكَ بَعْدُ، بَلْ تَكُونُ عَيْنَاكَ تَرَيَانِ مُعَلِّمِيكَ» (إشعياء ٣٠: ٢٠).

⬅ القوّات

أَثبَتَ يسوع لاهوته، وكونه هو المسيَّا، عن طريق المعجزات الكثيرة التي صنعها في أثناء خدمته على الأرض (متى ١١ : ٤-٥). تُعرَّف المعجزة بأنها عملٌ يجريه الله بقوته، به يتدخَّل في العالم المادي، موقفًا مسار قوانين الطبيعة بصورة مؤقَّتة، أو مناقضًا إياها. بمعنى آخر، المعجزة هي حدث فائق للطبيعة يقع داخل نطاق العالم الطبيعي. أجرى الأنبياء والرسل أيضًا معجزات، غير أنهم فعلوا ذلك مستعينين بقوة خارج أنفسهم (خروج ١٤ : ١٣؛ يشوع ٣ : ٥؛ أعمال الرسل ٣ : ١٢). أما معجزات يسوع، فقد صُنِعت بقوته الذاتية (يوحنا ١٠ : ٢٥، ٣٧-٣٨؛ ١٥ : ٢٤). ومع أن الأناجيل لم تسجِّل لنا سوى سبعًا وثلاثين معجزة، أُدرِجت في الجدول التالي، إلا أن تلك المعجزات تمثِّل تفجُّرًا لسلطانه الإلهي (متى ٤ : ٢٣-٢٤؛ يوحنا ٢٠ : ٣٠-٣١).

الجدول ٤ . ٧: معجزات يسوع[٥٣]

المعجزة	متى	مرقس	لوقا	يوحنا
١. تطهير الأبرص	٨ : ٢-٤	١ : ٤٠-٤٥	٥ : ١٢-١٤	
٢. شفاء غلام قائد المئة (المفلوج)	٨ : ٥-١٣		٧ : ١-١٠	
٣. شفاء حماة بطرس	٨ : ١٤-١٥	١ : ٣٠-٣١	٤ : ٣٨-٣٩	
٤. شفاء المرضى عند المساء	٨ : ١٦	١ : ٣٢-٣٤	٤ : ٤٠	
٥. إسكات العاصفة	٨ : ٢٣-٢٧	٤ : ٣٥-٤١	٨ : ٢٢-٢٥	
٦. دخول الشياطين في قطيع من الخنازير	٨ : ٢٨-٣٤	٥ : ١-٢٠	٨ : ٢٦-٣٩	
٧. شفاء المفلوج	٩ : ٢-٧	٢ : ٣-١٢	٥ : ١٨-٢٦	

٥٣ هذا الجدول مقتبس بتصرف من المصدر التالي:
جون ماك آرثر، تفسير الكتاب المقدس، الطبعة الأولى (منصورية المتن – لبنان: دار منهل الحياة)، ١٥٩٧.

المعجزة	متى	مرقس	لوقا	يوحنا
٨. إقامة ابنة واحد من رؤساء المجمع	٩: ١٨-١٩، ٢٣-٢٥	٥: ٢٢-٢٤، ٣٥-٤٣	٨: ٤١-٤٢، ٤٩-٥٦	
٩. شفاء نازفة الدم	٩: ٢٠-٢٢	٥: ٢٥-٣٤	٨: ٤٣-٤٨	
١٠. شفاء أعمييّن	٩: ٢٧-٣١			
١١. شفاء أخرس مجنون	٩: ٣٢-٣٣			
١٢. شفاء رَجُلٍ ذي يد يابسة	١٢: ٩-١٤	٣: ١-٦	٦: ٦-١١	
١٣. شفاء رجل مجنون، وأعمى، وأخرس	١٢: ٢٢		١١: ١٤	
١٤. إشباع الخمسة الآلاف	١٤: ١٣-٢١	٦: ٣٠-٤٤	٩: ١٠-١٧	٦: ١-١٥
١٥. المشي على الماء	١٤: ٢٢-٣٣	٦: ٤٥-٥٢		٦: ١٦-٢١
١٦. شفاء ابنة المرأة الكنعانية	١٥: ٢٢-٢٨	٧: ٢٥-٣٠		
١٧. إشباع الأربعة الآلاف	١٥: ٣٢-٣٩	٨: ١-١٠		
١٨. شفاء غلام به صرع	١٧: ١٤-٢٠	٩: ١٤-٢٩	٩: ٣٧-٤٣	

المعجزة	متى	مرقس	لوقا	يوحنا
١٩. جزية الدرهمين في فم السمكة	١٧: ٢٤-٢٧			
٢٠. شفاء أعميَيْن	٢٠: ٢٩-٣٤	١٠: ٤٦-٥٢	١٨: ٣٥-٤٣	
٢١. لعن شجرة التين	٢١: ١٨-١٩	١١: ١٢-١٤، ٢٠-٢٥		
٢٢. إخراج الروح النجس		١: ٢٣-٢٨	٤: ٣٣-٣٧	
٢٣. شفاء الأصم الأعقد		٧: ٣١-٣٧		
٢٤. شفاء أعمى في بيت صيدا		٨: ٢٢-٢٦		
٢٥. الانسحاب من وسط الجمع الغاضب			٤: ٢٨-٣٠	
٢٦. صيد سمك كثير			٥: ١-١١	
٢٧. إقامة ابن أرملة نايين			٧: ١١-١٧	
٢٨. شفاء امرأة منحنية بها روح ضعف			١٣: ١٠-١٧	
٢٩. شفاء رجل مصاب بداء الاستسقاء			١٤: ١-٦	

المعجزة	متى	مرقس	لوقا	يوحنا
٣٠. تطهير عشرة رجال بُرص			١٧: ١١-١٩	
٣١. شفاء أذن خادم			٢٢: ٥٠-٥١	
٣٢. تحويل الماء إلى خمر				٢: ١-١١
٣٣. شفاء ابن خادم الملك (من الحُمَّى)				٤: ٤٦-٥٤
٣٤. شفاء مفلوج في بيت حسدا				٥: ١-٩
٣٥. شفاء المولود أعمى				٩: ١-٧
٣٦. إقامة لعازر				١١: ١-٤٤
٣٧. صيد سمك مرة أخرى				٢١: ١-٨

أثمرت المعجزات التي صنعها يسوع، في بعض الأحيان، إيمانًا لدى الناس (يوحنا ٢: ١١؛ ٩: ٣٠-٣٣؛ ١١: ٤٥)، وفي أحيان أخرى مزيدًا من الرغبة في الإصغاء إلى تعاليم يسوع (مرقس ١٢: ٣٧؛ لوقا ٥: ١٥). غير أن الغالبية العظمى رفضوا يسوع على الرغم من معجزاته. فالمعجزات لا تقنع بالضرورة الناس بالإيمان بالرب أو برسالة إنجيله (متى ١٣: ٥٨؛ لوقا ١٦: ٣١؛ يوحنا ٢: ٢٣-٢٥؛ ١٢: ٣٧؛ ١٥: ٢٤). وأولئك الذين رفضوا معجزاته (ويرفضونها الآن أيضًا) سيُدانون بصرامة (متى ١٠: ١-١٥؛ لوقا ١٠: ١-١٥).

تُثبِت معجزات يسوع المسيح لاهوته، وأصله الفائق للطبيعة، وسلطانه كخالق، وسيادته بصفته الرب المتحكِّم في كل الخليقة. وقد واجهت خدمته الفلسفة الحياتية المضادة لكل ما هو فائق للطبيعة، والتي كانت سائدة في أيامه؛ كما تواجه بالمثل العالم الحاضر بعماه المتمثِّل في مساومته مع المذهب

الطبيعي الذي يعتنقه العلماء العلمانيون. «من المستحيل استبعاد العناصر الفائقة للطبيعة من حياة يسوع وأعماله، كما حاول النقَّاد الرافضون لكلِّ ما هو فائق للطبيعة أن يفعلوا. فإن شخصية يسوع الناصري التاريخية، والمسيح الله، متصلان معًا على نحو غير قابل للانفصام، لأنهما شخص واحد. فقد كان يسوع، ولا يزال، هو الله-الإنسان.»[٥٤]

يُمَثِّل حدث عُرس قانا الجليل النموذج الأول، والذي لا يمكن أن يُنسَى، للسلطان الذي أظهره يسوع طوال فترة خدمته على صنع القوات (يوحنا ٢: ١-١١). في هذا الحدث، أمر يسوع الخدم بملء الأجران الكبيرة بالماء (يوحنا ٢: ٧)، فملأوها إلى فوق. وقد وفَّرت هذه الكمية الضخمة من المياه (١٢٠-١٨٠ جالون) كمية وفيرة من الخمر لأجل بقية حفل الزفاف. كان تحويل يسوع الماء إلى خمر عملًا لحظيًّا، إذ في اللحظة نفسها وزَّع الخدم الخمر على ضيوف الحفل. وقد تمثَّلت المعجزة في خلق خمر من ماء غير حي، في حين لا يمكن أن يأتيَ الخمر إلا من ثمار كرمة حية. كما أن عملية التخمُّر الطبيعية، أو التعتيق، قد حدثت في اللحظة نفسها. وبذلك، برهن يسوع على كونه هو الخالق نفسه الذي، في أثناء الأيام الستة للخلق، خلق كائنات حية مكتملة في لحظة من تربة غير حية (تكوين ١: ١-٣١). فإنَّ رفْض أحدهم لحقيقة الخلق الفوري الموجودة في الأصحاح الأول من سفر التكوين يحتِّم عليه، كي يكون متسقًا، أن يرفض أيضًا معجزة خلق يسوع للخمر في قانا الجليل. ويؤدي رَفْض معجزة قانا الجليل إلى رَفْض كون يسوع هو الله-الإنسان، والفادي.

⬅ إلقاء القبض عليه ومحاكمته

ما هي الأهمية التي يمثِّلها حدث إلقاء القبض على يسوع ومحاكمته بالنسبة لعقيدة المسيح الكتابية؟ هل تنتمي هذه الموضوعات على نحو أنسب إلى الدراسات التاريخية عن حياة يسوع المسيح؟ ذكَّر الرسول بولس تيموثاوس بأن «كُلّ الْكِتَابِ هُوَ مُوحًى بِهِ مِنَ اللهِ، وَنَافِعٌ لِلتَّعْلِيمِ وَالتَّوْبِيخِ، لِلتَّقْوِيمِ وَالتَّأْدِيبِ الَّذِي فِي الْبِرِّ، لِكَيْ يَكُونَ إِنْسَانُ اللهِ كَامِلاً، مُتَأَهِّبًا لِكُلِّ عَمَلٍ صَالِحٍ» (٢ تيموثاوس ٣: ١٦-١٧). ومن ثَمَّ، لا يمكن أن تكون أحداث إلقاء القبض على يسوع ومحاكمته مجرد معلومات تاريخية، بل هي برهان واضح على كونه المسيَّا.

- إلقاء القبض على يسوع

إن وصف إشعياء النبي لاتِّهام المسيا، وأخذه إلى الدينونة، يوحي ضمنًا بما يشبه إلقاء القبض عليه (إشعياء ٥٣: ٨)؛ كذلك، تنبأ يسوع نفسه عن إلقاء القبض عليه قبل وقوع الحدث (متى ١٧: ٢٢؛ ٢٠: ١٨). يُثبِت هذا التتميم لإعلان سابق صحة وموثوقية ادِّعاءات يسوع لكونه المسيَّا. كذلك، يضع حدث إلقاء القبض على يسوع الجنس البشري الساقط (نسل آدم الأول) في مقابلة صارخة مع آدم الثاني الذي هو بلا لوم أو خطية (رومية ٥: ١٧-١٩). وفوق كل ذلك، يكشف إلقاء القبض على يسوع عن خطة الله الكاملة، وعن طاعة المسيح لهذه الخطة عن طيب خاطر، بغض النظر عن العواقب التي سيقاسيها هو شخصيًا (متى ٢٦: ٣٩؛ أعمال الرسل ٢: ٢٣).

---

54 John MacArthur, *John 1–11*, MNTC (Chicago: Moody Press, 2006), 76.

سلَّطت محاكمات يسوع الضوء على كماله الخالي من الخطية، وعلى طاعته التامة، وكذلك على الظلم الشديد الذي ساد، بحسب المنظور البشري، مقارنة برحمة الله الشديدة، بحسب المنظور الإلهي. فقُبيل هذه المحاكمات، حاك رؤساء اليهود مؤامرة «لِكَيْ يُمْسِكُوا يَسُوعَ بِمَكْرٍ وَيَقْتُلُوهُ» (متى ٢٦ : ٤). فقد وُخِز هؤلاء القادة الدينيون من اتهامات يسوع لهم بالرياء (متى ٢١ : ٤٥؛ ٢٣ : ١-٣٦)، فتملَّكتهم الرغبة في التخلُّص منه، واغتياله. لكن خوفهم من الشعب، الذين حظي يسوع بشعبية كبيرة بينهم، منعهم من قتله علانية (متى ٢١ : ٤٦). كان هؤلاء الرؤساء على قناعة شديدة بأن يسوع نبي كذَّاب ومجدِّف، لدرجة أنهم قبلوا طوعًا تحمُّل مسؤولية موته (متى ٢٧ : ٢٥).

لو كان اليهود وحدهم هم المسؤولون عن موت يسوع، لما أُلقيت مسؤولية هذا الجُرم على جميع البشر. من أجل ذلك، كان يَلزم أن يشترك الأمم أيضًا في قتل يسوع، حتى يتحمل الجميع المسؤولية. قال بويس (Boice) ورايكن (Ryken) إن «ملكًا أدوميًا يُدعَى هيرودس هو الذي أَسلَم يسوع إلى الرومان. كما أن واليًا رومانيًّا يُدعَى بيلاطس البنطي هو الذي أمر بصلب يسوع. ثم كان جنود من الرومان هم الذين نفَّذوا أمر بيلاطس، مسمِّرين يسوع على صليب خشبي، وتاركين إياه معلَّقًا حتى الموت. كان اليهود هم الذين أحضروا يسوع إلى المحاكمة، لكن في النهاية، الأمم هم الذين قتلوه.»[55] تَظهَر هذه الشهادة الكتابية في صلاة المؤمنين حين كانوا في انتظار إطلاق سراح بطرس ويوحنا من السجن: «لأَنَّهُ بِالْحَقِيقَةِ اجْتَمَعَ عَلَى فَتَاكَ الْقُدُّوسِ يَسُوعَ، الَّذِي مَسَحْتَهُ، هِيرُودُسُ وَبِيلاَطُسُ الْبُنْطِيُّ مَعَ أُمَمٍ وَشُعُوبِ إِسْرَائِيلَ» (أعمال الرسل ٤ : ٢٧).

كذلك، يَظهَر الدور الإلهي في إلقاء القبض على يسوع، ومحاكمته، وصلبه في تلك الصلاة نفسها، التي تقول إن هؤلاء الناس اجتمعوا «لِيَفْعَلُوا كُلَّ مَا سَبَقَتْ فَعَيَّنَتْ يَدُكَ وَمَشُورَتُكَ أَنْ يَكُونَ» (أعمال الرسل ٤ : ٢٨). تنبأ إشعياء قائلًا: «أَمَّا الرَّبُّ فَسُرَّ بِأَنْ يَسْحَقَهُ بِالْحَزَنِ» (إشعياء ٥٣ : ١٠). فبالحقيقة، حدث كلُّ شيء وفقًا للخطة التي وضعها الإله كلِّي العلم من قَبل تأسيس العالم:

> «... عَالِمِينَ أَنَّكُمُ افْتُدِيتُمْ لاَ بِأَشْيَاءَ تَفْنَى، بِفِضَّةٍ أَوْ ذَهَبٍ، مِنْ سِيرَتِكُمُ الْبَاطِلَةِ الَّتِي تَقَلَّدْتُمُوهَا مِنَ الآبَاءِ، بَلْ بِدَمٍ كَرِيمٍ، كَمَا مِنْ حَمَلٍ بِلاَ عَيْبٍ وَلاَ دَنَسٍ، دَمِ الْمَسِيحِ، مَعْرُوفًا سَابِقًا قَبْلَ تَأْسِيسِ الْعَالَمِ، وَلكِنْ قَدْ أُظْهِرَ فِي الأَزْمِنَةِ الأَخِيرَةِ مِنْ أَجْلِكُمْ، أَنْتُمُ الَّذِينَ بِهِ تُؤْمِنُونَ بِاللهِ الَّذِي أَقَامَهُ مِنَ الأَمْوَاتِ وَأَعْطَاهُ مَجْدًا، حَتَّى إِنَّ إِيمَانَكُمْ وَرَجَاءَكُمْ هُمَا فِي اللهِ» (١ بطرس ١ : ١٨-٢١) ليست عند الله خطة بديلة، بل لا يزال كل شيء يعمل وفقًا لخطته الواحدة والوحيدة للخلاص والملكوت.

إلى جانب علم يسوع «بِكُلِّ مَا يَأْتِي عَلَيْهِ» (يوحنا ١٨ : ٤)، قدَّم أيضًا عند إلقاء القبض عليه مزيدًا من البراهين الواضحة على لاهوته. فحين جاء الجنود وخدام رؤساء الكهنة لإلقاء القبض عليه، سألهم مَن يطلبون، فأجابوه: «يَسُوعَ النَّاصِرِيَّ» (يوحنا ١٨ : ٣-٥). وما أن عرَّفهم يسوع بهويته، قائلًا

55 James Montgomery Boice and Philip Graham Ryken, *Jesus on Trial* (Wheaton, IL: Crossway, 2002), 26.

«أَنَا هُوَ»، حتى «رَجَعُوا إِلَى الْوَرَاءِ وَسَقَطُوا عَلَى الأَرْضِ» (يوحنا ١٨: ٥-٦). لماذا أبدَوا رد الفعل هذا؟ من المنطقي أن نفترض أن رجوع هؤلاء إلى الوراء ربما كان عائدًا إلى خوفهم من يسوع، في ضوء شهرته كصانع معجزات. لكن، لماذا سقطوا على الأرض؟ من المحتمَل أن ذلك يعود إلى القوة الكامنة في الكيفية التي نطق بها يسوع بعبارة «أَنَا هُوَ». استخدم يسوع في هذا الإعلان عن هُويته اللقب الإلهي ذاته الذي أُعلِن لموسى من العليقة المشتعلة في خروج ٣: ١٤ [«أَهْيَهِ الَّذِي أَهْيَهْ»]. وقد كان هذا هو التصريح الأخير من تصريحات «أنا هو» التي أدلى بها يسوع في أثناء خدمته على الأرض (انظر جدول «تصريحات أنا هو» أدناه للاطلاع على قائمة بجميع التصريحات من هذا القبيل التي وردت في إنجيل يوحنا. وقد جاءت تصريحات من هذا القبيل أيضًا فقط ثلاث مرات في الأناجيل الأخرى: متى ٢٢: ٣٢؛ مرقس ٦: ٥٠؛ ١٤: ٦٢). ومن ثَمَّ، فإن قوة كلمة يسوع المنطوقة هي التي أسقطت الجنود وخدام رؤساء الكهنة أرضًا أمامه؛ بل وأسقطت يهوذا مسلِّمه أيضًا.

تصريحات «أنا هو»[٥٦]

ثلاث وعشرين مرة نجد هذا القول الحافل بالمعاني الذي نطق به ربُّنا - «أنا هو» (*egō eimi*) - في النص اليونانيِّ لهذا الإنجيل (يوحنا ٤: ٢٦؛ ٦: ٢٠، ٣٥، ٤١، ٤٨، ٥١؛ ٨: ١٢، ١٨، ٢٤، ٢٨، ٥٨؛ ١٠: ٧، ٩، ١١، ١٤؛ ١١: ٢٥؛ ١٣: ١٩؛ ١٤: ٦؛ ١٥: ١، ٥؛ ١٨: ٥، ٦، ٨). وفي الكثير من هذه النصوص، جمع يسوع بين التعبير «أنا هو» وسبعة تعبيرات بلاغية رائعة تعبِّر عن علاقته الخلاصيَّة بالعالم.

«أَنَا هُوَ خُبْزُ الْحَيَاةِ» (يوحنا ٦: ٣٥، ٤١، ٤٨، ٥١).

«أَنَا هُوَ نُورُ الْعَالَمِ» (يوحنا ٨: ١٢).

«أَنَا بَابُ الْخِرَافِ»، «أَنَا هُوَ الْبَابُ» (يوحنا ١٠: ٧، ٩).

«أَنَا هُوَ الرَّاعِي الصَّالِحُ» (يوحنا ١٠: ١١، ١٤).

«أَنَا هُوَ الْقِيَامَةُ وَالْحَيَاةُ» (يوحنا ١١: ٢٥).

«أَنَا هُوَ الطَّرِيقُ وَالْحَقُّ وَالْحَيَاةُ» (يوحنا ١٤: ٦).

«أَنَا الْكَرْمَةُ الْحَقِيقِيَّةُ» (يوحنا ١٥: ١، ٥).

وكأن كل هذا لم يكن كافيًا لإثبات أن يسوع هو الله بالحقيقة، قدَّمت لنا حادثة إضافية القول الفصل. فحين استلَّ بطرس سيفه وقطع أذن ملخُس، عبد رئيس الكهنة (يوحنا ١٨: ١٠)، تقدَّم يسوع، وأعادها إلى مكانها بمعجزة، وأبرأه (لوقا ٢٢: ٥١). وفضلًا عن معجزة الشفاء الجسدي هذه، قال يسوع أيضًا: [أَتَظُنُّ أَنِّي لاَ أَسْتَطِيعُ الآنَ أَنْ أَطْلُبَ إِلَى أَبِي فَيُقَدِّمَ لِي أَكْثَرَ مِنِ اثْنَيْ عَشَرَ جَيْشًا مِنَ الْمَلاَئِكَةِ؟ فَكَيْفَ تُكَمَّلُ الْكُتُبُ: أَنَّهُ هكَذَا يَنْبَغِي أَنْ يَكُونَ] (متى ٢٦: ٥٣-٥٤). كان الله نفسه هو الذين

٥٦ مقتبَس من المصدر التالي:
جون ماك آرثر، تفسير الكتاب المقدس، الطبعة الأولى (منصورية المتن — لبنان: دار منهل الحياة)، ١٧٦٨.

عيَّن سابقًا أدق تفاصيل موت المسيح (أعمال الرسل ٢: ٢٣؛ ٤: ٢٧-٢٨)؛ ومن ثَمَّ، كان هذا الموت تكميلًا لسلسلة من أحداث تعبِّر عن خضوع المسيح لمشيئة الآب. وفي كلِّ ذلك، كان يسوع نفسه متحكِّمًا تمامًا في الأحداث (انظر يوحنا ١٠: ١٧-١٨). فإن الأحداث التي صاحبت إلقاء القبض عليه تُظهِر سيادته الإلهية، وتتميمه المتعمَّد لنبوات العهد القديم عنه.

• محاكمات يسوع

مجلس السنهدرين

يتَّضح لنا من خلال روايات الأناجيل لأحداث محاكمات يسوع ما يلي:

> مرَّت محاكمات يسوع بمرحلتين رئيسيتين: الأولى كانت أمام السلطات الدينية (مجلس السنهدرين اليهودي)، والثانية أمام السلطات السياسية العلمانية (روما، التي يُمثِّلها الوالي بيلاطس البنطي). تكوَّنت كلُّ مرحلة رئيسية من ثلاثة أجزاء: الاستجواب الأوَّلي، ثم التوجيه الرسمي للاتهام، ثم النطق الرسمي بالحُكم. لم يقدم أيٌّ من كُتَّاب الإنجيل رواية شاملة لكافة تفاصيل ومراحل هذه المحاكمات. ولذلك، يستلزم منها تكوين صورة كاملة جمع المعلومات من الأناجيل الأربعة، ودمجها معًا.[٥٧]

خلال الفترة ما بين العهد القديم والعهد الجديد، قامت السلطات اليهودية بتأسيس مجلس السنهدرين الكبير في أورشليم، كي يكون بمثابة المحكمة العليا في إسرائيل.[٥٨] وقد شكَّلوه بحسب نموذج الشيوخ الذين جمعهم موسى، كما نقرأ في سفر العدد ١١: ١٦، «فَقَالَ الرَّبُّ لِمُوسَى: ‹اجْمَعْ إِلَيَّ سَبْعِينَ رَجُلاً مِنْ شُيُوخِ إِسْرَائِيلَ الَّذِينَ تَعْلَمُ أَنَّهُمْ شُيُوخُ الشَّعْبِ وَعُرَفَاؤُهُ، وَأَقْبِلْ بِهِمْ إِلَى خَيْمَةِ الاجْتِمَاعِ فَيَقِفُوا هُنَاكَ مَعَكَ›»، حيث كوَّن هؤلاء الشيوخ السبعون، بالإضافة إلى موسى، مجلسًا من واحد وسبعين شيخًا تمثَّلت وظيفتهم في حُكم بني إسرائيل في البرية.

وإذ كان مجلس الشيوخ الذي أسَّسه موسى بمثابة النموذج لمجلس السنهدرين، فقد ضمَّ هذا المجلس أيضًا واحدًا وسبعين عضوًا -مكوَّنين من أربعة وعشرين رئيس كهنة (هم رؤساء الفرق الكهنوتية الأربعة والعشرين؛ انظر ١ أخبار الأيام ٢٤: ٤)، بالإضافة إلى ستة وأربعين شيخًا آخرين مختارين من بين الكتبة، والفريسيين، والصدوقيين. وكان رئيس الكهنة يؤدِّي دور المشرف على هذا المجلس، وكذلك، كان عضوًا مقترعًا. يرفع هذا العدد إلى واحدٍ وسبعين (كفل الرقم الفردي إمكانية اتخاذ القرارات بأغلبية الأصوات).

في أيام يسوع، كان مجلس السنهدرين قد صار كيانًا فاسدًا، تسوقه الدوافع السياسية. فقد بات بإمكان البعض شراء عضوية المجلس مقابل خدمات سياسية، بل ومقابل المال أيضًا في بعض الأحيان.

---

57 John MacArthur, *One Perfect Life: The Complete Story of the Lord Jesus* (Nashville: Thomas Nelson, 2012), 437na.

٥٨ الوصف التالي لمجلس السنهدرين الكبير، ونظام المحاكمات فيه، مقتبَس بتصرُّفٍ من المصدر التالي:
جون ماك آرثر، جريمة قتل المسيح: دراسة تبيِّن كيف مات المسيح (منصورية المتن – لبنان: دار منهل الحياة).

ومن ثَمَّ، تفشَّى التحزُّب والمحاباة، وصارت النفعية السياسية هي التي عادة ما تحدِّد من يُمنَح سلطة ما، ومن يُجرَّد منها داخل مجلس السنهدرين. مارست روما سيطرة فائقة على رؤساء الكهنة، إذ كان بوسعها أن تعيِّن رئيس الكهنة، أو أن تعزله. وكان كلٌّ من رئيس الكهنة، والكهنة الذين يديرون شؤون الهيكل، ينتمون إلى طائفة الصدوقيين، الرافضين علانية للعناصر الفائقة للطبيعة الموجودة في العهد القديم. ونظرًا للتوترات السياسية التي كانت مشتعلة بين الفصائل المختلفة داخل مجمع السنهدرين، كان كلٌّ من مواطني شعب إسرائيل، وروما، وهيرودس، ومجلس السنهدرين عادة ما يتخذون قرارات مدفوعة بدوافع سياسية. وفي حقيقة الأمر، إلى جانب العداء الديني الواضح من أعضاء السنهدرين تجاه تعاليم المسيح، كانت النفعية السياسية المحضة هي الدافع الأساسي وراء تآمرهم لتنفيذ مخطط إلقاء القبض عليه، وصلبه؛ وكذلك، وراء محاولة استرضائهم للرومان (انظر يوحنا ١١: ٤٧-٥٣).

مبادئ العدالة

على الرغم من هذا الفساد واسع الانتشار، كانت قوانين الإثبات،[٥٩] ومبادئ النزاهة والحيادية التي وضعها موسى لا تزال تَحكُم نظام العدالة. استلزمت تلك القوانين وجود شاهدي إثبات محل ثقة. وكان من حق المتهم أن يحصل على محاكمة علنية، وأن يدافع عن نفسه، الشيء الذي يشمل أيضًا الحق في استدعاء شهود وتقديم أدلة. ولردع أي شخص عن جلب شهود زور ضد متَّهم ما، وَضَعَ ناموس موسى قانونًا ينص على توقيع عقوبة على الشهادة الزور مساوية لتلك التي تُوقَّع على المتهم الذي تَثبت إدانته (تثنية ١٩: ١٦-١٩). ومن ثَمَّ، فإذا شهد أحدهم شهادة زور ضد متهم في جريمة عقوبتها الإعدام، يمكن أن يُحكَم على الشاهد الزور نفسه بالإعدام.

أضاف تقليد المعلِّمين اليهود قيدًا آخر على قضايا التهم التي عقوبتها الإعدام. كان على المجلس أن يخصِّص يومًا كاملًا من الصوم، بين إصدار الحكم بالإعدام وتنفيذ الحكم في المجرم. لم يكن هذا فقط يمنع التسرُّع في إصدار وتنفيذ أحكام الإعدام، بل كان أيضًا يُبقي القضايا التي عقوبتها الإعدام خارج جدول الدعاوَى في أثناء فترة الأعياد. وبعد يوم الصوم الإجباري، كان استطلاع رأي يُجرَى مرة أخرى بين أعضاء المجلس، لتبيُّن ما إذا كانوا قد رجعوا عن رأيهم أم لا. وبذلك، كان من الممكن نقض أحكام إدانة، في حين لم يكن من الممكن نقض الأحكام بالبراءة.

أُرسِيت هذه المبادئ جميعها كي تكفل أن تكون المحاكمات عادلة ورحيمة في الآن ذاته. ومن أجل الحفاظ على الإنصاف، لم يكن بوسع المجلس النظر في الدعاوى إلا إذا كانت الاتهامات موجَّهة من طرفٍ خارج المجلس. يعني هذا أنه إذا وجَّه أعضاء من المجلس اتهامات ضد المتهم، يفقد المجلس بأكمله أهليته للفصل في هذه القضية. وكان على جميع الشهود الإدلاء بشهادات دقيقة، ومتَّسقة، من حيث تاريخ حدوث الواقعة المنظور فيها، ووقت ومكان الوقوع. ولم يكن يُسمَح للنساء، أو الأطفال، أو العبيد، أو غير المؤهَّلين عقليًا بالإدلاء بشهادتهم. كذلك، كان أصحاب السمعة المشكوك فيها يُجرَّدون من أهليتهم للشهادة. كان على المجلس أن يفترض براءة المتهم حتى يتوصَّلوا إلى حُكم إدانة رسمي.

٥٩ [المترجم]: قانون الإثبات هو الذي يستلزم إقامة الحجة والدليل أمام القضاء بالطرق التي حددها لإثبات حق أو واقعة تترتب عليها نتائج قانونية.

ولـم يكـن مسـموحًا عقـد جلسـات المحاكمـات فـي الجرائـم الجنائيـة ليـلًا، وإذا اسـتمرت محاكمـة بالفعـل حتـى حلـول المسـاء، كان يتوجَّـب التأجيـل إلـى اليـوم التالـي.

ضُـرِب بجميـع هـذه القواعـد تقريبًـا عـرض الحائـط جهـرًا فـي محاكمـة المسـيح. فقـد كانـت محاكمتـه غيـر عادلـة وغيـر قانونيـة، مـن حيـث جميـع المبـادئ الشـرعية والقضائيـة التـي كانـت معروفـة آنـذاك. فقـد حـوَّل قيافـا، رئيـس الكهنـة، ومجلـس السـنهدرين المحاكمـة إلـى مسـرحية هزليـة، بغـرض مبيَّـت، وهـو قتـل يسـوع. فقـد كانـت المحاكمـة التـي فرضوهـا علـى يسـوع عمـلًا مطـوَّلًا مـن الظلـم المتعمَّـد، وأفـدح إجهـاضٍ للعدالـة فـي تاريـخ العالـم. يلخِّـص الجـدول التالـي محاكمـات يسـوع المختلفـة التـي أدَّت إلـى إعدامـه، مـع تقديـم شـرح لهـا.

الجدول ٨.٤: محاكمات يسوع[٦٠]

المحاكمات	المقاطع الكتابية	بؤرة التركيز اللاهوتية
المحاكمات الدينية		
أمـام حنَّـان: جلسـة تحقيـق أوَّليـة دارت حـول تلاميـذ يسـوع، وحـول تعاليمـه.	يوحنا ١٨: ١٢-١٤، ١٩-٢٣	التعليم العام
أمـام قيافـا ومجلـس السـنهدرين: الاسـتجواب الرسـمي الأول، الحُكـم علـى يسـوع بأنـه مذنـب بتهمـة التجديـف، وبأنـه مسـتحق المـوت.	متى ٢٦: ٥٧ -٢٧: ٢ (انظر أيضًا مرقس ١٤: ٥٣-١٥: ١؛ لوقا ٢٢: ٥٤-٢٣: ١؛ يوحنا ١٨: ٢٤)	لاهوت يسوع
المحاكمات المدنية		
أمـام بيلاطـس البنطـي، الوالـي الرومانـي: فيهـا اتهـم اليهـود يسـوع بالتحريـض علـى الفتنـة والعصيـان، وليـس بالتجديـف، غيـر أن بيلاطـس أعلـن براءتـه.	يوحنا ١٨: ٢٨-٣٨ (انظر أيضًا متى ٢٧: ٢، ١١-١٤؛ مرقس ١٥: ١-٥؛ لوقا ٢٣: ١-٥)	ناسوت يسوع ومُلكه

٦٠ هذا الجدول مقتبَسٌ بتصرُّف من المصدر التالي، بتصريح من دار النشر (com.thomasnelson.www):
John MacArthur, *The MacArthur Bible Commentary: Unleashing God's Truth, One Verse at a Time* (Nashville: Thomas Nelson, 2005), 1330.

المحاكمات	المقاطع الكتابية	بؤرة التركيز اللاهوتية
أمام هيرودس أنتيباس، رئيس الربع على الجليل: وفيها بدا أن هيرودس قد استنتج -نظير بيلاطس- براءة يسوع من تهمة التحريض على الفتنة والعصيان.	لوقا ٢٣: ٦-١٢	ناسوت يسوع ولاهوته
أمام بيلاطس البنطي، الوالي الروماني: وفيها أذعن بيلاطس لليهود، وحكم على يسوع بالموت.	يوحنا ١٨: ٣٩ – ١٩: ١٦ (انظر أيضًا متى ٢٧: ١٥-٢٦؛ مرقس ١٥: ٦-١٥؛ لوقا ٢٣: ١٣-٢٥)	

المحاكمات الدينية: أُخِذ يسوع أولًا إلى حنَّان، ومثل أمامه في أول محاكمة شرعية له (يوحنا ١٨: ١٢-١٤). شغل حنَّان، حمو قيافا، فيما سبق منصب رئيس الكهنة، نحو عام ٦-١٥م (إلى أن عَزَلَه الوالي السابق لبيلاطس من منصبه الكهنوتي). لكن، ظل حنَّان يمارس نفوذًا كبيرًا في هذا المنصب، حتى بعد تنحيته عنه، على الأرجح لأن اليهود كانوا لا يزالون يعتبرونه رئيس الكهنة الحقيقي؛ وكذلك، لأن خمسة من أبنائه، بالإضافة إلى قيافا زوج ابنته، قد تولَّوا المنصب كل على حدة في فترة مختلفة. اشتملت المحاكمة أمام حنَّان على تحقيق أوَّلي (يوحنا ١٨: ١٢-١٤، ١٩-٢٣)، ربما كان الغرض منه هو إتاحة وقت لمجلس السنهدرين كي ينعقد في عجالة. استجوب حنَّان يسوع بشأن تلاميذه، وبشأن تعاليمه، فأجابه يسوع بأنه بحاجة إلى شهود حتى يكون لديه سبب وجيه وسليم لتقديم دعوى ضده. وعندئذ، ضربه واحد من الخدام القريبين منه لأنه وبَّخ حنَّان. وحين أشار يسوع إلى أن الجميع كانوا يعلمون أنه على حق بشأن الحاجة إلى شهود، لم يُجِبه أحد لأن خصومه من اليهود لم تكن لديهم أية نيَّة لعقد محاكمة منصفة (يوحنا ١١: ٤٧-٥٧). بعد هذا، أرسل حنَّان يسوع موثَقًا إلى قيافا، وإلى مجلس السنهدرين (يوحنا ١٨: ٢٤).

تلت هذه المحاكمة جلسة محاكمة أخرى أمام مجلس السنهدرين، برئاسة قيافا (متى ٢٦: ٥٧ – ٢٧: ٢). عيَّن الوالي الروماني فاليريوس غراتوس قيافا رئيسًا للكهنة نحو عام ١٨ م. وظل قيافا في منصبه حتى عام ٣٦ م، حين عزله الرومان، وعزلوا بيلاطس البنطي أيضًا. وقد كان له دور ريادي في هذه المحاكمة الرسمية الأولى، وفي إدانة يسوع. كان رؤساء الكهنة (الذين كان أغلبهم من الصدوقيين) والفريسيون قد اجتمعوا قبلًا في دار قيافا «لِكَيْ يُمْسِكُوا يَسُوعَ بِمَكْرٍ وَيَقْتُلُوهُ» (متى ٢٦: ٣-٤)؛ والآن قد اجتمعوا لكي يحاكموه. ومع أنهم جلبوا شهود زور كثيرين، لكن، أخفق الشهود في الاتفاق في أقوالهم على نحو قد يبرِّر استمرار المحاكمة. التزم يسوع الصمت طوال الوقت، لأنه كان من الواضح

أن الشهود لم يكن لديهم شيء حقيقي يقدِّمونه ضده. فهو لم يرَ أيَّ داعٍ للدفاع عن نفسه ضد هذا العرض المسرحي الهزْلي. وأخيرًا، طلب قيافا من يسوع أن يقول لهم ما إذا كان هو بالحقيقة «الْمَسِيحُ ابْنُ اللهِ»، أم لا (متى ٢٦ : ٦٣). ردَّ يسوع بالإيجاب، مستشهدًا بنصَّين كتابيين، هما المزمور ١١٠ : ١، ودانيآل ٧ : ١٣، قائلًا إنه سوف يتمِّمهما. وعند نُطق يسوع بهذا، شقَّ قيافا ثيابه، معلنًا كون يسوع مذنبًا بتهمة التجديف؛ وعندئذ، أصدر المجلس حُكمه مطالبًا بإعدام يسوع. في حقيقة الأمر، لم تتضمن كلمات يسوع أيَّ تجديفٍ على الله، أو أيَّ عدم توقير متجاسر له، لكنه تكلَّم بالحق عن لاهوته. وحينئذ، ابتدأ المحيطون بيسوع يبصقون عليه، ويضربونه، طالبين منه، على سبيل التسلية، أن يستخدم لاهوته المزعوم في التعرُّف على الذين ضربوه سرًّا. لكن، لم يستخدم يسوع قط إمكانيات لاهوته بهذه الطريقة العشوائية، ولم يوظِّفها كي يقي نفسه من الآلام والموت حين أتت الساعة (مع أنه استعملها لمنع قتله قبل الأوان، مثلما حدث في الناصرة، لوقا ٤ : ٢٨-٣٠).

المحاكمات المدنية: انتهت المحاكمات الدينية، ثم عُقِدت المحاكمة الثالثة أمام الوالي الروماني، بيلاطس البنطي، الشيء الذي كان يمثِّل بداية المرحلة المدنية لمحاكمات يسوع (يوحنا ١٨ : ٢٨-٣٨). وحين سأل بيلاطس السلطات اليهودية عن التهمة التي يُحاكَم يسوع بسببها، لم يذكروا شيئًا عن التجديف، بل ذكروا أنهم لا يمتلكون سلطة إعدامه، لأنهم كانوا خاضعين للقانون الروماني من جهة الجرائم التي تستحق حُكم الإعدام. ثم تعمَّدوا الكذب، متهمين يسوع بتحريض الشعب على عدم دفع الجزية لقيصر (لوقا ٢٣ : ٢؛ انظر ٢٠ : ٢٠-٢٥)، وبادعائه أنه ملك. بمعنًى آخر، كانت التهم التي وجهها هؤلاء ليسوع هي إثارة الفتنة والعصيان، وليس التجديف. ركَّز بيلاطس على التهمة الثانية، وسأل يسوع إن كان هو بالحقيقة «ملك اليهود» (يوحنا ١٨ : ٣٣)، فأجابه يسوع قائلًا إن مملكته «لَيْسَتْ مِنْ هَذَا الْعَالَمِ» (يوحنا ١٨ : ٣٦). وبهذا الرد، أعلن يسوع حقيقة أن مملكة المسيَّا لم تنشأ بفعل جهود بشرية، بل بواسطة ابن الإنسان نفسه الذي يحقِّق بالقوة نصرة حاسمة على الخطية في حياة شعبه. فعند مجيء المسيح ثانية، سيغلب نظام العالم الشرير، ويؤسِّس الشكل الأرضي المؤقَّت لملكوته؛ لكن، في ذلك الوقت، لم تكن هذه المملكة تشكِّل أي تهديد مادي أو سياسي سواء على إسرائيل أو على روما.

لم ينكر يسوع كونه ملكًا، لكنه أشار إلى غرض أسمى من مجيئه، ألا وهو: «لأَشْهَدَ لِلْحَقِّ» (يوحنا ١٨ : ٣٧). من شأن أي يهودي أن يفهم تصريح يسوع عن مجيئه «إِلَى الْعَالَمِ» على أنه تصريح آخر بلاهوته؛ غير أن بيلاطس لم يكن يهوديًا، بل كان رومانيًا، ومن ثَمَّ، لم ينتبه إلى هذه التفصيلة الدقيقة. تابع بيلاطس حديثه طارحًا على يسوع سؤالًا آخر بشأن الحق الذي أشار إليه. لا تكشف لنا الأناجيل إن كان يسوع قد أجاب عن هذا السؤال أم لا. وربما لم ينتظر بيلاطس الحصول على جواب، لأنه كان قد كوَّن رأيًا بالفعل: فهو لم يجد عِلة (ذنبًا) في يسوع تستحق الموت (يوحنا ١٨ : ٣٨). عندئذ، كال اليهود مجدَّدًا الاتهامات ليسوع، وطالبوا مرة أخرى بموته، بينما ظل يسوع صامتًا، الشيء الذي أصاب بيلاطس بالذهول (متى ٢٧ : ١٢-١٤). ربما صمَت يسوع تتميمًا للنبوة (إشعياء ٤٢ : ١-٢؛ ٥٣ : ٧)، أو لأن بيلاطس كان قد أعلن بالفعل أنه بريء (لوقا ٢٣ : ٤؛ يوحنا ١٨ : ٣٨)، أو ربما لكلا السببين.

عُقِدت محاكمة يسوع الرابعة داخل النطاق السياسي، وذلك بمثوله أمام هيرودس أنتيباس (لوقا ٢٣ : ٦-١٢).[٦١] فعلى الرغم من محاولات رؤساء اليهود المستميتة لإدانة يسوع، بات بيلاطس على قناعة بأن يسوع لم يكن من مثيري الشغب أو المتمرِّدين. إلا أن شراسة الشعب جعلته يخشى إطلاق سراح يسوع. وقد تنفَّس الصعداء لدى سماعه أن يسوع جليليٌّ، لأن هذا أعطاه عذرًا لإرساله إلى هيرودس (لوقا ٢٣ : ٥-٦). كان هيرودس أنتيباس حاكمًا يهوديًّا عيَّنته روما على أربعة مقاطعات إسرائيلية. وقد كان رئيس ربع على الجليل، موطن يسوع. وكان قد جاء إلى أورشليم لأجل العيد، فانتهز بيلاطس الفرصة التي لاحت له للتملُّص من معضلة سياسية، عن طريق إرسال يسوع إلى منافسه.

لم يكن هناك مَن هو أكثر فضولًا أو توقًا لرؤية يسوع من هيرودس أنتيباس، الذي كان أحد أفراد السلالة الهيرودسية، والذي كان قد قتل يوحنا المعمدان قبل هذا بعام أو عامين (متى ١٤ : ١-١٢). وفي حين غطَّت خدمة يسوع منطقة الجليل بأكملها، لم يذكر الكتاب المقدس شيئًا عن زيارة يسوع لطبرية، عاصمة هيرودس أنتيباس. لعلَّ يسوع كان يتعمَّد الابتعاد عن هيرودس. وقد سرت شائعات أن هيرودس أيضًا كان يسعى إلى قتل يسوع. وإذ يبدو جليًّا أن يسوع لم يكن خائفًا من هيرودس، إلا أنه تجنب الذهاب إليه لأنه كان يعلم أنه ينبغي أن يموت في أورشليم حتى يتم المكتوب (لوقا ١٣ : ٣١-٣٣).

لَكَم بدا يسوع مختلفًا تمامًا عن ذلك النبي القوي، صانع المعجزات، الذي توقَّع هيرودس رؤيته! فقد كان وجهه قد ترضَّض وتورَّم بشكل سيء من جراء ما عاناه من سوء معاملة. وكان البصاق والدماء قد جفَّت في خصلات شعره المتشابكة. وقف يسوع أمام هيرودس في حالة من التعب والوهن الجسدي الشديد، من جراء ليلة قضاها بلا نوم، موثقًا تحت الحراسة كمجرم خطير. فقد رأى هيرودسُ يسوعَ في كامل ناسوته، الذي أخفى لاهوته عن عينيه المصابتين بالعمى الروحي. رفض يسوع صنع أية معجزة أمام هيرودس يمكن أن تُثبِت أنه كان أكثر من مجرد إنسان. بل وإن هيرودس «سَأَلَهُ بِكَلَامٍ كَثِيرٍ فَلَمْ يُجِبْهُ بِشَيْءٍ» (لوقا ٢٣ : ٩). وقد تعقَّب أعضاء مجلس السنهدرين المسيح إلى هناك، ووقفوا على مقربة منه، صائحين باشتدادٍ بعبارات التنديد والشكاية عليه (لوقا ٢٣ : ١٠). غير أن يسوع أبى أن يتفوَّه ولو بكلمة واحدة (انظر متى ٢٧ : ١٤)، ولم يسمح لنفسه قط بأن يهاجم المشتكين عليه، أو ينطق بأي كلمة دفاعٍ عن نفسه (١ بطرس ٢ : ٢٣).

لكن، لماذا لاذ يسوع بهذا الصمت التام أمام هيرودس بالذات؟ ماذا قد يكون السبب وراء ذلك؟ أولًا: لم يكن هيرودس يتمتع بأية سلطة قضائية مشروعة داخل أورشليم. فلو أراد إصدار أي حكم في هذه القضية، لزم عليه أولًا أن يأخذ يسوع إلى الجليل، كي يحاكمه هناك. إذن، لم يكن يسوع مضطرًا على أي حال، من الناحية القانونية، أن يجيبَ هيرودس. لكن، ربما يكون هناك سبب آخر وراء التزام يسوع الصمت. فربما من معاملة هيرودس ليوحنا المعمدان، الذي أعدَّ الطريق ليسوع، بات موقف هيرودس من الحق الذي يحمله المسيح واضحًا. ومن ثَمَّ، كان من شأن ردٍّ يسوع عليه أن يكون بمثابة منح القدس للكلاب، أو طرح الدرر أمام الخنازير. فقد كان هيرودس بالفعل في وضع التأهب للالتفات وتمزيق المسيح (انظر متى ٧ : ٦)، ولهذا، كان الصمت هو أنسب ردٍّ في مثل هذه الظروف.

---

٦١ الوصف التالي لمثول يسوع أمام هيرودس أنتيباس مقتبَس بتصرُّف من المصدر التالي:
جون ماك آرثر، جريمة قتل المسيح: دراسة تبيِّن كيف مات المسيح (منصورية المتن – لبنان: دار منهل الحياة)، ١٩٦-١٩٨.

بعد وقت قليل، سأم هيرودس من استجواب يسوع، فقرَّر الاستهزاء به: «فَاحْتَقَرَهُ هِيرُودُسُ مَعَ عَسْكَرِهِ وَاسْتَهْزَأَ بِهِ، وَأَلْبَسَهُ لِبَاسًا لاَمِعًا، وَرَدَّهُ إِلَى بِيلاَطُسَ» (لوقا ٢٣ : ١١). أضاف إنجيل لوقا إلى هذا حاشية تاريخية: «فَصَارَ بِيلاَطُسُ وَهِيرُودُسُ صَدِيقَيْنِ مَعَ بَعْضِهِمَا فِي ذلِكَ الْيَوْمِ، لأَنَّهُمَا كَانَا مِنْ قَبْلُ فِي عَدَاوَةٍ بَيْنَهُمَا» (لوقا ٢٣ : ١٢). كان هذا تحالفًا غير مقدَّس، وصداقة بُنِيت على الشيء الوحيد المشترَك بينهما، ألا وهو معاملتهما للمسيح بخِسَّة وازدراء. علم كلٌّ من هيرودس وبيلاطس أن يسوع لم يكن يشكِّل تهديدًا مباشرًا على مصالحهما السياسية. وقد كان مظهره وسلوكه يعبِّران عن ذلك، دون حاجة إلى الكلام. فكيف يمكن لهذا الرجل الذي يبدو مذعنًا، وهادئًا، ورقيقًا، والذي بُنيت شهرته على كونه معلمًا وشافيًا، أن يشكِّل أي تهديد سياسي؟ فقد تبيَّن لهيرودس، كما لبيلاطس أيضًا، أن اتهامات مجلس السنهدرين كانت ملفَّقة، ومسوقة بدوافع سيئة. غير أنَّ هيرودس انضم بسرور إلى اللعبة، وألبس يسوع رداء فاخرًا، ثم راح هو وعسكره يعرضونه للهزء والسخرية أمام الحشد المتزايد من المتفرِّجين.

بعد هذا، أعاد هيرودس أنتيباس يسوع إلى بيلاطس لأجل عقد المحاكمة الأخيرة (متى ٢٧ : ١٥-٢٦؛ مرقس ١٥ : ٦-١٥؛ لوقا ٢٣ : ١٣-٢٥؛ يوحنا ١٨ : ٣٩ - ١٩ : ١٦). وقد اتفق كلٌّ من بيلاطس وهيرودس معًا على أنهما يجدان يسوع بريئًا من أي اتهام بالفتنة وجَّهه إليه اليهود (لوقا ٢٣ : ١٣-١٦). تابع الوالي الروماني محاولاته لإيجاد وسيلة لإطلاق سراح يسوع، فعرض أن يكون هو السجين الذي جرت العادة أن يطلقه للشعب في عيد الفصح؛ لكن، لم يسمح له اليهود بذلك، وطلبوا أن يُطلَق سراح باراباس بدلًا منه (متى ٢٧ : ١٨-٢٢). أجابهم بيلاطس: لماذا؟ «وَأَيَّ شَرّ عَمِلَ؟» (متى ٢٧ : ٢٣)، فأصروا على صَلبه. عندئذ، غسل بيلاطس يديه كدلالة على تبرئة نفسه من الذنب، معلنًا بهذا أن اليهود هم المذنبون بسفك دم هذا الرجل البريء (متى ٢٧ : ٢٤). وقد كان آخر ما قام به بيلاطس في هذه القصة هو إطلاق سراح باراباس، والأمر بجلد يسوع، ثم تسليمه لمنفِّذي الحكم من الرومان كي يُصلَب (متى ٢٧ : ٢٦). وإن الظلم الفادح الذي ارتُكِب في حق شخص المسيح، ابن الإنسان، الذي كان بلا لوم أو خطية، يجعل جميع المشاركين في هذه المحاكمة مذنبين.

- إعدام يسوع[٦٢]

الآلام السابقة للصَّلب: لم يكن الجنود الرُّومان يدرون شيئًا عن هوية الشخص الذي كانوا يُعذِّبونه. فبالنِّسبة لهم، كانوا فقط يصلبون مُجرمًا آخرَ بحَسب أوامرَ بيلاطس، قائدهم الأعلى. اقتضت أوامر بيلاطُس جلد المسيح وصلبه فحسب، لكنَّ ذلك الاستهزاء الفظَّ الذي انهالوا به عليه يُظهِر شرَّهم الشخصي. وحين عادوا به مرة أخرى إلى دار الولاية، تعمَّدوا جعله منظرًا، وموضع سُخرية لتسلية الجموع المستهزئة به. وقد اجتذبت هذه الضجة كلَّ الكتيبة العسكرية، فاجتمعوا لمشاهدة ما يحدث.

كانت الكتيبة (المؤلَّفة من ستِّ مئة جُنديٍّ) متمركزة في قلعة أنطونيا (المُطلَّة على رابية الهيكل من الشَّمال). وقد كان أفرادها عبارة عن وحدة من الصفوة، مكلَّفين بخدمة الوالي، والحفاظ على السلام

٦٢ الوصف التالي لآلام يسوع وصلبه مقتبَس بتصرُّف من المصدر التالي:
جون ماك آرثر، جريمة قتل المسيح: دراسة تبيِّن كيف مات المسيح (منصورية المتن – لبنان: دار منهل الحياة)، ٢١١-٢٢٩.

الذي كان هشًّا للغاية في هذه المنطقة الأكثر تقلُّبًا من الإمبراطورية الرُّومانيَّة. ولأنَّ اليهود كانوا مُعفَين من الخدمة العسكرية، كان جميعُ هؤلاء الجنود بالتأكيد من الأمم. وربما افترضوا أن يسوع كان يستحقُّ كلَّ استهزاء وتعذيب يمكن أن ينهالوا به عليه. فقد كان السُّجناء الرومان المدانون يُعتبرون هدفًا سهلًا لسوء المعاملة بأية درجة، شريطة ألا يلقوا حتفهم قبل تنفيذ الحكم بالصَّلب.

كان المسيح قد تعرَّض بالفعل بشكل متكرِّر لسوء المعاملة والضرب، حتى قبل تسليمه إلى بيلاطس؛ ولذلك، كان وجهه، بلا شك، متورِّمًا ونازفًا بالفعل. ثم بعد الجَلد، كان ظهرُه قد بات كُتلة من الجراح الدَّامية والعضلات المرتجفة، وما كان الرداء الذي ألبسوه إياه إلا ليضاعف من آلام تلك الجراح. وقد جرَّده الجنود من ثيابه، عدا الرداء الذي ألبسوه إياه. كان هذا الرِّداء مصنوعًا، على الأرجح، من عباءة قديمة -لعله كان رداءً تخلَّص منه واحد من العسكر. يخبرنا متَّى بأن الرداء كان قِرْمِزِيًّا (متى ٢٧ : ٢٨)، بينما قال مرقس ويوحنا إنه كان «أُرْجُوَانًا» (مرقس ١٥ : ١٧؛ يوحنا ١٩ : ٢)، ممَّا يوحي بأن لون الرداء كان شديد البَهَتان؛ ولعلَّه كان أقرب رداء يميل إلى اللون الأرجواني (الدَّال على الملوكيَّة) استطاع الجنود العثور عليه.

من الواضح أن هدف الجنود كان أن يستهزئوا كليةً بتصريح يسوع بأنه ملكٌ. ولأجل تحقيق ذلك الهدف، ضفروا أيضًا إكليلًا من شوك. كان قيصر يضع إكليل نصرٍ من نبات الغار كتاج؛ ومن ثَمَّ، فقد كانت الأشواك تشويهًا قاسيًا لذلك الإكليل. ولا شكَّ أنَّ تلك الأشواك كانت الأطول والأكثر حِدَّة التي أمكنهم العثور عليها. وحتى يومنا هذا، لا تزال أنواعٌ شتَّى من هذه الأشواك تنمو في أورشليم، ولبعضها نِصالٌ شائكةٌ يبلغ طولها نحو خمسة سنتيمترات، ولهذا، كان من شأنها أن تنغرز عميقًا داخل رأس يسوع لدى ضغط الإكليل بقوة على رأسه. كما كان وضع القصبة في يده وكأنها قضيب مُلكٍ محاولة إضافية للسُّخرية اللاذعة من تصريحه بأنه ملكٌ.

ربما أوحى صمت المسيح لهؤلاء بأنه كان مجرَّد رجل مختل. وقد عبَّروا عن كامل ازدرائهم به عن طريق تقديم ذلك النوع من التَّبجيل الذي من شأن أحدهم أن يقدِّمه لملك، إذ كانوا يَسْجُدُونَ لَهُ جَاثِينَ عَلَى رُكَبِهِمْ، قائلين: «السَّلَامُ يَا مَلِكَ الْيَهُودِ!» في نبرة من التهكم. ثمَّ بصقوا عليه، كما سبق أن فعل الكهنة اليهود. وأخذ واحد منهم القصبة من يده وضربه بها أكثر من مرة على رأسه. ومع أنَّ القصبة كانت صولجانًا واهيًا، لكنها كانت صلبة بما يكفي لإحداث آلام شديدة في رأسه المصاب بالفعل. وقد كتب الرسول يوحنا أيضًا أنهم لطموه (يوحنا ١٩ : ٣)؛ فربما كانوا يصفعونه بالكفوف في أثناء تماديهم في الاستهزاء به. لكن، ظل يسوع صامتًا؛ «الَّذِي إِذْ شُتِمَ لَمْ يَكُنْ يَشْتِمُ عِوَضًا، وَإِذْ تَأَلَّمَ لَمْ يَكُنْ يُهَدِّدُ بَلْ كَانَ يُسَلِّمُ لِمَنْ يَقْضِي بِعَدْلٍ» (١ بطرس ٢ : ٢٣). كان يسوع يعلم أن هذه الأمور جميعها تمثِّل جزءًا من خطة الآب، ومن ثم، قاساها عن طيب خاطر، وفي صبر. فقد احتمل الاستهزاء، والجَلد، والإذلال، والعار:

«بَذَلْتُ ظَهْرِي لِلضَّارِبِينَ،
وَخَدَّيَّ لِلنَّاتِفِينَ.
وَجْهِي لَمْ أَسْتُرْ

عَنِ الْعَارِ وَالْبَصْقِ.
وَالسَّيِّدُ الرَّبُّ يُعِينُنِي،
لِذلِكَ لاَ أَخْجَلُ.
لِذلِكَ جَعَلْتُ وَجْهِي كَالصَّوَّانِ
وَعَرَفْتُ أَنِّي لاَ أَخْزَى» (إشعياء ٥٠: ٦-٧)

«وَبَعْدَ مَا اسْتَهْزَأُوا بِهِ، نَزَعُوا عَنْهُ الرِّدَاءَ وَأَلْبَسُوهُ ثِيَابَهُ، وَمَضَوْا بِهِ لِلصَّلْبِ» (متى ٢٧: ٣١). كان ضحايا الصَّلب يُجبَرون عادة على ارتداء لافتة حول أعناقهم تُكتَب عليها الجريمة التي أدينوا بسببها. وقد كان هذا جزءًا من العار الذي يُلحَق عن عمدٍ بضحايا الصَّلب (انظر عبرانيين ١٢: ٢؛ ١٣: ١٣). وكان هؤلاء يُساقون عبر الشوارع، ويُرغَمون على السَّير في موكب علني كمضاعفة للإذلال. كما كانوا يُرغَمون على حمل صليبهم حتى إلى موضع تنفيذ الحُكم. ربما كان وزن الصَّليب الروماني -الذي كان حجمه كبيرًا بما يكفي لصلب رجل بالغ عليه- يصل إلى نحو تسعين كيلوجرامًا، الشيء الذي كان يمثل حملًا ثقيلًا إلى أقصى حد يصعب حمله تحت أي ظرف. ولشخص في حالة الوهن الشديد التي كان المسيح عليها، كان من المستحيل فعليًّا جَرُّ حِملٍ كهذا من دار الولاية وحتى موضع الصَّلب خارج أسوار أورشليم. وفي حقيقة الأمر، يذكر إنجيل متَّى أنَّ يسوع احتاج إلى مساعدة في حمل صليبه: «وَفِيمَا هُمْ خَارِجُونَ وَجَدُوا إِنْسَانًا قَيْرَوَانِيًّا اسْمُهُ سِمْعَانُ، فَسَخَّرُوهُ لِيَحْمِلَ صَلِيبَهُ» (متَّى ٢٧: ٣٢).

وقد نطق المسيح بآخر رسالة علنية له بينما كان في طريقه إلى الجُلجثة، ويحدِّثنا عنها إنجيل لوقا كالتالي:

> وَتَبِعَهُ جُمْهُورٌ كَثِيرٌ مِنَ الشَّعْبِ، وَالنِّسَاءِ اللَّوَاتِي كُنَّ يَلْطِمْنَ أَيْضًا وَيَنُحْنَ عَلَيْهِ. فَالْتَفَتَ إِلَيْهِنَّ يَسُوعُ وَقَالَ: «يَا بَنَاتِ أُورُشَلِيمَ، لاَ تَبْكِينَ عَلَيَّ بَلِ ابْكِينَ عَلَى أَنْفُسِكُنَّ وَعَلَى أَوْلاَدِكُنَّ، لأَنَّهُ هُوَذَا أَيَّامٌ تَأْتِي يَقُولُونَ فِيهَا: طُوبَى لِلْعَوَاقِرِ وَالْبُطُونِ الَّتِي لَمْ تَلِدْ وَالثُّدِيِّ الَّتِي لَمْ تُرْضِعْ! حِينَئِذٍ يَبْتَدِئُونَ يَقُولُونَ لِلْجِبَالِ: اسْقُطِي عَلَيْنَا! وَلِلآكَامِ: غَطِّينَا! لأَنَّهُ إِنْ كَانُوا بِالْعُودِ الرَّطْبِ يَفْعَلُونَ هذَا، فَمَاذَا يَكُونُ بِالْيَابِسِ؟» (لوقا ٢٣: ٢٧-٣١)

يشير جزءٌ من هذه الرسالة إلى هوشع ١٠: ٨ الذي يقول: «وَيَقُولُونَ لِلْجِبَالِ: غَطِّينَا، وَلِلتِّلاَلِ: اسْقُطِي عَلَيْنَا». كان هذا إنذارًا رهيبًا بكارثة مقبلة. وبما أن إنجاب الأولاد، في تلك الثقافة، كان يُعتبَر أسمى بركة يمكن أن يُنعم بها الله على امرأة، فإن أسوأ كارثة هي فقط التي يمكن أن تدفع أحدهم إلى أن يقول: «طُوبَى لِلْعَوَاقِرِ وَالْبُطُونِ الَّتِي لَمْ تَلِدْ وَالثُّدِيِّ الَّتِي لَمْ تُرْضِعْ!»

كان العود الرَّطب يمثِّل فترة من الرخاء والبركة، بينما يمثل العود اليابس الأزمنة الرديئة. كان يسوع يقصد، إذن، أنه إذا أمكن حدوث مأساة كهذه في أزمنة الخير، فماذا قد يحلُّ بالأمة في الأزمنة الرديئة؟[٦٣] فإذا كان الرومان قد صلبوا شخصًا أقرُّوا ببراءته، فماذا عساهم سيفعلون بالأمَّة اليهودية

٦٣ [المترجم]: هكذا جاء نص لوقا ٢٣: ٣١ في الترجمة العربية المبسَّطة: «فَإِنْ كَانَ النَّاسُ يَفْعَلُونَ هَكَذَا فِي أَيَّامِ الخَيْرِ، فَمَاذَا يَكُونُ الحَالُ فِي الأَيَّامِ الصَّعبَةِ؟»

حين تتمرد عليهم؟ كان المسيح بهذا يشير إلى الأحداث التي كانت عتيدة أن تقع بعد أقل من جيلٍ واحد، في عام ٧٠ م، حين سيحاصر الجيش الروماني أورشليم، وينقض الهيكل تمامًا، ويقتل آلافًا مؤلَّفة من الشعب اليهودي -كثيرين منهم صَلبًا. وقد أشار المسيح قبل هذا إلى هذه المذبحة القادمة (انظر لوقا ١٩: ٤١-٤٤). فإن معرفته بمجيء تلك الكارثة الوشيكة، وكذلك معرفته بأن بعض هؤلاء الناس أنفسهم وأولادهم سيجتازون فيها، ما برحا يشكِّلان عبئًا كبيرًا على ذهنه، وهو في طريقه إلى الصَّليب.

بحسب الفكر اليهودي، كان الصَّلب وسيلة موت مَقيتة بصفة خاصة، إذ كان شبيهًا بعقوبة التعليق على خشبة، التي تحدث عنها موسى في تثنية ٢١: ٢٢-٢٣، «وَإِذَا كَانَ عَلَى إِنْسَانٍ خَطِيَّةٌ حَقُّهَا الْمَوْتُ، فَقُتِلَ وَعَلَّقْتَهُ عَلَى خَشَبَةٍ، فَلاَ تَبِتْ جُثَّتُهُ عَلَى الْخَشَبَةِ، بَلْ تَدْفِنُهُ فِي ذلِكَ الْيَوْمِ، لأَنَّ الْمُعَلَّقَ مَلْعُونٌ مِنَ اللهِ». كذلك، طالبت الشَّريعة الموسوية بتنفيذ جميع أحكام الإعدام خارج أسوار المدينة (العدد ١٥: ٣٥؛ انظر عبرانيين ١٣: ١٢). لكن، كان مفهوم الرومان مختلفًا اختلافًا طفيفًا عن هذا، إذ كانوا يحرصون على أن تُنفَّذ جميع أحكام الصَّلب بالقرب من الطرق الرئيسية، وذلك لإثارة الرعب في قلوب الشعب، عن طريق جعل الشخص المحكوم عليه عبرة لجميع المارَّة. ومن ثَمَّ، صُلِب المسيح خارج المدينة، لكن في موقع شديد الازدحام، مُختار بعناية، كي يصير منظرًا أمام الجموع.

كَتَبَ متَّى: «وَفِيمَا هُمْ خَارِجُونَ وَجَدُوا إِنْسَانًا قَيْرَوَانِيًّا اسْمُهُ سِمْعَانُ، فَسَخَّرُوهُ لِيَحْمِلَ صَلِيبَهُ. وَلَمَّا أَتَوْا إِلَى مَوْضِعٍ يُقَالُ لَهُ جُلْجُثَةُ، وَهُوَ الْمُسَمَّى «مَوْضِعَ الْجُمْجُمَةِ» أَعْطَوْهُ خَلًّا مَمْزُوجًا بِمَرَارَةٍ لِيَشْرَبَ. وَلَمَّا ذَاقَ لَمْ يُرِدْ أَنْ يَشْرَبَ» (متى ٢٧: ٣٢-٣٤). يقول مرقس ١٥: ٢٣ إن تلك المادة المُرَّة كانت من «مرٍّ»، وهو مادة كان لها مفعول المخدِّر الخفيف. ولعلَّ الجنود قد أعطوه هذا المشروب قبل دقِّهم المسامير في جسده مباشرة، لأجل تأثيره المخدِّر. بصق يسوع هذا المشروب، وأبى أن يشربه، لأنه لم يرد أن تُخدَّر حواسُّه. فقد أتى إلى الصليب كي يحمل الخطايا، ولذلك، أراد أن يشعر بالتأثير الكامل للخطايا التي كان يحملها، وأن يقاسي القدر الكامل من آلامها. فقد كان لا يزال عازمًا في ثبات على صنع مشيئة الآب، ولهذا أبى أن يخدِّر حواسه قبل إتمام كلِّ العمل.

كان تقديم الخلِّ والمرارة بمثابة تتميم لنبوة مسيَّانية وردت في المزمور ٦٩: ١٩-٢١،

«أَنْتَ عَرَفْتَ عَارِي
وَخِزْيِي وَخَجَلِي.
قُدَّامَكَ جَمِيعُ مُضَايِقِيَّ.
الْعَارُ قَدْ كَسَرَ قَلْبِي
فَمَرِضْتُ.
انْتَظَرْتُ رِقَّةً فَلَمْ تَكُنْ،
وَمُعَزِّينَ فَلَمْ أَجِدْ.
وَيَجْعَلُونَ فِي طَعَامِي عَلْقَمًا،
وَفِي عَطَشِي يَسْقُونَنِي خَلًّا».

الصَّلب: كان العار والخزي الشديد للصلب يُصحب بألم جسدي مساوٍ له في الشِّدة؛ ومع ذلك، في خضم هذا الألم الذي لا مثيل له، نطق يسوع بكلمات الحق والنعمة. وسنستعرض أدناه هذا الموضوع.

النبوات عن الصَّلب: كما ذكرنا آنفًا، كان «الرأس» و«العَقِب» للشخصيتين الرئيسيتين في وعد تكوين ٣: ١٥ ظِلًّا مسبقًا لتفاصيل مهمة تتعلَّق بالصراع بين نسل الشيطان ونسل المرأة. وقد تضمَّن الوعد المتعلِّق بنسل المرأة الغالب سحقًا لعقبه. ثم أضاف مزمور ٢٢: ١٦ إلى هذه الصورة اليدين أيضًا، كإشارة إلى الجراح الناجمة عمَّا يبدو أنه تنفيذ حكم إعدام: «ثَقَبُوا يَدَيَّ وَرِجْلَيَّ.» أيَّدت الترجمة السبعينية اليونانية هذه الترجمة قبل مجيء المسيح بنحو مائتي عام. وربما تكون القراءة البديلة للنص العبري هي: «مثل أسد، يديَّ ورجليَّ.» لكن، حتى تلك القراءة نفسها يمكن أن تفسَّر بأنها إشارة إلى جراح يُحدِثها أسد بأسنانه أو بمخالبه. فإن كلا المعنيين قد يدلان على «ثقب» لليدين والرجلين. ويؤكِّد لنا لوقا ٢٤: ٣٩–٤٠ أن صَلب يسوع خلَّفَ جراحًا في كلٍّ من يديه ورجليه: «اُنْظُرُوا يَدَيَّ وَرِجْلَيَّ: إِنِّي أَنَا هُوَ! جُسُّونِي وَانْظُرُوا، فَإِنَّ الرُّوحَ لَيْسَ لَهُ لَحْمٌ وَعِظَامٌ كَمَا تَرَوْنَ لِي. وَحِينَ قَالَ هذَا أَرَاهُمْ يَدَيْهِ وَرِجْلَيْهِ». ويتضح احتواء مزمور ٢٢: ١٦ على نبوة عن إعدام المسيَّا وضوحًا تامًا من خلال أوجه الشبه الكثيرة بين الأحداث المحيطة بصلب يسوع، كما نقرأها في الأناجيل، وتلك التي يصفها المزمور الثاني والعشرون. ويسرد لنا الجدول التالي أوجه الشبه هذه.

طريقة الصَّلب ونتائجه: كان الصَّلب طريقة من طرق الإعدام تعلَّمها الرومان من الفُرس، الذين ابتكروا وسيلة لصَلب ضحاياهم عن طريق خوزقتهم على عمود، ممَّا كان يرفعهم عن سطح الأرض، حيث يُتركون ليموتوا. وبحلول أيام المسيح، كان الصَّلب قد صار وسيلة الإعدام المفضَّلة في جميع أنحاء الإمبراطورية الرومانية، ولا سيما في اليهودية، حيث كانت تُستخدَم باستمرار لجعل المتظاهرين والمتمرِّدين عبرة أمام الجميع.

تخضع العملية الدقيقة التي اتُّبعت في صلب المسيح لبعض التخمينات، إذ لم تقدِّم لنا أية رواية من روايات الأناجيل وصفًا تفصيليًّا لما جرى. لكن، بعد صلب يسوع، قال توما للتلاميذ الآخرين: «إِنْ لَمْ أُبْصِرْ فِي يَدَيْهِ أَثَرَ الْمَسَامِيرِ، وَأَضَعْ إِصْبِعِي فِي أَثَرِ الْمَسَامِيرِ، وَأَضَعْ يَدِي فِي جَنْبِهِ، لاَ أُومِنْ» (يوحنا ٢٠: ٢٥). ومن هذه الملاحظة، يتبيَّن لنا أن المسيح سُمِّرَ على الصليب، ولم يوثَق بسيور من الجلد.

كان ينبغي دقُّ المسامير في المعصمين (وليس في كفَّي اليدين)، إذ لم تكن أوتار الكفَّين أو بنيتهما العظمية قادرة على حمل وزن الجسم. كان من شأن المسامير التي تُدَق في الكفَّين أن تمزِّق اللحم ما بين العظام بكل سهولة،[٦٤] بينما كانت المسامير التي تخترق المعصمين عادة ما تُهشِّم عظام الرُّسغ، وتمزِّق أربطته؛ لكن مع ذلك، كانت بِنية المعصم قوية بما يكفي لحمل وزن الجسم. وبينما يخترق المسمار المعصم، كان عادة ما يسبِّب تلفًا شديدًا في العصب الحسِّي الحَرَكي الأوسط، مسبِّبًا آلامًا حادةً في كلا الذراعين. وقد أمدَّتنا الهياكل العظمية المكتَشَفة لأناسٍ تعرضوا للصلب في القرن الأول

64 See Erich H. Kiehl, The Passion of Our Lord (Grand Rapids, MI: Baker, 1990), 126–31, for a description of a Roman crucifixion.

بأدلة على أن المسامير كانت تُدَق في القدمين بين عظم الكاحل وعظم الكعب، الشيء الذي يتَّفق مع الوصف الذي جاء في تكوين ٣ : ١٥ عن نسل المرأة الذي سيصاب في «عقبه.»

ثم بعد تسمير الضحية في مكانه، كان جنود كثيرون يرفعون على مهلٍ الجزء العلوي من الصليب، ويُنزلون الجزء السفلي منه بحذرٍ في حفرة ملائمة للعمود. كان الصَّليب يسقط في قعر الحفرة محدثًا رجَّةٍ عنيفة؛ وكان هذا يترك كامل وزن الضحية محمَّلًا فقط على المسامير المدقوقة في المعصمين والقدمين. كان من شأن ذلك أن يسبِّب آلام خلعٍ في كلِّ عظام الجسم، حيث كانت المفاصل الرئيسية تتخلع فجأة من مكانها الطبيعي. وعلى الأرجح، هذا هو ما أشار إليه المسيح نبويًّا في المزمور الثاني والعشرين، القائل: «كَالْمَاءِ انْسَكَبْتُ. انْفَصَلَتْ كُلُّ عِظَامِي» (٢٢ : ١٤).

الجدول ٤ . ٩: التسلسل الزمني لصَلب المسيح[٦٥]

الساعة	نص العهد الجديد	الحدث	مزمور ٢٢
٩ ص	لوقا ٢٣ : ٢٦	يسوع يُؤخَذ إلى الجلجثة	
	لوقا ٢٣ : ٣٣	يسوع يُصلَب	مزمور ٢٢ : ١٦
١٠ ص	لوقا ٢٣ : ٣٤ أ	يسوع يصلِّي قائلًا: «يَا أَبَتَاهُ، اغْفِرْ لَهُمْ».	
	لوقا ٢٣ : ٣٤ ب	الجنودُ يقتسمون ثياب يسوع.	مزمور ٢٢ : ١٨
	متى ٢٧ : ٣٩–٤٣	المجتازون يرشقونه بالتجديف، «وَهُمْ يَهُزُّونَ رُؤُوسَهُمْ»	مزمور ٢٢ : ٦–٨
	لوقا ٢٣ : ٣٥	رؤساء الكهنة والرؤساء يَسْخَرُونَ بِهِ قَائِلِينَ: «خَلَّصَ آخَرِينَ...»	مزمور ٢٢ : ١٢–١٣
	لوقا ٢٣ : ٣٩	وَاحِدٌ مِنَ الْمُذْنِبَيْنِ الْمُعَلَّقَيْنِ يستهزئ به قائلًا: «خَلِّصْ نَفْسَكَ وَإِيَّانَا!»	

٦٥ هذا الجدول مُقتبَس بتصرُّف من المصدر التالي، بتصريح من الكاتب:
William D. Barrick, "Messianic Trilogy: Part One: Psalm 22—The Suffering Messiah," in *Psalms, Hymns, and Spiritual Songs: The Master Musician's Melodies* (unpublished class notes, Placerita Baptist Church, 2004), 5; available at http://drbarrick.org/files/studynotes/Psalms/Ps022.pdf

الساعة	نص العهد الجديد	الحدث	مزمور ٢٢
١١ ص	لوقا ٢٣: ٤٠، ٤٢	المذنب الآخر يتضرَّع إلى يسوع قائلًا: «اذْكُرْنِي يَا رَبُّ ...»	
	لوقا ٢٣: ٤٣	يسوع يؤكِّد لهذا المذنب أن «الْيَوْمَ تَكُونُ مَعِي فِي الْفِرْدَوْسِ»	
	يوحنا ١٩: ٢٦-٢٧	يسوع يقول: «يَا امْرَأَةُ، هُوَذَا ابْنُكِ».	
في الظهيرة	لوقا ٢٣: ٤٤	الظلمة تغطي الأرض كلها لمدة ثلاث ساعات	
١ م	متى ٢٧: ٤٦	يسوع يصرخ بصوت عظيم قائلًا: «إِلَهِي، إِلَهِي، لِمَاذَا تَرَكْتَنِي؟»	مزمور ٢٢: ١
	يوحنا ١٩: ٢٨	يسوع يقول: «أَنَا عَطْشَانُ»	مزمور ٢٢: ١٤-١٥
٢ م	يوحنا ١٩: ٣٠	يسوع يقول: «قَدْ أُكمِلَ»	مزمور ٢٢: ٣١
	لوقا ٢٣: ٤٦	يسوع يصلِّي قائلًا: «يَا أَبَتَاهُ، فِي يَدَيْكَ أَسْتَوْدِعُ رُوحِي»	مزمور ٢٢: ١٩-٢١

الساعة	نص العهد الجديد	الحدث	مزمور ٢٢
٣ م	متى ٢٧ : ٥١	حدوث زلزلة، وانشقاق حجاب الهيكل إلى اثنين	
	متى ٢٧ : ٥٢	انفتاح القبور	
	متى ٢٧ : ٥٤	قائد المئة يهتف قائلًا: «حَقًّا كَانَ هذَا ابْنَ اللهِ!»	
	لوقا ٢٣ : ٤٨	الجموع شهدوا آلام يسوع، ورجعوا قارعين صدورهم.	
	يوحنا ١٩ : ٣١-٣٢	العسكر يكسرون سيقان المجرمَين الآخرَين.	
	يوحنا ١٩ : ٣٤	واحد من العسكر يطعن جنب يسوع بحربة.	
	متى ٢٧ : ٥٧-٦٠	دَفن يسوع.	مزمور ٢٢ : ١٥
٦ م		بدء يوم السبت.	

كانت الوفاة تحدث عادة نتيجة الاختناق التدريجي البطيء. فقد كان جسد الضحية يُعلَّق بطريقة تصيب الحجاب الحاجز بالتقلُّص الشديد. وكي يُطلِق المعلَّق زفيرًا، كان عليه رفع جسمه إلى فوق بواسطة قدميه، حتى يفسح مكانًا لحركة الحجاب الحاجز. لكن، كان الإنهاك الشديد، أو الألم الحاد، أو ضمور العضلات يجعل الضحية عاجزًا عن القيام بذلك؛ ومن ثَمَّ، كان يلقى حتفه من جراء نقص الأكسجين. فبمجرد فقدان قدمي الضحية للقوة أو الإحساس، كان يغدو عاجزًا عن رفع جسده إلى أعلى حتى يتنفَّس، وسرعان ما كانت الوفاة تحدث. ولذلك، كان الرومان في بعض الأحيان يكسرون السَّاقين من أسفل الرُّكبة للتعجيل بهذه العملية (انظر يوحنا ١٩ : ٣١).

كانت سخرية أعضاء مجلس السنهدرين من يسوع محاولة يائسة لإقناع أنفسهم وجميع الشهود الآخرين بأن يسوع لم يكن مسيًّا إسرائيل. فقد كانوا يظنون أن المسيًّا لا يمكن أن يُقهَر. وكان وجود

يسوع معلّقًا هناك، يُحتَضر بلا حول ولا قوة، برهانًا، بالنسبة لهم، على أنه لم يكن كما ادَّعى. ولذا، احتفلوا بانتصارهم، متجوِّلين في تبختُر بين حشود المتفرجين، قائلين للجموع بوجه عام، وليس لشخص بعينه: «خَلَّصَ آخَرِينَ وَأَمَّا نَفْسُهُ فَمَا يَقْدِرُ أَنْ يُخَلِّصَهَا! إِنْ كَانَ هُوَ مَلِكَ إِسْرَائِيلَ فَلْيَنْزِلِ الآنَ عَنِ الصَّلِيبِ فَنُؤْمِنَ بِهِ! قَدِ اتَّكَلَ عَلَى اللهِ، فَلْيُنْقِذْهُ الآنَ إِنْ أَرَادَهُ! لأَنَّهُ قَالَ: أَنَا ابْنُ اللهِ!» (متى ٢٧: ٤٢-٤٣). لو كان هؤلاء قادة روحيين من النوع الذي كان يُفتَرَض أن يكونوا عليه، لأمكنهم ملاحظة أن كلماتهم كانت تتميمًا يكاد يكون لفظيًّا لنبوة مزمور ٢٢: ٨.

كان هذا هو حال القادة الدينيين في إسرائيل؛ فقد كانت صلتهم بالدين وثيقة، لكن، لم تكن لهم أدنى صلة بالله. ومن ثَمَّ، فهم يتحمَّلون الذنب الأكبر بين جميع الذين شاركوا في إذلال المسيح. ومع أنهم تظاهروا بالجلوس على كرسيِّ موسى (متى ٢٣: ٢)، لكنهم لم يصدِّقوا موسى (يوحنا ٥: ٤٦). ومع أنهم ادَّعوا أنهم متحدثون بلسان الله، لكنهم كانوا في حقيقة الأمر أولاد إبليس (يوحنا ٨: ٤٤).

كعادة يسوع، لم يشتِم الذين شتموه، بل كانت كلماته الوحيدة التي تفوَّه بها عن معذِّبيه، وهو معلَّق على الصليب، هي كلمات التماس حنون لرحمة الله نيابة عنهم (لوقا ٢٣: ٣٤). فقد ذهب إلى الصليب طواعية، وعن معرفة، وفي طاعة خاضعة لله، كي يموت عن خطايا الآخرين. ومع أن سوء المعاملة والتعذيب الذي انهال به البشر عليه بلغ مُستوًى من الكرب والضيق يفوق استيعابهم، لكن لم يكن هذا شيئًا مقارنة بغضب الله على الخطية الذي قاساه يسوع واحتمله نيابة عنهم

أقوال يسوع السبعة الأخيرة على الصليب: بينما كان المسيح معلَّقًا على صليب الجلجثة، تكلَّم سبع مرات (انظر الجدول ٤,٩ أعلاه). وقد وَجدت هذه الصرخات التي دوت من فوق الصليب صدًى لدى المؤمنين عبر العصور. فعادة ما تحظى الكلمات الأخيرة التي ينطق بها أحدهم قبيل وفاته بأهمية لدى أحبائه. وليس لتلك الكلمات التي خرجت من فم المسيح مثيل في غناها. ويمكن عرض هذه الأقوال السبعة على النحو التالي:[٦٦]

١. طلب الغفران: «يَا أَبَتَاهُ، اغْفِرْ لَهُمْ، لأَنَّهُمْ لاَ يَعْلَمُونَ مَاذَا يَفْعَلُونَ» (لوقا ٢٣: ٣٤).
٢. وعدٌ بالخلاص: «الْحَقَّ أَقُولُ لَكَ: إِنَّكَ الْيَوْمَ تَكُونُ مَعِي فِي الْفِرْدَوْسِ» (لوقا ٢٣: ٤٣).
٣. تدبيرٌ لأجل أمِّه: «يَا امْرَأَةُ، هُوَذَا ابْنُكِ... هُوَذَا أُمُّكَ» (يوحنا ١٩: ٢٦-٢٧).
٤. صرخة إلى الله: «إِلَهِي، إِلَهِي، لِمَاذَا تَرَكْتَنِي؟» (متى ٢٧: ٤٦).
٥. طِلبة إراحة: «أَنَا عَطْشَانُ» (يوحنا ١٩: ٢٨).
٦. إعلان الانتصار: «قَدْ أُكْمِلَ» (يوحنا ١٩: ٣٠).
٧. صلاة النهاية: «يَا أَبَتَاهُ، فِي يَدَيْكَ أَسْتَوْدِعُ رُوحِي» (لوقا ٢٣: ٤٦).

تحفل أقوال يسوع السبعة على الصليب بالمعاني اللاهوتية العميقة، التي تساعد المؤمنين على أن يفهموا شخص المسيح، وطبيعته، وآلامه، وعمله الفدائي بشكل أفضل.

---

٦٦ جون ماك آرثر، جريمة قتل المسيح: دراسة تبيِّن كيف مات المسيح (منصورية المتن — لبنان: دار منهل الحياة)، ٢٣٣-٢٤٨.

١. **طلب الغفران: «يَا أَبَتَاهُ، اغْفِرْ لَهُمْ، لأَنَّهُمْ لاَ يَعْلَمُونَ مَاذَا يَفْعَلُونَ» (لوقا ٢٣ : ٣٤).**
يتمثَّل الغفران الإلهي في عدول الله عن توقيع الجزاء العادل الذي يستحقه الخطاة لأجل خطاياهم التي ارتكبوها في حقه. قاسى يسوع ظلمًا وعنفًا بلا رحمة على يد رجال أشرار قبل صلبه، وفي أثنائه. وقد كان من حقه أن يطالب الله بمعاقبتهم على الجرائم التي اقترفوها ضده. لكن، تنازل يسوع طواعية عن هذا الحق، واختار أن يغفر لهم دون شروط. وقد غفر لهم لأنه، في لاهوته، كان يعلم تمام العلم أنهم لم يدركوا تمامًا مَن هو، ولم يعلموا ماذا يفعلون.

وقد نبع غفران المسيح، بصفته الله-الإنسان، من ناسوت مترفِّق وشفوق، مقترن بسلطان، وبرٍّ، وقداسة، ورحمة، ونعمة، من لاهوته (انظر خروج ٣٤ : ٦-٧). تكشف صرخة طلب الغفران هذه عن حتمية خطة الله السيادية، المتمثِّلة في تدبير مخلِّصٍ تشتري ذبيحة نفسه الغفران الذي لم تستطع دماء تيوس وعجول قط أن توفِّره (عبرانيين ١٠ : ٤؛ انظر متى ٢٦ : ٢٨؛ عبرانيين ٩ : ٢٢). ومن ثَمَّ، تُسَلِّط أولى كلمات يسوع من فوق الصليب الضوء على الهدف الذي جاء لتحقيقه، ألا وهو «الْفِدَاءُ... غُفْرَانُ الْخَطَايَا» (كولوسِّي ١ : ١٤) للذين يتوبون (رومية ٢ : ٤).

٢. **وعدٌ بالخلاص: «الْحَقَّ أَقُولُ لَكَ: إِنَّكَ الْيَوْمَ تَكُونُ مَعِي فِي الْفِرْدَوْسِ» (لوقا ٢٣ : ٤٣).**
جاء القول الثاني الذي نطق به المسيح من فوق الصليب كردٍّ على التماس صادق قدَّمه واحد من المذنبَين اللذين صُلِبا مع يسوع:

وَكَانَ وَاحِدٌ مِنَ الْمُذْنِبَيْنِ الْمُعَلَّقَيْنِ يُجَدِّفُ عَلَيْهِ قَائِلاً: «إِنْ كُنْتَ أَنْتَ الْمَسِيحَ، فَخَلِّصْ نَفْسَكَ وَإِيَّانَا!» فَأَجَابَ الآخَرُ وَانْتَهَرَهُ قَائِلاً: «أَوَلاَ أَنْتَ تَخَافُ اللهَ، إِذْ أَنْتَ تَحْتَ هذَا الْحُكْمِ بِعَيْنِهِ؟ أَمَّا نَحْنُ فَبِعَدْل، لأَنَّنَا نَنَالُ اسْتِحْقَاقَ مَا فَعَلْنَا، وَأَمَّا هذَا فَلَمْ يَفْعَلْ شَيْئًا لَيْسَ فِي مَحَلِّهِ.» ثُمَّ قَالَ لِيَسُوعَ: «اذْكُرْنِي يَارَبُّ مَتَى جِئْتَ فِي مَلَكُوتِكَ» (لوقا ٢٣ : ٣٩-٤٢).

مرة أخرى، نظير ما حدث في القول الأول، تصرَّف يسوع وفقًا لدوره بصفته الله-الإنسان، مظهرًا صفات كلتا الطبيعتين، عن طريق تعاطفه وترفقه كإنسان، وكذلك عن طريق علمه الكلي كإله. فقد كان يَعْلَمُ أن كلمات هذا الرجل نابعة من قلبٍ تائبٍ بحقٍّ، منخوس بخطاياه، يشتهي رحمة المخلِّص وغفرانه. يُظهِر هذا الوعد لاهوت المسيح، لأن الله وحده هو القادر أن يعلم حالة القلب، والمصير النهائي لأي إنسان. وتبيِّن رواية الإنجيل أن يسوع مات قبل هذين المذنبين، إذ حين كَسَرَ العسكر ساقي هذين الرَّجُليْنِ، وجدوا يسوع قد لَفَظَ أنفاسه الأخيرة بالفعل (يوحنا ١٩ : ٣١-٣٤). ولهذا السبب قطع يسوع هذا الوعد للمجرم التائب، إذ كان يعلَم أنه سيكون في السماء أولًا، كي يرحِّب به حال وصوله. أُحصِيَ يسوع مع الأثمة حتى يُحصَى الخطاة، نظير ذلك المذنب، مع المفديِّين.

٣. **تدبيرٌ لأجل أمِّه: «يَا امْرَأَةُ، هُوَذَا ابْنُكِ... هُوَذَا أُمُّكَ» (يوحنا ١٩: ٢٦-٢٧).**
من أكثر الأحداث المثيرة للمشاعر التي وقعت في أثناء صَلب يسوع هو حديث يسوع إلى الأم التي منحته ناسوته (إشعياء ٤٩: ١). وأخيرًا، حدث التتميم المرير لنبوة سمعان الشيخ:

«وَبَارَكَهُمَا سِمْعَانُ، وَقَالَ لِمَرْيَمَ أُمِّهِ: ‹هَا إِنَّ هذَا قَدْ وُضِعَ لِسُقُوطِ وَقِيَامِ كَثِيرِينَ فِي إِسْرَائِيلَ، وَلِعَلاَمَةٍ تُقَاوَمُ. وَأَنْتِ أَيْضًا يَجُوزُ فِي نَفْسِكِ سَيْفٌ، لِتُعْلَنَ أَفْكَارٌ مِنْ قُلُوبٍ كَثِيرَةٍ›» (لوقا ٢: ٣٤-٣٥).

بهذه الكلمات التي نطق بها ابن مريم، أظهر كامل اهتمامه بأمه وبحاجتها إلى الرعاية. وقد كلَّف المخلِّص يوحنا، التلميذ الأقرب إلى قلبه، بمهمة رعاية أمه، التي كانت تجمعه بها أوثق وأثمن علاقة له على الأرض. وبهذا، تمَّم الإنسان الكامل وصية إكرام الوالدَين (خروج ٢٠: ١٢؛ أفسس ٦: ٢-٣)، وترك لأتباعه مثالًا عظيمًا لما قصده حين علَّمهم أن يعطوا أولوية للاعتناء بالوالدَين على تقديم قرابينهم إلى الله:

«وَأَنْتُمْ أَيْضًا، لِمَاذَا تَتَعَدَّوْنَ وَصِيَّةَ اللهِ بِسَبَبِ تَقْلِيدِكُمْ؟ فَإِنَّ اللهَ أَوْصَى قَائِلاً: أَكْرِمْ أَبَاكَ وَأُمَّكَ، وَمَنْ يَشْتِمْ أَبًا أَوْ أُمًّا فَلْيَمُتْ مَوْتًا. وَأَمَّا أَنْتُمْ فَتَقُولُونَ: مَنْ قَالَ لأَبِيهِ أَوْ أُمِّهِ: **قُرْبَانٌ هُوَ الَّذِي تَنْتَفِعُ بِهِ مِنِّي.**[٦٧] فَلاَ يُكْرِمُ أَبَاهُ أَوْ أُمَّهُ. فَقَدْ أَبْطَلْتُمْ وَصِيَّةَ اللهِ بِسَبَبِ تَقْلِيدِكُمْ! يَا مُرَاؤُونَ!» (متى ١٥: ٣-٧).

ففي حين بذل يسوع حياته نفسها ذبيحةً لأبيه السماوي، لكنه اجتهد لئلا يَنقض كلمة الله بالتقصير في إكرام أمِّه على النحو اللائق، والعناية بها في أيامها القادمة. فقبْل اكتمال ذبيحته، تولَّى أمر أمِّه كما ينبغي. وقد زاد صمت الكتاب المقدس من جهة يوسف من إلحاح هذا العمل، إذ قد يدل هذا الصمت على أنه كان قد مات بالفعل، تاركًا مريم أرملة.

٤. **صرخة إلى الله: «إِلهِي، إِلهِي، لِمَاذَا تَرَكْتَنِي؟» (متى ٢٧: ٤٦)**
لا يقدر أحد أن يستوعب بالكامل معنى ودلالة هذه الصرخة التي خرجت من شفتي يسوع. ففيها يكمن لغز الاتحاد الأقنومي (انظر عنوان «الناسوت» [صفحة ٣١٦]). ويرمز حلول الظلام (متى ٢٧: ٤٥) في ذلك الوقت إلى كلٍّ من فقدان نور الشركة، وحقيقة التَّرْك.

في هذا الحدث، لم ينفصل الآب والابن أحدهما عن الآخر في الجوهر، بل ظلت وحدة الثالوث دون تغيير. لكن، حلَّت ساعات الظلمة الثلاث بسبب غضب الآب كلي الوجود، الذي أدَّى بكلِّ أمانة دوره المتمثل في إتمام ذبيحة المسيح البدلية الكاملة.

استنتج بعض مفسِّري الكتاب المقدس أن يسوع كان هنا فقط يتلو كلمات مزمور ٢٢: ١. لكن، في ضوء أن المزمور الثاني والعشرين بأكمله هو في الأساس نبوة مطوَّلة عن الصَّلب،

٦٧ [المترجم]: جاءت هذه الآية في الترجمة العربية المبسَّطة كالتالي: «مَنْ قَالَ لِأَبِيهِ أَوْ أُمِّهِ: لَا أَسْتَطِيعُ مُسَاعَدَتَكُمَا، لِأَنَّ كُلَّ مَا أَمتَلِكُهُ قَدْ قَدَّمْتُهُ لِلرَّبِّ...»

فهو إذن يعرض استباقًا نبويًا لصرخة المسيح حين يحمل خطايا المختارين على الصليب. ومن ثَمَّ، ينبغي ألا نعتبر هذا التصريح مجرَّد تلاوة للمزمور، أو مجرَّد اتحاد بالآلام البشرية لكاتب المزمور.[٦٨]

لم تكن الآلام الجسدية للصلب تمثِّل شيئًا بالمقارنة بغضب الآب الذي انسكب على المسيح. فإن توقُّع يسوع لهذا الغضب هو ما جعله يتعرَّق دمًا في بستان جشيماني (لوقا ٢٢: ٤٤). فقد رأى وشعر بأسوأ مخاوف الجنس البشري بأكمله حيال أهوال الجحيم، لمَّا تلقَّى العقوبة المستحقَّة عن خطايا جميع الذين سيؤمنون به. وفي ساعات الظلمة هذه، وعلى نحو يفوق الإدراك، تركه الآب. «ومع أنه لم يحصل يقينًا أي توقُّف في محبة الآب له، **بصفته ابنًا**، حوَّل الله، مع ذلك، وجهه عنه، وتركه، **بصفته بديلًا لنا**.»[٦٩]

لا يكمُن الجانب البَدَلي من موت المسيح فقط في موته الجسدي، بل كان على المسيح أن يقاسيَ انسكابَ كاملِ غضبِ الله، دون أدنى تخفيف، على الخطية، حتى يُرضيَ العدل تمامًا. ومن ثَمَّ، انطوَت الكفارة البدلية الحقيقية على شعور مؤلم بالاغتراب عن الآب، عبَّر عنه المسيح في صرخته النابعة من القلب، التي نقرأها في متى ٢٧: ٤٦، «إِلهِي، إِلهِي، لِمَاذَا تَرَكْتَنِي؟». ومع أن هذا الكرب والعذاب الذي قاساه المسيح بامتصاصه لغضب الآب كان وقتيًّا، لكنه كان القدر المكافئ تمامًا للجحيم.[٧٠]

هذه هي الآلام التي ترقَّبها يسوع في بستان جشيماني، حين صلَّى قائلًا: «يَا أَبَتَاهُ، إِنْ أَمْكَنَ فَلْتَعْبُرْ عَنِّي هذِهِ الْكَأْسُ» (متى ٢٦: ٣٩). تشير «الكأس» إلى أشدِّ الآلام على الإطلاق بالنسبة لهذا الإله-الإنسان الخالي تمامًا من الخطية، ألا وهو انسكاب غضب الله عليه، إذ جُعِل ذبيحة إثم. وقد كانت الكأس ترمز عادة في العهد القديم إلى الغضب الإلهي على الخطية (إشعياء ٥١: ١٧، ٢٢؛ إرميا ٢٥: ١٥-١٧، ٢٧-٢٩؛ مراثي إرميا ٤: ٢١-٢٢؛ حزقيال ٢٣: ٣-٣٤؛ حبقوق ٢: ١٦). كان من شأن المسيح أن يحمل «خَطَايَا كَثِيرِينَ» (عبرانيين ٩: ٢٨)، وأن يحُلَّ عليه ملءُ الغضب الإلهي (إشعياء ٥٣: ١٠-١١؛ ٢ كورنثوس ٥: ٢١). كان هذا الغضب هو ثمن الخطايا التي حملها، وقد سدَّده المسيح كاملًا. وقد عكست صرخة الضيق والألم التي نطق بها في متى ٢٧: ٤٦ المرارة المفرطة لكأس الغضب التي كان يتجرَّعها.

٦٨ جون ماك آرثر، جريمة قتل المسيح، ٢٤٢.

٦٩ جون ماك آرثر، جريمة قتل المسيح، ٢٤٥.

٧٠ ينبغي التفرقة بين ما نقوله هنا والتعاليم الهرطوقية التي يتبناها بعض قادة الفكر الكاريزماتي، الذين يُعلِّمون بأن يسوع صار خاطئًا بالفعل على الصليب، أو أنه ذهب إلى الجحيم فعليًّا حتى يقاسيَ المزيد من العقاب. لكن في المقابل، حمل يسوع، بصفته بديلنا، العقوبة نفسها التي كانت مُستَحقة على شعبه: أي غضب الآب في كلِّ ملئه. وفي حين أن الغضب الذي ينسكب على الخطاة في الجحيم أبدي، استطاع يسوع، بفضل رفعة وقيمة شخصه، أن يخمد هذا الغضب الإلهي اللانهائي فقط في ثلاث ساعات من الألم. ومن هذه الناحية، يكون قد حمل القدر الكامل من كلِّ لعنة وعقوبة كانت خطايانا تستحقها.

ومن ثَمَّ، اشتملت آلام يسوع على انفصاله المؤقت عن الآب (الذي يتجلَّى في ساعات الظلمة الثلاثة على الصليب)، حيث قاسى ملء الغضب الإلهي قبيل موته الجسدي. ويستلزم منا القول السابع من أقوال يسوع على الصليب - «يَا أَبَتَاهُ، فِي يَدَيْكَ أَسْتَوْدِعُ رُوحِي» (لوقا ٢٣ : ٤٦) - تبنِّي هذا التسلسل الزمني، لأنه يُظهِر استرداد الشركة الأزلية الأبدية بسبب انتهاء الانفصال المؤقت. يتفق هذا التسلسل مع اختبار أولئك الذين مات يسوع لأجلهم: فإن الجميع هم أموات روحيًّا قبل موتهم بالجسد. وقد حقَّقَ يسوع، أولًا، النصرة على الموت الروحي، وهو لا يزال معلَّقًا على الصليب؛ ثم بعد ثلاثة أيام، هزم الموت الجسدي والموت الأبدي حين قام من بين الأموات.

٥. **طِلبة إنعاش: «أَنَا عَطْشَانُ» (يوحنا ١٩ : ٢٨).**

تكشف هذه العبارة، التي هي كلمة واحدة في النص اليوناني، عن اجتياز المسيح لهذا الاختبار بناسوت حقيقي، حيث نرى شعورًا حقيقيًّا بالعطش، نابعًا من الإنهاك الشديد والألم الجسدي. غير أن هذا القول المقتضَب يكشف عن أكثر من ذلك، إذ هو يُظهِر معرفة يسوع بالكتب المقدسة، وعزمه على تتميم كل ما ذكرته عنه. قال كاتب المزمور: «وَفِي عَطَشِي يَسْقُونَنِي خَلًّا» (مزمور ٦٩ : ٢١). وأيَّد يوحنا ذلك حين قال إن هذا القول كان «لِكَيْ يَتِمَّ الْكِتَابُ» (يوحنا ١٩ : ٢٨). كما وصف يسوع نفسه العطش بأنه من الأشياء التي سيختبرها الأثمة بعد الموت (لوقا ١٦ : ٢٤). ومرة أخرى نقول إنه دون وجود جحيم أبدي، لن يمكننا فهم عمل المسيح على الصليب، وتقديره بشكل كاملٍ.

٦. **إعلان الانتصار: «قَدْ أُكْمِلَ» (يوحنا ١٩ : ٣٠)**

هذا القول السادس الذي نطق به يسوع من فوق الصليب كان – نظير القول السابق- عبارة عن كلمة واحدة فحسب في النص اليوناني، وهي كلمة «تتلستاي!» [*Tetelestai*]. كانت هذه صرخة انتصار، مفعَمة بالمعاني الغنية، لأن الصيغة اليونانية توحي ضمنًا باستمرارية حالة الاكتمال هذه. لم يكن يسوع هنا يقول إن حياته على الأرض قد انتهت، بل كان يعني أنه قد أكمل العمل الذي كلَّفه الآب به. وفي حقيقة الأمر، كانت الجملة التي وردت في مزمور ٢٢ : ٣١ – «قَدْ فَعَلَ» - هي أيضًا كلمة واحدة في اللغة العبرية. فقد احتفى يسوع بأعظم انتصار في تاريخ الكون، لأن عمله الكفَّاري قد اكتمل، وجميع نبوات الكتاب المقدس عن فداء المسيَّا قد تمَّت، واستُرضي عدل الله تمامًا، ودُفعت فدية الخطية كاملة، وسُدِّدت أجرة الخطية إلى الأبد عن جميع مختاريّ الله عبر كلِّ التاريخ. كان كل ما تبقَّى على المسيح أن يعمله هو أن يموت، حتى يقوم من بين الأموات. ولا شيء يمكن أن يُضاف إلى خلاص المسيح المكتمل.

٧. **صلاة النهاية: «يَا أَبَتَاهُ، فِي يَدَيْكَ أَسْتَوْدِعُ رُوحِي» (لوقا ٢٣ : ٤٦).**

وجَّه يسوع قوله الأخير الذي نطق به من فوق الصليب إلى الآب، نظير قوله الأول («يَا أَبَتَاهُ، اغْفِرْ لَهُمْ، لأَنَّهُمْ لاَ يَعْلَمُونَ مَاذَا يَفْعَلُونَ»، لوقا ٢٣ : ٣٤)، والرابع («إِلهِي، إِلهِي، لِمَاذَا

تَرَكْتَنِي»، متى ٢٧ : ٤٦). كانت هذه الأقوال الثلاثة عبارة عن صلوات صدرت عن ابن الإنسان. فقد عاش يسوع في ناسوته رجل صلاة، ومات رجل صلاة (انظر متى ١٤ : ٢٣؛ ١٩ : ١٣؛ ٢٦ : ٣٦-٤٤؛ عبرانيين ٥ : ٧).

مات المسيح كما لم يمُت أي إنسان آخر. فمن ناحية، هو قُتل بأيدي أثمة (أعمال الرسل ٢ : ٢٣)؛ لكن من ناحية أخرى، كان الآب هو الذي أرسله إلى الصليب، وسحَقَه هناك بالحَزَن (إشعياء ٥٣ : ١٠). كذلك، من ناحية أخرى أيضًا، لم يأخذ أحدٌ نفس المسيح، بل هو الذي وضعها طواعية لأجل الذين أحبَّهم محبة باذلة وغير أنانية:

«لِهذَا يُحِبُّنِي الآبُ، لأَنِّي أَضَعُ نَفْسِي لآخُذَهَا أَيْضًا. لَيْسَ أَحَدٌ يَأْخُذُهَا مِنِّي، بَلْ أَضَعُهَا أَنَا مِنْ ذَاتِي. لِي سُلْطَانٌ أَنْ أَضَعَهَا وَلِي سُلْطَانٌ أَنْ آخُذَهَا أَيْضًا. هذِهِ الْوَصِيَّةُ قَبِلْتُهَا مِنْ أَبِي» (يوحنا ١٠ : ١٧-١٨)

لم يلفظ يسوع أنفاسه الأخيرة على الصليب في صراع شديد الاهتياج. فلم يلحظ أيٌّ من الشهود دخول المسيح في سكرات موت محمومة. بل كان ذهابه إلى الموت فعلًا متعمَّدًا نابعًا من إرادته السيادية. فقد «نَكَّسَ رَأْسَهُ وَأَسْلَمَ الرُّوحَ» (يوحنا ١٩ : ٣٠). فعن عمدٍ، أسلم يسوع حياته في بساطة، وهدوء، وخضوع، متحكِّمًا تمامًا في موته.

⬅ الموت والكفارة

تشير الأقوال السبعة التي نطق بها يسوع على الصليب إلى أن موته كان اختبارًا اجتازه طواعية، وعن عمدٍ. وإن السبب الذي لأجله مات المسيح أهم بما لا يقاس من الكيفية التي مات بها. فإن الحقيقة الكتابية هي أن موته كان لازمًا، ومعيَّنًا سابقًا من قبل تأسيس العالم، وضروريًّا لأجل خلاص الخطاة.

• موت المسيح

يسلِّط اللاهوت المسيحي الضوء على خلاص يسوع المسيح من حيث موته البدلي، وقيامته من الأموات. وتُشكِّل هاتان الحقيقتان جوهر رسالة الإنجيل التي تتعلَّق بالخلاص. كَتَب الرسول بولس:

«وَأُعَرِّفُكُمْ أَيُّهَا الإِخْوَةُ بِالإِنْجِيلِ الَّذِي بَشَّرْتُكُمْ بِهِ، وَقَبِلْتُمُوهُ، وَتَقُومُونَ فِيهِ، وَبِهِ أَيْضًا تَخْلُصُونَ، إِنْ كُنْتُمْ تَذْكُرُونَ أَيُّ كَلاَمٍ بَشَّرْتُكُمْ بِهِ. إِلاَّ إِذَا كُنْتُمْ قَدْ آمَنْتُمْ عَبَثًا!

فَإِنَّنِي سَلَّمْتُ إِلَيْكُمْ فِي الأَوَّلِ مَا قَبِلْتُهُ أَنَا أَيْضًا: أَنَّ الْمَسِيحَ مَاتَ مِنْ أَجْلِ خَطَايَانَا حَسَبَ الْكُتُبِ، وَأَنَّهُ دُفِنَ، وَأَنَّهُ قَامَ فِي الْيَوْمِ الثَّالِثِ حَسَبَ الْكُتُبِ، وَأَنَّهُ ظَهَرَ لِصَفَا ثُمَّ لِلاثْنَيْ عَشَرَ. (١ كورنثوس ١٥ : ١-٥)

كذلك، يظهر هذان العنصران الرئيسيان لرسالة الإنجيل في الدفاع الذي قدَّمه بولس أمام أغريباس: «بَقِيتُ إِلَى هذَا الْيَوْمِ، شَاهِدًا لِلصَّغِيرِ وَالْكَبِيرِ. وَأَنَا لاَ أَقُولُ شَيْئًا غَيْرَ مَا تَكَلَّمَ الأَنْبِيَاءُ

وَمُوسَى أَنَّهُ عَتِيدٌ أَنْ يَكُونَ: إِنْ يُؤَلَّمِ الْمَسِيحُ، يَكُنْ هُوَ أَوَّلَ قِيَامَةِ الأَمْوَاتِ، مُزْمِعًا أَنْ يُنَادِيَ بِنُورٍ لِلشَّعْبِ وَلِلأُمَمِ» (أعمال الرسل ٢٦: ٢٢-٢٣).

وفي حديث بطرس عن «خَلَاصَ النُّفُوسِ» (١ بطرس ١: ٩)، استعرض هذين العنصرين نفسيهما من عمل المسيح، المختص بالإنجيل:

> «الْخَلَاصَ الَّذِي فَتَّشَ وَبَحَثَ عَنْهُ أَنْبِيَاءُ، الَّذِينَ تَنَبَّأُوا عَنِ النِّعْمَةِ الَّتِي لأَجْلِكُمْ، بَاحِثِينَ أَيُّ وَقْتٍ أَوْ مَا الْوَقْتُ الَّذِي كَانَ يَدِلُّ عَلَيْهِ رُوحُ الْمَسِيحِ الَّذِي فِيهِمْ، إِذْ سَبَقَ فَشَهِدَ بِالآلاَمِ الَّتِي لِلْمَسِيحِ، وَالأَمْجَادِ الَّتِي بَعْدَهَا. الَّذِينَ أُعْلِنَ لَهُمْ أَنَّهُمْ لَيْسَ لأَنْفُسِهِمْ، بَلْ لَنَا كَانُوا يَخْدِمُونَ بِهذِهِ الأُمُورِ الَّتِي أُخْبِرْتُمْ بِهَا أَنْتُمُ الآنَ، بِوَاسِطَةِ الَّذِينَ بَشَّرُوكُمْ فِي الرُّوحِ الْقُدُسِ الْمُرْسَلِ مِنَ السَّمَاءِ. الَّتِي تَشْتَهِي الْمَلاَئِكَةُ أَنْ تَطَّلِعَ عَلَيْهَا» (١ بطرس ١: ١٠-١٢).

من الجدير بالذكر أن عبارة «بَاحِثِينَ أَيُّ وَقْتٍ أَوْ مَا الْوَقْتُ» (١بطرس ١: ١١) تشير إلى أن التوقيت كان هو فقط الجانب المجهول من التتميم المسيَّاني.[٧١] فقد فهِمَ الأنبياء جيدًا أنهم كانوا يتكلمون عن المسيَّا. وقد أعلن أنبياء العهد القديم عن شخص المسيَّا بواسطة سلسلة من النبوات تربطه بنسل إبراهيم (تكوين ١٢: ٣؛ انظر غلاطية ٣: ٨)، وبأمة إسرائيل (العدد ٢٤: ١٧؛ انظر متى ٢: ٢؛ رؤيا ٢٢: ١٦)، وبسبط يهوذا (تكوين ٤٩: ١٠؛ انظر متى ١: ٢-٣؛ ٢: ٦؛ عبرانيين ٧: ١٤)، وبعشيرة أفراتة في مدينة بيت لحم (ميخا ٥: ٢؛ انظر متى ٢: ٥-٦؛ لوقا ٢: ١١)، وبحَبَل عذراوي (إشعياء ٧: ١٤؛ انظر متى ١: ٢٣)، وبخدمة في جليل الأمم (إشعياء ٩: ١-٢؛ انظر متى ٤: ١٢-١٦). ويمدُّنا الأصحاح الثالث والخمسون من سفر إشعياء بنبوة تفصيلية عن خدمة المسيَّا، وتعرُّضِه للرفض، ومحاكمته، وموته، وقيامته، وتمجيده.

• كفارة المسيح

إعلان العهد القديم عن الذبائح:[٧٢] تعني البدليَّة العقابية أن المسيح بذل نفسه للألم والموت، حاملًا العقوبة الكاملة عن الخطايا، عوضًا عن جميع الخطاة الذين يخلِّصهم الله. وقد هيَّأ الله الجنس البشري لذبيحة المسيح الكفارية والبدلية عن طريق تقديم تعليم مبكِّر عن الذبائح. ويمدُّنا العهد القديم باثني عشر مبدأً أساسيًّا يتعلق بالذبائح الحيوانية:

١. كان المؤمنون فقط هم المسموح لهم أن يقدِّموا ذبائح العهد القديم - أي كان ينبغي أن يكون مقدِّمو الذبيحة مؤمنين، ومتعلِّمين العقيدة، وطائعين (أي يُظهرون التعليم الصحيح والسلوك الصحيح). يتحدث نص لاويين ١: ٢-٣؛ ٢: ١ عن المؤمنين من بني إسرائيل، في حين يتحدث لاويين ١٧: ٨؛ ٢٢: ١٨، ٢٥ عن المؤمنين من الغرباء (راجع العدد ١٥: ١٤-١٦؛ إشعياء ٥٦: ٦-٨).

---

71 Thomas R. Schreiner, *1, 2 Peter, Jude*, NAC 37 (Nashville: Broadman, 2003), 73–74.

٧٢ هذا الجزء مقتبَس بتصرُّف من المصدر التالي، بتصريح من *MSJ*:

William D. Barrick, "Penal Substitution in the Old Testament," *MSJ* 20, no. 2 (2009): 2, 6-8.

٢. ينبغي أن تكون ذبائح العهد القديم هي المظهر الخارجي لإيمانٍ حيٍّ. فبدون إيمان، تصير هذه الذبائح بلا قيمة (عبرانيين ١١: ٤؛ انظر ١ صموئيل ١٥: ٢٢-٢٣؛ مزمور ٥١: ١٥-١٩؛ إشعياء ١: ١١-١٥؛ ميخا ٦: ٦-٨).

٣. لا تخلِّص ذبائح العهد القديم من الخطايا، أو تغفرها. فإن ذبائح سفر اللاويين لم تتضمن أية وسيلة لاستئصال الطبيعة الخاطئة من أي إنسان، أو التخلُّص منها. ولم تكن الذبائح الحيوانية كافية للتكفير بشكل تام ونهائي عن خطايا البشر. فقط حياة إنسان هي التي بمقدورها أن تكفِّر تمامًا عن حياة إنسان آخر (راجع لاويين ١: ٣ مع مزمور ٤٩: ٥-٩؛ انظر غلاطية ٣: ١٠-١٤؛ عبرانيين ١٠: ١-١٨؛ ١ بطرس ١: ١٨-١٩).

٤. لم تكن ذبائح العهد القديم ترفع العقوبة الزمنية عن الخطايا، ولا سيما الخطايا العمد، التي تُرتكب في جرأة ووقاحة. كثرة الخطايا تستلزم تطبيق عقوبة الموت، ولم يكن ممكنًا أن تجدي الذبائح الحيوانية نفعًا معها (لاويين ٢٤: ١٠-٢٣؛ العدد ١٥: ٣٠). وبما أن الخطايا العمد، التي تُرتكَب بتخطيط مسبق، استلزمت موت الخاطئ، يجد كل إنسان نفسه، بسبب نمط متكرِّر من الخطايا المتعمَّدة والإرادية، تحت حكم الموت. وبسبب شمولية الخطية، ملك الموت، حسبما يتبيَّن لنا من سلاسل الأنساب التي تسجِّل تلك الميتات (تكوين ٥: ٥، ٨، ١١، ١٤، ١٧، ٢٠، ٢٧، ٣١)، حيث تمثِّل كلمة «مات» المتكررة مرثية أو نقش على ضريح إنسان تلو الآخر (انظر أيضًا تكوين ١١: ٣٢؛ ٢٣: ٢؛ ٣٥: ١٩؛ ٥٠: ٢٦). يثير هذا سؤالين مهمَّين: ألا توجد حقًّا ذبيحة عن الخطايا العمد؟ وألا يوجد غفران لمثل هذا التمرد المتعمَّد؟

٥. كان الغرض الرئيسي من ذبائح العهد القديم هو الشركة مع الله. فمن خلال فعل منظور، كانت الذبائح ترمز إلى غفران الخطايا، الذي يتسبب في تحقيق قدر من المصالحة مع إله إسرائيل، حافظ العهد (خروج ٢٩: ٤٢-٤٣؛ ٣٠: ٣٦). قال جون أوزوالت (John Oswalt):

> على الرغم من خطورة العقوبة الزمنية عن الخطايا، ووجوب عدم إهمالها، إلا أنها ليست بأي حال من الأحوال أخطر من العقوبة الروحية، التي هي الاغتراب عن الله. فإن لُبَّ نظام الذبائح ومعناه هو إتاحة الفرصة لبشر خطاة أن يتمتعوا بشركة مع إله قدوس. لم تكن الذبائح تُخَفِّف من النتائج الزمنية للخطية. ماذا كانت تفعل إذن؟ كانت تتولَّى أمر النتائج الروحية للخطية؛ أي أنها كانت تتعامل مع حقيقة أن النفس التي تخطئ هي تموت (ليس موتًا جسديًّا فحسب؛ حزقيال ١٨: ٤، ٢٠)، وأنه بدون سفك دم لا تحصل مغفرة للخطايا (لاويين ١٧: ١١؛ عبرانيين ٩: ٢٢).[٧٣]

73 John N. Oswalt, *The Book of Isaiah: Chapters 40–66*, NICOT (Grand Rapids, MI: Eerdmans, 1998), 385.

٦. تسلِّط ذبائح العهد القديم الضوء على بشاعة الخطية وعواقبها (رومية ٣: ١٩-٢٠؛ ٥: ٢٠؛ ٧: ٥-١١؛ غلاطية ٣: ٢١-٢٢).

٧. كذلك، تسلِّط ذبائح العهد القديم الضوء على قداسة الله، وبرِّه، ومحبته، ونعمته، ورحمته، وسيادته (مزمور ١١٩: ٦٢؛ نحميا ٩: ١٣؛ متى ٢٣: ٢٣؛ رومية ٧: ١٢). يشير هذا الإعلان المزدوج عن بشاعة الخطية وعن طبيعة الله إلى الدور الثنائي الذي تلعبه الذبيحة في العهد القديم. فمن ناحية، تُعَد الخطية، في الأساس، «هروبًا من الله» [theofugal]، إذ هي تقود الجنس البشري **بعيدًا عن الله**.[74] في المقابل، تُظهِر الذبيحة، عن طريق سفك الدم بشاعة الخطية وعواقبها، وتُعَد «تمركُزًا حول الله» [theocentric]، لأنها توجِّه الخطاة **إلى الله**، كي يبتدئوا يدركون تأثيرات خطاياهم عليه. فإن خطاياهم تجعلهم في عداوة مع الله، وفي اغتراب عنه، وتُظهِر تمردهم على السلطان الإلهي وعلى الطبيعة الإلهية. ومن ثَمَّ، تسترضي الذبيحة غضب الله العادل، وتصالح الخطاة مع الله.

٨. تُظهِر ذبائح العهد القديم أن التشريع الموسوي لم يكن يعطي لمؤمن العهد القديم أيَّ حق في الدخول إلى الله (عبرانيين ٩: ٨-١٠).

٩. تُظهِر ذبائح العهد القديم أن رغبات الله من جهة تقدمات (عطايا) شعبه لم تكن تفوق إمكانياتهم الطبيعية. فقد كانت مكوِّنات الذبائح والتقدمات (الماشية، والخراف، والماعز، والحمام، والدقيق؛ والزيت، والخمر، والبخور) جميعها متاحة لأي واحد من بني إسرائيل. لم يطالب الله شعبه بتقديم شيء شاذ أو غير مألوف، أو يفوق مواردهم العادية. فهو لم يطالبهم بأن يكلِّفوا أنفسهم فوق الطاقة، إلى حد التسبُّب في أزمة أو كارثة مالية (انظر ١ كورنثوس ١٦: ٢؛ ٢ كورنثوس ٨-٩).

١٠. شدَّدت ذبائح العهد القديم على خدمة الكهنوت (لاويين ١: ٩؛ ٢: ٨؛ ٤: ٢٠؛ ٦: ٦؛ عبرانيين ٥-١٠؛ ١ بطرس ٢: ٥).

١١. انطوت ذبائح العهد القديم على الإقرار بعهد الله مع شعبه (لاويين ٢: ١٣؛ مزمور ٥٠: ٥، ١٦).

١٢. أمر الله بأن تعول ذبائح العهد القديم الكهنة، بشكل جزئي. فقد كان على شعب العهد أن يعول الذين يخدمونه (لاويين ٧: ٣٤-٣٥؛ نحميا ١٣: ٥؛ ملاخي ٣: ٨-١٠).

74 Norman H. Snaith, *The Distinctive Ideas of the Old Testament* (New York: Schocken, 1964), 60.

باختصار، تمدُّنا هذه المبادئ الاثنا عشر بأدلة تفيد أن الذبائح كانت تتعلق في المقام الأول بالعبادة **الجماعية**، وذلك لأن مؤمني العهد القديم كانوا يأتون بتقدماتهم علانية إلى المسكن، وكان الكهنة يشتركون في ممارسة الطقوس المصاحبة لذلك. قد تكون المزايا العائدة من الذبائح شخصية أو فردية، لكن لم يكن هناك ما يسمَّى بالذبائح الخاصة أو السرية. ربما يبدو لنا خروف الفصح ذبيحة خاصة وسرية لأنه كان يقدَّم من بيت واحد؛ غير أن المارة على هذا البيت كان بمقدورهم رؤية الدم على القائمتين والعتبة العليا، كما كان بإمكان الجار الاشتراك في هذا الخروف (مع أصحاب البيت) (خروج ١٢ : ٤). كانت ذبائح العهد القديم ذبائح إقرارية، لأنها كانت تُعلِن إيمانًا تائبًا بيهوه، وطاعة لفرائضه وشرائعه. فبتقديم الذبائح، كان مؤمن العهد القديم يعلن انتماءه، بشكل منظور وعلني، إلى إله العهد، وإلى شعب عهده. كان لا بد أن يكون هذا الفعل المنظور نتاج إيمان حقيقي. لكن، إذا غاب هذا الإيمان الأساسي، تصير الذبيحة بلا قيمة، أي مجرَّد فعل فارغ وباطل، يخلو من أية قيمة روحية (أي يصير حينئذ إقرارًا زائفًا وكاذبًا). يبغض الله الذبائح الزائفة، ولا يمكنه أن يقبلها باعتبارها عبادة حقيقية (انظر ١ صموئيل ٢٢:١٥؛ مزمور ٥٠ : ٧-١٥؛ إشعياء ١ : ١٣-١٥).

بوضع هذه المبادئ في الاعتبار، يستطيع القارئ الآن أن يرى كيف كان العهد القديم ينظر إلى الذبائح البدلية العقابية. وإن الكبش الذي دبَّره «ملاك [رسول] الرب» كبديلٍ لإسحاق في تكوين ٢٢ : ١-١٤ لهو مثال توضيحي عن بذل نفسٍ كبديلٍ عن نفس أخرى. قدَّم لنا أوجين ميريل (Eugene Merrill) دراسة ممتازة لهذا الموضوع، في كتابه المتعلِّق بلاهوت العهد القديم، حيث صرَّح بأن موت إسحاق «قد تحقَّق بالفعل بواسطة بديل، أي حيوان، استوفى موته الحرفي مطالب الله على نحو تام».[٧٥]

إعلان العهد القديم عن الذبيحة البدلية للمسيح:[٧٦] أمدَّت الذبائح المختلفة الموصوفة والمنصوص عليها في سفر اللاويين شعب إسرائيل بتعليمات الله من جهة طبيعة الذبيحة، وساعدت على تهيئتهم لضرورة ذبيحة المسيَّا البدلية عن الخطايا. يقدِّم لنا الجدول التالي بعض الدروس التي أراد الله أن يتعلَّمها شعبه من الذبائح في العهد القديم، بينما يعرض الجدول التالي له مقارنة بين ذبيحة يسوع المسيح والذبائح التي كانت تُقدَّم بموجب التشريع الموسوي.

75 Eugene Merrill, *Everlasting Dominion: A Theology of the Old Testament* (Nashville: Broadman, 2006), 236.

٧٦ هذا الجزء، فيما عدا الجداول، مقتبس بتصرُّف من المصدر التالي، بتصريح من *MSJ*:
William D. Barrick, "Penal Substitution in the Old Testament," *MSJ* 20, no. 2 (2009): 8–21.

الجدول ٤ . ١٠ : المسيح في ذبائح وتقدمات سفر اللاويين[٧٧]

التقدمة	النص الكتابي	ما يقدِّمه المسيح	طبيعة المسيح
ذبيحة المُحرَقة	لاويين ١ : ٣-١٧؛ ٦: ٨-١٣	الكفارة	طبيعة المسيح الخالية من الخطية
تقدمة الدقيق	لاويين ٢ : ١-١٦؛ ٦ : ١٤-٢٣	التكريس/ التقديس	كان المسيح مكرَّسًا تمامًا لمقاصد الآب
ذبيحة السلامة	لاويين ٣ : ١-١٧؛ ٧ : ١١-٣٦	المصالحة/ الشركة	كان المسيح في سلام مع الله
ذبيحة الخطية	لاويين ٤ : ١-٥ : ١٣؛ ٦ : ٢٤-٣٠		الموت البدلي للمسيح
ذبيحة الإثم	لاويين ٥ : ١٤-٦ : ١؛ ٧ : ١-١٠	التوبة	تسديد المسيح لثمن الفداء كاملًا

الجدول ٤ . ١١ : مقارنة بين ذبائح العهد القديم وذبيحة المسيح[٧٨]

سفر اللاويين	النصوص الكتابية	الرسالة إلى العبرانيين
عهد عتيق (مؤقَّت)	عبرانيين ٧ : ٢٢؛ ٨ : ٦، ١٣؛ ١٠ : ٢٠	عهد جديد (دائم)
مواعيد عتقت وشاخت	عبرانيين ٨ : ٦-١٣	مواعيد أفضل
ظِل	عبرانيين ٨ : ٥؛ ٩ : ٢٣-٢٤؛ ١٠ : ١	الحقيقة
كهنة من عشيرة هارون (كثيرون)	عبرانيين ٦ : ١٩-٧ : ٢٥	كاهن على رتبة ملكي صادقي (واحد)

٧٧ مقتبس بتصرُّف من جون ماك آرثر، تفسير الكتاب المقدس، الطبعة الأولى (لبنان: دار منهل الحياة، ٢٠١٢)، ٢٢١.

٧٨ مقتبس بتصرُّف من جون ماك آرثر، تفسير الكتاب المقدس، الطبعة الأولى (لبنان: دار منهل الحياة، ٢٠١٢)، ٢٢٤.

الرسالة إلى العبرانيين	النصوص الكتابية	سفر اللاويين
كاهن بلا خطية	عبرانيين ٧: ٢٦-٢٧؛ ٩: ٧	كهنة خطاة
كاهن إلى الأبد	عبرانيين ٧: ١٦-١٧، ٢٣-٢٤	كهنة محدودون بالموت
ذبيحة واحدة نهائية	عبرانيين ٧: ٢٧؛ ٩: ١٢، ٢٥-٢٦؛ ١٠: ٩-١٠، ١٢	ذبائح يومية
ذبيحة ابن الله	عبرانيين ٩: ١١-١٥، ٢٦؛ ١٠: ٤-١٠، ١٩	ذبائح حيوانية
لم تعد هناك حاجة إلى ذبائح	عبرانيين ١٠: ١١-١٤، ١٨	ذبائح مستمرة
كفارة أبدية	عبرانيين ٧: ٢٥؛ ٩: ١٢، ١٥؛ ١٠: ١-٤، ١٢	كفارة سنوية

وكي نفهم جيدًا العلاقة بين نظام الذبائح في العهد القديم وشخص المسيَّا، علينا أن نفحص بتمعُّن وعن كثب العديد من النصوص المفتاحية. ومن أهم هذه النصوص: الأصحاح الثاني عشر من سفر الخروج (عيد الفصح)، والأصحاح السادس عشر من سفر اللاويين (يوم الكفارة)، وربما أهمها جميعًا هو نص إشعياء ٥٢: ١٣-٥٣: ١٢. ويمثِّل عيد الفصح ويوم الكفارة عيدين من الأعياد الدينية الرئيسية في التقويم الإسرائيلي، التي تشير جميعها إلى مفاهيم تتعلق بشخص المسيَّا وعمله (انظر الجدول ٤. ١٢).

الجدول ٤. ١٢: المسيح تتميمٌ لأعياد إسرائيل[٧٩]

الأعياد (لاويين ٢٣)	تتميم المسيح لها
الفصح (مارس/ إبريل)	موت المسيح (١ كورنثوس ٥: ٧)
الفَطير (مارس/ إبريل)	خلوُّ المسيح من الخطية (١ كورنثوس ٥: ٨)

٧٩ مقتبس بتصرُّف من جون ماك آرثر، تفسير الكتاب المقدس، الطبعة الأولى (لبنان: دار منهل الحياة، ٢٠١٢)، ٢٥٣.

الأعياد (لاويين ٢٣)	تتميم المسيح لها
الباكورة (مارس/ إبريل)	قيامة المسيح (١ كورنثوس ١٥: ٢٣)
الخمسين (مايو/ يونيو)	انسكاب روح المسيح (أعمال الرسل ١: ٥؛ ٢: ٤)
الأبواق (سبتمبر/ أكتوبر)	جمع المسيح لإسرائيل مجدَّدًا (متى ٢٤: ٣١)
الكفارة (سبتمبر/ أكتوبر)	ذبيحة المسيح البدلية (رومية ١١: ٢٦)
المظال (سبتمبر/ أكتوبر)	الراحة واجتماع الشمل مع المسيح من جديد (زكريا ١٤: ١٦-١٩)

الأصحاح الثاني عشر من سفر الخروج: عيد الفصح

في ختام الضربات التي سبقت خروج شعب إسرائيل من أرض مصر، أسَّس الله طقس الفصح، حيث كان خروف الفصح بمثابة ذبيحة بدلية عن أبكار بني إسرائيل. وفي خروج ١٢: ٣، أعطى الرب موسى تعليمات بخصوص ذبيحة خروف الفصح، قائلًا: «يَأْخُذُونَ لَهُمْ كُلُّ وَاحِدٍ شَاةً بِحَسَبِ بُيُوتِ الآبَاءِ، شَاةً لِلْبَيْتِ». ربما توحي كلمة «لِلْبَيْتِ» (أو «عن البيت») ضمنًا بفكرة البدلية. وفي حقيقة الأمر، يبدو أن هذه الذبيحة كانت تمنع عقوبة الموت عن الذين هم ضمن أهل البيت، ولا سيما الأبكار. ومع أن الخروف يشير بالفعل إلى فكرة البدلية، إلا أنَّ النص لم يُصرِّح بوضوح بأن الدم يكفِّر عن الخطية، أو يقدم تعويضًا عنها، بل أنه فقط يحمي أهل البيت، ويحفظهم من عقوبة زمنية.

في خروج ١٢: ١٢، قال الرب إنه سيوقع دينونة بينما هو مجتاز في أرض مصر، وإن الذين سيتبعون التعليمات من بني إسرائيل، ويضعون من دم الخروف المذبوح على قوائم أبواب بيوتهم سينجون من تلك الدينونة (خروج ١٢: ١٣، ٢٣، ٢٧). وقد نجا الإسرائيليون الطائعون بالفعل من الموت (خروج ١٢: ٣٠). لكن، ماذا فعل بنو إسرائيل من الأساس كي يستحقوا الموت؟ ولماذا كان من الممكن أن يتعرَّضوا للموت والدينونة نظير المصريين؟ يساعدنا نصَّان كتابيَّان على توضيح هذه المسألة. يبيِّن لنا خروج ١٢: ١٢ أن موت أبكار المصريين قد صنع أحكامًا بآلهة المصريين. ويخبرنا حزقيال ٢٠: ٤-١٠ (ولا سيما حزقيال ٢٠: ٧-٨) بأن بني إسرائيل عَبَدوا الأوثان حين كانوا في مصر، وهي حقيقة يؤكِّدها يشوع ٢٤: ١٤، «فَالآنَ اخْشَوْا الرَّبَّ وَاعْبُدُوهُ بِكَمَالٍ وَأَمَانَةٍ، وَانْزِعُوا الآلِهَةَ الَّذِينَ عَبَدَهُمْ آبَاؤُكُمْ فِي عِبْرِ النَّهْرِ وَفِي مِصْرَ، وَاعْبُدُوا الرَّبَّ». وفي حقيقة الأمر، تسبَّبت عبادة الإسرائيليين للأوثان في مصر في أن يستجيب الرب بغضبٍ، ويصب عليهم دينونة (حزقيال ٢٠: ٨). ومن ثَمَّ، كان بنو إسرائيل، نظير المصريين تمامًا، تحت حُكم الموت. قطعًا، كان ذلك بمثابة مفاجأة لبني إسرائيل، الذين شعروا بالطمأنينة والأمان وسط سلسلة الضربات التسعة السابقة، التي لم يقاسها إلا المصريون. غير أن بني

إسرائيل كانوا قد أخطأوا نظير المصريين تمامًا؛ ومن ثَمَّ، كشف الله في الضربة العاشرة خطايا شعبه، وكذلك التدبير الذي صنعه لأجل خلاصهم. وقد أثبتت أحكام يهوه بآلهة مصر أنه هو القادر وحده أن يخلِّص من الموت الذي هو عقوبة الخطية. ويخبرنا المزمور التاسع والأربعون بهذا الحق نفسه، لكنه يسلِّط الضوء على عجز الجنس البشري عن السعي بأنفسهم للحصول على هذا الخلاص العظيم، إذ أن الله وحده هو القادر على تدبير ثمن «الفدية» الذي يطالب به (مزمور ٤٩: ٧-٩، ١٥). قال ميريل (Merrill) في إشارة إلى مزمور ٤٩: ١٤-١٥، «هذه اللمحة عن الخلود، إن لم تكن عن القيامة، تمثِّل علامة بارزة في إعلان العهد القديم عن حالة الأبرار بعد الموت، وفي الحياة الأخرى».[٨٠]

وبتدبير الرب لذبيحة الفصح، أنقذ برحمته حياة بني إسرائيل المذنبين بواسطة دم الحيوانات التي قُدِّمت ذبائح، وحافظ في الآن ذاته على قداسته عن طريق الوفاء بوعده بعتق شعبه من أرض مصر (خروج ١٢: ١٢-١٣؛ انظر لاويين ٢٢: ٣٢-٣٣). قال ليون موريس (Leon Morris) إن «الرمز الواضح هنا هو أن موتًا قد حدث، وهذا الموت كان بديلًا عن موت الابن البكر».[٨١] وقد اتَّفق معه بروس والكي (Bruce Waltke)، واصفًا خروف الفصح بأنه «بَدَلي، واسترضائي أيضًا. فهو **يُبطِل** غضب الله على الشعب الخاطئ، لأنه **يسترضي** قداسة الله».[٨٢] مرة أخرى، يبدو واضحًا أن الغضب الإلهي على الخطاة مرتبطٌ بجانب العقوبة في البدلية العقابية. وقد أكَّد العهد الجديد الطبيعة البدلية لذبيحة الفصح: ففي ١ كورنثوس ٥: ٧، شبَّه بولس، على أقل تقدير، موت المسيح كذبيحة على الصليب بالطبيعة البدلية لخروف الفصح. ولا عجب أن يسوع قد صُلب في أثناء عيد الفصح (متى ٢٦: ٢).

الأصحاح السادس عشر من سفر اللاويين: يوم الكفارة

قدَّم ميريل أنجر (Merrill Unger) النظرة العامة التالية على الأسفار الثلاثة الأولى من التوراة، قائلًا: «إن سفر التكوين هو سفر البدايات، وسفر الخروج هو سفر الفداء، وسفر اللاويين هو سفر الكفارة والسلوك بالقداسة. فإننا نرى في سفر التكوين الإنسان محطَّمًا؛ ونراه في سفر الخروج مفديًّا؛ ونراه في سفر اللاويين مُطَهَّرًا، وعابدًا، وخادمًا».[٨٣] يتعدَّى سفر اللاويين كونه يتحدث فقط عن تطهير الخطاة، وإعدادهم للعبادة، لكنه يصف أيضًا كيف يمكن للبشر الخطاة أن يدخلوا إلى محضر الإله القدوس. ويتناول السفر علاقة الجنس البشري الروحية بالله عن طريق طقوس الذبائح، التي تُعَد ظلًّا وصورة مسبقة لموت المسيح الكفاري. يصف البعض سفر اللاويين بأنه أساس لاهوت العهد الجديد. فمن ناحية، يعلن موضوع القداسة في السفر الأخبار السيئة، التي مفادها أن قداسة الله لا يمكن أن تسمح للخطاة بالاقتراب منه، بينما يعرض السفر، من ناحية أخرى، الأخبار السارة، التي مفادها أن الله يدبِّر وسيلة لقبول الخطاة، ودخولهم إلى محضره، بواسطة الذبائح.

---

80 Merrill, *Everlasting Dominion*, 588.

81 Leon Morris, *The Apostolic Preaching of the Cross*, 3rd ed. (Grand Rapids, MI: Eerdmans, 1965), 117.

82 Bruce K. Waltke, *An Old Testament Theology: An Exegetical, Canonical, and Thematic Approach,* with Charles Yu (Grand Rapids, MI: Zondervan, 2007), 382.

83 Merrill F. Unger, *The New Unger's Bible Handbook*, rev. ed., rev. Gary N. Larson (Chicago: Moody Press, 1984), 85.

يفوق يوم الكفارة في أهميته سائر الذبائح والأعياد الأخرى، من حيث ارتباطه بعلاقة إسرائيل بيهوه. فإن الخلفية التاريخية لسفر اللاويين تكمُن في إيقاع الله دينونته على الكاهنَيْن ناداب وأبيهو (لاويين ١٠: ١-٢٠)، الأمر الذي كان تذكِرة مدوية وصارخة بقداسة الله، وتعارُضها مع حالة البشر الخاطئة. ومن ثَمَّ، شدَّد السفر على ضرورة وجود كفارة حتى لخطايا الكهنة أنفسهم. فإذا تنجَّس الكهنة، لن يتمكَّنوا من التوسُّط بين الشعب والله. ودون وسطاء، لن يتمكَّن بنو إسرائيل الخطاة من الاقتراب إلى محضر الله، ولن يظل حضور الله ساكنًا في وسطهم.

يرمز «تيس عزازيل» (لاويين ١٦: ٨-١٠) إلى إبعاد الخطية من أمام مجد الله الحال في وسط شعبه (انظر مزمور ١٠٣: ١٢؛ ميخا ٧: ١٩). لم يرد مصطلح «تيس عزازيل» (scapegoat، أو «كبش الفداء»، بحسب ترجمة ويليام تيندال للفظ العبري *'azazel*) مرة أخرى سواء في العهد القديم أو في العهد الجديد. وفي يوم الكفارة كان كلا التَّيْسين - تَيْس عزازيل، والتَّيْس الآخر - يمثلان معًا ذبيحة خطية (لاويين ١٦: ٥). يرى بعض المفسرين تلميحًا إلى تَيْس عزازيل في إشعياء ٥٣: ٦، وفي عبرانيين ١٣: ١٢.[٨٤] وعلى الأرجح، كانت كلمة «**عزازيل**» إشارة عامة إلى البرِّية التي كان التَّيْس يُطلق إليها. كذلك، يمكن تقديم حُجج جيدة تؤيد إمكانية فهم هذا اللفظ العبري بأنه يعني «رفع أو إزالة».[٨٥] وبغض النظر عن معنى هذا اللفظ، فهو لا يُغيِّر بشكل جوهريٍّ من طبيعة هذا الطقس.

كان وضع اليدين على رأس التَّيْس (لاويين ١٦: ٢١-٢٢) إشارة إلى نقل الخطايا من إسرائيل إلى التَّيْس الحي، الذي كان بمثابة بديلهم، المحكوم عليه بالموت في البرِّية، منعزلًا عن إسرائيل. كان تيس عزازيل هذا يحمل عليه «كُلَّ ذُنُوبِ» بني إسرائيل (لاويين ١٦: ٢٢). فضلًا عن ذلك، يبيِّن لاويين ١٦: ٢٤، ٢٩-٣٤ أن الطقس بأكمله يقدِّم كفارة عن خطايا الكهنة وكذلك عن خطايا الشعب. قال سنيث (Snaith)، في تعليق له على آراء المعلِّم اليهودي إشماعيل بن أليشع،[٨٦] إنه «في جميع حالات الخطايا التي ارتُكبت عمدًا، يكون يوم الكفارة مصحوبًا بتوبة حتى تُعلَّق العقوبة؛ ولكن لم يكن هذا الطقس بحد ذاته فعالًا حتى لهذا التعليق، فما بالك إذا تعلَّق الأمر بالتكفير».[٨٧] كان الرَّابي إشماعيل محقًّا من ناحية ما. فقد كتب بولس أن الله قدَّمَ يسوع المسيح «كَفَّارَةً بِالإِيمَانِ بِدَمِهِ، لإِظْهَارِ بِرِّهِ، مِنْ أَجْلِ الصَّفْحِ عَنِ الْخَطَايَا السَّالِفَةِ بِإِمْهَالِ اللهِ» (رومية ٣: ٢٥). كان يوم الكفارة، إذن، ظلًّا مسبقًا لذبيحة المسيَّا الكفارية بدمه. ومن ثَمَّ، إذ خطَّط الله أن يكون الأمر بهذه الطريقة (انظر عبرانيين ٩: ٢٦؛ ١ بطرس ١: ١٨-٢١؛ رؤيا ١٣: ٨)، أمكنه تعليق العقوبة، في ضوء رفعه لها بشكل نهائي وتام بواسطة كفارة المسيح الكاملة والتامة. وينطبق تعليق العقوبة الزمنية بالتساوي على كلٍّ من المؤمن وغير المؤمن في شعب إسرائيل، لأن «فترة الإمهال» أو «المهلة» تتعلق بمنح المزايا المؤقَّتة المختصة بالجانب العام أو غير المباشر للبدلية [remote substitution]، وليس بالتطبيق الدائم والتام للبدلية الخاصة أو المباشرة

84 E.g., Mark F. Rooker, *Leviticus*, NAC 3A (Nashville: Broadman, 2000), 221, 226.

85 Allen P. Ross, *Holiness to the Lord: A Guide to the Exposition of the Book of Leviticus* (Grand Rapids, MI: Baker Academic, 2002), 319.

٨٦ [المترجم]: إشماعيل بن أليشع هو أحد معلِّمي اليهود في القرن الثاني الميلادي.

87 Snaith, *Distinctive Ideas*, 68.

[intimate substitution]، بعد موت المسيح.[٨٨]

هل يشير طقس يوم الكفارة إلى الجانب العقابي من البدلية على نحو صريح أم على نحو ضمني؟ تعبِّر الكلمة العبرية التي تُترجَم إلى «فِدية» (*koper*) عن مفهوم «البدلية»، لأنها تصف الوسيلة التي بها يُنقل الشر أو الذنب، ومن ثَمَّ، يُمحَى. وقد جاء هذا اللفظ بهذا المعنى في الحالات التالية:

- شريعة تعداد الشعب، حيث تتلافى الفدية عقوبة الوبأ في حالة مخالفة هذا القانون (خروج ٣٠: ١٢-١٦)
- الشرائع المتعلِّقة بجرائم القتل، حيث يكون الموت هو عقوبة الجريمة (العدد ٣٥: ٣١-٣٣؛ تثنية ٢١: ١-٩)
- حفظ اللاويين لشعائر المسكن من أجل تلافي مجيء السخط، أو الوبأ، أو الموت على الجماعة (العدد ١: ٥٣؛ ٨: ١٩؛ ١٨: ٢٢-٢٣؛ قارن هذا مع قصة فينحاس في العدد ٢٥: ١١؛ مزمور ١٠٦: ٣٠-٣١)
- عجز بابل عن تقديم فدية عن نفسها لصدِّ الدينونة الإلهية (إشعياء ٤٧: ١١؛ انظر مزمور ٤٩: ٧-٩)
- الدلالة الكفارية لدم الذبيحة (لاويين ١٧: ١١)

ومن ثَمَّ، يرتبط استخدام اللفظ *koper* بمعنى «فِدية» بوضوح بكلٍّ من البدلية والعقاب.

كان يوم الكفارة يمثِّل الطقس المحوري في نظام الذبائح في سفر اللاويين. فهو يشدِّد، أكثر من أي طقس يهودي أخرى، على قداسة الله، وكذلك على شرِّ شعبه. فبالنسبة لإسرائيل، كان يوم الكفارة بمثابة تطهير رمزي لهم، حتى يتسنَّى لهم الاقتراب من يهوه لعبادته. ومن ثَمَّ، كان يوم الكفارة رمزًا للكفارة الحقيقية التي قدَّمها الرب يسوع المسيح (عبرانيين ٨-١٠). فقد كان الغرض الرئيسي من الرسالة إلى العبرانيين (انظر عبرانيين ٨: ١) متناقضًا بشكل مباشر مع الغرض الرئيسي من الناموس الموسوي (انظر عبرانيين ٩: ٨). باختصار، قدَّم يوم الكفارة **عفوًا** زمنيًّا ومؤقَّتًا عن خطايا الأمة، **وطهَّر** المسكن من التلوُّث الذي تسبَّبت فيه تلك الخطايا، **وأبعد** تلك الخطايا عن الجماعة، حتى يقبل الله عبادتهم. فهو لم يمثِّل قط الخلاص الشخصي، الذي لطالما كان بالإيمان وحده (رومية ٤: ١٣).

إشعياء ٥٢: ١٣-٥٣: ١٢، ذبيحة العبد المتألم

بالحقيقة، يُعَد هذا النص بمثابة الإنجيل الأول، الذي تلته الأناجيل الأربعة الأخرى في العهد الجديد. فهو يعلن، قبل مجيئه بسبعمئة سنة، عن حياة وعمل الذبيحة الكاملة الواحدة الوحيدة والحقيقية، الذي بالحقيقة رَفَعَ الخطايا. **أولًا**: تحدث إشعياء عن آلام عبد يهوه، الذي لم تكن أحزانه وأوجاعه تخصُّه، واصفًا هذه الآلامَ بأنها بدلية: «لكِنَّ أَحْزَانَنَا حَمَلَهَا، وَأَوْجَاعَنَا تَحَمَّلَهَا» (إشعياء ٥٣: ٤).

---

٨٨ [المترجم]: الجانب العام أو غير المباشر من البدلية هو ما معناه أن مزايا الكفارة يمكن أن تُعطَى لغير المؤمنين أو للطبيعة، أي أنهم يستفيدون من الكفارة بشكل غير مباشر، بينما المؤمنون فقط هم من يستفيدون من الخلاص الفعلي المقدَّم في الكفارة، وبهذا هي لهم بشكل مباشر.

وإن الصورة البدلية الواردة في إشعياء ٥٣: ٦ - «وَالرَّبُّ وَضَعَ عَلَيْهِ إِثْمَ جَمِيعِنَا» - مستَمَدَّة بشكل مباشر من الأصحاح السادس عشر من سفر اللاويين. وهناك صلة وثيقة للغاية بين العناصر النيابية لآلام المسيح في موته، والعناصر البدلية الموجودة في إشعياء ٥٢: ١٣-٥٣: ١٢. **ثانيًا**؛ تتضمن لغة الأصحاح الثالث والخمسين من سفر إشعياء بوضوح الجانب العقابي (انظر ٥٣: ٥، «مَجْرُوحٌ ...، مَسْحُوقٌ ...، تَأْدِيبُ ...، حُبُرِهِ». **ثالثًا**؛ تردِّد نصوص مفتاحية في العهد الجديد بوضوح صدى الأصحاح الثالث والخمسين من سفر إشعياء، مثل متى ٢٦: ٢٨، «لأَنَّ هذَا هُوَ دَمِي الَّذِي لِلْعَهْدِ الْجَدِيدِ الَّذِي يُسْفَكُ مِنْ أَجْلِ كَثِيرِينَ لِمَغْفِرَةِ الْخَطَايَا» (انظر أيضًا رومية ٨: ٣؛ غلاطية ١: ٤؛ عبرانيين ٥: ٣؛ ١٠: ٨، ١٨، ٢٦؛ ١٣: ١١؛ ١ بطرس ٣: ١٨؛ ١ يوحنا ٢: ٢؛ ٤: ١٠).

قاسى عبد يهوه طواعية عقوبةَ آثام «كثيرين». فلم يكن موته هذا اعتداءً من نوعٍ ما، أو فعلًا قهريًّا، لكنه هو الذي قرَّر، وقبل، وخضع طواعية لهذه الآلام. ويقدِّم لنا إشعياء ٥٣: ١٠ («إِنْ جَعَلَ نَفْسَهُ ذَبِيحَةَ إِثْمٍ»)، وإشعياء ٥٣: ١٢ («سَكَبَ لِلْمَوْتِ نَفْسَهُ») هذه الفكرة نفسها المتعلِّقة بذبيحة العبد الطوعية. ويخبرنا يوجين ميريل بأن هذا النبي فَهِمَ جيدًا معنى ما كان يكتبه:

> حين تأمَّل إشعياء النبي في شخص عبد الرب هذا، وفي الاختبار الذي اجتاز فيه، اتضح له أن هذا العبد كان يتألَّم نيابيًّا لأجلنا، أي لأجل إسرائيل، **وبالامتداد**، لأجل العالم بأسره (الآيات ٤-٦) ... لكن الشيء الذي يثير الذهول أكثر هو أن ما فعله العبد كان بحسب مشيئة الله الذي، بواسطة موت عبده ثم قيامته من الأموات (التي تُفهَم ضمنًا من الآيتين ١٠ ب - ١١ أ)، سيبرِّر الخطاة بناءً على الدور البدلي للعبد (الآية ١١ ب). ثم، أخيرًا، في التوقيت الذي يحدِّده الله، سيملك هذا العبد ظافرًا، بعد أن يكون قد أحرز الغلبة على الخطية والموت (الآية ١٢).[89]

وبالحقيقة، يستوفي عبد يهوه كافة المتطلبات والشروط اللازمة ليكون ذبيحة بدلية: (١) الاتحاد بالخطاة المدانين («مِنْ أَجْلِ ذَنْبِ شَعْبِي»، إشعياء ٥٣: ٨)، (٢) أن يكون بلا لوم، وخاليًا تمامًا من أية وصمة أو عيبٍ من شأنه أن يفسد ذبيحته («لَمْ يَعْمَلْ ظُلْمًا، وَلَمْ يَكُنْ فِي فَمِهِ غِشٌّ»، ٥٣: ٩؛ «عَبْدِي الْبَارُّ»، ٥٣: ١١)، (٣) أن يكون مقبولًا لدى يهوه («أَمَّا الرَّبُّ فَسُرَّ بِأَنْ يَسْحَقَهُ بِالْحَزَنِ»، ٥٣: ١٠).

في طقس يوم الكفارة، كان ينبغي ألا يُقدَّم تَيْس عزازيل ذبيحة، لأنه كان يحمل خطايا شعب إسرائيل، الأمر الذي يجعله نجسًا. فلو كان عبد الرب هذا مجرَّد إنسان (إشعياء نفسه أو حتى أمة إسرائيل)، لظهرت المشكلة نفسها. وهذا هو أحد الأسباب التي تمنع البشر الخطاة من أن يكونوا فدية أو ثمن كفارة عن أي إنسان آخر (انظر مزمور ٤٩: ٧-٩). ومن ثَمَّ، يُحتِّم ذلك أن يكون عبد يهوه الذي يتحدث عنه الأصحاح الثالث والخمسون من سفر إشعياء شخصًا لا يمكن أن يُدنَّس أو يلوَّث، حتى وإن حمل خطايا كثيرين. بمعنى آخر، لا بد أن يكون هذا الشخص أقنومًا في اللاهوت. ويتطابق موت المسيح مع طقس تَيْس عزازيل لأن يسوع (١) حَمَلَ خطايا البشر (٢ كورنثوس ٥: ٢١؛ انظر غلاطية ٣:

89 Merrill, *Everlasting Dominion*, 514.

١٣؛ عبرانيين ٩: ٢٨؛ ١ بطرس ٢: ٢٤)، و(٢) مات خارج المحلة (عبرانيين ١٣: ١٢؛ انظر متى ٢١: ٣٩؛ لوقا ٢٠: ١٥؛ يوحنا ١٩: ١٧).

من الجدير بالذكر أيضًا أن عبارة «مِنَ الضُّغْطَةِ وَمِنَ الدَّيْنُونَةِ» (أو «من الحُكم»، إشعياء ٥٣: ٨) تشير إلى الجانب القضائي في العقوبة التي قاساها العبد. اختلفت الترجمات معًا على طريقة ترجمة الجملة التالية: «إِنْ جَعَلَ نَفْسَهُ ذَبِيحَةَ إِثْمٍ» (٥٣: ١٠)، والتي تقول إن عبد الرب قد صار ذبيحة إثم، أي ذبيحة تحمل الخطايا، وتَحتَسب البرَّ. لكن، لماذا وصف النبي ذبيحة عبد يهوه بأنها ذبيحة إثم (*asham*') بصفة خاصة؟ ربما يشير هذا اللفظ بوجه عام إلى أية ذبيحة عن الخطايا؛ لكن، فرَّق ديفيد بارون (David Baron) بين ذبيحة الإثم وذبيحة الخطية كالتالي: «في حين كانت ذبيحة الخطية تتعلق بالحالة الخاطئة لمقدِّم الذبيحة، كان الغرض من ذبيحة الإثم هو مواجهة **التعدِّيات الفعلية**، التي هي نتاج الحالة الخاطئة. فقد كانت ذبيحة الخطية تقدِّم كفارة أو استرضاءً [propitiation]، في حين كانت ذبيحة الإثم تقدِّم ترضية [satisfaction]».[٩٠] وتشير الترضية إلى حقيقة تسديد المسيح لكلِّ دَيْن الخطية الذي كان المختارون مدينين به إلى الله. كذلك، كانت ذبيحة الإثم تشمل كلًّا من خطايا السهو (لاويين ٥: ١٥-١٩)، وخطايا العمد (كالسرقة أو الاحتيال، لاويين ٦: ١-٥؛ ١٩: ٢٠-٢٢). وبما أن غالبية الذبائح كانت تتولَّى فقط أمر خطايا السهو، فلابد لأية ذبيحة كفارية فعَّالة تمامًا أن تتجاوز هذا النطاق، وأن تقدِّم كفارة تعويضية عن الخطايا العمد. يجيب هذا عن السؤال السابق بشأن إمكانية وجود ذبيحة عن خطايا العمد. أجل، تتولى ذبيحة العبد الكاملة أمر الخطايا العمد، وتقدِّم غفرانًا للتمرُّد المتعمَّد أو المخطَّط له مسبقًا. علاوة على ذلك، لا تؤدِّي ذبيحة الإثم دور التطهير، لكنها تقدِّس، أي تعيد تكريس إسرائيل كأمة مقدسة، وترد الشعب إلى الأرض وإلى إلههم. تستوفي ذبيحة الإثم الكاملة التي قدَّمها العبد هذه المتطلبات، التي لم يستطع النظام اللاوي أن يستوفيها.

قدَّم موتير (Motyer) ملخَّصًا للآية ١١ من الأصحاح الثالث والخمسين من سفر إشعياء، عن طريق لفت الانتباه إلى ستة عناصر منفصلة في العمل الكفاري لعبد يهوه:

> يُعَد نص إشعياء ٥٣: ١١ واحدًا من أكثر التصريحات تفصيلًا على الإطلاق بشأن لاهوت الكفارة، وهو يعرض العناصر التالية: (١) يعرف هذا العبد المتطلبات التي ينبغي أن يستوفيها، وما ينبغي أن يُعمل، (٢) وبصفته «عَبْدِي الْبَارّ»، فهو مقبول تمامًا أمام ذلك الإله نفسه الذي أساءت إليه خطايانا، وفي الآن ذاته، هذا الإله نفسه هو الذي عيَّنه لأداء هذه المهمة، (٣) كونه بارًّا، فهو خالٍ تمامًا من أية عدوى من خطايانا، (٤) هو قد ربط نفسه بشكل شخصي بخطايانا واحتياجاتنا، (٥) يؤكِّد ضمير التوكيد «**هو**» على الالتزام الشخصي من هذا العبد بأداء هذا الدور، (٦) ينفِّذ هذا العبد مهمته على أكمل وجه؛ من الناحية السلبية، عن طريق حمل الآثام؛ ومن الناحية الإيجابية، عن طريق توفير البر.[٩١]

90 David Baron, *The Servant of Jehovah: The Sufferings of the Messiah and the Glory That Should Follow* (1920; repr., Minneapolis: James Family, 1978), 121.

91 J. Alec Motyer, *The Prophecy of Isaiah: An Introduction and Commentary* (Downers Grove, IL: InterVarsity Press, 1993), 442.

لـذا، ينبغـي ألا يسـاورنا أدنـى شـك فـي أن ذبيحـة هـذا العبـد كانـت نيابيـة وبدليـة (أي بدليـة عقابيـة، بمعنـى أنـه حمـل عقوبـة الخطايـا). فقـد كانـت ذبيحتـه هـي الذبيحـة الحقيقيـة الوحيـدة والمرضيـة التـي قُدِّمـت إلـى اللـه.

أدرك كُتَّاب العهد الجديد القصد الواضح للنبي، ووجدوا في هذا النص كافة الأسباب التي تدعوهم إلـى اعتبـاره نبـوة مسـيَّانية مباشـرة. لاحظ جيدًا أوجـه الشـبه الموجودة بـين نـص العبـد فـي سـفر إشـعياء، و، علـى سـبيل المثـال علـى الحصـر، نـص مرقـس ١٠: ٤٣-٤٥. فـإن عبـد يهـوه المتألـم (إشـعياء ٥٢: ١٣) هـو «لِلْجَمِيعِ عَبْدًا» (مرقس ١٠: ٤٤؛ راجـع إشـعياء ٥٣: ٦، «جَمِيعُنَـا»)؛ وهـو «عَظِيم» (مرقس ١٠: ٤٣)، لأنـه «يَتَعَالَـى وَيَرْتَقِـي وَيَتَسَـامَى جِـدًّا» (إشـعياء ٥٢: ١٣)؛ وبصفتـه «عبـدًا»، هـو قـد جَعَـلَ نَفْسَـهُ ذَبِيحَـةَ إِثْـمٍ (إشـعياء ٥٣: ١٠)، ذلـك التعبيـر المكافـئ تمامًـا لعبـارة «لِيَبْذِلَ نَفْسَـهُ فِدْيَـةً» (مرقـس ١٠: ٤٥). فـإن ذبيحـة الإثـم أو الفديـة التـي قدَّمهـا العبـد فاقـت بقيـة الذبائـح، إذ كانـت قـادرة علـى سـتر الخطايـا العمـد والسـهو علـى حـد سـواء، عوضًـا عـن «كثيريـن» (مرقـس ١٠: ٤٥؛ إشـعياء ٥٢: ١٤-١٥؛ ٥٣: ١٢).

حقَّقـت كفـارة المسـيح الخـلاص للمختاريـن. فـإن يسـوع المسـيح هـو المخلِّـص، «وَلَيْـسَ بِأَحَـدٍ غَيْـرِهِ الْخَـلاَصُ. لأَنْ لَيْسَ اسْمٌ آخَرُ تَحْتَ السَّمَاءِ، قَدْ أُعْطِيَ بَيْنَ النَّاسِ، بِهِ يَنْبَغِي أَنْ نَخْلُصَ» (أعمـال الرسـل ٤: ١٢؛ انظـر ٢ تيموثـاوس ١: ١٠؛ تيطـس ٢: ١٣). كمـا أن دمـه يطهِّـر مـن الخطيـة (عبرانيـين ١٣: ١٢؛ ١ يوحنـا ١: ٧). وهـو أيضًـا وسـيط العهـد الجديـد (عبرانيـين ١٢: ٢٤). ولأنـه هـو المخلِّص، فهـو أيضًـا يهـب حيـاة للمؤمنـين فـي الوقـت الحاضـر (٢ كورنثـوس ٤: ١٠؛ ٢ تيموثـاوس ١: ١). كذلـك، هـو النمـوذج لقيامـة المؤمنـين المسـتقبلية (٢ كورنثـوس ٤: ١٤؛ ١ تسـالونيكي ٤: ١٤). وإن المسـيح، بعملـه الكفـاري، هـو الراعـي الـذي يتيـح للمؤمنـين صنـع أعمـال صالحـة (عبرانيـين ١٣: ٢٠-٢١)؛ وهـو الـذي فيـه وُضعـت الكنيسـة، وفيـه تتبـارك (أفسـس ٢: ١٣).

➡ القيامة والصعود

دون قيامـة المسـيح، يخفـق موتُـه كذبيحـة فـي تدبيـر أسـاس الخـلاص مـن الخطيـة (١ كورنثـوس ١٥: ١٣-١٩). ومـن ثَـمَّ، ينبغـي ألا تُختتَـم أيـة دراسـة للتعليـم الكتابـي عـن عمـل المسـيح بموتـه الكفـاري.

- إعلان العهد القديم عن قيامة المسيح

بمـا أن كلًّا مـن يسـوع وكُتَّـاب العهـد الجديـد قـد صرَّحـوا بـأن أنبيـاء العهـد القـديم قـد أعلنـوا بالفعـل الحقائـق المهمـة المختصـة بالمسـيح (لوقـا ٢٤: ٢٥-٢٧، ٤٤-٤٧؛ أعمـال الرسـل ٢: ٢٥-٣٢؛ ١ كورنثـوس ١٥: ٣-٤)، فثمـة أهميـة، إذن، أن نتنـاول الأدلـة النصِّيـة التـي تؤيِّـد ادعاءهـم هـذا. ومـن بـين العوامـل التـي تشـكِّل تحديًـا أمـام العثـور علـى نصـوص عـن قيامـة المسـيح فـي العهـد القـديم هـو الكيفيـة التـي يميـل بهـا كُتَّـاب العهـد الجديـد إلـى الإشـارة إلـى القيامـة بصـورة غيـر مباشـرة، متحدِّثـين عـن «مجـده». علـى سـبيل المثـال، قـال بطـرس إن أنبيـاء العهـد القـديم كانـوا «بَاحِثِينَ أَيُّ وَقْتٍ أَوْ مَـا الْوَقْـتُ الَّـذِي كَانَ يَـدِلُّ عَلَيْـهِ رُوحُ الْمَسِيحِ الَّـذِي فِيهِمْ، إِذْ سَـبَقَ فَشَـهِدَ بِـالآلاَمِ الَّتِـي لِلْمَسِيحِ، وَالأَمْجَـادِ الَّتِـي بَعْدَهَـا» (١ بطـرس ١: ١١). ففـي غالبيـة

الأحيان، ارتبط ظهور مجد يسوع بمجيئه الثاني، وليس بقيامته. لكن، دون قيامة من الأموات، لا يمكن للمسيح المصلوب أن يأتي ثانية في مجده: «أَمَا كَانَ يَنْبَغِي أَنَّ الْمَسِيحَ يَتَأَلَّمُ بِهذَا وَيَدْخُلُ إِلَى مَجْدِهِ؟» (لوقا ٢٤ : ٢٦؛ انظر أيضًا متى ١٦ : ٢٧؛ ٢٤ : ٣٠؛ ٢٥ : ٣١؛ مرقس ١٠ : ٣٧؛ لوقا ٩ : ٢٦؛ يوحنا ١٧ : ٥).

كذلك، ربط الرسول بولس قيامة يسوع بالمجد الإلهي: «حَتَّى كَمَا أُقِيمَ الْمَسِيحُ مِنَ الأَمْوَاتِ، بِمَجْدِ الآبِ» (رومية ٦ : ٤)، الشيء الذي يوضِّح بدرجة أكبر الصلة بين المجد والقيامة في أذهان كلٍّ من الأنبياء والرسل. وفي حقيقة الأمر، استخدم بولس تشبيهًا متعلِّقًا بالمجد في أطروحته عن القيامة، التي وردت في ١ كورنثوس ١٥ : ٤٠-٤١، قائلًا: «وَأَجْسَامٌ سَمَاوِيَّةٌ، وَأَجْسَامٌ أَرْضِيَّةٌ. لكِنَّ مَجْدَ السَّمَاوِيَّاتِ شَيْءٌ، وَمَجْدَ الأَرْضِيَّاتِ آخَرُ. مَجْدُ الشَّمْسِ شَيْءٌ، وَمَجْدُ الْقَمَرِ آخَرُ، وَمَجْدُ النُّجُومِ آخَرُ. لأَنَّ نَجْمًا يَمْتَازُ عَنْ نَجْمٍ فِي الْمَجْدِ». كما قال إن جسد القيامة «يُقَامُ فِي مَجْدٍ» (١كورنثوس ١٥ : ٤٣)، وإن قيامة المؤمن تشترك في هذا المجد عينه: «مَتَى أُظْهِرَ الْمَسِيحُ حَيَاتُنَا، فَحِينَئِذٍ تُظْهَرُونَ أَنْتُمْ أَيْضًا مَعَهُ فِي الْمَجْدِ» (كولوسِّي ٣ : ٤).

من أجل ذلك، عند بحث القارئ عن إشارات في العهد القديم إلى قيامة المسيَّا من الأموات، عليه أن ينتبه جيدًا للإشارات المرتبطة بمجده. على سبيل المثال، يتحدث المزمور الرابع والعشرون عن المسيَّا باعتباره «مَلِكُ الْمَجْدِ» (٢٤ : ٧-١٠)، حين يأتي ليملك في أورشليم. ففي ذلك الوقت، «يَخْجَلُ الْقَمَرُ وَتُخْزَى الشَّمْسُ، لأَنَّ رَبَّ الْجُنُودِ قَدْ مَلَكَ فِي جَبَلِ صِهْيَوْنَ وَفِي أُورُشَلِيمَ، وَقُدَّامَ شُيُوخِهِ مَجْدٌ» (إشعياء ٢٤ : ٢٣).

ووفقًا لسفر حزقيال، غادر مجد يهوه الهيكل والمدينة، واستقر لفترة وجيزة فوق الجبل شرقي المدينة: «وَصَعِدَ مَجْدُ الرَّبِّ مِنْ عَلَى وَسْطِ الْمَدِينَةِ وَوَقَفَ عَلَى الْجَبَلِ الَّذِي عَلَى شَرْقِيِّ الْمَدِينَةِ» (حزقيال ١١ : ٢٣). وفي أيام هيكل الملك الألفي المستقبلي، سيأتي مجد يهوه مجدَّدًا إلى الهيكل من هذه الجهة نفسها، أي من الشرق:

> «وَإِذَا بِمَجْدِ إِلهِ إِسْرَائِيلَ جَاءَ مِنْ طَرِيقِ الشَّرْقِ وَصَوْتُهُ كَصَوْتِ مِيَاهٍ كَثِيرَةٍ، وَالأَرْضُ أَضَاءَتْ مِنْ مَجْدِهِ. وَالْمَنْظَرُ كَالْمَنْظَرِ الَّذِي رَأَيْتُهُ لَمَّا جِئْتُ لأُخْرِبَ الْمَدِينَةَ، وَالْمَنَاظِرُ كَالْمَنْظَرِ الَّذِي رَأَيْتُ عِنْدَ نَهْرِ خَابُورَ، فَخَرَرْتُ عَلَى وَجْهِي. فَجَاءَ مَجْدُ الرَّبِّ إِلَى الْبَيْتِ مِنْ طَرِيقِ الْبَابِ الْمُتَّجِهِ نَحْوَ الشَّرْقِ. فَحَمَلَنِي رُوحٌ وَأَتَى بِي إِلَى الدَّارِ الدَّاخِلِيَّةِ، وَإِذَا بِمَجْدِ الرَّبِّ قَدْ مَلأَ الْبَيْتَ» (حزقيال ٤٣ : ٢-٥)

وقد ألقى زكريا بالضوء على هذه النبوة قائلًا إن جبل الزيتون هو ذلك الجبل الواقع شرقي المدينة، وإن المسيَّا هو ذلك الحامل للمجد الإلهي: «وَتَقِفُ قَدَمَاهُ فِي ذلِكَ الْيَوْمِ عَلَى جَبَلِ الزَّيْتُونِ الَّذِي قُدَّامَ أُورُشَلِيمَ مِنَ الشَّرْقِ، فَيَنْشَقُّ جَبَلُ الزَّيْتُونِ مِنْ وَسَطِهِ نَحْوَ الشَّرْقِ وَنَحْوَ الْغَرْبِ وَادِيًا عَظِيمًا جِدًّا، وَيَنْتَقِلُ نِصْفُ الْجَبَلِ نَحْوَ الشِّمَالِ، وَنِصْفُهُ نَحْوَ الْجَنُوبِ» (زكريا ١٤ : ٤). يتطابق ذلك تمامًا مع التصريح الذي أدلى به الملائكة عند صعود يسوع إلى السماء من فوق جبل الزيتون، بعد قيامته من

بين الأموات: «أَيُّهَا الرِّجَالُ الْجَلِيلِيُّونَ، مَا بَالُكُمْ وَاقِفِينَ تَنْظُرُونَ إِلَى السَّمَاءِ؟ إِنَّ يَسُوعَ هذَا الَّذِي ارْتَفَعَ عَنْكُمْ إِلَى السَّمَاءِ سَيَأْتِي هكَذَا كَمَا رَأَيْتُمُوهُ مُنْطَلِقًا إِلَى السَّمَاءِ» (أعمال الرسل ١: ١١).

ترد العديد من الإشارات في العهد القديم إلى قيامة المسيَّا في سفر أيوب وسفر المزامير. يقول النص الشهير لسفر أيوب ما يلي:

«أَمَّا أَنَا فَقَدْ عَلِمْتُ أَنَّ وَلِيِّي حَيٌّ،
وَالآخِرَ عَلَى الأَرْضِ يَقُومُ،
وَبَعْدَ أَنْ يُفْنَى جِلْدِي هذَا،
وَبِدُونِ جَسَدِي أَرَى اللهَ.
الَّذِي أَرَاهُ أَنَا لِنَفْسِي،
وَعَيْنَايَ تَنْظُرَانِ وَلَيْسَ آخَرُ» (أيوب ١٩: ٢٥-٢٧)

بما أن أيوب تكلَّم هنا عن رؤية وَلِيِّه (فاديه) بعد موته (الشيء الذي يُفهَم ضمنًا من تعبير فناء الجلد)؛ وبما أنه سيراه قائمًا على الأرض، فلا بد أن التوقيت الذي يوحي به هذا النص ضمنًا سيكون بعد المجيء الثاني للمسيَّا.

ونقرأ نصًّا مهمًّا آخر في مزمور ١٦: ١٠،

«لأَنَّكَ لَنْ تَتْرُكَ نَفْسِي فِي الْهَاوِيَةِ.
لَنْ تَدَعَ تَقِيَّكَ يَرَى فَسَادًا».

ناقش كلٌّ من بطرس وبولس لاحقًا هذا النص. ففي أعمال الرسل ٢: ٢٢-٣١، قال بطرس:

«أَيُّهَا الرِّجَالُ الإِسْرَائِيلِيُّونَ اسْمَعُوا هذِهِ الأَقْوَالَ: يَسُوعُ النَّاصِرِيُّ رَجُلٌ قَدْ تَبَرْهَنَ لَكُمْ مِنْ قِبَلِ اللهِ بِقُوَّاتٍ وَعَجَائِبَ وَآيَاتٍ صَنَعَهَا اللهُ بِيَدِهِ فِي وَسْطِكُمْ، كَمَا أَنْتُمْ أَيْضًا تَعْلَمُونَ. هذَا أَخَذْتُمُوهُ مُسَلَّمًا بِمَشُورَةِ اللهِ الْمَحْتُومَةِ وَعِلْمِهِ السَّابِقِ، وَبِأَيْدِي أَثَمَةٍ صَلَبْتُمُوهُ وَقَتَلْتُمُوهُ. اَلَّذِي أَقَامَهُ اللهُ نَاقِضًا أَوْجَاعَ الْمَوْتِ، إِذْ لَمْ يَكُنْ مُمْكِنًا أَنْ يُمْسَكَ مِنْهُ. لأَنَّ دَاوُدَ يَقُولُ فِيهِ:

«كُنْتُ أَرَى الرَّبَّ أَمَامِي فِي كُلِّ حِينٍ،
أَنَّهُ عَنْ يَمِينِي، لِكَيْ لاَ أَتَزَعْزَعَ.
لِذلِكَ سُرَّ قَلْبِي وَتَهَلَّلَ لِسَانِي.
حَتَّى جَسَدِي أَيْضًا سَيَسْكُنُ عَلَى رَجَاءٍ.
لأَنَّكَ لَنْ تَتْرُكَ نَفْسِي فِي الْهَاوِيَةِ
وَلاَ تَدَعَ قُدُّوسَكَ يَرَى فَسَادًا.
عَرَّفْتَنِي سُبُلَ الْحَيَاةِ وَسَتَمْلأُنِي سُرُورًا مَعَ وَجْهِكَ».

أَيُّهَا الرِّجَالُ الإِخْوَةُ، يَسُوغُ أَنْ يُقَالَ لَكُمْ جِهَارًا عَنْ رَئِيسِ الآبَاءِ دَاوُدَ إِنَّهُ مَاتَ

وَدُفِنَ، وَقَبْرُهُ عِنْدَنَا حَتَّى هذَا الْيَوْمِ. فَإِذْ كَانَ نَبِيًّا، وَعَلِمَ أَنَّ اللهَ حَلَفَ لَهُ بِقَسَمٍ أَنَّهُ مِنْ ثَمَرَةِ صُلْبِهِ يُقِيمُ الْمَسِيحَ حَسَبَ الْجَسَدِ لِيَجْلِسَ عَلَى كُرْسِيِّهِ، سَبَقَ فَرَأَى وَتَكَلَّمَ عَنْ قِيَامَةِ الْمَسِيحِ، أَنَّهُ لَمْ تُتْرَكْ نَفْسُهُ فِي الْهَاوِيَةِ وَلاَ رَأَى جَسَدُهُ فَسَادًا».

كذلك، عند تناوُل بولس لنص مزمور ١٦ : ١٠، قدَّم الشرح التالي (أعمال الرسل ١٣ : ٣٤-٣٧)،

إِنَّهُ أَقَامَهُ مِنَ الأَمْوَاتِ، غَيْرَ عَتِيدٍ أَنْ يَعُودَ أَيْضًا إِلَى فَسَادٍ، فَهكَذَا قَالَ:
«إِنِّي سَأُعْطِيكُمْ مَرَاحِمَ دَاوُدَ الصَّادِقَةَ»
وَلِذلِكَ قَالَ أَيْضًا فِي مَزْمُورٍ آخَرَ:
«لَنْ تَدَعَ قُدُّوسَكَ يَرَى فَسَادًا»
لأَنَّ دَاوُدَ بَعْدَ مَا خَدَمَ جِيلَهُ بِمَشُورَةِ اللهِ، رَقَدَ وَانْضَمَّ إِلَى آبَائِهِ، وَرَأَى فَسَادًا. وَأَمَّا الَّذِي أَقَامَهُ اللهُ فَلَمْ يَرَ فَسَادًا.

إذن، وفقًا لكلمات بولس، كانت قيامة المسيح من الأموات شرطًا مسبقًا أساسيًّا لجلوسه يومًا ما على كرسي داود على الأرض.

فضلًا عن ذلك، اقتبس بطرس نص مزمور ١١٠ : ١ مباشرة بعد تفسيره لنص مزمور ١٦ : ١٠، قائلًا:

«فَيَسُوعُ هذَا أَقَامَهُ اللهُ، وَنَحْنُ جَمِيعًا شُهُودٌ لِذلِكَ. وَإِذِ ارْتَفَعَ بِيَمِينِ اللهِ، وَأَخَذَ مَوْعِدَ الرُّوحِ الْقُدُسِ مِنَ الآبِ، سَكَبَ هذَا الَّذِي أَنْتُمُ الآنَ تُبْصِرُونَهُ وَتَسْمَعُونَهُ. لأَنَّ دَاوُدَ لَمْ يَصْعَدْ إِلَى السَّمَاوَاتِ. وَهُوَ نَفْسُهُ يَقُولُ:
«قَالَ الرَّبُّ لِرَبِّي:
اجْلِسْ عَنْ يَمِينِي
حَتَّى أَضَعَ أَعْدَاءَكَ مَوْطِئًا لِقَدَمَيْكَ» (أعمال الرسل ٢ : ٣٢-٣٥)

بمعنى آخر، تبرهن حقيقة جلوس المسيَّا عن يمين الآب على أنه قام من الأموات. ويسلِّم ارتفاعُه (المعادل لمجده) بأنه لم يَعُد في القبر. وبما أن داود ليس جالسًا عن يمين الآب، بدا من البديهي لبطرس إذن أن داود لم يكن يتحدث في هذا النص عن نفسه، بل عن نسله الذي سيأتي في المستقبل، أي ابن داود الأعظم. كان يسوع قد استخدم مزمور ١١٠ : ١ في وقت سابق حتى يُظهِر للفريسيين أنه بالحقيقة هو الرب (متى ٢٢ : ٤١-٤٦). ومن ثَمَّ، كان بطرس فقط ينقل ما علَّم به يسوع قبلًا.

- ## تاريخ قيامة المسيح في العهد الجديد

تنبأ يسوع نفسه عن قيامته من الأموات:

«وَفِيمَا هُمْ نَازِلُونَ مِنَ الْجَبَلِ أَوْصَاهُمْ يَسُوعُ قَائِلاً: ‹لاَ تُعْلِمُوا أَحَدًا بِمَا رَأَيْتُمْ حَتَّى يَقُومَ ابْنُ الإِنْسَانِ مِنَ الأَمْوَاتِ›» (متى ١٧ : ٩)

«وَأَخَذَ الاثْنَيْ عَشَرَ وَقَالَ لَهُمْ: ‹هَا نَحْنُ صَاعِدُونَ إِلَى أُورُشَلِيمَ، وَسَيَتِمُّ كُلُّ مَا هُوَ مَكْتُوبٌ بِالأَنْبِيَاءِ عَنِ ابْنِ الإِنْسَانِ، لأَنَّهُ يُسَلَّمُ إِلَى الأُمَمِ، وَيُسْتَهْزَأُ بِهِ، وَيُشْتَمُ وَيُتْفَلُ عَلَيْهِ، وَيَجْلِدُونَهُ، وَيَقْتُلُونَهُ، وَفِي الْيَوْمِ الثَّالِثِ يَقُومُ›» (لوقا ١٨: ٣١-٣٣)

«أَجَابَ يَسُوعُ وَقَالَ لَهُمْ: «انْقُضُوا هذَا الْهَيْكَلَ، وَفِي ثَلاَثَةِ أَيَّامٍ أُقِيمُهُ». فَقَالَ الْيَهُودُ: «فِي سِتٍّ وَأَرْبَعِينَ سَنَةً بُنِيَ هذَا الْهَيْكَلُ، أَفَأَنْتَ فِي ثَلاَثَةِ أَيَّامٍ تُقِيمُهُ؟» وَأَمَّا هُوَ فَكَانَ يَقُولُ عَنْ هَيْكَلِ جَسَدِهِ. فَلَمَّا قَامَ مِنَ الأَمْوَاتِ، تَذَكَّرَ تَلاَمِيذُهُ أَنَّهُ قَالَ هذَا، فَآمَنُوا بِالْكِتَابِ وَالْكَلاَمِ الَّذِي قَالَهُ يَسُوعُ» (يوحنا ٢: ١٩-٢٢)

وقد اتَّفق كُتَّاب الأناجيل الأربعة جميعهم معًا في روايتهم لأحداث قيامة يسوع من الأموات في أول أيام الأسبوع (متى ٢٨: ١-١٠؛ مرقس ١٦: ١-١١؛ لوقا ٢٤: ١-١٢؛ يوحنا ٢٠: ١-١٠). ويعرض لنا الجدول التالي ظهورات يسوع بعد قيامته.

الجدول ٤. ١٣: ظهورات المسيح بعد قيامته من الأموات

الظهور	متى	مرقس	لوقا	يوحنا	أعمال الرسل	كورنثوس الأولى
لمريم المجدلية عند القبر		١٦: ٩-١١		٢٠: ١١-١٨		
للنساء الأُخَر في الطريق	٢٨: ٩-١٠		٢٤: ٩-١١			
لتلميذين مسافرَيْن إلى عمواس		١٦: ١٢-١٣	٢٤: ١٣-٣٢			
لبطرس			٢٤: ٣٤			١٥: ٥أ
للتلاميذ العشرة المجتمعين			٢٤: ٣٦-٤٣	٢٠: ١٩-٢٥		

الظهور	متى	مرقس	لوقا	يوحنا	أعمال الرسل	كورنثوس الأولى
للأحد عشر تلاميذًا المجتمعين		١٦: ١٤		٢٠: ٢٦-٣١		١٥: ٥ ب
للتلاميذ السبعة وهم يصطادون				٢١: ١-٢٣		
للأحد عشر تلميذًا في الجليل	٢٨: ١٦-٢٠	١٦: ١٥-١٨				
لأكثر من خمسمئة شخص						١٥: ٦
ليعقوب أخيه						١٥: ٧أ
لجميع الرسل			٢٤: ٤٤-٤٩		١: ٤-٨	١٥: ٧ ب
لجميع التلاميذ عند صعوده		١٦: ١٩	٢٤: ٥٠-٥٣		١: ٤-١١	
لبولس في الطريق إلى دمشق					٩: ١-٦؛ ١٨: ٩-١٠؛ ٢٢: ٦-١١؛ ٢٦: ١٢-١٨	١٥: ٨
لبولس وهو مسجون في أورشليم					٢٣: ١١	

• تعليم العهد الجديد عن قيامة المسيح من الأموات

عندما قام يسوع من الأموات، اختبر قيامة بالجسد، الشيء الذي يفترض ضمنًا ناسوته الكامل. وقد سمح له جسد قيامته هذا بهضم الطعام: «وَبَيْنَمَا هُمْ غَيْرُ مُصَدِّقِينَ مِنَ الْفَرَحِ، وَمُتَعَجِّبُونَ، قَالَ لَهُمْ: «أَعِنْدَكُمْ ههُنَا طَعَامٌ؟» فَنَاوَلُوهُ جُزْءًا مِنْ سَمَكٍ مَشْوِيٍّ، وَشَيْئًا مِنْ شَهْدِ عَسَلٍ. فَأَخَذَ وَأَكَلَ قُدَّامَهُمْ» (لوقا ٢٤ : ٤١-٤٣؛ انظر أعمال الرسل ١٠ : ٤١). كذلك، كان بمقدور بشر آخرين لا يزالون في أجسادهم الفانية لمس جسد يسوع هذا: «إِذَا يَسُوعُ لاَقَاهُمَا وَقَالَ: «سَلاَمٌ لَكُمَا». فَتَقَدَّمَتَا وَأَمْسَكَتَا بِقَدَمَيْهِ وَسَجَدَتَا لَهُ» (متى ٢٨ : ٩؛ انظر لوقا ٢٤ : ٣٨-٤٠؛ يوحنا ٢٠ : ١٧). وقد ظلت جراح يسوع من جراء الصَّلب باقية وظاهرة في جسده المُقام، حسبما شهد توما، التلميذ المرتاب:

> «فَقَالَ لَهُ التَّلاَمِيذُ الآخَرُونَ: «قَدْ رَأَيْنَا الرَّبَّ!». فَقَالَ لَهُمْ: «إِنْ لَمْ أُبْصِرْ فِي يَدَيْهِ أَثَرَ الْمَسَامِيرِ، وَأَضَعْ إِصْبِعِي فِي أَثَرِ الْمَسَامِيرِ، وَأَضَعْ يَدِي فِي جَنْبِهِ، لاَ أُومِنْ». وَبَعْدَ ثَمَانِيَةِ أَيَّامٍ كَانَ تَلاَمِيذُهُ أَيْضًا دَاخِلاً وَتُومَا مَعَهُمْ. فَجَاءَ يَسُوعُ وَالأَبْوَابُ مُغَلَّقَةٌ، وَوَقَفَ فِي الْوَسْطِ وَقَالَ: «سَلاَمٌ لَكُمْ!». ثُمَّ قَالَ لِتُومَا: «هَاتِ إِصْبِعَكَ إِلَى هُنَا وَأَبْصِرْ يَدَيَّ، وَهَاتِ يَدَكَ وَضَعْهَا فِي جَنْبِي، وَلاَ تَكُنْ غَيْرَ مُؤْمِنٍ بَلْ مُؤْمِنًا». أَجَابَ تُومَا وَقَالَ لَهُ: «رَبِّي وَإِلهِي!». قَالَ لَهُ يَسُوعُ: «لأَنَّكَ رَأَيْتَنِي يَا تُومَا آمَنْتَ! طُوبَى لِلَّذِينَ آمَنُوا وَلَمْ يَرَوْا!»» (يوحنا ٢٠ : ٢٥-٢٩)

سيظل يسوع إلى الأبد إلهًا كاملًا وإنسانًا كاملًا في الآن ذاته. فهو آدم الأخير، رأس الكنيسة، والرأس الممثِّل لكل الجنس البشري المَفدي. وتمثل استمرارية ناسوت المسيح إلى الأبد أهمية من جهة إتمام الفداء بقدر أهمية استمرارية لاهوته. كان ينبغي أن يكون المسيح إنسانًا حتى يمثِّل المؤمنين بعيشه حياة مقدَّسة على الأرض يمكن أن تُحتَسَب لهم، وكذلك، حتى يكون الذبيحة البديلة عنهم على الصليب. وكان ينبغي أن يكون قائدهم أيضًا من خلال الموت وحتى القيامة.

حقَّقت قيامة المسيح النتائج الضخمة والمجيدة التالية:

١. تتميم نبوات العهد القديم (انظر عنوان «إعلان العهد القديم عن قيامة المسيح» [صفحة ٣٨٤])
٢. تتميم النبوات التي أعلنها يسوع نفسه (انظر «تاريخ قيامة المسيح في العهد الجديد» [صفحة ٣٨٧])
٣. تأكيد لاهوت الابن (رومية ١ : ٤)
٤. تمجيد الآب، وإظهار كمالاته (أعمال الرسل ٢ : ٢٣-٢٤؛ رومية ٦ : ٤)
٥. إظهار طاعة يسوع التامة لمشيئة أبيه (يوحنا ١٠ : ١٧-١٨)
٦. إثبات قبول الآب لكفارة المسيح التي صنعها بموته كذبيحة على الصليب (رومية ٤ : ٢٥)
٧. إتاحة الولادة الثانية للمختارين (١ بطرس ١ : ٣)
٨. منح اليقين في عدم هلاك المؤمنين بفعل خطاياهم (١كورنثوس ١٥ : ١٧-١٨)

٩. إتاحة التبرير للمؤمنين، ومنحهم اليقين في أن الله لن يدينهم البتة (رومية ٨: ١-١١، ٣١-٣٤)
١٠. فتح الطريق أمام المسيح لإرسال الروح القدس حتى يسكن في المؤمنين، ويصنع منهم الكنيسة، جسد المسيح (يوحنا ١٦: ٧)
١١. إعلان المسيح رأسًا للكنيسة وحاكمًا للخليقة (أفسس ١: ١٩-٢٣؛ كولوسِّي ١: ١٥-١٩)
١٢. تقديم نموذج لقوة الله، وقدرته على إقامة المؤمنين روحيًا من موتهم الروحي في ذنوبهم (أفسس ١: ١٩-٢٠؛ ٢: ١-٦)
١٣. التحفيز على السلوك بالروح، بما أن المؤمنين قد صاروا جالسين بالفعل مع المسيح في السماء، ومتيقنين من كونهم معه في المجد (أفسس ٢: ٥-٦؛ كولوسِّي ٣: ١-٤)
١٤. تقديم خدمة إلزامية، وفعالة، ومثمرة للمسيح (رومية ٧: ٤؛ ١ كورنثوس ١٥: ١٤، ٥٨)
١٥. التشجيع على تخصيص أول أيام الأسبوع لعبادة المسيح وخدمته في الجماعات المحلية (متى ٢٨: ١؛ يوحنا ٢٠: ١٩؛ أعمال الرسل ٢٠: ٧؛ ١ كورنثوس ١٦: ٢)
١٦. وضع أساس لا يتزعزع للرجاء (أو التوقُّع الواثق) في وفاء الله بجميع وعوده (رومية ٨: ٢٣-٢٥؛ ١ كورنثوس ١٥: ١٩-٢٠؛ ١ بطرس ١: ٣)
١٧. ضمانٌ لحياة قيامة مستقبلية لجميع المؤمنين (يوحنا ٥: ٢٦-٢٩؛ ١٤: ١٩؛ رومية ٤: ٢٥؛ ٦: ٥-١٠؛ ١ كورنثوس ١٥: ٢٠، ٢٣)
١٨. تأكيد التتميم المستقبلي للعهد الداودي (أعمال الرسل ٢: ٢٩-٣٦؛ ١٣: ٣٤-٣٧)
١٩. ضمان إدانة المسيح للعالم (يوحنا ٥: ٢٤-٣٠؛ أعمال الرسل ١٧: ٣١)
٢٠. تمجيد الابن بالمجد الذي كان مشتركًا فيه قبلًا مع الآب (يوحنا ١٧: ٥؛ فيلبي ٢: ٨-٩؛ ١ بطرس ١: ١٠-١١، ٢٠-٢١)

ما من حدثٍ في تاريخ الفداء أعظم من قيامة المسيح، لأنها تكمِّل وتثبت شرعية موته كذبيحة، وتدفع إلى الأمام برنامج الملكوت مع مَلِكه الحي إلى الأبد. وكي يختبر أحدهم الخلاص، عليه أن يؤمن بالقيامة (رومية ١٠: ٩-١٠).

• صعود المسيح القائم من الأموات

يُعلِّم الكتاب المقدس بأن المسيح صعد مرة أخرى إلى السماء كي يجلس عن يمين الآب. وهذا التعليم أساسيٌّ لأنه مرتبط بسموِّ ابن الله، ورفعته:

> «وَهُوَ بَهَاءُ مَجْدِهِ، وَرَسْمُ جَوْهَرِهِ، وَحَامِلٌ كُلَّ الأَشْيَاءِ بِكَلِمَةِ قُدْرَتِهِ، بَعْدَ مَا صَنَعَ بِنَفْسِهِ تَطْهِيرًا لِخَطَايَانَا، جَلَسَ فِي يَمِينِ الْعَظَمَةِ فِي الأَعَالِي، صَائِرًا أَعْظَمَ مِنَ الْمَلاَئِكَةِ بِمِقْدَارِ مَا وَرِثَ اسْمًا أَفْضَلَ مِنْهُمْ.
> لأَنَّهُ لِمَنْ مِنَ الْمَلاَئِكَةِ قَالَ قَطُّ:

«أَنْتَ ابْنِي
أَنَا الْيَوْمَ وَلَدْتُكَ»؟
وَأَيْضًا:
«أَنَا أَكُونُ لَهُ أَبًا
وَهُوَ يَكُونُ لِيَ ابْنًا»؟
وَأَيْضًا مَتَى أَدْخَلَ الْبِكْرَ إِلَى الْعَالَمِ يَقُولُ:
«وَلْتَسْجُدْ لَهُ كُلُّ مَلاَئِكَةِ اللهِ».
وَعَنِ الْمَلاَئِكَةِ يَقُولُ:
«الصَّانِعُ مَلاَئِكَتَهُ رِيَاحًا
وَخُدَّامَهُ لَهِيبَ نَارٍ».
وَأَمَّا عَنْ الابْنِ:
‹كُرْسِيُّكَ يَا أَللهُ إِلَى دَهْرِ الدُّهُورِ.
قَضِيبُ اسْتِقَامَةٍ قَضِيبُ مُلْكِكَ.
أَحْبَبْتَ الْبِرَّ وَأَبْغَضْتَ الإِثْمَ.
مِنْ أَجْلِ ذلِكَ مَسَحَكَ اللهُ إِلهُكَ
بِزَيْتِ الابْتِهَاجِ أَكْثَرَ مِنْ شُرَكَائِكَ›». (عبرانيين ١: ٣-٩)

وقد سمع التلاميذ من يسوع أنه سوف يصعد إلى أبيه:

«بَعْدَ قَلِيلٍ لاَ تُبْصِرُونَنِي، ثُمَّ بَعْدَ قَلِيلٍ أَيْضًا تَرَوْنَنِي». فَقَالَ قَوْمٌ مِنْ تَلاَمِيذِهِ، بَعْضُهُمْ لِبَعْضٍ: «مَا هُوَ هذَا الَّذِي يَقُولُهُ لَنَا: بَعْدَ قَلِيلٍ لاَ تُبْصِرُونَنِي، ثُمَّ بَعْدَ قَلِيلٍ أَيْضًا تَرَوْنَنِي، وَلأَنِّي ذَاهِبٌ إِلَى الآبِ؟». (يوحنا ١٦: ١٦-١٧؛ انظر ٧: ٣٣-٣٤؛ ٨: ٢١؛ ١٤: ١٩، ٢٨-٢٩)

نفَّذ يسوع كلامه على نحو ملموس ومادي برحيله عن الأرض وصعوده إلى السماء من فوق جبل الزيتون (أعمال الرسل ١: ٩-١١). وقد استقبله الآب في مجده (١ تيموثاوس ٣: ١٦)، وهو الآن جالسٌ في عرش الآب (رؤيا ٣: ٢١)، عن يمينه (أعمال الرسل ٥: ٣١؛ أفسس ١: ١٩-٢٠)، في عرش ملكوت الله الكوني والأبدي (مرقس ١٦: ١٩؛ أعمال الرسل ٥: ٣١؛ ٧: ٥٥-٥٦؛ أفسس ١: ١٩-٢٠). ويشهد جلوسه في عرش الآب عن حقيقة فدائه المكتمل (عبرانيين ١٠: ١٢-١٣؛ ١٢: ٢).

تأكَّد صعود المسيح من خلال رؤيا استفانوس (أعمال الرسل ٧: ٥٥-٥٦)، ورؤيا بولس (أعمال الرسل ٩: ٣-٥؛ ٢٢: ٦-٨؛ ٢٦: ١٣-١٥)، ورؤيا يوحنا (رؤيا ٤: ١؛ ٥: ٦) له. فقد خلَّف صعود يسوع انطباعًا على بولس لا يُمحَى، وكان عنصرًا رئيسيًّا في اختباره للخلاص، إذ خاطبه من السماء المسيَّا الحي، والقائم من الأموات، والذي صَعِدَ إلى السماء.

المسيح الممجَّد[٩٢]

- الشفيع السماوي
- الاختطاف
- كرسي المسيح
- المجيء الثاني
- المُلك الألفي
- دينونة العرش العظيم الأبيض
- الأبدية المستقبلية

الشفيع السماوي

تنطوي خدمة المسيح الحاليَّة في المجد نيابة عن شعبه على تشفُّعه لهم من السماء. فقد صعد إلى يمين الآب، حيث يتوسَّط الآن عن المؤمنين بصفته محامي الدفاع عنهم ورئيس الكهنة الخاص بهم (رومية ٨: ٣٤؛ عبرانيين ٧: ٢٥؛ ٩: ٢٤؛ ١ يوحنا ٢: ١). ومن هناك، «يَشْفَعُ فِينَا» المخلِّص (رومية ٨: ٣٤)، ويخدم بصفته رئيس الكهنة الممجَّد لجميع المؤمنين: «وَأَمَّا رَأْسُ الْكَلاَمِ فَهُوَ: أَنَّ لَنَا رَئِيسَ كَهَنَةٍ مِثْلَ هذَا، قَدْ جَلَسَ فِي يَمِينِ عَرْشِ الْعَظَمَةِ فِي السَّمَاوَاتِ خَادِمًا لِلأَقْدَاسِ وَالْمَسْكَنِ الْحَقِيقِيِّ الَّذِي نَصَبَهُ الرَّبُّ لاَ إِنْسَانٌ» (عبرانيين ٨: ١-٢). وهكذا، تحقَّق رجاء أيوب: «أَيْضًا الآنَ هُوَذَا فِي السَّمَاوَاتِ شَهِيدِي، وَشَاهِدِي فِي الأَعَالِي» (أيوب ١٦: ١٩). ونجد مثالًا بديعًا للعمل الشفاعي الكهنوتي للمسيح عن خاصته في صلاته إلى الآب المدوَّنة في الأصحاح السابع عشر من إنجيل يوحنا.

الاختطاف

إن كافة الجوانب المتبقية من خدمة المسيح بعد قيامته متصلة بعمله المستقبلي. فإن الكنيسة اليوم تنتظر نداء يسوع إلى كنيسته الحقيقية، التي هي جسده، كي تصعد لتكون معه. أُطلق على هذا الحدث اسم «اختطاف» الكنيسة، وهو يتعلَّق بجمع جميع المؤمنين الأموات والأحياء معًا في السماء. ويصف بولس هذا الحدث في رسالته الأولى إلى أهل تسالونيكي:

> «ثُمَّ لاَ أُرِيدُ أَنْ تَجْهَلُوا أَيُّهَا الإِخْوَةُ مِنْ جِهَةِ الرَّاقِدِينَ، لِكَيْ لاَ تَحْزَنُوا كَالْبَاقِينَ الَّذِينَ لاَ رَجَاءَ لَهُمْ. لأَنَّهُ إِنْ كُنَّا نُؤْمِنُ أَنَّ يَسُوعَ مَاتَ وَقَامَ، فَكَذلِكَ الرَّاقِدُونَ بِيَسُوعَ، سَيُحْضِرُهُمُ اللهُ أَيْضًا مَعَهُ. فَإِنَّنَا نَقُولُ لَكُمْ هذَا بِكَلِمَةِ الرَّبِّ: إِنَّنَا نَحْنُ الأَحْيَاءَ الْبَاقِينَ إِلَى مَجِيءِ الرَّبِّ، لاَ نَسْبِقُ الرَّاقِدِينَ. لأَنَّ الرَّبَّ نَفْسَهُ بِهُتَافٍ، بِصَوْتِ رَئِيسِ مَلاَئِكَةٍ وَبُوقِ اللهِ، سَوْفَ يَنْزِلُ مِنَ السَّمَاءِ وَالأَمْوَاتُ فِي الْمَسِيحِ سَيَقُومُونَ أَوَّلاً. ثُمَّ نَحْنُ الأَحْيَاءَ الْبَاقِينَ سَنُخْطَفُ [في اللغة اليونانية *harpazō*؛ وفي اللغة اللاتينية *rapiemur*، من الكلمة *raptus*] جَمِيعًا مَعَهُمْ فِي السُّحُبِ لِمُلاَقَاةِ الرَّبِّ فِي الْهَوَاءِ، وَهكَذَا نَكُونُ كُلَّ حِينٍ مَعَ الرَّبِّ. لِذلِكَ عَزُّوا بَعْضُكُمْ بَعْضًا بِهذَا الْكَلاَمِ» (١ تسالونيكي ٤: ١٣-١٨)

---

٩٢ للاطلاع على دراسة أكثر تفصيلًا وشمولًا لهذه الموضوعات، انظر الفصل العاشر من هذا الكتاب بعنوان: «المستقبل».

فكما مات يسوع وقام من الأموات، هكذا أيضًا سيقوم جميع الذين يموتون في المسيح (١ كورنثوس ١٥: ٥١-٥٨؛ ١ تسالونيكي ٤: ١٤). لا وجود لأية دينونة في هذا الحدث، لأنه حدث خاص بالمؤمنين. ولن يكون هذا الجمع الوشيك للمؤمنين إلى السماء مسبوقًا بعلامات محدَّدة. وإن هذا هو الحدث التالي في الجدول الزمني للخلاص.

سيختبر كلٌّ من الأحياء والراقدين جَمْعَ الربِّ لهم إلى السماء في أجساد ممجَّدة. على ما يبدو، كان أهل تسالونيكي على دراية تامة بالدينونة التي ستحدث في يوم الرب (١تسالونيكي ٥: ١-٢)، لكنهم لم يكونوا على دراية بالحدث السابق لها، ألا وهو اختطاف الكنيسة. فقبل أن يتلقَّى بولس إعلانًا من الله بشأن الاختطاف، كان التلميح الوحيد إليه هو الذي جاء في تعليم يسوع في يوحنا ١٤: ١-٣. وإذ لم يكن بولس يعرف التوقيت الذي حدَّده الله لهذا الحدث، عاش وتكلَّم كما لو أنه سيتحقق في أثناء حياته. فقد ظنَّ -مَثَله في ذلك مَثَل جميع المؤمنين الأوائل- أن الاختطاف وشيك الحدوث (رومية ١٣: ١١؛ ١ كورنثوس ٦: ١٤؛ ١٠: ١١؛ ١٦: ٢٢؛ فيلبي ٣: ٢٠-٢١؛ ١ تيموثاوس ٦: ١٤؛ تيطس ٢: ١٣).

وتُتَمِّمُ العبارة «لأَنَّ الرَّبَّ نَفْسَهُ سَوْفَ يَنْزِلُ» (١ تسالونيكي ٤: ١٦) تعهُّدَ يسوع لتلاميذه في يوحنا ١٤: ١-٣. وإلى ذلك الحين، سيبقى يسوع في السماء (١ تسالونيكي١: ١٠؛ عبرانيين ١: ١-٣). في ذلك الحدث، سيقوم المؤمنون الذين ماتوا أولًا (١ تسالونيكي ٤: ١٦؛ ١ كورنثوس ١٥: ٥٢)، ثم أولئك الذين يكونون على قيد الحياة عند وقوع الاختطاف سيرافقون الأموات، الذين سيقومون أولًا، وسيلاقي الجميعُ «الرَّبَّ فِي الْهَوَاءِ» (١ تسالونيكي ٤: ١٧).

كرسيّ المسيح[٩٣]

سيدين الله جميع البشر من خلال الرب يسوع المسيح (يوحنا ٥: ٢٢-٢٣). وسيحاكَم المؤمنون أمام ما يُسمَّى كرسيِّ المسيح: «لأَنَّهُ لاَبُدَّ أَنَّنَا جَمِيعًا نُظْهَرُ أَمَامَ كُرْسِيِّ الْمَسِيحِ، لِيَنَالَ كُلُّ وَاحِدٍ مَا كَانَ بِالْجَسَدِ بِحَسَبِ مَا صَنَعَ، خَيْرًا كَانَ أَمْ شَرًّا» (٢ كورنثوس ٥: ١٠). تُظهِر مقارنة هذا النص بنص ١ كورنثوس ٣: ١٠-١٥ أن الخشب، والعشب، والقش ليست أعمالًا شريرة محدَّدة، لكنها أمور عديمة القيمة، لن تنجح في اجتياز امتحان القيمة الأبدية. ويشير هذا إلى أن أعمق دافع لدى المؤمن، وأسمى هدف لديه في إرضاء الله، ينبغي أن يكون إدراكه لحتمية وقوفه في النهاية أمام الله للمساءلة.

يشير مصطلح «كرسيِّ المسيح» مجازًا إلى الموضع الذي سيجلس فيه الرب لتقييم حياة المؤمنين، من أجل منحهم مكافآت أبدية. كان هذا «الكرسي» (الذي تُرجِم من الكلمة اليونانية *bēma*، أو «بيما») في الأصل عبارة عن منصة مرتفعة يعتليها الرياضيون اليونانيون الفائزون (مثلًا في الألعاب الأوليمبية) كي يتسلموا أكاليلهم. كذلك، استُخدِم المصطلح في العهد الجديد للإشارة إلى مكان المحاكمة، كما حين وقف يسوع أمام بيلاطس البنطي (متى ٢٧: ١٩؛ يوحنا ١٩: ١٣)، لكن، استخدم بولس هذا اللفظ بحسب السياق الرياضي. فقد كانت منصة كهذه موجودة في مدينة كورنثوس،

٩٣ هذا الجزء مقتبَس بتصرف من المصدر التالي:
جون ماك آرثر، تفسير الكتاب المقدس، الطبعة الأولى (منصورية المتن — لبنان: دار منهل الحياة)، ١٧٦٨.

وكانت تُستخدَم لتوزيع المكافآت الرياضية، ولإصدار الأحكام القضائية (أعمال الرسل ١٨ : ١٢-١٦)، ولهذا فَهِمَ أهل كورنثوس جيدًا قصد بولس. فإن المسيح سيفحص الأعمال التي يعملها المؤمن في أثناء وقت خدمته على الأرض. هذه الأعمال لا تشمل الخطايا، التي سُدِّدت عقوبتها بالكامل في الصليب (أفسس ١ : ٧). إذن، كان بولس يشير إلى جميع تلك الأعمال التي يعملها المؤمنون في أثناء حياتهم، والمتصلة بمكافآتهم الأبدية، وتلقي المديح من الله. فإن ما يفعله المؤمنون لمجد الله وهم في أجسادهم المؤقتة سيكون، بحسب تقدير الله، له تأثير أبدي.

← المجيء الثاني

المصطلح اليوناني باروسيا [*Parousia*] (متى ٢٤ : ٣، ٢٧، ٣٧، ٣٩؛ ٢ تسالونيكي ٢ : ٨؛ يعقوب ٥ : ٧-٨) يعني حرفيًا «حضور» أو «وجود». وفي العهد الجديد، يصف هذا اللفظ زيارة أشخاص مهمين. ومن ثم، تشير الكلمة إلى «مجيء» فريد من نوعه ومميَّز. استخدم كُتاب العهد الجديد هذا اللفظ في بعض الأحيان كإشارة إلى المجيء الثاني للمسيح (كما استُخدِم أيضًا للإشارة إلى الاختطاف في ١ تسالونيكي ٢ : ١٩؛ ٣ : ١٣؛ ٤ : ١٥؛ ٥ : ٢٣). كذلك، يصف اسم يوناني آخر- *apokalypsis* - (١ كورنثوس ١ : ٧؛ ٢ تسالونيكي ١ : ٧؛ ١ بطرس ١ : ٧، ١٣؛ ٤ : ١٣)، معناه كَشْف» أو «رفع النقاب عن شيء ما»، استعلان المجيء الثاني للمسيح. فإن هذه العودة المجيدة ستعلن المسيح ملكًا على الكل.

سيعود يسوع ثانية إلى الأرض في قوة ومجد كي يدين الأحياء من سكان الأرض (متى ٢٤ : ٣٠؛ ٢٥ : ٣١-٤٦؛ لوقا ٩ : ٢٦؛ انظر دانيآل ٧ : ١٣؛ تيطس ٢ : ١٣؛ ٢ بطرس ٣ : ١٢؛ يهوذا ١٤؛ رؤيا ١ : ٧). تحدَّث أنبياء العهد القديم كثيرًا عن دينونة الله المستقبلية. وقد وصفها صفنيا، واحد من الأنبياء، بوضوح حين وصف المسيَّا بأنه «جبَّار» يأتي بالخلاص إلى الأرض (صفنيا ٣ : ١٧). وقد ألمح المسيح إلى سفر صفنيا (صفنيا ١ : ٣ في متى ١٣ : ٤١؛ صفنيا ١ : ١٥ في متى ٢٤ : ٢٩)، رابطًا بهذا نبوات صفنيا بمجيء المسيح ثانية.

أَعطى الآب بالفعل كلَّ السلطان للابن كي يجري الدينونة: «وَأَعْطَاهُ سُلْطَانًا أَنْ يَدِينَ أَيْضًا، لأَنَّهُ ابْنُ الإِنْسَانِ» (يوحنا ٥ : ٢٧؛ انظر متى ٢٥ : ٣١-٣٢). وفي ضوء هذه المهمة، زوَّد الله إعلانه المكتوب بخاتمة كبيرة تسلِّط الضوء على هذه الدينونة الأخيرة. ويعلن السفر الأخير في الكتاب المقدس، أي سفر الرؤيا، عن سمات وملامح المجيء الثاني للمسيح في المجد.

← المُلك الألفي[٩٤]

حين يأتي المسيح ثانية مع كنيسته المختطَفة والممجَّدة، سيؤسِّس ملكوته الألفي على الأرض (أعمال الرسل ١ : ٩-١١؛ ١ تسالونيكي ٤ : ١٣-١٨؛ رؤيا ٢٠ : ١-٦). وقد أشار الأصحاح العشرون من سفر الرؤيا إلى ملكوت المسيح الذي سيدوم ألف سنة ست مرات. وما من سبب يدعونا ألا نفهم هذه الإشارات على أنها فترة زمنية مدتها ألف سنة حرفية، في أثنائها سيملك يسوع المسيح على الأرض، تتميمًا لكلٍّ

٩٤ هذا الجزء مقتبَس بتصرف من المصدر التالي بتصريح من MSJ:
William D. Barrick, “The Kingdom of God in the Old Testament,” *MSJ* 23, no. 2 (2012): 179–80, 184.

من نبوات العهد القديم العديدة (٢ صموئيل ٧: ١٢-١٦؛ مزمور ٢؛ إشعياء ١١: ٦-١٢؛ ٢٤: ٢٣؛ عاموس ٩: ٨-١٥؛ ميخا ٤: ١-٨؛ زكريا ١٤: ١-١١)، وتعليم يسوع نفسه (متى ٢٤: ٢٩-٣١، ٣٦-٤٤).

على الصعيد المجتمعي، سيُبطِل المسيح الحرب ويرسِّخ السلام (إشعياء ٩: ٧؛ ميخا ٤: ٣-٤). وسيسود العدل كافة الطبقات الاجتماعية، وكافة أعراق الجنس البشري (مزمور ٧٢: ٤؛ إشعياء ٦٥: ٢١-٢٢). كذلك، سيرمِّم الله الخرب المجتمعية (مزمور ٧٢: ١٦؛ إشعياء ٦١: ٤). وسيعلِّم المسيح الجنس البشري كيف يهتمُّون بالعلاقات الجديرة بالاهتمام، كما، على سبيل المثال، في معاملته الرقيقة للمقهورين والمجروحين (إشعياء ٤٢: ٣)، أو في شفائه للعلاقات بين الآباء والأبناء (ملاخي ٤: ٦).

وعلى الصعيد السياسي، سيُنصِّب المسيح نفسه الحاكم المطلق على العالم (مزمور ٢: ٨-١٠؛ إشعياء ٢: ٢-٤)، وسيجعل عاصمة مملكته العالمية في أورشليم (إرميا ٣: ١٧). وسيضع المسيح، في مملكته، نهاية لعداوة الأمم من نحو اليهود (زكريا ٨: ١٣، ٢٣)، وسيبطل لعنة برج بابل، حتى لا تعود اللغة تشكِّل عائقًا في العلاقات بين البشر (إشعياء ١٩: ١٨؛ صفنيا ٣: ٩).

وعلى الصعيد الكنسي، سيملِك المسيح، بصفته الكاهن-الملك، على إسرائيل وعلى العالم (مزمور ١١٠: ٤؛ زكريا ٦: ١٢-١٣). وفي هذه المملكة المسيانية، ستصبح إسرائيل القائد الديني للعالم (خروج ١٩: ٦؛ إشعياء ٦١: ٦، ٩)، وستصبح أورشليم العاصمة الدينية للعالم (زكريا ١٤: ١٦-١٧). ونتيجة ذلك، سيصير هيكل إسرائيل هو بؤرة العبادة (حزقيال ٤٠-٤٨؛ حجَّي ٢: ٦-٩).

قاطَعَ السقوط مسار بركة الله للجنس البشري، وتنفيذ المهمة التي أوكلها لهم عند الخلق. فبسبب عصيان آدم، لم يعد الإنسان قادرًا على ممارسة منصبه الملكي كنائبٍ، مثلما أراد الله. وبهذا، صارت، وستظل، أية محاولة لممارسة تلك السيادة الأولى ناقصة ومعيبة. أشار كاتب المزمور إلى ذلك الدور الرفيع والسامي في مزمور ٨: ٣-٩،

«إِذَا أَرَى سَمَاوَاتِكَ عَمَلَ أَصَابِعِكَ،
الْقَمَرَ وَالنُّجُومَ الَّتِي كَوَّنْتَهَا،
فَمَنْ هُوَ الإِنْسَانُ حَتَّى تَذْكُرَهُ؟
وَابْنُ آدَمَ حَتَّى تَفْتَقِدَهُ؟
وَتَنْقُصَهُ قَلِيلاً عَنِ الْمَلاَئِكَةِ،
وَبِمَجْدٍ وَبَهَاءٍ تُكَلِّلُهُ.
تُسَلِّطُهُ عَلَى أَعْمَالِ يَدَيْكَ.
جَعَلْتَ كُلَّ شَيْءٍ تَحْتَ قَدَمَيْهِ:
الْغَنَمَ وَالْبَقَرَ جَمِيعًا،
وَبَهَائِمَ الْبَرِّ أَيْضًا،
وَطُيُورَ السَّمَاءِ، وَسَمَكَ الْبَحْرِ

السَّالِكَ فِي سُبُلِ الْمِيَاهِ.
أَيُّهَا الرَّبُّ سَيِّدُنَا،
مَا أَمْجَدَ اسْمَكَ فِي كُلِّ الأَرْضِ!»

بهذه الكلمات، عرض كاتب المزمور الوضع المثالي للجنس البشري، وليس واقعهم الحالي؛ أي أنه عرض الوضع المستقبلي للحُكم في ملكوت الرب، وليس الماضي والحاضر المحزنين. قطعًا، سيتمِّم يسوع المسيح، بصفته «ابن الإنسان» الحقيقي (مزمور ٨: ٤)، دور الجنس البشري، إذ هو الممثِّل الكامل الوحيد عن جنس البشر. ويعلن عبرانيين ٢: ٥-١٤ أننا الآنَ «لَسْنَا نَرَى الْكُلَّ بَعْدُ مُخْضَعًا» للمسيح (٢: ٨)، لأن مُلكه الوَسَطي لم يبدأ بعد. لكن في النهاية، سيخضع حتى رئيس هذا العالم نفسه، المتسلِّط في الوقت الحالي، أي الشيطان (يوحنا ١٢: ٣١؛ أفسس ٢: ٢)، لمُلك المسيح وسلطان ملكوته. وطالما يملك الشيطان كرئيسٍ لهذا العالم، نعلم أن ملكوت المسيح لم يتأسَّس بعد. من أجل هذا، علَّم يسوع تلاميذه بأن يُصَلُّوا قائلين: «لِيَأْتِ مَلَكُوتُكَ» (متى ٦: ١٠). «آمِينَ. تَعَالَ أَيُّهَا الرَّبُّ يَسُوعُ» (رؤيا ٢٢: ٢٠).

⬅ دينونة العرش العظيم الأبيض

بعد الملك الألفي، سيدين المسيح الأموات من غير المؤمنين أمام العرش العظيم الأبيض (رؤيا ٢٠: ١١-١٥). فلأن المسيح هو الوسيط الوحيد بين الله والناس (١ تيموثاوس ٢: ٥)، وهو الرأس لجسده الذي هو الكنيسة (أفسس ١: ٢٢؛ ٥: ٢٣؛ كولوسِّي ١: ١٨)، وهو الملك الكوني الآتي الذي سيملك من فوق عرش داود (إشعياء ٩: ٦-٧؛ حزقيال ٣٧: ٢٤-٢٨؛ لوقا ١: ٣١-٣٣)، فهو إذن الديَّان النهائي لكل من لا يؤمن به ربًّا ومخلِّصًا (متى ٢٥: ١٤-٤٦؛ أعمال الرسل ١٧: ٣٠-٣١).

⬅ الأبدية المستقبلية

في نهاية تاريخ هذا العالم، سيجمع الله المؤمنين معًا في المُلك الألفي، الشيء الذي يسميه أفسس ١: ١٠ «تَدْبِيرِ مِلْءِ الأَزْمِنَةِ»، أي اكتمال التاريخ (انظر رؤيا ٢٠: ١-٦). بعد ذلك، سيجمع الله كلَّ شيء إليه في السماء الجديدة والأرض الجديدة اللتين سيصنعهما (رؤيا ٢١: ١-٥). وستكون الحالة الأبدية الجديدة موحَّدة تمامًا تحت سلطان المسيح:

> «لأَنَّه [أي الله] أَخْضَعَ كُلَّ شَيْءٍ تَحْتَ قَدَمَيْهِ. وَلكِنْ حِينَمَا يَقُولُ: «إِنَّ كُلَّ شَيْءٍ قَدْ أُخْضِعَ» فَوَاضِحٌ أَنَّهُ غَيْرُ الَّذِي أَخْضَعَ لَهُ الْكُلَّ. وَمَتَى أُخْضِعَ لَهُ الْكُلُّ، فَحِينَئِذٍ الابْنُ نَفْسُهُ أَيْضًا سَيَخْضَعُ لِلَّذِي أَخْضَعَ لَهُ الْكُلَّ، كَيْ يَكُونَ اللهُ الْكُلَّ فِي الْكُلِّ» (١ كورنثوس ١٥: ٢٧-٢٨)

ومن ثمَّ، يتبيَّن لنا أن الفردوس الأبدي هو مملكة مهيبة وعجيبة، فيها تتحد كلٌّ من السماء والأرض معًا في مجدٍ يفوق حدود تصوُّر البشر، وحدود الأبعاد الأرضية. لكن، يكمن المجد الحقيقي للأبدية المستقبلية في حقيقة أن جميع المؤمنين سيقيمون في حضرة الرب يسوع المسيح. فهم سيتمتعون بشركة مع الرب نفسه في السماء، وبشركة مجيدة مع الله في المسيح، مما سيمثِّل النعيم الكامل. فكما استمد المؤمنون نعمتهم من الخروف، هكذا أيضًا سيستمدون مجدهم منه. وسيكون الإنسان يسوع المسيح هو مركز ومحور المجد الإلهي في السماء، ومنه سيمتد هذا المجد إلى جميع القديسين. يصف الكتاب المقدس نعيم السماء بأنه يكمن في الوجود مع المسيح: «اَلْحَقَّ أَقُولُ لَكَ: إِنَّكَ الْيَوْمَ تَكُونُ مَعِي فِي الْفِرْدَوْسِ» (لوقا ٢٣ : ٤٣). ويبدو أن ذلك الفرح (أي فرح وجودنا معه) هو الذي صلَّى لأجله المسيح نفسه: «أَيُّهَا الآبُ أُرِيدُ أَنَّ هؤُلاَءِ الَّذِينَ أَعْطَيْتَنِي يَكُونُونَ مَعِي حَيْثُ أَكُونُ أَنَا، لِيَنْظُرُوا مَجْدِي الَّذِي أَعْطَيْتَنِي، لأَنَّكَ أَحْبَبْتَنِي قَبْلَ إِنْشَاءِ الْعَالَمِ» (يوحنا ١٧ : ٢٤). وفي حديث الرسول بولس عن الاختطاف وشيك الحدوث للكنيسة، لخَّص أهمية ودلالة هذا الحدث في هذه الكلمات: «وَهكَذَا نَكُونُ كُلَّ حِينٍ مَعَ الرَّبِّ. لِذلِكَ عَزُّوا بَعْضُكُمْ بَعْضًا بِهذَا الْكَلاَمِ» (١ تسالونيكي ٤ : ١٧-١٨).

وفي حقيقة الأمر، يبدو أن هذه الشركة كانت هي المغزى من وراء إشارة الكتاب المقدس إلى الله والخروف (المخلِّص المذبوح) معًا، حين أعلن عن هناء القديسين في السماء: «لأَنَّ الْخَرُوفَ الَّذِي فِي وَسَطِ الْعَرْشِ يَرْعَاهُمْ، وَيَقْتَادُهُمْ إِلَى يَنَابِيعِ مَاءٍ حَيَّةٍ، وَيَمْسَحُ اللهُ كُلَّ دَمْعَةٍ مِنْ عُيُونِهِمْ» (رؤيا ٧ : ١٧)؛ «هُوَذَا مَسْكَنُ اللهِ مَعَ النَّاسِ، وَهُوَ سَيَسْكُنُ مَعَهُمْ، وَهُمْ يَكُونُونَ لَهُ شَعْبًا، وَاللهُ نَفْسُهُ يَكُونُ مَعَهُمْ إِلهًا لَهُمْ. وَسَيَمْسَحُ اللهُ كُلَّ دَمْعَةٍ مِنْ عُيُونِهِمْ، وَالْمَوْتُ لاَ يَكُونُ فِي مَا بَعْدُ، وَلاَ يَكُونُ حُزْنٌ وَلاَ صُرَاخٌ وَلاَ وَجَعٌ فِي مَا بَعْدُ، لأَنَّ الأُمُورَ الأُولَى قَدْ مَضَتْ» (رؤيا ٢١ : ٣-٤). وإن الكلمة التي تُرجمت إلى «مَسْكَن» هنا هي الكلمة نفسها التي تُترجَم في بعض الأحيان إلى «خيمة» كإشارة إلى جسد المسيح (يوحنا ١ : ١٤). وأخيرًا، قال الرسول يوحنا: «وَلَمْ أَرَ فِيهَا هَيْكَلاً، لأَنَّ الرَّبَّ اللهَ الْقَادِرَ عَلَى كُلِّ شَيْءٍ، هُوَ وَالْخَرُوفُ هَيْكَلُهَا. وَالْمَدِينَةُ لاَ تَحْتَاجُ إِلَى الشَّمْسِ وَلاَ إِلَى الْقَمَرِ لِيُضِيئَا فِيهَا، لأَنَّ مَجْدَ اللهِ قَدْ أَنَارَهَا، وَالْخَرُوفُ سِرَاجُهَا» (رؤيا ٢١ : ٢٢-٢٣).

صلاة[٩٥]

يا إلهنا الكريم، نحن نشكرك من أجل شفيعنا السماوي،
يسوع المسيح البار، الذي بموته على الصليب،
صنع كفارة لخطايانا،
بها أرضى تمامًا جميع مطالب عدلك المقدَّس.
فهو الذي أخرجنا واقتادنا
من الشعور بالذنب إلى الغفران،
ومن الظلمة إلى النور،
ومن تمرُّدنا إلى محبتك،
ومن الموت إلى الحياة.
وهو الذي أنقذنا من العالم الحاضر الشرير، ونقلنا إلى ملكوتك المجيد.
كم نحمدك على حبك العجيب الذي أحببتنا به في يسوع المسيح!
نشكرك لأنك أرسلت ابنك، المتجسِّد،
الذي احتُقر، ورُفِضَ، وضُرِبَ، وتعرَّض للاستهزاء، وصُلِبَ،
حتى يكفِّر عن خطايانا.

ففيه فاقت محبتك أيَّة محبة أخرى.
فقد بسطتَ رحمتك على نحو يفوق الإدراك نحو الخطاة،
في غفرانٍ تامٍّ وأبدي لخطايانا،
بالإيمان بيسوع المسيح.
ولذا، فإننا نتوق إلى أن نحبك كما أحببتنا.
نعلم أن هذا مستحيل، ولهذا نتضرَّع إليك، مع الرسول بطرس
كي تنظر إلى داخل قلوبنا، وتعلم أننا حقًّا نحبك،
على الرغم من أنه كثيرًا ما يبدو الأمر نقيض ذلك.
ففي غالبية الأحيان تشبه قلوبنا الحجارة؛ ولهذا نطلب إليك
أن تُذيبها بنعمتك.
وكثيرًا جدًّا ما تكون حياتنا الخاصة مسيَّجة ومغلَقة، وكأننا قادرون على منعك من الدخول،
حتى نفعل ما نشاء.
لكن، أعنًّا كي نفتح الباب على مصراعيه، ونتخلَّص من مفتاحه! ليتك تسود حياتنا.

نحن نعبدك يا أبانا، من أجل محبتك العظيمة، ومن أجل عطية يسوع المسيح،
ابنك الوحيد، الله الابن.
نحمدك، أيها الرب يسوع، لأجل هبة الخلاص العجيبة،

---

٩٥ اقتُبست هذه الصلاة لفظيًّا من المصدر التالي، بتصريح من دار النشر:
John MacArthur, *At the Throne of Grace: A Book of Prayers* (Eugene, OR: Harvest House, 2011), 20–22.

التي دبَّرتها لنا.
ونحبك، أيها الروح المبارك، لأنك تعلن لنا حق الإنجيل،
ولأنك جعلتَ من قلوبنا مسكنًا لك.
أيها الآب السماوي، ليت ابنك يرى فينا من ثمر
تعب نفسه، ويشبع.
أَبعِدنا عن أي شيء زائف قد نضع فيه ثقتنا،
وعلِّمنا أن نتكل عليه وحده.
لا تسمح البتة أن تتحجَّر عواطفنا أمام العظمة المذهلة لهبة الخلاص.
ليتنا نتبع القداسة -باستمرار-
بكل ما أوتينا من قوة!

أيها الرب يسوع، السيِّد، والفادي، والمخلِّص،
امتلك كلَّ جزء من حياتنا،
فهو مِن حقك لأنك اشتريتَه.
قدِّس كل مَلَكاتنا.
واملأ قلوبنا بالرجاء.
ليتنا نهرب من التجارب الكثيرة التي تطاردنا دون هوادة،
ونُميت الخطايا التي تزعجنا طوال الوقت.
ليت كلَّ رياء يختفي من داخلنا.
وأعنَّا كي نتكل عليك في يوم ضيقنا.
واحمنا حين يتربَّص بنا فعلة الشر.
ونجِّنا من شرِّ العالم الحاضر.

يا أبا الأنوار العزيز، الذي ليس عندك أي تغيير أو ظل دوران،
نعترف بأنك وحدك الواهب لكلِّ عطية صالحة وموهبة تامة،
وأنت قد جُدتَ علينا بخيرات وافرة،
ومنحتَنا كلَّ شيء بغنى للتمتُّع.
ويُذكِّرنا ١ يوحنا ٢ : ١-١٩ بأن
أعظم عطية على الإطلاق هي ابنك، يسوع المسيح،
الذي بذل حياته نفسها،
حتى نتحرَّر نحن من عبودية الخطية.
املأ قلوبنا بالامتنان،
ولتعكس حياتنا شكرًا فائضًا،
حتى يمجِّدك جميع الذي يرون هذا.
باسم يسوع المسيح نصلي. آمين.

يا ليتَ لي ألف لسان!

يا ليت لي ألف لسان لأحمدَ الفادي،
أحمد ربي المستعان وفضلَه البادي.
ذاك الذي يُسَكِّن خوفي وأحزاني،
وذكره يُستحسَن في سمع آذاني.
يكسر شوكة الخطا ويعتق المسبي،
ودمه الوافي العطا مطهر قلبي.
حمدًا لذي الحق الأمين والمرشد العظيم،
والشكر يُهدَى كلَّ حين لربِّنا الكريم.
هيا ارفعوا صوت الثَّنا لذلك الفادي،
لمَن هدانا كلَّنا بنوره الهادي.

المراجع

مراجع أساسيَّة في اللاهوت النظامي

Bancroft, Emery H. *Christian Theology: Systematic and Biblical*. 2nd ed. Grand Rapids, MI: Zondervan, 1976. 95–156.

Berkhof, Louis. *Systematic Theology*. 4th ed. Grand Rapids, MI: Eerdmans, 1939. 305–412.

Buswell, James Oliver, Jr. *A Systematic Theology of the Christian Religion*. 2 vols. Grand Rapids, MI: Zondervan, 1962–1963. 2:17–69.

Culver, Robert Duncan. *Systematic Theology: Biblical and Historical*. Fearn, Ross-shire, Scotland: Mentor, 2005. 419–638.

Dabney, Robert Lewis. *Systematic Theology*. 1871. Reprint, Edinburgh: Banner of Truth, 1985. 182–93, 500–553.

Erickson, Millard J. *Christian Theology*. Grand Rapids, MI: Baker, 1986. 661–841.

*Grudem, Wayne. *Systematic Theology: An Introduction to Biblical Doctrine*. Grand Rapids, MI: Zondervan, 1994. 529–633.

Hodge, Charles. *Systematic Theology*. 3 vols. 1871–1873. Reprint, Grand Rapids, MI: Eerdmans, 1975. 1:483–521; 2:378–638.

Lewis, Gordon R., and Bruce A. Demarest. *Integrative Theology*. 3 vols. Grand Rapids, MI: Zondervan, 1987–1994. 2:251–496.

Reymond, Robert L. *A New Systematic Theology of the Christian Faith*. Nashville: Thomas Nelson, 1998. 545–801.

*Shedd, William G. T. *Dogmatic Theology*. 3 vols. 1889. Reprint, Minneapolis: Klock & Klock, 1979. 2A:261–349; 3:378–400.

Strong, August Hopkins. *Systematic Theology: A Compendium Designed for the Use of Theological Students*. Rev. ed. New York: Revell, 1907. 669–776.

Swindoll, Charles R., and Roy B. Zuck, eds. *Understanding Christian Theology*. Nashville: Thomas Nelson, 2003. 291–387.

Thiessen, Henry Clarence. *Introductory Lectures in Systematic Theology*. Grand Rapids, MI: Eerdmans, 1949. 283–340.

Turretin, Francis. *Institutes of Elenctic Theology*. 3 vols. Edited by James T. Dennison Jr. Translated by George Musgrove Giger. 1679–1685. Reprint, Phillipsburg, NJ: P&R, 1992–1997. 1:282–302; 2:271–449.

العلامة (*) تشير إلى أفضل المراجع في هذا المجال.

مراجع متخصّصة:

Banks, William L. *The Day Satan Met Jesus: The Temptation of Christ—Cast, Action and Effects of the Wilderness Drama*. Chicago: Moody Press, 1973.

Beilby, James K., and Paul R. Eddy, eds. *The Historical Jesus: Five Views*. Downers Grove, IL: IVP Academic, 2009.

*Berkouwer, G. C. *The Person of Christ*. Studies in Dogmatics. 1954. Reprint, Grand Rapids, MI: Eerdmans, 1975.

Boettner, Loraine. "The Person of Christ." In *Studies in Theology*, 140–351. 12th ed. N.p.: Presbyterian & Reformed, 1974.

*Boice, James Montgomery, and Philip Graham Ryken. *Jesus on Trial*. Wheaton, IL: Crossway, 2002.

*Borland, James A. *Christ in the Old Testament: Old Testament Appearances of Christ in Human Form*. Rev. ed. Fearn, Ross-shire, Scotland: Mentor, 1999.

*Bowman, Robert M., Jr., and J. Ed Komoszewski. *Putting Jesus in His Place: The Case for the Deity of Christ*. Grand Rapids, MI: Kregel, 2007.

Charnock, Stephen. *Christ Crucified: The Once-for-All Sacrifice*. 1830. Reprint, Fearn, Ross-shire, Scotland: Christian Focus, 2012.

*Feinberg, Charles Lee. *Is the Virgin Birth in the Old Testament?* Whittier, CA: Emeth, 1967.

Gaffin, Richard B., Jr. *The Centrality of the Resurrection: A Study in Paul's Soteriology.* Grand Rapids, MI: Baker, 1978.

Geisler, Norman L., and F. David Farnell, eds. *The Jesus Quest: The Danger from Within.* [Maitland, FL?]: Xulon, 2014.

*Gromacki, Robert Glenn. *The Virgin Birth: Doctrine of Deity.* Nashville: Thomas Nelson, 1974.

*Heick, Otto W. *A History of Christian Thought.* 2 vols. Philadelphia: Fortress, 1965.

*Hengstenberg, Ernst Wilhelm. *Christology of the Old Testament and a Commentary on the Messianic Predictions.* Kregel Reprint Library. 1847. Reprint, Grand Rapids, MI: Kregel, 1970.

Janowski, Bernd, and Peter Stuhlmacher, eds. *The Suffering Servant: Isaiah 53 in Jewish and Christian Sources.* Grand Rapids, MI: Eerdmans, 2004.

Kiehl, Erich H. *The Passion of Our Lord.* Grand Rapids, MI: Baker, 1990.

*Lawlor, George L. *When God Became Man.* Chicago: Moody Press, 1978.

MacArthur, John. *The Jesus You Can't Ignore: What You Must Learn from the Bold Confrontations of Christ.* Nashville: Thomas Nelson, 2008.

——————. *The Murder of Jesus: A Study of How Jesus Died.* Nashville: Word, 2000.

*——————. *One Perfect Life: The Complete Story of the Lord Jesus.* Nashville: Thomas Nelson, 2012.

——————. *Our Sufficiency in Christ.* Dallas: Word, 1991.

*——————. *Parables: The Mysteries of God's Kingdom Revealed through the Stories Jesus Told.* Nashville: Thomas Nelson, 2015.

——————. *The Upper Room: Jesus' Parting Promises for Troubled Hearts.* [The Woodlands, TX]: Kress Biblical Resources, 2014.

MacArthur, John, and Richard Mayhue. *Christ's Prophetic Plans: A Futuristic Premillennial Primer*. Chicago: Moody Publishers, 2012.

*McClain, Alva J. "The Doctrine of the Kenosis in Philippians 2:5–8." *The Master's Seminary Journal* 9, no. 1 (1998): 85–96.

*Nichols, Stephen J. *For Us and for Our Salvation: The Doctrine of Christ in the Early Church*. Wheaton, IL: Crossway, 2007.

*Pentecost, J. Dwight. *The Words and Works of Jesus Christ: A Study of the Life of Christ*. Grand Rapids, MI: Zondervan, 1981.

Rydelnik, Michael. *The Messianic Hope: Is the Hebrew Bible Really Messianic?* NAC Studies in Bible and Theology 9. Nashville: B&H Academic, 2010.

Ryrie, Charles Caldwell. *Biblical Theology of the New Testament*. 1959. Reprint, Chicago: Moody Press, 1973.

*Scroggie, W. Graham. *A Guide to the Gospels*. Old Tappan, NJ: Revell, n.d.

——————————. *The Unfolding Drama of Redemption: The Bible as a Whole*. 3 vols. 1953–1970. Reprint, Grand Rapids, MI: Zondervan, 1976.

Thomas, Robert L., and F. David Farnell, eds. *The Jesus Crisis: The Inroads of Historical Criticism into Evangelical Scholarship*. Grand Rapids, MI: Kregel, 1998.

*Walvoord, John F. *Jesus Christ Our Lord*. Chicago: Moody Press, 1969.

*Warfield, Benjamin B. *The Person and Work of Christ*. Edited by Samuel G. Craig. Philadelphia: Presbyterian & Reformed, 1950.

*Wells, David F. *The Person of Christ: A Biblical and Historical Analysis of the Incarnation*. Foundations for Faith. Westchester, IL: Crossway, 1984.

*Wilson, Clifford A. *Jesus the Teacher*. Melbourne: Hill of Content, 1974.

Wilson, William Riley. *The Execution of Jesus: A Judicial, Literary and Historical Investigation*. New York: Scribner, 1970.

العلامة (٭) تشير إلى أفضل المراجع في هذا المجال.

«سبِّحوا الإله الواحد مثلَّث الأقانيم»

سَبِّحوا الآبَ لأجلِ رَحمَةِ السَّماءْ،
برفقٍ يَعتني بأولادِ الشَّقاءْ،
أيُّها المَلائكةُ، سبِّحوهُ في العَلاءْ،
سَبِّحوا يَهوَهْ.

سبِّحوا المُخلِّصَ، وَأبَا الرَّأفةِ البَارّ،
الذي يَعتني بمُختاريْه، فادينا.
أيُّها الفِتيانُ والفتيَاتُ، كبارًا وَصِغارْ،
سبِّحوا المُخلِّصَ هادينا.

سَبِّحوا الرُّوحَ، تَعزيَةَ إسرائيلْ،
مِنَ الآبِ والابْنِ مُرسَلٌ بَرَكَةً للبَشَرْ،
سَبِّحوا الآبَ، والابنَ، والرُّوحَ القدُسْ،
سَبِّحوا الإلهَ الواحدَ الثَّالوثَ الذي ظَهَرْ.[1]

١ قام المترجم بتعريب هذه الترنيمة وتقفيتها. الترنيمة الأصلية هي بعنوان «Praise Ye the Triune God»، من تأليف إليزابيث ر. تشارلز Elizabeth R. Charles (١٨٢٨-١٨٩٦ م)

الفصل الخامس

الله الروح القدس

عقيدة الروح القدس

(نيوماتولوچي)

الموضوعات الرئيسية التي يتناولها الفصل الخامس

مقدِّمة عن الروح القدس

ألوهية الروح القدس ووحدانية الله في ثلاثة أقانيم

الخلاص

التقديس

الخدمة

الخلق

الكتاب المقدس

الخدمة النبويَّة

هـذا الفصـل يـدور حـول أقنـوم الـروح القـدس، الأقنـوم الثالـث فـي اللاهـوت مثلَّـث الأقانيـم، والـذي يَظهَـر عبـر كلِّ الكتـاب المقـدس، مـن سـفر التكويـن وحتـى سـفر الرؤيـا.

مقدِّمة عن الروح القدس

- مسحٌ للعهد القديم
- مسحٌ للعهد الجديد
- حقيقة الروح القدس
- أسماء وألقاب الروح القدس
- صور وصفيَّة للروح القدس
- خدمة الروح القدس للمسيح
- خدمات الروح القدس
- خطايا في حقِّ الروح القدس

مسحٌ للعهد القديم

تـرد كلمـة *ruakh* العبريـة ٣٧٨ مـرة فـي كلِّ العهـد القـديم، بينمـا تـرد الكلمـة الأراميـة المماثِلـة لهـا ١١ مـرة (فـي سـفر دانيـآل فقـط). تعنـي هـذه الكلمـة فـي المقـام الأول إمـا «روح» (١ صموئيـل ١٦ : ١٤)، أو «ريـح» (خـروج ١٠ : ١٣)، أو «أنفـاس» («رُوحُ حَيَـاةٍ») (تكويـن ٦ : ١٧). وفـي غالبيـة الأحيـان، يحـدِّد السـياق المعنـى المقصـود مـن الكلمـة، ويميِّـز، علـى سـبيل المثـال، بـين روح اللـه (تكويـن ٦ : ٣)، وروح الإنسـان (أيـوب ١٠ : ١٢)؛ أو بـين توجُّـهٍ قلبـيٍّ (أمثـال ١٦ : ١٨) والجـزء الـلا مـادي فـي الإنسـان (مزمـور ٣١ : ٥).

جـاءت كلمـة *ruakh* فـي أسـفار العهـد القـديم التسـعة والثلاثـين جميعهـا، عـدا سـبعة (اللاويـين، وراعـوث، وأسـتير، ونشـيد الأنشـاد، وعوبديـا، وناحـوم، وصفنيـا)، أي فـي حوالـي ٨٢٪ مـن العهـد القـديم. لكنهـا جـاءت كإشـارة إلـى الـروح القـدس علـى وجـه التحديـد فـي ٧٩ مـرة فقـط مـن أصـل ٣٧٨ مـرة (أي بنسـبة ٢١٪)، وفقـط فـي واحـد وعشـرين سـفرًا مـن الأسـفار التسـعة والثلاثـين للعهـد القـديم (٥١٪)، وهـي أسـفار التكويـن، والخـروج، والعـدد، والتثنيـة، والقضـاة، وصموئيـل الأول، وصموئيـل الثانـي، وملـوك الأول، وملـوك الثانـي، وأخبـار الأيـام الأول، وأخبـار الأيـام الثانـي، ونحميـا، وأيـوب، والمزاميـر، وإشـعياء، وحزقيـال، ويوئيـل، وميخـا، وحجَّـي، وزكريـا، وملاخـي.

وردت إشـارات إلـى الـروح القـدس منـذ أصحـاح الخلـق (تكويـن ١ : ٢) وحتـى آخـر سـفر فـي العهـد القـديم (ملاخـي ٢ : ١٥). ومـن أكثـر الأسـفار التـي يظهـر فيهـا روح اللـه هـي: سـفر إشـعياء (١٥ مـرة)، وسـفر حزقيـال (١٥ مـرة)، وسـفر العـدد (٧ مـرات)، وسـفر القضـاة (٧ مـرات)، وسـفر صموئيـل الأول (٧ مـرات)، وسـفر المزاميـر (٥ مـرات).

⬅ مسحٌ للعهد الجديد

يفوق إعلان العهد الجديد عن الروح القدس كثيرًا إعلان العهد القديم. ترد كلمة *pneuma* اليونانية ٣٧٩ مرة في كلِّ العهد الجديد (مساوٍ تقريبًا لعدد مرات ورود الكلمة العبرية في العهد القديم)؛ غير أنها جاءت كإشارة إلى الروح القدس في أكثر من ٢٤٥ مرة (بنسبة ٦٥٪)، أي ثلاثة أضعاف عدد الإشارات إليه في العهد القديم. ومن بين مرات ورود الترجمة الإنجليزية العامة لهذه الكلمة – «spirit» – في العهد القديم والعهد الجديد مجتمعَين، أشارت نسبة ٤٣٪ تقريبًا (أي ٣٢٤ مرة من أصل ٧٥٧ مرة) إلى الروح القدس.

جاءت كلمة *Pneuma* في خمسة وعشرين سفرًا من أسفار العهد الجديد (٩٣٪)، بينما غابت عن رسالتي يوحنا الثانية والثالثة. وقد أشارت الكلمة إلى الروح القدس في ثلاثة وعشرين سفرًا (٨٥٪)، باستثناء رسالة فليمون، ورسالة يعقوب، ورسالة يوحنا الثانية، ورسالة يوحنا الثالثة.

ظهر الروح القدس عبر كلِّ العهد الجديد من متى ١: ١٨ وحتى رؤيا ٢١: ١٠. ومن أكثر الأسفار التي ذُكِر فيها الروح القدس هي: سفر أعمال الرسل (٥٦ مرة)، ورسالة رومية (٢٨ مرة)، ورسالة كورنثوس الأولى (٢٢ مرة). ومن أكثر الموضوعات شيوعًا بشأن الروح القدس هو أنه عطية من الله لكلِّ مؤمن (رومية ٥: ٥؛ ٢ كورنثوس ١: ٢٢؛ ٥: ٥؛ غلاطيَّة ٣: ٥؛ أفسس ١: ١٣-١٤؛ ١ تسالونيكي ٤: ٨؛ ١ يوحنا ٣: ٢٤؛ ٤: ١٣).

⬅ حقيقة الروح القدس

لا يمكن أن يساورنا أدنى شك، بحسب الكتاب المقدس، في وجود الروح القدس، وذلك لأنه ذُكِر في الكتاب أكثر من ٣٢٠ مرة. لكن، هل الروح القدس شخصٌ، نظير الله الآب والله الابن؟ لا تُقاس الهُوية الشخصية بالعناصر المادية، كأعضاء الجسم، واللحم، والدم، والعظام؛ لكنها تتحدَّد عن طريق ثلاث خواصٍّ أساسية: (١) الإدراك أو العقل، (٢) الإرادة، (٣) العاطفة أو المشاعر.[١] ويقدِّم لنا الكتاب المقدس أدلة أكثر من كافية على امتلاك الروح القدس لجميع هذه الخواصِّ الأساسية الثلاث للهُوية الشخصية. ومن ثَمَّ، يمكن تصنيف الروح القدس بأنه الأقنوم الثالث في اللاهوت الواحد مثلَّث الأقانيم.

- الإدراك أو العقل
  ١. يقدِّم مشورة (إشعياء ١١: ٢).
  ٢. يعطي حكمة (إشعياء ١١: ٢).
  ٣. هو الذي أوحى بالكتاب المقدس (أعمال الرسل ١: ١٦؛ عبرانيين ٣: ٧؛ ١٠: ١٥؛ ١ بطرس ١: ١١؛ ٢ بطرس ١: ٢١).

---

١ لسنا نقصد بكلمة «العاطفة» أو «المشاعر» أن نوحي ضمنًا بأن عواطف الله تُحرِّكها انفعالاتٍ لا إرادية تَسُوْقُهُ وتدفعه، نظير الانفعالات البشرية. فوفقًا لإقرار إيمان وستمنستر، الله «بلا جسد، أو أعضاء، أو انفعالات بشرية، وهو غير قابل للتغيُّر» (الفصل الثاني، البند الأول). فإن الله غير مَسوق بعواطفه، بل إن مشاعره هي التعبير السيادي والمتعمَّد عن رغباته المقدَّسة. لدراسة المزيد حول هذا الموضوع، انظر عنوان «الثبات أو عدم القابلية للتغيُّر» في الفصل الثالث من هذا الكتاب (ص. ١٩٦).

٤. يشفع (رومية ٨: ٢٦).
٥. يَعْرِف (إشعياء ١١: ٢).
٦. لديه فِكْرٌ وذهنٌ (رومية ٨: ٢٧؛ اكورنثوس ٢: ١٠-١٣).
٧. يُذكِّر (يوحنا ١٤: ٢٦).
٨. يقدِّم الحق (يوحنا ١٤: ١٧، ٢٦؛ ١٥: ٢٦؛ ١٦: ١٣؛ ١ يوحنا ٤: ٦).
٩. يتكلَّم (أعمال الرسل ٨: ٢٩؛ ١٠: ١٩؛ ١١: ١٢؛ ١٣: ٢؛ ٢٨: ٢٥؛ رؤيا ٢: ٧ - ٣: ٢٢).
١٠. يُعلِّم (لوقا ١٢: ١٢؛ يوحنا ١٤: ٢٦؛ اكورنثوس ٢: ١٣؛ عبرانيين ٩: ٨).
١١. يَشهَد (يوحنا ١٥: ٢٦؛ ١ يوحنا ٥: ٧-٨).

- الإرادة

١. يجاهد مع الخطاة (تكوين ٦: ٣؛ أعمال الرسل ٧: ٥١).
٢. يُرشِد (أعمال الرسل ١٦: ٦-٧).
٣. يوزِّع المواهب الروحية (اكورنثوس ١٢: ١١؛ عبرانيين ٢: ٤).
٤. يُجدِّد أو يلد ثانية (يوحنا ٣: ٧-٨؛ تيطس ٣: ٥).

- العاطفة أو المشاعر

١. يختبر الفرح (١ تسالونيكي ١: ٦).
٢. يمكن أن يتعرَّض للإهانة (عبرانيين ١٠: ٢٩).
٣. يحزن بسبب الخطية (إشعياء ٦٣: ١٠؛ أفسس ٤: ٣٠).
٤. يُحِب (رومية ٥: ٥؛ ١٥: ٣٠؛ غلاطيَّة ٥: ٢٢).

⬅ أسماء وألقاب الروح القدس

تُعَد الأسماء أو الألقاب التي استُخدِمت بالارتباط بالروح القدس من الأدلة الأساسية على وحدة الأقانيم الثلاثة في اللاهوت. ذُكِر البعض من هذه الأسماء بالارتباط بالآب، وذُكِر البعض الآخر بالارتباط بالابن، في حين انفرد الروح القدس بأخرى. وسنقوم بسردها في الأقسام الأربعة التالية:

- الروح القدس والآب

«رُوحه» (العدد ١١: ٢٩؛ رومية ٨: ١١)
«روحي» (تكوين ٦: ٣)
«روحك» (مزمور ١٣٩: ٧)
«رُوحكَ الْقُدُّوسَ» (مزمور ٥١: ١١)
«مَوْعِد الآبِ» (أعمال الرسل ١: ٤)
«روح الله» (تكوين ١: ٢؛ متى ٣: ١٦؛ اكورنثوس ٢: ١١)
«رُوح إِلَهِنَا» (اكورنثوس ٦: ١١)
«رُوح اللهِ الْحَيِّ» (٢ كورنثوس ٣: ٣)

«روحه» (رومية ٨: ١١)
«رُوحُ أَبِيكُمْ» (متى ١٠: ٢٠)
«رُوحُ الرَّبِّ» (قضاة ٣: ١٠)
«رُوحُ الرَّبِّ» (لوقا ٤: ١٨)
«رُوحُ السَّيِّدِ الرَّبِّ» (إشعياء ٦١: ١)
«الرَّبّ الرُّوح» (٢ كورنثوس ٣: ١٨)

- الروح القدس والابن

«الرُّوحُ»[٢] (أعمال الرسل ١٦: ٧)
«رُوحُ الْمَسِيحِ» (رومية ٨: ٩؛ ١ بطرس ١: ١١)
«رُوح يَسُوعَ الْمَسِيحِ» (فيلبي ١: ١٩)
«رُوح الرَّبِّ» (أعمال الرسل ٥: ٩؛ ٨: ٣٩)
«رُوح ابْنِهِ» (غلاطيَّة ٤: ٦)

- أسماء انفرد بها الروح القدس

«الروح» (العدد ١١: ١٧؛ متى ٤: ١)
«الروح الأزلي» (عبرانيين ٩: ١٤)
«رُوحُكَ الصَّالِحُ» (مزمور ١٤٣: ١٠)
«الرُّوح الْقُدُسِ» (متى ١: ١٨)
«رُوحٌ وَاحِدٌ» (أفسس ٤: ٤؛ راجع أفسس ٤: ٦، «إلهٌ وآبٌ واحدٌ،» وأفسس ٤: ٥، «ربٌّ واحدٌ»)
«السَّبْعَة الأَرْوَاحِ» (رؤيا ١: ٤؛ ٣: ١؛ ٤: ٥؛ ٥: ٦)

- صفات للروح القدس

«رُوحُ الْمَشُورَةِ وَالْقُوَّةِ» (إشعياء ١١: ٢)
«رُوحُ الإِيمَانِ» (٢ كورنثوس ٤: ١٣)
«رُوح الْمَجْدِ» (١ بطرس ٤: ١٤)
«رُوح النِّعْمَةِ» (عبرانيين ١٠: ٢٩؛ راجع زكريا ١٢: ١٠)
«رُوح الْقَدَاسَةِ» (رومية ١: ٤)
«رُوحُ الْمَعْرِفَةِ وَمَخَافَةِ الرَّبِّ» (إشعياء ١١: ٢)
«رُوح الْحَيَاةِ» (رومية ٨: ٢)
«رُوح الْمَوْعِدِ الْقُدُّوسِ» (أفسس ١: ١٣)
«روح الحق» (يوحنا ١٤: ١٧؛ ١٥: ٢٦؛ ١٦: ١٣؛ ١ يوحنا ٤: ٦؛ راجع ١ يوحنا ٥: ٦)

---

٢ [المترجم]: هذه الكلمة وُضِعت بناء على القراءة التي وردت في بعض المخطوطات على النحو التالي: Πνεῦμα Ἰησοῦ (أي «روح يسوع»)، وليس «الروح».

«رُوح الْحِكْمَةِ وَالإِعْلاَنِ فِي مَعْرِفَتِهِ» (أفسس ١: ١٧)
«رُوحُ الْحِكْمَةِ وَالْفَهْمِ» (إشعياء ١١: ٢)
«المعزِّي» أو «المُعِيْن» (يوحنا ١٤: ٢٦؛ ١٥: ٢٦؛ ١٦: ٧)

صُوَر وَصْفِيَّة للروح القدس

استخدَمَ الكتاب المقدس ثمانية صُوَرٍ وصفيَّةٍ تَربط بوضوح، وعلى نحوٍ مجازي، الروح القدس بالمثال التوضيحي. لكن، قد تأتي بعض هذه الصور نفسها في مواضع أخرى في الكتاب المقدس دون أن تشير بالضرورة إلى الروح القدس، كالنار، التي يمكن أن تشير أيضًا إلى الدينونة (متى ٢٥: ٤١؛ ١كورنثوس ٣: ١٣). هذه الصور الوصفيَّة مستمَدَّة من الطبيعة (الحمامة، والنار، والزيت، والماء، والريح)، ومن مجال القانون (العربون، والختم)، ومن الحياة المنزلية (اللباس).

من خلال سياقات هذه الصور الوصفيَّة، يتبيَّن أنها يُمكن أن تشير إلى خدمة الروح القدس للمسيح (الحمامة والزيت)، أو للرسل (اللباس، والنار، والزيت، والماء، والريح)، أو للمؤمنين (الزيت، والعربون، والختم، والماء، والريح). وتشير جميع الصور الخمسة المرتبطة بالرسل إلى عناصر ظهرت في يوم الخمسين. أما الصور المرتبطة بالمسيح والمؤمنين، فهي تتعلَّق بمعمودية المسيح، وبخلاص المؤمنين. وقد ارتبطت صورة الزيت بالفئات الثلاثة جميعها (المسيح، والرسل، والمؤمنين)، بينما ارتبطت صورة الماء والريح بكلٍّ من الرسل والمؤمنين؛ أما الصور الخمسة المتبقية، فهي لا تتعلق سوى بفئة واحدة فحسب من هذه الفئات الثلاثة.

من المثير للاهتمام أنَّ القليل جدًّا من هذه الصور الوصفيَّة يظهر بوضوح في العهد القديم (فقط الماء والريح)، في حين جاءت الصور الثمانية جميعها في العهد الجديد، في الأناجيل (اللباس، والحمامة، والماء، والريح)، وفي سفر أعمال الرسل (النار، والزيت، والماء، والريح)، وفي الرسائل البولُسية (الزيت، والعربون، والخَتم)، وفي رسائل بطرس (الريح)، وفي رسائل يوحنا (الزيت). ويلخِّص الجدول ١،٥ التالي هذه الصور الوصفية، والحقائق التي تمثِّلها.

الجدول ٥ . ١: الصور الوصفيَّة للروح القدس

اللباس	التمكين أو التأييد بالقوة من الروح القدس
الحمامة	برُّ الروح القدس
النار	الحضور المنظور للروح القدس

الزيت	المَسح بالروح القدس
العربون	الضمان بالروح القدس
الخَتم	الملكية أو الضمان بالروح القدس
الماء	الخلاص، والتأييد بالقوة، والضم إلى الكنيسة بالروح القدس
الريح	الخلاص، والتأييد غير المنظور بالقوة من الروح القدس

- **اللباس** (لوقا ٢٤: ٤٩)

علَّم الابن التلاميذ بأن الآب سيُرسِل لهم «الموعد» (الروح؛ انظر يوحنا ١٤: ١٦-١٧)، حتى يتسنَّى لهم أن «يُلبَسوا» (في اليونانية *endyō*) «قُوَّةً مِنَ الْأَعَالِي» (لوقا ٢٤: ٤٩). تم التنبُّؤ بهذا (أعمال الرسل ١: ٤-٥)، وتحقَّق بالفعل (أعمال الرسل ٢: ١-٤) كما قال المسيح تمامًا. تأيَّد التلاميذ جميعهم بقوة عظيمة من الروح القدس حتى يتمِّموا مقاصد المسيح (أعمال الرسل ٢: ٤). هذه الصورة الوصفيَّة تعني أن الله بسيادته ألبَسَ البشرَ، وليس هم الذين ألبَسوا أنفسَهم (راجع كولوسِّي ٣: ١٢-١٤). وهذا يفسِّر كيف فَعَلَ الرسل في يوم الخمسين ما لم يقدروا أن يفعلوه قبل ذلك.

- **الحمامة** (متى ٣: ١٦؛ مرقس ١: ١٠؛ لوقا ٣: ٢٢؛ يوحنا ١: ٣٢)

إلامَ ترمز الحمامة (في اليونانية *peristera*) من جهة الروح القدس؟ الحمامة مخلوق بريء، وبسيط، ونقي (في اليونانية *akearios*،[3] متى ١٠: ١٦). وقد وُصِف المؤمنون، في رومية ١٦: ١٩، وفي فيلبي ٢: ١٥بهذه الكلمة اليونانية نفسها (*akeraios*)، لإظهار أنهم «بُسَطَاءَ («أبرياء») لِلشَّرِّ»، و«أَوْلَادًا لِلهِ بِلَا عَيْبٍ». ولهذا السبب كان مسموحًا، في نظام ذبائح العهد القديم، للفقير الذي لم يكن قادرًا على تدبير ثمن خروف أن يقدِّم حمامة ذبيحة مُحرقة للتكفير عن الخطية (لاويين ١: ١٤؛ ٥: ٧؛ لوقا ٢: ٢٢-٢٤). ففي الكتاب المقدس، الحمامة تمثِّل البرَّ.

وما علاقة **البرِّ** بالروح القدس وبمعمودية المسيح؟ يركِّز سياق معمودية المسيح بصفة خاصة على البرِّ. فقد وصف الابن خدمته هكذا: «أَنْ نُكَمِّلَ كُلَّ بِرٍّ» (متى ٣: ١٥). ولذا، افتتح الروح القدس (في هيئة حمامة، تمثِّل البر) خدمة البرِّ التي للمسيح (متى ٣: ١٦). ونتيجة ذلك، صادق الآب على المسيح بصفته الابن البار (متى ٣: ١٧)، بشهادة من الروح القدس.

٣ [المترجم]: الكلمة في اللغة اليونانية تعني: «بريء» أو «بسيط» أو «غير مؤذٍ».

- **النار (أعمال الرسل ٢: ٣)**

تشير النار إلى حدٍّ كبير إلى حضور الله (خروج ٣: ٢-٦؛ ١٣: ٢١؛ لاويين ٩: ٢٤؛ أعمال الرسل ٧: ٣٠-٣٣). وقد كانت صورة النار التي استُخدِمت في حدث يوم الخمسين، في أعمال الرسل ٢: ٣، هي أنسب وصف للحضور المنظور للروح القدس. حتمًا، كانت هذه هي الصورة التي جالت بذهن بولس عندما حثَّ أهل تسالونيكي، بعد مرور عشرات السنوات على هذا الحدث، على تجنُّب إطفاء الروح القدس بالخطية (١ تسالونيكي ٥: ١٩).

- **الزيت (٢ كورنثوس ١: ٢١؛ ١ يوحنا ٢: ٢٠، ٢٧)**

يشير المسح بالزيت في العهدين القديم والجديد إلى التعيين في منصب مهم. فقد كان كهنة العهد القديم يُمسَحون لشغل الوظيفة الكهنوتية (خروج ٤٠: ١٢-١٥). كذلك، مَسَحَ صموئيل داود ملكًا على إسرائيل (١ صموئيل ١٦: ١٣). أيضًا، مُسِح تلاميذ العهد الجديد لشغل منصب رُسُلٍ (٢ كورنثوس ١: ٢١).

كذلك، المسيح - الذي يعني اسمه «الممسوح» سواء في اللغة العبرية (*meshiakh*) أو في اللغة اليونانية (*christos*) - مُسِح بالروح القدس (أعمال الرسل ٤: ٢٧؛ ١٠: ٣٨) لعمل الخدمة، وهو الأمر الذي حدث على الأرجح عند معموديته. أيضًا، يُمسَح المؤمنون، المدعوون كهنوتًا ملوكيًا (١بطرس ٢: ٩)، بالروح القدس حتى يتسنَّى لهم أن يعرفوا الحق عن المسيح (١يوحنا ٢: ٢٠، ٢٧). كما مُسِحَ بولس بالروح القدس لأجل الخدمة الرسولية (٢ كورنثوس ١: ٢١-٢٢).

إذن، لا بد أن هذا هو أيضًا ما حدث مع الرسل في يوم الخمسين. فبالتبعية، ينطبق ما حدث لبولس (٢ كورنثوس ١: ٢١) على التلاميذ، إذ مُسِحوا بالروح القدس لأجل الخدمة الرسولية، كما يخبرنا أعمال الرسل ٢: ١-٤.

- **العربون (٢ كورنثوس ١: ٢٢؛ ٥: ٥؛ أفسس ١: ١٤)**

في ثلاثة نصوص من العهد الجديد (٢ كورنثوس ١: ٢٢؛ ٥: ٥؛ أفسس ١: ١٤)، ذُكِر أن الروح القدس يُعطَى لكل مؤمن كعربونٍ أو ضمانٍ (في اليونانية *arrabōn*) لخلاصه الكامل، الذي لن يتحقق كاملًا إلا في القيامة الأخيرة. يمكن وصف هذا المصطلح بالعديد من المترادفات، من قبيل: **دفعة مقدَّمة**، أو **مقدَّم لإثبات الجدية**، أو **تعهُّد**، يكفل أن الوعد الذي قُطِع، وابتدأ يتحقق بالفعل، سيتحقَّق بالكامل ودون أدنى شك في المستقبل. فإن الروح القدس الساكن في المؤمن هو تعهُّد من الله بأن ما ابتدأه عندما آمن هذا الشخص أولًا بالمسيح للحياة الأبدية، سيؤدِّي حتمًا في النهاية إلى حياة أبدية (فيلبي ١: ٦).

- **الختم (٢ كورنثوس ١: ٢٢؛ أفسس ١: ١٣؛ ٤: ٣٠)**

خَتَمَ الآب الابن (يوحنا ٦: ٢٧)، وختم الله الرسل (٢ كورنثوس ١: ٢٢)، وخَتَمَ الرب المؤمنين (أفسس ١: ١٣؛ ٤: ٣٠). وإن هذا الختم الذي وضعه الله على جميع المؤمنين (في اليونانية *sphragizō*) هو الروح القدس. هذا الختم الفدائي هو علامة ملكية الله للمؤمنين، الذين افتداهم من سلطان الظلمة ونقلهم إلى ملكوت المسيح، الذي هو ملكوت النور (كولوسِّي ١: ١٣). ويدل هذا الختم على اعتماد المؤمنين على

الله من جهة ضمانهم الروحي في هذه الحياة، وكذلك في الحياة الآتية (انظر عنوان «الخلاص» [صفحة ٤٢٩] للاطلاع على دراسة موسَّعة حول هذا الموضوع).

- **الماء** (يوحنا ٧: ٣٨-٣٩؛ أعمال الرسل ١: ٥؛ ٢: ٣٣؛ ١كورنثوس ١٢: ١٣ [مرتان]؛ تيطس ٣: ٥-٦)

يشار إلى الروح القدس بأنه (١) مياه واهبة للحياة، في إشارة إلى الخلاص (يوحنا ٧: ٣٨-٣٩؛ ١كورنثوس ١٢: ١٣ب؛ تيطس ٣: ٥-٦)؛ وبأنه (٢) مياه مؤيِّدة بالقوة، في إشارة إلى التمكين (أعمال الرسل ١: ٥؛ ٢: ٣٣)؛ وكذلك، بأنه (٣) مياه داعمة وحافظة، في إشارة إلى فعل الضمِّ إلى جسد المسيح (١كورنثوس ١٢: ١٣أ).

أولاً، تحدَّث بولس في ١كورنثوس ١٢: ١٣ب عن شُرب الروح القدس كمياهٍ للخلاص (انظر يوحنا ٤: ١٤)؛ ووصف المسيح الروح القدس بأنه أنهار ماء حي (يوحنا ٧: ٣٨-٣٩؛ راجع حزقيال ٣٦: ٢٥-٢٧)؛ كما وصفه بولس بأنه مياه تُسكَب من أجل غُسل التجديد (تيطس ٣: ٥- ٦). كذلك، في فترة المُلك الألفي للمسيح، سيَسكُب الله من روحه على بيت إسرائيل للفداء والخلاص (إشعياء ٣٢: ١٥؛ ٤٤: ٣؛ حزقيال ٣٩: ٢٩؛ يوئيل ٢: ٢٨-٢٩).

ثانيًا، استخدم المسيح صورة الماء للتنبُّؤ عن حدث مستقبلي (أعمال الرسل ١: ٥)، واستخدم بطرس الصورة نفسها لتوضيح حدث كان قد وقع بالفعل (أعمال الرسل ٢: ٣٣)؛ وكلاهما كانا وصفًا للتأييد العظيم للتلاميذ بالقوة من الروح القدس في يوم الخمسين. فقد «اعتمد» التلاميذ في ذلك اليوم (أعمال الرسل ١: ٥)، و«سَكَبَ» الآب موعد الروح القدس (أعمال الرسل ٢: ٣٣).

أخيرًا، يعمِّد المسيح المؤمنين بالروح القدس في لحظة الخلاص، ويضمُّهم إلى الكنيسة (١كورنثوس ١٢: ١٣أ). وعلى غرار الخلاص والتأييد بالقوة، هذا الضم إلى جسد المسيح دائم، ومن ثَمَّ، لا رجعة فيه.

- **الريح** (يوحنا ٣: ٨؛ أعمال الرسل ٢: ٢؛ ٢ بطرس ١: ٢١)

يمكن ترجمة الكلمة اليونانية *pneuma* إلى «روح» (متى ٥: ٣)، أو إلى «الروح القدس» (متى ١: ١٨)، أو إلى «ريح» (يوحنا ٣: ٨)، أو إلى «نَفَس» أو «نسمة حياة» (رؤيا ١٣: ١٥)، وذلك بحسب السياق. في يوحنا ٣: ٨، شبَّه يسوع عمل روح الله في الخلاص بظاهرة هبوب الريح، من حيث أن هذا العمل غير منظور، وغير متوقَّع، ولا يمكن التنبُّؤ به، إلا أنه دائمًا ما يحقِّق غايته بقوة (راجع حزقيال ٣٧: ٩-١٤).

وقد وصف لوقا صوت حلول الروح القدس في يوم الخمسين بأنه «صَوْتٌ كَمَا مِنْ هُبُوبِ رِيحٍ عَاصِفَةٍ» (أعمال الرسل ٢: ٢). فقد سُمِع الصوت فقط، ولم يره أحد، لكنه أحدث تأثيرًا قويًّا بلغ أوجَه في عظة بطرس اللافتة للنظر التي ألقاها في ذلك اليوم. فقد أمدَّ الروح غير المنظور كنيسة يسوع المسيح ببداية لا يمكن إنكارها أو محوها من الذاكرة.

كذلك، وَصَفَ بطرس عملية كتابة الكتب المقدسة مستخدمًا الريح كصورة تشير إلى عمل الوحي الذي أجراه الروح القدس (٢ بطرس ١: ٢١). فكما تحمل الريح السفينة في البحر، هكذا أيضًا حَمَلَ

الروح القدس الرسل في أثناء كتابة الكتاب المقدس. فإن السُّفُنُ تكون «كجثة في المياه» دون قوة الريح الدافعة، وهكذا أيضًا، كان كُتَّاب الكتاب المقدس عاجزين تمامًا عن كتابة كلمة الله دون مرافقة من قوة الروح القدس.

⬅ خدمة الروح القدس للمسيح

خدم الروح القدس المسيح بطرق متعددة:

١. التنبُّؤ عن خدماته (إشعياء ١١: ١-٢؛ ٤٢: ١-٤؛ ٦١: ١-٣؛ زكريا ١٢: ١٠)
٢. تنفيذ حدث الحَبَل العذراوي به، وحدث ميلاده (متى ١: ١٨، ٢٠؛ لوقا ١: ٣٤-٣٥)
٣. النزول عليه في وقت المعمودية (متى ٣: ١٣-١٧؛ مرقس ١: ٩-١١؛ لوقا ٣: ٢١-٢٢؛ يوحنا ١: ٢٩-٣٤)
٤. مَسحهُ للخدمة والكرازة (متى ١٢: ١٥-٢١؛ لوقا ٤: ١٧-٢١)
٥. تأييده بالقوة (متى ١٢: ٢٨؛ لوقا ٤: ١٤-١٥؛ ١١: ٢٠؛ أعمال الرسل ١٠: ٣٨)
٦. ملؤه (لوقا ٤: ١-٢؛ يوحنا ٣: ٣٤)
٧. قيادته (متى ٤: ١؛ مرقس ١: ١٢؛ لوقا ٤: ١، ١٤؛ أعمال الرسل ١ :٢)
٨. التهلُّل معه (لوقا ١٠: ٢١)
٩. معاونته في تقديم نفسه للصَّلب (عبرانيين ٩: ١٤)
١٠. إقامته من الأموات (رومية ١: ٤؛ ٨: ١١)

⬅ خدمات الروح القدس

يُظهِر الملخَّص التالي لخدمات الروح القدس الأساسية ما قصده المسيح حين قال لتلاميذه إنه خيرٌ لهم أن ينطلق حتى يتسنَّى له إرسال الروح القدس إليهم (يوحنا ١٦: ٧):

١. يتبنَّى (رومية ٨: ١٥).
٢. يُعمِّد (١كورنثوس ١٢: ١٣).
٣. يَشهَد (أعمال الرسل ٥: ٣٢؛ رومية ٨: ١٦؛ ٩: ١؛ ١ يوحنا ٥: ٦-٨).
٤. يدعو إلى الخدمة (أعمال الرسل ١٣: ٢-٤).
٥. يُبكِّت (يوحنا ١٦: ٨-١١).
٦. يعطي قوة وتمكينًا (خروج ٣١: ١-٣؛ قضاة ١٣: ٢٥؛ أعمال الرسل ١: ٨).
٧. يملأ (لوقا ٤: ١؛ أعمال الرسل ٢: ٤؛ أفسس ٥: ١٨).
٨. يضمن (٢ كورنثوس ١: ٢٢؛ ٥: ٥؛ أفسس ١: ١٤).
٩. يحفظ (٢ تيموثاوس ١: ١٤).
١٠. يُعِين (يوحنا ١٤: ١٦، ٢٦؛ ١٥: ٢٦؛ ١٦: ٧؛ ٢ تيموثاوس ١: ١٤).
١١. ينير ويُعلِن (١كورنثوس ٢: ١٠-١٣).

١٢. يَسكُن (رومية ٨: ٩-١١؛ اكورنثوس ٣: ١٦؛ ٦: ١٩).
١٣. يشفع (رومية ٨: ٢٦-٢٧؛ أفسس ٦: ١٨؛ يهوذا ٢٠؛ انظر ١ يوحنا ٥: ١٤-١٥).
١٤. يقود (مزمور ١٤٣: ١٠؛ متى ٤: ١؛ مرقس ١: ١٢؛ لوقا ٤: ١؛ أعمال الرسل ٢٠: ٢٢-٢٣؛ رومية ٨: ١٤).
١٥. يُنتِج ثمرًا (غلاطيَّة ٥: ٢٢-٢٣).
١٦. يمدُّ بحياة روحية (غلاطيَّة ٥: ١٦، ١٨، ٢٥).
١٧. يُجدِّد أو يلد ثانية (يوحنا ٣: ٥-٦، ٨؛ تيطس ٣: ٥).
١٨. يُذكِّر (يوحنا ١٤: ٢٦).
١٩. يكبح أو يحجز الخطية، ويبكِّت عليها (تكوين ٦: ٣؛ أعمال الرسل ٧: ٥١؛ ٢تسالونيكي ٢: ٦-٧).
٢٠. يُقيم من الموت (رومية ١: ٤؛ ٨: ١١).
٢١. يعلن الحق (٢صموئيل ٢٣: ٢؛ نحميا ٩: ٣٠؛ زكريا ٧: ١٢؛ يوحنا ١٤: ١٧؛ اكورنثوس ٢: ١٠؛ أفسس ٣: ٥).
٢٢. يُقدِّس (رومية ١٥: ١٦؛ اكورنثوس ٦: ١١؛ ٢تسالونيكي ٢: ١٣؛ ابطرس ١: ٢).
٢٣. يختم (٢كورنثوس ١: ٢٢؛ أفسس ١: ١٣-١٤؛ ٤: ٣٠).
٢٤. يُقِيِمُ الأساقفة أو النُظَّار، ويختارهم (أعمال الرسل ٢٠: ٢٨).
٢٥. يُرسِل (أعمال الرسل ١٣: ٤).
٢٦. يشدِّد (أفسس ٣: ١٦).
٢٧. يُعلِّم (يوحنا ١٤: ٢٦؛ أعمال الرسل ١٥: ٢٨؛ ١ يوحنا ٢: ٢٠، ٢٧).

كذلك، الروح القدس هو مصدر الأمور التالية:

١. الشركة (٢كورنثوس ١٣: ١٤؛ فيلبي ٢: ١)
٢. الحرية (٢ كورنثوس ٣: ١٧-١٨)
٣. الحياة والسلام (رومية ٨: ٦)
٤. القوة (رومية ١٥: ١٣؛ اكورنثوس ٢: ٤؛ أفسس ٣: ١٦)
٥. المواهب الروحية (اكورنثوس ١٢: ٤-١١)
٦. الحق (يوحنا ١٤: ١٧؛ ١٥ :٢٦؛ ١ يوحنا ٥: ٦)
٧. الوحدة (أفسس ٢: ١٨؛ ٤: ٣-٤)
٨. الحكمة (إشعياء ١١: ٢)
٩. العبادة (فيلبي ٣: ٣)

← خطايا في حقّ الروح القدس

ليست الكيفية التي يقاوم بها الإنسان بإرادته مشيئة الله واضحة تمامًا؛ ومع ذلك، هذه حقيقة تبيِّنها لنا العديد من النصوص الكتابية.

يقاوم المؤمنون مشيئة الله عن طريق ارتكاب الأفعال التالية في حقِّ الروح القدس:

١. إحزانه (أفسس ٤: ٣٠)
٢. الكذب عليه (أعمال الرسل ٥: ٣)
٣. تجاهُله (غلاطيَّة ٣: ٣-٦؛ ٥: ١٧)
٤. إطفائه (١ تسالونيكي ٥: ١٩)
٥. تجربته (أعمال الرسل ٥: ٩)

ويقاوم غير المؤمنين مشيئة الله عن طريق ارتكاب الأفعال التالية في حق الروح القدس:

١. التجديف عليه (متى ١٢: ٣١؛ مرقس ٣: ٢٩؛ لوقا ١٢: ١٠)
٢. إحزانه (إشعياء ٦٣: ١٠)
٣. إهانته أو إغاظته (عبرانيين ٣: ١٠؛ ١٠: ٢٩)
٤. التمرُّد عليه أو مقاومته (تكوين ٦: ٣؛ نحميا ٩: ٣٠؛ إشعياء ٣٠: ١؛ ٦٣: ١٠؛ أعمال الرسل ٧: ٥١؛ غلاطيَّة ٥: ١٧)
٥. تجربته (مزمور ٧٨: ٤١؛ عبرانيين ٣: ٨-٩)

ويمكن لكلٍّ من المؤمنين وغير المؤمنين أن يخطئوا في حق الروح القدس عن طريق:

١. إحزانه (إشعياء ٦٣: ١٠؛ أفسس ٤: ٣٠)
٢. تجربته (مزمور ٧٨: ٤١؛ أعمال الرسل ٥: ٩؛ عبرانيين ٣: ٨-٩)

ألوهية الروح القدس ووحدانية الله في ثلاثة أقانيم[٤]

➡ ألوهية الروح القدس
➡ وحدانية الله في ثلاثة أقانيم

أُثيرت الشكوك من آن لآخر، ولكن ليس بصورة متكرِّرة، حول ألوهية الروح القدس وكونه أقنومًا في اللاهوت الواحد في ثلاثة أقانيم. وفي كلِّ مرة، كان السبب يرجع إلى إهمالٍ لمحتوى الكتاب المقدس، سواء بسبب حلول المنطق البشري بشكل خاطئ محل الإعلان المعصوم للكتاب المقدس، أو بسبب عدم إيمان محض وصريح. فيما يلي بعض الأدلة المهمة التي تؤيِّد ألوهية الروح القدس وكونه أقنومًا في اللاهوت الواحد في ثلاثة أقانيم.

➡ ألوهية الروح القدس

- الأمور المنسوبة إليه

في الأصحاح الخامس من سفر أعمال الرسل، واجه بطرس حنانيا قائلًا: «يَا حَنَانِيَّا، لِمَاذَا مَلأَ

٤ للاطلاع على دراسة أكثر شمولًا وتفصيلًا حول ألوهية الروح القدس وكونه أقنومًا في اللاهوت الواحد في ثلاثة أقانيم، يُرجَى الرجوع إلى الفصل الثالث من هذا الكتاب بعنوان «الله الآب»، وكذلك إلى الفصل الرابع بعنوان «الله الابن».

الشَّيْطَانُ قَلْبَكَ لِتَكْذِبَ عَلَى الرُّوحِ الْقُدُسِ؟» (٥: ٣)، ثم قال له: «أَنْتَ لَمْ تَكْذِبْ عَلَى النَّاسِ بَلْ عَلَى الله» (٥: ٤). وبذلك، ساوى الرسول بين الكذب على الروح القدس والكذب على الله، ومن ثَمَّ، عرَّف الروح القدس بأنه هو الله.

وفي العهد الجديد، نُسِبت كلمات جاءت على لسان يهوه في العهد القديم في بعض الأحيان إلى الروح القدس. ومن ثَمَّ، يُثبِت هذا أن الروح القدس هو الله، نظير يهوه. قارن بين مزمور ٩٥: ٨-١١ وعبرانيين ٣: ٧-١١؛ وبين إشعياء ٦: ٨-١٠ وأعمال الرسل ٢٨: ٢٥-٢٧؛ وبين إرميا ٣١: ٣٣-٣٤ وعبرانيين ١٠: ١٥-١٧.

كذلك، قيل عن المؤمنين إنهم يخدمون باعتبارهم هيكل الله (١كورنثوس ٣: ١٦؛ ٦: ١٩)، لأن الروح القدس الذي هو الله ساكنٌ في كل واحد فيهم (رومية ٨: ٩، ١١؛ ٢ تيموثاوس ١: ١٤). فكما حلَّ مجد الله في قدس الأقداس في أزمنة العهد القديم، هكذا أيضًا يسكن روح الله الآن داخل المؤمنين الحقيقيين.

أيضًا، نُسِب عمل الله لتكوين الكنيسة، جسد المسيح (١كورنثوس ١٢: ١٨، ٢٤، ٢٨)، إلى الروح القدس (١كورنثوس ١٢: ١١). وبسبب وصف ذلك بأنه عمل **الله**، يمثِّل هذا إثباتًا آخر لألوهية الروح القدس.

نَطَقَ المسيح، في واحدة من اللحظات التي لا يمكن أن تُنسَى في تاريخ خدمته على الأرض، بهذه الكلمات: «وَلكِنْ مَنْ جَدَّفَ عَلَى الرُّوحِ الْقُدُسِ فَلَيْسَ لَهُ مَغْفِرَةٌ إِلَى الأَبَدِ، بَلْ هُوَ مُسْتَوْجِبٌ دَيْنُونَةً أَبَدِيَّةً» (مرقس ٣: ٢٩؛ انظر متى ١٢: ٣١-٣٢؛ لوقا ١٢: ١٠). يُظهِر هذا النص مجدَّدًا ألوهية الروح القدس، لأن الله وحده هو الذي يمكن أن يجدَّف عليه.[٥]

• الألقاب

انظر عنوان «الروح القدس والآب» و«الروح القدس والابن» تحت عنوان «أسماء وألقاب الروح القدس» أعلاه (صفحة ٤١٠). لكن، لأجل إتمام الغرض من هذا الجزء، سنقول إن أسماء الروح القدس متَّصلة بكلٍّ من الله الآب والله الابن، لأنه مشترك في الجوهر الإلهي ذاته الذي للآب والابن.

• الصفات

يتمتَّع الروح القدس بكمالات الله، أي بصفات اللاهوت غير القابلة للنقل أو المشاركة. وبما أن الله وحده ينفرد بهذه الخصائص الإلهية من حيث نوعها ومداها، فهي تُثبِت إذن أن الروح القدس هو بالحقيقة الله:

١. الأزلية (عبرانيين ٩: ١٤)

٢. المجد (١ بطرس ٤: ١٤؛ راجع إشعياء ٤٢: ٨؛ ٤٨: ١١)

---

٥ للاطلاع على دراسة حول طبيعة التجديف على الروح القدس، انظر عنوان «التجديف على الروح القدس والارتداد» أدناه (ص. ٤٣٢)، وعنوان «الخطية التي لا تُغتفر» في الفصل السادس (ص. ٥٧٣).

٣. القداسة (مزمور ٥١ : ١١؛ إشعياء ٦٣ : ١٠-١١؛ متى ١ : ١٨؛ رومية ١ : ٤)
٤. القدرة الكلية (تكوين ١ : ١-٢؛ لوقا ١ : ٣٥؛ رومية ١ : ٤)
٥. الوجود الكلي (مزمور ١٣٩ : ٧-١٠؛ راجع إرميا ٢٣ : ٢٤)
٦. العلم الكلي (إشعياء ٤٠ : ١٣؛ ١كورنثوس ٢ : ١٠-١١)
٧. الحق أو الصدق (يوحنا ١٤ : ١٧؛ ١٥ : ٢٦؛ ١٦ : ١٣)

- **الأعمال**

بما أن الله وحده هو القادر على القيام بالأعمال الإلهية التالية التي يقوم بها الروح القدس، يُثبِت ذلك أن الروح القدس هو الله، وهو يعمل في تناغم تام ووحدة تامة مع الله الآب والله الابن:

١. الخلق (تكوين ١ : ٢؛ أيوب ٢٦ : ١٣؛ ٣٣ : ٤)
٢. المعونة أو التعزية (يوحنا ١٤ : ١٦، ٢٦؛ ١٥ : ٢٦؛ ١٦ : ٧)
٣. الوحي (٢ بطرس ١ : ٢٠-٢١)
٤. الشفاعة (رومية ٨ : ٢٦-٢٧؛ راجع أفسس ٦ : ١٨؛ يهوذا ٢٠)
٥. القوَّات (متى ١٢ : ٢٨؛ ١كورنثوس ١٢ : ٩، ١١)
٦. التجديد أو الولادة الثانية (يوحنا ٣ : ٥-٨؛ تيطس ٣ : ٥)
٧. القيامة من الأموات (رومية ٨ : ١١)
٨. التقديس (٢تسالونيكي ٢ : ١٣؛ ١بطرس ١ : ٢)

- **الصِّلات**

يربط العديد من النصوص الكتابية بوضوح بين الروح القدس والله:

١. متى ٢٨ : ١٩

إن تعليمات يسوع عن المعمودية في هذا النص تَقْرِنُ الآب والابن والروح القدس معًا في وِحدة واحدة وتعتبرهم مشاركين متساوين في خلاص المؤمن الذي تمثِّله المعمودية بالتغطيس.

٢. يوحنا ١٤ : ١٦، ٢٦؛ ١٥ : ٢٦؛ ١٦ : ٧

في هذه النصوص، وصف يسوع روح الحق، الذي سيَطلُب من الآب أن يرسله بأنه «معزٍّ آخر». والكلمة اليونانية التي تُرجمت هنا إلى «آخر» هي كلمة *allos*، التي تعني «آخر من النوع نفسه»، أي عضو آخر في اللاهوت مثلَّث الأقانيم. فعل يسوع ذلك حتى لا يُترَك التلاميذ يتامى بعد صعوده إلى السماء (أعمال الرسل ١ : ٩). وقد ربط إنجيل يوحنا بين الآب والابن والروح القدس في تساوٍ أربع مرات (١٤ : ١٦، ٢٦؛ ١٥ : ٢٦ [مرتان]).

٣. ١كورنثوس ٢ : ١٠-١٣

يُظهر هذا النص كيف يكمِّل الآب والروح القدس أحدهما الآخر بالتساوي في إعلان كلمة الله، وتوضيحها، وتفسيرها.

٤. ٢ كورنثوس ١٣ : ١٤

ذُكِرَ أقانيم اللاهوت الثلاثة جميعهم، ووُضعوا على قدم المساواة، في هذه البركة البولُسية الثالوثية.

٥.   رؤيا ١:٤-٥
رَبَطَت هذه البركة اليوحناوية الثالوثية بين الآب، والروح القدس، والابن باعتبارهم متساوين.

• الهجمات

تندرج أخطر الهرطقات المتعلِّقة بالروح القدس، والتي ظهرت عبر التاريخ، تحت فئتين: (١) إنكار أقنومية الروح القدس أو هويته الشخصية[٦] (٢) إنكار ألوهية الروح القدس وأزليته، الشيء الذي يُعَد، بالتبعية، إنكارًا لوحدانية الله في ثلاثة أقانيم.

السابليانية [Sabellianism]: هذه الهرطقة التجديفية، التي يعود تاريخ ظهورها إلى أواخر القرن الثاني أو مطلع القرن الثالث الميلادي، افترضت وجود إله واحد في ثلاثة مظاهر، أو أشكال، أو أسماء، أو أدوار. أجزمت هذه الهرطقة بوحدانية شخص الله وأقنوميته، غير أنها أنكرت أقنومية المسيح، وأقنومية الروح القدس، الشيء الذي يُعَد بالتبعية إنكارًا لوحدانية الله في ثالوث.

علَّمت السابليانية، المعروفة أيضًا باسم المودالية أو الشكليَّة [Modalism]، بأن الآب هو الابن، وكذلك هو الروح القدس، وذلك بحسب الدور أو الشكل الذي يتَّخذه الله في أية لحظة من الزمن. سُمِّيت هذه الهرطقة في بعض الأحيان أيضًا باسم المونا ركية أو الوحدانية المطلقة [Monarchianism]، وذلك لسعيها إلى «حماية وحدانية الله»، على حساب التضحية غير المقبولة بوحدانيته في ثالوث. وقد دُعِيت إحدى النسخ الأخرى من هذه الهرطقة أيضًا باسم مذهب «تألُّم الآب» [Patripassianism]، وذلك لزعمها بأن الآب هو الذي صُلِب، حين اتخذ شكل الابن، أو دوره. وقد علَّم البعض أيضًا بأن هذا الإله الواحد اتَّخذ أدوارًا متتالية: أولًا، دور الآب في الخلق، ثم دور الابن في الفداء، وفي النهاية، دور الروح القدس في الميلاد الثاني والتقديس.

حاول هؤلاء المعلمون الكذبة حماية عقيدة الوحدانية من الاتهامات الباطلة للمسيحيين بكونهم يؤمنون بوجود ثلاثة آلهة، أو بتعدُّد الآلهة؛ لكن، أدَّت هذه المحاولة، على نحو غير متعمَّد، إلى خطأ مساوٍ في الفداحة، ألا وهو إنكار أقنومية المسيح وأقنومية الروح القدس، ومن ثَمَّ، إنكار وحدانية الله في ثالوث. فإن العقيدة الكتابية الصحيحة عن وحدانية الله في ثالوث تؤكد وجود إله واحد (وليس ثلاثة آلهة)، في ثلاثة أقانيم (وليس أقنوم واحد)، مشتركين معًا ومتساوين في الكينونة، والسرمدية. استمر هذا الفكر السابلياني المغلوط في صورة أخرى معدَّلة من خلال الحركة الوحدويَّة الحديثة [Unitarian movement]

الأريوسية [Arianism]: هذه الهرطقة، التي يعود تاريخ ظهورها إلى أوائل القرن الرابع الميلادي وحتى منتصفه، علَّمت بأن الإله الواحد خلق المسيح في الأزل، والمسيح بدوره خلق الروح القدس. وفي حين أقرَّ هذا التعليم الكاذب بأقنومية كلٍّ من المسيح والروح القدس (على خلاف السابليانية)، إلا أنه أنكر ألوهيتهما، ومن ثَمَّ، أنكر وحدانية الله في ثالوث. كذلك، علَّمت الأريوسية، على غرار السابليانية،

---

٦ [المترجم]: أقنومية الروح القدس تعني أنه شخص أو أقنوم متمايز في اللاهوت، وليس مجرد قوة أو طاقة.

بأن اللاهوت يتكون من أقنوم واحد يمتلك جوهر اللاهوت. وقد تصدَّى كلٌّ من مجمع نيقية (٣٢٥ م) ومجمع القسطنطينية (٣٨١ م) لهذا التعليم الكاذب.

السوسينية [*Socinianism*]: هذه الضلالة، التي يعود تاريخ ظهورها إلى القرن السادس عشر الميلادي، أقرَّت بأقنومية المسيح، بينما أنكرت ألوهيته؛ وأنكرت أقنومية الروح القدس، ومن ثَمَّ، أنكرت أيضًا ألوهيته، منكرة بهذا وحدانية الله في ثالوث. وتؤيِّد الكثير من الحركات التوحيدية الحديثة قدرًا كبيرًا من تعليم السوسينية.

يلخِّص الجدول ٥.٢ العناصر الرئيسية لهذه الهجمات الثلاث التي شُنَّت في التاريخ على ألوهية الروح القدس، وعلى وحدانية الله في ثالوث.

الجدول ٥.٢: الهجمات التي شُنَّت عبر التاريخ على الثالوث وعلى الروح القدس

		السابليانية*	الأريوسية	السوسينية
الأقنومية	**الآب**	أقرَّت	أقرَّت	أقرَّت
	الابن	أنكرت	أقرَّت	أقرَّت
	الروح القدس	أنكرت	أقرَّت	أنكرت
الألوهية	**الآب**	أقرَّت	أقرَّت	أقرَّت
	الابن	أقرَّت	أنكرت	أنكرت
	الروح القدس	أقرَّت	أنكرت	أنكرت
وحدانية الله في ثالوث		أنكرت	أنكرت	أنكرت

* للتوضيح، أنكرت السابليانية ألوهية أقنومَي الابن والروح القدس بسبب إنكارها أقنوميتهما من الأساس؛ لكنها في الآن ذاته، أقرَّت بألوهيتهما، لكونهما في حقيقة الأمر مظهرين أو شكلين لله الآب.

وبتحليل الجدول أعلاه، يمكن استخلاص التصريحات التلخيصية التالية:[٧]

١. أقرَّت الآراء الثلاثة جميعها بأقنومية الله الآب.
٢. السابليانية وحدها أنكرت أقنومية المسيح.
٣. الأريوسية وحدها أقرَّت بأقنومية الروح القدس.
٤. أقرت الآراء الثلاثة جميعها بألوهية الله الآب.
٥. أنكرت الآراء الثلاثة جميعها وحدانية الله في ثالوث.

⬅ وحدانية الله في ثلاثة أقانيم [*Triunity*][٨]

بلا جدال، تمثِّل وحدانية الله في ثالوث شرطًا أساسيًا، وحقيقة لا غنًى عنها، في المسيحية. فقد كان هذا المعتقد، ولا يزال، وسيظل إلى الأبد، حجر أساس لا جدال فيه للإيمان المسيحي.

ويُجمِل إقرار إيمان كلية ماستر للَّاهوت هذا الحق الثمين في إيجاز كالتالي: «نحن نُعلِّم بأنه لا يوجد سوى إله واحد حي وحقيقي (تثنية ٦ : ٤؛ إشعياء ٤٥ : ٥-٧؛ ١كورنثوس ٨ : ٤)، هو روح غير محدود، وكلي العلم (يوحنا ٤ : ٢٤)، كاملٌ في كلِّ صفاته، وواحدٌ في الجوهر، وكائن منذ الأزل في ثلاثة أقانيم - الآب، والابن، والروح القدس (متى ٢٨ : ١٩؛ ٢ كورنثوس ١٣ : ١٤)، كلٌّ منهم بالتساوي جدير بالعبادة والطاعة». إذن، يوجد إله واحد في ثلاثة أقانيم، كلٌّ منهم متمايز عن الآخر، لكنهم واحد في الجوهر دون انفصال؛ مشتركون معًا في الكينونة، والأزلية، ومتساوون.

وفي حين يَظهَر مبدأ وحدانية الله في ثالوث سواء ضمنًا أو بشكل صريح عبر كلِّ الكتاب المقدس، لكن، لم يعلِن نص واحد وحدانية الله، غير المدرَك، في ثالوث بشكل كامل ومفصَّل (إشعياء ٤٠ : ٢٨). إلا أن القدر الوافر من الأدلة المستمَدة من كلٍّ من العهد القديم والعهد الجديد، فضلًا عن كتابات الكنيسة الأولى، تجعل من هذه العقيدة تعليمًا لا يمكن إنكاره البتة من بين تعاليم الإيمان الكتابي القويم.

فمنذ بداية العهد القديم، نلتقي مباشرة بنص تكوين ١ : ٢٦، وتكوين ٣ : ٢٢ (راجع تكوين ١١ : ٥-٧)، حيث استخدم الله الضمير في صيغة الجمع في حديثه عن نفسه:

---

٧ للاطلاع على مزيد من التفاصيل، انظر المصادر التالية:
George Smeaton, *The Doctrine of the Holy Spirit*, 2nd ed. (1889; repr., Carlisle, PA: Banner of Truth, 1958); Henry Barclay Swete, *The Holy Spirit in the Ancient Church: A Study of the Christian Teaching in the Age of the Fathers* (1912; repr., Grand Rapids, MI: Baker, 1966); John F. Walvoord, *The Holy Spirit: A Comprehensive Study of the Person and Work of the Holy Spirit* (1954; repr., Grand Rapids, MI: Zondervan, 1991).

٨ هذا الجزء مقتبَس بتصرُّف من المصدر التالي، بتصريح من MSJ:
Richard Mayhue, "Editorial: One God—Three Persons," *MSJ* 24, no. 2 (2013): 161–65.
وللاطلاع على دراسة أكثر تفصيلًا وشمولًا حول وحدانية الله في ثالوث، يُرجَى الرجوع إلى الفصل الثالث من هذا الكتاب، بعنوان «الله الآب».

«وَقَالَ اللهُ: "**نَعْمَلُ** الإِنْسَانَ عَلَى صُورَتِنَا كَشَبَهِنَا، فَيَتَسَلَّطُونَ عَلَى سَمَكِ الْبَحْرِ وَعَلَى طَيْرِ السَّمَاءِ وَعَلَى الْبَهَائِمِ، وَعَلَى كُلِّ الأَرْضِ، وَعَلَى جَمِيعِ الدَّبَّابَاتِ الَّتِي تَدِبُّ عَلَى الأَرْضِ"» (تكوين ١: ٢٦)

«وَقَالَ الرَّبُّ الإِلهُ: «هُوَذَا الإِنْسَانُ قَدْ صَارَ كَوَاحِدٍ **مِنَّا** عَارِفًا الْخَيْرَ وَالشَّرَّ. وَالآنَ لَعَلَّهُ يَمُدُّ يَدَهُ وَيَأْخُذُ مِنْ شَجَرَةِ الْحَيَاةِ أَيْضًا وَيَأْكُلُ وَيَحْيَا إِلَى الأَبَدِ». فَأَخْرَجَهُ الرَّبُّ الإِلهُ مِنْ جَنَّةِ عَدْنٍ لِيَعْمَلَ الأَرْضَ الَّتِي أُخِذَ مِنْهَا» (تكوين ٣: ٢٢-٢٣)

يظهر هذا الاستخدام نفسه للضمير في صيغة الجمع في إشعياء ٦: ٨، «ثُمَّ سَمِعْتُ صَوْتَ السَّيِّدِ قَائِلاً: «مَنْ أُرْسِلُ؟ وَمَنْ يَذْهَبُ مِنْ **أَجْلِنَا**؟» فَقُلْتُ: هأَنَذَا أَرْسِلْنِي».

لكن كيف يمكن لشخصٍ واحدٍ أن يكون ثلاثة في الآن ذاته؟ يلمِّح تثنية ٦: ٤ إلى الإجابة على هذا السؤال: «اِسْمَعْ يَا إِسْرَائِيلُ: الرَّبُّ إِلهُنَا رَبٌّ وَاحِدٌ». فإن الكلمة العبرية، *'ehad*، التي تُرجمت هنا إلى «وَاحِدٌ»، تأتي في نصوص كثيرة للتعبير عن وحدةٍ في تنوُّع. على سبيل المثال، تكوين ١: ٥ (يوم واحد من جزأين: المساء والصباح)؛ تكوين ٢: ٢٤ (جسدٌ واحدٌ من شريكين: الذكر والأنثى)؛ خروج ٢٤: ٣ (صوتٌ واحدٌ لأناسٍ كثيرين)؛ خروج ٢٦: ٦ (مسكن واحد من عدة أجزاء)؛ العدد ١٣: ٢٣ (عنقود واحد من ثمرات عنب كثيرة). ولذلك، ليس عجيبًا أن نعتبر ما قدَّمه لنا الله في السفر الأخير من أسفار موسى الخمسة تلميحًا إلى وجود إله واحد في ثلاثة أقانيم.

ثم بمزيدٍ من التحديد، أشار إشعياء إلى ثلاثة أقانيم في أثناء حديثه عن إله إسرائيل الواحد: «السَّيِّدُ الرَّبُّ»، «أَرْسَلَنِي» (أي أرسل المسيح)، و«رُوحُهُ» (إشعياء ٤٨: ١٦). كذلك، يقول إشعياء ٦١: ١، «رُوحُ السَّيِّدِ الرَّبِّ عَلَيَّ»، أي على المسيح. وفي حقيقة الأمر، فسَّر المسيح هذا النص بهذه الطريقة تمامًا في لوقا ٤: ١٨-١٩.

ومع تدرُّج الإعلان الإلهي المكتوب، تصبح أدلة العهد الجديد صريحة ومباشرة بدرجة أكبر، وأكثر تعدُّدًا، مظهرة اشتراك الآب، والابن، والروح القدس في الجوهر الإلهي ذاته، وتساويهم معًا، كإله واحد في ثلاثة أقانيم يُظهِرون وحدة في تنوُّع. يظهر الأقانيم الثلاثة جميعهم معًا في عدة نصوص من العهد الجديد:

«فَلَمَّا اعْتَمَدَ يَسُوعُ صَعِدَ لِلْوَقْتِ مِنَ الْمَاءِ، وَإِذَا السَّمَاوَاتُ قَدِ انْفَتَحَتْ لَهُ، فَرَأَى رُوحَ اللهِ نَازِلاً مِثْلَ حَمَامَةٍ وَآتِيًا عَلَيْهِ، وَصَوْتٌ مِنَ السَّمَاوَاتِ قَائِلاً: "هذَا هُوَ ابْنِي الْحَبِيبُ الَّذِي بِهِ سُرِرْتُ"» (متى ٣: ١٦-١٧)

«فَاذْهَبُوا وَتَلْمِذُوا جَمِيعَ الأُمَمِ وَعَمِّدُوهُمْ بِاسْمِ الآبِ وَالابْنِ وَالرُّوحِ الْقُدُسِ» (متى ٢٨: ١٩)

«فَأَجَابَ الْمَلاَكُ وَقَالَ لَهَا: "اَلرُّوحُ الْقُدُسُ يَحِلُّ عَلَيْكِ، وَقُوَّةُ الْعَلِيِّ تُظَلِّلُكِ، فَلِذلِكَ أَيْضًا الْقُدُّوسُ الْمَوْلُودُ مِنْكِ يُدْعَى ابْنَ اللهِ"» (لوقا ١: ٣٥)

«وَمَتَى جَاءَ الْمُعَزِّي الَّذِي سَأُرْسِلُهُ أَنَا إِلَيْكُمْ مِنَ الآبِ، رُوحُ الْحَقِّ، الَّذِي مِنْ عِنْدِ الآبِ يَنْبَثِقُ، فَهُوَ يَشْهَدُ لِي» (يوحنا ١٥: ٢٦؛ راجع يوحنا ١٤: ١٦، ٢٦؛ ١٦: ٧-١٠، ١٤-١٥)

«وَإِنْ كَانَ رُوحُ الَّذِي أَقَامَ يَسُوعَ مِنَ الأَمْوَاتِ سَاكِنًا فِيكُمْ، فَالَّذِي أَقَامَ الْمَسِيحَ مِنَ الأَمْوَاتِ سَيُحْيِي أَجْسَادَكُمُ الْمَائِتَةَ أَيْضًا بِرُوحِهِ السَّاكِنِ فِيكُمْ» (رومية ٨: ١١)

«فَأَطْلُبُ إِلَيْكُمْ أَيُّهَا الإِخْوَةُ، بِرَبِّنَا يَسُوعَ الْمَسِيحِ، وَبِمَحَبَّةِ الرُّوحِ، أَنْ تُجَاهِدُوا مَعِي فِي الصَّلَوَاتِ مِنْ أَجْلِي إِلَى اللهِ» (رومية ١٥: ٣٠)

«نِعْمَةُ رَبِّنَا يَسُوعَ الْمَسِيحِ، وَمَحَبَّةُ اللهِ، وَشَرِكَةُ الرُّوحِ الْقُدُسِ مَعَ جَمِيعِكُمْ» (٢ كورنثوس ١٣: ١٤)

«لأَنَّهُ إِنْ كَانَ دَمُ ثِيرَانٍ وَتُيُوسٍ وَرَمَادُ عِجْلَةٍ مَرْشُوشٌ عَلَى الْمُنَجَّسِينَ، يُقَدِّسُ إِلَى طَهَارَةِ الْجَسَدِ، فَكَمْ بِالْحَرِيِّ يَكُونُ دَمُ الْمَسِيحِ، الَّذِي بِرُوحٍ أَزَلِيٍّ قَدَّمَ نَفْسَهُ للهِ بِلاَ عَيْبٍ، يُطَهِّرُ ضَمَائِرَكُمْ مِنْ أَعْمَال مَيِّتَةٍ لِتَخْدِمُوا اللهَ الْحَيَّ!» (عبرانيين ٩: ١٣-١٤)

«بِهذَا تَعْرِفُونَ رُوحَ اللهِ: كُلُّ رُوحٍ يَعْتَرِفُ بِيَسُوعَ الْمَسِيحِ أَنَّهُ قَدْ جَاءَ فِي الْجَسَدِ فَهُوَ مِنَ اللهِ» (١ يوحنا ٤: ٢)

«وَأَمَّا أَنْتُمْ أَيُّهَا الأَحِبَّاءُ فَابْنُوا أَنْفُسَكُمْ عَلَى إِيمَانِكُمُ الأَقْدَسِ، مُصَلِّينَ فِي الرُّوحِ الْقُدُسِ، وَاحْفَظُوا أَنْفُسَكُمْ فِي مَحَبَّةِ اللهِ، مُنْتَظِرِينَ رَحْمَةَ رَبِّنَا يَسُوعَ الْمَسِيحِ لِلْحَيَاةِ الأَبَدِيَّةِ» (يهوذا ٢٠-٢١)

وتبدِّد نصوص العهد الجديد الإضافية، المذكورة أدناه، والمشابهة للنصوص السابقة في الفكر، أيَّ شك في وحدانية الله في ثالوث، فيه يُعَد الروح القدس هو الأقنوم أو العضو الثالث:

أعمال الرسل ٢: ٣٣	أفسس ٢: ١٩-٢٢
رومية ٥: ٥-٦	أفسس ٣: ١٦-١٩
رومية ٨: ٣-٤	أفسس ٤: ٤-٦
رومية ٨: ٨-٩	أفسس ٥: ١٨-٢٠

رومية ٨: ١٥-١٧	فيلبي ٣: ٣
رومية ٨: ٢٦-٢٩	١ تسالونيكي ١: ٣-٥
رومية ١٥: ١٦	٢ تسالونيكي ٢: ١٣-١٤
١كورنثوس ٢:٢-٥	تيطس ٣: ٤- ٦
١كورنثوس ٦: ١١	عبرانيين ١٠: ٢٩-٣١
٢ كورنثوس ١: ٢١-٢٢	١ بطرس ١: ٢
غلاطيَّة ٣: ١-٥	١ بطرس ٤: ١٤

ويمثِّل أفسس ١: ٣-١٤ أروع النصوص الثالوثية على الإطلاق، وأكثرها إبداعًا، إذ يتحدَّث عن دور كل أقنوم من الأقانيم الثلاثة في خلاص المؤمنين:

- الله الآب: أفسس ١: ٣-٦
- الله الابن: أفسس ١: ٧-١٢
- الله الروح القدس: أفسس ١: ١٣-١٤

وفي حقيقة الأمر، ليس من المفاجئ أن يَظهَر الأعضاء الثلاثة في اللاهوت الواحد، سواء بالتلميح أو بالذكر المباشر، في بداية وختام كلٍّ من العهد القديم والعهد الجديد، أي في سفر التكوين وسفر ملاخي، وفي إنجيل متى وفي سفر الرؤيا، كما يتضح من الجدول ٣.٥.

الجدول ٥ . ٣: الإشارات إلى الثالوث بين دفَّتي العهد القديم والعهد الجديد

السفر	النص الكتابي	التلميح أو الذِّكر المباشر
التكوين	١ : ٢٦	الضمير في صيغة الجمع
ملاخي	٢ : ١٥	الروح القدس
	٢ : ١٦	الآب
	٣ : ١-٢	المسيح
متى	١ : ١٨	المسيح
	١ : ١٨	الروح القدس
	١ : ٢٢	الآب
الرؤيا	٢٢ : ١٧	الروح القدس
	٢٢ : ١٨-١٩	الآب
	٢٢ : ٢٠-٢١	المسيح

وبمرور الزمن، بعد اكتمال قائمة الأسفار القانونية، وبعد انتهاء عصر الرسل، بدأ آباء الكنيسة الأولى يكتبون عن الثالوث بمزيد من التفصيل. لاحظ الأمثلة الثلاثة التالية:

إيريناوس (١٢٠-٢٠٢ م تقريبًا):

«هذه هي ركيزة إيماننا، وأساس البناء، ودعامة الحياة. هذه هي **الفقرة الأولى والرئيسية** في إيماننا: الله الآب، غير المخلوق، البعيد عن الإدراك، وغير المنظور، الإله الواحد خالق الكل. **والفقرة الثانية** هي كلمة الله، وابن الله، المسيح يسوع ربنا، الذي تحدَّث عنه الأنبياء، بحسب الغرض من نبواتهم، وحسب مشيئة الآب. هذا هو الذي به كان كلُّ شيء. وهو أيضًا الذي، **في هذه الأيام الأخيرة**، ومن

أجل ردِّ كل شيء، صار إنسانًا بين البشر، منظورًا وملموسًا، حتى يبيد الموت، وينير الحياة، ويحقِّق الشركة بين الله والإنسان. **أما الفقرة الثالثة**، فهي الروح القدس، الذي بواسطته تنبَّأ الأنبياء، وتعلَّم الآباء عن الله، واقتيد الأبرار في سبيل البر. وهو الذي **في الأيام الأخيرة** سُكِبَ بطريقة جديدة على البشر في كلِّ أرجاء الأرض، مجدِّدًا الإنسان لله».[9]

غريغوريوس النزينزي (حوالي ٣٣٠-٣٨٩ م):

« الابن ليس هو الآب؛ ... لكنه مع ذلك هو الآب في كلِّ شيء. والروح ليس هو الابن ... لكنه مع ذلك هو الابن في كل شيء. فإن الثلاثة واحدٌ في اللاهوت، وهذا الواحد كائن في ثلاثة أقانيم».[10]

أوغسطينوس (٣٥٤-٤٣٠ م)

«كلُّ... ما ينطبق على الله ينطبق أيضًا سواء على كلِّ أقنوم على حدة – أي على الآب، أو الابن، أو الروح القدس – أو على الثالوث مجتمعًا، لا في صيغة الجمع، بل في صيغة المفرد».[11]

لم يتوقَّف الأمر عند كتابة الآباء أفرادًا عن الثالوث، وإنما بدأت جماعات أيضًا تصيغ إقرارات إيمان عقائدية. وفيما يلي بعضٌ ن أهم إقرارات الإيمان الأولى:

قانون الإيمان النيقاوي-القسطنطيني (حوالي عام ٣٨١ م):

«نؤمن بإله واحد، الله الآب، ضابط الكل... وبربٍّ واحد يسوع المسيح... إله حق من إله حق... وبالروح القدس... المسجود له والممجَّد مع الآب والابن».[12]

قانون الإيمان الأثناسي (المنسوب إلى أثناسيوس) (حوالي ٣٧٥-٥٢٥ م)

«هذا هو الإيمان الجامع: نعبد إلهًا واحدًا في ثالوث، وثالوثًا في واحد؛
دون اختلاط الأقانيم، أو انقسام الجوهر.
الآب أقنوم واحد، والابن أقنوم آخر، والروح القدس أقنوم آخر.
لكن للآب، والابن، والروح القدس لاهوت واحدٌ، ومجد متساوٍ، وجلال سرمدي مشترك».[13]

---

9 Irenaeus, *Proof of the Apostolic Preaching*, trans. Joseph P. Smith, Ancient Christian Writers 16 (London: Longmans, Green, 1952), 50.

10 St. Gregory of Nazianzus, *On God and Christ: The Five Theological Orations and Two Letters to Cledonius*, trans. Fredrick Williams and Lionel Wickham (Crestwood, NY: St. Vladimir's Seminary Press, 2002), 122–23.

11 Augustine, *On the Holy Trinity*, in *A Select Library of the Nicene and Post-Nicene Fathers of the Christian Church*, ed. Philip Schaff (New York: Charles Scribner's Sons, 1905), 3:92 (5.8.9).

12 Philip Schaff, *The Creeds of Christendom*, vol. 2, *The Greek and Latin Creeds* (New York: Harper & Brothers, 59–58 ,(1889.

13 Schaff, *The Creeds of Christendom*, 2:66.

ومنذ قانون الإيمان الأثناسي، لاحظ علماء اللاهوت أنه يمكن الإدلاء بسبعة تصريحات مستمَدة من قانون الإيمان بأكمله (من الفقرات ٣-٢٨ من قانون الإيمان):

١. الآب هو الله.
٢. الابن هو الله.
٣. الروح القدس هو الله.
٤. الآب ليس هو الابن.
٥. الآب ليس هو الروح القدس.
٦. الابن ليس هو الروح القدس.
٧. لا يوجد سوى إله واحد وحيد.[١٤]

تُعلِّم هذه الحقائق السبع، معًا، أنه لا يوجد سوى إله واحد حيٌّ وحقيقي، هو واحد في الجوهر، وكائن منذ الأزل في ثلاثة أقانيم: الآب، والابن، والروح القدس. لا يمكن التوصُّل إلى أي استنتاج آخر غير هذا، سواء كتابيًّا أو منطقيًّا.

الخلاص

- التجديد
- المعمودية
- الخَتم

رُغم أن الجنس البشري خُلِق على صورة الله ملائِمًا تمامًا للشركة معه، يولَد الجنس البشري بكامله في الخطية في قطيعة تامة مع الله وتحت قصاصه، وذلك نتيجة لخطية آدم. لكن، قضى الإله الواحد في ثالوث، من فيضِ نعمته، بأن يخلِّصَ بقية من خليقته بواسطة كفارة الله الابن. ويُعلِّم الكتاب المقدس بأن فوائد الخلاص التي اشتراها صليب المسيح تُفعَّل في المؤمنين بعمل الروح القدس. وفي هذا الجزء، سنستعرض عمل الروح القدس في الخلاص.[١٥]

التجديد *Regeneration*

الخطوة الأولى في تفعيل الروح القدس للخلاص هي التجديد. وتمثِّل حقيقة الموت الروحي والحياة الروحية أهمية أساسية لفهم معنى التجديد. يأتي كلُّ إنسان إلى هذه الحياة ميتًا روحيًّا (رومية ٣: ٢٣؛ أفسس ٢: ١، ٥)، فهل يمكن أن يحيا البشر مرة أخرى؟ وإن كان هذا ممكنًا، كيف يمكن أن يحدث ذلك؟ يحدث ذلك حين يهب الله الآب، والله الابن، والله الروح القدس حياة روحية جديدة لأولئك الذين كانوا

14 John S. Feinberg, *No One Like Him: The Doctrine of God, Foundations of Evangelical Theology* (Wheaton, IL: Crossway, 2001), 438.

١٥ للاطلاع على المزيد بشأن عقيدة الخلاص، ولا سيما فيما يتعلق بعمل الروح القدس في الميلاد الثاني، انظر الفصل السابع من هذا الكتاب بعنوان «الخلاص»، ولا سيما عنوان «الدعوة الداخلية: الميلاد الثاني» (ص. ٦٨٩).

قبلًا أمواتًا في خطاياهم (رومية ٨: ٢، ٦، ١٠-١١). ويتعلَّق التجديد بشكل مباشر بهذا العمل الذي يُجريه الله بالنعمة.

- ## بعض الصور الوصفيَّة

يصف الكتاب المقدس عمل التجديد مستخدمًا أربع صور وصفيَّة مختلفة: (١) الميلاد الروحي، (٢) التطهير الروحي، (٣) الخلق الروحي، (٤) القيامة الروحية.

الميلاد الروحي (تيطس ٣: ٥): الكلمة اليونانية التي تترجَم عادة إلى «تجديد» (*palingenesia*) وردت مرتين فحسب في العهد الجديد (متى ١٩: ٢٨؛ تيطس ٣: ٥). استخدم متى الكلمة للإشارة إلى المُلك الألفي باعتباره سيتضمن عالَمًا مُجَدَّدًا، بينما تشير الكلمة في الرسالة إلى تيطس إلى عمل الخلاص. وتُعَد كلمة *palingenesia* مزيجًا من كلمتين، ومعناها الحرفي «مولودٌ ثانيةً» (انظر غلاطيَّة ٤: ٢٩[١٦]). تظهر هذه الفكرة نفسها في رسالة بطرس الأولى من خلال اللفظ اليوناني *anagennaō*، الذي معناه الحرفي أيضًا «مولود ثانيةً» (١ بطرس ١: ٣، ٢٣)، والذي تُرجم هكذا في كلتا الآيتين. وفي حديث يسوع إلى نيقوديموس، قال له إنه ينبغي أن يولَد ثانية، مستخدمًا كلمتين يونانيتين معناهما الحرفي «مولودٌ من فوق»، كإشارة إلى الميلاد الروحي من جديد، من الله الساكن فوق أو في الأعالي (يوحنا ٣: ٣، ٧؛ انظر يعقوب ١: ١٧). وتشير رسالة يوحنا الأولى أكثر من مرة إلى الولادة من الله (١ يوحنا ٢: ٢٩؛ ٣: ٩؛ ٤: ٧؛ ٥: ١، ٤، ١٨). ففي عمل التجديد، يبكِّت الروح القدس على خطية، وعلى برٍّ، وعلى دينونة (يوحنا ١٦: ٨-١١)، ثم يعطي يقينًا في الخلاص عن طريق شهادته داخل المؤمن لحقيقة هذا الخلاص (رومية ٨: ١٦؛ ١ يوحنا ٣: ٢٤).

التطهير (الغُسل) الروحي (تيطس ٣: ٥): استخدم بولس الكلمة اليونانية *loutron* مرتين للإشارة إلى اغتسال أولئك المنجَّسين بالخطية (إشعياء ٦٤: ٦) وتَطهُّرهم بواسطة فعل التجديد (أفسس ٥: ٢٦؛ تيطس ٣: ٥). أيضًا، بعد أن عدَّدَ بولس الخطايا الشنيعة المتعدِّدة لأهل كورنثوس (١كورنثوس ٦: ٩-١٠)، استخدم الكلمة اليونانية *apolouō* كي يصف اغتسالهم، رابطًا هذا الأمر بتقديس الخلاص، وكذلك بالتبرير (١كورنثوس ٦: ١١).

الخلق الروحي (تيطس ٣: ٥): في هذا النص، استخدم بولس الكلمة اليونانية *anakainōsis*، التي معناها الحرفي «جديد مرة ثانية»، والتي تُرجِمت في هذا النص إلى «تجديد». هذه الكلمة مركَّبة، استُخدِمت فيها كلمة *kainos*، التي تعني «جديد في النوع»، وليس كلمة *neos* التي تعني «جديد في الزمن». استخدم بولس كلتا الكلمتين اللتين تعنيان «جديد» في رسائله. فحين أراد التشديد على الجِدَّة في نوع الحياة، اختار كلمة *kainos*، لوصف عملية الخلق الخلاصية التي يجريها الله (٢كورنثوس ٥: ١٧؛ غلاطيَّة ٦: ١٥؛ أفسس ٤: ٢٤)؛ لكن، حين أراد التعبير عن التجدُّد الزمني للحياة الروحية، لجأ إلى

---

١٦ [المترجم]: هذه الكلمة مكوَّنة من مقطعين: الأول هو Πάλιν ("Palin"، «بالين») ومعناه «ثانية»، أو «مرة أخرى»، أو «تكرار فعل ما»، والثاني هو γένεσις ("genesis"، «جينيسيس») ومعناه «ميلاد» أو «مولود»، وهو الذي جاء في غلاطيَّة ٤: ٢٩، «وَلَكِنْ كَمَا كَانَ فِي تِلْكَ الأَيَّامِ، فَإِنَّ المَوْلُودَ بِطَرِيقَةٍ طَبِيعِيَّةٍ، أَسَاءَ إِلَى المَوْلُودِ بِحَسَبِ الرُّوحِ» (الترجمة العربية المبسَّطة).

كلمة *neos* (كولوسّي ٣: ١٠). فبفضل التجديد الروحي، تصير للمؤمنين طبيعة جديدة (٢ كورنثوس ٥: ١٧)، تتمتع بإمكانيات روحية جديدة (رومية ٦: ١٨، ٢٠؛ ١كورنثوس ١٢: ٣). فقد أُنعِم على المؤمن الذي تجدَّد ووُلِد ثانية بحالة أفضل حتى من تلك التي تمتع بها آدم في الأصل قبل سقوطه في الخطية، وسقوط لعنة الله عليه. كان آدم في حالة براءة، في حين أُعلِن أن المؤمن المجدَّد بارٌّ - أي مخلوقٌ روحيًّا من جديد بالروح القدس، وحيٌّ لله.

القيامة الروحية (يوحنا ٦: ٦٣): أعلن كلٌّ من بولس (٢ كورنثوس ٣: ٦) ويوحنا (يوحنا ٦: ٦٣) أن الروح يُحْيِي (أي يهب حياة). وفي مواضع أخرى، يقول الكتاب المقدس إن الله يهب حياة (يوحنا ٥: ٢١؛ رومية ٤: ١٧؛ ٦: ١٣؛ أفسس ٢: ٥؛ كولوسّي ٢: ١٣). كذلك، أعلن يوحنا أن المسيح يُحيي (يوحنا ٥: ٢١). يتضح إذن، أن عملية الإحياء الروحي، أو بعبارة أخرى وَهْبَ الحياة الروحية، التي من دونها يظل الناس أمواتًا روحيًّا، تنطوي على جهدٍ ثالوثيٍّ مُنَسَّقٍ. إذن، يصف الكتاب المقدس التجديد بأنه قيامة روحية.

• العهد القديم

هل اختبر مؤمنو العهد القديم الميلاد الثاني، أم أن الميلاد الثاني لم يبدأ إلا في يوم الخمسين؟ الإجابة القاطعة والحاسمة على هذا هي أن كلًّا من مؤمني العهد القديم ومؤمني العهد الجديد قد اختبروا الميلاد الثاني.

هناك تسلسُلان فكريان مختلفان يؤدِّيان بنا إلى هذا الاستنتاج القاطع عينه. أولًا، بما أن «المولودين ثانية»، أي «المجدَّدين»، هم فقط الذين يمكنهم دخول ملكوت الله (يوحنا ٣: ٣، ٥، ٧)؛ وثانيًا، بما أن مؤمني العهد القديم قد دخلوا بالفعل ملكوت الله بالخلاص، فإنهم إذن كانوا حتمًا مولودين ثانية. يمكن تناوُل الأمر من زاوية أخرى، وهي: بما أنه من المستحيل أن يتبرَّر المؤمن لدى الله دون أن يتجدَّد، وبما أن مؤمني العهد القديم تبرَّروا بالفعل (رومية ٤: ١-١٢؛ انظر مزمور ٣٢: ١-٢)، فإنهم، إذن، وُلِدوا ثانية.

• اشتراك أقانيم الثالوث

يشترك أقانيم اللاهوت الثلاثة جميعهم في أحد جوانب التجديد، إذ يقول الكتاب المقدس إن ثلاثتهم يهبون حياة:

١. الله الآب (يوحنا ١: ١٣؛ ٢ كورنثوس ٥: ١٧-١٩؛ أفسس ٢: ٤-٦؛ كولوسّي ٢: ١٣؛ يعقوب ١: ١٨؛ ١ بطرس ١: ٣؛ ١ يوحنا ٥: ١١)
٢. الله الابن (يوحنا ١: ١٢؛ ٥: ٢١)
٣. الله الروح القدس (يوحنا ٣: ٣، ٥-٧؛ ٦: ٦٣؛ تيطس ٣: ٥)

ولهذا نطق يسوع بصيغة المعمودية التالية: «... وَعَمِّدُوهُمْ بِاسْمِ الآب وَالابْنِ وَالرُّوحِ الْقُدُسِ» (متى ٢٨: ١٩)، التي تُقر بدور كلٍّ عضو من أعضاء اللاهوت، بسبب مشاركتهم، فرديًّا أو جماعيًّا، في عمل التجديد.

• الروح القدس وكلمة الله

لا يحدث الخلاص بمشيئة إنسان، بل فقط بمشيئة الله (يوحنا ١ : ١٣؛ أفسس ٢ : ٨-١٠؛ يعقوب ١ : ١٨). وفي حين يقدِّم أعضاء اللاهوت الثلاثة جميعهم مساهمات فريدة في عمل التجديد، شدَّد الكتاب المقدس على حدوث التجديد عن طريق تفاعُل متناغم بين روح الله (يوحنا ٣ : ٣، ٥-٧؛ غلاطيَّة ٣ : ٢-٣، ١٤؛ ١ تسالونيكي ١ : ٥؛ تيطس ٣ : ٥) وكلمة الله (رومية ١ : ١٦؛ ١ تسالونيكي ١ : ٥؛ ٢ : ١٣؛ ١ بطرس ١ : ٢٣).

وهكذا، ينطوي عمل التجديد على المنح الفوري لحياة روحية أبدية، من الإله الواحد في ثالوث، لأناس كانوا قبلًا أمواتًا روحيًّا، لكنهم قبلوا المسيح بالإيمان بفضل نعمة الله. وإن عمل النعمة الفعَّالة [*efficacious grace*] هذا يتحقَّق بالكامل بالروح القدس، بواسطة كلمة الله، دون أي تدخُّل بشري. يَنتُج عن خلق الحياة الجديدة هذا أن يصير المؤمنون خليقة جديدة، تمتلك طبيعة جديدة، وإمكانيات جديدة، ورغبات جديدة، وعلاقات جديدة، ومسؤوليات جديدة - إلى الأبد.

• التجديف على الروح القدس والارتداد

على الرغم من مجد عمل الروح القدس في الخلاص، يشير الكتاب المقدس إلى حالتين يُقصِي البشر فيهما أنفسهم على نحو قاطع ونهائي من تجديد الروح القدس. الحالة الأولى تتعلَّق بأولئك الذين يرتكبون الخطية التي لا تُغتَفَر، وهي خطية التجديف على الروح القدس (متى ١٢ : ٣١-٣٢؛ مرقس ٣ : ٢٨-٣٠؛ لوقا ١٢ : ١٠). علَّم يسوع عن ذلك حين عارضه الفريسيون أكثر من مرة، واتهموه بكسر وصية يوم السبت، موضحًا لهم أن تحنُّنه على تلاميذه الجياع (متى ١٢ : ١-٧)، وعلى رجلٍ ذي يد يابسة (متى ١٢ : ٩-١٣) كانا مثالين للتتميم الحقيقي لناموس الله. ليس ذلك فحسب، بل إن تصريحه بأنه ربُّ السبت (متى ١٢ : ٨)، فضلًا عن أعمال الشفاء الإلهية (متى ١٢ : ١٣)، وإخراج الشياطين (متى ١٢ : ٢٢)، قد أثبت على نحو لا يمكن إنكاره أنه هو المسيَّا (متى ١٢ : ٢٣). وإذ عجز الفريسيون عن إنكار سلطانه وقوته، حاولوا أن يهيجوا الجموع عليه بإصرارهم على أنه كان يصنع هذه القوات والآيات بقوة الشيطان، لا بقوة الله. عندئذ، نوَّه يسوع إلى أن مثل هذا الاتهام منافٍ للعقل (متى ١٢ : ٢٥-٢٦)، وينم عن رياء وكذب (متى ١٢ : ٢٧). فلم يكن لدى هؤلاء سبب وجيه يدعوهم إلى افتراض أن معجزات يسوع كانت شيطانية، لكنهم فقط لم يرغبوا في قبول سلطانه الإلهي.

وفي هذا السياق، وصف يسوع اتهامات الفريسيين له بأنها تجديف على الروح القدس (متى ١٢ : ٣١)، إذ أنه كان قد صنع هذه القوات بالروح، ثم قال إن مثل هذا التجديف لا يمكن أن يُغتَفَر (متى ١٢ : ٣٢). فمع أن الفريسيين كانوا قد شهدوا أوضح إعلان على الإطلاق عن سلطان يسوع، إلا أن قلوبهم الصلبة والقاسية منعتهم من قبول ما علموا جيدًا أنه حقٌّ؛ وليس ذلك فقط، لكنهم افتروا على يسوع باتهاماتهم في محاولة خبيثة لإسكاته. نتج عن ذلك تصريح يسوع بأنهم قد تجاوزوا مرحلة التوبة والغفران. ومن ثَمَّ، تصير السمة التي تميِّز الخطية التي لا تُغتَفَر هي الرفض وعدم الإيمان في قساوة قلب، وإصرار، وعناد - حتى أمام أوضح الأدلة التي لا يمكن إنكارها أو إغفالها. ففي المجمل، يرتكب المرء الخطية التي لا تُغتَفَر حين يشهد أعمال روح الله في يسوع، لكنه ينسبها، بسبب قلبه القاسي في عدم إيمان، إلى الشيطان.

ثانيًا، تحدث الكتاب المقدس أيضًا عن أولئك الذين يزيِّفون إقرار إيمانهم بالمسيح، حيث يبدون ظاهريًّا ومؤقتًا وكأنهم قد تجدَّدوا حقًّا بالروح القدس، لكنهم في النهاية يتركون الإيمان (مثل عبرانيين ٢: ١-٣؛ ٣: ٧-١٣؛ ٦: ٤-٦؛ ٢ بطرس ٢: ٢٠). هذا هو **الارتداد** [apostasy]، وهو اللفظ الذي يعني «الانفصال» أو «الابتعاد» [fall away]. فإن المسيحيين الذين يجاهرون بإيمانهم، وينسبون أنفسهم إلى المسيح، ثم بعد ذلك ينكرونه، يُثبِتون بذلك أنهم لم يؤمنوا حقًّا من الأساس، مبرهنين بخروجهم من جماعة الإيمان على أنهم لم يكونوا يومًا بالحقيقة في المسيح (راجع ١ يوحنا ٢: ١٩). وقد قال بطرس إن أواخر هؤلاء المدَّعين روحيًّا ستكون أشرَّ من أوائلهم، وأنه كَانَ خَيْرًا لَهُمْ لَوْ لَمْ يَعْرِفُوا طَرِيقَ الْبِرِّ، مِنْ أَنَّهُمْ بَعْدَمَا عَرَفُوا، يَرْتَدُّونَ (٢ بطرس ٢: ٢٠-٢١)؛ وهذا لأن الذي يتخلَّى عن الإيمان، بالرغم من الإعلان الكامل الذي جاء إليه، لا يمكن تجديده أيضًا للتوبة (عبرانيين ٦: ٤-٦). فعلى غرار التجديف على الروح القدس، ينطوي الارتداد على رفضٍ للمسيح في قساوة قلب، وإصرار، وعناد، وعلى اعتبار حق الله كذبًا، تلك الحالة التي تصل بالمرء إلى نقطة اللا عودة، إن جاز التعبير. ومع أن تلك النقطة ربما لا تكون معلومة إلا لدى الله، لكن يوجد بالفعل نوعٌ من الرفض يستبعد إمكانية التوبة أو الرجوع.

إن المؤمنين الحقيقيين كثيرًا ما تؤرِّقهم ضمائرهم الحساسة خوفًا من أن يكونوا قد أخطأوا إلى حدِّ ارتكابهم الخطية التي لا تُغتَفَر، أو إلى حدِّ الارتداد. لكن، ينطوي كلا هذين الفعلين السافرين على قساوة قلب، وكراهية شديدة للمخلِّص، وهذه ليست علامات تميِّز أولئك الذين يحبون المسيح لدرجة أنهم يخشون الابتعاد أو الارتداد عنه. على المؤمنين الذين يرتكبون الخطايا أن يستمروا في التحوُّل عنها، والاتكال على كفاية حياة المسيح، وموته، وقيامته لإنقاذهم من غضب الله. وقد وعد المسيح ألا يترك خاصته البتة (متى ٢٨: ٢٠؛ عبرانيين ١٣: ٥)، أو يسمح بأن يُخطَفوا من يده (يوحنا ١٠: ٢٨-٢٩). كذلك، وعد الله بأن يُكمل عمل خلاصه (فيلبي ١: ٦)، بحيث لا يستطيع شيء أن يفصل المؤمنين الحقيقيين عن محبة الله التي في المسيح (رومية ٨: ٣٨-٣٩). على المؤمنين القلقين أن يمتحنوا أنفسهم، ويتوبوا عن الخطية، ويتَّكلوا على المسيح وحده من جهة تبريرهم، ويبتهجوا بكفاية محبته المخلِّصة، ويتبعوه بقوة متجدِّدة.

⬅ المعمودية

بعد تجديد روح الله لأولئك الذين كانوا قبلًا أمواتًا في خطاياهم (أفسس ٢: ١-٣)، بحيث يرثون الحياة الأبدية، تحدث على الأقل ستة تعزيزات روحية مهمة متصلة بالروح القدس، كلها في آن واحد:

١. **يعمِّد** المسيح المؤمن بالروح القدس إلى جسد المسيح (١كورنثوس ١٢: ١٣).
٢. **يختم** الآب المؤمن بالروح القدس كإثبات للمِلكية، وكضمان لخلاصه (أفسس ١: ١٣).
٣. **يسكن** الروح القدس في المؤمن (١كورنثوس ٣: ١٦).
٤. **يملأ** الروح القدس المؤمن، **أو يسود عليه** (أفسس ٥: ١٨).
٥. **يُنتِج** الروح القدس ثمرًا روحيًّا في حياة المؤمن (غلاطيَّة ٥: ٢٢-٢٣).
٦. **يمنح** الروح القدس **مواهب** للمؤمن لأجل الخدمة في الكنيسة (١كورنثوس ١٢: ٤).

سنتناول هذه الأعمال على التوالي في هذا الجزء، وكذلك تحت عنوان «التقديس» (صفحة ٤٤١) و«الخدمة» (صفحة ٤٦٩) أدناه. تحدث هذه الأفعال الستة جميعها بالتزامُن مع الخلاص، غير أن الكتاب المقدس يتناول كلَّ فعل منها على حدة.

كان أنسب وقت لمجيء الروح القدس بحسب وعد المسيح (يوحنا ١٤: ١٦-١٧؛ أعمال الرسل ١: ٤-٥) هو يوم الخمسين (بعد خمسين يومًا من عيد الفصح، أي في شهر مايو أو يونية)، وهو اليوم الذي يُحتفل فيه بعيد الأسابيع اليهودي (خروج ٣٤: ٢٢)، والذي يُعرف كذلك باسم عيد الحصاد (خروج ٢٣: ١٦). فكما كان اليهود يحتفلون بباكورة الحصاد المادي (لاويين ٢٣: ١٥-١٧)، افتتحت حقبة العهد الجديد باكورة حصاد الروح القدس للخلاص (أعمال الرسل ٢: ١-٤؛ انظر رومية ٨: ٢٣) (انظر يوحنا ٤: ٣٥ الذي يتضمن هذه الصورة البلاغية). يخدم الروح القدس الآن تحت العهد الجديد، لا تحت العهد العتيق (رومية ٧: ٦؛ ٢ كورنثوس ٣: ٢-١١؛ عبرانيين ٨: ٦-٧، ١٣؛ ٩: ١٥؛ ١٠: ١).

• بعض الاعتبارات الروحية

وردت **النبوات** عن معمودية الروح القدس في الأناجيل الأربعة جميعها، وكذلك في الأصحاح الأول من سفر أعمال الرسل. وبدأ **اختبار** هذه المعمودية في الأصحاح الثاني من سفر أعمال الرسل، كما أوضح بطرس في أعمال الرسل ١١: ١٥. أما **شرح** معمودية الروح القدس، فقد جاء لاحقًا، في الأصحاح الثاني عشر من رسالة كورنثوس الأولى.

النبوات: متى ٣: ١١-١٢؛ مرقس ١: ٨؛ لوقا ٣: ١٦-١٧؛ يوحنا ١: ٣٢-٣٤.
تعرض هذه النصوص جميعها إشارة يوحنا المعمدان إلى المسيح الذي سيعمِّد بالروح القدس. يمكن ترجمة حرف الجر اليوناني *en* الذي جاء في هذه النصوص إلى «في» أو «بواسطة» («هُوَ سَيُعَمِّدُكُمْ بِالرُّوحِ الْقُدُسِ»)، وذلك لأن كلتا الترجمتين يمكن أن تنطبقا على الماء في النص نفسه.[17] فكما يُغطَّس المرء (*baptizō*) «في الماء»، أو يُغمَر «بالماء»، أو «بواسطة الماء»، هكذا أيضًا يُعمَّد المرء «في الروح القدس، أو «بالروح القدس»، أو «بواسطة الروح القدس».

تَظهَر في هذه النصوص ثلاثة أنواع مختلفة من المعموديات: (١) معمودية الماء، التي تشير إلى توبة سابقة لها؛ (٢) معمودية الروح القدس، التي تشير إلى الخلاص والانضمام إلى الكنيسة العامة، أي جسد المسيح (١كورنثوس ١٢: ١٣)؛ (٣) معمودية النار، التي تشير إلى دينونة غير المؤمنين (متى ٣: ١٢؛ ٢٥: ٤١؛ لوقا ٣: ١٦؛ يوحنا ١٥: ٦؛ رؤيا ٢٠: ١٤-١٥).

في إنجيل متى، وإنجيل مرقس، وإنجيل لوقا، سبقت هذه النبوات معمودية المسيح (تقريبًا في ربيع عام ٢٦ م)، في حين أشار إنجيل يوحنا إلى موقف آخر حدث بعد معمودية المسيح (تقريبًا في خريف عام ٢٦ م). وبعد أكثر من ثلاث سنوات، أعطى المسيح تلاميذه تعليمات اللحظة الأخيرة بشأن معمودية الروح القدس (أعمال الرسل ١: ٤-٥). فبينما كان الرب يستعد للصعود إلى السماء من فوق

17 Daniel B. Wallace, *Greek Grammar Beyond the Basics: An Exegetical Syntax of the New Testament* (Grand Rapids, MI: Zondervan, 1996), 374.

جبل الزيتون في ربيع عام ٣٠ م، ذكَّرهم بما كان يوحنا المعمدان قد تنبأ عنه قبلًا، ونوَّه إلى حدوث التتميم الأوَّلي لهذه النبوة في غضون بضعة أيام، فيما هم منتظرون في أورشليم (أعمال الرسل ١: ٤-٥).

الاختبار: وبعد عشرة أيام، في يوم الخمسين، تحقَّقت كلمات يوحنا المعمدان وكلمات المسيح (أعمال الرسل ٢: ١-٢١). كيف أمكننا استنتاج ذلك في حين لم يصرِّح لوقا بوضوح بأن هذا الحدث كان هو التتميم؟ يمكننا استنتاج ذلك لأنه بعد نحو ست سنوات (نحو عام ٣٦ م)، عندما ذهب بطرس لزيارة بيت كرنيليوس قائد المئة الروماني في قيصرية (أعمال الرسل ١١: ١٣-١٨)، كرز بالإنجيل لهذا البيت الأممي، فخلص هؤلاء، وقبلوا الروح القدس. وفي رواية بطرس لهذا الحدث، قال: (١) إن الأمر كان على غرار ما حدث في يوم الخمسين، أي في الأصحاح الثاني من سفر أعمال الرسل، و(٢) إنه كان على غرار ما تنبأ عنه المسيح في أعمال الرسل ١: ٥. ومن ثَمَّ، يخبرنا ذلك بأن ما حدث في يوم الخمسين هو نفسه ما حدث بعد ذلك في بيت كرنيليوس. ولاحقًا، في مجمع أورشليم (في حوالي عام ٤٩ م)، أعاد بطرس التأكيد على الكلام الذي قاله منذ ثلاث عشرة سنة في قيصرية (أعمال الرسل ١٥: ٦-١١).

الشرح: تعرِض لنا الأحداث القصصية للأناجيل وسفر أعمال الرسل **النبوات** بشأن معمودية الروح القدس، وكذلك **اختبار** هذه المعمودية، لكنها لا تقدِّم أي **شرح** لمعناها أو دلالتها. لكن، كتب بولس إلى كنيسة كورنثوس (في عام ٥٥ م تقريبًا) موضحًا معنى معمودية الروح القدس التي كانت قد صارت واقعًا بالفعل: «لأَنَّنَا جَمِيعَنَا بِرُوحٍ وَاحِدٍ أَيْضًا اعْتَمَدْنَا إِلَى جَسَدٍ وَاحِدٍ، يَهُودًا كُنَّا أَمْ يُونَانِيِّينَ، عَبِيدًا أَمْ أَحْرَارًا، وَجَمِيعُنَا سُقِينَا رُوحًا وَاحِدًا» (١كورنثوس ١٢: ١٣).

ولمزيدٍ من الفهم للجوانب الفريدة لمعمودية الروح القدس، يعرض الجدول ٤,٥ مقارنة بين ستة عوامل أساسية تتضمنها ثلاثة سيناريوهات للمعمودية. والخلاصة هي أن معمودية الروح القدس تحدث حين يضم يسوعُ المسيح، ربُّ الكنيسة، بالروح القدس، منذ يوم الخمسين فصاعدًا، المؤمنينَ إلى جسده، الكنيسة، في اللحظة التي فيها يؤمن الشخص بالمسيح مخلِّصًا وربًّا. وبهذا العمل، يُعمَّد (يُغمَر) المؤمنون في الجسد العام للمسيح، ويشتركون فيه، وفقًا لمشيئة المخلِّص السيادية.

الجدول ٥ . ٤ مقارنة بين ثلاثة سيناريوهات للمعمودية

	معمودية التوبة	معمودية الكنيسة المحلية	معمودية الروح القدس
المُعمِّد	يوحنا المعمدان	راعي الكنيسة	المسيح
الوسيلة (الأداة)	الماء	الماء	الروح القدس
المعمَّد	الشخص التائب قبل يوم الخمسين	المؤمن من يوم الخمسين فصاعدًا	المؤمن من يوم الخمسين فصاعدًا
الشرط	التوبة	الإيمان بالمسيح	الإيمان بالمسيح
الطريقة	التغطيس في الماء	التغطيس في الماء	التغطيس في الروح القدس
النتائج	يُعترَف بالشخص مؤمنًا تحت العهد العتيق	إطاعة وصية المسيح في الكنيسة المحلية	الانضمام إلى الجسد العام للمسيح

يعرض لنا سفر أعمال الرسل بعض السيناريوهات التي ربما تثير بعض التساؤلات والشكوك إذا ما قورنت بالشرح أعلاه.[18] فقد أوصى المسيح تلاميذه بأن يكرزوا بالإنجيل في أورشليم، واليهودية، والسامرة، وإلى أقصى الأرض (أعمال الرسل ١ : ٨). أطاع الرسل هذه الوصية، ونجد مراحل هذا التوسُّع في أعمال الرسل ٢؛ ٨؛ ١٠-١١؛ ١٩. وبينما تحرَّكوا من أورشليم إلى أفسس، ومن اليهود إلى الأمم، كانت كلُّ خطوة يتقدَّمونها مصحوبة بظروف خاصة.

يصف لنا سفر أعمال الرسل حدث حلول الروح القدس، المعزي الموعود به (يوحنا ١٤ : ١٦)، بأنه كان حدثًا مذهلًا مسموعًا ومنظورًا (أعمال الرسل ٢ : ١-١٣). تكرَّر هذا الحدث بعد ذلك بشكل جزئي وانتقائي (أعمال الرسل ٨ : ١٤-١٩؛ ١٠ : ٤٤-٤٨؛ ١٩ : ١-٧). وقد كانت هذه التكرارات حالات خاصة ذُكِر فيها قبول المؤمنين للروح القدس، أو امتلاءهم من الروح القدس، لكنها افتقرت جميعها إلى الصوت الذي كان كما من هبوب ريح عاصفة، وإلى الألسنة المنقسمة كأنها من نار التي ظهرت في الحدث الأوَّل (أعمال الرسل ٢ : ١-١٣). لكن، في هذه الحالات، تكلَّم أناسٌ بالفعل بألسنة لم يكونوا يعرفونها، استطاع آخرون التعرُّف عليها. ينبغي ألا تُستخدَم هذه الأحداث كأساسٍ للتعليم بأن المؤمنين اليوم لا بد أن يتوقَّعوا أن يكون الامتلاء من الروح القدس مصحوبًا ببرهان التكلُّم بألسنة. فحتى في سفر

١٨ الفقرات الثلاث التالية مقتبسة بتصرُّف من المصدر التالي، بتصريح من دار النشر:
John MacArthur, *The MacArthur Daily Bible: New King James Version* (Nashville: Thomas Nelson, 2003), 608.

أعمال الرسل نفسه، لم تُسفِر اهتداءات حقيقية أخرى إلى الإيمان بالضرورة عن مثل هذه الظواهر الاستثنائية المصاحبة للامتلاء بالروح القدس. على سبيل المثال، آمن حشدٌ من ثلاثة آلاف شخص بالمسيح، واعتمدوا، في يوم الخمسين نفسه الذي بدأ بداية مثيرة للغاية (أعمال الرسل ٢ : ٤١)؛ لكن لم يذكر الكتاب المقدس شيئًا من جهتهم عن تكلُّم بألسنة.

لماذا، إذن، كان تأكيد الإيمان في بعض الحالات مصحوبًا بالتكلُّم بألسنة؟ كان هذا، على الأرجح، مؤشرًا لانضمام مؤمنين من جماعات مختلفة إلى الكنيسة، حيث تلقَّت كل جماعة جديدة ترحيبًا خاصًا من الروح القدس. فقد انضم السامريُّون (أعمال الرسل ٨: ١٤-١٩)، والأمميُّون (أعمال الرسل ١٠ : ٤٤-٤٨)، والمؤمنون تحت العهد العتيق (أعمال الرسل ١٩ : ١-٧) إلى الكنيسة، في حين ظلت وحدتها قائمة. ولأجل ترسيخ تلك الوحدة كان يلزم في كلِّ حالةٍ وجودُ عنصر من عناصر الحدث الذي وقع في يوم الخمسين مع اليهود المؤمنين، مثل: حضور الرسل، وحلول الروح القدس متجليًا في التكلُّم بألسنة. ويلخِّص الجدول ٥ . ٥ تفاصيل هذه الحالات الخاصة الأربعة.

الجدول ٥ . ٥: أربع حالات اهتداء خاصة

المكان	أورشليم/اليهودية	السامرة	قيصرية	أفسس
النص الكتابي	أعمال الرسل ٢ : ١-٢١	أعمال الرسل ٨: ١٤-٢٤	أعمال الرسل ١٠ : ١-١١ : ١٨	أعمال الرسل ١٩ : ١-٧
التوقيت	يوم الخمسين، في عام ٣٠ م تقريبًا	في عام ٣١-٣٢ م تقريبًا	في عام ٣٦ م تقريبًا	في عام ٥٢ م تقريبًا
الفئة	يهود	سامريون	أمميون	تلاميذ يوحنا المعمدان
الروح القدس	اعتمدوا وامتلأوا بالروح القدس	قبلوا الروح القدس	قبلوا الروح القدس	قبلوا الروح القدس
العلامة	تكلَّموا بألسنة كآية لليهود	لم يُذكَر شيء	تكلموا بألسنة كآية لليهود	تكلَّموا بألسنة وتنبأوا كآية لليهود
الظروف	بينما هم مجتمعون معًا	وَضْع الأيدي	كرازة بطرس	وَضْع الأيدي

وعلى مدار فترة زمنية قاربت العقدين، انتشرت رسالة الإنجيل من أورشليم إلى أفسس، ومن اليهود إلى الأمم. وتُمثِّل هذه الخطوات الأربع المهمة توسُّعًا للكنيسة تجلَّى في معمودية الروح القدس مصحوبة بالتكلُّم بألسنة كآية للتصديق على حقيقة وأصالة الكرازة بإنجيل الله. استنتج البعض أن هذه الوقائع التاريخية الأربع كانت القاعدة آنذاك، وأنها ينبغي أن تستمر حتى وقتنا الحاضر. لكن، تضفي علينا الرسائل ككلٍّ شعورًا مختلفًا تمامًا، ألا وهو أن هذه كانت فعليًّا حالات استثنائية، لم يكن من المفترض أن تتكرَّر.

أي رأي من هذين الرأيين هو الصحيح؟ تمدُّنا قاعدتان أساسيتان وقديمتان للتفسير الكتابي، في حالة تطبيقهما على نحو موضوعي ومتَّسق على كلٍّ من سفر أعمال الرسل والرسائل، الإجابة على هذا السؤال. هاتان القاعدتان هما:

١. لتحديد الحق العقائدي، استعن بالنص الكتابي، وليس بالاختبار الشخصي.
٢. لتحديد القاعدة، أي لتحديد ما يجب اعتباره المعيار الأساسي في مقابل ما هو استثنائي، استعن بالمقاطع التعليمية في الكتاب المقدس، وليس بالمقاطع التاريخية (السَّردية)، التي يمكن اعتبارها مجرد وصف للأحداث.

يقودنا تطبيق هذين المبدأين إلى الاعتقاد بأن الأحداث المذكورة في أعمال الرسل ٢؛ ٨؛ ١٠-١١؛ ١٩ كانت استثناءً عن القاعدة الأساسية، غرضه إبراز كيفية انتشار رسالة الإنجيل في أثناء الفترة الانتقالية الفريدة من الإيمان اليهودي إلى مسيحية العهد الجديد، حسبما نقرأ في سفر أعمال الرسل. لم يكن هذا هو الاختبار أو التوقُّع الطبيعي لخدمة الإنجيل طَوال القرون التالية وحتى وقتنا هذا.[١٩]

تحدَّثت أربعة نصوص أخرى من العهد الجديد عن المعمودية بطريقة مبهمة وغامضة لدرجة تسببت في تبنِّي المفسِّرين آراء متباينة إلى حدٍّ كبير بشأنها. وفيما يلي بعض الملاحظات الموجَزة:

١. رومية ٦: ٣، «اعْتَمَدَ لِيَسُوعَ الْمَسِيحِ». يشير هذا النص إلى اتحاد المؤمن «بالمسيح»؛ ومن ثَمَّ، لا يمكن أن يكون إشارة إلى معمودية الماء.
٢. غلاطيَّة ٣: ٢٧، «اعْتَمَدْتُمْ بِالْمَسِيحِ». يُعلِّم هذا النص الحق ذاته الذي يعلِّمه رومية ٦: ٣. وقد استُخدم هنا حرف الجر *eis*، وليس *en*، والذي معناه «اتحاد غير قابل للانفصال، وخضوع تام».
٣. أفسس ٤: ٥، «مَعْمُودِيَّةٌ وَاحِدَةٌ». يشير هذا النص على الأرجح إلى معمودية الماء «في المسيح». ويبدو أن هذا ينطبق بلا استثناء على كل مؤمن.
٤. كولوسِّي ٢: ١٢، «مَدْفُونِينَ مَعَهُ فِي الْمَعْمُودِيَّةِ». هذه اللغة شبيهة إلى حد كبير بلغة رومية ٦: ٣-٤، ومن ثَمَّ، من المرجَّح أن بولس يقصد بها اتحاد المؤمن «بالمسيح».

إذن، على الأرجح، تشير هذه التصريحات البولسية الأربعة جميعها إلى اتحاد المؤمن «بالمسيح».

19 See Walter C. Kaiser Jr., "The Baptism in the Holy Spirit as the Promise of the Father: A Reformed Perspective," in *Perspectives on Spirit Baptism: Five Views*, ed. Chad Owen Brand (Nashville: Broadman, 2004), 15–37.

تلخيص عن طريق التبايُن

لأجل توضيح ما تعنيه معمودية الروح القدس، وما لا تعنيه، تمدُّنا القائمة التالية بسلسلة من التصريحات الإيجابية والسلبية المتباينة:

١. معمودية الروح القدس هي هبة من الله بالنعمة. وهي ليست شيئًا ينبغي السعي وراءه، أو المناضلة والصلاة من أجل الحصول عليه.

٢. ترتبط معمودية الروح القدس حصريًّا بالتجديد والخلاص. ولا توجد قاعدة تستوجب ارتباطها بموهبة التكلُّم بألسنة، تلك الموهبة المعجزية المؤقَّتة، أو بأية مواهب معجزية أخرى كانت قاصرة على عصر الرسل.

٣. معمودية الروح القدس حدثٌ دائمٌ يقع مرة واحدة. وهي ليست حدثًا يمكن إلغاؤه، أو تكراره.

٤. معمودية الروح القدس برهانٌ على خلاص المرء. وهي في حد ذاتها ليست مقياسًا لنضجه الروحي.

٥. معمودية الروح القدس بركة أوَّلية، ونتيجة دائمة للخلاص. وهي ليست نعمة أو بركة ثانية.

٦. معمودية الروح القدس مرتبطة دون انفصام بالخلاص. وهي غير مستقلة عن الخلاص، أو تالية له.

٧. معمودية الروح القدس تحدث بمبادرة سيادية من المسيح. ولا يحصل عليها المؤمن بأيِّ عمل يقوم به من جانبه.

٨. يسلِّم العهد الجديد بأن معمودية الروح القدس اختبار يعطيه المسيح لكلِّ مؤمن. فما من وصية للمؤمنين سواء بأن يحصلوا عليها، أو بأن يحتفظوا بها.

٩. معمودية الروح القدس هي اختبار كلِّ مؤمن منذ يوم الخمسين وحتى الوقت الحالي. ولم يختبرها سواء مؤمنو العهد القديم أو مؤمنو حقبة الأناجيل.

١٠. تشمل معمودية الروح القدس جميع المؤمنين. وهي غير قاصرة على الناضجين روحيًّا.

١١. تَمنح معمودية الروح القدس انضمامًا مجانيًّا إلى الجسد العام للمسيح. وهي لا تعتمد على أي إنجاز روحي لاحق يحققه الفرد.

١٢. تختلف معمودية الروح القدس عن سُكنى الروح القدس وعن الملء بالروح القدس، مع أنها متصلة بهما بشكل ما. وينبغي ألا نساويها بأيٍّ منهما.

خلاصة الأمر، تُعَد معمودية الروح القدس عملًا مقاميًّا، يُجرَى في حياة كلِّ مؤمن بالتزامُن مع التجديد. أما تلك النصوص التي وردت في سفر أعمال الرسل، والتي تشير إلى معموديةٍ بالروح القدس وقعت في وقت لاحق للاهتداء، فهي متصلة بالطبيعة الانتقالية للفترة التي يتناولها سفر أعمال الرسل. ويقدِّم لنا ١كورنثوس ١٢: ١٣ العقيدة المعيارية لمعمودية الروح القدس، قائلًا إنها تسفر عن مقامٍ جديدٍ لجميع المؤمنين في جسد المسيح، في لحظة إيمانهم بالمسيح. وبالنظر إلى الطبيعة

الجسدانية لمؤمني كورنثوس، الذين كتب إليهم بولس هذا المقطع، يمكن أن نستنبط أن معمودية الروح القدس ليس لها بالضرورة أيُّ تأثير على القداسة اللاحقة. فالكنيسة، أي الجسد الروحي للمسيح، تتكوَّن عندما يعمِّد (يَغمُر) المسيح المؤمنين في الروح القدس، بحيث يتَّحدون مع جميع المؤمنين الآخرين الذين آمنوا من يوم الخمسين فصاعدًا. ليست معمودية الروح القدس اختبارًا يمكن السعي وراءه، بل بالأحرى واقعًا خلاصيًّا ينبغي تقديم الشكر إلى الله لأجله.

⬅ الختم

في اللحظة التي فيها يتوب المؤمن عن خطاياه، ويؤمن بموت يسوع المسيح، ودفنه، وقيامته من الأموات، يأتي روح الله نفسه إليه كي يُجدِّده، ويسكن فيه، ويضمن خلاصه. فالله هو الذي يعطي روح الموعد (أفسس ١: ١٣)، كضمانٍ للميراث المستقبلي للمؤمن في المجد.

طرح بولس فكرة **الختم** هذه مستخدمًا كلمتين يونانيتين، هما: *sphragizō*، بمعنى «يختم»، و *arrabōn* («عربون»)، بمعنى «تعهُّد» أو «ضمان» (٢كورنثوس ١: ٢١-٢٢؛ ٥: ٥ [٥٥-٥٦ م]؛ أفسس ١: ١٣-١٤؛ ٤: ٣٠ [٦٠-٦٢ م]). كلا هذين اللفظين مستمَد في الأصل من المجال غير الديني، غير أن بولس استعملهما كرمز روحي لوصف خدمة خلاصية مهمة تتعلَّق بالروح القدس. تصف كلمة *Sphragizō*، التي معناها «يختم»، ممارسة قديمة كانت تتمثَّل في وضع الشمع السائل على مراسلات أحدهم أو أوراق ملكيته، ثم كان هذا الشمع يُختَم بعلامة فريدة تشير دون أدنى مجال للخطأ إلى هوية المالك أو كاتب المراسلات. وقد كان هذا الختم دلالة على الضمان، والحماية، والمِلكية، والسلطة، والأصالة. أما كلمة *Arrabōn*، التي معناها «عربون» أو «ضمان»، فقد كانت عبارة عن دفعة مالية مقدَّمة تسدَّد لإثبات حُسن النية من جهة تسديد المبلغ المتبقي لإتمام الصفقة أو المعاملة التجارية قريبًا. فقد كانت الكلمة تعبيرًا عن التعهُّد، من أجل تعزيز اليقين والثقة.

وفي سياق الخلاص، يشير الختم إلى امتلاك الله للمؤمن، الذي اشتُرِيَ بثمن، ألا وهو دم يسوع المسيح ابن الله (١كورنثوس ٦: ١٩-٢٠). يختم الله المؤمن بالروح القدس (٢ كورنثوس ١: ٢٢؛ ٥: ٥) تمامًا كما ختم المسيح (يوحنا ٦: ٢٧). وهكذا، فإن الروح القدس هو الختم الحقيقي (٢ كورنثوس ١: ٢٢) الذي يُثبِت أن المؤمن ابنٌ لله.

جميع المؤمنين الحقيقيين ينالون ختم الروح القدس بفعل خلاصهم (رومية ٨: ٩). فكما يَخلُص المرء بالنعمة بواسطة الإيمان بالمسيح، هكذا أيضًا يُختَم من الله بالروح القدس بالنعمة. لم يوصَ المؤمنون قط في الكتاب المقدس بالسعي إلى أن يُختموا، أو بالاجتهاد من أجل ذلك، بل يسلِّم الكتاب المقدس دائمًا بأنهم مختومون بالفعل بسبب خلاصهم. في المقابل، يُحذَّر المؤمنون من أن يحزنوا الروح القدس، الذي به خُتِموا من الله (أفسس ٤: ٣٠).

الغرض المباشر من الختم هو تحديد هوية أولئك الذين سيحصلون يومًا ما على الامتياز الكامل والأخير للخلاص، ألا وهي القيامة (رومية ٨: ٢٠-٢٣). ولهذا يصف رومية ٨: ٢٣ حياة المؤمن الحالية بأنها نوال «باكورة الروح»، وذلك لأن الكثير جدًّا عتيدٌ أن يأتيَ في قيامة المؤمنين وفداء أجسادهم في المستقبل (٢ كورنثوس ٥: ٤-٥؛ أفسس ١: ١٤؛ ٤: ٣٠). فإن الختم الفوري فعل حاليٌّ، لكنه مؤقّت، لأنه يُنبئ بالنتيجة النهائية، التي هي دائمة وأبدية، والتي لا تزال مستقبلية. فإن خلاص المؤمن المختوم من الله بالروح القدس يصير مؤكَّدًا ومضمونًا بسلطان الله، ومصدَّقًا عليه بامتلاك روح الله. ولأن المؤمنين ملكٌ لله، فهم آمنون روحيًّا، ومتمتعون بالحماية، بفعل موارده الروحية القديرة، والتي لا تُقهَر.

ليس الروح القدس هو فقط الختم الذي يضعه الله على المؤمنين، لكنه أيضًا العربون الذي يعطيه لهم (٢ كورنثوس ١: ٢٢؛ ٥: ٥؛ أفسس ١: ١٤)، كضمانٍ منه بأنه سيفي في النهاية بوعده لهم بالحياة الأبدية في جسد مُقام وممجَّد. فإن الروح القدس هو تعهُّد الله، ودفعته المقدَّمة، وعربونه الذي يشهد في يقين لا تشوبه شائبة على أنه سيكمل حتمًا ما ابتدأه (فيلبي ١: ٦). لهذا وصف بولس الروح القدس بأنه «رُوحِ الْمَوْعِدِ الْقُدُّوسِ، الَّذِي هُوَ عُرْبُونُ مِيرَاثِنَا، لِفِدَاءِ الْمُقْتَنَى [المترجم: «إلى أن نقتني هذا الميراث بالفعل»]، لِمَدْحِ مَجْدِهِ» (أفسس ١: ١٣-١٤). ومن ثَمَّ، فإن الروح القدس هو الضمان الحالي بنوال الوعد الكامل والنهائي الذي قطعه الله (انظر يوحنا ١٠: ٢٨-٢٩؛ رومية ٨: ٣١-٣٩)، ألا وهو الحياة الأبدية.

التقديس[٢٠]

- مقدِّمة
- السُّكنى
- الملء
- الثَّمر

مقدِّمة[٢١]

استخدم العهد الجديد ألفاظًا متنوعة لوصف المؤمنين بالرب يسوع المسيح. ويُعَد اللفظ الأكثر شيوعًا في لغتنا المعاصرة هو لفظ «مسيحي» (في اليونانية *Christianos*). لكن، لم يظهر هذا اللقب في الكتاب المقدس إلا ثلاث مرات فحسب (أعمال الرسل ١١: ٢٦؛ ٢٦: ٢٨؛ ١ بطرس ٤: ١٦)، وتظل دلالته الأصلية (إن كانت إيجابية أم سلبية) غير مؤكَّدة. إلا أن اللقب، مع ذلك، ينطبق فقط على الذين آمنوا بالمسيح يسوع، واتَّبعوا طريقه.

٢٠ للاطلاع على دراسة أكثر تفصيلًا وتوسُّعًا حول موضوع التقديس، يُرجَى الرجوع إلى الفصل السابع من هذا الكتاب، بعنوان «الخلاص».

٢١ اقتُبس هذا الجزء بتصرُّف من المصدر التالي، بتصريح من *MSJ*:
Richard L. Mayhue, "Sanctification: The Biblical Basics," *MSJ* 21, no. 2 (2010): 143–57.

ومن الألفاظ المفضَّلة في الأناجيل وسفر أعمال الرسل هو لقب «تلميذ» (في اليونانية *mathētēs*)، الذي جاء أكثر من ٢٥٠ مرة، واستُخدِم في غالبية الأحيان للإشارة إلى أتباع المسيح. ومن خلال ربط أعمال الرسل ١١ : ٢٦ هذا اللقب بلقب «مسيحيين»، يمكن استنتاج أن استخدام لقب «تلميذ» كان سابقًا لاستخدام لقب «مسيحي»؛ والأهم من ذلك أن هذا اللقب يصف المسيحي بأنه تلميذ أصيلٌ وحقيقيٌّ للمسيح.

إن الاستخدام المتكرِّر للفظ «أخ» (في اليونانية *adelphos*) عبر العهد الجديد، بالإضافة إلى الظهور النادر للفظ «أخت» (في اليونانية *adelphē*، فليمون ٢؛ ٢ يوحنا ١٣)، كإشارة إلى علاقة روحية في المسيح، يوحي برمز العائلة الروحية التي تتكوَّن بفعل **الولادة الجديدة**. ومن الألقاب الأخرى اللافتة للنظر هو لفظ «عبد» (في اليونانية *doulos*) في مقابل المسيح «ربًّا» (في اليونانية *kyrios*).

يبدو كل لفظ من الألفاظ الخمسة السابقة ملائمًا وبديهيًّا إلى حدٍّ كبير، على عكس وصف المؤمن بأنه «قديس» (باليونانية *hagios*)، ذلك الوصف الأكثر غرابة وإثارة للدهشة، والذي لا نستحقه كبشرٍ. استُخدِم لقب «قديس» مرات معدودات في الأناجيل وسفر أعمال الرسل، لكنه كان اللقب المفضَّل في الرسائل وسفر الرؤيا.

لماذا دُعِي المسيحيون، والتلاميذ، والإخوة، والأخوات، والعبيد «قديسين» أو «مقدَّسين»؟ فهم لم يكونوا مقدَّسين قبل الخلاص، ولا هم يعيشون القداسة المطلقة في حياتهم على الأرض، لأن الله وحده هو القدوس. كما أنهم لن يصيروا بلا خطية إلا في السماء، بعد موتهم. ومع ذلك، يعلن الكتاب المقدس بوضوح، وبصورة متكرِّرة، وقاطعة أن المؤمنين «قدِّيسون» أو مقدَّسون».

يظهر مفهوم التقديس عند دَفَّتَي الكتاب المقدس: «وَبَارَكَ اللهُ الْيَوْمَ السَّابِعَ وَقَدَّسَهُ» (تكوين ٢ : ٣)؛ «وَمَنْ هُوَ بَارٌّ فَلْيَتَبَرَّرْ بَعْدُ. وَمَنْ هُوَ مُقَدَّسٌ فَلْيَتَقَدَّسْ بَعْدُ» (رؤيا ٢٢ : ١١). ثم دخولًا في صميم الموضوع، أمر الله موسى قائلًا: «تَكُونُونَ قِدِّيسِينَ لأَنِّي قُدُّوسٌ الرَّبُّ إِلهُكُمْ» (لاويين ١٩ : ٢)، تلك الوصية التي ردَّدها بطرس مرة أخرى قائلًا: «بَلْ نَظِيرَ الْقُدُّوسِ الَّذِي دَعَاكُمْ، كُونُوا أَنْتُمْ أَيْضًا قِدِّيسِينَ فِي كُلِّ سِيرَةٍ. لأَنَّهُ مَكْتُوبٌ: كُونُوا قِدِّيسِينَ لأَنِّي أَنَا قُدُّوسٌ» (١ بطرس ١ : ١٥-١٦). وتتغلغل فكرة «الانفصال»، أو «التخصيص»، أو «القداسة» عبر أنحاء الكتاب المقدس، سواء في العهد القديم أو العهد الجديد. وبرغم أن التقديس ليس عملًا قاصرًا على الروح القدس، لكنه عادة ما يُربَط به بشكل مباشر (رومية ٨ : ٢٣؛ ١كورنثوس ٦ : ١١؛ ١ تسالونيكي ٤ : ٧-٨؛ ٢ تسالونيكي ٢ : ١٣؛ تيطس ٣ : ٥؛ ١ بطرس ١ : ٢).

ولماذا لقب «قديس»؟ هذا هو اللقب الوحيد من الألقاب الستة المذكورة أعلاه الذي يركِّز على صفة قداسة الله (راجع إشعياء ٦ : ١-٨)، وعلى قصده بأن يُظهِر جميع المؤمنين الحقيقيين بالمسيح هذه الصفة، متمثِّلين بها، على نحو متزايد، كعلامة على حقيقة مسيحيتهم (راجع عبرانيين ١٢ : ١٠).

إن روح القداسة (رومية ١ : ٤)، المشار إليه في مواضع أخرى باسم الروح القدس (مزمور ٥١ : ١١؛ إشعياء ٦٣ : ١١؛ متى ١ : ١٨؛ يهوذا ٢٠)، هو الذي يجسِّد هذه الصفة البارزة. وستستعرض الدراسة التالية، من خلال تركيزها على هذا اللقب الذي أُعطِي للمؤمنين، الدلالات والمعاني الخلاصية للتقديس والقداسة كما تظهر في نصوص كتابية مألوفة كالنصوص التالية:

«فَكُونُوا أَنْتُمْ كَامِلِينَ كَمَا أَنَّ أَبَاكُمُ الَّذِي فِي السَّمَاوَاتِ هُوَ كَامِلٌ» (متى ٥ : ٤٨)

«وَنَحْنُ نَعْلَمُ أَنَّ كُلَّ الأَشْيَاءِ تَعْمَلُ مَعًا لِلْخَيْرِ لِلَّذِينَ يُحِبُّونَ اللهَ، الَّذِينَ هُمْ مَدْعُوُّونَ حَسَبَ قَصْدِهِ. لأَنَّ الَّذِينَ سَبَقَ فَعَرَفَهُمْ سَبَقَ فَعَيَّنَهُمْ لِيَكُونُوا مُشَابِهِينَ صُورَةَ ابْنِهِ، لِيَكُونَ هُوَ بِكْرًا بَيْنَ إِخْوَةٍ كَثِيرِينَ. وَالَّذِينَ سَبَقَ فَعَيَّنَهُمْ، فَهؤُلاَءِ دَعَاهُمْ أَيْضًا. وَالَّذِينَ دَعَاهُمْ، فَهؤُلاَءِ بَرَّرَهُمْ أَيْضًا. وَالَّذِينَ بَرَّرَهُمْ، فَهؤُلاَءِ مَجَّدَهُمْ أَيْضًا» (رومية ٨ : ٢٨-٣٠)

«وَاثِقًا بِهذَا عَيْنِهِ أَنَّ الَّذِي ابْتَدَأَ فِيكُمْ عَمَلاً صَالِحًا يُكَمِّلُ إِلَى يَوْمِ يَسُوعَ الْمَسِيحِ» (فيلبي ١ : ٦)

«أَيُّهَا الأَحِبَّاءُ، الآنَ نَحْنُ أَوْلاَدُ اللهِ، وَلَمْ يُظْهَرْ بَعْدُ مَاذَا سَنَكُونُ. وَلكِنْ نَعْلَمُ أَنَّهُ إِذَا أُظْهِرَ نَكُونُ مِثْلَهُ، لأَنَّنَا سَنَرَاهُ كَمَا هُوَ. وَكُلُّ مَنْ عِنْدَهُ هذَا الرَّجَاءُ بِهِ، يُطَهِّرُ نَفْسَهُ كَمَا هُوَ طَاهِرٌ» (١يوحنا ٣ : ٢-٣)

«وَالْقَادِرُ أَنْ يَحْفَظَكُمْ غَيْرَ عَاثِرِينَ، وَيُوقِفَكُمْ أَمَامَ مَجْدِهِ بِلاَ عَيْبٍ فِي الابْتِهَاجِ، الإِلهُ الْحَكِيمُ الْوَحِيدُ مُخَلِّصُنَا، لَهُ الْمَجْدُ وَالْعَظَمَةُ وَالْقُدْرَةُ وَالسُّلْطَانُ، الآنَ وَإِلَى كُلِّ الدُّهُورِ. آمِينَ» (يهوذا ٢٤-٢٥)

في العهد الجديد، تُستخدَم ثلاث مجموعات مختلفة من المصطلحات كمترادفات لوصف الخلاص من حيث البُعد الماضي، والحاضر، والمستقبلي له. ويوضِّح الجدول ٥.٦ هذا النمط من خلال عينات من مقاطع كتابية ممثِّلة لكلِّ مجموعة.

الجدول ٦.٥: مجموعات المصطلحات التي تصف الخلاص

	الإكمال/التكميل (في اليونانية *teleioō*، *teleios*)	الخلاص (في اليونانية *sōzō*، *sōtēria*، *sōtērion*)	التقديس (في اليونانية *hagiazō*، *hagiasmos*، *hagios*)
البعد الماضي	«لأَنَّهُ بِقُرْبَانٍ وَاحِدٍ قَدْ **أَكْمَلَ** إِلَى الأَبَدِ الْمُقَدَّسِينَ» (عبرانيين ١٠: ١٤)	«لاَ بِأَعْمَال فِي بِرّ عَمِلْنَاهَا نَحْنُ، بَلْ بِمُقْتَضَى رَحْمَتِهِ **خَلَّصَنَا** بِغُسْلِ الْمِيلاَدِ الثَّانِي وَتَجْدِيدِ الرُّوحِ الْقُدُسِ» (تيطس ٣: ٥)	«وَهكَذَا كَانَ أُنَاسٌ مِنْكُمْ. لكِنِ اغْتَسَلْتُمْ، بَلْ **تَقَدَّسْتُمْ**، بَلْ تَبَرَّرْتُمْ بِاسْمِ الرَّبِّ يَسُوعَ وَبِرُوحِ إِلهِنَا» (١كورنثوس ٦: ١١)
البعد الحاضر	«فَإِذْ لَنَا هذِهِ الْمَوَاعِيدُ أَيُّهَا الأَحِبَّاءُ لِنُطَهِّرْ ذَوَاتِنَا مِنْ كُلِّ دَنَسِ الْجَسَدِ وَالرُّوحِ، **مُكَمِّلِينَ** الْقَدَاسَةَ فِي خَوْفِ اللهِ» (٢ كورنثوس ٧: ١)	«إِذًا يَا أَحِبَّائِي، كَمَا أَطَعْتُمْ كُلَّ حِينٍ، لَيْسَ كَمَا فِي حُضُورِي فَقَطْ، بَلِ الآنَ بِالأَوْلَى جِدًّا فِي غِيَابِي، تَمِّمُوا **خَلاَصَكُمْ** بِخَوْفٍ وَرِعْدَةٍ» (فيلبي ٢: ١٢)	«لأَنَّ هذِهِ هِيَ إِرَادَةُ اللهِ: **قَدَاسَتُكُمْ**. أَنْ تَمْتَنِعُوا عَنِ الزِّنَا، أَنْ يَعْرِفَ كُلُّ وَاحِدٍ مِنْكُمْ أَنْ يَقْتَنِيَ إِنَاءَهُ بِقَدَاسَةٍ وَكَرَامَةٍ ... لأَنَّ اللهَ لَمْ يَدْعُنَا لِلنَّجَاسَةِ بَلْ فِي الْقَدَاسَةِ» (١ تسالونيكي ٤: ٣-٤، ٧)
البعد المستقبلي	«بَلْ قَدْ أَتَيْتُمْ إِلَى ... اللهِ دَيَّانِ الْجَمِيعِ، وَإِلَى أَرْوَاحِ أَبْرَارٍ **مُكَمَّلِينَ**» (عبرانيين ١٢: ٢٢-٢٣)	«هذَا وَإِنَّكُمْ عَارِفُونَ الْوَقْتَ، أَنَّهَا الآنَ سَاعَةٌ لِنَسْتَيْقِظَ مِنَ النَّوْمِ، فَإِنَّ **خَلاَصَنَا** الآنَ أَقْرَبُ مِمَّا كَانَ حِينَ آمَنَّا» (رومية ١٣: ١١)	«وَإِلهُ السَّلاَمِ نَفْسُهُ **يُقَدِّسُكُمْ** بِالتَّمَامِ. وَلْتُحْفَظْ رُوحُكُمْ وَنَفْسُكُمْ وَجَسَدُكُمْ كَامِلَةً بِلاَ لَوْمٍ عِنْدَ مَجِيءِ رَبِّنَا يَسُوعَ الْمَسِيحِ.» (١ تسالونيكي ٥: ٢٣)

ويُمكِن تلخيص محتوى هذا الجدول بأفضل صورة من خلال الملاحظات العشر التالية:

١. استخدم الكتاب المقدس الكلمات: «الخلاص»، و«التقديس»، و«الإكمال» أو «التكميل» كمترادفات لها أهمية خلاصيَّة كبيرة.

٢. يمثِّل الخلاص جزءًا من التقديس من ناحية، ويمثِّل التقديس جزءًا من الخلاص من ناحية أخرى.[٢٢]

٣. ومن ثَمَّ، فإن الخلاص والتقديس غير قابلين للانفصال، ولا يمكن أن يوجد أحدهما دون الآخر.

٤. يمكن لكلِّ مجموعة من هذه المجموعات الثلاث من المصطلحات أن تصف إما البُعد الماضي، أو الحاضر، أو المستقبلي للخلاص.

٥. يمكن لكلِّ مجموعة من هذه المجموعات الثلاث من المصطلحات أن تصف إما ابتداء الفداء، أو استمراريته، أو اكتماله.

٦. يمكن لكلِّ مجموعة من هذه المجموعات الثلاث من المصطلحات أن تصف إما جزءًا من الخلاص، أو الخلاص بأكمله.

٧. ما لم نتقبَّل هذا التداخُل بين المفردات الموجود في الكتاب المقدس، سنتوصل حتمًا، في أثناء دراستنا لعقيدة الخلاص، إلى استنتاجات مغلوطة.

٨. يقول الكتاب المقدس إن المؤمن الآن هو ما سوف يتغيَّر تدريجيًّا كي يصير عليه.

٩. يوصي الكتاب المقدس المؤمن بأن يكون الآن ما لا يمكن أن يكون عليه بالكامل إلا في الأبدية.

١٠. مفتاح الحفاظ على الوضوح في وسط الغموض التفسيري المحتمَل هو تحديد الأجزاء الفردية للخلاص في كلِّ نص كتابي.

تتناول هذه الأفكار التمهيدية التقديس سواء في أجزائه المختلفة، أو في مجمله، لتقديم سياق واضح للدراسة التالية. تهدف الدراسة التالية إلى التركيز على **التقديس التدريجي**، أي التقديس الذي يجري في حياة المؤمن بعد الخلاص. لكن، قبل القفز إلى دراسة التقديس التدريجي، يعرض لنا الجدول ٥.٧ عدة جوانب مختلفة من التقديس من أجل تسليط الضوء على مدى تعقيده.

---

٢٢ [المترجم]: من ناحية، الخلاص جزء من التقديس لأنه يمثل بداية هذه العملية التي تدوم مدى الحياة، وتنتهي بالقيامة، إذ به ينال المؤمن الطبيعة الجديدة التي تتجدد باستمرار؛ ومن ناحية أخرى، التقديس جزء من الخلاص لأنه ثمر ونتيجة الميلاد الثاني، ولأنه خلاص مستمر من سطوة الخطية، وكذلك، لأنه يؤدي إلى الخلاص النهائي من وجود الخطية بالقيامة.

الجدول ٧.٥: جوانب التقديس

	الآب	الابن	الروح القدس
الأقنوم الإلهي العامل في التقديس	«لأَنَّ اللهَ لَمْ يَدْعُنَا لِلنَّجَاسَةِ بَلْ فِي **الْقَدَاسَةِ**» (١ تسالونيكي ٤ : ٧)	«إِلَى كَنِيسَةِ اللهِ الَّتِي فِي كُورِنْثُوسَ، **الْمُقَدَّسِينَ** فِي الْمَسِيحِ يَسُوعَ، الْمَدْعُوِّينَ قِدِّيسِينَ مَعَ جَمِيعِ الَّذِينَ يَدْعُونَ بِاسْمِ رَبِّنَا يَسُوعَ الْمَسِيحِ فِي كُلِّ مَكَانٍ، لَهُمْ وَلَنَا ...» (١كورنثوس ١ : ٢)	«وَأَمَّا نَحْنُ فَيَنْبَغِي لَنَا أَنْ نَشْكُرَ اللهَ كُلَّ حِينٍ لأَجْلِكُمْ أَيُّهَا الإِخْوَةُ الْمَحْبُوبُونَ مِنَ الرَّبِّ، أَنَّ اللهَ اخْتَارَكُمْ مِنَ الْبَدْءِ لِلْخَلاَصِ، **بِتَقْدِيسِ** الرُّوحِ وَتَصْدِيقِ الْحَقِّ» (٢ تسالونيكي ٢ : ١٣)
	الماضي	الحاضر	المستقبل
التسلسل الزمني	«وَالآنَ أَسْتَوْدِعُكُمْ يَا إِخْوَتِي للهِ وَلِكَلِمَةِ نِعْمَتِهِ، الْقَادِرَةِ أَنْ تَبْنِيَكُمْ وَتُعْطِيَكُمْ مِيرَاثًا مَعَ جَمِيعِ **الْمُقَدَّسِينَ**» (أعمال الرسل ٢٠ : ٣٢)	«... أَنْ يَعْرِفَ كُلُّ وَاحِدٍ مِنْكُمْ أَنْ يَقْتَنِيَ إِنَاءَهُ **بِقَدَاسَةٍ** وَكَرَامَةٍ ...» (١ تسالونيكي ٤ : ٤)	«... لِكَيْ يُثَبِّتَ قُلُوبَكُمْ بِلاَ لَوْمٍ فِي **الْقَدَاسَةِ**، أَمَامَ اللهِ أَبِينَا فِي مَجِيءِ رَبِّنَا يَسُوعَ الْمَسِيحِ مَعَ جَمِيعِ قِدِّيسِيهِ» (١ تسالونيكي ٣ : ١٣)

الوسائط الرئيسية	**الإنجيل**	**المجد/الكتاب المقدس**	**القيامة**
	«... لِكَيْ **يُقَدِّسَهَا**، مُطَهِّرًا إِيَّاهَا بِغَسْلِ الْمَاءِ بِالْكَلِمَةِ...» (أفسس ٥: ٢٦)	«وَنَحْنُ جَمِيعًا **نَاظِرِينَ مَجْدَ** الرَّبِّ بِوَجْهٍ مَكْشُوفٍ، كَمَا فِي مِرْآةٍ، **نَتَغَيَّرُ** إِلَى تِلْكَ الصُّورَةِ عَيْنِهَا، مِنْ مَجْدٍ إِلَى مَجْدٍ» (٢ كورنثوس ٣: ١٨) «**قَدِّسْهُمْ** فِي حَقِّكَ. كَلاَمُكَ هُوَ حَق» (يوحنا ١٧: ١٧)	«وَلَيْسَ هكَذَا فَقَطْ، بَلْ نَحْنُ الَّذِينَ لَنَا بَاكُورَةُ الرُّوحِ، نَحْنُ أَنْفُسُنَا أَيْضًا نَئِنُّ فِي أَنْفُسِنَا، مُتَوَقِّعِينَ التَّبَنِّيَ **فِدَاءَ أَجْسَادِنَا**» (رومية ٨: ٢٣)
التأثيرات	**الابتداء**	**الاستمرارية**	**الاكتمال**
	«فَبِهذِهِ الْمَشِيئَةِ نَحْنُ **مُقَدَّسُونَ** بِتَقْدِيمِ جَسَدِ يَسُوعَ الْمَسِيحِ مَرَّةً وَاحِدَةً» (عبرانيين ١٠: ١٠)	«فَإِذْ لَنَا هذِهِ الْمَوَاعِيدُ أَيُّهَا الأَحِبَّاءُ لِنُطَهِّرْ ذَوَاتِنَا مِنْ كُلِّ دَنَسِ الْجَسَدِ وَالرُّوحِ، مُكَمِّلِينَ **الْقَدَاسَةَ** فِي خَوْفِ اللهِ» (٢ كورنثوس ٧: ١)	«مَنْ يَظْلِمْ فَلْيَظْلِمْ بَعْدُ. وَمَنْ هُوَ نَجِسٌ فَلْيَتَنَجَّسْ بَعْدُ. وَمَنْ هُوَ بَارٌّ فَلْيَتَبَرَّرْ بَعْدُ. وَمَنْ هُوَ **مُقَدَّسٌ فَلْيَتَقَدَّسْ** بَعْدُ» (رؤيا ٢٢: ١١)
النتائج الرئيسية	**المقام**	**التقدُّم التدريجي**	**الكمال**
	«... لِتَفْتَحَ عُيُونَهُمْ كَيْ يَرْجِعُوا مِنْ ظُلُمَاتٍ إِلَى نُورٍ، وَمِنْ سُلْطَانِ الشَّيْطَانِ إِلَى اللهِ، حَتَّى يَنَالُوا بِالإِيمَانِ بِي غُفْرَانَ الْخَطَايَا وَنَصِيبًا مَعَ **الْمُقَدَّسِينَ**» (أعمال الرسل ٢٦: ١٨)	«وَأَمَّا الآنَ إِذْ أُعْتِقْتُمْ مِنَ الْخَطِيَّةِ، وَصِرْتُمْ عَبِيدًا للهِ، فَلَكُمْ ثَمَرُكُمْ **لِلْقَدَاسَةِ**، وَالنِّهَايَةُ حَيَاةٌ أَبَدِيَّةٌ» (رومية ٦: ٢٢)	«لِكَيْ يُثَبِّتَ قُلُوبَكُمْ بِلاَ لَوْمٍ **فِي الْقَدَاسَةِ**، أَمَامَ اللهِ أَبِينَا فِي مَجِيءِ رَبِّنَا يَسُوعَ الْمَسِيحِ مَعَ جَمِيعِ قِدِّيسِيهِ» (١ تسالونيكي ٣: ١٣)

	التبرير	التقديس	التمجيد
النتائج الشخصية	«وَهكَذَا كَانَ أُنَاسٌ مِنْكُمْ. لكِنِ اغْتَسَلْتُمْ، بَلْ **تَقَدَّسْتُمْ**، بَلْ تَبَرَّرْتُمْ بِاسْمِ الرَّبِّ يَسُوعَ وَبِرُوحِ إِلهِنَا» (١كورنثوس ٦ : ١١)	«لأَنَّ هذِهِ هِيَ إِرَادَةُ اللهِ: **قَدَاسَتُكُمْ**. أَنْ تَمْتَنِعُوا عَنِ الزِّنَا» (١ تسالونيكي ٤ : ٣)	«وَنَحْنُ نَعْلَمُ أَنَّ كُلَّ الأَشْيَاءِ تَعْمَلُ مَعًا لِلْخَيْرِ لِلَّذِينَ يُحِبُّونَ اللهَ، الَّذِينَ هُمْ مَدْعُوُّونَ حَسَبَ قَصْدِهِ. لأَنَّ الَّذِينَ سَبَقَ فَعَرَفَهُمْ سَبَقَ فَعَيَّنَهُمْ لِيَكُونُوا مُشَابِهِينَ صُورَةَ ابْنِهِ، لِيَكُونَ هُوَ بِكْرًا بَيْنَ إِخْوَةٍ كَثِيرِينَ. وَالَّذِينَ سَبَقَ فَعَيَّنَهُمْ، فَهؤُلاَءِ دَعَاهُمْ أَيْضًا. وَالَّذِينَ دَعَاهُمْ، فَهؤُلاَءِ بَرَّرَهُمْ أَيْضًا. وَالَّذِينَ بَرَّرَهُمْ، فَهؤُلاَءِ **مَجَّدَهُمْ** أَيْضًا» (رومية ٨ : ٢٨-٣٠)
	إعلان قضائي	خضوع طائع	تكميل فائق للطبيعة
الحقائق الروحية	«لأَنَّهُ بِقُرْبَانٍ وَاحِدٍ قَدْ أَكْمَلَ إِلَى الأَبَدِ **الْمُقَدَّسِينَ**» (عبرانيين ١٠ : ١٤)	«أَتَكَلَّمُ إِنْسَانِيًّا مِنْ أَجْلِ ضَعْفِ جَسَدِكُمْ. لأَنَّهُ كَمَا قَدَّمْتُمْ أَعْضَاءَكُمْ عَبِيدًا لِلنَّجَاسَةِ وَالإِثْمِ لِلإِثْمِ، هكَذَا الآنَ قَدِّمُوا أَعْضَاءَكُمْ عَبِيدًا لِلْبِرِّ **لِلْقَدَاسَةِ**» (رومية ٦ : ١٩)	«وَإِلهُ السَّلاَمِ نَفْسُهُ **يُقَدِّسُكُمْ** بِالتَّمَامِ. وَلْتُحْفَظْ رُوحُكُمْ وَنَفْسُكُمْ وَجَسَدُكُمْ كَامِلَةً بِلاَ لَوْمٍ عِنْدَ مَجِيءِ رَبِّنَا يَسُوعَ الْمَسِيحِ» (١ تسالونيكي ٥ : ٢٣)

ومع أننا ربما نميل إلى الظن بأن هذه الدراسة عن التقديس غير عملية، لكنَّ العكس تمامًا هو الصحيح. فإن اللاهوت **النظامي** يعرض خطة الله من أجل اللاهوت **الروحي**. والعقيدة المسيحية لا بد أن تُترجَم إلى سلوك مسيحي. فبالحقيقة، يمكن دراسة أي علم لاهوت أو أي سلوك مسيحي، والتوسُّع فيه، وفهمه عن طريق دراسة ما يقوله الكتاب المقدس عن التقديس، وتطبيقه.

القوائم التالية تتيح للكتاب المقدس أن يتكلَّم عن نفسه فيما يتعلق بالجوانب الزمنية الثلاثة للتقديس: الجانب المقامي، والجانب التدريجي، والجانب التكميلي.

الابتداء: التقديس المقامي (النهائي)

«وَالآنَ أَسْتَوْدِعُكُمْ يَا إِخْوَتِي للهِ وَلِكَلِمَةِ نِعْمَتِهِ، الْقَادِرَةِ أَنْ تَبْنِيَكُمْ وَتُعْطِيَكُمْ مِيرَاثًا مَعَ جَمِيعِ **الْمُقَدَّسِينَ**» (أعمال الرسل ٢٠: ٣٢)

«... لِتَفْتَحَ عُيُونَهُمْ كَيْ يَرْجِعُوا مِنْ ظُلُمَاتٍ إِلَى نُورٍ، وَمِنْ سُلْطَانِ الشَّيْطَانِ إِلَى اللهِ، حَتَّى يَنَالُوا بِالإِيمَانِ بِي غُفْرَانَ الْخَطَايَا وَنَصِيبًا مَعَ **الْمُقَدَّسِينَ**» (أعمال الرسل ٢٦: ١٨)

«إِلَى كَنِيسَةِ اللهِ الَّتِي فِي كُورِنْثُوسَ، **الْمُقَدَّسِينَ** فِي الْمَسِيحِ يَسُوعَ، الْمَدْعُوِّينَ قِدِّيسِينَ مَعَ جَمِيعِ الَّذِينَ يَدْعُونَ بِاسْمِ رَبِّنَا يَسُوعَ الْمَسِيحِ فِي كُلِّ مَكَانٍ، لَهُمْ وَلَنَا ...» (اكورنثوس ١: ٢)

«وَمِنْهُ أَنْتُمْ بِالْمَسِيحِ يَسُوعَ، الَّذِي صَارَ لَنَا حِكْمَةً مِنَ اللهِ وَبِرًّا وَ**قَدَاسَةً** وَفِدَاءً» (اكورنثوس ١: ٣٠)

«وَهكَذَا كَانَ أُنَاسٌ مِنْكُمْ. لكِنِ اغْتَسَلْتُمْ، بَلْ **تَقَدَّسْتُمْ**، بَلْ تَبَرَّرْتُمْ بِاسْمِ الرَّبِّ يَسُوعَ وَبِرُوحِ إِلهِنَا» (اكورنثوس ٦: ١١)

«... لِكَيْ **يُقَدِّسَهَا**، مُطَهِّرًا إِيَّاهَا بِغَسْلِ الْمَاءِ بِالْكَلِمَةِ ...» (أفسس ٥: ٢٦)

«وَأَمَّا نَحْنُ فَيَنْبَغِي لَنَا أَنْ نَشْكُرَ اللهَ كُلَّ حِينٍ لأَجْلِكُمْ أَيُّهَا الإِخْوَةُ الْمَحْبُوبُونَ مِنَ الرَّبِّ، أَنَّ اللهَ اخْتَارَكُمْ مِنَ الْبَدْءِ لِلْخَلاَصِ، **بِتَقْدِيسِ** الرُّوحِ وَتَصْدِيقِ الْحَقِّ» (٢ تسالونيكي ٢: ١٣)

«فَبِهذِهِ الْمَشِيئَةِ نَحْنُ **مُقَدَّسُونَ** بِتَقْدِيمِ جَسَدِ يَسُوعَ الْمَسِيحِ مَرَّةً وَاحِدَةً» (عبرانيين ١٠: ١٠)

«... بِمُقْتَضَى عِلْمِ اللهِ الآبِ السَّابِقِ، فِي **تَقْدِيسِ** الرُّوحِ لِلطَّاعَةِ، وَرَشِّ دَمِ يَسُوعَ الْمَسِيحِ: لِتُكْثَرْ لَكُمُ النِّعْمَةُ وَالسَّلاَمُ» (١ بطرس ١: ٢)

- الاستمرارية: التقديس التدريجي

«**قَدِّسْهُمْ** فِي حَقِّكَ. كَلاَمُكَ هُوَ حَق» (يوحنا ١٧: ١٧)

«أَتَكَلَّمُ إِنْسَانِيًّا مِنْ أَجْلِ ضَعْفِ جَسَدِكُمْ. لأَنَّهُ كَمَا قَدَّمْتُمْ أَعْضَاءَكُمْ عَبِيدًا لِلنَّجَاسَةِ وَالإِثْمِ لِلإِثْمِ، هكَذَا الآنَ قَدِّمُوا أَعْضَاءَكُمْ عَبِيدًا لِلْبِرِّ **لِلْقَدَاسَةِ**» (رومية ٦: ١٩)

«وَأَمَّـا الآنَ إِذْ أُعْتِقْتُـمْ مِـنَ الْخَطِيَّـةِ، وَصِرْتُـمْ عَبِيـدًا لِلـهِ، فَلَكُـمْ ثَمَرُكُـمْ **لِلْقَدَاسَـةِ**، وَالنِّهَايَـةُ حَيَـاةٌ أَبَدِيَّـةٌ» (روميـة ٦: ٢٢)

«وَنَحْـنُ جَمِيعًـا **نَاظِرِينَ مَجْـدَ الـرَّبِّ** بِوَجْـهٍ مَكْشُـوفٍ، كَمَـا فـي مِـرْآةٍ، **نَتَغَيَّـرُ** إِلَـى تِلْـكَ الصُّـورَةِ عَيْنِهَـا، مِـنْ مَجْـدٍ إِلَـى مَجْـدٍ» (٢ كورنثـوس ٣: ١٨)

«فَـإِذْ لَنَـا هـذِهِ الْمَوَاعِيـدُ أَيُّهَـا الأَحِبَّـاءُ لِنُطَهِّـرْ ذَوَاتِنَـا مِـنْ كُلِّ دَنَـسِ الْجَسَـدِ وَالـرُّوحِ، مُكَمِّلِـينَ **الْقَدَاسَـةَ** فِـي خَـوْفِ اللـهِ» (٢ كورنثـوس ٧: ١)

«لأَنَّ هـذِهِ هِيَ إِرَادَةُ اللهِ: **قَدَاسَتُكُمْ**. أَنْ تَمْتَنِعُوا عَنِ الزِّنَا» (١ تسالونيكي ٤: ٣)

«... أَنْ يَعْـرِفَ كُلُّ وَاحِـدٍ مِنْكُـمْ أَنْ يَقْتَنِـيَ إِنَـاءَهُ **بِقَدَاسَـةٍ** وَكَرَامَـةٍ ...» (١ تسـالونيكي ٤: ٤)

«لأَنَّ اللـه لَـمْ يَدْعُنَـا لِلنَّجَاسَـةِ بَلْ فِـي **الْقَدَاسَـةِ**. إِذًا مَـنْ يُـرْذِلُ لاَ يُـرْذِلُ إِنْسَـانًا، بَـلِ اللـهَ الَّـذِي أَعْطَانَـا أَيْضًـا رُوحَـهُ الْقُدُّوسَ» (١ تسـالونيكي ٤: ٧-٨)

«فَـإِنْ طَهَّـرَ أَحَـدٌ نَفْسَـهُ مِـنْ هـذِهِ، يَكُونُ إِنَـاءً لِلْكَرَامَـةِ، **مُقَدَّسًـا**، نَافِعًـا لِلسَّـيِّدِ، مُسْـتَعَدًّا لِكُلِّ عَمَـلٍ صَالِـحٍ» (٢ تيموثـاوس ٢: ٢١)

- الاكتمال: التقديس التكميلي

«... لِكَـيْ يُثَبِّـتَ قُلُوبَكُـمْ بِـلاَ لَـوْمٍ فِـي **الْقَدَاسَـةِ**، أَمَـامَ اللـهِ أَبِينَـا فِـي مَجِـيءِ رَبِّنَـا يَسُـوعَ الْمَسِـيحِ مَـعَ جَمِيـعِ قِدِّيسِـيهِ. (١ تسـالونيكي ٣: ١٣)

«وَإِلـهُ السَّـلاَمِ نَفْسُـهُ **يُقَدِّسُـكُمْ** بِالتَّمَـامِ. وَلْتُحْفَـظْ رُوحُكُـمْ وَنَفْسُـكُمْ وَجَسَـدُكُمْ كَامِلَـةً بِـلاَ لَـوْمٍ عِنْـدَ مَجِـيءِ رَبِّنَـا يَسُـوعَ الْمَسِـيحِ» (١ تسـالونيكي ٥: ٢٣)

وتُجمِل التصريحات الثماني التالية أساسيات ماهية التقديس في الكتاب المقدس:

١. **هو عمل خلاصي يبدأه الله، ويشارك فيه أقانيم اللاهوت الثلاثة جميعهم.**
٢. **هو عمل خلاصي يبدأه الله ويُواصِلُه في هذه الحياة، إلى أن يكتمل في السماء.**
٣. **هو عمل خلاصي لا يمكن أن ينفصل عن التبرير أو التمجيد.**[٢٣]

٢٣ يوضح جي. سي رايل هذا قائلًا: «ما هي إذن أوجه الشبه بين التبرير والتقديس: (١) كلاهما نابع في الأصل من نعمة الله المجانية. فقط بعطية من الله يتبرَّر المؤمنون من الأساس، أو يتقدَّسون؛ (٢) كلاهما جزء من عمل الخلاص العظيم، الذي اضطلع المسيح -في العهد الأزلي- بمسئولية تنفيذه نيابة عن شعبه. فإن المسيح هو نبع الحياة، الذي منه يفيض كلٌّ من الغفران والقداسة. ومن ثَمَّ، فإن أصل كلٍّ منهما هو المسيح. (٣) كلاهما لا بد أن يوجد في الشخص نفسه. فإن الذين يتبرَّرون، دائمًا ما يتقدَّسون، والمقدَّسون ينبغي دائمًا أن يكونوا مبرَّرين. فقد جمع الله الاثنين، ولا يمكن أن يفترقا، (٤) كلاهما يبدأ في الوقت ذاته. ففي اللحظة التي يصير فيها المرء مبرَّرًا، يبتدئ كذلك أن يصير مقدَّسًا. ربما لا يشعر هو بذلك، لكن هذه هي الحقيقة. (٥) كلاهما على حد سواء ضروري للخلاص. فلا يمكن لأحد أن يصل إلى السماء دون غفران، وكذلك دون قلب يتجدَّد باستمرار؛ هكذا أيضًا، لا يمكن لأحد أن يصل إلى السماء دون دم المسيح، وكذلك دون تقديس الروح القدس؛ وأخيرًا، لا يمكن لأحد أن يصل إلى السماء دون حق شرعي في المجد الأبدي، وكذلك دون أن يكون لائقًا بهذا المجد. فإن الواحد ضروري تمامًا مثل الآخر:

٤. هو عمل خلاصي يُجريه الله، بواسطة كلمة الله وروح الله.
٥. هو عملٌ خلاصي يجريه الله، وما أن يبدأ، لا يمكن خسارته، أو إيقافه، أو إلغاؤه.
٦. هو عملٌ خلاصي يجريه الله، يحفّز لدى أولئك الذين هم قديسون حقيقيون ردَّ فعل مقدَّسًا من الطاعة الكتابية لعمل الروح القدس.
٧. هو عملٌ خلاصي يجريه الله، لا يستأصل الخطية من المؤمن إلا عند التمجيد.
٨. هو عملٌ خلاصي يمد الشخص في هذه الحياة برجاء راسخ وواثق، بفضل الرجاء الأبدي اليقيني في الحياة الأخرى.

⬅ السُّكنى

عند دراستنا عن الروح القدس، نقف أمام استنتاجين، كلٌّ منهما على طرف نقيض. أولًا، يفترض المبدأ التفسيري المتعلّق بوجود استمرارية حقيقية بين العهد القديم والعهد الجديد تطابُق كلِّ ما عمله الروح القدس في العهد الجديد مع كل ما عمله أيضًا في العهد القديم. على العكس، يفترض المبدأ التفسيري النقيض، والمتعلّق بوجود انقطاع جذري بين العهدين، وجود اختلاف جوهري بين كلِّ ما عمله الروح القدس في العهد الجديد وكلِّ ما عمله في العهد القديم. يتبع هذان الاستنتاجان المتناقضان جذريًّا نمط استنتاجين نقيضين آخرين، الأول هو أن الروح القدس كان خاملًا بشكل أساسي في العهد القديم، في حين كان مفرط النشاط في العهد الجديد؛ وفي المقابل، الاستنتاج الثاني هو أن الروح القدس كان نشطًا في كلا العهدين بقدر متساوٍ ومتطابق.

وتتجلّى هذه الآراء المستقطبة والمتناقضة بصفة خاصة عند دراستنا لخدمة سُكنى الروح القدس. ففي حين يُعَد التصريح بأن الروح القدس سَكَنَ في المؤمنين في كلا العهدين تصريحًا دقيقًا، إلا أن الاتفاق بين اللاهوتيين المسيحيين ينتهي عند هذه النقطة، ثم يبدأ الخلاف، حيث يؤيِّد جانبٌ منهم الرأي القائل إن سُكنى الروح القدس كانت واحدة في العهدين القديم والجديد،[٢٤] في حين يؤيد جانب آخر الرأي القائل إن خدمة سُكنى الروح القدس، التي بدأت في يوم الخمسين، في الأصحاح الثاني من سفر أعمال الرسل، تختلف اختلافًا كبيرًا عن العهد القديم.[٢٥]

قبل أن نفهم هذه القضية على نحو وافٍ، يلزم أن نلقي نظرة على ما يقوله كلٌّ من العهد القديم والعهد الجديد عن السُّكنى. وبعد جمع الأدلة، سنتمكن من التوصُّل إلى استنتاج سليم.

• العهد القديم

في أربعة مواقف على الأقل، قيل عن الروح القدس إنه سكن في بعض مؤمني العهد القديم. أولًا، دُعِيَ يشوع «رَجُلاً فِيهِ رُوحٌ» (العدد ٢٧: ١٨)، نظرًا للدور القيادي المستقبلي الذي كان سيلعبه كخليفة لموسى. ثانيًا، أعلن الكتاب المقدس أن الروح دخل في حزقيال إعدادًا له لمواجهة أمة إسرائيل المتمرِّدة إلى

J. C. Ryle, *Holiness* (1879; repr. Old Tappan, NJ: Revell, n.d.), 30.

24 Leon J. Wood, *The Holy Spirit in the Old Testament* (Grand Rapids, MI: Zondervan, 1976), 69–70.

25 James M. Hamilton Jr., *God's Indwelling Presence: The Holy Spirit in the Old and New Testaments* (Nashville: B&H Academic, 2006).

أبعد حد (حزقيال ٢:٢؛ ٣ : ٢٤). ومن المثير للاهتمام أن هذه السكنى يبدو وكأنها وقعت في حادثتين منفصلتين، وهو ما يعني أن الروح القدس فارق حزقيال بعد السُّكنى الأولى، ثم عاد مرة أخرى لأجل السُّكنى الثانية، مما يدل على أن السُّكنى الأولى لم تكن دائمة. ثالثًا، علَّق العهد الجديد على فترة من النشاط النبوي في العهد القديم، حين كان الروح القدس ساكنًا وعاملًا بنشاط في الأنبياء (١بطرس ١ : ١٠-١١). وتشير عبارة «رُوحُ الْمَسِيحِ» في النص السابق إلى الروح القدس (أعمال الرسل ١٦ : ٧؛ رومية ٨ : ٩؛ غلاطيَّة ٤ : ٦؛ فيلبي ١ : ١٩)، مثلما تشير إليه أيضًا عبارة «رُوحُ اللهِ» في رومية ٨ : ٩، حيث استُخدِمت العبارتان («روح الله»، و«روح المسيح») في هذا النص بالتبادُل.

قيل أيضًا عن يوسف ودانيآل إنه كان فيهما الروح القدس (تكوين ٤١ : ٣٨؛ دانيآل ٤ : ٨-٩، ١٨؛ ٥ : ١١-١٤؛ ٦ : ٣). غير أنَّ هذه الشهادة صدرت عن حُكَّام أممين وثنيين (فرعون، ونبوخذنصر، وملكة مملكة بيلشاصر، وبيلشاصر، وداريوس) لم يكونوا يعرفون شيئًا عن روح الله القدوس، ومن ثم لم يكونوا مؤهَّلين لأن يكونوا شهودًا ذوي خبرة. لكن يُحسَب لهم، مع ذلك، محاولة تفسير تلك الخدمات الاستثنائية التي قدمها هذان الرجلان المميَّزان. ومن ثَمَّ، لا يسعنا في هذين المثالين الجزم بأن الروح القدس كان ساكنًا بالفعل في يوسف ودانيآل.

تحدَّثت عدة نصوص أخرى من العهد القديم عن أن الله يضع روحه داخل قلب أمة إسرائيل (حزقيال ١١ : ١٩؛ ٣٦ : ٢٦-٢٧؛ ٣٧ : ١٤)، ذلك الوعد الإلهي الذي سيتحقق في المُلك الألفي للمسيح بعد مجيئه الثاني.

وفي نصوص تفوق كثيرًا في العدد نصوص السُّكنى، تحدث العهد القديم عن حلول الروح القدس «على» قادة معيَّنين لشعب إسرائيل، كفعل تأييد بالقوة. وقد كانت هذه هي اللغة نفسها التي استُخدِمت للحديث عن سمعان الشيخ، الذي حمل المسيح وهو طفلٌ في الهيكل (لوقا ٢ : ٢٥-٣٥). وتَظهَر هذه اللغة، التي تستبعد فكرة السُّكنى، في العهد القديم من سفر الخروج وحتى سفر يوئيل (انظر الجدول ٥ . ٨).

الجدول ٥ . ٨: أمثلة لتأييد الروح القدس لبعض الشخصيات بالقوة

الشخصيَّة	النص الكتابي
بصلئيل	خروج ٣١ : ٣؛ ٣٥ : ٣٠-٣١
موسى	العدد ١١ : ٧
السبعين رجلًا من الشيوخ	العدد ١١ : ٢٥

الشخصيَّة	النص الكتابي
بلعام	العدد ٢٤ : ٢
يشوع	تثنية ٣٤ : ٩
عُثْنِيئِيلَ	قضاة ٣ : ١٠
جدعون	قضاة ٦ : ٣٤
يفتاح	قضاة ١١ : ٢٩
شمشون	قضاة ١٤ : ٦، ١٩؛ ١٥ : ١٤
شاول	١ صموئيل ١٠ : ١٠؛ ١١ : ٦؛ ١٩ : ٢٣
داود	١ صموئيل ١٦ : ١٣
رسل شاول	١ صموئيل ١٩ : ٢٠
عَمَاسَايَ	١ أخبار الأيام ١٢ : ١٨
عَزَرْيَا	٢ أخبار الأيام ١٥ : ١
يَحْزَئِيلَ	٢ أخبار الأيام ٢٠ : ١٤
زكريا	٢ أخبار الأيام ٢٤ : ٢٠
إشعياء	إشعياء ٦١ : ١
حزقيال	حزقيال ٣ : ٢٤؛ ١١ : ٥

كذلك، في حوادث نادرة، نَقَلَ الروح القدس أناسًا بالجسد، أو حملهم، إلى أماكن أخرى (١ ملوك ١٨: ١٢؛ ٢ ملوك ٢: ١٦؛ حزقيال ٣: ١٢، ١٤؛ ٨: ٣؛ ١١: ١، ٢٤؛ ٣٧: ١؛ ٤٣: ٥). وقد حدث ذلك أيضًا في حقبة ما بعد يوم الخمسين مع فيلبس ويوحنا (أعمال الرسل ٨: ٣٩-٤٠؛ رؤيا ٢١: ١٠).

يمكن تلخيص السمات الرئيسية لسكنى الروح القدس في العهد القديم على النحو التالي:

١. نادرة الحدوث.
٢. تتعلَّق فقط بقادة مختارين في إسرائيل.
٣. مؤقَّتة.
٤. تأييدٌ بالقوة لأجل الخدمة.

• العهد الجديد

تصف الكلمات اليونانية *oikeō*، *enoikeō*، *katoikētērion* وثيقة الصلة ببعضها البعض، «سكنى» الروح القدس «في» المؤمنين الحقيقيين. فدون سُكنى الروح القدس، لا يكون الشخص مؤمنًا حقيقيًا (رومية ٨: ٩؛ يهوذا ١٩). وتتحدث ستة مقاطع رئيسية عن سُكنى الروح القدس في المؤمنين، وهي: رومية ٨: ٩، ١١؛ ١كورنثوس ٣: ١٦؛ ٦: ١٩؛ أفسس ٢: ٢٢؛ ٢ تيموثاوس ١: ١٤. ومن خلال فهم كل نص من هذه النصوص في سياقه، نكتشف أن جميع هذه النصوص تشير إلى المؤمنين أفرادًا، عدا نص واحد فحسب، وهو أفسس ٢: ٢٢، الذي يبدو أنه يتحدث عن السُّكنى بالمعنَى الفردي، وكذلك بالمعنى الجماعي، في إشارة منه إلى جسد المسيح، الذي هو الكنيسة. ففي حين سَكَن الله في هيكل مادي في أورشليم العهد القديم، يسكن روح الله بصورة فردية في كلِّ عضو من أعضاء جسد العهد الجديد، وكذلك بصورة جماعية فيهم جميعًا معًا.

ويمكن إيجاز السمات الرئيسية للسُّكنى في العهد الجديد على النحو التالي:

١. تحدث دائمًا عند الخلاص.
٢. تشمل جميع المؤمنين أفرادًا.
٣. دائمة.
٤. قوة ربط وتماسُك بين المؤمنين بالمفهوم الجماعي للكنيسة الجامعة.
٥. تؤيِّد بالقوة لأجل حياة القداسة، ولأجل الخدمة المثمرة.

وعند مقارنة سمات السُّكنى في العهد القديم بسمات السُّكنى في العهد الجديد، نتمكَّن من ملاحظة بعض الاختلافات الواضحة بشدة. ومن ثَمَّ، يثير ذلك بداخلنا السؤال التالي: هل كان الروح القدس يسكن في مؤمني العهد القديم ومؤمني حقبة الأناجيل بالطريقة نفسها التي سكن بها في المؤمنين منذ يوم الخمسين (أعمال الرسل ٢) فصاعدًا؟

• هل تتطابق سُكنى الروح القدس في مؤمني العهد القديم مع سكناه في مؤمني العهد الجديد؟

لم يكن عمل الروح القدس في العهد القديم مطابقًا تمامًا لما نراه في العهد الجديد. فقد كان يوم

الخمسين بمثابة بداية لظهور بعض الاختلافات المميَّزة. لا تعني دراستنا لحلول الروح القدس من يوم الخمسين فصاعدًا أن الروح القدس كان غائبًا عن المشهد قبل ذلك، بل يعني ذلك أن الوضع كان مختلفًا إلى حد كبير، لأن الروح القدس أقام إقامة دائمة في المؤمنين منذ يوم الخمسين.

نستطيع التيقُّن من أن الروح القدس لم يسكن في مؤمني العهد القديم بالطريقة نفسها التي سكن بها في المؤمنين منذ يوم الخمسين فصاعدًا للأسباب التالية:

١. السمات الرئيسية المذكورة أعلاه، والمختلفة اختلافًا شديدًا وحقيقيًّا بعضها عن البعض، تُبيِّن التناقُض الشديد بين السُكنى في العهد القديم والسُّكنى في العهد الجديد.

٢. في حين اختبر جميع مؤمني العهد القديم، على غرار مؤمني العهد الجديد، التجديد أو الميلاد الثاني بقوة روح الله، لكن لم يَذكُر الكتاب المقدس في أي موضع أن السُّكنى كانت مُكوِّنًا ضروريًّا للخلاص في العهد القديم.

٣. في يوحنا ٧: ٣٩، قال يسوع بشكل صريح إن الروح القدس لم يكن قد أُعطِي بعد، في إشارة منه إلى معمودية الروح القدس، وسُكنى الروح القدس، وامتلاء جميع المؤمنين بالروح القدس.

٤. في يوحنا ١٤: ١٧، قال يسوع عن الروح القدس: «**لأَنَّهُ مَاكِثٌ مَعَكُمْ وَيَكُونُ** فِيكُمْ». تُعَد كلمة «مَاكِثٌ» هنا هي الترجمة الأنسب للفعل اليوناني *menō*، الذي تُرجِم إلى «dwells» (ساكن أو يسكن) في الترجمة الإنجليزية. فبسبب عدم استخدام أية كلمة من الكلمات التي تعني «يسكن» أو «سكنى» – *oikeō*، *enoikeō*، *katoikētērion* – ربما تكون الترجمة الإنجليزية الأنسب للكلمة هي "abides" (يمكث أو يبقى). فضلًا عن ذلك، في حين جاء الفعل «يكون» في بعض المخطوطات في زمن المضارع، لكن الدلائل المستمَدة من المخطوطات ترجِّح بشدة أن يكون الفعل في زمن المستقبل، أي «سيكون فيكم». ومن ثم، كان المسيح يعلِّم هنا عن سُكنى مستقبلية (بعد يوم الخمسين) مختلفة عن مكوث الروح القدس مع التلاميذ في ذلك الوقت.

٥. في يوحنا ١٣-١٧، أوصى يسوع تلاميذه بأن ينتظروا وقوع حدث مهم، إذ حين يمضي، سُيُرسَل الروح القدس بدلًا منه. فقد كان العهد الجديد عتيدًا أن يحل محل العهد العتيق (عبرانيين ٨)، وكان من شأن سُكنى الروح القدس أن تمثِّل جزءًا من هذا العهد الجديد.

٦. لو كان الروح القدس يسكن بالفعل في جميع قديسي العهد القديم، لَمَا كان الكتاب المقدس بحاجة إلى التحدُّث بوضوح عن حوادث السكنى القليلة في العهد القديم.

٧. يخبرنا ١ صموئيل ١٦: ١٤ بأن الروح القدس فارق شاول. وفي مزمور ٥١: ١١، صلَّى داود إلى الله لكيلا ينزع منه روحه القدوس. يصبح هذان المقطعان معقولين

ومنطقيين إلى أقصى حد لو فهمنا أنهما يشيران إلى تأييد الروح القدس لأشخاص بالقوة، وليس إلى الخلاص الذي فيه تكون السكنى دائمة وبلا رجعة.

٨. تشير السُّكنى في العهد الجديد ليس إلى المؤمنين أفرادًا فحسب، بل أيضًا إلى الكنيسة بصورة جماعية. وبما أن الكنيسة لم تبدأ إلا في يوم الخمسين، فإن العهد القديم إذن لم يكن ليتضمن سُكنَى مماثلة لتلك التي في العهد الجديد.

٩. في ٢كورنثوس ٦: ١٦، الذي اقتبس من خروج ٢٩: ٤٥، ومن لاويين ٢٦: ١٢، نقرأ أن الله يقول: «سَأسكُنُ بَيْنَهُمْ، وَأسِيرُ بَيْنَهُمْ» (الترجمة العربية المبسَّطة). لم يصرِّح أيٌّ من هذه النصوص الثلاثة بأن الله سيسكن بروحه «فيهم»، سواء كأمة أو كأفراد، لكنها بالأحرى صرَّحت جميعها بأنه سيسكن «بينهم» من الخارج.

➡ الملء

تَظهَر خدمة الامتلاء بالروح القدس في كلٍّ من العهد القديم والعهد الجديد. فإذا قرأنا الكتاب المقدس من سفر التكوين وحتى سفر الرؤيا، سنلتقي بإشارات إلى الامتلاء بالروح القدس، أولًا في خروج ٣١: ٣، وأخيرًا في كولوسِّي ١: ٩. وسنتناول فيما يلي ثلاث فترات زمنية حتى ندرس من خلالها مظاهر هذا الملء، واختلاف محور تركيز كلٍّ فترة: (١) ما قبل يوم الخمسين (من سفر التكوين وحتى إنجيل يوحنا، أي من ١٤٤٠ ق.م. – ٣٠ م تقريبًا)، (٢) يوم الخمسين (أعمال الرسل ١-٢، ٣٠ م)، (٣) ما بعد يوم الخمسين (أعمال الرسل ٣ وحتى الاختطاف، أي من ٣٠ م وحتى الاختطاف). فقد أدَّى الملء بالروح القدس إما إلى منح إمكانيات وقدرات، أو إلى تغيير في الشخصية والسلوك.

استُخدِمت الكلمة العبرية *male*' (في اليونانية *empimplēmi* [الترجمة السبعينية]) للتعبير عن الملء في العهد القديم، بينما استخدم العهد الجديد ثلاثة ألفاظ يونانية مختلفة لكنها متشابهة جدًّا في المعنى: (١) *pimplēmi*، (٢) *plērēs*، (٣) *plēroō*. تنقل هذه الكلمات جميعها فكرة أساسية، هي فكرة الهيمنة أو السيادة التامة. وعندما تُستخدَم هذه الكلمات لتصف عمل الروح القدس، فإنها تنقل لنا فكرة السيادة الإلهية كسببٍ، والخضوع البشري كنتيجة.

ما قبل يوم الخمسين

العهد القديم: يمكن تقسيم فترة ما قبل يوم الخمسين إلى فترتين رئيسيتين. **الفترة الأولى** هي فترة العهد القديم، الذي يتضمن حفنة من حوادث الامتلاء بالروح القدس.

الحوادث: ذُكِر «الامتلاء» بالروح القدس خمس مرات في العهد القديم: (١) وقت بناء خيمة الاجتماع (نحو عام ١٤٤٤ ق.م.)، (٢) في قيادة يشوع للشعب (نحو عام ١٤٠٥ ق.م.)، (٣) في أثناء بناء هيكل سليمان (نحو عام ٩٦٦ ق.م.)، (٤) في خدمة ميخا (نحو عام ٧٠٠ ق.م.)؛ وهي بالتحديد كما يلي:

١. أهَّل الروح القدس بصَلْئيل لبناء خيمة الاجتماع وعمل محتوياتها (ذكر صريح) (خروج ٣١: ٢-٣).

٢. أهَّل الروح القدس بَصَلْئِيلَ وَأُهُولِيآبَ، مزودًا إياهم بمهارات فنية خاصة ليشتغلا في عمل محتويات خيمة الاجتماع (ذكر صريح) (خروج ٣٥: ٣١-٣٥).

٣. أهَّل الروح القدس يشوع، مزوِّدًا إياه بحكمة كي يقود شعب إسرائيل، كخليفة لموسى (ضمنًا) (تثنية ٣٤: ٩).

٤. أهَّل الروح القدس حيرام لمساعدة سليمان في بناء الهيكل الأوَّل في إسرائيل (ضمنًا) (١ملوك ٧: ١٤، ٤٠، ٤٥).

٥. أهَّل الروح القدس ميخا للعمل كنبي حتى يواجه الشعب (ضمنًا) (ميخا ٣: ٨؛ انظر زكريا ٤: ٦).

ملاحظات: كانت حوادث الامتلاء في العهد القديم نادرة بصورة ملحوظة، على الرغم من احتمالية أن يكون الروح القدس قد ملأ آخرين دون أن يَذكُر الكتاب المقدس شيئًا عنهم. تعلَّق الامتلاء بالروح القدس في العهد القديم فقط بتأهيل الروح القدس لقادة منتخَبين، أو تمكينهم من تنفيذ خطط الله في فترات خاصة من تاريخ إسرائيل. ولم تتعلق أيٌّ من حوادث الامتلاء هذه بتغيير الروح القدس للشخصية والسلوك. ومن حيث مبدأ السبب والنتيجة، يبدو الامتلاء بالروح القدس كثير الشبه بالتعبيرات الأخرى الواردة في العهد القديم من قبيل: «حَلَّ عَلَيْهِمَا الرُّوحُ» (العدد ١١: ٢٦)، و«جَعَلَ الرَّبُّ رُوحَهُ عَلَيْهِمْ» (العدد ١١: ٢٩)، و«فَكَانَ عَلَيْهِ رُوحُ اللهِ» (العدد ٢٤: ٢).

فترة الأناجيل: الفترة الثانية السابقة ليوم الخمسين هي فترة خدمة يسوع، التي شهدت أيضًا بضعة أمثلة على الامتلاء بالروح القدس.

الحوادث: ذُكِر «الامتلاء» بشكل صريح أربع مرات فقط في الأناجيل، جاءت جميعها في إنجيل لوقا. حدثت حوادث الامتلاء الأربع هذه، علاوة على حادثتين أخريين تُفهَمان ضمنًا، على مدار فترة زمنية تبلغ نحو ثلاثين عامًا، وتعلَّقت بأربع شخصيات مختلفة:

١. «امتلأ» يوحنا المعمدان من الروح القدس منذ الحَبَل به (ذكر صريح) ((لوقا ١: ١٥).

٢. «امتلأت» أليصابات من الروح القدس في أثناء فترة حبلها بيوحنا (ذكر صريح) (لوقا ١: ٤١).

٣. «امتلأ» زكريا من الروح القدس كي يتنبَّأ (ذكر صريح) (لوقا ١: ٦٧).

٤. امتلأ» يسوع من الروح القدس وهو طفل (ضمنًا) (لوقا ٢: ٤٠).

٥. «امتلأ» المسيح من الروح القدس في بداية فترة خدمته (ذكر صريح) (لوقا ٤: ١؛ انظر لوقا ٣: ٢٢).

٦. على الأرجح، تسبَّب نفخ المسيح في التلاميذ قائلًا: «اقْبَلُوا الرُّوحَ الْقُدُسَ» (يوحنا ٢٠: ٢٢) في امتلائهم من الروح القدس (ضمنًا). يمكن تفسير هذا العمل بأنه تعهُّد من المسيح بمجيء الروح القدس في يوم الخمسين، تمامًا كما وعد تلاميذه (يوحنا ١٤: ٢٦-٢٧؛ أعمال الرسل ١: ٤؛ ٢: ٤).

ملاحظات: نظير العهد القديم، اختصَّ الامتلاء في الأناجيل فقط بأشخاص منتخَبين، من أجل القيام بخدمات فريدة للغاية، لم يكن من شأنها أن تتكرَّر. وقد تعلَّق الامتلاء بمنح الروح القدس إمكانيات لهؤلاء الأشخاص، أو تأييدهم بالقوة. فمنذ أول ذكر «للامتلاء» في العهد القديم وحتى آخر ذكر له في الأناجيل - أي طوال فترة ما قبل يوم الخمسين بكاملها، التي دامت نحو ١٤٧٥ عامًا - قيل عن تسع شخصيات (ليس بينهم الأحد عشر تلميذًا) إنهم امتلأوا من الروح القدس. ومن ثَمَّ، كانت حوادث الامتلاء من الروح القدس قبل يوم الخمسين نادرة، ومحدودة، واستثنائيَّة للغاية.

- يوم الخمسين

الحدث: يسجِّل لنا الأصحاحان الأول والثاني من سفر أعمال الرسل الانتقال من التركيز الرئيسي على أمة إسرائيل إلى التركيز على الكنيسة. حدثت هذه النقلة في يوم الخمسين، بعد قيامة المسيح من الأموات، وصعوده إلى السماء (أعمال الرسل ١: ١-١١). كان التلاميذ الأحد عشر (ثم انضم إليهم مَتِيَّاس لاحقًا، أعمال الرسل ١: ١٣، ١٥-٢٦)، وأفراد العائلة الأقربون (أعمال الرسل ١: ١٤)، ومؤمنون آخرون (أعمال الرسل ١: ١٥) مجتمعين في أورشليم، منتظرين ومصلِّين لأجل خدمة الروح القدس وشيكة الحدوث التي وعدهم بها المسيح في العليَّة (يوحنا ١٣-١٧) وفي أعمال الرسل ١: ٤-٥.

ولمَّا جاء يوم الخمسين، جاء الروح القدس أيضًا (أعمال الرسل ٢: ١-٤)، فاعتمد المئة والعشرون مؤمنًا جميعهم بواسطة المسيح، بالروح القدس، إلى الكنيسة (انظر عنوان «المعمودية» [صفحة ٤٣٣]؛ ١كورنثوس ١٢: ١٣)، وامتلأوا بالروح القدس (أعمال الرسل ٢: ٣-٤). حصل هؤلاء المئة والعشرون جميعهم من الروح القدس على إمكانية التكلُّم بلغات أخرى كانت موجودة آنذاك، ولم يكونوا يعرفونها من قبل (أعمال الرسل ٢: ٤-١٢). علاوة على ذلك، تعلَّق امتلاء هؤلاء بالروح القدس أيضًا ببُعد تغيير الروح القدس للشخصية والسلوك، الشيء الذي تحدث عنه بولس لاحقًا (أفسس ٥: ١٨-٢١).

ملاحظات: استمر تأييد الروح القدس لأشخاص منتخَبين بالقوة لأداء مهام خاصة، على غرار النمط المعتاد في العهد القديم والأناجيل. لكن في يوم الخمسين، صار الامتلاء اختبارًا يشمل أيضًا جميع المؤمنين، ولا يقتصر على بضعة أفراد منتخَبين لأداء مهام خاصة. كذلك، بدأ بُعد جديد في يوم الخمسين يتعلَّق بتغيير الروح القدس لشخصية وسلوك جميع المؤمنين (أفسس ٥: ١٨-٢١).

- ما بعد يوم الخمسين

ظلَّ الروح القدس يؤيِّد أشخاصًا منتخبين وجماعات منتخَبة متعدِّدة بالقوة لعمل الخدمة حتى الرحلة التبشيرية الأولى (أعمال الرسل ١١: ٢٤؛ ١٣: ٩، ٥٢)، وشاملًا إياها أيضًا. ونستطيع افتراض أن الروح القدس ظلَّ أيضًا يغير شخصيات جميع المؤمنين، ويُثمِر فيهم تقوى، مثلما ابتدأ يفعل في يوم الخمسين، ومثلما يتضح لنا من خلال نص أفسس ٥: ١٨-٢١.

حتى عام ٤٨ م تقريبًا: تمدُّنا الفترة الواقعة ما بين يوم الخمسين ورحلة بولس التبشيرية الأولى بمزيدٍ من الأمثلة التوضيحية للامتلاء بالروح القدس في عصر الكنيسة. سجَّل لنا الكتاب المقدس ثماني حوادث لتأييد الروح القدس لأشخاص بالقوة من عام ٣٠ م وحتى عام ٤٨ م:

١. كرز بطرس بلغته الأم، مثلما فعل في أعمال الرسل ٢: ١٤-٤٠ (أعمال الرسل ٤: ٨).
٢. تكلَّم المؤمنون بكلمة الله في جسارة بلغتهم الأم (أعمال الرسل ٤: ٣١).
٣. اختير سبعة رجال لمعاونة الرُّسُل (أعمال الرسل ٦: ٣، ٥).
٤. كرز استِفانوس دون خوف (أعمال الرسل ٧: ٥٥؛ انظر ٦: ١٠).
٥. امتلأ بولس من الروح القدس بعد مدة وجيزة من اهتدائه (أعمال الرسل ٩: ١٧)
٦. خَدَمَ برنابا في أنطاكية (أعمال الرسل ١١: ٢٤).
٧. وبَّخ بولس عليم الساحر (أعمال الرسل ١٣: ٩-١١).
٨. خَدَمَ بولس، وبرنابا، وتلاميذهما في الرحلة التبشيرية الأولى (أعمال الرسل ١٣: ٥٢).

من عام ٤٨ م فصاعدًا: منذ الأصحاح الرابع عشر من سفر أعمال الرسل وحتى الأصحاح الثاني والعشرين من سفر الرؤيا وما بعد ذلك (على الأقل حتى اختطاف الكنيسة)، لم يُذكَر شيء عن «الامتلاء» بالروح القدس المتعلِّق بالتأييد بالقوة أو التأهيل للخدمة مثلما كان الحال في العهد القديم، والأناجيل، ويوم الخمسين، والفترة ما بعد يوم الخمسين وحتى الرحلة التبشيرية الأولى. ومن ثَمَّ، يؤدي ذلك إلى افتراض أن بُعد «الامتلاء» المشار إليه في أفسس ٥: ١٨-٢١ هو البُعد الذي ساد باعتباره الشكل الحصري للامتلاء بدءًا من الرحلة التبشيرية الثانية، التي نقرأ عنها في الأصحاح الرابع عشر من سفر أعمال الرسل.

أفسس ٥: ١٨-٢١.[٢٦] قال بولس: «وَلاَ تَسْكَرُوا بِالْخَمْرِ الَّذِي فِيهِ الْخَلاَعَةُ، بَلِ امْتَلِئُوا بِالرُّوحِ» (٥: ١٨). وإذ ابتدأ الرسول حديثه بشرح ما هو **ليس** الامتلاء، سيكون من الجيد أن نبدأ دراستنا أيضًا بطريقة مماثلة.

أولاً، الامتلاء بالروح القدس ليس اختبارًا باطنيًّا مثيرًا، فيه يُفاجَأ المرء بدفقٍ من الطاقة والروحانية بداخله، يُدخِله، عن طريق بركة ثانية، تالية للخلاص، إلى حالة دائمة من التقوى المتقدِّمة. كما أنه ليس تأثيرًا وقتيًّا من نوعٍ ما يؤدي إلى التكلُّم في نشوة، أو إلى رؤية رؤى.

ثانيًا، الامتلاء بالروح القدس ليس طرف النقيض الآخر، ألا وهو أن نحاول في جمودٍ من المشاعر، ومن دون عاطفة، أن نعمل، بقدرتنا الشخصية، مشيئة الله، بمباركة من الروح القدس. فهو ليس مجرد فعل بشري يحصل على تأييد وتصديق من الله.

ثالثًا، يختلف الامتلاء بالروح القدس عن امتلاك الروح القدس، أو سكنى الروح القدس، لأن الروح القدس يسكن في كل مؤمن في لحظة الخلاص. قال بولس في رومية ٨: ٩، «إِنْ كَانَ أَحَدٌ لَيْسَ لَهُ رُوحُ الْمَسِيحِ، فَذلِكَ لَيْسَ لَهُ» (أي «فهو لا ينتمي إلى المسيح»). فعلى خلاف المؤمنين قبل يوم الخمسين،

---

٢٦ هذه الفقرة مقتبَسة بتصرُّف من المصدر التالي، بتصريح من الناشر:
John MacArthur, *Ephesians*, MNTC (Chicago: Moody Press, 1986), 247–48.

الذين كان الروح القدس يحل عليهم بصورة مؤقّتة (قضاة ١٣: ٢٥؛ ١٦: ٢٠؛ ١ صموئيل ١٦: ١٤؛ مزمور ٥١: ١١)، يسكن الروح القدس في جميع المؤمنين بصورة دائمة.

رابعًا، الامتلاء بالروح القدس لا يعني الحصول على الروح القدس بالتدريج، أي على مراحل أو بدرجات. فكل مؤمن بالمسيح ينال الروح القدس، في كلِّ ملئه. لا يعطي الله الروح القدس على أجزاء، وكأنه يمكن أن ينقسم إلى عدة أجزاء بطريقة ما.

خامسًا، يتضح لنا أيضًا من خلال ١كورنثوس ١٢: ١٣ أن الامتلاء بالروح القدس ليس مساويًا لمعمودية الروح القدس، لأن كلَّ مؤمن قد اعتمد بالروح القدس بالفعل، وقبِلَ الروح القدس. ليست معمودية الروح القدس أو قبول الروح القدس أمرين يمكن أن يشعر بهما المرء، مع أنه يختبر نتائجهما، ويتمتع بها. وهما قطعًا ليسا اختبارَيْن قاصرين على المؤمنين المميَّزين ببركة خاصة. لكنَّ معمودية الروح حقيقة روحية تحدث داخل كل مؤمن في اللحظة التي يصير فيها مؤمنًا، ويضمه المسيح إلى جسده بالروح القدس، الذي يأتي عندئذ للسكنى في ذلك المؤمن. في مقابل ذلك، يمكن للخطية الشخصية أن تقاطع عملية الملء، أو تعوقها.

إن اتهام بولس لمؤمني كورنثوس بأنهم غير ناضجين وخطاة لم يكن سببه أنهم لم يكونوا قد قبلوا الروح القدس بعد، أو لم يكونوا قد اعتمدوا إلى الكنيسة بعد؛ ومن ثمَّ، فهو لم يكن يحثهم على طلب الروح القدس من أجل معالجة وضعهم (١كورنثوس ١: ١-٨). بل على النقيض، ذكَّر بولس هؤلاء المؤمنين بأن كلَّ واحد منهم لديه الروح القدس بالفعل (١كورنثوس ١٢: ٧، ١١). فقد أخطأ هؤلاء لا بسبب غياب الروح القدس، بل على الرغم من وجود الروح القدس. فحتى حين يخطئ المؤمن، يظل الروح القدس ساكنًا فيه، وهذا ما يجعل خطيته أكثر فداحة. فعندما يُحزِن المؤمن الروح القدس (أفسس ٤: ٣٠)، أو يُطفئه (١ تسالونيكي ٥: ١٩)، فهو يُحزن أو يُطفئ الروح القدس الساكن فيه.

أخيرًا، يختلف الامتلاء بالروح القدس عن الختم بالروح القدس، أو عن نوال عربون الروح القدس. فإن الختم واقعٌ تمَّ بالفعل في المؤمن (أفسس ١: ١٣). لم يُوْصِ الكتابُ المقدس المؤمنين، في أيِّ موضع، على أن يُسكَنوا بالروح القدس، أو يعتمدوا به، أو يُختَموا به، بل كانت الوصية **الوحيدة** لهم هي أن يمتلئوا.

من ناحية أخرى، استخدم بولس لفظ «الامتلاء» فيما يتعلَّق بالخلاص في فيلبي ١: ١١ («ثَمَرِ الْبِرِّ»؛ انظر أيضًا يعقوب ٣: ١٨)؛ وكذلك، استخدمه لشرح عملية التقديس هنا في أفسس ٥: ١٨-٢١ (انظر كولوسِّي ١: ٩-١٠). يردِّد أفسس ١: ٢٣ وأفسس ٣: ١٩ صدى نص أفسس ٥: ١٨؛ في حين نجد توازيًا بين رومية ١٥: ١٣-١٤، وكولوسِّي ٣: ١٢-٤: ٦ والسياق الأكبر لنص أفسس ٥: ١٥-٦: ٩. يسلِّم بولس في هذا النص بخلاص مؤمني أفسس بالفعل، موضحًا في أفسس ٥: ١٨-٢١ أن مسئوليتهم في عملية التقديس تقتضي منهم أن يمتلئوا بالروح القدس.

الوصية: على خلاف ما ذُكر سابقًا عن «الامتلاء» بالروح القدس، يوصي بولس المؤمنين في أفسس ٥: ١٨ بأن **يستمروا** في الامتلاء بالروح القدس، أو في الخضوع لسيطرته. وقد استخدم فعل

الأمـر كـي يصـر علـى ضـرورة أن يخضعـوا باسـتمرار لسـيطرة الـروح القـدس، لأن هـذه هـي مشـيئة اللـه (أفسـس ٥: ١٧).

فهنـاك خيـاران أمـام البشـر، إمـا أن يمتلئـوا بالجسـد فـي عـدم إيمـان (روميـة ١: ٢٩-٣٢؛ انظـر أعمـال الرسـل ١٣: ١٠، ٤٥؛ ١٩: ٢٨-٢٩)، أو أن يمتلئـوا بالـروح القـدس فـي الخـلاص والتقديـس (أفسـس ٥: ١٨). يُثبِت الامتـلاء حقيقـة خـلاص المـرء، مـن خـلال سـماحه لمشـيئة اللـه بـأن تسـود، فـي طاعـة منـه لتعليـم الكتـاب المقـدس ولإرشـاد الـروح القـدس.

الشـروط: كيـف يمكـن للمؤمـن أن يسـلك بحسـب مشـيئة اللـه؟ يمكنـه ذلـك بـألا يُحـزن الـروح القـدس (أفسـس ٤: ٣٠)، أو يُطفئـه (١ تسـالونيكي ٥: ١٩) بعـادات آثمـة كالسُّـكر بالخمـر (أفسـس ٥: ١٨)، أو الكـذب علـى الـروح القـدس، مثلمـا فعـل حنانيـا وسـفِّيرة (أعمـال الرسـل ٥: ٣، ٩).

مـن ناحيـة أخـرى، يلـزم أن يسـلك المؤمنـون بحكمـة (أفسـس ٥: ١٥). ففـي موضـع آخـر، حـثَّ بولـس المؤمنـين علـى السـلوك بالـروح، والعيـش بالـروح (غلاطيَّـة ٥: ١٦، ٢٥). إن كلمـة اللـه، التـي يفعِّلهـا روح اللـه، تمـد المؤمـن بالطاقـة والقـوة كـي يفعـل ذلـك. فـي كولوسِّـي ٣: ١٦، أوصـى بولـس المؤمنـين بـأن تسـكن فيهـم كلمـة المسـيح بغنًـى. ليـس مـن المثيـر للدهشـة، إذن، أن يُـؤدي الكتـاب المقـدس كسـببٍ إلـى الامتـلاء بالـروح القـدس كنتيجـةٍ (قـارن كولوسِّـي ٣: ١٢-٤: ٦ مـع أفسـس ٥: ١٥-٦: ٩).

إثباتـات: تُعَـد السـمة الرئيسـية للخـلاص، ومـا يليـه مـن تقديـس، هـي الطاعـة المسـتمرة، والاعتياديـة، والمتزايـدة لكلمـة اللـه، بقـوة الـروح القـدس السـاكن، الـذي يتحكَّـم فـي نمـط حيـاة المؤمـن الحقيقـي. ويوضِّـح لنـا أفسـس ٥: ١٩-٦: ٩ بعـض التفاصيـل المهمـة.

أولاً، مـن أدلـة الامتـلاء بالـروح القـدس هـو التغيُّـر فـي طبيعـة كلام المـرء (أفسـس ٥: ١٩)، الـذي ينبغـي أن يتجـه إلـى خارجـه، أي إلـى الآخريـن («مُكَلِّمِـينَ بَعْضُكُمْ بَعْضًـا»)، وكذلـك، أن ينبَـع مـن الداخـل، أي مـن القلـب («مُتَرَنِّمِـينَ وَمُرَتِّلِـينَ فِـي قُلُوبِكُـمْ»)، وأيضًـا، أن يتجـه نحـو الأعلـى، للـرب («مُتَرَنِّمِـينَ وَمُرَتِّلِـينَ ... لِلـرَّبِّ»).

ثانيًـا، يُثبِـت رد الفعـل المسـتمر مـن الامتنـان للـرب، بغـض النظـر عـن الظـروف، حقيقـة الامتـلاء بالـروح القـدس (أفسـس ٥: ٢٠؛ انظـر ١ تسـالونيكي ٥: ١٨). ينبغـي أن يظهـر رد الفعـل هـذا دائمًـا فـي كلِّ أحـداث الحيـاة.

ثالثًـا، لخدمـة الـروح القـدس فـي حيـاة المؤمـن تأثيـر شـديد علـى اتضاعـه فـي علاقاتـه بالآخريـن. يشـمل ذلـك علاقـة المؤمنـين بالمؤمنـين الآخريـن (أفسـس ٥: ٢١)، وعلاقـة الزوجـات بأزواجهـن (أفسـس ٥: ٢٢-٢٤)، وعلاقـة الأزواج بزوجاتهـم (أفسـس ٥: ٢٥-٣٣)، وعلاقـة الأبنـاء بوالديهـم (أفسـس ٦: ١-٣)، وعلاقـة الوالديـن بأبنائهـم (أفسـس ٦: ٤)، وعلاقـة العامليـن بأربـاب العمـل (أفسـس ٦: ٥-٨)، وعلاقـة أربـاب الأعمـال بالعامليـن لديهـم (أفسـس ٦: ٩).

جميع هذه العينات من الإثباتات التي جاءت في أفسس ٥-٦ ترِد بتوسُّع واستفاضة في نصوص أخرى من العهد الجديد، مثل: ١كورنثوس ١٣: ٤-٧؛ غلاطيَّة ٥: ٢٢-٢٣؛ ٢ بطرس ١: ٥-١١. فإن المؤمن ملزَم بأن يمتلئ بالروح القدس بصفة شخصية، وكجماعة أيضًا؛ وأن يكون ذلك أمرًا مستمرًّا، ومعتادًا، في خضوع، وطاعة، وعن طيب خاطر.

➡ الثمر

تنبَّأ إشعياء بأن روح الرب سيؤيِّد الله الابن بثمرٍ (إشعياء ١١: ١) من الحكمة والفهم، والمشورة والقوة، والمعرفة ومخافة الرب، والبر والأمانة (إشعياء ١١: ٢، ٥). ستتحقق هذه الخدمة عند تتميم المسيًّا للعهد الداودي (٢ صموئيل ٧: ١٢-١٦) في أثناء مُلكه الألفي على الأرض (إشعياء ١١: ٦-١٦).

وقد حثَّ يوحنا المعمدان أولئك المدَّعين بأنهم مؤمنون على أن يصنعوا في حياتهم ثمرًا يليق بتوبتهم، أي يُثبِت حقيقتها (متى ٣: ٨-١٠؛ لوقا ٣: ٨-٩). ووفقًا لكلام المسيح، تُعرَف طبيعة الشجرة ظاهريًّا من نوع الثمر الذي تصنعه (متى ٧: ١٦-٢٠؛ ١٢: ٣٣؛ لوقا ٦: ٤٣-٤٤)، الشيء الذي يتَّفق معه كاتب المزمور أيضًا (مزمور ١: ٣-٦).

وفي الأصحاح الخامس عشر من إنجيل يوحنا، عقد المسيح مقارنة بين غصنٍ لا يصنع ثمرًا (يوحنا ١٥: ٢، ٦؛ انظر متى ١٣: ١٨-٢٢) وآخر يصنع ثمرًا (يوحنا ١٥: ٢، ٥؛ انظر متى ١٣: ٢٣). ذلك الغصن الذي يصنع ثمرًا سينقَّى ويشذَّب حتى يصنع ثمرًا أكثر (يوحنا ١٥: ٢)، وفي النهاية ثمر كثير (يوحنا ١٥: ٥). تكلَّم بولس عن ذلك الثمر واصفًا إياه بأنه ثمر البر (فيلبي ١: ١١)، وكذلك يعقوب أيضًا (يعقوب ٣: ١٨). أما الغصن غير المثمر، فسيُطرَح جانبًا في النهاية، ويُحسَب عديم الجدوى، ويُحرَق بالنار (يوحنا ١٥: ٦).

في الرسالة إلى أهل غلاطيَّة، كتب بولس باستفاضة عن عمل الروح القدس، متناولًا في البداية عمله في الخلاص (غلاطيَّة ٣: ٢-٣، ٥، ١٥؛ ٤: ٦، ٢٩؛ ٥: ٥)، ثم عمله في التقديس (غلاطيَّة ٥: ١٦-١٨، ٢٢-٢٥)، حيث عقد مقارنة بين أعمال الجسد الفاسدة (غلاطيَّة ٥: ١٩-٢١) وثمر الروح (غلاطيَّة ٥: ٢٢-٢٣). ثم لاحقًا، في الرسالة إلى أهل أفسس، تكلَّم بولس بالمثل عن أَعْمَالِ الظُّلْمَةِ غَيْرِ الْمُثْمِرَةِ (أفسس ٥: ٣-٧، ١١) مقارنًا إياها بثمر النور (أفسس ٥: ٨-٩).

مجمل القول، وحسبما توضِّح هذه النصوص الكتابية المتعدِّدة، يمكن تعريف الثمر الذي يُنتِجه الروح القدس كالتالي: أن يفكر المؤمن ويسلك في طاعة للكتاب المقدس تُكرِم الله. ويمكن تقسيم هذا الثمر إلى ست فئات:

١. ثمر التوجُّهات القلبية (غلاطيَّة ٥: ٢٢-٢٣؛ أفسس ٥: ٩)
٢. ثمر الأفعال (كولوسِّي ١: ١٠؛ تيطس ٣: ٨، ١٤)
٣. ثمر العبادة (عبرانيين ١٣: ١٥)
٤. ثمر الإخبار برسالة الإنجيل (رومية ١: ١٣؛ كولوسِّي ١: ٥-٦)

٥. ثمر الإخبار بالحق (أفسس ٥: ٩؛ ١يوحنا ٤: ٢)
٦. ثمر العطاء بسخاء (رومية ١٥: ٢٦-٢٨؛ ٢كورنثوس ٩: ٦-٨، ١٣؛ فيلبي ٤: ١٧)

• ثمر الروح

حثَّ بولس مؤمني غلاطيَّة على أن «يسلكوا بِالرُّوحِ» (غلاطيَّة ٥: ١٦، ٢٥)، و«ينقادوا بالروح» (غلاطيَّة ٥: ١٨)، ويصنعوا «ثَمَرَ الرُّوحِ» (غلاطيَّة ٥: ٢٢-٢٣)، وبهذا «يعيشون بالروح» (غلاطيَّة ٥: ٢٥). هذا النمط المقدَّس للحياة، الذي أثنى بولس عليه، والذي ابتدأ بالخلاص الذي نتجت عنه سكنى الروح القدس (١كورنثوس ٣: ١٦؛ ٦: ١٩)، ينبغي أن يُظهِر أدلة على «الامتلاء بالروح» (أفسس ٥: ١٨). وهذه هي الفكرة نفسها التي ختم بها بولس رسالته إلى مؤمني غلاطيَّة (غلاطيَّة ٦: ٧-١٦).

وردت كلمة «ثَمَر» (في اليونانية «كاربوس» *karpos*) في غلاطيَّة ٥: ٢٢ بصيغة المفرد، وليس بصيغة الجمع، وذلك لأن المؤمنين الحقيقيين بإمكانهم إظهار هذه العناصر جميعها في الوقت ذاته. ولاحقًا، وَصَف بولس عمل التقديس بأنه «ثَمَرِ الْبِرِّ» (فيلبي ١: ١١). ومن ثَمَّ، تُعَد الصفات التسع أمثلة أو عينات (غلاطيَّة ٥: ٢٣، «أَمْثَالِ هذِهِ») تشير إلى عمل التقديس الكامل الذي يجريه الروح القدس في حياة مَن ينال التبرير، أي من يُعلَن كونه بارًا بالإيمان بالرب يسوع المسيح. يُعَد هذا شبيهًا بالأوجه الخمسة عشر للماسة المدعوَّة «المحبة» في ١كورنثوس ١٣: ٤-٧، وكذلك بصفات الأسقف (١تيموثاوس ٣: ١-٧؛ تيطس ١: ٦-٩)، وأيضًا بالصفات المحمودة التي يُوْصَى بها المؤمنون بالمسيح (كولوسِّي ٣: ١٢-١٧؛ ٢ بطرس ١: ٥-١١).

في العلية، في أثناء العشاء في الليلة التي سبقت الصلب، قال المسيح: «بِهَذَا يَعْرِفُ الْجَمِيعُ أَنَّكُمْ تَلَامِيذِي: إِنْ كَانَ لَكُمْ حُبٌّ بَعْضًا لِبَعْضٍ» (يوحنا ١٣: ٣٥؛ انظر ١٥: ٨). لا عجب إذن أن يبدأ بولس شرحه للثمر الروحي بصفة المحبة.

محبة: قدَّم لنا موتُ المسيح البدلي أسمى نموذج للمحبة (في اليونانية *agape*). فقد قال: «لَيْسَ لأَحَدٍ حُبٌّ أَعْظَمُ مِنْ هذَا: أَنْ يَضَعَ أَحَدٌ نَفْسَهُ لأَجْلِ أَحِبَّائِهِ» (يوحنا ١٥: ١٣). طلب بولس أن يكون هذا النوع الفائق من المحبة هو السِّمة المميِّزة للمحبة من الزوج تجاه زوجته: «أَيُّهَا الرِّجَالُ، أَحِبُّوا نِسَاءَكُمْ كَمَا أَحَبَّ الْمَسِيحُ أَيْضًا الْكَنِيسَةَ وَأَسْلَمَ نَفْسَهُ لأَجْلِهَا» (أفسس ٥: ٢٥). ويقطع ١كورنثوس ١٣: ٨ وعدًا بأن «اَلْمَحَبَّةُ لاَ تَسْقُطُ أَبَدًا».

ومن ثَمَّ، فإن المحبة صفة إلهية قابلة للنقل والمشاركة. وهي صفة جوهرية في طبيعة الآب (١ يوحنا ٤: ٨)، أظهرها بواسطة المسيح على الصليب، وأعطاها كإمكانية للمؤمنين بالروح القدس. ويمكن تعريف المحبة بوجه عام بأنها الالتزام الواعي، والباذل، والإرادي بخير شخص آخر، في طاعة لكلمة الله (٢ يوحنا ٦)، بغض النظر عن رد فعل ذلك الشخص، أو حصول المحب، أو عدم حصوله، على شيء في المقابل؛ وبغض النظر أيضًا عن التكلفة التي يتكبَّدها المحب كي يقدِّم هذه المحبة. وليس بالأمر المفاجئ أن يكون أكثر فعل أثنى عليه العهد الجديد من بين تلك الأفعال التي جاءت في صيغة «بعضكم بعضًا» هو محبة المؤمنين تجاه المؤمنين الآخرين (كولوسِّي ١: ٨).

فرح:[٢٧] الفَرَح (في اليونانية *chara*) هو سعادة مؤسَّسة على وعود إلهية غير متغيِّرة وحقائق روحية أبديَّة. وهو إحساسٌ بالرَّغد يختبره مَن يعلَم أن كلَّ شيء على ما يرام بينه وبين الرب (١ بطرس ١: ٨). والفرح ليس هو حصيلة ظروف مؤاتية، لكنه يتوافر أيضًا في أشد الظروف إيلامًا وقسوة (يوحنا ١٦: ٢٠-٢٢؛ ١ تسالونيكي ١: ٦). فالفرح عطية من الله، ولأنه كذلك، ليس على المؤمنين أن يصطنعوه، بل أن يبتهجوا بالبركات التي لديهم بالفعل (فيلبي ٤: ٤).

ولأن الروح القدس هو مَن يُثمِر الفرح (رومية ١٤: ١٧)، فهذا الفرح إذن يمكن أن يظهر في أوقات الرَّحب (٣ يوحنا ٤) وفي أوقات التجارب (يعقوب ١: ٢-٤) على حد سواء. فهو امتنان داخلي عميق وثابت لله من أجل صلاحه، لا يتناقص أو يُعاق حين تقتحم ظروفٌ غير مرغوب فيها حياة الإنسان.

سلام:[٢٨] يُسفِر السلام (في اليونانية *eirēnē*) عن رد فعل متماسك، ومستقر، وغير مضطرب تُجاه أي شيء يمكن أن تلقي به الحياة في طريق المرء. فإن السلام الذي يُثمره الروح القدس يفوق كلَّ عقل (فيلبي ٤: ٦). وهو السكينة الداخلية الناتجة عن يقينٍ في علاقة المرء الخلاصية بالمسيح. تشير صيغة الفعل من هذا اللفظ في اللغة اليونانية إلى تحقيق التماسُك، وإحكام الأشياء معًا، ويعكسها ذلك التعبير الذي يقال في اللغة الإنجليزية «*having it all together*»، والذي معناه «الحفاظ على كل شيء متماسكًا وتحت السيطرة». والسلام، نظير الفرح، ليس متعلِّقًا بظروف المرء (يوحنا ١٤: ٢٧؛ رومية ٨: ٢٨؛ فيلبي ٤: ٧، ٩)، فهو ينطوي في وسط عواصف الحياة على سكينة قلبية، وثقة مستندة على وعي شديد بأن حياة المرء محفوظة في يدي الإله القدير صاحب السلطان.

طول أناة: يتعلَّق طول الأناة (في اليونانية *makrothymia*) بضبطٍ للنفس، دون إبداء رد فعل انتقامي. فهو يعني احتمال المرء للأضرار التي يُلحِقها به الآخرون دون اللجوء إلى الانتقام، وقبوله طواعية ظروفًا مزعجة أو مؤلمة. وكلمة «longsuffering» الإنجليزية (التي معناها **التمهُّل طويلًا في احتمال الألم**) تعبِّر جيدًا عن المعنى الأساسي لطول الأناة.

أظهر بولس طول أناته في خدمته لأهل كورنثوس، ناسبًا صبره وتمهُّله عليهم إلى الروح القدس (٢ كورنثوس ٦: ١-١٠، ولا سيما ٦: ٦). كما طوَّب يعقوب الصبر وطول الأناة في أوقات التألُّم من أجل الإيمان (يعقوب ٥: ٧-١١). كذلك، ذكَّر بطرس قرَّاءَه بطول أناة الله عليهم قبل خلاصهم (١ بطرس ٣: ٢٠؛ ٢ بطرس ٣: ١٥). ويُعَد طول الأناة عنصرًا من عناصر المحبة (١كورنثوس ١٣: ٤). وفي النهاية، ينبغي إبداء هذه الأناة تجاه الجميع (أفسس ٤: ٢؛ ١ تسالونيكي ٥: ١٤).

لُطف: يتجلَّى اللطف (في اليونانية *chrēstotēs*) في اهتمام متحنِّن ومترفق بالآخرين، يفتِّش بنشاط عن وسائل لخدمتهم. أبدى الآب (رومية ٢: ٤؛ تيطس ٣: ٤) والابن (متى ١١: ٣٠) لطفًا في عمل

---

٢٧ هذا الجزء مقتبَس بتصرُّف من المرجع التالي:
جون ماك آرثر، تفسير الكتاب المقدس، الطبعة الأولى (منصورية المتن – لبنان: دار منهل الحياة، ٢٠١٢)، ٢٠٤٠.
٢٨ هذا الجزء مقتبَس بتصرُّف من المرجع التالي:
جون ماك آرثر، تفسير الكتاب المقدس، الطبعة الأولى (منصورية المتن – لبنان: دار منهل الحياة، ٢٠١٢)، ٢٠٤٠.

الخلاص. وعلى المؤمنين أن يكونوا لطفاء بعضهم نحو بعض (أفسس ٤: ٣٢؛ كولوسّي ٣: ١٢)، وأن يُظهِروا للآخرين من خلال اللطف أنهم مؤمنون حقيقيون (٢كورنثوس ٦: ٦).

صلاح: يُظهِر الصلاح (في اليونانية *agathōsynē*) قدرة عازمة بنشاط على التعامل مع الآخرين وفقًا لما يمجِّد الله على أفضل نحو، ولو استوجب ذلك المواجهة والتقويم. وتوجد علاقة بين الصلاح و «ثَمَرَ النُّورِ» (أفسس ٥: ٩، الترجمة اليسوعية). لم ترد كلمة «الصلاح» في أيٍّ من الكتابات اليونانية الأخرى باستثناء الكتاب المقدس، وقيل في الترجمة السبعينية للعهد القديم إن «الصلاح» صفة من صفات الله (نحميا ٩: ٢٥، «وَتَلَذَّذُوا بِخَيْرِكَ [صلاحك] الْعَظِيمِ»).

إيمان (أمانة): الإيمان أو الأمانة (في اليونانية *pistis*) هو التزام داخلي يتجلّى باستمرار في صورة ولاء خارجي، يظل مخلصًا تجاه قناعات المرء الروحية. يسرد الأصحاح الحادي عشر من الرسالة إلى العبرانيين إيمان وأمانة قديسين بارزين من العهد القديم. ويقدم الله في طبيعته الإلهية نموذجًا للأمانة (رومية ٣: ٣). ويُحَث القديسون في الأسبوع السبعين الذي تنبأ عنه دانيآل على أن يتحلَّوا بالأمانة في مواجهة استشهاد محتمَل (رؤيا ١٣: ١٠؛ ١٤: ١٢).

وداعة: كلمة «وداعة» (meekness، وفي اليونانية *prautēs*)، التي تُترجَم في بعض الأحيان إلى «رقة» أو «لين» [Gentleness]، تصف في الأساس قوة مضبوطة من قِبَل قلب متَّضع. كان اللفظ اليوناني، بالمعنى الدنيوي القديم، يعني نسمة رقيقة، أو حيوان مروَّض. ومن ثَمَّ، يشير اللفظ إلى قوة تسخَّر للخير، وليس للشر. هكذا وَصَفَ بولس المسيح (٢كورنثوس ١٠: ١؛ انظر متى ١١: ٢٩). كما أن المسيح نفسه علَّمَ قائلًا: «طُوبَى لِلْوُدَعَاءِ، لأَنَّهُمْ يَرِثُونَ الأَرْضَ» (متى ٥: ٥). وتصف الوداعة ثلاثة توجُّهات قلبية: (١) خضوع لمشيئة الله (كولوسّي ٣: ١٢)؛ (٢) قابلية للتعلُّم (يعقوب ١: ٢١)؛ (٣) مراعاة للآخرين (أفسس ٤: ٢).

تعفُّف: المعنى الحرفي للتعفُّف أو ضبط النفس (في اليونانية *enkrateia*) هو «قوة في الداخل». ومن ثَمَّ، يشير اللفظ إلى كبح داخلي للشهوات والأهواء، مما يُسفِر عن انضباط روحي خاضع في ثبات واستمرارية لمشيئة الله، لا لإرادة الإنسان. هذه سمة جديرة بالثناء من سمات التقوى (٢ بطرس ١: ٦)، استخدمها بولس أيضًا لوصف انضباط لاعب رياضي يسعى إلى الفوز (١كورنثوس ٩: ٢٥). وقد أشار بولس في حديثه لكنيسة كريت، التي كان تيطس يرعاها، إلى الممارسة المستمرة والثابتة لهذه الصفة («ضَابِطًا لِنَفْسِهِ»، أي فاعلًا ذلك باستمرار) باعتبارها سمة من سمات الأسقف الواضحة (تيطس ١: ٨).

ويلخِّص الجدول ٩.٥ التالي تعليم الكتاب المقدس عن الثمر الذي يصنعه الروح القدس، سواء من حيث وصايا وتحريضات العهد الجديد على الإثمار، أو من خلال أمثلة من العهد الجديد للثمر الذي يتمثَّل بالمسيح.

الجدول ٥.٩: الثمر المتمثِّل بالمسيح[٢٩]

الثمر	وصايا وتحريضات للمؤمنين	أمثلة من التمثُّل بالمسيح
محبة	متى ٢٢: ٣٤-٤٠ يوحنا ١٣ :٣٤ ١كورنثوس ١٦: ١٤ أفسس ٥: ٢ كولوسّي ٣: ١٤ ١ يوحنا ٤: ٧	يوحنا ١٠: ١١-١٨؛ ١٣: ١؛ ١٥: ٩-١٠، ١٣ أفسس ٥: ٢
فرح	رومية ١٢: ١٢، ١٥ فيلبي ٣: ١؛ ٤: ٤ يعقوب ١: ٢ ١ بطرس ٤: ١٣	يوحنا ١٥: ١١؛ ١٧: ١٣ عبرانيين ١٢: ٢
سلام	٢ كورنثوس ١٣: ١١ أفسس ٤: ٣ فيلبي ٤: ٧-٨ كولوسّي ٣: ١٥ ٢ تيموثاوس ٢: ٢٢ ١ بطرس ٣: ١١	يوحنا ١٤: ٢٧؛ ١٦: ٣٣؛ ٢٠: ١٩، ٢١
طول أناة	أفسس ٤: ٢ كولوسّي ٣: ١٢ ١ تسالونيكي ٥: ١٤ ٢ تيموثاوس ٤: ٢	١ تيموثاوس ١: ١٦ ٢ بطرس ٣: ١٥

٢٩ هذا الجدول مقتبَس بتصرُّف من اثنين من الجداول وردا في المصدر التالي، بتصريح من MSJ:
Keith H. Essex, "Sanctification: The Biblically Identifiable Fruit," *MSJ* 21, no. 2 (2010): 210–11.

الثمر	وصايا وتحريضات للمؤمنين	أمثلة من التمثُّل بالمسيح
لطف	كولوسِّي ٣: ١٢ ٢ تيموثاوس ٢: ٢٤	متى ١١: ٣٠ تيطس ٣: ٤
صلاح	رومية ١٢: ٩، ٢١ غلاطيَّة ٦: ١٠ أفسس ٤: ٢٨	لوقا ١٨: ١٨-١٩ يوحنا ٧: ١٢
إيمان (أمانة)	رؤيا ٢: ١٠	رؤيا ١: ٥
وداعة	غلاطيَّة ٦: ١ أفسس ٤: ٢ كولوسِّي ٣: ١٢ ١ تيموثاوس ٦: ١١	متى ١١: ٢٩
تعفُّف	٢ بطرس ١: ٥-٦	إشعياء ٥٣: ٧ ١ بطرس ٢: ٢٣

يمكننا استخلاص ستة استنتاجات مهمة على الأقل من حديث بولس عن ثمر الروح:

١. هذا التعليم موجَّه إلى جميع المؤمنين الحقيقيين، باعتباره تعليمًا أساسيًّا ومهمًّا لحياتهم المسيحية (٢ تيموثاوس ٣: ١٦-١٧).

٢. أوصى بولس بهذه الصفات في سياق وصية «اسْلُكُوا بِالرُّوحِ» (غلاطيَّة ٥: ١٦، ٢٥).

٣. تمثِّل هذه الصفات التي يتيحها الروح القدس جزءًا من صفات الله القابلة للنقل؛ ومن ثَمَّ، فهي مؤشرات تُثبِت حقيقة وأصالة التقوى المسيحية (غلاطيَّة ٥: ٢٢-٢٣).

٤. جاءت كلمة «ثمر» في صيغة المفرد، لا في صيغة الجمع؛ ومن ثَمَّ، فقد قَصَدَ بولس أن تُفهَم على أنها ثمرة واحدة متعدِّدة الخصائص، ينبغي أن تظهر جميعها في أيِّ وقت.

٥. هـذه السـمات المثمـرة (غلاطيَّة ٥: ٢٢-٢٣) تُثبِت أصالـة المؤمـن الحقيقـي، علـى عكس أعمـال الجسـد الفاسـدة (غلاطيَّـة ٥: ١٣، ١٦-١٧، ١٩-٢١)، التـي تديـن غيـر المؤمنـين (غلاطيَّـة ٥: ٢١).

٦. فـي حـين كان الناموس ضد أعمـال الجسـد تمامًـا، مـا مـن ناموس يقف ضد عمـل الـروح القـدس (غلاطيَّة ٥: ٢٣). يمثِّل هـذا الثمـر الحرية الروحيـة الحقيقيـة لشخص أُعتِق مـن النامـوس (غلاطيَّـة ٥: ١٨)، وهـو الآن يحيـا فـي حقبـة العهـد الجديـد.

• أعمال الجسد الفاسدة

سبق بولس حديثه عـن «الثمـر» بحديث متناقض عـن «الجسـد» (غلاطيَّـة ٥: ١٩-٢١). وبحسـب السـياق، سـرد بولـس توجُّهـات وأفعـال لا يمكـن عزوهـا إلا إلـى جسـد غيـر المؤمنـين الـذي لـم ينـل الفـداء، وليـس إلـى عمـل التقديـس الـذي يجريـه الـروح القـدس فـي المؤمنـين. تغطـي هـذه التوجهـات والأفعـال الجوانـب الجنسـية، والروحيـة، والتوجُّهيـة، والعلاقاتيـة مـن الخطيـة (راجـع روميـة ١: ٢٤-٣٢؛ ١كورنثـوس ٦: ٩-١٠).

سـرد الرسـول خمسـة عشـر مثالًا محـدَّدًا لتوضيـح فكرتـه. لـم يكـن الغـرض مـن هـذه القائمـة أن تكـون شـاملة، بـل أن تقـدِّم عيِّنـة. وقـد اتبـع بولـس هـذا النهـج ذاتـه أيضًـا فـي مواضـع أخـرى، سـواء بالمعنـى الإيجابي أو السـلبي، مسـتخدمًا عبارة «مثل هذه» أو «أمثال هذه» (رومية ١: ٣٢؛ ٢: ٢؛ غلاطيَّة ٥: ٢١، ٢٣).

لـم يشـدِّد بولـس هنـا علـى الخطيـة العَرَضيـة أو العابـرة، بـل بالأحـرى علـى الممارسـة الاعتياديـة، والمعانِـدة للكثيـر مـن الخطايـا، الشـيء الـذي يـدل علـى نمـط حيـاة مسـتمر مـن الإثـم والشـر. واسـتنتج (فـي روميـة ١: ٣٢) أن هـذا النـوع مـن الأشـخاص يسـتوجب المـوت، وكان يقصـد المـوت الثانـي المذكـور فـي رؤيـا ٢٠: ١١-١٥. وفـي الأصحـاح الخامـس مـن رسـالة غلاطيَّـة، رأى بولـس بالمثل أن «الَّذِيـنَ يَفْعَلُـونَ مِثْـلَ هـذِهِ لاَ يَرِثُـونَ مَلَكُـوتَ اللـهِ» (غلاطيَّـة ٥: ٢١؛ انظـر أيضًـا متـى ٥: ٢٠؛ يوحنـا ٣: ٥؛ ١كورنثـوس ٦: ١٠؛ أفسـس ٥: ٥).

فـي المجمـل، اسـتخدم العهـد الجديـد رمـز الثمـر بطريقتـين مختلفتـين للمقارنـة بـين المؤمنـين، وغيـر المؤمنـين الذيـن يفتقـرون إلـى عمـل التقديـس الـذي يجريـه الـروح القـدس. أولًا، غيـاب الثمـر هـو سـمة تميِّـز غيـر المؤمـن، فـي حـين يُثبِـت الثمـر الوفيـر حقيقـة إيمـان المؤمـن (متـى ١٣: ١٨-٢٣؛ وبالأخـص ١٣: ٢٣؛ يوحنـا ١٥: ٢-٦). ثانيًـا، يصنـع المؤمنـون ثمـرًا جيدًا، فـي حـين يصنـع غيـر المؤمنين ثمـرًا فاسـدًا ورَديًّا (متـى ٧: ١٦-٢٠؛ ١٢: ٣٣؛ لوقـا ٦: ٤٣-٤٤؛ غلاطيَّـة ٥: ١٩-٢٣).

الخدمة

- نظرة عامة على المواهب
- المواهب المؤقَّتة (الإعلانية/الإثباتية)
- المواهب الدائمة (التكلُّم/الخدمة)
- أسئلة مهمة

في العهد القديم، أيَّد الروح القدس بالقوة قلة من الأشخاص المنتخَبين من أجل الخدمة الروحية. في المقابل، يُعطَى جميع المؤمنين، في العهد الجديد، موهبة كي يخدموا بها في جسد المسيح، أي الكنيسة.

يساعدنا العديد من الكلمات اليونانية في العهد الجديد على توضيح هذه الفكرة. **أولًا**، تشير كلمة *charis* (رومية ١٢: ٦؛ ١ بطرس ٤: ١٠)، التي تترجم عادة إلى «نعمة» [grace]، إلى معروف غير مستحَق. تُعَد هذه الكلمة أساسًا للفظ **كاريزما** (رومية ١١: ٢٩؛ ١٢: ٦؛ ١كورنثوس ١: ٧؛ ١٢: ٤، ٩، ٢٨، ٣٠-٣١؛ أفسس ٤: ٧؛ ١ بطرس ٤: ١٠)، الذي معناه «موهبة بالنعمة» أو «هبة بالنعمة» [grace gift]. وقد استُخدمت الكلمتان معًا في رومية ١٢: ٦ وفي ١ بطرس ٤: ١٠ للتعبير على أكمل وجه عن معنى الموهبة الروحية في الكنيسة. **ثانيًا**، كلمة *pneumatikos*، التي استُخدِمت في ١كورنثوس ١٢: ١، وفي ١كورنثوس ١٤: ١ («الْمَوَاهِبَ الرُّوحِيَّةَ») في سياق حديث بولس عن المواهب، تضيف بُعدًا آخر للمعنى، وهو أن يكون المرء **روحيًا** في مقابل أن يكون **طبيعيًا** (انظر كلمة *psychikos* في ١كورنثوس ٢: ١٤-١٥؛ ١٥: ٤٦ [«الْحَيَوَانِيُّ»]).[٣٠] بمعنًى آخر، هذه المواهب متصلة بالروح القدس، ولها طبيعة روحية، وتُمنح لأجل غرض روحي. وأخيرًا، تعبِّر كلمة *merismos* (عبرانيين ٢: ٤، «وبِما **يُوَزِّعُ** [*merismois*] الرُّوحُ القُدُسُ مِن مَواهِبَ كَما يَشاء» [الترجمة اليسوعيَّة]) عن كون الله هو مصدر هذه المواهب وموزِّعها، وليس البشر.

تؤدِّي الأقانيم الثلاثة في اللاهوت جميعهم دورًا في المواهب الروحية في العهد الجديد. فإن الله الآب هو الذي خطَّط للمواهب وعيَّنها (١كورنثوس ١٢: ١٨، ٢٨)، والله الابن هو من دبَّر هذه المواهب ووهبها (أفسس ٤: ٧-٨، ١١)، والله الروح القدس يسكن في الأشخاص ويزوِّدهم بالمواهب الروحية (١كورنثوس ١٢: ١١). يشارك أقانيم اللاهوت الثلاثة جميعهم في هذا العمل (١كورنثوس ١٢: ٤-٦).

نظرة عامة على المواهب

يمكننا إيجاد سبع قوائم للمواهب على الأقل في العهد الجديد، ولا تتطابق قائمتان منهما معًا. ومن ثَمَّ، هذه القوائم ليست قوائم شاملة، لكنها فقط تقدِّم أمثلة أو عينات (انظر الجدول ١٠.٥). ترِد هذه القوائم في ١كورنثوس ١٢-١٣ (عام ٥٥ م)، ورومية ١٢ (عام ٥٦ م)، وأفسس ٤ (عام ٦١ م تقريبًا)، و١ بطرس ٤ (عام ٦٤ م تقريبًا).

---

٣٠ [المترجم]: بحسب قاموس اللغة اليونانية، كلمة (psychikos) تعني: «شهواني»، أو «حِسِّي» (sensual)، «طبيعي» أو «حيواني» في مقابل الطبيعة الروحية الجديدة.

الجدول ٥ . ١٠: المواهب الروحية

اكورنثوس ١٢ : ٨-١٠	اكورنثوس ١٢ : ٢٨-٣٠	اكورنثوس ١٣ : ١-٣	اكورنثوس ١٣ : ٨-٩	رومية ١٢ : ٦-٨	أفسس ٤ : ١١	١ بطرس ٤ : ١٠-١١
كَلَامُ حِكْمَةٍ	رُسُلًا	ألسنة	نبوة	نُبُوَّةٌ	رُسُلًا	التكلُّم
كَلَامُ عِلْمٍ	أَنْبِيَاءَ	نبوة	ألسنة	خِدْمَةٌ	أَنْبِيَاءَ	الخدمة
إِيمَانٌ	مُعَلِّمِينَ	عِلم	عِلم	التَّعْلِيمِ	مُبَشِّرِينَ	
مَوَاهِبُ شِفَاءٍ	قُوَّاتٍ	إيمان		الْوَعْظِ	رُعَاةً وَمُعَلِّمِينَ	
عَمَلُ قُوَّاتٍ	مَوَاهِبَ شِفَاءٍ	عطاء		المساهمات السخية (العطاء)		
نُبُوَّةٌ	أَعْوَانًا (مساعدة)			التدبير (القيادة)		
تَمْيِيزُ الْأَرْوَاحِ	تَدَابِيرَ (إدارة)			الرحمة		
أَنْوَاعُ أَلْسِنَةٍ	أَنْوَاعُ أَلْسِنَةٍ					
تَرْجَمَةُ أَلْسِنَةٍ	ترجمة ألسنة					

في حين تتضمَّن هذه القوائم في المقام الأول المواهب المعطاة من الروح القدس، لكن الكثير منها يشمل كلًّا من المواهب نفسها، والوظائف المرتبطة بالمواهب. فقد أُدرِجت وظائف الرُّسُل، والأنبياء، والمعلِّمين مع المواهب في ١كورنثوس ١٢: ٢٨-٣٠، في حين يذكر أفسس ٤: ١١ وظائف الرُّسل، والأنبياء، والمبشِّرين، والرعاة والمعلمين بشكل حصري.

تمثِّل الملاحظات التالية بعضًا من أهم الحقائق والاستنتاجات المستمَدة من إعلان الله فيما يخص المواهب الروحية:

١. الخلاص موهبة **كاريزماتية** [*charisma* gift]، أي عطية غير مستحَقة، توهَب بنعمة الله (رومية ٦: ٢٣؛ أفسس ٢: ٨؛ تيطس ٢: ١١).
٢. الروح القدس أيضًا موهبة **كاريزماتية**، أي عطية غير مستحَقة، توهَب بنعمة الله (رومية ٥: ٥؛ ١تسالونيكي ٤: ٨؛ ١يوحنا ٣: ٢٤؛ ٤: ١٣؛ انظر أيضًا أعمال الرسل ٢: ٣٨؛ ١٠: ٤٥؛ عبرانيين ٦: ٤).
٣. نظير معمودية الروح القدس، المواهب الروحية تصاحب الخلاص.
٤. يتقرَّر نوع موهبة الفرد بحسب مشيئة الله، وليس إرادة البشر (١كورنثوس ١٢: ١١، ١٨، ٢٤؛ عبرانيين ٢: ٤).
٥. المواهب الروحية دائمة وغير قابلة للنقض أو الإلغاء (رومية ١١: ٢٩).
٦. ينبغي التفرقة بين المواهب الروحية التي ينالها المرء مع الخلاص، ومواهبه الطبيعية التي يتمتع بها بالولادة الطبيعية (١كورنثوس ١٢: ١١). لكن، يستطيع الروح القدس، بالتأكيد، أن يستخدم كلا النوعين من المواهب لتحقيق مقاصده الإلهية.
٧. مجرد امتلاك المواهب الروحية لا يجعل من المؤمن بالضرورة شخصًا روحيًّا، كما يتضح لنا في مثال كنيسة كورنثوس (١كورنثوس ١٤: ٢٠). فإن السلوك الروحي والتقوى يحتلان الأولوية العظمى (كولوسِّي ١: ٢٨).
٨. جميع المؤمنين، بلا استثناء، موهوبون (١كورنثوس ١٢: ٧، ١١؛ أفسس ٤: ٧؛ ١بطرس ٤: ١٠)، ويمكن أن يتمتعوا بأكثر من موهبة، وهو ما ينتج عنه مزيج فريد من المواهب.
٩. يُثمِر الروح القدس مواهب متنوِّعة (١كورنثوس ١٢: ٤)، يمكن أن يستخدمها المؤمنون في خدمات متنوعة (١كورنثوس ١٢: ٥-٦)، وتؤدي إلى نتائج متنوعة (١كورنثوس ١٢: ٦).
١٠. تعزِّز موهبة الفرد من خير الجماعة (١كورنثوس ١٢: ٧)، من خلال خدمة المؤمنين بعضهم لبعض (١بطرس ٤: ١٠).
١١. ينبغي أن تُمارَس المواهب في محبة (١كورنثوس ١٣: ٨، ١٣). فدون محبة، لا منفعة من ممارسة الموهبة (١كورنثوس ١٣: ١-٣).

١٢. تختلف المواهب بحسب نعمة الله المعطاة (رومية ١٢: ٦؛ أفسس ٤: ٧)، وعلى المؤمنين أن يخدموا بها كَوُكَلَاءَ صَالِحِينَ عَلَى نِعْمَةِ اللهِ (١ بطرس ٤: ١٠).
١٣. يوصي الكتاب المقدس المؤمنين بأن يمارسوا مواهبهم (رومية ١٢: ٦؛ أفسس ٤: ١١-١٤)، وهذا الأمر يُعَد مسؤولية وإلزامًا على البشر.
١٤. الغرض الرئيسي من المواهب الدائمة هو بنيان الكنيسة (١كورنثوس ١٤: ٤-٥، ١٢، ١٧، ٢٦؛ انظر أفسس ٤: ١٢-١٣).
١٥. الممارسة المثمرة من المؤمن لموهبته تمجِّد الله (١ بطرس ٤: ١١).

← المواهب المؤقَّتة (الإعلانية/الإثباتية)[٣١]

تتناول الدراسة التالية كلًّا من المواهب المؤقَّتة التي توقَّفت بانتهاء عصر الرسل،[٣٢] والمواهب الدائمة التي تستمر حتى نهاية عصر الكنيسة. تحتوي القوائم السبع السابقة من المواهب على مواهب مؤقَّتة ودائمة، على النحو التالي: أولًا، تركِّز قائمتان على المواهب المؤقَّتة فحسب (١كورنثوس ١٢: ٨-١٠؛ ١٣: ٨-٩). ثانيًا، تركِّز قائمتان أخريان على المواهب الدائمة فحسب (رومية ١٢: ٦-٨؛ ١ بطرس ٤: ١٠-١١). وأخيرًا، تسرد القوائم الثلاث المتبقية مزيجًا من المواهب المؤقتة والمواهب الدائمة (١كورنثوس ١٢: ٢٨-٣٠؛ ١٣: ١-٣؛ أفسس ٤: ١١). سنبدأ الآن بالمواهب المؤقَّتة، التي أدت كلًّا من أغراض إعلانية وأغراض إثباتية، وكان الهدف منها هو التصديق على رُسل الله المميَّزين، وافتتاح حقبة العهد الجديد.

تشير ثلاثة تصريحات في العهد الجديد بشكل مباشر إلى القوات التي بادر بها الله، والتي تعلَّقت بمواهب مؤقتة يمارسها بشرٌ. **أولًا**، تأمَّل تعليق بطرس الموحى به في أعمال الرسل ٢: ٢٢ على الغرض من قوات يسوع: «أَيُّهَا الرِّجَالُ الإِسْرَائِيلِيُّونَ اسْمَعُوا هذِهِ الأَقْوَالَ: يَسُوعُ النَّاصِرِيُّ رَجُلٌ قَدْ تَبَرْهَنَ لَكُمْ مِنْ قِبَلِ اللهِ بِقُوَّاتٍ وَعَجَائِبَ وَآيَاتٍ صَنَعَهَا اللهُ بِيَدِهِ فِي وَسْطِكُمْ، كَمَا أَنْتُمْ أَيْضًا تَعْلَمُونَ...». ردَّد بطرس هنا صدى قول المسيح، الذي أكَّد أن أعماله تُثبِت ادِّعاءاته بالألوهة، وأنه هو المسيا. فقد برهنت قوات يسوع على نحو لا يمكن إنكاره على صدق ادعائه بأنه هو الله-الإنسان (يوحنا ١١: ٤٧-٤٨)، وأثبتت أن المسيح - الذي امتلك أوراق اعتماد معجزية لا تشوبها شائبة - هو المسيَّا الحقيقي، على عكس جميع المُسحاء الكذبة الذين جاءوا عبر التاريخ.

ثانيًا، صرَّح بولس في ٢كورنثوس ١٢: ١٢ تصريحًا مباشرًا عن علاقة القوات بالرُّسل. فقد أجزم بأن علامات (*sēmeia*) الرسول كانت آيَاتٍ، وَعَجَائِبَ، وَقُوَّاتٍ. فقد استخدم الله تلك الظواهر الفائقة للطبيعة للتصديق على المبعوث الرسولي، ومن ثَمَّ، تأييد صحة رسالته (أعمال الرسل ٢: ٤٣؛ ٥: ١٢؛

٣١ قدر كبير من الدراسة أدناه عن المعجزات والمواهب المؤقتة مقتبَس بتصرُّف من المرجع التالي، بتصريح من دار النشر:
Richard Mayhue, *The Healing Promise: Is It Always God's Will to Heal?* (Fearn, Ross-shire, Scotland: Mentor, 1997), 167–72.

٣٢ للاطلاع على دراسة أكثر شمولًا وتفصيلًا عن المواهب المؤقتة، وتوقفها، يُرجَى الرجوع إلى الفصل التاسع من هذا الكتاب بعنوان «الكنيسة»، وكذلك إلى المقالات المنشورة في إصدارَيْن من مجلة كلية ماستر للَّاهوت (Master's Seminary Journal)، والمخصَّصة لشرح الرأي الخاص بتوقُّف المواهب المعجزية، والحديث عن المواهب الإعلانية:
MSJ 14, no. 2 (2003): 143–327, and *MSJ* 25, no. 2 (2014): 17–93.

رومية ١٥: ١٩؛ عبرانيين ٢: ١-٤). استخدم الله النهج ذاته إلى حدٍّ كبير للتصديق على أنبياء العهد القديم، حيث تمَّم رسالتهم، وأجرى قوات بواسطتهم (انظر تثنية ١٣: ١-٥؛ ١٨: ٢١-٢٢). فقد ميَّزت القوات الأنبياء والرُّسل الحقيقيين عن الأنبياء والرُّسل الكذبة.

ثالثًا، صرَّح كاتب الرسالة إلى العبرانيين بأن الله استخدم القوات لإثبات حقيقة رسالة الخلاص. يقول عبرانيين ٢: ٣-٤ إن الله شهد عن حقيقة الخلاص بواسطة الرُّسل عن طريق القوات.

تُعلِّمنا هذه النصوص من سفر أعمال الرسل، ورسالة كورنثوس الثانية، والرسالة إلى العبرانيين أن غرض الله الرئيسي من القوات التي صنعها بواسطة أناسٍ مُنِحوا مواهب مؤقَّتة هو **إثبات حمل رُسُلهِ إعلانًا حقيقيًّا من الله**. انطبق ذلك على كلٍّ من المواهب الإعلانية المؤقَّتة (temporary revelatory gifts) والمواهب الإثباتية المؤقَّتة (temporary confirmatory gifts).

- النمط الكتابي للقوات الإثباتية

في العهد القديم، توجد الكثير من الأمثلة التوضيحية لهذا الغرض الرئيسي من القوات. ففي الأصحاحين الثالث والرابع من سفر الخروج، استطاع الله أخيرًا إقناع موسى بأن يكون ممثِّلًا له في أرض مصر، إذ ردَّ على كلِّ اعتراض أبداه بآية فائقة للطبيعة كان من شأنها أن تصدِّق على إرسالية موسى. وفي خروج ٤: ٣٠-٣١، صُنِعت هذه الآيات بالفعل، فآمن الشعب اليهودي. وبعد آية واحدة وثلاث ضربات، اقتنع عرَّافو فرعون أيضًا (خروج ٨: ١٨-١٩). ويمكننا افتراض أنه بعد الضربات العشر وحادثة البحر الأحمر، اقتنع فرعون نفسه أيضًا (خروج ١٤: ٢٦-٣٠)، وتأجَّج إيمان اليهود من جديد (خروج ١٤: ٣١).

كذلك، بعدما قدَّمت أرملة صرفة لإيليا آخر ما عندها من طعام، رأت طعامها يتجدَّد على نحو فائق للطبيعة (١ ملوك ١٧: ٨-١٦). ثم عند موت ابنها، ساورها الشك (١ ملوك ١٧: ١٧-١٨)، لكنها آمنت حين أُعيد إلى الحياة بطريقة فائقة للطبيعة (١ ملوك ١٧: ٢٤). ومن ثَمَّ، كانت هذه المعجزة شهادة لكون إيليا نبيًّا حقيقيًّا جاء من عند الله. وقد حدث هذا مجدَّدًا فوق جبل الكرمل، حين نزلت نار من السماء بكلمة من إيليا، فآمن الشعب في خضم تفشِّي عدم الإيمان وعبادة الأوثان بينهم (١ ملوك ١٨: ٣٠-٤٠). كذلك، بات نعمان على قناعة بمصداقية أليشع في أعقاب شفائه من مرض البرص (٢ ملوك ٥: ١٤-١٥). كما أدرك نبوخذنصَّر أن دانيآل شخصٌ جدير بالثقة بعد ما تمكَّن من أن يقصَّ عليه حلمه بطريقة صحيحة، بل وأن يفسِّره أيضًا (دانيآل ٢: ٤٦-٤٧).

من الواضح، إذن، أن الله استخدم القوات التي تُصنَع بواسطة بشر من أجل التصديق على رُسُله، وتأييدهم. لم تُستخدَم هذه القوات قط لمجرد التباهي، أو التسلية، أو لأجل تمجيد الرسول.

وبمراجعة التاريخ الكتابي، نكتشف وجود ثلاث فترات زمنية رئيسية أجرى الله في أثنائها قوات بواسطة بشر. صحيح أن قوات من هذا النوع قد صُنِعت أيضًا بواسطة وكلاء من البشر في حقب أخرى، غير أن هذا نادرٌ بالمقارنة بالحقب الثلاث الرئيسية. وهذه الفترات الزمنية الرئيسية هي:

١. فترتا خدمة موسى ويشوع، ١٤٥٠-١٣٩٠ق.م. تقريبًا
٢. فترتا خدمة إيليا وأليشع، ٨٦٠ -٨٠٠ ق.م. تقريبًا
٣. خدمة يسوع ورُسله، ٣٠-٦٠ م تقريبًا

لكن، حتى في تلك الفترات الرئيسية، لم تكن القوات هي الوضع الطبيعي لدى جميع خدام الله. فقد قال الرب عن يوحنا المعمدان: «لأَنِّي أَقُولُ لَكُمْ: إِنَّهُ بَيْنَ الْمَوْلُودِينَ مِنَ النِّسَاءِ لَيْسَ نَبِيٌّ أَعْظَمَ مِنْ يُوحَنَّا الْمَعْمَدَانِ، وَلكِنَّ الأَصْغَرَ فِي مَلَكُوتِ اللهِ أَعْظَمُ مِنْهُ» (لوقا ٧: ٢٨)؛ ومع ذلك، كتب يوحنا الرسول عن يوحنا المعمدان أنه «لَمْ يَفْعَلْ آيَةً وَاحِدَةً، وَلكِنْ كُلُّ مَا قَالَهُ يُوحَنَّا عَنْ هذَا كَانَ حَقًّا» (يوحنا ١٠: ٤١). ولاحقًا، تبرهنت رسالة يوحنا بواسطة قوات المسيح. ومن ثَمَّ، لم يكن البرهان الرئيسي على مكانة أيٍّ من رجال الله هو القوات المعجزية، بل صِدق رسالته.

• توخّي الحذر من التاريخ غير الكتابي

لا تقتصر المعلومات عن القوات على التاريخ الكتابي، أو حتى على المسيحية فحسب. ففي واقع الأمر، لو كان عدد القوات المزعومة هو المقياس لصحة ديانة ما وأصالتها، ستطغى الديانات الكاذبة بالتأكيد على المسيحية الحقيقية. وينبغي لحقيقة حدوث قوات مزعومة خارج إطار الإيمان المسيحي أن تجعل المؤمنين يتوخَّون الحذر من أولئك الذين يدَّعون صُنع قوات معجزية.

ويزخر تاريخ المسيحية منذ عام ١٠٠م بروايات عن معجزات مزعومة، ولا سيما في مجال معجزات الشفاء. قال بنجامين وارفيلد، اللاهوتي البارز، هذه الكلمات:

> «إن الأدلة على صُنع قوات تكاد تكون معدومة خلال الخمسين سنة الأولى من عصر كنيسة ما بعد الرسل. وفي الخمسين سنة التالية، تصير الأدلة طفيفة وبسيطة، ثم تصير أكثر وفرة خلال القرن التالي (القرن الثالث الميلادي). وفقط في القرن الرابع الميلادي، صارت الأدلة وافرة ومحدَّدة، ثم ازدادت في القرن الخامس وما بعده. ومن ثَمَّ، تخبرنا هذه الأدلة، إذا ما كانت تمثِّل أية قيمة على الإطلاق، بأنه بدلًا من التناقص التدريجي والمنتظم في صُنع القوات منذ البداية فصاعدًا، حدث تزايُد منتظم وثابت».[٣٣]

لكن، هل توافقت طبيعة ونوعية قوَّات (معجزات) عصر ما بعد الرسل، التي وصلتنا معلومات عنها، مع تلك المدوَّنة في الكتاب المقدس؟ يعرض لنا فيليب تشاف (Philip Schaff)، المؤرِّخ البارز لتاريخ الكنيسة، الأفكار المهمة التالية المعارِضة لتلك القوات:[٣٤]

١. تَحْمِلُ «طابعًا أخلاقية أدنى بكثير»، و«تتجاوز كثيرًا» القوات الكتابية «من حيث البهرجة الظاهرية».

33 Benjamin B. Warfield, *Counterfeit Miracles* (1918; repr. Edinburgh: Banner of Truth, 1972), 10.

34 Philip Schaff, *History of the Christian Church* (Grand Rapids, MI: Associated Publishers & Authors, n.d.), 3:191–92.

٢. لم يكن الغرض منها «إثبات صحة الإيمان المسيحي بوجه عام».
٣. «كلما ابتعدت زمنيًّا عن العصر الرسولي، ازداد عددها».
٤. لم ينقل آباء الكنيسة بدقة كل ما نحتاج أن نعرفه عن القوات المزعومة.
٥. أقرَّ آباء الكنيسة بوجود «حالات خداع على نطاق واسع».
٦. «كان رد الفعل تجاه قوات عصر نيقية هو الشك والتكذيب حتى من المعاصِرين لها»
٧. كان آباء الكنيسة أنفسهم متناقضين مع أنفسهم، إذ علَّموا أن القوات لم تعد تحدث، ثم كتبوا عن وجود قوات حقيقية.

على المؤمنين أن ينتبهوا جيدًا إلى تحذيرات التاريخ بغض النظر عن رأيهم الشخصي بشأن القوات التي تُصنَع بواسطة بشر. فإن الشيطان سيفعل كلَّ ما في طاقته كي يضلَّ المؤمنين ويخدعهم على طول الطريق المسدود للقوات المزعومة (٢ كورنثوس ١١: ١٣-١٥). وأولئك السائرون على هذا الطريق سيتقدَّمون يومًا ما إلى يسوع مدَّعين أنهم صنعوا قوات باسمه، غير أنه سيجيبهم: «إِنِّي لَمْ أَعْرِفْكُمْ قَطُّ! اذْهَبُوا عَنِّي يَا فَاعِلِي الإِثْمِ!» (متى ٧: ٢٣).

• توقُّف المواهب الإعلانية والإثباتية

هل حقًّا استمرت القوات والمواهب المؤقَّتة التي تُصنَع بواسطة بشر بعد عصر الرسل؟ يُعلِّم الكتاب المقدس بأن الغرض من هذه القوات كان التصديق على الشخص المرسَل من الله، وبالتبعية على رسالة الله. لكن، حين كُتب سفر الرؤيا بيد يوحنا، اكتملت بذلك قائمة الأسفار القانونية للعهد الجديد، وكذلك، اكتمل الإعلان الكامل الآتي من عند الله. وبعد عام ٩٥ م، لم يَعُد هناك ما يدعو الله إلى صُنع قوات بواسطة بشر، لأنه لم يَعُد يعلن رسائل يلزم التصديق عليها. فقد أُغلِقت القائمة القانونية باكتمال سفر الرؤيا، ومن ثم، توقَّف صُنع الله لقوات بواسطة بشر، ومنحهم مواهب مؤقَّتة.

لا يوجد تصريح كتابي واضح وصريح يؤكِّد سواء توقُّف المواهب المؤقَّتة، وصُنع القوات بواسطة بشر، بانتهاء عصر الرسل، أو استمراريتها. لكن، إذا راجعنا مشورة الله ككلٍّ، سننجح في العثور على الإجابة. وفيما يلي بعض المؤشِّرات من العهد الجديد على أن زمن القوات التي تُجرى بواسطة بشر، أي زمن المواهب المؤقَّتة، قد انتهى بالفعل بانتهاء عصر الرُّسُل.

يشير كلٌّ من أعمال الرسل ٢: ٢٢؛ ورومية ١٥: ١٨-١٩؛ و٢ كورنثوس ١٢: ١٢؛ وعبرانيين ٢: ٤ إلى أن الله قد أعطى الآيات المعجزية من أجل التصديق على الأشخاص المرسَلين من الله. وباكتمال قائمة الأسفار القانونية، لم يعد هناك احتياج لتلك الآيات، إذ تحقَّق الغرض المنشود منها.

وعند تتبُّع التدرُّج التاريخي لحياة الرسل الذين كتبوا عن المواهب المعجزية، يتبيَّن لنا تناقُص المعجزات في نطاقها بتقدُّم الزمن.[٣٥] ففي أعمال الرسل ١٩: ١١-١٢ (٥٢ م)؛ ورسالة كورنثوس الأولى

٣٥ الفقرات الثلاث التالية مقتبَسة بتصرُّف من المصدر التالي، بتصريح من *MSJ*:
Richard L. Mayhue, "The Gifts of Healing," MSJ 25, no. 2 (2014):22–21 .

(٥٥ م)؛ ورسالة رومية (٥٦ م)، تحدَّث الكُتَّاب عن قُوَّاتٍ غَيْرَ الْمُعْتَادَةِ (أعمال الرسل ١٩ : ١١). لكن، تبيَّن الرسائل اللاحقة أن تلك الظواهر كانت آخذة في الانحسار. فلم يشفِ بولس أَبَفْرُودِتُسَ (فيلبي ٢ : ٢٧، عام ٦٠ م)، بل ووَصَفَ لتيموثاوس الخمرَ لأجل أسقام معدته (١ تيموثاوس ٥ : ٢٣، عام ٦٢-٦٤ م)، بدلًا من أن يوصيه بالذهاب إلى شخص يستطيع شفاءه. كذلك، تَرَكَ بولس تُرُوفِيمُسُ مريضًا في مِيلِيتُسَ (٢ تيموثاوس ٤ : ٢٠، عام ٦٦-٦٧ م).

أيضًا، أوصى يعقوب، الذي كتب رسالته في ٤٥-٤٩ م تقريبًا، المؤمنين المصابين بأمراض خطيرة بأن يدعوا شيوخ الكنيسة، كي يدهنوهم بالزيت، ويصلُّوا عليهم، ولم يوصهم باستدعاء شخص لديه موهبة شفاء الأمراض. وفي الرسائل السبع إلى السبع الكنائس (رؤيا ٢-٣، عام ٩٥م)، لم يرد أي ذِكرٍ للمواهب المعجزية، مع أن هذه الرسائل كانت كلمات المسيح الأخيرة في الكتاب المقدس إلى كنيسته.

يُعلِّم الكتاب المقدس بأن القوات التي تُصنَع بواسطة بشرٍ كانت تؤدي غرضًا محدَّدًا للغاية، محوره التصديق على أنبياء الله ورُسُله باعتبارهم مبعوثين معتَمَدين ومشهودًا لهم، يحملون رسالة أكيدة وصحيحة من السماء (أعمال الرسل ٢ : ٢٢؛ ٢ كورنثوس ١٢ : ١٢؛ عبرانيين ٢ : ١-٤). وعندما أُغلِقت القائمة القانونية للكتاب المقدس باكتمال سفر الرؤيا، لم يعد هناك ما يدعو الله إلى صُنع قوات بواسطة بشر. ومن ثَمَّ، توقَّفت تلك القوات مع توقُّف المواهب المؤقَّتة.

فيما يلي قائمة بتسع مواهب أو وظائف معجزية مؤقَّتة، أدَّت أغراضًا إعلانية أو إثباتية، وتوقَّفت بانتهاء عصر الرسل بسبب انتهاء الغرض منها:

١. وظيفة الرسول (١كورنثوس ١٢ : ٢٨؛ أفسس ٤ : ١١): الرسل هم رجالٌ مكلَّفون ومرسَلون من المسيح القائم من الأموات من أجل تأسيس الكنيسة وتوطيدها.
٢. موهبة تَمْيِيزِ الْأَرْوَاحِ (١كورنثوس ١٢ : ١٠): وهي الإمكانية المعطاة من الله لتمييز الأقوال الصادقة عن تلك الأقوال الكاذبة التي ينطق بها مَن يدَّعون في احتيال بأن كلامهم إعلانٌ نبويٌّ من الله.
٣. موهبة الشفاء (١كورنثوس ١٢ : ٩، ٢٨، ٣٠): وهي الإمكانية المعطاة من الله لردِّ الصحة الجسدية في الحال إلى مريضٍ، دون الحاجة إلى استجابة إيمان منه.
٤. موهبة القُوَّات (١كورنثوس ١٢ : ٢٨): وهي الإمكانية المعطاة من الله لصُنع أعمال قوة تخالف العمليات الطبيعية المعتادة، أو تتجاوزها.
٥. موهبة النبوة (١كورنثوس ١٢ : ١٠؛ أفسس ٤ : ١١): وهي الإمكانية المعطاة من الله لاستقبال ونقل إعلان لفظي مباشر من الله للإنسان.
٦. موهبة الألسنة (١كورنثوس ١٢ : ١٠، ٢٨؛ ١٣ : ١): وهي الإمكانية المعطاة من الله للتكلُّم بلغة بشرية حقيقية، لم يتعلَّمها الناطق بها من قبل.
٧. موهبة ترجمة الألسنة (١كورنثوس ١٢ : ١٠، ٣٠؛ انظر ١٤ : ٢٦-٢٨): وهي الإمكانية المعطاة من الله لترجمة كلمات شخص يتكلَّم بألسنة.
٨. موهبة كَلَام عِلْمٍ (١كورنثوس ١٢ : ٨؛ ١٣ : ٢، ٨): وهي الإمكانية المعطاة من الله

لنقل كلام معرفة مباشر من الرب إلى الكنيسة المحلية، من أجل إرشادها إلى فهم نبوة معيَّنة (وهي تُحسَب موهبة إعلانية لأنها ارتبطت بالنبوة في ١كورنثوس ١٣: ٨)

٩. موهبة كَلَام حِكْمَةٍ (١كورنثوس ١٢: ٨): وهي الإمكانية المعطاة من الله لتوجيه كلمة مباشرة من الرب إلى الكنيسة المحلية، من أجل إرشادها بمهارة إلى اتخاذ قرارات معيَّنة (وهي تُحسَب موهبة إعلانية لأنها ارتبطت بكلام العِلْم، الذي ارتبط بالنبوة في ١كورنثوس١٣: ٨).

⬅ المواهب الدائمة (التكلُّم/الخدمة)

فيما يلي قائمة من إحدى عشر موهبة أو وظيفة خدمية دائمة تؤدي غَرَضَيِ التكلُّم والخدمة، اللذين استمرا إلى ما بعد عصر الرسل وحتى يومنا هذا:

١. وظيفة المبشِّر (أفسس ٤: ١١): وهي الإمكانية المعطاة من الله لشرح رسالة الإنجيل لغير المؤمنين، والوعظ بها، وتطبيقها بفاعلية.

٢. موهبة الوعظ (رومية ١٢: ٨): وهي الإمكانية المعطاة من الله لتحفيز القداسة العملية بفاعلية سواء في القلب أو السلوك، عن طريق التشجيع، والتعزية، والإنذار، والمناشدة.

٣. موهبة الإيمان (١كورنثوس ١٢: ٩؛ ١٣: ٢): وهي الإمكانية المعطاة من الله للاتكال عليه في كافة تفاصيل عمله، حتى حين تبدو النتائج غير واضحة. تُثمِر هذه الموهبة يقينًا مذهلًا وهائلًا في تتميم الله لمقاصده.

٤. موهبة العطاء (رومية ١٢: ٨؛ ١كورنثوس ١٣: ٣): وهي الإمكانية المعطاة من الله لتقديم الممتلكات الأرضية للرب بسخاء، وفرح، وبذل، لأجل عمل الخدمة.

٥. موهبة الإعانة أو الخدمة (رومية ١٢: ٧؛ ١كورنثوس ١٢: ٢٨): وهي الإمكانية المعطاة من الله للمعاونة في سداد احتياجات المؤمنين الآخرين، في بذلٍ وخضوع.

٦. موهبة التدبير أو الإدارة (رومية ١٢: ٨؛ ١كورنثوس ١٢: ٢٨): وهي الإمكانية المعطاة من الله لإدارة المؤمنين في حماس، وتوجيههم نحو هدف تتميم مشيئة الله.

٧. موهبة الرحمة (رومية ١٢: ٨): وهي الإمكانية المعطاة من الله لاكتشاف احتياجات الآخرين المادية، والعاطفية، والروحية، والتعاطُف معها، والمعاونة في سدادها.

٨. موهبة النبوة/الوعظ (رومية ١٢: ٦): وهي الإمكانية غير الإعلانية المعطاة من الله للإخبار بالمكتوب، أي المناداة به.

٩. وظيفة الراعي/المعلِّم (أفسس ٤: ١١): وهي الإمكانية المعطاة من الله لرعاية المؤمنين عن طريق قيادتهم، والعناية بهم، وإطعامهم، وحمايتهم، وغير ذلك من جوانب الاهتمام بهم.

١٠. موهبة التمييز الروحي (١كورنثوس ١٢: ١٠): وهي الإمكانية المعطاة من الله للتعرُّف على الأنواع المختلفة من الضلالات العقائدية والخداع الديني. وهذا

يمثِّل الجانب الدائم والخَدَمي من الموهبة. فلأن الشيطان هو «أَبُو الْكَذَّابِ» (يوحنا ٨: ٤٤)، فهو يحاول باستمرار تزييف عمل الله الحقيقي، عن طريق التخفِّي في شبه ملاك نور (راجع ٢كورنثوس ١١: ١٤)، عاملًا في المقام الأول من خلال المعلِّمين الكذبة، الذين ينشرون «تَعَالِيمَ شَيَاطِينَ» (١ تيموثاوس ٤: ١). ولهذا يوجد في الكنيسة اليوم مَن يتمتعون بقدرة لا بأس بها على التعرُّف على الزيّف عن طريق مقارنته بالحق الكتابي.

١١. موهبة التعليم (رومية ١٢: ٧؛ ١كورنثوس ١٢: ٢٨): وهي الإمكانية المعطاة من الله لتفسير النصوص الكتابية بوضوح، وشرحها، وتطبيقها على المؤمنين.

⬅ أسئلة مهمة

فيما يلي خمسة من أشهر الأسئلة التي تُطرَح بشأن المواهب الروحية، مصحوبة بالإجابات عليها استنادًا على الكتاب المقدس.

السؤال الأول: هل يحصل المؤمن على موهبة واحدة فحسب؟
الإجابة: على الأرجح، يتمتَّع كلُّ مؤمن بمزيج فريد من عدة مواهب، لا بموهبة واحدة فحسب.

السؤال الثاني: ما الذي يحتاج المؤمنون أن يعرفوه عن المواهب الروحية؟
الإجابة:

- الخلاص **كاريزما**، أي هبة مجانية (رومية ٦: ٢٣).
- أيضًا روح الله القدوس هبة معطاة كجزءٍ من الخلاص (رومية ٥: ٥؛ ١تسالونيكي ٤: ٨؛ ١يوحنا ٣: ٢٤؛ ٤: ١٣).
- كل مؤمن قد نال حقًّا موهبة روحية، وهي روحية من حيث مصدرها وطبيعتها (١كورنثوس ١: ٧؛ ٧: ٧؛ ١ بطرس ٤: ١٠).
- إن مشيئة الله، لا إرادة الإنسان، هي الأساس الذي يحدِّد نوعية المواهب التي ينبغي أن يحصل عليها أحدهم (١كورنثوس١٢: ١١، ١٨).
- المواهب الروحية متنوِّعة (١كورنثوس ١٢: ١٢-٢٧)، إذ لا تتطابق أيٌّ من القوائم المتعدِّدة من المواهب المذكورة في العهد الجديد معًا (رومية ١٢: ٦- ٨؛ ١كورنثوس ١٢: ٨-١٠، ٢٨-٣٠؛ ١٣: ١-٣، ٨؛ راجع ١كورنثوس ٧: ٧).
- لم تكن المواهب الروحية ضمن الصفات المطلوب توافُرها في قادة الكنيسة والمؤمنين الناضجين (غلاطيَّة ٥: ٢٢-٢٣؛ ١ تيموثاوس ٣: ١-٧؛ تيطس ١: ٥-٩؛ راجع ١كورنثوس ١٣: ٤-٧).
- لا يدل نوع المواهب الروحية التي يتمتع بها أحدهم بالضرورة على مستوى روحانيته.

السؤال الثالث: كيف يمكن للمؤمنين التعرُّف على مواهبهم الروحية؟
الإجابة:

- على المؤمن أن يركِّز على موهبة واحدة متعدِّدة الأوجه، بدلًا من تركيزه على مواهب متعدِّدة، وذلك إيمانًا منه بأن الله يمنح المؤمنين مواهب فريدة من نوعها (١ بطرس ٤: ١٠).

- من المؤشِّرات الواضحة على موهبة المؤمن هو قدرته على تنمية وتطوير خدمة معيَّنة بأقل جهد.

- تُستخدَم المواهب الروحية بأقصى قدر من الفاعلية داخل إطار الكنيسة المحلية، حيث سيتمكن مؤمنون آخرون، إن عاجلًا أو آجلًا، من التعرُّف على موهبة الشخص الروحية، مبدين تعليقهم عليها.

- الميول الشخصية وملاحظات الآخرين تقود المؤمن إلى خدمة مثمرة.

السؤال الرابع: ما الذي ينبغي على المؤمنين أن يفعلوه بما لديهم من مواهب روحية؟
الإجابة: على المؤمنين أن يستخدموا مواهبهم لبنيان الكنيسة (١كورنثوس ١٤: ١٢) وخدمة بعضهم البعض (١كورنثوس ١٢: ٧؛ ١ بطرس ٤: ١٠).

السؤال الخامس: ما هي الأخطاء التي ينبغي أن يتجنَّبها المؤمنون عند ممارسة مواهبهم الروحية؟
الإجابة:

- بنيان الذات بدلًا من بنيان الآخرين (١ بطرس ٤: ١٠)

- الممارسة المستقلَّة للمواهب بدلًا من ممارستها بقوة الروح القدس (١ بطرس ٤: ١١)

- استخدام الموهبة لتمجيد الذات بدلًا من استخدامها لمجد الله (١ بطرس ٤: ١١)

الخَلْق٣٦

لم يُذكَر سوى قدر ضئيل جدًّا في الكتاب المقدس عن الروح القدس والخلق. ومع ذلك، تَظهَر مشاركة الروح القدس في الخلق في الأصحاح الأول من الكتاب المقدس، بالتحديد حيث نتوقع العثور عليها. فحين قال الله: «نَعْمَلُ الإِنْسَانَ عَلَى صُورَتِنَا كَشَبَهِنَا»، استخدم الضمير في صيغة الجمع ثلاث مرات (تكوين ١: ٢٦). ويوحي هذا ضمنًا على نحو لا يمكن إنكاره بأن الله الآب، والله الابن، والله الروح القدس كانوا ثلاثتهم مشاركين في الخلق. ويصف لنا تكوين ١: ٢ في حقيقة الأمر أحد جوانب مساهمة الروح القدس.

---

٣٦ للاطلاع على دراسة أكثر تفصيلًا وشمولًا عن موضوع الخلق، يُرجى الرجوع إلى عنوان «الخلق» في الفصل الثالث من هذا الكتاب، بعنوان «الله الآب» (ص. ٢٤٨).

بحث المفسِّرون في مواضع أخرى من الكتاب المقدس، وقاموا بالربط بين الروح القدس والخلق في مقطعين من سفر أيوب (السفر الذي كُتِب على الأرجح قبل سفر التكوين)، ألا وهما أيوب ٢٦: ١٣، وأيوب ٣٣: ٤. لكن، حين يُفهَم هذان النصان كلٌّ في سياقه، نتبيَّن أنهما لا يشيران إلى فعل الخلق الأول. كذلك، رُبِطت آيتان وردتا في سفر المزامير (مزمور ٣٣: ٦؛ ١٠٤: ٣٠) في بعض الأحيان بقصة الخلق الواردة في تكوين ١-٢. لكن، بحسب السياق، تُعَد الترجمة الأنسب للكلمة العبرية *ruakh* في هذه النصوص هي «نفخة» أو نسمة فم» أو «نَفَس»، وهو ما يعني أن هذه النصوص لا تشير على الأرجح إلى الخَلق.

يلزم الآن أن نطرح السؤال التالي: ما هو عدد النصوص الكتابية اللازمة لإثبات صحة تعليم ما؟ في حقيقة الأمر، لا يتطلَّب منا إثبات صحة تعليم ما سوى نصٍّ واحدٌ يُفَسَّر بطريقة واضحة وسليمة. وفي هذه الحالة، يكون تكوين ١: ٢ وتكوين ١: ٢٦ كافيين تمامًا لإثبات صحة ذلك الحق غير القابل للدحض الذي مفاده أن الله الروح القدس قد اشترك مع الله الآب والله الابن في خلق السماوات والأرض (تكوين ١: ١).

الكتاب المقدس[37]

- الإعلان والوحي
- التعليم، والاستنارة، والشهادة
- التطبيق العملي

كان روح الحق (يوحنا ١٤: ١٧، ٢٦؛ ١٥: ٢٦؛ ١٦: ٧، ١٣؛ ١ يوحنا ٤: ٦؛ ٥: ٧) متداخلًا بنشاط في كافة جوانب تسليم كلمة الله، وعمل هذه الكلمة، كما هو موضَّح أدناه:

الله يعطي	المؤمنون يستقبلون
الإعلان	الخلاص
الوحي	التقديس
	التعليم
	الاستنارة
	الشهادة
	التطبيق العملي

٣٧ للاطلاع على دراسة أكثر تفصيلًا وشمولًا عن موضوع الكتاب المقدس، يُرجَى الرجوع إلى الفصل الثاني من هذا الكتاب، بعنوان «كلمة الله».

علَّمَ المسيح تلاميذه بأن روح الله هو المعزِّي (الباراقليط)، أي الصديق الإلهي الذي من شأنه أن يفعل كل ما يلزم من أجل تمجيد الله بواسطة الرُّسُل. وبما أن المسيح تلمَذَ هؤلاء الرجال كي يشهدوا عنه، ويقودوا آخرين إلى معرفة الحق، ففي غياب المسيح، إذن، كان من شأن الباراقليط أن يأتي كي يسير بجانب الرُّسُل حتى يؤهِّلهم ويشجِّعهم على المضي قُدُمًا في تعليم ما قد علَّمه المسيح لهم (يوحنا ١٤: ١٦، ٢٦)، وحتى يعينهم على الشهادة للمسيح (يوحنا ١٥: ٢٦-٢٧)، وعلى تبكيت العالم برسالة الحق التي يحملونها (يوحنا ١٦: ٧-١١). وفي المقاطع الأربعة من إنجيل يوحنا، تُعَد أنسب ترجمة للفظ اليوناني *paraklētos* هي «مُعين» [*Helper*]. ففي كل نص، وحسبما يُظهِر السياق المباشر للآيات، كان تركيز يوحنا منصبًّا على إعانة الباراقليط للتلاميذ على **معرفة** الحق عن المسيح، و**تذكُّره**، و**الكرازة** به. وتضفي الأصحاحات الخمسة الأولى من سفر أعمال الرسل مزيدًا من التأكيد على أن الباراقليط قد جاء وأعان التلاميذ بالفعل على معرفة الحق وإعلانه بقوة (أعمال الرسل ١: ٨؛ ٢: ٤، ٣٣؛ ٤: ٨، ٣١؛ ٥: ٣٢).

ويشكِّل هذا العمل الذي أجراه الروح القدس مع الرُّسُل، الأساس لخدمة الروح القدس المتعلِّقة بالكتاب المقدس. تكلَّم بولس عن هذا الجانب من خدمة الروح القدس في ١كورنثوس ٢: ١٠-١٦، متناولًا عمل الروح القدس في الإعلان والوحي (٢: ١٠-١١)، وفي التعليم (٢: ١٢-١٣)، وكذلك، في الاستنارة، والشهادة، والتطبيق العملي (٢: ١٤-١٦).

⬅ الإعلان والوحي

يشير مصطلح **إعلان** بوجه عام إلى الكشف الإلهي، سواء من خلال وسائل عامة أو خاصة، عن أمورٍ لم يكن بإمكان البشر معرفتها قبلًا بمفردهم (١كورنثوس ٢: ١٠-١١). وتتعلَّق خدمة الوحي فقط بكلمة الله المكتوبة. وبموجب هذه الخدمة، يحمي الروح القدس الإعلان الإلهي المعطَى بواسطة كُتَّاب بشريين من الخطأ، من أجل الإمداد بنص صادق، وجدير بالثقة تمامًا إلى حدِّ الألفاظ والكلمات (٢ تيموثاوس ٣: ١٦-١٧). أضاف بطرس شرحًا إضافيًّا للوحي، حين قال إن نبوة الكتاب المقدس لم تأت قط بمشيئة إنسان، بل بالأحرى بواسطة أناس مسوقين من الروح القدس (٢ بطرس ١: ٢٠-٢١). وقد كان يوحنا في الروح (رؤيا ١: ١٠) حين استقبل الإعلان الموحى به من الأرواح السبعة (رؤيا ١: ٤). ويُعَد تعبير «الأرواح السبعة» تعبيرًا اصطلاحيًّا يشير إلى الروح القدس، باستخدام رقم الكمال (سبعة)، الذي يدل على ملء الروح القدس (انظر رؤيا ٤: ٥؛ ٥: ٦).

وقد أكَّد كثيرون ممَّن تكلَّموا نيابة عن الله دور الروح القدس في الإعلان:

الأنبياء، في أثناء فترة الخروج وما بعدها (نحميا ٩: ٢٠، ٣٠؛ إشعياء ٦٣: ١١، ١٤؛ حجَّي ٢: ٥)

داود (٢ صموئيل ٢٣: ٢)

حزقيال (حزقيال ٣: ٢٤، ٢٧)

ميخا (ميخا ٣: ٨)

زكريا (زكريا ٧: ١٢)

سِمعان (لوقا ٢: ٢٦)

تلاميذ المسيح (متى ١٠: ٢٠؛ مرقس ١٣: ١١؛ لوقا ١٢: ١٢)
أغابوس (أعمال الرسل ١١: ٢٨)
بولس (اكورنثوس ٢: ١٠)
بطرس (١ بطرس ١: ١٠-١٢)

وتؤكِّد شهادات مماثلة من آخرين تقديم الروح القدس يد المساعدة ليس فقط في الإعلان، بل في الوحي أيضًا:
إشعياء (إشعياء ٥٩: ٢١)
يوحنا (يوحنا ١٦: ١٣؛ رؤيا ١: ٤، ١٠)
بولس (أفسس ٣: ٥)

وفي بعض الأحيان، أشار كُتَّاب الأسفار الكتابية إلى نصوص محدَّدة أعلنها الروح القدس، وأوحى بها:
متى (متى ٢٢: ٤٣؛ مرقس ١٢: ٣٦، في اقتباس من مزمور ١١٠: ١)
لوقا (أعمال الرسل ١: ١٦، ٢٠، في اقتباس من مزمور ٤١: ٩؛ ٦٩: ٢٥؛ ١٠٩: ٨)
لوقا (أعمال الرسل ٤: ٢٥-٢٦، في اقتباس من مزمور ٢: ١-٢)
لوقا (أعمال الرسل ٢٨: ٢٥-٢٧، في اقتباس من إشعياء ٦: ٩-١٠)
بولس (١ تيموثاوس ٤: ١، في اقتباس محتمَل من متى ٧: ١٥؛ ٢٤: ٢٤)
كاتب الرسالة إلى العبرانيين (عبرانيين ٣: ٧-١١، في اقتباس من مزمور ٩٥: ٧-١١)
كاتب الرسالة إلى العبرانيين (عبرانيين ٩: ١-٨، في اقتباس من خروج ٢٥-٢٦)
كاتب الرسالة إلى العبرانيين (عبرانيين ١٠: ١٥-١٧، في اقتباس من إرميا ٣١: ٣٣-٣٤)
يوحنا (رؤيا ٢: ٧، ١١، ١٧، ٢٩؛ ٣: ٦، ١٣، ٢٢؛ ١٤: ١٣، أمثلة عامة)

⬅ التعليم، والاستنارة، والشهادة

كَتَبَ نحميا: «وَأَعْطَيْتَهُمْ رُوحَكَ الصَّالِحَ لِتَعْلِيمِهِمْ» (نحميا ٩: ٢٠)؛ وشهد بولس: «الَّتِي نَتَكَلَّمُ بِهَا أَيْضًا، لاَ بِأَقْوَال تُعَلِّمُهَا حِكْمَةٌ إِنْسَانِيَّةٌ، بَلْ بِمَا يُعَلِّمُهُ الرُّوحُ الْقُدُسُ» (اكورنثوس ٢: ١٣)؛ وشجَّع يوحنا قُرَّاءه قائلًا: «وَلاَ حَاجَةَ بِكُمْ إِلَى أَنْ يُعَلِّمَكُمْ أَحَدٌ، بَلْ كَمَا تُعَلِّمُكُمْ هذِهِ الْمَسْحَةُ [انظر لفظ «الْقُدُّوسِ»، ١ يوحنا ٢: ٢٠] عَيْنُهَا عَنْ كُلِّ شَيْءٍ...» (١ يوحنا ٢: ٢٧؛ انظر أيضًا اكورنثوس ٢: ١٤-١٦)؛ كما صلَّى بولس لأجل مؤمني أفسس «كَيْ يُعْطِيَكُمْ إِلهُ رَبِّنَا يَسُوعَ الْمَسِيحِ، أَبُو الْمَجْدِ، رُوحَ الْحِكْمَةِ وَالإِعْلاَنِ فِي مَعْرِفَتِهِ، مُسْتَنِيرَةً عُيُونُ أَذْهَانِكُمْ، لِتَعْلَمُوا ...» (أفسس ١: ١٧-١٨).

ومن بين جميع أصحاحات الكتاب المقدس، كان المزمور المئة والتاسع عشر الأكثر حديثًا عن حاجة البشر إلى التعليم من الله. فقد طلب كاتب المزمور بإلحاح تسع مرات من الله قائلًا: «عَلِّمْنِي فَرَائِضَكَ»، أو «أَحْكَامَكَ عَلِّمْنِي» (مزمور ١١٩: ١٢، ٢٦، ٣٣، ٦٤، ٦٦، ٦٨، ١٠٨، ١٢٤، ١٣٥). وبوسعنا أن نفترض أن كاتب المزمور توقع تلقِّي هذا التعليم من الروح القدس. وكما فَتَح المسيح أذهان التلاميذ ليفهموا الكتب (لوقا ٢٤: ٤٥)، هكذا يفعل الروح القدس مع المؤمنين.

يمكن للاستتارة أن تشير إما إلى خلاص غير المؤمن (٢ كورنثوس ٤ : ٤، ٦؛ انظر أعمال الرسل ٢٦ : ١٨؛ عبرانيين ٦ : ٤)، أو إلى حاجة المؤمن إلى مزيدٍ من الفهم أو الاستتارة في الكتاب المقدس. إن كاتب المزمور نفسه الذي صلَّى طالبًا من الروح القدس أن يعلِّمه، طلب أيضًا استتارة: «اكْشِفْ عَنْ عَيْنَيَّ فَأَرَى عَجَائِبَ مِنْ شَرِيعَتِكَ» (مزمور ١١٩ : ١٨؛ انظر أيضًا مزمور ١١٩ : ٢٧، ٣٤، ٧٣، ١٢٥، ١٤٤، ١٦٩؛ أفسس ١ : ١٨)، ثم شَهِدَ عن فائدة الاستتارة قائلًا: «فَتْحُ كَلاَمِكَ يُنِيرُ، يُعَقِّلُ الْجُهَّالَ» (مزمور ١١٩ : ١٣٠).

في حين تُعَد استتارة الروح القدس نافعة على نحو لا غنًى عنه، لكن هناك بعض الأوصاف التي لا تنطبق عليها، وهناك بعض الأشياء التي لا تستطيع الاستتارة أن تفعلها. وتُذكِّرُ هذه القيود المؤمنين بألا يتوقعوا شيئًا لا يَعِد به الكتاب المقدس:

١. الاستتارة لا تعمل بالاستقلال عن كلمة الله (مزمور ١١٩ : ١٨؛ لوقا ٢٤ : ٤٥).
٢. الاستتارة لا تكفل الاتفاق بين جميع المؤمنين حول الأمور العقائدية، لأن العنصر البشري قد يكون سببًا في ظهور عقائد خاطئة (غلاطيَّة ٢ : ١١-٢١).
٣. الاستتارة لا تعني أننا سنتمكن من معرفة كل ما يختص بالله (تثنية ٢٩ : ٢٩).
٤. الاستتارة لا تلغي الحاجة إلى معلِّمين بشريين (أفسس ٤ : ١١؛ ١ تيموثاوس ٣ : ٢؛ ٢ تيموثاوس ٤ : ٢).
٥. الاستتارة ليست بديلًا للدراسة المجتهدة والجادة والشخصية للكتاب المقدس (٢ تيموثاوس ٢ : ١٥).
٦. الاستتارة ليست اختبارًا يحدث مرة واحدة (٢ تيموثاوس ٢ : ١٥).

فضلًا عن تعليم الروح القدس للمؤمنين، وتنويرهم، يشهد الروح القدس أيضًا للمؤمن بأن الكتاب المقدس صادق وجدير بالثقة. تتناول ثلاثة نصوص على الأقل من العهد الجديد هذا الجانب من خدمة الروح القدس فيما يتعلق بكلمة الله (أعمال الرسل ٥ : ٣٢؛ عبرانيين ١٠ : ١٥؛ ١ يوحنا ٥ : ٦). فإلى حد كبير، يُعَد روح الحق هو الشاهد الأبرز، والذي لا يرقى إليه الشك، عن الكتاب المقدس (يوحنا ١٤ : ١٧).

⬅ التطبيق العملي

إن الروح القدس ليس فقط متداخلًا في الجوانب المختصة بتوصيل كلمة الله وتعليمها (١كورنثوس ٢ : ٤-٥؛ ١ تسالونيكي ١ : ٥)، لكنه أيضًا يؤيِّد المؤمنين بالقوة كي يطيعوها. ويُظهِر التشابه الشديد بين نتائج السماح لكلمة المسيح أن تسكن في المؤمن (كولوسِّي ٣ : ١٦-١٧)، ونتائج السماح للروح القدس بالهيمنة على حياة المؤمن (أفسس ٥ : ١٨-٢٠)، تداخُل الروح القدس في الجانب العقلي لمعرفة الكتاب المقدس كما في تحفيز إرادة المؤمنين على طاعة الكتاب المقدس.

كذلك، يزوِّد الروح القدس المؤمنين بأسلحة روحية في حربهم ضد الظلمة الروحية للشيطان وملائكته، ويساعدهم على استخدامها. ومن الأجزاء الحيوية في سلاح المؤمن هو «سَيْفُ الرُّوحِ، الَّذِي

هُوَ كَلِمَةُ الله» (أفسس ٦: ١٧). إذن، سواء كان الـروح القـدس يعـين على السـلوك في طريق المسيح، أو على الجهاد لأجل مجد المسيح، فإن هذا الارتباط الـذي لا ينفصـم بـين الـروح القـدس والكتاب المقدس يدفع المؤمن إلى الأمام صوب النصرة.

الخدمة النبوية[٣٨]

➡ التجديد أو الميلاد الثاني
➡ القيامة
➡ الأسبوع السبعون لنبوة دانيآل
➡ المُلك الألفي
➡ الأبدية

لا يَذكُر الكتاب المقدس إلا قـدرًا قليـلًا نسبيًا عـن دور الـروح القـدس في المسـائل النبوية. وفيمـا يلـي ملخَّص لذلك.

➡ التجديد أو الميلاد الثاني

في أثناء الأسبوع السبعين لنبوة دانيآل (رؤيا ٦: ٩-١١؛ ٧: ٩-١٧؛ ١٤: ٦)، وكذلك في أثناء المُلك الألفي للمسيح (إشعياء ٢٥: ٩؛ ٤٤: ٢-٥؛ إرميا ٢٤: ٦-٧؛ حزقيال ٣٦: ٢٥-٣١)، سيرجع أناس من جميع الفئات والأصناف إلى الله. ومنذ آدم وحواء وحتى آخر شخص سينال الخـلاص، يُعطَى كلُّ بشرٍ حياة روحية بتجديد الروح القدس (يوحنا ٣: ١-١٥).[٣٩]

➡ القيامة

جميع المؤمنين، من أوَّلهم (١ تسالونيكي ٤: ١٣-١٨) إلى آخرهـم (رؤيا ٢٠: ٥-٦) سوف يقومون من القبر (رومية ١: ٤؛ ٨: ١١، ٢٣) بقوة الـروح القدس.

➡ الأسبوع السبعون لنبوة دانيآل

قرأ المسيح إشعياء ٦١: ١-٢أ في مجمع الناصرة، وصرَّح بـأن مـا قرأه في ذلك الوقت قد تمَّ بالفعل. ثم في المجيء الثاني، سيتمِّم المسيح أيضًا إشعياء ٦١: ٢ب-٣. وفي كلتا الحالتين، الروح القدس هو المؤيِّد بالقوة (انظر لوقا ٤: ١٧-٢١).

---

٣٨   للاطلاع على دراسة أكثر تفصيلًا وشمولًا عن النبوة، انظر الفصل العاشر من هذا الكتاب، بعنوان «المستقبل».

٣٩   للاطلاع على دراسة أكثر تفصيلًا وشمولًا عن موضوع التجديد، انظر عنوان الدعوة الداخلية: «الميلاد الثاني» في الفصل السابع من هذا الكتاب (ص. ٦٨٩).

أيضًا، سيتمّم الروح القدس مشيئة الله في دينونة الأمم (إشعياء ٣٤: ٨-١٦، وبالأخص ٣٤: ١٦)، وسيؤيّد عمل الله في ذلك الوقت بالقوة من الروح القدس (زكريا ٤: ٣-٦؛ راجع ٤: ١١-١٤؛ رؤيا ١١: ٣-٤).

كذلك، يخبرنا ٢ تسالونيكي ٢: ٦ عن «حاجزٍ» ما. وقد طُرِحت افتراضات متعدِّدة حول هُوية ذلك «الَّذِي يَحْجِزُ»، وهي كالتالي: (١) الإمبراطورية الرومانية، (٢) الحكومة البشرية، (٣) الدولة اليهودية، (٤) الكرازة بالإنجيل، (٥) تقييد الشيطان، (٦) الملائكة، (٧) عناية الله، (٨) شخصية نبوية مثل إيليا أو بولس، (٩) الكنيسة، (١٠) الروح القدس.

بما أن «الأثيم» المذكور في هذا المقطع يعمل بقوة الشيطان (٢ تسالونيكي ٢: ٩؛ انظر رؤيا ١٣: ٢، ٤)، فإن السؤال هو: مَن هو الشخص، أو ما هو الشيء الذي يتمتع بالقوة الكافية لحجز تأثير الشيطان بقوة طيلة آلاف السنوات؟ بمراجعة الخيارات المتاحة، يبدو الروح القدس هو الخيار الأرجح. ففي أوائل الكتاب المقدس، مارَسَ الروح القدس هذا النوع من الخدمة (تكوين ٦: ٣)؛ وما من سبب يدعو إلى الاعتقاد بتنحِّيه عن القيام بها (انظر يوحنا ١٦: ٨-١١؛ أعمال الرسل ٧: ٥١). فإن الله هو الوحيد القادر على السيطرة بفاعلية على الشيطان، وعلى الشر المفوَّض منه (راجع يهوذا ٩، حيث أحال ميخائيل رئيس الملائكة الأمر إلى الله في صراعه مع الشيطان). لم يَذكُر النص شيئًا عن الكيفية التي يحجز بها الروح القدس، لكن من المحتمل أن يكون ذلك من خلال مزيج من الوسائل، مثل الحكومات البشرية (رومية ١٣: ١-٧)، والمؤمنين الحقيقيين، أي الكنيسة.

⬅ المُلك الألفي

كَتَبَ إشعياء عن المُلك الألفي للمسيح، وعن ردِّ إسرائيل إلى المملكة الداودية الموعود بها (إشعياء ١١: ٢-١٦؛ انظر ٢ صموئيل ٧: ١٠-١٧). في أثناء ذلك الوقت، حين يملك المسيح، سيؤيِّده الروح القدس بالقوة (إشعياء ١١: ٢). وقد وَصَفَ إشعياء الغرض الإجمالي من خدمة المسيح في المُلك الألفي (إشعياء ٤٢: ١-٤).

قدَّم الكتاب المقدس ثلاثة أنواع من الإشارات العامة إلى الروح القدس فيما يختص بأمة إسرائيل. أولًا، سوف «يَسكُب» الله روحه على الأمة (إشعياء ٣٢: ١٥؛ ٤٤: ٣؛ حزقيال ٣٩: ٢٩؛ يوئيل ٢: ٢٨-٢٩؛ زكريا ١٢: ١٠). ثانيًا، وَعَدَ الله بأن يجعل روحه «في داخلهم» (حزقيال ١١: ١٩؛ ٣٦: ٢٦-٢٧؛ ٣٧: ١٤). ثالثًا، قال الله إن روحه سيكون «عليهم» (إشعياء ٥٩: ٢١). وبناءً على ذلك، سيجمع الروح القدس إسرائيل، ويعيدهم إلى الأرض في الوقت المعيَّن من الله في المستقبل (إشعياء ٣٤: ١٦).

⬅ الأبدية

لا يَذكُر الكتاب المقدس شيئًا محدَّدًا عن الروح القدس فيما يتعلق بالأبدية، إلا أن ألوهية الروح القدس، ووحدانية الله في ثالوث يكفلان استمرار عمل الله الروح القدس في تناغم تام مع الله الآب والله الابن إلى الأبد.

صلاة[٤٠]

يا أبانا السماوي العظيم،
ويا أيها الابن المبارك، والروح القدس الأزلي،
أتينا لنعبدك، أيها الإله مثلَّث الأقانيم،
الواحد في الجوهر،
والكامل في كلِّ شيء،
الإله الحقيقي الوحيد.

إن قلوبنا مفعَمة بالامتنان لأجل الفداء الذي أعدَّه لنا
أبونا السماوي، في المسيح الابن
وفعَّله فينا بالروح القدس.
ومع أننا لم نكن مستحقين،
لكنك رحَّبت بنا في ملكوتك الأبدي
حتى نكون شركاء في مجدك الذي لا يُنطَق به.

مرة أخرى، نشكرك يا أبانا، لأنك، في ملء نعمتك،
قد أحببتنا وأرسلت ابنك الوحيد كي يفدينا.

ويا أيها الرب يسوع، مع أنك كائنٌ منذ الأزل في صورة الله،
لكنك لم تحسب ذلك شيئًا ينبغي التشبُّث به.
بل وضعتَ نفسك، آخذًا صورة عبد،
صائرًا في شبه الناس.
وكإنسان، صرتَ عبدًا، وأطعتَ مشيئة الآب،
حتى الموت، موت الصليب.
هذه الذبيحة الواحدة كفَّرت عن خطايانا إلى الأبد،
وقدَّمت لنا ذلك الغطاء الذي كنا محتاجين إليه،
ألا وهو رداء برِّك الكامل الذي بلا عيب.

أيها الروح القدوس، أنت أيضًا أحببتَنا محبة أبدية،
والآن تتَّخذ من قلوبنا مسكنًا دائمًا لك،
سامحًا لحياتك وقوتك أن تفيض من خلالنا،
صانعة ثمرًا وفيرًا،
ومغيرة إياها لنكون مشابهين صورة المسيح.

---

٤٠ اقتُبست هذه الصلاة لفظيًّا من المرجع التالي، بتصريح من الناشر:
John MacArthur, *At the Throne of Grace: A Book of Prayers* (Eugene, OR: Harvest House, 2011), 55–57.

يا أيها الإله الواحد المثلث الأقانيم، نحن نسبحك ونشكرك،
لأجل الرحمة التي لم نكن نستحقها على الإطلاق،
ولأجل النعمة التي فاقت كلَّ قياس.
فإن رحمتك لا تنضُب؛
ومراحمك تدوم إلى الأبد؛
وأمانتك تمتد إلى دور فدورٍ؛
ومجدك يُرَى في جميع أعمالك؛
ومحبتك الثابتة هي أغنيتنا.

نأتي إليك، أيها الإله الواحد في ثالوث،
المتربِّع على عرش حياتنا،
والمتسلِّط على الكون،
طالبين منك في اتضاع أن تشدِّد مواطن ضعفنا،
بدءًا من أفعال عبادتنا.

أنت يا من خلقتَ الكون بكلمة،
قد أشرقتَ في قلوبنا
كي تعطينا إنارة معرفة مجد الله
في وجه يسوع المسيح.
كم نشكرك مجدَّدًا لأنك أمرت بخلاصنا!

يا رب، نأتي أمامك مصلِّين كي نقدِّم لك تسبيحنا.
سُد على حياتنا،
وجدِّد تعهُّداتنا لك بأن نحبك ونطيعك،
وبأن نكون نافعين، وأمناء.
ليتك تتمجَّد من خلال حياتنا.
ونحن نصلِّي بهذا في اسم المسيح. آمين.

تَعالَ يا ملكًا قدير

تَعالَ يا مَلِكًا قَديرْ
أعِنْ شعبَكَ كي يُرنِّمَ باسمِكَ
ترنيمَةَ الحُبِّ المُنيرْ
في خوفِكَ ولَمجدِكَ.

يا أيُّها الآبُ المَجيدْ
يا غالبًا تَعالَ واصنَعِ السَّلامْ،
القلبُ مَسكِنٌ جَديدْ
لكَ يا قديمَ الأيّامْ.

تعالَ يا خلاصًا مُنتَظَرْ،
تَقلَّدْ بَهاءَكَ وسيفَكَ الجَبَّارْ.
أنصِتْ لأنَّاتِ البَشَرْ،
واستَجبْ طِلباتِنا يا بارّْ.

تَعالَ باركْ شَعبَكَ،
بنِعمَةٍ من روحِكَ القدُّوسْ،
حقِّقْ وعودَ حُبِّكَ
فينا.. وحَرِّرِ النّفوسْ.

تعالَ يا مُخلِّصَ الشُّعوبْ
ويا مُعَزِّيَ القلوبْ،
أعلِنْ شهاداتِكَ الرَّحيمَهْ
في وسْطِنا بقوَّةٍ عَظيمَهْ،
والآنَ أملُكْ في كلِّ ذاتْ..
يا لها ساعةَ فَيْضٍ وَهِبَاتْ!

يا أيُّها العَظيمُ والواحدُ في الأقنومْ،
رَجاؤُنا حَيًّا يَدومْ..
لكَ التَّسابيحُ إلى الأبَدْ
في روحِنا وفي الجَسَدْ.
لُقياكَ في جَلالِ مُلكِكَ،
نُحِبُّكَ ونَعبُدُكَ.. إلى الأبَدْ آمينْ.[41]

---

٤١ قام المترجم بتعريب هذه الترنيمة وتقفيتها. وعنوانها الأصلي "Come, Thou Almighty King"، لمؤلِّف مجهول الهوية.

المراجع

مراجع أساسيَّة في اللاهوت النظامي

*Bancroft, Emery H. *Christian Theology: Systematic and Biblical*. 2nd ed. Grand Rapids, MI: Zondervan, 1976. 157–82.

Berkhof, Louis. *Systematic Theology*. 4th ed. Grand Rapids, MI: Eerdmans, 1939. 82–99; 423–31.

Dabney, Robert Lewis. *Systematic Theology*. 1871. Reprint, Edinburgh: Banner of Truth, 1985. 193–201.

Erickson, Millard J. *Christian Theology*. Grand Rapids, MI: Baker, 1986. 845–83.

Grudem, Wayne. *Systematic Theology: An Introduction to Biblical Doctrine*. Grand Rapids, MI: Zondervan, 1994. 634–53.

Hodge, Charles. *Systematic Theology*. 3 vols. 1871–1873. Reprint, Grand Rapids, MI: Eerdmans, 1975. 1:522–34.

Strong, August Hopkins. *Systematic Theology: A Compendium Designed for the Use of Theological Students*. Rev. ed. New York: Revell, 1907. 304–52.

*Swindoll, Charles R., and Roy B. Zuck, eds. *Understanding Christian Theology*. Nashville: Thomas Nelson, 2003. 389–536.

Thiessen, Henry Clarence. *Introductory Lectures in Systematic Theology*. Grand Rapids, MI:Eerdmans,1949.144–46.

Turretin, Francis. *Institutes of Elenctic Theology*. 3 vols. Edited by James T. Dennison Jr. Translated by George Musgrove Giger. 1679–1685. Reprint, Phillipsburg, NJ: P&R, 1992–1997. 1:302–10.

العلامة (*) تشير إلى أفضل المراجع في هذا المجال.

مراجع متخصّصة:

Bickersteth, Edward Henry. *The Holy Spirit: His Person and Work.* ١٨٦٩. Reprint, Grand Rapids, MI: Kregel, 1976.

*Biederwolf, William Edward. *Study of the Holy Spirit*. 1903. Reprint, Grand Rapids, MI: Kregel, 1985.

Carson, D. A. *Showing the Spirit: A Theological Exposition of 1 Corinthians 12–14*. Grand Rapids, MI: Baker, 1987.

Cole, Graham A. *He Who Gives Life: The Doctrine of the Holy Spirit. Foundations of Evangelical Theology*. Wheaton, IL: Crossway, 2007.

*Cumming, James Elder. *Through the Eternal Spirit: A Bible Study on the Holy Ghost*. New York: Revell, 1896.

Firth, David G., and Paul D. Wegner. *Presence, Power, and Promise: The Role of the Spirit of God in the Old Testament*. Downers Grove, IL: IVP Academic, 2011.

*Hamilton, James M., Jr. *God's Indwelling Presence: The Holy Spirit in the Old and New Testaments.* Nashville: B&H Academic, 2006.

*MacArthur, John. *The Silent Shepherd: The Care, Comfort, and Correction of the Holy Spirit*. 2nd ed. Colorado Springs: Cook, 2012.

Owen, John. *The Holy Spirit: His Gifts and Power*. Abridged edition. Edited by George Burder. 1792. Reprint, Grand Rapids, MI: Kregel, 1954. Owen's full work, *Pneumatologia*, first published in 1674.

*Pache, René. *The Person and Work of the Holy Spirit*. Translated by J. D. Emerson. Chicago: Moody Press, 1979.

Smeaton, George. *The Doctrine of the Holy Spirit*. 2nd ed. 1889. Reprint, Carlisle, PA: Banner of Truth, 1958.

Swete, Henry Barclay. *The Holy Spirit in the Ancient Church: A Study of the Christian Teaching in the Age of the Fathers*. 1912. Reprint, Grand Rapids, MI: Baker, 1966.

———————. *The Holy Spirit in the New Testament: A Study of Primitive Christian Teaching*. 1910. Reprint, Grand Rapids, MI: Baker, 1964.

Thomas, Robert L. *Understanding Spiritual Gifts: A Verse-by-Verse Study of 1 Corinthians 12–14*. 2nd ed. Grand Rapids, MI: Kregel, 1999.

*Thomas, W. H. Griffith. *The Holy Spirit*. 1913. Reprint, Grand Rapids, MI: Kregel, 1986.

*Walvoord, John F. *The Holy Spirit: A Comprehensive Study of the Person and Work of the Holy Spirit*. 1954. Reprint, Grand Rapids, MI: Zondervan, 1991.

Wood, Leon J. *The Holy Spirit in the Old Testament*. 1976. Reprint, Eugene, OR: Wipf & Stock, 1998.

العلامة (*) تشير إلى أفضل المراجع في هذا المجال.

مراجع متخصّصة في القضايا الكاريزماتية أو الخمسينية

*Chantry, Walter J. *Signs of the Apostles: Observations on Pentecostalism Old and New*. 2nd ed. Edinburgh: Banner of Truth, 1976.

Edgar, Thomas R. *Satisfied by the Promise of the Spirit: Affirming the Fullness of God's Provision for Spiritual Living*. Grand Rapids, MI: Kregel, 1996.

Frost, Henry W. *Miraculous Healing: A Personal Testimony and Biblical Study*. 1931. Reprint, London: Evangelical Press, 1972.

Gaffin, Richard B., Jr. *Perspectives on Pentecost: Studies in New Testament Teaching on the Gifts of the Holy Spirit*. Phillipsburg, NJ: P&R, 1979.

Gromacki, Robert G. *The Modern Tongues Movement*. Rev. ed. Phillipsburg, NJ: P&R, 1972.

Grudem, Wayne A., ed. *Are Miraculous Gifts for Today? Four Views*. Counterpoints. Grand Rapids, MI: Zondervan, 1996.

Hanegraaff, Hank. *Christianity in Crisis: 21st Century*. Nashville: Thomas Nelson, 2009. Horton, Michael. The Agony of Deceit. Chicago: Moody Press, 1990.

Horton, Michael. *The Agony of Deceit*. Chicago: Moody Press, 1990.

Kole, André, and Al Janssen. *Miracles or Magic?* Eugene, OR: Harvest House, 1987.

*MacArthur, John F., Jr. *Charismatic Chaos.* Grand Rapids, MI: Zondervan, 1992.

*————————. *Strange Fire: The Danger of Offending the Holy Spirit with Counterfeit Worship.* Nashville: Thomas Nelson, 2013.

Masters, Peter. *The Healing Epidemic.* London: Wakeman, 1988.

*Mayhue, Richard L. *The Biblical Pattern for Divine Healing.* 1979. Reprint, Winona Lake, IN: BMH, 2001.

*————————. *The Healing Promise: Is It Always God's Will to Heal?* Fearn, Ross-shire,

Scotland: Mentor, 1997.

McConnell, D. R. *A Different Gospel: A Historical and Biblical Analysis of the Modern Faith Movement.* Peabody, MA: Hendrickson, 1988.

Moriarty, Michael G. *The New Charismatics: A Concerned Voice Responds to Dangerous New Trends.* Grand Rapids, MI: Zondervan, 1992.

Napier, John. *Charismatic Challenge: Four Key Questions.* Homebush West, Australia: Anzea, 1991.

Nolen, William A. *Healing: A Doctor in Search of a Miracle.* Greenwich, CT: Fawcett, 1976.

*Smith, Charles R. *Tongues in Biblical Perspective: A Summary of Biblical Conclusions concerning Tongues.* 2nd ed. Winona Lake, IN: BMH, 1973.

Tada, Joni Eareckson. *A Place of Healing: Wrestling with the Mysteries of Suffering, Pain, and God's Sovereignty.* Colorado Springs: Cook, 2010.

Torrey, R. A. *Divine Healing: Does God Perform Miracles Today?* 1924. Reprint, Grand Rapids, MI: Baker, 1974.

*Warfield, Benjamin B. *Counterfeit Miracles.* 1918. Reprint, Edinburgh: Banner of Truth, 1972.

العلامة (٭) تشير إلى أفضل المراجع في هذا المجال.

أرنِّم لقوَّة الله العظيمة

أرنِّمُ لقوَّةِ اللهِ الرَّهيبَةْ،
مَن أقامَتِ الجبالَ الرّائعَةْ،
وبسَطَتْ في الأرضَ بحارًا عَجيبَةْ،
ونشَرَتِ الأكوانَ الواسعَةْ.
أرنِّمُ لحِكمَةٍ تُعيِّنُ وتأمُرُ
شَمسًا تَحكمُ النَّهارَ خاضِعَةْ،
وذا القمَرَ الذي ضياؤُهُ يَسحَرُ،
وجَميعَ الكواكِبِ الطّائعَةْ.

أرنِّمُ لصَلاحِ سَيِّدِ الزَّمَنْ
مَن مَلأَ الأرضَ بالطَّعَامْ،
بكلمتِهِ جبَلَ الخَليقةَ والأنامْ،
وأعلنَ بأنَّ كلَّ شَيْءٍ حَسَنْ.
كم هيَ ظاهِرةٌ عَجائبُكَ أيُّها القدُّوسْ!
حيثما تأمَّلتُ في دُنيا الفَناءْ،
أوْ نَظرْتُ الأرْضَ التي أدُوسْ،
أو حَدَّقتُ هناكَ في السَّمَاءْ.
ما مِن نبَاتٍ أو زهرَةٍ في دارْ
إلاَّ وتعلنُ عَن مَجدِكَ،
والغيُومُ تتكوَّنُ وعواصِفُ القِفارْ
بأمرٍ مِن سُموِّ عَرشِكَ.
فكلُّ مَن يستمدُّ منكَ الوجودْ
هوَ دائمًا رَهْنُ عِنايَتِكْ.
وأيُّ مَكانٍ فيهِ لإنسَانٍ وجودْ
يا رَبُّ أنتَ حاضرٌ.. لِطالبِ رعايَتِكْ.[1]

---

١ قام المترجم بتعريب هذه الترنيمة وتقفيتها. الترنيمة الأصلية هي بعنوان **"I Sing the Mighty Power of God"** من تأليف إيزاك واطس Isaac Watts (١٦٧٤-١٧٤٨م).

ملحق

تدرُّج الإعلان[1]

العهد القديم		
السفر	التاريخ التقريبي للكتابة	الكاتب
أيوب	غير معروف	غير معروف
التكوين	١٤٤٥–١٤٠٥ ق.م.	موسى
الخروج	١٤٤٥–١٤٠٥ ق.م.	موسى
اللاويين	١٤٤٥–١٤٠٥ ق.م.	موسى
العدد	١٤٤٥–١٤٠٥ ق.م.	موسى
التثنية	١٤٤٥–١٤٠٥ ق.م.	موسى
المزامير	١٤١٠–٤٥٠ ق.م.	كُتَّاب عدَّة
يشوع	١٤٠٥–١٣٨٥ ق.م.	يشوع
القضاة	نحو ١٠٤٣ ق.م.	صموئيل
راعوث	نحو ١٠٣٠–١٠١٠ ق.م.	صموئيل (؟)

---

١ هذه الجداول مقتبسة بتصرُّف من المصدر التالي:
جون ماك آرثر، تفسير الكتاب المقدس، الطبعة الأولى (منصورية المتن – لبنان: دار منهل الحياة، ٢٠١٢)، ٣٥-٣٦.

العهد القديم		
السفر	التاريخ التقريبي للكتابة	الكاتب
نشيد الأنشاد	٩٧١-٩٦٥ ق.م.	سليمان
الأمثال	٩٧١-٦٨٦ ق.م.	سليمان بشكل رئيسي
الجامعة	٩٤٠-٩٣١ ق.م.	سليمان
صموئيل الأول	٩٣١-٧٢٢ ق.م.	غير معروف
صموئيل الثاني	٩٣١-٧٢٢ ق.م.	غير معروف
عوبديا	٨٥٠-٨٤٠ ق.م.	عوبديا
يوئيل	٨٣٥-٧٩٦ ق.م.	يوئيل
يونان	نحو ٧٧٥ ق.م.	يونان
عاموس	نحو ٧٥٠ ق.م.	عاموس
هوشع	٧٥٠-٧١٠ ق.م.	هوشع
ميخا	٧٣٥-٧١٠ ق.م.	ميخا
إشعياء	٧٠٠-٦٨١ ق.م.	إشعياء
ناحوم	نحو ٦٥٠ ق.م.	ناحوم
صفنيا	٦٣٥-٦٢٥ ق.م.	صفنيا
حبقوق	٦١٥-٦٠٥ ق.م.	حبقوق

العهد القديم		
السفر	التاريخ التقريبي للكتابة	الكاتب
حزقيال	٥٩٠-٥٧٠ ق.م.	حزقيال
مراثي إرميا	٥٨٦ ق.م.	إرميا
إرميا	٥٨٦-٥٧٠ ق.م.	إرميا
ملوك الأول	٥٦١-٥٣٨ ق.م.	غير معروف
ملوك الثاني	٥٦١-٥٣٨ ق.م.	غير معروف
دانيآل	٥٣٦-٥٣٠ ق.م.	دانيآل
حجَّي	نحو ٥٢٠ ق.م.	حجَّى
زكريا	٤٨٠-٤٧٠ ق.م.	زكريا
عزرا	٤٥٧-٤٤٤ ق.م.	عزرا
أخبار الأيام الأول	٤٥٠-٤٣٠ ق.م.	عزرا (؟)
أخبار الأيام الثاني	٤٥٠-٤٣٠ ق.م.	عزرا (؟)
أستير	٤٥٠-٣٣١ ق.م.	غير معروف
ملاخي	٤٣٣-٤٢٤ ق.م.	ملاخي
نحميا	٤٢٤-٤٠٠ ق.م.	عزرا

العهد الجديد		
السفر	التاريخ التقريبي للكتابة	الكاتب
يعقوب	٤٤-٤٩ م	يعقوب
غلاطية	٤٩-٥٠ م	بولس
إنجيل متى	٥٠-٦٠ م	متى
إنجيل مرقس	٥٠-٦٠ م	مرقس
تسالونيكي الأولى	٥١ م	بولس
تسالونيكي الثانية	٥١-٥٢ م	بولس
كورنثوس الأولى	٥٥ م	بولس
كورنثوس الثانية	٥٥-٥٦ م	بولس
رومية	٥٦ م	بولس
إنجيل لوقا	٦٠-٦١ م	لوقا
أفسس	٦٠-٦٢ م	بولس
فيلبي	٦٠-٦٢ م	بولس
كولوسي	٦٠-٦٢ م	بولس
فليمون	٦٠-٦٢ م	بولس

العهد الجديد		
السفر	التاريخ التقريبي للكتابة	الكاتب
أعمال الرسل	٦٢ م	لوقا
تيموثاوس الأولى	٦٢-٦٤ م	بولس
تيطس	٦٢-٦٤ م	بولس
بطرس الأولى	٦٤-٦٥ م	بطرس
تيموثاوس الثانية	٦٦-٦٧ م	بولس
بطرس الثانية	٦٧-٦٨ م	بطرس
العبرانيين	٦٧-٦٩ م	غير معروف
يهوذا	٦٨-٧٠ م	يهوذا
إنجيل يوحنا	٨٠-٩٠ م	يوحنا
يوحنا الأولى	٩٠-٩٥ م	يوحنا
يوحنا الثانية	٩٠-٩٥ م	يوحنا
يوحنا الثالثة	٩٠-٩٥ م	يوحنا
الرؤيا	٩٤-٩٦ م	يوحنا

معجم أساسي للمصطلحات[1]

أ

آباء الكنيسة church fathers:

قادة الكنيسة في الفترة التي تلت مباشرة بداية حقبة العهد الجديد.

(ال) إبيونية Ebionism:

هرطقة قديمة تتعلق بعقيدة المسيح، وترى المسيح باعتباره إنسان وليس إلهًا.

(ال) أبولينارية Apollinarianism:

شرح وتفسير عن شخص المسيح، يعود تاريخه إلى القرن الرابع الميلادي. ويقول إن المسيح الله لم يتَّخذ طبيعة بشرية كاملة، وإنما فقط جسد هذه الطبيعة؛ وإن اللوجوس أو الكلمة حلَّ محل نفسه البشرية (العقل أو *nous*).

(ال) اتحاد الأقنومي Hypostatic union:

اتحاد طبيعتي يسوع الإلهية والبشرية معًا في شخص واحد، دون اختلاط، أو تغيير، أو انقسام، أو انفصال.

(ال) اتحاد بالمسيح union with Christ:

بُعدٌ أساسي في عقيدة الخلاص. باتحاد المؤمنين بالمسيح في موته الكفاري وفي قوة قيامته أيضًا، يُحتَسَب لهم بِرُّه ويشتركون في قداسته.

(ال) أثَمَة Unrighteous:

أولئك الذين لم يتبرَّروا ولم تُغفر خطاياهم.

(ال) أُحاديَّة Monism:

فلسفة أو فكر لاهوتي يفسِّر كلَّ شيء من خلال مبدأ واحد؛ وهو رأي يقول إن الواقع نوع واحد فقط.

---

[1] هذا المعجم مأخوذ من المرجع أدناه، مع بعض التنقيح البسيط، وبتصريح من الناشر:

Millard J. Erickson, *The Concise Dictionary of Christian Theology*, rev. ed. (Wheaton, IL: Crossway, 2001).

(ال) احتساب Imputation:
حساب أو تحويل قضائي لخطية أو برٍّ شخص ما إلى شخص آخر.

(عقيدة ال) احتساب doctrine of imputation:
إما تبرير المؤمنين على أساس بر المسيح، أو إدانة غير المؤمنين على أساس خطية آدم.

احتساب بر المسيح imputation of Christ's righteousness:
عمل الله الذي بموجبه يضع برَّ المسيح في حساب الخطاة الذين يؤمنون به للخلاص.

اختطاف منتصف الضيقة Midtribulational view of the rapture:
الفكرة التي مفادها أن الكنيسة سوف تجتاز الضيقة حتى منتصفها ثم يختطفها المسيح.

اختطاف ما بعد الضيقة Posttribulational view of the rapture:
العقيدة التي تقول إن الكنيسة سوف تجتاز الضيقة العظيمة، ثم تُرفَع لملاقاة المسيح.

اختطاف ما قبل الضيقة Pretribulational view of the rapture:
الفكرة التي مفادها أن المسيح سيرفع الكنيسة من العالم قبل الأسبوع السبعين الذي تنبأ عنه دانيآل.

(ال) اختيار Election:
قرار الله بأن يختار للخلاص أو للخدمة جماعة خاصة أو أشخاصًا معيَّنين. يُستخدَم المصطلح للإشارة بصفة خاصة إلى التعيين المسبق للأفراد المستقبِلين للخلاص.

(ال) اختيار غير المشروط Unconditional election:
إشارة إلى الرأي الكالفيني القائل إن اختيار الله لأشخاص معيَّنين للخلاص لا يعتمد على أية فضيلة أو أي إيمان رآه مسبقًا فيهم.

(ال) أخرويات (إسخاتولوجي) Eschatology:
دراسة الأمور الأخيرة، أو دراسة المستقبل بوجه عام.

(ال) إخلاء Kenosis:
المسيح جعل نفسه دون تأثير (دون مفعول)، إذ أخذ على عاتقه طبيعة بشرية (فيلبي ٢: ٧)، صائرًا بهذا خاضعًا وظيفيًّا للآب، حاجبًا صفاته الإلهية، لكن دون أن يجرِّد نفسه منها.

آدم، الأخير أو الثاني Last or Second Adam:
وصفٌ ليسوع المسيح، ورَد في ١كورنثوس ١٥ ورومية ٥، للمقابَلة بينه وبين آدم (آدم الأول).

أدوناي Adonai:
اسم عبري من أسماء الله، ومعناه الأساسي «سيِّد».

(ال) ارتداد Apostasy:
«انفصال» أو «ابتعاد». وعادة ما يكون تخلّيًا تامًّا ومتعمَّدًا عن الإيمان الذي كان معتنَقًا قبلًا.

(ال) أرض الجديدة New earth:
الكون المستقبلي المَفدي تمامًا. ويُدعَى «السماوات الجديدة والأرض الجديدة» (٢ بطرس ٣: ١٣). وهي تلك التي ستأتي هي والسماوات الجديدة في المستقبل، بعمل الله (رؤيا ٢١: ١).

(ال) أرمينيَّة Arminianism:
فكرٌ متعارضٌ مع الفهم الكالفيني لعقيدة التعيين المسبق. يؤمن الفكر الأرميني بأن قرار الله بمنح الخلاص لأشخاص معيَّنين دون غيرهم مبنيٌّ على علمه السابق بالذين سيؤمنون. ويتضمن هذا الرأي أيضًا فكرة أن المولودين ثانية بالحقيقة يمكن أن يفقدوا خلاصهم، بل والبعض يفقدونه بالفعل. يتبنَّى الفكر الأرميني عادة منظورًا بشأن فساد الإنسان أقل جدية من منظور الفكر الكالفيني.

(ال) أرواح الشريرة evil spirits:
الشياطين

(ال) أريوسية Arianism:
رأيٌ عن شخص المسيح بموجبه يكون المسيح هو الأسمى بين الكائنات المخلوقة؛ ومن ثَمَّ، من الصواب أن يُدعَى إلهًا، وليس الله.

(ال) استنارة Illumination:
عمل الروح القدس الذي به يعطي الفهم للنص الكتابي، حين يُسمع أو يُقرأ.

(ال) استرضاء Propitiation:
إشارة إلى فكرة أن كفارة المسيح تسترضي غضب الله.

إسخاتولوچي (الأخرويات) Eschatology:
دراسة الأمور الأخيرة، أو دراسة المستقبل بوجه عام.

(ال) أسفار المقدَّسة Scripture:
معناها الحرفي «كتابة»؛ وهي الأسفار القانونية للعهد القديم والعهد الجديد.

(ال) إعلان Revelation:
التعريف بما هو غير معروف؛ وكشف النقاب عمَّا هو محجوب.

(ال) إعلان العام General revelation:
الإعلان المتاح لجميع البشر في كلِّ زمان، وتحديدًا من خلال الكون المادي.

(ال) إعلان التدريجي Progressive revelation:
إشارة إلى العقيدة التي تقول إن الإعلان اللاحق يُبنَى على الإعلان السابق. ومن ثَمَّ، فهو يحتوي على حقائق لم تكن معروفة من قبل.

(ال) إعلان الخاص Special revelation:
استعلان الله لذاته في أزمنة وأماكن معيَّنة من خلال أحداث معيَّنة. على سبيل المثال: الخروج من مصر، ورؤيا إشعياء في الأصحاح السادس من السفر؛ وكذلك، الكتاب المقدس.

أقنوم *Hypostasis*:
من كلمة يونانية معناها «جوهر» أو «طبيعة». وهو الطبيعة الحقيقية أو الجوهرية للشيء التي تميِّزه عن صفاته. ويُستخدَم المصطلح في الفكر المسيحي للإشارة إلى أيِّ أقنوم من الأقانيم الثلاثة المتمايزين في الثالوث، وبخاصةٍ إلى المسيح، الأقنوم الثاني في الثالوث، في طبيعته الإلهية والبشرية.

إكليسيولوچي Ecclesiology:
الدراسة العقيديَّة للكنيسة

(ال) إلحاد Atheism:
الاعتقاد بعدم وجود الله.

(ال) ألف سنة The millennium:
فترة مُلك المسيح لمدة ألف سنة على الأرض.

الله- الإنسان God-man:
الأقنوم الثاني في اللاهوت، المتجسِّد، يسوع المسيح.

إلوهيم *Elohim*:
اسم عبري شائع للغاية من أسماء الله؛ وهو ذو طبيعة عامة، بحيث يمكن أن ينطبق على كلٍّ من الآلهة الوثنية وإله بني إسرائيل الحقيقي.

ألوهية (لاهوت) المسيح deity of Christ:
الفكرة التي مفادها أن المسيح هو الله، كما أن الآب أيضًا هو الله.

انبثاق الروح القدس Procession of the Spirit:
العمل الأزلي، والضروري، الذي يميِّز الآب والابن به نفسيهما، والذي بموجبه يزفران (يبثقان) الوجود الأقنومي للروح القدس، ومن ثَمَّ ينقلان إليه الجوهر الإلهي كاملًا. وقد انفصلت الكنيسة الأرثوذكسية الشرقية عن الكنيسة الغربية بسبب اعتراضها على عبارة في الصيغة الغربية لقانون إيمان نيقية، تقول إن الروح القدس منبثق من الآب والابن (*filioque*).

(نظرية) انتقال النَّفْس من الأبوين Traducianist view:
الاعتقاد بأن النَّفس والجسد ينتقلان عند الحَبَل من الأبوين إلى الأبناء.

أنثروبوباثية Anthropopathism:
نسب مشاعر أو انفعالات بشرية إلى الله.

(ال) إنجيل Gospel:
رسالة الخلاص المقدَّمة من الله لكلِّ مَن يؤمن؛ وكذلك، يمكن أن تشير إلى واحدٍ من الأسفار الأربعة الأولى في العهد الجديد، التي تسجِّل حياة يسوع وتعاليمه.

إنجيل المسيح gospel of Christ:
مصطلح بولُسي (نسبةً إلى بولس) يشير إلى رسالة الخلاص (رومية ١٥: ١٩؛ ١كورنثوس ٩: ١٢؛ ٢كورنثوس ٢: ١٢؛ ٩: ١٣؛ ١٠: ١٤؛ غلاطية ١: ٧؛ فيلبي ١: ٢٧؛ ١تسالونيكي ٣: ٢).

(عقيدة ال) إنسان (أنثروبولوچي) Anthropology:
علم دراسة طبيعة الإنسان وثقافته وحضارته. الأنثروبولوچي اللاهوتية هي التفسير اللاهوتي للبشر.

(ال) إنسان الطبيعي natural man:
الإنسان في حالته غير المخلَّصة، خارج دائرة الخلاص في يسوع المسيح.

(ال) إنسان الجديد New man:
مصطلح استخدمه بولس للإشارة إلى الإنسان المولود ثانيةً (أفسس ٤: ٢٢-٢٤؛ كولوسي ٣: ٩-١٠)، أي المؤمن.

(ال) إنسان العتيق Old man:

مصطلح استخدمه بولس للإشارة إلى الإنسان غير المولود ثانيةً، أو الإنسان من دون الخلاص في المسيح (رومية ٦ : ٦؛ أفسس ٤ : ٢٢-٢٤؛ كولوسي ٣ : ٩-١٠)؛ وهو على النقيض من الإنسان الجديد.

إنسان الخطية Man of sin:

ترجمة أحيانًا لإشارة بولس إلى ضد المسيح في ٢تسالونيكي ٢ : ٣. والترجمة الأفضل منها هي «إنسان الإثم»، أو «إنسان التعدِّي على القانون» أو «المتمرِّد على القانون».

أورشليم الجديدة New Jerusalem:

في رؤيا ٣ : ١٢؛ ٢١ : ٢، وهي إشارة إلى الحالة النهائية للكنيسة.

(ال) أوطاخية Eutychianism:

التعليم القائل إن يسوع كانت له طبيعة واحدة فحسب.

إيل شدَّاي *El shaddai*:

اسم عبري من أسماء الله يسلِّط الضوء على قدرته.

إيماجو دي *Imago dei*:

مصطلح لاتيني معناه «صورة الله»

ب

(المذهب ال) باتريباسياني (مذهب تألُّم الآب) Patripassianism:

الفكرة التي مفادها أن الابن كان في حقيقة الأمر هو الله الآب الظاهر في شكل مختلف، ومن ثَمَّ، تألَّمَ الآب ومات على الصليب في شخص الابن.

(ال) باراقليط Paraclete:

لفظ يوناني يُستخدَم للإشارة إلى الروح القدس (يوحنا ١٤ : ١٦، ٢٦؛ ١٥ : ٢٦؛ ١٦ : ٧). ويُترجم عادةً «المُعزِّي».

بحيرة النار lake of fire:

موضع العقاب الأبدي للأشرار. ذُكِر المصطلح ست مرات في سفر الرؤيا (١٩ : ٢٠؛ ٢٠ : ١٠؛ ٢٠ : ١٤ [مرتين]؛ ٢٠ : ١٥؛ ٢١ : ١٨)، وأُشير إليه أيضًا بعبارة «الْبُحَيْرَةِ الْمُتَّقِدَةِ»، و«بُحَيْرَةِ النَّارِ وَالْكِبْرِيتِ».

(ال) بدليَّة Substitution:

الفعل المتمثِّل في أخذ مكان شخص آخر.

(نظرية ال) بدلية العقابية الخاصة بالكفارة [penal substitution theory of the atonement]:

وجهة النظر عن الكفارة التي تقول إن موت المسيح هو ذبيحة قُدِّمت تسديدًا لعقوبة خطايانا. وهي تُقبَل لدى الله الآب كترضية، بدلًا من العقوبة الواجبة على المؤمنين بالمسيح.

(ال) برٌّ Righteousness:

حالة أن يكون الشخص بارًّا أو طاهرًا أخلاقيًّا، سواء بقوته الذاتية، أو بناء على فضيلة محتَسَبة له.

(الرأي) بعد الألفي Postmillennialism:

المنهجية الأخرويَّة التي تؤمن بأن المسيح سوف يأتي ثانية بعد مُلك الألف سنة. وهذا يعني أنه سوف يَملُك دون أن يكون حاضرًا بالجسد.

بُعد الله عن الإدراك Incomprehensibility of God:

إشارة إلى حقيقة أننا أمام عظمة الله عاجزون عن فهمه وإدراكه على نحو كامل أو شامل.

(ال) بنيان Edification:

معناها الحرفي «بناء»؛ وهو تشديد وتعزيز الحياة الروحية للمؤمنين والكنائس.

بيبليولوچي Bibliology:

عقيدة الكتاب المقدس

البيلاجية Pelagianism:

الفكر اللاهوتي المهرطق النابع من فكر بيلاجيوس، والذي شدَّد على قدرة البشر وحرية إرادتهم، وليس على فسادهم وشرِّهم. ويرى غالبية البيلاجيين أنه من الممكن أن يعيش الإنسان بلا خطية، وأن تأثير خطية آدم على نسله اقتصر على كونه قدوة سيِّئة لهم.

ت

(نظرية ال) تأثير الأخلاقي الخاصة بالكفارة Moral influence theory of the atonement:
نظرية منقوصة بشأن الكفارة، تقول إن تأثير موت المسيح هو أن يُظهِر لنا محبة الله، ومن ثَمَّ يحفِّزنا على التجاوب مع عرض الخلاص الذي يقدِّمه الله

(ال)تأديب الكنسي Church discipline:
التوجيه الفعَّال من الكنيسة لسلوك أعضائها. كثيرًا ما يحمل المصطلح دلالات متعدِّدة، مثل التعليم والتوجيه الذي يهدف إلى التقويم، أو العزل الكنسي.

(ال) تبرير بالإيمان justification by faith:
إعلان أن الشخص قد أُعيد إلى حالةٍ من البرِّ بواسطة الإيمان بعمل المسيح والاتكال عليه، وليس على أساس إنجازات المرء الشخصية.

(ال) تبعية الوظيفية Functional subordination:
الفكرة التي مفادها أن المسيح المتجسِّد، الأقنوم الثاني في الثالوث، أخضع نفسه في كلِّ ما عمله للآب، في حين أنه لم يتوقف عن أن يكون مساويًا للآب في شخصه وطبيعته.

(ال)تبني Adoption:
ذلك الجزء من الخلاص الذي فيه يَقْبَلُ الله الخاطئَ المنفصل عنه ويَرُدُّهُ من جديد إلى علاقة ومزايا أن يكون ابنه. يدل المصطلح على إحسان إيجابي، يفوق مجرد غفران الخطايا، والعفو عنها.

(مذهب ال) تبنِّي Adoptionism:
هو عقيدةٌ عن المسيح بحسبها اختار الله يسوع، الإنسان البشري، ليرفعه إلى مقام البنوة الإلهية.

تجديف Blasphemy:
تعبيرات ضد الله خالية من الاحترام، أو مهينة، أو تنطوي على افتراءٍ عليه.

(ال) تحقُّق الوشيك Imminence:
حالة الشيء الذي يمكن أن يحدث في أيِّ وقت أو الذي على وشك الحدوث. وعند تطبيق المصطلح على المجيء الثاني، يكون معناه أن المسيح يمكن أن يأتي ثانية في أيِّ وقت.

ترتيب الخلاص Order of salvation *ordo salutis*):
التسلسل التقليدي للحديث عن الجوانب المختلفة للخلاص؛ على سبيل المثال: الميلاد الثاني، ثم الاهتداء، ثم التبرير، ثم التقديس.

ترتيب ما بعد السقوط Infralapsarianism:
شكلٌ من أشكال الفكر الكالفيني، يُعلِّم بأن قضاء السقوط قد سَبقَ منطقيًا قضاء الاختيار. وبذلك، يكون ترتيب أحكام الله كالتالي: ١) أن يخلق البشر؛ ٢) أن يسمح بالسقوط؛ ٣) أن يخلِّص ويدين البعض الآخر؛ و٤) أن يقدِّم الخلاص للمختارين فحسب.

ترتيب ما قبل السقوط Supralapsarianism:
الرأي القائل إن أحكام الله حدثت (منطقيًّا) بالترتيب التالي: (١) أن يخلِّص بعض البشر ويدين البعض الآخر؛ (٢) أن يخلق كلًّا من المختارين والمرفوضين من الخلاص؛ (٣) أن يسمح بسقوط جميع البشر؛ (٤) أن يقدِّم الخلاص للمختارين فحسب.

(نظرية ال) ترضية الخاصة بالكفارة Satisfaction theory of the atonement:
نظرية منقوصة عن الكفارة، تقول إن موت المسيح كان ذبيحة قُدِّمت إلى الله لإرضاء كرامته المجروحة بسبب الخطأ الذي ارتكبه البشر في حقِّه.

تسامي الله Transcendence of God:
تفرُّد الله أو انفصاله عن الخليقة، وعن الجنس البشري.

تضامُن الجنس البشري Solidarity of the human race:
إشارة إلى فكرة أن جميع البشر متحدِّرون من الأسلاف أنفسهم، ومن ثَمَّ يتأثرون بأفعال آدم، ولا سيما بخطيته الأولى التي ارتكبها في جنة عدن.

(ال) تطور Evolution:
عملية التطور من شكل إلى آخر؛ وعلى نحو خاص، هي النظرية البيولوجية التي تقول إن جميع الأشكال الحية قد تطورت من أشكال أبسط منها من خلال سلسلة من الخطوات التدريجية.

تعدُّد الآلهة Polytheism:
الإيمان بأكثر من إلهٍ.

التعيين المسبق Predestination:
هو بوجه عام تعيين الله حدوث كلِّ الأشياء. وهو قضاء أزلي، وغير متأثِّر بأيِّ شيء. وتحديدًا، هو اختيار الله منذ الأزل لأولئك الذين سيَخلُصون، ولأولئك الذين سيُعبَر عنهم ويُدانون بسبب خطاياهم.

(ال) تفسير Exegesis:
الحصول على معنى نصٍّ معيَّن عن طريق استخراج المعنى من النص، وليس إقحام معنى خارجي ليس موجودًا فيه.

(ال) تفسير اللغوي-التاريخي Grammatical-historical exegesis:
تفسير الكتاب المقدس الذي يشدِّد على أن النص الكتابي لا بد أن يُشرح في ضوء تركيب الجملة، والقرينة (السياق)، والخلفية التاريخية.

(ال) تفسير المجازي Allegorical interpretation:
طريقة لتفسير الكتاب المقدس تسعى إلى إيجاد معنى أعمق من المعنى الحرفي للنص.

(ال) تقديس Sanctification:
إشارة إلى الخلاص الأوَّلي، ثم إلى النمو تدريجيًّا في مشابهة صورة المسيح، وفي النهاية إلى التقديس النهائي، أو التمجيد.

(ال) تقسيم الثلاثي Trichotomism:
الرأي القائل إن الطبيعة البشرية مكوَّنة من ثلاثة أجزاء، تسمَّى عادة الجسد، والنفس، والروح.

(ال) تقسيم الثنائي Dichotomism:
وجهة نظر عن الطبيعة البشرية تعتبر أنها مكوَّنة من عنصرين، هما في المعتاد العنصر المادي والعنصر الروحي (أي الجسد والنفس/الروح).

(ال) تقنين Canonization:
عملية التعرُّف على الأسفار القانونية

التَّقْوَى Godliness:
مشابهة الله في الصفات الأخلاقية والروحية

(مذهب ال) تلاشي Annihilationism:
الاعتقاد بأن بعض البشر على الأقل سيتوقف وجودهم بشكل دائم عند الموت أو في مرحلة ما بعد ذلك.

(ال) تمجيد glorification:
الخطوة الأخيرة في عملية الخلاص؛ وتنطوي على اكتمال التقديس وإزالة جميع العيوب والنقائص الروحية.

(مبدأ ال) تناظُر الكتابي *Analogia scriptura*:
الإيمان بأنه لكون الكتاب المقدس وحدةً واحدةً، فإن معنى أحد مقاطعه يتوضَّح عن طريق دراسة مقاطع وأجزاء أخرى.

تنفُّس (زفير) Spiration:
لفظ يُستخدَم عادة للإشارة إلى فكرة أنَّ الكتاب المقدس موحى به من الله (الأنفاس الخارجة من الله)، والموجودة في ٢تيموثاوس ٣: ١٦.

(ال) توبة Repentance:
حزن المرء الذي بحسب مشيئة الله على خطاياه، وعزمه على الرجوع عنها.

(ال) توحيد Theism:
الإيمان بوجود إله هو شخصٌ.

ث

(ال) ثالوث Trinity:
إشارة إلى العقيدة التي تقول إن الله واحد، لكنه مع ذلك موجود سرمديًّا في ثلاثة أقانيم: الآب، والابن، والروح القدس.

ثبات الله Immutability of God:
العقيدة التي تقول إن الله لا يتغير. بعض مدارس الفكر اليونانية ترجمت هذا التعليم عمليًا إلى نظرة إلى الله باعتباره راكدًا وخاملًا. لكن عند فهم هذا التعليم فهمًا صحيحًا، يكون ببساطة تشديدًا على ثبات طبيعة الله وثبات جدارته بالثقة.

ثمر الروح fruit of the Spirit:
مجموعة من الفضائل الروحية أشار إليها بولس في غلاطية ٥: ٢٢، ٢٣؛ على سبيل المثال: المحبة، والفرح، والسلام.

ثيؤديسيا Theodicy:
السعي إلى إثبات أن الله ليس هو السبب المسئول عن الشر أو المستحقُ اللومَ على الشرِّ.

ج

(ال) جحيم Hell:
موضع العقوبة المستقبليَّة للأشرار أو غير المؤمنين؛ وهو موضع ضيق وكرب شديد، ليس الله حاضرًا فيه ليبارك، وإنما حاضرٌ ليدين فقط.

(ال) جسد flesh:
الطبيعة البشرية. لهذا اللفظ في الكتاب المقدس معنى حرفي ومعنى مجازي. فهو يُستخدم للإشارة إلى الطبيعة الجسدية للبشر، وأيضًا إلى طبيعتهم الخاطئة.

(ال) جسد الجديد new body:
الجسد الذي سوف يُؤخَذ في قيامة الأجساد.

(ال) جسد الفاسد (الفاني) Perishable body:
الطبيعة المادية للبشر الخاضعة للموت والفساد.

(ال) جسد الممجَّد glorified body:
جسد القيامة أو الجسد المكمَّل المستقبلي

جهنم *gehenna*:
نقل بحروف اللغة العربية لنُطق الكلمة العبرية المترجَمة «وادي هِنُّوم» (٢ ملوك ٢٣ : ١٠). وصارت تمثِّل الحالة الروحية الأخيرة للأشرار (متى ١٠ : ٢٨؛ مرقس ٩ : ٤٣).

(ال) جوهر *Ousia*:
تشير بصفة خاصة إلى طبيعة الله غير المنقسمة.

ح

(ال) حالة الأخيرة final state:
حالة الفرد بعد قيامة الأجساد، سواء في السماء أو في الجحيم.

(ال) حالة الوسطية Intermediate state:
حالة البشر ما بين موتهم وقيامة أجسادهم.

(ال) حُجة الكونية لإثبات وجود الله Cosmological argument for God:
حُجة للدفاع عن وجود الله: بما أن كلَّ شيء موجود في الكون لا بد أنَّ له عِلَّة، فلا بد أن يكون هناك إلهٌ.

(ال) حُجة الأخلاقية على وجود الله Moral argument for God:
برهان على وجود الله: الله ضروري باعتباره تفسيرًا للقِيم الأخلاقية والباعث (الدافع) الأخلاقي.

(ال) حُجة الوجودية على وجود الله Ontological argument for God:
حُجة تعتمد في إثبات وجود الله على التفكير المنطقي البحت، وليس على الملاحظة للكون المادي عن طريق الحواس. وتقول إحدى الصياغات المعتادة لهذه الحُجة إن الله هو الأعظم بين كلِّ الكائنات الممكن تصوُّرها. وهذا الكائن لا بد أن يكون موجودًا، لأنه لو كان غير موجود، سيظلُّ بوسع المرء أن يتصور وجود كائن أعظم، وتحديدًا، كائن مطابق يتمتع هو أيضًا بصفة الوجود. ومن أشهر المناصرين للحُجة الوجودية أنسلم (Anselm) ورينيه ديكارت (René Descartes).

(ال) حُجة الغائية على وجود الله Teleological argument for God:
حجة لإثبات وجود الله، تقول إن النظام الموجود في الكون لا بد أن يكون نتاج عمل مصمِّم فائق.

(ال) حرب الروحية Spiritual warfare:
معركة المؤمن ضد قوات روحية فائقة للطبيعة (أفسس ٦: ٠١-٧١).

(الرأي ال) حرفي عن السقوط literal view of the fall:
الاعتقاد بأن السقوط كان حدثًا واقعيًا في المكان والزمان، حدث لشخصين تاريخيين.

(ال) حَرفيَّة Literalism:
ترجمة الكتاب المقدس أو تفسيره بالمعنى الأكثر صراحة، ووضوحًا، وفي أغلب الأحيان، الأكثر واقعية.

(ال) حرية التوافُقيَّة Compatibilistic freedom:
الفكرة التي مفادها أن حرية الإنسان لا تتعارض مع تعيين الله السيادي لكلِّ الأحداث، بما في ذلك أفكار البشر، واختياراتهم، وأفعالهم.

(ال) حفظ Preservation:
ذلك الجانب من العناية الإلهية الذي يتعلَّق بحفاظ الله على حياة ووجود كلِّ ما خَلَقه.

(النظرية ال) حكومية عن الكفارة Governmental theory of the atonement:
نظرية منقوصة بشأن الكفارة، تقول إن التأثير الرئيسي لموت المسيح تمثَّل في إظهار قداسة شريعة الله، وخطورة انتهاكها.

حَمَلُ الله Lamb of God:
إشارة من يوحنا المعمدان إلى المسيح، بصفته الشخص الذي يرفع خطية العالم، بتَحَمُّله عقوبة الخطية في شخصه (يوحنا ١: ٢٩، ٣٦؛ ١كورنثوس ٥: ٧؛ ١بطرس ١: ١٨-١٩).

حَمَلُ الله الذي بلا عيب spotless Lamb of God:
يسوع الذبيحة الكاملة.

(ال) حياة الأبدية eternal life:
الحياة الروحية التي تُمنح للمؤمن؛ وهي تَفُوق الحياة الطبيعية من حيث نوعيتها، كما أنها تمتد إلى ما بعد هذه الحياة إلى الأبد.

(ال) حيَّة Serpent:
الكائن الذي أغوى حواء في جنة عدن. ويُنظر إليه بوجه عام على أنه ظهورٌ للشيطان، لأن هذا اللفظ استُخدِم للإشارة إليه في موضع آخر في الكتاب المقدس (رؤيا ٢٠: ٢).

خ

خارج الكتاب المقدس Extrabiblical:
ما يختص بكتابات غير موجودة في الكتاب المقدس

خطية آدم Adam's sin:
خطية آدم الأولى في جنة عدن. ولأنها أنشأت السقوط، صارت لها عواقب بعيدة المدى على الجنس البشري.

(ال) خطية المميتة Mortal sin:
الخطية التي تسبِّب الموت الروحي. بحسب اللاهوت الكاثوليكي الروماني، الخطية المميتة تُخمِدُ حياة الله داخل النفس، في حين أن الخطية الطفيفة (التي يمكن أن تُغتَفَر) فقط تُضعِف تلك الحياة. ترتبط الخطية المميتة بتصميم إرادي ومتعمَّد على مقاومة المرء لله في كل ما يعمله؛ في حين ترتبط الخطية الطفيفة بصراعٍ وشدٍّ وجذبٍ بين الفعل الخاطئ والشخص الذي يرتكبه.

(ال) خطية التي لا تُغتَفَر Unpardonable sin:
التجديف على الروح القدس، وهي خطية قال يسوع إنها «أبدية» في مقابل الخطايا التي يمكن أن تُغتفر (متى ١٢: ٣١-٣٢؛ مرقس ٣: ٢٨-٢٩؛ لوقا ١٢: ١٠). أدلى يسوع بهذا التصريح بعدما عزا الفريسيون العملَ الذي عمله يسوع بقوة الروح القدس إلى بعلزبول.

(ال) خطية الطفيفة (التي يمكن أن تُغتفر) Venial sin:
بحسب الإيمان الكاثوليكي الروماني، هي خطية لا تؤدِّي إلى الموت الروحي. يختار المرء أن يرتكب الخطية الطفيفة لكن ليس بغرض مقاومته لله في كلِّ ما يعمله.

(ال) خطية الأصلية Original sin:
تأثير خطية آدم على المتَّحدين به. فإذ أثَّرت الخطية الأصلية على سلوكنا بمعزلٍ عن، وقبل، أي تصرُّفٍ من جانبنا، فهي تتعلق إذن بكلٍّ من الذنب المحتَسَب، والفساد الذي ورَّثته خطيةُ آدم لكلِّ البشر باستثناء يسوع.

(ال) خلاص Salvation:
العمل الإلهي الذي يعتق المؤمن من سطوة الخطية ولَعْنَتِهَا، ثم يردُّه إلى الشركة مع الله، التي قصد الله أن يتمتع بها البشر في الأصل.

(ال) خلاص بالنعمة salvation by grace:
فهم الخلاص بأنه عطية مجانية لا يستحقها مَن ينالها.

(ال) خلاص الشخصي personal salvation:
النظر إلى الخلاص من حيث علاقة الفرد بالله، وليس من حيث تغيير بِنية المجتمع.

(ال) خلاص الربوبي Lordship salvation:
التعليم بأن الإيمان الذي للخلاص يتَّسم بالتوبة عن الخطية وقبول يسوع المسيح مخلِّصًا وربًّا على حدٍّ سواء.

(نظرية ال) خلق الإلهي حول أصل النفس Creationist view:
الاعتقاد بأن الله يخلق بشكل مباشر وخاص كلَّ نفس بشرية عند الولادة. بعبارة أخرى، لا تنتقل نفس الإنسان من والديه.

(ال) خلق بالأمر المباشر Fiat creationism:
الإيمان بأن الله خلق بفعلٍ مباشرٍ. ويتضمن أيضًا في كثير من الأحيان فكرة أن الخلق حدث في فترة زمنية وجيزة، ولم يكن هناك تطوُّر طبيعي لأشكال وسيطة.

(ال) خلق من العدم *Creatio ex nihilo*:
الفكرة التي مفادها أن الله خَلَقَ دون استخدام مواد سابقة الوجود.

(ال) خلود المشروط Conditional immortality:
نسخة من مذهب التلاشي، تقول إن الخلود عطية خاصة للمؤمنين؛ أما غير المؤمنين، فيَنمَحون ببساطة من الوجود عند الموت.

(ال) خلوٌّ من الخطأ Inerrancy:

الرأي القائل إن الكتاب المقدس حقٌّ وصادقٌ تمامًا في كل ما يُعلِّمه.

(ال) خليقة الجديدة New creation:

إشارة إلى الميلاد الثاني الذي يحدث داخل المؤمن، وأيضًا إلى تجديد وردِّ الخليقة كلِّها في المستقبل.

د

دراسات تمهيدية Prolegomena:

دراسة المسائل اللاهوتية التمهيدية.

دعوة call, calling:

استدعاء الله للبشر سواء إلى الخلاص أو إلى أدوار خدمة خاصة.

(ال) دعوة الفعَّالة Effectual calling:

نعمة الله المخلِّصة التي لا تُقاوَم، والتي تؤثِّر في المختارين حتى يتجاوبوا بإيمانٍ.

(ال) دوسيتية Docetism:

الاعتقاد بأن ناسوت يسوع لم يكن حقيقيًّا، وأنه فقط بدا إنسانًا.

ذ

(ال) ذات الإلهية (اللاهوت) Godhead:

الله الواحد في ثلاثة أقانيم – الآب، والابن، والروح القدس.

ذاتيَّة وجود الله Self-existence of God:

صفة من صفات الله بموجبها يوجد الله فقط من ذاته، دون الحاجة إلى أية قوة أو علَّة من الخارج.

ذاتيَّة وجود الله Aseity:

إشارة إلى حقيقة أن الأساس لحياة الله موجود في ذاته، ولا يتسبَّب فيه أي شيء خارجي.

ر

(ال) رأس Head:

الجزء الأبرز من الجسد، الذي يتحكَّم في بقية الأجزاء. ولهذا يوصَف يسوع بأنه رأس الكنيسة، ورأس كلِّ شيء (أفسس ١: ١٠، ٢٢-٢٣).

(ال) رُبُوبية Deism:

الاعتقاد بإلهٍ خلق العالم، غير أنه لا يتدخَّل بشكل مستمر فيه أو في الأحداث التي تقع فيه.

ربوبية المسيح Lordship of Christ:

سلطان يسوع المسيح ومُلكه عل كلِّ الأشياء، ولا سيما كما ينعكس في حياة المؤمن.

(ال) رمز (المثال) Type:

حدث تاريخي واقعي أو شخص حقيقي يرمز من بعض النواحي إلى حدث لاحق، أو يمهِّد له؛ وعلى نحو أكثر تحديدًا، هو استباقٌ من العهد القديم لحدثٍ في العهد الجديد.

روح الله Spirit of God:

تعبيرٌ في العهد القديم كان يُنظر إليه كثيرًا على أنه إشارة إلى الروح القدس؛ وهكذا عرَّفه بطرس في اقتباسه نص يوئيل ٢: ٢٩ (انظر أعمال الرسل ٢: ١٨).

(ال) روحانية Spirituality:

التكريس العميق لله ومشابهته، نتيجة تجديد الروح القدس وتأثيره التقديسي..

(ال) روح القدس Holy Spirit:

الأقنوم الثالث في الثالوث، وهو الله بالكامل وشخص بالكامل.

رؤساء الملائكة Archangels:

الوحيد الذي ذُكِر بالاسم في الكتاب المقدس هو ميخائيل (يهوذا ٩). والإشارة الأخرى الوحيدة إلى رئيس ملائكة (اتسالونيكي ٤: ١٦) لم تَذكُر اسمًا له. أما الملاك الآخر المذكور بالاسم في الكتاب المقدس، وهو جبرائيل (دانيآل ٨: ١٦؛ ٩: ٢١؛ لوقا ١: ١٩، ٢٦)، فلم يُعرَّف بأنه رئيس ملائكة.

ز

زفير الله أو تنفُّس الله God-breathed:
إشارة إلى الوحي الإلهي للكتاب المقدس (٢تيموثاوس ٣: ١٦).

س

(الرأي ال) سابقي Preterist view:
تفسيرٌ لعقيدة الأخرويات، وبخاصة سفر الرؤيا، يقول إن الأحداث المشار إليها قد حدثت بالفعل، أو كانت تحدث في زمن كتابتها.

(ال) سابليانيَّة Sabellianism:
وجهة نظر مستمَدَّة من فكر سابليوس، الذي كان في الأساس شكلًا من أشكال الموناركية المودالية: الله جوهر واحد، وشخص واحد، يتخذ على التوالي ثلاثة أشكال أو مظاهر مختلفة.

(ال) سِرُّ Mystery:
ما هو غير معروف أو غير مُدرَك بالكامل. صرَّح بولس بأن الله أعلن أسراره بحيث لم تَعُد بعيدة عن الإدراك (على سبيل المثال، أفسس ١: ٩، ٣: ٣).

سرمديَّة الله Eternity of God:
حقيقة أن الله ليست له بداية ولن تكون له نهاية. فهو كان دائمًا، وسيكون إلى الأبد.

(ال) سقوط Fall:
خطية العصيان الأولى التي ارتكبها آدم وحواء، ونتج عنها خسارتهما لرضا الله عنهما (تكوين ٣).

السُكنى Indwelling:
حضور الروح القدس داخل حياة المؤمن

سُكنى الشياطين Demon possession:
حالة أن يكون أحدهم مسكونًا بشياطين أو تحت سيطرة شياطين.

سلطة الكتاب المقدس Authority of the Bible:
التعليم القائل إنه بما أن الله، الذي هو السلطة العليا، قد أعطانا الكتاب المقدس بوحي إلهي، فإن لهذا الكتاب، بالتبعيَّة، الحق في أن يوجِّه إيمان المؤمنين وسلوكه.

(ال) سماء Heaven:
مسكن المؤمنين في المستقبل. موضعٌ من السعادة والفرح الكاملين، ويميِّزه على نحو خاص حضور الله.

سوتيريولوچي Soteriology:
دراسة الخلاص.

السوسينيَّة Socinianism:
عقيدة مهرطِقة مستمَدَّة من فكر فستوس سوسينوس (Faustus Socinus)، شدَّدت على المبادئ الأخلاقية، وأنكرت لاهوت المسيح، والتعيين المسبق، وعِلم الله المسبق، والخطية الأصلية؛ واعتَبرت كفارة المسيح نموذجًا وليس ترضية دُفِعَت إلى الآب.

سيادة الله Sovereignty of God:
سلطان الله وسيطرته الدقيقة على كل ما يحدث.

ش

(ال) شرح التفسيري Exposition:
تفسير، وشرح، وتوضيح نص كتابي.

(ال) شرير Evil One:
الشيطان

شفاعة المسيح Intercession of Christ:
إشارة إلى العقيدة التي تقول إن خدمة المسيح الحالية نيابة عن المؤمنين تشمل التوسُّط لهم أمام الآب (رومية ٨: ٣٤؛ عبرانيين ٧: ٢٥).

شفاعة الروح القدس intercessory work of the Holy Spirit:
الفكرة التي مفادها أن الروح القدس يشفع فينا عندما لا نعلم كيف نصلي (رومية ٨: ٢٦-٢٧).

شمولية الخطية Universality of sin:
إشارة إلى حقيقة أن جميع البشر خطاة، وأن الخطية موجودة في كل الثقافات، والأعراق، والطبقات الاجتماعية.

شمولية الخلاص Universalism:
الاعتقاد غير الكتابي بأن جميع البشر سيخلصون في النهاية ويُردُّون إلى الله.

(ال) شيطان Satan:
إبليس، وهو مخلوق ملائكي كان في رتبة عالية، ثم تمرَّد على الله، فطُرِدَ من السماء. وقد صار قائدَ مقاومةٍ ضد الله وضد القوات السماوية.

(ال) شياطين (الأرواح الشريرة) Demons:
الملائكة الساقطون الذين يعملون الشر الآن بقيادة رئيسهم، الشيطان.

شيخ Elder:
قائدٌ في المجمع، أو في الكنيسة الأولى، أو في الكنائس المحلية لبعض الطوائف اليوم. المؤهِّلات لهذا المنصب مذكورة في ١تيموثاوس ٣: ١-٧ وتيطس ١: ٥-٩.

(ال) شيوخ العلمانيون Lay elders:
مسئولون يتولُّون مناصب قيادية في الكنيسة، لكنهم ليسوا قسوسًا معيَّنين رسميًّا.

ص

(ال) صبر Endurance:
قدرة المؤمن، بفضل نعمة الله التي تؤيِّده بالقوة، على المثابرة والثبات عبر الضيقات، والتجارب، والمحن.

صعود المسيح ascension of Christ:
رحيل المسيح بالجسد عن الأرض وعودته إلى السماء، بعد أربعين يومًا من قيامته من بين الأموات (لوقا ٢٤: ٥١؛ أعمال الرسل ١: ٩).

صفات الله Attributes of God:
الصفات أو الخصائص التي تشكِّل طبيعة الله. ويجب ألا يُنظر لها على أنها شيء يُنسب أو يُسنَد إليه، وكأنه يمكن إضافة شيء إلى طبيعته. بل الأحرى، هذه الصفات لا يمكن فصلها عن جوهره.

صفات الله القابلة للنقل Communicable attributes of God:
صفات الله التي يمكن العثور على ما يماثلها في الطبيعة البشرية.

صفات الله غير القابلة للنقل Incommunicable attributes of God:
صفات الله التي لا يوجد ما يماثلها من صفات في الطبيعة البشريَّة.

صورة الله Image of God:
ما يميِّز البشر عن بقية مخلوقات الله: الإنسان مخلوق على صورة الله (تكوين ١: ٢٦).

ض

ضد المسيح Antichrist:
خصم للمسيح، ومنتحلٌ لشخصيته. ومن خلال ١ يوحنا ٢: ١٨، ٢٢؛ ٤: ٣، يظهر ضد المسيح على أنه روحٌ موجودٌ طوال عصر الكنيسة. حاول البعض ربط أشخاص محدَّدين أو وظائف معينة بضد المسيح. وربطه المصلحون وغيرهم بالبابوية. ويبدو أن هناك روحًا أو مبدأً من التمرد عاملٌ في العالم، وسيكتمل في الأيام الأخيرة في هيئة شخص حقيقي.

(مذهب) ضد الناموس Antinomianism:
معارضةٌ للناموس؛ وبالأخص رفضٌ لفكرة أن الحياة المسيحية بحاجة إلى أن تُحكَم بقوانين أو قواعد.

(ال)ضمان الأبدي للمؤمن Eternal security:
العقيدة التي تقول إن المؤمنين الذين وُلِدوا ثانية بالحقيقة لن يفقدوا خلاصهم البتة، وإنما هم محفوظون بقوة الله إلى الخلاص النهائي، وسيثابرون (سيثبتون) في الإيمان بنعمة الله. تسمَّى هذه العقيدة أيضًا «مثابرة القديسين».

(ال) ضمير Conscience:
شعور المرء بأنه ملزَمٌ بفعل الصواب وتجنُّب الخطأ؛ وبحسب بعض الآراء، هو مَلَكة حقيقيَّة في الطبيعة البشرية.

ط

طبيعتا المسيح two natures of Christ:
العقيدة التي تقول إن يسوع كان إلهًا وإنسانًا في الآن ذاته في شخصٍ واحدٍ.

ظ

ظهور إلهي Theophany:
ظهورٌ أو استعلانٌ منظور لله، ولا سيما في العهد القديم.

ظهورات الملائكة Angelophanies:
اتخاذ الملائكة شكلًا منظورًا من أجل مناسبات معيَّنة.

ع

(ال) عبادة Worship:
تقديم الإجلال، والإكرام، والحمد لله.

عروس المسيح Bride of Christ:
مصطلح يُطلَق على الكنيسة.

(ال) عصمة Infallibility:
إشارة إلى العقيدة التي تقول إن الكتاب المقدس ثابتٌ ولا يُخطئ في قصده.

عصمة المسيح Impeccability of Christ:
الفكرة التي مفادها أن المسيح لم يكن بإمكانه أن يرتكب خطية.

(ال) عقائد المسيحية Christian doctrines:
تعاليم المسيحية عن طبيعة الله، وعمله، وعلاقته بخليقته.

(ال) عقوبة الأبدية eternal punishment:
الطبيعة اللانهائية للعقوبة التي سيختبرها الخطاة غير المفديين بعد هذه الحياة.

علم الله الكلِّي Omniscience of God:
معرفة الله بكل الأشياء التي هي الهدف صحيح اللائق بمعرفته، بما في ذلك كلِّ الأحداث المستقبلية.

علم (مبادئ) التفسير Hermeneutics:
علم تفسير الكتاب المقدس

علم الوعظ Homiletics:
علم وفن إعداد العظات وتقديمها.

عمانوئيل Emmanuel:
اسم من أسماء يسوع معناه «الله معنا».

عمل المسيح work of Christ:
خدمة المسيح، ولا سيما حياته وموته الفدائيَّيْن.

(ال) عمل الأحادي Monergism:
الرأي القائل إن الميلاد الثاني يتحقَّق حصريًّا بعمل الله

(ال) عمل التآزُري Synergism:
الفكرة التي مفادها أن الإنسان يعمل مع الله في جوانب معيَّنة من الخلاص، ولا سيما في الميلاد الثاني، الذي يُنظر إليه باعتباره جهدًا تعاونيًّا من المعونة الإلهية والإيمان البشري.

(ال) عناية الإلهية Divine providence:
عناية الله بالخليقة؛ وتشمل حفاظه على وجودها، وتوجيهه إياها بكل دقة صوب تحقيق غاياته المنشودة.

(ال) عهد الإبراهيمي Abrahamic covenant:
العهد الذي قطعه الله مع إبراهيم في تكوين ١٢.

(ال) عهد الجديد New covenant:
التدبير المسيحي الذي جاء به المسيحُ والرسلُ. وفي بعض الحالات، يأتي مصطلح العهد الجديد مرادفًا لإنجيل المسيح.

(ال) عهد الداودي Davidic covenant:
العهد الذي فيه أعطى الله المملكة لداود ونسله إلى الأبد (٢ صموئيل٧؛ راجع ٢ أخبار الأيام ١٣: ٥).

العهد الموسوي Mosaic covenant:
مجموعة القوانين والشرائع التي أعطاها الله من خلال موسى.

عهد الله غير المشروط unconditional covenant of God:
معاهدة مع البشر سيفي بها الله لأنه ببساطة وَعَد بأن يفعل ذلك. وهو يتناقض مع العهد المشروط، الذي يعتمد تحقيقه على أفعال أو استجابات معيَّنة من جانب البشر.

غ

غضب الله Wrath of God:
استياء الله من الشر؛ ويعبَّر عنه في دينونة وعقوبة.

(ال) غنوسية Gnosticism:
حركة كانت موجودة في عصر المسيحية القديمة، وبدأت منذ القرن الأول؛ وهي ١) شدَّدت على وجود حق سامٍ خاص لا يستقبله من الله سوى أولئك الأكثر استنارة؛ ٢) علَّمت بأن المادة شرٌّ؛ ٣) أنكرت ناسوت يسوع.

غير المخلَّصين Unsaved:
أولئك الماكثون في خطاياهم، ومن ثَمَّ منفصلون عن الله.

غير المؤمن unbeliever:
من المنظور المسيحي، هو شخص غير مسيحي أو غير مولود ثانيةً.

ف

(نظرية ال) فدية الخاصة بالكفارة Ransom theory of the atonement:
الرأي الخاطئ عن الكفارة الذي يقول إن دم المسيح كان فدية دُفعت للشيطان لتحرير البشر من سيطرته.

(ال) فساد الكلي Total depravity:
الفكرة التي مفادها أن الحالة الخاطئة للإنسان تؤثِّر في طبيعته بكاملها، وتشوِّه كلَّ ما يعمله؛ وهو لا يعني بالضرورة أن الإنسان شريرٌ وأثيمٌ بقدر ما يمكنه أن يكون.

فلسفة الحياة (الرؤية الكونية) Worldview:
التوليفة العامة للأفكار التي تشكِّل منظور المرء إلى الواقع ككلٍّ.

ق

قانون Canon:
مجموعة الأسفار التي قبلتها الكنيسة بصفتها موثوقة وذات سلطة.

قانون الكتاب المقدس Canon of the Bible:
مجموعة الأسفار التي قَبِلَتْهَا الكنيسة بصفتها موثوقة وذات سلطة.

(الرأي) قبل الألفي Premillennialism:
الإيمان بأن المسيح سيأتي ثانية، ثم يقيم ملكوته الأرضي لمدة ألف سنة.

قداسة الله Holiness of God:
انفصال الله عن كل شيء آخر، ولا سيما عن كلِّ شرٍّ.

قدرة الله الكلِّية Omnipotence of God:
قدرة الله على أن يعمل كلَّ الأشياء التي هي الهدف الصحيح اللائق بقدرته.

قُرب الله Immanence of God:
حضور الله وعمله داخل عالم الطبيعة المخلوق

قضاء الله Decree of God:
قرار الله الذي اتخذه في الأزل، والذي يُحتِّم كل ما يحدث في إطار الزمن.

قيامة المسيح resurrection of Christ:
الحدث التاريخي والعقيدة المتعلِّقة بعودة المسيح إلى الحياة يوم الأحد التالي للصَّلب.

ك

(ال) كالفينيَّة Calvinism:
فِكْر چون كالفن. يُطلَق المصطلح بصفة خاصة على عقيدة التعيين المسبق، التي بموجبها يختار الله سياديًّا البعض للخلاص، لا لأي استحقاق فيهم، أو حتى لأي إيمان سبق فرآه فيهم، بل فقط بحسب مشيئته الحرة، وفي نعمة غير مستحَقَّة..

كتابة الوحي Inscripturation:
حِفظ الله لإعلانه مكتوبًا من خلال عملية الوحي بالروح القدس.

(ال) كتابيَّة Biblicism:
التزام راسخ وبلا جدال بسلطة الكتاب المقدس.

كرسي الحُكم Judgment seat:
المِنَصَّة التي يجلس عليها قاضٍ مدني في أثناء سير الإجراءات القضائية. ويُستخدَم المصطلح للتعبير عن المحاكمة الأخيرة للمؤمنين الحقيقيين، والتي سيكون يسوع المسيح هو من يُصدِر الحُكم فيها (كرسي المسيح).

(ال) كفارة Atonement:
ذلك الجانب من عمل المسيح، ولا سيما من موته، الذي يكفُل استعادة الشركة بين المؤمنين الأفراد والله.

(ال) كفارة المحدودة Limited atonement:
تفسير للكفارة يقول إن المسيح مات لأجل المختارين فحسب. ويسمَّى أيضًا الفداء الحصري (particular redemption).

(ال) كفارة غير المحدودة Unlimited atonement:
العقيدة التي تقول إن المسيح مات لأجل جميع البشر، سواء المختارين أو غير المختارين.

(ال) كفارة النيابية Vicarious atonement:
النظرية التي تقول إن موت المسيح الكفاري كان نيابةً عن الخطاة.

كريستولوچيٌّ Christological:
ما يختص بالمسيح، أو تحديدًا بعقيدة المسيح.

كريستولوچي Christology:
الدراسة العقيدية لشخص المسيح وعمله.

كلمة الله Word of God:
الرسالة التي جاءت من عند الله. وصف كلٌّ من كُتَّاب العهد الجديد ويسوع العهدَ القديمَ بأنه كلمة الله (انظر يوحنا ١٠: ٣٥). ويُشار اليوم إلى الكتاب المقدس بكامله بأنه كلمة الله.

(مذهب ال) كمال Perfectionism:

رأي غير كتابي يقول إنه يمكن للمؤمن في هذه الحياة الوصول إلى حالةٍ لا يَعُود فيها يرتكب الخطية.

كمال الله Perfection of God:

ملء الله المطلق. فهو غير ناقص في شيء، وليس به أي عيب أخلاقي.

(ال) كمالات المطلقة Absolute perfections:

صفات الله المستقلة عن علاقته بالأشياء والأشخاص المخلوقين.

(ال) كنيسة The Church:

المؤمنون الحقيقيون بالمسيح. يُستخدَم المصطلح في العهد الجديد بالمعنى العام (كل المؤمنين) وبالمعنى المحلي (جماعة محدَّدة من المؤمنين يجتمعون في مكان واحد).

ل

(الرأي ال) لا ألفي Amillennialism:

رأيٌ يقول إنه لن تكون في المستقبل فترة مُلك للمسيح على الأرض، سواء قبل مجيئه الثاني أو بعده. ويُنظر للألف سنة المذكورة في رؤيا ٢٠: ١-٧ على أنها رمزيَّة، تشير إما إلى اكتمال ملك المسيح، وإما إلى نعيم المؤمنين في السماء.

لاهوت (ألوهية) المسيح deity of Christ:

الفكرة التي مفادها أن المسيح هو الله، كما أن الآب أيضًا هو الله.

(ال) لاهوت الأساسي Theology proper:

دراسة عقيدة الله.

(ال) لاهوت التاريخي Historical theology:

دراسة التطور الزمني للفكر اللاهوتي؛ وفي حالة المسيحية، هو دراسة تطور اللاهوت المسيحي منذ أزمنة الكتاب المقدس وحتى الوقت الحاضر.

(ال) لاهوت الطبيعي Natural theology:

الفكر اللاهوتي الذي يُكوَّن بمعزل عن الإعلان الخاص في الكتاب المقدس؛ وهو يسعى إلى إثبات عناصر معيَّنة في علم اللاهوت فقط من خلال الخبرة الشخصية والمنطق.

(ال) لاهوت الكتابي Biblical theology:
تنظيم التعاليم اللاهوتية بحسب أجزاء الكتاب المقدس التي وردت فيها وليس بحسب الموضوع. ولا يسعى اللاهوت الكتابي إلى إعادة صياغة التعبيرات الكتابية في شكل معاصر.

(ال) لاهوت المصلَح Reformed theology:
الفكر اللاهوتي الذي يشدِّد على سيادة الله، ولا سيما فيما يتعلَّق بمسألة الخلاص. وهو مرتبطٌ على نحو خاص بتقليد لاهوتي نابع من حركة الإصلاح التي حدثت في القرن السادس عشر، ويوصَف أحيانًا بأنه يشمل عقائد النعمة.

(ال) لاهوت المنفتح Open theism:
يرفض هذا الفكر اللاهوتي الرأي الكلاسيكي عن ثبات الله وعلمه الكلِّي، ومن ثَمَّ يؤمن بأن الله ينمو في معرفته، ويكتشف أمورًا لم يكن يعرفها، ويغيِّر رأيه. خاطَرَ الله بخلق بشر لا يمكنه بالضرورة أن يعرف مسبقًا كيف سيتصرفون.

(ال) لاهوت النظامي Systematic theology:
المجال الذي يسعى إلى ترتيب المحتوى العقيدي للكتاب المقدس بطريقة متَّسقة ومترابطة.

(ال) ليبراليَّة Liberalism:
أيَّة حركة منفتحة تجاه إعادة تعريف أو تغيير العقائد والممارسات التقليدية للديانة المسيحية.

م

(ال) مثابرة Perseverance:
التعليم بأن المؤمنين الحقيقيين سوف يَثبُتون في الإيمان حتى النهاية.

مجد الله Glory of God:
بهاء الله، وعظمته، وروعته.

مجيء المسيح Advent:
يشير المجيء الأول إلى مجيء المسيح أولًا في التجسد. أما المجيء الثاني، فيشير إلى مجيئه ثانية في المستقبل.

(ال) مختارون Elect:
أولئك الذين اختارهم الله على نحو خاص. وقد يشير اللفظ إما إلى أمة إسرائيل، أو إلى أفراد معيَّنين للخلاص أو لشغل وظائف خاصة في الخدمة.

مختوم بالروح القدس sealed with the Spirit:
إشارة إلى عمل الله الذي به يميِّز المؤمن بالروح القدس (أفسس ١ : ١٣).

مركزُه الله Theocentric:
يتعلَّق بالشيء الذي يركِّز على الله بصفته القيمة الأسمى والأعلى.

مركزية الإنسان Anthropocentrism:
الرأي القائل إن الإنسان والقيم البشرية، وليس الله وقيمه، هما الحقيقة المركزية في الكون.

(ال) مرموز إليه Antitype:
حقائق في العهد الجديد، يُعَد بعض الأشخاص، أو الأشياء، أو الممارسات في العهد القديم رموزًا أو أمثلةً أو ظلًّا لها.

مستقبلي futuristic:
يتعلق بالمستقبل

(ال) مسيح Christ:
معناه الحرفي «الممسوح». وهو اللقب الذي يُنسَب إلى يسوع بصفته المسيًّا.

(ال) مسيح الملك Christ as king:
إشارة إلى واحدة من وظائف يسوع المسيح الثلاث، وهي سلطانه الحاكم.

(ال) مسيح الكاهن Christ as priest:
إشارة إلى واحدة من وظائف يسوع المسيح الثلاث، وهي عمله الكفاري والشفاعي.

(ال) مسيح النبيُّ Christ as prophet:
إشارة إلى واحدة من وظائف يسوع المسيح الثلاث، وهي عمله الإعلاني.

(ال) مسيح البديل Christ as substitute:
الفكرة التي مفادها أن المسيح مات بدلًا من أولئك الذين سيؤمنون به.

(ال) مسيح المتجسد Incarnate Christ:
حالة المسيح منذ أن صار إنسانًا.

(ال) مشيئة السيادية Sovereign will:
إشارة إلى حقيقة أن اختيارات الله وقراراته ليست مقيَّدة بأي حال من الأحوال بعوامل خارج ذاته. أيضًا، هي حق الله في الاختيار دون أن يكون عرضة للمساءلة أمام أي شخص أو أي شيء خارج ذاته.

مشيئة الله القضائية Decretive will of God:
قرارات الله التي تحقِّق بالفعل كل حدث يقع.

مصلوبٌ مع المسيح crucified with Christ:
إشارة إلى اتحاد المؤمنين بالمسيح في موته (غلاطية ٢ : ٢٠)

(ال) مصير الأبدي eternal destiny:
حالة الشخص المستقبلية، سواء في السماء أو الجحيم، وسواء مع الله أو دونه.

معمودية المؤمنين Believers' baptism:
المعمودية التي يُطلَب قبل إجرائها إقرارَ إيمانٍ يُعتَدُّ به. وتُدعَى هذه المعمودية أحيانًا credobaptism.

معمودية الأطفال Paedobaptism - Infant baptism:
ممارسة تعميد الأطفال

معمودية الروح القدس Baptism with the Holy Spirit:
عمل يسوع المسيح، منذ يوم الخمسين فصاعدًا، المتمثِّل في ضم كلِّ مؤمن حقيقي إلى الكنيسة في لحظة الخلاص، بالروح القدس (١كورنثوس ١٢ : ١٣)

(ال) ملء بالروح القدس filling of the Holy Spirit:
سيطرة الروح القدس على حياة المؤمن بكاملها. ويمكن للملء بالروح القدس أن يتكرَّر، وهناك حاجة متكررة إلى ذلك. وينبغي التمييز بين الملء ومعمودية الروح القدس، التي لا تحدث إلا مرة واحدة عند التجديد (الميلاد الثاني).

(عقيدة ال) ملائكة (أنچيلولوچي) Angelology:
دراسة الملائكة

(ال) ملائكة الساقطون Fallen angels:
الملائكة الذين تمرَّدوا على الله، فسقطوا من موضع خدمتهم له، وصاروا الآن يخدمون الشيطان، رئيس هؤلاء الملائكة الساقطين، ومن ثَمَّ يُدعَون شياطين أو أرواحًا شريرة.

(ال) ملائكة القديسون Holy angels:
الملائكة الذين لم يسقطوا من حالة الطاعة.

(ال) ملائكة الأشرار evil angels:
الملائكة الذين تمردوا على الله، ومن ثَمَّ سقطوا. وهم الآن، بقيادة رئيسهم، الشيطان، منهمكون في مقاومة عمل الله. ويُعرَفون أيضًا بالشياطين أو الأرواح الشريرة (demons).

(ال) مُلك الألفي Millennial kingdom:
بحسب الرأي قبل الألفي، هو الملكوت الذي سوف يُقيمه المسيح على الأرض في أثناء الألف سنة التي ستلي مجيئه الثاني.

ملكوت الله Kingdom of God:
مُلك الله، سواء داخليًّا في قلوب المؤمنين، أو خارجيًّا على الأرض.

ممتلئ بالروح القدس Spirit-filled:
يتعلق بسيطرة الروح القدس الشديدة على المؤمنين لدرجة أن حياتهم كلَّها تصير ذات طبيعة روحية.

(ال) موت الروحي spiritual death:
الانفصال عن الله.

(ال) موت البَدَلي Substitutionary death:
إشارة إلى فكرة أن يسوع مات بدلًا من المختارين.

(ال) موت الأول First death:
الموت الجسدي

(ال) موت الثاني Second death:
الحالة الأخيرة للذين يموتون دون نوال الخلاص المقدَّم من الله. يرد اللفظ في رؤيا ٢: ١١؛ ٢٠: ٦، ١٤؛ ٢١: ٨.

(ال) موت الأبدي eternal death:
إتمام الموت الروحي؛ وهو الانفصال الأبدي للخاطئ عن الله.

موت المسيح النيابي Vicarious death of Christ:
العقيدة التي تقول إن موت المسيح كانت له قيمة نيابةً عن المؤمنين الحقيقيين.

(ال) مودالية Modalism:
الرأي القائل إن الأعضاء الثلاثة في الثالوث هم أشكال مختلفة لعمل الله، وليسوا أقانيم متمايزين.

(ال)موناركية Monarchianism:
وجهة نظر شدَّدت على وحدانية الله. وهي، تحديدًا، حركة ظهرت في القرنين الثالث والرابع. واتخذت شكلين: الموناركية الديناميكية [Dynamic Monarchianism] والموناركية المودالية (الشكليَّة) [Modal-istic Monarchianism].

(ال) موناركية الديناميكية Dynamic Monarchianism:
الرأي القائل إن يسوع لم يكن من نفس جوهر الله، وإنما كان الله عاملًا فيه.

(ال) موناركية المودالية (الشكليَّة) Modalistic Monarchianism:
حركة فسَّرت الثالوث بأنه إعلانات متعاقبة لله عن ذاته: أولًا بصفته الآب، ثم بصفته الابن، وأخيرًا بصفته الروح القدس. وبدأت هذه الحركة في القرن الثالث.

ميت روحيًّا spiritually dead:
حالة غير المؤمنين. فبسبب تأثير الخطية، هم غير متجاوبين مع الأمور الروحية (١كورنثوس ٢: ١٤)، وعاجزون تمامًا عن إرضاء الله (رومية ٨: ٧-٨).

(ال) ميلاد العذراوي Virgin birth:
إشارة إلى التعليم القائل إن الحَبَل بيسوع حدث بعمل معجزي من الروح القدس، دون ممارسة مريم لأيَّة علاقة جنسية مع رجل.

(ال) ميلاد الثاني (التجديد) Regeneration:
عمل الروح القدس المتمثِّل في خلق حياة جديدة داخل الشخص الخاطئ، والذي به يتوب هذا الشخص ويؤمن بالمسيح.

(ال) ميلاد الجديد New birth:
الميلاد الثاني (التجديد)؛ أن يعطي اللهُ حياة جديدة للمؤمن.

ن

ناسوت المسيح humanity of Christ:
الفكرة التي مفادها أن يسوع إنسانٌ كاملٌ مثلنا، باستثناء أنه بلا طبيعة خاطئة أو خطايا فعلية.

ناظر Overseer:
ترجمـة حرفيـة للكلمـة اليونانيـة التـي تُترجَم «أسـقف» [Bishop]. وهـو الشـخص الـذي أخـذ مسئوليـة الإشـراف علـى عمـل الكنيسـة.

(ال) نُبُوَّة Prophecy:
هـي، بوجـه عـام، الإخبـار أو التكلُّـم الرسـمي والموثـوق نيابـة عـن اللـه؛ وهـي قريبـة مـن الوعـظ. وعلـى نحـو أكثـر تحديـدًا، هـي الإخبـار المعصـوم بالإعـلان الإلهـي، وكثيـرًا مـا تشـمل التنبُّـؤ بمـا سـيحدث فـي المسـتقبل، غيـر أنهـا لا تقتصـر علـى ذلـك.

(ال) نسطورية Nestorianism:
هرطقة تقسم المسيحَ عمليًّا إلى شخصين: شخص إلهي وشخص بشري.

(ال) نعمة الفعَّالة Efficacious grace:
إشـارة إلـى حقيقـة أن الذيـن اختارهـم اللـه للحيـاة الأبديـة سـوف يُقبِلـون علـى نحـو مؤكَّـد إلـى الإيمـان والخـلاص.

(ال) نعمة التي لا تقاوَم Irresistible grace:
نعمة الله في عمل الميلاد الثاني، التي بها يفتح الله العيون العمياء على نحو فعَّال، لترى مجد المسيح، وينقل حياة روحية إلى قلب الخاطئ الميت. وتُدعَى هـذه العقيدة في بعض الأحيـان أيضًا النعمة الفعَّالة.

(ال) نعمة العامة Common grace:
اللطـف والإحسـان المقـدَّم إلـى جميـع البشـر مـن خـلال عنايـة اللـه العامـة؛ علـى سـبيل المثـال، توفيـر اللـه لشـروق الشـمس والأمطـار لجميـع البشـر.

نعمة الله Grace of God:
تعامُل اللـه مـع شـعبه ليـس بنـاء علـى مـا يسـتحقونه، لكـن ببسـاطة بنـاء علـى صلاحـه وسـخائه فيمـا يتعلَّـق باحتياجاتهم.

(نظرية ال) نموذج الخاصة بالكفارة Example theory of the atonement:
نظرية منقوصة بشأن الكفارة، تقول إن تأثير الكفارة تمثَّل في كون يسوع قد قدَّم نموذجًا من التكريس للآب، ينبغي أن نحتذي به.

نيوماتولوچي Pneumatology :
دراسة الروح القدس.

هـ

هامارتيولوچي Hamartiology :
دراسة الخطية

هرطقة Heresy:
معتقَد أو تعليم يناقض الكتاب المقدس واللاهوت المسيحي.

و

واحدٌ في الجوهر *Homoousios*:
مصطلح استخدمه المسيحيون قويمو المعتقَد، وخصوصًا أثناسيوس وأتباعه، للتشديد على أن يسوع من طبيعة الآب ذاتها.

وجود الله الكلِّي Omnipresence of God:
إشارة إلى حقيقة أن الله موجودٌ في كلِّ مكان، ويتسنَّى له الدخول إلى كلِّ أجزاء الواقع.

(ال) وجود المسبق (الوجود السابق) Preexistence:
حالة الوجود قبل هذه الحياة. تستخدم المسيحية الكلاسيكية هذا المصطلح للإشارة إلى الأقنوم الثاني في الثالوث، قبل تجسُّده ليصير يسوع الناصري.

(ال) وجود السابق للمسيح Preexistence of Christ:
الفكرة التي مفادها أن الشخص الذي وُلد في بيت لحم، المعروف بيسوع الناصري، هو الأقنوم الثاني في الثالوث الموجود سابقًا.

وحدانية الله Unity of God:
إشارة إلى حقيقة أن الله إلهٌ واحدٌ، وليس آلهة كثيرة؛ وأنه غير مكوَّن من أجزاء، لكنه بسيط وغير مركَّب.

وحدة الله Oneness of God:
حقيقة أن الله، مع أنه ثلاثة أقانيم، لكنه واحد في الجوهر.

وحدة الوجود Pantheism:
الاعتقاد بأن كلَّ الأشياء إلهية، مبيدًا بهذا الاختلاف بين المخلوق والخالق.

(ال) وحدويَّة Unitarianism:
الاعتقاد بأن الله شخصٌ واحدٌ فقط.

(ال) وحي Inspiration:
تأثير الروح القدس في كُتَّاب الكتاب المقدس، الذي ضَمِنَ أن يكون ما كتبوه هو كلمة الله.

وحي الكتاب المقدس Inspiration of the Bible:
عمل الروح القدس وتأثيره في كُتَّاب الكتاب المقدس، الذي ضَمِن به أن يكون ما كتبوه قد حفظ الإعلان الإلهي بأمانة، وجعل الكتاب المقدس فعليًّا هو كلمة الله.

(ال) وحي التام Plenary inspiration:
وجهة النظر التي تقول إن كلَّ الكتاب المقدس موحى به، وليس مجرد أسفار معيَّنة، أو أجزاء معيَّنة من الأسفار، أو أنواع أدب معيَّنة هي الموحى بها.

(نظرية ال) وحي اللفظي Verbal theory of inspiration:
العقيدة التي تقول إن الروح القدس أرشد كُتَّاب الكتاب المقدس لدرجة أن حتى الكلمات الفردية والتفاصيل كانت هي ما قصد الله أن يُكتَب.

وسائط النعمة Means of grace:
القنوات التي من خلالها يوصِّل الله بركاته للبشر.

(ال) وسيط Mediator:
شخصٌ يقف بين طرفين محاولاً عقد الصلح بينهما. يسوع المسيح هو المخلِّص والوسيط الوحيد بين الله والناس.

وظائف المسيح Offices of Christ:
أدوار المسيح؛ وهي النبي، والكاهن، والملك.

(ال) ولادة الأزلية Eternal generation:
العمل الأزلي، والضروري الذي يميِّز اللهُ الآبُ به ذاته، والذي بموجبه يَلِدُ الوجودَ الأقنوميَّ للابن، ناقلًا للابن الجوهرَ الإلهيَّ بكامله.

ي

يسوع المسيح Jesus Christ:
اسم مركَّب للأقنوم الثاني المتجسِّد في الثالوث. يشير الاسم «**يسوع**» إلى الرجل الذي جاء من الناصرة، أما اسم «**المسيح**»، فهو الترجمة اليونانية للاسم «**مسيًّا**»، الذي معناه «ممسوح».

يسوع الناصري Jesus of Nazareth:
الاسم الذي دُعي به للطفل المولود من مريم العذراء، الذي حُبل به من الروح القدس.

يقين الخلاص Assurance of salvation:
الثقة التي يعطيها الله للمؤمن في أنه مخلَّص بالحقيقة.

يهوه Yahweh:
نَسْخُ حروف الاسم العبري الرئيسي لله بحروف لغة أخرى بحسب نُطقِه.

يوم الرب Lord's Day:
أول أيام الأسبوع؛ يوم الأحد

يوم الكفارة Day of atonement:
اليوم الذي كان كاهن العهد القديم يُكَفِّر فيه عن كلِّ خطايا الشعب (لاويين ١٦).

مراجع عامة

مراجع أساسيَّة في اللاهوت النظامي

Bancroft, Emery H. *Christian Theology: Systematic and Biblical*. 2nd ed. Grand Rapids, MI: Zondervan, 1976.

Berkhof, Louis. *Systematic Theology*. 4th ed. Grand Rapids, MI: Eerdmans, 1939.

Buswell, James Oliver, Jr. *A Systematic Theology of the Christian Religion*. 2 vols. Grand Rapids, MI: Zondervan, 1962–1963.

Culver, Robert Duncan. *Systematic Theology: Biblical and Historical*. Fearn, Ross-shire, Scotland: Mentor, 2005.

Dabney, Robert Lewis. *Systematic Theology*. 1871. Reprint, Edinburgh: Banner of Truth,1985 .

Erickson, Millard J. *Christian Theology*. Grand Rapids, MI: Baker, 1986.

Grudem, Wayne. *Systematic Theology: An Introduction to Biblical Doctrine*. Grand Rapids, MI: Zondervan, 1994.

Hodge, Charles. *Systematic Theology*. 3 vols. 1871–1873. Reprint, Grand Rapids, MI: Eerdmans, 1975.

Lewis, Gordon R., and Bruce A. Demarest. *Integrative Theology*. 3 vols. Grand Rapids, MI: Zondervan, 1987–1994.

Reymond, Robert L. *A New Systematic Theology of the Christian Faith*. Nashville: Thomas Nelson, 1998.

Shedd, William G. T. *Dogmatic Theology*. 3 vols. 1889. Reprint, Minneapolis: Klock & Klock, 1979.

Strong, August Hopkins. *Systematic Theology: A Compendium Designed for the Use of Theological Students*. Rev. ed. New York: Revell, 1907.

Swindoll, Charles R., and Roy B. Zuck, eds. *Understanding Christian Theology*. Nashville: Thomas Nelson, 2003.

Thiessen, Henry Clarence. *Introductory Lectures in Systematic Theology*. Grand Rapids, MI: Eerdmans, 1949.

Turretin, Francis. *Institutes of Elenctic Theology*. 3 vols. Edited by James T. Dennison Jr. Translated by George Musgrove Giger. 1679–1685. Reprint, Phillipsburg, NJ: P&R, 1997–1992.

مراجع في اللاهوت الكتابي

الكتاب المقدس كاملًا

Kaiser, Walter C., Jr. *Toward an Exegetical Theology: Biblical Exegesis for Preaching and Teaching*. Grand Rapids, MI: Baker, 1981.

Schreiner, Thomas R. *The King in His Beauty: A Biblical Theology of the Old and New Testaments*. Grand Rapids, MI: Baker Academic, 2013.

Vos, Geerhardus. *Biblical Theology: Old and New Testaments*. Grand Rapids, MI: Eerdmans, 1948.

العهد القديم

Kaiser, Walter C., Jr. *Toward an Old Testament Theology*. Grand Rapids, MI: Zondervan, 1978 .

Merrill, Eugene H. *Everlasting Dominion: A Theology of the Old Testament*. Nashville: Broadman & Holman, 2006.

Payne, J. Barton. *The Theology of the Older Testament*. Grand Rapids, MI: Zondervan, 1962.

Zuck, Roy B., ed. *A Biblical Theology of the Old Testament*. Chicago: Moody Press, 1991.

العهد الجديد

Guthrie, Donald. *New Testament Theology*. Downers Grove, IL: InterVarsity Press, 1981.

Ladd, George Eldon. *A Theology of the New Testament*. 2nd ed. Grand Rapids, MI: Eerdmans, 1993.

Schreiner, Thomas R. *New Testament Theology: Magnifying God in Christ*. Grand Rapids, MI: Baker Academic, 2008.

Zuck, Roy B., ed. *A Biblical Theology of the New Testament*. Chicago: Moody Press, 1994.

مراجع في تاريخ العقائد

Allison, Gregg R. *Historical Theology: An Introduction to Christian Doctrine*. Grand Rapids, MI: Zondervan, 2011.

Berkhof, Louis. *The History of Christian Doctrines*. 1937. Reprint, Grand Rapids, MI: Baker, 1975.

Bray, Gerald. *God Has Spoken: A History of Christian Theology*. Wheaton, IL: Crossway, 2014.

González, Justo L. *A History of Christian Thought*. Rev. ed. 3 vols. Nashville: Abingdon, 1987.

Hannah, John D. *Our Legacy: The History of Christian Doctrine*. Colorado Springs: NavPress, 2001.

Heine, Ronald E. *Classical Christian Doctrine: Introducing the Essentials of the Ancient Faith*. Grand Rapids, MI: Baker Academic, 2013.

Kelly, J. N. D. *Early Christian Doctrines*. 5th ed. London: Continuum, 2000.

Pelikan, Jaroslav. *The Christian Tradition: A History of the Development of Doctrine*. 5 vols. Chicago: University of Chicago Press, 1971–1989.

Schaff, Philip. *The Creeds of Christendom*. 3 vols. New York: Harper & Brothers, 1877.

Shedd, William G. T. *A History of Christian Doctrine*. 2 vols. New York: Charles Scribner,1863 .

كتيِّبات في علم اللاهوت

Boice, James Montgomery. *Foundations of the Christian Faith: A Comprehensive and Readable Theology*. Rev. ed. Downers Grove, IL: InterVarsity Press, 1986.

Chafer, Lewis Sperry. *Major Bible Themes: 52 Vital Doctrines of the Scripture Simplified and Explained.* Revised by John F. Walvoord. Grand Rapids, MI: Zondervan, 1974.

Enns, Paul. *The Moody Handbook of Theology.* Chicago: Moody Press, 1989.

Evans, William. *The Great Doctrines of the Bible.* Revised by S. Maxwell Coder. Chicago: Moody Press, 1974.

Lightner, Robert P. *Handbook of Evangelical Theology: A Historical, Biblical, and Contemporary Survey and Review.* Grand Rapids, MI: Kregel, 1995.

Milne, Bruce. *Know the Truth: A Handbook of Christian Belief.* 3rd ed. Downers Grove, IL: InterVarsity Press, 2009.

Packer. J. I. *Concise Theology: A Guide to Historic Christian Beliefs.* Wheaton, IL: Tyndale, 1993.

Watson, Thomas. *A Body of Divinity.* 1692. Reprint, Edinburgh: Banner of Truth, 1965.

معاجم لاهوتيّة

Bercot, David W., ed. *A Dictionary of Early Christian Beliefs: A Reference Guide to More Than 700 Topics Discussed by the Early Church Fathers.* Peabody, MA: Hendrickson,1998 .

Cairns, Alan. *Dictionary of Theological Terms: A Ready Reference of over 800 Theological and Doctrinal Terms.* 3rd ed. Greenville, SC: Ambassador-Emerald International, 2002.

Elwell, Walter A., ed. *Evangelical Dictionary of Theology.* 2nd ed. Grand Rapids, MI: Baker, 2001.

Erickson, Millard J. *The Concise Dictionary of Christian Theology.* Rev. ed. Wheaton, IL: Crossway, 2001.

Holloman, Henry W. *Kregel Dictionary of the Bible and Theology: Over 500 Key Theological Words and Concepts Defined and Cross-Referenced.* Grand Rapids, MI: Kregel Academic & Professional, 2005.

Huey, F. B., Jr., and Bruce Corley, eds. *A Student's Dictionary for Biblical and Theological Studies.* Grand Rapids, MI: Zondervan, 1983.

مراجع لاهوتيّة أخرى

Akin, Daniel L., ed. *A Theology for the Church.* Nashville: B&H Academic, 2007.

Ames, William. *The Marrow of Theology.* Translated and edited by John D. Eusden. 1629. Reprint, Grand Rapids, MI: Baker, 1997.

Boyce, James P. *Abstract of Systematic Theology.* 1887. Reprint, Hanford, CA: den Dulk Christian Foundation, n.d.

Chafer, Lewis Sperry. *Systematic Theology.* Edited by John F. Walvoord. 4 vols. Grand Rapids, MI: Kregel, 1993.

Dagg, J. L. *Manual of Theology.* 1857. Reprint, Harrisonburg, VA: Sprinkle, 2009.

Dick, John. *Lectures on Theology.* Cincinnati, OH: Applegate, 1856.

Frame, John M. *Systematic Theology: Introduction to Christian Belief.* Phillipsburg, NJ: P&R, 2013.

Gill, John. *A Body of Doctrinal Divinity.* 1769. Reprint, Paris, AR: Baptist Standard Bearer, 1984.

Kuyper, Abraham. *Encyclopedia of Sacred Theology: Its Principles.* New York: C. Scribner's Sons, 1898.

McCune, Rolland. *A Systematic Theology of Biblical Christianity.* 3 vols. Allen Park, MI: Detroit Baptist Theological Seminary, 2009–2010.

Ussher, James. *A Body of Divinity, or, The Sum and Substance of Christian Religion.* 3rd ed. London: Thomas Downes and George Badger, 1649.

نبذة عن المحرِّرَين

د. چون ماكآرثر - دكتوراه في اللاهوت والآداب (John MacArthur, DD, LittD)

يشغل د. چون ماكآرثر منصب كبير رعاة كنيسة Grace Community Church في مدينة سان فاللي، بولاية كاليفورنيا (من عام ١٩٦٩ حتى اليوم)، وكذلك منصب رئيس كلية ماستر اللاهوتيَّة. وهو أيضًا مؤلِّف كتب، ومتحدث في المؤتمرات، ومعلِّم بارز في خدمة Grace to You عبر وسائل الإعلام. في عام ١٩٨٥، صار رئيسًا لكلية ماستر (كلية لوس أنجلوس المعمدانية سابقًا)، التي أصبحت الآن جامعة مسيحية معتمَدة ومتخصِّصة في الآداب الحرة، في مدينة سانتا كلاريتا، في ولاية كاليفورنيا. وفي عام ١٩٨٦، أسس چون كلية ماستر اللاهوتية، وهي كلية للدراسات العليا متخصِّصة في تدريب الرجال على الخدمة الرعوية بدوام كامل، وعلى العمل المرسَلي.

ومنذ أنهى د. ماكآرثر كتابه الأكثر مبيعًا، بعنوان «الإنجيل بحسب يسوع»، في عام ١٩٨٨، ألَّف ما يقرب من أربعمئة كتاب ودليل دراسي، من بينها «نستحي بالإنجيل»، و«*The Jesus You Can't Ignore*» («يسوع الذي لا يمكن تجاهُله»)، و«جريمة قتل المسيح»، و«*One Perfect Life*» («حياة واحدة كاملة»)، و«*Our Sufficiency in Christ*» («كفايتنا في المسيح»)، و«*Slave*» («عبدٌ»)، و«*Strange Fire*» («نيران غريبة»)، و«قصة ابنين»، و«*The Truth War*» («حرب الحق»)، و«١٢ رجلًا عاديًا». تُرجِمت هذه المؤلَّفات إلى أكثر من أربع وعشرين لغة. أما كتاب «تفسير الكتاب المقدس» (*The MacArthur Study Bible*)، الذي يُعَد حجر زاوية خدمته، فهو متاح باللغات العربية، والصينية، والإنجليزية (في ترجمات ESV، وNASB، وNIV، وNKJV)، والفرنسية، والألمانية، والإيطالية، والبرتغالية، والروسية، والإسبانية. كما أن سلسلة تفسير العهد الجديد (*MacArthur New Testament Commentary*) المكوَّنة من ثلاثة وثلاثين جزءًا، قد اكتملت في عام ٢٠١٥.

إذا أردتَ معرفة المزيد عن خدمة د. چون ماكآرثر، يُرجى الرجوع إلى:

Iain H. Murray, *John MacArthur: Servant of the Word and Flock* (Edinburgh: Banner of Truth,2011).

وانظر أيضًا المقال الذي كُتِب تكريمًا له في عدد من مجلة:

The Master's Seminary Journal 22, no.1 (2011).

د. ريتشارد مايهو – دكتوراه في علم اللاهوت (Richard Mayhue, ThD)

منذ عـام ١٩٨٠ وحتـى عـام ١٩٨٤، كان د. ريتشـارد مايهـو عضـوًا ضمـن فريق الرعـاة فـي كنيسـة Grace Community Church، حيث عَمِلَ مسـاعدًا فـي خدمـة التعليـم للدكتور ماكآرثر، ومديـرًا إداريًـا للمؤتمـر الشـهير بعنـوان Shepherds' Conference. ومنـذ عـام ١٩٨٤ وحتـى عـام ١٩٨٩، خـدم راعيًـا لكنيسـة Grace Brethren Church العريقـة، فـي مدينـة لـونج بيتـش، فـي ولايـة كاليفورنيـا. وانضـم د. مايهـو إلـى هيئـة تدريـس كليـة ماسـتر اللاهوتيـة فـي عـام ١٩٨٩، وعُيِّـن عميـدًا للكليـة فـي العـام التالـي (١٩٩٠–٢٠١٤). عَمِلَ د. مايهـو أيضًـا عميـدًا لجامعـة ماسـتر مـن عـام ٢٠٠٠ وحتـى عـام ٢٠٠٨. وألَّـفَ، أو شـارك فـي تأليـف، أو حـرَّر أكثـر مـن ثلاثيـن كتابًـا، مـن بينهـا «1 & 2 Thessalonians»، و«Bible Boot Camp»، و«Christ's Prophetic Plans»، و«The Healing Promise»، و«How to Interpret the Bible for Yourself»، و«Practicing Proverbs»، و«Seeking God»، و«Unmasking Satan»، و«What Would Jesus Say about Your Church?»، بالإضافـة إلـى العديـد مـن المقـالات التـي نُشِـرت فـي مجـلات.

فـي عـام ٢٠١٦، أكمـل د. مايهـو أكثـر مـن أربعيـن عامًـا فـي الخدمـة الرعويـة، والخدمـة فـي كليـة اللاهـوت، وتقاعـد عـن منصـب نائـب الرئيـس للشـئون التنفيذيـة، والعميـد، وأسـتاذ البحـث اللاهوتـي فـي كليـة ماسـتر اللاهوتيـة. وإذا أردتَ معرفـة المزيـد عـن خدمـة د. مايهـو، انظـر الموقـع الإليكترونـي الخـاص بـه (RichardMayhue.net). والمقـال الـذي كُتِب تكريمًـا لـه فـي عـدد مـن مجلـة:

The Master's Seminary Journal 25, no. 2 (2014).

ترنيمة أخيرة للتأمُّل

كنْ نوري ومُرشدي

كنْ نوري ومُرشِدي، يا سيِّدَ القلبِ
فكلُّ شيْءٍ سواكَ باطلٌ فانٍ.
يا تاجَ أفكاري.. وظلَّ أيّامي ودَرْبي
ماشيًا أو نائمًا، وَجهُكَ النُّورُ يَرعاني.

كنْ حِكمَتي، وفي فمي وَمضَةَ الصِّدْقِ
دائمًا أنا مَعْكَ يا رَبُّ وأنتَ مَعِي.
كنْ أبي العَظيمَ، وأنا كابنِكَ الحَقِّ
هلاَّ سَكَنتَ فيَّ، وأنا فيكَ مَخدَعي.

ليسَ يَعنيني الثَّرَاءُ، أوْ مَديحُ النّاسِ والخُوَاءْ
فأنتَ الآنَ وَحدَكَ نَصيبي وإلى الأبَدْ،
وأنتَ وَحدَكَ الأوَّلُ في قلبيَ المُضَاءْ
يا مَلكَ السَّمَاءِ، وأنتَ كنزيَ والصَّمَدْ.

يا مَلكَ السَّماءِ الذي حقَّقَ ليَ الانتِصارْ
ليتني أبلغُ أفراحَ السَّماءِ، يا شمسًا ليسَ لها غُروبْ!
يا قلبي وحُبِّي، وسطَ أهوالٍ هنا كِثارْ،
كنْ نوري ومُرشِدي، يا مَلكَ الشُّعوبْ.[١]

---

١ قام المترجم بتعريب هذه الترنيمة وتقفيتها. الترنيمة الأصلية هي بعنوان **"Be Thou My Vision"**، وهي ترنيمة إيرلندية قديمة، قامت ماري إي. بايرن Mary E. Byrne (١٨٨٠–١٩٣١م) بترجمتها إلى اللغة الإنجليزية، وقامت إيليانور هـ, هال Eleanor H. Hull (١٨٦٠–١٩٣٥م) بتقفيتها باللغة نفسها.

قائمة الترانيم

قائمة الجداول

اختصارات

اختصارات المراجع:

BECNT	Baker Exegetical Commentary on the New Testament
BETS	*Bulletin of the Evangelical Theological Society*
BSac	*Bibliotheca Sacra*
CTR	*Criswell Theological Review*
EEC	Evangelical Exegetical Commentary
ICC	International Critical Commentary
JETS	*Journal of the Evangelical Theological Society*
JTS	*Journal of Theological Studies*
MNTC	MacArthur New Testament Commentary
MSJ	*The Master's Seminary Journal*
NAC	New American Commentary
NICNT	New International Commentary on the New Testament

NICOT	New International Commentary on the Old Testament
NIGTC	New International Greek Testament Commentary
NTC	New Testament Commentary
PNTC	Pillar New Testament Commentary
RevExp	*Review and Expositor*
SNTSMS	Society for New Testament Studies Monograph Series
TJ	*Trinity Journal*
WTJ	*Westminster Theological Journal*

The Master's Academy International
www.tmai.org
publishing@tmai.org

العقيدة الكتابيَّة

موجَز نظامي للحق الكتابي

المحرِّران

چون ماكآرثر

ريتشارد مايهيو

Originally published in English under the title,
Biblical Doctrine: A Systematic Summary of Bible Truth

Copyright © 2017 by John MacArthur and Richard Mayhue

Published by Crossway
1300 Crescent Street
Wheaton, Illinois 60187

All rights reserved.

Title: Biblical Doctrine

General Editors: John MacArthur & Richard Mayhue

Translation: Sameh Azmi & Sherry Awad

Arabic Editor Cherif Arif

Internal Design: Yousif Sobhy

Printing: Allux Printing Co.
The Public Free Zone - Nasr City,
Cairo - Egypt

Arabic Publisher: Azar Publishing
Santa Clarita, California
USA

ISBN (Vol. 1): 978-1-967358-10-6

اسم الكتاب: العقيدة الكتابية

المحرِّران: چون ماكآرثر وريتشارد مايهيو

ترجمة: سامح عزمي وشيري عوض

المحرِّر المسؤول عن الترجمة العربية: شريف عريف

التنسيق الداخلي: يوسف صبحي

طباعة: مطبعة آلوكس
المنطقة الحرة - مدينة نصر،
القاهرة - مصر

ناشر الطبعة العربية: عازار للنشر
سانتا كلاريتا، كاليفورنيا
الولايات المتحدة الأمريكية

رقم الإيداع: ٢٠٢٢/١٥٤٦٨

الترقيم الدولي: ٩٧٨-٩٧٧-٩٤-٢٦٢٧-٣

The Master's Academy International

E-mail: publishing@tmai.org

Arabic Outreach
Grace Community Church
E-mail: arabic@gracechurch.org

«أحدثت خدمة چون ماكآرثر تأثيرًا على نطاقٍ عالميٍّ. وفي هذا الكتاب، أوضح ماكآرثر ومايهو تدريجيًا العقائد التي تكمُن في صميم هذه الخدمة التي لمست حياة كثيرين جدًا. فهنا نرى خدمة مؤسَّسة على الحق، الذي هو حق كلمة الله وحق الإنجيل. هذا مرجعٌ رائع للدارسين، ورعاة الكنائس، والمعلِّمين».

توماس ر. شراينر (Thomas R. Schreiner)، أستاذ تفسير العهد الجديد وأستاذ اللاهوت الكتابي، كلية اللاهوت المعمدانية الجنوبية، في مدينة لويفيل بولاية كنتاكي

«هذا الكتاب نتاج حياة كاملة من الدراسة، وحكمة اكتُسِبت عبر قرون. وبجمعه بين الولاء للكتاب المقدس والالتزام بالعقيدة الكتابية، هو يتناول احتياجًا ماسًا معاصرًا. وإن المعتقدات القوية تصنع كنائس قوية. وليس على أي شخص أن يتَّفق بالضرورة مع الكُتَّاب الموقَّرين حول كلِّ موضوع كي يشعر بالامتنان على مرجعٍ بهذه الأهمية الغنية والباقية».

إيان هـ. موراي (Iain H. Murray)، مؤلِّف كتاب *Jonathan Edwards: A New Biography* and *Evangelical Holiness*؛ والأمين العام المؤسِّس لهيئة Banner of Truth

«يمثِّل هذا المرجع الجديد عَرْضًا ثَريًا ومُقْنِعًا للأساس اللاهوتي للمسيحية، إذ يوفِّرُ للقارئ تنظيمًا منهجيًا للحق الكتابي سهلَ الفهم ومقنعًا في الوقت نفسه. وبما أن البقايا الأخيرة من التأثير المسيحي في الغرب آخذةٌ في التآكل، فمن شأن مراجع لاهوتية غنية مثل كتاب **العقيدة الكتابية** أن تسهم في بنيان الكنيسة وتشديدها في مواجهة المقاومة الشرسة من العالم».

ر. ألبرت مولر الابن (R. Albert Mohler Jr.)، رئيس وأستاذ اللاهوت المسيحي، في كلية اللاهوت المعمدانية الجنوبية.

«يَسُرُّني أن أوصي من كلِّ قلبي بكتاب **العقيدة الكتابية** لچون ماكآرثر وريتشارد مايهو. هذا الكتاب سيُعرَف ويشتهر بوضوح مخطَّطه ووصفه للعقائد الكتابية. وإن قراءته فرصة رائعة ينبغي ألا تفوتك».

والترسي. كايزر الابن (Walter C. Kaiser Jr.)، الرئيس الفخري، وأستاذ العهد القديم، في كلية جوردون كونويل اللاهوتية

«لطالما كان تركيز خدمة چون ماكآرثر مُنصَبًا على الكرازة والوعظ – أي إطلاق العنان للحق الإلهي من خلال الكرازة والوعظ بكلمة الله. وطوال الوقت، كانت خدمته قائمة على العقيدة المستمَدَّة من الكتاب المقدس بدقة واتساق. وتقف الآلاف من عظاته التفسيرية برهانًا على أمانته تجاه عمل الواعظ. كما يقف كتاب **العقيدة الكتابية** برهانًا على أمانته تجاه عمل اللاهوتي. ليت كليهما يُستخدمان لتشجيع جيل جديد من الوعاظ اللاهوتيين على أن يُكرِّسوا حياتهم للدعوة العليا، دعوة تعليم كنيسة المسيح وتأهيلها»

تيم تشاليز (Tim Challies)، مُدوِّن في مدوَّنة، Challies.com

«ينبغي أن يكون الوضوح مطلبًا أساسيًا في كُتُبِ اللاهوت النظامي. وهذا الكتاب يفي بهذا المطلب تمامًا! فهو ملخَّص شامل ووافٍ لكل ما يحتاج المؤمن إلى معرفته؛ ويبدو أنه شيء ينبغي أن يُتاح لكل مؤمن، أليس كذلك؟ وهو يحمل اسم شخص يمثِّل نموذجًا للعقيدة القويمة والحق – چون ماكآرثر. لا حاجة بنا إلى قول المزيد. فهو غنيٌّ عن التعريف.

ديريك و. هـ. توماس (Derek W. H. Thomas)، كبير رعاة الكنيسة المشيخية الأولى، في مدينة كولومبيا، بولاية كارولاينا الجنوبية؛ وأستاذ اللاهوت النظامي والرعوي بكلية اللاهوت المصلَحة في ولاية أتلانتا؛ وعميد برنامج دكتوراه الخدمة في أكاديمية ليجونير

»ظل جم نواكآرثقعل ريد دوضشم بربلاً فولا يعظ لاتفسيظهمُ ،يرارً بكجل للاء كلملا قلل هشبع لالـه. والآك نتم بماكآرثر، بالتعاوُم نع ريتشارم داهيو وأعضاء هيئلا قتدريف سك يليم قاستر للاتوهيك ،قتابًا فلا يلاهظنلا تواميه ،يلمنًا كيف ألا نشلا حرتفسييآ يرف قآيي قزهدر بالطبيعة ليُك وسِيفساء لماتوهيم قتينة ومتعلدة الألهف .ناوذلا اكتاه بدلا وتحليلا هلاتوهية بعد وبجة تفسيقير. أُشجم لكعؤمن، بغظنلا ضر عن ومروثلا هلاتوهي، أي نجلل سيتلالم من لاتعليم قعلايدلا يذق يامه جم نواكآرثر وماهيو. ومن ا لمؤكد أنس لكتمُ جرخشـً بَا بالكتاا ب لمقدس، وممتلئًا من بهرلالة بعد للاستمتاع

بجلال إلهنا الكريم ومجده»

ماثيو باريت (Matthew Barrett)، مدرِّس اللاهوت النظامي وتاريخ الكنيسة، في كلية أوك هيل اللاهوتية.

«بالإضافة إلى تقديمهما لاهوتًا قويمًا مألوفًا لدى البروتستانتيين البارزين، يدافع ماكآرثر ومايهو أيضًا عن مزيج غير معتاد من وجهات النظر التي يتجادل حولها الإنجيليون، مثل: نظرية الخلق الإلهي للأرض الَفتيَّة، وعلم الخلاص الكالفيني، ومعمودية المؤمنين، ونظام الإدارة الكنسي المتعلِّق بحُكم الشيوخ، والتكاملية بين الرجل والمرأة، وانقطاع المواهب المعجزية، والمذهب التدبيري التقليدي (أو ما يسمُّونه الفكر قبل الألفي المستقبلي). ويعرض الكاتبان حُججهما بطريقة واضحة ومرتَّبة تستحق التفاعل معها حتى وإن كنت غير متفق معها»

أندرو ديفيد ناسيلي (Andrew David Naselli)، أستاذ مساعد لمادة العهد الجديد واللاهوت الكتابي، في كلية بيت لحم اللاهوتية في مدينة مينيابوليس، ولاية مينيسوتا

«بصفتي أستاذًا في علم اللاهوت، فأنا في موقع يسمح لي أن أوصي طلابي بقراءة هذا الكتاب الفريد من نوعه عن اللاهوت النظامي، الذي كتبه ماكآرثر ومايهو، وأن أخبرهم بثقةٍ بأنني أستطيع أن أصدِّق على هذا الكتاب من بدايته وحتى نهايته. وأُقدِّر بصفة خاصة الجوانب التدبيرية من هذا العمل، والطريقة التي يؤسِّس بها الكاتبان العقائدَ على النص الكتابي على نحو متسق وراسخ».

كيفن دي. زوبير (Kevin D. Zuber)، أستاذ علم اللاهوت في معهد مودي للكتاب المقدس، بمدينة شيكاغو، ولاية إلينوي؛ والمشارك في تأليف الكتابَين: *Evidence for the Rapture: A Biblical Case for Pretribulationism*، و *The Moody Bible Commentary*.

العقيدة الكتابيَّة

موجَز نظامي للحق الكتابي

المجلد الأول

ا لمحـ ررنا

چون ماكآرثر

ريتشارد مايهيو

TMAI

CROSSWAY

شكر وتقدير

منذ ما يقرب من خمسة وعشرين عامًا، استمعتُ إلى وعظ القس چون ماكآرثر في كنيسة جريس كوميونيتي (Grace Community Church) للمرة الأولى، وعندئذ كانت أمنيتي الوحيدة هي أن يستمع كلُّ ناطق بالعربية إلى تعليمه، ويتتلمذ عليه. ومنذ ذلك الحين، باشرتُ بنعمة الله مهمة تحقيق هذا الهدف.

شكرًا لكما، د. چون ماكآرثر، ود. ريتشارد مايهيو، على طاعتكما للحق الموجود في كلمة الله وحدها، وعلى السنين التي أمضيتماها في الخدمة الأمينة، وعلى وضوح ملخَّص علم اللاهوت النظامي في هذا الكتاب العظيم. فكتاب «العقيدة الكتابية» حتمًا سيُثري المكتبة المسيحية العربية، ويفيد كلًا من الدارسين الأكاديميين والأشخاص العاديين في العالم العربي، الذين لا يَكفُّون عن السعي بكلِّ اجتهاد وجدية إلى معرفة الله.

إن امتناني لكلِّ الذين أسهموا في أن يرى هذا المشروع النور - مهما كان هائلًا - لن يوفيهم حقَّهم. لذلك، أودُّ أن أعبِّر عن شكري الخاص جدًا للدكتور مارك تاتلوك (Dr. Mark Tatlock) وبرايان تاميسيان (Brian Tahmisian) العاملَين في أكاديمية ماستر الدولية TMAI على إتاحة الفرصة لي وائتماني على الإشراف على هذه الترجمة.

وأنا مَدين أيضًا لمترجمَينا الأمينَين في مصر، سامح عزمي وشيري عوض؛ الرب وحده قادر أن يكافئكما على تفانيكما وعملكما الشاق.

ولصديقي، شريف عريف، الذي عمل على مراجعة وتنقيح الطبعة العربية. أشكرك يا أخي العزيز على إخلاصك ومحبتك لكلمة الله ولشعب الله، أنت بالحقيقة بركة لنا.

أهدي شكري أيضًا إلى دارَ نشر كروسواي Crossway، وكلِّ من أسهم في كلٍّ من الطبعة العربية والإنجليزية من هذا الكتاب.

وأقدِّم كلَّ الحمد والشكر لله لأنه أقام في كنيسته اليوم رجلًا مثل القس چون ماكآرثر. وأعلَم يقينًا أن كثيرين يشاركونني الإحساس نفسه؛ وهم في غاية الامتنان للقس چون، الذي أتشرَّف بأن أدعوه «راعي كنيستي».

لقد استخدم الرب بلطفه العجيب هذا الرجل للتأثير في حياتي وحياة الكثيرين، وذلك من خلال تعليمه لكلمة الله وشرحها شرحًا تفسيريًّا بكلِّ أمانة. محاربًا ومدافعًا عن الحق بجسارة. إنه ممَّن يَصدُقُ فيهم القول: «السَّالِكُ بِالْكَمَالِ وَالْعَامِلُ الْحَقَّ وَالْمُتَكَلِّمُ بِالصِّدْقِ فِي قَلْبِهِ» (مزمور ١٥: ٢).

نشكر الله من أجلك قس چون ماكآرثر.

وإلى القارئ العربي: نعمةٌ لك، وسلامٌ، وبركةٌ وأنت تقرأ هذا الكتاب وتتمعَّن في دراسته.
لله وحده كلُّ المجد

چون عازار
عازار للنشر

Acknowledgments

Almost 25 years ago, I heard Pastor John MacArthur preach at Grace Community Church for the very first time, and the only thing I wished is that every Arabic speaking person would sit under his teaching. Since then, by the grace of God, I have embarked on a mission to accomplish this goal.

Thank you, Dr. John MacArthur, and Dr. Richard Mayhue for your obedience to the truth found only in God's Word, for your years of faithful ministry, and for the clarity summarizing systematic theology in this magnificent book. «Biblical Doctrine» will surely enrich the Arabic Christian library and benefit the scholar as well as the layper-son who are Still diligently seeking to know Him in the Arab world.

I cannot Start to express my gratitude to all those who helped make this project see the light of day. A very special thank you goes to Dr. Mark Tatlock and Bryan Tahmisian at TMAI for giving me the opportunity and entrusting me to oversee this translation.

I am indebted to our faithful translators in Egypt, Sameh Grace and Sherry Awad, only the Lord can reward them for all their hard work.

To my friend, Cherif Arif who edited the Arabic translation, thank you dear brother for your dedication and love to God's word and God's people, you are truly a blessing.

Thank you to Crossway, and to all those who contributed to both the English and the Arabic versions.

All praise be to God for raising up in His church today a man like Pastor John MacArthur. I know many share this very sentiment and are deeply grateful to Pastor John, whom I am honored to call my pastor. The Lord has graciously used him to impact my life and the lives of many, by faithfully expositing and teaching the word of God as a worrier for the truth. A man who "walks with integrity, practices righteous-ness, and speaks truth in his heart" (Psalms 15:2).

We thank God for you Pastor John MacArthur.

To the Arabic reader: grace, peace, and blessings to you as you Study and read this book. To God alone all the glory.

John Azar
Azar Publishing

إلى كلِّ الأُمَناء خريجي كلية ماستر اللاهوتية

الذين يخدمون المسيح حول العالم

مَجدًا للرَبِّ القدير!

مَجدًا للرَبِّ.. مَلِكِ الخَليقَةِ القَديْرْ!

سَبِّحيْهِ يا نفسُ.. فهوَ قوَّتُكِ وخلاصُكِ المُجيْرْ.

يا جَميعَ السَّامِعيْن،

إقتَربوا الآنَ مِنْ هيكلِ القدُّوْسْ

واعبُدوا مَعي خالقَ النُّفوْسْ.

مَجدًا للرَبِّ مَن سادَ على الأكوانْ،

يَسترُكَ بسِترِ جَناحَيْهِ، بلى.. ويَحفظُكَ الحَنَّانْ!

ألَمْ ترَ بَعدُ

كيفَ أُعطيْتَ شَهوَةَ القَلبِ

في ما هو مُعيَّنٌ منَ الرَّبِّ؟

مَجدًا للرَّبِّ الذي يُنجِحُ العمَلَ وهو لكَ الحِمَى،

رَحمتُهُ وخَيرُهُ يَتبَعانِكَ في القفرِ والحِمَى.

تأمَّلْ مرَّةً أخرى..

ماذا يستطيعُ أنْ يَفعَلَ القديْرْ

إذا ناصَرَكَ بحُبِّهِ الوَفيْرْ؟

مَجْدًا لهُ! وكلُّ ما في باطِني ليُبارِكِ اسمَهُ المَجيْدْ

كلُّ نسَمَةٍ فلتَرفعِ الآنَ أمامَهُ الإنشَادْ.

دَعوا الـ «آميْنَ» تدَوِّي في شَعبِهِ مِن جَديْدْ

واعبُدوْهُ بكلِّ ابتِهاجٍ إلى الآبَادْ.[1]

---

١ قام المترجم بتعريب هذه الترنيمة وتقفيتها. الترنيمة الأصلية هي بعنوان **"Praise to the Lord, the Almighty"** من تأليف يوهاكيم نياندر Joachim Neander (١٦٥٠-١٦٨٠م).

المحتويات

صفحة محتويات تفصيليَّة